U0906710

桂林年鉴

GUILIN NIANJIAN

2021

桂林市地方志编纂委员会　编

线装书局

图书在版编目(CIP)数据

桂林年鉴．2021 / 桂林市地方志编纂委员会编．-- 北京：线装书局，2021.10
ISBN 978-7-5120-4794-5

Ⅰ．①桂… Ⅱ．①桂… Ⅲ．①桂林－2021－年鉴 Ⅳ．①Z526.73

中国版本图书馆 CIP 数据核字(2021)第 233668 号

桂林年鉴（2021）
GUILIN NIANJIAN（2021）

编　　者：桂林市地方志编纂委员会
责任编辑：周思远
装帧设计：南宁市佳彩广告设计有限公司
出版发行：线装書局
地　址：北京市丰台区方庄日月天地大厦 B 座 17 层（100078）
电　话：010-58077126（发行部）010-58076938（总编室）
网　址：www.zgxzsj.com
经　　销：新华书店
印　　制：深圳市精一瑞兰印刷有限公司
开　　本：889 mm × 1240 mm　1/16
印　　张：33
字　　数：1455 千字
版　　次：2021 年 10 月第 1 版第 1 次印刷

定　　价：368.00 元

线装书局官方微信

编 辑 说 明

一、《桂林年鉴》是中共桂林市委、桂林市人民政府领导，桂林市地方志编纂委员会编纂的地方综合年鉴。每年出版 1 卷，已连续出版 27 卷。《桂林年鉴》的编纂出版坚持以马克思列宁主义、毛泽东思想、邓小平理论、“三个代表”重要思想、科学发展观、习近平新时代中国特色社会主义思想为指导，旨在载录桂林市经济和社会发展的基本情况，为各级领导机关决策、指导工作提供市情依据，是社会各界和海外人士了解、研究桂林的最新信息载体，并为桂林市的发展积累史料。

二、《桂林年鉴(2021)》主体内容设类目、分目、条目 3 个层次，除特载类目和辅助资料大事记、统计资料、附录外，其他类目的内容均以条目为表现内容的基本形式。条目的标题统一用黑体加【 】表示。年鉴内容采用科学分类和社会分工相结合的原则设置类目，机构、企事业单位的排序一般不表示其地位和规模。

三、本卷年鉴着重记载 2020 年桂林市经济和社会发展的基本情况及大事、要事、新事，个别重要内容有上溯或下延。全书设概貌、特载、年度聚焦、桂林国际旅游胜地建设、中国共产党桂林市委员会、桂林市人民代表大会、桂林市人民政府、中国人民政治协商会议桂林市委员会、纪检监察、民主党派・工商联、群众团体、法治、军事、外事・接待、旅游业、城乡建设与管理、生态环境保护、交通运输・邮政管理、信息业、工业、农业・水利、商业、财政・税务、金融、新区・开发区、经济行政管理与监督、教育、科学、文化、卫生健康・体育、人力资源・社会保障、社会生活、区县(市)简介、人物 34 个类目、234 个分目，设辅助资料大事记、统计资料、附录。设彩色插页 60 页，内文插图 291 幅。

四、本卷年鉴稿件由各行业主管部门和各县(市、区)提供，并经撰稿单位领导审核。各行业中列入统计部门的主要数据，采用统计部门提供的数据，未列入统计部门范围的数据，以各行业主管部门提供为准，统计数据采用法定计量单位。

五、本卷年鉴为便于读者查阅，配备双重检索系统，书首设中文目录和英文目录，书尾设索引。

桂林市地方志编纂委员会

主　　任：李　楚

副 主 任：钟　洪　赵卫东　徐　锋　蒋春华　钟　麟
赵塞经　谷海洪　徐朝凯

委　　员：叶桂忠　吴晓罡　唐标明　曹方明　张晓阳
杨海芬　肖必忠　韦文周　吴应新　王子西
蒋平华　梁白冰　戴　波　隆　斌　孙敬东
胡小春

《桂林年鉴(2021)》编辑人员

主　　编：徐朝凯

副 主 编：胡小春　李丽君　李宗庆　曾荣平　覃丰展
廖志良　李春瑜　潘树能

编　　辑：陶树青　陈　辉　伍已忠　尹　乐　游宇琳
廖宝剑

国际旅游胜地——桂林

城市性质：

首批中国历史文化名城

著名国际风景游览城市

城市数字（2020年）：

行政区划：6城区、11县（市）

土地面积：27809平方千米

年末户籍总人口：541.72万人

　6城区人口：135.52万人

全市生产总值：2130.41亿元

　第一产业增加值：484.46亿元

　第二产业增加值：486.48亿元

　第三产业增加值：1159.47亿元

组织财政收入：207.87亿元

粮食作物播种面积：33.73万公顷

粮食总产量：176.93万吨

社会消费品零售总额：888.91亿元

接待国内外游客人数：1.02亿人次

　入境过夜游客人数：9.83万人次

旅游总收入：1233.54亿元

民用汽车保有量：76.17万辆

城镇居民人均可支配收入：38145元

农村居民人均可支配收入：17345元

金融机构本外币存款余额：4023.56亿元

金融机构本外币贷款余额：3256.41亿元

外贸进出口总额：72.14亿元

旅游景点：

世界自然遗产1处：桂林喀斯特地貌（漓江）

全球重要农业文化遗产1处：龙脊梯田（龙胜各族自治县）

世界灌溉工程遗产1处：兴安灵渠（兴安县）

国家5A级旅游景区4处：漓江景区、乐满地度假世界、独秀峰·王城景区、两江四湖·象山景区

国家4A级旅游景区42处

国家3A级旅游景区45处

全国重点文物保护单位20处

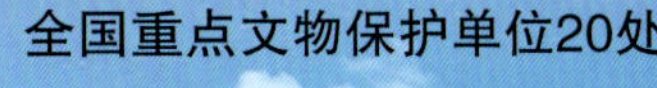

漓江风光。　李腾钊摄

国际旅游胜地——桂林

城市荣誉：

首批中国历史文化名城（1982年）

中国重点风景旅游城市（1986年）

首批中国优秀旅游城市（1998年）

首批中国十大文明风景旅游示范点（漓江景区 1998年）

全国创建文明城市工作先进城市（1999年、2002年、2005年、2009年）

国家园林城市（2003年）

全国园林绿化先进城市（2003年）

最佳中国魅力城市（2004年）

国家卫生城市（2005年）

全国科技进步先进市（2005年、2007年、2009年、2011年）

国家环境保护模范城市（2005年）

全国绿化模范城市（2007年、2011年）

中国十大休闲城市（2007年、2013年）

中国青年喜爱的旅游目的地（2007年）

国家知识产权示范城市创建市（2008年）

全国社会治安综合治理最高奖"长安杯"（2009年、2013年、2017年）

全国十佳绿色城市（2011年）

最中国文化名城（2011年）

中国特色休闲城市——最美休闲城市（2011年）

全国双拥模范城（1993年、1994年、1997年、2000年、2004年、2008年、2012年、2016年、2020年）

首批"全国旅游刷卡无障碍示范区"城市（2012年）

国家信息消费试点城市（2013年）

中国十佳品牌会展城市（2013年）

创建国家电子商务示范城市（2014年）

国家信息惠民试点城市（2014年）

全国优秀会展城市（2014年）

桂林喀斯特地貌列入世界自然遗产名录（2014年）

2014年度最佳国际旅游度假目的地（2014年）

美丽中国之旅十佳山水城市（2014年）

最佳国内旅游城市（2015年）

中欧低碳生态城市合作项目专项试点示范城市（2015年）

全国人民防空先进城市（2016年）

2011—2015年全国法治宣传教育先进城市（2016年）

2015—2016年度中国最具魅力会议目的地（2016年）

2015—2016年度全国会展名城（2016年）

2016亚洲旅游红珊瑚奖——亚洲最受欢迎旅游城市（2016年）

2013—2016年度全国社会治安综合治理优秀市（2017年）

全国首批健康旅游示范基地（2017年）

建设国家可持续发展议程创新示范区（2018年）

国家黑臭水体治理示范城市（2019年）

全国文明城市（2020年）

漓江景区　林京学摄

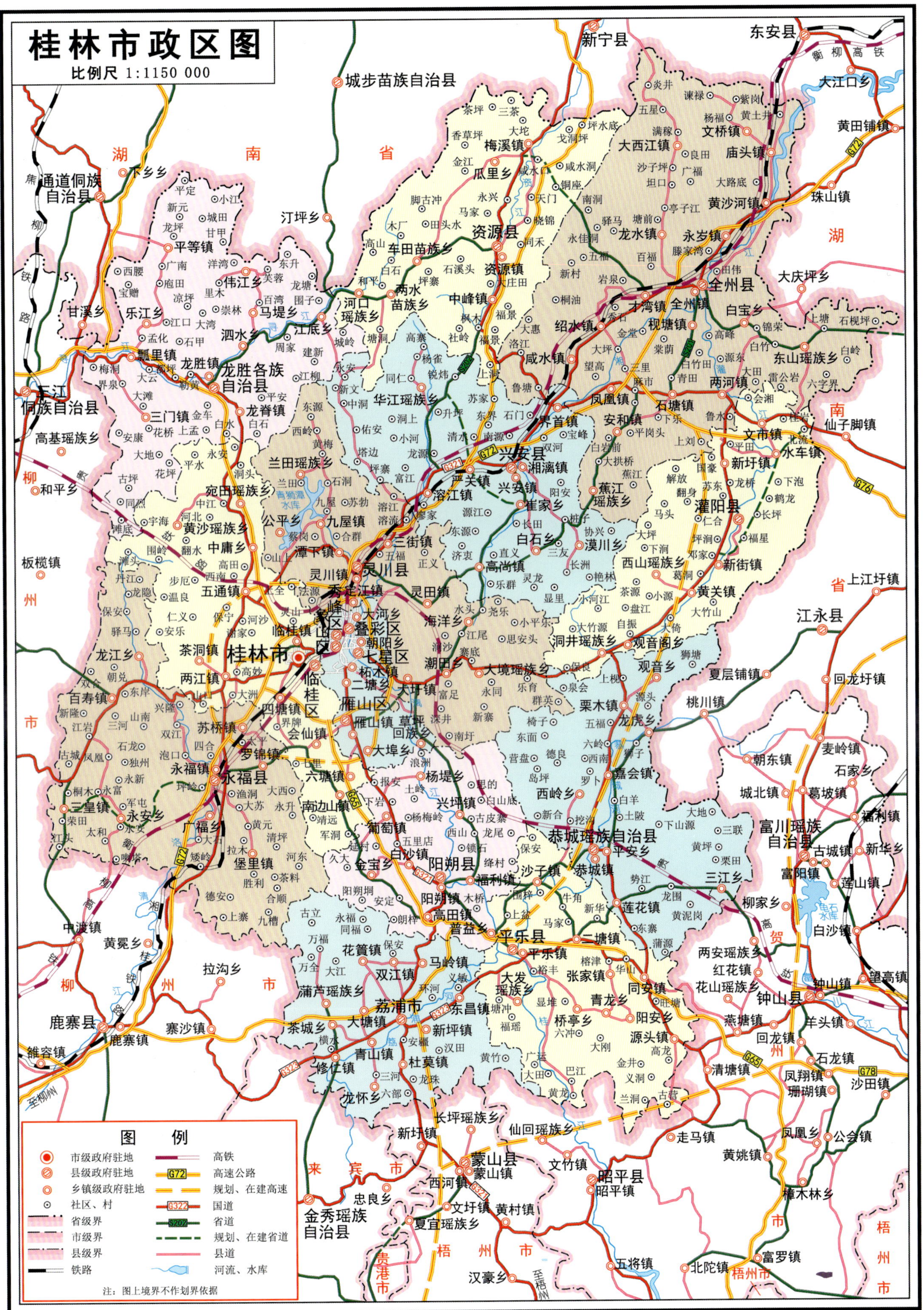

广西南宁六维地理信息服务有限公司编制　　审图号：桂S（2019）03-001号　　2019年11月

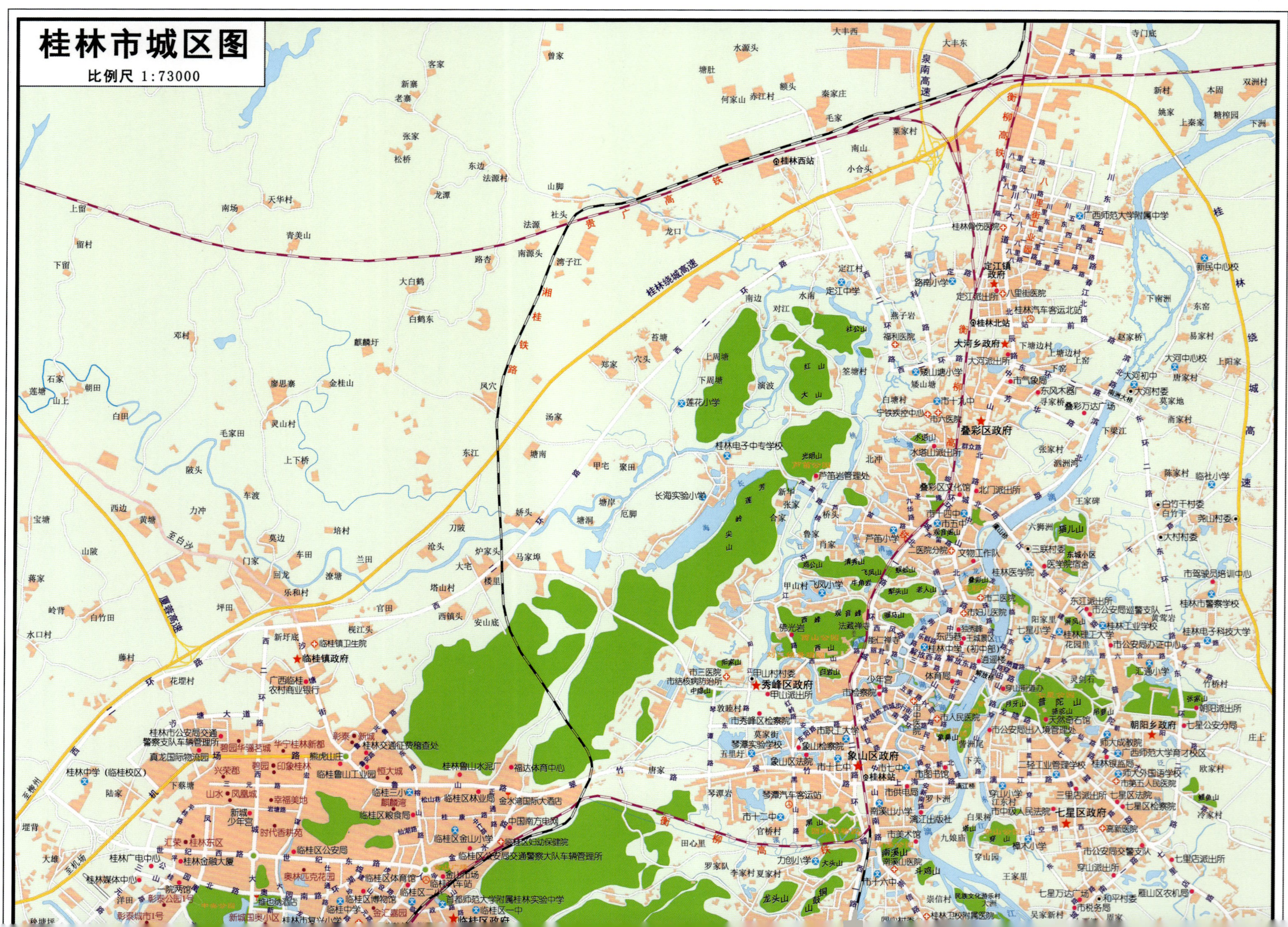

桂林市城区图
比例尺 1:73000

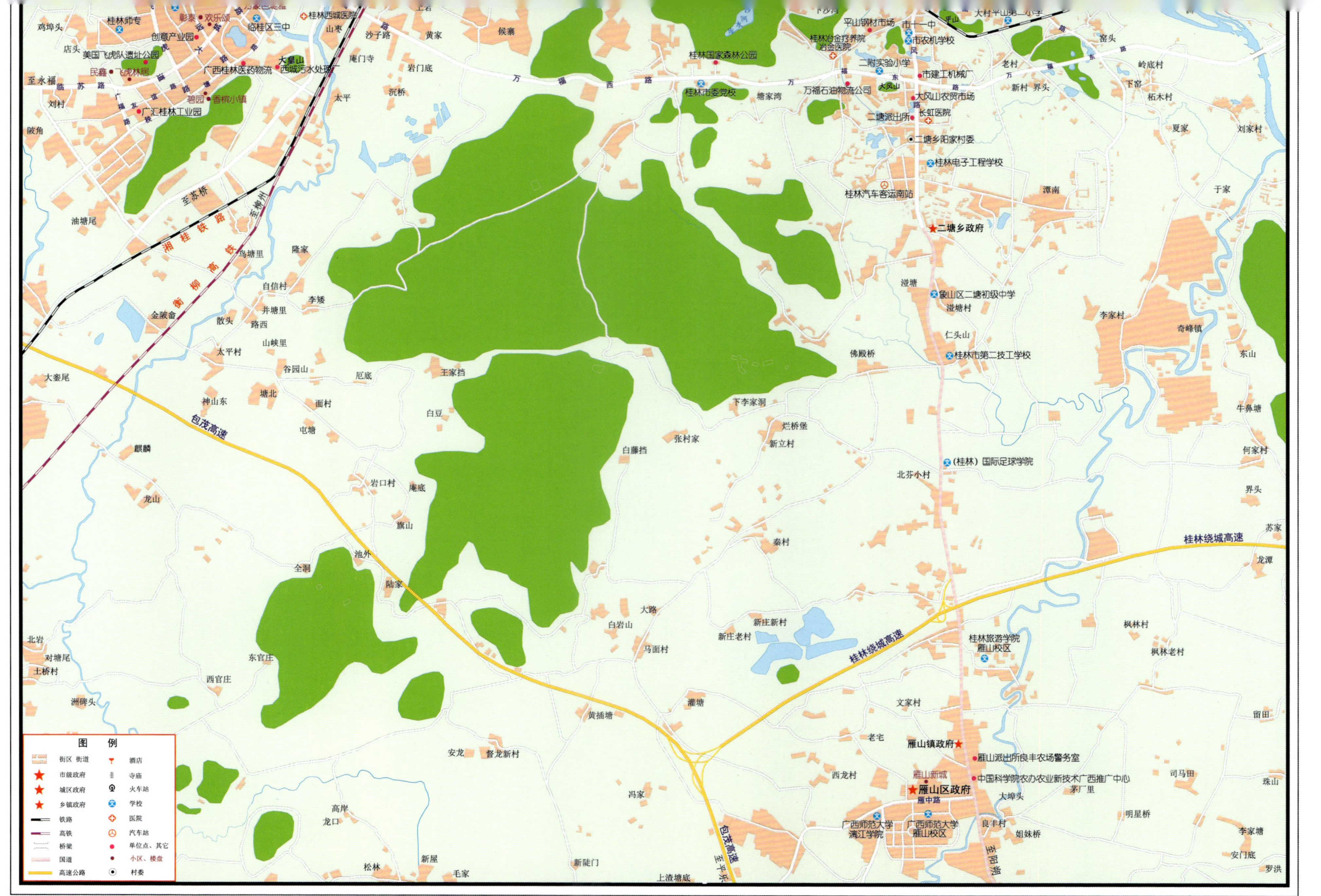

广西南宁六维地理信息服务有限公司编制　　审图号：桂S（2019）03-002号　　2019年11月

图片专辑

TUPIAN ZHUANJI

领导考察

领导活动

桂林国际旅游胜地建设

桂林国家可持续发展创新示范区建设

工业振兴迈出重要步伐

脱贫攻坚全面胜利

乡村振兴

全国文明城市创建

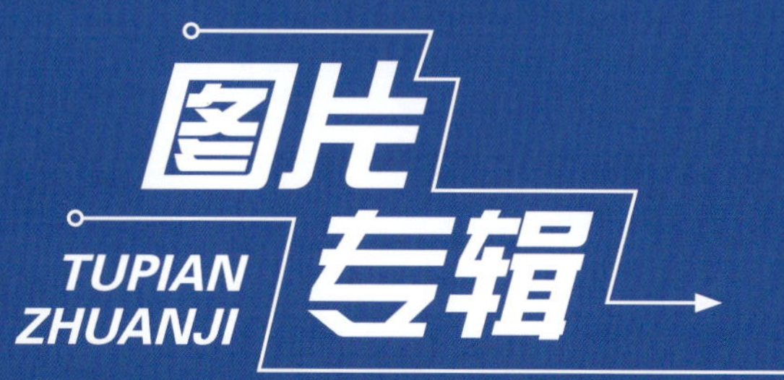

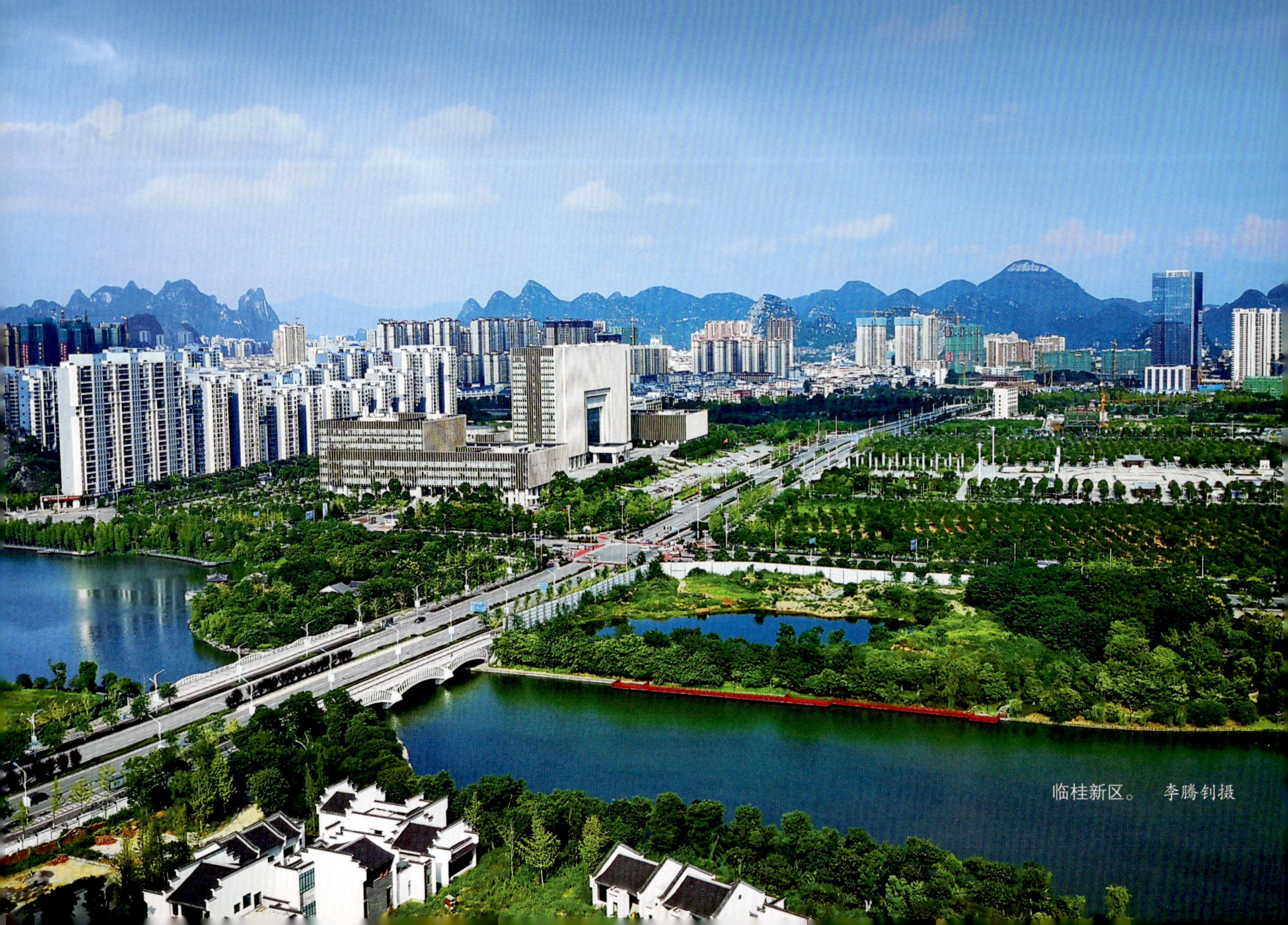

临桂新区。 李腾钊摄

领导考察

2020年6月15日—17日，自治区党委书记、自治区人大常委会主任鹿心社（中）深入桂林市调研。图为鹿心社到阳朔县遇龙河旅游度假区，实地察看受灾和灾后恢复情况。 黄克摄

2021年6月4日，自治区党委书记、自治区人大常委会主任鹿心社（右三）深入桂林市，就经济运行、产业发展、乡村振兴、文旅融合等工作进行调研。 黄克摄

2020年8月26日—27日，自治区主席陈武（前排中）在桂林调研经济社会发展情况。 何平江摄

2020年8月27日，自治区主席陈武（右三）到荔浦市高新技术产业园区调研。 何平江摄

领导活动

2020年7月9日—10日，自治区人大常委会副主任、桂林市委书记赵乐秦（中）带队到临桂区、灵川县、兴安县、七星区考察新型城镇化示范乡（镇）建设和田园综合体项目。图为7月10日，赵乐秦等到七星区“漓韵侨乡”田园综合体考察。　何平江摄

2020年11月20日，全国精神文明建设表彰大会在北京举行，桂林市被授予“全国文明城市”称号。自治区人大常委会副主任、桂林市委书记赵乐秦参加表彰大会，并代表500多万桂林市民领取荣誉。　桂林日报社供图

2021年2月24日，市委书记周家斌（前排左三）到临桂区六塘镇大园里村调研乡村风貌提升工作。 何平江摄

2021年5月31日，市委书记周家斌（右二）到桂林非物质文化遗产体验馆调研，详细了解桂林有关非遗项目的保护利用工作。
何平江摄

2020年1月22日，市长秦春成（中）检查桂林市节前安全生产工作，看望慰问值班的公安民警，并向全市各条战线坚守岗位的工作人员及家属表示新春祝福和亲切慰问。 唐艳兰摄

2020年4月13日，市长秦春成（右一）通过口碑直播间，带全国网友“云逛街”，带大家走进金顺昌特产店、三花酒博物馆、老鼎锅啤酒鱼等商家（景点），尝桂花糕、品三花酒、吃啤酒鱼，诚邀八方来客畅游桂林、“品尝”桂林。 唐侃摄

2021年7月9日，市长李楚（前排左二）率队调研桂林市乡村风貌提升和农村人居环境改善工作。 唐艳兰摄

2021年10月13日，市长李楚（二排中）陪同全自治区乡村振兴暨乡村风貌提升工作现场推进会考察组领导及嘉宾到临桂区六塘镇岚岩村调研。 李凯摄

2020年5月21日，市人大常委会主任张晓武（前排中）在龙胜各族自治县龙广滑石开发股份有限公司了解企业复工复产情况。
吴生斌摄

2020年11月20日，市人大常委会主任张晓武（右三）调研桂林市田园综合体建设情况。 张碧周摄

2021年11月22日，市人大常委会主任赵仲华（中）到秀峰区解东社区代表联络站开展2021年主题活动，实地视察榕湖小学桃江校区建设情况。

市人大常委会选联工委供图

2021年12月14日，市人大常委会主任赵仲华（中）率驻桂林全国人大代表和自治区人大代表视察灌阳县莲溪庐乡村振兴农旅融合示范区建设情况。

李源摄

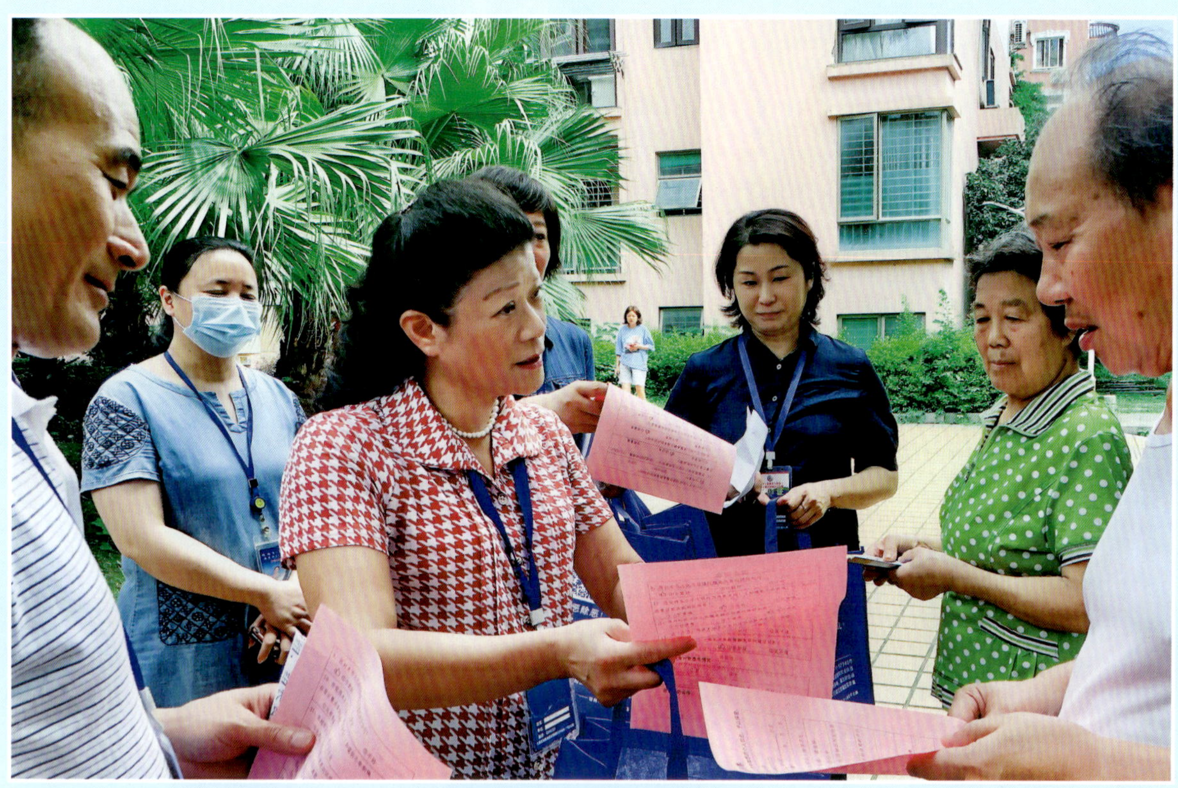

2020年6月16日，市政协主席陈丽华（左三）到七星区开展创城宣传和民意调查。 蔺帅摄

2020年6月29日，市政协主席陈丽华（中）到雁山区大埠乡李沺平村慰问困难党员和老党员。 蔺帅摄

桂林国际旅游胜地建设

2020年，桂林国际旅游胜地建设取得决定性胜利。胜地规划纲要四大战略定位逐步实现，12项指标基本完成，顺利完成国家赋予桂林的重要历史使命。2016—2020年，桂林市全力推进国际旅游胜地建设。强化项目引领，累计实施融创文化旅游城等重大项目1475个，完成投资4290亿元。开启全域旅游新时代，入选国家文化和旅游消费试点城市，4个县（区）分获国家、自治区全域旅游示范区；8个县（市、区）成为广西特色旅游名县；建成国家、自治区级旅游度假区4个；新增国家5A级旅游景区1家、国家4A级旅游景区19家，全市国家A级旅游景区达到91家；"一键游桂林"模式成为广西典范。深入实施"旅游+"战略，"六大旅游品牌"影响力持续扩大，"桂林有礼""桂林有戏""养生桂林""红色桂林"成为文旅融合新品牌，桂林旅游实现"七个升级"，世界品牌、国内标杆、区内龙头地位不断提升。招大引强实现新突破。成功引进华为、格力、比亚迪、融创、万达等一批世界一流企业。深科技智能制造、坤弘量子通讯项目填补广西空白。投资500亿元的融创国际艺术小镇、兴坪水镇、阳朔国际会议小镇，188亿元的电科云（桂林）国际大数据中心，产值50亿元的安科讯数字能源智能制造等一批重大项目成功落地，集聚效应显著增强。

2016—2020年，桂林市始终把科学保护漓江作为重大光荣使命。出台实施《桂林市漓江风景名胜区管理条例》。漓江"三统"改革九大重点任务全面完成。漓江生态保护和修复提升工程、漓江流域山水林田湖草沙生态保护和修复工程加快推进，建成桂林市防洪及漓江补水枢纽工程，漓江城市段实现试验性常态壅水。完成30年来最大规模游船提档升级，深入开展非法采砂、住家船、洲岛鱼餐馆、网箱养鱼等清理整治工作，长期困扰漓江保护的沉疴顽疾得到根治，漓江城市段建成区内已确认的黑臭水体消除比例达100%，桂林市入选全国黑臭水体治理示范城市。2020年全国地表水考核断面水环境质量状况排名第二。漓江流域水环境质量长期稳居全国前列，干流水质达到Ⅱ类标准，漓江"青山碧水，伏龙卧波"的美景得以重现。

重大活动

1

❶ 2020 年 12 月 8 日，第十四届联合国世界旅游组织 / 亚太旅游协会旅游趋势与展望国际论坛在桂林举办，自治区人大常委会副主任、桂林市委书记赵乐秦在开幕式上致辞。

桂林日报社供图

❷ 2020 年 12 月 7 日，桂林市举行文化旅游推介会，参加第十四届联合国世界旅游组织 / 亚太旅游协会旅游趋势与展望国际论坛等“五会一节”的国内外嘉宾齐聚一堂，桂林市市长秦春成出席并致辞。 桂林日报社供图

❸ 2020 年 12 月 8 日，第十四届联合国世界旅游组织 / 亚太旅游协会旅游趋势与展望国际论坛主旨演讲。 游拥军摄

❹ 2020 年 12 月 8 日，2020 中国－东盟博览会旅游展举行买卖家配对交易洽谈会，参展商代表进行“一对一”的交流洽谈，寻求合作机会。 唐艳兰摄

CHINA-ASEAN EXPO TOURISM EXHIBITION
CAEXPOTE
2020中国—东盟博览
2020 CHINA-ASEAN EXPO
齐心同力
In Concert, Building Silk Roads for
CAEXPOTE
①
②

❶ 2020 年 12 月 8 日，2020 中国 – 东盟博览会旅游展在桂林国际会展中心开幕。 何平江　唐侃摄

❷ 2020 年 12 月 8 日，2020 中国 – 东盟博览会旅游展吸引各方嘉宾，展厅现场热闹非凡。 唐侃摄

❸ 2020 年 12 月 8 日，2020 中国 – 东盟博览会旅游展上，来自云南的少数民族带来精彩的文艺表演。 唐艳兰摄

❹ 2020 年 12 月 8 日，第十届桂林国际山水文化旅游节开幕式现场，节目精彩纷呈。 游拥军摄

❺ 2020 年 12 月 8 日，第十届桂林国际山水文化旅游节开幕式演出阵容强大。 游拥军摄

中国—东盟博览会高层论坛
CAEXPO SIDELINE FORUM
第15届中国—东盟文化论坛
The 15th China-ASEAN Cultural Forum
张 旭
H.E. Zhang Xu
中国文化和旅游部副部长
Vice Minister of Culture and Tourism, China

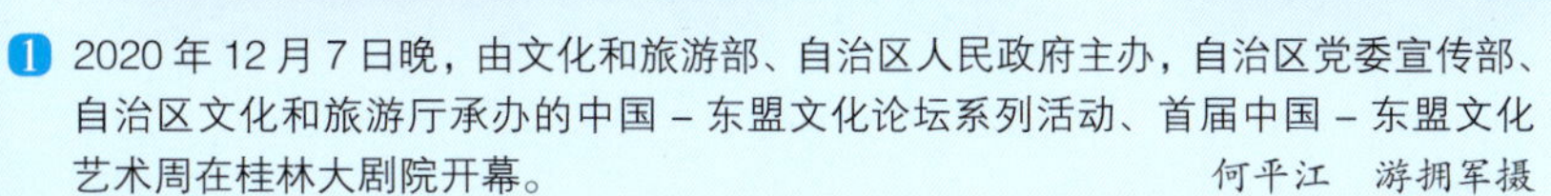

❶ 2020 年 12 月 7 日晚，由文化和旅游部、自治区人民政府主办，自治区党委宣传部、自治区文化和旅游厅承办的中国 – 东盟文化论坛系列活动、首届中国 – 东盟文化艺术周在桂林大剧院开幕。 何平江 游拥军摄

❷ 2020 年 12 月 8 日，由文化和旅游部、广西壮族自治区人民政府主办的第 15 届中国 – 东盟文化论坛在桂林举行。图为大会现场。 唐侃 李凯摄

❸ 2020 年 12 月 8 日，第 15 届中国 – 东盟文化论坛在桂林举行，论坛以“文化遗产的保护、传承与旅游开发”为主题。图为嘉宾演讲。 李凯摄

❹ 2020 年 12 月 8 日，中国 – 东盟数字文化旅游专业合作论坛以“科技引领旅游新未来”为主题，重点研讨中国与东盟在数字旅游领域的合作潜能。图为嘉宾代表进行主题演讲。 李凯摄

❺ 2020 年 12 月 8 日，中国 – 东盟数字文化旅游专业合作论坛在桂林举行。唐艳兰摄

❻ 2020 年 12 月 8 日，第 15 届中国 – 东盟文化论坛现场东盟国家代表聆听大会讲话。 李凯摄

Gilbert Chan

① 2020 年 9 月 15 日，“大碧头杯”第四届全国农民体育健身大赛暨 2020 年广西庆祝中国农民丰收节启动仪式，在全州县大碧头田园综合体举行。 唐侃摄

② 2020 年 11 月 23 日，第二届中国－东盟电视周开幕式暨中国－东盟优秀传播案例发布典礼在桂林大剧院举行，桂林市市长秦春成（前排左三）颁发网络短视频大赛奖项。 游拥军摄

③ 2020 年 11 月 25 日，第六届中国－东盟传统医药论坛在桂林举办。图为论坛开幕式现场。 游拥军摄

④ 2020 年 12 月 3 日，第五届中国－东盟民族文化论坛在桂林开幕。100 多名专家学者齐聚一堂，围绕论坛主题“中国－东盟民族文化交流互鉴与创新发展”，共同交流探讨新时代中国－东盟民族文化交流发展的方向与理念。 何平江摄

⑤ 2020 年 12 月 27 日上午，2020 桂林银行桂林马拉松赛举行，1 万名选手在奔跑中体验山水桂林的美景。 李腾钊摄

重大项目建设

①

②

1 2020 年，桂林市智能电子三轴手持稳定器产业化基地建设项目竣工。 市发展改革委供图

2 2020 年 2 月，位于桂林经开区的桂林深科技智能制造产业园。 何平江摄

3 2020 年 6 月，位于桂林经开区的桂林华为信息生态产业合作区。 市发展改革委供图

4 2020 年，桂林融创文化旅游城、雁山民国风情旅游小镇等重大文化旅游项目建设进展顺利。图为桂林融创国际旅游城。

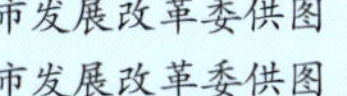
市发展改革委供图

5 2020 年，天湖国际高山生态旅游度假区（一期）竣工。图为该度假区内的天湖滑雪场。 市发展改革委供图

1 2020 年 6 月 1 日，融创中国与桂林市人民政府、阳朔县、七星区签署框架合作协议。 何平江摄

2 2020 年 6 月 23 日，桂林市投资促进局、桂林高新区与珠海格力电器股份有限公司签署《格力桂林产业园前期项目招商协议书》。 何平江摄

3 2020 年 7 月 21 日，自治区人大常委会副主任、桂林市委书记赵乐秦（左一）出席桂林高新区 2020 年重大项目集中开竣工暨项目集中签约仪式并宣布项目集中开工、竣工。 何平江摄

4 2020 年 9 月 4 日，桂林国际会展中心奠基活动在临桂新区举行。 临桂新区管委会供图

5 2020 年 9 月 25 日，全球首款搭载“刀片电池”的纯电动厢式运输车在桂林经开区下线。 市发展改革委供图

6 2020 年 12 月 3 日，漓江歌剧院主体已经显出雏形。 游拥军摄

7 2020 年 12 月 17 日，桂林市、贺州市、肇庆市签署《共建“粤桂画廊”合作框架协议》。 何平江摄

8 2020 年 12 月 21 日，广西新桂轮橡胶有限公司举行 2020 年第 100 万条轮胎下线仪式。 桂林经开区管委会供图

漓江科学保护

①

②

1 2020 年 11 月 30 日，自治区人大常委会副主任、桂林市委书记赵乐秦（右四）调研漓江生态保护和可持续发展工作。
漓江风景名胜区管委会供图

2 2020 年 1 月 26 日，漓江风景名胜区管委会漓江疫情防控临时党支部成立。 漓江风景名胜区管委会供图

3 2020 年 1 月 17 日，漓江风景名胜区管委会开展漓江精细化管理联合巡航。 漓江风景名胜区管委会供图

4 2020 年 3 月 3 日，桂林喀斯特世界自然遗产地（漓江风景区）生态景观修复项目安全有序复工。 漓江风景名胜区管委会供图

5 2020 年 5 月 22 日，漓江景区首家红十字救护站揭牌成立。 漓江风景名胜区管委会供图

6 2020 年 5 月 29 日，桂林市科学技术协会、漓江风景名胜区管委会联合开展“2020 年科学保护漓江生态环境活动”。
漓江风景名胜区管委会供图

7 2020 年 6 月 16 日，漓江风景名胜区管委会联合开展夜间漓江巡查打击行动。 漓江风景名胜区管委会供图

8 2020 年 6 月 22 日，漓江风景名胜区管委会开展漓江城市段夜间巡查。 漓江风景名胜区管委会供图

广西首艘五星级新能源豪华游轮
开工仪式
CONSTRUCTION CEREMONY
桂林旅游股份有限公司
桂林漓航船舶制造有限公司
《桂林市漓江风景名胜区管理条例》
施行启动仪式
桂林市人民政府
2020年7月31日
漓江精细化管理暨雁山载客游览排筏新式防伪号牌发放仪式
严禁中小学生私自到漓江游泳、嬉戏
1
2
3
4
5

1 2020 年 6 月 3 日，桂林旅游股份有限公司新建广西首艘五星级新能源豪华游轮开工仪式在桂林漓航船舶制造有限公司举行。 漓江风景名胜区管委会供图

2 2020 年 7 月 1 日，漓江风景名胜区管委会开展桂林喀斯特世界自然遗产调研。 漓江风景名胜区管委会供图

3 2020 年 7 月 31 日，《桂林市漓江风景名胜区管理条例》施行启动仪式在桂林中心广场举行。 漓江风景名胜区管委会供图

4 2020 年 8 月 18 日，桂林漓江精细化管理暨雁山载客游览排筏新式防伪号牌发放仪式举行。 漓江风景名胜区管委会供图

5 2020 年 8 月 27 日，漓江风景名胜区管委会开展漓江洞穴景观资源保护调研。 漓江风景名胜区管委会供图

6 2020 年 9 月 17 日，漓江风景名胜区管委会开展漓江旅游客船水上突发应急演练。 漓江风景名胜区管委会供图

7 2020 年 10 月 20 日，漓江风景名胜区管委会清理整治漓江网箱养鱼。 漓江风景名胜区管委会供图

8 2020 年 10 月 23 日，桂林漓江风景名胜区保护管理利用联席会议暨漓江流域水环境治理、漓江城区段支流综合整治工作现场推进会召开。 漓江风景名胜区管委会供图

旅游复苏

桂林市政协"重走长征路 促文旅复苏"在行动

①

②

③

④

⑤

1 2020 年，桂林市统筹推进新冠肺炎疫情防控和文旅复苏振兴，出台促进文旅业振兴发展等措施，推动旅游复苏回暖。图为 4 月 17 日，市政协启动“重走长征路，促文旅复苏”调研活动。 蔺帅摄

2 2020 年 3 月 13 日，阳朔遇龙河景区恢复营运重新开漂。 唐艳兰摄

3 2020 年 4 月 25 日，“挺旅游”恭城首发团成员在恭城文庙体验传统仪式。 滕嘉摄

4 2020 年 5 月 2 日，市民及游客走在正阳西巷的石砖路上，欣赏着古城墙，感受桂林悠久的历史文化。 唐侃摄

5 2020 年 7 月 13 日，广西援鄂医疗队 79 名抗疫英雄从漓江景区磨盘山客运港登船游览漓江。 漓江风景名胜区管委会供图

6 2020 年 8 月 3 日，游客在香格里拉酒店里跳竹竿舞。 游拥军摄

7 2020 年 9 月 5 日，在香格里拉酒店举行的马来西亚美食节开幕仪式上异国风情舞蹈表演。 唐侃摄

8 2020 年 10 月 27 日，桂林市参加华南五市旅游联盟（南昌）推介会。 漓江风景名胜区管委会供图

9 2020 年国庆中秋假期，桂林旅游复工复产后发展后劲十足。图为阳朔兴坪漓江景区竹筏游火暴。 李来发摄

桂林国家可持续发展创新示范区建设

2020年，桂林市稳步推进桂林市国家可持续发展议程创新示范区建设。强化体制机制保障，推动可持续立法工作，出台实施《桂林市漓江风景名胜区管理条例》等法规，《桂林市喀斯特景观资源可持续利用条例（草案）》通过市人大常委会的初次审议；推进绿色金融债券相关工作，保障创新示范区各项工作的有序推进。推进政策实施。强化项目带动，可持续发展项目库新增项目137项。科技创新支撑引领，“漓江流域景观资源生态产业化关键技术研究与示范”项目获国家重点研发计划资金支持1962万元；“漓江流域景观资源生态产业化关键技术研究与示范”等4个项目获自治区科技重大专项资助资金2530万元。与国际机构合作，争取到亚洲开发银行贷款1.4亿美元，用于开展漓江生态修复保护。加强交流合作，举办2020中国－东盟可持续发展创新合作国际论坛，论坛在重大技术攻关、创新平台、成果转化等方面签约创新合作项目13项，涉及资金总额200多亿元。总结编写《2019年桂林市国家可持续发展议程创新示范区建设年度报告》，完成示范区建设评估任务；汇编《桂林市国家可持续发展议程创新示范区典型案例集》，探索形成可操作、可复制、可推广的桂林可持续发展经验模式。

（本专题图片由市科技局供图）

❶ 2020 年 11 月 28 日，自治区人大常委会副主任、桂林市委书记赵乐秦在 2020 中国－东盟可持续发展创新合作国际论坛开幕式上致辞。

❷ 2020 年 11 月 28 日，桂林市市长秦春成主持 2020 中国－东盟可持续发展创新合作国际论坛开幕式。

❸ 2020 年 11 月 28 日，联合国开发计划署驻华代表白雅婷 BeateTrankmann 在论坛开幕式上视频致辞。

❹ 2020 年 11 月 28 日，2020 中国－东盟可持续发展创新合作国际论坛签约仪式举行。

❺ 2020 年 11 月 28 日，参加 2020 中国－东盟可持续发展创新合作国际论坛的专家团队到灵川县大圩镇“东漓古村”调研。

❻ 2020 年 11 月 29 日，联合国开发计划署桂林可持续发展议程创新示范区能力建设研讨会成果交流会举行。

❼ 2020 年 11 月 29 日，联合国开发计划署桂林可持续发展议程创新示范区能力建设研讨会专家闭门会议。

工业振兴迈出重要步伐

2020年，桂林创新政策机制，建立完善市领导联系服务重点工业企业等制度，持续实施工业振兴行动，出台一系列政策措施，推动土地、资金、人才等要素资源向工业倾斜。全市形成“345”［市属三大园区、四个工业重点县（市）、五个生态功能区县］工业发展格局，市属园区总规划面积拓展至510平方千米；工业基础设施建设累计投入53亿元，收储土地2000余公顷，建成标准厂房327万平方米。促进产业集聚发展，四大优势产业产值占全市比重稳步提高。企业培育成效明显，产值10亿元以上企业14家，其中50亿元以上1家，上市（挂牌）企业17家，22家企业跻身广西高新技术企业百强。（本专题图片由市工信委供图）

1

2

3

1 2020 年，桂林国际线缆集团。
2 2020 年，桂林福达宝马 B48 曲轴智能生产线现场。
3 2020 年，桂林鸿程年产 20 台套大型超细粉体装备生产线改造升级项目。
4 2020 年，桂林金盘科技数字化改造一期——成套数字化工厂。
5 2020 年，平乐县长城电源生产车间。
6 2020 年，兴安县海螺水泥有限责任公司余热发电机组稳定运行。
7 2020 年，广西（桂林）新桂轮全钢子午胎生产片仓储区。
8 2020 年，桂林三金全景。

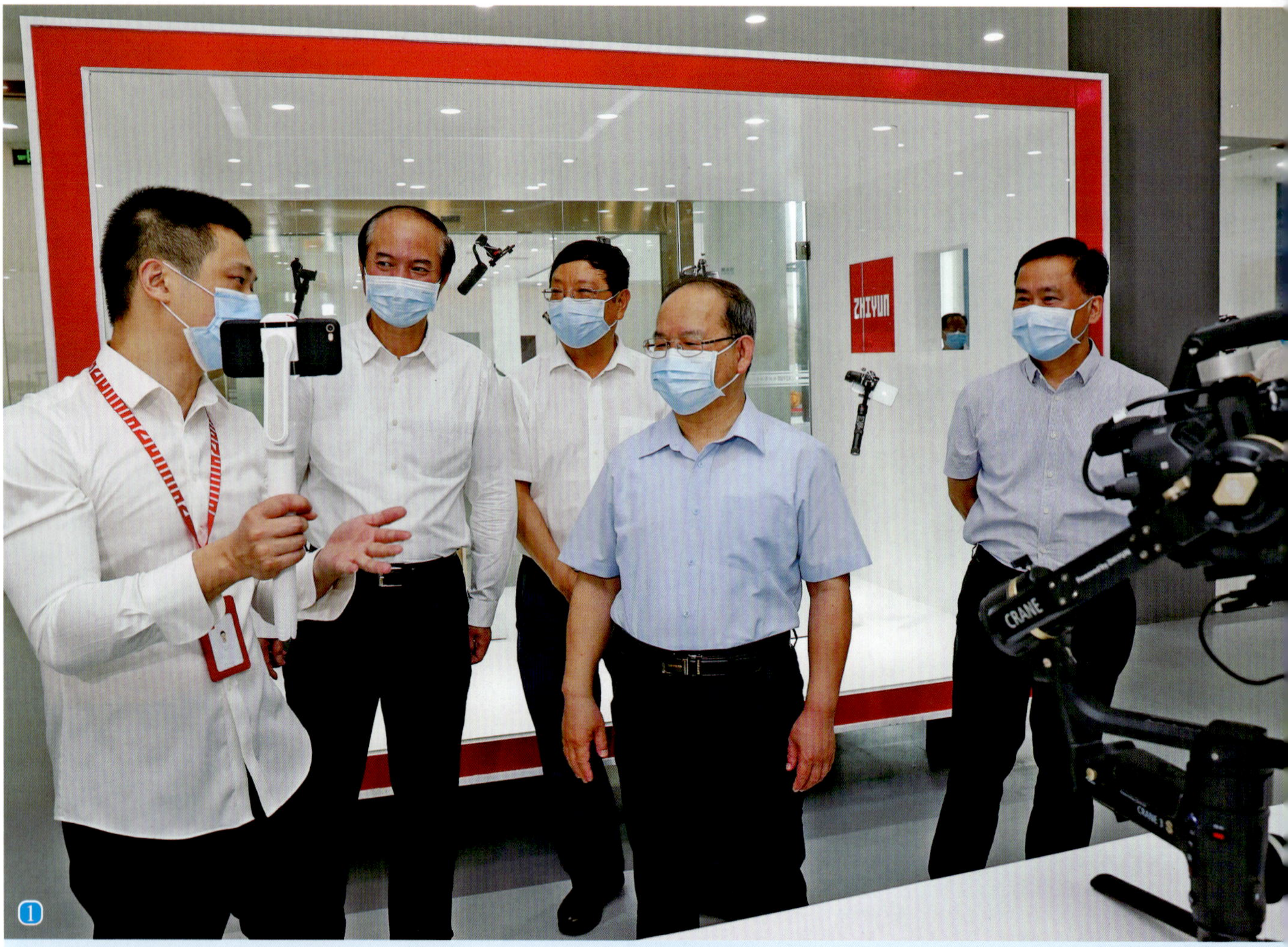
ZHIYUN
CRANE

①

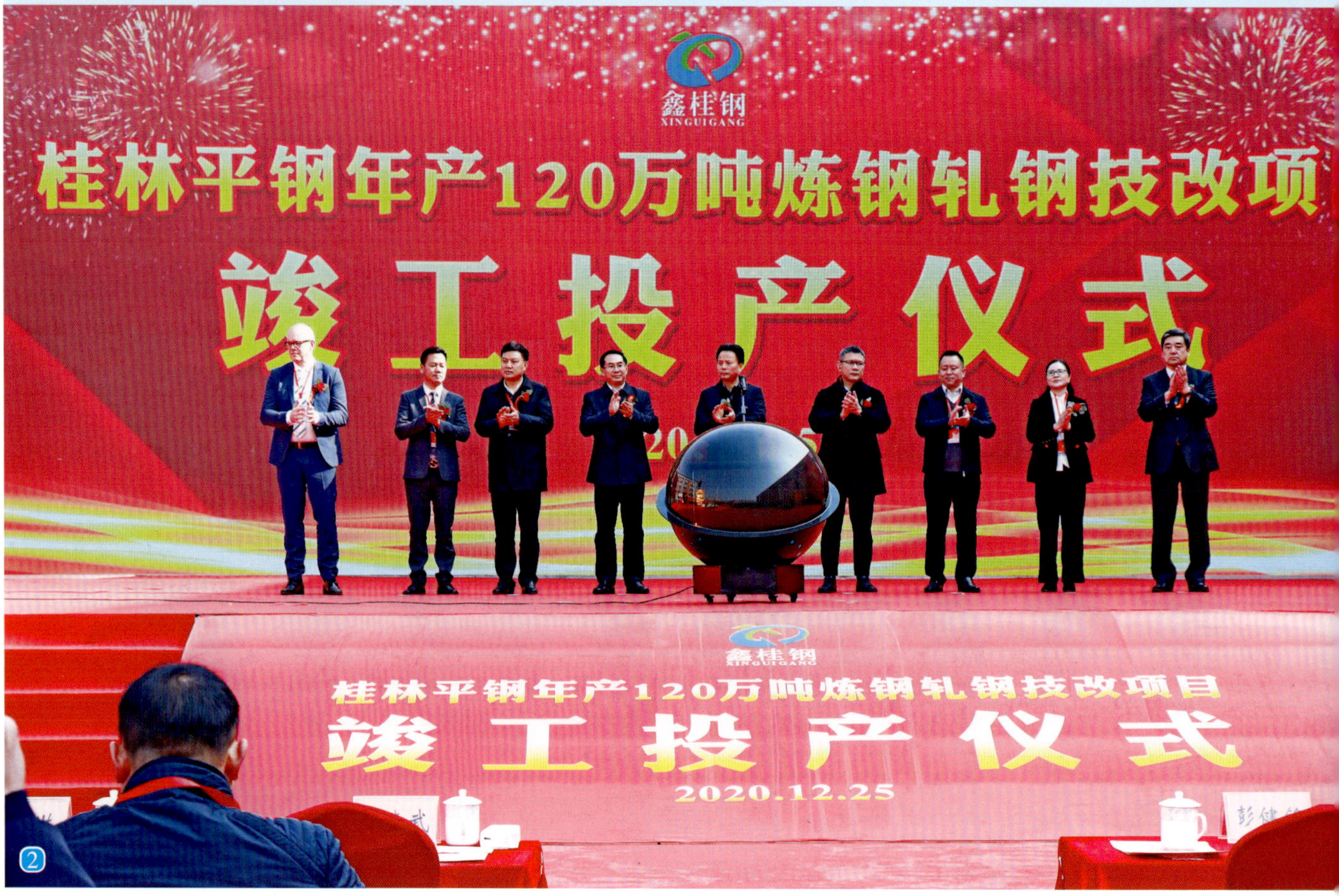
鑫桂钢
XINGUIGANG
桂林平钢年产120万吨炼钢轧钢技改项
竣工投产仪式
鑫桂钢
XINGUIGANG
桂林平钢年产120万吨炼钢轧钢技改项目
竣工投产仪式
2020.12.25

②

1 2020 年 6 月 17 日，自治区党委书记、自治区人大常委会主任鹿心社（右二）到桂林智神信息技术股份有限公司考察。
2 2020 年 12 月 25 日，桂林平钢钢铁有限公司年产钢材 120 万吨技改项目竣工投产。
3 2020 年，燕京漓泉 100 万吨产能填平补齐一期工程国内第一条私人定制的啤酒柔性生产线。
4 2020 年，桂林优利特电子集团有限公司九华山生产厂区。
5 2020 年，广西建工集团桂林装配式建筑产业有限公司商混站投产。
6 2020 年，桂林啄木鸟企业厂区全景。

脱贫攻坚全面胜利

2020年，桂林市全面落实精准扶贫基本方略，坚决打好决战脱贫攻坚、决胜全面小康的收官之战。全市累计投入财政扶贫资金24.63亿元，组织动员全市各级组织和社会各界力量参与脱贫攻坚，凝聚起同心协力、迎难而上、攻坚克难的磅礴力量。行路难、住房难、上学难、就医难、增收难等制约脱贫致富的难题被一一攻破，桂林交上了消除绝对贫困的完美答卷。全市实现贫困人口减贫1.44万人，贫困村退出51个，年度脱贫摘帽目标任务全面完成。至此，全市3个贫困县、510个贫困村、29.7万建档立卡贫困人口脱贫摘帽任务全部完成，脱贫攻坚战取得全面胜利。

1

2

1 2020 年 10 月 28 日，自治区人大常委会副主任、桂林市委书记赵乐秦（前排左三）率代表团考察调研肇庆市高要区罗氏沼虾养殖示范场。 赵艳峰供图

2 2020 年 7 月 14 日，市长秦春成（前排左一）到全州县调研指导就业扶贫工作。 市扶贫办供图

3 2020 年 6 月 2 日，桂林市一肇庆市扶贫协作联席会议在桂林市召开。 赵艳峰供图

4 2020 年 5 月 9 日，全州县枧塘镇良友柑橘种植基地开展多旋翼农用植保无人打药机推广应用培训。 廖福义摄

5 2020 年 4 月 1 日，恭城瑶族自治县电商办组织“主播”现场教贫困妇女使用手机通过抖音直播和视频带货销售农产品。 市扶贫办供图

1
2
3
4
5
聚力饮水攻坚
推进民生工程

1 2020 年 11 月 15 日，经教育扶贫后的平乐县同安镇第二小学新建运动场。 市扶贫办供图
2 2020 年，平乐县大发瑶族乡广运村通村路一角。 市扶贫办供图
3 2020 年年末，桂林市贫困村集体经济不断发展壮大，510 个脱贫村的集体经济收入均超过 5 万元。图为 2020 年 8 月 24 日，灵川县定江镇金灵村集体经济肉鸡养殖项目。 市扶贫办供图
4 2020 年 3 月 11 日，龙胜各族自治县旅游开发带动增收减贫。 市扶贫办供图
5 2020 年 8 月 20 日，兴安县崔家乡上塘村饮水工程通水。 市扶贫办供图
6 2020 年 3 月 12 日，桂林市召开 2020 年度“一帮一联”和信息数据提升工作培训会议。 市扶贫办供图
7 2020 年 8 月 17 日，建档立卡脱贫户在龙胜各族自治县炬晖电子有限公司扶贫车间务工。 黄院菊摄
8 2020 年 4 月 10 日，灌阳县洞井乡脱贫村——椅山村。 黄院菊摄

乡村振兴

近年来，桂林市发挥农业大市优势，以新型城镇化示范乡（镇）和田园综合体建设“两大书记工程”为载体，聚焦聚力“五大振兴”，突出提升“形实魂”，获得自治区对设区市乡村振兴实绩考核优秀等次。2020 年，全市第一产业增加值增长 6.2%，农村居民人均可支配收入达 17345 元，均位居全自治区前列。

（本专题图片均由桂林市农业农村局供图）

①

②

1 “百里橘香”田园综合体——阳朔县白沙镇金橘产业。
2 七星区“大美漓江”田园综合体。
3 “稻甲天下”田园综合体——灌阳县神农稻博园示范区。
4 “古镇提香”田园综合体——灵川县大圩镇东漓古村。

4

1 “梦幻遇龙”田园综合体——桥上村。
2 “叠彩缤纷”田园综合体——五彩花田。
3 “灵渠秦风”田园综合体——黄茅坝葡萄产业核心示范区。
4 “古镇提香”田园综合体——葡萄长廊。
5 “康养大碧头”田园综合体——农民丰收节活动。
6 “荔水青山”田园综合体——荔浦市大腊屯。

1 “诗意桃花湾”田园综合体——秀峰区桥头村。
2 “瑶韵柿乡”田园综合体——恭城瑶族自治县黄岭新村。
3 2020 年，龙胜各族自治县技术人员对扶贫产业进行先进技术指导。
4 2020 年，全州县大碧头景色。
5 “资水丹霞”田园综合体全景图。
6 2020 年，兴安县车上堰。

广西第十七届“看禾选种”大会（桂北
开幕式
主办单位：广西壮族自治区农业农村厅 桂林市人民政府
承办单位：广西壮族自治区种子管理站 桂林市农业农村局
全州县人民政府 广西种子协会
①
2020 GXAP
第十九届广西名特优农产品（桂林）交易会
THE 19th GUANGXI FAMOUS AND SPECIAL AGRICULTURAL PRODUCTS TRADE FAIR (GUILIN)
第19届广西名特优农产品交易会产销对接
THE 19TH GUANGXI FAMOUS AND SPECIAL AGRICULTURAL PRODUCTS FAIR PRODUCTION AND SALES DOCKING
签约成功
总签约金额：56400万元
Superior Agri-Products From GUANGXI
②

1 2020 年 9 月 9 日，广西第十七届“看禾选种”大会（桂北）开幕式在桂林举行。

2 2020 年 12 月 24 日，第 19 届广西名特优农产品（桂林）交易会产销对接签约仪式。

3 2020 年 12 月 24 日，第 19 届广西名特优农产品（桂林）交易会开幕。

4 2020 年 12 月 24 日，第 19 届广西名特优农产品（桂林）交易会开幕，自治区副主席方春明（右一）在桂林展区巡馆。

5 2020 年 11 月 11 日，广西休闲农业与乡村旅游大会在桂林召开。

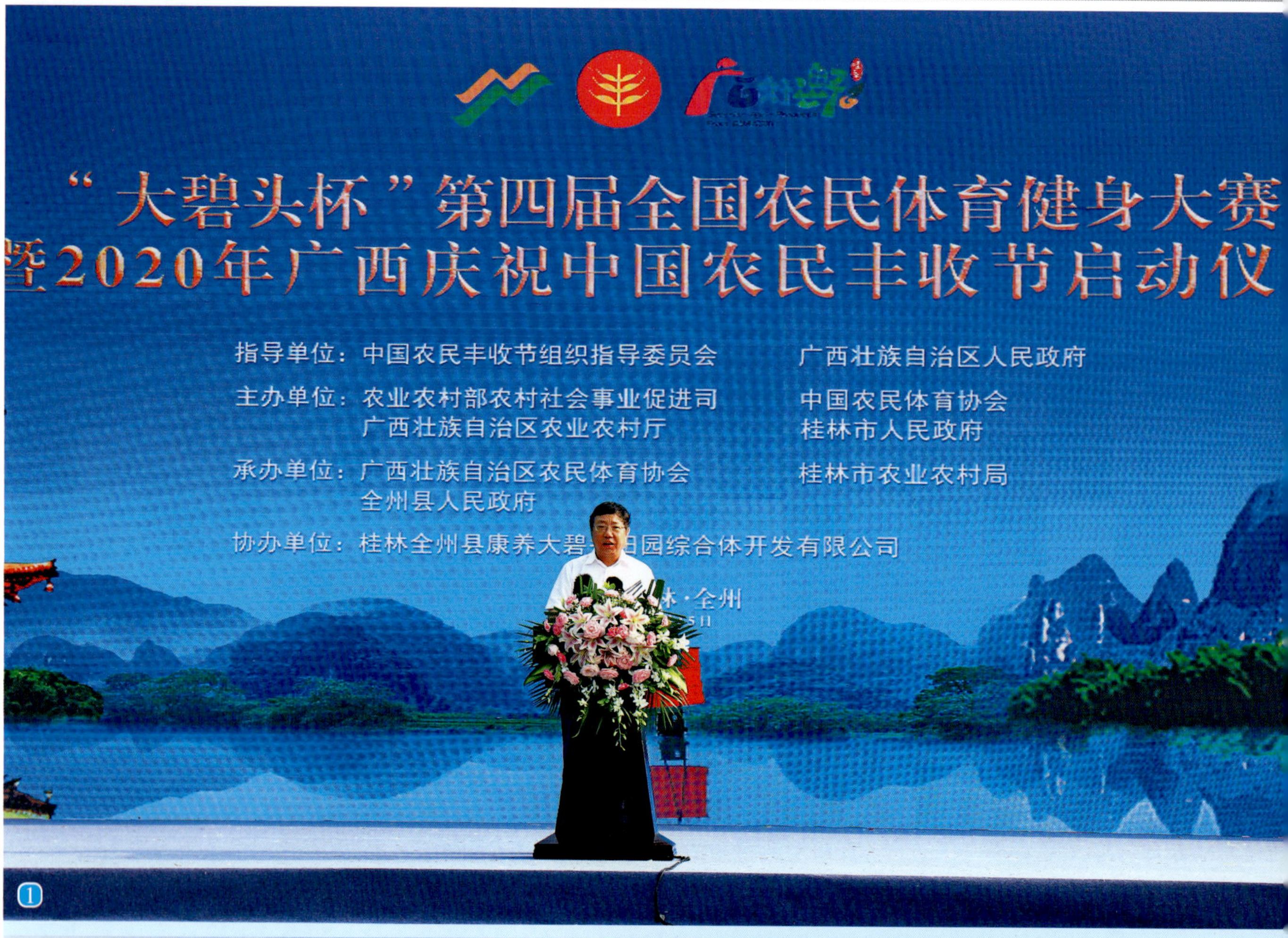
“大碧头杯”第四届全国农民体育健身大赛
暨2020年广西庆祝中国农民丰收节启动仪
指导单位：中国农民丰收节组织指导委员会
广西壮族自治区人民政府
主办单位：农业农村部农村社会事业促进司
广西壮族自治区农业农村厅
中国农民体育协会
桂林市人民政府
承办单位：广西壮族自治区农民体育协会
全州县人民政府
桂林市农业农村局
协办单位：桂林全州县康养大碧
园综合体开发有限公司
①

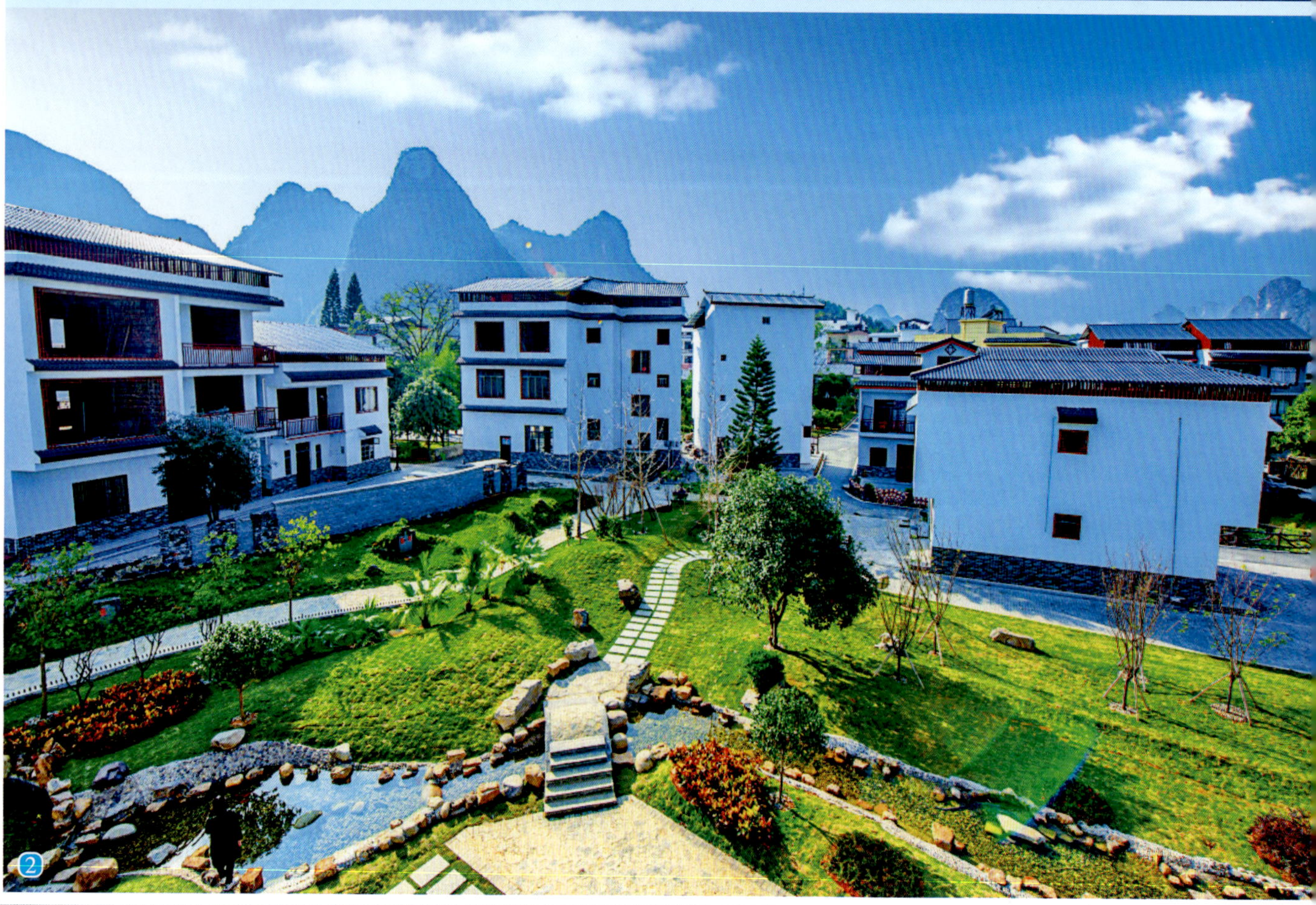
②

1 2020 年 9 月 15 日，第四届全国农民体育健身大赛暨 2020 年广西庆祝中国农民丰收节启动仪式举行。

2 构建桂北特色的乡村风貌体系——建设后的阳朔县鸡窝渡村村容村貌焕然一新。

3 乡村振兴示范村——永福县苏桥镇交龙屯。

4 秀峰区桥头村。

5 新型城镇化示范乡（镇）——临桂区茶洞镇。

全国文明城市创建

2020年，桂林市把创城工作作为“一把手”工程，坚持“创城为民、创城靠民、创城惠民”，全面落实包联工作机制，持续开展“金点子”活动，实现市民素质大提高、市容市貌大变样、治理水平大提升。2020年11月，桂林市获“全国文明城市”称号。（本专题图片除署名外，均由桂林市创城办供图）

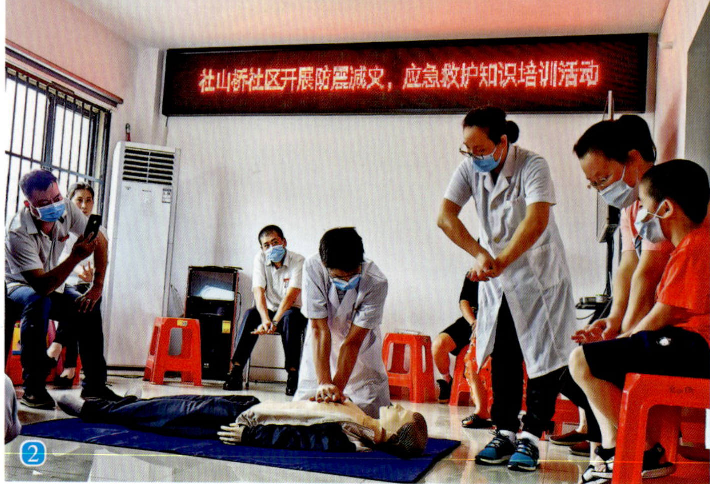

1 2020 年 5 月 12 日，2020 年桂林市精神文明建设工作推进会暨创建全国文明城市动员大会在市会议中心召开。
2 2020 年 5 月 9 日，桂林市七星区社山桥社区开展防震减灾、应急救护知识培训活动。
3 2020 年 5 月 26 日，桂林市审计局志愿服务队赴永福县三皇镇清水小学开展“我文明 我行动”结对帮扶活动。
4 2020 年 5 月 27 日，桂林市妇联在临桂区中庸镇穴田小学开展“六一”关爱留守、困境儿童志愿服务活动，为贫困村穴田村的留守、困境儿童送上书包书籍文具用品和牛奶。 曾馨慧摄
5 2020 年 6 月 21 日，桂林市商务局组织市家政协会、家政企业，到象山区平山街道迎宾西社区开展广西诚信家政企业进百家社区公益活动，引导全市家政业诚信经营，共建文明城市。
6 2020 年 6 月 23 日，市交通运输综合行政执法支队党支部组织党员、青年志愿者们到结对社区——七星区码坪社区开展“双服务双报到”暨“周五党日 +”主题活动，积极助力创城。
7 2020 年 7 月 3 日，桂林市市长秦春成（前排右二）到秀峰区九岗岭社区接待服务大厅检查创城工作开展情况。
8 2020 年 7 月 7 日，2020 桂林创建全国文明城市工作指挥部（扩大）会议召开。 何平江摄
9 2020 年 7 月 9 日，全市未成年人思想道德建设工作会议召开。

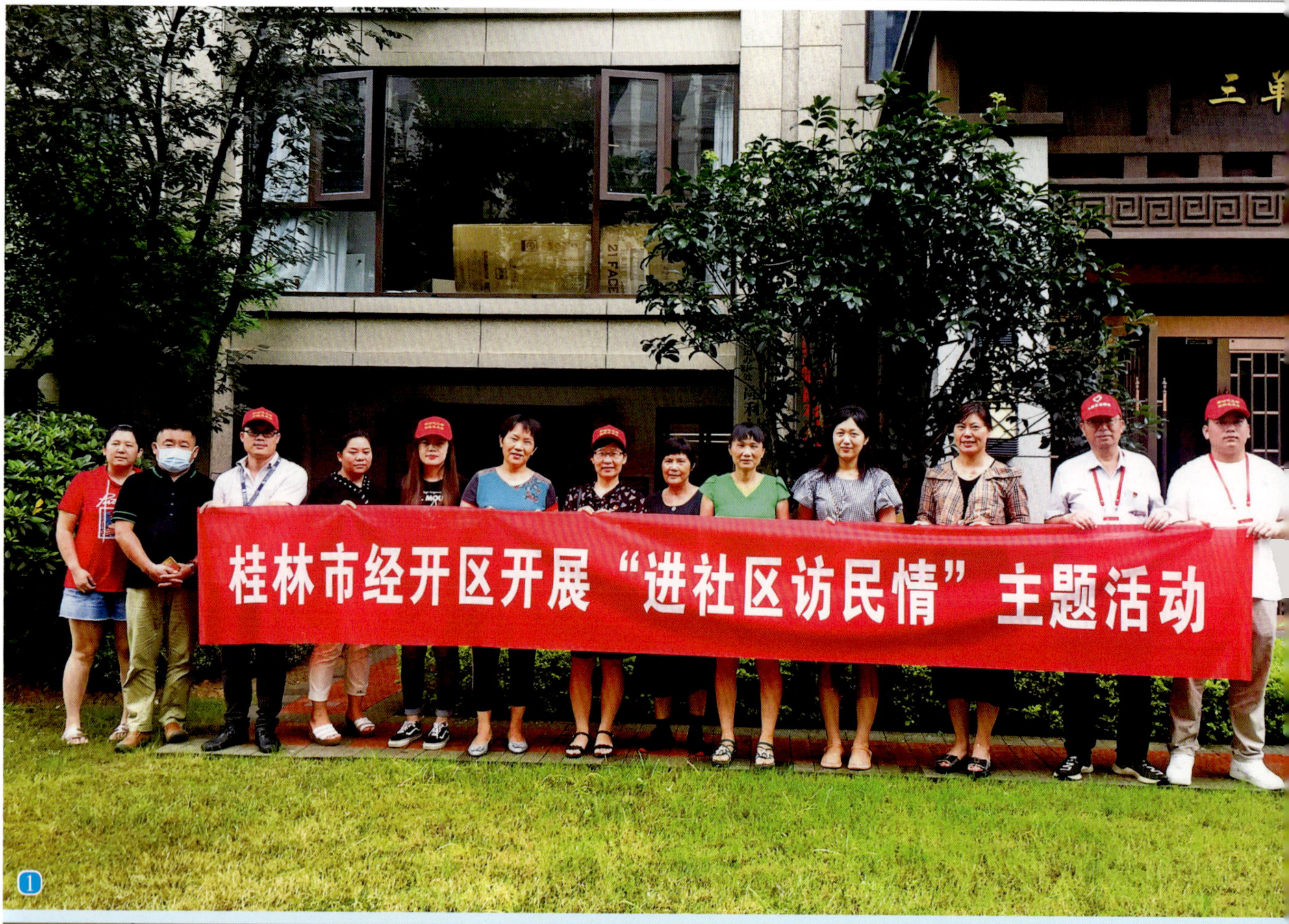
桂林市经开区开展“进社区访民情”主题活动

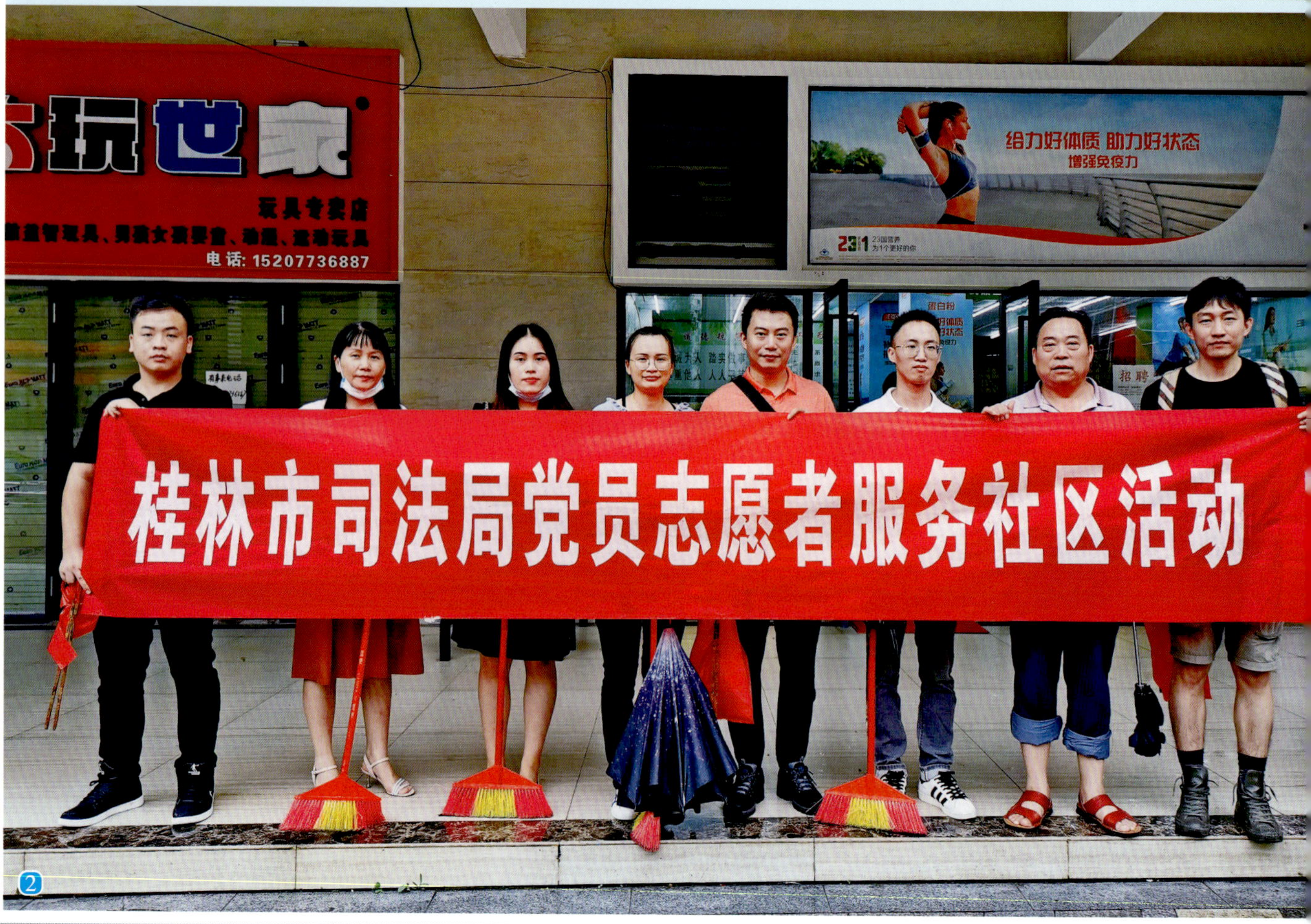
桂林市司法局党员志愿者服务社区活动
玩具专卖店
电话: 15207736887
给力好体质 助力好状态
增强免疫力

1 2020 年 7 月 10 日，桂林经开区在结对共建的融和社区开展“文明礼仪进社区”活动。

2 2020 年 7 月 10 日，桂林市司法局参与岩塘社区“大党委”“党群携手共创建 美化环境促和谐”志愿服务活动。

3 2020 年 7 月 23 日，桂林市新时代好少年先进事迹发布会现场。

4 2020 年 7 月 25 日，临桂区环湖社区创建全国文明城市系列之文艺活动。

5 2020 年 7 月 28 日，桂林市红十字会到象山区东安社区开展关爱空巢老人活动。

6 2020 年 7 月 28 日，桂林市红十字会到临桂区茶洞镇安乐村开展关爱困难群体活动。

临桂区金山社区2020年创建全国文明城市系列之文艺活动
金山社区居委会 宣
①

临桂区金山社区2020年创建全国文明城市系列之文艺活动
金山社区居委会 宣
②

2020年桂林市创建全国文明城市决胜冲刺大
③

虎山社区党群服务中心
桂林市民宗委民族团结进步宣传活动
④

文明健康
有你有我
全社会都要关心支持
未成年人健康成长
中共桂林市委宣传部 桂林市文明办 桂林市交通投资控股集团有限公司 宣
⑤

❶ 2020 年 7 月 31 日，临桂区金山社区在蚕种场开展 2020 年创建全国文明城市系列之文艺活动。

❷ 2020 年 7 月 31 日，临桂区金山社区在蚕种场开展 2020 年创建全国文明城市系列之文艺活动。

❸ 2020 年 7 月 29 日，2020 年桂林市创建全国文明城市决胜冲刺大会召开。 何平江摄

❹ 2020 年 8 月 11 日，桂林市民宗委在虎山社区开展民族团结进步宣传教育活动。

❺ 2020 年 9 月 6 日，创城中的北极广场公交车站。

❻ 2020 年 9 月 9 日，临桂区桂康小学组织开展文明校园创建活动。 杨静摄

❼ 2020 年 9 月 26 日，第七届全国道德模范故事汇基层巡演活动（桂林专场）在桂林师范高等专科学校举行。

❽ 2020 年 9 月 26 日，第七届全国道德模范故事汇基层巡演广西首场及第二场在桂林开展。图为巡演闭幕后中央文明办、自治区党委宣传部、桂林市委宣传部有关负责人与演员合影。 唐侃摄

❶ 2020 年 11 月 21 日，桂林市举行获第六届全国文明城市文明精神传递活动。 蒋鹏摄

❷ 2020 年 11 月 21 日，桂林市举行文明精神传递活动，市民群众庆祝桂林市获第六届全国文明城市称号。 游拥军摄

目　录
Contents

概　　貌

General Situation

特　　载

Special Edition

大　事　记

Memorabilia

年度聚焦

Annual Focus

桂林国际旅游胜地建设

Construction of Guilin International Tourist Resort

中国共产党桂林市委员会

Guilin Municipal Committee of the Communist Party of China

桂林市人民代表大会

Guilin Municipal People's Congress

桂林市人民政府

Guilin Municipal People's Government

中国人民政治协商会议桂林市委员会

Guilin Municipal Committee of the Chinese People's Political Consultative Conference

纪检监察

Discipline Inspection & Supervision

民主党派·工商联

Democratic Parties · Federation of Industry & Commerce

群众团体

Mass Organizations

法　　治

Rule by Law

军　　事

Military

外事・接待

Foreign Affairs・Reception

旅　游　业

Tourism

城乡建设与管理

Urban & Rural Construction & Management

生态环境保护

Ecological Environment Protection

交通运输 · 邮政管理

Transportation · Postal Administration

信 息 业

Information Industry

工 业

Industry

农业·水利

Agriculture · Water Conservancy

商　　业

Business

财政・税务

Finance・Taxation

金　融

Banking

新区・开发区

New Area・Development Zone

经济行政管理与监督

Economic Administration & Supervision

教　　育

Education

科 学

Science

文 化

Culture

卫生健康·体育

Health · Sports

人力资源·社会保障

Human Resources · Social Security

社会生活

Civil Life

区县(市)简介

Districts & Counties (Cities) Introduction

人　　物

Character

统计资料

Statistical Information

附　　录

Appendix

索　　引

Indexes

概　貌

建置沿革

先秦时期，桂林为百越地。秦始皇三十三年(前214年)，秦王朝统一岭南，设桂林、南海、象三郡，今桂林市大部分为桂林郡，东北部今兴安县、全州县、资源县、灌阳县和龙胜各族自治县的一部分属长沙郡。

汉高祖三年至元鼎五年(前204年—前112年)，原桂林郡地属南越国地。

汉元鼎六年(前111年)，置始安县，辖地包括今桂林市区、灵川县、阳朔县、永福县、柳州市鹿寨县及兴安县、龙胜各族自治县部分地域，县治在今桂林市区，属荆州零陵郡。今灌阳县、全州县、资源县及平乐县、恭城瑶族自治县部分地域属零陵郡；今龙胜各族自治县属武陵郡；今荔浦市属苍梧郡。

东汉建武四年(28年)，改始安县置始安侯国，治所在今桂林市区。

三国吴甘露元年(265年)十一月，分零陵郡南部置始安郡，辖始安(今桂林市区、兴安县、灵川县、阳朔县、荔浦市、永福县)、平乐(今平乐县、恭城瑶族自治县)、荔浦、尚安(今阳朔县)、熙平(今阳朔县)、永丰(今荔浦市)等县，今全州县、灌阳县、资源县属荆州零陵县，今龙胜各族自治县属荆州武陵郡。始安郡、始安县治所均在桂林市区，仍属荆州管辖。

西晋，始安郡改属广州，辖始安、平乐、常安、熙平、永丰、荔浦等县，包括今桂林兴安县、灵川县、临桂区、阳朔县、永福县、平乐县、荔浦市、恭城瑶族自治县，柳州市鹿寨县，梧州市蒙山县。今全州县、灌阳县、资源县、龙胜各族自治县的归属同三国时期。

南朝刘宋年间，始安郡属湘州；南朝梁天监六年(507年)，析广州之苍梧、郁林郡置桂州，领郡县，大同六年(540年)十二月，州治迁至今桂林市区。

隋大业三年(607年)，桂州废，改为始安郡，治始安县(今桂林市区)，今桂林市区及辖县大部分属始安郡，今全州县、资源县、兴安县、灌阳县属零陵郡。

唐武德四年(621年)，始安郡改置桂州。天宝元年(742年)，桂州改为始安郡。至德二年(757年)九月，改始安县为临桂县。以后历五代十国、宋、元、明、清至民国二年(1913年)三月一日前均称临桂县，为桂州、广南西路、静江府、静江路、广西行中书省、广西三司(布政使司、提刑按察使司、都指挥使司)、漓江道、桂林道、广西行省治所驻地。唐乾元元年(758年)，桂州领临桂、理定(今永福县)、灵川(今灵川县、龙胜各族自治县及临桂区部分)、阳朔、荔浦、永丰(今荔浦市、永福县)、建陵(今荔浦市)、纯化(今鹿寨县)、永福、临源(今兴安县)10县。今全州县、资源县、灌阳县属零陵郡，今平乐县、恭城瑶族自治县先后属乐州、昭州、平乐郡。

五代十国晋天福四年(939年)，增设全州，领清湘县(今全州县)、灌阳县，州治清湘县(今全州县城)。晋开运三年(946年)，在今兴安县城增置溥州，辖德昌(今兴安县)、广明(今临桂区部分、龙胜各族自治县、灵川县)、义宁(今临桂区部分)。

北宋至道三年(997年)，置广南西路，包括今广西和雷州半岛及海南岛等地区，治所桂州(今桂林市)，广西简称为“桂”自此始。南宋绍兴三年(1133年)二月初一，桂州升为静江府，府治临桂县城(今桂林市区)，辖临桂(今临桂区)、兴安、荔浦、永福、修仁(今荔浦市部分)、灵川、义宁(今龙胜各族自治县及临桂区部分)、理定(今兴安县)、古县(今永福县)、阳朔10县。全州、昭州辖县治所沿袭唐制。

元至元十五年(1278年)，改静江府为静江路，所辖县与宋静江府同。元大德五年(1301年)，昭州改为平乐府，府治今平乐县城，辖平乐、恭城、蒙山、昭平4县。

明洪武元年(1368年)六月二十三日，静江路复为静江府。洪武五年(1372年)六月，静江府改为桂林府，桂林作为广西东北地区行政区域的名称从此时开始。初领临桂、兴安、荔浦、修仁、灵川、阳朔、永福、理定、古县、义宁10县，后领2州7县(全州、永宁州，临桂、兴安、灵川、阳朔、灌阳、永福、义宁县)。洪武九年(1376年)，全州府降为全州，隶属湖广承宣布政使司永州府，辖地不变。洪武二十七年(1394年)，全州由属湖广永州府改属广西桂林府，初领灌阳1县。平乐府初领4县，弘治四年(1491年)增辖荔浦、修仁，次年增辖永安州，明末实辖永安州及7县，今桂林市辖县平乐、恭城、荔浦属之。永宁州于隆庆五年(1571年)升古田县置，领永福、义宁2县。

清前期同明制，乾隆六年(1741年)析义宁县西北地置龙胜厅，属桂林府。光绪三十二年(1906年)，析永宁州并永福、融县、柳城、雒容4县地置中渡厅，属桂林府。

民国元年(1912年)8月28日，广西省治迁往南宁。民国二年(1913年)，改临桂县为桂林县，并废府设道。桂林道辖桂林、全州、兴安、灌阳、灵川、龙胜、义宁、古化、中渡、永福、阳朔、平乐、恭城、荔浦、修仁、蒙山、贺县、昭平、富川、钟山20县。其中，古化县原为永宁县，为避免与四川、贵州、山西等省永宁县同名，易名为古化县。民国二十五年(1936年)10月1日，广西省治迁回桂林。民国二十九年(1940年)，改桂林县为临桂县，析城区八桂、白龙、培风、义南、东江、凤北6镇及太沙、柘木、东附廓、三合、北附廓、西南附廓6乡置桂林市，治所在今桂林市区，直属广西省政府。民国三十一年(1942年)，设直属行政区，辖桂林市及全州、灌阳、资源、兴安、阳朔、临桂、永福、百寿、义宁、灵川、龙胜11县。民国三十三年(1944年)，改直属行政区为第八行政区。平乐、荔浦、恭城县属平乐区，区治平乐县(今平乐县城)。民国末年(1949年1月1日至9月30日止)8月，广西省治从桂林市迁往南宁市。

1949年10月1日，中华人民共和国成立；12月广西全境解放后，桂林市为省直辖市，桂林行政区专员公署驻今桂林市区，辖临桂、灵川、义宁、永福、百寿、龙胜、兴安、全州、灌阳、资源、阳朔11县。1951年8月19日，撤销龙胜县，设龙胜各族联合自治区(县级)。1955年9月，龙胜各族联合自治区改称龙胜各族自治县，义宁县并入灵川县。1952年，百寿县并入永福县，资源县并入全州县，鹿寨县划入桂林专区。1954年，灵川县并入临桂县，恢复资源县制。1958年6月，平乐专区改为梧州专区，荔浦、恭城、平乐县划归桂林专区管辖，鹿寨县划归柳州专区。1960年7月，桂林地区和桂林市合并。1961年5月，桂林地区和桂林市分开。同年，恢复灵川县制，归属桂林地区。1981年7月，阳朔县和灵川县大圩公社的潜经、草坪大队以及茯荔大队的吴家、杨家生产队划归桂林市管辖。1983年10月，临桂县划归桂林市管辖。1990年2月3日，国务院批准撤销恭城县，成立恭城瑶族自治县。

1998年8月27日，国务院批复同意桂林市和桂林地区合并；11月8日正式挂牌，组建新的桂林市(地级)。市人民政府驻象山区榕湖南路6号。新的桂林市辖原桂林市的秀峰区、叠彩区、象山区、七星区、雁山区和临桂县、阳朔县以及原桂林地区的灵川县、全州县、兴安县、永福县、灌阳县、龙胜各族自治县、资源县、平乐县、荔浦县、恭城瑶族自治县。2013年1月18日，国务院批复同意撤销临桂县，设立桂林市临桂区。2014年7月12日，桂林市人民政府正式搬迁至临桂区西城中路69号。2018年7月，国务院同意，民政部批复，撤销荔浦县，设立荔浦市(县级)。2020年，桂林市辖秀峰区、叠彩区、象山区、七星区、雁山区、临桂区、阳朔县、灵川县、全州县、兴安县、永福县、灌阳县、龙胜各族自治县、资源县、平乐县、恭城瑶族自治县、荔浦市。 （市地方志办）

地理位置

【位置面积】 桂林市位于广西壮族自治区东北部，境域地理位置坐标介于北纬24° 15′ 23″—26° 23′ 30″，东经109° 36′ 50″—111° 29′ 30″之间，境域南北长236千米，东西宽189千米。北部、东北部与湖南省通道、城步、新宁、东安、永州、双牌、道县、江永8个县(市)交界，南部、东南部与广西壮族自治区贺州市富川、钟山、昭平3个县和梧州市蒙山县、来宾市金秀瑶族自治县及柳州市鹿寨县毗邻，西部、西南部与广西壮族自治区柳州市三江、融安2个县接壤。2020年，桂林市土地总面积27809平方千米(其中市区2767平方千米)。

【地形、地貌、山系、水系】

地形　桂林市地处南岭山系的西南部，地形总体上呈北高南低的趋势，即北、东、西三面环山，地势较高；中部、南部及东北部为岩溶山地、平原、河谷地区，地势较低平，其中从全州县、兴安县到灵川县、桂林市区一线有“湘桂走廊”之称，是广西的东北门户。

地貌　桂林市地貌特点是四周山地环绕，山地丘陵面积广大，地貌类型多样，可分为中山、低山、丘陵、岩溶石山和河谷平原五大类。中山主要分布在桂林市的北部、西部和中部海洋山等地，低山主要分布在各大山脉的四周，中山、低山总面积大约占全市面

表1　2020年桂林市土地面积

指标	土地面积(平方千米)
全市	27809
秀峰区	54
叠彩区	52
象山区	88
七星区	83
雁山区	288
临桂区	2202
阳朔县	1428
灵川县	2287
全州县	4021
兴安县	2344
永福县	2806
灌阳县	1837
龙胜各族自治县	2538
资源县	1954
平乐县	1919
恭城瑶族自治县	2149
荔浦市	1759

积的一半。丘陵多分布于中低山与河流谷地之间。境内石灰岩地层分布广泛，岩层厚、质地纯，加上受地质构造的作用和长期的侵蚀、切割，形成了沿桂江与湘江两岸分布的典型岩溶石山与河流谷地平原。典型的岩溶石山海拔标高200米—500米不等，有峰丛洼（谷）地和峰林平原等类型。石峰内或地下多洞穴或地下河。市区至阳朔县约80千米漓江沿岸的峰林地貌最为典型，形成了千峰环抱、山环水绕、碧水青山、奇峰倒影、洞奇石美的独特景观，被世人美誉为“山水甲天下”，成为举世闻名的旅游胜地。岩溶石山、丘陵与平原约占全市总面积的47%。此外，在资源县城向北部和西北的白垩纪红色砂岩分布区，由于地表水系的长期侵蚀，形成了一个沿资江分布，面积达125平方千米的丹霞地貌。桂林素来享有“无山不洞，无洞不奇”的赞誉，是中国也是世界上洞穴开发利用最早、最多的地区之一，有洞穴1万个左右。早在公元5世纪，颜延之就在独秀峰下开辟一洞穴为读书岩。七星岩洞口最早的一方石刻是隋开皇十年（590年）所刻的“栖霞洞”，迄今游览历史有1430年。桂林的著名洞穴有芦笛岩、七星岩、穿山岩、冠岩、甑皮岩洞穴遗址、银子岩、丰鱼岩、莲花岩、黑岩、永福岩、蟠山安乳洞岩、百寿岩、龙岩等。

山系　主要为中低山和岩溶山地。山系主要呈北北东走向。北部有猫儿山、越城岭，东部和中部有都庞岭、海洋山，西北和西部有大南山、天平山，南部有驾桥岭和大瑶山。组成山地的岩石除古老地层外，还有大量的花岗岩，形成花岗岩地貌景观。山地长度多在60千米以上，在高度上，除驾桥岭主峰高度较低（海拔1246.9米）外，其余山地主峰均在1700米以上。其中，猫儿山主峰海拔2141.5米，为华南第一高峰；越城岭主峰真宝顶海拔2132.4米，为广西第二高峰。猫儿山、越城岭、海洋山和都庞岭构成了珠江和长江水系的分水岭。在分水岭南北两侧，沿湘江和漓江河谷，分布形成西南—东北走向的兴安—全州河谷平原和西北—东南走向的岩溶山地—河谷平原区。

水系　桂林市河流水系发达，全市共有大小河流100余条，分属长江流域的洞庭湖水系与珠江流域的西江水系，为典型的雨源型山区河流。分布有桂江、湘江、洛清江、资江与寻江五大河流，其中资江与湘江属长江流域洞庭湖水系，桂江、洛清江、寻江属珠江流域西江水系。分山地型河流与岩溶丘陵平原型河流两大类，山地型河流多位于碎屑岩分布区，区内降雨量充沛，地表水系发达，河流曲折多弯，流域形成树枝状水系网络，河流坡降大，水流湍急、落差大，多峡谷、险滩，是开展漂流等水上运动的良好地域。岩溶丘陵平原型河流多位于碳酸盐岩分布区，流域内地表地下岩溶发育，致使地表水系不发育，地下多发育有地下河或伏流，地表与地下水系共存。属长江流域洞庭湖水系的有资江、湘江（包括其支流灌江），流域总面积约占全市总面积的30%。其中，湘江境内河流长190千米，流域面积7049平方千米；资江境内河流长83千米，流域面积1300平方千米。属珠江流域西江水系的有桂江、洛清江和寻江，约占全市总面积的70%。其中，桂江平乐县城以上段又称漓江，境内河流长约288千米（漓江长214千米），流域总面积12669平方千米；洛清江境内河段长103千米，流域面积2806平方千米；寻江境内河段长139千米，流域面积3868平方千米。在湘江和西江两大水系之间，古代修建有著名的灵渠（位于兴安县城西南）将两大水系沟通。另外，在临桂区会仙镇附近的相思埭有一条古运河将漓江水系与柳江水系（通过洛清江）沟通。

（中国地质科学院岩溶地质研究所）

漓江风光。（李腾钊2020年摄）

资源·物产

桂林是农业大市，物产富饶，名特优农产品众多。桂林素有“桂北粮仓”之称，是广西主要粮食生产基地之一。粮油作物主要有水稻、玉米、红薯、马铃薯、小麦、大豆、花生、油菜、芝麻等。桂林是广西第一大水果产区。水果主要有柑橘、沙田柚、金橘、葡萄、月柿、百香果、梨、桃、李、板栗、枇杷、枣子等。野生果类资源有中华猕猴桃、山楂、杨梅、酸枣、山葡萄等。其他经济作物主要有罗汉果、荔浦芋、荸荠、棉花、甘蔗、苎麻、烟叶、西瓜、食用菌等。桂林是“南菜北运”“西菜东运”的重要生产基地。蔬菜主要有辣椒、大蒜、番茄、南瓜、苦瓜、豆角、生姜、白菜、萝卜、莲藕等。名优特农产品主要有金橘、月柿、罗汉果、荔浦芋、白果、沙田柚、荸荠等。

桂林市林业资源丰富，是广西的主要林区之一，植物种类有199科564属1415种。国家Ⅰ级保护的珍稀植物有“活化石”——银杉、南方红豆杉、银杏、资源冷杉、水松、伯乐树、苏铁等；国家Ⅱ级保护的珍稀植物有福建柏、柔毛油杉、华南五针松、白豆杉、樟树、马尾树、榉木、楠木、厚朴、花榈木、红豆树、任豆、喜树、半枫荷等。用材林主要有杉、松、毛竹、桉树等。经济林主要有油茶、柿子、板栗、柑橘、柚子、桃、梨、金橘、白果、杜仲、厚朴、金槐、茶叶、油桐等。主要林产品有杉木、松木、桉树、毛竹等商品材,还有柑橘、梨子、葡萄、桃子、柿子、板栗、茶叶、笋干、白果、香菇、杜仲、厚朴、生漆、油桐子、槐米、松脂等。全市有动物种类1593种,隶属68目295科。国家Ⅰ级保护的珍稀动物有黄腹角雉、白颈长尾雉、金雕、林麝、云豹、豹、蟒蛇;国家Ⅱ级保护的珍稀动物有红腹角雉、穿山甲、大鲵(娃娃鱼)、白鹇、毛冠鹿、猕猴、大灵猫、小灵猫等。

桂林市矿产资源较为丰富,已发现可利用矿产48种,其中查明有一定资源储量并开发利用的矿产40种。在查明资源储量的矿产中有17种居全广西前列,其中滑石矿质量居世界前列,保有资源储量居全国前列。铅、锌、铌、钽、花岗岩、石灰岩、大理岩、重晶石、矿泉水等资源前景较好,滑石、大理岩、花岗岩、石灰岩、萤石、矿泉水及鸡血石等具有较大开发潜力。

(市地方志办)

气候·水文

【气候】 2020年,全市各地气温偏高,有阶段性高温热浪;雨量偏少,降水时空分布不均,局部出现洪涝,第四季度出现气象干旱;日照大部分地区偏少。全市平均气温17.5℃—20.9℃(资源县最低,恭城瑶族自治县最高),与常年同期相比,各地偏高0.3℃—1.1℃。年内最高气温37.7℃(阳朔县7月25日),最低气温-1.8℃(资源县12月21日)。雨量累计1587.0毫米—2896.9毫米(平乐县最少,永福县最多),与常年同期相比,各地偏多10%—40%。年雨日143天—198天(平乐县最少,资源县最多)。日照时数944.3小时—1445.7小时(龙胜各族自治县最少,恭城瑶族自治县最多),与常年同期相比,恭城瑶族自治县、荔浦市持平,其余各地偏少10%—30%。全年气象灾害对农业的影响属正常年份,局部暴雨洪涝灾害,局地冰雹、大风、雷电、暴雨、低温冻害等气象灾害给农业生产带来了一定影响。

寒潮 2月14日—16日,出现1次寒潮过程。12月13日—15日,出现1次寒潮天气过程;12月14日—22日、30日—31日出现冰(霜)冻、道路结冰等,最低气温-1.8℃(资源县12月21日)。

春播期低温阴雨 3月1日—7日,桂林出现持续3天—7天低温阴雨过程,其中全州县、兴安县、资源县的过程持续时间达7天。3月28日—4月6日,桂林等地出现持续3天—10天日平均气温≤12.0℃的低温阴雨过程,为重度等级。北部地区3.28℃—4.5℃气温出现连续4天—9天;中南部地区3.28℃—3.31℃气温连续出现2天—4天,日平均气温小于等于12℃,对双季早稻播种育秧有明显不利影响。

暴雨 全市按13站计(10县+桂林市区+临桂区+荔浦市),出现1站暴雨有9天,2站暴雨有9天,3站暴雨有6天,4站暴雨有4天,5站暴雨有1天,7站暴雨有4天,8站暴雨有1天。暴雨在各月的分布:1月有1天,2月有3天,3月有3天,4月有2天,5月有5天,6月有11天,7月有4天,8月有2天,9月有3天。1月25日,桂林出现第一次雷声,兴安县、灌阳县、临桂区出现第一场暴雨。5月29日—6月10日,受短波槽、低空急气流和弱冷空气共同影响,桂林市出现连续较强降雨天气,并伴有短时雷暴大风等强对流天气,雨量累计188.1毫米—803.5毫米,资源县雨量最少,永福县雨量最多。5月31日,6月1日—3日、5日、7日—10日、24日—25日辖区内接连出现暴雨、大暴雨甚至特大暴雨。6月7日,阳朔县雨量327.5毫米,打破当地建站以来最大日降水量历史记录;同日,永福县雨量326.4毫米,日降水量排在当地建站以来的第2位。此次持续降雨过程频繁,累积雨量大,强降雨区高度集中,落区重叠,局地降雨强度大,多地雨量破历史极值。受强降雨影响,漓江、洛清江、湘江流域有7条河流(河段)9个水文站出现超警戒水位1.5米—2.8米的涨水过程。漓江桂林水文站于6月9日12时30分出现146.49米(警戒水位146.0米)左右的洪峰水位。6月9日9时,全市448座各类水库有113

表2 2020年桂林市13站基本气象要素信息表

站点	全年平均气温(℃)	全年最低温度(℃)	全年最高温度(℃)	年降水量(毫米)	年日照数(小时)
桂林市区(不含临桂区)	20.2	2.2	36.6	2341.9	1110.9
临桂区	19.8	1.9	36.0	2424.2	1197.7
阳朔县	20.2	1.9	37.7	2101.5	1319.0
灵川县	19.4	1.5	36.2	2611.4	1127.0
全州县	19.2	0.5	37.5	1720.2	1199.7
兴安县	18.9	0.3	36.6	2664.1	1063.1
永福县	19.8	1.1	35.9	2896.9	1234.8
灌阳县	18.8	-1.2	36.8	2010.6	1022.5
龙胜各族自治县	19.0	0.4	36.7	1634.7	944.3
资源县	17.5	-1.8	36.3	1964.5	1117.4
平乐县	20.5	1.9	37.5	1587.0	1406.1
恭城瑶族自治县	20.9	2.8	36.9	1695.1	1445.7
荔浦市	20.7	2.4	37.5	1651.3	1355.2

座排洪(其中大型2座,中型13座,小型98座),其他各类水库运行正常。桂林市应急管理局6月12日洪涝灾情续报统计:受灾人口74.76万人,紧急转移安置人口15.10万人(其中分散安置人口14.39万人,集中安置人口7076人),需紧急生活救助人口6.20万人,需过渡性救助人口3235人,因灾死亡2人,农作物受灾面积6.42万公顷,成灾面积4.31万公顷,绝收面积7390.20公顷,房屋倒塌707户1053间,房屋严重损坏1070户1819间,房屋一般损坏8184户1.40万间,直接经济损失83.03亿元(其中农业损失21.81亿元,工矿企业损失13.81亿元,基础设施损失31.41亿元,公益设施损失3.31亿元,家庭财产损失12.69亿元)。

高温 年内桂林出现多次阶段性高温热浪。5月5日—9日,出现年内第一次最高气温≥35.0℃的高温天气过程。6月13日—14日、22日—24日、30日出现最高气温≥35.0℃的高温天气过程。7月12日—17日、21日—26日、29日—31日出现≥35.0℃的高温天气过程。8月16日—18日、22日—25日、27日—31日出现≥35.0℃的高温天气过程。9月1日—4日出现≥35.0℃的高温天气。

寒露风 受冷空气影响,9月17日资源县日平均气温开始降至22.0℃。到9月20日,北部地区已经出现连续2天—3天日均气温≤22℃。9月23日—28日,全市出现连续6天的寒露风天气过程。10月4日北部地区日平均气温又降至22℃以下,10月5日—11日出现第二次全市性的寒露风过程,14日—24日全市各地日平均气温连续≤22.0℃。桂林市寒露风天气来得早,持续时间长,对双季晚稻生产造成较大影响。第一次寒露风出现的时候,伴随的持续阴雨天气(9月22日—23日部分县区市达到暴雨量级)对处于成熟期的中稻带来影响,不能及时收割,部分田块在稻穗上已经发芽,即便收割回来的也因无法摊开晾晒而发霉发芽,部分植株因为风雨而发生倾斜或倒伏。9月下旬全市大部分晚稻已经抽穗、齐穗,由于偏北风风力较大,造成上层叶片枯黄,发育进度偏慢,后期熟色较差。第二次寒露风期间,除10月5日大部分地区出现分散小雨以外,其余时段无雨,日照充足,白天气温较高,最高气温达到22℃—29℃左右,昼夜温差较大。全州县、兴安县、灌阳县晚稻生产的影响占播种面积的比例在5%左右;灵川县、临桂区、永福县晚稻生产的影响占播种面积的比例在5%—10%;平乐县、荔浦市、恭城瑶族自治县晚稻生产的影响占播种面积的比例达20%—30%。另外,寒露风对全市中稻蓄留再生稻全部面积普遍影响较大,全市因寒露风危害影响双季晚稻面积有0.93万公顷,预测减产1万吨以上。

气象干旱 10月—12月,桂林连续少雨,部分区域出现气象干旱。10月,雨量24.5毫米—66.2毫米,与常年同期相比,全市偏少10%—50%,雨日7天—12天。11月,雨量0.0毫米—19.9毫米,全市偏少70%—100%,雨日0天—9天,恭城瑶族自治县、平乐县11月无雨,打破当地历史上11月最少雨量记录。12月,雨量5.3毫米—23.1毫米,全市偏少60%—90%。

(桂林市气象局)

【水文】 2020年,桂林市全年面平均降雨量2533.5毫米,与历年同期偏多41.8%,与上年同期偏多12.9%。其中,汛期(3月—8月)面平均降雨量1896.1毫米,占全年降雨量的74.8%。受降雨影响,桂林市主要江河来水量,汛期(3月—8月)月平均流量与历年同期相比,各江河来水量除全州县的万乡河偏少外,其余均偏多15%(龙胜各族自治县六漫河)至49%(兴安县灵渠)。受水利工程影响,2020年降雨量虽比上年偏多,但各江河来水量与上年同期相比普遍偏少。

2020年,桂林市暴雨洪水主要集中在3月—7月。3月,桂林市入汛不久,受强冷空气等天气系统影响,湘江流域发生长历时暴雨洪水场次较多,其中湘江支流海洋河兴安水文站3月27日18时出现211.23米的洪峰水位,洪峰流量714立方米每秒,超警戒水位0.73米;湘江全州水文站3月28日出现149.56米的洪峰水位,洪峰流量2620立方米每秒。此次洪水兴安、全州两站均为全年最高洪水水位。湘江支流灌江灌阳水文站年最高水位出现在5月20日,洪峰水位247.79米,

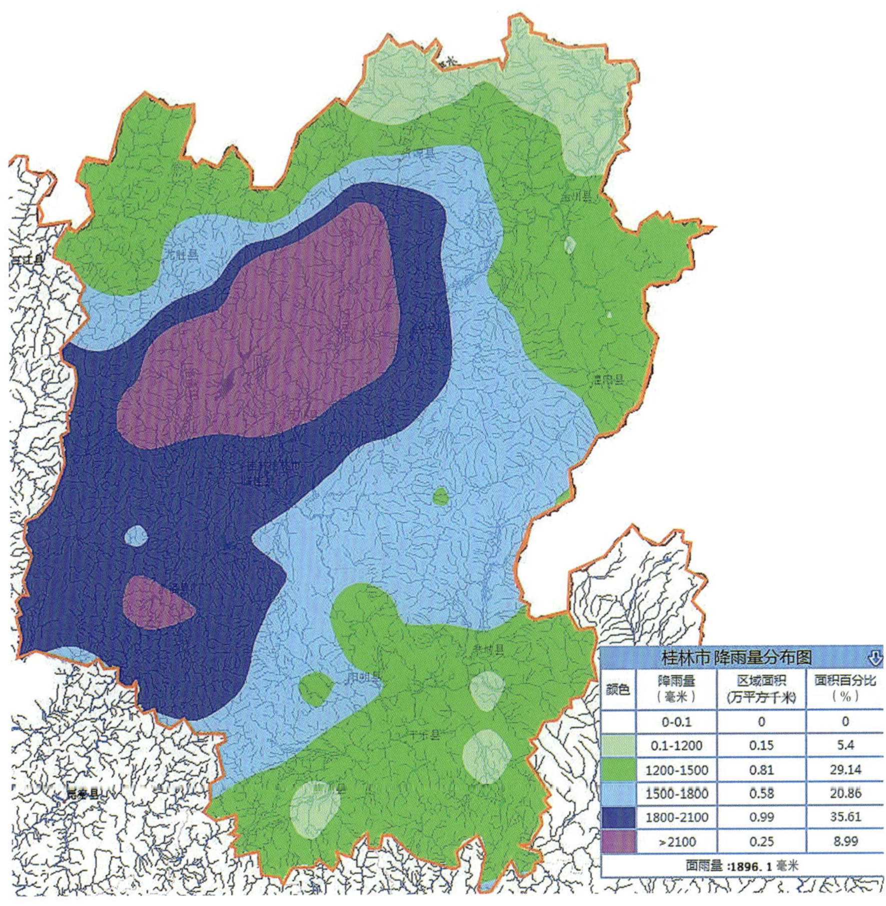

2020年3月—8月桂林市降雨量分布图

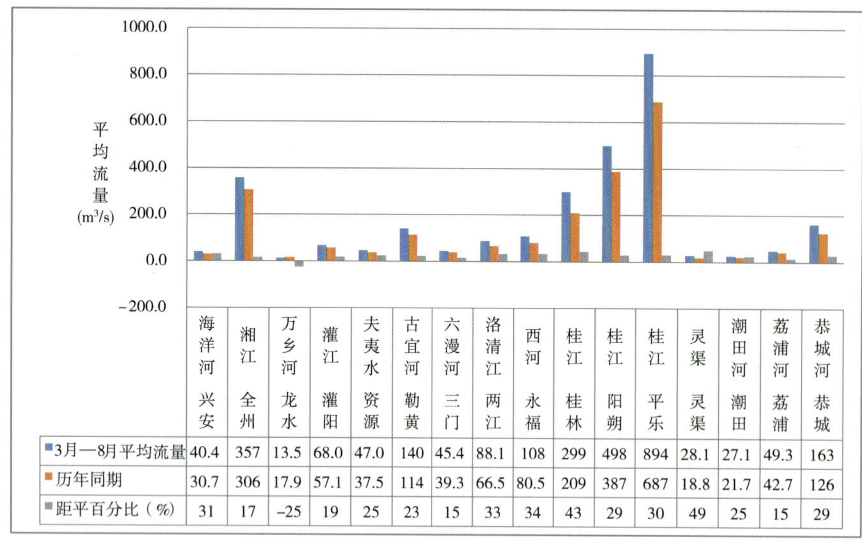

2020年（与历年同期相比）桂林市主要江河来水量距平图

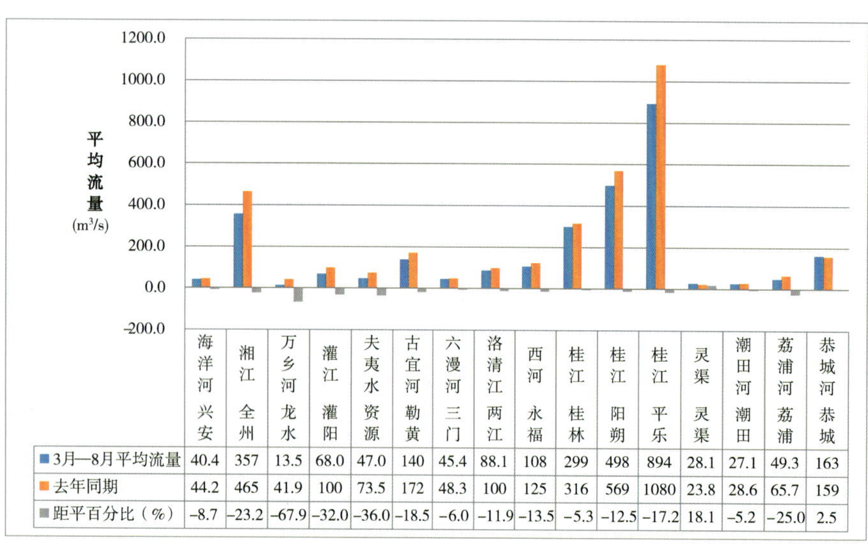

2020年（与上年同期相比）桂林市主要江河来水量距平图

洪峰流量850立方米每秒；资江夫夷水资源水文站年最高水位出现在7月10日，洪峰水位376.71米，超警戒水位0.51米，洪峰流量1100立方米每秒。5月，桂林市进入主汛期后，桂江流域出现了相对范围较广、雨强较大的暴雨洪水过程。5月29日—6月10日，桂林市持续强降雨，整个强降雨过程累计全市面雨量391.9毫米，受强降雨影响，桂林市多条河流先后出现大洪水、特大洪水，共有22条河流，35个水文站出现共50站次超警戒水位0.01米—6.38米的洪水过程。其中，桂江支流马岭河马岭水文站6月7日15时出现129.88米的洪峰水位，洪峰流量1280立方米每秒，超警戒水位2.88米；金宝河阳朔龙潭水文站6月7日11时30分出现124.99米的洪峰水位，洪峰流量1530立方米每秒，超警戒水位2.99米，马岭水文站、阳朔龙潭水文站均为超50年一遇特大洪水，马岭河上游花箦水文站水位台在这场特大洪水中被冲毁；桂江支流遇龙河兴隆水文站6月7日12时20分出现126.67米的洪峰水位，超警戒水位1.17米；良丰河良丰水文站6月8日3时15分出现149.72米的洪峰水位，超警戒水位2.02米，兴隆水文站、良丰水文站均为超20年一遇大洪水；受桂江上游各支流大洪水和特大洪水影响，恭城水文站、阳朔水文站于6月7日出现接近10年一遇中洪水，洪峰水位分别为133.43米、112.33米，分别超警戒水位1.43米、2.83米；桂江平乐水文站于6月8日凌晨1时出现105.88米的洪峰水位，超警戒水位6.38米，洪峰流量11300立方米每秒，为20年一遇大洪水，平乐水文站一楼站房被洪水淹没，是1936年建站以来实测的第二大洪水。受青狮潭水库调洪影响，桂林水文站6月9日12时出现146.50米的洪峰水位，洪峰流量2890立方米每秒，超警戒水位0.50米。受强降雨影响，洛清江支流西河永福（西河）水文站、洛清江干流永福（洛清江）水文站6月7日出现接近10年一遇中洪水，洪峰水位分别为142.51米、142.45米，分别超警戒水位3.51米、3.45米。自5月29日以来，永福洛清江先后出现3次，永福西河先后出现6次超警戒洪水。

表3　2020年桂林市主要洪水超警情况统计表

测站	河流	洪峰时间	洪峰水位（米）	水位涨幅（米）	超警戒水位（米）	警戒水位（米）
马岭	马岭河	6月7日15:00	129.88	5.07	2.88	127.0
阳朔龙潭	金宝河	6月7日11:30	124.99	5.52	2.99	122.0
兴隆	遇龙河	6月7日12:20	126.67	3.29	1.17	125.5
良丰	良丰河	6月8日3:15	149.72	6.02	2.02	147.7
恭城	恭城河	6月7日16:50	133.43	3.68	1.43	132.0
阳朔	桂江	6月7日17:15	112.33	5.27	2.83	109.5
桂林	桂江	6月9日12:00	146.50	1.25	0.50	146.0
		7月12日4:55	146.73	3.43	0.73	

续表

测站	河流	洪峰时间	洪峰水位(米)	水位涨幅(米)	超警戒水位(米)	警戒水位(米)
平乐	桂江	6月8日1:00	105.88	8.26	6.38	99.5
永福	西河	5月25日18:30	139.01	1.98	0.01	139.0
		6月7日8:40	142.51	4.32	3.51	
		7月20日8:25	139.68	2.16	0.68	
	洛清江	6月7日16:20	142.45	4.64	3.45	
两江	洛清江	6月3日14:45	156.17	2.77	0.57	155.6
三门	六漫河	6月9日5:35	212.40	4.52	2.80	209.6
勒黄	古宜河	7月11日4:05	210.28	3.7	0.78	209.5
资源	夫夷水	7月10日7:55	376.71	4.47	0.51	376.2
兴安	海洋河	3月27日18:35	211.23	2.48	0.73	210.5
		5月16日7:15	211.92	3.46	1.42	
		6月8日20:45	211.09	1.78	0.59	

（钟婷）

人　口

2020年年末，桂林市户籍人口总户数1667304户，其中6个城区430183户，11个县(市)1237121户。全市有户籍人口5417223人。其中，6个城区1355158人，11个县(市)4062065人；男性2798218人，女性2619005人。年内，桂林市开展了第七次全国人口普查工作，2020年11月1日零时桂林市人口的主要数据如下：全市常住人口4931137人。全市共有家庭户1718580户，集体户66223户，家庭户人口4605154人，集体户人口325983人。平均每个家庭户的人口2.68人。全市常住人口中，汉族人口4110371人，占83.36%；各少数民族人口820766人，占16.64%，其中壮族人口282537人，占5.73%。全市常住人口中，男性人口2505946人，占50.82%；女性人口2425191人，占49.18%。总人口性别比(以女性为100，男性对女性的比例)为103.33。全市常住人口中，0岁—14岁人口968064人，占19.63%；15岁—59岁人口2960552人，占60.04%；60岁及以上人口1002521人，占20.33%（其中65岁及以上人口730704人，占14.82%）。全市常住人口中，拥有大学(指大专及以上)文化程度的人口644246人；拥有高中(含中专)文化程度的人口698562人；拥有初中文化程度的人口1750118人；拥有小学文化程度的人口1313692人(以上各种受教育程度的人包括各类学校的毕业生、肄业生和在校生)。全市常住人口中，15岁及以上人口的平均受教育年限提高至9.70年。全市常住人口中，文盲人口(15岁及以上不识字的人)121784人，文盲率下降为2.47%。全市常住人口中，居住在城镇的人口2592914人，占52.58%；居住在乡村的人口2338223人，占47.42%。全市人口中，人户分离人口1314266人。其中，市辖区内人户分离人口287116人，流动人口1027150人。流动人口中，跨省流入人口193098人。

（市地方志办）

表4　**2020年年末桂林市人口统计表**

地区别	总户数(户)	年末总人口(人)		
		合计	男	女
全市	1667304	5417223	2798218	2619005
市辖区	430183	1355158	673219	681939
秀峰区	39400	117492	56270	61222
叠彩区	55460	158369	75882	82487
象山区	86674	241992	116883	125109
七星区	80783	232561	111697	120864
雁山区	18687	70430	35114	35316
临桂区	149179	534314	277373	256941
阳朔县	96369	331691	171282	160409
灵川县	119688	397275	200142	197133
全州县	245163	842949	454647	388302
兴安县	123399	391527	201426	190101
永福县	84299	291264	153644	137620
灌阳县	108132	297048	158794	138254
龙胜各族自治县	48738	173392	88029	85363
资源县	56495	181285	94527	86758
平乐县	148548	464987	246169	218818
恭城瑶族自治县	91134	305601	158520	147081
荔浦市	115156	385046	197819	187227

注：该表人口为市公安局提供的户籍人口。

（唐志红）

行政区划

2020年年末，桂林市下辖临桂区、秀峰区、叠彩区、象山区、七星区、雁山区6个城区，荔浦市1个县级市，以及阳朔县、灵川县、全州县、兴安县、永福县、灌阳县、龙胜各族自治县、资源县、平乐县、恭城瑶族自治县10个县。县(市、区)下辖街道13个，镇88个，乡46个(民族乡15个)。分辖社区257个，建制村1653个。

秀峰区　辖街道3个(秀峰街道、丽君街道、甲山街道)。分辖社区22个，建制村7个。

叠彩区　辖街道2个(叠彩街道、北门街道)，乡1个(大河乡)。分辖社区22个，建制村15个。

象山区　辖街道3个(象山街道、南门街道、平山街道)，乡1个(二塘乡)。分辖社区36个，建制村8个。

七星区　辖街道4个(七星街道、东江街道、穿山街道、漓东街道)，乡1个(朝阳乡)。分辖社区33个，建制村14个。

雁山区　辖街道1个(良丰街道)，镇2个(雁山镇、柘木镇)，乡1个(大埠乡)，民族乡1个(草坪回族乡)。分辖社区4个，建制村39个。

临桂区　辖镇9个(临桂镇、六塘镇、会仙镇、两江镇、五通镇、四塘镇、南边山镇、中庸镇、茶洞镇)，民族乡2个(宛田瑶族乡、黄沙瑶族乡)。分辖社区15个，建制村161个。

阳朔县　辖镇6个(阳朔镇、白沙镇、福利镇、兴坪镇、葡萄镇、高田镇)，乡3个(金宝乡、普益乡、杨堤乡)。分辖社区15个，建制村99个。

灵川县　辖镇7个(灵川镇、大圩镇、定江镇、三街镇、潭下镇、九屋镇、灵田镇)，乡3个(潮田乡、海洋乡、公平乡)，民族乡2个(大境瑶族乡、兰田瑶族乡)。分辖社区19个，建制村129个。

全州县　辖镇15个(全州镇、黄沙河镇、庙头镇、文桥镇、大西江镇、龙水镇、才湾镇、绍水镇、石塘镇、咸水镇、凤凰镇、安和镇、两河镇、枧塘镇、永岁镇)，乡1个(白宝乡)，民族乡2个(蕉江瑶族乡、东山瑶族乡)。分辖社区14个，建制村272个。

兴安县　辖镇6个(兴安镇、湘漓镇、界首镇、高尚镇、严关镇、溶江镇)，乡3个(漠川乡、白石乡、崔家乡)，民族乡1个(华江瑶族乡)。分辖社区10个，建制村115个。

永福县　辖镇6个(永福镇、罗锦镇、百寿镇、苏桥镇、三皇镇、堡里镇)，乡3个(广福乡、永安乡、龙江乡)。分辖社区6个，建制村93个。

灌阳县　辖镇6个(灌阳镇、黄关镇、文市镇、新街镇、新圩镇、水车镇)，乡1个(观音阁乡)，民族乡2个(洞井瑶族乡、西山瑶族乡)。分辖社区4个，建制村138个。

龙胜各族自治县　辖镇6个(龙胜镇、瓢里镇、三门镇、龙脊镇、平等镇、乐江镇)，乡4个(泗水乡、江底乡、马堤乡、伟江乡)。分辖社区9个，建制村119个。

资源县　辖镇3个(资源镇、中峰镇、梅溪镇)，乡1个(瓜里乡)，民族乡3个(车田苗族乡、两水苗族乡、河口瑶族乡)。分辖社区3个，建制村71个。

平乐县　辖镇6个(平乐镇、二塘镇、沙子镇、同安镇、张家镇、源头镇)，乡3个(阳安乡、青龙乡、桥亭乡)，民族乡1个(大发瑶族乡)。分辖社区13个，建制村134个。

恭城瑶族自治县　辖镇6个(恭城镇、栗木镇、莲花镇、嘉会镇、西岭镇、平安镇)，乡3个(三江乡、观音乡、龙虎乡)。分辖社区10个，建制村117个。

荔浦市　辖镇10个(荔城镇、东昌镇、新坪镇、杜莫镇、青山镇、修仁镇、大塘镇、花箦镇，双江镇、马岭镇)，乡2个(龙怀乡、茶城乡)，民族乡1个(蒲芦瑶族乡)。分辖社区22个，建制村122个。

(秦丽萍)

经济与社会建设

【概况】 2020年，桂林市面对各种风险和严峻挑战，特别是突如其来的新冠肺炎疫情，坚持桂林国际旅游胜地建设“一本蓝图绘到底”，统筹推进疫情防控和经济社会发展，推动工业和乡村“两大振兴”，做好“六稳”工作，全面落实“六保”任务，“十三五”规划顺利收官，桂林国际旅游胜地基本建成，全面建成小康社会基本实现，绝对贫困全面消除，成功入选“全国文明城市”，推动经济运行趋稳向好、社会大局和谐稳定。

【经济运行呈现稳中向好态势】 2020年，桂林市在全自治区率先出台复工复产指导意见，按日监测调度复工复产情况。实施“一派二包二补”(“一派”是选派优秀党员作为重点防疫物资生产企业特派员，帮助企业协调解决生产困难问题；“二包”是企业包场地隔离和包车接送员工上下班；“二补”是企业对员工自带防疫物资进行补助，对日常居家不外出的员工进行补助)、建立防疫物资“周转池”“点对点”接送人员返岗等措施，获中央、自治区指导组高度肯定。全市重点企业、重大项目在4月下旬实现复工。聚焦“六稳”“六保”工作任务，出台支持中小企业发展13条等措施，将286条惠企政策汇编成册并清单化落实，新增减税降费13.17亿元，减免社保费用27.79亿元，降低企业用电用气用水成本6亿元，累计发放再贷款、再贴现247.2亿元，“复工贷”和“稳企贷”分别授信612.4亿元、691.3亿元，新增市场主体7.41万户，(比上年，下同)增长30.2%。全市地区生产总值增长2.1%，组织财政收入下降19.7%，固定资产投资增长4.0%，社会消费品零售总额下降8.1%，城镇居民、农村居民人均可支配收入分别增长2.6%、8.1%，居民消费价格上涨2.6%，常住人口城镇化率52%，节能减排降碳完成自治区下达目标。

【疫情防控工作取得显著成效】 2020年，桂林市新冠肺炎疫情防控工作取得显著成效，人民生命安全得到切实保障。全面实行“市、县、乡、村”四级党委书记、行政首长负责制，建立临时党支部200多个，组建党员先锋队、党员突击队2000多支，累计动员基层人员4.5万人，对全市开展地毯式排查，织密织牢防控网。在全自治区率先按照集中救治原则，预拨医保基金3700万元，确定定点医院13家，设立集中隔离点18个，比全自治区提前8天实现本土在治确诊病例、疑似病例“双清零”。民生物资供应充足，价格稳定。遴选企业154家，搭建互联互通、行动同步的销售、货源、配送“三张网”。按日监测预警粮、肉、菜、油等重要商品库存量和市场价格，采集价格监测信息2万余条，确保价格调控的有效性。储备冻猪肉616吨、生猪活体2.09万头，全市生猪日均屠宰量1200头左右，猪肉价格有效平抑。发放价格临时补贴1.12亿元，惠及困难群众254万人次。居民消费价格涨幅持续低于全自治区平均水平。在全自治区率先开放定点宾馆为湖北籍游客服务等做法在中央电视台《新闻联播》《新闻直播间》等节目先后播出，桂林获赞“有温情的城市”。先后派出3批次94名医务人员驰援湖北，开创单个市编组专列（十节冷链车厢）援鄂先例，捐赠罗汉果10万个、优质果蔬200吨。依托医药产业基础，迅速推动清研皓隆等项目落地，25天内实现医用防护口罩“桂林产”，12家企业14个产品获医疗器械产品注册证，磁共振机、N95口罩、医用护目镜等产品填补广西空白，桂林成为广西防疫物资生产体系最完备的城市之一。

【国家重大战略任务如期完成】 2020年，桂林市决胜全面建成小康社会取得决定性成就。六大类53项指标基本实现预期，三大核心指标中，地区生产总值、城乡居民收入超额实现比2010年“翻一番”目标，29.7万建档立卡贫困人口顺利脱贫，3个贫困县、510个贫困村全部摘帽。12项生态环境指标全面完成，森林覆盖率等指标全自治区领先。阳朔县、临桂区、灌阳县获评广西高质量发展先进县、进步县（城区）。桂林国际旅游胜地基本建成。推动自治区层面建立桂林国际旅游胜地建设厅际联席会议制度，胜地建设四大战略定位逐步实现，12项主要指标基本实现预期。成立“六个一流”工作专班，制定重点任务清单76项，漓江歌剧院等15个重大项目年度完成投资60亿元。组织策划桂林国际旅游胜地建设、大健康与文旅产业发展重大招商引资项目79个，总投资近1500亿元。脱贫攻坚任务如期完成。“四大战役”“五场硬仗”顺利收官，贫困人口“两不愁三保障”问题全面解决，“八有一超”“十一有一低于”指标全部达标，自治区“脱贫感党恩 奋进新起点”主题活动现场会在桂林市召开。“十三五”易地扶贫搬迁工程通过自治区验收。县级“5+2”、贫困村“3+1”特色产业覆盖率均达98%，510个贫困村集体经济收入均超过5万元。实施肇庆·桂林扶贫协作项目162个，惠及贫困人口8.6万人。“十三五”规划顺利收官。34项指标基本实现，其中约束性指标全部达标。粮食、柑橘、特色水果、蔬菜、中草药、优质家畜6个超100亿元农产品产业集群加速形成，水果产业产值突破250亿元。三大工业园区总规划面积510平方千米，比2015年扩大211平方千米。服务业在结构占比、税收贡献、投资比重、就业吸纳等方面均领跑第三产业。桂林两江国际机场年旅客吞吐能力1200万人次，高铁通车里程420千米，成为广西高铁双枢纽之一，高速公路通车里程715.37千米，“县县通高速”目标基本实现。高质量起草形成全市“十四五”规划纲要（草案）。组织谋划桂林市争取纳入国家“十四五”规划的重大事项36项，纳入自治区“十四五”规划的重大事项455项。

2020年11月21日，桂林市民在甲天下广场喜庆桂林市获“全国文明城市”称号。
（陈静摄）

【民生保障水平稳步提升】 2020年，桂林市获“全国文明城市”称号，成为广西唯一入选第六届“全国文明城市”名单的设区市。年内，全面落实创城包联工作机制，开展城市改造提升九大攻坚行动及“金点子”活动，解决了一大批群众关心的“老大难”问题，实现市容市貌大变样、城市治理大提升、市民素质大提高，创建全国文明单位19个、文明村镇17个、文明校园3所（含驻桂林高校1所）、全国爱国主义教育基地4处、自治区社会主义核心价值观示范点1个。2020年“文化和自然遗产日”主场城市活动在桂林举行。城市形象品质不断提档升级。新区老城基础设施更加完善。临江东路、八一桥改扩建、灵田公路改扩建等建成通车，城北水厂二期供水项目完工通水，桂林国际会展中心、榕湖小学桃江校区改造等启动建设，翻山底农贸市场竣工使用。建成保障性住房8019套，401个老旧小区改造项目稳步推进，瓦窑西路片区等改造完成。公交智能化建设及互联网+便捷出行工程加快推进，新能源公交车辆523台，占运营车辆的72%。人民群众幸福指数与日俱增。财政民生支出373.65亿元，占一般公共预算支出的79.2%。城市、农村低保标准分别提升至每人每年9000元、5300元，分别提高13.6%、17.8%。“五险”累计参保人数971.9万人次。抓好重点人群就业工作，城镇登记失业率3.51%。建成学校27所，新增学位3.09万个，通过自治区普及高中阶段教育评估验收，自治区示范性幼儿园实现县域全覆盖。“亮剑2020”成效突出，刑事、治安案件分别下降16.6%、20.1%,“八里街智慧警务模式”被《人民日报》等多家媒体报道。全力抓好抗洪救灾,成功避险5起,避免1400多人因灾伤亡,获自治区人民政府通报表扬。连续9届获“全国双拥模范城”称号,成功创建广西食品安全示范城市。生态环境质量继续保持全优。《桂林市漓江风景名胜区管理条例》颁布实行,推动自治区建立生态保护补偿试点机制。漓江城市段实现常态化蓰水。桂林喀斯特世界自然遗产地生态景观修复工程被各级媒体广泛宣传报道。全市空气质量优良天数353天,PM10、PM2.5平均浓度连续6年实现“双降”,为全自治区唯一连续6年完成大气环境考核指标城市。主要河流和城市集中式生活饮用水水源地水质达标率100%,污染地块安全利用率100%,重金属减排任务全面完成。龙胜各族自治县获评全自治区唯一“绿水青山就是金山银山”实践创新基地。

(桂林市发展和改革委员会)

2020年7月1日,市委理论学习中心组召开学习会,市委书记赵乐秦(正面中)主持会议并讲话。(何平江摄)

政治建设

【推进党的政治建设】 2020年,中共桂林市委认真落实新时代党的建设总要求,坚持不懈推进党的政治建设。一是坚持把深入学习贯彻习近平新时代中国特色社会主义思想作为首要政治任务。召开常委会会议30次、理论学习中心组专题学习会6次,及时跟进学习,抓好贯彻落实,示范引领全市学习贯彻常态化。抓好中共十九届五中全会精神学习宣传贯彻,召开市委常委会会议及时传达学习,组织开展县处级以上党员领导干部全员轮训、党员干部系统培训,开展各类主题宣讲1万多场次,市委常委带头宣讲,带动全市迅速形成学习宣传贯彻全会精神的浓厚氛围。二是贯彻落实《中共中央关于加强党的政治建设的意见》。按照桂林市贯彻落实分工方案的要求,从坚定政治信仰、坚持党的政治领导、提高政治能力、净化政治生态、强化组织实施5个方面抓好落实。进一步把准政治方向,站稳政治立场,保持政治定力,严守政治纪律、政治规矩,增强“四个意识”,坚定“四个自信”,做到“两个维护”。三是巩固深化主题教育成果。健全“不忘初心、牢记使命”长效机制,推动学习教育、为民服务、自我革命、担当作为“四个常态化制度化”。四是持续深化政治监督。及时发现和督促纠正问题1594个,推动中央和自治区党委决策部署有效落实,抓好“4+1”政治生态分析研判系统运用,获第二届“中国廉洁创新奖”特色创新项目。五是深化政治巡察。坚持市县联动,完成市委第11轮巡察,发现问题9689个,强化整改落实和成果运用。巡察工作自2016年开展以来,高质量完成该届市委巡察全覆盖任务。配合中央、自治区党委巡视组开展巡视工作,推动全市上下以实际行动践行“两个维护”。

(郑义来)

2020年7月23日,市人大常委会举办桂林市民法典知识讲座。(黄英江摄)

【加强党对人大工作的领导】 2020年,市人大常委会把学习领会习近平法治思想与学习贯彻中共中央总书记习近平关于坚持和完善人民代表大会制度的重要思想结合起来,全年开展专题学习研讨19次,推动人大工作与时俱进、完善发展。7月,在全自治区率先举办全市民法典知识讲座,特邀全国人大常委会民法典起草组专家段京连授课,助推全市上下全面学习宣传实施民法典。严格落实向市委请示报告工作制度,市人大常委会党组向市委常委会报告年度工作,及时请示报告行使职权中的重大事项、重要问题,全年向市委请示报告29次。全面贯彻落实市委五届六次全会精神,完成市委交办的中心工作任务,确保在市委领导下统筹安排和有序推进立法、监督、人事任免、代表履职等各项工作。

【依法加强对“一府一委两院”监督】 2020年，市人大常委会依法对“一府一委两院”（市人民政府、市监察委员会、市中级人民法院、市人民检察院）进行监督。开展传染病防治法、突发公共卫生事件应急条例、动物防疫法、固体废物污染环境防治法、预防未成年人犯罪法等法律法规的贯彻实施情况进行检查。听取和审议2020年上半年计划与预算执行情况报告，2019年度市本级预算执行和其他财政收支审计查出问题整改情况的报告，关于桂林国有资产管理情况综合报告，关于企业国有资产管理情况、养老服务等专项工作报告。审查批准2019年市本级决算和2020年预算调整方案。探索开展对人大任命的政府组成人员任后履职监督，首次组织对市发展和改革委员会、市工业和信息化局、市农业农村局、市扶贫开发办公室4个政府组成部门主要负责人进行述职评议，并进行现场提问和满意度测评。推动市人民政府组成部门的宪法和法律意识、公仆意识，促进依法履职，切实转变作风，不断改进工作。

（阳文杰）

【加强法治政府建设】 2020年，市人民政府坚持科学民主决策，自觉接受人大及其常委会的法律监督、工作监督和政协的民主监督，坚持重大事项向人大报告、与政协协商制度。认真听取各民主党派、工商联以及无党派人士的意见建议。深入推进依法行政，严格执行重大行政决策法定程序，加大政务公开力度，保障公众的知情权、参与权。健全完善行政审批管理制度。对全市行政许可事项目录实行动态管理，制定事中事后监管措施，完善清单要素。全年全市依申请政务服务事项线上办事指南准确率达98%以上。严格执行政府及部门权力清单、责任清单制度。市本级和17个县（市、区）行政权力事项运行流程的优化和编制工作全部完成，编制率100%。建立行政事业性收费和政府性基金清单制度。对市本级政府定价经营服务收费进行全面清理，明确收费项目名称、设立依据、收费标准等。持续开展“双随机、一公开”监管工作。市事中事后监管联席会议33个成员单位均实现“双随机、一公开”监管部门、事项覆盖率100%，共计开展225批次“双随机、一公开”抽查，抽取检查对象7623户。推进社会治安综合治理。建成市级综治中心1个、县级综治中心17个、乡（镇）级综治中心147个，村（社区）级网格中心1894个，划分网格3609个，配备网格员6025人。增强政府公共服务职责。完成《桂林市基本公共服务均等化“十三五”规划》，以及该规划执行的评估工作。加大对教育、卫生健康、民政、文化等社会公共事业领域投入。

【加强政府作风和廉政建设】 2020年，市人民政府抓好政府系统党风廉政建设和反腐败工作，持续推进行政审批制度改革，93.4%的行政许可事项实现“一枚印章管审批”，通过委托或授权粤桂黔高铁经济带合作试验区（桂林）广西园实施第一批市级行政权力事项94项。坚持以改革创新优服务、提效率，“无差别全科受理窗口”政务服务新模式等4项改革经验列入全自治区改革典型经验推广清单。坚持以重点领域和关键环节为突破口，加强国资国企、公共资源交易、金融等重点领域监管，铲除滋生腐败土壤。坚持全面从严治党、全面从严治政，深入开展民生领域损害群众利益问题集中整治，严惩涉黑涉恶腐败及“保护伞”问题，落实中央八项规定及其实施细则精神，纠正形式主义、官僚主义，反“四风”、转作风。全年会议精简66%，发文压减37.92%。自觉接受巡视、审计监督。带头厉行节约，继续压减“三公”经费和一般性支出，把财政资金更多用于民生事业，强化预算约束和绩效管理，开源节流，以政府的“紧日子”换得群众的“好日子”。

（邓翔宇）

2020年9月25日，全自治区政务服务“简易办”改革推进会在桂林市召开。

（桂林市行政审批局供图）

【政协思想政治学习】 2020年，市政协机关党组坚持发扬民主和增进团结相互贯通、建言资政和凝聚共识双向发力，助推桂林经济社会高质量发展作出新贡献。一是加强政治建设，凝聚思想共识。市政协机关党组多次召开中心组学习会、政协系统现场会议等集中学习。深入学习贯彻中央、自治区党委政协工作会议精神，1月7日，配合市委在全自治区率先召开市委政协工作会议，并先后出台《关于新时代加强和改进人民政协工作的实施意见》《关于加强和改进人民政协民主监督工作的实施意见》。增设政协委员履职服务中心，推动17个县（市、区）政协增加机构和人员编制，设立乡（镇）政协委员联络站56个，配备专职工作人员76人，其中荔浦市、永福县、雁山区已经在全部乡（镇、街道）建立政协工作站。二是传播党的创新理论，广泛凝聚思想共识。建立《习近平新时代中国特色社会主义思想学习座谈会制度》，将全体市政协委员编入8个学习小组开展常态化理论学习。坚持班子带头，深入学习党的创新理论，全年召开党

2020年4月13日，市政协机关党委到桂林市党群服务中心开展“践初心 勇担当”主题党日活动。（蔺帅摄）

组会议11次、主席会议9次、理论中心组学习会4次、常委会议5次。组建“委员宣讲团”“宣传小分队”到基层开展理论宣讲，针对不同受众，采取“理论大讲堂”“专题报告会”“理论轻骑兵”等形式，深入各界别群众、各参加单位和各委员小组宣讲68场，受众超1万人次。

【政协助推经济发展】 2020年，市政协机关开展“战疫情 委员行”活动。市政协机关向全市政协委员发出《凝心聚力 坚决打赢疫情防控阻击战》倡议书，各级政协组织、广大政协委员和海内外特邀贵宾情牵桂林，举办集中捐赠活动39场，捐赠款物2000多万元。发出“革除滥食野生动物陋习”“抗疫情 助春耕”倡议，开展“促文旅复苏”和抗疫书画捐赠等活动，助力疫情防控和复工复产。市政协办公室在抗击新冠肺炎疫情工作中的突出表现得到市委、市人民政府肯定，获记集体二等功。开展“双联双创”活动。主动搭建好党委、政府与群众的连心桥，通过主席会议成员联系常委、常委联系委员、委员联系群众和专委会联系界别、界别联系委员、委员联系群众，围绕市委、市人民政府中心工作，立足岗位创新创业，带动群众创新创业。围绕桂林“工业振兴”开展“引企入桂 委员行动 助推工业振兴”活动。全市各级政协委员直接参与招商新签约“引企入桂”项目26个，总投资180.65亿元。在谈项目89个，投资总额426.69亿元。7月13日—14日，自治区政协“引企入桂 委员行动”工作推进会在桂林召开。开展“乡村振兴委员行”活动。组织“抓好乡村产业发展，巩固脱贫攻坚成果”年度重点课题调研。召开各类协商会6次，提出意见建议90多条。举办“委员助力春耕生产”座谈会，帮助农户销售因疫情滞销的果蔬农产品；捐赠120多吨化肥帮助20个贫困村恢复生产。9月15日—16日，全自治区政协系统“巩固脱贫攻坚成果，助推乡村振兴”活动现场经验交流会在桂林召开。开展“创城政协委员行”活动。

【政协担当作为】 2020年，市政协聚焦工业振兴、乡村振兴和桂林国际旅游胜地升级发展开展专题协商，组织政协委员和专家学者成立调研组，以《强化精准招商，助推工业振兴》《抓好田园综合体建设，助推乡村振兴》《推进我市文化与旅游、康养融合发展》为题，深入开展考察、调研、分析、论证，形成专题报告，召开专题协商会。围绕红色文化传承、乡村文化建设、迎接高考综合改革等方面开展专题调研并形成报告。完成兴安红色文化场馆建设相关文史资料近20万字的征集和编辑工作；弘扬伟大抗疫精神，举办抗疫书画展，展出以抗疫主题书画作品100余幅。组织住桂林全国、自治区政协委员和市政协常委、委员到自治区统筹推进的重大项目、市本级重大项目、各县（市、区）开展联合视察、调研活动。立足高质量发展开展界别（对口）协商，市政协常委会以界别（对口）协商会为平台，围绕健全完善桂林市重大公共卫生事件应急防控体系、巩固脱贫成果与乡村振兴有效衔接、加强桂林湿地保护与开发、加快推进3岁以下婴幼儿照护服务工作、以法治思维和方式创新社会治理、提升农村污水治理水平、挖掘整理桂林红色文化资源和“引企入桂”等专题召开8次界别（对口）协商会，64名委员在会上发言，共提出意见和建议390多条。强化提案办理落地见效。把2020年确定为“提案办理质量提升年”，开展多层次提案协商和督办活动。建立市领导领衔督办重点提案机制，遴选重点提案19件，形成党政领导、政协领导班子和政协各专委会三级督办工作制。遴选出30件民生提案作为监督性提案进行督办并公开，接受社会和舆论监督。市政协五届五次全会以来，共收到提案296件，立案231件，提案办复率100%，提案所提问题和建议已经解决和计划逐步解决的占83.1%，委员对提案办理工作满意率97.8%。有效反映社情民意。发挥政协委员与社会各界联系密切的优势，及时收集、反映社情民意和舆情动态，全年共收集上报信息142篇，编辑《社情民意》10期，为市委、市人民政府体察民情、科学决策提供支持。

（蔺帅）

文化建设

【文旅品牌创建】 2020年，桂林市入选第一批国家文化和旅游消费试点城市。全市新增广西文化产业示范园区（基地）3家，国家4A级旅游景区3家，国家3A级旅游景区7家，自治区旅游度假区1家，广西星级乡村旅游区6家，广西星级农家乐8家，广西生态旅游示范区2家，四星级饭店2家，三星级饭店3家，银叶级绿色饭店1家。新增全国乡村旅游重点村4个，全国乡村文化和旅游能人1人，全国“金牌导游”2名，全国红色旅游五好讲解

2020 年 12 月 12 日，桂林市周末大家乐广场文艺演出在桂林中心广场举行。

（漓江风景名胜区管委会供图）

员 1 名。在全自治区率先评定推出职工（劳模）疗休养基地 15 家。推进遇龙河国家级旅游度假区提升项目、独秀峰・王城 5A 级景区提升项目，加快打造百里漓东等 8 条精品线路，继续推出历史文化精品旅游线路，发展度假休闲旅游。

【博物馆与文物保护】 2020 年，桂林博物馆成为国家一级博物馆，东巷博物馆建成对外开放，非物质文化遗产体验馆挂牌，灵川县等桂北 6 县入选第二批全国革命文物保护利用片区，三将军殉职纪念塔和八百壮士墓入选国家级抗战纪念设施，红军长征湘江战役“一园两馆”全年接待游客 298 万人次。5 月，甑皮岩专题片《智慧甑皮岩：史前的群居生活》《智慧甑皮岩：万年前的吃货》在中央电视台中文国际频道《国宝·发现》栏目播出。6 月，《人民日报》刊登《灿烂的甑皮岩文化》，中央电视台科教频道《探索发现》栏目播出《史前洞穴考古记》上、下集。

【公共文化基础设施建设】 2020 年，桂林市完成 287 个村级公共服务中心建设任务。“壮美广西 智慧广电”工程完成建制村联网任务数 277 个，乡（镇）机房建设任务数 63 个，服务站建设任务数 50 个。新增“广电云”用户 6.05 万户，完成率 71.1%。全市广播、电视节目综合人口覆盖率分别达 98.60%、99.10%。信息资源共享工程县（市、区）支中心、乡（镇）服务点覆盖率 100%，初步形成市、县（市、区）、乡镇、村四级公共文化设施网络。全市 181 个公共图书馆、公共博物馆、公共美术馆、文化馆、文化站对公众实施零门槛免费开放。

【开展文化惠民活动】 2020 年，桂林市承办第八届全自治区基层群众文艺汇演，选送节目获一等奖 2 个，二、三等奖各 3 个。举办桂林市第 41 届“漓江之声”群众文化活动、《大美桂林》——桂林市第三届青少年书画大赛、“决胜小康 奋斗有我”——2020 年桂林美术书法作品展等，丰富群众文化生活。承办“走读广西 桂林之旅”——走读相思埭文化体验自驾活动，打造文旅融合品牌。市级文化单位开展文化惠民演出、戏曲进校园、戏曲进乡村等公益演出 86 场，观众 8 万余人次。

【文化旅游市场总体安全有序】 2020 年 6 月 9 日，桂林市文化市场综合行政执法支队正式挂牌，初步形成权责明确、队伍规范的文化市场综合行政执法体系。大力开展文化旅游市场突出问题集中百日攻坚行动、桂林市国家 A 级旅游景区提升与旅游市场专项整治工作。全年，共检查旅游经营场所 4705 家次，导游人员 160 人次，检查文化经营场所 7083 家次。行政立案调查 43 件，已结案 38 件；责令停业整顿 7 家次，罚款 36.34 万元，收缴非法出版物 843 册。受理立案投诉案件 175 件，收到群众反映、咨询、举报等来电来信 861 件次，为游客挽回经济损失 88.7 万元。

【非物质文化遗产保护】 2020 年，桂林市非物质文化遗产利用和保护工作成绩显著。4 月初，桂林市推出“桂林非遗”微信公众号，结合桂林山水人文的资源优势，举办以“多彩印记 云享非遗”为主题的线上系列活动。线上活动分为：桂林非遗线上人文行走、非遗手作线上体验课 2 个版块。通过非物质文化遗产旅游资源推介、线上体验的方式，展现桂林非物质文化遗产深厚文化底蕴，彰显桂林“一城文化满城绿”城市风韵。6 月 13 日，历时 3 年建设的桂林市非物质文化遗产体验馆落成。12 月 7 日—8 日，“2020 非物质文化遗产整体性保护论坛”在广西桂林举办。该论坛由中国非物质文化遗产保护中心和广西壮族自治区文化和旅游厅、桂林市人民政府联合举办，旨在分享国家级文化生态保护（实验）区建设管理经验及实践成果，探讨整体性保护的模式与途径，进一步推动整体性保护理论和实践，为国家级文化生态保护（实验）区建设提供智力支持和决策参考。

【文化旅游业复工复产】 2020 年，桂林市全力以赴支持文化旅游业复工复产，打出“奖、退、贷”组合拳，争取自治区 1000 万元专项扶持资金，出台加强疫情防控促进文化旅游业振兴发展的奖励措施，实施文旅复苏“月月奖”。向 274 家旅行社退还旅游服务质量保证金 5589 万元。支持 600 余家文旅企业争取各银行业金融机构贷款 8.86 亿元。积极开展“桂林人游桂林”“广西人游桂林”“冬游桂林”等文旅复苏活动，推动形成“周周有活动，月月有节庆”氛围。组织全市 120 多家行政机关、企事业单位的干部职工结对帮扶文旅企业自费旅游。组织文旅企业走出去，向周边客源地开展有针对性的营销推广。深化与华南五市旅游联盟、粤桂黔高铁经济带旅游联盟相关城市的合作，开展联合营销。与腾讯、携程、飞猪、同程等线上平台合作开展 17 场直播活动。邀请国内、

2020 年 7 月 31 日，东西巷历史文化街区开启夜游、夜赏、夜购等“夜经济”活动。（李腾钊摄）

自治区内重点媒体、粤港澳大湾区媒体到桂林采风采访，通过央视新闻联播、“坐着高铁看中国”大型节目等向全国人民推介桂林。积极举办“2020广西自驾游大会”、桂林漓泉啤酒音乐节暨国际美食展、“绚丽王城　点亮桂林”“夜经济”等各类节庆展会活动，带旺桂林旅游人气。（王善库）

生态文明建设

【概况】 2020 年，桂林市贯彻落实国家、自治区有关生态文明建设决策部署，积极践行“绿水青山就是金山银山”发展理念，创建国家生态文明先行示范区取得积极成效。主要目标指标完成情况良好。三次产业结构调整为 22.8∶22.8∶54.4，第三产业占比 54.4%。主要河流水和城市集中式饮用水水源地水质达标率保持 100%，地表水环境质量在全国、全自治区的排名中保持前列。空气质量指数达到优良天数占比 96.4%，桂林市是全广西唯一连续 5 年完成大气环境质量考核指标的城市。全面完成自治区下达给桂林市的能源消费总量和强度“双控”目标任务。桂林市生态系统稳定性不断增强。全面推进国际旅游胜地建设，老城区城市品质不断提升，新区城市功能加快完善，空间布局和城乡结构进一步优化。县域经济发展持续加快，2016—2020 年，桂林市累计有 15 个县（市、区）获自治区县域经济发展分类考核表彰，获奖数量排全自治区第一。

【产业结构优化升级有序推进】 2020 年，桂林市工业发展稳步向好。园区管理体制机制不断健全，市属三大工业园区管理机构重组、放权赋能等改革稳步推进，三大工业园区总规划面积超 500 平方千米。工业振兴号角正式吹响，成功引进华为、比亚迪、深科技等 50 多家世界 500 强、国内 500 强企业，“345”工业发展新格局初步呈现，园区规模工业总产值占全市的比重达 70% 以上。绿色生态农业加快发展。推进生态种植业。水果特色品种砂糖橘、金橘、柿子等种植面积和产量达到新高，水果产业产值突破 250 亿元。做优绿色畜牧渔业。以绿色养殖为目标，大力推广种养结合、粮经结合、种养加工结合等生态循环模式。示范推广“果园养鸡”“稻田养鸭（鱼）”“粮经轮作”“立体循环生产”等一批种养结合、生态循环模式典型，取得良好的生态效益和社会经济效益。现代服务业发展提质增速，以旅游业为龙头的现代服务业加快发展。阳朔县获评首批中国优秀国际乡村旅游目的地，万达文化旅游城、地中海俱乐部桂林度假村等一批高端度假旅游精品推动桂林旅游向高端多元休闲度假转型。新业态加快成长，服务业发展效益稳步提升。创新“互联网＋服务业”新业态，生活性服务业加快提质升级，生产性服务业不断做大做强。

【资源循环高效利用加快推行】 2020 年，桂林市加快建设节水型社会，通过国家水生态文明建设试点城市和节水型城市复核验收。开展节水型企业（单位）、节水型小区创建活动，桂林市高耗水行业企业已全部建成节水型企业。节水改造持续推进，加快实施工业生产中水回用及污水再生利用，桂林市 2020 年度万元工业增加值用水量已降低至 39.3 吨，农业灌溉水有效利用系数提升至 0.55。支持企业开展资源综合利用项目，灌阳县文市石材产业园固体废弃物综合处理建设工程前期工作有序推进。推进农业废物资源化利用，推广秸秆还田、作栽培食用菌基料和饲料化过腹还田等技术，取得良好社会效益和经济效益，秸秆还田利用成为桂林市最主要的肥料化利用途径。实施生活废物资源化利用工作，兴安海螺创业公司利用水泥窑协同处理生活垃圾项目、桂林山口生活垃圾焚烧发电项目顺利投产，桂林市餐厨废弃物资源化利用和无害化处理 BOT 项目（一期）主体工程建设完成，桂林市生活垃圾循环利用资源化产业中心项目前期工作加快推进。

【自然生态系统和环境保护】 2020 年，《桂林市漓江风景名胜区管理条例》正式施行，桂林漓江生态保护和修复提升工程持续推进，喀斯特世界自然遗产地生态景观修复、城市黑臭水体治理等工程项目取得良好效果。实施《桂林市销售燃放烟花爆竹管理条例》，“桂林蓝”成为城市新标签。加快推进海绵城市建设。桂林市有国家湿地公园 5 处，临桂会仙、荔浦荔江、龙胜龙脊梯田国家湿地公园完成试点建设验收，荔浦荔江国家湿地公园被列入全国 21 个重点建设的国家湿地公园。至 2020 年年底，全市有湿地面积 4.78 万公顷，各重要湿地资源均得到有效保护。

【推动绿色循环低碳发展】 2020 年，桂林市引导传统产业企业实施技术改造，桂林平钢钢铁有限公司 120 万吨技改建设项目建成投产。发展低碳建筑,“十三五”期间完成建设工程建筑节能专项备案 1567 项次,新建建筑在设计阶段 100% 执行节能强制性标准。加大绿色建筑推广应用,“十三五”期间新增绿色建筑 1178 万平方米,城镇绿色建筑占新建建筑比例已提升至 44%。加快可再生能源建筑应用城市示范工作,桂林市可再生能源建筑应用示范项目数 101 个,建筑总面积超 490.96 万平方米,示范项目年总节能量 8561 万千瓦小时。

【持续优化能源结构】 2020 年,桂林市能耗总量和强度“双控”工作有效开展,通过自治区对桂林市年度能耗总量和强度“双控”考核。推动生产与消费结构优化升级。普及农村沼气,提高户用沼气池使用效率。加快开发风力资源,一批风电项目建设进展顺利,兴安殿堂、道坪、西坑风电项目和全州天湖风电项目建成并投入使用,桂南 500 千伏输变电工程等加快推进,新增风电装机容量 160.5 万千瓦。实施农村自然村(屯)光伏太阳能路灯亮化工程,完成新一轮农村电网升级改造,实现农村电网供电可靠率 99.9%,配网自动化覆盖率 90%。“县县通天然气”工程持续推进,城市燃气气化率 98.6%,桂林华能分布式能源项目竣工投入使用。加快天然气管网项目建设,广西 LNG 天然气外输管道桂林支线项目开工建设,新疆煤制气外输管道广西支线前期工作加快推进。

【环境治理能力现代化水平大幅提升】 2020 年,桂林市推进环境治理与“互联网 + 大数据”相融合。完成“空气质量网格化预警预报系统”“饮用水水源地水质预警监测系统”“数字环保综合管理平台”等一批信息化项目建设,初步形成“空天地”一体化监控体系,实现对全市主要生态要素和污染源全天候、全方位的监测预警、分析研判和引导管控,精准治污能力得到大幅提升。

【完善生态文化体系】 2020 年,桂林市加强生态文明宣传教育。将生态文明建设列入干部教育培训计划,党政干部教育培训中生态文明内容比重持续提升。加快建立生态文化产业体系。保护和传承桂林历史、自然文化遗产,将生态文明建设与特色文化产业发展相融合,形成以希宇文化创意产业园、漓江“千古情”、漓江古韵博览园等重大文化产业项目为代表,地域特色鲜明、主导产业突出、创新能力较强、市场繁荣有序的文化产业发展新格局。推行绿色低碳消费文化。推广绿色餐饮,构建大众化绿色餐饮服务体系,促进绿色餐饮产业化发展。强化示范作用推进生态建设。桂林市生态创建继续保持全自治区领先,累计获国家级生态乡(镇)16 个、自治区级生态县 12 个、自治区级生态乡(镇)121 个、自治区级生态村 183 个,27 所学校获自治区“国际生态学校”绿旗称号,龙胜各族自治县获生态环境部“绿水青山就是金山银山”实践创新基地命名。

【生态文明体制机制建设】 2020 年,桂林市完善生态文明建设指标体系与考核制度,2020 年生态文明建设占县(市、区)绩效考核比重提高至 24%。生态文明建设投融资模式不断健全。争取中央预算内投资支持,全年全市共获生态文明建设中央预算内投资 2320 万元;桂林市成功入选全国黑臭水体治理示范城市,黑臭水体治理投资持续增加;环保基础设施市场化运营稳步推进,以桂林市山口生活垃圾焚烧发电工程、餐厨废弃物资源化及无害化利用等项目为代表的生态环保类 PPP 项目取得积极成果。生态补偿机制持续完善。成功向自治区申请设立漓江流域生态环境保护专项资金,自治区对桂林市重点生态功能区转移支付力度持续加大,推动漓江流域县(区)签署《漓江流域试点县区上下游横向生态保护补偿协议》,漓江流域上下游横向生态保护补偿试点机制不断完善。

(桂林市发展和改革委员会)

2020 年桂林市党政机关、直属事业单位、党派团体及其领导人名单

中国共产党桂林市委员会

书记:赵乐秦
副书记:秦春成
　　白松涛(任至 4 月)
　　赵仲华(7 月任职)
常委:王致
　　赵志军
　　韦凤云
　　王建毅
　　彭东光
　　古国章(1 月任职)
　　沈威虎(6 月任职)
　　蒋育亮(7 月任职)
　　张晓武(任至 1 月)
　　吕洪安(任至 1 月)
　　董治(挂职至 6 月)
秘书长:赵仲华(任至 9 月)
　　蒋育亮(9 月任职)
副秘书长:刘春燕
　　黄立平
　　裴军
　　张松
　　李志华
　　蔡一鸣(12 月任职)
　　戴伟鹏(6 月任职)
　　戴波
　　郭红星(任至 4 月)
　　刘丰华(任至 10 月)

中国共产党桂林市纪律检查委员会、桂林市监察委员会

中国共产党桂林市纪律检查委员会
书记:吕洪安(任至 1 月)
　　古国章(1 月任职)
副书记:韦秋燕
　　李伟中
　　刘初刚
　　韩觅(7 月任职)
常委:周芳
　　洪莉春
　　何涛
　　张捷林
　　杨勇
　　张琦(7 月任职)

桂林市监察委员会
主任:吕洪安(任至 1 月)
　　古国章(4 月任监委副主任、代主任)
副主任:韦秋燕
　　李伟中(1 月任职)
　　刘初刚
　　韩觅(8 月任职)

委员:周芳
何涛(1月任职)
杨勇
黄清云
刘凌

市委工作部门

中国共产党桂林市委员会办公室
主任:刘春燕(兼)
中国共产党桂林市委员会组织部
部长:彭东光
副部长:石凤羽
叶桂忠(兼)
韦文周(兼)
林兵
刘琴(兼)
唐德华
欧利坚
蔡泽军(任至10月)
中国共产党桂林市委员会宣传部
部长:韦凤云
副部长:时曦
蒋桂斌(兼)
诸葛亚(兼)
陈利
周娜(6月任职)
贾嘉(12月任职)
蔡一鸣(任至12月)
孙敬东(任至4月)
黄小雪(任至4月)
中国共产党桂林市委员会统一战线工作部
部长:王建毅
副部长:胡涛
周作智
杨海芬(兼)
程海超
阳行志
徐建强(12月任职)
蒋文明(兼、任至10月)
中国共产党桂林市委员会政法委员会
书记:赵志军
副书记:朱永辉
文社教
毛永安
莫家晶
唐恢豪(任至12月)
委员:郑庆阳(1月任职)
陈敏
林鼎立
诸葛旸(7月任职)
孙杰
盘顺华(10月任职)
李劲(10月任职)
中国共产党桂林市委员会政策研究室
主任:龚明聪
副主任:许敏良
王贵军
吴学东(任至7月)
中国共产党桂林市委员会网络安全和信息化委员会办公室
主任:蒋桂斌
副主任:汤榕
黄荣
中国共产党桂林市委员会机构编制委员会办公室
主任:叶桂忠
副主任:丁银健
袁石平
刘伟(6月任职)
中国共产党桂林市直属机关工作委员会
书记:郑建忠
副书记:唐咸康
沈烈新(1月任职)
张加胜(10月任职)
吴江宁(任至1月)
委员:刘锦辉
石远国
中国共产党桂林市委员会巡察工作领导小组办公室
主任:洪莉春
副主任:周华(1月任职)
王忠君
刘占军(任至1月)
中国共产党桂林市委员会、桂林市人民政府信访局
局长:裴军
副局长:程春林
苏业龙
万子健(任至1月)
中国共产党桂林市委员会老干部局
局长:刘琴
副局长:王达金
朱斌
李志(10月任职)
张成平(任至6月)
中国共产党桂林市委员会督查和绩效考评办公室
主任:黄立平
副主任:王淑兰
李南海
祁纲(1月任职)

市委直属事业单位

中国共产党桂林市委员会党校
校长:赵仲华(8月任职)
白松涛(任至4月)
常务副校长:唐庆林
副校长:张力丹
李富亮
丁萍(12月任职)
黄革新(任至1月)
中国共产党桂林市委员会党史研究室
主任:覃澍
副主任:夏建设(10月任职)
王文胜
张林喜(10月任职)
彭敏翎(任至4月)
桂林日报社
党组书记:孙敬东(4月任职)
党组副书记:龙霖锋
社长:孙敬东(4月任职)
副社长:王学军
赵秋丽
总编辑:龙霖锋
副总编辑:唐禄贤
郑斌
王光星
唐润海(4月任职)
桂林市档案馆
馆长:奉世江
副馆长:蒙涛
全裕胜
胡正科

桂林市人民代表大会常务委员会

主任:赵乐秦(任至1月)
张晓武(1月任职)
副主任:潘永建(任至1月)
徐锋
石春莲
何运保
李滨(1月任职)
周卉(1月任职)
谭建国(1月任职)
党组书记:张晓武(1月任职)
秘书长:周理胜
副秘书长:郑钧洪
李顺意(6月任职)

许礼祥
李方连(10 月任职)
李永松(任至 8 月)
王孃(任至 4 月)

桂林市人民代表大会常务委员会办公室
主任:周埋胜(兼)

桂林市人民代表大会法制委员会
主任委员:李日升
副主任委员:方悦仁
丁白茹

桂林市人民代表大会财政经济委员会
主任委员:李远红
副主任委员:莫秋萍
李建平

桂林市人民代表大会农业委员会
主任委员:兰辉
副主任委员:唐树明
刘长记

桂林市人民代表大会城乡建设环境与资源保护委员会
主任委员:侯翔
副主任委员:蒙少强
王玲

桂林市人民代表大会教育科学文化卫生委员会
主任委员:刘鹃
副主任委员:覃积孔
王艺洁

桂林市人民代表大会民族华侨外事委员会
主任委员:赵海兵
副主任委员:王冬秀
何媛

桂林市人民代表大会社会建设委员会
主任:欧阳莉萍
副主任委员:陈兰香
莫林涛

桂林市人民代表大会监察和司法委员会
主任:石长进
副主任委员:刘俊春(3 月任职)
邓洁(任至 12 月)

桂林市人民代表大会常务委员会选举联络工作委员会
主任:黄玲
副主任:申春梅
李方连(任至 10 月)

桂林市人民代表大会常务委员会调查研究室
主任:涂国辉
副主任:秦清浥
蔡燕(3 月任职)

桂林市人民代表大会常务委员会法制工作委员会
主任:廖国忠
副主任:徐强
张海云

桂林市人民政府

市长:秦春成
副市长:张晓武(任至 1 月)
彭代元
韦风云
沈威虎(6 月任职)
朱永辉
钟洪
兰燕
谢灵忠
赵奇玲(1 月任职)
龙杏华(12 月任提名人选)
董冶(挂职至 6 月)
黄加才(挂职至 1 月)
雷声(挂职至 12 月)
党组书记:秦春成
秘书长:丁东弟
副秘书长:赵塞经
唐金华(兼)
郑文宝
曹方明
孙清洪
蒋易君
李首群(4 月任职)
朱名武(4 月任职)
粟皎敏(12 月任职)
李安平(任至 4 月)
李顺意(任至 6 月)

市政府工作部门

桂林市人民政府办公室
主任:丁东弟(兼)

桂林市发展和改革委员会
党组书记:贲黄文
主任:贲黄文
副主任:谭永源
覃正东
蒋福光
饶江
徐宁
罗克勤(任至 11 月)

桂林市教育局
党组书记:唐建林
局长:唐建林
副局长:吴东才
文泽鸿
容志权
陈念进

桂林市科学技术局
党组书记:黄强(任至 10 月)
张晓阳(12 月任职)
局长:黄强(任至 12 月)
张晓阳(12 月任职)
副局长:钟可安(任至 1 月)
唐健梅
黄峰(4 月任职)
唐健灵(4 月任职)

桂林市工业和信息化局
党组书记:韦远明
局长:韦远明
副局长:陈雄文
莫国才
叶涛
向东成(4 月任职)

桂林市民族宗教事务委员会
党组书记:蒋文明(任至 12 月)
杨海芬(12 月任职)
主任:蒋文明(任至 12 月)
杨海芬(12 月任职)
副主任:潘天秀(任至 10 月)
李冠宇
黄有能(1 月任职)
刘伟(12 月任职)

桂林市公安局
局长:朱永辉
政治委员:黄拥军(12 月任职)
副局长:文社教(兼)
钟明
谢坚
黎筱棣(任至 10 月)
周云
王淮(任至 12 月)
申小军(12 月任职)
代海鹏(12 月任职)

桂林市民政局
党组书记:蒋伟名(任至 10 月)
唐标明(10 月任职)
局长:蒋伟名(任至 10 月)
唐标明(10 月任职)
副局长:刘修祥
赵艳春

易琳(6月任职)
桂林市司法局
党组书记:蒋海波(任至7月)
诸葛旸(7月任职)
局长:诸葛旸
副局长:曾忠东
陈桂生
秦昕
董忠
桂林市财政局
党组书记:谷海洪
党组副书记:卫东
局长:谷海洪
副局长:卫东
刘桂峰
黄宏忠
梁红(任至8月)
秦维忠(4月任职)
章洁(8月任职)
桂林市人力资源和社会保障局
党组书记:韦文周
局长:韦文周
副局长:苏骋
朱桂平
周斌
欧阳凯
桂林市自然资源局
党组书记:谢小明(任至5月)
王飚(5月任职)
党组副书记:王飚
局长:王飚
副局长:王锡光(任至4月)
于小明
李济明
易云初
张海
桂林市生态环境局
党组书记:邓学云
局长:邓学云
副局长:舒忠常
蒋永光
刘学振
刘德华
桂林市住房和城乡建设局
党组书记:曾亮
局长:曾亮
副局长:刘开成
周旭(任至12月)
高醇武
李维祥(任至1月)
刘江帆
蒋鹏(12月任职)
桂林市交通运输局
党组书记:钟德臣(任至6月)
李绍政(6月任职)
局长:钟德臣(任至6月)
李绍政(6月任职)
副局长:魏海
覃自仁(2月任职)
陈晞
刘林军
桂林市水利局
党组书记:文飞
局长:文飞
副局长:黄东明(任至11月)
唐官荣
蒋伟宁(10月任职)
仇建辉
桂林市农业农村局
党组书记:蔡立圭
党组副书记:魏承林
局长:蔡立圭
副局长:邱云(任至11月)
何祖任(任至1月)
王松云(10月任职)
蒋福信
刘资灵
蒋碧娟(任至11月)
蒋林(10月任职)
桂林市商务局
党组书记:苏绍坤
局长:王昕
副局长:石修雄
吕佳军
邓冶
蔡俊(7月任职)
桂林市文化广电和旅游局
党组书记:罗建章(任至6月)
王子西(6月任职)
党组副书记:李滨(任至1月)
局长:李滨(任至1月)
王子西(8月任职)
副局长:李汉春
陈连生
李山宏
曹健
张志红(任至6月)
李堂炜(7月任职)
桂林市卫生健康委员会
党组书记:王芳(任至6月)
蒋平华(6月任职)
党组副书记:蒋平华(任至6月)
主任:蒋平华
副主任:卢浩华(任至8月)
唐玲凤
麦浩
桂林市退役军人事务局
党组书记:唐铭泽
局长:唐铭泽
副局长:陆刚
程建屿
蒋晓金
桂林市应急管理局
党组书记:邹玉章(任至1月)
陈建国(1月—10月任党组书记,10月任党委书记)
党组副书记:陈建国(任至1月)
局长:陈建国
副局长:秦天清
杨灏
吴根山
张建新
仇建辉(兼)
桂林市审计局
党组书记:江建和(任至4月)
肖育明(4月任职)
局长:江建和(任至4月)
肖育明(4月任职)
副局长:赵素云
全宏星
梁白冰(2月任职)
桂林市外事办公室
党组书记:陈强华
党组副书记:余治水
主任:陈强华
副主任:余治水
王晓霞
叶兵
桂林市市场监督管理局
党组书记:廖建秋(任至1月)
唐述东(1月—6月任职)
黄健(6月任职)
党组副书记:唐述东(任至1月)
局长:唐述东(1月—6月任职)
黄健(8月任职)
副局长:衣鹏(任至2月)
张进
曾小林
蒋以宏
聂平安(任至2月)
蒋小刚(任至2月)

彭秀成
桂林市体育局
党组书记:王子西(任至6月)
关小菊(10月任职)
局长:王子西(任至8月)
关小菊(12月任职)
副局长:莫智斌
张宇
刘诚
桂林市统计局
党组书记:李强
局长:李强
副局长:和向东
粟峥群
林福元(4月任职)
桂林市人民防空办公室
党组书记:蒋永刚
主任:蒋永刚
副主任:粟定就(任至6月)
叶昆
汪信萍(7月任职)
桂林市扶贫开发办公室
党组书记:吴应新
主任:吴应新
副主任:林章廷(任至4月)
经本荣
廖健印(挂职)
欧吉兵(4月任职)
桂林市医疗保障局
党组书记:罗静
局长:罗静
副局长:张林
陆小春
阎林(4月任职)
桂林市城市管理委员会
党组书记:刘祖军
主任:刘祖军
副主任:张坤
秦军
谢应明
赵小海(2月任职)
桂林市行政审批局
党组书记:唐金华
局长:唐金华
副局长:蒋少海
莫海林
庞采哲
周迎新
桂林市金融工作办公室
主任:阳耀明(1月任职)
副主任:徐伟翔
姜路(6月任职)
桂林市林业和园林局
党组书记:彭志明(任至1月)
杨水才(1月任职)
党组副书记:杨水才(任至1月)
局长:杨水才
副局长:孙桂春
陆丹
刘强
秦香华
桂林市机关事务管理局
党组书记:吴殷丹
局长:吴殷丹
副局长:韩克军
梁建明(任至10月)
陈建华
桂林市国有资产监督管理委员会
党委书记:龙挥忠
党委副书记:肖必忠
主任:肖必忠
副主任:蓝誉国
陈江
赵祖俊
朱袭林

市政府直属事业单位
桂林市接待办公室
党组书记:(空缺)
副书记:程文华(12月任职)
主任:(空缺)
副主任:汪信萍(任至6月)
程文华
刘旭涛
王艳涛(9月任职)
桂林市人民政府发展研究中心
党组书记:吴晓罡
主任:吴晓罡
副主任:曲庭万
谢波
赵弟云
桂林市地方志编纂委员会办公室
主任:徐朝凯
副主任:李丽君(任至12月)
文剑
李宗庆
胡小春(12月任职)
桂林市供销合作社
党组书记:唐纪文
党组副书记:黄永文
理事会主任:唐纪文
理事会副主任:范远明
唐行知
监事会主任:黄永文
监事会副主任:廖忠
桂林市工业合作联社
党组书记:韦杰
主任:韦杰
副主任:宁文超
唐永斌(任至6月)
桂林市投资促进局
党组书记:唐双喜
局长:唐双喜
副局长:叶琴
黄锡亮
范春德
桂林市住房公积金管理中心
党组书记:李钧(4月任职)
主任:江冰欣(任至4月)
李钧(4月任职)
副主任:邓金山
罗迪(4月任职)
张益泉(1月任职)

政府驻外办事机构
市政府驻北京联络处
主任:秦伟
副主任:徐福照
陈建林
市政府驻南宁办事处
主任:宁静

中国人民政治协商会议桂林市委员会

主席:陈丽华(1月任职)
副主席:汤桂荔
肖立华
郑毅
钟麟
区捷
蒋昌桂
唐修璇(1月任职)
陆智成(1月任职)
党组书记:粟增林(任至1月)
陈丽华(1月任职)
副书记:王建毅(1月任职)
秘书长:苏甲杏
副秘书长:唐晓敏
黄明贵
戴玉萍
曾艳波
中国人民政治协商会议桂林市委员会办公室
主任:苏甲杏(兼)

中国人民政治协商会议桂林市委员会提案委员会
主任:谢漓
副主任:韦敏玲
唐萍莉
沙惠平(兼)
赖慧云(兼)
马伟荣(兼)
赵玉林(兼)

中国人民政治协商会议桂林市委员会经济委员会
主任:李小元
副主任:梁志鸿
谭永源(兼)
蓝誉国(兼)
邱云(兼)
何明华(兼)
阳耀民(兼)
李何(任至 10 月)

中国人民政治协商会议桂林市委员会农业和农村委员会
主任:阳宝林
副主任:唐建秀
蒋海清(1 月任职)

中国政治协商会议桂林市委员会教科卫体委员会
主任:唐克力(任至 7 月)
副主任:秦永川
邓凡
何绍连(兼)
唐春松(兼)
文泽鸿(兼)
吴东才(兼)
覃澍(兼)
王子西(兼)
颜丽萍(兼)

中国人民政治协商会议桂林市委员会社会法制与民族宗教委员会
主任:杨湘林(任至 1 月)
邹玉章(1 月任职)
副主任:蒋丽娟
林俐
文社教(兼)
侯天良(兼)
李荣(兼)
杨丹(兼)
李何(兼,任至 10 月)

中国人民政治协商会议桂林市委员会文化文史和学习委员会
主任:刘满云
副主任:胡伶俐
张彦
隆斌(兼)
伍发进(兼)

中国人民政治协商会议桂林市委员会港澳台侨外事委员会
主任:谭兴元
副主任:廖晓波(1 月任职)
王晓霞(兼)
叶涛(兼)
蔡振生(兼)
张翔(兼)
吴德英(任至 12 月)

中国人民政治协商会议桂林市委员会研究室
主任:叶雪刚
副主任:龙海

中国人民政治协商会议桂林市委员会委员联络工作办公室
主任:王晓燕
副主任:徐松年
莫斌(1 月任职)

法院・检察院

广西壮族自治区桂林市中级人民法院
党组书记:陈敏
党组副书记:潘凌宇(任至 12 月)
院长:陈敏
副院长:张德生
黄强
苗小所
潘凌宇(任至 4 月)

广西壮族自治区桂林市人民检察院
党组书记:林鼎立
副书记:周鸿广
检察长:林鼎立
副检察长:周鸿广
邹定华
侯天良
秦艳

民主党派・工商联

中国国民党革命委员会桂林市委员会
主委:区捷
副主委:秦明群(兼)
向惠玲(兼)
郑发生(兼)

中国民主同盟桂林市委员会
主委:谭建国
副主委:以体杰
伍发进(兼)
蒋太才(兼)
孙小军(兼)

中国民主建国会桂林市委员会
主委:郑毅
副主委:蒋雪娇
唐正柱(兼)
赵钧铎(兼)
席国际(兼)

中国民主促进会桂林市委员会
主委:白云(兼)
副主委:傅广生(兼)
李其斌(兼)
覃文(兼)
葛浩波

中国农工民主党桂林市委员会
主委:农军
副主委:周长山(兼)
李素华(兼)

中国致公党桂林市委员会
主委:谢永功
副主委:蒋向筝(兼)
陈东辉(兼)
曾明华(兼)

九三学社桂林市委员会
主委:卢全喜
副主委:谭永源(兼)
梁士楚(兼)
林玉山(兼)

桂林市工商业联合会
党组书记:周作智
主席:周英(任至 5 月)
林莉(6 月任职)
副主席:王卫斌
伍和志
王明富(兼)
王能(兼)
白昱(兼)
阳东升(兼)
李敏遒
杨超灵
陈伟民
罗欣
周明
周新春
项扬
容北国
黄丽娟
黄学军
彭晖
彭铁雁
彭敏
谢玉华

戴东辉
将海燕(任至6月)

群众团体

桂林市总工会
党组书记:宁志
主席:徐锋
副主席:宁志
龙镇凯
李国玉
莫曦媛
中国共产主义青年团桂林市委员会
书记:李超
副书记:张圆
刘俊
滕亚(挂职)
杨丹(任至10月)
桂林市妇女联合会
党组书记:徐熔
主席:徐熔
副主席:覃丽
舒满江
李彬棠
王珂(兼)
谢玉华(兼)
黄丽娟(兼)
关永兵(兼,任至10月)
桂林市文学艺术联合会
党组书记:何绍连
主席:何绍连
副主席:许菁
关永兵(10月副主席提名人选)
张贤(兼)
钟毅(兼)
盘文波(兼)
滕彬(兼)
雷洪(兼)
叶春桃(兼)
罗敏(兼)
秦凌斌(任至1月)
桂林市科学技术协会
党组书记:俸文英
主席:俸文英
副主席:彭友萍
唐祖杰
陈雪潮
刘建明(兼,12月任职)
麦浩(兼,12月任职)
刘资灵(12月任职)
莫国才(兼,12月任职)
文泽鸿(兼)
李日辉(兼,12月任职)
王增文(兼,12月任职)
苏桂发(兼,任至12月)
韦霄(兼,任至12月)
邱云(兼,任至12月)
姜路(兼,任至12月)
杨家福(兼,任至12月)
卢有盟(兼,任至12月)
桂林市归国华侨联合会
主席:叶涛
副主席:陆飞雄
简桂梅(兼)
蒋向筝(兼)
何明华(兼)
桂林市社会科学界联合会
党组书记:隆斌
主席:隆斌
副主席:蒋太才
邹清
伍垂龙
陆奇岸(兼)
周海(兼)
唐春松(兼)
毕贵索(兼)
庾和周(任至10月)
中国国际贸易促进委员会桂林市委员会
会长:陈立高
副会长:卢毅
桂林市残疾人联合会
党组书记:吉喆(任至10月)
理事长:沙惠平
副理事长:阳东升
杨娟
蒋红斌(12月任职)
曾立华
李孝平(任至6月)
桂林市台湾同胞联谊会
会长:吕虹(兼)
副会长:张伍华(11月任职)
左剑虹(兼)
洪波(兼)
马晓珍(兼)
桂林市红十字会
名誉会长:赵仲华(10月提名人选)
赵乐秦(任至10月)
会长:兰燕(10月提名人选)
副会长:唐小荣(10月任候选人)
曹方明(兼,10月任提名人选)
袁石平(兼,10月任提名人选)
曾云(兼,10月任提名人选)
蒋平华(兼,10月任提名人选)
唐标明(兼,10月任提名人选)
唐建林(兼)
秦维忠(兼)
杨灏(兼,10月任提名人选)
唐述东(兼,任至10月)
王芳(兼,任至10月)
丁银健(兼,任至10月)
李成刚(兼,任至10月)
蒋伟名(兼,任至10月)
刘正东(任至10月)

县(市、区)机构

秀峰区
中共秀峰区委员会
书记:蒋育亮(任至7月)
雷陈(9月任职)
副书记:雷陈(任至9月)
唐芳顺(任至9月)
刘丰华(10月任职)
谢静(12月任职)
中共秀峰区纪律检查委员会
书记:李巍
秀峰区人大常委会
主任:相恒心(任至12月)
副主任:贺东方
王桂英
莫广燕
黄璐
秀峰区人民政府
区长:雷陈
副区长:李元浪(任至12月)
刘丰华(10月任职)
谢静(12月任职)
王洋
代海鹏(任至12月)
陆军
殷允章
秀峰区政协
主席:郭琳
副主席:颜艺华
黄初长
狄加
骆家茂

叠彩区
中共叠彩区委员会
书记:余捷
副书记:朱鹃屏(任至4月)
黄小雪(4月任职)

陈永东(任至10月)
中共叠彩区纪律检查委员会
书记:王唐飞
叠彩区人大常委会
主任:粟卫宏
副主任:王启贵
向林海
刘小强
秦秀珍
叠彩区人民政府
区长:朱鹃屏(任至6月)
黄小雪(6月任职)
副区长:曾建勋(5月任职)
朱娟
潘玲
谢俊
陈孝云
刘丽春(任至2月)
朱友益(2月任职)
叠彩区政协
主席:李曼华
副主席:郭连增(6月任职)
阳庆平(任至12月)
石霞
黄晔华

象山区
中共象山区委员会
书记:唐小忠(任至9月)
蒋伟名(9月任职)
副书记:经友新
陈文彬(任至4月)
梁红(8月任职)
中共象山区纪律检查委员会
书记:黄文
象山区人大常委会
主任:徐维升
副主任:谢东
黄晖
聂桂华
李勇江
象山区人民政府
区长:经友新
副区长:经翠艳(任至6月)
周灿
林莉(任至4月)
蒋海燕(8月任职)
王华
崔海健
李光祥
象山区政协
主席:眭铂生
副主席:钟庭盛
赖慧云
李雅劼
罗秋云

七星区
中共七星区委员会
书记:石玉琳
副书记:郑平
谢文彬
中共七星区纪律检查委员会
书记:周毅松
七星区人大常委会
主任:黄文干
副主任:齐桂平
蒋瑞芳
曾小明
张永红
七星区人民政府
区长:郑平
副区长:蒋伟宁(任至10月)
王海燕
阳明
张翔
胡凯
刘春吉(3月任职)
七星区政协
主席:宛高云
副主席:梁荣军
孙士桥
彭小珂
涂文红
桂林国家高新技术产业开发区
党工委书记:白松涛(任至4月)
赵仲华(4月任职)
党工委副书记:石玉琳
郑平(任至4月)
周敏
肖育明(任至4月)
党工委委员:覃传良(任至6月)
黄岳飞
伍传仁(4月任职)
赵树刚(4月任职)
管委会主任:石玉琳
管委会副主任:郑平(4月任职)
杨玉霜(4月任职)
经友新(4月任职)
周敏(4月任职)
覃传良(任至6月)
张一新
黄岳飞
殷立夫(任至4月)
伍传仁
赵树刚

雁山区
中共雁山区委员会
书记:古保华(任至7月)
莫振华(7月任职)
副书记:杨玉霜
邓世文
中共雁山区纪律检查委员会
书记:潘军勇
雁山区人大常委会
主任:杨明
副主任:李春燕
刘开送
张杰雄
付德定
蒋继鹏
雁山区人民政府
区长:杨玉霜
副区长:葛建斌
李红
卿立大
莫运珍
李剑鸿
隆胜军(5月任职)
雁山区政协
主席:莫连旺
副主席:刘永莉
欧双球
唐振国
蒋家领

临桂区
中共临桂区委员会
书记:何新明
副书记:李绍政(任至4月)
何兵(4月任职)
王凤玲
中共临桂区纪律检查委员会
书记:郑远军
临桂区人大常委会
主任:易立林
副主任:陈苦源
欧翠兰
李少波
黄萍

临桂区人民政府
区长:李绍政(任至4月)
何兵(9月任职)
副区长:粟皎敏(任至12月)
周波
赵珂
韦崇广
于荣升(任至1月)
张国安
张莉彬(6月任职)
临桂区政协
主席:李先赠
副主席:以善梅
李燕青
唐立勋
葛浩波(9月任职)

阳朔县
中共阳朔县委员会
书记:蒋春华
副书记:周彦
张晓阳(任至12月)
中共阳朔县纪律检查委员会
书记:彭莹
阳朔县人大常委会
主任:李自军
副主任:黄燕
梁文干
徐永康
莫永明
阳朔县人民政府
县长:周彦
副县长:李首群(任至4月)
韦普健(7月任职)
孟璇
韦星
黄爱荣(任至6月)
蒋东兵
陈建华
林小波(7月任职)
阳朔县政协
主席:陈庆武
副主席:吴土得
张猛
蔡龙德
海强

灵川县
中共灵川县委员会
书记:赵奇玲(任至4月)
胡焕忠(4月任职)
副书记:胡焕忠(任至4月)
陈文彬(4月任职)
周文金(任至4月)
王长发(4月任职)
中共灵川县纪律检查委员会
书记:罗颖
灵川县人大常委会
主任:唐火祯
副主任:刘甲秀
李志仁
陈华
侯和琪(任至4月)
灵川县人民政府
县长:胡焕忠(任至6月)
陈文彬(6月任职)
副县长:潘军华(4月任职)
朱名武(任至4月)
唐筱凌
赵莉
谢小明
卢启辉(8月任职)
廖明昊(任至9月)
唐林宏(3月任职)
灵川县政协
主席:赵国平
副主席:刘云堂
秦壬娣
秦玉珍
卢启辉

全州县
中共全州县委员会
书记:林武民
副书记:周政英(任至4月)
朱鹃屏(4月任职)
蒙新宇
中共全州县纪律检查委员会
书记:张楷
全州县人大常委会
主任:阳瑞华
副主任:唐忠祥
陶韬
蒋艳姣(任至5月)
王荣正(6月任职)
谭桂松
全州县人民政府
县长:周政英(任至4月)
朱鹃屏(6月任职)
副县长:伍茂民
王本瑛(任至1月)
蒋雪娇
侯中华
蒋学军(任至8月)
李恩琼
陶昆宇(9月任职)
全州县政协
主席:蒋经灿
副主席:蒋述生
伍吉东
蒋龙云(任至4月)
丛莉
盘今(10月任职)

兴安县
中共兴安县委员会
书记:黄洪斌
副书记:黄钦
黄小桂
中共兴安县纪律检查委员会
书记:刘先锋(任至1月)
唐波(4月任职)
兴安县人大常委会
主任:张永军
副主任:刘婉秋
赵代林
蒋功合
胡琳
兴安县人民政府
县长:黄钦
副县长:唐社林
庄慧琼
伍发进
刘绍千
吕忠荣
文新祥
兴安县政协
主席:唐庆林
副主席:韦辉
唐树斌
邓永忠(5月任职)
张琴

永福县
中共永福县委员会
书记:廖照德
副书记:莫振华(任至7月)
唐芳顺(9月任职)
钟涛
中共永福县纪律检查委员会
书记:周民(4月任职)
永福县人大常委会
主任:罗代璋

副主任:莫军
周昌盛
曹文缤
吴明忠
潘小成
永福县人民政府
县长:莫振华(任至7月)
唐芳顺(10月任职)
副县长:赵家维(任至4月)
秦传志(7月任职)
王春霞
李忠德(任至5月)
廖先梅
王庆文
黄成龙
韩中元(5月任职)
永福县政协
主席:秦际广
副主席:黄泽治
徐玉红(任至12月)
卢秀明
万钦红

灌阳县
中共灌阳县委员会
书记:周春涌
副书记:卢嵩
陈礼兵(任至6月)
经翠艳(6月任职)
中共灌阳县纪律检查委员会
书记:闫位勤
灌阳县人大常委会
主任:余桂兰
副主任:王峰
袁高明
赵新春
灌阳县人民政府
县长:卢嵩
副县长:周恒志
陈春虹
秦家德
唐敏
蒋红斌(任至12月)
杨小龙
灌阳县政协
主席:桂文英
副主席:唐莉姣
陆健康(任至1月)
郑有成
刘晓玉(5月任职)

龙胜各族自治县
中共龙胜各族自治县委员会
书记:周卉
副书记:吴永合(任至11月)
黄强(11月任职)
黄健(任至6月)
潘德辉(6月任职)
中共龙胜各族自治县纪律检查委员会
书记:李桥胜
龙胜各族自治县人大常委会
主任:粟宁群
副主任:李健胜
梁文星
曾波
潘艳玫
龙胜各族自治县人民政府
县长:吴永合(任至11月)
副县长:郑明旺(7月任职)
曾瑞玉
刘勇
龙宪智
蒋文明(9月任职)
潘德辉(任至7月)
李一飞(任至8月)
戴顺贵(任至9月)
龙胜各族自治县政协
主席:杨桂姬
副主席:侯秋英
何彦泽
吴耿心
甘高强

资源县
中共资源县委员会
书记:韦绍艺
副书记:谭玉成
姚兴松
中共资源县纪律检查委员会
书记:刘晴
资源县人大常委会
主任:陈育勤
副主任:莫家荣
程国
陈虹(6月任职)
易敬友
资源县人民政府
县长:谭玉成
副县长:刘兆龙
唐文政
杨清霞
黄民兴
谢强
陈伦元(7月任职)
资源县政协
主席:容小敏
副主席:张征林
何春艳
吴龙华
李迅军

平乐县
中共平乐县委员会
书记:陆智成(任至4月)
周政英(4月任职)
副书记:石小松
梁志明
中共平乐县纪律检查委员会
书记:王峥
平乐县人大常委会
主任:陶伟文
副主任:彭钦凤
伍成红
彭骏武
王继芳
平乐县人民政府
县长:石小松
副县长:李钧(任至4月)
朱建华
杨林葵
陶保文(任至12月)
张镇
平乐县政协
主席:袁天赐
副主席:林忠
黄家乐
于江
邱盛娣(6月任职)

恭城瑶族自治县
中共恭城瑶族自治县委员会
书记:邓晓强
副书记:黄枝君
杨征山
中共恭城瑶族自治县纪律检查委员会
书记:覃自仁(任至1月)
侯和琪(4月任职)
恭城瑶族自治县人大常委会
主任:陈义军
副主任:吴艳琴
林堃

蒋述卫
李晓武
恭城瑶族自治县人民政府
县长：黄枝君
副县长：骆骁
关小菊（任至10月）
周建斌
蒋尽球
江选文
叶勇
恭城瑶族自治县政协
主席：唐寿元
副主席：陈念翠
段凡徐
钟础富
贲定明

荔浦市
中共荔浦市委员会
书记：陈代昌
副书记：李玉清
孙志武
中共荔浦市纪律检查委员会
书记：陶捌旺
荔浦市人大常委会
主任：覃舜
副主任：何有军
黄旭斌
王日康
张维娟
荔浦市人民政府
市长：李玉清
副市长：姜路（任至6月）
覃传良（8月任职）
何彰贤
覃丽虹
李文林
莫桂桓
李青松
荔浦市政协
主席：蒋战平
副主席：罗毅
高祖斌
黄旭庆
莫志惠

临桂新区
党工委书记：张晓武（任至1月）
彭代元（1月任职）
党工委第一副书记：何新明
党工委副书记：李绍政（任至4月）
何兵（4月任职）
管委会主任：何新明
管委会第一副主任：
李绍政（任至4月）
何兵（6月任职）
管委会常务副主任：李星明
管委会副主任：唐标明（任至2月）
文杰
蒋玖明
于荣升（2月任职）
周新强
黄福岗
陈清
秦土六
粟皎敏（挂职）
周波（挂职）
张慧庆（12月任职）

漓江风景名胜区
党工委书记：何运保
党工委副书记：郭红星（4月任职）
秦荣军
管委会主任：郭红星（4月任职）
管委会副主任：秦荣军
阳健青
李琼
吴勇（1月任职）
蒋东兵（兼）
张翔（兼）
唐新文（兼）
唐明昊（兼）
莫运珍（兼）

桂林经济技术开发区
党工委书记：张晓武（任至1月）
彭代元（1月任职）
党工委副书记：何兵（任至4月）
何新明（4月任职）
莫振华（任至4月）
李绍政（任至4月）
赵家维（4月任职）
管委会主任：何兵（任至4月）
何新明（4月任职）
管委会副主任：何兵（6月任职）
唐芳顺（11月任职）
赵家维（4月任职）
戴大文
邱海波
黄锦堂
莫孟觉
骆秋国
卜清亮（任至2月）
黄宏忠（任至4月）
于荣升（任至2月）

粤桂黔高铁经济带合作试验区（桂林）广西园
党工委第一书记：
张晓武（任至1月）
钟洪（1月任职）
党工委书记：赵奇玲（任至1月）
党工委副书记：胡焕忠
周文金（4月任职）
朱鹍屏（任至4月）
雷陈（任至4月）
王长发（任至4月）
管委会主任：胡焕忠
管委会副主任（兼）：
雷陈（4月任职）
陈文彬（6月任职）
黄小雪（6月任职）
管委会常务副主任：
王长发（任至4月）
周文金（4月任职）
管委会副主任：梁劲
周志诚（12月任职）
高景
易小忠（8月挂职）
梁存（6月挂职）
蒋自强（任至12月）
李元浪（任至4月）
莫国才（任至4月）
李济明（任至4月）
侯和琪（挂职至4月）
卢启辉（挂职至9月）
（市委组织部）

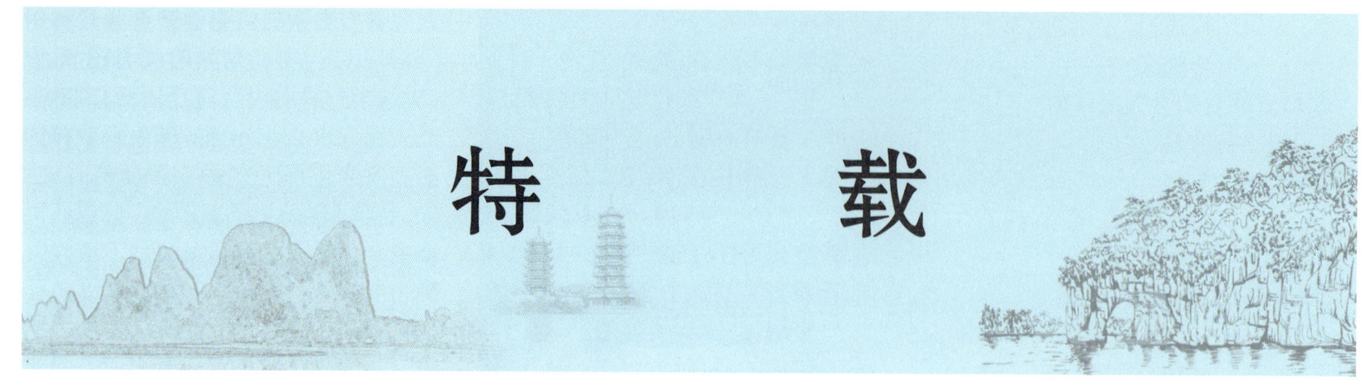

市委常委会工作报告

——2020年12月30日在中国共产党桂林市第五届委员会第七次全体（扩大）会议第一次全体会议上

中共桂林市委书记　赵乐秦

同志们：

下面，我受市委常委会委托，向全会报告市委五届六次全会以来的工作情况。

2020年，是桂林发展历程中极不平凡的一年。面对艰巨繁重的改革发展稳定任务，面对经济下行压力持续加大的严峻考验，面对新冠肺炎疫情和洪涝灾害的严重影响，市委常委会坚持以习近平新时代中国特色社会主义思想为指导，深入贯彻落实党的十九大和十九届二中、三中、四中、五中全会精神，坚定落实“三大定位”新使命和“五个扎实”新要求，认真落实中央和自治区党委各项决策部署，坚持稳中求进工作总基调，坚持桂林国际旅游胜地“一本蓝图绘到底”，准确把握新发展阶段，全面贯彻新发展理念，积极融入新发展格局，团结带领全市各级党组织、广大党员和干部群众，解放思想、改革创新、扩大开放、担当实干，统筹抓好疫情防控和经济社会发展，努力在危机中育先机、于变局中开新局，推动各项事业取得新成效。全面建成小康社会胜利在望，桂林国际旅游胜地基本建成，“十三五”规划主要目标即将完成，现行标准下农村贫困人口全部脱贫，人民生活水平大幅提高，成功创建全国文明城市，城乡面貌深刻变化，国家历史文化名城底蕴更加深厚，“桂林山水甲天下”金字招牌更加闪亮，全面深化改革、全面依法治市、全面从严治党取得新进展。今日的桂林，正以奋发昂扬的姿态，向着全面建设社会主义现代化新征程阔步前进。

一年来，市委常委会重点抓好十方面工作。

一、坚持理论武装，推动学习贯彻习近平新时代中国特色社会主义思想走深走实

市委常委会坚持把深入学习贯彻习近平新时代中国特色社会主义思想作为首要政治任务，召开30次常委会会议、6次理论学习中心组专题学习会，及时跟进学习、抓好贯彻落实，示范引领全市学习贯彻常态化，组织开展各类主题宣讲1万多场次。全市党员干部更加紧密地团结在以习近平同志为核心的党中央周围，更加自觉地把思想和行动统一到党中央的各项决策部署上来。

坚持以习近平总书记重要讲话和指示批示精神引领桂林改革发展，重点围绕工业振兴、乡村振兴、桂林国际旅游胜地升级发展、漓江生态保护、红色文化传承等工作，作出系列安排部署，出台系列政策措施，把习近平总书记重要指示批示精神结合桂林实际具体化，贯彻落实到各领域各方面。

扎实抓好党的十九届五中全会精神学习宣传贯彻。召开市委常委会会议及时传达学习，组织开展县处级以上党员领导干部全员轮训、党员干部系统培训。市委常委带头宣讲，带动全市迅速形成学习宣传贯彻全会精神的浓厚氛围。坚持以党的十九届五中全会精神为指引，成立市委“十四五”规划建议和纲要起草工作组，组织开展专题调研，召开系列座谈会，广开言路、广纳民智，广泛听取各级

各部门和社会各界意见建议，科学谋划桂林“十四五”规划工作，形成提交本次全会审议的建议稿。

二、突出精准施策，统筹疫情防控和经济社会发展取得显著成效

面对突如其来的新冠肺炎疫情，市委常委会坚持人民至上、生命至上，团结带领全市上下众志成城、齐心抗疫，坚决打赢疫情防控人民战争、总体战、阻击战，扎实做好“六稳”工作，全面落实“六保”任务，推动经济社会持续健康发展。

抗击疫情取得重大战略成果。突出抓早抓实抓细，第一时间建立精准有序高效的工作机制，严格落实“外防输入、内防扩散”要求，建立联防联控、群防群控体系，全面推行市县乡村四级包干制，织密织牢“五张网”，健全常态化疫情防控机制。抓好防疫物资生产供应，动员社会各界积极捐助，有力保障防控需求。坚持以人为本、服务大局，率先安排星级酒店安置湖北籍游客，率先为养老中心老年人设立临时隔离护理区，率先开出地级市专列捐赠物资支援湖北，组织4批94名医护人员驰援湖北，得到国家指导组高度评价。全市仅用1个多月就有效控制疫情，实现患者零死亡、医务人员零感染，本地确诊病例、疑似病例“双清零”，在疫情大考中交出满意答卷。全市1.48万个基层党组织、20多万名党员冲锋在前，广大志愿者活跃在疫情防控第一线，涌现出大量感人事迹，一批先进集体和个人获得国家、自治区表彰。

精准施策恢复生产生活秩序。2月下旬开始，全面落实中央、自治区惠企政策，出台支持中小企业发展、稳农业、稳工业、稳服务业、稳房地产、稳文化旅游等6方面53条综合政策措施，把工作重心转向统筹推进疫情防控和经济社会发展，全力推动复工复产复市，聚力打好“九大会战”。市四家班子带头深入基层精准指导，推动经济持续复苏回暖。4月下旬，全市重点企业、重大项目基本应复尽复。柑橘等农产品滞销问题有效解决，农业压舱石作用充分发挥。医疗防疫物资产业实现两位数增长，8月规模以上工业总产值扭负为正。结对帮扶文旅企业，组织开展“桂林人游桂林”活动成效明显，旅游业加快恢复。经过不懈努力，10月全市地区生产总值扭负为正，预计全年增长2.1%，经济发展向稳向好态势不断巩固。

三、坚决打赢打好收官战，脱贫攻坚取得决定性成就

今年是脱贫攻坚收官之年，市委常委会坚持把脱贫攻坚作为最大政治任务、最大民心工程、最大发展机遇，以不获全胜决不收兵的信心决心，全力攻克最后的贫困堡垒，全面完成脱贫任务。

坚持疫情防控和脱贫攻坚两手抓两不误。及时出台坚决打赢打好新冠肺炎疫情防控阻击战和脱贫攻坚战的政策措施，加大产业奖补和临时救助力度，创新开展电商扶贫、消费扶贫、“点对点”运送返岗服务，深入推进粤桂扶贫协作，组织16万多名脱贫劳动力外出务工，保障贫困群众稳岗就业、稳定增收。

聚焦深度贫困问题集中攻坚。全年召开市委常委会会议、市扶贫开发领导小组会、专责小组联席会、脱贫攻坚推进会34次，研究解决深度贫困问题。健全完善市领导联系有扶贫开发任务的县（市、区）、挂点帮扶贫困村、结对帮扶贫困户制度，发动84家重点企业挂点帮扶，实现所有深度极度贫困村都有市县领导联系指导、有后盾单位包联、有重点企业帮扶。聚焦“两不愁三保障”，全力打好“四大战役”“五场硬仗”，5年累计投入各类扶贫资金90多亿元。2.6万户危房换新房，近3万人易地搬迁，90%以上贫困户有特色产业，村级集体经济年收入全部达到5万元以上，贫困地区面貌和贫困群众生活发生翻天覆地变化。全面完成中央脱贫攻坚专项巡视“回头看”和国家脱贫攻坚成效考核反馈意见整改任务，在全区设区市党委政府扶贫开发成效考核中，我市连续两年获“综合评价好”的等次，10个县（市、区）先后获好的等次。今年剩余1.39万建档立卡贫困人口全部脱贫、51个贫困村全部出列，“十三五”时期，全市3个贫困县、510个贫困村、29.7万贫困人口全部脱贫摘帽清零，实现消除绝对贫困的历史性跨越，脱贫攻坚取得全面胜利。

推动巩固拓展脱贫攻坚成果同乡村振兴有效衔接。严格落实“四个不摘”要求，健全完善脱贫攻坚长效机制，确保现有帮扶政策、资金支持、帮扶力量总体稳定。深入开展“一巩固两结合”，推动脱贫攻坚与乡村振兴、国际旅游胜地升级发展互促共进，脱贫攻坚质量更高、成色更足、效果更好。深入开展“脱贫感党恩　奋进新起点”主题活动，引导广大干部群众知政策、明受益、感党恩，有力提振脱贫致富的信心决心，全区“脱贫感党恩　奋进新起点”现场会在我市召开。

四、狠抓“两大振兴”和胜地升级发展，经济高质量发展取得新成效

市委常委会坚持扬优势、补短板，集中力量狠抓工业振兴和乡村振兴，加快国际旅游胜地升级发展，推动经济

2020年10月26日，市委书记赵乐秦（前排左二）到阳朔县调研脱贫攻坚工作。（何平江摄）

综合实力明显提升。

推动工业振兴迈出重要步伐。坚持把工业作为桂林发展的重中之重，强龙头、补链条、聚集群，全力补齐最大短板、激活最大潜力。持续加大工业振兴力度。深入实施工业振兴三年行动，召开全市工业振兴大会、现场观摩会、三大园区专题会议，完善市领导跟踪服务重中之重项目及重点工业企业机制，推动工作重心向工业聚焦、工作力量向工业集中、政策资源向工业倾斜、服务保障向工业加强。工业项目在全市重中之重项目中占比连续两年超过三分之二，支持工业企业发展“18+10”政策健全落实，工业发展目标责任体系全面强化，在工业振兴一线选人用人的激励导向牢固树立，形成了举全市之力狠抓工业振兴的浓厚氛围。全面优化工业发展布局。按照全市工业发展“一盘棋”思路，构建三大园区为主战场、四大工业重点县为支撑、五个生态功能区县为补充的“345”工业发展新格局。拓展园区发展空间，实施一区多园发展，三大园区涵盖六城区两县，规划面积成倍扩大。深化三大园区体制机制改革，优化组织架构，选优配强人员，完善薪酬制度，理顺权责关系，园区发展活力进一步增强。高新区电子信息、生物医药、高端装备制造产业，经济技术开发区智能移动终端（手机）、新能源客车产业，高铁（桂林）广西园机械装备制造、智能制造产业加快发展，今年1—11月，三大园区规模工业总产值增长12.2%，高于全市3.2个百分点。四大工业重点县特色食品、新型建材、智能光电、汽车配件等产业加快集聚，五个生态功能区县特色工业加快成长。加快培育产业新动能。坚持“招大引强”，实行领导带队，成立工作专班，加大产业链招商、以商招商，引进投资超亿元以上工业项目78个，其中10亿元以上项目15个；在今年中国－东盟博览会上签约项目49个，签约额全区第一。引进实施一批重大产业项目，深科技智能制造、量子通讯项目填补了全区智能手机和量子应用产品空白，平钢、中国中药、智神等项目竣工投产，格力产业园前期项目、安科讯数字能源、电科云（桂林）国际大数据中心、桂林高端装备制造产业园等产业项目签约实施。围绕“双百双新”“千企技改”谋划实施重点项目，24个项目列入自治区“千企技改”工程培育项目，占全区四分之一。数字经济加快发展，“新基建”走在全区前列，我市被列为广西一体化大数据中心副中心城市、广西区块链副中心城市、全区首批数字经济示范区。深化政产学研用融合，全市国家级科技创新平台从2018年的29家增长到59家，高新技术企业保有量从308家增长到350家，啄木鸟、优利特等企业成为细分行业“隐形冠军”，创新成果加快转化应用。持续优化营商环境。实施园区项目“双容双承诺”改革，再造工业项目审批流程，行政审批时限大幅压缩，实现“园区事园区办”。狠抓工业振兴要素保障，去年以来，全市工业园区累计完成土地收储1.8万亩，新建标准厂房181万平方米，完成基础设施投资超过20亿元。今年1月—11月，全市规模以上工业增加值同比增长6.4%，高于全区6个百分点，其中电子信息产业产值同比增长43.4%，工业振兴态势基本形成。

2020年10月10日，市委书记赵乐秦（前排左二）率队到桂林华为云计算大数据中心考察。（何平江摄）

推动乡村振兴实现大提升。创造性地以新型城镇化示范乡（镇）和田园综合体建设为抓手，推进乡村全面振兴，“城乡一体、生态美丽、文化繁荣、富裕和谐”桂林大家园生机勃勃。重点推进两大“书记工程”建设。2013年以来，累计投入150多亿元，分五批建成新型城镇化示范乡（镇）74个，占全市乡（镇）总数55%，示范乡（镇）联城带村、集聚产业、服务“三农”的作用显著增强，成为带动县域发展的强劲引擎。在全市成批次推进田园综合体建设，连片完善村（屯）基础设施，发展特色乡村产业，提升农村人居环境，加强基层社会治理，建成首批17个、启动建设第二批18个田园综合体，形成集现代农业、乡村旅游、田园社区于一体的乡村发展新模式。初步预测，农村居民人均可支配收入增长8%。持续加快现代农业产业发展。培育粮食、柑橘、特色水果、蔬菜、中草药、优质禽畜6个百亿元产业集群，水果种植面积和产量保持全区第一，自治区级现代特色农业核心示范区达到40个，数量居全区第一。预计全年一产增加值增长6%，农业农村经

2020年7月10日，桂林市乡村振兴现场推进大会召开。（何平江摄）

济稳步向好。深入实施乡村风貌提升。加快实施乡村风貌提升三年行动，启动“两高两道”周边农村人居环境改造工程，统筹推进幸福乡村建设、农村污水垃圾处理等工作，全市乡村面貌发生根本性改变。实施县域经济分类培育，各县城新区、小城镇建设加快发展，“一县一业”产业格局加快形成，“十三五”以来，9个县（市、区）累计15次获得广西科学发展先进县区、进步县区。

2020年4月29日，靖江王府片区历史文化旅游休闲街区改造提升项目竣工暨正阳西巷开街仪式在正阳门前举行。（何平江摄）

推动国际旅游胜地升级发展。围绕“六个一流”目标，强化规划引领、项目带动、文旅融合、政策扶持，统筹推进桂林国家可持续发展议程创新示范区建设，桂林旅游国际化、品牌化、智慧化、标准化水平不断提升。扎实推进旅游项目建设。坚持以重大项目为抓手，统筹实施重大文旅项目，融创文化旅游城项目一期建成开业，桂林文化旅游中心漓江歌剧院即将建成，七星塔山·悦坊、象山龙船坪、秀峰尊神庙等夜经济不断涌现，一批高端文旅项目成功签约。大力推进旅游公路建设，交通运输与旅游业融合发展。持续提升旅游品质。坚持全域旅游理念，“文旅+”战略成效明显，高端酒店集群、演艺集群、康养集群加快集聚，休闲度假、文化演艺、乡村民宿、医养康养、体育健身等新业态蓬勃发展，形成“全景旅游、全业融合、全时体验、全民共享”全域旅游桂林模式。我市入选国家文化和旅游消费试点城市，2个县分别获批全国、自治区全域旅游示范县，4个县分别获批全国、自治区旅游标准化示范县。“桂林有礼”“桂林有戏”“养生桂林”“红色桂林”成为桂林文旅融合新品牌。深化旅游开放合作。深入学习贯彻习近平总书记在第十七届中国－东盟博览会和中国－东盟商务与投资峰会开幕式上重要致辞精神，成功举办系列国际性论坛展会活动，桂林面向东盟的平台作用充分发挥。与肇庆市、贺州市合作共建“粤桂画廊”，规划建设面向世界的康养旅游休闲度假胜地，融入粤港澳大湾区取得积极进展。现代服务业加快发展，互联网相关服务业、软件信息技术服务业营业收入分别增长17.9%、110%。桂林国际旅游胜地建设以来，全市接待旅游总人数从2012年的3292万人次增长到2019年的1.38亿人次，旅游总消费从276亿元增长到1874亿元，人均旅游消费从841元增长到1358元。桂林旅游实现从景点景区模式向全域旅游升级，从观光游览向休闲度假升级，从传统产业向文旅融合升级。

五、加强和改进宣传思想文化工作，文化传承利用取得丰硕成果

市委常委会坚持举旗帜、聚民心、育新人、兴文化、展形象，始终高举习近平新时代中国特色社会主义思想伟大旗帜，推动桂林文化资源优势持续转化为城市竞争优势，为决胜桂林“两个建成”提供坚强思想保障和强大精神动力。

牢牢掌握意识形态工作主动权。把意识形态工作列入市委常委会工作要点，制定桂林市落实意识形态工作责任制实施方案，全面落实《中国共产党宣传工作条例》，全面压实意识形态主体责任。加强意识形态阵地管控，开展常态化监督检查，净化网络舆论空间，广大干部群众的政治认同、情感认同不断增强。大力弘扬社会主义核心价值观，深入推进群众性精神文明创建活动，涌现出一批全国文明村镇、文明单位、文明家庭、文明校园和未成年人思想道德先进单位。

2020年9月30日，桂林市在红军长征湘江战役纪念林凭吊广场举行向革命烈士敬献花篮仪式。（何平江摄）

扎实推进红色文化保护传承。坚决贯彻落实习近平总书记重要批示精神，始终以高度的政治自觉和文化自觉，全力做好湘江战役红军遗骸收殓保护和烈士纪念设施建设工作，彰显“一草一木一忠魂、一山一石一丰碑”内涵，红色文化保护传承取得里程碑式进展。“一园两馆”等红军长征湘江战役纪念设施列入全国“重走长征路”精品线路，建成以来接待游客433万人次，成为弘扬长征精神、传承红色基因、加强干部教育的重要阵地。长征国家文化公园（广西段）启动建设。深化红军长征沿线城市交流合作，与延安、赣州、遵义、丽水、阿坝等共同办好“红军长征论坛”，构建了革命老区协同发展新机制，伟大的长征精神绽放出新时代光芒。

持续唱响历史文化保护利用“三部

曲”。坚持“寻找桂林文化的力量，挖掘桂林文化的价值”，连续7年召开历史文化保护利用领导小组会议，推动历史文化“散珠碎玉”得到系统性整理、完整性呈现、保护性利用。大力完善文化基础设施，保护修缮广西省立艺术馆旧址，逍遥楼、东西巷再现繁华盛景，非遗展示馆、灵渠展示中心等一批文化场馆成为桂林文化新地标。积极开展国家文物保护利用示范区创建申报工作，甑皮岩、靖江王陵等国家考古遗址公园初具规模，桂林博物馆成为全区地级市首家国家一级博物馆。成功举办2020年“文化和自然遗产日”主场城市活动，国家级非物质文化遗产代表性项目达到6个，文化创意、游戏动漫、文博非遗等文化产业创新发展。桂林城市文脉传承创新，历史文化和现代文明交相辉映，文化自觉自信空前激发，历史文化名城再创新辉煌。

六、加强生态环境保护建设，桂林绿色发展优势充分彰显

市委常委会始终牢记习近平总书记“一定要保护好桂林山水”的殷切嘱托，坚持生态立市、绿色发展，大力推进整体性系统性生态环境治理，积极探索“绿水青山就是金山银山”的生动实践，走出了具有桂林特色的可持续发展道路。

深入推进漓江全流域保护。严格执行《桂林漓江风景名胜区总体规划(2013—2025年)》，出台《漓江风景名胜区管理条例》，健全漓江生态保护、综合执法机制，构建了党政一体、部门联动、属地管理、永续发展的漓江生态保护管理新格局，漓江“三统”改革九大重点任务全面完成。坚持漓江生态环境全流域治理，打好“治乱、治水、治山、治本”组合拳，系统推进桂林市防洪及漓江补水枢纽工程、壅水科学试验坝、污水治理和干支流整治，漓江枯水期生态及旅游问题得到根本解决；加快实施漓江流域生态保护和修复提升工程，漓江流域采石场全部关停复绿，岸线洲岛、村庄环境、景观风貌得到系统提升。坚持在保护中发展，全面完成漓江游船提档升级，实施水上游览经营准入及票制改革，推动建立漓江流域生态保护补偿试点机制，漓江两岸百里生态示范带、桂阳公路旅游休闲带、城市段核心区休闲旅游示范带成为旅游新热点。通过持续努力，漓江全流域保护迈入法治化、规范化、常态化轨道，漓江生态效益、社会效益和经济效益进一步凸显。

持续改善生态环境质量。全面打好蓝天碧水净土保卫战，全市空气质量优良天数350天，优良率96.4%，同比增加16天，连续6年实现PM10、PM2.5双下降。主要河流水质达标率、城市集中式饮用水水源地水质达标率保持100%，污染地块安全利用率达100%。中央环保督察反馈问题整改扎实推进。生态示范创建保持全区领先，龙胜各族自治县获国家生态环境部“绿水青山就是金山银山”实践创新基地表彰命名。全市森林覆盖率达71.61%。桂林山更青、水更绿、天更蓝、地更净，生态更美丽。

七、加强城市建设管理，城市品质大幅提升

市委常委会坚持新区老城联动发展、融合提升，深入塑造城市之“形”、铸就城市之“神”、涵养城市之“韵”，全力打造形神兼备、韵味独特的文明城市品牌。

成功创建全国文明城市。始终秉承“创城为民、创城靠民、创城惠民”理念，以创城促文明、促发展、惠民生。坚持高位推动、全民参与，全面压实“一把手”主体责任，建立市领导和市直单位包联责任制，50多万名志愿者投身创城一线，带动全体市民共创文明城市。坚持加大投入、强化治理，持续开展创城“金点子”系列活动，深入推进城市重要节点改造提升，狠抓城市网格化、数字化、精细化管理，实施最严城市管理绩效考评，强化督查问责，解决了一大批城市建设管理“老大难”问题，“洁齐美”成为城市新常态。坚持强基固本、凝魂聚气，广泛开展帮扶捐助、志愿服务、文明交通、文明旅游等活动，涌现出一批全国道德模范、“身边好人”，彰显了桂林山水、城市、人文和谐之美，“爱国爱家爱桂林　讲德讲孝讲文明”的城市人文精神空前凝聚，充分展示了桂林精神文明建设新形象和团结奋进精气神。

大力提升中心城市品质。坚持“保护漓江，发展临桂，再造一个新桂林”，新区产城融合做加法、老城疏解提升做减法，建设更具魅力的品位休闲之都。优化空间布局，合理规划路网水系、基础设施、服务功能，推动城市重点向西发展，两江四湖二期、新区环城水系全面通航，形成组团布局、显山露水的城市形态，千百年来沿漓江而立的城市格局成为历史，主城区面积达到140平方公里、人口达到135万，其中临桂新区面积40平方公里、人口35万。以民生工程建设为重点完善城市功能，老城行政中心功能全部迁移，特色街区(片区)、老旧小区、棚户区、城中村改造强力推进，靖江王府历史文化旅游休闲街区改造提升完美收官。中心城市文化、旅游、休闲、商业功能大幅提升，新区一批学校、医院、市场建成使用，公共服务水平持续提高。加快推进产城融合，全面构建三大园区齐头并进的产业布局，一批高端商业综合体建成运营，一批服务业集聚区加快建设，休闲度假、健康养生、文化创意等新业态加速形成，新区老城产业布局更合理、业态更丰富。

加快城市基础设施提档升级。坚持交通先行，统筹推进城市路、水、网等基础设施建设。“北通南畅、东拓西联”的城市路网全面建成，综合交通枢纽项目加快实施，一批道路、桥梁、车站码头、停车场和重要节点改造深入推进，旅游专线试验线试运行，形成纵贯南北、横穿东西、内连外通、方便快捷的城市路网。“五网”建设大会战成效明显，5G网络实现市区全覆盖，荔浦至玉林高速公路建成通车，桂林城市交通更顺畅，宜居宜业宜游的现代化城市充满活力。

八、持续改善民生福祉，各项社会事业全面发展

市委常委会始终坚持以人民为中心的发展思想，把保障改善民生、增进人民福祉作为一切工作的出发点和落脚点，全力打造富裕和谐桂林，人民群众获得感幸福感安全感显著增强。

统筹抓好各领域民生建设。民生保障网进一步扎牢织密，民生支出占一般公共预算支出比重高达76.8%，比“十二五”末提高5.4个百分点。千方百计稳就业保民生，着

力推动疫情期间重点群体就业，城镇登记失业率控制在3%；覆盖城乡居民的社会保障体系不断完善，保障水平稳步提高。大力推进棚户区改造等保障性安居工程建设，城镇居民居住条件大幅改善。乡村公共交通体系进一步完善，建制村通车率达100%。普及高中阶段教育通过自治区评估验收，自治区示范性幼儿园县县全覆盖，“县管校聘”改革荔浦经验向全区推广。健康桂林建设深入推进，医联体建设连续两年排名全区第一。全力做好安全生产和防汛减灾工作。

加强和创新社会治理。市委常委会专题研究市域社会治理工作，制定试点实施方案，深入开展市域社会治理突出问题集中整治百日攻坚行动，扫黑除恶专项斗争取得阶段性成果，信访维稳秩序实现根本好转并持续巩固，法治桂林、平安桂林建设深入推进，连续5届荣获全国社会治安综合治理优秀市，连续3次获得“长安杯”。坚持党管武装原则，军民融合走在全区前列，实现全国“双拥模范城”九连冠、自治区“双拥模范城”十连冠。

九、加强社会主义民主政治建设，团结和谐大好局面持续巩固

市委常委会坚持党的领导、人民当家作主、依法治国有机统一，充分发挥党总揽全局、协调各方作用，团结一切可以团结的力量，调动一切积极因素，汇聚桂林发展的磅礴之力。坚持和完善人民代表大会制度，加强重点领域立法，支持和保障人大依法行使各项职权，推进代表履职走深走实，人大首次对市政府部分组成部门开展述职评议，创新开展“3+3”专题询问，通过人大监督助推解决制约全市经济社会发展的痛点难点问题，在优化营商环境、助推产业发展和保障改善民生方面发挥重要作用。召开市委政协工作会议，支持人民政协依法依章程履行政治协商、民主监督、参政议政职能，在疫情防控、“三企入桂”、乡村振兴、创城等方面作出积极贡献。高度重视统一战线工作，切实抓好党外代表人士队伍建设，进一步创新发展了统一战线和多党合作事业。指导恭城瑶族自治县成功举办成立30周年县庆，群团、民族、宗教等工作全面加强。

十、坚决履行管党治党主体责任，全面从严治党向纵深发展

市委常委会认真落实新时代党的建设总要求，坚持以政治建设为统领，推动党的各项建设不断取得新进步。

坚持不懈推进党的政治建设。贯彻落实《中共中央关于加强党的政治建设的意见》，把准政治方向、站稳政治立场、保持政治定力，严守政治纪律、政治规矩，增强“四个意识”、坚定“四个自信”、做到“两个维护”。巩固深化主题教育成果，建立健全“不忘初心、牢记使命”长效机制，推动学习教育、为民服务、自我革命、担当作为“四个常态化制度化”。持续深化政治监督，及时发现和督促纠正问题1594个，推动中央和自治区党委决策部署有效落实，抓好“4+1”政治生态分析研判系统运用，荣获第二届“中国廉洁创新奖”特色创新项目。坚守政治巡察职能定位，高质量完成本届市委巡察全覆盖任务，积极配合中央、自治区党委巡视组开展巡视工作，推动全市上下以实际行动践行“两个维护”。

加强基层组织和干部队伍建设。围绕基层党组织“提质聚力”，持续深化桂林全域党建，扎实开展党支部达标创优行动，累计创建星级村党组织825个，全区农村党支部标准化规范化建设现场会在我市召开。启动村（社区）“两委”换届工作。成立桂林基层党建学院和两新党建红色学院，加强基层党务干部业务培训。落实市委常委联系服务党建品牌制度，示范带动全市创建党建品牌300多个。着力建设忠诚干净担当的高素质干部队伍，大力倡导“担当为要、实干为本、发展为重、奋斗为荣”理念，树立讲担当、重实绩的选人用人导向，提拔敢担当善作为干部118名，为299名实绩优秀的处级干部晋升职级；为9名领导干部予以容错免责，为12名受到不实举报的干部澄清保护，激励担当作为、容错纠错的机制进一步完善。实施“人才强市”战略，建设文旅、工业等产业和人才融合示范基地，发挥桂林人才飞地（深圳）和海创基地“新引擎”作用，全年引进认定高层次人才262名，爱惜人才、尊重人才的氛围日益浓厚。

一以贯之推进党风廉政建设和反腐败斗争。把“严”的主基调长期坚持下去，以永远在路上的执着和定力正风肃纪反腐，一体推进不敢腐、不能腐、不想腐，持续营造风清气正的政治生态。锲而不舍落实中央八项规定精神，持续纠治形式主义、官僚主义，加大整治群众身边腐败和不正之风力度，为基层减负工作扎实推进。做实日常监督，实事求是运用“四种形态”，实现政治效果、纪法效果、社会效果有机统一，化解存量、遏制增量成效明显，全市检举控告、越级信访举报逐年下降，群众对党风廉政建设和反腐败工作满意度逐年上升。扎实做好案件查办“后半篇文章”，推动以案促改、以案促教、以案促治，加强对受到处分干部的教育管理使用，经验做法在全区推广。充分发挥桂林优质廉政文化的教育、引领和浸润作用，拓展清廉文化阵地，不断营造尊廉崇廉爱廉的浓厚氛围。

一年来，市委班子高度重视自身建设，带头严格遵守党的政治纪律和政治规矩。带头倡导“四为”理念，不断提高驾驭复杂局面、处理复杂问题的能力。带头坚持民主集中制，团结各级领导班子和党员干部开拓奋进。带头深入基层调研，推动中央和自治区党委重大决策部署落实。带头模范遵守中央八项规定精神，严格遵守重大事项请示报告制度，严守廉政纪律。市委常委会全体同志密切配合、互相支持，勇于进取、敢于担当，形成了求真务实、团结奋进的良好局面。

同志们，回顾一年来的工作，成绩来之不易。在肯定成绩的同时，市委常委会也清醒认识到，当前桂林稳增长压力较大，工业振兴还有不少短板，基础设施相对滞后，城乡发展不平衡不充分问题仍然突出，保障改善民生任务仍然艰巨，干部抓落实能力有待提高，等等。市委常委会将在今后的工作中，进一步解放思想、改革创新、扩大开放、担当实干，推动各项工作不断取得新成效。

希望同志们对市委常委会的工作提出意见和建议，帮助我们把工作做得更好。

桂林市人大常委会工作报告

——2021年6月23日在桂林市第五届人民代表大会第六次会议上

桂林市人大常委会主任　张晓武

各位代表：

我受市人大常委会委托，向大会报告工作，请予审议。

2020年主要工作

2020年是全面建成小康社会和“十三五”规划收官之年。在市委坚强领导下，市人大常委会坚持以习近平新时代中国特色社会主义思想为指导，全面贯彻党的十九大和十九届二中、三中、四中、五中全会精神，深入学习贯彻习近平法治思想、习近平总书记关于坚持和完善人民代表大会制度的重要思想，坚持党的领导、人民当家作主、依法治国有机统一，紧扣疫情防控、“六稳”“六保”、打赢脱贫攻坚战、工业振兴、乡村振兴、创建全国文明城市、推进桂林治理现代化等重大决策部署，担当实干，积极履职，全面完成市五届人大五次会议确定的任务。一年来，常委会依法行使立法权、监督权、决定权、任免权，共审议法规案5件，表决通过3件，颁布实施4件。备案审查规范性文件27件、规章1件。听取和审议21个工作报告，检查6件法律法规实施情况，开展1次专题询问、1次专题视察、13项专题调研。作出决议决定10项，任免国家机关工作人员110人次。

一、以习近平新时代中国特色社会主义思想为统领，始终确保人大工作正确政治方向

习近平新时代中国特色社会主义思想是引领党和国家事业不断从胜利走向新的胜利的强大思想武器和行动指南。习近平法治思想是马克思主义法治理论中国化的最新成果，是习近平新时代中国特色社会主义思想的重要组成部分，是全面依法治国、做好新时代人大工作的根本遵循。常委会牢牢把握人大是党领导下的政治机关定位，增强“四个意识”、坚定“四个自信”、做到“两个维护”。坚持把深入学习贯彻习近平新时代中国特色社会主义思想、习近平总书记最新重要讲话和重要指示批示精神作为常委会党组会议、理论学习中心组学习的第一议题，作为人大代表和人大机关干部培训的第一课程，把学习领会习近平法治思想与学习贯彻习近平总书记关于坚持和完善人民代表大会制度的重要思想结合起来，与学习贯彻党的十九届五中全会精神结合起来，坚持自觉主动学、及时跟进学、联系实际学、笃信笃行学，确保学懂弄通做实。2020年7月，经市委批准，常委会在全区率先举办全市民法典知识讲座，特邀全国人大常委会民法典起草组专家授课，助推全市上下全面学习宣传实施民法典。常委会开展党的十九届四中、五中全会精神及习近平谈治国理政、习近平法治思想、宪法等专题学习研讨19次，常委会党组班子成员带头开展理论宣讲9次，推动理论学习不断往深里走、往心里走、往实里走，不断筑牢思想根基，切实把学习成果转化为做好新时代人大工作的具体实践，推动人大工作与时俱进、完善发展。

市委高度重视人大工作，加强对人大工作的全面领导。自治区人大常委会副主任、时任市委书记赵乐秦经常听取常委会党组工作汇报，深入检查、指导、调研我市人大各项工作，以人大代表身份开展进站履职活动，对做好新时代我市人大工作提出明确要求。常委会坚持把党的领导贯穿于人大工作全过程、各方面，严格落实向市委请示报告工作制度，党组向市委常委会报告年度工作，及时请示报告行使职权中的重大事项、重要问题，一年来向市委请示报告29次。全面贯彻落实市委五届六次全会精神，认真完成市委交办的中心工作任务，确保在市委领导下统筹安排和有序推进立法、监督、人事任免、代表履职等各项工作。切实发挥常委会党组在人大工作中把方向、管大局、保落实的领导作用，定期和不定期召开党组会议、主任会议，研究解决工作中遇到的突出问题，有力有序推动各项工作落细落实。

二、紧紧围绕新时代人大工作要求和市委决策部署，依法履行人大监督职能

常委会深入贯彻习近平总书记关于人民至上、生命至上的理念和关于强化公共卫生法治保障的重要指示要求，始终与市委同频共振、同向发力，充分发挥法定职能优势和职权集成效应，加强对常委会审议意见办理情况进行有

效监督，力推各项重大决策部署落到实处。

（一）推动疫情防控，展现人大担当

面对突如其来的新冠肺炎疫情，常委会迅速反应，第一时间发出致全市各级人大代表倡议书，各级人大代表和人大机关干部积极投身疫情防控一线，开展摸排宣传劝导，筹集捐赠防疫物资，救死扶伤护民安康，充分展现了新时代人大代表的责任担当。2020年3月，常委会及时开展对我市野生动物保护以及全国人大常委会关于全面禁止非法野生动物交易、革除滥食野生动物陋习、切实保障人民群众生命健康安全的决定执行情况的专题调研，并于4月听取和审议“一法一决定”执行情况的报告，积极推动“一法一决定”在全市全面深入贯彻实施，自治区人大常委会在我市开展执法检查时给予充分肯定。根据疫情防控需要，常委会立即调整工作思路，开展传染病防治法、突发公共卫生事件应急条例、动物防疫法等执法检查，进一步防范重大公共卫生风险，加快筑牢公共卫生安全法治防线，有效推动疫情防控工作。

（二）助力创城工作，贡献人大力量

根据市委部署，常委会领导经常深入城区、学校等督促指导创城工作。组织人大机关干部到包联点位巡查街道、清扫垃圾、入户宣传等，严格按照创城标准全面整治新竹社区等9个点位的环境，开展“进社区、访民情”一对一宣传、电影进社区、整治公共区域和背街小巷环境卫生等专项活动，提高群众满意度。发挥桂林市城市市容和环境卫生管理条例的法规引领和保障作用，号召各级人大代表争当文明城市创建的宣传者、推动者、先行者、示范者和监督者，为桂林荣获“第六届全国文明城市”称号贡献人大力量。

（三）着眼工业振兴，持续发力助推优化营商环境

常委会聚焦工业振兴主战场，听取和审议市属三大园区建设情况的报告，提出加快建强高新区、经开区、高铁产业园三大园区，突出抓好龙头产业集聚发展等建议。连续两年开展优化营商环境专题询问，2020年历时4个月，通过“专题调研专门找、新闻媒体广泛找、调查问卷针对找”三个渠道收集存在问题170个，以“函询、现场询问和会议集中询问”三种层层递进的询问方式，对我市6个县区、38个部门开展了提升营商环境专题询问。通过人大持续监督，提升了我市营商环境水平，创新“3+3”专题询问模式得到了自治区人大常委会领导批示肯定。为助推企业复工复产和桂林旅游业复苏集思广益、出谋划策，常委会领导分别带队到企业调研指导，组织机关干部和人大代表开展“桂林人游桂林”活动。财经委与市工商联联合开展服务民营企业面对面“1+1+1”专题活动，聚焦服务民营企业，搭建政企沟通平台，化解民营企业痛点难点。

（四）聚焦脱贫攻坚，推进与乡村振兴有效衔接

常委会把脱贫攻坚作为最大的政治任务和最大的民生工程，紧盯脱贫攻坚“两不愁、三保障”目标，听取和审议我市农村饮水安全保障工作情况的报告，跟踪检查广西扶贫开发工作条例执法检查审议意见落实情况，推动政府压实脱贫攻坚责任，补齐短板弱项。围绕推进乡村振兴，组织常委会组成人员专题视察我市田园综合体建设情况。为助推加快实现巩固拓展脱贫攻坚成果同乡村振兴有效衔接，在全市选聘11位农业方面专家学者担任常委会“三农”智库顾问并建言献策，提出16条针对性建议，经验做法在自治区人大相关会议上作典型发言，得到自治区人大常委会领导批示表扬。常委会领导和市人大机关干部经常深入定点帮扶联系县、乡（镇）、村，扎实开展“一帮一联”和“脱贫感党恩、奋进新起点”等活动，积极宣传、落实扶贫政策，联系企业对口帮扶贫困村。常委会组织各级人大代表充分发挥自身优势，争取政策、项目和资金，帮扶贫困村推动产业发展，改善基础设施。先后帮助松江村、乐育村修建道路，建成冷库、农产品交易中心，拓宽稳定村集体收入来源。对口帮扶的松江村、乐育村如期完成脱贫攻坚任务。

（五）强化财经监督，护航“六稳”“六保”

听取和审议2019年市本级决算报告、审计工作报告，审查批准2019年市本级决算和2020年预算调整方案。听取和审议2020年上半年全市国民经济和社会发展计划与预算执行情况的报告，围绕落实主要指标、重点任务、减税降费政策，聚焦中央财政直达资金、抗疫特别国债资金分配和使用情况，开展财经监督，力促优化收入结构，确保政策落地见效，实现“六稳”“六保”，直接惠企利民。强化关键领域监督，为民看好钱袋子，听取和审议2019年度市本级预算执行和其他财政收支审计查出问题整改情况的报告，提出整改意见，督促44个部门严格执行财经法律法规并整改落实。听取和审议2019年国有资产管理情况综合报告、企业国有资产管理情况专项报告，不断完善国有企业资产监管机制，推动实现国有资产保值增值。听取和审议市本级全面实施预算绩效管理改革情况报告，推动全市构建全覆盖绩效管理体系，提高财政资金使用效益和效率。

2020年4月15日，市人大常委会主任张晓武（前排中）到平乐县二塘工业集中区调研。（张碧周摄）

（六）加强司法监督，着力维护公平正义

聚焦环漓江流域生态环境和资源保护等公益保护方面的重点、难点，对民事诉讼法和行政诉讼法中有关公益诉讼法律规定执行情况开展执法检查，在审议意见中，变“打包整改”为“清单督办”，首次提出跟踪督办的具体事项，使审议意见更具针对性，推动问题有效解决。强化跟踪问效，对上年度“扫黑除恶”专项斗争审议意见落实情况进行跟踪督办，有力推动我市“扫黑除恶”专项斗争向纵深发展。听取和审议“七五”普法工作情况报告，进一步推动普法责任制落实。以促进司法公正为目标，开展公共法律体系建设、检察机关落实认罪认罚制度专题调研，积极组织市人大代表走进法庭旁听评议庭审。

（七）回应社会关切，推进保障改善民生

常委会把人民对美好生活的向往作为奋斗目标，对我市城区建设工程“烂尾楼”项目相关情况开展专题调研，调研成果得到市委、市政府主要领导高度肯定。听取和审议我市城区建设工程“烂尾楼”项目处置工作情况、城区“烂尾楼”项目诉讼案件审理和执行情况的专项报告，对相关处置工作进行跟踪督办，督促建立联动机制，遵循市场规律，实行“一企一策”“一楼一策”，因地制宜，分类处置，推动涉城区 17 个“烂尾楼”工程处置工作取得新进展。听取和审议城市道路建设和管理工作情况报告，推动沙河立交桥维修加固、万福路改造、净瓶山大桥拆除重建等项目启动。围绕打赢污染防治攻坚战，持续听取和审议环境状况和环境保护目标完成情况报告，组织驻桂林全国和自治区人大代表对全市公共环境卫生治理情况开展专题调研，开展固体废物污染环境防治法执法检查，协助自治区开展土壤污染防治法执法检查，推动全市各级各部门落实保卫蓝天、碧水、净土的法律责任，走好“绿水青山就是金山银山”的绿色发展之路。持续开展学前教育、义务教育、医疗保障等重大民生工作专题调研。听取和审议桂林市养老服务工作专项报告，推动我市养老服务保障工作不断改进和完善。对娱乐场所管理条例贯彻实施情况开展“回头看”跟踪检查，对公共文化服务保障法实施情况开展专题调研并听取专项工作报告，对预防未成年人犯罪法实施情况开展执法检查，推动社会主义精神文明建设纵深发展。

（八）开展专题调研，夯实“十四五”规划纲要审查基础

围绕我市“十四五”规划纲要编制若干重要问题，抓住经济社会发展中的重点和关键，开展城市园林绿化、森林防火、对外交流合作、少数民族优秀传统文化保护传承和发展、侨资企业发展、长塘水库工程建设等专题调研，形成高质量的调研报告，为市委制定规划建议提供参考。常委会领导率队深入到主要经济部门及部分县（市、区）开展“十四五”规划纲要编制情况专题调研，为听取和审议“十四五”规划和二〇三五年远景目标纲要（草案）编制情况报告作准备。组织驻桂林全国人大代表和自治区人大代表集中视察我市“十四五”规划纲要编制情况，提出意见建议，为科学编制我市“十四五”规划纲要提供参考。

（九）开展述职评议，加强干部任后监督

常委会贯彻落实市委关于加强新时代人大工作实施意见精神，探索开展对人大任命的政府组成人员任后履职监督，首次组织对市发展改革委、市工信局、市农业农村局、市扶贫办4个政府组成部门主要负责人进行述职评议，并进行现场提问和满意度测评。通过开展述职评议，进一步推动市政府组成部门的宪法和法律意识、公仆意识，促进依法履职，切实转变作风，不断改进工作。

三、坚持立法质量与效率并重，不断推进桂林治理现代化

法治是国家治理体系和治理能力的重要依托，常委会充分发挥法治固根本、稳预期、利长远的保障作用，深入推进科学立法、民主立法、依法立法，坚持质量与效率并重，把法律和制度优势更好转化为治理效能。

（一）完善立法工作机制

常委会加强对地方立法工作的领导，成立立法工作领导小组，定期召开会议推动立法工作有序开展。制定地方立法工作“双组长”制度实施办法，进一步明晰立法各阶段各部门的职责和分工，推动立法任务目标高质高效完成。畅通立法沟通渠道，搭建立法社情民意“直通车”，全市 22 个基层立法联系点已经全部挂牌成立并开始履职。

（二）立法工作成果丰硕

颁布实施桂林市城乡规划管理条例、桂林市违法建设防控和查处条例、桂林市漓江风景名胜区管理条例、桂林市机动车船和非道路移动机械排气污染防治条例 4 部条例，为我市城市管理、创城工作、打赢蓝天保卫战、推进生态文明建设等经济社会发展和改革攻坚任务提供坚强法治保障。初次审议桂林市喀斯特景观资源可持续利用条例（草案）、桂林市灵渠保护条例（草案）、桂林市养犬管理条例（草案）3 部条例；表决通过桂林市城市绿化条例（草案），即将颁布实施。相继开展湘江战役遗址保护条例、青狮潭水库水质保护条例、会仙喀斯特国家湿地公园保护条例等立法调研。加强对龙胜、恭城两个自治县立法工作指导，助推用好民族自治地方立法权。目前，我市现行有效地方性法规 8 件，立法工作走在全区前列，常委会在全区人大系统立法工作会议上作经验交流发言。

（三）加强立法后宣传、评估和执法检查工作

召开桂林市城乡规划管理条例等 3 部地方性法规颁布实施的新闻发布会。组织开展地方性法规专题宣传活动，为市民解答法律问题并发放法规资料。全年共编制并免费发放地方性法规单行本、公报等宣传资料一万余册，促进广大市民知法、懂法、守法、护法。首次组织开展桂林市城市市容和环境卫生管理条例立法后评估工作，对条例的合法性、合理性、协调性、可操作性、规范性、实效性和执行性等七个方面进行评估，总结实施效果，提出改进建议。调查问卷测评结果显示，社会公众对条例实施情况认可度达 91.6%。切实强化地方性法规执法检查力度，先后对桂林市漓江风景名胜区管理条例、桂林市违法建设防控和查处条例贯彻实施情况开展专题调研和执法检查，推动我市地方性法规有效实施。

四、坚持重创新添活力，充分发挥代表主体作用

常委会始终坚持人民至上，不断改进和创新代表工作，充分发挥代表主体作用，切实做到民有所呼、我有所应。

（一）代表履职平台创出特色

深入贯彻自治区人大常委会“混合编组、多级联动、履职为民”工作部署，紧贴桂林实际，创建工业企业、农业农村、旅游、教育文化、医疗卫生、法治建设等特色行业代表联络站（点）29个，创新打造履职平台“桂林品牌”，形成履职平台“桂林脸谱”。举办全市履职平台管理队伍培训会、经验交流会，高质量推进履职平台全面提升，全市148个代表履职活动中心和980个各级代表联络站（点）实现布局网格化和全覆盖，代表混合编组实现全员化和科学化，代表履职平台建设、代表联系群众工作形成可复制可推广的经验做法，全年区内外人大考察组共28批次700多人次来我市观摩学习。12家国家、自治区新闻媒体对我市人大代表助力灵川县青狮潭水库水质保护、临桂区会仙湿地整治和永福曾村、七星区西南村污水治理成效进行重点报道。

（二）代表常态化履职走深走实

全市各代表联络站加强五级代表联动，激发代表履职为民“新动能”。2020年，驻桂林全国人大代表提出高质量建议（议案）29条、驻桂林自治区人大代表提出47条，助力我市争取更多国家和自治区层面的支持。在“推动爱国卫生运动，强化疫情防控，倡导文明健康”主题履职活动中，收集代表联络站提出的意见建议1047条，确定重点建议283条交有关部门解决，代表主题履职活动成果得到有效转化。进一步密切与代表的联系，落实代表列席人大常委会会议机制，邀请市人大代表35人次列席常委会会议。拓宽代表知情知政渠道，安排310多名人大代表参加市人大常委会和“一府一委两院”组织的执法检查、专项调研、座谈会、听证会等活动。进一步规范代表活动经费管理，制定出台代表活动经费使用管理办法，强化代表履职保障。

（三）代表建议办理精准有效

制定关于进一步加强和改进市人大代表建议、批评和意见办理工作的意见，为做好代表建议办理工作提供有力指导。改进代表建议督办机制，由选联工委单一牵头督办转变为市人大各专委对口牵头督办，充分发挥各专委作用，形成建议督办合力。坚持领导领衔督办、全面督办、跟踪督办相结合，提高代表建议办理质量。抓好承办单位与代表办前、办中、办后“三见面”协商沟通、跟踪确认建议答复、专题督办不满意建议等重要环节，多措并举，精准发力，全年完成93件建议的主办工作，建议办结率、满意率均达到100%。已解决或基本解决的代表建议62件次，占已答复代表建议的66.7%，建议办理落实率稳居较高水平。扎实开展评选“代表优秀建议”“代表履职之星”和“承办建议先进单位”活动，激发代表及承办单位主动性和创造性，推动代表建议办理工作不断取得新成效。

五、坚持守初心担使命，不断提升常委会建设水平

常委会认真贯彻新时代党的建设总要求，不断强化政治引领，扎实抓好党风廉政建设和意识形态工作，严格落实中央八项规定精神，推动全面从严治党向纵深发展。认真做好市委巡察反馈意见整改，标本兼治，确保整改落到实处。全力支持派驻纪检监察组履行好监督执纪职能。推进机关文化阵地建设，强化理论学习培训，加强机关干部队伍建设。

强化履职能力建设，激发担当热情。召开创建桂林人大品牌工作推进会、市人大委室工作经验交流会，每月定期召开主任碰头会，形成奋勇争先的工作氛围，进一步提升常委会整体工作质量。按照自治区人大常委会打造人大工作“广西品牌”的工作部署，紧贴桂林实际，有效推进12个桂林人大品牌的创建工作。我市“履职平台建设”“外事侨务工作”等“桂林品牌”创建工作分别在自治区作经验交流发言。

人大宣传工作紧扣全市中心大局和疫情防控、创建全国文明城市、脱贫攻坚等，在中央电视台《新闻联播》《中国人大》杂志、人民网及自治区和我市主流新闻媒体等有力有效发声，全面展示全市各级人大机关和人大代表新时代风采和担当作为，常委会荣获自治区人大宣传工作先进单位一等奖。

畅通社情民意反映和表达渠道，扎实做好信访工作，全年接待群众来访168人次，处理群众来信57件。组织离退休老干部考察重点项目建设、乡村风貌提升等工作，认真做好离退休老干部服务工作。密切与县（市、区）人大联系，召开全市县（市、区）人大工作经验交流会，推动县乡人大进一步健全组织制度和工作机制，不断增强全市人大工作合力。

各位代表，常委会工作成绩的取得，是在习近平新时代中国特色社会主义思想指导下，市委坚强领导的结果，是常委会组成人员、常委会机关全体工作人员以及全市各级人大代表共同努力的结果，是“一府一委两院”和县（市、区）人大常委会密切配合的结果，是全市各族人民和社会各方面大力支持的结果。在此，我谨代表市人大常委会表示崇高的敬意和衷心的感谢！

回顾过去一年的工作，我们也清醒认识到，对照中央和自治区党委、市委的部署要求，对照人民群众和各级人大代表的殷切期盼，常委会工作还存在差距和不足。地方立法推动高质量发展的作用有待进一步增强，人大监督工作实效和权威有待进一步提高，推动解决民生领域重点难点问题有待进一步深入，代表作用的有效发挥有待进一步加强。常委会将高度重视这些问题，虚心听取各位代表的意见建议，采取有力措施，切实加以改进。

2021年主要任务

今年是中国共产党成立100周年，是开启全面建设社会主义现代化国家新征程的第一年，也是“十四五”规划实施的开局之年，做好今年各项工作意义重大。市人大常委会工作的总体要求是：高举中国特色社会主义伟大旗

帜，坚持以习近平新时代中国特色社会主义思想为指导，全面贯彻党的十九大和十九届二中、三中、四中、五中全会精神，深入贯彻习近平法治思想、习近平总书记关于坚持和完善人民代表大会制度的重要思想，坚持党的领导、人民当家作主、依法治国有机统一，全面落实习近平总书记视察广西及桂林时的重要讲话和重要指示精神，认真贯彻落实自治区党委十一届九次全会和市委五届七次全会精神，准确把握新发展阶段，全面贯彻新发展理念，积极融入新发展格局，依法履行立法、监督、重大事项决定、人事任免等职权，围绕中心，服务大局，为全力打造世界级旅游城市、谱写新时代中国特色社会主义壮美广西的桂林新篇章贡献人大力量。

提高政治站位。自觉把深学笃用习近平新时代中国特色社会主义思想作为贯穿人大工作的主线，深入学习贯彻习近平法治思想、习近平总书记关于坚持和完善人民代表大会制度的重要思想，牢固树立“四个意识”、坚定“四个自信”、做到“两个维护”。始终坚持党对人大工作的全面领导，严格落实向市委请示报告工作制度，紧紧围绕市委“建成经济强市、文旅强市、生态桂林、健康桂林”工作要求和全市发展大局，谋划和推进人大工作，依法履行好各项职责，确保市委决策部署得到贯彻落实。

提升立法质量。科学编制2021年地方立法工作计划，完善党委领导、人大主导、政府依托、各方参与的立法工作格局，发挥人大在立法工作中的主导作用。坚持立法为民，突出地方特色，发挥基层立法联系点的作用，通过“小切口”立法推动解决实际问题。加强重点领域立法，初次审议青狮潭水库水质保护条例、会仙喀斯特国家湿地公园保护条例等法规草案，继续审议灵渠保护条例、喀斯特景观资源可持续利用条例、养犬管理条例等法规草案，以高质量立法推进桂林高质量发展。开展旅游市场监管条例、公共场所文明行为条例、城市二次供水管理条例、阳朔西街保护管理条例，以及中小旅馆、民宿（农家乐）消防安全管理条例等项目的立法调研。深入开展湘江战役遗址保护立法调研，为科学保护湘江战役红色资源提供法治保障。认真做好规范性文件备案审查工作，保障宪法法律实施，维护宪法尊严和权威。

增强监督实效。坚持正确监督、有效监督，紧紧围绕市委决策部署、政府工作需要、群众关心的热点难点、社会关切的焦点痛点，综合运用听取和审议专项工作报告、执法检查、专题询问等多种方式依法开展监督。一是突出推动经济高质量发展，对“十四五”规划执行情况、重大项目建设进展情况等进行专题调研，加大对重点产业、重点企业的帮助指导，持续督办优化营商环境专题询问落实情况。强化财政监督，听取和审议国民经济和社会发展计划执行、预算执行、2020年市本级决算、政府性债务及管理、国有资产管理等情况报告，加快推进全市预算联网监督系统建设，提高经济运行和预算执行质量。二是突出加快推进乡村振兴，对我市田园综合体建设、乡村生态宜居和环境治理等情况进行专题调研，开展农民专业合作社法执法检查，推进脱贫攻坚与乡村振兴有效衔接。充分发挥“三农”智库专家作用，推动乡村振兴战略更好落实落地。三是突出提高人民生活品质，坚持以人民为中心的发展思想，对群众关心关注的“上学难”“看病贵”等热点难点问题开展专题询问，持续督办涉城区17个“烂尾楼”处置工作。对基层卫生事业发展、特殊群体保障、公众应急防护意识和能力、归侨侨眷人才创新创业就业、宗教活动场所管理等情况进行专题调研。听取和审议民族团结进步创建情况工作报告，助推把党的民族政策和民族区域自治制度转化为惠及各族群众的改革发展成果。听取和审议市域社会治理情况工作报告，推动提高桂林治理现代化水平。持续对公益诉讼等工作情况、动物防疫法、传染病防治法实施情况进行跟踪检查，推动法律法规有效实施，让人大监督落地有声。四是突出生态环境保护，呵护桂林山水、打造世界级旅游城市，对漓江支流黑臭水体污染治理等情况开展专题调研，听取和审议桂林市环境状况和环境保护目标完成情况、自然保护区建设与管理情况报告，开展桂林市城市市容和环境卫生管理条例、桂林市销售燃放烟花爆竹管理条例等执法检查，推动桂林绿色发展迈出新步伐，加快建设最宜居城市。开展旅游法执法检查，助推打造世界级旅游城市。

发挥代表作用。继续落实“混合编组、多级联动、履职为民”工作要求，促进代表履职进站常态化。强化人大专委对代表建议办理的督办作用，进一步推动建议办理工作提质增效，继续组织开展评选“代表优秀建议”“代表履职之星”和“承办建议先进单位”的活动，提高建议落实率和代表满意率。继续全面推进代表履职实体平台提档升级和网络平台建设，进一步完善行业特色代表联络站品牌建设，做好与自治区“智慧广西人大”网络平台系统的接入工作。完善“双联”制度，加强代表学习培训，提高代表依法履职水平。

抓好人大换届选举工作。加强工作培训，规范选举程序，严肃选举纪律，及时研究解决选举工作中的重大问题，依法做好市人大换届选举工作，指导县乡人大换届选举，确保在党委领导下顺利完成换届选举工作。

加强自身建设。把政治建设摆在首位，加强党的建设，认真履行全面从严治党主体责任。加强党风廉政建设，严格遵守中央八项规定精神，坚决反对“四风”。深入开展党史学习教育，始终牢记革命理想高于天、坚定信念跟党走，传承红色基因，赓续红色血脉。围绕市委“实干就是能力，落实才是水平”的要求，强化重担当、重实干、重实绩的鲜明导向，加强机关干部队伍建设。健全完善常委会及机关有关议事规则、工作制度，强化制度建设，规范机关运转。推广运用信息化智能化办公方式，提高常委会依法履职质量和效率。加强人大宣传工作，强化人大理论和人大工作研究。加强对县（市、区）人大工作的联系指导，增强协作配合。持续推进创建桂林人大品牌工作，形成品牌创建工作整体效应。

各位代表，让我们更加紧密地团结在以习近平同志为核心的党中央周围，在市委的坚强领导下，切实肩负起新时代坚持和完善人民代表大会制度的崇高使命，进一步解放思想、深化改革、凝心聚力、担当实干，为全力打造世界级旅游城市、谱写新时代中国特色社会主义壮美广西的桂林新篇章贡献人大力量，以优异成绩庆祝中国共产党成立100周年！

政府工作报告

——2021年6月23日在桂林市第五届人民代表大会第六次会议上

桂林市代市长　李楚

各位代表：

现在，我代表市人民政府，向大会报告政府工作，请予审议，请各位政协委员和其他列席人员提出意见。

习近平总书记十分关心桂林发展，多次就漓江生态保护等工作作出重要指示批示。今年4月，习近平总书记亲临桂林视察，高度评价我市保护漓江、加强生态文明建设所取得的成效，充分肯定我市疏解老城、建设新区工作，充分肯定我市通过限高、退距、增水、增绿、完善服务配套提高老城品位的做法，充分肯定我市按环保最高标准对漓江游船实施改造的做法，充分肯定我市将漓江沿岸老厂区打造成旅游新名片的做法，并赋予桂林打造世界级旅游城市的重要历史使命，反复嘱咐我们要“当好守护桂林山水的‘二郎神’”“全面推进乡村振兴”“用好红色资源”，为桂林发展指明了前进方向、提供了根本遵循、注入了强大动力，全市上下倍感振奋、备受鼓舞。我们要牢记嘱托，举全市之力，集全球之智，全力打造世界级旅游城市，努力把习近平总书记为桂林擘画的宏伟蓝图变为美好现实，以实干实绩回报习近平总书记的深切关怀和殷切期望。

一、2020年、“十三五”及今年以来工作回顾

2020年是极不平凡的一年，风险挑战史所罕见。面对新冠肺炎疫情和洪涝灾害的严重冲击，经济下行压力空前，全市上下坚持以习近平新时代中国特色社会主义思想为指导，深入贯彻落实中央、自治区和市委各项决策部署，统筹抓好疫情防控和经济社会发展，全力做好“六稳”工作、全面落实“六保”任务，经受住了大战大考，保持了经济社会持续健康稳定发展。全市地区生产总值增长2.1%，固定资产投资增长4.0%；城镇、农村居民人均可支配收入分别增长2.6%、8.1%，居民消费价格上涨2.6%；常住人口城镇化率达52.58%；节能减排降碳完成自治区下达目标任务。

我们主要做了以下工作：

疫情防控与复工复产成效显著。第一时间建立精准有序高效防控工作机制，在全区率先实施收治病例“四集中”、率先开放定点宾馆安置湖北籍游客、率先发出单个市编组专列驰援湖北、率先设立老年人临时隔离护理区，比全区提前8天实现本土确诊病例、疑似病例“双清零”，全市无病例死亡、无医务人员感染、无社区传播，得到国务院指导组高度肯定。第一时间出台企业复工复产指导意见，创新实行“一派二包两补”制度，推动重点项目、规模工业企业应复尽复，核磁共振机、N95口罩、医用护目镜生产填补广西空白，成为全区防疫物资生产体系最完备的城市之一。

各位代表！在这场没有硝烟的战斗中，全市上下凝心聚力、众志成城，涌现出一大批先进典型，他们不畏生死、争当急先锋，他们向险而行、勇做逆行者，让我们向所有抗疫英雄致以崇高的敬意！

稳增长政策措施力度空前。成立工作专班，实施“九大会战”，出台支持中小企业发展等六方面53条政策措施。争取上级转移支付312.16亿元、增长36.1%，新增政府债券71.62亿元、增长70.5%，新增中央直达资金51.8亿元，授信“复工贷”612.4亿元，减税降费超40亿元，全力保障产业链、供应链安全稳定。农业经济持续向好，第一产业增加值增长6.2%。工业经济逆势上扬，规模以上工业总产值增长10.1%。第三产业加快复苏，接待游客、旅游总消费分别恢复至上年的74%、65.8%。有效投资持续扩大，实施市级层面重大项目860个，投资进度达113.2%。

攻克脱贫攻坚最后堡垒。筹集各类扶贫资金24.63亿元，聚焦深度贫困问题集中攻坚，剩余1.39万贫困人口、51个贫困村如期脱贫摘帽。

“三企入桂”成果丰硕。签订项目219个，总投资超2000亿元；中国－东盟博览会签约总额1285亿元，居全区首位。

战胜严重洪涝灾害。及时预警、联调联防，成功避险5起自然灾害，避免1400多人因灾伤亡，获自然资源部和自治区政府通报表扬。

成功入选全国文明城市。坚持“创城为民、创城靠民、创城惠民”，全面落实包联工作机制，持续开展“金点子”活动，实现市民素质大提高、市容市貌大变样、治理水平大提升。

桂林影响力不断增强。“五会一节”、2020中国－东盟可持续发展创新合作国际论坛、第六届中国－东盟传统医药论坛、文化和自然遗产日主场城市活动、全国农民体育工

作现场会暨第四届全国农民体育健身大赛、第19届广西名特优农产品交易会、首届广西花卉苗木交易会、全区“脱贫感党恩 奋进新起点”主题活动现场会、桂林马拉松等一批国际国内重要节会赛事成功举办，名城形象更加彰显。

切实兜牢民生底线。坚持把保基本民生、保工资、保运转摆在突出位置，民生支出达373.65亿元，占一般公共预算支出比重提高1.9个百分点，发放稳岗返还补贴资金1.95亿元、价格临时补贴1.12亿元。

各位代表！2020年各项目标任务的完成，标志着“十三五”顺利收官。回首过去的五年，我们紧紧围绕“两个建成”目标，全力抢抓发展机遇，有效应对风险挑战，经济社会发展取得一系列令人鼓舞的重大成就。

这五年，我们夺取了四个决定性胜利。

全面建成小康社会取得决定性胜利。超额实现地区生产总值、居民人均可支配收入比2010年翻一番目标，其他指标基本完成，与全国、全区同步取得全面建成小康社会历史性成就。

决战脱贫攻坚取得决定性胜利。29.7万建档立卡贫困人口全部脱贫、510个贫困村全部出列、3个贫困县全部摘帽，脱贫攻坚取得历史性成就。

国际旅游胜地建设取得决定性胜利。胜地规划纲要四大战略定位逐步实现，12项指标基本完成，顺利完成国家赋予桂林的重要历史使命。

完成“十三五”规划目标任务取得决定性胜利。四大类34项指标基本完成，其中14项约束性指标完成度100%，为“十四五”经济社会高质量发展打下良好基础。

这五年，我们实现了四个新突破。

综合实力实现新突破。地区生产总值突破两千亿，达2130.41亿元。组织财政收入总量累计突破千亿，达1187亿元。金融机构本外币存贷款余额达7280亿元，是“十二五”的1.73倍。年接待游客突破1亿人次、旅游总消费超1800亿元。

城乡建设实现新突破。常住人口城镇化率比“十二五”末提高5.96个百分点。主城区面积扩展至147.55平方千米。桂林新区建成区面积40平方公里，行政、金融、教育、医疗等配套设施一应俱全，“再造一个新桂林”的蓝图变为现实。“北通南畅、东拓西联”路网全面建成，显山露水透绿、彰显历史人文的城市风貌持续提升。荔浦撤县设市，灵川与主城区同城化步伐加快，雁山科教旅游新城基础设施不断完善，全州、兴安、永福、阳朔、灌阳、龙胜、资源、平乐、恭城等县城新区建设日新月异、老城改造提升成效显著。建成新型城镇化示范乡（镇）74个、旅游精品线路8条、乡村振兴示范村1000个，今日桂林城市更靓、乡村更美、百姓更富。

招大引强实现新突破。成功引进华为、格力、比亚迪、融创、万达等一批世界一流企业。深科技智能制造、坤弘量子通讯项目填补广西空白。投资500亿元的融创国际艺术小镇、兴坪水镇、阳朔国际会议小镇，188亿元的电科云（桂林）国际大数据中心，产值50亿元的安科讯数字能源智能制造等一批重大项目成功落地，集聚效应显著增强。

民生改善实现新突破。城镇居民人均可支配收入从28100元提高到38145元，年均增长6.3%；农村居民人均可支配收入从11089元提高到17345元，年均增长9.4%，高于全国、全区平均水平；城镇居民食品消费支出占比由40.2%降至34.3%；解决了30多万居民住房困难问题；实现城乡低保“十三连涨”、养老金“十六连涨”，人民群众获得感、幸福感、安全感大幅提升。

这五年，“两会一节”常办常新，全国乡村绿化美化现场会、全国运输服务与旅游融合发展现场会、首届广西文化旅游发展大会等成功举办，新型城镇化示范乡（镇）建设、以项目带动旧城改造、生态文化旅游融合发展、旅游用地改革、“厕所革命”等桂林模式得到庆祝自治区成立60周年中央代表团的高度肯定，中央媒体集中报道，“桂林山水甲天下”的金字招牌越擦越亮。

这五年，我们主要做了以下工作：

（一）坚持担当实干久久为功，全面推进中央重大决策部署落地见效

不折不扣贯彻中央决策部署，一件一件抓落实，一项一项促落地，各项工作取得显著成就。

始终把脱贫攻坚作为重大政治责任。聚焦“两不愁三保障”，累计投入各类扶贫资金106.6亿元，实施产业扶贫项目3738个，硬化道路5114公里，建档立卡贫困户危房改造2.62万户，易地搬迁近3万人，贫困发生率从6.95%降为零，连续三年获全区设区市扶贫开发成效考核“综合评价好”等次。

始终把全面建成小康社会作为重大历史任务。对标对表六大类53项指标，全力补短板强弱项，主要目标任务顺利完成，实现了从总体小康向全面小康的新跨越。

始终把科学保护漓江作为重大光荣使命。出台实施《桂林市漓江风景名胜区管理条例》。漓江“三统”改革九大重点任务全面完成。漓江生态保护和修复提升工程、漓江流域山水林田湖草沙生态保护和修复工程加快推进，建成桂林市防洪及漓江补水枢纽工程，漓江城市段实现试验性常态蓮水。完成30年来最大规模游船提档升级，深入开展非法采砂、住家船、洲岛鱼餐馆、网箱养鱼等清理整治工作，长期困扰漓江保护的沉疴顽疾得到彻底根治，漓江城市段建成区内已确认的黑臭水体消除比例达100%，入选全国黑臭水体治理示范城市。2020年全国地表水考核断面水环境质量状况排名第二。漓江流域水环境质量长期稳居全国前列，干流水质达到Ⅱ类标准，漓江“青山碧水，伏龙卧波”的美景得以重现。

始终把保护传承红色文化作为最大责任担当。启动建设长征国家文化公园广西段，湘江战役纪念设施列入“重走长征路”国家红色旅游精品线路，全面完成湘江战役红军烈士遗骸收殓保护和纪念设施建设，得到中央领导的高度肯定。

（二）坚持一本蓝图绘到底，全面推进国家战略深入实施

坚决担负起国家赋予的重要使命，以“钉钉子”精神统筹推进国际旅游胜地、国家可持续发展议程创新示范区建设，引领经济社会高质量发展。

全力推进国际旅游胜地建设。强化项目引领，累计实

施融创文化旅游城等重大项目1475个，完成投资4290亿元。开启全域旅游新时代，入选国家文化和旅游消费试点城市，4个县（区）分获国家、自治区全域旅游示范区；8个县（市、区）成为广西特色旅游名县；建成国家、自治区级旅游度假区4个；新增5A级景区1家、4A级19家，A级景区达91家、居全区第一；"一键游桂林"模式成为广西典范。深入实施"旅游+"战略，"六大旅游品牌"影响力持续扩大，"桂林有礼""桂林有戏""养生桂林""红色桂林"成为文旅融合新品牌，桂林旅游实现"七个升级"，世界品牌、国内标杆、区内龙头地位不断提升。三产占地区生产总值比重提高到54.4%，成为经济增长主引擎。

加快推进国家可持续发展议程创新示范区建设。成立专门工作机构，建立专家智库，建设国际岩溶研究中心，推进可持续发展地方立法，实施自然景观资源保育等五大行动、喀斯特石漠化治理与修复等17项重点工程，完成亚洲开发银行技术援助等项目，为落实2030年可持续发展议程提供有益借鉴。

（三）坚持从实际出发，全面推进"两大振兴"

立足工业短板突出、农业农村基础较好的基本市情，创造性开展工作，作出加快推进工业振兴和率先实现乡村振兴的工作部署，产业高质量发展取得显著成效。

工业振兴迈出重要步伐。创新政策机制，建立完善市领导联系服务重点工业企业等制度，实施工业振兴三年行动，出台"18+10"政策措施，推动土地、资金、人才等要素资源向工业倾斜。提升园区承载能力，组建经开区、高铁园，拓展高新区，构建"345"工业发展格局，市属园区总规划面积拓展至510平方千米；工业基础设施建设累计投入53亿元，收储土地3万余亩，建成标准厂房327万平方米、年均增长20%；园区工业总产值占全市比重达75%，较"十二五"末提升10.2个百分点。促进产业集聚发展，四大优势产业产值占全市比重稳步提高。企业培育成效明显，产值10亿元以上企业14家，其中50亿元以上1家，上市（挂牌）企业17家，22家企业跻身广西高新技术企业百强；国际线缆、漓泉、福达等骨干企业发展壮大，平钢、新桂轮等实现二次创业，智神、优利特等"隐形冠军"企业不断涌现。

乡村振兴实现大提升。各级财政累计投入"三农"资金268.68亿元，农业增加值年均增长5.3%，高于预期2.3个百分点。推动现代特色农业高质量发展，粮食播种面积稳定在500万亩以上，水果种植面积和产量均保持全区第一；认定各级现代特色农业示范区（园、点）2488个，其中自治区级现代特色农业核心示范区40个、居全区首位；新增"三品一标"产品18个；建成自治区级农产品加工集聚区4个，干米粉加工量、木衣架出口量全国第一。农业基础进一步夯实，主要农作物耕种收综合机械化水平70.6%；打造市级以上农业产业化龙头企业202家、农民专业合作社7271家、家庭农场2146家。县域经济加快发展，累计9个县（市、区）15次获广西科学发展（高质量发展）先进县、进步县。"美丽桂林"乡村建设成果丰硕，"三清三拆"整治覆盖村庄5756个，镇镇建成污水处理设施，卫生厕所普及率92%，农村生活垃圾处理率95%、居全区前列。乡村治理体系进一步完善。99.68%的农户领到土地承包经营权登记证。城乡居民收入比由2.5∶1缩小至2.2∶1，农民生活水平显著提高。2020年获全区乡村振兴实绩考核优秀等次第一名；全州、兴安、永福获优秀县，数量居全区第一。

（四）坚持抓机遇破难题，全面推进"四大建设"

发扬迎难而上的拼搏精神，抢抓国家扩内需、实施积极财政政策、东部产业转移等机遇，设立300多亿元的各类基金，引进了一批知名企业，实施了一批重大项目，推进了产城融合，带动了乡村发展，解决了许多长期想解决而没有解决的难题，办成了许多过去想办而没有办成的大事。

持续加强基础设施建设。两江国际机场T2航站楼建成使用，年旅客吞吐能力提升至1200万人次，桂林航空成为国内首家地级市设立的航空公司，机队规模达11架，航线增至74条；建成桂林动车所、西货运中心，成为广西高铁双枢纽之一；5条高速建成通车，新增里程266千米，基本实现县县通高速；公路总里程1.49万千米，居全区前列；旅游专线试验线试运行；具备条件的乡（镇）通公交率100%，建制村通畅率和通客车率均达100%，"四好农村路"成为全区典范，区域性综合交通枢纽地位不断提升。城北水厂二期供水工程建成。新增风电装机容量160.5万千瓦。建成华为云计算数据中心，实现5G网络市区全覆盖、光纤网络和4G网络行政村全覆盖，成为广西一体化大数据中心副中心城市、首批数字经济示范区，新型基础设施建设走在全区前列。

持续加强城乡建设。坚持"新区产城互动做加法，老城疏解提升做减法"，老城累计实施重大工程项目106个，桂阳公路改扩建成为生态景观大道、旅游黄金通道、产业富民大道，建成万福东路、龙门大桥、香江立交等一批重大项目；完成65条城市道路"白改黑"，建成17座人行天桥；完成111个城中村及260个无物业管理小区改造提升，实施瓦窑西、福隆园、塔山、新生街、和平等片区改造，昔日城市痛点变亮点，成为展示城市形象新窗口；桂林新区累计实施项目215个、完成投资440亿元，中心区规划设计获国家绿色生态城区最高星级评价，"九横七纵"主干路网加速形成，环城水系全面通航，市直机关全部入驻，一批学校、医院、市场、商业综合体建成使用。开创新型城镇化示范乡（镇）、田园综合体、旅游精品线路点线面三位一体全面推进乡村振兴新模式，9个自治区级以上特色小镇加快建设，走出一条具有桂林特色的新型城镇化之路。

持续加强生态建设。打赢污染防治攻坚战，PM2.5、PM10平均浓度连续6年"双降"，2020年PM2.5平均浓度为有监测数据以来最高水平；全面实行河（湖）长制，主要河流和县级以上集中式饮用水水源地水质达标率均保持100%；受污染耕地和污染地块安全利用率分别达93.8%、100%，危险废物无害化处理率达100%；完成21家采石场136万平方米山体生态复绿，建筑垃圾实行公司化处置。生态创建领跑全区，成为国家生态文明先行示范区，16个乡（镇）获国家级生态乡（镇），12个县（市、区）获自治区级生态县，森林覆盖率达71.62%，"山清水秀生态美"的优势更加突显。

持续加强文化建设。深入实施"寻找桂林文化的力量，挖掘桂林文化的价值"工程，《桂林历史文化大典》编纂出版，逍遥楼、东西巷、非遗展示馆成为文化新地标，甑皮岩、靖江王陵等国家考古遗址公园初具规模，灵渠入选世界灌溉工程遗产名录，龙脊梯田入选全球重要农业文化遗产，国家级非物质文化遗产代表性项目达6个。入选中国历史文化名镇名村10个、居全区首位，入选中国传统村落138个、占全区近一半。基本实现村村有公共服务中心。“央视春晚 桂林最美”享誉海内外，民族歌剧《刘三姐》走出国门，《桂林有戏》走进国家大剧院，桂剧演员伍思亭获戏剧表演艺术最高奖“梅花奖”，获铜鼓奖等自治区级以上文艺类奖项8个，城市文化软实力不断增强。

（五）坚持改革开放创新，全面激发转型跨越新活力

充分发挥先行先试政策优势、独特区位优势、科教资源优势，深化改革、扩大开放、积极创新，发展新动能不断增强。

重点领域和关键环节改革持续推进。导游管理体制改革全国领先，服务业综合改革成为全国典范，医疗卫生体制改革成效获国务院激励通报，河湖管护体制机制改革走在全区前列，市属三大园区管理体制机制改革、国资监管职能转变取得新突破。“放管服”改革成效显著，成为广西政务服务“跨省通办”试点城市，“双容双承诺”“无差别全科受理”等改革经验全区推广，93.4%的行政许可事项实现“一枚印章管审批”，市本级依申请行政权力事项和公共服务事项基本实现“最多跑一次”，企业开办办结时限由20个工作日压缩至0.5个工作日，不动产登记实现1个工作日办结，市12345政府服务热线获2020年度全国最佳服务案例奖，群众满意度显著提高。

开放合作水平持续提升。全面融入国家“一带一路”、粤港澳大湾区，打造“北联”主阵地，加快“南向”“东融”步伐，与肇庆、贺州合作共建“粤桂画廊”，与湖南长沙签订合作协议，成为广西首个列入长江经济带政务服务“跨省通办”专区城市。获批国家外贸转型升级基地4个。中国－东盟可持续发展创新合作国际论坛永久落户桂林。

创新能力持续增强。深化产学研用融合创新，筹措财政资金27.79亿元，实施科技重大专项146项，获国家科技奖励3项。新增国家级创新平台31家、自治区级120家。9个平台入选广西重大科技创新基地，占全区三分之一。高新技术企业保有量达358家。每万人口发明专利拥有量达9.03件。

（六）坚持以人民为中心，全面加强民生保障和社会建设

始终把人民对美好生活的向往作为奋斗目标，累计完成为民办实事工程323项。落实就业优先政策，累计新增农村劳动力转移就业43.7万人次，城镇新增就业27.4万人，城镇登记失业率控制在5.5%以内。社会保障实现应保尽保。推动教育均衡发展，累计筹措资金375.9亿元，新建成学校66所，新增学位4.57万个，学前教育三年毛入园率、义务教育巩固率和高中阶段教育毛入学率均居全区前列，国家义务教育发展基本均衡县实现全覆盖，通过自治区普及高中阶段教育评估验收，荔浦“县管校聘”改革试点经验全区推广。加快健康桂林建设，建成覆盖全民的基本医疗卫生服务体系，打造医保医联体桂林模式，全市医联体建设工作考核连续两年全区排名第一，入选国家中医药健康旅游示范基地、全国医疗服务多元化监管试点城市，灌阳公立医院综合改革获国务院激励通报。养老服务床位数居全区首位。人均寿命提高至78.8岁，高于全国、全区平均水平。全民健身与竞技体育蓬勃发展。平安桂林、法治桂林建设迈出坚实步伐，扫黑除恶专项斗争、信访维稳工作成效显著，连续5届获全国社会治安综合治理优秀市，连续3次捧得“长安杯”。

这五年，我们全面推进依法行政，认真执行市人大及其常委会的决议决定，自觉接受市人大、市政协和社会监督，人大代表建议、政协提案办复率100%。深入开展“不忘初心、牢记使命”主题教育，严格贯彻落实中央八项规定及其实施细则精神，从严纠治“四风”，持之以恒抓好基层减负工作，市本级“三公”经费预算安排年均下降11.9%，党风廉政建设和反腐败斗争取得新成效。完成政府机构改革任务，政府系统执行力进一步提高。

这五年，国防和经济建设协调发展，实现全国“双拥模范城”九连冠、自治区“双拥模范城”十连冠。获全国民族团结进步创建示范区（单位）6个。消防、外事、侨务、口岸、审计、统计、司法行政、机关事务、宗教、档案、保密、供销、气象、水文、测绘、地方志、残疾人、接待、决策咨询、社会科学、公共机构节能等工作取得新进步，中直、区直驻桂林单位取得新成绩，工会、共青团、妇联等群团组织在经济社会发展中发挥了重要作用。

各位代表！五年的成绩来之不易，是市委正确领导、科学决策的结果，是市人大及其常委会和市政协监督支持的结果，是全市各族干部群众团结拼搏、开拓进取的结果。在此，我谨代表市人民政府，向全市各族人民，向人大代表、政协委员，向各民主党派、工商联、无党派人士、各人民团体和各界人士，向离退休老领导、老同志，向中央和自治区驻桂林单位，向驻桂林部队和武警官兵，向所有关心支持桂林发展的海内外朋友，致以崇高的敬意和衷心的感谢！

看到成绩的同时，我们也清醒地认识到桂林发展还面临不少困难和挑战：经济总量偏小，人均地区生产总值低于全国平均水平。产业结构不优，工业占比偏低，龙头企业较少，产业集聚度不高。科技创新能力不强，产学研用融合不够，新旧动能转换不畅。财政收支矛盾突出，投融资体制不健全，融资能力偏弱。营商环境有待进一步优化，民生保障和社会治理还有不少短板弱项，发展不平衡不充分问题仍然突出，等等。对此，我们将强化目标和问题导向，采取有力措施，切实加以解决。

各位代表！今年以来，我们高质量完成习近平总书记视察桂林的服务保障工作，受到中央高度肯定。我们高规格举办桂林建设世界级旅游城市专家研讨会，已聘任8名国内顶尖专家提供智力支持。我们以“起步就要提速，开局就要争先”的奋斗姿态，早谋划早部署，加强与各县（市、区）、园区一对一会商，开展“周调度走访”，经济实现快速增长。一季度地区生产总值增长15.5%，为近年来全区排名最好成绩。成功承办2021年粤桂协作联席会议。资源、全州入选全国农村创业创新典型县。乡村风貌提升和农村人居环境改善工作成效明显，截至6月上旬，自治区下达的第一批“两高”沿线145个村庄、15529栋农房改造任

务竣工率达 98.2%，排全区第一档第一名，为完成全年目标任务打下良好基础。

二、“十四五”发展主要目标和重点任务

“十四五”时期是我国开启全面建设社会主义现代化国家新征程、向第二个百年奋斗目标进军的第一个五年，也是我市进位赶超的关键期和大有可为的重要战略机遇期。习近平总书记赋予桂林打造世界级旅游城市历史使命，站在新时代新起点上，我们要始终牢记习近平总书记的嘱托，牢牢把握千载难逢的发展机遇，以世界级旅游城市建设统领全市经济社会发展，走出一条符合桂林实际的高质量发展之路。

根据《中共桂林市委员会关于制定国民经济和社会发展第十四个五年规划和二〇三五年远景目标的建议》，“十四五”时期我市经济社会发展的指导思想是：坚持以习近平新时代中国特色社会主义思想为指导，深入贯彻党的十九大和十九届二中、三中、四中、五中全会精神，统筹推进“五位一体”总体布局，协调推进“四个全面”战略布局，全面落实习近平总书记视察广西及桂林时的重要讲话和重要指示精神，准确把握新发展阶段，全面贯彻新发展理念，服务构建新发展格局，以打造世界级旅游城市为统领，坚持稳中求进工作总基调，以推动高质量发展为主题，以改革创新为动力，以满足人民日益增长的美好生活需要为根本目的，统筹发展和安全，推进治理体系和治理能力现代化，全面加强生态环境保护，全力推进产业振兴、乡村振兴，加快建设最宜居城市，努力提高人民生活品质，实现经济持续健康发展、民族团结、社会和谐稳定，奋力谱写新时代中国特色社会主义壮美广西的桂林新篇章。

根据《建议》，市人民政府编制了《桂林市国民经济和社会发展第十四个五年规划和 2035 年远景目标纲要(草案)》，提交大会审查。《纲要》围绕打造世界级旅游城市提出：“十四五”时期，地区生产总值年均增长 7.5% 以上；组织财政收入年均增长 5% 左右；固定资产投资、社会消费品零售总额分别年均增长 15%、8%；完成自治区下达的节能减排降碳目标；居民收入增长高于经济增长；城镇登记失业率控制在 4.5% 以内。

各位代表！要实现上述目标，必须抓好四个方面重点任务落实。

(一)推动经济高质量发展

加快推进工业振兴。推动传统产业高端化、智能化、绿色化，推动全产业链优化升级，积极培育新兴产业，打造广西先进制造业中心城市，力争工业总产值翻一番以上，达到 2500 亿元，工业增加值年均增长 18%，进入广西工业发展第一梯队。优化提升“345”发展格局，园区工业总产值占全市比重超 80%。着力强龙头补链条聚集群，培育一批百亿元龙头企业，打造一批超 500 亿元产业，力争实现千亿元产业零的突破。提升科技支撑能力，加快创新主体建设，力争高新技术企业保有量达 750 家。加快数字化发展，力争 30% 以上规模工业企业实现整体或部分关键环节智能化改造。推动各类要素资源向工业集聚，力争新增工业用地 4000 公顷以上，新建标准厂房 500 万平方米以上。推进产城融合，将桂林新区建成现代产城融合示范样板、高新区建成产城融合发展先行区、经开区建成产城融合发展改革开放新高地。

加快推进乡村振兴。力争一产增加值年均增长 4%，农村居民人均可支配收入年均增速高于全国和全区平均水平，全力打造中西部地区乡村振兴典范。实施乡村建设行动，实现新型城镇化示范乡(镇)建设全覆盖。加快发展现代特色农业，持续壮大六大特色种养产业集群，打造六大超百亿元农产品加工产业链，打造一批乡村旅游重点村、星级乡村旅游区(农家乐)。实施农业品牌战略，创建一批国家、自治区级现代农业产业园、科技园和特色农产品优势区。大力发展农村电商。

加快现代服务业创新发展。力争三产增加值年均增长 6.5%。实施服务业提升工程，推动生产性服务业向专业化和价值链高端延伸，大力发展研发设计、现代物流及法律、金融、科技、软件信息服务等生产性服务业，推进商贸服务型国家物流枢纽承载城市和临空经济区建设；推动生活性服务业向高品质和多样化升级，加强公益性、基础性服务业供给，加快发展居民与家庭服务、健康养生养老等服务业，推动发展在线教育、网络医疗等新产业、新业态、新模式。加快推进现代服务业集聚区提档升级。

加大创新支持力度。坚持科技自立自强，优化创新生态环境。坚持前端聚焦、中间协同、后端转化，推动各类创新要素向企业集聚，构建富有活力的创新体系，建成各类国家级科技创新创业平台 75 家以上，力争培养引进“漓江学者”4 名以上，打造 8 个人才小高地。

继续深化改革。持续推进“放管服”改革；实施国企改革三年行动，健全民营企业参与重大战略实施机制；深化土地、资本等要素市场化配置及财税、投融资体制改革；构建金融有效支持实体经济的体制机制。

高水平推进开放合作。主动对接长江经济带发展、粤港澳大湾区建设等国家重大战略，全面融入广西“南向、北联、东融、西合”开放新格局。加快打造“粤桂画廊”、湘桂经济走廊。加快推进国际消费中心城市培育建设工作。推动国家外贸转型升级基地高质量发展。加强招商引资，超额完成自治区下达的实际利用外资任务。

推进现代化基础设施建设。建设全国性综合交通枢纽，打造世界一流旅游航空港；畅通高标准铁路客运通道；实现县县通高速、所有乡(镇)通三级及以上公路，新增公路里程 3000 千米；提升航道通航能力。完善信息网络等新型基础设施，新能源汽车充电桩达 1.8 万个；实施防汛抗旱水利提升、重点中型灌区节水改造、农村供水工程；推进风电项目建设，开展绿色智能电网建设三年行动，提升供电能力和质量。

(二)加快提升旅游品质

推进旅游品质提档升级。力争到 2025 年，接待游客达 1.53 亿人次、旅游总消费达 2150 亿元。构建全域旅游大格局，整合全域旅游资源，规划建设“四区一带一中心”，一体推进旅游基础设施、公共服务、旅游业态、旅游管理提档升级，力争国家 5A 级景区和国家级旅游度假区达 6 家以上、

4A级景区50家以上。深入实施“文旅+”战略，推动文旅融合品牌化，引进实施一批引领性文旅项目，开发一批特色文创产品，建设提升一批文旅融合特色商业街区和大型消费商圈；培育壮大一批文旅领军企业。加快旅游发展国际化，大力培育境外航线，办好系列重大国际赛事展会论坛。

打造最宜居城市。常住人口城镇化率提高5个百分点。提升中心城市品质，高标准建设桂林新区，加快建设雁山科教旅游新城。推动县域协调发展，加快补齐县域城镇化短板弱项，加快荔浦、全州副中心城市建设，推进灵川与中心城区一体化发展，打造产业要素和人口集聚、城市功能完善、品质优化、辐射带动能力强的广西副中心城市。提升城市文化软实力。用好用活红色资源，建成长征国家文化公园广西段，成立湘江战役干部学院。推动优秀传统文化守正创新。提升公共文化服务水平，完善城乡公共文化设施网络，加强文化艺术精品创作。加快文化产业高质量发展。推进全国文明城市创建常态化。

（三）呵护好桂林山水

严格保护漓江生态环境。实行最严格的生态环境保护制度，健全源头预防、过程控制、损害赔偿、责任追究的生态环境保护体系。推进漓江风景名胜区生态补偿机制试点。实施漓江生态保护和修复提升工程，推进生态修复和环境污染治理，杜绝滥采乱挖，推动流域生态环境持续改善、生态系统持续优化、整体功能持续提升。

加强生态建设与环境保护。持续开展污染防治行动，确保完成自治区下达的市区空气质量优良天数比率目标任务；全市地表水国家考核断面水环境质量状况保持全国前列，县级以上集中式生活饮用水水源地水质达标率保持100%，城市建成区黑臭水体消除率达100%；土壤环境质量总体保持稳定，生活垃圾、医疗废物无害化处理率均达100%。加快推动建立健全生态产品价值实现机制，走出一条生态优先、绿色发展的新路子。

持续推进国家可持续发展议程创新示范区建设。实施一批国家、自治区级可持续发展科技重大专项，推进喀斯特世界自然遗产地生态景观修复工程等项目建设。

（四）提高人民生活品质

实施健康桂林行动。人均预期寿命不低于79.3岁。深化疾病预防控制体系改革，强化基层公共卫生体系，创新医防协同机制，提升基层预防、治疗、护理、康复服务水平。持续推进公立医院和医联体改革，加快分级诊疗体系建设。推动健康产业与一二三产深度融合，重点推进健康旅游、健康养老、健康医疗、健康食品等产业发展，建立和完善健康养老服务体系，打响“漓水青山·养生桂林”品牌。努力营造健康环境，促进全面健康发展。

推动教育高质量发展。全面贯彻党的教育方针，落实立德树人根本任务，加快学前教育普及普惠发展，实现义务教育优质均衡发展，促进高中阶段教育内涵式特色发展，推进职业技术教育加快发展，学前教育三年毛入园率达100.7%、义务教育巩固率达102.7%、高中阶段教育毛入学率达113%。

健全社会保障体系。落实就业优先战略和积极就业政策，千方百计稳定和扩大就业。完善多渠道灵活就业的社会保障制度。深入实施全民参保计划，基本养老保险参保率96%以上，基本医疗保险参保率稳定在97.5%以上。完善工资合理增长机制。

统筹发展和安全。加强国家安全体系和能力建设，严密防范各种风险挑战，保障重要民生商品供应、重要基础设施、生态等领域安全。加强和创新社会治理，创建“网格化+智能化”社会治理新模式，统筹做好国防动员、国防教育、双拥共建、人民防空、民兵预备役工作，持续争创全国“双拥模范城”。创建全国民族团结进步示范市。建设更高水平的平安桂林，常态化开展扫黑除恶斗争，坚决防范和打击毒品犯罪、传销违法犯罪、电信网络新型违法犯罪和跨国跨境犯罪；优化应急管理能力体系建设，有效遏制重特大安全生产事故；加强和改进食品药品安全监管，保障人民生命安全。

三、2021年主要工作

今年是中国共产党成立100周年，是“十四五”开局之年，也是我市发展史上具有里程碑意义的一年，做好今年工作意义重大。我们要深入贯彻落实习近平总书记视察广西及桂林时的重要讲话和重要指示精神，以推动高质量发展为主题，以改革创新为根本动力，以打造世界级旅游城市为统领，巩固拓展疫情防控和经济社会发展成果，强力推进产业振兴、乡村振兴，加强生态环境保护，建设最宜居城市，用好红色资源，提高人民生活品质，持续做好“六稳”“六保”工作，推进经济社会平稳健康发展。

今年经济社会发展主要预期目标是：地区生产总值增长8%以上，组织财政收入增长5%左右，固定资产投资增长15%，社会消费品零售总额增长12%；城镇、农村居民人均可支配收入分别增长7.5%、9.5%，居民消费价格涨幅3.5%左右；常住人口城镇化率提高1个百分点；节能减排降碳控制在自治区下达目标范围内。

实现上述目标，要抓好以下工作：

（一）全力提升旅游品质，增强世界级旅游城市竞争力

品质是旅游的核心竞争力。我们要牢记习近平总书记关于桂林要“以文塑旅、以旅彰文，提高服务质量，提升格调品位”的重要指示精神，优化完善旅游发展要素，推进旅游品质提档升级，力争年接待游客1.38亿人次、旅游总消费1870亿元。

坚持高水平规划设计。邀请世界一流研究机构，继续聘请世界一流专家，对标世界一流旅游城市范例，编制好建设规划，明确路线图、时间表、任务书。加强向上汇报对接，力争国家、自治区层面建立推进机制，争取更多政策、项目、资金支持。

建设世界级旅游景区和度假区。加快实施融创兴坪水镇、凤凰·山水逸境等一批重大项目。创建桃花湾、相思江国家级旅游度假区，提升遇龙河国家级旅游度假区及漓江、象鼻山等核心景区，将漓江黄金旅游带打造成为世界级旅游城市示范区。出台支持旅游企业发展政策，加快引进世界级市场主体，打造一批世界级旅游综合体。

发展高品质旅游业态。补齐食、购、娱短板，提升游、

住、行品质，发展分时度假、主题乐园、露营研学等新业态，做强融创文化旅游城等休闲度假区，提升漓江两岸百里生态示范带、桂阳公路旅游休闲带、城市段核心区休闲旅游示范带，推动桂林旅游加快向休闲、康养、度假转变，争当中国旅居时代的引领者。

打造国际消费中心城市。主动融入中国（广西）自贸区建设，用活境外旅客购物离境退税政策，争取最优免税购物政策，加快推进雁山·益田民国风情小镇奥特莱斯项目，引进更多国际国内品牌旗舰店、体验店。推动开展跨境电商零售进口试点。打造中国－东盟旅游商品交易基地。加快创建国家文化和旅游消费示范城市。加快推进啤酒堡、桂林产品展销中心等项目建设，打造一批智慧生活时尚体验馆。

营造世界级旅游服务环境。加快补齐旅游基础设施和公共服务短板，加大航线培育力度，规划建设集航空、高铁、轨道交通、公交于一体的零换乘中心，完善旅游码头、旅游集散中心、应急医疗救助点、"一键游桂林"等设施，建设环桂林旅游公路网。加强市场监管，开展游客集散地和景点景区日常巡查，建立5A级景区等重点文旅品牌管理述职制度，健全旅游诚信体系。

开展高水平市场营销。加快成立专业化旅游推广机构，鼓励行业协会等开展全球化、市场化推广营销。深化粤桂黔高铁经济带、福州—嘉兴—桂林文化旅游城市联盟、红色旅游城市联盟等城市间合作，扩大与长三角、京津冀、成渝等区域旅游合作。策划旅游节庆活动，加快引进国际化主题活动，支持景区、酒店、航空公司等联动促销，激发文旅消费活力。

加快服务业提质升级。实施现代服务业提升发展三年行动，实现三产增加值增长8%。推动生产性服务业发展，加快面向东盟金融开放门户建设，推进直接融资改革创新试点，争创国家绿色金融改革创新试验区；促进工业企业主辅分离，培育一批研发设计、营销策划类企业，推进现代服务业和先进制造业深度融合；制定出台奖励政策，推动会展业发展壮大。推动生活性服务业升级，引进培育一批特色酒店、品牌餐饮企业，打造高品质住宿餐饮消费品牌；推进东西巷、正阳步行街商圈数字化改造，丰富塔山·悦坊等夜市业态，挖掘消费潜能，壮大夜间经济；抓好龙头企业帮扶，加快发展"云消费"，大力开展"漓江购物节"、直播电商节等促销活动，加大汽车、家电、百货等产品促销力度；加强与广西交投集团合作，打造文旅融合型高速公路服务区；落实市场调控政策，促进房地产市场平稳健康发展；加快国家电子商务示范基地建设，带动交通、物流业发展。推动桂林创意产业园等37个现代服务业集聚区提升发展，做大互联网、信息技术等新兴服务业。

（二）全力推进产业振兴，增强世界级旅游城市支撑力

产业是城市之实，对世界级旅游城市建设具有关键性支撑作用。我们要贯彻落实习近平总书记关于"推动经济高质量发展"的重要指示精神，补短板、强弱项、抓创新、破制约，打好产业振兴攻坚战，做强做优实体经济。

实施工业振兴六大行动。按照强龙头、补链条、聚集群要求，不断壮大"工业树"、繁茂"产业林"，推动产业向高端化、智能化、绿色化转型升级。力争工业总产值突破1250亿元，规模以上工业总产值970亿元、增长20%，规模以上工业增加值增长18%。实施强链补链行动。做强四大优势产业。推进深科技三期、安科讯、领益智造等项目建设，力争电子信息产业产值突破百亿元。依托比亚迪等龙头企业，推进机动车电动化，加快电动货车系列产品落地；加快国际线缆技改、福达大型曲轴生产线技改、鸿程高端装备制造产业园等项目建设，力争先进装备制造产业产值增长20%以上。支持中国中药、三金、南药等骨干企业加强研发、开拓市场，鼓励啄木鸟、优利特等企业开发高端产品，推进广西医疗器械（桂林）产业园、经开区乳胶产业园等项目建设，力争生物医药产业产值增长20%以上。鼓励三养胶麦、金顺昌等企业开发新产品；推动桂林三花、湘山酒业、溶江三花等老字号提品质、拓市场，振兴桂酒品牌，力争生态食品产业产值增长20%以上。做大战略性新兴产业，加快建设石墨烯新型制品产业园、增材制造产业园等项目，力争产值增长20%。发展数字产业，完善华为大数据中心，建设电科云（桂林）国际大数据中心，推进广西数字经济示范区建设；抓好君泰福、海威科技等数字化改造项目，加快产业数字化；依托"一城一基地三中心"研发生产优势，积极发展软件产业，加快医疗影像云、共享电动车、国投智慧社区等项目建设，推进数字产业化。实施品质提升工程，全面提升工艺、装备水平，完善质量管理体系，争创中国质量奖、中国驰名商标、自治区主席质量奖。实施龙头企业培育行动。全面兑现工业振兴有关政策。成立工作专班，采取"一产一策""一企一策"，精准支持强优企业，力争新增自治区级工业龙头企业10家，培育百亿元企业1家、50亿元以上4家、10亿元以上15家、亿元以上180家。加快推进智神、光隆科技等发展潜力大的创新型企业成长，力争实现科创板零的突破。实施产业大招商行动。持续开展"三企入桂"活动，推动年产值200亿元的格力生产基地、年产值100亿元的航空轮胎产业基地等一批重大项目尽快落地，力争引进亿元以上工业项目50个。实施项目大推进行动。重点抓好"4个10"项目建设，推进玉环汽车配件产业园等10大重点工业项目、新桂轮二期等10大技术改造项目、长虹高端装备制造产业园等10大智能制造项目、花江智慧谷产业园等10大创新成果转化项目。积极争取自治区各类工业发展资金，力争工业固定资产投资增长20%。实施园区大建设行动。强化园区产业链协同发展，推进"一区多园"建设，着力打造两个500亿元园区和一批100亿元园区。高新区要依托七星园，推进漓东产业带提质升级，打造新一代信息技术、生物医药及新材料产业基地；依托象山园、雁山园，拓展漓西产业带发展空间，打造数字经济、航空航天产业基地。经开区要围绕创建国家级经济技术开发区目标，加快万亩华为城等项目建设，打造高端装备、智能终端生产基地。高铁园要整合灵川园、秀峰园、叠彩园，重点发展智能制造、新能源电池产业，打造粤桂黔协作发展创新区。提高园区承载力，力争建成标准厂房120万平方米，收储土地1万亩，完成基础设施投资15亿元。实施用工保障行动。健全重点企业用工保障机制，采取行政、教育、经济等手段，解决企

业技工荒、用工荒等难题，降低企业招录成本。优化技工、中职招生比例，增加技校生源，通过加大财政投入、校企联合办学、订单式定向培养等方式，扩大职业院校办学规模，尽快实现在校生规模2万人以上，新增中级工5000人以上。加快筹建高职高专和技工学校一体化的新型职业院校。促进建筑业高质量发展。提高本地建筑企业竞争力，抓好14家龙头企业精准帮扶，鼓励外地企业在本地成立有资质的独立法人子公司，支持市内外企业开展合作，优势互补，联合实施项目建设，培育资质以上建筑企业40家、房地产企业60家，力争培育2家建筑企业晋升一级资质。

打造区域创新城市。强化人才引进培育。推进落实《桂林市人才引进和培养办法》，实施“鱼鹰引才计划”“丹桂育才计划”“企业家领跑计划”“大学生留桂林计划”，深化“漓江学者”培养工程，加强海创基地和桂林人才飞地（深圳）建设，开展“百名博士进百企”行动，打造“双招双引”平台，力争引进高层次人才100人以上，吸引更多青年人才来桂林创业就业。鼓励企业自主开展技能人才评价，新增高技能人才700人以上。突出企业创新主体地位。实施高新技术企业再倍增、瞪羚企业培育等创新型企业成长计划，力争新增战略性新兴产业企业20家以上、产值占规模以上工业总产值的比重提高2—3个百分点。加快创新平台建设。鼓励通过合资入股等模式，推动产学研用紧密结合，建设一批实验室、试验场、孵化园、转化园等，力争新增国家、自治区级创新平台10家以上，筹建桂林产业技术研究院。开展关键核心技术攻关。加大研发投入，围绕产业发展需求，探索科研项目“揭榜挂帅”，开展新能源车核心部件、中医药二次开发、桂酒品质改良等关键技术攻关40项以上。加快推进国家可持续发展议程创新示范区建设。编制2021—2025年建设方案，推进亚洲开发银行贷款漓江生态综合治理、喀斯特世界自然遗产地生态景观修复工程三期等项目，建成国际岩溶研究中心等平台，实施10项可持续发展科技重大专项。

打造双循环区域节点城市。落实自治区打造双循环重要节点枢纽工作部署，坚持有所为、有所不为，从生产、分配、流通、消费等各环节增强中心城市功能，努力提升我市在先进制造、旅游、交通、科教、文化等方面的集聚辐射能力。主动融入自治区全方位开放发展新格局。全面参与西部陆海新通道建设，加快开展湘桂运河前期工作，打造中国－东盟旅游合作桥头堡，加快国家外贸转型升级基地建设。全面融入粤港澳大湾区，打造大湾区菜篮子、果盘子、肉盘子、后花园及先进生产力承接地。高标准打造“粤桂画廊”，建立三市领导联席会议制度，组建工作专班，加快规划编制，重点推进文化旅游、康养、交通基础设施建设等方面合作。加强与国际国内友好城市多层次多维度合作。继续办好“两会一节”等节会赛事。建设商贸服务型国家物流枢纽承载城市。提升两江国际机场航空货运转运水平，加快推进临空经济区和空港物流园区建设，大力发展临空型高端物流。推进桂江千吨级航道升级改造，加快平乐珠子洲码头及洛清江复航工程前期工作。建设荔浦保税物流中心（B型）等项目。鼓励快递企业设立区域性集疏分拨中心，引进培育跨区域物流龙头企业。打造国家区域医疗中心。建成运营旅游综合医院，加快建设市中医医院城北院区、桂林医学院附属医院漓东新院区、南溪山医院雁山分院、市急救中心等项目。开展专项整治，确保通过国家卫生城市复审，全面开展国家卫生县城创建工作。加快推进中医药壮瑶医药传承创新发展，丰富崇华中医街、瑶汉养寿城等品牌内涵。支持桂林冶金疗养院等改造提升，形成特色疗休养产业集群。

构建高质量发展体制机制。推进经济领域改革，聚焦打造世界级旅游城市、产业振兴、乡村振兴、营商环境优化、漓江保护等重点领域突出问题，出台重大改革举措；加快实施国企改革三年行动方案，分层分类推进国有企业混合所有制改革；加强民营企业精准化服务，切实维护民营经济合法权益；深化要素市场化配置改革，建立城乡建设用地空间弹性管控机制；加快农村信用社改制工作；推进统计现代化改革。统筹社会领域改革，实现“县管校聘”改革全覆盖；推进紧密型县域医共体试点扩面，推广恭城医改经验，打造桂林医改模式；加快推进第五批居家和社区养老服务改革试点。深化综合执法改革，推动执法重心下移，规范市场秩序。持续打造一流营商环境，争取依申请政务服务事项可“同城通办”“一窗”分类受理比例分别达40%、95%以上，进一步推广“承诺审批”；持续压缩水电气等领域高频事项办理时间和成本；深化园区工业建设项目审批流程再造改革，打造代办、行政许可、供地等审批绿色通道，提升项目落地效率；强化公共信用信息一体化平台应用，综合信用指数提升至全国中上水平；持续落实税费优惠政策，总税款和缴费比率控制在45%以下；推进“双随机、一公开”监管全覆盖。抓好财税金融工作，抓紧税源全额归集，拓宽收入来源，加大老城区资产处置力度；支持经投、新城投、交投等国有企业做大做强；落实积极的财政政策和稳健的货币政策，加强财政资金与金融工具协同运用，用好股权融资、基金引入、债券发行、融资租赁、上市挂牌等手段，大力支持实体经济和科技创新；严格政府债务管理，严密防范化解金融风险；全面实施财政预算绩效管理，将县（市、区）争取中央预算内资金列入绩效考核奖励；持续压减一般性支出，保障民生支出稳定增长，以政府的“紧日子”换取人民的“好日子”。

（三）全力推进乡村振兴，增强世界级旅游城市承载力

乡村是城市的腹地，是全域旅游的主要承载区。我们要按照习近平总书记关于“全面推进乡村振兴”的重要指示精神，贯通产加销，融合农文旅，提升“形、实、魂”。

巩固拓展脱贫攻坚成果同乡村振兴有效衔接。健全农村低收入人口常态化监测帮扶机制，落实5年过渡期政策，做到工作不留空档，政策不留空白。继续支持脱贫地区特色产业发展，补上技术、设施、营销等短板，促进产业提档升级。强化易地搬迁后续扶持，确保搬迁群众稳得住、有就业、逐步能致富。

大力发展现代特色农业。力争一产增加值增长6%。保障粮食安全，加快推行田长制，守住耕地红线，稳步提高粮食综合生产能力，新增高标准农田20万亩，确保粮食播种面积不低于500万亩，粮食产量稳定在175万吨左右。保障种子安全，建设一批良种繁育基地，保护利用桂林罗

汉果、荔浦芋、阳朔金橘、全州东山猪等品种资源，引进、培育、改良一批产量高、品质好的良种，力争主要农作物良种覆盖率达98%以上。优化农业产业结构。升级打造六大特色种养产业集群，打造罗汉果全国优势特色产业集群，加快全州县国家现代农业产业园等项目建设。调优做强柑橘产业，发展市场竞争力强的新品种，力争水果产量达887万吨；打造四大蔬菜产业带，力争蔬菜产量达560万吨；稳定畜牧业，保障牛羊肉等产品供给，力争生猪出栏358万头以上；发展花卉苗木产业，做大叠彩、临桂、荔浦等花卉苗木基地，打造桂阳公路百里花卉产业示范带，力争花卉苗木产业产值达45亿元。提升农产品加工水平，培育壮大莱茵生物等龙头企业，发展全州农村产业融合发展示范园等特色园区，建立1家以上家禽屠宰加工企业。大力发展乡村旅游，创建一批星级农家乐，新增广西休闲农业与乡村旅游示范点3个。培育农村产业化联合体，力争新增市级以上新型农业经营主体110家。完善流通体系，发挥海吉星农产品物流园带动作用，推进福达农产品冷链物流园、东站冷链物流园等项目建设。健全销售网络，推进“互联网+”农产品出村进城工程，加强与知名电商平台合作，在主要大城市布局一批桂林农产品展销中心、中央厨房，建设一批农产品出口基地。提升农业品质品牌，力争实现“三品一标”农产品试行主体100%推行电子广西食用农产品达标合格证，实施龙胜地理标志集群保护推进工程，创建1个自治区级以上特色农产品优势区，新增农产品区域公用品牌2个以上。推进数字乡村试点，加快农业大数据应用。

加快推进乡村建设行动。强化乡村规划管理。落实新型城镇化示范乡（镇）建设长效管理机制，高标准推进第六批11个示范乡（镇）建设；加快国家级特色小镇建设，完成培育第一批5个、第二批4个广西特色小镇建设。深入开展乡村风貌提升和农村人居环境整治，完成“两高两道一江”沿线886个村庄风貌改造、3337个村屯全域基本整治，打造3条乡村风貌改造提升精品线路；推进龙胜、阳朔、全州、灌阳全国农村人居环境整治试点县建设，开展农村“三清三拆+”整治，加快农村厕所革命整村推进工作，持续开展生活垃圾分类和资源化利用，梯次推进生活污水治理和黑臭水体整治。规范农村宅基地和建设风貌管理，严厉打击农村“两违”行为。抓好乡村振兴示范创建工作，建成兴安、阳朔水系连通及水美乡村全国试点县。加强农村基础设施建设。

加强和改进乡村治理。提高农民科技文化素质，培育一批爱农业、懂技术、善经营的新型职业农民，加快推进乡村振兴产业人才集聚示范点建设。弘扬时代新风，传承发展优秀农耕文化，推进移风易俗。

推进城乡融合发展。深化农业农村改革，完善财政投入机制，逐步提高土地出让收益用于农业农村比例，加快补齐农村教育、医疗等短板；完善农村融资机制，加快市县农村产权交易平台试点建设，有序推进农村集体经营性建设用地入市，探索推进宅基地所有权、资格权、使用权分置，通过土地流转等方式，提高土地集约化利用水平。完善农业农村优先发展机制，坚持城市支持农村、工业反哺农业，推动政策、资金、资本等要素向农村倾斜，积极扩大政府债券用于农业农村领域规模，支持、鼓励社会各方力量参与乡村振兴，激发农民参与乡村振兴的主体性和积极性。

开展新一轮县域经济提升行动。力争县域地区生产总值增速达8.5%以上。七星、临桂、灵川、永福要加快园区建设，发展现代工业和现代服务业，完善城市功能，推进产城融合；象山、秀峰、叠彩要建好园中园，发展新型工业、楼宇经济，打造服务业发展新高地；雁山要依托桂阳公路旅游黄金通道、高校资源，大力推进旅游升级发展，打造科教产业融合发展和创业创新基地；全州要加快打造百亿粮食综合加工产业，培育化工新材料、装备制造、轻工纺织产业，大力发展红色旅游，打造工业强县、文旅强县、经济强县，建设桂林北部副中心城市；兴安要加快打造百亿汽车零部件产业园，做强农产品加工、新型建材等产业，发展现代特色农业，高质量发展红色旅游，提升国家全域旅游示范区，打造文化旅游名县、经济强县，争创全国文明城市；荔浦要加快打造衣架家居、食品药品、光电科技三大百亿产业集群和高新技术百亿园区，不断完善城市功能，加快桂林南部副中心城市建设；平乐要大力发展现代物流业，做大新型钢材、农产品加工、智能制造和电子信息产业，打造百亿园区，建设工业强县；阳朔要优化行政区划设置，推进全域旅游发展，在提品质、创品牌、树标杆上有新作为，当好全国旅游创新发展排头兵；恭城要做大做强康养、生态和油茶品牌，打造康旅强县、农业强县、文教强县；龙胜要推进旅游资源整合提升，做大做强绿色有机农业，整合做强滑石产业；资源要大力发展生态有机农业、生态旅游，做大风电产业，加快打造百亿硅产业集群；灌阳要大力发展红色旅游和特色农业，推进农旅、红旅融合，集约化规模化发展黑白根大理石、石英砂硅基材料、合金新材料三大支柱产业，打造百亿工业园区。完善培育机制，力争每个县（市、区）新设立1个以上产业发展基金，新培育1家以上行业龙头企业，新实施1个以上PPP项目、15个以上投资超亿元项目；推动荔浦、灵川、兴安、阳朔、龙胜、临桂和七星争创广西高质量发展先进县（城区），全州、资源、平乐争创进步县。按照城市标准，实施县城综合服务能力提升工程，抓好县城新型城镇化建设示范工作，提升县城承载能力。

（四）全力呵护好桂林山水，增强世界级旅游城市吸引力

甲天下的山水是桂林的金字招牌。我们要牢记习近平总书记“一定要保护好桂林山水”的殷切嘱托，始终把生态保护放在第一位，坚定不移推动绿色发展，不断提升城市吸引力。

科学保护漓江。坚持依法治理，按照习近平总书记关于“保持山水生态的原真性和完整性”要求，将漓江生态保护纳入世界级旅游城市规划一体布局，推动修订完善《广西壮族自治区漓江流域生态环境保护条例》《桂林漓江风景名胜区总体规划（2013—2025）》，研究制定漓江流域生态环境保护专项规划和准入负面清单；严格落实条例、规划要求，不能建设的坚决不建，限制建设的严格限制，要求退出的逐步退出；完善环境监测和环境影响评价制度，健全网格式管理和拉网式排查机制，完善跨行政区域跨部门联防联治机制。坚持系统治理，运用法治、行政、经济、教育等多种手段，全面发力，综合施策。持续深化漓江“三

统”改革，继续推进“治乱、治水、治山、治本”，统筹推进漓江生态保护和修复提升、漓江流域山水林田湖草沙一体化保护和修复等工程；逐步实施沿江村庄改造与迁移；深入开展支流综合整治，推动流域内13条主要支流和1006个建制村污垃集中处理设施全覆盖，加大小太平河流域污染整治力度。坚持科学治理，正确处理保护与发展的关系，引导产业、人口和城市重心向西迁移，减轻漓江保护压力；坚决杜绝高耗能、高污染、高排放项目，发展文化创意等新兴产业；禁止毁林种果、乱砍滥伐，通过利益分红、生态补偿等途径增加群众收入，引导群众转变生产生活方式。坚持提升治理，实施水土保持等措施，持续做好上游水源林和生态公益林保护，逐步推进桂林喀斯特世界自然遗产地、漓江干流沿岸可视范围“退果还林”，增强水源涵养和地表蓄水能力；统筹推进废弃矿山等生态复绿、修复提升，加快解决历史遗留问题。坚持从严治理，严格采石场管理，对“四乱一脏”行为保持高压态势，零容忍、严惩治；严格落实生态环境保护“一票否决”“一岗双责”。

打好蓝天碧水净土保卫战。深入开展大气污染专项治理行动，重点解决好矿石开采运输、渣土转运造成的环境污染问题，确保完成自治区下达的市区空气质量优良天数比率目标任务。主要河流和县级以上集中式生活饮用水水源地水质达标率保持100%，完成县级备用水源地建设。深入开展土壤污染防治行动，污染地块安全利用率保持100%。持续推进中央生态环境保护督察及“回头看”发现问题整改。

加强生态文明建设。划定生态红线，加快编制生态基础设施建设专项规划。推动生态文明建设示范区和“两山”实践创新基地建设，创建国家生态园林城市、森林城市，争取列入国家森林公园试点，加大植树造林力度，力争森林覆盖率提高到71.64%。完善河长制、湖长制、林长制。促进经济社会发展全面绿色转型，制定碳达峰、碳中和行动计划，探索建立碳排放总量控制制度和分解落实机制，让桂林天更蓝、山更绿、水更清，城乡更美丽。

（五）全力建设最宜居城市，增强世界级旅游城市聚集力

宜居是城市的底色。我们要按照习近平总书记关于桂林要创造宜业、宜居、宜乐、宜游良好环境的重要指示精神，根据桂林“山、水、城、文”一体的特色，打造环境优美、功能完善、服务高效、生活便捷、就业充分的高品质宜居地。

优化空间规划布局。践行公园城市理念，加强规划管控，统筹生产、生活、生态三大空间布局，完成国土空间规划编制，促进城市与自然和谐相融，构建大桂林大景区大城市发展新格局。

优化城市设计。坚持显山露水透绿、彰显历史人文的设计理念，按照一街一功能、一街一业态、一街一风貌要求，全面梳理重构城市功能、业态、风貌，推动海绵城市、绿地系统、城区水系等专项规划修编，科学规划建筑高度，优化城市天际线，精心调和城市建筑色彩，打造既美观又生态的城市风貌。发掘保护历史文化遗产，丰富城市文化内涵，注重当代建筑设计，打造独具桂林特色的城市标识。

持续推进老城疏解提升。坚持限高、退距、增水、增绿原则，实施城市更新行动，推进千亩荷塘湿地等一批重点项目建设。实施“畅通缓堵”工程，打通一批“断头路”，完成万福路维修改造等工程，加快推进净瓶山大桥拆除重建等项目，缓解新区老城交通拥堵压力。按照能平衡、美城市、促产业、好治理原则，改造大风山片区、骛东小区等一批城中村和老旧小区；续建、新建地下管网296.9公里；加快保障性安居工程建设，力争新开工4288套、建成4919套，改善居住环境。完善无障碍设施建设。

加快完善桂林新区功能。开发建设机场路以北、兰塘河以南、凤凰林场片区，大力推进西城大道南延长线提升改造、桂林国际会展中心、兴桂园、宏谋中学等项目建设。推动新区与周边城镇联动开发，促进两江、庙岭、四塘与新区功能互补、同城发展。促进优势资源要素向中心区聚集，引进科技、贸易、体育、金融等业态，推进大数据、云计算等信息技术应用，打造现代化智慧新城。

提高城市治理水平。巩固创城成果，健全城市管理长效机制，全面推进生活垃圾分类工作，启动全市环卫一体化建设。加强违法建设治理、集贸市场管理等工作。加快建设国家公交都市示范城市。

加快现代基础设施建设。深入实施“五网”建设三年大会战。加强新型基础设施建设。力争储备项目40个、总投资800亿元以上。加快建设全区一体化大数据中心副中心城市，打造千兆城市、百兆乡村，新建5G基站3000个，加快推动5G应用在工商业等领域落地。加强重大基础设施建设。开工衡柳铁路(桂林段)提速改造等项目；建成桂林至柳城高速，加快灌阳至平乐、桂林至柳州改扩建、桂林至钟山等在建高速公路建设，启动桂林到江永、灌阳新圩到东安等高速公路建设；建成洞井至潮田国道，加快推进资源至梅溪等国省道改造项目；完成“四建一通”工程。加快长塘水库、源口潭水库扩容等工程建设，做好上桂峡水库扩容等工程前期工作。落实《桂林市“十四五”电网发展战略合作框架协议》，重点推进甲天下、碧云、灵剑溪等城市配套送变电工程建设。

（六）全力用好红色资源，增强世界级旅游城市文化引领力

红色资源是我市的特色和优势。我们要按照习近平总书记关于“用好红色资源”的重要指示精神，传承红色基因，推动文旅融合、红绿结合，增强城市文化引领力。

加强红色文化保护传承。弘扬湘江战役精神，加快湘江战役遗址保护立法工作，高标准提升完善“三园三馆”等馆陈设施、讲解服务，加快建设长征国家文化公园广西段，建成“一廊一园”项目，推介9条红色游学精品线路，打造全国红色文化保护传承标志性工程、爱国主义教育基地群和红色旅游重要目的地。办好第四届红军长征论坛。

大力发展文化事业。持续加强历史文化保护利用，启动桂林考古博物馆建设，推进灵渠申报世界文化遗产，改造提升一批历史文化名镇名村街区、传统村落。结合党史学习教育，创作一批文艺作品。开展文艺精品下基层等文化惠民活动。

加快发展现代文化产业。推动文化产业数字化发展，培育数字出版、知识服务等新模式新业态。繁荣文化演艺

产业，提升《桂林有戏》等品牌。深化文化体制改革，加强国有文化企业管理，加快引进一批实力雄厚的国际文化旅游投资集团。

（七）全力提高人民生活品质，增强世界级旅游城市感召力

让人民生活幸福是“国之大者”。我们要按照习近平总书记关于“提高人民生活品质”的重要指示精神，坚持共建共享，补齐民生短板，让发展成果更多惠及市民、游客。

毫不放松抓好常态化疫情防控。筑牢“外防输入，内防反弹”防线，完善联防联控机制，严格管控重点地区、重点人群、重点场所、重点环节，落实闭环管理。安全有序做好新冠疫苗接种工作，对符合条件的群众做到“应接尽接”。加强物资、技术储备，提升应急处置能力。

加快发展社会事业。坚持教育优先发展，新开工建设学校39所，规划新增学位3.46万个。落实高考综合改革，加大学前教育投入，推进义务教育优质均衡发展、中高职教育有机衔接。加快高校集聚区建设，积极解决智力立项、配套设施、人才引进等问题，深化与高校在决策咨询、人才培训等方面的合作，提升高等教育服务地方发展能力。强化线上线下校外培训机构规范管理。加快“智慧广电”建设。实施全民健身工程。

推进社会保障事业稳步发展。健全公共就业服务体系，实施职业技能提升行动，促进高校毕业生、退役军人、农民工、城镇困难人员和易地搬迁户等重点群体就业创业，确保零就业家庭动态清零，实现城镇新增就业3.8万人，城镇失业人员再就业1.2万人，城镇登记失业率控制在4.5%以内。完善多渠道灵活就业社会保障制度，维护好卡车司机、快递小哥、外卖配送员等的合法权益。做好群众生活必需品稳供保价。基本养老、医疗保险参保率分别达94%、96%以上。建立低保标准动态调整机制，逐步提高补助水平。全面推进住宅小区养老服务配套设施建设及归口管理，构建养老事业与养老产业融合发展新模式，加快第二社会福利院建设。

加强和创新社会治理。推进全国市域社会治理现代化试点城市建设。深化平安桂林建设，常态化开展扫黑除恶斗争，强力推进“雪亮工程”“天网工程”，发挥社会治理和应急指挥中心“中枢神经”作用，强化县乡两级综治中心实体化建设，推动网格化服务管理标准化、精细化。持续抓好旅游公共安全、校园安全、安全生产、食品药品安全、信访维稳、根治欠薪、人民调解、城中村和无物业小区治理等工作，完善灾害事故预防预警体系，防范化解突出风险，全力维护社会安全稳定。

加快全国民族团结进步示范市创建步伐，深化双拥共建，落实军人、军属和民兵待遇保障政策，加强退役军人服务管理，做好国防动员、国防教育、人民防空和民兵预备役等工作。

各位代表！书写好新时代桂林答卷，是我们义不容辞的责任。各级政府必须始终把讲政治摆在首要位置，不断提高政治判断力、政治领悟力、政治执行力，增强“四个意识”，坚定“四个自信”，做到“两个维护”，坚定不移贯彻落实中央、自治区和市委决策部署，努力建设人民满意政府。

加强服务型政府建设，提升政务服务质量。着力强化对新技术、新经济、新业态、新模式的学习，充分运用互联网、大数据等技术手段，提高驾驭经济工作的能力和水平。持续深化“放管服”改革，开展政务服务“简易办”冲刺年活动，进一步提升服务效能。

加强法治政府建设，提高科学决策水平。加强城乡建设与管理、环境保护、历史文化保护等领域立法工作。严格依法行政，依法履职，深化政务公开，依法接受人大及其常委会监督，自觉接受政协民主监督，主动接受社会和舆论监督，强化审计监督，推进审计全覆盖。进一步完善政府议事规则和决策程序，大力推进科学决策、民主决策、依法决策。健全政府守信践诺机制，构建市县乡三级行政执法协调监督工作体系。

加强廉洁政府建设，持之以恒正风肃纪。深入落实全面从严治党要求，扎实抓好政府系统党风廉政建设，严肃查处侵害群众利益的不正之风和腐败问题，维护清正廉洁的良好形象。坚决贯彻落实中央八项规定及其实施细则精神，深挖细查“四风”问题，持续推进精文减会，深化拓展为基层减负工作。

各位代表！风劲帆满图新志，砥砺奋进正当时。让我们紧密团结在以习近平同志为核心的党中央周围，在自治区党委、政府和市委的坚强领导下，解放思想、深化改革、凝心聚力、担当实干，加快打造世界级旅游城市，开启全面建设社会主义现代化国家新征程，以优异成绩庆祝中国共产党成立100周年！

《政府工作报告》名词解释

[1]“六稳”：稳就业、稳金融、稳外贸、稳外资、稳投资、稳预期。

[2]“六保”：保居民就业、保基本民生、保市场主体、保粮食能源安全、保产业链供应链稳定、保基层运转。

[3]“四集中”：集中患者、集中专家、集中资源、集中救治。

[4]“一派二包两补”制度：“一派”指选派优秀党员作为重点防疫物资生产企业特派员，协调解决企业生产面临的问题；“二包”指企业包场地隔离、企业包车接送员工上下班；“两补”指企业对员工自带防疫物资进行补助，企业对日常居家不外出的员工进行补助。

[5]“九大会战”：一、二、三产业达产增产会战，文旅复苏会战，“五网”项目建设大战，提振消费会战，“三企入桂”会战，稳外贸稳外资会战，稳企保岗会战。

[6]“三企入桂”：“央企入桂”“民企入桂”“湾企入桂”。

［7］“五会一节”：“五会”指第十四届联合国世界旅游组织/亚太旅游协会旅游趋势与展望国际论坛、2020中国－东盟博览会旅游展、第二届中国－东盟电视周、第15届中国－东盟文化论坛、2020中国非物质文化遗产整体性保护论坛；“一节”指第十届桂林国际山水文化旅游节。

［8］“两会一节”：“两会”指联合国世界旅游组织/亚太旅游协会旅游趋势与展望国际论坛、中国－东盟博览会旅游展；“一节”指桂林国际山水文化旅游节。

［9］漓江“三统”改革：漓江风景名胜区实行统一管理、统一经营、统筹利益分配等方面的改革。

［10］“六大旅游品牌”：以独秀峰·王城景区为代表的一流文化旅游品牌、以愚自乐园地中海度假村为代表的一流休闲度假品牌、以龙脊梯田为代表的一流民族风情旅游品牌、以印象·刘三姐为代表的一流演艺旅游品牌、以夕阳红为代表的一流康养品牌、以融创文化旅游城为代表的一流主题公园品牌。

［11］“七个升级”：桂林旅游业从传统产业发展模式向全域旅游升级、从观光游览地向休闲度假地升级、从旅游产业基本要素发展向“旅游+”深度融合升级、从开发一般旅游项目向创造未来遗产升级、从基本服务规范向国际化服务品质升级、从旅游企业相互竞争向产业集聚发展升级、从一般国际旅游城市向国际旅游胜地升级。

［12］“18+10”：“18”指《桂林市人民政府关于印发桂林市支持工业企业发展十八条政策措施（试行）的通知》市政规〔2019〕3号）；“10”指《桂林市人民政府关于印发桂林市支持工业企业发展补充政策措施（试行）的通知》（市政规〔2020〕8号）。

［13］“345”：“3”指高新区、经开区、高铁园；“4”指全州、兴安、平乐、荔浦4个工业重点县（市）；“5”指阳朔、灌阳、龙胜、资源、恭城5个生态功能区县。

［14］“三清三拆”：“三清”指清理村庄垃圾、清理乱堆乱放、清理池塘沟渠；“三拆”指拆除乱搭乱盖、拆除广告招牌、拆除废弃建筑。

［15］“九横七纵”：“九横”指庙岭大道、沙塘大道、两江大道、世纪大道、公园北路、山水大道、万平路—万福路、致和路、万福南路；“七纵”指西二环路及南延长线、三元路、平桂路、凤凰路、西城大道、宏谋大道、人民路。

［16］“双容双承诺”：项目审批容缺后补、容错纠错，企业向政府承诺、政府向企业承诺，强化政府靠前服务，推动企业投资项目“先建后检”直接落地。

［17］“无差别全科受理”：指大厅一键取号、前台全科受理、后台同步审批、统一窗口出件的政务服务新模式。

［18］“粤桂画廊”：桂林、贺州、肇庆三市以二广高速、汕昆高速、包茂高速、贵广高铁为主线，携手共建集文化旅游、康养旅居、产业融合于一体的粤桂旅游美丽廊道。

［19］“县管校聘”改革：公办义务教育学校教师和校长全部实行县级政府统一管理，统一定期强制流动，从而将教师和校长从过去的某学校的“学校人”，改变为义务教育系统的“系统人”。

［20］“四个新”总要求：2020年4月，习近平总书记在广西视察时对广西工作提出“在推动高质量发展上闯出新路子，在服务和融入新发展格局上展现新作为，在推动绿色发展上迈出新步伐，在巩固发展民族团结、社会稳定上彰显新担当”总要求。

［21］“四区一带一中心”：“四区”指南部、北部、东部、西部旅游片区；“一带”指漓江黄金旅游带；“一中心”指城市中心区。

［22］“一城一基地三中心”：华为科技城、智能终端基地、人工智能创新中心、软件服务中心、鲲鹏联合创新中心。

［23］“双招双引”：招商引资、招才引智。

［24］“承诺审批”：对信用状况良好的行政相对人，在其无法提交全部申请材料的情况下，政务服务机构一次性告知承诺审批有关情况，允许其书面承诺符合法定条件、所提交材料真实准确后，政务服务机构当场或在该事项承诺办结时限内作出审批决定，行政相对人最迟在60个工作日内补齐材料的审批模式。

［25］“双随机、一公开”：行政机关在履行市场监管职责过程中，通过随机抽取检查对象、随机选派执法检查人员的方式对市场主体实施检查，并将检查结果向社会公开。

［26］“四大蔬菜产业带”：桂江流域、湘江流域、西部山区、城郊蔬菜产业带。

［27］“两高两道一江”：高铁、高速公路，国道、省道，漓江。

［28］“五网”：交通网、能源网、信息网、物流网、地下管网。

［29］“四建一通”：乡乡通二级或三级公路建设工程、农村公路安全生命防护建设工程、农村公路“畅返不畅”整治建设工程、建制村窄路拓宽改造建设工程和建制村通客车工程。

［30］“三园三馆”：红军长征湘江战役纪念园（含红军长征湘江战役纪念馆）、红军长征突破湘江烈士纪念碑园（含红军长征突破湘江纪念馆）、湘江战役新圩阻击战酒海井红军纪念园（含新圩阻击战史实陈列馆）。

［31］“一廊一园”：长征国家文化公园广西段红军长征文化遗产廊道、湘江战役中央纵队界首渡江遗址公园。

政协桂林市常务委员会工作报告

——2021年6月22日在政协第五届桂林市委员会第六次议上

桂林市政协主席　陈丽华

各位委员：

我受中国人民政治协商会议第五届桂林市委员会常务委员会的委托，向大会报告工作，请予审议。

一、2020年工作回顾

2020年，是极不平凡的一年。在中共桂林市委的坚强领导下，市政协常委会以习近平新时代中国特色社会主义思想为指导，立足强党建、促履职、提质效、出精品，坚持发扬民主和增进团结相互贯通、建言资政和凝聚共识双向发力，胸怀"两个大局"，团结动员各级政协组织和广大政协委员，为我市实现"十三五"目标、与全国全区同步全面建成小康社会贡献了政协力量。

（一）加强政治建设，凝聚思想共识

深入学习贯彻中央、自治区党委政协工作会议精神。去年1月7日，市委在全区率先召开市委政协工作会议，出台《关于新时代加强和改进人民政协工作的实施意见》《关于加强和改进人民政协民主监督工作的实施意见》。努力解决"两个薄弱"问题，增设政协委员履职服务中心，推动17个县（市、区）政协增加机构和人员编制，设立乡（镇）政协委员联络站50个。

传播党的创新理论，广泛凝聚思想共识。建立《习近平新时代中国特色社会主义思想学习座谈会制度》，将全体市政协委员编入八个学习小组开展常态化理论学习。坚持班子带头，全年召开党组会议11次、主席会议9次、理论中心组学习会4次、常委会议5次深入学习党的创新理论，推动各级政协组织和政协委员不断增强"四个意识"、坚定"四个自信"、做到"两个维护"。组建"委员宣讲团""宣传小分队"到基层开展理论宣讲，针对不同受众，采取"理论大讲堂""专题报告会""理论轻骑兵"等形式，去年以来深入各界别群众、各参加单位和各委员小组宣讲68场，受众超万人次。

（二）委员行动展风采，胸怀大局显担当

一是全力投入疫情防控，开展"战疫情　委员行"活动。第一时间响应市委、市政府关于打赢疫情防控阻击战的号召，向全市广大政协委员发出《凝心聚力　坚决打赢疫情防控阻击战》倡议书，各级政协组织、政协各参加单位、广大政协委员和海内外特邀嘉宾、商会协会情牵桂林，第一时间从美国、西班牙、越南、柬埔寨等海内外抢购防疫物资，克服重重困难运回支援桂林。共举办集中捐赠活动39场，捐赠款物4600多万元。向各界别委员分别发出"革除滥食野生动物陋习""抗疫情　助春耕"倡议，开展"促文旅复苏"和抗疫书画捐赠等活动，助力疫情防控和复工复产。市政协在抗击新冠肺炎疫情工作中的突出表现得到市委、市政府充分肯定，荣立集体二等功。

二是围绕中心、服务大局，开展"引企入桂　委员行动　助推工业振兴"活动。2020年以来，全市政协组织和政协委员协助党委、政府新签"三企入桂"项目221个，总投资2623.91亿元，直接参与招商，引进项目191个，投资1987.27亿元。其中，已签约合同项目159个，拟投资1406亿元；开工项目88个，投资798亿元；2020年5月27日—28日，桂林市政协系统在荔浦市、平乐县召开"引企入桂　委员行动　助推工业振兴"现场会。7月13日—14日，全区政协"引企入桂　委员行动"工作推进会在桂林召开，与会领导和代表高度评价桂林的做法和成效。

三是助力脱贫攻坚，开展"乡村振兴委员行"活动。组织"抓好乡村产业发展，巩固脱贫攻坚成果"年度重点课题调研。召开各类协商会6次，提出意见建议50多条。举办"委员助力春耕生产"座谈会，帮助农户销售因疫情滞销的果蔬农产品；捐赠120多吨化肥帮助20个贫困村恢复生产；全市政协系统3248名委员，联系帮扶237个贫困村、8492家贫困户脱贫攻坚，培养致富带头人，助力田园综合体建设，发展罗汉果、富硒米、有机茶等特色优势产业，帮助群众脱贫致富，市政协机关被市委、市政府评为"脱贫攻坚先进集体"。2020年9月15日—16日，全区政协系统"巩固脱贫攻坚成果　助推乡村振兴"活动经验交流会在桂林召开，桂林的经验获全区推广。

四是争创全国文明城，开展"创城政协委员行"活动。发出《致桂林市政协委员的一封信》，号召全市政协委员积极投身创建全国文明城市工作。市政协牵头包联七星区创城工作，以提升社会文明程度和群众满意度为目标，积极开展入户宣传，帮助社区改善环境，多次召开现场办公

会议解决脏乱顽疾，联系爱心企业帮助修缮城市道路、美化环境等，为桂林荣获第六届全国文明城市称号贡献了政协力量，荣立集体二等功。

五是坚持履职为民，创新开展“双联双创”活动。主动搭建好党委、政府与百姓的连心桥，通过主席会议成员联系常委、常委联系委员、委员联系群众和专委会联系界别、界别联系委员、委员联系群众。紧紧围绕市委、市政府中心工作，立足岗位创新创业，带动群众创新创业。2020年度自治区对桂林市绩效考评指标民意调查类：市政协委员对桂林市满意度评价，排名全区第一。

2020年7月1日，市政协机关党委开展迎“七一”主题党日活动。（蔺帅摄）

“双联双创”活动的开展，有力促进了各县（市、区）政协工作提质增效，全市政协系统百舸争流、亮点纷呈：灵川县政协152名委员开展送政策、送科技、送文化、送医药、送温暖活动到基层230多人次；全州县政协将党员委员按相近界别组建功能型党支部，实现党建引领全覆盖；兴安县政协主席班子带头下基层给群众讲党课，引导委员将农副产品加工企业建到贫困村，定向收购农产品，效果好；永福县政协制定委员联系群众总表、委员联系群众连心卡，实行“一人、一年、一卡”动态管理，真实反映委员联系群众履职情况；阳朔县政协主动向县委请示汇报工作，县委书记、县长分别带领班子成员到政协调研，专题研究解决相关问题，他们的做法在全区政协系统的推进会上作了重点介绍；灌阳县政协在“引企入桂”活动中充分发挥桥梁纽带作用，采取政协搭桥、委员牵线、灌商回灌的措施助推灌阳工业振兴，成效明显；龙胜各族自治县政协组织委员开展“我为脱贫攻坚做件事”活动，委员们共带动500多贫困户发展产业，协调解决群众困难问题600多个，免费医疗救助400人次，帮扶特困生80多名；资源县政协在“乡村振兴委员行”活动中，根据各个乡（镇）的自然资源禀赋，针对性地开展产业、生态、乡风、治理等“八个助推”，还创造性地举办“十大名菜评选活动”，为打造本地餐饮文化品牌，助力旅游复苏作出了贡献，该做法在“学习强国”刊登；平乐县政协加大民主监督的力度，紧扣群众反映强烈的“桂江大桥维修工程进度缓慢”问题进行专项督办，仅半个月就顺利竣工，深受各界群众的好评；荔浦市政协创新“网上政协”数字化平台，提高社情民意信息、提案办理的效率，创新理论宣传工作，2020年获自治区政协宣传工作特等奖；恭城瑶族自治县政协建成10个乡（镇）委员联络站，两次成功承办自治区政协和市政协的推进会、现场会，荣获自治区政协宣传工作特等奖；临桂区政协在文化文史工作方面取得重大突破，已基本完成一千多个古村落的溯源资料采集工作，面积大、功能全的政协文史馆前期工程已经完成；象山区政协狠抓“委员之家”建设，常态化开展委员学习培训、履职研讨，有力推动政协履职向基层延伸，其经验获全区政协系统唯一的县（区）典型发言；秀峰区政协深入开展“党旗领航委员行”活动，坚持走访委员，激发委员履职为民的热情，一些委员以文艺助力抗疫效果显著；叠彩区政协助力保护漓江，推进伏龙洲重点项目成效明显，中央电视台作了专题报道；高新七星区政协组织委员积极投身疫情防控和经济社会发展实践，由区政协委员领衔的团队研发的“扫码抗疫情”小程序，被自治区政府在全区推广；雁山区政协在协助完成全区重大项目建设和帮助贫困村发展集体经济方面取得突出成效。

2020年5月8日，市政协主席陈丽华（右四）到雁山区大埠乡开展扶贫调研。（蔺帅摄）

去年7月1日，蓝天立主席听取桂林市政协工作汇报后表示：自治区政协发出倡议以后，桂林市政协响应及时、行动迅速、措施有力、富有成效，作出了政协应有的贡献。

（三）发挥专门协商机构作用，全力“专”出成果。

围绕工业振兴开展专题协商。组织政协委员和专家学者成立调研组，以“强化精准招商，助推工业振兴”为题，深入开展考察、调研、分析、论证，形成专题报告，并于2020年9月召开专题协商会，市长率有关县（市、区）和部门负责人出席会议听取意见，给予充分肯定，并作出积极回应。

立足经济社会高质量发展建言献策。市政协常委会以界别（对口）协商会为平台，围绕健全完善我市重大公共卫生事件应急防控体系、巩固脱贫成果与乡村振兴有效衔接、加强桂林湿地保护与开发、加快推进3岁以下婴幼儿照护服务工作、以法治思维和方式创新社会治理、提升农村污水治理水平、挖掘整理桂林红色文化资源和“引企入桂”等专题召开8次界别（对口）协商会，64名委员在会上发言，共提出意见和建议390多条，具有较强的针对性和建设性，真正体现了“建言建在关键处，议政议到点子上”。与桂林电视台联合制作并播出《委员论坛》2期，为我市工业和康养产业高质量发展献策支招。组织住桂林全国、自治区政协委员和市政协常委、委员到自治区统筹推进的重大项目、市本级重大项目、各县（市、区）开展联合视察、调研活动，鼓励委员正面发声。组织力量对“推进文化与旅游、康养融合发展”和“抓好田园综合体建设，助推乡村振兴”两个重点课题进行攻关，为市委、政府科学决策提供智力支持。

提高提案办理质量。常委会把2020年确定为“提案办理质量提升年”，积极开展多层次提案协商和督办活动，力争使每一件提案建议落地见效。完善市领导领衔督办重点提案机制。遴选重点提案19件，由党政领导、政协领导和政协各专委会加强督办。遴选30件民生提案作为监督性提案进行督办并公开，接受社会和舆论监督。五届五次全会以来，共收到提案296件，立案231件，提案办复率达100%，提案所提问题和建议已经解决和计划逐步解决的占89.6%，委员对提案办理工作满意率达97.8%。

（四）紧扣新时代，把握主旋律，凝聚和传递政协“正能量”。

重视意识形态工作，理论研究和宣传工作再上新台阶。召开全市政协系统理论宣传工作会议，组织委员围绕“发挥人民政协专门协商机构作用”主题撰写理论文章156篇，其中5篇入选自治区政协理论文集。积极组织政协各参加单位和县（市、区）政协做好宣传工作，分别在中央、自治区和市级主流媒体刊登各类稿件615篇，其中政协系统中央媒体上稿100篇，在全区14个市政协中排名第一。荣获2020年度《人民政协报》宣传工作先进单位。

真实反映社情民意，积极开展交流合作。充分发挥政协委员与社会各界联系密切的优势，及时收集、反映社情民意和舆情动态，切实为党委、政府体察民情、科学决策提供支持。全年共收集上报信息165篇，编辑《社情民意》12期。同时，配合全国政协、自治区政协做好相关课题调研和视察考察工作，邀请市政府领导和相关部门参加昆明贵阳南宁与红河桂林黔南“3+3”政协跨区域协商会议，积极开展与外省、市政协的交流合作，全年共接待全国政协调研组3批，自治区政协14批，外省市政协46批。

寻找文化的力量，挖掘文化的价值。重点围绕红色文化传承、乡村文化建设、迎接高考综合改革等方面开展专题调研并形成报告。积极宣传发动和组织协调，完成兴安红色文化场馆建设相关文史资料近30万字的征集和编辑工作；宣传伟大抗疫精神，举办大型书画展，展出以抗疫斗争为主题的书画作品100余幅；组织20多名委员积极参加市创城办和广播电视台举办的《文明说》专题论坛，大力宣讲和传播社会主义核心价值观，为创建全国文明城营造浓厚的社会氛围。

（五）加强作风建设，强化责任担当。

加强党风廉政建设。邀请市纪委书记为全市政协系统作党风廉政建设专题报告。先后组织市政协委员代表、政协机关全体人员到湘江战役纪念馆、桂林市党群服务中心、桂林两新党建红色学院开展主题教育。开展“重走长征路”主题活动。邀请自治区政协理论专家到桂林面对面为全市政协系统开展“中央、自治区党委政协工作会议精神”专题讲座。各级政协机关党组织坚持“三会一课”制度，通过丰富多彩的主题党日活动，召开专题研讨会，参观红色文化场馆，重温入党誓词，让全体党员传承红色基因，接受思想政治洗礼，时刻牢记党的初心使命，激发干事创业的热情。支持派驻政协机关纪检监察组履行监督责任，全力做好巡视巡察反馈意见整改工作。

加强委员履职管理。制定实施《政协桂林市委员会常委、委员述职办法》，创新对委员履职情况的评价机制，首次安排政协常委、委员在政协全会上进行口头和书面述职，进一步强化委员的责任感和担当精神。

2020年9月17日，全自治区政协“巩固脱贫攻坚成果，助推乡村振兴”活动现场经验交流会在桂林召开。（蔺帅摄）

各位委员，回顾2020年，我们克服了疫情影响，取得了系列成效。更重要是收获了宝贵经验，那就是：必须始终坚持党对政协工作的全面领导，我们才能在时代发展的浪潮中保持定力；必须始终坚持改革创新，我们才能增强履职本领；必须始终坚持人民政协为人民，我们才能实现"有事好商量、众人的事众人商量"。

各位委员、同志们，成绩来之不易，得益于中共桂林市委的坚强领导，得益于全市各级党委、政府和社会各界热情支持、大力帮助，得益于全市各级政协组织、政协各参加单位、政协委员和政协机关工作人员担当实干、奋发有为。在这里，我代表市政协常委会向大家表示崇高的敬意和衷心的感谢！

同时，我们也清醒地认识到工作中还存在一些差距和问题，主要是：推动解决"两个薄弱"问题的力度还有待加强；协商民主的制度建设在更加成熟、更加定型上仍有差距；民主监督的形式和效果不够丰富；委员履职的管理和考核不够严格；等等。面对这些问题，我们将认真研究解决。

二、2021年工作安排

2021年是中国共产党建党100周年，是开启全面建设社会主义现代化国家新征程的第一年。市政协及其常委会工作总体要求是：以习近平新时代中国特色社会主义思想为指导，深入学习贯彻习近平总书记视察广西及桂林时的重要讲话、重要指示精神，牢牢把握建设世界级旅游城市的定位要求，立足新发展阶段、贯彻新发展理念、构建新发展格局，坚持团结和民主两大主题，围绕市委、市政府中心工作，以高水平履职服务经济社会高质量发展。

（一）把政治建设摆在首位

坚持习近平新时代中国特色社会主义思想学习座谈会制度，统筹运用常委会集体学习、专题座谈、委员读书等形式，加强以中共党史为重点的"四史"教育。按照市委统一部署，组织委员参加庆祝建党100周年系列活动，扎实开展党史学习教育。结合政协实际开展委员宣讲、宣传小分队、政协系统党史知识竞赛、演讲比赛和书画展等活动。召开贯彻落实市委政协工作会议精神经验交流会。通过学习和教育，更加主动地把习总书记对桂林的关怀，把中央、自治区党委和市委的决策部署传导到社会各界中，更加自觉地把政协工作融入全市的工作大局，党委想什么政协就议什么，政府做什么政协就帮什么。

（二）紧扣市委、市政府的中心工作履职尽责

按照市委的决策部署和目标任务，认真组织实施民主协商，发挥专门协商机构作用，全力助推《桂林市国民经济和社会发展第十四个五年规划和二〇三五年远景目标》落实落细。围绕建设世界级旅游城市、工业振兴、产业发展、巩固脱贫攻坚成果与乡村振兴有效衔接等经济社会发展的重大问题开展调研协商活动。围绕提案落地见效、"放改服"政策落实情况开展民主监督。坚持系统观念，加强宏观经济形势前瞻分析，力求提出"真知灼见"，为党委和政府决策提供参考。

（三）坚定人民立场，坚持履职为民

牢记"让人民生活幸福"这一国之大者，聚焦民生领域的热点问题，紧扣就业、教育、医疗、养老、住房、环境等实际问题开展调查研究，提出对策建议，推动解决问题。通过提案、调研报告、议政协商、社情民意信息等渠道，及时反映各个阶层、各个群体的意见和诉求，帮助维护群众合法权益，促进社会公平公正。动员和组织社会各界爱心人士多做雪中送炭、扶贫济困的工作，真心为贫困群众和弱势群体办实事、做好事。协助市委、市政府做好理顺情绪、化解矛盾的工作，切实把人民政协的制度优势转化为地方治理效能。

（四）做好团结联谊工作

通过联合调研、共同举办协商活动等方式，为民主党派、无党派人士在人民政协更好发挥作用创造条件。贯彻落实《全国政协关于加强和促进人民政协凝聚共识工作的意见》，进一步深化"双联双创"活动。举办辛亥革命110周年纪念活动，弘扬辛亥革命精神。完善谈心谈话制度、联系党外委员制度，加强同党外知识分子，非公有制经济人士、新的社会阶层人士的沟通联络，探索建立参政议政人才库，研究建立邀请代表人士参加重要协商活动机制。召开少数民族界、宗教界主题协商座谈会。完善邀请海外侨胞代表列席政协全体会议、回桂林参加考察等机制，努力画出最大同心圆。

（五）着力加强自身建设

加强政协机关党建工作，切实把"不忘初心、牢记使命"作为党的建设的永恒课题，作为党员干部加强党性锻炼的终身课题。扎实开展党史学习教育，通过落实规定动作和自选动作，做到学史明理、学史增信、学史崇德、学史力行，做到学党史、悟思想、办实事、开新局。在机关党组织中，深入开展"星级党支部"创建活动，落实党风廉政建设"一岗双责"，抓好意识形态工作。大力倡导担当为要、奋斗为荣的工作作风，把政协机关打造成守纪律、讲规矩、重品行的模范政治机关。加强委员队伍建设。政协委员是界别群众的代表、政协工作的主体，影响大、关注高、责任重。今年是我市政协的换届之年，我们要在中共桂林市委的坚强领导下，认真做好换届的相关工作，确保换届工作风清气正，选出人民需要、担当尽责的新一届政协委员：一是肯担当，坚持为国履职、为民尽责；二是善担当，自觉加强学习，不断提高素质；三是真担当，坚持政治立场不含糊，政治原则不动摇，关键时刻靠得住。

各位委员，站在"两个一百年"奋斗目标历史交汇点上，人民政协使命光荣、责任重大。让我们更加紧密地团结在以习近平同志为核心的党中央周围，高举中国特色社会主义伟大旗帜，在推动边疆民族地区高质量发展上闯出新路子，在服务和融入新发展格局上展现新作为，在推动绿色发展上迈出新步伐，在巩固发展民族团结、社会稳定、边疆安宁上彰显新担当。在中共桂林市委的坚强领导下，为把桂林建设成为宜业、宜居、宜乐、宜游的世界级旅游城市作出新的更大贡献！

大事记

1月

6日 广西首家电工材料产品检测企业桂林赛盟检测技术有限公司揭牌成立。

同日 桂林市“我们的中国梦”——文化进万家暨2020年文化科技卫生“三下乡”活动在资源县车田苗族乡文化广场启动。

10日 桂林市公安局在市中心广场开展以“不忘初心110，共建共治享安宁”为主题的110宣传日活动。

17日 2020年桂林市新时代文明实践志愿服务活动在临桂区金山广场启动。

18日 政协第五届桂林市委员会第五次会议在桂林市会议中心大礼堂开幕，20日闭幕。会议补选陈丽华为政协第五届桂林市委员会主席，补选唐修璇、陆智成为政协第五届桂林市委员会副主席。

19日 桂林市第五届人民代表大会第五次会议在市会议中心大礼堂开幕，21日闭幕。会议依法补选张晓武为桂林市第五届人民代表大会常务委员会主任；李滨、周卉、谭建国为桂林市第五届人民代表大会常务委员会副主任。

同日 桂林市居民电子健康卡首发仪式在市人民医院举行。

21日 桂林市召开新型冠状病毒感染的肺炎疫情防控工作会议，部署桂林市疫情防控工作。

2月

3日 桂林市首批4位新型冠状病毒感染的肺炎治愈患者从自治区南溪山医院出院。

5日 桂林市新型冠状病毒感染的肺炎疫情防控工作领导小组指挥部发布关于强化疫情防控十项措施的通告。

7日 “广西（桂林）驰援湖北果蔬专列”，满载约200吨果蔬物资，从桂林西铁路物流中心出发，直发湖北咸宁市。

8日 即日起，桂林市所有餐饮服务单位实行便带打包分散就餐制，一律不得提供现场就餐。

10日 桂林市人民政府印发《桂林市应对新型冠状病毒肺炎疫情支持中小企业发展若干措施的通知》。

11日 桂林市市直医院首批驰援湖北医疗队出征仪式举行，9名医务人员于12日出征湖北，支援当地医疗救治。

17日—18日 国务院应对新冠肺炎疫情联防联控机制第十九指导组组长卢江率工作组到桂林市，实地检查指导疫情防控工作。市委书记、市新冠肺炎疫情防控工作领导小组组长赵乐秦出席，市长、市新冠肺炎疫情防控工作领导小组组长秦春成陪同检查，并就桂林市疫情防控工作作汇报。

26日 市委、市人民政府召开全市2020年决战脱贫攻坚大会，会议采用电视电话会议形式召开。

27日 秀峰区斑斓演波·民俗风情园项目在甲山街道演波自然村启动。该项目地处桃花江旅游度假片区，预计总投资6.3亿元，总规划面积52公顷。

28日 桂林市德诚医疗器械有限公司获得广西首个“医用防护口罩”（GB19083-2010）医疗器械注册证及生产许可证，实现医用防护口罩“广西产”。

29日 搭乘353名全州籍赴粤务工人员的D4965次列车从桂林全州南动车站开往广州南站，这是广西开出的全国首趟县域始发“定制”复工动车专列。

3月

11日 桂林市第32名（最后1名）新冠肺炎确诊患者宫某从自治区南溪山医院康复出院，桂林市新冠肺炎确诊病例“清零”，治愈率100%。

同日 桂林奥泰医疗科技有限公司将市场售价约1000万元的首台“广西产”EMR601.5T超导磁共振机捐赠给桂林市，助力桂林疫情防控及后续康复检查工作。

17日—19日 中办国办复工复产调研组在桂林市调研，深入企业车间、商场超市、扶贫车间、专业合作社、田间地头、项目一线，与企业负责人、项目业主、公司员工、村民等深入交流，并通过召开座谈会了解复工复产中遇到的问题困难，听取意见建议。

20日 市委、市人民政府召开全市工业振兴大会，贯彻落实中央和自治区党委关于统筹抓好疫情防控和经济社会发展重点工作的决策部署，持续推进桂林市工业振兴三年行动计划的实施，对工业振兴再动员、再部署、再推进。

25日 国家统计局广西调查总队调研组到桂林市，围绕桂林市创城工作情况进行调研，并就创建过程中需要进一步改进的问题进行反馈。

28日 “桂林人游桂林”活动在桂林国际会展中心启动，桂林旅游业按下“重启键”。首批近400名市民分成7条线路出发，饱览桂林春天美景。

4月

1日 秀峰区大龙湾工地的一辆挖掘机获全市首张非道路移动机械防伪金属环保标牌，标牌号（环保登记号）为3-LC000001，桂林市非道路移动机械开始拥有“身份证”。

2日 桂林市首批驰援湖北医疗队22名战疫医护人员凯旋，欢迎仪式在创业大厦举行。

7日 全市226所初高中学校的高三和初三年级，首批开学复课。

8日 桂林市人民政府向国际友好城市政府捐赠的首批抗击疫情物资80箱共16万只一次性口罩运往日本熊本市、加古川市和韩国济州市。

同日 2020年“诗在壮乡 何必远方——广西人游广西”桂林文旅复苏自驾游活动在象山景区启动。

9日 桂林市召开全市机关单位帮扶文旅企业促进文旅消费复苏动员会，宣布全市机关单位开展旅游产业复苏振兴结对帮扶行动，帮扶文旅企业，促进文旅消费复苏。

10日 桂林市首个未成年人观护基地在桂林市青少年社会服务中心揭牌。

17日 2020年全市第二次重大产业项目集中开竣工活动在桂林经开区举行，包括桂林经开区教育产业园百年基业项目在内的81个项目集中开竣工，项目总投资达256.67亿元。

23日 广西“4·23”世界读书日暨全民阅读活动桂林分会场在桂林中学临桂校区启动。

同日 “走读广西·桂林之旅”文化体验自驾活动在桂林图书馆启动。

25日 全国退役军人创业创新大赛（广西赛区）桂林市选拔赛暨桂林市首届退役军人创业创新大赛在叠彩区桂林智慧谷文创产业园开赛。该次大赛以“退役不褪色 赢在新征程”为主题。

26日 桂林医学院核医学PET分子影像与转化医学中心暨桂林医学院附属医院核医学PET分子影像中心揭牌成立仪式举行。

28日 桂林市7个“能源网”项目集中开工，总投资12.98亿元，该次集中开工的7个项目包括：广西LNG输气管道工程桂林支线工程、220千伏金葡送变电工程、桂林交投鼎晟桂林北站充电站、鼎晟大厦充电站、魅力花园充电站、鼎耀大厦充电站、雁山大埠充电站。

29日 正阳路西巷建成开街。

同日 榕湖饭店改造提升项目开工。

30日 秀峰区与中国二十冶集团有限公司举行战略合作框架协议签约，双方将合力打造“琴潭千亩荷塘湿地”项目。

5月

6日 桂林市举行“一枚印章管审批”启动仪式，41枚各单位原审批专用章被封存，新的“桂林市行政审批局行政许可专用章”启用。

8日 自治区举行“五网”建设大会战地下管网项目集中开工仪式。在桂林分会场，桂林市共有5个“地下管网”项目集中开工。当天集中开工的有高铁园外国语学校周边路网排涝、排水工程等5个项目，项目总投资4.07亿元，建设改造地下管网13.55千米。

17日 桂林5G基站的承建商——中国铁塔股份有限公司桂林市分公司集中交付了280个5G基站。

6月

1日 桂林市人民政府与融创中国共同签署《桂林市文化旅游康养产业项目投资合作框架协议》，双方将在文旅、养老、生态、田园综合体等领域展开全方位合作。

2日 桂林市－肇庆市扶贫协作联席会议在临桂新区创业大厦召开，双方就扶贫协作有关成果和措施进行交流。桂林市市长秦春成、肇庆市市长吕玉印出席会议。

同日 桂林海吉星农产品物流园举行仪式开启试业运营。

同日 桂林市2020年度“安全生产月”活动在燕京啤酒（桂林漓泉）股份有限公司启动。

3日 广西首艘五星级新能源豪华游轮由桂林旅游股份有限公司投资近1000万元开工打造。

4日 国务委员王勇带领检查组到桂林青狮潭水库调研，检查桂林市防汛相关工作。自治区主席陈武，自治区人大常委会副主任、市委书记赵乐秦，市长秦春成陪同调研。

8日 桂林市开展“决战决胜走基层、总攻之势大采访”——千名记者一线行大型主题采访活动。桂林日报社记者分南北2条线路，赴全市13个县（市、区）131个乡（镇）、510个帮扶村（459个脱贫村、51个贫困村）进行实地采访，全面报道桂林市各族人民脱贫攻坚奔小康的生动实践和伟大成就。

9日　桂林市文化市场综合行政执法支队挂牌。

10日　全国“集装箱+生态池塘”尾水处理技术模式观摩活动在雁山区鱼伯伯生态科技有限公司示范养殖基地举行。

13日　2020年文化和自然遗产日主场城市活动开幕式在桂林靖江王府承运门前举行。开幕式活动设桂林主会场和北京中央广播电视总台会场，通过连线直播方式共同启动。自治区党委常委、宣传部部长范晓莉，自治区人大常委会副主任、桂林市委书记赵乐秦，自治区副主席李彬，国家文物局副局长关强，“文物保护杰出贡献者”国家荣誉称号获得者、敦煌研究院名誉院长樊锦诗，桂林市市长秦春成出席桂林会场活动。

同日　广西省立艺术馆旧址保护工程开工暨社会力量参与文物保护利用捐赠仪式举行。自治区党委常委、宣传部部长范晓莉，自治区人大常委会副主任、桂林市委书记赵乐秦，自治区副主席李彬，国家文物局副局长关强出席开工仪式，桂林市市长秦春成致辞。

同日　桂林非物质文化遗产体验馆落成，自治区人大常委会副主任、桂林市委书记赵乐秦，自治区副主席李彬，国家文物局副局长关强，桂林市市长秦春成等出席活动，并共同为体验馆揭牌。

同日　“文物赋彩全面小康”主题论坛在桂林市举办。来自自治区内外的文保专家学者围绕主题，聚焦文物保护利用赋能添彩经济社会发展，分享经验做法，交流工作思路。

15日—17日　自治区党委书记、自治区人大常委会主任鹿心社在桂林市调研。

22日—23日　第十一届中国曲艺牡丹奖全国曲艺大赛（余杭赛区）在浙江省杭州市余杭举行。荔浦市群众艺术馆精心打造并选送的广西文场《帆过漓江天地红》节目，获第十一届中国曲艺牡丹奖全国曲艺大赛（余杭赛区）节目奖提名。

23日　桂林市与格力电器达成桂林格力产业园前期项目框架协议。

24日　桂林市在临桂新区市民广场举行公开焚烧毒品活动，现场焚烧冰毒、氯胺酮、海洛因等各类毒品约500千克。

同日　桂林市人才公寓（奥林匹克花园）在临桂区奥林匹克花园揭牌，首批46名人才领到钥匙入住市人才公寓。

同日　2020年《红色传奇》进校园系列活动桂林市启动仪式在逸仙中学举行。

28日　桂林两新党建红色学院在桂林市两新组织党群服务中心举行揭牌仪式。

同日　2020年桂林市第三次重大项目集中开竣工暨雁山区雪松（漓江）文旅小镇开工仪式在雁山区柘木镇禄坊村举行。开竣工项目共47个，总投资216.57亿元。

同日　广西人游广西——“山水桂林，身临骑境（文明健康，有你有我）”文旅推广活动暨2020年哈啰城市骑游活动在桂林市启动。

7月

1日　红动中国·长征100暨新时代新长征之“最美逆行者，不负新征程”主题活动在兴安县举行。

10日　市委、市人民政府召开全市乡村振兴现场推进大会，落实中央、自治区实施乡村振兴战略的决策部署，总结交流经验，以新型城镇化示范乡（镇）和田园综合体建设两大“书记工程”为抓手，全面推进桂林乡村振兴。

12日　2020年桂林市“我为创城作贡献”创城惠民志愿活动在甲天下广场启动。

13日—14日　全自治区政协“引企入桂　委员行动”工作推进会在桂林市召开。

14日—16日　自治区人大常委会副主任、桂林市委书记赵乐秦率团赴珠海市，对珠海格力电器进行考察，就双方产业合作进行洽谈沟通。

15日　全自治区农村党支部标准化规范化建设现场推进会在桂林召开。

17日　中国·桂林首届乡村带货节直播大赛在七星区“漓韵侨乡”田园综合体开幕。

21日　桂林高新区2020年重大项目集中开竣工暨项目集中签约仪式举行，集中开竣工暨签约的重点产业项目共22个，总投资292亿元。项目涉及生物医药、量子通信、高端装备制造、园区五网建设等多个领域。

同日　桂林花江智慧谷电子信息创业产业园项目投资合作洽谈活动举行，共签约7个项目，总投资47.65亿元。

24日　莲花路竣工通车，莲花路连接琴潭道和巾山路，全长900米，道路宽敞，规划红线宽度为24米，双向四车道。

25日　“走向我们的小康生活”大型主题采访报道广西站活动走进桂林，该活动由中共中央宣传部统一组织。人民日报社、新华社、中央广播电视总台、光明日报社、经济日报社、中国日报社等10多家中央和自治区媒体的20多名记者，深入秀峰区和永福县，采访报道桂林国际旅游胜地建设及各族人民同心同德奔小康的新成就。

29日　市委、市人民政府召开2020年桂林市创建全国文明城市决胜冲刺大会，对创城工作再部署、再推进、再落实。

30 日 桂林市举行 2020 年“最美退役军人”“最美双拥人”发布仪式暨庆“八一”文艺晚会，现场表彰桂林市 2020 年 10 名“最美退役军人”、10 名“最美双拥人”获得者，现场向抗美援朝老战士代表、“自治区优秀退役军人”、自治区“新时代八桂最美军嫂”献花致敬。市长秦春成出席晚会并为获奖者颁奖。

8 月

1 日 《桂林市漓江风景名胜区管理条例》施行，桂林漓江风景名胜区保护、利用和管理开启法制化新纪元。

5 日 “2020 桂林漓江购物节”在桂林万象城启动，活动以“新消费 潮生活 云享购助扶贫”为主题。

10 日 首届研学旅行教育发展论坛在桂林举办。

18 日 桂林福达农产品冷链物流园和临桂新区福达总部基地项目开工奠基。桂林福达农产品冷链物流园项目，是 2020 年自治区统筹推进的重点项目，项目总投资 20 亿元。临桂新区福达总部基地项目总投资 20 亿元，一期建设临桂新区最高的地标性建筑“福达大厦”，高 211.8 米，为 48 层超高层地标建筑。

同日 2020 年“全民健身日”暨第十二届广西体育节（桂林分会场）在桂林市体育中心体育馆开幕。

26 日 桂林经济技术开发区自治区级经开区授牌仪式举行。

28 日 自治区主席陈武在桂林市主持召开部分市县基层“三保”工作座谈会，听取桂林叠彩区、象山区、兴安县，梧州岑溪市，防城港防城区，来宾兴宾区，崇左凭祥市，梧州万秀区，南宁宾阳县相关工作汇报，对中央新增财政资金直达基层和基层“三保”工作进行再安排、再部署。

同日 2020 年粤桂扶贫协作消费扶贫对接活动暨第 18 届广西名特优农产品（广州）交易会桂林专场推介活动在广东东西部扶贫协作产品交易市场举行。其间，共签约农产品购销和农业投资项目 23 个，总金额 42.56 亿元。

31 日—9 月 1 日 第九届中国创新创业大赛广西赛区暨 2020 年广西创新创业大赛新一代信息技术（初创组）产业复赛在桂林智慧谷举行。

9 月

1 日 桂林新国际会展中心举行奠基仪式，该项目计划总投资 67.60 亿元，总建筑面积 40 万平方米。

2 日—4 日 全国政协副主席卢展工率全国政协教科卫体委员会调研组一行，就“重大疫情下高校毕业生就业创业问题”到广西开展专题调研，并召开座谈会听取自治区有关工作情况汇报。自治区政协主席蓝天立出席座谈会。调研组先后到桂林电子科技大学、桂林花江智慧谷、桂林航天工业学院、桂林深科技有限公司、桂林力港网络科技公司调研。

3 日 桂林市育才融创实验学校揭牌并投入使用。该校是一所九年一贯制公办学校，位于七星区核心板块，占地面积 3.67 公顷，总投资 2.3 亿元。

3 日—4 日 自治区人大常委会副主任、桂林市委书记赵乐秦率桂林市党政代表团赴浙江省嘉兴市，就基层社会治理、乡村振兴、红色文化传承、文旅融合发展等工作进行考察学习。

7 日 自治区文化精品项目、大型历史廉政话剧《压舱石》广西巡演桂林专场在桂林大剧院上演。

11 日 市仲裁委员会秘书处开出一张缴纳仲裁费的非税收入电子票据，这是桂林市开出的第一张非税收入收缴电子票据。

12 日 2020（第二届）中国城市水环境与水生态发展大会在桂林开幕。

14 日 澜湄“双城记”中缅青年科技文化交流活动在桂林电子科技大学举行，近 200 名桂林电子科技大学青年学生和湄公河流域 5 国留学生现场参加此次活动。

15 日 “大碧头杯”第四届全国农民体育健身大赛暨 2020 年广西庆祝中国农民丰收节启动仪式在全州县大碧头田园综合体举行。

同日 全自治区政协“巩固脱贫攻坚成果，助推乡村振兴”活动现场经验交流会在恭城瑶族自治县召开。

18 日 桂林市同时拉响 187 台防空警报器，并结合防空警报试鸣开展实战化演练活动，全市约 60 万人参加演练。

同日 桂林市农业农村局、桂林市商务局、桂林市扶贫开发办公室联合今日头条、抖音共同举办的“桂林好物节”在高新万达广场启动。

同日 市委常委、副市长沈威虎在桂林宾馆会见东盟驻华领事官员考察团一行。

19 日 “格力·中国造”全国巡回直播活动第三站，“中国风·甲天下”格力电器全国巡回直播桂林站活动在临桂新区“一院两馆”广场举行。

22 日 “山水桂林 红色热土”——2020 年全国重点网络媒体桂林行活动启动。

23 日 桂林银行举行桂林分行揭牌活动，将桂林辖区分支机构的管理职能划归桂林分行。市长秦春成，市委常委、常务副市长彭代元出席活动并为桂林分行揭牌。

24 日 2020 年健康中国（恭城）康养大会在恭城瑶族自治县瑶汉养寿城茶江书院召开。

25 日 恭城瑶族自治县在高铁新区体育中心举行庆祝大会，庆祝恭城瑶族自治县成立 30 周年。

同日 比亚迪纯电动厢式运输车 V3 在桂林经开区苏桥工业园下线，这是全球首款搭载“刀片电池”的纯电动厢式运输车。

26 日 第七届全国道德模范故事汇基层巡演活动（桂林专场）在桂林师范高等专科学校临桂校区举行。

29 日 桂林轨道试验线进行动车测试。市委书记赵乐秦、市长秦春成、市人大常委会主任张晓武现场调研项目推进情况并参加试乘体验。

29 日—30 日 市公安局在全市范围内开展“2020 秋风行动”专项集中整治行动，重点整治和打击盗抢骗、黄赌毒、打架斗殴、野马黑车、涉众传销、涉毒等违法犯罪行为，开展交通环境整治专项行动。

30 日 桂林市在全州县红军长征湘江战役纪念林凭吊广场举行向革命烈士敬献花篮仪式，深切缅怀革命先烈的丰功伟绩，弘扬伟大长征精神。自治区人大常委会副主任、桂林市委书记赵乐秦，桂林联勤保障中心主任程新闻，市长秦春成，市人大常委会主任张晓武，市政协主席陈丽华出席敬献花篮仪式。

同日 广西（桂林）民营小微企业首贷续贷中心在桂林市住房公积金管理中心大楼揭牌成立。

同日 临桂万达广场开业运营。

10 月

1 日 2020 年全国“消费促进月”活动暨 2020 桂林房 · 车节在桂林国际会展中心开幕；10 月 3 日闭幕。

6 日 中央电视台“坐着高铁看中国”主题宣传活动聚焦贵广高铁。直播活动走进桂林阳朔，首次在游船上直播漓江兴坪段美景，向观众介绍 20 元人民币背面的“黄布倒影”景点。

15 日 2020 年全国大众创业万众创新活动周广西分会场活动在桂林电子科技大学花江校区启动。

16 日 第一届广西花卉苗木交易会在叠彩区“缤纷叠彩”田园综合体（尧山花卉基地）开幕，自治区人大常委会副主任、桂林市委书记赵乐秦，自治区副主席方春明，桂林市市长秦春成，桂林市人大常委会主任张晓武出席开幕式；10 月 18 日闭幕。

18 日 第三届“红军长征论坛”在陕西省延安市举行，该论坛由江西赣州、广西桂林、贵州遵义、陕西延安四市联合主办。江西省委副书记、赣州市委书记李炳军，陕西省委常委、延安市委书记徐新荣，广西壮族自治区人大常委会副主任、桂林市委书记赵乐秦，贵州省遵义市委副书记、市长黄伟出席并讲话。

20 日 全国双拥模范城（县）命名暨双拥模范单位和个人表彰大会在北京举行。桂林市获“全国双拥模范城”称号，市长秦春成，市委常委、桂林警备区政委王致作为代表上台接受颁奖。

21 日 桂林市一束光医疗志愿者服务中心授牌成立仪式在市第二人民医院举行。是桂林市首个正式注册的医疗志愿者服务组织。

27 日 2020 中国 · 桂林物流与供应链创新发展峰会暨桂林市国家物流枢纽承载城市建设发展研讨会在桂林市举行，来自全国的物流行业专家、学者及企业和媒体 300 余人参加盛会。研讨会以“加强区域融合发展 · 助推产业创新升级”为主题。

28 日 八路军桂林办事处旧址和灵川县路莫村军需物资转运站旧址挂牌成为“全国机要密码系统革命传统教育基地”。

29 日 广西归国留学人员创新创业服务基地在桂林国家高新区湖塘总部经济园挂牌成立。

同日 “脱贫感党恩　奋进新起点”第 41 届“漓江之声”决赛在灵川县开幕；12 月 25 日，优秀节目汇报演出在桂林大剧院精彩上演。

30 日 市公安局中心广场警务站举行揭牌仪式。警务站占地面积 170 平方米，设有接待大厅、调解室、办公室、警务装备室、备勤室、指挥调度区、便民服务区 7 个功能区。

31 日 2020 年广西自驾游大会在桂林市召开，大会以“畅游山水，快意人生”为主题。

11 月

6 日 桂林市 2020 年 119 消防宣传月暨消防志愿服务进万家活动启动仪式在市甲天下广场举行，市民群众共 3000 余人参加了活动。

8 日 自治区人大常委会副主任、桂林市委书记赵乐秦率团赴江苏省国信集团有限公司考察并进行座谈。

10 日 中央文明办公布第六届全国文明城市入选名单，桂林市成功入选。20 日，全国精神文明建设表彰大会在北京举行。市委书记赵乐秦赴北京参加大会，捧回全国文明城市奖牌。

同日 自治区人大常委会副主任、桂林市委书记赵乐秦率团到位于北京市的中国航空工业集团有限公司总部考察并进行座谈，双方就产业合作进行深入洽谈沟通。

10 日—11 日 以湘江战役为创作背景的史诗级原创歌剧《血色湘江》，作为自治区党委宣传部、自治区文化和旅游厅举办的“走向我们的小康生活”广西优秀舞台艺术剧目晋京展演活动的收官之作，在北京国家大剧院连演 2 场。

12 日 自治区人大常委会副主任、桂林市委书记赵乐秦率团赴北京市，到中国电子科技集团有限公司总部考察并进行座谈，双方就产业合作进行深入洽谈沟通。

23 日 第二届中国 – 东盟电视周开幕式暨中国 – 东盟优秀传播案例发

布典礼在桂林大剧院举行。该届电视周以“合作、创新、互通、共融”为主题。

25日 第六届中国－东盟传统医药论坛在桂林举办，120多名来自老挝、柬埔寨、马来西亚、缅甸、泰国、菲律宾、俄罗斯等国家传统医药领域的专家学者代表以线上或线下方式参加论坛，交流分享传统医药发展及其在抗击新冠肺炎疫情过程中经验。

27日 桂林市社会治理和应急指挥中心揭牌成立，该中心位于临桂新区创业大厦东辅楼。

28日 2020中国－东盟可持续发展创新合作国际论坛在桂林开幕。该届论坛以“创新合作·产业融合·绿色发展”为主题。

30日 桂林基层党建学院在市党群服务中心揭牌成立。

12月

3日 第五届中国－东盟民族文化论坛在桂林开幕。该届论坛主题“中国－东盟民族文化交流互鉴与创新发展”。

同日 桂林理工大学雁山校区东大门人行天桥建成通行，该桥总长67.24米，宽5.5米，是桂林市已建成的最长人行天桥。

4日 自治区宣讲团中共十九届五中全会精神宣讲报告会在市会议中心举行，自治区宣讲团成员、自治区财政厅党组书记、厅长关礼作宣讲报告。

同日 桂林市举行“宪法宣传周”活动启动仪式暨桂林市法治文化广场落成仪式，新落成的桂林市法治文化广场位于七星区芳香路与六合路交叉口。

7日 2020非物质文化遗产整体性保护论坛在桂林市开幕。

同日 首届中国－东盟文化艺术周在桂林大剧院开幕。

8日 第十四届联合国世界旅游组织/亚太旅游协会旅游趋势与展望国际论坛在桂林举办。世界各地的旅游官员、专家学者和旅游业界精英，通过线上线下结合的方式，围绕论坛主题“旅游复苏与转型”，共同探讨交流新冠肺炎疫情对旅游业影响和未来发展方向，为旅游业进一步复苏和创新发展提供新理念新路径新模式。

同日 2020中国－东盟博览会旅游展在桂林国际会展中心开幕。旅游展以“共建‘一带一路’ 共享数字旅游”为主题。

同日 第15届中国－东盟文化论坛在桂林市开幕。本届论坛的主题是“文化遗产的保护、传承与旅游开发”。

同日 中国－东盟数字文化旅游专业合作论坛在会展酒店举行。来自中国和东盟各国的文化和旅游业界人员围绕“科技引领旅游新未来”论坛主题系统思考科技对旅游业带来的全方位变革，并提出应对措施。

同日 第十届桂林国际山水文化旅游节在桂林大剧院开幕。

9日 红色旅游城市联盟“2020畅游桂林·红色之旅”自驾游活动在独秀峰·王城景区前举行。来自延安、赣州、遵义、桂林、丽水、阿坝六市（州）的自驾车爱好者从独秀峰·王城景区出发，沿着桂林市红色旅游线路，体验秀峰区、灌阳县等地红色文化。

同日 2020中国－东盟博览会旅游展文旅艺术创意展在象山区龙船坪特色街区分会场开幕。

同日 红色动画电影《湘江1934·向死而生》市中小学首映礼暨观影会在市育才小学举行。

16日—17日 广东省肇庆市党政代表团和贺州市党政代表团到桂林市考察，并与桂林市举行推进“粤桂画廊”建设三市联席会议，共同签署《共建“粤桂画廊”合作框架协议》，携手共建面向世界的康养旅游休闲度假胜地，打造新发展阶段东西部合作高质量发展样本。自治区人大常委会副主任、桂林市委书记赵乐秦，贺州市委书记李宏庆，肇庆市委书记、市人大常委会主任范中杰出席会议并讲话，桂林市市长秦春成主持会议。

17日—19日 第二届广西新兴领域产业创新融合发展大会在桂林市召开。会议以“创新引领、融合发展、产业兴桂”为主题。

18日 “国家级古籍修复技艺传习中心桂林传习所”在广西桂林图书馆揭牌。

20日 “全国亿万农民健身活动示范基地”在桂林大碧头田园综合体揭牌，该基地由中国农民体育协会授牌。

22日—23日 2020年全市文化旅游发展大会在兴安县召开。

24日 第19届广西名特优农产品（桂林）交易会在桂林国际会展中心开幕，1000多家自治区内外企业、3000余种名特优农产品参会参展，1500多名客商聚焦桂林，开展产品购销、经贸洽谈和投资合作活动。

25日 塔山片区城中村改造项目之一的塔山·悦坊特色街区开街，该街区位于穿山路31号，总面积2.86万平方米，是集饮食、潮流、娱乐为一体的文旅综合街区。

27日 2020桂林银行桂林马拉松赛在市中心广场鸣枪开跑，1万名选手参赛。

28日 桂林日报社、桂林广播电视台临桂新区办公新址揭牌。市委书记赵乐秦出席活动，分别为这两家入驻新区办公的单位揭牌并开展走访调研。

同日 荔浦至玉林高速公路建成通车。

（陶树青）

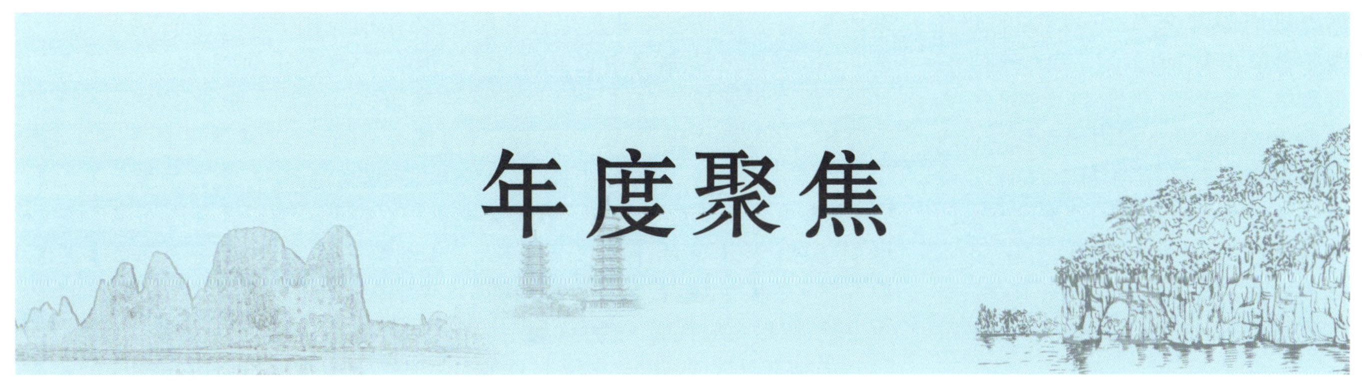

年度聚焦

“全国文明城市”创建

【桂林市获“全国文明城市”称号】2020年11月20日，桂林市获“全国文明城市”称号。桂林历届市委、市政府高度重视创城工作，市四家班子领导责任到位，自上而下做表率，定期听取创城情况汇报，专题研究创城工作，带领广大干群“接力长跑”，贯彻“创城为民、创城靠民、创城惠民”理念，把创城工作作为“一把手”工程摆在突出位置。严格落实创城包联工作机制，构建“全面覆盖、各方参与、上下联动、分片包干”工作格局。联系市领导与相关县（市、区）、市直部门做到目标一致、责任一体、任务一体，形成攻坚强大合力，为成功创建“全国文明城市”提供保障。

【加强创建“全国文明城市”综合整治】2020年，桂林共投入创城资金3.1亿元，其中市本级1.7亿元，包联单位支持资金超过1000万元。重点推动集贸市场和客运站整治、背街小巷整治、交通秩序整治、老旧无物业小区整治和公益广告、市民文明素质、创城满意度、宣传教育工作提升等攻坚，其中集贸市场和客运站改造投入1800万余元，背街小巷改造投入1.22亿元，交通秩序整治投入350万元，市容市貌、老旧无物业小区整治投入9595万元，公益广告改造提升投入超过1000万元，市民文明素质提升及宣传教育投入超过1000万元。

【持续加强理想信念教育】2020年，桂林市开展“思政故事进校园”活动1300多场次，引导学生树立爱国强国报国情怀；创建自治区级以上爱国主义教育基地14个，建成湘江战役纪念设施68个，筑牢全市党员干部和群众共产主义远大理想和中国特色社会主义共同理想根基。培育和践行社会主义核心价值观，深入贯彻落实《新时代公民道德建设实施纲要》《新时代爱国主义教育实施纲要》，出台落实2个纲要工作方案和任务分解表，开展2个纲要主题宣讲4700多场，创作文艺作品62部，开展巡演330场，推动爱国主义和社会主义核心价值观入脑入心。

2020年11月21日，桂林市民积极参与文明精神传递活动。（游拥军摄）

【开展群众性精神文明创建活动】2020年，桂林市共创建全国文明单位19个、全国文明村镇17个、全国文明家庭3户、全国文明校园2所，全国爱国主义教育基地4处，自治区社会主义核心价值观示范点1个。评选桂林市第二届文明家庭20户，开展“传家训、立家规、扬家风”等活动700多场次，受众近10万人次。开展“文明餐桌”等系列教育实践活动1200多场，“使用公筷公勺”“拒绝餐饮浪费”等理念深入人心。传承中华优秀传统文化，开展“戏曲进乡村”“戏曲进校园”“我们的节日”等活动2000多场。建立健全常态化推荐道德模范、身边好人工作机制，发动群众推荐道德模范候选人107人，1人获第七届全国道德模范提名奖；2人获第五届广西道德模范，2人获提名奖；刊发道德模范等先进典型参与抗疫发挥示范作用的新闻报道195篇。志愿者注册人数超过常住人口的17%，活跃度69.43%，注册总人数和活跃度居广西前列，涌现了“周末爱心妈妈”等一批全国优秀品牌。

【创建廉洁高效的政务环境】2020年，桂林市完善政务体系，营造良好营商环境。实施“双随机、一公开”监管，制定107项各类“双随机”抽查计划，随机抽查611批次，随机抽取检查人员1426人，市场主体的检查结果公示率100%；推进“放管服”改革，市级行政许可审批事项从590项减少至320项，精简率45.8%；市本级43个部门的3033项行政权力全部纳入监管系统，1429个政务服务事项平均承诺办理时限提速66%,99.4%的政务服务事项实现“最多跑一次”;健全权责清单动态管理,明确43个部门权力事项3033项、共性权力10项,与行政权力对应的责任事项2.03万项,权责清单及时在各级政府门户网站和部门网站公布;推进政务公开信息化,市本级政务服务事项网上可办率100%,全市政务服务事项网上可办率99.88%。

【创建公平正义法治环境】 2020年,桂林市增强市民尊法学法守法用法意识,创新开展“法律七进”等共建活动4000余场次;开展媒体公益普法和群众性法治文化活动,制作法治动漫220集、拍摄《宪法很忙》等152部微电影和法治戏剧,网站发布普法信息300多万条,建设法治文化公园18个,建立永久性法治宣传专栏(橱窗)3.01万个、永久性法治宣传标语3.27万条、法律图书角1690个,推动全民守法成为全市人民自觉行为。在全市18个公共法律服务中心、146个乡(镇、街道)服务站配备自助服务终端,接待来访来电咨询1.26万人次,受理法律援助案件5842件,提供法律援助服务6176人次,挽回经济损失5112.3万元。

【创建诚信守法的市场环境】 2020年,桂林市将诚信建设纳入各类群众性精神创建活动,评出各类诚信先进典型1000多个。开展各领域诚信缺失突出问题治理,建成桂林市公共信用信息平台,实现全市公共信用信息的统一归集和管理。在24个领域建立诚信红黑名单,实施联合奖惩,推进社会诚信体系建设及诚信建设制度化。1人获首批全国“诚信之星”,1人获“全国先进个体工商户”,打造一批“放心消费”示范街区、景区、商家等诚信典型。

【创建健康向上人文环境】 2020年,桂林市改善文化消费条件、培育文化消费习惯、提高文化消费便利性,打造“桂林千古情”“可可小爱”等一批著名文化品牌和《刘三姐》《桂林有戏》等精品剧目,观众超30万人次。举办国际山水文化旅游节等品牌节庆,年均拉动文旅消费超200亿元。全市现有国家级文化产业示范基地4家、广西级31家,分别排广西第一、第二位。东西巷、逍遥楼成为桂林文化旅游新地标;建成村级公共服务中心1681个。开展“周末大家乐”、农村公益电影放映等各类公益性文化活动3万余场。

【创建青少年健康成长的社会文化环境】 2020年,桂林市围绕立德树人根本任务,以“扣好人生第一粒扣子”为主题,以培育时代新人为目标,定期召开未成年人思想道德建设工作联系会议,开展“扣好人生第一粒扣子”系列主题活动,63万多名中小学生参与。2人获评“广西新时代好少年”,1人入选“全国新时代好少年”。全市共有全国文明校园2个、自治区文明校园21个、市级文明校园109个,建成自治区未成年人思想道德建设示范基地2个、市级未成年人思想道德建设示范基地1个。

【创建和谐宜居生活环境】 2020年,桂林市完善城市基础设施建设,夯实城市建设基础。推进节水型城市建设,投入资金500万元,更新改造老旧管网4.82千米,完成4座污水处理厂提标改造。推进海绵城市建设,新建海绵型建筑与小区等项目共142个,建成海绵面积217.34万平方米。推进城市排水防涝设施建设,在城市易涝点新建海绵型建筑与小区项目共142个,实现源头减排;加快城市雨污分流管网改造,新建雨水管道44.11千米,污水管道91.95千米,完成美食城等一批易涝点排水设施改造。水电气通信等公共服务更加安全高效优质,城镇公共供水普及率99.3%,客户满意率99%;社区供电综合电压合格率99.56%;城市燃气普及率已连续3年达100%。优化街区路网结构,加快城市道路建设,改造完成万福东路、东二环路等60余条道路,建成16座人行天桥和东西巷与正阳步行街地下通道,缓解中心城区交通拥堵;市区实施单行线道路30条,加快道路整体通畅速度,建成区路网密度达到每平方千米8.02千米,循环互通的城市立体交通格局基本形成。加快智能化项目建设,完成桂林市“12328”交通运输服务监督系统“一号通”建设。推进平安桂林“天网”工程建设,创新建设警务综合移动应用方案。发行居民健康卡101万张,全市90%的公立医院实现健康信息共享。全市1718所学校联网率98.6%。“智慧人社”信息系统实现“五险合一”统一征缴。

【创建安全稳定的社会环境】 2020年,桂林市平安建设、社会治安明显改善,全市社区刑事、治安警情连续3年下降,绝大多数出租房实现零发案,群众安全感显著提升。构建“物防技防人防”三位一体治理体系,推动社区“雪亮工程”建设,投入4600多万元,为339个小区和820栋出租房安装门禁及视频监控系统。建设“AI可视化平台”“智慧安防小区管控系统”等配套平台管控系统21个,全市社区专职化警务力量配置率100%;扫黑除恶成果丰硕,打击传销初见成效,大型活动安保有力。

【创建可持续发展的生态环境】 2020年,桂林市打好污染防治攻坚战,落实最严格水资源管理,巩固南溪河、灵剑溪、道光河等黑臭水体治理成果,主要河流和城市集中式生活饮用水水源地水质达标率均保持100%,入选全国黑臭水体治理示范城市。受污染耕地安全利用率超82%,森林覆盖率提高到71.62%。6月,漓江、湘江等7大河流地表水断面水环境质量状况在全国排名第二。49个主要江河水库水功能区、6处跨设区市及12处跨县(市、区)河流交界断面水质达标率均为100%。2020年国家地表水考核断面水环境质量状况排名全国第四。

【全民参与创城】 2020年,桂林市发挥党员干部表率作用,以“文明进社区、真心访民情”活动为载体,全市党员干部赴社区开展各类志愿服务2000多次,文艺宣传200多场次,发放市民文明手册20多万册,提高市民对创城工作的知晓率和满意度。抓实“金点子”工作,将“金点子”工作组纳入创城办常设机构,全年“金点子”意见办结率94%,有效解决一批市民反映强烈、长期存在的“老大难”问题,推动市民从“要我创城”向“我要创城”转变。社会各界积极捐资捐物、投工投劳,桂林银行等社会各界捐助数百万元。全市志愿者参与创城60多万人次，广泛开展义诊进社区、文明交通宣传、惠民台咨询服务等志愿服务活动，形成全民参与创城的生动局面。

【构建创城社会氛围】 2020年，桂林市创建"全国文明城市"宣传氛围浓厚，在国家、自治区及市属新闻媒体刊播创城各类稿件3094条，其中国家级媒体72条，自治区级媒体241条，市属媒体2781条。6月1日，央视《新闻联播》播出《桂林拱极小学：童心执画笔，彩绘家乡助创城》；6月10日，广西电视台视频专访桂林市市长秦春成，制作形成《文明创城纪》。组织市属新闻媒体及其新媒体平台开辟"桂林创城再出发"专题专栏，设置《曝光台》《点赞创城》《创城大家拍》等互动专题内容，提升网民创城知晓度、参与度、满意度。开展创城社会宣传，完成235处破旧过时公益广告清理更换工作，建设创建文明城市便民信息栏192块、重点点位的景观小品完成23处、全市大型LED视频滚动刊播创城公益广告35块、小型LED横幅滚动刊播647块，独立办公院落完成提升44个，制作车身公益广告公交车308台，2000辆出租车在前窗张贴"打造国际旅游胜地、建设美丽桂林"标语，完成手绘公益广告箱体1219个。 （市创城办）

脱贫攻坚

【概况】 2020年，桂林市扶贫开发办公室（简称市扶贫办）办公地址在桂林市临桂区青莲路建设大厦。内设科室4个，下设事业单位1个。年内，桂林市完成贫困人口减贫认定核验1.44万人，51个贫困村退出贫困村行列，年度脱贫摘帽目标任务全面完成。全市3个贫困县全部摘帽、510个贫困村全部出列、29.7万建档立卡贫困人口全部脱贫，脱贫攻坚战取得全面胜利。

【扶贫资金】 2020年，桂林市累计投入财政扶贫资金24.63亿元，实际支出24.38亿元，支出率98.98%，（比上年，下同）增长25.7%。其中，财政专项扶贫资金14.76亿元，政府债券、涉农整合等用于扶贫项目的资金4.09亿元。市县财政专项扶贫资金4.60亿元。全市当年收回存量资金中可统筹使用的资金1655.34万元，其中统筹用于扶贫开发的资金839.93万元，占比为50.74%。

【产业扶贫】 2020年，桂林市因地制宜发展优质稻、甜糯玉米等29个县级"5+2"、贫困村级"3+1"特色主导产业，有发展能力的贫困户产业覆盖率分别达到98%和90%以上；99%以上的贫困户有产业项目。扶持脱贫户和贫困户发展产业2万多公顷，全市510个脱贫村和贫困村均实现有新型经营主体带动或产业示范基地园覆盖，带动脱贫户和贫困户2.76万户、11.55万名脱贫和贫困人口发展产业。全市发放产业奖补资金3.38亿元，9.11万户脱贫和贫困户受益。

【教育扶贫】 2020年，桂林市落实义务教育阶段控辍保学"双线四包"工作机制（县、乡镇、村一条线，教育局、学校、班级一条线；县领导包乡镇、乡镇干部包村、村干部包村民小组、村民小组包户；教育局领导包学校、校领导包年级、班主任包班、科任教师包人）和教育资助政策，义务教育阶段失辍学学生实现动态清零，15.29万人次贫困户学生享受生活补助。完成义务教育保障项目561个，新建和改造增加寄宿制学校床位8937个，贫困地区教育条件得到改善。全市雨露计划扶贫培训共安排财政扶贫资金3903.31万元，补助贫困家庭子女学历教育2.15万人次，扶持3216名贫困劳动力接受短期技能培训，补助1.52万名建档立卡贫困群众参加实用技术培训，扶持14名贫困家庭"两后生"（初、高中毕业未能继续升学的贫困家庭中的富余劳动力）参加中期就业技能培训。与肇庆市开展教育扶贫协作，全市22所学校与肇庆市学校结对帮扶，选派69名教师到肇庆市对口学校跟班学习；选送123名中职学生到肇庆市中职学校就读。

【健康扶贫】 2020年，桂林市符合参保条件的40.99万名建档立卡贫困人口100%参加城乡基本医疗保险；累计为7.49万名建档立卡贫困人口办理门诊慢性病卡；符合兜底条件的贫困人口住院和门诊特殊慢性病门诊费用的实际报销比例分别达到90%、80%。纳入基本医疗保障战役的所有项目任务完成，5个县级公立医院业务用房建设项目开工，4个乡（镇）卫生院和39个村卫生室业务用房建设项目全部完工，35个乡（镇）卫生院和97个村卫生室设备购置项目完成采购并投入使用，实现全市乡乡有标准化卫生院、村村有标准化卫生室的目标。

【基础设施建设扶贫】 2020年，桂林市贫困地区基础设施建设不断夯实，510个贫困村通建制村道路全部硬化，20户以上的自然村道路硬化率达到96%以上；贫困地区的通电、通信、通广播电视全部得到解决，生产生活条件大幅改善。全市3800户（其中建档立卡贫困户2562户）农村危房改造任务全部完成并入住，住房安全保

2020年11月2日，市委常委会召开脱贫攻坚专题会议。 （何平江摄）

障问题全面解决。年内,实施农村饮水安全巩固提升工程512处,受益群众17.5万人,群众饮水安全得到有力保障。

【社会扶贫】 2020年,桂林市强化联系帮扶,落实36名市领导、4615个帮扶单位、510个驻村工作组联系脱贫村和贫困村,选派驻村工作队员4252人、帮扶干部6.25万人,实现所有脱贫村和贫困村驻村帮扶、贫困户结对帮扶全覆盖。向4个深度贫困乡和51个贫困村增派帮扶力量,实现帮扶力量叠加。年内,市扶贫办指导全市扶贫系统开展扶贫干部教育培训244个班次(市本级举办扶贫干部培训11个班次),培训扶贫干部7.95万人次(市本级培训6995人次)。加大"红榜"表扬力度,市级层面共通报表扬优秀第一书记和工作队员1273人,筹措资金348.56万元对全市所有工作队员及家属进行慰问。对工作不胜任、因健康原因不能履职、家庭有特殊困难等情形确需轮换的1314名工作队员进行调整,对5名违反工作纪律、驻村工作履职不到位的工作队员实行召回撤换处理,向脱贫攻坚任务重的村增派9名工作队员,保证4252名工作队员稳定驻村。

【金融扶贫】 2020年,桂林市累计向7.97万户次贫困户发放扶贫小额信贷32.91亿元,设立风险补偿金1.38亿元,累计财政贴息2.25亿元。建立健全扶贫小额信贷风险防控和处置机制,组织成立各级专班,抓好工作落实,核销风险补偿410万元,累计到期处置率99.87%。通过为建档立卡贫困户获得扶贫小额信用贷款,激发贫困户产业发展自身动力,帮助贫困户解决产业发展资金瓶颈问题。

【就业扶贫】 2020年,桂林市立足就业保障助扶贫,克服疫情影响,组织贫困劳动力16万多人外出务工;开发各类扶贫公益岗位2.53万个,持续为贫困群众带来稳定收益。年内,完成农村劳动力资源调查工作,全市建档立卡贫困劳动力24.88万人全部录入广西数字人社系统平台。全市建成或在建的扶贫车间615家,其中认定562家,带动就业2.93万人,吸纳贫困劳动力5159人就业。

【旅游扶贫】 2020年,桂林市以旅游开发带动增收减贫为目的,创建全国休闲农业与乡村旅游示范县6个、全国休闲农业与乡村旅游示范点3个、广西休闲农业与乡村旅游示范点15个。整合全市旅游资源和相关产业要素,以国家5A、4A级旅游景区为基础,以8条生态休闲旅游精品线路为骨干,以各级各类示范点为引领,发展乡村旅游,实施旅游精准扶贫工程。全市直接或间接从事旅游农村人口23万人,其中贫困人口5万多人,有3万多贫困人口通过旅游扶贫实现脱贫。

【电商扶贫】 2020年,桂林市共有7个县获批全国电子商务进农村综合示范项目,争取中央资金1.4亿元,龙胜各族自治县、灌阳县、资源县3个脱贫县均获项目支持。共建成县级电子商务服务中心7个,乡(镇)级电子商务服务站69个,村级服务网点739个,灵川镇和全州镇获评2019年淘宝镇,带动就业8613人,实现网络零售额30.78亿元,农产品网销单品366个。疫情期间,以开展"壮美广西·三月三暖心生活节"活动为契机,通过线上销售、直播带货等方式拓宽销售渠道,累计销售农产品10.13万吨,家禽12.58万羽,总额28.3亿元,占预计总产量的87%。利用淘宝、京东等平台直播带货,开展"市长来了""县长来了"直播活动,促进农产品网络销售。

【科技文化扶贫】 2020年,桂林市组建产业发展指导员队伍覆盖脱贫村和贫困村510个,开展指导贫困户5.62万次。选派科技特派员350人,入村开展服务1.23万次,开展科技培训4万余人次,增强贫困村科技扶贫服务能力。全市134支文艺小分队组织开展文艺下乡互动400多场,戏曲进村演出300多场次。年内,指导县(市、区)做好脱贫攻坚成就展相关工作,13个县(市、区)均收集整理大量脱贫攻坚照片和各种实物上报。

【生态扶贫】 2020年,桂林市精准实施生态扶贫,全市新聘和续聘7613名建档立卡贫困人口为生态护林员,补助生态护林员资金4970.48万元。种植油茶1940公顷,带动脱贫户和贫困户2000多人。

【消费扶贫】 2020年,桂林市有265家供应商的678个产品通过扶贫产品认定,总价值46亿元,销售金额14.9亿元。桂林市鼓励引导各级党政机关、企事业单位组织开展扶贫产品"五进"(进机关、进商超、进学校、进医院、进食堂)活动,通过"以购代捐""以买代帮"等方式促进扶贫产品销售,采购额超过8000万元。举办各级工会消费扶贫集中采购对接会,近400家基层工会向85家供应商购买1000

2020年8月17日,建档立卡脱贫户在龙胜各族自治县炬晖电子有限公司扶贫车间务工。
(黄院菊摄)

多万元扶贫产品，包括罗汉果、柿饼、沙田柚、笋干等品种100多个。桂林微笑堂、百货大楼、力源粮油公司等20个商超企业和电商平台开设消费扶贫专区，设立消费扶贫产品专柜摆放点100多个。鼓励、支持桂林市贫困地区企业与广东省农产品批发市场、商贸物流企业和机关、学校、医院、企事业单位等建立长期稳定的农产品供销关系。年内，全市销往广东地区经过认定的扶贫产品1.8亿元，其中龙胜各族自治县、资源县销往广东地区经过认定的扶贫产品2245.88万元，带动贫困人口1140人。

【粤桂扶贫协作】 2020年，桂林市全面落实《“十三五”扶贫协作框架协议》，推进粤桂扶贫协作各项工作，召开市级联席会2次、县级联席会4次，县级以下相互开展考察对接530余人次；接受广东省级帮扶资金9310万元，共实施项目46个，协作项目受益面涵盖龙胜各族自治县、资源县脱贫村及贫困村106个，贫困户1.65万户6.37万人。通过粤桂扶贫协作引进企业21家，总投资额8.79亿元，带动贫困人口910人。组织相关单位和50多家企业的600多种名特优农副产品参加2020年粤桂扶贫协作消费扶贫对接活动暨第18届广西名特优农产品（广州）交易会，共签约农产品购销和农业投资项目23个。

【村级集体经济】 2020年，桂林市创新做活发展村级集体经济土地流转、清理规范承包合同、物业经济、产业发展、农业保险、建强村干部队伍、统筹服务“七篇文章”，推动建成17个村级集体经济产业园和1个示范园。出台《桂林市“一村一项目”推动村级集体经济发展实施意见》，实施村级集体经济发展示范区创建和“连锁复制”工程，集中打造一批年收入超20万元的“示范村”和50万元的“明星村”。全年全市所有建制村集体经济年收入全部达5万元以上。首批50个自治区级示范性农村集体经济组织桂林市入选8个。

【中央脱贫攻坚专项巡视反馈问题整改】 2020年，桂林市对照中央脱贫攻坚专项巡视“回头看”和国家成效考核反馈意见，全面梳理查摆桂林市扶贫领域有关问题，研究制定整改方案。针对中央第二巡视组对广西反馈的3个方面16个问题，制定整改措施53项；针对2019年国家脱贫攻坚成效考核向广西反馈的7个方面29个问题，制定整改措施73项。10月，所有整改任务全面完成，并建立健全长效机制。

【脱贫攻坚普查】 2020年，桂林市脱贫攻坚普查如期完成，按照“本地回避、互不交叉”原则，组建普查工作组4支，选调普查工作组人员425人，通过培训持证上岗，完成龙胜各族自治县、资源县、兴安县和平乐县4个县443个建制村3.88万户建档立卡户的现场登记和数据审核验收工作，全面摸清建档立卡贫困人口脱贫情况，桂林市建档立卡户全面实现“两不愁、三保障”。

【创新推进脱贫攻坚与乡村振兴结合】 2020年，桂林市创新开展脱贫攻坚“一巩固三结合”工作，即在巩固脱贫成果的基础上，把脱贫攻坚与基层党建、乡村振兴、社会治理紧密结合起来，形成互促共进良性循环。推进脱贫攻坚与基层党建相结合，整顿软弱涣散村党组织22个、转化提升后进村党组织90个。建强第一书记队伍，强化脱贫村和贫困村“两委”班子脱贫攻坚能力。开展党旗领航·脱贫攻坚行动，建立“脱贫先锋联盟”，培养带领群众脱贫党员，发挥党员扶贫脱贫示范作用。推进脱贫攻坚与乡村振兴相结合，建成现代特色农业示范区（园、点）1746个、田园综合体17个、市级以上农业产业化重点龙头企业202家、全国休闲农业与乡村6个及国家、自治区级旅游示范村（点）一批，实现全市每个贫困村都有新型农业经营主体或农业示范区（园、点）带动，吸引贫困户参与扶贫特色产业发展。推进脱贫攻坚与社会治理相结合，在贫困地区深入开展社会主义核心价值观宣传教育和感恩教育，加大新时代文明中心、村级公共文化服务中心建设力度，以12个全国文明村镇为示范，带动贫困地区移风易俗，“爱国爱家爱桂林，讲德讲孝讲文明”蔚然成风。

【“脱贫感党恩奋进新起点”示范引领主题活动】 2020年，桂林市将“脱贫感党恩奋进新起点”主题活动作为重大任务，创新“654321”工作法，精准发力、迅速铺开。市、县、乡三级成立领导小组，组建工作专班，层层夯实责任。市、县两级领导“一对一”沟通对接，开展实地调研督导，并纳入年度脱贫攻坚成效考核考评内容。桂林市将龙胜各族自治县、临桂区作为重点跟踪指导县（区），高标准打造桂林市、自治区现场观摩点，总结做法、推广经验。11月8日—9日，自治区“脱贫感党恩奋进新起点”主题活动现场会在桂林市召开，桂林市、临桂区、龙胜各族自治县作经验交流发言。

【精准防贫】 2020年，全市共摸排认定脱贫不稳定户560户1962人，边缘易致贫户714户2276人。年末累计脱贫不稳定户1738户6059人，边缘易致贫户3270户1.03万人。其中，落实公益性岗位帮扶638户，综合保障帮扶5698户，产业帮扶2491户，防贫保险帮扶1202户，技能培训帮扶105户，实现脱贫不稳定户976户、边缘易致贫户1761户消除致贫返贫风险，巩固了脱贫攻坚成果。

（黄院菊）

新冠肺炎疫情防控

【概况】 2020年，桂林市面对新冠肺炎疫情采取“外防输入、内防反弹”“人物同防”的做法，全市累计对299例新冠肺炎疑似病例进行调查，通过流行病学调查和核酸检测，确诊32例，排除267例。3月10日，32例确诊病例全部治愈，治愈率100%，无死亡病例、院内感染和医务人员感染发生。无境外输入确诊病例及无症状感染者。全年做好新冠肺炎疫情常态化防控工作，强化防控措施、防止疫情反弹，确保始终平稳可控，保障桂林市经济社会秩序正常运行。

【突出抓好联防联控】 2020年，桂林市强化完善疫情防控措施，关口前移，做好中高风险地区返桂林、到桂

林人员排查管理。在有中高风险地区到达桂林市的航班、列车的桂林两江国际机场、桂林北站等地，设置中高风险地区返桂林、到桂林人员流行病学调查点、核酸检测采样点，第一时间对中高风险地区返桂林、到桂林人员进行排查管理。全年机场、火车站、汽车站等客运场站测温1800余万人，妥善处置体温异常等人员244人。通过社区、单位主动排查，加强宣传引导自主申报，做好重点地区返桂林、到桂林人员社区管理，累计动员36.3万人次基层人员开展排查管控，排查451.8万人次，管控入境人员3487人；累计查处“三非”人员31人，拘留审查38人，遣送出境3人。全市共立案运送他人偷越国（边）境案件1件，逮捕犯罪嫌疑人1人，立案越国（边）境3件，抓获偷越国（边）境犯罪嫌疑人6人，逮捕1人。强化特殊场所防控，堵住防控漏洞，针对酒店（宾馆、民宿）、旅游景区等场所要求其合理规划和布局，疏导人流，避免人员过于集中。规范值班值守，加强信息报送。坚持重点人群排查管理日报表制，对重点地区返桂林人员及入境人员及时掌握情况信息，做到疫情防控检测和信息报告底细清、数据明，确保准确掌握疫情动态。

【落实重点场所重点人群防控措施】 2020年，桂林市做好重点场所防控，在落实体温检测、亮绿码通行、清洁消毒、通风换气、公共卫生和公共秩序维护等防控措施前提下，全面开放商场、超市、宾馆、餐馆等生活场所；采取预约、限流等方式，开放公园、旅游景点、运动场所，图书馆、博物馆、美术馆等室内场馆，以及影剧院、游艺厅等密闭式娱乐休闲场所。在做好防控措施的前提下，各类必要的会议、会展活动等有序举办。加强重点机构防控，继续做好养老机构、福利院、监管场所、精神卫生医疗机构等风险防范，落实人员进出管理、人员防护、健康监测、消毒等防控措施。有序恢复养老机构服务秩序，确保养老机构的正常运营。狠抓医疗机构疫情防控，继续加强院内感染防控，落实医疗机构分区管理要求，制订《新冠肺炎预检分诊和发热门诊流程指南（试行）》，规范发热患者或有呼吸道症状的患者入院、预检分诊、发热门诊、检查检验、院内专家会诊、隔离留观等就诊全流程，各发热门诊严格执行24小时值班制度，实行预检分诊和发热门诊工作一体化闭环管理，将预检分诊与发热门诊工作紧密衔接，规范发热病人就诊、筛查、留观、转诊工作流程。选派有经验的医务人员参与诊治工作，确保发热患者全部由专人按指定路线引导到发热门诊就诊，防止发热患者与其他患者密切接触。推进县级核酸检测能力建设，全市具备新冠肺炎病毒核酸检测资质和能力的医疗卫生机构共35家，日检测能力2万人次。夯实学校疫情防控举措，继续严格做好每日健康监测和风险排查工作，实行教职员工和学生健康情况“日报告”“零报告”制度。继续做好健康提示、健康管理和教室通风、消毒等工作，落实入学入托晨（午）检、因病缺课（勤）病因追查和登记等防控措施。有新冠肺炎可疑症状或患有季节性传染病师生应进行居家隔离、治疗，避免带病出勤。实行严格的出入管理，非校内教职员工和学校工作生活必需的人员，不得进入校园。12月中上旬，在检查其他工作的同时，对灌阳县、全州县、兴安县、灵川县、叠彩区部分学校新冠肺炎疫情防控情况进行查访。

2020年2月8日，桂林市第二人民医院中共党员与叠彩派出所民警开展防疫宣誓活动。

（市卫生健康委供图）

【筑牢“外防输入、内防反弹”工作机制】 2020年，桂林市加强境外返桂林人员管理，建立上下统一、快速高效的专项工作机制。市本级及各县（市、区）均成立入境人员管控小组，指定入境人员集中隔离定点酒店（宾馆）21家。严格落实集中隔离和医学检查措施，对所有入境人员采取集中隔离医学观察14天措施，并在入境人员解除隔离后第5天和第10天各进行1次核酸检测。利用大数据+网格化手段，对入境到桂林人员逐一核查筛选，与边检、海关等部门建立联动机制，共享信息。全面开展网格化入户走访，全面摸排桂林市在境外未归人员底数，发力源头管控、精准防控，争取工作主动。在入户走访时将《关于实行境外人员返桂入桂主动报告制度的通告》发放到境外人员的家属手中，阐明管控政策。建立完善信息接收、分发、反馈机制，成立工作专班，接收整合机场、车站、海关、出入境等部门信息的大数据，及时研判并推送至相关辖区开展跟踪管控，定时反馈入境人员管控情况。严格落实闭环管控工作，把好机场、火车站等第一道转运关口，安排专人专车“点对点、一站式”接送入境人员至指定集中隔离点，做好精准有序对接，实现转运工作闭环式管理。加强中、高风险地区返桂林、到桂林人群管理，降低疫情输入传播风险。全市共设置集中隔离点（学校、党校及安置酒店等）21个，集中隔离共2596人（确诊和疑似病例密切接触人员543人、来自或到过国境外重点地区953人，其他和湖北返桂林1100人）。

【常态化防控工作】 2020年，桂林市健全及时发现、快速处置、精准管控、有效救治的常态化防控机制。规范流程精准施策，规范发热患者或有呼吸道症状的患者入院、预检分诊、发热门诊、检查检验、院内专家会诊、隔离留观等就诊全流程，有效指导各定点医院提高工作效率，做到应收尽收，避免漏检漏诊。年内，确定定点发热门诊21家。扩大核酸检测范围，累计检测样本62.77万份，落实疑似病例、确诊病例、密切接触者、重点地区返桂林到桂林人员、境外入境人员、发热门诊患者、新住院患者及陪护人员、医疗机构工作人员、口岸检疫和边防检查人员、监管场所人员、社会福利养老机构工作人员等应检尽检，其他人群愿检尽检，未报告出现无症状感染者，确保人员安全有序流动。提高核酸检测能力，全市共有35家医疗卫生机构具备核酸检测能力，单日最大检测样本量可达到2万人份。建立医疗机构新冠病毒核酸检测"应检尽检"周报告制度，共有56家医疗机构启动新冠病毒核酸检测"应检尽检"工作。将爱国卫生运动与常态化疫情防控相结合，把环境治理措施落实到社区、单位和家庭中。各级疾控机构全天候动态监测疫情，审核传染病报卡，收集医疗机构核酸检测信息、血清抗体检测信息，确保发现疑似病例、确诊病例和无症状感染者后，2小时内能进行网络直报，24小时内完成流行病学个案调查。桂林市持续对重点食品、相关外环境和人员开展监测，累计检测样本9723份，其中从业人员咽拭子样本4101份，外环境涂抹样本3121份，食品样本2501份，均为阴性。设立进口冷链食品集中监管专仓以及继续做好冷链冷冻食品日常检查和风险排查工作。全市疫情期间共出动监管执法人员7.96万人次，合计检查经营场所6.08万个次，经营户20.04万个次，排查近1000家次经营场所与经营户，组织开展打击整治非法制售口罩等防护产品专项行动查处共出动执法人员5.43万人次，累计检查经营者6.76万户(人)，查办案件75件，加强对423家冷冻冷藏食品冷库新冠病毒核酸检测累计检查701个次。做好各类活动疫情防控保障，12月派出医务人员、核酸检测队员，为"两会一节"活动提供医疗保障、核酸检测，确保活动顺利进行。

【开展新冠疫苗紧急使用工作】 2020年12月，桂林市组织人员参加国家卫生健康委、自治区召开的新冠疫苗接种工作布置会、培训会，筹划新冠疫苗紧急使用工作。12月23日，市卫生健康委、桂林市疾控中心举办桂林市城区新冠病毒疫苗紧急使用接种培训班，培训接种单位工作人员、医疗保障单位医护人员310人。按照自治区方案对重点人群开展新冠疫苗紧急使用接种工作，第一批配送到桂林市新冠疫苗有302人份(疾控机构100人份、市场监管22人份、公安局80人份、自治区公安厅驻桂林机场口岸签证处7人份、桂林海关93人份)。12月23日—24日，桂林市疾控中心完成240人的首剂次接种任务。

【建立完整医疗物资生产保障体系】 2020年，桂林市实施"一对一"服务，推动华润紫竹、漓峰药业等防疫物资重点生产企业快速满产扩产，帮助啄木鸟医疗器械、恒保健康等有意愿企业改造转产和新上口罩、护目镜、电子测温枪等项目。同时，为各企业和单位出具帮助物资筹集、原材料供应和运输保障的函件99份。累计生产各类口罩4854.8万只，防护服、医用手套、护目镜等5924.28万件，消毒剂2038.4吨，红外额温仪、各类分析仪等仪器7.31万台、试剂88.9万升，支援桂林市和自治区内外各地疫情防治。至年末，全市有口罩生产资质企业14家，建成生产线44条，设计每日产能满产366.7万只，每日红外额温仪生产线实现产能1500台，已经建成涵盖医用口罩、防护装备、消毒液体、测温仪器的完整的医疗防疫物资产业链，可以满足疫情防控物资生产需要。

【新冠疫情群防群治】 2020年，桂林市严格督促检查，形成群防群治态势。发挥市内主流媒体、基层宣传文化阵地主力军作用，通过开设专栏、张贴宣传标语、村级大喇叭、宣传车、无人机播报等形式，形成地空立体式、全覆盖宣传，提高群众的知晓率、参与率和信心。中央、自治区及市属媒体刊播桂林市疫情防控相关新闻报道3.73万条，其中中央级媒体刊播相关稿件2562条，自治区级媒体3843条，境外媒体152条，市属新闻媒体3.07万条，使用流动宣传车、大喇叭7955台(个)，通过三大运营商发送短信1958.12万条。展出各类文艺作品4000余份，其中抗疫歌曲《万众一心中国必胜》获中央人民广播电台在线播发。动员农村党员、志愿者等力量，组成流动宣传队、巡查队走村串户，把疫情防控知识传递到千家万户。全市共开展疫情防控志愿服务活动近2.7万场次，参与志愿者28.63万人次，彰显志愿者爱心善意和责任担当。

(桂林市新冠疫情防控工作领导小组指挥部)

【爱国卫生防疫】 2020年，桂林新冠肺炎疫情期间，市爱卫办动员全社会力量深入开展群众性爱国卫生运动，开展群众性环境卫生整治，教育引导人民群众养成良好卫生习惯和生活方式，为打赢新冠疫情防控战贡献"爱卫"力量。组织专业公司对2家定点安置湖北到桂林人员酒店进行日消毒处理面积共12.62万平方米，消杀机关单位面积共6.26万平方米，对全市农贸市场、车站、机场、医院、住宅小区、公厕、环卫设施及垃圾中转站等场所重点场所消杀5000余次，消杀面积2000万平方米，整治农贸市场环境卫生近400个(次)，清理病媒生物滋生场所1万余处。

【支援湖北疫情防控】 2020年，桂林市共派出3批次医疗队94名医务者支援湖北，圆满完成中共中央交给的任务，一批先进单位、先进个人得到国家和自治区表彰。疫情期间，党员干部发挥先锋模范作用，先后有1500多名党员医护人员投身抗疫第一线，600多名党员带头支援湖北，40人火线入党。卫生健康部门42个集体和143名党员干部受到市级(含)以上表彰，其中1人获全国抗击新冠肺炎疫情先进个人，市卫生健康委获全市抗击新冠肺炎疫情工作集体二等功。

(市卫生健康委)

桂林国际旅游胜地建设

综　述

【桂林国际旅游胜地基本建成】2020年，桂林市以《桂林国际旅游胜地建设规划纲要》《以世界一流为发展目标　打造桂林国际旅游胜地建设实施意见》为指引，坚持"一本蓝图绘到底"，统筹推进国际旅游胜地建设、国家健康旅游示范基地建设、大健康与文旅产业发展，推动桂林国际旅游胜地基本建成。桂林国际旅游胜地建设"1.0版"顺利收官，世界一流的旅游目的地建设稳步推进，全国生态文明建设示范区发展成效显著，全国旅游创新发展先行区建设卓有成效，区域性文化旅游中心和国际交流的重要平台基本建成，胜地建设指标基本完成，四大战略定位基本实现。年内，加快推进桂林国际旅游胜地建设"2.0升级版"，旅游综合改革、文旅融合发展、"旅游+"业态创新、旅游产业用地改革等方面在全国领先。深入实施"旅游+"战略，打造全域旅游新业态，全域旅游成为全自治区标杆，兴安县被文化和旅游部认定为国家全域旅游示范区。灌阳县被认定为广西全域旅游示范县。龙胜各族自治县、荔浦市、灌阳县被认定为自治区旅游标准化示范县。

【强化桂林国际旅游胜地建设机构】2020年，桂林市成立桂林国家重大战略推进领导小组，市委、市人民政府主要领导为组长，下设桂林国际旅游胜地建设办公室，建立桂林国际旅游胜地建设联席会议制度，统筹推进桂林国际旅游胜地建设工作。细化桂林国际旅游胜地建设任务分工。对照自治区和市委、市人民政府印发的桂林国际旅游胜地建设相关文件逐项细化目标任务，成立"六个一流"（建设一流精品景区、提供一流旅游服务、培育一流旅游品牌、建成一流国际消费中心、形成一流文旅体验、建设一流康养基地）的目标任务工作专班。印发《"六个一流"2020—2021年重点工作任务推进表》《"六个一流"2020—2021年重大项目推进表》等任务清单，确定重点工作任务73项、重大项目67个，明确责任内容和责任单位，统筹推进桂林国际旅游胜地升级发展。

【项目建设助推桂林国际旅游胜地发展】2020年，桂林市谋划项目储备，结合桂林国际旅游胜地建设总体要求，统筹包装策划一批文旅康养项目和基础设施领域补短板项目，共审批备案文旅项目190个，总投资270亿元。做好桂林国际旅游胜地建设、桂林国家健康旅游示范基地、桂林大健康与文旅产业发展招商引资工作，共引进项目79个，总投资1489亿元，其中重点对桂林国际会展中心等16个项目进行招商，总投资589亿元。加快推进项目建设。推动阳朔·春风漓水田园综合体、乐满地文化旅游康养综合体项目和恭城瑶韵柿乡田园综合体之世界乡村之窗等44个项目列入2020年自治区层面统筹推进的重大项目。年内，桂林国际旅游胜地建设"六个一流"重大项目67个，总投资1227.55亿元，年度计划投资88.11亿元，实际完成投资107.36亿元，67个项目均超额完成投资计划；桂林国家旅游健康示范基地统筹推进的7个重点项目，有5个项目已经完成年度建设目标和投资目标，其中3个项目已正式投产运营。桂林国际旅游胜地文化旅游的新地标漓江歌剧院已封顶，桂林国际会展中心顺利动工，桂林融创文化旅游城、雁山民国风情旅游小镇等重大文化旅游项目建设进展顺利。

2020年，桂林融创文化旅游城项目建设进展顺利。

（桂林市发展和改革委员会供图）

【争取项目资金支持】 2020年，桂林市做好中央预算资金项目申报工作，共申报中央预算投资项目1158个，申报项目总投资772亿元，其中文旅等社会类项目443个，总投资134亿元，在全自治区排名第一。争取项目资金创新高。全市147个项目获中央预算内资金支持11.6亿元，222个项目获抗疫国债16.98亿元支持。“桂林国际旅游胜地建设提质升级工程”列入国家文化旅游“十四五”发展专题规划，自治区配套1.44亿元资金支持项目建设。

【文旅产业复苏振兴】 2020年，桂林市统筹推进新冠肺炎疫情防控和文旅复苏振兴，出台促进文旅业振兴发展等6个方面53条措施，设立1000万元文旅企业市场恢复专项扶持资金，暂退旅游服务质量保证金5589万元，累计为600余家文旅企业发放贷款（含无还本续贷）8.86亿元，组织全市行政机关、企事业单位干部职工结对帮扶文旅企业，帮助文旅企业渡过难关。安排2000多万元对批零住餐、旅行社、营利性服务业、电信业等重点企业，以及新上限企业（大个体）进行扶持，推动旅游复苏回暖。国庆、中秋放假期间，全市共接待游客293.8万人次，实现旅游总消费36.0亿元，按可比口径分别恢复至2019年同期88.3%、87.9%。全年全市接待国内游客人数、实现国内旅游消费分别恢复至2019年的75.68%、71.09%。

（桂林市发展和改革委员会）

漓江科学保护

【概况】 2020年，中共桂林漓江风景名胜区工作委员会（简称漓江风景名胜区党工委）、桂林漓江风景名胜区管理委员会（简称漓江风景名胜区管委会），为市委、市人民政府的派出机构，实行一个机构、两块牌子，负责漓江风景名胜区统一管理、统一经营、统筹各方利益工作。办公地址在桂林市七星区骖鸾路23号，内设机构6个。下设参照公务员法管理事业单位1个：桂林漓江风景名胜区综合执法支队。下设全额拨款事业单位2个：桂林漓江风景名胜区战略发展处（桂林漓江风景名胜区港航管理处），桂林漓江风景名胜区市场拓展处。年内，漓江风景名胜区党工委、管委会按照漓江“统一管理、统一经营、统筹各方利益”改革部署，推动漓江生态保护和可持续发展取得新成效，实现新突破。

【漓江重大项目建设】 2020年，漓江风景名胜区党工委、管委会坚持项目带动，漓江保护能力不断增强。完成漓江活动壅水科学试验项目二期船闸工程，项目完工并开展常态化壅水。漓江枯水期水质及水域卫生保洁情况良好，枯水期生态、景观及通航条件得到显著改善，实现景观资源可持续利用，得到社会各界普遍认可。推进漓江流域水环境治理项目。建立完善漓江流域生态保护和环境治理的组织架构，加大统筹协调力度，争取上级资金和政策支持，漓江流域水环境质量提升明显，地表水水质达到Ⅱ类标准、城市建成区污水集中处理率、县级及以上污水收集率、城镇垃圾无害化处理率均达到100%。加快实施桂林喀斯特世界自然遗产地生态景观修复工程。争取到自治区专项资金2500万元，提前谋划疫情后复工复产系列机制，在全市范围率先第一批安全复工，生态修复点位6处共5.25万平方米、岸线750米。加快漓江核心景区沿江可视范围景观林提升工程，并落实项目建设经费2000万元。加快漓江沿岸旅游特色村庄建设工程。对阳朔县兴坪画山村等重点村庄，实施农村人居环境改善、生态环境美化、旅游产业发展，完成投资1500万元，助推美丽乡村和乡村振兴建设。高起点整体统筹规划。组织编制《桂林漓江流域治山治水工程项目册》，牵头制订《漓江生态景观保护修复项目三年行动方案》，包装策划一批生态景观保护修复项目。

【漓江综合执法监督管理】 2020年，漓江风景名胜区党工委、管委会严格执法监督管理，漓江生态环境持续向好。严格规划审核准入。执行《桂林漓江风景名胜区总体规划(2013—2025年)》，印发《桂林漓江风景名胜区党工委管委会生态环境保护“党政同责、一岗双责”责任制管理实施办法》，制订出台《桂林漓江风景名胜区建设和生态景观类活动事项审核监督管理暂行办法》，实现对报审事项的规范化管理。服务和指导阳朔、雁山等相关县（区）重点项目业主单位开展规划编制和设计方案调整，配合自然资源部门编制国土空间规划，全年出具规划审核意见16份。强化精细化管控。制订漓江干流联动执法精细化管理工作方案，建立日常巡查处置机制和联动执法整治机制，对漓江生态环境保护、旅游市场秩序维护、旅游服务品质提升等方面实施精细化管理措施，打击违规钓鱼、违规经营行为。漓江公安分局民警被全国旅游景区治安工作协调小组评为全国旅游景区第二届“景区最美警察”。推进“四乱一脏”

2020年11月30日，市委书记赵乐秦（二排左二）调研漓江生态保护和可持续发展工作。

（漓江风景名胜区管委会供图）

（乱建、乱挖、乱养、乱经营，环境卫生脏）整治。全年开展“四乱一脏”整治856次，发出督查督办函52件，处理投诉举报案件38件，生态环境类立案14件，抓获犯罪嫌疑人144人（其中治安处罚37人、行政拘留48人、逮捕3人）；拆除各类违法搭建、钓鱼平台710处8720平方米；制止违法修路、挖砂取土、毁林垦荒、破坏山体等行为97起，复绿面积3.6万平方米；重点开展漓江禁渔期专项整治，收缴销毁地笼1015条2万米、非法捕捞养殖设备340套；收缴“黑筏”等150张，清理摊点摊贩150处、广告牌233张，查获“黑导”186人，制止烧烤等焚烧行为850处，清理各类垃圾180吨。实施载客游览排筏信息化规范化管理。参照陆地机动车辆管理的理念和思路，实行行政处罚和违法记分管理，游览排筏进行统一备案登记造册，发放备案登记证和信息化防伪号牌并增设二维码，实现一筏一证一牌一码，指定统一规范停放、待客区域，明确营运航行区域及规则。强化漓江城区段支流生态环境保护巡查整治，组织对漓江城区段各主要支流进行巡查，对支流污染源及影响生态环境的各类乱象进行实地排查，发现的问题形成一县（区）一清单，督促县（区）强化属地管理责任，确保漓江干流及支流生态环境持续向好。

【推进漓江可持续发展】 2020年，漓江风景名胜区党工委、管委会科学合理利用，推进漓江可持续发展。坚持疫情防控与旅游复工复产两手抓。疫情初发的第一时间成立防控领导小组并启动应急预案，依托漓江智慧景区和信息化管理平台，提前预判、主动防范，配合疾控部门进行重点人群排查，涉及游船100余艘、航班456个，排查游客信息4.3万人次。制定游船经营疫后重振提质升级的专项扶持政策，采取“智慧化服务＋实名购票＋扫码出入＋人、票、证实名查验票”立体化管理方式提升旅游品质。参加“华南五市旅游联盟推介会”及成都、苏州国际旅游展会，参与“广西人游广西”“冬游广西”“漓江有您·桂林有礼”等系列活动，在实施景区门票减免的同时，对游船票实施共同优惠，全年累计有16.67万人次享受优惠政策，加速推动复工复产和拉动文旅产业复苏。推进提升旅游管理水平和服务品质。开展漓江国家5A级旅游景区品质提升与旅游市场专项整治，完善提升磨盘山、竹江、草坪、杨堤、兴坪、龙头山、水东门等码头和亲水平台配套设施，争取到中国红十字基金会援建的首批红十字救护站，全面规范漓江景区旅游市场秩序。出台五星级高端游船建造激励措施及经营扶持政策，指导督促游船企业加快建造，加紧推进4艘五星级游船建造，漓江精华段三星级、四星级游船达128艘。漓江城市段41艘老旧游船全部淘汰退出运营，漓江城市段星级游船达25艘，全面实现实名制售票管理纳入“一键游漓江”信息化平台。制定《推进漓江分时分段游览的方案》《“兴坪至渔村”游船星级基本标准》，督促推动属地政府推进经营企业整合重组，依法依规推进游船建造，分批、分阶段完成老旧船舶淘汰。强化游船服务质量监督管理，组织开展服务质量培训523人次，指导游船企业开展各类培训1668人次，开展航前检查276次，检查游船650艘次，星级游船年度游客满意度98.24%。开展生态修复和旅游开发重大项目招商引资工作。编制“一江四岛”旅游项目招商策划方案、可行性研究报告，并纳入国家重大建设项目库储备、申报地方政府专项债券。组织对基础数据进行收集、核实、更新，形成《桂林漓江风景名胜区（桂林喀斯特世界自然遗产地）基础数据汇编》；开展对芦笛岩、七星岩、冠岩、穿山岩和莲花岩等5个重要旅游洞穴景观资源保护研究，形成成果报告并通过专家评审；完成“五嶽一家”历史文化资源调查并汇编成册。

【漓江管理体制改革】 2020年，漓江风景名胜区党工委、管委会完善漓江风景名胜区管理体制，8月1日《桂林市漓江风景名胜区管理条例》正式实施。健全漓江水上游览票制票价体系。8月31日，市人民政府办公室印发《桂林漓江风景名胜区水上游览线路票制票价改革方案（2020—2025年）》，涉及28个水上游览产品、43个价格类别。推动建立健全生态补偿机制。推动自治区层面建立漓江流域上下游横向生态保护补偿试点机制。拟制《建立桂林漓江风景名胜区生态补偿机制实施方案》，以漓江风景名胜区为试点，采取“中央＋自治区＋市级＋县区＋社会”的方式筹措补偿资金，通过采取定向和专项方式进行生态补偿。实施水上游览经营准入退出管理。持续推动漓江精华段游船企业签订经营权合同。推进投融资工作。获国家开发银行贷款1.43亿元，争取到自治区人民政府专项债券0.71亿元，亚洲开发银行与德国复兴信贷银行联合贷款2.8亿美元，完成可行性研究报告编制并签订尽职调查备忘录，通过融资方式有效弥补财政资金不足。争取自治区层面增加漓江管理机构行政编制，协调市委编办、市委组织部加强和规范漓江管理机构的编制管理、队伍

2020年3月27日，漓江星级游船游览恢复运营。

（漓江风景名胜区管委会供图）

2020 年 9 月 22 日,《桂林漓江风景名胜区精华段水上游览经营权合同》签订仪式举行。（漓江风景名胜区管委会供图）

建设、机构职能及双重管理,配合市纪委监委拟制《关于在漓江风景名胜区保护监督执纪问责工作中加强协作配合的指导意见》,推动实行漓江风景名胜区破坏生态环境和旅游秩序刑事案件集中管辖,由七星区检察机关和人民法院统一受理。

【漓江安全生产工作】 2020 年,漓江风景名胜区党工委、管委会落实安全生产"一岗双责、党政同责"。全年共召开安全生产会议 11 次,制订《安全生产专项整治三年行动实施方案》《2020 年安全生产工作要点》《水上游船游览突发事件应急预案》《突发事件和紧急敏感情况信息报送工作规定》等系列文件,督促相关县(区)履行属地管理责任和相关企业履行安全主体责任,对游览排筏、游船、码头、渡口、渡船等重点区域开展安全隐患排查整治,结合安全生产月、安全生产大排查大整治、安全生产集中整治等专项活动,开展春运、各节假日期间港航安全生产工作检查,全年开展游船安全专项检查 151 艘次、安全培训 750 人次;完成 15 家水运企业及 194 艘船舶年度核查,核查率及通过率均为 100%;联合海事部门举行漓江旅游客船水上突发事件应急演练、"反恐防暴"应急演练活动、水上加油船应急综合演练,确保全年无重特大事故发生。

（漓江风景名胜区管委会）

旅游创新发展

【"旅游 + 文化"融合发展】 2020 年,桂林市推动"旅游 + 文化"融合发展。挖掘红军长征红色文化资源,建成红军长征湘江战役纪念园、红军长征突破湘江纪念馆、新圩阻击战史实陈列馆"一园两馆"等纪念设施,加强与延安、赣州、遵义等红军长征沿线重要城市的交流合作。红军长征湘江战役纪念设施列入国家长征文化公园,纳入全国"重走长征路"精品线路,红色文化旅游成为桂林旅游新热点。

【"旅游 + 环境"融合发展】 2020 年,桂林市推动"旅游 + 环境"融合发展。持续推进环境综合整治,开展全国文明城市创建,大力整治城乡市容环境、交通秩序、环境卫生。加强生态保护修复,桂林市入选全国黑臭水体治理示范城市;建成桂林市防洪及漓江补水枢纽工程,解决漓江冬季缺水问题;实施漓江岸线、码头整治,完成 30 年来首次游船全面提档改造,打造以漓江桂林到阳朔段为中心的高品质生态旅游圈,漓江风景名胜区入选中国绿色旅游示范基地。推进漓江流域水环境治理工程项目,其中 2019—2020 年自治区批复漓江流域生态环境保护资金 3.8 亿元,重点支持桂林市第二水源工程、桂林市长塘水利枢纽工程、桂林喀斯特世界自然遗产地生态景观修复等项目建设。2019—2020 年中央批复城市管网及污水处理补助资金 3 亿元,重点支持污水系统提质增效、桂林市漓江(城市段)排污综合治理、桂林市冲口生活垃圾卫生填埋场封场、桂林伏龙洲生态修复等工程。年内,自治区下达生态环境保护资金 1.8 亿元,用于桂林漓江干流沿岸村庄污垃综合处理工程。

【"旅游 + 产业"融合发展】 2020 年,桂林市推动"旅游 + 产业"融合发展。会仙湿地度假小镇等一批健康旅游项目落地实施,桂林国际智慧健康旅游产业园获评全国中医药健康旅游示范基地,形成"医养游"融合发展新模式,打响"漓水青山,养生桂林"城市品牌。开发滑翔、探险、露营、攀岩等一批户外运动产品,"体育 + 旅游"精彩纷呈。发展休闲农业与乡村旅游,"桂林休闲农业四季游"入选全国十大精品线路,阳朔等 7 个县成为全国休闲农业与乡村旅游示范县。推动旅游与工业融合,燕京漓泉等 4 家企业成为全国工业旅游示范点。

【"旅游 + 交通"融合发展】 2020 年,桂林市推进"旅游 + 交通"融合发展。抓好旅游交通基础设施建设,推进高速公路建设,加强公路与重要旅游景区衔接。规划建设环桂林旅游公路网络,全面打通旅游景区、乡村旅游区交通基础设施"最后一公里"。推进旅游风景道、自驾游线路、"城郊一日游两日游"线路、农村旅游线路等项目开发建设,提高旅游道路通达水平。

【"旅游 + 科技"融合发展】 2020 年,桂林市推动"旅游 + 科技"融合发展。坚持旅游智能化发展,在全国率先建成运行"一键游桂林"平台,实现旅游管理、服务、营销智慧化。"广西旅游数据中心"在桂林旅游学院挂牌成立,形成"政、产、学、研"旅游信息共享平台。腾讯众创空间、腾讯文创基地落户桂林。"线上导游超市"在全国率先"开张",桂林成为全国首批完成换发电子导游证的城市。

2020 年 11 月 23 日，第二届中国 – 东盟电视周开幕式暨中国 – 东盟优秀传播案例发布典礼在桂林举行。（何平江摄）

【打造文化旅游交流平台】 2020 年，桂林市加强与周边城市文化旅游合作，持续挖掘文化旅游产业潜力。4 月，桂林市、柳州市、贺州市共同发布粤桂黔高铁经济带旅游产业联盟(柳州—桂林—贺州)旅游精品线路。10 月，桂林市与湖北省十堰市签订文化旅游产业发展战略合作协议，共同推动两地旅游产业发展。推进桂林市、贺州市、肇庆市粤桂旅游同盟，打造粤桂旅游画廊。年内，桂林陆续成功举办第二届中国 – 东盟电视周系列活动、2020 年中国非物质文化遗产整体性保护论坛、第十四届联合国世界旅游组织 / 亚太旅游协会旅游趋势与展望国际论坛、2020 中国 – 东盟博览会旅游展、第十届桂林国际山水文化旅游节、第 15 届中国 – 东盟文化论坛(首届中国 – 东盟文化艺术周)等节会活动，打造国际旅游文化交流平台，让桂林成为世界旅游趋势“瞭望窗”。

【桂林国际健康旅游示范基地建设】 2020 年，民政部、财政部确定桂林市为全国第五批居家和社区养老服务改革试点城市。桂林市养老总床位数 3.19 万张，平均每 1000 名老年人有养老床位数 30.1 张，居全自治区第一。桂林夕阳红养老中心独创“医养游”康养模式，年均接待“候鸟老人”2 万余人，成为全自治区首批五星级养老机构。恭城瑶族自治县平安镇成为广西唯一入选全国智慧健康养老试点示范乡(镇)。全市共有秀峰区鲁家村、兴安县华江瑶族乡等 6 个村、镇创建自治区级养生养老小镇。

（桂林市发展和改革委员会）

重大项目建设

【概况】 2020 年，桂林市继续实施重大项目带动战略，年初面对突如其来的新冠肺炎疫情，及时采取有效措施应对，保障项目建设有序推进，项目投资实现稳步增长。全年全市统筹推进国际旅游胜地重大项目 860 个，年度计划投资 838.56 亿元，实际完成投资 1011.65 亿元。

【城市基础设施建设】 2020 年，桂林市老城区疏解提上新台阶，临桂新区发展再提速，城市基础设施更加完善。全年实施城市基础设施建设重大项目 103 个，其中前期项目 23 个，新开工项目 13 个，续建项目 55 个，竣工项目 12 个。至年末，新开工桂林市第二水源工程——引水工程子项、建设漓江西岸桂阳公路旅游慢行绿道白沙集镇段道路改造项目、秀峰区城市绿道系列建设、平乐县南洲新区东片区市政道路二期建设工程等项目 11 个；续建桂林市城北水厂改扩建项目、桂林市第二水源工程——西城水厂工程子项、雁“南、北、飞、翔”道路建设工程、新能源汽车充电桩及配套设施建设项目、桂林百亿商贸服务园区配套基础设施项目(“三纵三横”道路建设)、七星区毛塘东路及骖鸾路延长线、临苏路口至华为项目用地段提升改造工程、临桂区临桂镇岩塘至两江镇大山图旅游通道、桂林阳朔县新城区建设项目一期工程、桂林高铁园道路建设工程、恭城瑶族自治县多彩瑶乡 · 文化旅游特色小镇配套基础设施建设、临桂新区机场路以北片区湖塘水系连通周边景观绿化工程、临桂新区西城大道南延长线(秧一路至临苏路口)改造提升工程等项目 55 个；竣工桂林市八一桥改扩建工程、桂林市叠彩区永彩路(南段)建设项目、临桂新区沙塘大道一期、桂林电子科技大学花江校区供水工程、兴安县县城道路改建项目等项目 12 个。

2020 年，全州县大碧头旅游开发建设项目(一期)竣工。

（桂林市发展和改革委员会供图）

【旅游景点景区建设】 2020年，桂林市围绕国际旅游胜地升级发展，完善旅游基础设施、推动景区景点改造提升，桂林旅游世界品牌、国内标杆、自治区内龙头地位不断提升。全年实施旅游景点景区建设重大项目50个，其中前期项目16个，新开工项目7个，续建项目21个，竣工项目6个。至年末，新开工建设禄坊生态城（雪松文旅小镇）、金字岭景区创国家3A级旅游景区建设项目、信和信·桂林状元文化城、华江九寨等项目7个；续建融创文化旅游城、桂林市文化旅游中心、悦桂情歌田园项目、阳朔·兴坪休闲养生度假区（一期）、广西桂林八角寨景区提升改造等项目21个；竣工全州县大碧头旅游开发建设项目（一期）、天湖国际高山生态旅游度假区（一期）、桂林荔浦荔江湾景区有限责任公司玻璃桥等项目6个。

2020年，深科技二期项目建成投产。 （桂林市发展和改革委员会供图）

【城市交通项目建设】 2020年，桂林市聚焦公路水路交通基础设施建设，交通布局进一步完善，区域性综合交通枢纽地位基本确立。全年实施城市交通项目建设重大项目23个，其中前期项目7个，新开工项目6个，续建项目8个，竣工项目2个。至年末，新开工国道357线桂林会仙至永福百寿公路工程项目、国道357线永福百寿至融安浮石（永福段）公路工程项目、阳朔—平乐二级公路改建项目（平乐段）、富川柳家至平乐二塘公路（恭城段）项目4个；续建灌阳至平乐高速公路、龙胜各族自治县生态旅游扶贫大环线瓢里至平等（野牛坳）公路改建项目、国道241线梅溪至资源段改造工程、桂林永安关经水车至灌阳公路（G357）等项目8个；竣工桂林火车站站房改造工程、兴安桩子公路项目2个。

【产业和服务业项目建设】 2020年，桂林市贯彻以项目促发展战略，深入实施工业振兴，推动农业高质量发展，促进服务业转型升级，实现产业蓬勃发展。全年实施产业和服务业项目建设重大项目492个，其中前期项目98个，新开工项目97个，续建项目255个，竣工项目42个。至年末，开展华诺威生物医药基地、桂林高新区象山园北芬生态科技园、七星区生物医药产业基地等项目前期工作98个；新开工桂林福达农产品冷链物流园、桂林国际会展中心、桂林市叠彩区漓江茂源奇果大世界项目等项目101个；续建深科技智能制造产业园项目、华为科技城、桂林花江智慧谷电子信息创业产业园等项目255个；竣工投产深科技二期、坤弘量子信息通讯项目、中国中药（桂林）产业园等项目47个。

【民生和社会事业项目建设】 2020年，桂林市实施民生和社会事业重大项目137个。其中，实施前期项目20个；新开工建设桂林经济技术开发区教育产业园、桂林山水文化展示中心、桂林市临桂区六塘柚子湾《远去的恐龙》演出剧场等项目35个；续建七星区塔山片区城中村·棚户区改造暨环境整治工程、桂林医学院附属医院整体搬迁项目、江东片区村貌改造项目等62个；竣工桂林市正阳西巷历史文化地段保护修缮及旧城改造工程、桂林日报社传媒中心、兴安县城南新区建设等项目20个。

2020年5月13日，宏谋大酒店开业。 （临桂新区管委会供图）

【生态文明项目建设】 2020年，桂林市坚持生态立市，营造高质量发展环境。全年实施生态文明建设重大项目13个。其中，前期项目2个；新开工阳朔县水系连通及农村水系综合整治工程、兴安县水系连通及农村水系综合整治工程、永福县农村人居环境整治等项目4个；续建桂林喀斯特世界自然遗产地（漓江风景名胜区）生态景观修复工程、桂林市环境综合治理工程（排水项目）、阳朔县生态环保科技园等项目5个；竣工桂林市餐厨废弃物资源化利用和无害化处理BOT项目、桂林全州医疗废物集中处置项目2个。 （黄琳琳）

中国共产党桂林市委员会

综　　述

【概况】 2020年，中国共产党桂林市委员会办公室（简称市委办）办公地址在桂林市临桂区西城中路69号，内设科室10个。年内，桂林市委全面落实“三大定位”新使命、“五个扎实”新要求，坚持桂林国际旅游胜地“一本蓝图绘到底”，统筹抓好疫情防控和经济社会发展，推动各项事业取得新成效，全面建成小康社会胜利在望，桂林国际旅游胜地基本建成，“十三五”规划主要目标即将完成。

【加强政治建设】 2020年，桂林市委加强党的政治建设，建立健全“不忘初心、牢记使命”主题教育长效机制，持续深化政治监督，配合中央、自治区党委巡视组开展巡视工作，高质量完成市委巡察全覆盖任务。深入学习中共十九大和十九届四中、五中全会精神，坚持理论学习中心组每月学习制度，组织开展领导干部全员轮训、党员干部系统培训，开展理论宣传宣讲，推动理论学习走深走实。坚持学以致用，科学谋划桂林“十四五”规划工作，把学习成果贯彻落实到桂林工作各领域各方面，推动习近平新时代中国特色社会主义思想在桂林落地生根。

【经济社会发展取得成效】 2020年，桂林市委做好“六稳”工作，全面落实“六保”任务，推动经济社会持续健康发展。全面落实中央、自治区惠企政策，出台支持中小企业发展等6个方面53条综合政策措施，市四家班子带头深入基层精准指导。在新冠疫情期间，全市重点企业、重大项目仅用2个月基本复工复产。全年全市地区生产总值增长2.1%，经济发展向稳向好态势不断巩固。

【工业振兴态势基本形成】 2020年，桂林市委持续加大工业工作力度，优化发展布局，培育发展新动能。深入实施工业振兴三年行动，完善市领导跟踪服务重中之重项目及重点工业企业机制。构建桂林高新区、桂林经济技术开发区、高铁（桂林）广西园三大园区为主战场，四大工业重点县为支撑，五个生态功能区县为补充的“345”工业发展新格局。坚持“招大引强”，引进投资超1亿元以上工业项目78个，其中10亿元以上项目15个；在2020年中国－东盟博览会上签约项目49个。深科技智能制造、量子通讯项目填补自治区智能手机和量子应用产品空白，桂林平钢钢铁有限公司、中国中药（桂林）产业园、桂林智神信息科技股份有限公司等项目竣工投产，格力产业园前期等产业项目签约实施。数字经济加快发展，“新基建”居自治区前列。持续优化营商环境，实施园区项目“双容双承诺”改革，实现“园区事园区办”，工业振兴态势基本形成。

【推动乡村振兴实现大提升】 2020年，桂林市创造性地以新型城镇化示范乡（镇）和田园综合体两大“书记工程”为抓手，推进乡村全面振兴。从2013年，累计投入150多亿元，分5批建成新型城镇化示范乡（镇）74个，成为带动县域发展的强劲引擎。建成首批17个、启动建设第二批18个田园综合体，形成集现代农业、乡村旅游、田园社区于一体的乡村发展新模式。持续加快现代农业产业发展，加快培育6个百亿元产业集群，全年第一产业增加值增长6.2%。“十三五”期间，9个县（市、区）累计15次获广西科学发展先进县（区）、进步县（区）。

【推动国际旅游胜地升级发展】 2020

2020年2月25日，桂林市召开桂林市扶贫开发领导小组2020年第一次全体会议。

（市扶贫办供图）

年，桂林市委围绕“六个一流”目标，强化规划引领、项目带动、文旅融合、政策扶持，统筹推进桂林国家可持续发展议程创新示范区建设，桂林旅游国际化、品牌化、智慧化、标准化水平不断提升。加快实施重大文化旅游项目，总投资160亿元的融创文化旅游城项目一期建成开业，桂林文化旅游中心漓江歌剧院即将建成，一批高端文旅项目成功签约。持续提升旅游品质，高端酒店集群、演艺集群、康养集群加快集聚，休闲度假、乡村民宿、医养康养、体育健身等新业态蓬勃发展。深化旅游开放合作，与肇庆市、贺州市合作共建“粤桂画廊”，融入粤港澳大湾区取得积极进展。桂林旅游实现从景点景区模式向全域旅游升级，从观光游览向休闲度假升级，从传统产业向文旅融合升级。

2020年年末，漓江生态环境全流域治理后的漓江兴坪段。 （徐朝凯摄）

【加强宣传思想文化工作】 2020年，桂林市坚持举旗帜、聚民心、育新人、兴文化、展形象，为决胜桂林“两个建成”提供强大精神动力。把意识形态工作列入市委常委会工作要点，加强阵地管控和常态化督查，全面压实意识形态主体责任。推进群众性精神文明创建活动，涌现出一批全国先进单位。推进红色文化保护传承，“一园两馆”等纪念设施列入全国“重走长征路”精品线路，长征国家文化公园（广西段）启动建设，与长征沿线重要城市合作共建“红军长征论坛”，构建了革命老区协同发展新机制。坚持“寻找桂林文化的力量，挖掘桂林文化的价值”，保护修缮广西省立艺术馆旧址，桂林博物馆成为全自治区设区市首家国家一级博物馆，成功举办2020年“文化和自然遗产日”主场城市活动。

【加强生态环境保护建设】 2020年，桂林市坚持生态立市、绿色发展，推动桂林生态环境可持续发展。出台《漓江风景名胜区管理条例》，完成漓江“三统”改革九大重点任务，构建漓江生态保护管理新格局。坚持漓江生态环境全流域治理，漓江两岸百里生态示范带、桂阳公路旅游休闲带、城市段核心区休闲旅游示范带成为旅游新热点。全面打好蓝天碧水净土保卫战，中央环保督察反馈问题整改扎实推进，连续6年实现PM10、PM2.5双下降，主要河流水质达标率保持100%，全市森林覆盖率71.62%，桂林山更青、水更绿、天更蓝、地更净，生态更美丽。

【加强城市建设管理】 2020年，桂林市坚持新区老城联动发展、融合提升，打造形神兼备、韵味独特的文明城市品牌。贯彻“创城为民、创城靠民、创城惠民”理念，持续开展创城“金点子”系列活动，推进城市重要节点改造提升，狠抓城市网格化、数字化、精细化管理，成功创建全国文明城市。落实自治区“保护漓江，发展临桂，再造一个新桂林”战略，坚持新区产城融合做加法、老城疏解提升做减法，主城区面积达到140平方千米、人口135万人，其中临桂新区面积40平方千米、人口40万人。城市基础设施提档升级，产城融合加快推进，5G网络实现市区全覆盖，生态宜居的品位休闲之都更具魅力。

【持续改善民生福祉】 2020年，桂林市统筹抓好各领域民生建设，民生支出占一般公共预算支出比重76.8%，比“十二五”末提高5.4个百分点。“县管校聘”改革荔浦经验向自治区推广。医联体建设连续2年排名自治区第一。创业就业、社会保障、科技体育、安全生产和防汛减灾等工作不断进步。加强和创新社会治理，开展市域社会治理突出问题集中整治百日攻坚行动，扫黑除恶专项斗争取得阶段性成果，信访维稳秩序实现根本好转并持续巩固，法治桂林、平安桂林建设深入推进，连续5届获全国社会治安综合治理优秀市，连续3次获“长安杯”。实现全国“双拥模范城”九连冠、自治区“双拥模范城”十连冠。

【履行管党治党主体责任】 2020年，桂林市委落实新时代党的建设总要求，推动党的各项建设取得新进步。围绕基层党组织“提质聚力”，深化桂林全域党建，累计创建星级村党组织825个，自治区农村党支部标准化规范化建设现场会在桂林市召开。落实市委常委联系服务党建品牌制度，示范带动全市创建党建品牌300多个。建设忠诚干净担当的高素质干部队伍，提拔敢担当善作为干部118人，晋升职级处级干部299人。加强对受到处分干部的教育管理使用，经验做法在全自治区推广。实施“人才强市”战略，全年引进认定高层次人才262人。推进党风廉政建设和反腐败斗争，全市检举控告、越级信访举报逐年下降，群众对党风廉政建设和反腐败工作满意度逐年上升。 （郑义来）

重要会议

【中国共产党桂林市第五届委员会第六次全体（扩大）会议】 2020年1月

6 日召开，市委委员 60 人、候补委员 7 人出席全会；市四家班子其他在职厅级领导干部，市纪委常委、监委委员和有关方面负责人列席会议。全会由市委常委会主持。市委书记赵乐秦代表常委会向全会报告市委五届五次全会以来常委会的工作，对深入学习贯彻中共十九届四中全会精神、加快推进桂林治理现代化和做好 2020 年工作作部署。市长秦春成部署 2020 年经济工作。全会肯定市委五届五次全会以来常委会的工作，强调 2020 年是全面建成小康社会、基本建成桂林国际旅游胜地和“十三五”规划收官之年，要聚力推动工业振兴，夯实高质量发展基础；推动乡村振兴，高质量打赢脱贫攻坚战；加快胜地提质升级，打造世界一流旅游目的地；实施重大项目带动战略，加快培育发展新动能；全面深化改革，激发创新发展活力；持续增进民生福祉，满足人民群众对美好生活的新期待；推进生态文明建设，加快建设美丽桂林；持续推进文化繁荣发展，提升宣传思想文化工作水平；加强民主法治建设，汇聚团结奋进的磅礴力量；坚定不移推进全面从严治党，持续营造风清气正的政治生态。全会递补市委候补委员周彦、王芳为市委委员。

2020 年 3 月 20 日，桂林市召开全市工业振兴大会。（何平江摄）

【全市“不忘初心、牢记使命”主题教育总结大会】 2020 年 1 月 19 日召开，市委书记、市委主题教育领导小组组长赵乐秦出席会议并讲话。会议深入学习贯彻中共中央总书记习近平重要讲话精神，贯彻落实中央和自治区主题教育总结大会精神，总结桂林市主题教育成效，对巩固拓展主题教育成果进行部署。要求全市各级党组织和广大党员干部把思想和行动统一到中央关于持续推动全党不忘初心、牢记使命的重大部署上来，持续强化理论武装，持续发扬自我革命精神，持续深化专项整治，持续激励干部担当作为，持续健全落实不忘初心、牢记使命的制度，把不忘初心、牢记使命融入桂林改革发展全过程各方面。

【全市新型冠状病毒肺炎疫情防控视频会议】 2020 年 2 月 11 日召开，市委书记、市新冠肺炎疫情防控工作领导小组组长赵乐秦主持会议并讲话，市委副书记、市长、市新冠肺炎疫情防控工作领导小组组长秦春成作工作部署。会议强调，全市各级各部门要深入领会中共中央总书记习近平重要讲话精神，全面贯彻落实自治区党委、政府和市委的决策部署，保障疫情防控安全，坚持一手抓疫情防控工作，一手抓经济社会发展。抓紧抓好农业生产，保障正常交通秩序，推动一批重大项目落地，有序推动企业复工复产达产，以疫情防控工作成效检验和拓展“不忘初心、牢记使命”主题教育成果。

【全市 2020 年决战脱贫攻坚大会】 2020 年 2 月 26 日召开，市委书记赵乐秦出席会议并讲话，市长秦春成主持会议，市人大常委会主任张晓武、市政协主席陈丽华出席会议，市四家班子领导参加会议。会议肯定 2019 年全市脱贫攻坚成果，分析存在的短板和差距，提出 2020 年目标任务，强调要克服疫情对脱贫攻坚影响，抓好脱贫攻坚重点任务，巩固脱贫成果精准防贫，抓好脱贫攻坚问题整改，提升脱贫攻坚质量，确保高质量打赢脱贫攻坚收官之战。

【全市工业振兴大会】 2020 年 3 月 20 日召开，市委书记赵乐秦出席会议并讲话，市长秦春成主持会议。会议充分肯定 2019 年实施工业振兴三年行动计划以来工作成绩，表彰全市工业振兴先进单位和个人，分析存在的问题和困难，提出 2020 年工业发展目标。会议强调要重点抓工业布局，坚持以三大园区为主战场，加快打造四个工业强县，加快培育五个生态功能区县；抓产业集聚，强龙头做优存量，补链条做大增量，抓创新培育新动能；抓项目建设，抓实重大项目，完善推进机制，开展精准招商；抓要素保障，强化土地、财政金融、企业用工保障，优化工业营商环境。

【全市乡村振兴现场推进大会】 2020 年 7 月 10 日召开，市委书记赵乐秦出席会议并讲话，市长秦春成主持会议，市人大常委会主任张晓武、市政协主席陈丽华出席会议，市四家班子领导参加会议。会议分 4 个组实地考察各县（市、区）新型城镇化示范乡（镇）和田园综合体建设情况，总结 2013 年以来新型城镇化示范乡（镇）和近年来田园综合体建设，表彰第四批示范乡（镇）。会议强调，实施乡村振兴战略，要突出抓好示范乡（镇）和田园综合体建设两大“书记工程”，做好结合文章，全面推进乡村振兴。

【推进“粤桂画廊”建设三市联席会议】 2020 年 12 月 16 日—17 日在桂林召开。会议期间，肇庆市党政代表团和贺州市党政代表团到桂林市考察，与桂林市共同签署《共建“粤桂画廊”合作框架协议》。三市将抢抓国家实施“一带一路”、建设粤港澳大湾区战略机遇，发挥肇庆建设粤港澳大湾区康养休闲旅游度假胜地、贺州建设大湾区康养旅游首选地、桂林推进国际旅游胜地升级发展优势，聚焦文旅合作，携手建设集文化旅游、健康养生、康养旅居、产业融合于一体的“粤桂画廊”，共同建设面向世界的康养旅游休闲度假胜地，为新发展阶段推进东西部合作提供新样板。桂林市委书记赵乐秦，贺州市委书记李宏庆，肇庆市委书记范中杰出席会议并讲话，桂林市市长秦春成主持会议。

【桂林市精神文明建设总结表彰大会】2020年12月31日召开，市委书记、市文明委主任赵乐秦出席大会并讲话，市长、市文明委主任秦春成主持大会，市人大常委会主任张晓武，市政协主席陈丽华出席大会。会议深入学习贯彻中共中央总书记习近平关于加强社会主义精神文明建设重要论述，表彰创建全国文明城市先进集体和先进个人，总结桂林市精神文明建设特别是创建全国文明城市取得的丰硕成果。会议强调，要重整行装再出发，深化习近平新时代中国特色社会主义思想学习宣传贯彻，激发广大群众奋进新征程的强大精神力量，发挥社会主义核心价值观引领培养时代新人的作用，推动新时代文明新风开花结果，系统推进精神文明创建工作。

【中国共产党桂林市第五届委员会第七次全体（扩大）会议】2020年12月30日—31日召开，市委委员55人、候补委员3人出席会议。市四家班子其他在职厅级领导干部，市纪委常委、监委委员和有关方面负责人列席会议。全会由市委常委会主持。全会听取和讨论市委书记赵乐秦受市委常委会委托作的工作报告，审议通过《中共桂林市委员会关于制定国民经济和社会发展第十四个五年规划和二〇三五年远景目标的建议》。赵乐秦就《建议（讨论稿）》向全会作说明。秦春成安排部署2021年经济工作。全会肯定市委五届六次全会以来市委常委会的工作，提出到二〇三五年桂林市与全国同步基本实现社会主义现代化、世界一流的国际旅游胜地全面提质升级的远景目标，以及桂林“十四五”时期经济社会发展主要目标。全会从11个方面对桂林“十四五”经济社会发展的重点工作进行全面部署，强调坚定不移推进工业振兴，构建经济高质量发展新格局；全面推进乡村振兴，加快农业农村现代化；加快桂林国际旅游胜地升级发展，围绕“六个一流”目标建设世界一流的旅游目的地；繁荣发展文化事业和文化产业，提高城市文化软实力；加快绿色发展，建设人与自然和谐共生的美丽桂林；推进以人为核心的新型城镇化，推动城乡协调发展；加快推进现代化基础设施建设，构建高质量发展支撑体系；加快社会民生建设，提高人民生活品质；统筹发展和安全，建设更高水平的平安桂林；全面深化改革，构建促进高质量发展体制机制；高水平推进开放合作，主动融入“南向、北联、东融、西合”全方位开放发展新格局。全会根据有关规定，决定递补第五届市委候补委员邓学云、黄钦、蔡立圭为第五届市委委员。

2020年12月31日，桂林市精神文明建设总结表彰大会召开。（市文明办供图）

重要决策

【深入推进工业振兴】2020年是实施工业振兴三年行动计划的第二年，市委、市人民政府集全市之智推动工业振兴，加快壮大“工业树”、繁茂“产业林”，为桂林高质量发展夯实基础。加大工业发展领导力度，出台工业发展“18+10”等系列政策，完善市领导跟踪服务重中之重项目及重点工业企业机制，形成大抓工业的浓厚氛围。按照全市工业发展“一盘棋”思路，重点抓好工业布局，产业集聚，项目建设、要素保障等工作，鼓励广大干部在工业振兴中建功立业，取得明显成效。“345”工业布局不断深化，三大园区规划面积成倍扩大，体制机制改革深入推进。工业发展后劲明显增强，发展环境逐步优化，涌现出一批自治区级龙头企业，2020年全市规模以上工业增加值增长6.7%。

【统筹推进疫情防控和经济社会发展】2020年，市委、市人民政府贯彻落实中央和自治区党委、政府关于统筹抓好疫情防控和经济社会发展的决策部署，做好“六稳”“六保”工作，推动经济社会持续健康发展。健全常态化疫情防控机制，全市仅用1个多月就有效控制疫情，实现患者零死亡、医务人员零感染，本地确诊病例、疑似病例“双清零”。在做好疫情防控的同时，全面落实中央、自治区惠企政策，出台支持中小企业发展、稳农业、稳工业、稳服务业、稳房地产、稳文化旅游6个方面53条综合政策措施，推动复工复产复市，打好“九大会战”。4月下旬，全市重点企业、重大项目基本应复尽复。10月全市地区生产总值扭负为正，经济发展向稳向好态势不断巩固。

【全面打赢脱贫攻坚收官战】2020年，市委、市人民政府坚持疫情防控和脱贫攻坚两手抓，组织16万多名脱贫劳动力外出务工，保障贫困群众稳岗就业、稳定增收。聚焦深度贫困问题集中攻坚，全年召开各类脱贫攻坚会议34次，研究解决深度贫困问题。2016—2020年累计投入各类扶贫资金90多亿元。2020年，全市剩余1.39万建档立卡贫困人口全部脱贫、51个贫困村全部出列。"十三五"规划时期，全市3个贫困县510个贫困村29.7万贫困人口全部脱贫摘帽清零。全面完成中央脱贫攻坚专项巡视"回头看"和国家脱贫攻坚成效考核反馈意见整改任务。开展"一巩固两结合"，推动脱贫攻坚与乡村振兴、国际旅游胜地建设有效衔接，自治区"脱贫感党恩 奋进新起点"现场会在桂林市召开。

【推进红色文化保护传承】 2020年，市委、市人民政府以高度的政治自觉和文化自觉，做好湘江战役红军遗骸收殓保护和烈士纪念设施建设工作，彰显"一草一木一忠魂、一山一石一丰碑"内涵，红色文化保护传承取得里程碑式进展。"一园两馆"等红军长征湘江战役纪念设施列入全国"重走长征路"精品线路。2019年9月—2020年12月共接待游客433万人次，成为弘扬长征精神、传承红色基因、加强干部教育的重要阵地。启动长征国家文化公园(广西段)建设。深化与红军长征沿线城市交流合作，与延安、赣州、遵义、丽水、阿坝等共同举办"红军长征论坛"，构建革命老区协同发展新机制。

【推动"粤桂画廊"建设】 2020年，桂林市、贺州市和肇庆市促进广西与粤港澳大湾区深度融合，加快"东融"步伐，共同谋划建设"粤桂画廊"。3个城市商定依托三市资源禀赋、区位条件、产业基础、人文特色，发挥肇庆建设粤港澳大湾区康养休闲旅游度假胜地、贺州建设大湾区康养旅游首选地、桂林推进国际旅游胜地升级发展优势，聚焦文旅合作，携手打造集文化旅游、健康养生、康养旅居、产业融合于一体的"粤桂画廊"，共同建设面向世界的康养旅游休闲度假胜地，为新发展阶段推进东西部合作提供新样板。2020年12月17日，桂林市、贺州市和肇庆市共建"粤桂画廊"战略框架协议在桂林签署，"粤桂画廊"建设取得实质性进展。

【创建全国文明城市】 2020年，市委、市人民政府坚持"创城为民、创城靠民、创城惠民"理念，以创城促文明、促发展、惠民生。坚持高位推动、全民参与，建立市领导和市直单位包联责任制，50多万名志愿者投身创城一线，带动全体市民共创文明城市。坚持加大投入，强化治理，持续推出创城"金点子"系列活动，深入推进城市重要节点改造提升，狠抓城市网格化、数字化、精细化管理，实施最严城市管理绩效考评，解决一大批城市建设管理"老大难"问题，"洁齐美"成为城市新常态。坚持强基固本、凝魂聚气，广泛开展帮扶捐助、志愿服务、文明交通、文明旅游等活动，一系列惠民举措获得市民广泛点赞，涌现出一批全国道德模范、"身边好人"，彰显了桂林山水、城市、人文和谐之美，"爱国爱家爱桂林 讲德讲孝讲文明"的城市人文精神空前凝聚。11月，桂林市获第六届全国文明城市称号。(郑义来)

组织工作

【概况】 2020年，中国共产党桂林市委员会组织部(简称市委组织部)办公地址在桂林市临桂新区西城中路69号。内设科室23个，下辖二层机构有桂林市党员教育中心(远程办)、桂林市考评中心(党群服务中心)，加挂中共桂林市非公有制经济组织和社会组织工作委员会、桂林市公务员局牌子。年内，桂林市组织工作坚持以党的政治建设为统领，推进"不忘初心、牢记使命"主题教育常态化制度化，建设忠诚干净担当的高素质干部队伍，以全域党建的生动实践推动基层党建提质聚力增效，汇聚各方面优秀人才，为打赢疫情防控阻击战、决战脱贫攻坚和决胜桂林"两个建成"目标提供坚强组织保证。至年末，全市有基层党组织1.45万个(其中党委621个，党总支部1249个，党支部1.26万个)，党员27.32万人。

【服务疫情防控】 2020年疫情期间，桂林市动员基层党组织和20多万名党员集体出征，组织市直机关1.9万名党员干部到社区"双报到、齐防疫"，动员4252名工作队员提前返村抗疫，组建临时党支部200个、党员突击队2000多支，设立党员先锋岗、责任区5.6万个，"火线"发展党员80人，发动全市党员自愿捐款1800多万元，全方位筑牢联防联控"安全网"，1个集体和2名个人获国家级表彰。及时出台激励疫情防控担当作为"十条措施"，派出5个考察组全程纪实各级干部抗疫表现，掌握表现突出干部64人，立案查处违反防控纪律干部24人。在自治区率先开展抗击疫情公务员奖励工作，对30名(个)公务员(集体)记二等功，同时表扬抗疫先进个人254人、先进集体64个。开展"党旗领航·服务先行"活动，为民营企业发放助企卡60余张，为50多家中小微企业提供"助力贷"融资服务，促

2020年5月13日，市委组织部在市党群服务中心召开"桂林战疫先锋"先进事迹报告会。
(杨志宇摄)

进企业复工复产和效能提速。在疫情防控医护人员中增补10名拔尖人才，投入165万元专项支持疫情防控人才小高地科研项目，额温仪、防护服等一大批科研产品成功研制并投入使用。

【推进“不忘初心、牢记使命”主题教育常态化】 2020年，桂林市持续巩固主题教育成果，推动学习教育、为民服务、自我革命、担当作为“四个常态化制度化”，桂林市在自治区建立健全“不忘初心、牢记使命”长效机制座谈会上作典型发言。坚持把学习贯彻习近平新时代中国特色社会主义思想摆在突出位置，抓好中共十九届四中全会精神培训，创新采取“网络培训+专题授课+研讨交流”线上线下相融合方式，完成1800名处级以上干部集中轮训、科级以下干部全员培训。挖掘本地红色文化资源，筹建湘江战役干部学院，开发一批干部党性教育精品课程；深化赣州·遵义·延安·龙岩·桂林“干部党性教育培训联盟”交流合作，构建红军长征精神培训链，经验做法得到中共中央组织部《全国干部教育通讯》刊发。成立桂林基层党建学院和桂林两新党建红色学院，筑起党员教育培训新高地，在全国党建培训学院发展路径研讨会上作经验交流。成功承办“追寻——迎接建党百年红色故事会”大型宣讲活动，弘扬红色文化、传承红色基因。创新打造“两链一带”党员教育培训示范基地，全年开展党员教育培训1408期8.9万人次，全自治区党员教育培训示范基地建设推进会在桂林召开。组织开展“党课开讲啦”“学习身边榜样”和《红色传奇》进校园活动，“初心”系列微视频获全国一等奖，微党课《湘潮涌动 致敬英雄》以第一名的成绩获评自治区“十佳党课”。

【打造激励担当作为“升级版”】 2020年，桂林市完善干部担当作为的激励机制，制度文件由“5+15”向“5+24”递增拓展，增强激励精准性和有效性。围绕全市重点工作实施“干部专业化能力提升计划”，推广运用行动学习法，引导干部练就担当作为的硬脊梁、铁肩膀、真本事。以用人导向引领干事导向，在脱贫攻坚、工业振兴、创文明城等重点领域一线，提拔重用敢担当善作为的干部118人，晋升职级表现优秀的公务员2448人，重实干重实绩的用人导向更加鲜明。优先提拔使用担当作为优秀脱贫攻坚乡村振兴工作队员，全市共提拔重用表现优秀的工作队员218人，真正为脱贫攻坚一线担当者担当。完善容错纠错机制，对符合条件的14名干部予以容错纠错，经验做法被列入自治区第六批改革典型经验推广清单。突出抓好政治监督，将30条政治表现负面清单作为干部考察考核和日常管理监督的首问内容，5名政治表现有瑕疵的干部被取消任用，84名干部因政治表现“亚健康”被提醒函询诫勉，政治把关和政治体检得到落实落细。

【持续深化全域党建】 2020年，桂林市以提升基层党组织组织力为重点，持续深化全域党建，促进基层党建增活力提效益。在自治区率先全领域推行党组织星级化管理，开展党支部达标创优行动，创建自治区“三星级”以上村党组织825个，80%的党支部达到自治区建设标准，自治区农村党支部标准化规范化建设现场会在桂林召开。开展社区“契约化”共建行动，推进小区党组织“六化”建设，打造“15分钟公共服务圈”，引领街道社区、机关、国企、中小学校、公立医院、两新组织等各领域党组织联动共促。实施基层服务场所达标升级行动，全市75%的村级组织活动场所面积达300平方米，城市社区服务场所面积平均812平方米，村（社区）场所面积均超过自治区标准。推进抓党建促脱贫攻坚，实施“能人治村”计划，引导1325名贫困村党员致富带头人参与村级事务，助推全市29.7万贫困人口全部脱贫、3个贫困县全部摘帽、510个贫困村全部出列。推进村级集体经济绿色高质量发展，建成11个县级村级集体经济产业示范园，全市所有建制村集体经济收入达到5万元以上，收入达20万元以上的146个、50万元以上的37个，经验做法得到《中国组织人事报》推介。持续深化市委常委联系指导党建品牌建设制度，带动创建党建品牌300多个，开展党建品牌选树推广活动，评选出优秀党建品牌60个。优化升级旅游党建、诚信党建、扶贫党建三大党建品牌，抓深抓实“党旗领航·品质旅游”主题活动，授予200家“共产党员经营户”、308家“党组织推荐放心店”，《立足商圈抓党建 抓好党建促发展》案例被评为全国基层党建创新典型案例。桂林市在自治区设区市抓基层党建述职评议考核中综合考评排名第一。

【优化人才生态环境】 2020年，桂林市深入实施“人才强市”战略，营造“山水甲天下，英才聚桂林”的良好生态。发挥桂林人才飞地（深圳）招才引资、协同创新等6大功能，紧密链接大湾区优质资源，累计开展高层次人才对接活动44场次，吸引27个人才项目入驻孵化，推动粤港澳大湾区7家人才企业落地桂林高新区，总投资

2020年11月30日，桂林基层党建学院在市党群服务中心揭牌成立。

（杨志宇摄）

36.9亿元。延伸桂林海创基地引才触角，在北京、东莞设立专家人才服务站，开展高层次人才对接活动34场，落地国家级人才项目6个。引进北京奥运火炬设计师李凤朗，依据桂林甑皮岩万年史前文化灵感，设计"蛋系列器皿"，列入全国文旅创意产品展示目录。推动出台《桂林市本级事业单位引进高层次人才专项编制使用管理办法（试行）》，设立高层次人才专项事业编制500名，首次招聘引进"双一流"高校硕博人才24人。开展"桂林校友回归&粤桂产业人才对话"等"湾才入桂"系列活动，深化与粤港澳大湾区的人才和项目合作，推动桂林电子科技大学校友企业分别与桂林电子科技大学、桂林电子科技大学深圳研究院签订合约。建立引才联络站工作机制，在香港、深圳等城市设立桂林市驻粤港澳大湾区引才联络站。持续开展"弘扬爱国奋斗精神，建功立业新时代"活动，在《桂林日报》开辟专栏选树一批专家人才典型并进行宣传报道，营造尊才、爱才、用才的浓厚氛围。

【加强公务员管理工作】 2020年，桂林市全面推行公务员职务与职级并行制度，共有2448名公务员晋升职级，发挥制度优势激励干部担当作为。推进司法体制改革和参照公务员单位改革后重新认定工作，确保改革政策落地、涉改革干部队伍稳定。加强公务员队伍源头建设，共录用公务员626人，加大面向基层遴选力度，拓展基层公务员向上流动渠道，规范公务员调任管理，为机关补充急需紧缺人才，多渠道确保公务员队伍增量提质。制定印发《关于规范桂林市公务员转任工作的通知》，规范、畅通公务员跨地区跨部门交流。用好奖励政策激励公务员担当作为，9名个人和2个集体获第四届自治区"人民满意的公务员（集体）"称号或记一等功。 （花泽红）

宣传工作

【概况】 2020年，中国共产党桂林市委员会宣传部（简称市委宣传部）办公地址在桂林市临桂区西城中路69号，内设科室18个，下设桂林市委讲师团、桂林新闻图片社。挂靠单位有中共桂林市委精神文明建设委员会办公室、桂林市政府新闻办公室、桂林市新闻出版局，代管桂林红军长征湘江战役文化保护传承中心。年内，桂林市获第六届"全国文明城市"，市委宣传部获第五届全国未成年人思想道德建设工作先进单位，市委讲师团获2020年度全国基层理论宣讲先进集体；中央电视台《新闻联播》关注报道桂林22次；舆情信息工作居广西第一；意识形态、理论武装、新闻出版、文化文艺、对外宣传、互联网生态治理等多项工作再上新台阶。

（唐文新）

【理论武装工作】 2020年，市委理论学习中心组组织学习7次，编印《中心组学习信息参考》5期。建立党委（党组）中心组学习情况巡听旁听制度，对20个党委（党组）理论学习中心组进行巡听旁听。做好《习近平谈治国理政》第三卷学习宣传，开展"我最喜爱的学习金句"征文活动，市委宣传部获自治区"我最喜爱的学习金句"征文活动组织奖。在《桂林日报》理论版持续开设"深入学习贯彻习近平新时代中国特色社会主义思想"专栏，指导桂林广播电视台开设"习语金句"理论大众化品牌栏目。以市委讲师团为龙头，组建党建、法治、文化等"十团"宣讲队伍1450多人，依托"新时代文明实践中心"等阵地，深入企业、农村、机关、校园、社区，开展习近平新时代中国特色社会主义思想、中共十九届四中全会精神、中共十九届五中全会精神、"决胜全面小康 决战脱贫攻坚""创城为民 创城惠民"、湘江战役和红军长征精神等主题宣讲和日常宣讲1.6万场次。办好全市理论宣讲比赛，以赛代训，一批"懂理论、懂群众、会宣讲"的优秀宣讲人才脱颖而出。持续推进"学习强国"学习平台的推广使用，桂林市注册党员人数22.79万人，覆盖率82.6%，稿件被"学习强国"广西学习平台采用2280篇，桂林市获自治区"学习强国"工作先进单位。 （廖芸 李巧云）

【新闻外宣工作】 2020年，桂林市新闻外宣工作完善"大外宣"工作格局，建立完善部门联动推送信息制度和外宣工作机制，协调各界媒体宣传报道格力电器全国直播巡演（桂林站）、第十四届联合国世界旅游组织/亚太旅游协会旅游趋势与展望国际论坛、2020中国－东盟博览会旅游展、第十届桂林国际山水文化旅游节等重大活动，讲好桂林发展故事。高质量完成"坐着高铁看中国"宣传报道，10月1日—9日，中央、自治区及市属新闻媒体刊播桂林市各类稿件共364条，其中中央电视台报道桂林19次。2020年全市在自治区以上主流媒体刊播稿件5000多篇（条），在中央和自治区主流媒体刊播稿件大幅增长。其中，《人民日报》92篇（海外版26篇）；中央电视台新闻类130多条；新华社700多条；《光明日报》37篇；《经济日报》22篇；中新社300多条；香港《文汇报》29篇，境外媒体94条（次）。2020年共接待自治区外媒体25批次，记者300多人次。 （蒋鹏）

【调研舆情】 2020年，桂林市报送反映社情民意和宣传思想文化工作特色亮点的舆情信息稿件3750条，市委宣传部获2020年度自治区舆情信息工作优秀单位一等奖。其中，5篇舆情信息被自治区党委宣传部评为"好信息"，6篇舆情分析报告被自治区党委宣传部评为"优秀舆情分析报告"。《桂林市创建全国文明城市的探索与实践》获2020年度自治区宣传思想文化系统优秀调研报告一等奖，《"微宣讲"让基层理论宣讲焕发生命力》获2020年度自治区宣传思想文化系统优秀创新工作案例。在中共中央宣传部开展的全面建成小康社会"百城千县万村"调研活动中，桂林市调研成果获中共中央宣传部采用。

（廖小玲 刘志红）

【文化工作】 2020年，桂林市组织各级各类文化文艺小分队187支，开展以学习宣传贯彻落实中共十九届四中全会精神、十九届五中全会精神、"决胜小康 奋斗有我"等为主题的文化文艺活动550场次，惠及群众100万余人次。赴灌阳县、资源县、龙胜各族自治县开展文化文艺下乡100多场次，配合广西戏剧院到龙胜各族自治县开展惠民演出3场次。与京东直播平台合作开展文艺精品剧目《桂林有戏》线上演出活动，100万余人次点击观看。创新群众文化活动品牌推广模式，通过线上线下同步直播的形式开展"周末大家乐"广场文艺演出14场次。抓好文艺精品项目创作，重点跟进广西当代文学艺术创作工程三年规划第二批入选纪录片《广西民宿》的创作工作。完成"决胜小康　奋斗有我"第八届自治区基层群众文艺会演声乐舞蹈类会演和汇报演出工作。推进文化产业高质量发展，全市规模以上文化企业71家，准规模以上文化企业49家。桂林广维文华旅游文化产业有限公司、桂林智神信息技术有限公司、桂林力港网络科技有限公司3家获评广西文化产业龙头企业。

（伍繁　廖玲）

精神文明建设

【概况】 2020年，中国共产党桂林市委员会精神文明建设委员会办公室（简称市文明办）办公地址在桂林市临桂区西城中路69号，内设科室4个。年内，市文明办贯彻落实中央和自治区党委关于精神文明建设的决策部署，坚持以培育和践行社会主义核心价值观为根本，推动精神文明建设向纵深发展。

【开展脱贫攻坚主题宣传】 2020年，桂林市在市属媒体开辟"决胜全面小康　决战脱贫攻坚"等专栏专题，共刊发文章1304篇（幅）。全市在国家级传统媒体上稿629篇，自治区级传统媒体1312篇。制定实施《2020年推动脱贫攻坚与乡村文明建设相结合工作方案》。自治区"脱贫感党恩、奋进新起点"现场会在临桂中庸镇穴田村新时代文明实践所召开。组织参加自治区"决胜小康　奋斗有我"征文活动，获优秀组织奖。组织开展"桂林市弘扬长征精神　决胜全面小康"主题演讲比赛、"决胜小康奋斗有我"主题征文比赛等活动。组织6万多人次观看主题电影《秀美人生》。年内，龙胜各族自治县大寨村成为广西唯一入选中共中央宣传部确定的脱贫典型村。

【新时代文明实践中心（所、站）建设成果突出】 2020年，桂林市加强市、县（市、区）实践中心统筹协调，整合社会闲散资源和机关公共服务资源项目971项进驻三级平台，开展活动4万多场，受众200多万人次。完善新时代文明实践志愿服务机制，组建市级中心理论政策宣讲等"8+N"志愿服务队10支，村镇志愿服务队4400支，志愿服务活跃人数5万多人。加快推进示范建设。在全市推进文明实践中心建设的基础上，重点抓好恭城瑶族自治县试点建设、各县（市、区）"一中心、两所、三站"示范点打造和市直机关示范点建设，成功承办自治区新时代文明实践中心建设交流活动，各县（市、区）示范点均建设达标，市退役军人事务局新时代文明实践所和市妇联新时代文明实践站2个示范点运营良好。

【强化理想信念教育】 2020年，桂林市加强"两纲要一条例"学习宣传贯彻，制定并下发实施方案。组织参加第27届广西青少年爱国主义读书教育，代表广西队获全国一等奖。开展爱国卫生、传承红色基因、经典诵读、向新时代好少年学习等主题教育实践活动，参与学生达96万余人次。打造红军长征突破湘江烈士纪念碑园等区级社会主义核心价值观建设示范点2个，市级示范点18个。

【开展弘扬时代新风行动】 2020年，桂林市结合疫情防控有针对性地开展精神文明宣传教育和爱国卫生运动。累计刊播公益广告41万余条（次），开展爱国卫生运动15万余次，创作抗击疫情文艺作品1.6万件。组织20余万志愿者参与疫情防控。召开战疫先锋先进事迹报告会，举办主题展览，组织抗疫先进典型进基层宣讲100多场。开展第六届桂林市道德模范评选，评出市级道德模范5人、市级道德模范提名奖13人，承办2场全国道德模范故事汇基层巡演。3名个人获"中国好人榜"。评选市级新时代好少年13人，获评广西新时代好少年2人，获评全国新时代好少年1人。举办先进事迹发布会，开展活动800多场次。挖掘优秀家庭典型，获全国抗疫最美家庭1户，自治区抗疫最美家庭4户。

【推进诚信建设和志愿服务制度化】 2020年，桂林市健全完善社会信用体系建设联席会议制度，深入开展诚信缺失突出问题集中治理。开展"3·15"诚信主题网络直播宣传，浏览人数9万余人次。推进志愿服务制度化，在广西志愿服务网线上登记志愿团队4400多支；注册志愿者99万多人，占常住人口比例19.38%，活跃度67.28%；发布项目14000余个，记录服务时长1800多万小时。

【深化拓展群众性精神文明创建活动】 2020年，桂林市完善精神文明创建工作常态长效工作机制，以全国文明城

2020年1月17日，桂林市新时代文明实践志愿服务活动启动仪式在临桂区金山广场举行。

（唐侃摄）

市创建为龙头,带动“五大创建”,获全国文明村镇5个、全国文明单位6个、全国文明校园3个、自治区文明校园27个、全国文明家庭2个、未成年人思想道德建设工作先进单位1个和未成年人思想道德建设工作先进个人1人。全市县级以上文明村镇比例超过65%;242个自治区文明单位通过复核;评选出桂林市文明家庭20户、桂林市“五好家庭”“最美家庭”123户;全市创建文明校园参与率达100%,评选出市级文明校园43所。

【坚持文化惠民】 2020年,桂林市深化“我们的中国梦”文化进万家活动,开展活动550多场次,惠及群众100多万人次。组织开展“我们的节日”活动200多场。开展戏曲进乡村演出1700余场次,实现建制村全覆盖。承办第八届自治区基层群众文艺会演活动,获组织工作奖。以2020年文化和自然遗产日主场城市活动开幕式在桂林举行为契机,策划开展桂林文化遗产公开课、文化遗产成果展等活动。在京东直播平台直播《桂林有戏》,吸引100万人次观看。将歌剧《刘三姐》、桂剧《破阵曲》等剧目通过学习强国平台展播,推动文艺精品育民惠民。打造国家文化产业示范基地4家,自治区文化产业示范基地23家,首批自治区文化创意产品开发示范基地3家,自治区级文化产业示范园区2个。长征国家文化公园(广西段)项目稳步推进。开展“扫黄打非”专项治理行动,全市共查办“扫黄打非”案件73件,收缴各类非法出版物1.09万件,有效净化文化市场。 (市文明办)

统一战线工作

【概况】 2020年,中国共产党桂林市委员会统一战线工作部(简称市委统战部)办公地址在桂林市临桂区西城中路69号。内设科室14个;统一领导市民族宗教事务委员会,加挂市侨务办公室牌子、市台湾事务办公室牌子。年内,市委统一战线工作领导小组引导全市统一战线为桂林“十三五”圆满收官和全面建成小康社会凝心聚力、担当作为。统战信息工作获全国(直报点)二等奖,中共中央办公厅、中共中央统战部《零讯》采用2条;自治区统一战线助力乡村振兴示范村建设和安全饮水工程建设现场推进会在桂林召开;网络统战、完善大统战工作格局、服务引导台籍人才、党外代表人士队伍建设、统战信息、港澳统战等6项工作经验做法得到自治区领导批示肯定;两岸青少年文化交流(校际交流)等“云端”交流活动得到中央台办肯定。

【统战力量彰显新魅力】 2020年,桂林市统一战线组织疫情防控捐款捐物3300多万元;参与脱贫攻坚投入资金4125.3万元,助力消费扶贫带动资金超2.87亿元;19个统一战线助力乡村振兴示范点建设初具成效;“民企入桂”全年签约项目104个,总投资939.89亿元。

【多党合作制度化】 2020年,市委统战部推动多党合作制度化、规范化。民建桂林市委主委在自治区政协会议上发言;民盟中央“守护天使工程”示范基地落户桂林6个县(市),提供资金资助6000万元;九三学社桂林市委率先成立广西市级组织第一个监督委员会。民主党派市委换届工作进展顺利。

【非公经济发展工作】 2020年,市委统战部深入开展解决民营经济突出问题攻坚年活动,收集问题1430个,解决1421个,办结率99%;动员1021家“四上”非公有制企业(规模以上工业、有资质的建筑业、房地产开发经营业、限额以上批发和零售业、限额以上住宿和餐饮业、规模以上服务业法人单位)注册“两个健康”促进云。200多家民营企业和商协会获自治区通报表彰;4名企业家获广西第五届优秀社会主义事业建设者称号。

【港澳台侨工作取得进展】 2020年,桂林市鼓励和支持香港桂林同乡会在香港社会带头发声,支持全国人大有关规定和香港国安法制定实施;“桂林驻粤港澳大湾区人才联络站”在香港挂牌。全面完成国台办重点交流项目,青少年“云端”交流活动引起台湾陆委会的恐慌和阻挠。举办纪念《中华人民共和国归侨侨眷权益保护法》颁布实施30周年系列宣传活动,创新推进为侨服务。

【多领域统战工作呈现新态势】 2020年,桂林市制定出台《加强党员领导干部与党外代表人士联谊交友的实施意见》等制度,科学确认党外代表人士。组织党外专家为146家民营企业提供技术支持。建成新的社会阶层人士区、市、县三级实践创新基地67个,组织网络人士开展助力乡村振兴直播带货等活动,提升新阶层人士影响力。建立新联会网络人士分会14个,打造网络统战工作品牌9个。创新启动国企统战“1+N”和“三个三”模式,国企统战工作逐步标准化规范化。

(毛雯晴)

2020年7月17日,桂林市统一战线网络人士助力乡村振兴现场会在七星区召开。
(市委统战部供图)

巡察工作

【概况】 2020年，中国共产党桂林市委员会巡察工作办公室（简称市委巡察办）办公地址在桂林市临桂新区西城中路69号。内设科室2个；市委共设置市委巡察组6个。年内，市委巡察机构贯彻巡视工作方针，深化政治巡察，推动新时代全市巡察工作高质量发展。

【深化政治巡察】 2020年，市委推进市县巡察工作稳步发展。桂林市聚焦落实党的理论路线方针政策和中共中央重大决策部署，聚焦党风廉政建设、群众身边腐败问题和不正之风，聚焦基层党组织软弱涣散、组织力欠缺问题以及巡视巡察反馈意见、各级督查检查发现问题整改情况强化政治监督。年内，市、县两级巡察共发现问题9689个，移交领导干部问题线索516条，转立案224件，给予党纪政务处分124人。

【推进巡察全覆盖】 2020年，桂林市发挥巡察综合监督平台作用，坚持问题导向，高质量推进巡察全覆盖，确保有形覆盖与有效覆盖相统一。建立"巡察+"监督机制，推进完善纪律监督、监察监督、派驻监督、巡察监督"四个全覆盖"的监督格局，深化巡察与纪检监察、组织、审计、信访等部门协作配合，加强巡前全面沟通、巡中协同配合、巡后整改联动，实现巡察与其他监督思想、责任、机制的贯通融合。联合市纪委监委、市委组织部、市委宣传部、市直属机关工委、市审计局等单位，把常规巡察与选人用人、意识形态专项检查以及机关党建、审计等业务检查紧密衔接起来，用专业的人，干专业的事，整合监督力量，形成监督合力，提高整体监督质效。开展市委第十轮巡察，选人用人和意识形态专项检查组分别发现选人用人方面问题118个，意识形态方面问题88个。2016—2020年，全市共开展11轮巡察，巡察单位104个，巡察覆盖率100%；县级巡察平均覆盖率96.6%，建制村（社区）巡察平均覆盖率98.9%。

【市县巡察上下联动】 2020年，桂林市完善市县巡察上下联动、上下贯通的监督格局，通过"面对面"指导督导、座谈交流、现场调研、日常业务指导等方式，强化对县（市、区）工作的指导、示范和带动作用，扎牢织密上下联动监督网，做到横向全覆盖、纵向全链接、全市"一盘棋"。完善上下联动机制，出台《桂林市市县巡察上下联动一体化建设实施意见》，强化市委和市委巡察工作领导小组对全市巡察工作的领导，构建市县巡察上下联动一体化格局，实现"互学互鉴、指导传导""信息互通、一体运用"的目标。强化对县级巡察工作的指导，实行市委巡察组"一对多"联系指导县（市、区）巡察工作机制，派出2个指导督导组分南北2个片区对部分县（市、区）巡察工作进行全程跟踪指导督导，通过审核巡察方案、现场指导巡察组工作、审核巡察报告、列席书记专题会等方式，以点带面规范县级巡察工作，提高县级巡察质量。针对市县巡察重点难点问题，深入各县（市、区）开展破解"熟人社会"监督难问题专题调研，形成《破除"熟人社会"监督难题，提升巡察质效的探索与思考》调研报告，达到了解实情、破解难题、推动工作的效果。召开2次全市巡察办主任座谈会，交流研讨县（市、区）巡察工作遇到的困难和问题，研究解决办法，推动工作落实。

2020年3月24日，市委巡察办召开桂林市市县巡察工作座谈会议。（俸林嘉摄）

【强化整改落实和成果运用】 2020年，桂林市强化巡察整改落实和成果运用，压实整改责任、强化问题线索处置、加强跟踪督办，做好巡察"后半篇文章"。出台《桂林市委巡察机构与市纪委监委有关部门协作配合机制的意见（试行）》《关于建立市委巡察机构与市信访局工作协调机制的意见（试行）》《关于规范巡察与审计工作协作机制的意见》，建立健全巡察成果运用协作机制、巡察整改监督机制等。持续用好"信息化"手段促进部门联动抓实巡察整改，依托巡察反馈问题整改评估系统，搭建信息化巡察整改平台，建立被巡察党组织"具体抓"，市纪委监委、市委组织部、市委宣传部"督促抓"，市委巡察办"再监督"的工作机制，规范线上巡察整改工作流程，初步建立巡察整改评价评分体系，形成"反馈、整改、统计、督办、销账"工作链，实现线上实时、高效、精准监督。强化业务主管部门的指导督促作用，由市直属机关工委将巡察反馈问题整改情况列入市直机关党组织书记落实管党治党主体责任述职评议内容，压实巡察整改主体责任。发挥巡察治本作用，市本级向被巡察党组织提出意见建议350余条，督促健全完善制度机制189项。持续加大巡察宣传力度，在中央、自治区、桂林市各类媒体刊物发表稿件80余篇。

【推进巡察规范化建设】 2020年，桂林市深化拓展巡察质量提升工程，推进制度机制创新，完善巡察工作流程，规范工作方式方法。制订《市委巡察组工作规则》《桂林市委巡察机构保密工作规定》等10项制度，提升巡察工作规范化水平。严把巡察报告质量关，实行巡察报告“五关把控”机制（报告起草、组长修改、办组联合审核、纪委书记把关、巡察工作领导小组最终审定），严格执行巡察报告问题底稿制度和巡察报告评议制度，提高巡察报告质量。

【配合巡视工作】 2020年，桂林市委巡察机构全力配合市委做好迎接自治区党委第七巡视组巡视桂林市及所辖17个县（市、区）工作的前期筹备、人员抽调、协调联络、服务保障、会议材料起草等工作，确保自治区党委第七巡视组巡视桂林工作顺利进行。配合第八巡视指导督导组“嵌入式”指导督导和自治区党委巡视办对桂林市巡察工作专项检查，组成4个工作组配合自治区专项检查组深入17个县（市、区）开展指导督导。

（市委巡察办）

政策研究

【概况】 2020年，中国共产党桂林市委员会政策研究室（简称市委政研室）办公地址在桂林市临桂区西城中路69号，内设科室7个，增挂桂林市委改革领导小组办公室（简称市改革办）牌子。年内，市委政策研究室（改革办）调研成果丰硕，履行以文辅政职责，高质量完成市委重要文稿政研和改革。牵头建设桂林特色新型智库，完成《桂林市特色新型智库建设对策研究》。

【调研成果丰硕】 2020年，市委政研室围绕市委重大工作部署、研究重大问题、提供重大决策参考的思路组织开展调查研究。全年围绕工业振兴、可持续发展、社会治理、脱贫攻坚4方面建立重点调研课题组，开展深度调研；针对市委重点工作推进中的问题，主动开展专题调研；针对市委领导指定的课题，提出调研报告。全年完成调研课题12项，调研成果转化为市委重大文稿或改革方案。针对桂林工业园区体制改革进展情况，组织团队实地调研，完成《桂林经开区体制改革的实施意见》改革方案、高铁园和高新园区体制运行情况的调研报告。针对桂林招商引资工作存在的问题，组织调研组到贵港市学习，完成《贵港市招商引资工作对桂林的启示》的调研报告，对桂林招商引资工作进行深度的思考，提出解决问题的思路。针对中共中央宣传部关于开展全面小康社会建设百城千县万村调研的要求，组织力量完成《桂林市全面建设小康社会调研报告》，被中共中央宣传部采用，调研成果被刊登在《广西日报》《学习强国》。参加桂林国际消费中心申报材料准备，完成《培育桂林国际旅游消费中心城市研究》的调研报告。针对桂林市新冠疫情的变化，完成《新冠疫情对我市经济社会影响情况》调研报告。针对桂林发展的热点问题，完成《关于桂阳公路文化旅游大道的调研报告》《关于桂林市开展国家可持续发展议程创新示范区建设的调研报告》等调研报告。开展党委政研（改革）系统大调研活动，结合自治区党委政研室“大学习大调研”活动，开展桂林市党委政研（改革）系统大调研活动，围绕桂林国际旅游胜地和国家可持续发展议程创新示范区建设、工业振兴、乡村振兴、改革开放、脱贫攻坚、社会和谐稳定、全面从严治党等重点工作进行调研，全市共完成调研课题56篇。5篇调研成果获自治区奖励。

【完成市委重要文稿编写】 2020年，市委政研室共参与或牵头完成市委文稿10多篇，组织文稿写作团队参与起草全市领导干部大会、全市年中工作会、市委全体委员会等重要会议的市委主要领导讲话。完成桂林经开区体制改革文件、经济运行情况的报告等文稿的起草。完成新冠疫情情况汇报、“十四五”规划设想等上报自治区党委的材料，牵头起草的《中共桂林市委关于制定桂林市国民经济和社会发展第十四个五年规划和二〇三五年远景目标的建议》，成为桂林市“十四五”经济社会发展指导性文件。

【深化改革成效显著】 2020年，市委政研室精准对接落实上级改革任务部署，完成市委全面深化改革委员会（简称市委深改委）工作要点的起草，经市委深改委审定后印发实施，形成了涵盖9大重点领域的59项重点改革清单。全面对接走访市直部门30多个，压实重点改革任务主体责任。全年筹办市委深改委会议4次，协调提请会议审议改革方案文件23项、听取专项改革情况汇报7项。狠抓改革督察问效，采取专项督察、定期报告、绩效考评等方式狠抓督考问效。完成年度改革督察计划，全年开展改革专项督察5次；每季度组织开展重点改革定期报告工作；制定实施年度改革绩效考评方案，严格开展改革绩效考评工作，推动重点改革任务落实。狠抓改革系统集成，争取恭城瑶族自治县成为自治区5个乡村振兴改革集

2020年5月9日，市委政研室调研三大园区发展。 （市委政研室供图）

成试点之一,协调指导恭城瑶族自治县制订印发试点实施方案,在恭城瑶族自治县召开全市农村改革集成现场推进会,《人民日报》《经济日报》《广西日报》等媒体多次报道恭城瑶族自治县集成试点经验,恭城瑶族自治县"组甲制"乡村治理模式入选自治区改革典型经验推广清单。深入挖掘、推介桂林市的特色改革经验,桂林市"无差别全科受理窗口"政务服务新模式等4项改革经验入选自治区改革典型案例复制推广清单。组织召开8次协调会、开展10余次调研督导,有序推进自治区6批次改革典型经验落实。在各级媒体推介宣传报道桂林市改革成果,"县管校聘"改革、雁山社会治理等改革经验成果被国家发改委《改革内参》采用刊发,面向全国宣传推介;在《经济日报》《广西日报》等媒体多次刊发桂林市改革经验成果;在《广西改革信息》刊发改革信息数量排名自治区第二;在《桂林日报》开设"聚焦全面深化改革"专题,集中刊登桂林市改革成效;在《今日桂林》开设"改革前沿"版块,集中刊发改革创新举措及成果成效30多篇。59项年度重点改革任务达到预期目标。全面铺开县域中小学教师"县管校聘"改革,改革经验在自治区推广;医联体改革继续走在自治区前列,全国和自治区医共体建设经验交流及工作推进现场会先后在恭城瑶族自治县召开,桂林市及灌阳县、恭城瑶族自治县获评"自治区医联体建设考核红榜城市";生活垃圾分类管理走在自治区前列;河湖管护体制改革成效明显,在自治区综合评价排名第一;桂林市及灵川县获评全国农村承包地确权登记颁证工作典型地区。新型农业经营主体培育力度成效显著,6家农民合作社入选2020年全国农民合作社500强,入选数量自治区第一;桂林市获批广西首批"枫桥式派出所"数量居自治区第一;"无差别全科受理窗口"政务服务新模式等4项改革经验列入自治区改革典型经验推广清单,桂林市特色改革经验入选数量居自治区第二。

【强化阵地建设】 2020年,市委政研室加强意识形态阵地建设,《今日桂林》围绕市委中心工作,刊发宣传市委五届六次全会、全市"两会"等重要会议稿件。在《今日桂林》设置理论学习专栏,刊登桂林市各级理论学习中心组学习习近平新时代中国特色社会主义思想的理论文章,营造导向鲜明的舆论氛围。参加中国城市党刊省际宣传合作,与其他城市党刊的宣传互动、信息互通、资源共享。

(刘泽兴)

党　　校

【概况】 2020年,中国共产党桂林市委员会党校(简称市委党校)办公地址在桂林市象山区万福路25号,为"两校两院"体制格局(市委党校、市行政学院、市社会主义学院、桂林市团校),内设科室19个(含机关党组织)。在职教职工112人,其中参照公务员法管理人员39人、专业技术人员64人(专职教师41人)、工勤人员9人;共有副高级以上职称人员18人,中级职称32人。

【干部教育培训】 2020年,因受到新冠病毒疫情影响,5月下旬开始承接培训班次,7个多月共举办县处级领导干部进修班、新任县处级领导干部培训班、中青年干部培训班、党外科级干部培训班、少数民族及女干部培训班、年轻干部培训班、村级党组织建设质量提升培训班等各类培训班次177期,培训人数1.53万人次,上缴财政非税收入1843.77万元。承接的班次主要来自党政机关、国企、高校等,其中三分之二的班次来自市外。年内,市委党校注重加强学员的基本理论和党性教育,做到党的重大理论成果、重大战略部署及时进课堂,每一期主体班教学课程中党性教育和理论教育课程都达70%以上。坚持把马克思主义经典著作导读课和深入学习党的十九大精神、中共中央总书记习近平系列重要讲话精神作为主体班教学的主要内容,开设《共产党宣言》导读、《关于正确处理人民内部矛盾的问题》导读、《为人民服务》原著导读、《习近平谈治国理政》(第三卷)导读、《学习贯彻习近平新时代中国特色社会主义思想》《〈习近平七年知青岁月〉对青年干部的启示》等课程。落实领导干部上讲台制度,市长秦春成等10名市委领导走上党校讲台,还邀请自治区人民政府参事、自治区决策咨询委员会专家黄健等10余位专家给学员们授课。5月成立桂林市干部教育现场教学精品课开发领导小组,组织开发精品课程,包括涉及湘江战役党性教育课程5门,乡村振兴、基层党建、生态文明、文旅融合课程4门,经过7个多月的调研备课和专家评审,精品课程全部通过审核。

【推广行动学习法】 2020年,市委党校被列为自治区行动学习试点单位,市委党校把行动学习理念和方法融入主体班的咨政报告选题和调研写作过程中,在公开发行的《中共桂林市委党校学报》开设行动学习专栏,将行动学习方法引入全市领导干部党的十九届四中全会精神学习研讨中,同步开展四大行动学习项目,促进干部教育培训高质量发展。市委党校承办由自治区党委组织部主办的2020年广西行动学习精品课评比,与广西行动学习研究会共同举办第3期"知微行远"行动学习助力党性教育"最后一公里"论坛。

【开放办学】 2020年,市委党校加强与广东、江西、福建、贵州、河南等省的相关市党校(干部学院)对接交流,互相派出主体班和教师到对方党校、干部学院异地教学,参加在延安举行的长征沿线重要节点城市"长征论坛"。12月15日—17日,市委党校承办全国红地标党校"长征主题"精品课程展示交流活动,嘉兴、赣州、龙岩、遵义、延安、吉安、石家庄、瑞金、桂林9个党校(干部学院)教师参加精品课展示交流活动,加强"红地标"党校红色主题课程交流学习,推进红军长征沿线地市级党校的合作与发展。

【科研咨政】 2020年,市委党校共获课题立项51项,课题结项21项。其中参与国家课题立项1项,课题结项2项;获省级课题立项8项,课题结项2项;参与编写由红地标党校共同编辑出版的画说"红地标"系列丛书之《画说湘江战役》,并将其列为2020—

2020 年 8 月 24 日,桂林市第一所乡(镇)党校——临桂区中庸镇党校挂牌。
(许洁摄)

2021 年校级重大课题。全年教研人员在各级各类刊物上公开发表学术论文 36 篇;参加国内各级各类理论研讨会 11 个,提交论文 100 篇,其中获奖论文 27 篇;《党校咨政报告》内刊共刊载教研人员咨政报告 15 篇。承办广西党校系统“传承红色基因　牢记初心使命”理论研讨会,举办桂林市党校系统科研咨政能力提高班。

【乡(镇)党校建设】 2020 年,市党校贯彻《中国共产党党校(行政学院)工作条例》《中共广西壮族自治区委员会党校关于推进乡(镇、街道)党校建设的指导意见》精神,支持有条件的乡(镇)设立党校。年内,桂林市有临桂区中庸镇、全州县两河乡、兴安县华江瑶族乡、阳朔县兴坪镇、雁山区草坪回族乡、雁山区雁山镇莫家村党校等乡(镇)、村党校举行揭牌仪式并举办乡村党员干部培训班。　(蒋春艳)

党史工作

【概况】 2020 年,中国共产党桂林市委员会党史研究室(简称市委党史研究室)办公地址在桂林市临桂区西城中路 69 号,内设科室 4 个。年内,市委党史研究室发挥党史部门的存史、资政、育人职能,推动全市党史工作高质量发展。

【党史编撰】 2020 年,市委党史研究室完成《中国共产党桂林历史(第三卷)》约 60% 的初稿;完成《中共桂林市委执政纪实(2019)》编辑出版工作;启动《桂林百年党史大事记》编纂工作;做好《中共广西区委执政纪事(2020)》桂林资料收集报送工作;完成近 30 万字《红军长征过桂北——参考资料》书稿的初稿。开展《“一切为了前线,一切为了胜利”专题资料集》资料收集工作。

【资政工作】 2020 年,市委党史研究室开展《奋进新时代——党的十八大以来桂林改革发展纪实》编撰出版工作。参与《长征国家文化公园(广西段)建设保护规划(2020—2023 年)(建议稿)》的修改。参与审改《抗日烽火映桂林——桂林抗战纪实文物史料陈列升级改造方案》工作。参与“红军长征湘江战役纪念林六处主题雕塑设计方案”的修改工作。参与桂林市 2020 年现场教学精品课程开发工作。参与桂林博物馆“漓水春秋——桂林历史文化陈列”湘江战役及抗战文化城展陈内容调整提升工作。为桂林市党群服务中心提供有关湘江战役材料。

【宣传教育】 2020 年,市委党史研究室制定印发《2020—2022 年党史宣传教育工作规划》,与市委组织部等 6 个部门联合印发《关于进一步发挥桂林市爱国主义教育基地宣传教育作用的通知》。深化党史国史宣讲,全年宣讲桂林地方党史和红军长征湘江战役 20 余场次,受众 3000 多人。与桂林市委组织部等单位在桂林师范高等专科学校联合承办“追寻——迎接建党百年红色故事会走进广西桂林”宣讲活动。组织开展第三届广西党史微视频大赛。与市委宣传部、市教育工作委员会联合部署“迎接中国共产党成立 100 周年”广西党史知识竞赛活动。在桂林讲古堂(桂林东巷)组织开展以“追忆桂林抗战往事,保护桂林抗战遗址”为主题的抗战胜利纪念日宣传纪念活动。

【党史专家库建立】 2020 年,市委党史研究室在单位推荐、个人自荐的基础上,遴选确定桂林市第一批 26 名党史专家,制定印发《关于公布桂林市党史专家库第一批专家名单的通知》《桂林市党史专家库管理办法(试行)》。为构建开放的党史工作格局,推进党史工作跨部门、跨领域合作,加强桂林党史人才队伍建设,提高桂林党史研究水平奠定人才基础。
(市委党史研究室)

保密工作

【概况】 2020 年,中共桂林市委保密委员会办公室(简称市委保密办)与桂林市国家保密局一个机构两块牌子,办公地址在桂林市临桂新区西城大道 69 号,内设科室 2 个,下设桂林市保密技术服务中心。年内,市委保密办加强对机关、单位保密工作的指导和监督,组织开展保密督查检查、保密技术防护、保密宣传教育、案件查处等各项工作。持续加强保密宣传教育力度,督促指导全市市直单位、各县(市、区)干部职工开展保密专题教育全覆盖。

【保密管理】 2020 年 4 月,桂林市国家保密局向各县(市、区)、市直各单位印发《关于开展涉密人员复审工作的通知》,组织各单位对涉密人员展开复审工作，规范全市涉密人员管理，实现涉密人员管理常态化、动态化。组织各县(市、区)、市直各单位对2010年产生的秘密级国家秘密事项、2020年到期的国家秘密事项进行解密审核，以及对2019、2020年度定密事项进行统计。11月，桂林市国家保密局向市直各单位转发国家保密局《国家秘密解密暂行办法》，指导各单位依照办法做好解密相关工作，及时对国家秘密事项解密进行审核。组织人员对各单位开展涉密载体管理专项检查，提高涉密载体保密管理能力。加强涉密载体销毁工作，2020年度为57个机关、企事业单位提供涉密载体销毁服务，共销毁纸质涉密载体7.2吨，U盘161个，硬盘156块，内存条28条，SD卡7张，软驱2个，刻录机2个，光盘1191张，芯片1个，读卡器2个。

【保密宣传教育】 2020年4月，桂林市各级机关、单位涉密人员和在职人员(含跟班借调人员)观看中央保密办、国家保密局制作的《网络密战》保密专题教育片，全市各级机关单位共1.3万人观看警示教育片。深入开展保密培训，派人到平乐县、叠彩区、临桂区、市纪委监委、市委组织部、市委党校主体班、公务员初任培训班等县(区)、单位讲授保密课，听课人次2000人。8月27日，组织开展全市各县(市、区)机要保密办主任及保密工作业务骨干培训班，学习《中华人民共和国保密法》《中华人民共和国保密法实施条例》以及《党政领导干部保密工作责任制》等保密法律法规文件。10月30日，组织开展市委保密委委员、县(市、区)保密委主任和机要保密办主任专题培训。年内，国家保密局《保密工作》杂志刊用2篇稿件，自治区国家保密局《保密工作简报》刊用稿件25篇。开展学刊用刊工作，向全市发放《保密工作》《保密科学技术》《信息安全保密问题与应对》等宣传教育资料2056份。

【保密检查指导】 2020年，市委保密办、桂林市国家保密局成立2个检查组，组织开展历时1个半月保密工作综合检查，主要检查涉密政府采购、保密自查自评、定密管理、非涉密和涉密计算机管理、信息公开保密审查、涉密载体保密管理情况，对检查中存在问题的单位给予纠正，督促限期整改。强化对国家各类考试的监督指导，组织对高考、中考、高中学业水平考试、研究生入学统一考试、法律职业资格考试、教师资格考试、医师资格考试等各类考试的保密管理情况进行检查，确保各类考试期间不发生失泄密行为。加强对资质申请材料的审核把关，桂林市国家保密局共接到广西方大印务有限责任公司、广西北斗星测绘科技有限公司资质申请材料，按时审核申请材料并报自治区国家保密局。 (刘博通)

2020年4月26日，桂林市委保密委员会全体会议暨全市保密工作会议在市会议中心召开。 (市委保密办供图)

信访工作

【概况】 2020年，桂林市信访局办公地址在桂林市临桂区西城中路69号，内设科室6个。年内，全市信访系统畅通信访渠道，抓好源头预防和矛盾化解，聚力市域社会治理突出问题集中整治百日攻坚，全力办理中央、自治区交办桂林市信访事项，完成全国、自治区“两会”，中共十九届五中全会、第十七届中国－东盟博览会等重大活动的信访保障任务，实现四项重要信访指标下降(比上年，下同)50%以上的工作目标，有效维护群众合法合理权益，确保全市社会和谐稳定。

【市、县两级信访】 2020年，桂林市、县(市、区)两级信访部门共受理群众来信、来访、网上投诉7020件7791人次，件次增长116%，人次增长97.99%。其中来访445批1216人次，来信及网上投诉共6575件次(其中上级转送信访件1672件次，市级群众来信381件次，市级群众网上投诉4522件次)。

【办理中央、自治区交办桂林市信访事项】 2020年，中央第二巡视组、自治区党委第七巡视组和中央信访工作联席办共交办桂林市信访事项2555件。其中，中央、自治区信访联席办交办信访积案25件，总化解率100%，实体化解率84%；中央信访工作联席办交办重复信访事项636件、中央第二巡视组交办信访事项844件、自治区党委第七巡视组交办信访事项1050件。已按期办理中央第二巡视组交办的信访事项共844件，按时办结率为100%。

【信访新成效】 2020年，桂林市信访局全面推动人民群众合理诉求化解，扭转“广西信访看桂林”的被动局面，信访保障形势持续好转，桂林市信访局被自治区党委、自治区人民政府记一等功。年内，桂林市信访局参加自治区区直机关第五届职工岗位技能大赛暨2020年自治区信访系统业务技能竞赛，获集体二等奖、个人一等奖和个人三等奖。

【涉疫信访化解】 2020年，桂林市信访局面对新冠疫情，及时关闭信访接待场所，确保接待场所“零疫情”、人员“零感染”。全线开通网上信访窗口，保证群众上访渠道畅通，合理诉求得到及时就地解决。年内，桂林市共排查涉疫信访矛盾纠纷76件，并全部落实领导包案化解。

【市域社会治理百日攻坚】 2020年，桂林市信访局参与桂林市委、市人民政府在全市开展的市域社会治理突出问题集中整治百日攻坚行动。结合国家信访局重复信访问题三年治理工作计划，督促各县（市、区）严格落实主体责任、属地责任，形成以各级党政领导牵头包案、责任部门主动作为、信访群众事心双解的信访积案化解攻坚机制和依法、规范、高效、持续的重复信访事项治理机制。（侯海洋）

档案工作

【概况】 2019年党政机关机构改革后，桂林市档案局（桂林市档案馆、桂林市档案文件信息服务中心）承担的行政职能划归市委办公室，市委办公室加挂市档案局牌子，内设档案事业发展和管理科，行政编制3名。桂林市档案馆为市委直属事业单位，由市委办公室代管，机构规格为正处级公益一类事业单位，不再加挂桂林市档案文件信息服务中心牌子，办公地址在桂林市临桂区西城中路69号，内设办公室、接收保管利用科、编研宣教科、电子档案信息科、征集鉴定科、机关党组织，人员编制23名。全市有档案馆21个，其中国家综合档案馆18个〔市级和17个县（市、区）各1个，桂林市档案馆、七星区档案馆、恭城县档案馆、兴安县档案馆为国家二级档案馆〕；专业档案馆3个（桂林市房产档案馆、桂林市国土资源档案馆、桂林市城市建设档案馆）。全市机关、事业单位档案室中，有特级档案室4个（桂林市人民检察院档案室、桂林市税务局档案室、桂林市中级人民法院档案室、桂林市秀峰区人民检察院档案室）、一级档案室52个、二级档案室23个、三级档案室22个。2020年，全市各级档案部门认真履行“为党管档、为国守史、为民服务”职责使命，扎实推进档案治理体系和档案资源体系、档案利用体系、档案安全体系建设，全市档案事业发展为桂林经济社会发展作出积极贡献。

【档案馆库建设】 2019年，桂林市档案局加强全市各级综合档案馆新馆建设督促指导，新馆建设工作取得新进展；协助自治区档案局和桂林市有关部门对全市县级综合档案馆新馆建设进行调研督查，协调解决综合档案馆新馆建设推进中遇到的困难和问题，确保列入《中西部地区县级综合档案馆建设规划》项目得到中央预算内资金支持。2020年，桂林市档案局全力推动全市各级综合档案馆新馆建设，督促完善馆库功能，档案基础设施明显改善。截至12月末，桂林市档案馆和永福县、资源县、荔浦市、雁山区已建成综合档案馆新馆并投入使用，全州县、阳朔县、灌阳县、临桂区综合档案馆新馆已完成主体工程，灵川县、兴安县、龙胜县、平乐县、秀峰区、叠彩区综合档案馆新馆建设项目开工建设。全市各级综合档案馆新馆建设投资1.28亿元，总建筑面积3.66万平方米。

【档案信息化建设】 2019年，桂林市档案局加强全市各级综合档案馆馆藏传统载体档案数字化的督促指导工作，支持桂林市档案馆争取申报档案数字化专项资金，列入年度数字桂林建设项目。2020年，桂林市档案局加快推进数字档案馆（室）建设力度，鼓励支持符合条件、有数字档案馆（室）建设能力的单位，申报自治区级数字档案馆（室）试点，桂林市档案馆、桂林市城市建设档案馆列入自治区级数字档案馆（室）建设试点单位。桂林市档案馆争取专项资金推进馆藏档案数字化工作，编制《桂林市档案馆数字档案馆信息化建设项目实施方案》。至年末，全市各级综合档案馆完成纸质档案数字化1192万多页。

【档案宣传】 2019年，桂林市档案局加强《中华人民共和国档案法》等法律法规宣传工作，联合6个城区开展“6·9”国际档案日宣传活动，广泛宣传档案知识、档案利用、档案征集等内容，图文并茂展现桂林市及各城区经济社会发展取得的工作成效，让群众切实感受到档案工作“记录历史、传承文明、服务社会、造福人民”的作用；组织开展档案宣传信息编报，在各级档案刊物、网站刊登文章300多篇。2020年，桂林市档案局围绕“档案见证小康路、聚焦扶贫决胜期”主题，组织全市各级档案部门运用档案陈列展、电视台、报刊、“两微一端”、移动多媒体，开展内容丰富、形式多样的档案宣传活动；组织200多人参加全国档案安全知识竞赛活动；结合创建全国文明城市工作，组织档案人员到包联社区，走访入户发放《档案普法宣传册》《兰台小红工作记》等宣传册；在东西巷讲古堂举办档案专题讲座，宣传解读档案法律法规，增强全社会档案意识。

【档案安全管理】 2019年，桂林市档案局督促全市各级档案部门落实档案收集、整理、保管和利用制度规定，加强档案库房管理，定期排查安全风险隐患，全年未发生档案损毁和失泄密情况。2020年，全市各级档案主管部门强化各级综合档案馆（室）安全责任意识，组织对市、县级1202个单位档案室的安全管理工作进行检查，督促指导21个档案馆开展安全风险隐患排查，保障档案实体和档案信息绝对安全。全市各级档案部门建立健全档案保管利用安全制度和档案安全应急预案，落实档案安全管理责任制，定期开展档案库房安全检查、突发事件应急演练、风险隐患排查治理等活动，提高档案安全应急处置能力，严守档案安全底线。桂林市档案馆对新搬迁后的馆库设备和装修中存在的问题及时组织开展整改，确保各项设施设备和系统保持良好工作状态。

【档案业务建设】 2019年，桂林市档案局组织对全市101家单位开展档案工作年度检查，以协作组为单位，通过自检自查、集中检查等方式进行年检，夯实档案业务基础；在全市加大推广

2020年8月12日，桂林雅园碑林院向桂林市档案馆捐赠《桂林山水诗》百米长卷手稿。

（桂林市档案馆供图）

GD2016档案管理软件的培训使用，培训档案人员120多名。桂林市档案馆全年共接收档案464盒、7651件，接收电子材料1867份，公开纸质文件材料2364份、电子信息目录1946条，接待查档3582人，调卷5747卷，项目数字化调阅档案2.11万卷；编写《2019年档案利用效果实例》31篇；组织全州县、兴安县、灌阳县、资源县、龙胜县征集湘江战役红军遗骸收殓保护工作档案资料7大类19件；编辑出版国家重点档案保护与开发项目《烽火绿洲——桂林抗战文化城影像志》。2020年，桂林市档案局组织对103家单位开展档案工作年度检查，通报检查结果并督促做好整改工作。桂林市档案馆加强档案征集力度，提升档案开发利用服务能力，全年接收档案496卷，提供档案利用5402卷（件）次，接待查档2882人次；完成《桂林市政府工作报告》（2012—2020）、《五四运动档案史料汇编》等编写任务；制作“重建逍遥楼”“抗战老兵访谈录”等专题展览。全市18个综合档案馆成功接入广西档案信息资源共享平台，档案服务更加优质便捷。

【档案监督指导】 2019年，桂林市档案局全面开展机构改革涉改部门档案处置工作，督促指导全市220个涉改（撤并）单位做好机构改革后各种载体档案的收集、整理、保管和交接工作，确保涉改单位档案齐全完整；全面推进工业园区档案规范化工作，指导桂林高新区、临桂新区、经济技术开发区的档案业务管理及归档工作，制定分类方案和整理细则；做好重大项目管理工作，对重大建设项目巡查指导11次，确保落户桂林市的13个自治区层面重大建设项目通过档案专项验收。2020年，桂林市档案局加强对重点领域、企业事业单位档案工作的指导监督，做好自治区层面重大建设项目，全市农村土地确权、脱贫攻坚、疫情防控等方面档案业务指导，规范档案整理和保管；加强机关、企事业单位的档案工作检查，指导自治区第五戒毒所晋升自治区一级档案室，桂林市行政审批局、桂林市税务局、桂林银行规范建立综合档案室；指导市、县两级第二次全国污染源普查档案专项工作通过验收。

【档案行政审批事项管理】 2019年，桂林市档案局在广西一体化网上政务服务平台完成政务服务事项基本目录及实施清单的认领和录入，梳理监管事项清单，整改行政权力事项清单，确保档案行政审批事项明晰化。2020年，桂林市档案局做好深化相对集中行政许可权改革试点工作，将“延期向社会开放档案审批”事项的受理、审查、审批、决定送达划转相关部门依法行使，加强划转事项的事中事后监管，落实监管责任；做好“一窗”分类受理，编制《全科受理前台接件审查要点——社会事务（档案类）》《办理行政许可事项审查要点——社会事务（档案类）》《档案类行政事项办理接收材料表（事项颗粒化）》，促进档案行政审批工作规范化。

【档案职称评审和档案室等级认定】 桂林市档案局严格按照职称评审标准和程序，做好档案系列职称评审工作，组织评委会对当年申报中级、初级职称的人员进行评审。2019年审核副高级职称申报材料2人，审核中级、初级职称申报材料53人；2020年审核副高级职称申报材料5人，审核中级、初级职称申报材料54人。组织做好档案室等级认定工作，2020年对兴安县气象局、平乐县人民法院开展档案室等级认定工作。

（桂林市档案局　桂林市档案馆）

老干部工作

【概况】 2020年，中国桂林市委老干部局（简称市委老干部局）办公地址在桂林市临桂区西城中路69号，内设科室5个，下设参照公务员法管理事业单位4个，市关心下一代工作委员会办公室设在市委老干部局。10月，中共桂林市委老干部局被自治区党委、自治区人民政府表彰为“退役军人服务管理工作先进单位”。至年末，全市共有离休干部506人，平均年龄91.7岁。其中，市直单位320人、县（市、区）186人；行政机关离休干部184人，事业单位离休干部114人，企业单位离休干部208人；抗战时期参加革命工作的33人，解放战争时期参加革命工作的473人；享受厅级待遇的33人，享受处（县）级待遇的343人，享受科级待遇及其他130人。

【加强离退休干部党组织建设】 2020年，市委老干部局推进离退休党支部标准化规范化建设试点工作，对列入广西试点建设的七星区机关退休第五党支部等4个党支部，在政治思想建设、组织建设、队伍建设、活动开展、制度落实、工作保障等各方面进行全面督促指导，试点党支部全面建设水平得到提升。在建立完善“老党员驿站”的基础上，创新推动在象山机关大院成立临时党支部，确保离退休党员处在党组织的教育管理之中。2020 年 7 月，广西离退休干部党支部建设现场推进会在桂林召开，会上推广“桂林经验”。

【落实老干部各项待遇】 2020 年，市委老干部局树立精准服务意识，用心为老干部办实事做好事解难事。春节前在《桂林日报》刊登致全市离退休干部春节慰问信，做好春节走访慰问离退休干部工作，共走访慰问企业离休干部 142 人，发放春节慰问金 14.2 万元、健康疗养费 7.16 万元。全市共发放享受生活完全不能自理的离休干部春节慰问金 8.67 万元，发放去世离休干部家属慰问金 1.86 万元。建立和完善特殊困难离退休干部帮扶机制，全年共支出帮扶资金 5 万元，帮扶困难离休干部 8 人。精准做好抗美援朝纪念章统计申报工作。扎实做好企业离休干部服务管理工作，全程参与财政资金补助企业离休干部离休费、医疗费的申报审批和发放工作，审核市直企业离休干部享受财政补助医疗统筹费名单共 144 人。组织市本级副处级以上退休干部和离休干部进行健康体检，做好对患病住院离休干部和四家班子老领导、易地安置老干部的看望慰问工作。在全市各级老干部工作部门中组织“登门入户解难题”走访老干部活动，梳理老干部提出的困难问题，建立问题清单，帮助老干部解决实际困难 17 件。做好新冠肺炎疫情防控期间离退休干部工作，宣传贯彻中央、自治区和市委关于疫情防控部署要求，为部分困难老干部送去口罩，注重发挥离退休干部党组织和离退休干部党员先锋模范作用，引导大家自愿捐款，展现老党员的良好风采。

【组织老干部开展活动】 2020 年，市委老干部局持续引导老干部为党和人民的事业增添正能量。春节前，组织部分离退休干部参加全市春节团拜会，举办“党建引领齐奋进、乐为桂林创辉煌”为主题的全市离退休干部迎新春团拜游园活动。组织开展桂林市新时代文明实践“进社区访民情”活动和创建全国文明城市志愿者参与活动，开展“多彩金秋・乐为桂林”文化活动月，丰富离退休干部精神文化生活。

【引导老干部发挥作用】 2020 年，市委老干部局引导广大老干部为全市经济社会发展贡献智慧和力量。持续推进“银发人才”工程，挖掘更多有专业特长的离退休干部加入“银发人才”队伍，构建“银发人才”智慧平台，助力胜地建设、脱贫攻坚、乡村振兴、民生事业。打造提升“乐为桂林”党建品牌，继续与桂林电视台联合推出《板路》栏目之“乐为桂林”节目，宣传报道桂林离退休党员干部先进典型。组建成立 31 支“乐为桂林”老干部志愿者服务队，在关爱未成年人、城市管理、政策宣传、医疗保健、服务“三农”、产业扶贫等方面发挥余热。

【做好关心下一代工作】 2020 年，桂林市基层关心下一代工作委员会组织有 2752 个，“五老”（老干部、老战士、老专家、老教师、老模范）骨干 9000 人；全市“五老”组织 1329 个，“五老”志愿者3万人。年内，组织“五老”进校园、进社区，开展“共和国英模进校园”“扣好人生第一粒扣子”“传承红色基因，争做时代新人”等各种报告会、宣讲会及文艺演出活动 1000 多场次，受教育未成年人达 40 万多人次。举办桂林市庆“六・一”暨“3 元计划・爱心工程”资助困境儿童活动，为全市 1000 名困境儿童发放每人 800 元的现金扶助。年内，桂林市关心下一代工作委员会评为全国关心下一代工作先进集体，市委老干部局刘琴被中国关工委、中央文明办评为全国关心下一代工作先进工作者。 （王宏宇）

机构编制

【概况】 2020 年，中国共产党桂林市委员会机构编制委员会办公室（简称市委编办）办公地址在桂林市临桂区西城中路 69 号。内设科室 6 个；下辖 1 个参照公务员法管理事业单位（市事业单位登记管理中心）。年内，市委编办服务改革、服务发展、服务民生，持续完善党政机构职能体系，协同推进重要领域体制机制改革。至年末，全市有县以上行政机构 1049 个，其中市级 85 个、县级 964 个。

【巩固机构改革成果】 2020 年，桂林市对市直各部门机构改革后运转情况进行“回头看”，通过汇总部门自查情况及实地调研，共收集到 28 个党政部门提出的意见建议 67 条，经梳理和研究后分类逐一答复，做到事事有回应，件件有落实，党政机构职能更加优化，机构改革成果得到巩固和发展。完成市本级森林公安垂直管理制度改革，将市森林公安局及其直属分局、直属派出所整建制划转市公安局直接领导管理，理顺行业公安机关管理体制，优化机构职能配置，提升警务效能。

【经营类事业单位改革完成】 2020 年，桂林市拟订经营类事业单位改革工作方案，深入各县（市、区）和涉改

2020 年 4 月 21 日，桂林市召开机构编制工作会议。 （赵文杰摄）

单位摸底调研，结合单位实际分步分类推进改革。协同财政、人社、国资出台人员安置、社保衔接及资产处置相关配套文件，为改革提供政策支持，多次联合会审转企改制单位方案。7月，全市59个经营类事业单位全部完成改革任务。

【园区管理体制机制改革持续深化】2020年，桂林市对桂林市经济技术开发区重新赋予新的发展定位，对其管理机构重新赋予职责，市委编办参与制订《深化桂林经济技术开发区体制机制改革实施方案》，印发桂林经济技术开发区“三定”规定。优化和调整桂林国家高新技术产业开发区、桂林经济技术开发区领导职数，为园区产业发展提供更优化的体制机制保障。完善派驻桂林国家高新技术产业开发区机构设置，设立桂林市自然资源局高新分局、高新区生态环境局，履行园区内相应的管理职能。

【基层整合审批服务执法力量改革加快推进】2020年，市委编办完善基层组织架构，组成调研组，深入兴安县、阳朔县、荔浦市、平乐县开展实地走访调研，对乡（镇）审批服务执法机构的编制、人员等要素进行摸底掌握，研究制订《推进基层整合审批服务执法力量工作指导口径》并印发县级编办，指导开展乡（镇）机构改革工作。配合市委组织部拟订《桂林市街道管理体制机制改革实施意见》，推进街道管理体制机制改革。指导县级在乡（镇）党政职能机构限额内设置社会治安综合治理办公室，负责综合行政执法统筹协调和监督指导工作。以乡（镇）“四所合一”机构为基础，扩大综合行政执法范围，建立“多所合一”机构，逐步实现基层一支队伍管执法。

【服务保障发展】2020年，市委编办盘活编制资源，保障市重点中心工作和公共民生服务需要。按标准重新核定市区学校教职工编制。加强市区中小学、幼儿园和特殊教育学校机构编制管理，按标准重新核定市区学校教职工编制8108名（比原编制增加508名）。加强教职工队伍建设，对市区学校编制结构进行调整，在自治区核定的市区事业编制总量内，将市本级和五城区核定的1732名聘用教师控制数按50%的比例置换为事业编制。加强疫情防控做好履职保障，对于疫情防控所需涉及的机构编制事项，进行优先办理、特事特办。在自治区关心关爱支援湖北省医疗队员措施基础上，申请将桂林市新冠肺炎定点医院——第三人民医院隔离病区的医务人员纳入此次直接考核入编范围，共为42名编外一线防疫人员办理入编相关手续。加强桂林市网络安全和信息化工作力量，成立市互联网舆情中心；为支持桂林国际旅游胜地建设，成立桂林旅游综合医院；为加强社会治理和应急指挥工作，在市应急救援综合服务中心基础上，组建市社会治理和应急指挥中心。

【机构编制问题整改】2020年，市本级和各县（市、区）编办制定整改方案，采取严把进人关口、协调主管部门系统内部调整人员、结合乡（镇）空编率过高问题调剂干部、增核调剂行政和事业待分配编制等措施，推进机构编制问题整改。年内，全市违规机构编制问题基本得到消化。（李伟富）

机关党建

【概况】2020年，中国共产党桂林市委员会直属机关工作委员会（简称市委直属机关工委）办公地址在桂林市临桂区西城大道69号，内设部室6个。年内，市委直属机关工委以做好“三个表率”，建设“模范机关”，全面推进机关党建高质量发展。年末，市直机关工委直属党组织82个，其中党委47个，党总支部16个，党支部19个；管理党员2.17万人，其中在职党员1.43万人，离退休党员7413人。

【组织党员开展疫情联防联控】2020年年初新冠肺炎疫情期间，市委直属机关工委向市直机关党组织和广大党员干部发出倡议书，组织动员机关党员干部与社区党组织共同落实疫情联防联控措施。在新冠肺炎疫情防控中，直属机关所有党组织共与125个社区（城中村）结对子，1200名处级领导干部带领1.5万名党员干部轮流到社区报到，每天到岗党员干部800多人，在一线主动认领责任区600多个、服务岗800多个。广大机关党员自愿捐款177万元。火线发展党员40名。举办直属机关抗疫先进事迹报告会，7名抗疫先进党组织代表和优秀党员代表讲述战“疫”中最难忘的经历、最感人的故事。

【夯实机关党建政治责任和党建品牌】2020年，市委直属机关工委推动机关党组织特别是党组织书记履行抓基层党建政治责任，从往年度被市委第七、八、九轮巡察的市直机关党组织中，选取9个机关单位党组织书记进行现场

2020年7月22日，市委直属机关工委举办市直机关党建品牌建设暨党支部标准化规范化建设现场推进会。（市委直属机关工委供图）

述职,将市委巡察组巡察反馈问题列入工委述职评议主要内容。召开市直机关党建品牌建设暨党支部标准化规范化建设现场推进会,分组现场考察7个单位党组织的党建品牌建设情况;听取4个单位机关党委作经验介绍;为"学思践悟 书香政协"等26个党建品牌授牌。年末,机关党组织自主创建的党建品牌370多个。组织起草《深化市直机关党建品牌建设暨基层党组织达标创优工作方案》,方案以星级评定和品牌建设为重点,将所有党的建设工作融合在一个方案中,便于推进和考核。组织召开分片联系党组织专职副书记、党务工作者座谈会4场次,听取机关基层党组织意见。

【加强干部培训】 2020年,市委直属机关工委在深圳经理进修学院举办市直机关党务干部"奋进新时代,担当新使命"党性教育培训班,120名党务干部参加学习培训。组织举办市直机关新任党支部书记培训班,市直机关80名新任党支部书记参加培训。举办党员发展对象培训班,市直机关、中区直单位及市委组织部委托培训单位的565名党员发展对象参加培训。

【推动机关基层党组织生活】 2020年,市委直属机关工委推动机关基层党组织生活规范化、常态化、长效化,采取线上"定时统计+日常抽查"与线下"定期调研+专项督导"相结合的方式为组织生活保驾护航。线上以"桂林智慧党建云平台"为依托,实现对直属机关82个党组织的组织生活开展情况的线上督导跟进;以"双服务双报到"为抓手,市直机关党组织与各社区党组织结对共建,形成"社区吹哨、部门报到"的联合创建模式。指导82个直属机关党组织及部分二层单位党组织成立党员志愿服务队共150支,依托直属机关党组织和党员在人才、政策、协调、信息、技术等方面的特长和优势,深入农村、社区、企业等多领域开展志愿服务活动,开展志愿服务活动600余场次,直接为个人提供服务3000多人次。

【提升意识形态工作质量】 2020年,市委直属机关工委开展习近平新时代中国特色社会主义思想集中宣讲和常态化宣讲,把意识形态学习教育列入机关党务干部教育培训重要内容,以市直机关"党课大讲堂"为重要平台载体,以点带面推动机关意识形态教育,引领带动基层党组织开展自己的"小讲堂""微课堂"1500多场次。持续加强"学习强国"学习平台推广使用力度,机关在职党员100%全覆盖,市委直属机关工委及所属17个机关党组织、130名党员个人,被市委宣传部评为学习先进党组织和学习积极分子。组织开展"决胜小康 奋斗有我"主题征文比赛,激发市直机关各级党组织和广大党员干部投身脱贫攻坚工作的主动性和积极性,助力打赢精准脱贫攻坚战,推荐作品8篇在桂林市获奖,5篇在自治区获奖。新增机关党建、廉政、核心价值观等意识形态(精神文明)文化长廊30多个。举办桂林市直属机关"共创文明城·圆梦新时代"主题演讲比赛,35个市直机关党组织组队参赛,激发机关各级党组织和广大党员干部参与创城工作的积极性。

【发挥"桂林机关党建网"网络宣传阵地作用】 2020年,市委直属机关工委在"桂林机关党建网"开设"党风廉政""十九大及主题教育专栏""两学一做动态播报""周五党日+""扫黑除恶""党员志愿者服务""抓党建促脱贫攻坚"等栏目,刊发有关信息、图片1500余条(张),全方位反映市直机关党建和意识形态工作动态。制作《强化机关党建引领,助力常态化疫情防控》抗疫宣传片,宣传市直机关党组织和党员干部在疫情防控、医疗救治和复工复产等工作中先进感人事迹。

【增强机关群团工作活力】 2020年,市委直属机关工委支持市直机关工会、团工委、妇工委按照各自章程开展工作。组织机关工会干部、妇女干部和共青团干部到贵州黎平、湖南通道等地开展"不忘初心、牢记使命"主题教育活动。加强典型引领,深化"青年文明号""五四青年奖章""职工之家""工人先锋号""五一劳动奖""巾帼文明岗""三八红旗手"等评选推优工作。举办羽毛球、乒乓球、气排球比赛等体育活动;创新举办市直机关首届趣味运动会。深化慰问帮扶工作,先后开展"学雷锋志愿服务活动""送温暖"下基层等活动,为贫困村孤残、困难群众、留守老人开展冬季送温暖,为社区群众,为农民开展义诊、免费看病、免费发放药品等活动。

(刘付昌)

督查和绩效考评

【概况】 2020年,中国共产党桂林市委督查和绩效考评办公室(简称市委督查绩效办)办公地址在桂林市临桂区西城大道69号。内设科室6个,下设1个公益一类事业单位。年内,市委督查绩效办以加强新形势下党的督促检查工作、统筹规范督查检查考核工作、整治形式主义为基层减负工作以及绩效管理升级发展工作为行动指南,严督实考,注重发挥督查"利剑"和绩效"指挥棒"合力,为市委、市人民政府决策当好参谋助手。年内,市委督查绩效办被自治区党委、自治区人民政府评为"全区脱贫攻坚先进集体",被自治区党委办公厅评为"2018—2019年度全区党委督查工作先进单位"。

【决策督查】 2020年,桂林市将全年重大督查任务逐项落实到各部门和单位,对贯彻落实中共中央总书记习近平视察广西时重要讲话精神、学习贯彻中共中央总书记习近平关于扶贫工作重要论述、落实市委常委会议定事项、新型城镇化示范乡(镇)建设、创建全国文明城市等重点督查事项组织开展重大督查活动23次,形成《督查报告》20期,印发《督查通报》5期。配合自治区党委办公厅、自治区党委督查室开展系列督查活动,推动各级党委重大决策部署的贯彻落实。抓好督查检查考核工作的统筹规范,严格执行督查检查考核事项审核报备制度和清单管理,印发《2019年全市各部门、议事协调机构督查检查考核事项清单》;严格落实倒查机制,每季度要求各县(市、区)报送县级接受市级督查检查考核情况，对市直各单位开展督查检查考核情况进行通报，减少市直各单位随意增加调整督查检查考核的现象。

【专项查办工作】 2020 年，桂林市对中共中央总书记习近平有关新冠肺炎疫情防控、防汛防火救灾、遏制农村乱占耕地建房等重要指示批示贯彻落实情况进行督查。在疫情防控工作中，聚焦疫情防控、社区联防联控、企业复工复产、学生复学等内容组织开展专项督导检查 20 余次，反馈督促整改问题 200 余个，及时消除系列防控工作漏洞和隐患。持续 3 年对中共中央总书记习近平重要指示批示，以及自治区党委和市委领导批示事项开展“回头看”，对有整改任务的事项实行清单式管理、销项式督查，问题整改实效。对资源县部分石材开采项目推进缓慢影响全市营商环境有关问题开展核查，查看项目现状，多角度听取资源县、职能部门及项目业主意见建议，梳理分析问题症结，帮助相关部门找思路、想办法，协调解决工作推进中的困难和问题，有效推动相关问题在 1 个月内解决。开展创建全国文明城市督查，督促各项问题得到快速解决。

【落实基层减负】 2020 年，桂林市贯彻落实中共中央总书记习近平关于加强党的作风建设，力戒形式主义、官僚主义等系列重要指示批示精神和中央、自治区相关文件要求，坚持目标任务导向，力抓减文控会，统筹规范督查检查考核，改进问责手段，完善激励关怀机制，为全市党员干部崇尚实干、担当作为营造良好氛围。研究出台《桂林市解决形式主义突出问题为基层减负 20 条》，建立市级层面整治形式主义为基层减负专项工作机制。市专项工作机制办研究制订《桂林市整治形式主义突出问题为基层减负工作数据采集通报制度》《桂林市政务类 APP、微信工作群和微信公众号管理暂行规定》，印发《桂林市整治形式主义为基层减负工作手册》，强化减负过程管理，明确减负目标任务、具体措施及减负明细表，为全市减负工作提供指导。印发《桂林市关于形式主义官僚主义突出问题专项整治实施方案》，将为基层减负工作作为桂林市“不忘初心、牢记使命”主题教育重点整治内容。对照中央层面《整治形式主义为基层减负工作负面清单》深入查摆抓好整改，及时解决问题，确保“基层减负年”决策部署真正落实到实处，防止变形走样。

2020 年 12 月 3 日，桂林市召开自治区绩效考评任务攻坚工作部署会。
（市委督查绩效办供图）

【抓好自治区绩效考评】 2020 年，桂林市及时分解自治区绩效考评任务，组织制订并印发《桂林市 2020 年度自治区绩效考评指标管理目标表》。年初迅速成立工作专班，召开专题会议以会代训解读有关规则，邀请自治区绩效办对创新争优工作进行培训，为培育创新争优加分项目打下基础。对重点创新争优项目开展一对一指导，桂林市表彰奖励和工作成效原始得分均居自治区前列。每月对进展缓慢或存在扣分隐患的指标作出预警，建立指标负面清单，定期通报情况，督促各有关单位和县（市、区）加强指标任务推进。

【市级绩效考评】 2020 年，桂林市围绕自治区绩效管理改革举措，结合桂林实际，构建科学合理、简便易行、务实管用的指标体系，将市本级绩效管理工作与迎接自治区绩效考评进行有机融合。创新形成“1+4”（1 个综合绩效考评加党的建设、精神文明建设、平安桂林建设、民族团结进步 4 个专项工作考评）考评格局。按照“控总量、减指标、优流程、提质量”的原则，把考评重点从全面履职转向全面高质量发展，把事关高质量发展的大事要事纳入考评范围，取消常规工作考核，考核指标数量下降 30% 左右，持续为基层减负。全年县（市、区）绩效指标 114 项，比 2019 年（206 项）减少 92 项，下降 44.66%。其中，自治区具体指标 93 项，比 2019 年（172 项）减少 79 项，下降 45.9%；市级指标 21 项，比 2019 年（34 项）减少 13 项，下降 38.2%。持续加大自治区指标在县（市、区）考评中的分值权重，由 2019 年度的 85% 提升至 2020 年度的 90%，要求县（市、区）本级考评中，自治区、市级指标分值权重不得低于 80%。为避免指标考核单位擅自对县（市、区）进行年终考核，增加基层负担，在《2020 年度桂林市绩效考评工作方案》增设规定“各考核单位原则上不专门单独组织绩效指标实地核验，确有需要的，须结合本部门保留的一次综合性督查检查一并开展”。（市委督查绩效办）

桂林市人民代表大会

综　述

2020年年末，桂林市三级人民代表大会共152个，其中桂林市人民代表大会(简称市人大)1个、县(市、区)人民代表大会17个、乡(镇)人民代表大会134个。实有市、县(市、区)、乡(镇)三级人大代表1.14万人，其中市人大代表434人、县(市、区)人大代表2928人、乡(镇)人大代表7998人。桂林市第五届人大常务委员会组成人员39人，其中主任1人、副主任6人、秘书长1人、委员31人。

市人大常设机构为桂林市人民代表大会常务委员会(简称市人大常委会)，办公地址在桂林市临桂区西城中路69号。市人大设有市人大法制委员会、市人大财政经济委员会、市人大农业委员会、市人大城乡建设环境与资源保护委员会、市人大教育科学文化卫生委员会、市人大民族华侨外事委员会、市人大社会建设委员会、市人大监察和司法委员会8个专门委员会。市人大常委会设有6个工作机构(含机关党委)。

全年，市人大常委会依法履职，举行常委会会议7次，审议法规案5件，表决通过3件，颁布实施4件。备案审查规范性文件27件、规章1件。听取和审议工作报告21个，检查6件法律法规实施情况，作出决议决定10项，任免国家机关工作人员110人次。

重要会议

【桂林市第五届人民代表大会第五次会议】 2020年1月19日—21日在桂林市会议中心大礼堂举行。应到代表433人，出席代表386人。会议分别听取和审议政府工作报告、桂林市人大常委会工作报告、桂林市中级人民法院工作报告、桂林市人民检察院工作报告、桂林市2019年国民经济和社会发展计划执行情况与2020年国民经济和社会发展计划草案的报告、桂林市全市与市本级2019年预算执行情况和2020年预算草案的报告，并分别表决通过相关报告的决议。会议依法补选张晓武为桂林市第五届人民代表大会常务委员会主任；李滨、周卉、谭建国为桂林市第五届人民代表大会常务委员会副主任。

【桂林市第五届人大常委会会议】 2020年，桂林市第五届人大常委会共召开会议8次。

第26次会议　1月5日举行。会议审议市人大常委会工作报告(送审稿)，以及需提交市五届人大五次会议审议的有关材料。审议并表决通过市人大常委会关于若干代表的代表资格审查情况报告。表决通过有关人事任免事项，补选张晓武为自治区第十三届人民代表大会代表。

第27次会议　1月17日举行。会议听取和审议关于个别代表的代表资格审查情况的报告。会议表决通过有关人事任免事项。同意张晓武、黄加才辞去桂林市副市长职务，同意吕洪安辞去桂林市监察委员会主任职务，决定任命赵奇玲为桂林市副市长。市人大常委会主任张晓武为新任命的国家机关工作人员颁发任命书。会议举行新任命国家机关工作人员向宪法宣誓仪式。

第28次会议　3月23日举行。会议听取和审议桂林市机动车船及非道路移动机械排气污染防治条例(草案)。审议并表决通过桂林市人大常委会2020年工作要点、桂林市人大常委会关于改进常委会会议审议工作的若干规定、关于调整代表资格审查委员会组成人员的决定。会议表决通过有关人事任免事项。市人大常委会主任张晓武为新任命的国家机关工作人员颁发任命书。会议举行新任命国家机关工作人员向宪法宣誓仪式。

第29次会议　4月28日举行。会议听取和审议市人民政府关于桂林市野生动物保护及执行全国人民代表大会关于全面禁止非法野生动物交易、革除滥食野生动物陋习、切实保障人民群众生命健康安全的决定情况的报告。会议表决通过有关人事任免事项，任命古国章为桂林市监察委员会副主任，决定代理桂林市监察委员会主任职务；决定任命肖育明为桂林市审计局局长。市人大常委会主任张晓武为新任命的国家机关工作人员颁发任命书。会议举行新任命国家机关工作人员向宪法宣誓仪式。

第30次会议　6月29日举行。会议听取和审议市人民政府关于2019年度市本级预算执行和其他财政收支的审计工作报告、关于2019年市本级决算情况的报告、关于桂林市农村饮水安全保障工作情况的报告、关于桂林市城市道路建设和管理工作情况的报告、关于2019年环境状况和生态环境保护目标完成情况的报告。听取和审议市人大常委会执法检查组关于传染病防治法执法检查情况的报告、关于检查预防未成年人犯罪法实施情况的报告、关于民事诉讼法和行政诉讼法中有关公益诉讼法律规定执行情况的报告。会议审议桂林市城市绿化条例(草案)、桂林市机动车船和非道路移动机械排气污染防治条例

（草案）。会议表决通过桂林市机动车船和非道路移动机械排气污染防治条例、桂林市人大常委会关于批准2019年市本级决算的决议。会议表决通过有关人事任免事项，任命李顺意为桂林市人大常委会副秘书长，决定任命沈威虎为桂林市副市长、李绍政为桂林市交通运输局局长。市人大常委会主任张晓武为新任命的国家机关工作人员颁发任命书。会议举行新任命国家机关工作人员向宪法宣誓仪式。

第31次会议　8月28日举行。会议听取和审议市人民政府关于桂林市2020年上半年国民经济和社会发展计划执行情况报告、关于桂林市2020年上半年预算执行情况报告、桂林市本级全面实施预算绩效管理改革情况报告、桂林市“七五”普法实施情况工作报告；听取和审议市人大常委会执法检查组关于动物防疫法执法检查情况的报告。会议表决通过有关人事任免事项，决定任命王子西为桂林市文化广电和旅游局局长、黄健为桂林市市场监督管理局局长，任命韩觅为桂林市监察委员会副主任。市人大常委会主任张晓武为新任命的国家机关工作人员颁发任命书。会议举行新任命国家机关工作人员向宪法宣誓仪式。

第32次会议　10月28日举行。会议审议并表决通过桂林市城市绿化条例、市人大常委会关于批准2020年市本级预算调整方案的决定；听取和审议市人民政府关于2019年度桂林市本级预算执行和其他财政收支审计查出问题整改情况报告、关于桂林市2019年度企业国有资产管理情况专项报告、关于2020年1月—9月市属三大园区建设情况报告、关于桂林市本级2020年预算调整方案（草案）议案、关于2020年桂林市养老服务工作情况报告、关于桂林市贯彻实施公共文化服务保障法工作情况报告、关于提请审议桂林市喀斯特景观资源可持续利用条例（草案）议案、关于提请审议桂林市灵渠保护条例（草案）议案。听取和审议市人大常委会执法检查组关于检查固体废物污染环境防治法实施情况报告。会议表决通过有关人事任免事项，任命李方连为桂林市人大常委会副秘书长，决定任命唐标明为桂林市民政局局长。市人大常委会主任张晓武为新任命的国家机关工作人员颁发任命书。会议举行新任命国家机关工作人员向宪法宣誓仪式。

2020年12月28日，桂林市第五届人大常委会举行第33次会议。　（黄英江摄）

第33次会议　12月28日举行。会议听取和审议并表决通过市人大常委会关于市五届人大五次会议及闭会期间优秀代表建议、承办建议先进单位和2020年度市人大代表“履职之星”的表扬决定，关于召开桂林市第五届人民代表大会第六次会议的决定，接受雷声辞去桂林市副市长职务请求的决定，接受潘永建辞去自治区第十三届人民代表大会代表职务请求的决定。会议听取和审议市人民政府关于桂林市城区建设工程“烂尾楼”问题处置工作情况的报告、关于市五届人大五次会议及闭会期间代表建议批评和意见办理工作情况的报告、关于提请审议桂林市养犬管理条例（草案）的议案；听取和审议市人大常委会关于桂林市城市市容和环境卫生管理条例立法后评估报告，听取和审议市中级人民法院关于桂林市城区建设工程“烂尾楼”项目诉讼案件审理和执行情况的报告；听取和审议市人大常委会选举联络工作委员会关于市五届人大五次会议及闭会期间代表建议批评和意见办理工作情况的报告。会议表决通过有关人事任免事项。决定免去黄强桂林市科技局局长职务，决定任命张晓阳为桂林市科技局局长、杨海芬为桂林市民族宗教事务委员会主任、关小菊为桂林市体育局局长。市人大常委会主任张晓武为新任命的国家机关工作人员颁发任命书。会议举行新任命国家机关工作人员向宪法宣誓仪式。

重要工作

【推进地方立法】 2020年，市人大常委会推进科学立法、民主立法、依法立法，坚持质量与效率并重，把法律和制度优势更好转化为治理效能。加强对地方立法工作的领导，成立立法工作领导小组，定期召开会议推动立法工作有序开展。制定地方立法工作“双组长”制度实施办法，明晰立法各阶段各部门的职责和分工。畅通立法沟通渠道，搭建立法社情民意“直通车”，全市22个基层立法联系点挂牌成立并履职。颁布实施桂林市城乡规划管理条例、桂林市违法建设防控和查处条例、桂林市漓江风景名胜区管理条例、桂林市机动车船和非道路移动机械排气污染防治条例4部条例，为桂林市城市管理、创城工作、打赢蓝天保卫战、推进生态文明建设等经济社会发展和改革攻坚任务提供坚强法治保障。初次审议桂林市喀斯特景观资源可持续利用条例（草案）、桂林市灵渠保护条例（草案）、桂林市养犬管理条例（草案）。表决通过桂林市城市绿化条例（草案），并提请自治区人大常委会批准。开展湘江战役遗址保护条例、青狮潭水库水质保护条例、会仙喀斯特国家湿地公园保护条例等立法调研。加强对龙胜各族自治县、恭

城瑶族自治县立法工作指导，助推用好民族自治县立法权。首次组织开展桂林市城市市容和环境卫生管理条例立法后评估工作，对条例全方位进行评估，总结实施效果，提出改进建议。

【人大监督】 2020年，市人大常委会推动疫情防控，及时开展野生动物保护及全国人大常委会关于全面禁止非法野生动物交易、革除滥食野生动物陋习、切实保障人民群众生命健康安全的决定执行情况的专题调研，开展传染病防治法、突发公共卫生事件应急条例、动物防疫法等执法检查。着眼工业振兴，提出加快建强桂林高新区、桂林经开区、桂林高铁经济产业园三大园区，突出抓好龙头产业集聚发展等建议。创新“3+3”专题询问模式，以函询、现场询问、会议集中询问3种层层递进的询问方式，对桂林市6个县（区）、38个部门开展提升桂林市营商环境专题询问，通过持续监督，推进桂林市优化营商环境工作提高到新水平。推进脱贫攻坚与乡村振兴有效衔接。听取和审议桂林市农村饮水安全保障工作情况的报告，跟踪检查广西扶贫开发工作条例执法检查审议意见落实情况，组织常委会组成人员专题视察桂林市田园综合体建设情况。在全市选聘11位农业方面的专家学者担任常委会“三农”智库顾问并建言献策，提出16条针对性建议。强化财政监督，听取和审议2019年市本级决算报告、审计工作报告、2020年上半年全市国民经济和社会发展计划与预算执行情况的报告、2019年度市本级预算执行和其他财政收支审计查出问题整改情况的报告、2019年国有资产管理情况的综合报告、企业国有资产管理情况的专项报告、市本级全面实施预算绩效管理改革情况的报告。加强司法监督，维护公平正义。聚焦环漓江流域生态环境和资源保护等公益保护方面的重点、难点，对民事诉讼法和行政诉讼法中有关公益诉讼法律规定执行情况开展执法检查，对2019年度“扫黑除恶”专项斗争审议意见落实情况进行跟踪督办，推动桂林市“扫黑除恶”专项斗争向纵深发展。听取和审议“七五”普法工作情况报告，进一步推动普法责任制的落实。开展公共法律体系建设、检察机关落实认罪认罚制度专题调研。回应社会关切，推进保障改善民生。对桂林市城区建设工程“烂尾楼”项目相关情况开展专题调研，推动涉城区17个“烂尾楼”工程处置工作取得新进展。持续开展教育、医疗保障等重大民生工作专题调研。听取和审议桂林市养老服务工作专项报告，推动养老服务保障工作不断改进，开展固体废物污染环境防治法执法检查。组织驻桂林全国和自治区人大代表对全市公共环境卫生治理情况开展专题调研。开展专题调研，夯实“十四五”规划纲要审查基础。抓住经济社会发展中的重点和关键，开展城市园林绿化、森林防火、对外交流合作、少数民族优秀传统文化保护传承和发展、侨资企业发展、长塘水库工程建设等专题调研。

【探索干部任后监督】 2020年，市人大常委会探索开展对市人大任命的政府组成人员的任后监督，首次组织对市人民政府部分组成部门集中述职评议。市发展和改革委员会、市工业和信息化局、市农业农村局、市扶贫开发办公室主要负责人在会上述职，并接受现场提问、满意度测评。推动市人民政府组成部门的宪法和法律意识、公仆意识，促进依法履职，转变作风，改进工作。

【代表履职】 2020年，市人大代表履职平台创出特色。创建工业企业、农业农村、旅游、教育文化、医疗卫生、法治建设等特色行业联络站（点）共29个，创新打造履职平台“桂林品牌”，形成履职平台“桂林脸谱”。市人大常委会举办全市履职平台管理队伍培训会、全市人大代表“混合编组、多级联动、履职为民”经验交流会，高质量推进履职平台全面提升，全市148个代表履职活动中心和980个各级代表联络站（点）实现布局网格化和全覆盖。全年自治区内外人大考察组共28批次700多人次到桂林市观摩学习。人民网、中新社、《当代广西》《广西人大》等12家中央、自治区新闻媒体对桂林市人大代表助力污水治理成效进行重点报道。年内，全市人大代表各联络站加强“五级代表联动”，激发代表履职为民“新动能”。驻桂林全国人大代表提出高质量建议（议案）29条、驻桂林自治区人大代表提出47条，助力桂林市争取更多国家和自治区层面的支持。开展“推动爱国卫生运动，强化疫情防控，倡导文明健康”主题履职活动，收集代表联络站提出的意见建议1047条，确定重点建议283条交有关部门办理。

【代表建议办理】 2020年，市人大发挥各专门委员会作用，对建议实行各专门委员会对口牵头督办，形成督办合力。全年完成93件建议的主办工作，建议办结率、满意率均达100%。已解决或基本解决的代表建议62件次，占已答复代表建议的66.7%，建议办理落实率居较高水平。

（阳文杰）

2020年7月28日，市人大常委会主任张晓武（左三）调研七星区“漓韵侨乡”田园综合体建设情况。

（黄英江摄）

桂林市人民政府

综　述

2020年，桂林市人民政府（简称市人民政府）设置工作部门36个，工作部门加挂牌子7个。桂林市人民政府办公室（简称市政府办公室）办公地址在桂林市临桂区西城中路69号，内设科室21个。

2020年，市人民政府坚持稳中求进工作总基调，坚持桂林国际旅游胜地建设"一本蓝图绘到底"，全面贯彻新发展理念，统筹推进疫情防控和经济社会发展，做好"六稳"（即稳就业、稳金融、稳外贸、稳外资、稳投资、稳预期）工作、全面落实"六保"（即保居民就业、保基本民生、保市场主体、保粮食能源安全、保产业链供应链稳定、保基层运转）任务，经受住大战大考，保持经济社会持续健康稳定发展。全市地区生产总值增长2.1%，固定资产投资增长4.0%；城镇、农村居民人均可支配收入分别增长2.6%、8.1%，居民消费价格上涨2.6%；常住人口城镇化率52.58%。

年内，市人民政府统筹抓好疫情防控和经济社会发展，打赢"四大收官战"，桂林国际旅游胜地基本建成，全面建成小康社会取得决定性成就，脱贫攻坚战取得全面胜利，"十三五"规划目标任务基本完成。加快推进工业振兴，建立市领导联系服务重点工业企业等制度，完善"18+10"政策体系（"18"指市人民政府关于桂林市支持工业企业发展18条政策措施；"10"指市人民政府关于桂林市支持工业企业发展补充10条政策措施），搭建企业问题解决快速通道，工业振兴迈出重要步伐。实施乡村振兴战略，持续推进农业供给侧结构性改革，优化农业产业结构，加快现代农业提档升级，推进农业高质量发展，发展县域经济，持续推进示范乡（镇）建设，持续改善农村人居环境。加快文化旅游复苏，出台促进文化旅游业振兴发展9条政策措施，狠抓文旅项目建设，提升旅游品质，发展全域旅游，服务业提速升级，旅游品质和服务能力大幅提升。坚持招大引强，全力扩大有效投资，"三企入桂"（"央企入桂""民企入桂""湾企入桂"）成果丰硕，发展新动能进一步增强。持续加强城乡建设，提升中心城市品质，加快疏解提升老城，基础设施不断完善，城乡面貌实现大变样。持续加强生态文化融合建设，"山清水秀生态美"的优势更加突显，文化软实力不断提升。持续推进改革开放创新，重点抓好供给侧结构性改革、农村集体产权制度改革等重点领域改革，深入推进"放管服"改革；持续深化开放合作，积极融入国家"一带一路"、粤港澳大湾区建设，与肇庆、贺州合作共建"粤桂画廊"，深化产学研用融合创新，发展活力不断释放。保障和改善民生，推进为民办实事工程，健全社会保障体系，加快发展教育、体育、卫生事业，深化健康桂林、平安桂林、法治桂林建设，加强社会治理，成功入选全国文明城市，人民群众获得感、幸福感、安全感不断提升。

（周晋）

重要会议

【全市性重要会议】

1月10日，市人民政府召开全市2020年春季大气污染防治攻坚暨落实自治区生态环境保护督察反馈问题整改会议。

1月14日，市人民政府召开全市体育工作会议。

1月16日，市人民政府召开2020年全市文化广电和旅游工作暨春节假日安全和市场综合监管工作会议。同日，召开全市林业和园林工作会议。

1月21日，市人民政府召开全市新型冠状病毒感染的肺炎疫情防控工作会议。

2月12日，市人民政府召开全市坚决打赢疫情防控阻击战切实做好农产品销售和春耕备耕工作视频会。

2月13日，市人民政府召开全市发展改革工作暨一季度经济稳增长工作部署视频会议。

2月24日，市人民政府召开全市重大项目复工复产推进视频会议。

2月26日，市人民政府召开全市工业企业复工复产工作电视电话会议。

2月28日，市人民政府召开推动全市文化旅游企业复工复产工作部署电视电话会议。

3月3日，市人民政府召开进一步做好民政服务机构疫情防控工作视频会议。

3月6日，市人民政府召开全市基础设施补短板"五网"建设三年大会战工作部署会议。

3月10日，市人民政府召开全市县域义务教育均衡发展迎国检暨教育扶贫工作视频会。

3月11日，市人民政府召开中央环保督察反馈自然保护地问题整改推进视频会议和全市复工复产和经济运行分析会。

3月16日，市人民政府召开2020

年全市商务工作会议。

3月23日，市人民政府召开全市一季度经济运行分析调度视频会。

3月23日，市人民政府召开加快自然保护区功能区划工作推进会议、全市基本医疗保障战役视频推进会和2020年全市企业国有资产监督管理工作会。

3月30日，市人民政府召开全市教育工作暨春季学期开学工作视频会议、全市田园综合体创建和粮食生产生猪生产工作推进会。

4月2日，市人民政府召开2020年全市退役军人事务工作电视电话会议。

4月9日，市人民政府召开加快提升全市平台企业融资能力工作会议、全市机关单位帮扶文旅企业促进文旅消费复苏动员会和2020年全市交通运输工作会议。

4月10日，市人民政府召开全市2020年第一季度经济运行分析会暨脱贫攻坚问题整改工作会议。

4月12日，市人民政府召开开学工作视频调度会。

4月16日，市人民政府召开桂林市2020年营商环境工作推进电视电话会议。

4月20日，市人民政府召开"广西人游桂林""桂林人游桂林"宣传促销推介会。

4月21日，市人民政府召开全市2020年科技创新暨国家可持续发展议程创新示范区建设工作电视电话会议和2020年全市生态环境保护工作会议。

4月22日，市人民政府召开2020年全市自然资源专项工作会议。

4月28日，市人民政府召开2020年第二季度全市道路交通安全工作联席会议。

5月9日，市人民政府召开全市生活垃圾分类工作推进会和桂林国际旅游胜地升级发展暨文旅产业复苏振兴分析电视电话会议。

5月12日，市人民政府召开2020年度全市应急管理和消防工作电视电话会议。

5月13日，市人民政府召开全市市场监管工作会议。

5月15日，市人民政府召开2019年市、县(市、区)人民政府履行教育职责评价工作情况汇报会。

5月19日，市人民政府召开全市住房安全保障工作调度会。

5月28日，市人民政府召开2020年桂林市创建全国文明城市有利于可持续发展的生态环境测评指标、和谐宜居的生活环境测评指标和市容市貌、老旧无物业小区环境整治工作部署会。

6月5日，市人民政府召开桂林市大气污染防治第三次联席会议暨桂林2020年大气污染集中整治专项行动工作第一次推进会。

6月9日，市人民政府召开全市中小学校园安全工作暨贯彻落实自治区政府履行教育职责问题整改工作视频会议。

6月19日，市人民政府召开2020年6月市领导跟踪服务推进的重中之重项目及重点工业企业工作推进会。

6月23日，市人民政府召开全市扶贫开发领导小组资金保障专责小组电视电话会议和市人民政府召开全市防御新一轮强降雨工作电视电话会议。

6月30日，市人民政府召开2020年全市卫生健康工作电视电话会。

7月8日，市人民政府召开桂林市普速铁路环境安全隐患综合治理工作推进会。

7月14日，市人民政府召开桂林市跨省跨市跨县"三大纠纷"重点案件、自治区级重大涉稳问题集中化解工作协调会。

7月24日，市人民政府召开全市河长制暨脱贫攻坚和涉农工作调度视频会。

7月28日，市人民政府召开创建全国文明城市交通秩序整治工作会议。

7月31日，市人民政府召开2020年第三季度全市防范重特大安全事故暨安全生产专项整治三年行动推进工作电视电话会议。

8月24日，市人民政府召开全市经济工作汇报会。

8月25日，市人民政府召开桂林市贯彻落实2020年广西优化营商环境百日攻坚工作会议精神工作部署会议。

9月11日，市人民政府召开桂林市深化"放管服"改革优化营商环境电视电话会议。

9月17日，市人民政府召开桂林市"两规"一致性处理和剩余新增建设用地报批工作推进会。

9月27日，市人民政府召开国际旅游胜地升级发展推进会暨文旅产业复苏振兴分析和第四季度文化广电旅游工作会。

10月10日，市人民政府召开推进"五网"大会战和绿色智能电网建设电视电话会。

10月16日，市人民政府召开全市交通运输基础设施项目建设暨普速铁路环境安全隐患综合治理工作冲刺会。

10月19日，市人民政府召开全市中央预算内投资、抗疫特别国债、新增政府债券、PPP项目和隐性债务化解工作推进视频会。

10月20日，市人民政府召开桂林市大气污染集中整治专项行动总结和中央环保督察问题整改暨2020年冬季至2021年春季攻坚行动动员会议。

10月21日，市人民政府召开全市建档立卡贫困户住房情况排查整治工作部署会和2020年全市人口和计划生育工作形势分析会。

10月22日，市人民政府召开全市"双随机、一公开"监管工作会议。

11月2日，市人民政府召开2020年桂林市基础设施补短板"物流网"建设工作推进会和2020年全市招商引资项目工作推进会议。

11月9日，市人民政府召开桂林市公共安全风险隐患专项治理推进会。

11月17日，市人民政府召开金融运行分析调度会。

11月27日，市人民政府召开全市2020年绩效指标优化营商环境指标推进会和2020年全市货车违法超限超载治理工作推进会议。

12月2日，市人民政府召开全市创建广西食品安全示范城市工作推进会。

12月7日，市人民政府召开全市乡村振兴和农业农村工作主要指标主要任务运行分析调度会。

12月10日，市人民政府召开全市中央预算内投资项目和稳投资工作推进会议。

12月14日，市人民政府召开全市主要经济指标完成情况分析会议。

12月25日，市人民政府召开现代特色农业助推乡村振兴研讨会和桂林市农合机构改革发展动员会议。

12月29日，市人民政府召开全市冷链食品疫情防控工作推进会。

（陈园）

【第五届人民政府常务会议】2020年，桂林市第五届人民政府常务会议共召开20次。

第53次常务会议　2020年1月2日召开。审议并原则通过《政府工作报告（送审稿）》《桂林市2019年国民经济和社会发展计划执行情况及2020年国民经济和社会发展计划草案的报告（送审稿）》《桂林市全市和市本级2019年预算执行情况及2020年预算草案的报告（送审稿）》《桂林市养殖水域滩涂规划（2019—2030年）》《桂林市人民政府　北京中软国际信息技术有限公司进一步加快桂林数字经济发展的战略合作协议》《桂林市人民政府　数字广西集团有限公司鲲鹏计算产业生态合作协议》《桂林市巾山路—乳胶厂片区控制性详细规划》等事宜。会议还对移动OA办公系统操作进行培训。

第54次常务会议　2020年2月14日召开。学习中央、自治区关于做好新冠肺炎疫情防控工作系列会议及文件精神，研究部署全市新冠肺炎疫情防控及经济一季度开门红有关工作。

第55次常务会议　2020年2月27日召开。学习2月23日中共中央总书记习近平在统筹推进新冠肺炎疫情防控和经济社会发展工作部署会议上的重要讲话及国务院、自治区关于疫情防控和复工复产等文件；审议并原则通过2019年度桂林市推进工业振兴和重大项目建设先进集体和先进个人（工业振兴方面）表彰名单，变更国道321线阳朔至桂林段扩建工程收费公路性质，确定市文化广电和旅游局作为漓江歌剧院项目业主，桂林市人民政府驻北京联络处与北京市东城区机关服务中心房屋租赁案执行问题，第六批桂林市现代特色农业示范区；审议并原则通过《桂林市支持工业企业发展补充政策措施（试行）》《桂林市中小工业企业和小微企业应急转贷资金暂行管理办法》《桂林市重要技术标准研制奖励实施办法》《桂林市城市商品房预售资金监管办法》《桂林市房改房上市交易实施细则》《桂林市城市抗震减灾规划（2018—2020年）》《桂林市户外招牌设置管理办法》《桂林市户外广告设置管理办法》《桂林市人口发展规划（2019—2030年）》《中青旅控股股份有限公司　桂林市人民政府战略合作协议书》《桂林市县（市、区）党政领导班子和领导干部推进乡村振兴战略实绩考核办法》《全面深化新时代教师队伍建设改革实施方案》《桂林市中心城区禁养区划定方案》《桂林市两江四湖景区清秀山段控制性详细规划B-01、B-04、B-07地块规划调整方案》等事宜。

第56次常务会议　2020年3月27日召开。学习中共中央总书记习近平在决战决胜脱贫攻坚座谈会上的讲话；听取全市脱贫攻坚推进情况、禁食陆生野生动物对建档立卡贫困户人工繁育和经营野生动物影响的情况汇报；审议并原则通过《关于加快推进扶贫项目建设助力决战决胜脱贫攻坚的方案》。

第57次常务会议　2020年3月27日召开。听取法治政府建设专题讲座、一季度全市经济运行情况汇报、2019年桂林市环境质量状况和中央、自治区环保督察问题整改情况汇报；学习中央、自治区关于疫情防控相关文件及会议精神；审议并原则通过2020年粮食生产工作及《桂林市城区土地定级与基准地价》《桂林市征地区片综合地价标准》《桂林市关于应对疫情支持服务业企业发展的若干措施》《桂林市相对集中行政许可权改革试点工作方案》《桂林市第四次全国经济普查公报》《中共桂林市委员会　桂林市人民政府关于加快文化旅游产业高质量发展的实施意见》《桂林市清风实验学校北片地块控制性详细规划及桂林市南洲大桥南滨江地块控制性详细规划局部地块调整方案》《桂林市芦笛路百纺公司、驿前横里周边地块控制性详细规划B-05地块和桂林市两江四湖景区清秀山段控制性详细规划C-01地块调整方案》《桂林市站前路储备用地及周边地块控制性详细规划调整方案》等事宜。

第58次常务会议　2020年4月9日召开。学习中共中央总书记习近平在湖北省、浙江省考察时的重要讲话精神、中央政治局常委会会议和中央政治局会议上的重要讲话精神及对四川西昌市经久乡森林火灾的重要指示和李克强总理批示精神，自治区党委书记鹿心社在自治区党委常委会研究部署下一步统筹推进疫情防控和经济社会发展工作时的讲话精神；审议并原则通过《桂林市国家物流枢纽布局城市建设规划》《桂林市本级积极应对新冠肺炎疫情影响切实加强预算管理促进财政平稳运行工作方案》《桂林市新一代信息技术产业发展规划（2019—2025年）》《桂林市推进市政道路与电力管沟同步建设管理规定》《桂林市电力设施迁改管理规定》《桂林市城中村用电改造管理办法》《桂林市加快电网建设管理办法》《桂林市城镇小区配套幼儿园建设管理实施细则》《桂林市生态环境保护“党政同责、一岗双责”责任制管理办法》；审议并原则通过桂林市“十四五”规划基本思路、收储五美大院等地块、延长《桂林市园区企业投资项目“双容双承诺”直接落地改革实施方案》实施时间、批准成立桂林市青龙潭水利建设投资有限公司和安排长塘水库工程建设项目法人桂林市青龙潭水利建设投资有限公司注册资本、2019年度县级党委政府安全生产和消防工作考核情况、2019年度生态环境保护目标责任状考评结果等事宜。

第59次常务会议　2020年4月9日召开。学习自治区党委书记鹿心社在自治区党委常委会研究脱贫攻坚专项巡视“回头看”和成效考核反馈意见整改落实措施时的讲话精神；听取桂林市贯彻落实中央脱贫攻坚专项巡视“回头看”和国家脱贫攻坚成效考核反馈广西意见整改工作电视电话会议精神情况汇报；审议并原则通过《落实中央脱贫攻坚专项巡视“回头看”和国家脱贫攻坚成效考核反馈问题整改方案》。

第 60 次常务会议　2020 年 4 月 28 日召开。听取桂林国际旅游胜地建设、国家可持续发展议程创新示范区建设、创建全国文明城市、2019 年法治政府建设工作情况汇报；审议并原则通过《桂林市国民经济和社会发展第十三个五年规划纲要主要指标预计完成情况的报告》《贺州至巴马高速公路（蒙山至象州段）二期工程（桂林段）共建协议》《桂林市雁山区科教园控制性详细规划 A-2-20 地块调整方案》《桂林市红光公路周边地块控制性详细规划 1-3、2-1、2-2、2—3、2-4、2-5、3-5、5-1、7-1、7-2、7-3 和 7-4 地块调整方案》；审议并原则通过建议纳入自治区"十四五"规划纲要相关内容、推荐蓝福生等 5 名同志为 2020 年享受政府特殊津贴人员、停止执行市四届人民政府第八十六次常务会议关于桂林市事业单位岗位设置有关问题决议、2020 年市级层面为民办实事项目、做好疫情防控一线城乡社区工作者关心关爱工作、进一步完善工作机制提升政府系统执行力、2020 年第一批老城区资产处置等事宜。

第 61 次常务会议　2020 年 5 月 13 日召开。学习近期中共中央政治局常务委员会会议精神；听取全市扫黑除恶工作情况汇报；审议并原则通过《桂林市城镇低效用地再开发利用实施细则》《桂林市 12345 政府服务热线管理办法》《桂林市人民政府　广西投资集团有限公司战略合作框架协议》；审议并原则通过变更桂林新城投资开发集团有限公司出资人、广西粤桂黔高铁园投资开发有限责任公司组建方案及公司章程、公布 2020 年桂林市市区城市和农村低收入家庭收入标准、提高桂林市城乡居民最低生活保障标准等事宜。

第 62 次常务会议　2020 年 6 月 10 日召开。学习中共中央总书记习近平对毛南族实现整族脱贫作出的重要指示精神以及中共中央总书记习近平在审议《关于 2019 年脱贫攻坚成效考核等情况的汇报》和《关于中央脱贫攻坚专项巡视"回头看"情况的综合报告》时的重要讲话精神；听取脱贫攻坚问题整改和工作推进情况汇报；审议并原则通过《中共桂林市委办公室　桂林市人民政府办公室关于 2019 年度乡（镇）党委和政府扶贫开发工作成效考核结果的通报》《中共桂林市委员会　桂林市人民政府关于表彰 2019—2020 年度全市脱贫攻坚先进集体和先进个人的决定》《关于加强农村饮水安全保障工作的意见》《桂林市推进村级集体经济高质量发展实绩考核办法》及奖励灌阳县脱贫摘帽资金等事宜。

第 63 次常务会议　2020 年 6 月 10 日召开。听取全市防汛工作、社会稳定形势、田园综合体建设情况汇报；审议并原则通过《桂林市城市轨道交通土地资源开发利用管理办法》《桂林市自然资源资产产权制度改革实施方案》《桂林市生活垃圾分类管理办法》《市人民政府驻北京联络处　北京东城区机关服务中心民事案件执行和解协议书》《桂林市人民政府　融创中国控股有限公司桂林市文化旅游康养产业项目投资合作框架协议》；审议并原则通过桂林市从事生产经营活动事业单位改革涉及配套文件、减持（出售）部分广西广电股份用于偿还贷款及广电中心建设、桂林旅游发展总公司对桂林市桂山旅游宾馆有限公司进行股权重组、规范漓江风景名胜区水上游览线路及相应票制票价等事宜。

第 64 次常务会议　2020 年 6 月 29 日召开。听取法治政府建设专题讲座；审议并原则通过对全市新型冠状病毒感染的肺炎疫情防控工作表现突出的公务员（集体）进行及时奖励、妥善解决桂林旅游股份有限公司免征漓江航运基金问题、公布桂林市市辖区青苗和地上附着物补偿标准；审议并原则通过《桂林市人民政府　中国农业发展银行广西分行党旗引领·共同推进桂林国际旅游胜地建设合作协议》《桂林市城市管理绩效考评办法（2020 年修订）》《桂林市第二水源工程——引水工程子项 PPP 项目合同》《桂林市关于落实自治区补充耕地指标调剂库方案的实施办法》《桂林市工业园区闲置和低效利用工业用地处理办法》《桂林市人民政府关于划定禁止使用高排放非道路移动机械区域的通告》《桂林市民办教育发展规划（2020—2030 年）》《桂林市消除普通高中学校大班额专项规划（2020—2022 年）》《桂林市政务云管理暂行办法》《桂林市五美大院地块控制性详细规划》《桂林市湖滨大院地块控制性详细规划》《桂林市九岗岭片区 A-8、A-11、A-24 地块控制性详细规划》等事宜。

第 65 次常务会议　2020 年 7 月 24 日召开。学习中共中央总书记习近平等中央领导近期重要讲话精神；听取桂林市 2020 年粮食生产工作调研情况报告；审议并原则通过 2020 年市直机关事业单位编外聘用人员申报计划初审结果、追认永福县秦文勇为烈士、平乐县阳安乡撤乡设镇、平乐县青龙乡撤乡设镇、桂林市云轨交通有限公司股权转让合同；审议并原则通过《关于委托或授权桂林高铁经济产业园实施第一批市级行政权力的决定》《深化桂林经济技术开发区体制机制改革实施方案》《桂林市关于完善残疾儿童康复救助制度的实施办法》《两江四湖指挥部撤销及环城水系公司划转方案》《桂林旅游物资进出口公司等六个从事生产经营类事业单位转企改革方案》《桂林市住房和城乡建设局所属从事生产经营活动事业单位转企改制方案》《桂林市本级不动产登记历史遗留问题处理指导意见》《桂林市喀斯特景观资源可持续利用条例（草案）》《桂林市灵渠保护条例（草案）》《桂林港总体规划（2019—2035 年）》《长征国家文化公园（广西段）建设保护规划（2020—2023 年）（建议稿）》等事宜。

第 66 次常务会议　2020 年 9 月 9 日召开。学习中共中央总书记习近平近期重要讲话精神和中央、自治区重要文件；听取中央环境保护督察和自治区生态环境保护督察问题整改情况报告；审议并原则通过《关于构建桂林现代环境治理体系的实施意见》《桂林市工业园区绩效奖金分配实施细则（试行）》《桂林市工业项目审批流程再造方案》《桂林市人民政府、广西旅游发展集团有限公司战略合作框架协议》《桂林市人民政府、中国长城科技集团股份有限公司中国长城（广西）PKS 信创产业生态基地项目战略合作框架协议》《桂林市人民政府、华为技术有限公司全面深化合作框架协议》《桂林市国有企业改组国有资本投资运营公司试点方案》《桂林市教育领域市以下财政事权和支出责任划分改革实施方案》《桂林市科技领域市以下财政事权和支出责任划分改革方案》《桂林市激励企业加大研发经费投入财政奖补实施暂行办法》《桂林市深化户籍制度改革户口迁移实施办法》《桂林市居家和社区养老服务改革试点工作实施方案》《桂林市绢纺厂片区控制性详细规划》；审议并原则通过组建桂林高创投资发展集团有限公司、筹设桂林信息工程职业学院、桂林航空有限公司以经营租赁形式引进7架A320飞机、提高桂林市随军家属未就业期间生活补助标准、桂林市自来水公司公司制改制、灌阳至平乐高速公路项目合作、七星区部分道路命名更名、对阳朔等3县（市）6月7日地质灾害防范工作成功避险做出贡献的单位及个人表扬等事宜。

第67次常务会议　2020年10月9日召开。学习中共中央总书记习近平近期关于脱贫攻坚工作的重要指示精神；听取市扶贫办关于2020年全市贫困村贫困户脱贫摘帽及整改工作完成情况汇报；审议并原则通过《桂林市扶贫开发领导小组关于扎实做好自治区脱贫攻坚大督查反馈问题整改工作的通知》《桂林市扶贫开发领导小组关于持续深入抓好脱贫攻坚巡视巡查、督查考核反馈问题整改的通知》《2020年度桂林市县级党委政府脱贫攻坚绩效考核实施方案》《2020年度桂林市乡（镇）党委政府扶贫开发工作成效考核实施方案》《2020年度桂林市定点扶贫单位结对帮扶和行业主管部门脱贫攻坚绩效考评实施方案》《〈桂林市脱贫攻坚战实录〉〈桂林市脱贫攻坚成就展〉〈桂林市脱贫攻坚报刊连载〉和〈桂林市脱贫攻坚影像志〉筹备工作方案》等事宜。

第68次常务会议　2020年10月9日召开。学习中共中央总书记习近平近期重要讲话和有关批示精神；听取全市社会安全稳定形势、上半年公安工作、安全生产专项整治三年行动进展情况汇报；审议并原则通过《桂林市喀斯特景观资源可持续利用条例》《桂林市灵渠保护条例》《桂林市民办教育发展规划（2020—2030年）》《桂林市关于深化新时代教育督导体制机制改革的实施方案》《桂林市行政审批局专家审查员评审劳务费支付管理暂行规定》《桂林光控股权投资母基金设立方案》《桂林市新兴产业创业创新投资基金设立方案》等事宜。

第69次常务会议　2020年11月4日召开。学习中共中央总书记习近平在第七个国家扶贫日对脱贫攻坚工作作出的重要指示和李克强总理批示精神；听取全市脱贫攻坚推进及《桂林市“脱贫感党恩　奋进新起点”主题活动实施方案》有关情况汇报和市扶贫开发领导小组各专责小组工作情况汇报。

第70次常务会议　2020年11月4日召开。专题研究粤桂（肇庆—桂林）扶贫协作工作。

第71次常务会议　2020年11月4日召开。学习中国共产党第十九届中央委员会第五次全体会议精神、中共中央总书记习近平等中央领导近期重要讲话精神；听取全市食品安全工作汇报；审议并原则通过《进一步加快服务业发展的若干措施》《桂林市人民政府门户网站管理办法》《桂林市促进中医药传承创新发展实施方案》《关于化解非住宅商品房库存的若干意见》《桂林市叠彩区五福棚户区（城中村）改造及再开发利用总体实施方案》《桂林市养犬管理条例》《桂林市城区三轮车与电动四轮车综合治理工作方案》《关于进一步加强农村宅基地管理实施方案》，通报《桂林市本级2020年预算调整方案（草案）的议案》等事宜。

第72次常务会议　2020年12月2日召开。听取全市消防工作、中央及自治区交办桂林市信访事项办理情况汇报；审议并原则通过《桂林市激励干部担当作为奖励办法（试行）》《桂林银行经营层实施市场化改革工作方案》《桂林市建设自治区绿色金融改革创新示范区工作方案》《桂林市柑橘产业调优做强的实施意见》《桂林市家禽集中屠宰工作实施意见》《数字桂林地理空间框架建设与使用管理办法（修订稿）》《桂林市开展农村全域土地综合整治的实施意见》《桂林市新型城镇化示范乡镇落实长效管理指导意见》《桂林市渡口渡船安全管理办法》《桂林市农（自）用船舶安全管理办法（试行）》《永福县罗锦镇米田饮用水水源保护区划分方案》《灵川县大圩镇潮田河饮用水水源保护区划分方案》《全州县永岁镇睡牛坪饮用水水源保护区调整划分方案》《桂林市人民政府2021年立法工作计划》《桂林市政务数据“聚通用”改革方案》《桂林市政务信息化项目建设管理办法》《桂林政务数据资源调度管理办法》《桂林市人民政府　广西电网有限责任公司桂林市“十四五”电网发展战略合作框架协议》《桂林市人民政府　招商局公路科技（深圳）有限公司战略合作协议书》《桂林市人民政府　十堰市人民政府文化旅游产业发展战略合作协议》；审议并原则通过提高桂林市孤儿养育金和事实无人抚养儿童基本生活补贴标准、广西壮族自治区青狮潭水力发电厂实施公司制改制等事宜。　（何铁宝）

重要政务

【统筹疫情防控和经济社会发展】 2020年年初，市人民政府建立精准有序高效新冠疫情防控工作机制，在全自治区率先实施收治病例“四集中”、率先开放定点宾馆安置湖北籍游客、率先发出单个市编组专列驰援湖北、率先设立老年人临时隔离护理区，比全自治区提前8天实现本土确诊病例、疑似病例“双清零”，全市无病例死亡、无医务人员感染、无社区传播，得到国务院指导组和自治区领导的肯定。出台企业复工复产指导意见，创新实行“一派二包两补”制度（“一派”指选派优秀党员作为重点防疫物资生产企业特派员，协调解决企业生产面临的问题；“二包”指企业包场地隔离、企业包车接送员工上下班；“两补”指企业对员工自带防疫物资进行补助、企业对日常居家不外出的员工进行补助），推动重点项目、规模工业企业应复尽复，核磁共振机、N95口罩、医用护目镜生产填补广西空白，成为全自治区防疫物资生产体系最完备的城市之一；破解疫情造成的200多万吨沙糖橘滞销难题，稳定了农业增长和农民收入。出台支持中小企业发展等6个方面53条政策措施，实施“九大会战”，累计减税降费超40亿元，授信“复工贷”612.4亿元，投入1000万元扶持文旅企业、6000万元扶持重点企业，全力保产业链、市场主体稳定，经济较快回稳复苏。

【打赢“四大收官战”】 2020年，市人民政府打赢“四大收官战”。决胜全面建成小康社会取得决定性成就，超额实现地区生产总值、城乡居民人均可支配收入比2010年翻一番目标，实现了从总体小康到全面小康的新跨越。脱贫攻坚任务如期完成，2020年剩余1.44万建档立卡贫困人口、51个贫困村全部如期脱贫，历史性地消除了绝对贫困。自治区“脱贫感党恩 奋进新起点”主题活动现场会在桂林市召开，桂林市在自治区扶贫开发成效考核中获评“综合评价好”等次。桂林国际旅游胜地基本建成，桂林国际旅游胜地规划纲要四大战略定位逐步实现，12项指标超额完成。加快文化旅游复苏，开展“桂林人游桂林”等活动，成功举办“五会一节”，全市接待游客总人数、实现旅游总消费分别恢复2019年的75.68%、71.09%。强化项目引领，融创文化旅游城一期建成开业，正阳西巷正式开街，桂林文化旅游中心漓江歌剧院即将建成，投资500亿元的融创国际艺术小镇、兴坪水镇、阳朔国际会议小镇等一批重大文旅项目成功签约。提升旅游品质，实施“文旅+”战略，抓好一批景点景区提升改造，新增国家3A级以上旅游景区10家、自治区旅游度假区1家，国家A级景区达91家、居自治区第一；建成一批旅游集散中心、汽车营地，旅游品质和服务能力大幅提升。推进全域旅游，兴安县成为国家全域旅游示范区、旅游标准化示范县，灌阳县获批全域旅游示范区，龙胜各族自治县等3个县（市）获批自治区旅游标准化示范县（市），桂林入选国家文化和旅游消费试点城市。以桂林国际旅游胜地建设带动服务业升级发展，三产占GDP比重提高到54.4%，成为经济增长主引擎。加快推进国家可持续发展议程创新示范区建设。成立可持续发展促进中心、专家智库，建设国际岩溶研究中心，推进可持续发展地方立法，实施自然景观资源保育等五大行动、喀斯特石漠化治理与修复等重点工程17项，完成亚洲开发银行技术援助合作等项目，为落实2030年可持续发展议程提供有益借鉴。

【推动工业高质量发展】 2020年，市人民政府坚持把工业振兴作为重中之重，加快工业振兴步伐，推动工业经济高质量发展。创新政策机制，建立完善市领导联系服务重点工业企业等制度，建立市领导联系服务重点工业企业等制度，完善“18+10”政策体系，推动工业经济逆势上扬，规模工业总产值实现两位数增长，工业固定资产投资增长9.9%，高于固定资产投资5.9个百分点；技术改造投资增长8.5%，排自治区第四。“345”新布局带来新发展［“345”：“3”指桂林高新区、桂林经开区、桂林高铁园，“4”指全州、兴安、平乐、荔浦4个工业重点县（市），“5”指阳朔、灌阳、龙胜、资源、恭城5个生态功能区县］。深化三大园区体制机制改革，桂林经开区获批为自治区级经开区；三大园区完成规模工业总产值597.9亿元，主战场地位更加凸显；实行工业项目审批流程再造改革，推广“双容双承诺”改革（项目审批容缺后补、容错纠错，企业向政府承诺、政府向企业承诺，强化政府靠前服务，推动企业投资项目“先建后检”直接落地），建成标准厂房106万平方米，收储土地766.67公顷，完成基础设施投资11.4亿元，为企业快速入驻提供保障。发展新动能逐步壮大。深科技“代采”扩大、二期竣工投产，比亚迪物流车下线，平钢、量子通讯等重大项目投产，啄木鸟、优利特等企业成为细分行业“隐形冠军”，电子信息等六大产业产业集群不断发展壮大。数字经济发展迅猛。规模以上工业“两化”融合指数达85，企业上云率达100%；“一城一基地三中心”、医疗影像云、宜兑数字化等项目加快建设，桂林市被列为广西一体化大数据中心副中心城市、广西区块链副中心城市、全自治区首批数字经济示范区。

【乡村振兴加快推进】 2020年，市人民政府实施乡村振兴战略，推动乡村振兴开创新模式。农业经济持续向好，第一产业增加值增长6.2%。重要农产品稳产保供，粮食播种面积、总产量居自治区第二，水果种植面积25.26万公顷、产量792.34万吨，继续保持自治区第一；生猪生产加快恢复，全年生猪出栏311.19万头。现代农业提质增效，自治区级现代特色农业示范区增至40个，新增“荔浦砂糖橘”国家级特优区1个、自治区级特优区2个，4个乡村入选全国乡村旅游重点村名录。以新型城镇化示范乡（镇）和田园综合体建设两大“书记工程”为抓手推进乡村振兴，建成第五批14个示范乡（镇），累计建成74个；建成首批17个、启动第二批田园综合体建设。农业基础进一步夯实，建成高标准农田8.79万公顷，主要农作物耕种收综合机械化率81.2%；打造市级以上农业产业化重点龙头企业202家、农民专业合作社4692家、家庭农场1600家。县域经济加快发展，累计15次获广西科学发展（高质量发展）先进县、进步县。持续改善农村人居环境，“美丽桂林”乡村建设、农村人居环境整治三年行动圆满完成，“三清三拆”（“三清”指清理村庄垃圾、清理乱堆乱放、清理池塘沟渠；“三拆”指拆除乱搭乱盖、拆除广告招牌、拆除废弃建筑）整治覆盖村庄5756个，卫生厕所普及率92%，农村生活垃圾处理率100%。乡村治理体系进一步完善。全国农民体育工作现场会、“大碧头杯”第四届全国农民体育健身大赛暨2020年广西庆祝中国农民丰收节启动仪式在桂林市举行。

【持续推进招大引强】 2020年，市人民政府坚持招大引强，创新招商引资模式，强化市领导及县（市、区）主官招商工作机制，采取“三友”招商（指利用桂林市在外发展的乡友、校友、战友资源）、产业链招商等方式，开展“三企入桂”行动，全年新签“三企入桂”项目227个，总投资超2000亿元，第十七届中国－东盟博览会签约总额达1285亿元。投资189亿元的电科云国际大数据中心等一批重大项目签约落户，格力生产基地、中航大飞机起落架特种轮胎生产基地等项目加快落地，年产值50亿元的安科讯、深科技珠三角工厂整体搬迁等项目开工建设，为全市经济高质量发展注入强大动力。

【持续加强城乡建设】 2020年，市人民政府坚持以项目建设带动城乡建设，860项市层面、123项自治区层面统筹推进重大项目分别完成投资942.85亿元、258.46亿元。提升中心城市品质，临桂新区功能不断完善，新国际会展中心、旅游综合医院等项目加快推进，临桂万达广场、翻山底市场建成营业，产城融合不断深化。老城加快疏解提升，开工371个老旧小区改造项目，福隆园、塔山等漓东片区得到系统改造，完成靖江王府历史文化旅游休闲街区改造提升，七星塔山·悦坊、秀峰尊神庙等夜经济不断涌现，中心城市文化、旅游、休闲、商业功能大幅提升。持之以恒抓创城，解决一大批群众关心的"老大难"问题，实现市容市貌大变样、城市治理大提升、市民素质大提高，成功入选"第六届全国文明城市"。加强城市基础设施建设。荔玉高速公路建成通车，全市高速公路通车总里程达715千米，公路总里程1.49万千米，建制村通畅率和通客车率均达100%，"四好农村路"建设成为全区典范。5G网络实现市区全覆盖，光纤网络和4G网络实现建制村全覆盖。

【推动生态文化相融】 2020年，市人民政府持续推进生态文化相融，全面加强生态环境保护建设。推进漓江全流域保护，开展漓江生态保护与综合治理，加快实施漓江生态保护和修复提升工程，漓江干流水质常年达到国家地表水Ⅱ类水质。打好污染防治攻坚战，市区空气质量优良天数实际达353天，较2019年增加17天，PM2.5、PM10平均浓度连续6年"双降"；主要河流和城市集中式饮用水水源地水质达标率保持100%，全国地表水考核断面水环境质量排名全国第二；受污染耕地和污染地块安全利用率分别达89.67%、100%。国家级生态乡（镇）16个，自治区级生态县实现全覆盖，森林覆盖率提高至71.62%，"山清水秀生态美"的优势更加明显。加强文化建设。深入实施"寻找桂林文化的力量，挖掘桂林文化的价值"工程，甑皮岩、靖江王陵等国家考古遗址公园粗具规模，东巷博物馆建成开放，桂林非物质文化遗产体验馆顺利挂牌；三将军殉职纪念塔和八百壮士墓入选第三批国家级抗战纪念设施。2020年中国文化和自然遗产日主场城市活动在桂林市举行。

【坚持改革开放创新】 2020年，市人民政府持续深化重点领域改革，基本完成承包地确权登记颁证任务，全面推进农村集体产权制度改革；积极推进药品带量集采改革，为群众减少用药负担1.5亿元，减少医保基金支出1.2亿元；推进"放管服"改革，93.4%的行政许可事项实现"一枚印章管审批"，企业开办办结时限由20个工作日缩至0.5个工作日，不动产登记实现1个工作日办结，群众满意度显著提高。持续深化开放合作，融入国家"一带一路"、粤港澳大湾区建设，与广东省肇庆市、广西贺州市合作共建"粤桂画廊"。编制实施桂林市国家物流枢纽布局城市建设规划，开行桂林—北部湾港上下行班列29列。持续提升科技创新能力，新增国家级科技创新平台5家，桂林智慧谷等国家级众创空间3家；新增广西瞪羚企业3家，总数达20家，每万人口发明专利拥有量居自治区前列。

【发展社会民生事业】 2020年，市人民政府持续加大民生投入，民生支出占一般公共预算支出的79.2%。落实就业优先政策，城镇新增就业5.42万人，农村劳动力转移就业8.88万人，城镇登记失业率3.5%，低于5.5%的控制目标；"五险"实现应保尽保。推动教育均衡发展，新建成中小学（幼儿园）27所，新增学位3.09万个，乡（镇）中心幼儿园实现乡（镇）全覆盖，桂林市获评"自治区普及高中阶段教育达标市"，荔浦市"县管校聘"改革试点经验在全自治区推广。加快健康桂林建设，全国和全自治区医共体建设经验交流及工作推进现场会在桂林市召开。桂林入选国家第五批居家和社区养老服务改革试点地区。平安桂林、法治桂林建设迈出坚实步伐；应急能力不断提升，战胜严重洪涝灾害，成功避险5起自然灾害，避免1400多人因灾伤亡，受到自然资源部和自治区人民政府通报表扬。实现全国"双拥模范城"九连冠。 （周晋）

【驻京联络工作】 2020年，桂林市人民政府驻北京联络处（简称驻京联络处）办公地址位于北京市西城区西便门西里小区15号楼，设科室2个。年内，驻京联络处政务接待服务党政机关、企事业单位到北京开会、公务、学习约420人次。完成桂林市的全国人大代表、全国政协委员到北京参加"两会"的服务保障工作，协助市人民政府在北京举办中国－东盟博览会旅游展新闻发布会和"壮美广西 · 多彩非遗"2020广西非遗助力脱贫攻坚和乡村振兴（北京）展示展销活动。协助联络桂林市相关部门到文化和旅游部、国家文物局等部委汇报工作。协助北京金王蜂业保健公司有意一期投资2亿元在桂林选址建厂，从事高科技蜂产品研发与销售；协助桂林市与中国电子科技集团签约电科云（桂林）国际大数据发展中心项目，项目意向投资188亿元；协助中国中小企业协会产业发展传承分会融资平台与市发改委、市国资委、市金融办等部门对接，为小微企业解决融资难、融资成本高等问题。完善桂林市人才库建设，推荐引进桂林高层次人才20人，收集入库72条在北京桂林籍人才信息。通过抓源头、抓化解、抓稳控、抓应对等"四项举措"，信访保障工作更加敏捷、快速、高效。 （驻京联络处）

政务督查

【概况】 2020年桂林市人民政府督查办公室（简称市政府督查室）为桂林市人民政府办公室内设机构，设有决策督查科和专项督查科。年内，市政府督查室应对新冠肺炎疫情和统筹经济社会发展双重考验，聚焦"创全国文明城市"和"决战决胜脱贫攻坚"两大主战场，科学谋划、综合施策、精准实施督查抓落实工作，发挥督查"利剑"作用，确保全市经济社会高质量发展。

2020 年 6 月 19 日，桂林市政府督查室与广东省江门市委、市人民政府督查交流座谈会在创业大厦召开。（李俊杰摄）

【重大决策部署贯彻落实督查】 2020 年，市政府督查室抓好对中央和自治区有关稳增长等一系列重大决策部署等落实情况督查。重点开展创全国文明城市工作督查及自治区年中督查迎检及整改工作。制定《桂林市稳增长情况“红黑榜”督查通报工作方案》，全年印发稳增长督查专报 8 期；印发《桂林市人民政府关于印发 2020 年市〈政府工作报告〉主要目标任务分解表的通知》，将 232 项主要目标任务分解到各责任单位和各县（市、区）人民政府落实，抓好季度进展情况的跟踪督查。全年全面完成目标任务 208 项，完成率 90%；抓好市人民政府常务会、市长例会等会议贯彻落实情况督查，做到全程跟踪督办、动态管理。全年共办理市人民政府常务会议决定事项 234 项，落实率 100%。

【领导批示和重点交办事项督查】 2020 年，市政府督查室根据市人民政府领导指示、批示和有关重点工作部署开展督查，对经济稳增长、脱贫攻坚、新冠疫情防控等工作开展专项督查，年内办理市人民政府主要领导批示 183 件，办结 183 件，办结率 100%。编制领导同志批示办理情况月报 6 期。

【社会民生热点问题督查】 2020 年，市政府督查室找准政府领导关注的重点问题、人民群众关心的热点问题、决策执行中的难点问题开展督查。完成 2020 年为民办实事项目的筛选、督办、协调、服务等工作。确定全市为民办实事十项工程 33 个项目。实行月度检查、月度通报、不定期督查、专项协调等工作制度，深入一线对 17 个县（市、区）为民办实事项目，进行阶段性全面督查，发现问题、分析原因、研究对策、协助解决，促进为民办实事项目的落地生根。自治区级层面十大类 31 个为民办实事项目累计完成投资约 105 亿元，市级层面十大类 33 项为民办实事项目累计完成投资约 6 亿元。完善创新人大代表建议、政协委员提案办理机制，注重座谈面商、实地走访，强化开门办案、统筹办理，提高办理质量。全年共承办人大代表建议、政协委员提案共 357 件。其中，全国人大代表建议 2 件，自治区人大代表建议 2 件，市人大代表建议 92 件，办结率 100%；全国政协委员提案 1 件，自治区政协委员提案 6 件，市政协委员提案 218 件，办结率 100%。

（李俊杰）

行政审批

【概况】 2020 年，桂林市行政审批局内设科室 19 个，教育卫生科更名为卫生健康科。直属事业单位有桂林市政务服务中心、桂林市 12345 政府热线服务中心，代管桂林市公共资源交易中心。3 月，桂林市政务服务中心成立，为副处级全额拨款事业单位，办公地址在桂林市临桂区西城中路 69 号创业大厦西辅楼，内设科室 8 个。

2020 年，桂林市行政审批局深化“放管服”改革和行政审批制度改革，全面提升行政审批和政务服务效能，优化营商环境，增强企业和群众的获得感和幸福感，为桂林实现高质量发展提供支撑和保障。

【“一枚印章管审批”改革】 2020 年 5 月 1 日，桂林市人民政府实施相对集中行政许可权改革，实行“一枚印章管审批”。桂林市行政审批局承接市级行政许可事项 226 项，承接率

2020 年 11 月 11 日，市政府督查室陪同自治区政府督查室在象山区督查乡（镇）卫生院防疫工作情况。（李俊杰摄）

2020年5月8日，桂林市政府集中采购中心揭牌仪式在桂林市公共资源交易中心举行。（桂林市行政审批局供图）

93.4%，依申请政务服务事项100%进驻政务大厅集中办理，市、县、乡三级政务服务事项承诺时限提速率82.19%。改革后，群众办事由跑多个部门转变为只跑行政审批局，提升服务质量和效率，实现依法审批、高效审批、廉洁审批。

【"双容双承诺"改革】 2020年，桂林市人民政府继续实行园区企业投资项目"双容双承诺"直接落地改革，全市共有48个园区项目以"容缺后补、容错纠错，企业向政府承诺、政府向企业承诺"为主要内容，投资项目"先批后建"变为"先建后验"，直接落地开工，平均压缩报批时间3—4个月，项目投资额122.3亿元，预期实现产值218.5亿元。6月，桂林市深化承诺审批制度改革试点工作，对列入第一批清单的16项行政许可事项实行"即报即审"。全年共有25项建设项目获承诺审批，预计投资28.7亿元，形成年产值72亿元。

【重点领域"一窗受理"改革】 2020年，桂林市重点领域"一窗受理"服务实现提质增效。桂林市行政审批局企业开办专窗将营业执照办理、刻制印章、申领发票、企业社会保险登记、企业医保备案登记、企业住房公积金缴存登记开户、企业银行开户七事项压缩为1个环节，统一对外反馈办理结果，半天办结，同时通过为新开办的有限责任公司和股份有限公司领照当天赠送1套4枚印章（即法定名称章、法定代表人名章、财务专用章、发票专用章）和免收领用税控设备费用440元，实现企业开办"零成本"。不动产登记专窗实现不动产交易、纳税、登记综合受理，办理环节减少为1个，申请材料压缩至3项，登记业务最快1小时办结。全面推广"互联网+不动产登记"，实现不动产登记电子证照网上核验和手机APP应用，办事企业、办事群众实现从"见面办"向"掌上办"升级，大幅提高"零次跑"办理比例。同时，不动产登记窗口根据申请人意愿一次性收取交易登记、水、电、气网过户申请材料，信息可推送给水、电、气、网部门办理，或者申请人现场通过相应公众号办理，实现水、电、气、广电网络过户与不动产登记同步办理。工程建设项目联合审批服务专窗进一步梳理简化工程报建审批流程，一般社会投资类项目建设许可办理压缩至16个环节60个自然日以内（41个工作日）。总建筑面积1万平方米以下的一般社会投资低风险产业类项目建设许可办理压缩至4个环节20个自然日以内（14个工作日），同时合并办理工程规划许可证与建筑工程施工许可证。"水电气"综合受理专窗，对低压电路和新建公用变压器进行免审批，对已有管沟的临时占道调整为1个工作日内完成，对其他水、电、气外线工程并联审批事项调整为2个工作日内完成。

【"无差别全科受理"改革】 2020年5月，桂林市行政审批局在全自治区率先推行"无差别全科受理"服务。桂林市政务服务中心设立"无差别全科受理"窗口，通过推行"大厅一键取号、前台全科综合窗口集中受理、后台同步审批、统一窗口出件"政务服务新模式，最大化利用政务资源，减少办事群众等待时间。该项改革工作获自治区党委改革办典型改革经验在全自治区推广。

【"一网通办"改革】 2020年，桂林市行政审批局推广使用数字政务一

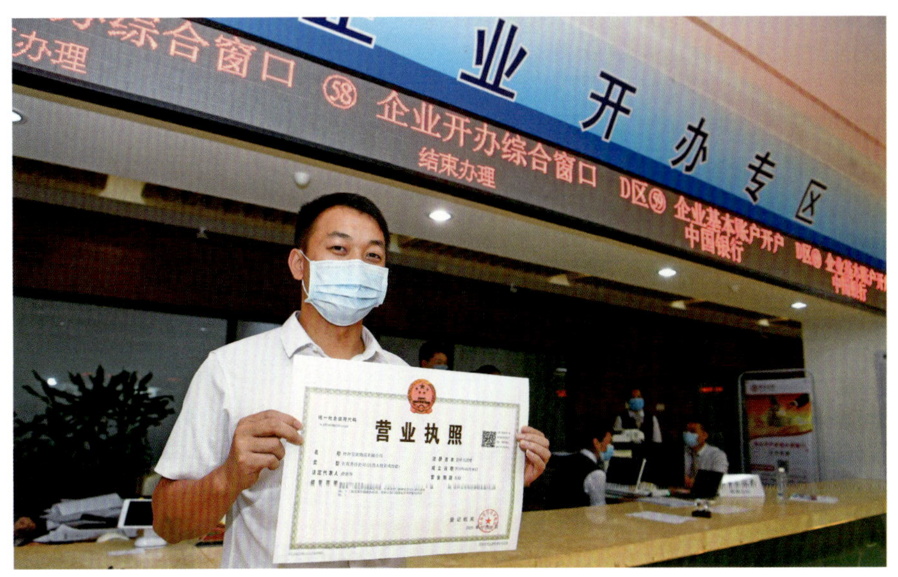

2020年5月6日，桂林市政务服务中心企业开办专区发出的桂林市第一份加盖"桂林市行政审批局审批专用章"营业执照。（桂林市行政审批局供图）

2020 年 5 月 6 日，桂林市在全自治区率先推行“无差别全科受理”政务服务。（桂林市行政审批局供图）

体化平台，作为全市政务服务门户统一入口，为申请人提供在线政务服务，设立户籍办理、民族宗教、教育科研等 22 个“个人办事”主题栏目和变更、准营准办、资质认证等 28 个“法人办事”主题栏目，公布行政权力和公共服务事项 4785 项。申请人在数字政务服务平台可查阅到政务资讯、政策解读、办理进度、办件公示，可以在线咨询、投诉、建议。年末，市、县（市）政务服务事项网上可办率超过 99%。

【工业建设项目审批流程改革】 2020 年 9 月，桂林市人民政府推进园区工业建设项目审批流程再造改革，再造工业项目供地流程，各园区管委会确定出让方案，桂林市自然资源局审查备案，报桂林市人民政府下发，预计压缩土地供地时间 30 天—40 天；再造工业项目建设阶段行政审批流程，实行工业项目建设工程方案总平图和施工图由中介机构统一审图，通过主动服务、提前预审、并联审批等措施，将审批时间由原来的 41 个工作日缩减至 12 个工作日；建立招商引资工业项目代办服务中心（站）、工业项目行政审批主动服务工作机制、区域综合评价评估结果运用机制、工业项目优惠政策兑现机制，提高中介服务效率，助推项目顺利推进，通过一系列措施，初步形成科学、便捷、高效的工业建设项目审批和管理体系。

【推进园区放权赋能】 2020 年，桂林市行政审批局制订委托或授权市属三大园区实施第一批市级行政权力方案。11 月 8 日，桂林市人民政府印发关于委托或授权高铁（桂林）广西园实施第一批市级行政权力事项决定，委托或授权高铁（桂林）广西园实施第一批市级行政权力事项 94 项。把企业开办、投资项目审批、建设项目用地、建设项目选址、采矿权新立、环境影响评价、水土保持方案审批和施工许可证等设区市最核心的经济管理权限全链条赋予园区，将审批服务端口前移至园区，提升审批速度，降低制度性交易成本，实现经济管理权限全链条精准赋权，真正做到“园区事园区办”。

【“跨省通办”试点改革】 2020 年，桂林市被自治区列为“跨省通办”试点城市。11 月 23 日，桂林市与广东省江门市签订政务服务“跨省通办”合作协议。12 月 25 日，桂林市与广东省肇庆市签订政务服务“跨省通办”合作协议，医保、社保、公积金等高频事项纳入政务服务“跨省通办”第一批通办事项。通办两地群众和企业可通过线上“跨省通办”专栏实现“一地认证、全网通办”，也可通过线下人工服务窗口、智能柜台实现“收受分离、异地可办”。依托现有政务服务平台、数据推送、邮寄送达等方式，打破地域限制，实现政务服务“零距离”。

【网上中介服务超市应用】 2020 年，桂林市行政审批局通过强化顶层设计、压实工作责任、加强常态管理等系列措施，推进自治区 2019 年统建的网上中介超市在桂林落地应用，形成统一规范、开放竞争、健康有序的中介服务市场，做到“入驻零门槛、办事零跑动、交易不见面、过程全留痕”。至年末，全市备案入驻中介机构 162 家，发布项目公告 956 个，成交公示 703 个，合同上传 568 个，项目成交总金额 2670.88 万元，节省金额 438.89 万元，节省率 16.4%。

【全面推进政务公开】 2020 年，桂林市按照“五公开”要求，推进行政法

2020 年 11 月 23 日，桂林市与广东省江门市签订政务服务“跨省通办”协议。（桂林市行政审批局供图）

规、规章、规范性文件等重点政务信息集中统一向社会公开。加强政策发布解读。市人民政府政策解读发布数量占主动公开文件数量比例达70%，基本做到“应解读尽解读”。全面推进基层政务公开标准化规范化，协调市直部门指导基层政府编制完成基层政府26个领域政务公开事项标准目录。推进政府公报工作。2020年编印市政府公报10期，每期免费赠阅量2400多份。市人民政府门户网站完成改版升级，在全自治区率先建成规范的政府信息公开平台，实现政府信息一网通查。

【公共资源交易】 2020年，桂林市行政审批局推行“互联网+公共资源交易”建设，构建全市电子化招投标“一张网”，推进工程建设项目全流程、政府采购公开招标类项目半流程电子化交易，实行市县一体远程异地评标，实现“专家”“资源”共享。取消进场交易及招标备案、投标报名、标书费、政府采购及房建市政项目保证金、推行电子保函，简化交易流程。强化招标投标监管，网站公布行业监管部门投诉举报电话并开放质疑投诉端口，线上公开招标人答复，定期开展招投标项目专项抽查，维护公平竞争市场秩序。持续加大土地出让交易宣传和服务力度，推动土地交易市场逐渐活跃。年内，市公共资源交易中心进场项目2752项，交易额340.11亿元，节约7.57亿元，节约率3.0%；溢价13.41亿元，溢价率16.3%。

【12345政府服务热线建设】 2020年，桂林市12345政府服务热线整合话务热线33条，特设旅游专席，建成“一号对外”政府总客服，确保群众诉求“事事有回音、件件有落实、环环可监督”。全年共受理群众诉求16.6万件，处理满意率99.31%，20秒接通率96.46%、话务按键满意率98.48%，收到来电表扬、锦旗、感谢信等共241件。12月22日，在全国政务热线发展年会中桂林市12345政府服务热线获“2020年度最佳服务案例奖”。

（张妮）

人民防空

【概况】 2020年5月30日，桂林市人民防空办公室（简称市人防办）办公地址由桂林市秀峰区骝马山路26号搬迁至临桂区人民南路56号，内设科室6个。年内，市人防办立足军事斗争人防应急准备，厘清发展思想，紧紧抓住防空袭核心能力建设关键，取得较好成绩。

【人防战备建设】 2020年，市人防办按照人防训练大纲要求完成规定的训练科目、训练时间。市人防办9支人防专业队692人完成整组。招募人防志愿者100人，并对其进行2期专业理论现场教学和应急救援培训。分别在河池市东兰县、巴马瑶族自治县和全州县、兴安县、灌阳县、恭城瑶族自治县组织2次跨区协同演练机动指挥通信系统互联互通等科目，参加人员86人次，出动车辆8台次，行程1600多千米。市区新安装防空警报器7台，检查维护警报器400余台次。4月4日，为新冠肺炎疫情牺牲烈士和逝世同胞鸣响警报；60余万人参加“9·18”警报试鸣暨防空疏散演练，全市187台警报器鸣响率100%，警报音响覆盖率达95%。在市周边7个县新建7个人口疏散接收安置指挥点，并对部分已建人口疏散地域进行维护和完善。市本级防空方案和各县（市、区）防空方案全部完成编修，并按规定要求和程序上报自治区人防办。人防地面指挥所信息化建设稳步推进，年底全部完成建设。

【人防工程建设】 2020年5月31日，桂林市地面人防指挥所建成投入使用。年内，人防宣传教育基地完成可行性研究报告、风貌评审、土建设计方案、布展设计与施工EPC一体化招投标工作。市人防办对人防地下室工程建设办理人防工程质量监督手续，并对在建项目进行隐蔽工程现场监督检查。完成人防地下室竣工备案验收和人防工事排险。

【人防法制建设】 2020年，市人防办结合巡察整改和人防系统腐败问题专项治理，修改完善规范性文件6份，新拟制3份。依法依规对防空地下室防护设计规划进行审查，群众满意度100%；依法收取防空地下室易地建设费1071万元，按规定减免易地建设费145万元。执法监督检查215次，立案项目19个；处罚项目13个，罚款60万元；向7家单位追缴人防易地建设费742万元。严格落实人防行政执法案卷评查、重大案件审核、“双随机和一公开”和“互联网+监管”等制度，公开公示项目94项（次），处理群众投诉8起，群众满意度100%。对已批建未验收人防工程项目和已建人防地下室进行执法检查，依法对部分未验收就投入使用又不按规定要求进行整改的人防工程项

2020年10月11日，市人防办对人防志愿者进行培训。（刘海科摄）

目单位进行法律起诉。

【人防宣传教育】 2020年，市人防办组织全市初一学生进行人防知识统一考试，学生成绩优秀率达90%，合格率98%。订购人防读本教材1.4万册、挂图20套、宣传册0.5万本，并组织全市12个县(市、区)订购人防读本教材4.76万册、挂图51套、宣传册200本，全部发放全市各初级中学。在6个城区67个宣传点进行人防宣传。加强网站安全运行和信息更新发布管理，严格落实日常检查和审看制度，对人防网站7个一级栏目、28个二级栏目全面梳理，更新发布信息217条。全年处理市民诉求工单17份，市民满意度100%。 （刘海科）

发展研究

【概况】 2020年，桂林市人民政府发展研究中心(简称市发展研究中心)内设科(部)室7个。年内，市发展研究中心立足决策咨询服务，围绕市委、市人民政府重大决部署以及经济社会发展重点、热点、难点问题开展调查研究，发挥以文辅政、参谋助手作用，在课题研究、刊物编辑等方面取得新进展。全年组织完成各类综合性文稿23项，组织、协同有关方面起草修改市委、市人民政府重要文件12个，形成各类调研报告、咨政报告40余个近20万字。牵头完成2020年度《政府工作报告》起草工作；组织完成《关于疫情对市经济运行影响情况的报告》《新冠肺炎疫情对我市文旅产业和国际旅游胜地建设的影响调研报告》《桂林市田园综合体调研报告》等3个事关桂林市实现“两个建成”目标和长远发展的调研报告；参与完成《在市政协“强化精准招商，助推工业振兴”专题协商会上的讲话》《在经济运行调度会上的讲话》等13个市人民政府领导讲话稿的起草工作；参与完成《中共桂林市委员会关于制定国民经济和社会发展第十四个五年规划和二〇三五年远景目标的建议》《桂林市国民经济和社会发展第十四个五年规划和二〇三五年远景目标纲要(草案)》等23个市委、市人民政府有关综合性文件的起草编制工作；参与完成桂林市申报全国文明城市200多篇网评材料修改审核工作；参与中宣部“坐着高铁看中国”主题专栏节目、市委宣传部《百城千县万村小康社会调研报告》等有关文稿的服务工作。全年共编辑出版《桂林发展研究》6期，编发稿件90篇约55万字；编辑完成《决策参考》8期，其中《新冠疫情对我市经济运行影响情况的报告》《桂林市物流成本情况调查》《以产业功能区建设培育工业树产业林的建议》《筑巢引才　产才融合——人才飞地链接粤港澳大湾区支撑高质量发展的桂林“实践”》得到市人民政府主要领导的批示，《创新营销模式，拉动我市文旅消费的建议》《实施六大“留人行动”，破解企业用工难题，助推桂林振兴》等得到市四家班子领导批示，《应对疫情加快我市旅游经济复苏振兴的建议》《新冠肺炎疫情对桂林扶贫攻坚的影响及应对建议》在自治区中心《调研与咨询成果交流》平台刊登。

【“关于疫情对市经济运行影响情况的报告”调研报告】 该报告是市发展研究中心受市人民政府委派的调研报告。该报告从经济总量、行业、县(市、区)3个方面，深入分析疫情对桂林市经济运行产生的影响，预测一季度经济运行走向，指出复工复产面临的突出问题，从强化经济运行监测、推进企业复工复产、推进工业提速发展、推进服务业振兴发展、推进现代农业稳产保供、推进项目建设促投资稳增长、强化保障措施等6个方面提出对策措施，为桂林市夺取疫情防控和经济社会发展双胜利作出积极贡献。年内，该报告完成并得到市领导批示肯定。

【“新冠肺炎疫情对我市文旅产业和国际旅游胜地建设的影响调研报告”调研报告】 该报告是市发展研究中心为贯彻落实市委、市人民政府关于新冠肺炎疫情防控的决策部署，支持桂林市文化旅游产业战胜疫情加快复苏而开展的专题研究。通过调研，深入分析桂林市在疫情冲击下文化旅游企业面临前所未有的经营困难、从业人员面临失业、收入减少及旅游经济任务指标面临较大压力等突出困难和问题，提出应对疫情，化挑战为机遇，抢抓供给侧结构性改革、新一轮基础设施建设高潮、健康旅游产业发展“三大机遇”，实施文旅营销提振、文旅消费提振、文化旅游企业帮扶“三大行动”，推动桂林国际旅游胜地建设提档升级和文化旅游产业高质量、可持续发展的对策建议。2020年，该调研报告完成。

【“桂林市田园综合体调研报告”调研报告】 该报告通过对近2年桂林市建成的17家田园综合体的调研，从中立、客观的角度总结评价田园综合体建设的主要成效、主要做法和经验，指出存在的主要问题，并对下一步田园综合体建设工作提出对策建议。2020年，该调研报告完成。 （黄连英）

地方志

【概况】 2020年，桂林市地方志编纂委员会办公室(简称市地方志办)内设6个科和单位党组织。年内，桂林市地方志系统依法修志，“十三五”地方志事业发展规划各项目标任务全面完成，《桂林年鉴(2020)》出版发行，县(市、区)地方综合年鉴全面启动编纂并实现当年启动、当年出版，地情资料综合开发利用取得成效，全市地方志工作基本形成志、鉴、库、网、理论研究、资源开发等多位一体格局。

【地方志“十三五”规划圆满收官】 2020年，桂林市地方志系统认真贯彻落实《全国地方志事业发展规划纲要(2015—2020)》《广西壮族自治区地方志工作办法》《广西地方志事业发展规划(2016—2020)》《桂林市地方志事业发展规划(2016—2020)》等文件精神，对照“十三五”地方志工作目标，围绕完成并巩固地方志工作“两全目标”任务，推动桂林市地方志事业高质量发展和转型升级。至年末，全市承编的18部二轮市、县(市、区)地方志书全部编纂出版，市、县(市、区)地方综合年鉴全面出版，巩固并实现地方志工作“两全目标”任务。同时认真贯彻中共桂林市委提出的“寻找桂林文化的力量,挖掘桂林文化的价值”精神,主动融入、深入挖掘地情资源,为桂林城市建设注入文化内涵,地方志各项事业得到均衡发展。

【全市地方综合年鉴全面实现当年启动当年出版】 2020年,桂林市地方志系统认真落实自治区志鉴编修“两全目标”决胜要求,持续巩固桂林市、县(市、区)“一年一鉴、当年启动、当年公开出版”全覆盖成果,督促指导县(市、区)完成年度年鉴编纂任务。3月,市人民政府办印发《关于全力做好地方综合年鉴2020年卷编纂出版工作的通知》。市地方志办领导成员分工负责对口联系4—5个县(市、区)年鉴编纂出版工作,督促指导县(市、区)年鉴编纂出版。业务科室按月及季度分别对17个县(市、区)年鉴启动、编纂、出版及攻坚情况进行督促,了解进度并开展指导。至年末,17个县(市、区)2020年卷地方综合年鉴全部实现编纂出版。

【《桂林年鉴(2020)》出版发行】 2020年,桂林市地方志办增强精品意识,精心制订《桂林年鉴(2020)》的编纂方案,结合机构改革,修改完善框架;对撰稿分工与要求、工作步骤和时间进行详细安排,对年鉴条目编写进行具体规范,确保年鉴编纂工作有序开展。9月《桂林年鉴(2020)》出版发行。《桂林年鉴(2020)》内容结构分为概貌、特载、大事记、桂林国际旅游胜地建设、中国共产党桂林市委员会等类目37个,设分目223个,内文插图290幅,随文表格33个。书前设桂林国际旅游胜地、国家可持续发展议程创新示范区建设、工业振兴、乡村振兴、脱贫攻坚、长征文化资源保护利用等反映桂林建设成就的彩色图片专辑,有彩色插页67页;配备双重检索系统,书首设中文目录和英文目录,书尾设索引。全书采用彩色印刷,印数1500册,配备随书光盘。

【志书编修及业务指导富有成效】 2020年,桂林市地方志系统加强对第二轮志书编修经验进行总结,为第三轮修志工作积累经验。进一步推进乡(镇)村志及部门志编纂工作。年初,《桂林银行志》编纂工作全面启动。4月,临桂区启动《五通镇志》《四塘镇志》《两江镇志》《临桂审计志》。年内,做好帮联河池市二轮志书编修工作,有序实施帮扶。与河池市本级、宜州市、天峨县、巴马县对接,确定具体帮扶方案。11月,帮扶的市、县(市)全部完成出版任务。

【地情资源有效开发利用】 2020年,桂林市、县(市、区)加强地情资料年报工作,并对收集到的资料进行归档整理。市地方志办加强地情书籍交流,与外地70个地方志单位建立资料互动关系,交流地情书籍80余套(本)。加强桂林地情网网站建设,调整、归类栏目,建立专门的电子资料库,使网站更加直观简洁,方便查阅。全年,在桂林地情网发布地方志动态信息26条,上传桂林时政新闻47条,上传《桂林年鉴(2019)》。“志说桂林”微信公众号借助网络平台,以地方志的视角,为宣传桂林、弘扬桂林传统文化发挥独特的作用,全年发布图文消息29篇,内容涉及桂林的人文、地理、自然、民俗等。（伍己忠）

机关事务管理

【概况】 2020年,桂林市机关事务管理局(简称市机关事务管理局)内设科室8个,下辖事业单位6个(其中2个为自收自支事业单位)、企业6家。有行政编制人员、事业编制人员和聘用人员1000多人。年内,市机关事务管理局做好机关事务管理、保障、服务工作职能,保障市直机关正常运转。

【漓江论坛举行】 2020年11月20日—22日,2020漓江论坛及广西·桂林第十届节能减排新产品新技术(新能源汽车)展示会暨第五届绿色低碳产业博览会在桂林市国际会展中心举办。会议邀请到国务院发展研究中心研究员周宏春、中国建筑节能协会会长武涌等专家学者,围绕“绿水青山如何转换为金山银山”作主题演讲,为桂林市及自治区生态文明建设建言献计,为政府、商界、学界等人士共议广西生态文明建设提供交流合作平台。国家机关事务管理局、自治区机关事务管理局、自治区发展改革委员会以及上海、广东、吉林等省(直辖市)和广西14设区市机关事务系统人员参加会议。

【机关事务标准化建设】 2020年,市机关事务管理局围绕机关会务服务、机关餐饮保障、机关幼教和机关物业管理4个广西机关事务标准化试点项目,组织调研组到辽宁盘锦机关事务管理局和四川绵阳机关事务管理局考察调研,学习标准化建设经验。完善制度,强化队伍,优化流程,定实规范,标准化效益逐步显现。10月,广西机关事务管理工作(桂北片区)经验交流暨标准化现场工作会在桂林市召开。年内,机关幼儿园服务管理规范、机关食堂服务规范获批2020年广西第二批地方标准制定项目。

【机关办公资产管理】 2020年,市机关事务管理局起草《桂林市党政机关办公用房管理办法》,由市委办、市政府办联合印发。全年调剂办公用房5万多平方米,录入党政机关办公用房单位信息60个、房间信息1500个、用房人员信息6472人。完成“12345”市长服务热线办公用房装修改造、接待中心项目升级改造、综治中心配套场所改造装修、创业大厦零星维修补漏等工作。全年实收租金260万元,收缴水电费330万元,并按政策减免租金125万元。

【公共机构节能管理】 2020年,市机关事务管理局加强对各县(市、区)和市本级公共机构节能工作的督促检查指导力度。全市公共机构2739家,办公建筑用能总面积1246.7万平方米,用能人数104万余人。全市公共机构全年用电总量2.62亿千瓦时,用水总量1825.41万吨,用油总量1127.96万升(其中汽油1003.14万升、柴油124.82万升),其他能源46.23吨,天然气8.81万立方米,液化石油气43.02吨。公共机构人均综合能耗下降9.59%,单位建筑面积综合能耗下

2020年11月20日，2020漓江论坛及广西·桂林第十届节能减排新产品新技术（新能源汽车）展示会暨第五届绿色低碳产业博览会开幕式在桂林市国际会展中心举办。（莫徽鸿摄）

降3.37%，人均用水量下降11.63%。参与新能源汽车攻坚行动，推广新能源汽车473辆，建设充电桩284个，充电插座73个。开展公共机构垃圾分类，新增垃圾分类设施5587组、垃圾箱房13个、垃圾桶站121个，加强机关办公区垃圾分类基础设施建设。推进合同能源管理，引进社会资金780多万元对创业大厦实施节能改造，全市公共机构既有建筑节能改造面积31万平方米。突出抓好示范创建工作，完成4家国家节约型公共机构示范单位、1家国家能效领跑者和462家广西节约型机关创建工作。

【机关后勤经济】 2020年，市机关事务管理局以桂林市人民政府会议接待管理中心等局属单位为平台，发展后勤经济，助力桂林复工复产。9月30日—10月12日，在桂林市甲天下广场举办2020第六届桂林漓泉啤酒音乐美食节，吸引游客及市民30余万人次到现场，拉动消费约500万元。11月20日—22日，采用政府引导、市场运作的方式在桂林国际会展中心举办2020漓江论坛及广西·桂林第十届节能减排新产品新技术（新能源汽车）展示会暨第五届绿色低碳产业博览会。展示会设置新能源汽车、绿色低碳产业、节能新产品新技术三大展区，展厅面积约1万平方米，参展企业80多家，参展商品300余种（类）。活动期间同时举办全国信息通信类高校经管学科高质量发展论坛、公共机构建筑节能经验交流会、节能新产品新技术推介会、新能源汽车推广应用交流会、2020生态康养论坛及展示会十周年展和“桂林马拉松赛”五周年展等系列宣传活动。12月27日，市机关事务管理局与桂林市体育局、桂林文化广电和旅游局、共青团桂林市委员会共同牵头承办的2020桂林马拉松赛在桂林市中心广场鸣枪起跑，赛事严格落实疫情防控要求，赛事规模由2019年的3万人压缩至1万人。该届马拉松赛设全程、半程和迷你马拉松，赛道起点为桂林中心广场，终点为桂林市体育中心。途经象鼻山、逍遥楼等26个著名景区和地标，比赛由广西卫视和20余家网络媒体向全球高清直播。

【机关后勤服务】 2020年，市机关事务管理局承担市疫情防控后勤保障工作，确保指挥部第一时间正常运转。协助指挥部搬运、发放抗疫物资，累计发放口罩100多万只。从严把好卫生防疫、大院管理、分散用餐关，确保集中办公区、机关宿舍区安全。顺利完成全市党政机关公务出行保障任务，全年安排公务车辆6800多台160多万千米。加强与南溪山医院合作，开通医保刷卡，每天安排专家坐诊，做好市重大会议和市直单位重大活动的医疗保障工作。从严加强机关财务管理。严格落实财务规定，做好60个经费归口管理单位的日常财务报账核算和部门决算报表的编制和报送工作，全年共报废固定资产总额956.25万元。9月7日，市机关事务管理局财务管理服务通过ISO9001-2015质量管理体系认证。推进会务服务标准化，圆满完成桂林市“两会”、市委全会等重大会议的服务保障工作，全年保障各类会议2881场次。

【拓展机关幼教品牌】 2020年，市机关事务管理局发挥机关幼教集团品牌资源优势，与市卫健委合作，开展0岁—3岁婴幼儿照护服务项目试点工作；选定临桂金水湾幼儿园、博之特朗幼儿园，秀峰艾尚幼儿园，象山翠竹幼儿园等5所幼儿园为机关幼教集团加盟园，分流机关干部子女，缓解机关幼儿园“一位难求”的紧张局面。年内，已有公办幼儿园4所，加盟幼儿园10余所。（蒙健）

2020年12月27日，2020桂林马拉松赛在桂林市中心广场鸣枪起跑。（市机关事务管理局供图）

中国人民政治协商会议桂林市委员会

综　　述

2020年，中国人民政治协商会议桂林市委员会(简称市政协)办公地址在桂林市临桂新区西城中路69号。内设办公室、机关党委、提案委员会、经济委员会、农业和农村委员会、教科卫体委员会、社会法制与民族宗教委员会、文化文史和学习委员会、港澳台侨外事委员会、研究室、委员联络工作办公室。

全年市政协召开自治区政协“引企入桂　委员行动”工作推进会1次，自治区政协“巩固脱贫攻坚成果，助推乡村振兴”活动现场经验交流会1次，全体委员会议1次，常务委员会议5次，主席会议9次。1月7日，配合中共桂林市委在自治区率先召开市委政协工作会议，出台《关于新时代加强和改进人民政协工作的实施意见》《关于加强和改进人民政协民主监督工作的实施意见》。年内，市政协组建“委员宣讲团”“宣传小分队”深入县、乡、村，结合疫情防控、脱贫攻坚、“两个振兴”开展理论宣讲68场，受众超1万人次。开展“战疫情　委员行”系列活动，各级政协组织、广大政协委员和海内外特邀贵宾情牵桂林，举办集中捐赠活动39场，捐赠款物2000多万元。市政协办公室在抗击新冠肺炎疫情工作获市委、市人民政府记集体二等功。与桂林电视台联合制作并播出《委员论坛》2期，为桂林市工业和康养产业高质量发展献策支招。组织力量对“推进文化与旅游、康养融合发展”“抓好田园综合体建设，助推乡村振兴”课题进行攻关，为市委、市人民政府科学决策提供智力支持。

重要会议

【政协桂林市第五届委员会第五次会议】　2020年1月18日开幕，20日闭幕。会议应到委员431名，实到委员365名。会议期间，与会委员听取并审议了《中国人民政治协商会议第五届桂林市委员会常务委员会工作报告》《中国人民政治协商会议第五届桂林市委员会常务委员会关于政协五届四次会议以来提案工作情况的报告》。会议通过了《中国人民政治协商会议第五届桂林市委员会第五次会议政治决议》《中国人民政治协商会议第五届桂林市委员会第五次会议关于常务委员会工作报告的决议》《中国人民政治协商会议第五届桂林市委员会第五次会议关于政协五届四次会议以来提案工作情况报告的决议》。

2020年5月27日，市政协领导班子在平乐工业集中区现场考察。

（市政协供图）

【政协桂林市第五届委员会常委会会议】　2020年，共召开5次常委会会议。

第17次会议　1月3日召开。会议审议通过了市政协调研组提交的“优化我市营商环境，促进民营经济发展”的调研报告；通过了《关于召开政协桂林市第五届委员会第五次会议的决定》《政协桂林市第五届委员会第五次会议议程、日程(草案)》《政协桂林市第五届委员会常务委员会工作报告》和报告人的建议，《政协桂林市第五届委员会常务委员会关于政协五届四次会议以来提案工作情况的报告》和报告人的建议，《政协桂林市第五届委员会第五次会议秘书长、副秘书长名单》；审议通过了有关人事事项。会议决定，政协桂林市第五届委员会第五次会议于2020年1月17日至1月20日举行。

第18次会议　1月19日召开。会议审议通过了有关人事事项；审议了《补选政协第五届桂林市委员会主席、副主席、常务委员选举办法

（草案）》；审议了大会选举总监票人、监票人建议名单（草案）；审议了提交分组会议讨论的会议各项决议（草案）。

第 19 次会议　1 月 20 日召开。会议通过了提交大会选举的主席、副主席、常务委员候选人名单（草案）；通过了提交大会通过的补选政协第五届桂林市委员会主席、副主席、常务委员选举办法（草案）；通过了提交大会通过的总监票人、监票人名单（草案）；通过了提交大会通过的会议决议（草案）。

第 20 次会议　8 月 28 日召开。政协桂林市第五届委员会常务委员会举行第十五次会议。会议审议通过了《关于强化精准招商　助推工业振兴的调研报告》。会议指出，2020 年以来，在中共桂林市委的坚强领导下，在自治区政协的关心支持下，市政协系统致力于“强党建、促履职、提质效、出精品”，围绕中共桂林市委、市人民政府中心工作履职尽责，担当新使命，展现新形象，实现新作为，各领域工作取得了新的突破。会议要求，要继续学习贯彻中央、自治区党委、中共桂林市委政协工作会议精神；筹备好“强化精准招商　助推工业振兴”专题协商会；承办好自治区政协“巩固脱贫攻坚成果，助推乡村振兴”活动现场经验交流会；开展好“双联双创”活动；抓好创建全国文明城市包联工作；全面完成脱贫攻坚工作任务；加强政协系统党的建设工作。

第 21 次会议　11 月 18 日召开。会议组织学习贯彻中共十九届五中全会精神，传达自治区政协十二届十三次常委会议精神，听取了市人民政府、市中级人民法院、市人民检察院有关情况通报，审议通过《关于统筹推进我市文旅康养产业融合发展的调研报告》。会议强调，全市各级政协组织和广大政协委员要按照市委部署，把学习宣传贯彻中共十九届五中全会精神作为当前和今后一个时期首要的政治任务，深刻认识中共十九届五中全会的重大意义；把握核心要义、领会精神实质；加强组织领导，把学习宣传贯彻全会精神不断引向深入；强化担当履职，为实现全会确定的目标任务献计出力。

【自治区政协“引企入桂　委员行动”工作推进会】 7 月 13 日—14 日在桂林市召开，自治区政协主席蓝天立，自治区人大常委会副主任、桂林市委书记赵乐秦参加会议并讲话。市政协主席陈丽华在会上作交流发言。7 月 13 日，与会人员实地考察桂林深科技有限公司、桂林溢达纺织有限公司、桂林海威科技股份有限公司、中国中药（桂林）产业园等政协委员、特邀贵宾企业，了解市政协开展“引企入桂　委员行动　助推工业振兴”助推项目建设和工业振兴的措施和成效。7 月 14 日，与会人员观看市政协系统开展“引企入桂　委员行动　助推工业振兴”专题片。桂林市政协在会上作工作交流发言。

【自治区政协“巩固脱贫攻坚成果，助推乡村振兴”活动现场经验交流会】 9 月 13 日—15 日在桂林市召开。自治区政协副主席、科协主席黄日波，自治区政协农业和农村委员会主任赵波，自治区政协农业和农村委员会副主任张宣东以及自治区发展改革委、农业农村厅、商务厅、扶贫办相关负责人参加会议。市政协主席陈丽华，市委常委、统战部部长、市政协党组副书记王建毅参加会议。9 月 13 日—14 日，与会人员前往永福、临桂、雁山、恭城等县（区），了解市政协开展“乡村振兴委员行”活动的措施和成效。9 月 15 日，与会人员观看市政协系统开展“巩固脱贫攻坚成果　助推乡村振兴”专题片。桂林市政协在会上作交流发言。

2020 年 7 月 13 日—14 日，自治区政协“引企入桂　委员行动”工作推进会在桂林召开。
（市政协供图）

重要工作

【市委政协工作会议召开】 2020 年 1 月 7 日，市政协配合市委工作，在自治区 14 个设区市率先召开市委政协工作会议，出台《关于新时代加强和改进人民政协工作的实施意见》《关于加强和改进人民政协民主监督工作的实施意见》。年内，市政协为解决“两个薄弱”问题，增设政协委员履职服务中心，推动 17 个县（市、区）政协增加机构和人员编制，设立乡（镇）政协委员联络站 50 个。

【党的创新理论学习与宣讲】 2020 年，市政协出台《习近平新时代中国特色社会主义思想学习座谈会制度》，深入学习党的创新理论，班子带头学，将全体市政协委员编入 8 个学习小组，开展常态化理论学习，全年召开党组会议 11 次、主席会议 9 次、理论中心组学习会 4 次、常委会议 5 次。同时，组建“委员宣讲团”“宣传小分队”到基层开展理论宣讲，针对不同受众，采取“理论大讲堂”“专题报告会”“理论轻骑兵”等形式，深入各界别群众、各参加单位和各委员小组宣讲 68 场，受众超 1 万人次。

【开展“战疫情　委员行”活动】 2020年，市政协第一时间响应市委、市政府关于打赢疫情防控阻击战的号召，向全市广大政协委员发出《凝心聚力　坚决打赢疫情防控阻击战》倡议书，各级政协组织、政协各参加单位、广大政协委员和海内外特邀嘉宾、商会协会情牵桂林，第一时间从美国、西班牙、越南、柬埔寨等海内外抢购防疫物资，克服重重困难运回支援桂林。共举办集中捐赠活动39场，捐赠款物2000多万元。向各界别委员分别发出“革除滥食野生动物陋习”“抗疫情　助春耕”倡议，开展“促文旅复苏”和抗疫书画捐赠等活动，助力疫情防控和复工复产。市政协办在抗击新冠肺炎疫情工作中获中共桂林市委、市人民政府记集体二等功。

【“引企入桂　委员行动　助推工业振兴”工作】 2020年，市政协组织和政协委员协助党委、政府新签“三企入桂”项目221个，总投资2623.91亿元，直接参与招商，引进项目191个，投资1987.27亿元。其中，已签约合同项目159个，合同资金1406亿元；开工项目88个，投资798亿元。2020年5月27日—28日，市政协系统在荔浦市、平乐县召开“引企入桂　委员行动　助推工业振兴”现场会。7月13日—14日，自治区政协“引企入桂　委员行动”工作推进会在桂林召开。

【开展“乡村振兴委员行”活动】 2020年，市政协组织“抓好乡村产业发展，巩固脱贫攻坚成果”年度重点课题调研。召开各类协商会6次，提出意见建议50多条。举办“委员助力春耕生产”座谈会，帮助农户销售因疫情滞销的果蔬农产品；捐赠120多吨化肥帮助20个贫困村恢复生产；市政协系统3248名委员，联系帮扶237个贫困村、8492家贫困户脱贫攻坚，培养致富带头人，助力田园综合体建设，发展罗汉果、富硒米、有机茶等特色优势产业，帮助群众脱贫致富。市政协机关被市委、市政府评为“脱贫攻坚先进集体”。2020年9月15日—16日，自治区政协系统“巩固脱贫攻坚成果　助推乡村振兴”活动经验交流会在桂林召开，桂林的经验获自治区推广。

【开展“创城政协委员行”活动】 2020年，市政协发出《致市政协委员的一封信》，号召政协委员投身创建全国文明城市工作。市政协牵头包联七星区创城工作，以提升社会文明程度和群众满意度为目标，开展入户宣传，帮助社区改善环境，多次召开现场办公会议解决脏乱顽疾，联系爱心企业帮助修缮城市道路、美化环境等，为桂林荣获第六届全国文明城市称号作出了贡献。市政协办公室在创建全国文明城市中荣立集体二等功。

【开展“双联双创”活动】 2020年，市政协主动搭建好党委、政府与百姓的连心桥，通过主席会议成员联系常委、常委联系委员、委员联系群众和专委会联系界别、界别联系委员、委员联系群众。紧紧围绕中共桂林市委、市人民政府中心工作，立足岗位创新创业，带动群众创新创业。2020年度自治区对桂林市绩效考评指标民意调查类：政协委员对桂林市满意度评价，排名自治区第一。

【开展专题协商】 2020年，市政协围绕工业振兴开展专题协商。组织政协委员和专家学者成立调研组，以“强化精准招商，助推工业振兴”为题，深入开展考察、调研、分析、论证，形成专题报告，并于9月召开专题协商会。市长率有关县（市、区）和部门负责人出席会议听取意见。

【界别（对口）协商】 2020年，市政协以界别（对口）协商会为平台，围绕健全完善桂林市重大公共卫生事件应急防控体系、巩固脱贫成果与乡村振兴有效衔接、加强桂林湿地保护与开发、加快推进3岁以下婴幼儿照护服务工作、以法治思维和方式创新社会治理、提升农村污水治理水平、挖掘整理桂林红色文化资源和“引企入桂”等专题，召开8次界别（对口）协商会，64名委员在会上发言，共提出意见和建议390多条。

【提案协商和督办】 2020年，市政协开展多层次提案协商和督办活动，力争使每一件提案建议落地见效，并把2020年确定为“提案办理质量提升年”。完善市领导领衔督办重点提案机制，遴选重点提案19件，由党政领导、政协领导和政协各专委会加强督办。遴选30件民生提案作为监督性提案进行督办并公开，接受社会和舆论监督。市政协五届五次全会以来，共收到提案296件，立案231件，提案办复率100%，提案所提问题和建议已经解决和计划逐步解决的占89.6%，委员对提案办理工作满意率达97.8%。

【反映社情民意与交流合作】 2020年，市政协发挥政协委员与社会各界联系密切的优势，及时收集、反映社情民意和舆情动态，为党委、政府体察民情、科学决策提供支持。全年共收集上报信息165篇，编辑《社情民意》12期。同时，配合全国政协、自治区政协做好相关课题调研和视察考察工作，邀请市人民政府领导和相关部门参加昆明贵阳南宁与红河桂林黔南“3+3”政协跨区域协商会议。开展与外省、市政协的交流合作，全年共接待全国政协调研组3批，自治区政协14批，外省市政协46批。

【挖掘文化价值】 2020年，市政协持续贯彻中共桂林市委“寻找桂林文化的力量，挖掘桂林文化的价值”精神，重点围绕红色文化传承、乡村文化建设、迎接高考综合改革等方面开展专题调研并形成报告。年内，完成兴安红色文化场馆建设相关文史资料近30万字的征集和编辑工作；宣传伟大抗疫精神，举办大型书画展，展出以抗疫斗争为主题的书画作品100余幅；组织20多名委员积极参加市创城办和广播电视台举办的“文明说”专题论坛，大力宣讲和传播社会主义核心价值观，为创建全国文明城营造浓厚的社会氛围。　（蔺帅）

纪检监察

综　述

2020 年 11 月 10 日，市纪委监委中心组（扩大）学习会议传达学习中国共产党第十九届中央委员会第五次全体会议精神。（倖林嘉摄）

【概况】 2020 年，中国共产党桂林市纪律检查委员会与桂林市监察委员会（简称市纪委监委），办公地址在临桂区西城中路 69 号，内设机构 22 个。下设桂林廉政教育中心、桂林市纪检监察综合业务基地管理中心。市纪委监委共设派驻市直部门（直属企业）纪检监察组（纪检监察工作委员会）31 个，履行党的纪律检查和国家监察职责。中共桂林市委员会巡察工作办公室（中共桂林市委员会巡察工作领导小组办公室）是市委工作机关，人员编制由市纪委监委代管。10 月，桂林市纪委监委驻桂林银行纪检监察组成立。

【强化政治监督】 2020 年，市纪委监委严明政治纪律，把“两个维护”作为首要政治任务，聚焦“七个有之”问题，查处违反政治纪律和组织纪律 38 人，确保政令畅通、令行禁止。加强政治监督，聚焦中共中央总书记习近平重要指示批示精神，紧扣清理整治违建别墅、农村乱占耕地建房、餐饮浪费、冒名顶替上大学等中共中央、自治区党委及市委重大决策部署落实情况开展监督，持续推进政治监督具体化、常态化。聚焦统筹新冠肺炎疫情防控和经济社会发展，重点围绕贯彻落实中共中央总书记习近平关于疫情防控工作的重要讲话和指示批示精神进行全过程监督，立案查处违反疫情防控工作纪律 25 人，通报曝光典型问题 15 批次 29 人次，全面压实党员领导干部疫情防控政治责任。开展“六稳”“六保”常态化监督检查，在工业振兴、优化营商环境、保障基本民生等方面发现并督促整改问题 348 个，有序推进复工复产，确保经济社会平稳运行。坚持把学习、调研与实践相结合，班子成员完成调研报告 25 篇，带动全市各级纪检监察机关完成专题调研报告 61 篇。

2020 年 11 月 16 日，市纪委监委驻桂林银行纪检监察组挂牌。（倖林嘉摄）

【深化纪检监察体制改革】 2020 年，市纪委监委把加强党的全面领导作为纪检监察体制改革的根本方向和重大

2020 年 11 月 1 日，市纪委监委研发的地方政治生态动态监督实时预警系统被评为“中国廉洁创新奖”特色创新项目。（清华大学廉政与治理研究中心供图）

政治原则，强化上级纪委监委对下级纪委监委的领导和指导，推动纪检监察工作双重领导具体化、程序化、制度化。深化派驻机构改革，市纪委监委驻桂林银行纪检监察组实现挂牌运行。完善派驻机构“三为主一报告”制度，出台《桂林市纪委监委派驻（出）机构考核办法（试行）》，推动市纪委监委派驻（出）机构高效履职，全年共立案 102 件。推进监察职能向乡（镇、街道）延伸，全市 148 个乡（镇、街道）监察办公室全部完成挂牌运行。将制度建设作为推动改革重点，确定 2020 年为制度建设年，出台问题线索管理处置工作办法、立案相关工作程序规定等制度文件 21 个，规范纪检监察工作程序。完善党内法规建设和规范性文件制度体系建设，加强纪检监察规范性文件备案审查，对 2018 年以前印发的规范性文件进行集中清理，废止失效文件 256 件。围绕推动执纪执法贯通、有效衔接司法，制定《桂林市监察委员会与桂林市人民检察院办理职务犯罪案件工作衔接办法（试行）》等制度，推动形成纪法贯通制度体系，全市移送检察机关审查起诉案件无退回补充调查、不起诉及变更罪名、无罪判决情况，案件质量评比居全自治区前列。

【桂林市政治生态分析研判】 2020 年，桂林市纪委监委运用信息化技术和手段，研发桂林市政治生态分析研判系统，实现监督工作常态化、分析研判智能化、工作过程规范化、数据分析精细化，构建起“近距离、多维度、可视化”的信息化监督体系。11 月，该系统的地方政治生态动态监督实时预警系统被评为第二届“中国廉洁创新奖”特色创新项目。

重要会议

【市纪委五届五次全体会议】 2020 年 4 月 14 日，中国共产党桂林市第五届纪律检查委员会第五次全体会议召开。中共桂林市委书记赵乐秦出席会议并讲话。会议回顾 2019 年桂林市纪检监察工作，部署 2020 年任务；审议通过市委常委、市纪委书记古国章代表市纪委常委会所作的《坚持和完善监督体系不断提高治理效能为决胜桂林“两个建成”目标提供坚强保障》工作报告。会议审议并通过中国共产党桂林市第五届纪律检查委员会第五次全体会议公报。

【全市纪检监察机关落实中央脱贫攻坚专项巡视“回头看”反馈意见整改动员部署会】 2020 年 4 月 15 日，全市纪检监察机关落实中央脱贫攻坚专项巡视“回头看”反馈意见整改动员部署会召开。会议深入学习中共中央总书记习近平关于扶贫工作的重要论述和关于巡视工作的重要指示精神，落实中央脱贫攻坚专项巡视“回头看”反馈意见整改动员部署会精神。会议要求，各级纪检监察机关要对专项巡视“回头看”、成效考核和中央纪委调研督导反馈的问题对标对表、认真反思，抓好涉及纪检监察机关自身的整改工作，督促各级党委政府和有关职能部门履行整改责任，确保条条改到位、件件有着落、事事有回音。

【全市 2020 年扶贫领域腐败和作风问题专项治理“抓系统、系统抓”工作第一次联席会议】 2020 年 5 月 13 日，全市 2020 年扶贫领域腐败和作风问题专项治理“抓系统、系统抓”工作第一次联席会议召开。会议强调，要深入学习贯彻中共中央总书记习近

2020 年 4 月 15 日，全市纪检监察机关落实中央脱贫攻坚专项巡视“回头看”反馈意见整改动员部署会召开。（俸林嘉摄）

2020年4月14日，中国共产党桂林市第五届纪律检查委员会第五次全体会议召开。（倖林嘉摄）

平关于扶贫工作重要论述，持续深化“抓系统、系统抓”工作，落实责任不松劲，转变作风不懈怠，整治问题不手软，一体推进脱贫攻坚各项整改任务落地落细，保障脱贫攻坚决战决胜。

【全市审查调查安全工作会议】 2020年8月3日，全市审查调查安全工作会议召开。会议传达学习中央纪委国家监委、自治区纪委监委领导对审查调查安全工作的重要批示精神和市委常委、市纪委书记古国章对审查调查安全的工作要求，通报全市审查调查安全情况，提出下一步要求，切实筑牢安全防线，确保安全，做到万无一失。

主要工作

【整治群众反映强烈问题】 2020年，市纪委监委紧盯中央脱贫攻坚专项巡视“回头看”反馈问题整改，抓好纪检监察系统自身整改，对存在的1个方面的3个问题，细化11项整改措施28项具体任务并完成整改。强化对其他部门整改情况的跟踪督办，组建13个市级调研指导组和1个机动组，分组督促各级各部门完成3个方面14个问题整改并长期坚持，保障决战决胜脱贫攻坚。深化扶贫领域腐败和作风问题专项治理，严格落实“6+2”工作机制，拓展“抓系统、系统抓”工作，聚焦脱贫工作绩效、脱贫政策连续性稳定性、脱贫摘帽后“四个不摘”等情况强化监督，紧盯“县里的权、乡里的情、村里的点”，对搞数字脱贫、虚假脱贫的严肃问责，对贪污侵占、吃拿卡要、优亲厚友的从严查处，全市扶贫领域立案692件，处理1502人。深化民生领域集中整治，持续聚焦教育、医疗、食品药品安全、农村公共基础设施等领域群众反映强烈、损害群众利益问题开展集中整治，全市共移送民生领域问题线索394条，立案235件。深化扫黑除恶专项斗争监督执纪问责，加强与政法机关的协作配合，全市共立案查处涉黑涉恶腐败和“保护伞”问题28件，给予党纪政务处分33人。

【加强日常监督】 2020年，市纪委监委加强对各县（市、区）、各部门党委（党组）主体责任落实情况的监督检查，全市共查处全面从严治党责任落实不力等问题83件，问责党组织5个、党员领导干部119人。做实信访监督，全市纪检监察机关接收办理各类信访举报6814件次，其中检举控告类信访件1967件次，（比上年，下同）减少645件次，下降24.69%，群众对党风廉政建设工作满意度不断提升。创新运用桂林“4+1”政治生态分析研判系统，共录入数据10.6万条，督促问题整改2593个。紧盯关键少数，探索“一把手”监督和同级监督有效方式，在4个县（市、区）、单位开展试点工作，破解对“一把手”监督和同级监督难题。运用“四种形态”提供的政策策略，全市运用“四种形态”处理6083人次，其中运用第一种形态4261人次，第二种形态1553人次，第三种形态141人次，第四种形态128人次，教育挽救了一批党员干部。坚持严管与厚爱相结合，出台《桂林市容错纠错联席会议制度》，建立容错纠错沟通会商机制，在全市先后开展容错纠错9例，及时为12名受诬告错告、举报失实的党员干部澄清正名，对817名受处分党员领导干部开展关爱回访。结合桂林市创建全国文明城市、迎接自治区绩效考评等工作出台问责办法，开展5轮监督检查，发现问题1708个，约谈107个单位130人，为桂林成功创建全国文明城市提供保障。

【巩固拓展作风建设成果】 2020年，市纪委监委注重打好作风建设攻坚战、持久战，持续落实中央八项规定及其实施细则精神，持续强化监督执纪，巩固拓展作风建设成果。全市查处违反中央八项规定精神问题219件，处理328人，给予党纪政务处分264人，通报曝光典型案例51件。持续开展形式主义、官僚主义专项整治，深入治理贯彻党中央决策部署只表态不落实、维护群众利益不担当不作为、困扰基层的形式主义等突出问题，全市查处形式主义、官僚主义问题113件，给予党纪政务处分109人。推进违规吃喝和违规发放津补贴专项整治工作，围绕监督清单，开展问题线索清查、专项检查、明查暗访，以小问题突破带动作风状况整体好转，全市处理违规吃喝和违规发放津补贴问题90人。坚持纠“四风”和树新风并举，营造党风正、民风淳氛围。

【开展政治巡察】 2020年，市纪委监委突出巡察政治定位，围绕贯彻落实中共中央重大决策部署、群众身边腐败和作风问题、基层党组织软弱涣散和组织力欠缺等问题开展政治监督。巡察工作开展以来，共组织开展11轮巡察，市本级全部完成巡察任务，县（市、区）完成巡察覆盖任务96.6%，村（社区）巡察覆盖率98.9%。

全年市、县两级巡察共发现问题9689个，移交领导干部问题线索516条，转立案224件，给予党纪政务处分124人。抓好整改落实，利用巡察反馈问题整改评估子系统，向被巡察单位"清单式"反馈问题，建立"反馈、整改、统计、督办、销账"的信息化整改工作模式。发挥巡察治本作用，市、县两级向被巡察党组织提出意见建议4186条，督促被巡察单位健全完善相关制度机制674项。注重规范巡察工作流程，建立巡察与纪检监察、审计、信访等部门的协作配合机制，出台市巡察机构与市纪委监委有关部门协作配合机制的意见等制度10项。加强市、县巡察上下联动，通过专题调研、跟踪督导，加强对县级巡察工作指导，提升巡察工作质量。

【推进"三不"机制】 2020年，市纪委监委保持反腐败高压态势，一体推进"三不"（不敢腐、不能腐、不想腐）机制。全市纪检监察机关共处置问题线索5721件，立案2192件，涉及市管干部49人，挽回经济损失1.25亿元，移送司法机关58人，自治区纪委监委指定管辖案件38件，均排名全自治区第一。注重查办大案要案和精品案件，立案查处市妇女儿童医院原院长唐某某等涉案金额超过1000万元的案件7件。注重追逃防逃追赃工作，加强与市公安局、市人民检察院、市中级人民法院的协作配合，"百名红通人员"黄某某案取得阶段性重大成果，追回赃款1.52亿元。启用桂林市纪检监察综合业务基地，全市留置73人，实现"零疫情""零事故"。注重从共性问题、突出问题入手，用好纪律检查建议书和监察建议书，全市制发纪检监察建议书148份，推动建章立制124项，有效堵塞职能部门监管漏洞。深化以案促改，做好案件查办工作，做实做细警示教育，督促案发单位召开警示教育大会486场次，收集忏悔反思材料752份，案件剖析报告204份，并精选3个典型案例和1篇忏悔录印发全市学习，实现剖析一案、警示一片、治理一方，以案促改工作经验被中国纪检监察报专题报道。持续打造"爱廉说""廉洁桂林"等品牌专栏，构建党风廉政建设融媒体新格局。发挥桂林廉政教育基地警示教育主阵地作用，全年共接待教育党员干部近4万人次，桂林廉政教育基地和桂廉园被评为全市高标准示范党建品牌。加强对受到党纪政务轻处分党员干部教育管理，经验做法得到自治区纪委监委主要领导批示并印发全自治区借鉴学习。

【纪检监察干部队伍建设】 2020年，市纪委监委通过专题党课、主题党日、学习先进事迹等方式，提高纪检监察干部政治站位、政治觉悟、政治能力。采取"双报到"、志愿者服务等形式组织纪检监察干部投身到脱贫攻坚、疫情防控、创建全国文明城市等中心工作中，塑造纪检监察干部亲民、爱民形象。推进专业化建设，把纪法培训实训作为重点，市、县两级举办各类培训班44期，培训干部3756人次，知识讲座215期，实现业务培训全覆盖；抽调27人次参与中央纪委、自治区纪委查办重大复杂案件和巡视等工作。拓宽选人用人视野，引进政治好、能力强、作风硬的综合型人才，全年共调入接收干部40人，坚持重实干实绩的用人导向，提拔副处长级干部6人，职级晋升79人次，调动干部的工作积极性、主动性。市纪委监委机关获市级集体二等功，获自治区级一等功1人，获市级二等功2人、三等功24人、表彰4人。强化对自身权力运行的制约和监督，推动特约监察员更好履职，自觉接受监督，坚决防治"灯下黑"，共立案查处纪检监察干部14人，留置1人，党纪政务处分9人。（韦懿宸）

名词解释

［1］"七个有之"：一些人无视党的政治纪律和政治规矩，为了自己的所谓仕途，为了自己的所谓影响力，搞任人唯亲、排斥异己的有之，搞团团伙伙、拉帮结派的有之，搞匿名诬告、制造谣言的有之，搞收买人心、拉动选票的有之，搞封官许愿、弹冠相庆的有之，搞自行其是、阳奉阴违的有之，搞尾大不掉、妄议中央的也有之。

［2］"六稳""六保"："六稳"指的是稳就业、稳金融、稳外贸、稳外资、稳投资、稳预期。"六保"指的是保居民就业、保基本民生、保市场主体、保粮食能源安全、保产业链供应链稳定、保基层运转。

［3］"三为主一报告"：查办案件、纪委书记（组长）副书记（副组长）提名考察、业绩考核以上级纪委为主，线索处置和案件查办在向同级党委报告的同时必须向上级纪委报告。

［4］"四个不摘"：摘帽不摘责任，摘帽不摘政策，摘帽不摘帮扶，摘帽不摘监管。

［5］"6+2"工作机制：工作例会制度、月报告制度、线索排查制度、直查直办制度、通报曝光制度、联动协同制度等6项工作制度，以及专班专抓机制、蹲点督导机制等2项工作机制。

［6］"4+1"政治生态分析研判系统："全面从严治党主体责任考核子系统、监督工作子系统、市管干部廉政档案子系统、巡察反馈问题整改评估子系统"4个子系统和1个"政治生态分析预警平台"。

［7］"四风"：形式主义、官僚主义、享乐主义、奢靡之风。

民主党派·工商联

中国国民党革命委员会桂林市委员会

【概况】 2020年,中国国民党革命委员会桂林市委员会(简称民革桂林市委)办公地址在桂林市临桂区西城中路69号。内设机构4个。全年发展新党员20人。至年末,民革桂林市委下设基层委员会6个,基层支部23个。共有党员608人,其中中高级专业技术职称437人,占总人数71.9%。年内,民革桂林市委以思想政治建设为统领,建言献策,履行参政党职能,为桂林市经济、社会和文化发展贡献力量。

【民革桂林市委开展抗疫行动】 2020年1月29日,民革桂林市委响应民革中央号召捐赠专款10万元,随后发起抗疫募捐活动,全市民革党员为抗击新冠肺炎疫情现金捐款97.05万元,捐助物资价值75.69万元。年内,民革桂林市委向中共桂林市委、市人民政府报送《疫情期间司法部门预防人员聚集特殊政策》等建议25篇,14篇被各级相关部门采用。12月,民革桂林市委被民革中央授予"民革抗击新冠肺炎疫情先进集体"称号。

【民革桂林市委开展示范支部创建活动】 2020年,民革桂林市委指导各支部分别以抗击疫情、平安桂林、脱贫攻坚为主题开展活动,完善支部财务管理、活动纪律等规定,提高支部工作活动的规范化、制度化。通过开展基层组织推荐与评比,激发调动党员在参政议政、发展新党员、理论和信息宣传报道、参加支部活动等方面的积极性,激发基层组织活力,使支部活动内容更加丰富,支部间联系更加紧密,规章制度更加完善,党员参与活动更加积极,基层组织的创造力更加强劲。

【民革桂林市委参政议政】 2020年,民革党员履行人大代表、政协委员职责,积极参政议政,共向市级(含)以上"两会"提交提案(建议)58件:向十三届全国人大三次会议提交建议4件;向全国政协十三届三次会议提交提案7件;向自治区政协十二届三次会议提交提案4件;向市五届人大五次会议提交建议2件;向市政协五届五次会议提交提案41件,其中集体提案10件。年内,民革桂林市委向民革中央、民革自治区委、中共桂林市委、桂林市政协等单位报送社情民意信息,47件次被采用。其中,民革桂林市委被中共中央统战部采用信息2件。

【民革桂林市委助力脱贫攻坚】 2020年,民革桂林市委到恭城瑶族自治县观音乡水滨村调研考察,督促帮扶落实措施,组织基层组织和党员围绕"扶志、扶智、扶产业",精准施策、精准发力,提高帮扶的针对性和有效性。共筹集31万元用于水滨村春耕复产,饮水提升工程、贫困户危房改造、整修道路,筹集近2万元助力共耕村集体经济产品包装设计和生产销售、村办公条件和教学条件改善等。年内,水滨村、共耕村脱贫摘帽。

(民革桂林市委)

2020年,民革桂林市委向仁济慈善基金会捐赠资金。(民革桂林市委供图)

中国民主同盟桂林市委员会

【概况】 2020年,中国民主同盟桂林市委员会(简称民盟桂林市委)办公地址在桂林市临桂区西城中路69号,内设机构4个。全年发展新盟员22人。至年末,民盟桂林市委设有基层组织14个(其中总支部9个、直属支部5个),共有盟员899人,平均年龄56.02岁。副高级以上专业技术职称盟员占总盟员数 42.3%。年内，民盟桂林市委紧扣“不忘合作初心，继续携手前进”主题教育活动，以建设高素质中国特色社会主义参政党为目标，履行参政党职能，推进自身建设，全盟各项工作迈向新台阶。年内，民盟桂林市委获“民盟中央社会服务工作先进集体”称号。

【民盟桂林市委开展主题教育活动】2020 年，民盟桂林市委开展“不忘合作初心，继续携手前进”主题教育活动，落实领导班子和机关专干定期学习制度，在盟内营造知盟、爱盟的良好氛围。组织盟员学习贯彻中共十九届五中全会精神，在机关开展《习近平谈治国理政》(第三卷)读本的学习，引导盟员增强“四个意识”、坚定“四个自信”、做到“两个维护”，使盟员的思想更加统一、信念更加坚定。4 月，立项启动《桂林民盟史》编写工作。9 月 20 日，举办“桂盟墨韵——民盟中央美术院桂林分院、广西民盟美术院书画作品展”。12 月 19 日，举办 2020 年基层骨干培训班。组织基层盟员参加民盟自治区委“我与民盟”征文活动，采用稿件 5 篇。

【民盟桂林市委参政议政】2020 年，民盟桂林市委在自治区“两会”上，提交提案(建议)6 件。在桂林市“两会”上，提交集体提案 11 件、个人提案 27 件，人大建议 3 件；作大会口头发言《聚力健康医养产业 助力国家健康旅游示范基地建设》和提交书面发言《婴有所托，幼有所育，大力推进我市学前教育发展》。提案《关于推进完善桂林大数据信息共享平台建设的建议》《关于大力推动我市工业高质量发展的建议》被列为 2020 年市人民政府领导督办的重点提案。年内，承担民盟中央教育论坛课题“‘双一流’背景下推进中西部高等教育改革与发展的几点建议”，民盟自治区委定向课题“关于运用科学管理与现代技术建立可持续精准扶贫模式的建议”和民盟自治区委合作课题“鼓励支持社区和企事业单位开展儿童托管服务的建议”“关于推进广西大健康与旅游产业融合发展的建议”，中共桂林市委重大调研课题“关于建设桂林国际消费中心试点城市的建议”，市政协大会发言调研课题“关于我市打造科技创新高地建议”“桂林大健康与旅游融合的建议”。全年共向民盟自治区委、中共桂林市委、桂林市政协反映各种社情民意信息 82 件次。民盟桂林市委获民盟自治区委 2020 年参政议政工作优秀成果奖。

【民盟桂林市委服务社会】2020 年，民盟桂林市委推进民盟中央医疗扶贫项目“守护天使工程”在桂林的实施和推广，荔浦市人民医院、阳朔县兴坪镇卫生院、平乐县人民医院、雁山区卫生院等 5 家医院成为项目帮扶医院，争取 4000 多万元医疗设备采购资金支持，基层医生免费培训资格和空中课堂远程培训课程。5 月，民盟桂林市委捐助恭城瑶族自治县莲花镇中心卫生院价值 50 万元的西门子进口彩超机 1 台。6 月，民盟桂林市委为恭城瑶族自治县莲花镇坪冲村捐赠 4.2 万元用于危房改造和基础设施建设。6 月 4 日，民盟桂林市委为全州县贫困村捐赠价值 3.6 万元扶贫用书。6 月 23 日，民盟桂林市委组织民盟广西师范大学总支部到桂林市第一强制隔离戒毒所开展“黄丝带”帮教行动。7 月 6 日—7 日，民盟桂林市委联合恭城瑶族自治县莲花镇卫生院，为深度贫困村坪冲村建档立卡贫困户及 65 岁以上或有慢性病的村民进行全面健康体检，让村民足不出户享受到优质医疗服务，提高贫困人口医疗服务保障水平。12 月 22 日，民盟桂林市委在乐群社区举行社区服务基地揭牌仪式，并进行社区义诊活动。年内，民盟桂林市委组织民盟广西师范大学总支部盟员及其大学生科普团队，在恭城瑶族自治县观音乡水滨小学、桂林市森林谷实验小学、乐群小学等学校开展系列“科普进校园”活动。

2020 年 9 月 20 日，民盟桂林市委举办“桂盟墨韵——民盟中央美术院桂林分院、广西民盟美术院书画作品展”。（民盟桂林市委供图）

【民盟桂林市委同心战疫】2020 年，民盟桂林市委发挥民盟界别优势，为新冠疫情防控阻击战贡献民盟力量。累计捐款、捐物 40 余万元，提交《建议设立全国公共防疫日》《关于加强防疫受捐物资分配管理的建议》《在疫情特殊时期，尤应加强网络舆论管理》等信息 22 件。其中，《建议设立全国公共防疫日》被中共中央统战部《零讯》采用。民盟桂林市委获“民盟中央抗疫先进集体”称号。

【民盟盟员获奖】2020 年，以体杰获“民盟中央思想政治建设和宣传工作先进个人”称号。张岳荣获“民盟中央社会服务工作先进个人”称号。聂瑾芳负责的“分析化学”课程入选首批国家级一流本科课程。李郴良获教育部国家一流线下课程；符强获广西高等教育自治区级教学成果一等奖，第十一届“北斗杯”全国青年科技创新大赛广西研究生组北斗科技创意类一等奖，“兆易创新杯”第十五届中国研究生电子设计竞赛中，获兆易创新企业命题三等奖；严宗光获广西一流课程；张智申报的广西自然科学奖项目《中国典型构造域深部结成像方法研究及各向异性分析》获复评三等奖公示；以秦立公为第一作者的论文《管理要素场景应用与数字化赋能的广西精准扶贫模式研究》入选中国扶贫发展中心、全国扶贫宣传教育中心“学习习近平总书记关于扶贫工作的重要论述”主题征文并获奖。

（刘晓君）

中国民主建国会桂林市委员会

【概况】 2020年，中国民主建国会桂林市委员会（简称民建桂林市委）办公地址在桂林市临桂区西城中路69号，内设机构3个。全年发展新会员32人。至年末，民建桂林市委下设总支部7个、支部36个、专委会5个，共有会员745人。年内，民建桂林市委发挥紧密联系经济界的特点和优势，推进组织建设，履行参政议政、民主监督的政党职能，主动做好社会服务工作。年内，民建桂林市委被评为民建中央先进集体，副主委席国际被评为民建中央优秀会员。

【民建桂林市委开展主题教育活动】 2020年，民建桂林市委以“不忘合作初心，继续携手前进”主题教育活动为主线，举办系列教育活动。举行纪念中国民主建国会成立75周年学习活动，民建桂林市委主要领导以《多党合作形成与发展的历史之路》为题带头宣讲，引导学员坚定政治信念。

【民建桂林市委抗疫行动】 2020年，民建桂林市委开展抗击新冠肺炎疫情行动。1月28日，民建桂林市委发布行动倡议书，动员会员参与疫情阻击战。1月31日，民建桂林市委4家会员企业通过国际途径，跨国采购共计12万只口罩驰援桂林市医疗卫生一线。各会员通过多途径筹款筹物，累计捐助现金超过20万元，医用口罩超过33万只，生活物资近150吨给抗疫一线单位。民建中央画院桂林分院全体艺术家会员，通过画作表达民建人的战“疫”决心，向抗疫一线的人员提供精神支持。疫情期间，《三百万只口罩的故事》《12万个医用口罩运抵桂林　有效缓解疫情防控物资短缺》《凌晨时分　为你守望》等多篇稿件分别刊登于中国新闻网、中国经济网、人民政协网、凤凰网、网易新闻网、新浪网等多家门户网站，取得良好宣传效果。民建桂林市委宣传部获“民建中央抗疫先进集体”称号，郑雯娟获“民建中央抗疫先进个人”称号。

【民建桂林市委调研】 2020年，民建桂林市委在自治区政协十二届三次会议上报的《发挥广西旅游资源优势　大力推进自驾游露营产业发展》等4条建议被民建自治区委采纳为集体提案。在市政协五届四次会议上，民建桂林市委提交《探索营商环境的升级路径　护航我市民营企业健康发展》等3篇大会发言。民建桂林市委提交的11件集体提案中，《关于加快我市田园综合体建设的建议》被列为年度重点督办提案。年内，民建桂林市委承接的年度重点调研课题“补齐产业链　壮大工业树”结题，形成近1万字的调研报告。

【民建桂林市委社情民意工作】 2020年，民建桂林市委共上报社情民意信息45条。其中，《加快探索创新新基建实施过程中落地模式》被中共中央统战部《零讯》采用，《竖起“防人之心”加强海关检测　及时堵住疫情防控漏洞》等5条获全国政协采用，《给予养殖户过渡期限是平稳执行全面禁止非法野生动物交易决定的“关键”》等13条获民建中央采用，《通过“补休”“三月三”假期等方式　推动广西境内旅游经济复苏》获自治区领导批示。

【建成桂林民建会员之家】 2020年，民建桂林市委完成桂林民建会员之家建设。会员之家史料丰富，全面真实展现民建桂林市委在中共桂林市委的领导下，各时期履职尽责成果。会员之家得到民建中央副主席、上海市政协副主席周汉民，自治区政协副主席、民建自治区委主委钱学明肯定，被民建自治区委冠名为广西民建会员之家，并被评为民建自治区委基层组织示范基地。

【民建桂林市委社会服务】 2020年，桂林市受持续强降雨天气影响，部分县（区）遭受到洪涝等灾害。民建桂林市委及时收集灾情报告并撰写项目报告，争取到基金会的援助平乐县近50万元，惠及受灾群众1500余户近6000人。

（民建桂林市委）

2020年11月23日—24日，民建中央副主席周汉民（前排左三）在桂林就全面加强作风建设开展专题调研。

（民建桂林市委供图）

中国民主促进会桂林市委员会

【概况】 2020年，中国民主促进会桂林市委员会（简称民进桂林市委）办公地址在桂林市临桂区西城中路69号。内设机构4个。全年发展新会员18人。至年末,共有会员726人,平均年龄54.9岁,其中,有大专以上学历的598人。在全市有基层组织44个,其中总支部5个,基层支部39个。年内,民进桂林市委获“民进中央参政议政成果三等奖”2项,被民进自治区委评为“2020年民进广西市级组织信息工作先进单位”“2020年民进广西市级组织新闻宣传工作先进单位”。民进会员获评“民进全国履职能力建设先进个人”1人,获评“民进全国会史工作先进个人”1人,获评“民进全国抗击新冠肺炎疫情先进个人”1人。

【民进桂林市委学习培训活动】 2020年5月23日,民进桂林市委组织各总支部、支部负责人以及机关专职干部60余人参加“2020年履职能力建设主题年工作推进会”,学习贯彻中共十九届四中全会精神。6月20日,组织基层骨干30余人参加民进桂林市委传达学习全国“两会”精神会议。9月26日,组织基层骨干会员40余人参加为庆祝民进成立75周年举办的“品读经典·守正初心”读书会。11月1日,组织会员及机关专职干部80余人参加民进桂林市委践行社会主义核心价值观观影活动。11月13日,组织高新七星区总支部、阳朔县总支部骨干会员和机关专职干部20余人参加民进桂林市委反间防谍法制宣传教育活动。11月16日,组织基层骨干会员20余人参加由民进桂林市委、民进无锡市委和无锡报业集团联合举办的“无锡国专在广西”主题沙龙活动。12月18日,组织新会员参加“民进桂林市委2020年新会员培训班”。年内,民进桂林市委开展政治理论学习活动,向基层支部下发《习近平谈治国理政》(第三卷)、《平语近人——习近平总书记用典》《党的十九届五中全会〈建议〉学习辅导百问》等学习书籍200余册;完成民进中央理论课题1项、民进自治区委理论课题1项。

【民进桂林市委开展抗疫防疫系列活动】 2020年,民进桂林市委举行“战疫情　展担当”募捐活动,向武汉市捐赠物质,向桂林市的医院、街道、社区、学校等疫情防控重点单位捐赠抗疫防护物资、现金共计24.3万元。24名医卫界会员坚守抗疫一线,15名教育界会员录制“云课堂”,停课不停学,26名文艺界会员创作艺术作品,以艺战疫。年内,民进桂林市委1人获“民进全国抗击新冠肺炎疫情先进个人”称号。

【民进桂林市委参政议政】 2020年1月18日,民进桂林市委在桂林市政协五届五次会议上,作题为《增量扩面提质　推进城区普惠幼儿园健康发展》大会发言,并提交《关于大力发展桂林城市夜经济的建议》《关于桂林市城区景点试行向游客免费开放的建议》《关于进一步推进城区普惠幼儿园发展的建议》《关于开展乡(镇)中心幼儿园独立核编的建议》《关于推进我市乡(镇)幼儿园优质发展的建议》《关于在临桂新区环城水系景观中突显“状元文化”的建议》等集体提案,其中《关于在临桂新区环城水系景观中突显“状元文化”的建议》被市政协定为2020年重点提案进行督办,并获2020年度优秀提案。12月18日,民进桂林市委参加中共桂林市委“十四五”规划建议征求意见会暨2020年度市民主党派、工商联和无党派人士调研协商座谈会,民进桂林市委主委白云作题为《统筹规划　多元融合　推动桂林红色旅游创新发展》发言。年内,民进桂林市委完成民进自治区委“广西乡(镇)幼儿园规范发展对策研究”调研课题,就桂林市《政府工作报告(征求意见稿)》提出加大对桂林市学前教育关注力度、推进民生工程建设、加快田园综合体的建设和推广步伐等工作建议。年内,会员中的各级人大代表、政协委员共提交个人议案、提案46件。向中共桂林市委提交社情民意信息44篇,采用5篇;向中共桂林市委统战部提交社情民意信息27篇,采用11篇;向民进自治区委提交社情民意信息27篇,采用7篇,其中2篇被中共中央统战部信息刊物《零讯》采用,1篇被全国政协采用,5篇被民进中央采用,2篇被自治区政协采用。年内,民进桂林市委完成民进自治区委2020年参政党理论研究课题“新时代民进优良传统的传承特征研究”,获“民进中央参政议政成果三等奖”2项,被民进自治区委评为“2020年民进广西市级组织信息工作先进单位”。

【民进桂林市委服务社会】 2020年1月12日—15日,民进桂林市委与民进自治区委、民进贵州省委、民进黔西南布依族苗族自治州委在民进中央定点扶贫县——贵州省黔西南州安龙县共同开展“春联万家”“幸福影像”和义诊活动,送出春联、福字300余幅,拍摄“全家福”并打印照片300余张,为100余名群众做义务诊疗服务。1月16日,民进桂林市委结合“庚子(2020)年民进全国‘春联万家·迈向小康’活动”,到定点帮扶村——灌阳

2020年6月2日—3日,民进桂林市委组织广西师大附中支部会员组成“教学名师团”,到资源县资源中学开展“同心·彩虹”支教活动。　(民进桂林市委供图)

县黄关镇正江村开展助力脱贫新春慰问活动，为正江村54户贫困户捐赠价值1万元的春节慰问物资，书写300余幅春联。1月17日，民进桂林市委和民进桂林市芦笛小学支部到灵川县三街镇军营村开展“庚子(2020)年民进全国‘春联万家·迈向小康’活动”，送出春联、福字200余幅，窗花150余对。4月8日，民进桂林市委联合会员企业桂林山水道茶业有限责任公司到龙胜各族自治县举办“茶艺师技能培训班”，助力脱贫攻坚。5月13日，民进桂林市委到定点联系贫困村——资源县车田苗族乡木厂村开展扶贫调研活动，为村委募集扶贫专款20万元，支持村集体经济发展和基础设施建设。6月2日—3日，民进桂林市委组织广西师大附中支部会员组成“教学名师团”，到资源县资源中学开展“同心·彩虹”支教活动，为高三各学科教研组交流备战高考的成功经验。6月19日，民进桂林市委联合临桂区政协以“爱心共接力　扶智助脱贫”为主题，到临桂区宛田瑶族乡民族学校开展“同心·彩虹”阅读推广活动，为学校捐赠价值10000元的图书和文体用品。12月2日，民进桂林市委到秀峰区桥头小学开展“民族文化进校园”活动，为学校捐赠价值5000元的文体用品。　（邓宗永）

中国农工民主党桂林市委员会

【概况】 2020年，中国农工民主党桂林市委员会(简称农工党桂林市委)办公地址在桂林市临桂区西城中路69号。内设机构4个。全年发展党员20人。至年末，农工党桂林市委下设基层组织20个，其中总支部7个，支部13个；共有党员652人。

【农工党桂林市委抗击新冠肺炎疫情】 2020年，为应对新冠肺炎疫情，农工党桂林市委发动农工党员投入抗击疫情战斗当中。农工党桂林市委到新冠肺炎定点救治医院和市疾控中心等慰问抗疫一线党员、捐赠抗疫物资。组织全市农工党员就疫情防控建言献策，累计报送相关信息29条，多条被采纳。鼓励党员们聚焦疫情防控，创作大批讴歌抗疫英雄文艺作品，原创抗疫歌曲《那一天》获多个媒体报道及转载，取得良好社会影响，在农工党中央“风雨同舟抗击疫情”——庆祝农工党成立90周年原创歌曲和音乐短片征集活动中获二等奖。共筹集全市党员捐赠资金24.3万元支援抗疫，多名党员企业家捐赠口罩、护目镜等防护物资价值30余万元，多名农工党员获得农工党中央、自治区、桂林市及相关单位表彰。

【庆祝农工党成立90周年网络直播活动举行】 2020年，农工党桂林市委举办庆祝农工党成立90周年网络直播活动，全市农工党员通过“线上＋线下”共同观看农工党桂林市委党员专访及精彩文艺节目。全市农工党员回顾农工党与中国共产党风雨同舟奋斗历史，坚定了坚持共产党领导的信心。

【农工党桂林市委理论研究】 2020年，农工党桂林市委在党员中征集并报送9篇理论文章参加农工党中央、农工党自治区委理论研究成果评比，获农工党自治区委“2020年度理论研究工作优秀组织奖”。其中，农工党桂林市委主委农军、秘书长张君凤撰写的《浅议供给侧结构性改革在新时期民主党派参政议政工作中的参考应用》获农工党中央“庆祝农工党成立90周年理论研究优秀论文三等奖”、农工党自治区委“理论研究优秀成果一等奖”。3篇理论文章获2020年度桂林市人民政协理论研究工作三等奖。打造“线上＋线下”相结合的立体化宣传格局，“桂林农工”网站及公众号更新报道38余篇次，获农工党中央“纪念中国农工民主党成立90周年先进集体”称号。

【农工党桂林市委参政议政】 2020年，农工党桂林市委领导和党员中各级政协委员参加界别协商会、情况通报会、座谈会、征求意见会及调研视察活动30余人次，聚焦党委、政府中心议题，紧紧围绕新冠肺炎疫情防控、全面建成小康社会、“十四五”规划编制等中心工作建言资政。市人大五届五次会议和市政协五届五次会议期间，共提交建议、提案19件。农工党桂林市委提交集体提案9件，共有3件集体提案被评为优秀提案，其中《加大公共文化建设力度活跃群众精神文化生活》《关于推进我市田园综合体建设的建议》《关于推进我市公交系统网络支付的建议》被列为2020年市委领导领办督办的重点提案。全年承接完成中共桂林市委课题“关于推进桂林市生物医药产业数字化转型的调查与研究”、市政协调研选题“发挥大数据技术在桂林市应对突发性公共卫生安全事件作用的调查研究”以及“广西碘缺乏病情况调研及对策研究”》等3个农工党自治区委中标课

2020年，农工党桂林市委举办庆祝农工党成立90周年网络直播活动。
（农工党桂林市委供图）

题。文艺支部撰写的《关于优化桂林民宿营商环境的建议》参加农工党自治区委优秀调研报告评比，获三等奖。全年共报送社情民意信息 95 篇，获农工党中央采用 3 篇，全国政协采用 1 篇，自治区党委办公厅采用 1 篇，自治区政协采用 2 篇，自治区党委统战部采用9篇，农工党自治区委采用26篇，中共桂林市委采用 7 篇。

【农工党桂林市委社会服务】 2020 年，农工党桂林市委响应中共桂林市委统战部关于开展"全市统一战线助力脱贫攻坚"的号召，结对帮扶"十三五"深度贫困村——资源县水头村。组织机关干部和党内企业家到水头村开展实地走访调研，谋划产业扶贫，为该村解决戏台修建资金缺口 2 万元，争取市慈善基金会 18 万元用于硬化村（屯）道路。年内，农工党桂林市委投入资金 2 万元支持七星区创城工作，制作 2 块大型创城公益广告投放在七星区点位，为桂林市获第六届"全国文明城市"贡献力量。

（农工党桂林市委）

中国致公党桂林市委员会

【概况】 2020 年，中国致公党桂林市委员会（简称致公党桂林市委）办公地址在桂林市临桂区西城中路 69 号。内设机构 3 个。全年新发展党员 20 人，至年末全市有致公党党员 421 人，下设专门委员会 5 个，支部 12 个。年内，致公党桂林市委开展庆祝中国致公党成立 95 周年系列活动。举办"翰墨致公情——庆祝中国致公党成立 95 周年书画作品展"、庆祝中国致公党成立 95 周年气排球比赛等活动。致公党桂林市委获致公党中央"抗击新冠肺炎疫情先进集体"称号、获致公党自治区委"抗击新冠肺炎疫情先进集体"称号，1 名党员获致公党中央"致公党抗击新冠肺炎疫情先进个人"称号。

【致公党桂林市委参政议政】 2020 年，致公党桂林市委提交十三届全国人大三次会议建议 6 篇，提交人大广西十一届五次大会建议 1 篇，提交市人大五届五次会议代表建议 4 篇，其中《关于强化河长制责任，采取分段禁渔方式恢复漓江流域渔业生态的建议》被桂林市人大评为优秀代表建议。向市政协提交大会发言 2 篇、集体提案 8 件，委员提案 10 件，其中提案《关于加快建设智慧养老的建议》获中共桂林市委重点督办，《关于完善企业扶贫捐赠税收优惠政策的建议》获市人民政府重点督办，《关于强化河长制责任，采取分段禁渔方式恢复漓江流域渔业生态的建议》获市政协重点督办。年内，致公党桂林市委完成"关于推进我市社区居家养老服务改革的建议""加快桂林高校集聚区建设，促进桂林'两个振兴'""关于进一步推进全区康养产业与旅游产业深度融合发展"等 3 个课题调研，并形成调研报告。年内，致公党桂林市委召开 3 次社情民意信息工作会议，收到党员社情民意信息 120 余篇，上报并被采纳信息共 46 条。其中，中共中央统战部采用 2 条；致公党中央采用信息 1 条；自治区政协采用信息 1 条；自治区党委统战部采用信息 8 条；致公自治区委采用信息 19 条；中共桂林市委采用信息 11 条。

2020 年 7 月 27 日，致公党桂林市委为资源县烟竹村捐赠药品、医疗器械、书籍及油米一批，并开展义诊活动。（致公党桂林市委供图）

【致公党桂林市委开展社会服务】 2020 年，致公党桂林市委聚焦脱贫攻坚，精准帮扶资源县两水苗族乡烟竹村。致公党桂林市委与帮扶企业共同向贫困村捐赠资金 40 万元、捐赠办公用品价值 10 万元、捐赠口罩价值 15 万元、捐赠药品、医疗器械 1 万元，为 60 多名村民进行义诊服务。开展抗击新冠肺炎疫情行动，致公党桂林市委各支部及党员累计捐款、捐物 46 万余元，全部用于购买医疗物资捐赠抗疫一线；发布关于疫情文件、宣传报道等 40 余篇，在"桂林致公"微信公众号举办以"齐心协力抗击疫情"为主题的线上书画作品展，展出作品 29 幅。海外疫情蔓延时，致公党桂林市委响应致公党中央关于在全党开展关爱海外侨胞抗击新冠肺炎疫情专项行动的要求，动员全市各级致公党组织和致公党员参与"致公爱心小包裹"认捐活动，党员捐款率达到 100%。

【致公党桂林市委开展海外联谊】 2020 年，致公党桂林市委联系、安排侨界党员参加致公党中央、中国侨联、自治区人民政府共同主办的第二届"一带一路"侨商侨领交流合作大会，加强沟通交流，促进合作发展。发挥党员中的归侨党员联系广泛优势，牵线搭桥，到广西师范大学、自治区南溪山医院、"九一"越南校友会等单位开展调研，推动桂林市人大与越南多乐省邦美蜀市人民议会缔结友好议会城市。年内，1 名党员获得第八届中国侨界贡献奖（二等奖）。 （韦婉芹）

九三学社桂林市委员会

【概况】 2020年，九三学社桂林市委员会(简称九三学社桂林市委)办公地址在桂林市临桂区西城中路69号。机关内设机构3个。至年末，有基层组织27个，其中基层委员会5个、支社21个、直属小组1个。共有社员554人，其中有高级专业技术职称341人，博士60人、硕士78人。全年发展新社员12人。

【九三学社桂林市委加强思想政治建设】 2020年，九三学社桂林市委多次组织基层组织和社员学习全国人大和政协会议精神、中共十九届五中全会精神、习近平新时代中国特色社会主义思想、自治区人大和政协会议精神、社章社史等政治理论。组织开展主题活动。9月，开展纪念九三学社创建75周年主题活动，组织80多名社员观看专题片《走近九三楷模》。10月，组织开展培育和践行社会主义核心价值观主题实践活动，组织30余名社员观看思想教育电影《秀美人生》，学习《自治区文明行为促进条例》。11月，组织学习贯彻中共十九届五中全会专题学习会3次，其中以宣讲的形式组织学习1次。出版月度工作展示画册12期，社讯2期，制作宣传片2部。收集17篇理论文章参加九三学社自治区委及桂林市政协征文活动，获九三学社自治区委征文活动优秀组织奖和桂林市政协理论研究工作三等奖。

【九三学社桂林市委组织建设】 2020年，九三学社桂林市委召开7次，常委会议8次，全委会2次，谈心会(民主生活会)1次，“三重一大”事项集体研究决定。开展各种学习培训活动，召开社务工作会议2次，继续开展基层组织目标管理考评工作，修订完善《2020年度基层组织目标管理项目表》。成立广西第一个民主党派市级组织监督委员会。召开青年工作委员会成立大会，推荐产生新一届青工委委员25人，为九三学社桂林市委的各项工作储备人才。选派10名优秀青年社员代表参加九三学社自治区委2020年青年论坛。与各级统战部门和社员集中单位党委沟通，走访相关单位近20次。召开九三学社桂林市委与基层组织所在城区、单位中共党委工作座谈暨2020年基层组织工作总结会。举办2020年骨干社员培训班2期，基层组织班子大部分成员共160人参加培训，增强基层组织的活力和凝聚力。

【九三学社桂林市委参政议政】 2020年，九三学社桂林市委共有自治区政协委员2人；桂林市人大代表3人，政协委员19人；各县(城区)人大代表5人，政协委员45人。提出人大建议9条、政协提案共61件。1件建议获市人大优秀代表建议表彰，4件提案获市政协优秀提案表彰，3件提案被市政协列为重点督办提案。在政协全会上作题为《关于加快推动桂林民营企业集群式发展的建议》的口头发言，提交书面发言《关于大力推进我市农产品“三品一标”认证的建议》。承担中共桂林市委课题“做大做强桂林旅游骨干企业的对策研究”。中标并完成九三学社自治区委课题“培育广西旅游企业集团发展，增强旅游业核心竞争力”，获九三学社自治区委2020年参政议政课题调研成果二等奖。年内，九三学社桂林市委向九三学社自治区委、中共桂林市委报送信息40篇，获采用10篇。11月，召开提案宣讲会，22件提案在会上宣讲。年内，九三学社桂林市委领导、机关干部及基层组织负责人15人次参加中共桂林市委、政府、政协召开的协商会、征求意见会、座谈会、情况通报会。

【九三学社桂林市委服务社会】 2020年，九三学社桂林市委开展社会服务工作。开展抗击新冠肺炎疫情行动，九三学社桂林市委发出抗击疫情募捐倡议，社员捐款5.06万元支援疫情防控工作。同时，社员通过其他渠道为防控新冠肺炎疫情捐款3.79万元，捐赠口罩5000个，消毒液1.5万千克等，折合金额约40万元。5月，组织社员近20人参加桂林市“保护漓江生态环境我行动”，向漓江放生鱼苗。9月，举办“爱在九三·重温社史 社员科技讲坛(第五讲)”活动，社员陈振锋开展题为《生物技术与人类生活》的科普知识讲座。

【九三学社桂林市委助力脱贫攻坚】 2020年春节前夕，九三学社桂林市委赴灌阳县马莲村，为43户贫困户送上春节慰问品。3月，九三学社桂林市委筹措资金购买肥料并组织人员为基地吴茱萸苗施肥。年内，为结对帮扶的资源县梅溪镇坪水底村筹集资金20万元建成村卫生室，解决村民看病难问题。社员专家及基层组织通过科技扶贫、捐资助学等方式扶贫帮困，为基层老百姓办实事。专家社员赴农村开展科技扶贫活动近20次，受益群众近600人。（黎冰）

2020年11月15日，九三学社桂林市委召开2020年提案宣讲会。（黎冰摄）

桂林市工商业联合会

【概况】 2020年，桂林市工商业联合会（简称市工商联）与桂林市总商会（简称市总商会）合署办公（一套工作人员），下辖17个县（市、区）工商联，132个乡（镇）商会，55个行业商（协）会，17个异地商会。年内，市工商联紧紧围绕中共桂林市委、政府中心工作，牢牢把握“两个健康”（促进非公有制经济健康发展和非公有制经济人士健康成长）主题，做好“六稳”“六保”工作，助力实现疫情防控和经济社会发展。3个商会获全国工商联“四好”商会称号；5个商会获全自治区工商联“四好”商会称号；4个商会获“广西工商联诚信建设先行商会”称号。

2020年7月27日，自治区工商联理想信念教育基地在兴安红军长征突破湘江烈士纪念碑园挂牌。（市工商联供图）

【市工商联五届五次执委会召开】 2020年6月19日，市工商联召开五届五次执委会，替、补选市工商联（总商会）主席（会长）1人，常委5人，执委5人；林莉当选市工商联主席、市总商会会长。

【市工商联参政议政】 2020年，市工商联承接中共桂林市委、市人民政府重点课题“以产业集群推进桂林食品工业高质量发展，助力‘工业振兴’的调研与建议”，研究结果向市委、市人民政府作参政议政专题汇报。在市政协五届五次会议上作《发挥新时代民营经济作用 助推我市特色农业发展》的大会发言。全年提交提案7个，其中《关于启动我市中小微企业商业价值信用贷款试点工作的建议》被确定为市重点督办提案。组织企业参与民企调查工作，市工商联、全州县工商联、资源县工商联获全国工商联2020调查点工作先进单位；荔浦市工商联获全国工商联抗击新冠肺炎疫情以来民营企业调查点工作示范单位。

【市工商联促进经济建设】 2020年，市工商联牵头做好“民企入桂”招商工作。至年末，全市“民企入桂”在谈项目267个，项目总投资3628亿元；已签约合同项目114个，项目总投资1176亿元；已开工项目69个，项目总投资218亿元。推进法律服务民企工作。疫情期间，联合市中级人民法院发布《民营企业疫情期间法律风险防控建议》；针对民法典的颁布，开展企业在融资、债务纠纷等方面的法律风险防范培训。全年共举办5次法律服务民营企业活动，共有170人次的企业家代表参加。搭建金融服务新平台。与桂林数聚未来公司签订战略协议，缓解民营企业特别是中小企业融资困难。年内，桂林产业金融服务平台线上发布融资需求5.33亿元，成功对接业务12笔，发放贷款1.53亿元。推进稳就业举措，联合市人社局、教育局、工信局、总工会举办“2020年桂林市民营企业招聘周活动启动仪式暨现场招聘会”，组织100余家企业参加招聘会，提供岗位1.2万个。同步在桂林人才网开启桂林市民营企业网络招聘周活动，参与网络招聘的企业300余家，累计提供岗位1.3万个。为复工复产解决实际问题。为企业提供防疫急需品的购买渠道；帮助企业协调市场监管、卫生健康等部门，推动缩短产品审批时间，促进防疫产品尽快面向市场；联合市人大开展服务民企面对面“1+1+1”专题推进会，通过1个政府部门帮助1家企业解决一个问题。

【市工商联开展学习教育活动】 2020年，市工商联通过执委会、座谈会、读书会、微信公众号等方式学习贯彻习近平新时代中国特色社会主义思想。推动自治区工商联理想信念教育基地在兴安红军长征突破湘江烈士纪念碑园挂牌，在全州红军长征湘江战役纪念馆设立教学点；在福达集团旗下福达学院设立首个广西民营经济人士现代企业管理培训基地，授牌5家企业为广西民营企业科技创新研学点。

【市工商联服务社会】 2020年，市工商联引导民营企业履行社会责任。至年末，全市共有1375家非公有制经济企业参与脱贫攻坚，帮扶项目2166个，涵盖桂林市所有贫困村，企业投入总金额3.15亿元，受帮扶贫困人数15.8万人次。10月，市工商联帮扶联系村全州镇邓家埠村48户建档立卡贫困户全部脱贫。疫情期间，倡议各商协会和广大民营企业家捐赠口罩、隔离衣、护目镜、负压救护车等款物累计3000多万元。多渠道发布《创城倡议书》，动员桂林市民营企业参与创建“全国文明城市”工作。

（市工商联）

群众团体

桂林市总工会

【概况】 2020年，桂林市总工会(简称市总工会)办公地址在临桂区万福路鼎晟大厦。内设部室11个(含驻会产业工会2个)，下辖县(市、区)总工会17个。全市工会组织遍布144个乡(镇)和街道，工会组织数5905个，工会会员总数81.01万人，职工入会率98.73%。年内，市总工会开展“强基层、补短板、增活力”行动，加强基层工会规范化建设，打造职工之家工作品牌，推进货车司机等八大群体入会工作。坚持精准帮扶困难职工，完善长效帮扶机制，开展“践行新理念、建功十三五”主题劳动竞赛活动，弘扬新时代劳模精神，培育工匠精神，突出维权主责主业，主动依法科学维护职工合法权益，深化和谐劳动关系建设。

【市总工会五届三次全委(扩大)会议召开】 2020年4月29日，桂林市总工会第五届委员会第三次全体(扩大)会召开。市委常委、组织部部长彭东光出席会议并讲话，市人大常委会副主任、市总工会主席徐锋出席会议。会议总结2019年度工会工作，部署2020年工作任务。

【推进重点群体入会】 2020年，市总工会推进以货车司机为主的重点群体入会，按照就近化、实体化、常态化的要求，坚持遵循“经济实用、布局合理、节能环保、整洁美观”原则，推进“司机之家”建设，做到“建设一家，规范一家，发挥作用一家”。全年全市有57家货运企业成立工会组织，3000多名货车司机加入工会组织。全市累计组建货运企业工会组织303家，组建率90.17%，服务惠及货运司机5.65万人次；发展货车司机入会4.03万人，入会率80.88%。

【弘扬劳模、工匠精神】 2020年，象山区税务局等4个单位获“广西五一劳动奖状”称号，王春等6名个人获“广西五一劳动奖章”称号，国营长虹机械厂技勤车间技务二组等7个集体获“广西工人先锋号”称号。年内，市总工会召开命名“桂林工匠”通报会，弘扬劳模精神、劳动精神和工匠精神。组织开展“广西工匠”推荐宣传学习活动，桂林航天电子有限公司航天特级技师涂龙辉等4人获2020年“广西工匠”。组织开展“发现、命名桂林工匠”活动，命名广西电网有限责任公司桂林供电局检修二班班长、工程师、高级技师黄勇强等10名个人为“桂林工匠”。组织开展2020年度全国工匠人才创新工作室申报，彭彦军、乔军创新工作室获命名。9月8日，市总工会、桂林市文化广电和旅游局联合举行桂林市首批职工(劳模)疗休养基地授牌仪式活动。落实劳模政策待遇，春节期间慰问各级劳模632人，发放慰问金127.4万元。

【劳动竞赛】 2020年，市总工会开展以劳模精神、劳动精神、工匠精神为引领的劳动竞赛活动，组织开展职工职业技能大赛，推进重点工程、旅游服务行业立功竞赛活动；组织开展以“落实全员安全责任，促进企业安全发展”为主题的“安康杯”竞赛活动和具有产业、行业(系统)、企业特色的劳动竞赛。年内，组织28名选手参加自治区职工职业技能大赛9个工种比赛，共有9人获前十名。

【帮扶职工】 2020年，桂林市各级工会完善长效帮扶机制，推进困难职工信息精准化、救助流程标准化、管理规

2020年9月8日，市总工会联合市文化广电和旅游局举行桂林市首批职工(劳模)疗休养基地授牌仪式。
(李睿摄)

2020 年 12 月 25 日，桂林市 2020 年"桂林工匠"命名通报会召开。（李睿摄）

范化建设，开展"两节送温暖、夏季送清凉、金秋送助学、平时送岗位、难时送帮扶"等工会品牌活动。全市工会共筹措资金 400 多万元，慰问建档立卡困难职工、一线职工 2869 人，慰问各级劳动模范 658 人。春节前，在平乐、全州、荔浦等县（市）所属辖区主要交通沿线设立"暖流行动"服务站，为返乡、返城免费提供取暖、热饮、食物、医疗、车辆维修等服务，共接站返乡农民工近 600 人次。疫情期间，桂林市各级工会开展建档困难职工入户慰问，突出做好困难职工生活帮扶和临时救助，慰问建档困难职工 612 人，发放生活救助金 680 多万元。开展"金秋助学"活动。全市各级工会共筹集助学金 100 多万元，资助困难学子 255 人。开展夏送清凉慰问活动。全市工会共筹集资金 250 多万元，走访慰问"爱心驿站"、生产车间、建筑工地等在高温作业的农民工、环卫工人、一线职工、执勤交通警察。开展"关爱健康"活动，为桂林市在档困难职工提供免费医疗服务，为桂林市参加广西城镇职工基本医疗保险的在档困难职工赠送职工医疗互助保障服务。开展以线上服务为主的 2020 年"抗击疫情、促进复工"工会线上"春风行动"。全市各级工会线上"春风行动"提供岗位 8.91 万个，提供公共就业创业服务人数 5.23 万人。

【维护职工权益】 2020 年，市总工会创新工会劳动人事调解工作新模式，商谈工会、法院合作"诉前联调"工作模式。完善劳动争议调解机制，发挥法律维权服务作用，助力社会联络工作开展。建立市、县（市、区）、乡（镇、街道、工业园区）三级维稳信息专属通报制度。建立职工队伍稳定风险排查化解工作机制，与桂林市突发事件和紧急敏感情况信息协调联动机制实行并轨，突出当时工作形势需要开展法治宣传。开展"法律六进""尊法守法 · 携手筑梦"法律服务普法活动，组织 6 个法律服务队，举办 12 次法治讲座和现场法律咨询服务活动，惠及农民工 1300 人次。发放工会和劳动法律法规政策以及宣传"扫黑除恶"法治平安等知识读本、宣传资料，接待现场法律政策服务咨询 414 人次，当场受理劳动争议案件 6 件，办理法律援助案件 5 件。全年各级工会法律服务机构（法律服务律师团、站、点）共承办劳动争议仲裁、诉讼代理案件 119 件次，涉及职工、农民工 145 人次，金额 120.4 万元。

【职工文化活动】 2020 年，市总工会围绕提升职工文化工作的质量水平，建设职工群众的"学校和乐园"，发挥工人文化宫、职工大学、职工之家等职工文化阵地作用，打造"职工文化服务快车走基层""职工文化大讲堂""咱们工人有力量"等工会文化服务品牌。全年开展"职工文化服务快车走基层"活动 22 场，影响面达 4 万人次。"职工文化大讲堂"活动线上为基层工会职工免费培训 20 期，线下培训 6 期，培训学员 2000 人次。22 家市级"爱心妈咪小屋"示范点和 8 家自治区级"爱心妈咪小屋"示范点正常运作。做好桂林工会网站和"桂林职工微服务"微信公众号建设。推动县级工人文化宫建设。

【工会经费收入】 2020 年，市总工会推进工会经费"一改三策"工作向纵深发展。年末，全市工会经费代收完成 1.62 亿元。市总工会本级共完成经费收入 7891.95 万元，完成收入预算 105.6%；上解自治区总工会经费 2425.86 万元。（龚雅清）

中国共产主义青年团桂林市委员会

【概况】 2020 年，中国共产主义青年团桂林市委员会（简称团市委）办公地址在临桂区西城中路 69 号创业大厦东辅楼，内设部室 10 个，下辖二层机构 2 个，挂牌组织 3 个。桂林市共有基层共青团组织 7413 个［其中基层团（工）委 362 个、团总支部 158 个、团支部 5676 个］，共青团员 10.45 万人。

【提升青少年引领力】 2020 年，团市委加强"网上共青团"建设，做好青少年网络意识形态管理。通过对微信公众号"青春桂林"、微博内容的改版和扩展，提升"青春桂林"的关注度及微博的影响力。疫情期间推出的《全州最美新娘》《南溪山飘扬的团旗》《恭城温度》《派出所的口罩》等文章，其中 3 篇被《中国青年报》采用。开展"青年大学习"主题团课，发动 250 多万人次青少年参与"青年大学习"，综合学习率达到 100% 以上，1 人获 2020 年广西"青年大学习"王者争霸赛全自治区第一名。组织青年讲师团，分类到社区、企业宣讲 200 余场。推进全团带队。开展"迎接少代会 · 争做好队员"2020 年桂林市新队员入队仪式示范活动，全市共开展入队仪式 570 场，参与人员 11.8 万人；开设红色基因传承实践教育课程 829 场次，培

2020 年 5 月 22 日，团市委召开易地扶贫搬迁集中安置点选派团组织第一书记工作会议。（团市委供图）

训学员 2.14 万人次，培养鼓号队骨干 450 人次。

【提升青少年影响力】 2020 年，团市委加强易地扶贫搬迁集中安置点基层团组织建设，向 8 个县（区）43 个易地扶贫搬迁安置点选派团组织第一书记，成为全自治区首创新团建模式。全年开展智慧扶贫、健康扶贫、就业扶贫等活动 60 场次，覆盖青年群体 5000 余人次，受到安置点群众好评。选树青少年典型。桂林市获全国“优秀五四红旗团委”1 个，全国“优秀共青团干部”1 人；获自治区“五四红旗团组织”20 个，自治区“优秀团员”“优秀共青团干部”36 人，“广西青年五四奖章”4 人；获自治区“优秀少先队”8 个，自治区“优秀少先队辅导员”“优秀少先队员”15 人。年内，团市委表扬“五四红旗团组织”121 个，“优秀团员”“优秀共青团干部”178 人，表扬桂林市“优秀少先队”96 个，“优秀少先队辅导员”“优秀少先队员”503 人，为各战线青少年选树典型、模范。

【提升青少年服务力】 2020 年，团市委提升青年服务能力。疫情期间，招募 1800 余名志愿者加入到桂林青年防疫志愿应急服务队投入疫情防控工作。招募 300 余名高校教师和志愿者组成线上助学支教服务队，为 500 名中、小学生提供线上助学服务。发动、组织各界青年为防疫抗疫募集资金 70 多万元，为市指挥部募集口罩约 10 万个。深化创建全国文明城市活动，组建 7 支共 600 多人的墙绘志愿者队伍，完成创城文明宣传墙面彩绘 5000 多平方米。抓好脱贫攻坚工作，加强对联系贫困村的资金、技术支持，为兴安县中洞村争取村集体经济专项扶持资金 30 万元，引进食用菌种植技术发展香菇产业，带动村民及 36 户贫困户创业就业。

【提升团组织贡献度】 2020 年 4 月，桂林市首个未成年人观护基地成立。年内，观护基地共接到案件 14 件，为 22 名符合条件不起诉未成年人开展帮教服务。打造桂林青年人才驿站项目。年内，全市运营青年人才驿站站点 4 个，累计办理入住 80 余人，提供入住服务超过 200 天。举办“爱在桂林 · 欢迎回家”主题活动，20 多名在桂林刚入职并入住青年人才驿站的人员进行分享交流，有效帮助人才融入城市，为桂林市引进青年人才提供保障。助力青年创业就业。依托“蓝领天下”“人智通”平台，开展 2020 年桂林青年就业创业帮扶特别行动线上专场招聘会，集聚企业 500 余家，为桂林青年实现线上就业创业提供服务。同时，发动 17 支青年突击队 210 多人加入复工复产行列，25 支青年突击队 360 多人开展春耕备耕、抢播抢种、爱心助农、实力助企、帮扶解忧工作。通过发动各级共青团开展线上微信群、农村电商平台等订购方式为农户销售各类农产品共计 71.21 万元。

（唐嘉彤）

桂林市妇女联合会

【概况】 2020 年，桂林市妇女联合会（简称市妇联）办公地址在临桂区青莲路投资发展大厦南楼，内设部室 7 个。下设桂林市妇女儿童活动中心，为公益二类事业单位，办公地址在桂林市文明路 21 号。年内，桂林市被授予自治区级“巾帼文明岗”8 个、市级“巾

2020 年 3 月 6 日，市领导慰问抗疫最美家庭路华等援鄂队员家属。（曾怡摄）

帼文明岗”52个。与市家政协会共同培育一批家政服务企业加入“金绣球家政服务联盟”,桂林市有7个单位、6名个人获广西第二届妇女劳动技能奖。市妇联分别在全自治区妇联系统宣传思想工作推进会和全自治区深化妇联组织建设改革实施“破难行动”现场推进会上作典型发言。

【疫情防控彰显巾帼担当】 2020年,全市2000多名妇联干部担当“宣传员”“信息员”,宣传新冠疫情防控。市妇联执委、巾帼志愿者、“周末爱心妈妈”志愿服务队女性社会组织共开展捐赠活动108场,募集抗疫捐款41.62万元,抗疫物资总价值共计425.07万元。全年各级党委、政府和妇联慰问抗疫一线女性医务人员1531人,发放慰问金、慰问品价值近40万元。

【开展“巾帼心向党”行动】 2020年,市妇联开展学习、宣传、贯彻习近平新时代中国特色社会主义思想宣传教育宣讲463场次。培养和树立女性榜样,阳朔县赖玉梅、永福县莫正云获“全国三八红旗手”称号。8人获“广西三八红旗手”称号。年内,桂林市妇联新时代文明实践站融合创建桂林市首个自治区级“三八红旗手工作室”。开展“脱贫感党恩　奋进新起点”“巾帼心向党　长征路上有芬芳”“文明城市她力量”等主题活动,妇女直接参与10万人次,线上覆盖5万人次,彰显新时代桂林市妇女高尚的思想情操。

【开展巾帼脱贫】 2020年,市妇联以励志扶贫、技能扶贫、产业扶贫、健康扶贫为抓手,推进巾帼脱贫行动。开展农村妇女励志教育主题活动300多场次,家政培训“大篷车”进村(社区)、居家灵活就业服务等妇女技能培训183场次,新建自治区级、市级巾帼脱贫示范基地16个。推进“巾帼健康脱贫行动”,创建桂林关爱女性健康“两癌”防治“五位一体”(宣传、筛查、救助、保险、关爱)一站式服务保障机制,全年发放“贫困母亲两癌救助公益金”343万元,协同市卫健委开展“两癌”免费筛查20.8万人,实现对建档立卡贫困妇女“两癌”患者全覆盖、对农村妇女“两癌”免费筛查全覆盖。

【维护妇女儿童权益】 2020年,桂林市实施妇女儿童发展规划指标达标率为95%。加大妇女儿童维权力度,全年市本级接待来电来访374次,调处率100%。加强阵地建设,全市建立健全17个县级婚姻家庭纠纷人民调解委员会,开展送法入户宣传3万余人次。

【妇女儿童民生改善】 2020年,市妇联重视妇女儿童民生改善。全年投入资金560万元新建“儿童之家”278个。开展志愿者爱心帮扶服务活动1219人次,提供志愿服务1.16万人次,受帮扶的贫困家庭、困难职工以及留守儿童、困境儿童等5130多人。

【创建文明家庭】 2020年,市妇联以“五好家庭”“最美家庭”创建活动为载体,挖掘在抗击新冠疫情期间作出贡献的家庭典型。全市获全国(抗疫)最美家庭3户,自治区(抗疫)“最美家庭”12户;全国“五好家庭”2户,自治区“五好家庭”9户。评选出桂林市“五好家庭”“最美家庭”123户。举办优秀典型家庭分享会进社区主题活动187场次。创新家教服务模式。举办“涵养文明家风家教　父母孩子共同成长”线上讲座7场次、在线观看7万余人,举办家庭教育讲座1995场次。投入经费20万元,服务家庭3.5万人次。捐赠爱心书籍、学习用品价值10余万元。针对300名留守、孤残儿童家庭开展15场“亲子共同成长”特别活动,不让任何家庭落下家教。弘扬优良家风。开展家风家教宣传,组建“环保妈妈”志愿服务队,开展垃圾分类和回收利用、清洁家园志愿行动、绿色课堂、一平方米阳台等活动,让垃圾分类、清洁家园意识进入千家万户。

【深化基层妇联改革】 2020年,市妇联选择兴安县作为深化基层妇联改革试点探索,取得明显成效。全市女性进村(社区)“两委”比例达到100%。9月,全自治区组织建设改革“破难行动”现场会在兴安县顺利召开。

(廖凌丽)

桂林市科学技术协会

【概况】 2020年,桂林市科学技术协会(简称市科协)办公地址在临桂区青莲路投资发展商务大厦南楼,内设部室5个,下设直属事业单位4个。全市共有市级自然科学学会(协会、研究会)27个,研究院3个,企业(园区)科协(含工作站)99家,高校科协8个,县(市、区)科协17个,乡(镇、街道)科协148个,农村专业技术协会461个。年内,市科协面向基层、农村和社区开展科学技术普及工作,组织大型科普活动、学术交流活动和青少年科技教育活动,提高全民科学素质和青少年的科技创新能力。

【桂林市科协第五次代表大会召开】 2020年12月22日—23日召开,大会代表350名。大会选举产生了桂林市科协第五届委员会主席1名、副主席(含兼职)10名,秘书长1名,常委45名,委员89名,俸文英当选为桂林市科协第五届委员会主席,彭友萍、唐祖杰、陈雪潮、刘建明(兼)、麦浩(兼)、刘资灵(兼)、莫国才(兼)、文泽鸿(兼)、李日辉(兼)、王增文(兼)当选为桂林市科协第五届委员会副主席,大会授予中国工程院院士袁道先为桂林市科协第五届委员会名誉主席。

【提升全民科学素质】 2020年,市科协编印500份《致领导的一封信》、17万份《致公民的一封信》、7万册《桂林市公民科学素质知识手册》和1万册《公民科学素质九问》发到桂林市17个县(市、区)科协。举办3期以食品安全、垃圾分类、全国科普日为主题的全民科学素质线上科普知识竞赛活动,全市参与有奖问答人数26万人次,活动网页总浏览量173万人次。与桂林市气象局合作,通过气象短信、微博、微信、显示屏、大喇叭等多渠道播发全民科学素质宣传信息。桂林市公民科学素质从2019年7.0%提高到2020年的8.0%。

【提升基层服务力】 2020年,市科协

2020 年 9 月 29 日，中国农技协“广西阳朔金橘科技小院”揭牌，标志桂林市第一家“科技小院”成立。（市科协供图）

推进全市基层科协组织建设和服务能力提升工作，全市 17 个县（市、区）科协完成“三长”（医院院长、学校校长、农技站站长）在县（市、区）、乡（镇）科协组织的兼、挂职，148 个乡（镇、街道）均成立科协组织，指导各县（市、区）新建企业（园区）科协（含工作站）57 家，实现基层科协组织全覆盖。年内，桂林市区域省级科技工作者状况调查站 4 个站点完成报送有效信息 16 篇，被广西科协采用 3 篇；共报送科届回响信息 14 条，被采纳 10 条，其中 3 个被评为优秀调查站点，1 个被评为科届回响活动组织优秀站点。桂林市科协被评为 2020 年科技工作者状况调查站点工作优秀区域责任部门。

【践行科普志愿服务活动】 2020 年，市、县（市、区）科协组织完成注册科技志愿组织 55 个，注册成为科技志愿者 4175 人。市科协科技与科普志愿服务队，组织实施开展新时代文明实践——科普志愿服务活动 17 次，参加志愿者 276 人次。各县（市、区）科协组织科普志愿服务队开展新时代文明实践志愿服务活动 412 次，参加志愿者 3468 人次。

【科技助力精准扶贫】 2020 年，市科协组织科技扶贫专家服务团到贫困村和联系县（市、区）举办技术培训 10 期，培训人数 1300 人次。17 个县（市、区）科协采取线上线下相结合培训方式，开展适用技术培训 400 多期，共培训 4 万人次。参与科技扶贫专家总人数 664 人，举办科技培训 711 次。参与科技扶贫的农技协 112 个，培训农民 3.03 万人次。

【服务科技人才】 2020 年，市科协完善桂林市人才信息库建设，征集到在外桂林籍人才信息 16 份。联合市委宣传部、市科技局、市工信局、市国资委等部门开展 2020 年最美科技工作者、广西创新争先奖（杰出工程师奖）的推荐评选，桂林医学院附属医院金俊飞、桂林市啄木鸟医疗器械有限公司吴勋贤、阳朔县疾病预防控制中心李秀苾等 10 人被评为桂林市“最美科技工作者”称号。经自治区科学技术协会终评，桂林长海发展有限责任公司廖新鼎、桂林南药股份有限公司刘玮获广西杰出工程师奖，桂林电子科技大学孙希延、苑立波获广西创新争先奖，桂林电子科技大学陈真诚获广西“最美科技工作者”称号。

【学术交流活动】 2020 年，市科协与广西轻工协会共同主办首届广西轻工业知识产权论坛。协办 2020（第二届）中国城市水环境与水生态发展大会和 2020 中日农业绿色发展论坛，5 位中国工程院院士、40 余名业界专家、近 700 名嘉宾参加上述论坛并分享研究成果。举办 2020 年广西科协创新方法带题培训班，培训桂林市多家企业、科研院所和护理学会会员单位科技工作者 60 多人。组织 9 个团队参加 2020 年中国创新方法大赛，其中 5 支团队入围广西区域决赛，并在决赛中获二等奖、三等奖、优秀奖各 1 个。市科协被评为 2020 年中国创新方法大赛广西区域决赛优秀组织奖。

（石峰）

桂林市归国华侨联合会

【概况】 2020 年，桂林市归国华侨联合会（简称市侨联）办公地址在临桂区西城中路 69 号创业大厦，内设科室 2 个。年内，市侨联强化对侨界群众的政治引领，发挥侨界资源优势，服务桂林经济社会发展，深化侨联改革，推进海外联谊和拓展新侨工作，参与社会公益事业，侨联工作水平迈上新台阶。开展纪念印尼归国华侨回国 60 周年庆祝活动。

【扶贫帮困彰显侨爱】 2020 年，市侨联把教育扶贫作为扶贫措施，引导华侨华人对桂林边远山区学生进行资助。疫情期间，广西华侨爱心基金会和市侨联向荔浦市新坪镇初中、阳朔县外语实验小学、永福县石门小学捐赠 1 万个口罩助力学校复学。“六一”前夕，市侨联与侨资企业弘威影视公司为龙胜各族自治县龙脊镇小学送去 2 万元的图书和文具用品；市侨联与市委统战部到阳朔县兴坪镇西山小学和白沙镇官桥小学开展捐资助学活动。爱国侨领陈隆魁为全州县东山乡清水中学捐资 100 万元建教学楼。桂林市“侨胞之家”爱心人士到平乐县沙子镇安全小学开展暖心公益活动，为该校学生送去羽绒服、牛奶、食油等慰问品和慰问金。推动英国广西侨商总会与广西海凌农业科技开发有限公司签署合作协议，搭建桂英外贸服务平台，把桂林的优秀产品特别是贫困山区的农产品出口到英国市场销售，助力脱贫攻坚。通过广西华侨爱心基金会为资源县 3 所基层卫生院捐赠医疗设备，价值 20 余万元，为龙胜各族自治县马堤乡、资源县中峰镇小学送去价值5万元的爱心图书，助力乡村振兴。市侨联与中国华侨爱心基金会、爱尔眼科医院联合开展“侨爱心光明行”活动，深入企业、社区、村（屯）义诊21次，争取到基金会资助资金15万元，为155名困难群众送去光明。

【汇侨智促发展】 2020年，市侨联通过归侨侨眷向海外亲人宣传桂林的发展变化、投资环境，鼓励海外优秀人才和投资者回国发展创业。加强与侨资企业的联系和服务，推荐新侨广西释码智能信息技术有限公司王晓鹏和桂林坤鹤文化传播有限公司王羽潇参加第八届“中国侨界贡献奖”评选并获奖，提高了企业及其产品的知名度和影响力。推荐桂林市11名侨界专家授聘为广西侨联特聘专家委员会委员，凝聚侨智侨力，为广西人才项目服务。

【结侨缘连侨心】 2020年，海内外桂林籍侨胞与祖国共同抗击新冠肺炎疫情，踊跃为家乡捐款捐物100多万元，从海外抢购抗疫物资，为桂林市医学院、桂林市人民医院、广西壮族自治区南溪山医院等抗疫一线寄来急需物资，助力打赢疫情防控阻击战。举办2020年桂林市侨界迎新春联欢会，拉近侨联干部与侨界群众的距离。

【加强“侨胞之家”建设】 2020年，市侨联增强侨界服务社会的资源，发挥“侨胞之家”作为侨联服务主阵地的作用。在侨资企业桂林鸡血玉博物馆和留园挂牌成立“侨胞之家”，搭建“一带一路”海外发展服务平台，打造为侨发展交流服务站，为海内外华商信息共享、互相交流、资源整合提供良好的场所和合作机会，提升桂林市“侨胞之家”建设品质，延伸了侨联工作手臂。（钱朋华）

桂林市台湾同胞联谊会

【概况】 2020年，桂林市台湾同胞联谊会（简称市台联）办公地址在临桂区西城中路69号创业大厦，第五届理事会共有理事15名。年内，市台联学习贯彻中共中央总书记习近平关于加强和改进统一战线工作思想，做好服务台胞台属工作，落实各项工作目标任务。

【市台联理事会议召开】 2020年2月27日，市台联召开理事会，依据章程补选桂林市台湾同胞联谊会第五届理事会副会长。戴荣燕被补选为桂林市台湾同胞联谊会副会长。11月25日，市台联召开理事会议，补选张伍华为桂林市台湾同胞联谊会副会长。（张伍华）

桂林市文学艺术界联合会

【概况】 2020年，桂林市文学艺术界联合会（简称市文联）办公地址在临桂区西城中路69号创业大厦，内设机构部室3个。下属事业单位有桂林文学院、南方文学杂志社、桂林市文学艺术研究室（桂林中国画院，实行一套人员、二块牌子）。年内，市文联坚持以人民为中心的创作导向，深入生活、扎根人民中加强文艺创造。以“千村万户文艺惠民工程”为载体，组织县（市、区）两级文艺专家开展文学、音乐、舞蹈、民间艺术等文艺志愿服务活动近10次，培育市级文艺村18个、文艺户16个。开展主题性文艺活动，文艺专刊、新媒体文艺宣传彰显新时代桂林文艺的风采。

【开展决战脱贫攻坚系列文艺活动】 2020年，市文联组织艺术家到永福县开展“决胜全面小康决战脱贫攻坚”美术写生创作培训活动，并在当地进行艺术辅导，举行“中国画的基础学习与写生创作”美术讲座，近100名美术爱好者参加培训活动。组织专家“送培训下基层”专题讲座，举办新时代文学创作实践活动。参与主办2020年桂林市创建全国文明城市暨“决胜全面小康决战脱贫攻坚”文艺汇演，承办中国文联、中国视协2020年“送欢乐·下基层”文艺志愿服务团走进广西全州慰问演出，举办“雕形塑意——2020桂林市雕塑学术作品展”和桂林中国画院成立25周年美术大展。

【文艺抗击新冠疫情】 2020年，市文联组织全市广大文艺工作者以散文、剪纸、山歌、舞蹈、书信、诗词、书法、摄影等形式创作抗击疫情文艺作品2200余件。桂林文学院组织签约作家“文学抗疫”，用文学的形式参与到抗击疫情的战线中。《南方文学》杂志社在公众号上开展“众志成城，抗击疫情”主题征文活动，收到电子投稿500余封，在微信公众号发表诗歌、散文作品近1万字。推出“诗歌·疫情特辑”栏目，发表诗歌作品26首。

【推进文联课题工作】 2020年，市文

2020年8月23日，2020年桂林市创建全国文明城市暨“决胜全面小康决战脱贫攻坚”文艺汇演在雁山区草坪回族乡演出。（黄丹阳摄）

2020年11月26日，中国文联、中国视协文艺志愿服务团“送欢乐·下基层”走进全州县，在红军长征湘江战役纪念园先锋广场举行慰问演出。（黄丹阳摄）

联推进课题工作取得成效。由何绍连主编、广西师范大学出版社出版发行的《斯文在焉——陈玉圃谈艺录》书籍被列入长安街读书会干部学习新书书单。初步完成《时节流转山水密码——桂林民间节日》一书的研究编写、照片资料整理等工作，进入编审阶段。

【扩大《南方文学》杂志影响力】 2020年，《南方文学》杂志社出版6期，共发表文学作品近80万字。借助微信公众号等平台宣传杂志，全年编辑微信文章100余条。开设专栏，以“挖掘桂林文化的力量，寻找桂林文化的价值”为主题，用文学作品宣传桂林文化资源及特色，刊登《文化名人呼唤出来的桂林》《碑林存雅体，桂海证雅音》等作品，推送杂志上部分文章，举办读者活动，扩大杂志影响力。

（黄正鹏）

桂林市残疾人联合会

【概况】 2020年，桂林市残疾人联合会（简称市残联）办公地址在临桂区西城中路69号创业大厦，内设科室6个，下设桂林市残疾人事业管理中心。全市有市级残联1个，县（市、区）级残联17个，乡（镇、街道）残联150个，村（社区）残疾人协会1884个；乡（镇、街道）以上残联机构工作人员365人。至年末，全市持证残疾人13.74万人。年内，市、县（市、区）两级残联改革方案全部出台实施，加强村（社区）残疾人协会建设，发挥残疾人基层组织作用。

【残疾人康复服务】 2020年，市残联组织实施残疾人精准康复服务行动，全年为3万多名残疾人提供基本康复服务，为9456名残疾人提供基本辅具适配服务。全面实施残疾儿童康复救助制度，探索建立以各级人民政府残工委牵头、整合资源、专家管理、康教融合的残疾儿童康复救助“桂林模式”，由市人民政府出台《桂林市残疾儿童康复救助实施办法》，全市共评定残疾儿童康复救助定点机构27家，提供覆盖视力类、肢体类、智力类、孤独症类、听力言语类残疾儿童康复救助服务，全年共为686名残疾儿童提供康复救助服务。

【残疾人教育】 2020年，市残联落实残疾人特殊教育政策，为41名学龄前特教儿童、930名特殊教育学校在校生和127名大中专残疾学生发放助学金，为1655人次残疾学生和贫困残疾人子女发放助学补助。配合教育部门落实残疾儿童“一人一案”，以随班就读、送教上门等方式，保障适龄残疾儿童接收义务教育权利，残疾儿童义务教育入学率99.88%。

【残疾人就业】 2020年，全市城乡新增残疾人就业742人，市本级按比例安排残疾人就业单位359个，安置残疾人就业797人。灵川、灌阳、阳朔、龙胜、资源、恭城6个县（自治县）新建残疾人辅助性就业机构。全市共建成残疾人辅助性就业机构17家，解决智力、精神和重度肢体残疾人等就业困难群体就业问题。做好高校残疾毕业生就业创业服务工作，帮助26名高校残疾人毕业生实现就业。组织115名视力残疾人参加自治区举办的广西盲人按摩空中课堂网络培训。

【残疾人脱贫攻坚】 2020年，市残联推进残疾人脱贫攻坚工作，全市2.9万贫困残疾人摆脱绝对贫困。实施残疾人“六大扶贫”工程，帮扶1800户

2020年4月16日，桂林市召开全市残疾人工作会议。（陈锡亨摄）

2020 年 12 月 1 日，市人民政府残疾人工作委员会举办“第 29 个国际残疾人日”暨“民族团结共携手　同心共筑中国梦”主题活动。（陈锡亨摄）

建档立卡贫困残疾人家庭增加收入；扶持 18 个“阳光助残扶贫基地”建设，帮扶 2499 名贫困残疾人增加收入；为 3370 名智力、精神和重度肢体残疾人提供居家托养或日间照料服务；为 52 名贫困残疾人安装假肢；对 1813 户贫困残疾人家庭实施无障碍改造。继续开展粤桂残疾人扶贫协作。肇庆市对 304 名贫困残疾人进行实用技术培训，捐赠价值 19 万元的残疾人康复辅具。选派 53 名康复技术人员到肇庆市跟岗学习，在龙胜各族自治县和资源县开展“粤桂扶贫协作，助残脱贫致富”专场招聘会，帮助 34 名残疾人实现转移就业。

【残疾人基本民生保障】 2020 年，市残联实施新冠肺炎确诊和隔离残疾人及亲属统计报送制度，加强对困难残疾人的走访探视和帮助。市人民政府残工委针对残疾儿童疫情防控的特殊性，成立残疾儿童康复救助定点机构新冠肺炎疫情防控工作领导小组，建立预警机制，落实各项防控措施。建立残疾人“两项补贴”动态监督机制，全年全市发放困难残疾人生活补贴和重度残疾人护理补贴 120.48 万人次，发放养老补贴残疾人 604 人。

【残疾人文化体育】 2020 年，市残联开展创建全国文明城市、民族团结进步宣传工作。在市委党校举办全市残联系统残疾人体育宣传工作业务培训班。市人民政府残工委组织开展第十个残疾人健身周活动，举办桂林市“第 29 个国际残疾人日”暨“民族团结共携手　同心共筑中国梦”主题活动。桂林市获自治区人民政府全国第十届残运会暨第七届特奥会专项奖励，全力备战 2021 年全国第十一届残运会。残疾人运动员吴国山获全国先进工作者，市残联主席团委员何乃柱获全国未成年思想道德建设工作先进工作者，市聋哑学校邓小凤获全国特教园丁奖，市残联农喜千获自治区先进工作者。

【残疾人维权】 2020 年，市残联推动“12385”残疾人服务热线并入“12345”政府服务热线，帮助残疾人解决问题。组织残疾人普法宣传教育活动，为残疾人提供法律援助服务。聘请桂林市交警队讲解残疾人驾驶机动轮椅车的相关法规。为 924 名残疾人发放残疾人机动轮椅车燃油补贴，为 103 名残疾人发放汽车驾驶培训补贴。（王倩）

桂林市红十字会

【概况】 2020 年，桂林市红十字会（简称市红十字会）办公地址在临桂区西城中路 69 号创业大厦，内设部室 3 个。10 月，市红十字会党组成立，监事会设立。增加事业编制人员 3 名。全市有县级地方红十字会机构 17 个，新设立监事会 8 个，市本级有基层红十字会组织 10 个，红十字会成员单位 40 个，会员 1.2 万人，志愿服务队伍 5 支，志愿者 162 人。年内，市红十字会助力抗击新冠疫情防控，共接收物资 60 多批次价值 1287 万元，款项 120 余万元。

【实施人道救助救灾】 2020 年，市红十字会开展大病救助工作，审核递交救助申请 27 份，帮助 27 个家庭获“小天使”“天使阳光”等项目专项救助资金 71.6 万元。开展帮扶济困工作，多渠道筹集资金 46 万元购置温暖包，在元旦、春节前对处在困境中的人群

2020 年 3 月，桂林市红十字会接收比亚迪向桂林市捐赠新冠疫情防控物资。（夏庆伟摄）

开展“博爱送万家”活动。开展灾后救援救助工作，为全州、平乐、临桂等7个洪涝灾害严重的县（市、区）争取获得3个批次救灾物资价值61万余元。紧急使用上级调拨备用金15万元购买大米和食用油，开展抗灾救助。组织市红十字赈济救援队、心理救援队协助县级红十字会慰问群众、查看灾情、评估需求，发放物资，并对重灾户进行心理辅导和心理干预，让受灾群众克服困难，重拾信心。

【民生项目助力脱贫攻坚】 2020年，市红十字会做好民生项目工作。为全州县、龙胜各族自治县争取社区备灾减灾、新农村建设项目4个，项目款项共计88万元。帮助乡村修建饮水设施、水泥桥及足球场、活动室等，受益村民3500人。

【应急救护公众普及培训】 2020年，市红十字会对学校部分教师、校医进行应急救护知识和技能培训，共培训教职员工100人。组织志愿者师资队伍深入机关、学校、村（屯）开展普及培训演练81场1.6万人，培训应急救护培训师资60人。

【遗体和人体器官捐献】 2020年清明节前夕，市红十字会与桂林凤凰山陵园在线上开展“生命回响、云上缅怀”纪念活动。12月，联合全州县红十字会在全州县举办“生命接力·救在身边”人体器官捐献宣传活动，传播正能量。全年共协调见证人体器官捐献41例，捐献大器官122个，眼角膜62枚，完成遗体捐献12例，申请发放器官捐献困难救助28.9万元。

【造血干细胞捐献】 2020年，市红十字会深入高校、社区等开展造血干细胞知识专题宣传讲座10场次。完成初步筛查296人份，再动员54人，高分辨16人，捐献前体检8人，实现成功捐献4例。完成造血干细胞400人份采样任务。

【青少年及志愿服务】 2020年，市红十字会与桂林医学院红十字会联合开展“携手防疫抗艾　共担健康责任”防艾知识宣传，为500余名在校大学生普及防艾知识；为驻桂林高校开展“三献”知识进校园7场次。组织志愿服务队参与新冠疫情防控，共出动志愿者300余人次，参与各类疫情防控志愿服务100余场次。帮助社区进行进出人员测量体温、人员登记1200余人次，转运防疫物资50余箱。帮助社区居民理发30余人次。在高速路口、车站等场所搭建帐篷46顶。开展疫情防控公益培训20场次。在献血屋等场所进行无偿献血、造血干细胞捐献宣传、指导志愿者填写登记表等志愿服务60余次。　　　（马金宝）

中国国际贸易促进委员会桂林市委员会

【概况】 2020年，中国国际贸易促进委员会桂林市委员会（简称市贸促会）办公地址在临桂区西城中路69号创业大厦，内设部（室）2个。年内，市贸促会拓展服务范围、提升服务品质，发挥国际商会作用，被广西贸促会评为“先进集体”称号。

【出证认证业务量稳定】 2020年，市贸促会做好商事法律服务，稳住外贸基本盘。在疫情复杂形势下出证认证业务量保持稳定并略有增加，全年共办理一般原产地证947份，优惠原产地证324份，出具国际商事证明书224份，代办涉外商贸文件领事认证212份。打造属地出口产品“金字招牌”，配合中国贸促会和广西贸促会，向桂林市企业推广中国出口商品品牌证明书，提升桂林市企业出口产品品牌力。中国化工集团曙光橡胶工业研究设计院有限公司、桂林恒保健康防护有限公司成功申办中国出口商品品牌证明书。

【贸促平台服务经济】 2020年，市贸促会做大做强国际商会平台，服务桂林经济。深入企业走访调研100余次，吸收会员企业超过1000家。拓展服务县域经济发展，组织桂品国际贸易中心一县一馆入驻工作，助力全州等7个县（市、区）第一批入驻。牵头成立桂林国际商会促进少数民族地区产业发展委员会、桂林国际商会促进油茶产业发展委员会、桂林国际商会促进米粉产业发展委员会、桂林国际商会促进跨境电商产业发展委员会，推动县域经济发展和脱贫攻坚工作。组织20多家企业入驻“一部手机购桂品·爱桂品”电商平台和参加广西首届桂品网上交易会。与桂林市交通技工学校达成战略合作协议，依托学校的教育优势，构筑校企合作平台，学校免费为属地企业培训实用技能，实现技能人才培训培养与企业用人的有效衔接，德盛置业公司等11家企业与交通技校合作开展员工技能培训活动。协调银企对接，解决中小微企业“不懂贷、不敢贷”的问题，增强银企互信。40多家企业获桂林银行“贸促贷”授信，授信总额超40亿元。

（刘泽敏）

2020年8月19日，桂品国际贸易中心一县一馆入驻工作座谈会在桂林召开。

（刘泽敏摄）

法治

人大立法

【概况】 2020年，市人大常委会推进科学立法、民主立法、依法立法，坚持质量与效率并重，把法律和制度优势转化为治理效能。颁布实施《桂林市城乡规划管理条例》《桂林市违法建设防控和查处条例》《桂林市漓江风景名胜区管理条例》《桂林市机动车船和非道路移动机械排气污染防治条例》4部法规。审议并表决通过《桂林市城市绿化条例》，初次审议《桂林市喀斯特景观资源可持续利用条例（草案）》《桂林市灵渠保护条例（草案）》《桂林市养犬管理条例（草案）》。年内，市人大常委会成立立法工作领导小组，加强对地方立法工作领导，明确立法各阶段各部门的职责和分工，推动立法任务目标高质高效完成。在全市建立基层立法联系点22个，畅通立法社情民意。桂林市立法工作在全自治区人大系统立法工作培训班上作经验发言。

【增强人大立法履职能力】 2020年，市人大常委会强化业务学习培训，学习研究立法法、监督法等法律法规，研究立法技术规范，组织业务骨干参加上级人大组织的立法工作培训。建立课题研究制度，并定期学习分享研究成果。工作中注重对年轻人和新同事的"传、帮、带"，帮助他们熟悉立法业务，营造了奋发向上、刻苦专研、团结和谐工作氛围。

【加强地方立法工作沟通协调】 2020年，市人大常委会成立立法工作领导小组，负责市人大及其常委会地方立法工作的决策部署、统筹协调、整体推进、督导落实。领导小组每2个月定期召开一次会议，根据工作需要邀请市人民政府的相关职能部门负责人或者其他有关人员参加会议，协调解决法规草案起草、修改、审议过程遇到的重大问题，提高工作效率。推行法规制定工作领导小组"双组长"制度，对列入市人大常委会年度立法工作计划的立法审议项目，实行由市人大常委会分管立法工作的副主任、市人民政府分管法规草案起草单位或者有关行政主管部门的副市长共同担任法规制定工作领导小组"双组长"制度，协调解决法规起草和审议过程中的重大问题，以及有关县（市、区）、行政主管部门与立法相关的争议分歧。

【地方立法调研论证】 2020年，市人大常委会深入调研，保证地方立法接地气。立法调研做到四个结合。一是"内外结合"，地方立法依托政府，依靠社会各界参与，汇集社会智慧和力量。二是"上下结合"，加强向上级的请示，请求给予指导；同时走进社区、街道、居委会、村委会，深入群众。三是"点面结合"。深入调研整部法规的必要性、可行性，针对每个条文、每个问题进行调研，确保所规范的事项或行为具有合理性、规范性和可操作性。四是"线上线下结合"。发挥好报刊网站等媒体作用，深入一线实地调研，争取获第一手资料。

【提高法规审议质量】 2020年，桂林市立法工作者始终坚持"严谨严格、专心专注、精准精细"的高标准、严要求，严把立法质量关。市人大常委会发挥常委会组成人员作用，采取提前发送法规草案和立法参考资料，重视采纳审议意见、及时反馈意见采纳情况。落实专工委修改论证和审议工作责任。针对提请常委会会议审议的法规案，一审由相关专委提出审议意见。一审后，市人大常委会法工委根据常委会组成人员审议意见和各方面意见进行修改完善，提出草案修改建议稿。二审、三审由法制委进行统一审议后提出审议结果报告等。同时发挥各专工委专业优势，做深做精审议工作。法制委、法工委充分尊重常委会组成人员和相关专工委的意见，深入细致开展调研论证、做好修改工作，加强修改环节的沟通协调。　　（廖冰）

政法委与综治

【概况】 2020年，中国共产党桂林市委员会政法委员会（简称市委政法委）办公地址在临桂区西城大道69号。年内，市委政法委聚焦主业，以实现政法核心工作指标提档进位为目标，以市域社会治理现代化建设为引领，以全市政法核心指标创先争优、品牌创建"双创"工程为抓手，平安桂林和法治桂林建设向更高水平迈进。

【服务改革发展大局】 2020年，全市政法部门多措并举服务改善营商环境。出台政法机关联系服务重点企业和重大项目的实施办法，严厉打击涉企违法犯罪，严格规范执法司法行为，持续深化"放管服"改革。审判机关共审（执）结民商事案3.94万件，法治化营商环境3项核心指标全自治区领先。市人民检察院批捕影响民营经济发展案件29件44人，起诉金融诈骗、

2020年7月6日，自治区人大常委会副主任、桂林市委书记赵乐秦（左一）到桂林市中级人民法院调研法治化营商环境工作。（桂林市委政法委供图）

破坏金融管理秩序等犯罪50人。司法行政审批99类公证事项纳入“最多跑一次”办结范围，93.4%的行政许可事项“一枚印章”集中审批。做好新冠肺炎疫情联防联控工作。全市政法干警、网格员建立省、市、县、乡、村五道防线，有力遏制疫情扩大蔓延。制订印发依法严厉打击疫情防控期间违法犯罪行为通告，从严从重从快打击涉疫违法犯罪。参与抢险救灾，出动警力5000多批次、车辆1000多台次参与救援、救灾，转移救援群众和广大游客2万余人，挽回经济损失300余万元。

【维护社会稳定】 2020年，全市各级党委、政府主要领导肩负起社会稳定第一责任，定期研究社会稳定工作。健全社会稳定风险评估机制，组织对45个重大决策、重大工程项目进行社会稳定风险评估，经评估全部准予实施。开展社会矛盾纠纷化解，完善矛盾纠纷排查督办机制，坚持专项排查，全市排查各类矛盾纠纷共2.59万件，调处率97.9%，预防矛盾升级2867件。排查影响社会稳定的敏感人、敏感群体、敏感案（事）件问题721件，化解305件，没发生影响社会稳定群体性事件和突发事件，全市社会大局稳定。

【打击违法犯罪】 2020年，全市持续开展社会治安整治。市公安局创新构建现行案件侦破、命案积案攻坚“一把手”工程打击犯罪新机制，严厉打击各类违法犯罪。全市现行案件破案率攀升至46.68%，八类严重暴力犯罪、传统盗抢骗、万元以上入室盗窃破案率分别为89.08%、44.07%、36.36%；共侦破10年以上命案积案25件，抓获命案在逃人员28人。全市法院共受理各类案件9.13万件，审结8.86万件。全市检察机关批准逮捕2817件3973人，提起公诉3016件4303人。推进扫黑除恶专项斗争。全市共打掉涉黑组织7个、涉恶犯罪集团9个、涉恶团伙2个，冻结、扣押、查封涉案资产11.79亿元，立案查处涉黑涉恶腐败和“保护伞”问题161件。完成自治区扫黑办指定管辖的全国扫黑办督办广西的“T01”涉黑专案的侦捕诉审判工作。持续推进禁毒严打整治。查处吸毒人员6613人次，查处涉毒场所17家，破毒品案件538件，缴获毒品26.71千克，强制戒毒执行率103.35%。公安部对“广西四川福建公安机关侦破306”特大制毒系列联合专案组记集体一等功。重拳整治传销突出问题。开展集中行动516次，清查涉传场所723处，捣毁传销窝点143个，查获涉传人员715人，抓获A级头目20人，解救受骗人员170人。

【加强基层基础建设】 2020年，桂林市推动雪亮工程建设，全市共建成公共区域高清探头1.6万个，小微天网1.9万个，企事业单位、百姓天网共自建探头6万多个，全市重点区域实现全覆盖，系列重大案件朝发夕破。推动城乡社区网格化服务管理，建立县（市、区）级网格中心17个，乡（镇、街道）级网格中心147个，村（社区）级网格中心1894个，划分网格4482个，配备网格员4482人，上报网格事件及时处理率99.46%。加快推进政法智能化建设步伐，推动七星区、阳朔县、平乐县政法机关跨部门大数据办案平台试点应用，持续推进智慧警务、智慧法院、智慧检务以及阳朔县“数字平安广西”建设，搭建社会治安防控体系“九大系统”。

【开展市域社会治理突出问题集中整治百日攻坚行动】 2020年，桂林市推进市域社会治理现代化建设，深入分析市域存在的风险隐患，由市委统

2020年12月21日，桂林市召开“全市市域社会治理突出问题集中整治百日攻坚行动点评推进会”。（桂林市委政法委供图）

一部署开展为期100天的市域社会治理突出问题集中整治百日攻坚行动，对政治安全、公共安全、社会稳定、涉校师生等9个方面突出问题开展集中整治。市委书记、市长挂帅指挥长，全程指挥调度，组织召开动员大会、点评推进会、总结大会，推动工作、总结经验，建立长效机制，解决了一大批影响市域社会治理现代化建设的突出问题。

【打造政法系统“双创工程”】 2020年，桂林市结合实际部署开展政法工作核心指标创先争优、政法工作品牌创建的“双创工程”。围绕创新拓展“枫桥经验”、基层社会治理、市域社会治理等方面，挖掘提炼、精心培育亮点品牌98个。重点打造龙胜各族自治县矛盾纠纷调处“以奖代拨”机制、平乐县依法治村新模式、恭城瑶族自治县基层社会治理“组甲制”、七星区城中村综合治理、“数字平安阳朔”等“双创”品牌16个，并在全市推广。

【开展城中村和无物业小区治安综合整治】 2020年，桂林市持续推动城中村和无物业小区治安综合整治三年行动，对房屋建档立卡、安装智能门禁系统和监控探头，建立义务巡防队、聘请物业公司、收取物业费和停车费实现自我造血等。完成67个城中村，457个无物业小区的治安综合整治，整治后的城中村、无物业小区治安和刑事警情均下降60%以上，群众安全感满意度大幅提升，并形成“小区、出租房、村(屯)治安星级评选”的长效治理机制。

【校园及周边治安环境综合整治】 2020年，桂林市完善校园及周边治安环境综合整治领导小组及联席会议制度，召开现场办公会4次，梳理安全隐患苗头77个。列出问题清单和责任清单，将责任落实到每一个职能部门，督促组织开展相关工作，有效维护校园及周边的安全稳定。

【创新四级动态排查预警管控机制】 2020年，桂林市开展排查防范个人极端案事件风险隐患专项行动，创新建立“四级动态排查预警管控机制”和“重点人员流动管控机制”，将风险隐患划分为“红、橙、黄、蓝”4个等级，分类建立预警信息库，落实包联领导和工作专班，定期走访，时时管控，视情况调整风险等级。根据重点人员流动情况，明确由流入地和户籍地共同管控责任，提高预警的准确性和管控的实效性。排查各类风险隐患813个，化解189个，稳控624个，实现风险转级50个，调整落实7个重点人员流动管控责任单位。

【建立治安乱点片区集中整治模式】 2020年，桂林市以灵川县八里街为试点，统筹全市力量进行集中清查整治，消除突出的治安问题隐患。强化“一标三实”等基础工作，破解流动人口管理难。创新新型智能化防控模式，完善群防群治机制，防范压案取得明显成效，黄赌毒等得到根治。经整治，八里街区域刑事警情下降50.55%，破案率上升45%。集中整治模式已拓展至象山区平山西片区。

（文艳琴）

法治政府建设

【概况】 2020年，桂林市贯彻落实《广西壮族自治区法治政府建设实施方案(2016—2020年)》精神，推进法治政府建设工作。10月下旬，自治区党委依法治区办对桂林市党政主要负责人履行推进法治建设第一责任人职责及法治政府建设开展实地督察。通过召开座谈会，听取桂林市相关完成情况汇报、抽取市直单位和县区进行实地督察，自治区党委依法治区办对桂林市法治建设给予高度评价。

【政府服务水平进一步提升】 2020年，桂林市健全完善行政审批管理制度，对全市行政许可事项目录实行动态管理，制订事中事后监管措施，完善清单要素。至年末，全市依申请政务服务事项线上办事指南准确率达98%以上。同时，严格执行政府及部门权力清单、责任清单制度。市本级和17个县(市、区)行政权力事项运行流程的优化和编制工作全部完成。建立行政事业性收费和政府性基金清单制度，对市本级政府定价经营服务收费进行全面清理，明确收费项目名称、设立依据、收费标准等。持续开展“双随机、一公开”监管工作，市事中事后监管联席会议33个成员单位均实现“双随机、一公开”监管部门、事项覆盖率100%，共计开展225批次“双随机、一公开”抽查，抽取检查对象7623户。推进社会治安综合治理。建成1个市级综治中心、17个县级综治中心、147个乡(镇)级综治中心，1894个村(社区)级网格中心，划分网格3609个，配备网格员6025人。完成《桂林市基本公共服

2020年12月9日，桂林市基层立法联系点授牌仪式暨现场观摩会在叠彩区叠彩街道九华社区举行。
（法治桂林新媒体中心供图）

2020 年 10 月 15 日—16 日，桂林市司法局联合市人大法工委组成专题调研组，赴桂林市部分基层立法联系点开展调研，图为调研组到桂林海威科技有限责任公司调研座谈。
（法治桂林新媒体中心供图）

务均等化“十三五”规划》，以及该规划执行的评估工作。加大了教育、卫生健康、民政、文化等社会公共事业领域投入。

【提高制度建设质量】 2020 年，桂林市共组织完成《桂林市喀斯特景观资源可持续利用条例》《桂林市灵渠保护条例》《桂林市养犬管理条例》3 部地方性法规起草工作并提交市人大常委会审议。组织《桂林市国有土地上房屋征收与补偿实施办法》1 部政府规章起草工作；并建立基层立法联系点制度，拓宽基层群众参与立法的渠道和途径，首批设立 22 个基层立法联系点。

【提升行政执法质效】 2020 年，桂林市推进执法体制改革，建立健全执法体制改革领导机制。成立市文化市场综合行政执法支队、市市场监管综合行政执法队伍、市生态环境保护综合行政执法支队、市农业综合行政执法支队、市交通运输综合行政执法支队执法队伍 5 支。

【保障人民合法权益】 2020 年，桂林市共受理法律援助案件 3136 件，受理农民工讨薪案件 870 件，提供法律咨询 1.12 万人次，挽回或避免经济损失 3427.1 万元，法律援助工作得到强化。同时，人民调解和行政复议工作成效显著，全年全市共调处矛盾纠纷 2.95 万件，调处成功 2.89 万件，成功率 98%。全市共立案受理行政复议案件 268 件，不予受理 16 件，送达告知书 15 件；共收到出庭应诉通知 261 件，已出庭应诉 248 件，人民法院作出的生效判决、裁定均得到执行。

【提高法治人员履职能力】 2020 年，桂林市选聘第三方团队建立以法学专家学者为基础的法治建设顾问团队提供决策咨询服务，开展法治建设第三方评估。出台《桂林市拟提拔处级领导干部任职前政治理论和法律法规知识测试制度》《桂林市委理论学习中心组集体学法与市政府常务会议定期学法制度》。

【党政主要负责人履行推进法治建设第一责任人职责】 2020 年，桂林市出台《桂林市党政主要负责人履行推进法治建设第一责任人职责年终述职制度》，明确党政主要负责人年终述职应单列述职法治建设工作，并列入市委全面依法治市委员会会议议程。出台《桂林市拟提拔处级领导干部任职前政治理论和法律法规知识测试制度》，整合市纪委监委、市委组织部测试内容统一纳入综合测试。将执行党政主要负责人履行推进法治建设第一责任人职责年终述职制度纳入对各市直单位及各县（市、区）的绩效考评。各级各部门党政主要负责人严格落实《党政主要负责人履行推进法治建设第一责任人职责规定》有关要求。全市各党委部门、市直部门、群团组织等共 62 个单位均成立以党政主要负责人为组长的法治建设领导小组，并确定了法治建设统筹协调科室，强化依法治市各项工作主体责任。

（黄振）

公　　安

【概况】 2020 年，桂林市公安局办公地址在临桂区义宁路 6 号临桂业务技术大楼。年内，全市公安机关围绕推

2020 年 6 月 12 日，桂林市公安机关开展“千人行动、反诈风暴”专项整治行动。
（蒋田摄）

进国家治理体系和治理能力现代化建设要求，聚焦打赢防范重大风险攻坚战，以“亮剑2020”“六打”（打黑除恶、打击枪爆、打击电诈、打击毒品、打击传销、打击黄赌）行动为载体，以“破案挽损治乱除害筑安全、执法公正服务到位赢满意”为抓手，全市公安工作迈上新台阶。全年破获刑事案件8874件，增长83.6%，总破案率52.26%，增长15.28%。全年有98个单位和493名民警获表彰。

【扫黑除恶】 2020年，桂林市共打掉涉黑组织7个、涉恶犯罪集团9个、恶势力团伙2个，抓获各类涉黑恶犯罪人员338人，侦办案件数量创历史新高。判决黑社会性质组织人数110人、犯罪集团人员65人、恶势力团伙人员27人。成功侦办全国扫黑办挂牌督办、自治区成立以来认定的规模最大黑社会性质组织的T01专案，查扣涉案资产3亿余元，打击了黑恶违法犯罪分子的嚣张气焰。

【严打整治】 2020年，桂林市深挖彻查“打枪爆”，实现“多点发现、上追下查、打掉源头”，破获大批涉枪涉爆案件，全面铲除枪爆犯罪隐患，全市连续2年未发生持枪犯罪案件。侦办的部督“4·25”射钉枪网络贩枪专案，为广西历史最大的网络贩枪案。雷霆风暴“打毒品”，组织开展“净边2020”“百日攻坚”等专项行动，实现对涉毒违法犯罪的全链条打击，侦破“306”特大制毒案，专案组被公安部授予集体一等功，桂林市社区戒毒、社区康复“兴安经验”被自治区禁毒办下文推广。严打高压“打电诈”，多次组织全市公安机关开展“‘6·12’千人行动”，抓获大批犯罪嫌疑人和缴获大批赃款赃物，开展非法贩卖“两卡”、对公账户等电信诈骗黑灰产业专项整治，依法惩处大批犯罪嫌疑人。合力攻坚“打传销”，构建全自治区打传销大数据桂林分中心，将食药环打击工作纳入治安绩效重点考核内容，推动“昆仑·2020”等专项行动深入开展，侦破疫情期间“韦某等人销售假冒伪劣口罩案”“周某非法销售假冒农药案”以及一大批非法捕捞水产品、危害漓江生态环境案件。其中，韦某等人销售假冒伪劣口罩案被公安部食品药品犯罪侦查局列为中国2020年十大经典案例之一。

【提升警务效能】 2020年，桂林市公安局自主研发的“传销资金数据透视分析工具”助力扫除聚集型传销违法犯罪，被公安部列为“经侦应用云系统”向全国推广；全市社会治安防控体系按照公安部标准完成“一平台、九系统”建设。依托大数据开展治安乱点区域综合整治，形成“灵川八里街社会治理”工作模式，得到自治区、市两级领导的充分肯定和高度评价。

【执法规范化建设】 2020年，桂林市公安局强化“执法全流程监督”，狠抓接处警规范和窗口执法服务规范，警务活动全程使用执法记录仪，全警规范执法的理念不断强化。全面升级“互联网＋公安政务”平台，把更多审批项目纳入“最多跑一次”“一次不用跑”范畴，以高效便捷的“马上办、网上办、就近办、一次办”一流服务让群众体会到更多获得感、幸福感。

（唐志红）

2020年1月15日，桂林市开展社会面治安整治行动，图为交警在查酒驾。

（蒋田摄）

检　察

【概况】 2020年，桂林市人民检察院（简称市检察院）办公地址在信义路9号。全年依法发布案件程序性信息5683件，公开法律文书2174份，重要案件信息491条，邀请人民监督员151人次参与监督检察机关办案活动77次。有6件案件入选最高人民检察院典型案例，8项工作在全自治区检察机关相关会议上作经验发言，全自治区检察机关87项业务核心指标中有26项位于第一，49个集体，56名个人获自治区级以上表彰，中央电视台对桂林市检察工作进行专题报道3次。

【打好“三大攻坚战”】 2020年，市检察院向市银保监局发出检察建议，并联合召开工作推进会，维护地方金融稳定和安全。起诉金融犯罪50人，注意同步追赃、维稳，防范次生风险发生。办理的“亿万家”洗钱平台系列案被中央电视台专题报道。全市检察机关派出476人参与扶贫工作，联系的24个村整体脱贫。向199人发放司法救助金331.7万元。1件案获评全自治区检察机关司法救助服务脱贫攻坚优秀案例。办理的3件案件入选全自治区检察机关涉农民工利益的典型案例。聚焦生态文明建设，全市所有县（市、区）建立“河长＋检察长”协作机制。

【依法保护企业生产经营和发展】 2020年，市检察院批捕影响民营经济发展案件29件44人。出台保障民营企业经济健康发展的意见，开辟“检

2020年7月27日，桂林市人民检察院与桂林市工商联联合召开五级民营企业人大代表座谈会。（于超伦摄）

察服务通道"，举办检察开放日活动18场次，130余名民营企业家参加，1件涉及民营企业的羁押必要性审查案获评全国检察机关精品案件。

【扫黑除恶专项斗争】 2020年，市检察院起诉涉黑涉恶案件22件150人，起诉保护伞3人，实现检察环节案件"清零"目标。其中办理的全国扫黑办、最高人民检察院挂牌督办陈某福等51人黑社会性质组织案，陈某福被判处无期徒刑。着眼"长效常治"，向相关单位发出检察建议22份，均被采纳。

【依法打击各类刑事犯罪】 2020年，市检察院依法打击各类刑事犯罪，全年批准逮捕2817件3973人，提起公诉3016件4303人。及时准确办理涉及疫情防控的各类刑事案件17件18人，发出检察建议17份。起诉职务犯罪嫌疑人60人，办理的4件案件获评全国检察机关精品案例，1件"零口供"受贿案的经验在广西电视台播出。

【综合施策助推市域治理现代化】 2020年，市检察院落实认罪认罚从宽适用制度，适用率86.38%。群众来信1556件，回复率100%。开展听证57件，重复信访同比下降35.4%，在全自治区检察机关作经验发言。办理的3件案件获评全自治区精品刑事案件。向相关单位发出检察建议310份，3件检察建议获全自治区优秀。市检察院获评市民族团结进步创建活动示范单位，恭城瑶族自治县人民检察院获评自治区民族团结进步创建活动示范机关。

【深化诉讼监督】 2020年，桂林市刑事"案件比"为1.16，下降0.79。立案监督69件80人，纠正漏捕186人，漏诉207人，提出刑事抗诉27件，提出监督减刑、假释裁定建议694件，10件案件获评全自治区检察机关表彰为精品或优秀。市检察院获评全国检察机关特赦检察工作表现突出的集体。提出或提请民事抗诉35件，抗诉案件改变率100%；提出执行监督检察建议和再审检察建议223件，采纳128件，办理涉及虚假诉讼的案件102件。2件行政非诉执行监督案入选全国或全自治区典型案例。

【做好公益诉讼】 2020年，市检察院启动公益诉讼诉前检察建议433件，提起公益诉讼后法院支持率为100%。办理的7件案件被评为全自治区精品或优秀案件。办理的3件入选自治区人民检察院典型案例。中央电视台、《检察日报》等对桂林市公益诉讼工作进行报道，全自治区公益诉讼现场会在桂林召开。

【未成年人检察工作】 2020年，市检察院办理未成年人案件181件275人，不起诉率24%。持续推进最高人民检察院"一号检察建议"落实，通过线上线下结合的方式，与市教育局等单位组织60余万名师生参与法治进校园活动。雁山区人民检察院获评全国检察机关"法治进校园巡讲"突出单位。与相关单位建立侵害未成年人案件强制报告制度，被最高人民检察院工作简报采用。与市青少年社会服务中心合作成立未成年人观护基地，对112人次开展观护帮教工作，市人人检察院在全自治区检察机关相关推进会上作经验发言。9个项目获评全自治区妇女儿童维权项目成果奖。4部宣传片在全自治区检察机关获奖。

（蒋义红）

2020年11月13日，全自治区检察机关首次公益诉讼现场推进会在桂林市召开。（于超伦摄）

法　　院

【概况】 2020年,桂林市中级人民法院办公地址在七星区毅峰路19号。全市人民法院审结各类案件8.86万件,法官人均结案172件,分别增长21.49%、25.55%。叠彩区人民法院和七星区人民法院,法官人均结案分别达到354件、303件,创历史新高,临桂区人民法院卢晨结案835件。全市人民法院一审服判息诉率、民事调解率等多项指标位居全自治区法院前列。8个集体和41名个人获自治区级以上表彰。

【助推平安桂林建设】 2020年,全市人民法院受理刑事案件4136件,审结3953件。依法严惩梁某宣扬恐怖主义、丘某军利用邪教组织破坏法律实施等危害国家政权安全和社会公共安全犯罪案303件401人,捍卫国家政权安全和人民根本利益。全力决胜扫黑除恶专项斗争,审结中央挂牌督办的、广西一号黑案陈某福等51人黑社会性质组织案及其他涉黑涉恶犯罪案共计27件118人,对重大涉黑案主犯李某勇判处死刑,打击黑恶势力嚣张气焰。坚决"打伞破网",依法审结姚某衡、桂某东、卢某毅等5名"保护伞"案件,深挖彻查涉黑涉恶和"保护伞"线索15条,提出司法建议9份,有效铲除黑恶势力滋生土壤。加大追逃追赃力度,依法追缴"红通33号"黄某兰违法所得1.52亿元。审结故意杀人、强奸、抢劫、绑架等严重暴力犯罪案件479件602人,全力保障人民群众生命财产安全。审结毒品犯罪案425件560人,对其中7名毒贩判处死刑,遏制毒品犯罪蔓延态势。审结涉案金额1.9亿元的"桂林财富名城"诈骗案、涉案金额1.5亿元的孟某森虚开增值税发票、涉案金额达5100余万元的叶某平等18人生产、销售伪劣产品等经济犯罪案124件255人,保障人民群众的财产安全。

2020年10月29日,桂林市中级人民法院依法对被告人陈某福等51人黑社会性质组织犯罪案一审宣判。（罗开元供图）

【服务保障高质量发展】 2020年,全市人民法院为全力做好"六稳""六保"工作提供精准司法服务。抓好新冠肺炎疫情防控,全市人民法院干警投身抗疫一线,两级法院派出850多名干警组成先锋队,排查居民1.40万户,引导、劝阻人员600多人次,确保科学防控、有力处置。在全自治区人民法院率先发布《企业疫情期间法律风险防控建议》和法律应对措施100条;妥善审理因疫情引发的拖欠租金、薪酬和企业债务等民事案件990件,促进涉疫矛盾纠纷化解;参与制定《桂林市关于依法严厉打击疫情防控期间违法犯罪行为的通告》,依法从严惩处抗拒疫情防控、破坏防疫秩序等违法犯罪案10件10人。优化法治化营商环境,一审审结商事案件1.90万件,解决争议标的金额67亿余元。出台破产简化审理程序指引等制度性文件34件(项),为优化营商环境提供制度保障;组建"法润民心"司法服务团队,常态化为企业提供"一对一""家门口式"的问诊法律服务,提升服务便捷度;建立涉企案件审判"绿色"通道机制,切实提升审判效率;严禁违法查封、扣押、冻结企业财产,创新适用"活封活扣"等强制措施,最大限度减少对企业正常生产经营的影响;完善市场退出机制,依法运用破产方式推动5家国有和民营"僵尸企业"平稳有序出清;完善市场主体救治机制,企业破产案件审理取得重大突破,审结13件,市中级人民法院首次重整成功烂尾5年的"茶江名城"楼盘破产案。对标世界银行考评指标,法院牵头的"执行合同""办理破产""保护中小投资者"等法治化营商环境核心指标保持全自治区领先,代表广西参加营商环境国家测评。服务重大项目和生态环境建设,审结行政案1616件。依法妥善审理涉临桂环城水系、雁山大埠文旅项目、七星融创城、阳朔"三千漓"、兴安摩天岭风力发电及湘桂高速、粤桂高速等一批重点项目案件186件,为桂林市落实国家重大发展战略提供司法支持。妥善审结湘江、甘棠江、茶江非法捕捞水产品案,判决被告赔偿和承担修复费用4.2万元;妥善审结海洋山、猫儿山自然保护区内违建水电站等案12件,助力核心保护区生态功能恢复。

【践行司法为民】 2020年,全市人民法院站稳人民立场,巩固执行攻坚成果,审结各类执行案件3.07万件,执行到位金额33亿余元。加强失信惩戒,坚决打击拒执行为,压缩失信被执行人生存空间,发布1.08万例失信被执行人名单,司法拘留81人,限制消费1.57万人次,限制出境4人次,查封车辆57台,倒逼失信被执行人自动履行8414.67万元。加强民生司法保障,审结一审民事案4.29万件。其中,涉及婚姻、家庭、教育、医疗、就业、养老、人身损害赔偿、消费者权益保护、劳动争议等民生领域案2.91万件,保障人民群众合法权益。开展全市问题楼盘化解攻坚工作,其中5个楼盘取得实质性进展;开展涉民生案

2020 年 9 月 17 日，市委书记赵乐秦（中）到市中级人民法院诉讼服务中心开展调研。（罗开元供图）

件执行专项行动，执结涉民生案 2186 件，执行到位金额 1.16 亿元。保障困难当事人诉讼权利，为困难当事人减、免、缓交诉讼费 446 万余元。加大司法救助力度，办理司法救助案 338 件、发放司法救助资金 851.89 万元、救助 524 人，帮助涉诉困难群众摆脱困境。优化服务举措，在诉服中心建立类型化调解室，初步形成调解、速裁、快审一站式解纷模式。推进小额诉讼和简易程序适用，适用案件占比分别为 21.92%、75.43%，平均审理周期分别为 38 天、41 天，比法定审限分别缩短 52 天、49 天。全市人民法院 73% 的一审民商事案件在诉讼服务中心得到一站式快速解决，提升了审判效率。全面推行“法官工作室”“一村一法官”等制度机制，全市人民法院选派 786 名干警进驻村（屯），覆盖全市 1644 个建制村（社区），化解矛盾纠纷 2421 件。开展巡回审判、矛盾调解和法治宣传工作，及时就地化解矛盾纠纷。

【坚持司法体制改革创新】 2020 年，全市人民法院坚持深化司法体制改革和智慧法院建设，提高司法质量、效率和公信力。深化司法体制综合配套改革，全面完成基层法院内设机构改革。完善新型审判权力运行机制，强化“四类案件”监管，压实院庭长监督管理职责。全面推行类案与关联案件强制检索制度，保障裁判尺度统一，提升案件审判质量。深入推进案件繁简分流、轻重分离、快慢分道，实现“简案快审、繁案精审”，提升司法效能。推进院庭领导办案常态化，院庭长成为办案主力，办理案件 5.40 万件，占结案总数的 60.97%，两级法院院长带头办理桂宝东包庇、纵容黑社会性质组织案等重大涉黑恶犯罪案、张学军受贿等重大职务犯罪案。推进智慧法院建设，强化信息化与办案、办公深度融合，推进“智能、智执、智服、智管”建设。庭审语音识别、文书智能纠错、“法信”、类案智能推送等系统应用全面推开。智慧法院的全业务网上办理格局已经形成，全流程依法公开基本实现，全方位智慧服务全面开展。疫情期间“云上审执”成为新形态，“智慧法院”确保“审判执行不停摆、公平正义不止步”。全市人民法院网上立案 2.29 万件，跨域立案 180 件、电子送达 23 万余次，在线调解案件 3200 件，在线审理案件 3354 件，网络查控案件 3.08 万件，司法网络拍卖成交额 12.97 亿元。

【坚持自觉接受监督】 2020 年，市中级人民法院接受人大监督和政协民主监督，完善与人大代表、政协委员联系沟通机制，建立人大代表、政协委员联络微信群，定期推送法院工作动态。专题向市人大常委会报告关于涉城区建设工程“烂尾楼”项目诉讼案件审理和执行情况，主动接受人大常委会关于提升桂林市营商环境专题集中询问及专题函询。办理人大代表、政协委员建议和提案 15 件。邀请人大代表、政协委员巡考员额法官遴选考试、视察法院、旁听庭审、见证执行 989 场次。接受纪委监委和检察机关监督，办结抗诉案 12 件，共同维护司法公正。广泛接受社会监督，完善以审判流程、庭审活动、裁判文书、执行信息等四大公开平台为主，以微信、微博、头条号、抖音号等新媒体为辅的网上公开体系，庭审直播案件 1.41 万件，观看量 367.62 万次，上网裁判文书 8.55 万份，让热点案件审判成为全民共享的法治公开课。

（黄晓裕）

司法行政

【概况】 2020 年，桂林市司法局（简称市司法局）办公地址在临桂区公园北路新城投资集团大厦。桂林市委全面依法治市委员会办公室设在桂林市司法局。直属单位有桂林市法律援助中心、桂林仲裁委员会秘书处。年内，共有 24 个集体和 9 名个人获全国表彰奖励或通报表扬，11 个集体和 15 名个人获全自治区表彰奖励或通报表扬，10 名个人获全市表彰奖励或通报表扬。

【法律服务和保障】 2020 年，全市法律援助机构共办理法律援助案件 3039 件，法律咨询 2.44 万人次；办理司法鉴定案件 5349 件，公证案件 4.84 万件，仲裁案件 309 件。桂林市已建设完成市、县（市、区）两级公共法律服务中心 18 个、乡（镇、街道）公共法律服务工作站 146 个，公共法律服务机构网点配置自助服务终端、触摸查询机等智能设备提升智能化服务水平，加快桂林市公共法律服务体系与广西法律服务网互融互通，“让信息多跑路，让群众少跑腿”的服务模式基本形成。年内，市级和县（市、区）级公共法律服务中心智能服务设备配备率 100%，乡（镇、街道）配备率达 33%。开展公证参与人民法院多元化纠纷解决机制协同创新

2020 年 7 月 17 日，桂林市法律援助中心在临桂区山水凤凰城开展法律援助志愿服务活动。 （伍胜武供图）

试点工作。市司法局与市中级人民法院印发《关于开展公证参与人民法院多元化纠纷解决机制协同创新试点工作的实施方案》，明确桂林市开展公证参与人民法院多元化纠纷解决机制协同创新试点工作的总体要求、目标任务、试点参与单位部门的工作职责，工作措施以及相关工作要求。确定桂林公证处与桂林市七星区人民法院、临桂公证处与临桂区人民法院作为桂林市公证参与人民法院多元化纠纷解决机制协同创新试点单位。

【法治宣传教育】 2020 年，桂林市司法行政部门以“法律七进”为载体，满足广大人民群众法治需求，创新普法途径与方式，努力形成桂林特色和桂林品牌。针对新冠肺炎疫情，印发《桂林市防控疫情专项法治宣传行动工作方案》，在全市组织开展“防控疫情、法治同行”专项法治宣传行动。印发《桂林市 2020 年法治“三月三”活动方案》，组织开展好特殊时期线上宣传为主的法治“三月三”活动。全年共开展送法进景区、送乡村、进企业、进社区等各类普法活动 20 余场次，接受咨询 400 余人次。宣传的法律主要涉及宪法、民法典、社区矫正法、法律援助条例、公证法、禁毒法等法律法规。

【社会矛盾化解】 2020 年，桂林市共建立人民调解组织 2182 个，其中乡（镇、街道）调委会 146 个，村（社区）调解委 1884 个，企事业单位调委会 26 个，物业纠纷调委会 2 个，道路交通调委会 12 个，劳动争议调委会 9 个，医疗纠纷调委会 13 个，旅游纠纷调委会 6 个，消费纠纷调解委员会 2 个。全市共有人民调解员 1.06 万人，基本实现人民调解工作网络全覆盖。全市共调处矛盾纠纷 2.95 万件，调处成功 2.89 万件，成功率 97.9%；排查矛盾纠纷 1.24 万件，预防矛盾纠纷升级 2967 起，确保社会和谐稳定。桂林市七星区穿山街道人民调解委员会获司法部“全国模范人民调解委员会”称号，桂林市有 4 人获司法部“全国模范人民调解员”称号。

【特殊群体管理】 2020 年，桂林市司法行政部门统筹推进贯彻实施社区矫正法、疫情防控、执法规范化建设、社会力量参与、智能化建设等重点工作，全市社区矫正对象无脱管、漏管现象发生，未发生影响社区矫正安全稳定案（事）件，社区矫正工作总体呈安全稳定态势。全市已累计接收社区矫正对象 1.18 万人，解除矫正 1.02 万人，在册 1598 人。在册社区矫正对象中管制 3 人、缓刑 1492 人、假释 78 人、暂予监外执行 25 人；累计撤销缓刑 134 人，撤销假释 17 人，对暂予监外执行人员收监执行 88 人，给予警告 933 人次、治安处罚 16 人次，办理居住地变更 296 人，开展适用社区矫正前的调查评估 5963 件。全市共衔接刑满释放人员 3230 人，安置 3181 人，安置率 98.5%，帮教 3201 人，帮教率 99.1%。抓好新冠肺炎疫情防控期间的安置帮教工作，成立市安置帮教疫情防控专项工作小组，负责统筹协调全市安置帮教疫情防控工作，“外防输入、内防扩散”工作扎实有效。

【地方政府立法】 2020 年，市司法局完成《桂林市喀斯特景观资源可持续利用条例》《桂林市灵渠保护条例》《桂林市养犬管理条例》3 部地方性法规的政府审查工作并提交市人大常委会审议。组织起草《桂林市国有土地上

2020 年 12 月 4 日，桂林市“宪法宣传周”启动仪式暨法治文化广场落成典礼在七星区芳香路小广场举行。 （郝祎翔供图）

房屋征收与补偿实施办法》《桂林市燃气管道设施保护管理办法》等地方政府规章。推进《桂林市湘江战役遗址保护条例》《桂林市青狮潭水库水质保护条例》《桂林市气象设施和气象探测环境保护管理条例》《桂林市靖江王陵保护条例》《桂林市会仙喀斯特国家湿地公园保护条例》5部地方性法规调研工作。联合市人大完成《桂林市城市市容和环境卫生管理条例》立法后评估工作。建立基层立法联系点制度，实现了首批22个基层立法联系点全市全覆盖。探索建立政协参与立法协商制度，推行立法项目进度评估制度；选聘新一届政府立法专家库成员，吸纳人大代表、政协委员、专家学者、法律工作者等专家成员41人。

【行政复议和应诉】 2020年，市司法局行政复议与应诉（市政府行政复议办公室）立案受理行政复议案件268件，其中山林纠纷57件，土地纠纷20件，行政处罚65件，工伤认定15件，信息公开28件，行政确认49件，行政不作为16件，投诉举报8件，其他7件。共审理结案252件，其中维持204件，撤销28件，责令限期履行7件，驳回复议申请13件。纠错率为13.8%，发挥行政复议的监督、纠错功能。市司法局代理市人民政府出庭行政诉讼应诉248件，法院作出的生效判决、裁定均得到执行。

【制度和规范化建设】 2020年，市司法局支持人大、政协，统筹协调政法各单位依法依章履行职责，压实各地各部门落实法治建设责任，加强法治领域重大事项、重大问题的协调落实。编制并高标准统筹推进落实法治桂林建设、法治政府建设、“七五”普法规划，并圆满收官。优化全面依法治市委员会工作机制。完善会议制度，凡委员会会议后，各协调小组均召开会议研究本领域工作落实。创新协调小组联络员工作细则，将依法治市“两规则一细则”扩充为“两规则两细则”，强化制度保障。出台党内制度强化“第一责任人”意识，在全自治区率先制订《党政主要负责人履行推进法治建设第一责任人职责年终述职制度》《桂林市拟提拔处级领导干部任职前政治理论和法律法规知识测试制度》，严抓“关键少数”。搭建依法治市推进体系。市级各单位全部成立“一把手”为组长的法治建设领导小组，法治建设从各分管领导分散落实转变到“一把手”全面统筹推进新模式。2020年8月，自治区依法治区工作要情首次以专刊形式单列法治建设“桂林经验”向全自治区推广。

（黄振）

仲　裁

【概况】 2020年，桂林仲裁委员会办公地址在象山区临桂路25号。下设仲裁员资格审查委员会、仲裁员纪律委员会、专家咨询委员会3个专业委员会，常设办事机构是桂林仲裁委员会秘书处。全年受理民商事仲裁案件310件，涉案标的额1.81亿元，分别增长20.62%和141.57%。其中，受理涉外仲裁案件3件。全年受理仲裁案件的主要类型有商品房买卖合同纠纷、物业合同纠纷、建筑工程合同纠纷、买卖合同纠纷、租赁合同纠纷、借款合同纠纷等。

【仲裁员增补】 2020年3月16日，桂林仲裁委员会完成第五届桂林仲裁委员会第一次仲裁员增补，共增补56名来自全国各地的行业优秀人才。年内，桂林仲裁委员会共有仲裁员219人，专业特长涵盖合同、建设工程、金融、房地产、知识产权等多个领域，涉及法律实务、经贸实务、教学研究各个行业。

【完善仲裁与诉讼衔接】 2020年，桂林仲裁委员会加强诉讼与仲裁相衔接的工作机制，推进深化多元化纠纷解决，发挥人民法院对仲裁机构的支持和监督，提高审理有关仲裁司法审查案件的效率。年内，桂林仲裁委员会多次与桂林市中级人民法院民事审判庭、立案庭、执行局就人民法院对仲裁司法审查的相关问题进行座谈交流，通过与市中级人民法院各部门沟通交流逐步达成共识，形成一致意见，完善市中级人民法院审理桂林仲裁委员会仲裁案件的仲裁司法审查标准，统一裁判尺度，支持桂林仲裁事业发展。

【仲裁制度宣传推广】 2020年，桂林仲裁委员会加强重点领域重点行业的仲裁制度宣传，开展法律宣传进社区活动，开展法治宣传和法律服务活动，向群众宣传宪法、民法典和仲裁法等法律知识。与银行业金融机构、中小企业、行业协会、市律协进行座谈交流，聆听民营企业在仲裁业务上的困惑与需求，有针对性地提出合理建议，建立有效的沟通渠道。

（桂林仲裁委员会）

2020年12月9日，桂林仲裁委员会工作人员参加2020年国家宪法日宣传活动。

（桂林仲裁委员会供图）

军　事

桂林警备区

【概况】 2020年，桂林警备区着眼铸军魂、抓备战、强基础、正风纪、保稳定，统筹推进疫情防控和重点工作落实。年内，七星区人武部、临桂区人武部被广西军区表彰为“全面建设先进团级单位”，荔浦市人武部被广西军区表彰为“备战打仗先进单位”，桂林第四离职干部休养所被广西军区评为先进干休所，桂林警备区政治工作处被广西军区表彰为“宣传报道工作先进单位”，4名官兵立三等功，55人次受到通令嘉奖，2人次受到中央军委机关表彰、15人次受到广西军区表彰。

【桂林警备区思想政治建设】 2020年，桂林警备区深入学习贯彻习近平新时代中国特色社会主义思想和习近平强军思想，严格落实年度四个专题党委中心组理论学习，常委带头领学深研、宣讲辅导，开展以“不忘初心、牢记使命”“传承红色基因、担当强军重任”主题教育为牵引的思想政治教育，推动学思践悟走深走实。围绕贯彻军委主席负责制的落实，组织反思剖析，抓巡视巡察反馈的7个方面24个具体问题后续整改，清查清理涉“郭徐房张”流毒影响，推动政治整训持续深化。组织30名政治干部集中培训，通过“连队化”办班，“封闭式”集训，岗位履职能力有效提升。新闻宣传和要讯工作获广西军区第一，全年在中央级媒体刊发稿件54篇、在省级以上主流媒体刊发稿件138篇，在广西军区要讯刊稿17篇。

【桂林警备区提高应急应战能力】 2020年，桂林警备区坚持使命任务牵引和问题倒逼，抓好练兵备战。抓战备秩序规范。加强战备基础设施建设，规范值班值勤秩序。应对强敌抓实专项准备，调整优化两级军地联合指挥编组，开设专项值班，拟制印发《警备区部队练兵备战量化考评细则》，形成桂林应对强敌国防动员方案体系。抓作战问题研究。组织首长机关勘察湘江战役“两个战场、三个渡口、两个重要目标”，提升战术素养。组织战例介绍，开展重要目标防卫行动战法研讨，研讨成果获南部战区三等奖、广西军区一等奖。疫情防控研讨文章5篇获奖，其中3篇在《中国民兵》、全军政工网《建言献策》刊发。抓指挥能力提升。突出实战锤炼提高，桂林警备区本级同七星区、荔浦市人武部接受年度评比性考核。动用民兵参加阳朔、荔浦、平乐等地抗洪救灾，转移受困群众1547人、转运物资19.5吨、清理道路18.6千米，先后3次被中央电视台报道。开展抗击新冠肺炎疫情行动，桂林警备区部队在临桂区组织出动1440人次到14个点位执行警戒、安全保卫任务。抓后备力量建设。抓实民兵整组，组织46名民兵教练员暨冲锋舟操作骨干集训，完成民兵训练任务，紧扣7个实战课目组织民兵群众性练兵比武，完成全市72所高中阶段学校4.8万名学生军训任务。

【桂林警备区国防动员】 2020年，桂林警备区夯实练兵备战根基，为部队输送高质量兵员，注重在国防动员打基础、求突破、见实效。《国防动员建设“十三五”规划》基本完成，基层武装部规范化建设基本达标，专武干部集训和资格认证全面铺开，桂林无人机动员中心建设抓紧推进。动员潜力更加精准。完成3.6万条国防动员潜力数据核对更新，核准2018—2020年退伍军人预备役登记8236条关键重点数据，夯实兵员动员潜力底数；对全市32家重点龙头企业进行潜力核查，精准掌握重点潜力资源底数，提升

2020年11月28日，桂林警备区组织民兵应急营集中点验暨出(入)队仪式。
（桂林警备区供图）

国防动员潜力支撑保障能力。兵员征集再创佳绩。深化高校征兵试点成果，推进全市高校征兵规范化建设，全州、阳朔、荔浦、恭城等县(市)出台经济鼓励和就业安置措施，持续激励大学生参军入伍热情，完成兵员征集任务，大学毕业生和本科毕业生完成比例均在全自治区前列，征兵量化考评排名全自治区第一。

【桂林警备区基层建设】 2020年，桂林警备区贯彻军委基层建设会议精神，以广西军区明确的基层建设职责和工作清单为依据，制订警备区贯彻落实13类46项155条抓建措施，落实常委挂钩帮带基层制度，开展帮建党组织、帮带书记、帮抓骨干活动。加强干部队伍建设。按照程序完成干部、文职人员任免、晋职晋衔、级别调整、院校培训选调、军兵种交流转改文职人员接收和社会公开招聘文职人员定岗定级等工作，采取以工代培、对口帮带方式，提升现役官兵、文职人员业务素质。先后2次协调召开党管武装工作协调推进会，抓各项制度落实，自治区党管武装工作绩效考评排名全自治区第一。推进基层人武部规范达标活动，坚持军地联合考察选用专武干部做法，压紧压实“任前强化、任中述职、年度考核”责任链条，武装工作组织建设得到持续加强。

【桂林警备区巩固安全发展基础】 2020年，桂林警备区落实上级关于疫情防控的系列部署要求，抓好各项防控措施落实，支援驻地战“疫”，参加入户排查、卡点控线、运输物资、防疫消杀等行动，采购补充防控药品药具4.5万件(副、瓶)，分6个批次补充到人民武装部和干休所，印发《防控知识手册》《防控指南》《疫情防控法律手册》等1000余份，指导官兵做好科学防疫，桂林警备区实现“零感染”目标。研究制定桂林警备区抓建方案、机关职责、考核验收等标准细则，以临桂区人民武装部、市第二干休所为试点单位，推进各级建设。开展“条令月”“保密工作集中整治”“固网—2020”“百日安全”等活动，紧盯“人车枪弹密”等17个关键要素，定期分析形势，随机检查督导，全年分4批次排查整改各类问题100多个，迎接广西军区、军委国防动员部安全大检查、保密专项检查，警备区各级保持安全发展的良好势头。

【桂林警备区优化综合服务】 2020年，桂林警备区适应后装保障新体制新要求，后装实战化建设水平逐年提升。严把经费投向投量，科学编制年度经费预算，规范经费审核报销，搞好财务人员经常性学习培训，综合保障能力建设加强。营房基建稳步推进，叠彩、雁山、全州、阳朔等县(区)人民武装部新营院相继建成并陆续搬迁，桂林市民兵训练基地主体封顶，桂林警备区本级新公寓房搬迁入住，训战基础大幅提升。日常保障精准高效，财务账目收支合理，军需被装发放及时，油料补给足额供应，集中采购依规落实，配合保障服务到位。装备正规化管理水平明显提高，完成报废装备集中销毁、报废车辆回收、新式车辆请领配发全程安全顺利。巩固干休所建设试点成果，加快推进干休所营院综合整治，用好老干部日间照护点，全面落实购买社会化服务，规范保障项目和经费开支，提升服务水平。

【桂林警备区组织功能发挥加强】 2020年，桂林警备区贯彻落实中央军委党的建设会议精神，组织学习新颁发的军队党的建设条例、军队党委(支部)工作规定，组织两级党委班子成员述责述廉和团以上领导干部个人事项填报，调整和规范警备区机关和干休所党组织设置，加强师团两级党委班子自身建设。落实“三会一课”、组织生活、党费交纳等制度，丰富组织生活的形式内容，桂林警备区各级党组织创造力凝聚力战斗力不断增强。推进师级以上领导干部落实有关待遇规定专项清理整顿，从严抓好行业风气监察、“阳光征兵”、基层“微腐败”等重要敏感事项，桂林警备区上下风清气正。

【桂林警备区双拥共建】 2020年，桂林警备区弘扬拥政爱民优良传统，开展援建参建，推动强军与富民互促共进。聚力脱贫攻坚。投入资金140万元，其中警备区本级投入72万元、协调社会爱心企业捐资60万元，对5所小学进行综合整治。倾心服务保障。协调市县两级拿出29个岗位用于定向招聘随军未就业家属，组织133名随军家属参加考试，26人入职。提高随军未就业家属生活补助标准，从每人每月300元提高至500元，对285名军人子女优待安排入学，连续5年在《桂林日报》整版刊发八一光荣榜，为立功受奖官兵代言。开展双拥共建。举办桂林市最美“双拥人”、最美“退役军人”发布仪式暨庆“八一”文艺晚会，军政军民关系更加融洽，双拥氛围更加浓厚，实现桂林市“全国双拥模范城”9连冠。发挥桥梁纽带作用，助力桂林创建“全国文明城市”。

（黄如意）

桂林联勤保障中心

【概况】 2020年，桂林联勤保障中心各级官兵学习贯彻习近平新时代中国特色社会主义思想和习近平强军思想，突出强政治、抓备战、战疫情、搞保障、夯基础、正风气，联勤保障能力和保障质效不断提升，部队全面建设总体呈现向上向好态势。

【桂林联勤保障中心思想政治建设】 2020年，桂林联勤保障中心抓好中心组学习、理论轮训、联勤讲堂、理论服务走基层等工作，推动理论武装走深走实。聚焦“传承红色基因、担当强军重任”主题推进专题教育，组织开展“不忘初心、牢记使命”主题教育“回头看”，指导部队创作48堂教育微课，制订推动思想政治教育落实增效措施，启用“政治工作政策法规在线”平台，增强教育成效。抓好专项任务、重大演训、抗击疫情等重大任务中的思想政治工作。宣扬“最美新时代革命军人”黄文杰等战疫先进典型，完成所属单位军史场馆建设，开展“奋进联勤新时代”群众性文化活动，弘扬后勤“五个坚持”优良传统，培塑联勤保打赢的精神特质。

【桂林联勤保障中心狠抓练兵备战】 2020年，桂林联勤保障中心坚持党委领战抓战。按照任务要求抽组部(分)队，强化专攻精练，保持高度戒备。抽组分队参加驻训任务，完成第18、19批赴黎巴嫩维和医疗分队轮换；投身抗疫斗争，闻令而动，在严密做好部队自身防控和定点收治工作的同时，派出3批医疗和保障队员驰援武汉、多支防疫分队援港援外，紧急供应防疫药材210万件(套)、投送防护物资130吨，实现打胜仗、零感染目标。1个单位、13名个人受到中共中央、国务院、中央军委联合表彰，32人受到记功奖励。开展群众性练兵活动，在首届比武竞赛中，获4个保障单元第一、5个保障尖兵第一，团体总分第二的成绩。

【桂林联勤保障中心夯实部队建设】2020年，桂林联勤保障中心学习贯彻《军队党的建设条例》《军队基层建设纲要》，组织召开本级和部队两级第一次党的代表大会，部队转型发展的思想更加统一、蓝图更加清晰、领导更加有力。组织师、团单位党委书记集训，抓实基层党组织书记培训，重点对个别工作不力的党委班子进行整顿帮带，举办专业骨干培训，调整配备师团领导干部，跨大单位选调紧缺专业营主官，补充文职人员，全面抓建的力量和能力不断增强。树立正确用人导向，提拔在重大任务中表现突出的干部任团以上领导职务，强化官兵事业心责任感。组织按纲抓建、管理正规化和财务、军需库房、车场、军械业务规范化建设等试点，部队建设正规化水平得到提高。抓经常性思想、管理、心理服务等工作，开展"安全法规学习月"、医疗卫生机构专项整顿和"大反思、大清查、大整改"综合教育整顿。

【桂林联勤保障中心双拥共建】2020年，桂林联勤保障中心开展扶贫工作，制定脱贫攻坚推进计划，安排专人蹲点驻村和医院，明确"帮支部、搞调研、访民情、出点子、抓协调"5项蹲点职责。机关投入226万余元，组织机关党员捐款5万余元，重点帮扶烟竹村做好新建扶贫技能培训中心、健身广场、产业道路硬化、就业扶持等9件实事。开展消费扶贫活动，中心所属单位采购贫困县特色农副产品22.76万元，推荐特色农副产品5类13种。中心所帮扶的11个贫困村和9个贫困县医院全部实现脱贫摘帽和达标晋级。参加自治区、桂林市迎新春座谈会、桂林市湘江战役纪念馆烈士公祭、自治区最美军嫂先进事迹发布会、自治区双拥小组会等活动，密切军地关系。组织"全国拥政爱民模范单位和个人预选对象""民族团结进步示范单位""最美军嫂""最美双拥人"等评选推荐工作，为一线抗疫人员解决子女入学、家属随军就业等一批实际困难需求。（邢浩）

陆军特种作战学院

【陆军特种作战学院思想政治建设】2020年，陆军特种作战学院突出学思践悟，抓好中共十九届五中全会精神学习，学习习近平关于军队建设、改革、疫情防控等系列重要讲话，推进军委党的建设会议、基层建设会议和全军思想政治教育工作会议精神落地生根。统筹开展"传承红色基因、担当强军重任"和"不忘初心、牢记使命"主题教育，引导官兵在信仰信心、热情激情、成才成就、担责尽责上更加坚定自觉。征集发布院徽院训，有序推进院史编撰、院歌创作，升级强军网《制胜报》和制胜之声广播，推出"特战学院"公众号，举办庆祝教师节系列活动、退役干部向军旗告别仪式、"制胜杯"运动会、"最美奋斗者"讲述会，组织首届"特战之狮""战狼之星"和"十佳业绩""金点子奖"评选表彰，开展健康跑、摄影展、演讲赛等10余项群众性文体活动，增强学院"革命大家庭"凝聚力、向心力。

【陆军特种作战学院教学训练】2020年，陆军特种作战学院把提升人才培养质效作为各项工作的出发点，推进教学改革向纵深迈进。开展体系化课程改造，依据任职岗位标准反向设计课程体系，组织课程负责人集训和"金课"建设项目中期审查，课程为战性进一步突显。打牢教学基本功，联合华南师范大学组织新教员集训考核，组织精品课程教学创新竞赛和中青年教员教学比武，开展"岗位练精兵、质量排座次"活动。第二课堂有序开展，实施军体教员包队制度，科学制定训练计划，开展比武考核，开设数十个特长俱乐部和特色训练项目，组织学员参加全国、全军及省、市、区各类竞赛活动，"合格+特长"的办学理念得到进一步彰显。参加陆军"教坛之星"教学比武竞赛获总分第一名，多项成果获全军教学成果一等奖，学员参加全军军事数学建模竞赛获特等奖，参加全国大学生物理实验竞赛获一等奖，学员全年度共有百余人次获全国全军竞赛一、二、三等奖61项。

【陆军特种作战学院学术科研】2020年，陆军特种作战学院坚持以战领研、抓研为教、教研结合，强化思想引领，加强规划计划，抓好研究攻关，深化学术交流，完善制度机制，将理论成果研究转化为为战研战实践，促进能力转型升级。修订《科研学术工作运行管

2020年8月25日，陆军特种作战学院举行2020届学员毕业典礼。

（陆军特种作战学院供图）

理规定》《科研成果评定与计分办法》等规章制度，对所有科研成果进行量化计分，突出专业相关度和成果贡献率。抓好重大专项科研任务，与其他院校、一线部队、科研机构建立集智研究攻关机制，提高项目建设质量。开展学术研讨交流，采取集中讲座、专题授课、研讨交流等方法，定期安排各类学术讲座，组织特种作战理论学术著作立项、编撰、审查、出版等工作，组织本科队部分学员参加第二届“先知·兵圣”兵棋比赛，学院获优秀组织奖。

【陆军特种作战学院后装建设】 2020年，陆军特种作战学院着眼“十三五”建设会战和“十四五”谋篇布局，打好规划落实攻坚战。多个任务类项目和工程类项目如期完成主体建设，在建续建项目全面加速推进，立项率、开工率、正常推进率均达100%，完成“十三五”规划既定目标。科学制订桂林营区规划方案，完成反恐实验楼、特种水域训练中心等项目主体工程施工和广州营区田障棚、游泳馆项目整修，开展营区公寓楼、学员宿舍楼、学兵食堂等10余个新建单体建设。持续做好干部家属随军，干部家属随调，官兵子女入学及干部子女高考优待工作，为官兵办理未休假补偿，广州营区高层公寓住房电梯加装工程如期完成。

【陆军特种作战学院军民共建】 2020年，陆军特种作战学院参与脱贫攻坚战，开展“三帮一扶”（帮老、帮小、帮支部，扶持基础设施建设）措施，2020年共投入100余万元支持永福县苏桥镇大罗村和雁山区柘木镇李家村，确保贫困村如期脱贫摘帽。探索新时代双拥共建新路子，先后与自治区、桂林市党政机关和桂林电子科技大学、桂林理工大学开展走访交流、国防教育等活动，组织学院团以上干部参观桂林市建设发展成就展，密切融洽军政军民关系。（李保权）

2020年4月29日，武警桂林支队官兵到临桂区两江镇高妙村帮助脱贫户插秧。（武警桂林支队供图）

武警桂林支队

【概况】 2020年，武警桂林支队坚定打造“红、强、美、实、纯”过硬窗口部队，持续打基础，抓落实，塑内涵，在应对变局、迎接挑战中全面经受历练，部队建设保持稳步稳固、向上向好的发展态势，被武警部队表彰为抓建基层先进支队。

【武警桂林支队思想政治建设】 2020年，武警桂林支队坚持用党的科学理论建队育人，从教育统筹、内容、时间、计划、准备、方法、队伍、督导、效果、总结10个环节构建教育运行体系，以提高感知力、判断力、管控力、疏导力、感染力为切入点，提高教育、管理、心理工作效果。强化军史场馆和文化环境点滴渗透、润物无声的育人功能，把教育人培养人改造人的工作落到部队建设全领域全过程，官兵忠诚于党的思想根基更加坚实。

【武警桂林支队聚焦练兵备战】 2020年，武警桂林支队以应对强敌背景下的备战强能为主线，立足疫情常态防控下的维稳行动，打仗能力稳步提升。全面深化打仗准备，集中精力抓实主要任务、指挥协同、力量编成、能力生成、保障质效5个硬性指标，完成联勤武装巡逻、抗洪抢险救灾行动多项任务247起。开展“学方案、研方案、推方案”活动，制订《应对强敌维稳工作措施》，推进战备建设，突出建制单位、任务单位编携配装，严格落实战备值班，战备水平有新提高。对准“两官”（警官、士官）组训任教弱、指挥能力弱、临战训练弱等短板，借力军事职业教育研教助训，用好“考、比、拉”基本方法抓实训练，部队训练水平明显提升。

【武警桂林支队后勤装备建设】 2020年，武警桂林支队坚持抓服务与抓整治一体统筹，加快推进后勤卸掉包袱、重整行装。借力后勤专业兵比武竞赛抓实在岗自训、换岗轮训，每月组织野战给养单元操作技能训练，每季组织全要素演练，及时修订专项保障方案，后装保障能力不断提升。参加总队后勤教练员比武获团体第一。抓实疫情防控，确保“零感染”。加大党委依法管后力度，定期审议预算执行、讲评财经管理，推进后勤重点行业领域整治和资产清查，主动争取地方政府代建代购，先后投入2600多万元用于新机关搬迁和基层营院环境建设。

【武警桂林支队双拥共建】 2020年，武警桂林支队参与驻地打赢脱贫攻坚战，对接帮扶临桂区两江镇高妙村、永福县罗锦镇上笑村及阳朔县杨堤乡浪石小学，累计投入资金23万余元，在助学兴教、基础设施援建、产业帮扶、解难救助、医疗巡诊等方面取得实效，完成阶段脱贫攻坚目标，密切军政军民关系，为促进驻地社会稳定和经济发展作出贡献。

（胡庆前）

外事·接待

外　　事

【概况】 2020年，市外事办办公地址桂林市临桂区西城中路69号。接待境内外团组涉及国家和地区18个，11批团组，88人次（其中外国驻华大使4人）。年内共受理审核因公出访团组1批，1人次；受理审核邀请确认函41批，88人次。

【外宾到访】 2020年，访问桂林的重要团组有：1月3日，维斯塔斯风力技术（中国）有限公司亚太区制造事业部总裁博明凯一行。9月17日—19日，东盟国家驻华使节团一行16人访问桂林，考察龙胜各族自治县旅游扶贫点，主要成员有缅甸驻南宁总领事馆总领事梭岱南、柬埔寨驻南宁总领事馆总领事辉蕾娜、老挝驻南宁总领事馆总领事维拉萨·宋蓬、泰国驻南宁总领事馆总领事彬嘉玛·塔维她雅浓等。10月20日—22日，俄罗斯驻华使馆参赞阿列克谢耶夫一行4人访问桂林，考察苏军巴巴什金烈士墓并敬献花圈。10月21日—23日，美国驻广州总领馆副领事刘鹏飞一行2人访问桂林，参观莱茵生物科技公司、桂林米粉股份公司、唐朝国际旅行社，并与相关负责人举行工作座谈。

【协办国际会议】 2020年，市外事办共协助重要国际会议活动7场次，其中较大会议有：11月23日—25日，第二届中国－东盟电视周活动在桂林市举办。文莱驻华大使拉赫玛尼一行6人出席活动。12月7日—10日，2020中国－东盟博览会旅游展、第14届联合国世界旅游组织/亚太旅游协会旅游趋势与展望国际论坛、第15届中国－东盟文化论坛、中国－东盟数字文化旅游专业合作论坛、中国－东盟文化艺术周和第10届桂林国际山水文化旅游节等活动在桂林市举办，外国驻华使节团一行34人访问桂林。使节团主要成员有缅甸驻华大使苗丹佩、越南驻华大使范星梅、泰国驻华大使阿塔育·习萨目等。文化旅游部副部长张旭，自治区党委常委、宣传部部长范晓莉，自治区人大常委会副主任、桂林市委书记赵乐秦，自治区副主席李彬集体会见主要嘉宾。

【国际友好城市交流】 2020年，桂林市与国际友好城市通过慰问、捐赠等活动，开展新冠肺炎抗疫国际合作。“守望相助，共克时艰”成为友好城市交流与合作的主旋律。年内，桂林市与罗马尼亚特尔戈维什泰市建立友好城市关系。1月30日，日本熊本市市长大西一史致函桂林市市长秦春成，对桂林市抗击新冠肺炎疫情表示支持和慰问。熊本市从防灾物资储备中调运1万只F95级口罩和4万只普通口罩支援桂林。1月31日，日本加古川市市长冈田康裕致函桂林市市长秦春成，对桂林市抗击新冠肺炎疫情表示支持和慰问，并筹集医用外科口罩1.2万只支援桂林。2月4日，日本天草社会福祉法人慈永会理事长、桂林市荣誉市民永野义孝致函桂林市市长秦春成，对桂林市抗击新冠肺炎疫情表示支持和慰问，并向桂林市人民医院捐赠口罩1.44万只。2月19日，亚美尼亚瓦纳佐尔市市长马米康·阿斯拉尼扬致函桂林市市长秦春成，对桂林市抗击新冠肺炎疫情表示支持和慰问。2月21日桂林市与新西兰黑斯廷斯市交流，新西兰黑斯廷斯市市长桑德拉·黑兹尔赫斯特致函桂林市人民对外友好协会，对桂林市抗击新冠肺炎疫情表示支持和慰问。3月2日，韩国济州市市长高喜范致函桂林市市长秦春成，对桂林市抗击新冠肺炎疫情表示支持和慰问。3月6日，韩国济州市向桂林市捐赠8000只口罩。3月26日，桂林市市长秦春成与特尔戈维什泰市市长达尼埃尔－克里斯蒂安·斯坦通过邮寄的方式完成协议书签字程序，罗马尼亚特尔戈维什泰市正式成为桂林市的国际友好城市。3月31日，

2020年12月8日，中国－东盟博览会旅游展嘉宾在桂林展馆前合影。

（夏雪摄）

桂林市市长秦春成致函新西兰黑斯廷斯市市长桑德拉·黑兹尔赫斯特，对新西兰黑斯廷斯市抗击新冠肺炎疫情表示支持和慰问。3月31日，桂林市市长秦春成致函美国奥兰多市市长巴迪·戴尔，对美国奥兰多市抗击新冠肺炎疫情表示支持和慰问。3月31日，桂林市市长秦春成致函土耳其穆拉特帕夏市市长于米特·乌伊萨尔，对土耳其穆拉特帕夏市抗击新冠肺炎疫情表示支持和慰问。同日，桂林市市长秦春成致函法国阿讷西市市长让－吕克·里戈和柬埔寨暹粒市市长农索提拉，对两市市抗击新冠肺炎疫情表示支持和慰问。同日，桂林市市长秦春成致函越南下龙市市长范宏河，对越南下龙市抗击新冠肺炎疫情表示支持和慰问。同日，桂林市市长秦春成致函波兰托伦市市长米哈乌·扎莱斯基，对波兰托伦市抗击新冠肺炎疫情表示支持和慰问。4月3日，阳朔县捐赠给法国老阿讷西市1万只一次性医用口罩。4月3日，阳朔县捐赠给罗马尼亚普奇瓦萨市和新西兰昆斯敦市一次性医用口罩各1万只。4月8日，桂林市捐赠给日本熊本市8万只一次性防护口罩。同日，桂林市捐赠给日本加古川市5万只一次性防护口罩。同日，桂林市捐赠给韩国济州市3万只一次性防护口罩起运；4月27日，韩国济州市市长高喜范致函桂林市市长秦春成，对桂林市捐赠口罩表示感谢。4月25日，日本加古川市市长冈田康裕致函市长秦春成，对桂林市捐赠口罩表示感谢。4月30日，日本熊本市市长大西一史致函桂林市市长秦春成，对桂林市捐赠口罩表示感谢。5月8日，桂林市捐赠给波兰托伦市500套医用一次性防护服。5月12日，桂林市捐赠给罗马尼亚特尔戈维什泰市500套医用一次性防护服；6月11日，特尔戈维什泰市市长达尼埃尔－克里斯蒂安·斯坦致函桂林市市长秦春成，对桂林市捐赠抗疫物资表示感谢。5月21日，桂林市捐赠给法国阿讷西市500套医用一次性防护服。12月7日至10日，日本熊本上海事务所所长中村正昭一行2人访问桂林，参加2020中国－东盟博览会旅游展并设立展位。

（周绍剑）

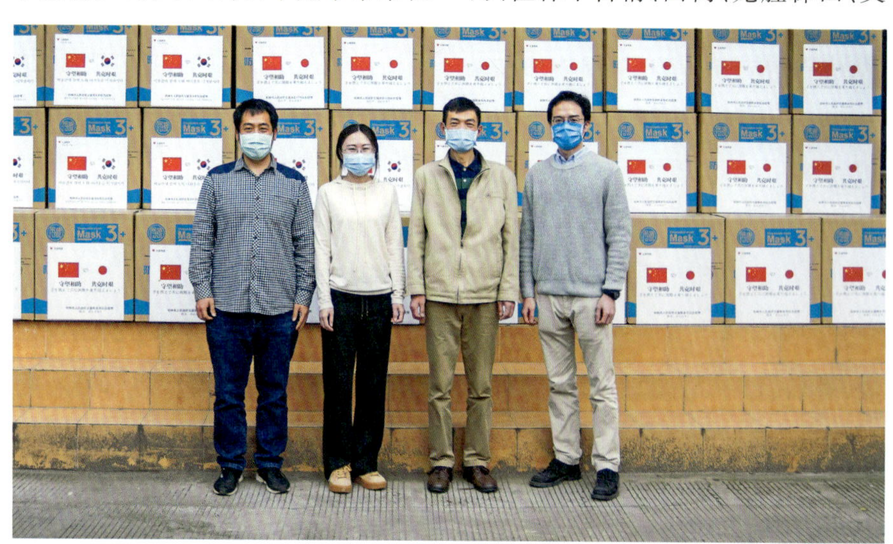

2020年4月8日，桂林市人民政府向友好城市日本熊本市和加古川市、韩国济州市捐赠防疫物资。（夏雪摄）

接　　待

【概况】 2020年，市接待办办公地址桂林市临桂区西城中路69号。落实疫情常态化防控的主体责任，“从简、务实、高效、热情”开展接待工作。2020年，共接待全国各级领导及随员771批6455人次，其中等级任务5批次78人次；省部级83批130人次。保障安全行车5.4万千米。

【党和国家领导人视察桂林】 2020年1月24日—30日，全国政协副主席李斌视察桂林。其间，考察象鼻山公园、桂海碑林博物馆、逍遥楼、王城历史文化街区、两江四湖、漓江、遇龙河、桂林千古情、西街、龙胜梯田、灵渠、红军长征湘江战役纪念馆、漓水人家、雁山园。6月4日—5日，国务委员王勇视察桂林。其间，王勇考察桂林青狮潭水库、桂林水文调度中心、两江四湖。9月2日—4日，全国政协副主席卢展工视察桂林。其间，卢展工考察桂林电子科技大学、桂林旅游职业中等专业学校、桂林深科技有限公司。10月1日—7日，全国政协副主席、台盟中央主席苏辉视察桂林。期间，苏辉考察芦笛岩、庙门前村、鲁家村、逍遥楼、王城历史文化街区、靖江王府、漓江、阳朔山水园、西街、印象刘三姐、遇龙河、雁山园、两江四湖、象鼻山公园、桂海碑林博物馆、愚自乐园地中海俱乐部、灵渠、桂林博物馆。

【接待国家各部委团组】 2020年，桂林市接待国家各部委团组主要有：1月，中科院院士何亚文到桂林调研。3月，农业农村部畜牧兽医局副局长孔亮率中央复工复产调研组到桂林调研。4月，国家林业和草原局规划设计院主任陈广成到桂林调研。6月，中国农技协理事长柯炳生到桂林考察农业产业发展情况；国家文物局副局长关强到桂林调研；国家防总检查组指挥专员张家团到桂林检查工作。7月，公安部副部长、国家移民管理局局长许甘霖到桂林调研；自然资源部督察副专员贺楚华到桂林调研。8月，教育部副部长钟登华到桂林调研；国防科工局局长张克俭到桂林调研；民政部社会事务司副司长徐建中到桂林调研。9月，中央组织部副部长张建春到桂林考察；国家市场监管总局副局长史新章到桂林调研；国务院扶贫办主任刘永富到桂林调研；中国农技协理事长柯炳生到桂林调研；农业农村部党组成员、副部长刘焕鑫到桂林参加全国农民体育工作现场会“大碧头杯”第四届全国农民体育健身大赛暨2020年广西庆祝中国农民丰收节启动仪式。10月，中国法学会副会长徐显明到桂林考察法学工作；全国政协文史委副主任叶小文到桂林考察政协工作。11月，民建中央副主席周汉民到桂林调研；应急管理部党委委员张永利到桂林调研；国务院扶贫办副主任夏更生、自治区副主席方春明到桂林参加全区“脱贫感恩党，奋进新起点”主题活动现场会;国家中医药管理局副局长孙达、自治区副主席黄俊华到桂林参加第六届中国－东盟传统医药论坛活动。12月,中央第二巡视组组长薛利到桂林考察;国家卫健委副主任李斌到桂林开展督查工作;中国科学院院士郭华东到桂林调研;中国科学院院士宋宝安到桂林出席中日农业绿色发展论坛。

【接待自治区领导团组】 2020年,桂林市接待自治区领导团组有:1月,自治区政协副主席钱学明到桂林调研民建工作;自治区政协副主席黄日波到桂林开展春节慰问;自治区人大常委会副主任张秀隆到桂林调研。3月,自治区党委常委、常务副主席秦如培到桂林开展调研指导,了解企业复工复产情况;自治区党委副书记孙大伟到桂林调研;自治区副主席黄俊华到桂林调研。4月,自治区党委常委、宣传部部长范晓莉到桂林考察文旅项目建设;自治区政协副主席李康率自治区政协委员视察团到桂林考察;自治区副主席李彬到桂林调研;自治区副主席费志荣到桂林调研;自治区副主席周红波到桂林调研;自治区人大常委会副主任卢献匾到桂林调研;自治区人大常委会副主任杨静华到桂林调研。5月,自治区副主席、公安厅厅长周成方到桂林调研。6月,自治区党委书记、自治区人大常委会主任鹿心社到桂林调研扶贫、党建工作。7月,自治区政协主席蓝天立到桂林出席“自治区政协央企入桂委员行动现场会”;自治区党委常委、副主席黄世勇到桂林调研。8月,自治区副主席李彬到桂林参加统战活动;自治区政协副主席黄道伟到桂林调研政协工作;自治区党委常委、政法委书记曾欣到桂林调研政法工作;自治区人大常委会副主任张晓钦到桂林调研;自治区主席陈武到桂林调研,并参加自治区“三保”会议;自治区党委常委、常务副主席秦如培到桂林参加自治区“三保”会议,并开展调研。9月,自治区党委常委、宣传部部长范晓莉到桂林调研创建全国文明城工作;自治区政协副主席到桂林调研政协和统战工作;自治区政协副主席黄日波在桂林出席自治区脱贫攻坚乡村振兴现场会;自治区党委常委、统战部部长徐绍川到桂林调研统战工作;自治区党委常委、组织部部长曾万明到桂林调研基层党建工作;自治区党委常委、统战部部长徐绍川,自治区人大常委会副主任卢献匾,自治区副主席黄俊华,自治区政协副主席李康到桂林市出席恭城瑶族自治县成立30周年庆祝大会;自治区政协副主席磨长英到桂林调研工商联工作;自治区副主席李彬到桂林调研;自治区副主席黄俊华到桂林调研。10月,自治区人大常委会副主任卢献匾到桂林调研;自治区副主席方春明到桂林参加广西第一届花木交易会;自治区党委常委、副主席黄世勇到桂林开展全国双创活动周。11月,自治区党委常委、副主席黄世勇到桂林参加自治区促进稳增长工作指导组进行工作调研;自治区副主席邹展业到桂林调研;自治区党委常委、宣传部部长范晓莉到桂林参加中国－东盟电视周活动。12月,自治区副主席方春明一行40人,到桂林参加广西名特优产品交易会,并进行工作调研。

【接待外省(自治区、直辖市)团组】 2020年,接待外省(自治区、直辖市)团组有:6月,广东省肇庆市市长吕玉印一行到桂林调研扶贫工作。7月,湖南省政协副主席胡旭晟到桂林考察;广东省政协副主席林雄到桂林考察。9月,广东省民政厅厅长卓志强到桂林调研;河南省人大常委会副主任马懿到桂林考察。10月,湖北省十堰市党政代表团到桂林考察。11月,青海省副省长张黎到桂林调研。12月,广东省肇庆市委副书记杜敏琪到桂林考察。

【接待其他团组】 2020年,桂林市接待的知名人士、企业团组有:1月,四川成都巴莫科技总经理吴孟涛到桂林商务考察;南玻集团总裁王健到桂林商务考察。4月,中国信保广西分公司总经理张显到考察;深圳长城开发科技股份有限公司董事长周剑到桂林商务考察;昂纳科技公司副总裁薛亚洪到桂林商务考察;中昊智达集团独立董事乔立华到桂林商务考察;华为公司轮值CEO徐直军到桂林商务考察。5月,大连万达集团总裁助理沈景琰到桂林商务考察;融创中国董事长孙宏斌到桂林商务考察;广投集团董事长周炼到桂林商务考察;广西机场管理集团总经理蒋爱国到桂林考察;浙江广西商会周微董事长到桂林商务考察;海航集团董事长顾刚到桂林商务考察。6月,华邦集团公司董事局主席苏如春到桂林商务考察;恒大新能源科技集团副总裁张龙到桂林商务考察;格力集团董事长董明珠到桂林商务考察;自治区农发行副行长蒋志强到桂林考察。7月,中国石化广西分公司党委书记李玉杏到桂林商务考察;中国航天系统科学与工程研究院副院长王玉军到桂林参加2020年高新区重大项目集中开竣工暨项目集中签约仪式;万达集团总裁助理沈景琰到桂林商务考察;深圳埃米董事长丁英卓到桂林花江智慧谷商务考察;中铁集团董事长李寿兵到桂林商务考察;广西农发行行长武建华到桂林考察;深圳市名家汇总裁徐建平到桂林商务考察;恒大新能源集团投资总监郭洪波到桂林商务考察;深圳深科技副董事长周剑到桂林商务考察;万达集团董事长王健林到桂林商务考察;恒大新能源集团副总裁韩笑然到桂林商务考察。8月,银隆新能源股份有限公司总裁夏勇到桂林商务考察;中国长城科技集团董事长宋黎定到桂林银隆新能源;“广西高质量发展国家物流枢纽研究”课题调研组吕余生院长到桂林调研。9月,中信集团副书记范立青到桂林商务考察;格力电器董事长董明珠到桂林商务考察;深圳长城开发科技股份有限公司常务副总裁陈朱江到桂林商务考察。10月,融创中国董事长孙宏斌到桂林商务考察;中国文化新经济发展基金会主任赵迪到桂林考察;海南金盘科技董事长李志远到桂林商务考察;京东智联云一行副总裁谢海波到桂林商务考察;浙江广西商会秘书长徐佳增到桂林商务考察;广西旅发集团董事长容贤标到桂林商务考察。11月,太平洋建设集团主席严昊到桂林商务考察;华为高级副总裁姚福海、深安科董事长刘刚到桂林商务考察;中航集团总裁王坚到桂林商务考察;东方时代网络传媒大股东宋小忠到桂林商务考察;自治区农村信用联社党委副书记范树育到桂林商务考察。12月,深圳安科讯公司董事长刘刚到桂林商务考察;中国联通广西分公司总经理薛吉平到桂林商务考察;国家开发银行副行长周清玉到桂林商务考察。 (周雁冰)

旅 游 业

综 述

【概况】 2020年，桂林市坚持桂林国际旅游胜地建设“一本蓝图绘到底”，推进桂林旅游产业加快升级发展，旅游产品更加丰富，旅游服务更加完善，旅游品牌更加响亮。年内，受新冠肺炎疫情影响，文化旅游行业遭受严重打击。为把疫情造成的损失降到最低限度，全市上下一手抓疫情防控，一手抓文旅复苏，推进桂林国际旅游胜地建设升级发展、文化旅游高质量发展。全市接待游客1.02亿人次，(比上年，下同)下降25.97%。其中，国内游客1.02亿人次，下降24.32%；入境过夜游客9.83万人次，下降96.87%。全市实现旅游总消费1233.54亿元，下降34.19%。其中，国内旅游消费1231.09亿元，下降28.91%；国际旅游消费2.45亿元，下降98.28%。全国城市传播热度排名桂林排名第16位。阳朔县、兴安县、灵川县上榜2020中国旅游百强县。

【旅游市场分析】 2020年，桂林市同全国、全自治区一样，受新冠肺炎疫情影响，入境旅游市场基本停滞。国内市场在全域旅游背景下，自驾游日益火爆，短途旅游成为越来越多游客休闲娱乐首选，带动桂林市一日游的发展。旅游目的类型方面，以休闲/度假、观光/游览为主，二者之和占总体比例54%。商务、探亲、会议及文化/体育/科技交流类型有较大上升空间。游客住宿喜好方面，按住宿方式分，星级住宿设施、非星级住宿设施、住亲友家过夜人数分别占比为6∶83∶11，桂林市包含特色民宿在内的非星住宿设施受到欢迎和追捧。旅游消费结构方面，前三依次为餐饮、购物、旅游景区游览，分别占19.37%、19.08%、14.81%。游客年龄构成方面，出游桂林的游客中，25岁—44岁的青壮年、45岁—64岁的中老年游客为主力军，分别占总游客数的37.33%、37.09%。

【系列国际文化旅游活动促文旅复苏】 2020年，12月8日—9日，第十四届联合国世界旅游组织/亚太旅游协会旅游趋势与展望国际论坛在桂林举办。世界各地的旅游官员、专家学者和旅游业届精英，通过线上、线下结合的方式，围绕论坛主题“旅游复苏与转型”，探讨交流新冠肺炎疫情对旅游业影响和未来发展方向，为旅游业复苏和创新发展提供新理念、新路径、新模式。12月7日—9日，第十届桂林国际山水文化旅游节在桂林举行，活动以“旅游新振兴 文化满城绿”为主题，包括开幕式、“天下桂林”游园灯展、桂林漓泉啤酒音乐节暨国际美食展活动。12月8日—10日，2020中国－东盟博览会旅游展在桂林举行，旅游展以“共建‘一带一路’共享数字旅游”为主题，深度融入“一带一路”建设，服务中国－东盟命运共同体建设，旨在推动中国和东盟各国之间电子商务旅游、科技旅游、5G网络旅游、智慧城市旅游等领域的旅游展示、交流与合作。共有49个国家和地区驻华机构、国内20个省和广西14个设区市组团参展参会，展会期间贸易洽谈超过3000场次。年内，桂林还举办(承办)第二届中国－东盟电视周系列活动、2020年中国非物质文化遗产整体性保护论坛、第15届中国－东盟文化论坛(首届中国－东盟文化艺术周)等系列国际文化旅游活动，促进文旅复苏振兴，提升桂林区域性国际文化旅游中心影响力。

【推进大健康和文旅产业工程】 2020年2月，桂林市成立以市委书记、市长为组长的桂林推进国家战略建设工作领导小组，统筹推进国际旅游胜地

2020年3月28日，“桂林人游桂林”活动启动。 （唐飞鸿摄）

2020年12月8日—9日，第十四届联合国世界旅游组织/亚太旅游协会旅游趋势与展望国际论坛在桂林举办。（唐飞鸿摄）

等国家战略工作。2020年9月，成立桂林大健康和文旅产业工程指挥部，9月30日，桂林市与桂林理工大学共建的桂林大健康和文旅产业研究院、桂林文化旅游大数据重点实验室揭牌成立。以大健康产业为依托，打造养老服务新业态，逐步形成健康养老、康养旅游、健康运动融合发展新格局，推动康养旅游创新发展。桂林夕阳红养老中心独创“医养游”结合康养模式，年均接待“候鸟”老人2万余人，获批自治区首批五星级养老机构。桂林阳朔颐养庄园、恭城瑶汉养寿城、桂林冶金疗养院等3家养生养老机构被评为桂林首批职工（劳模）疗休养基地。

旅游资源

【概况】 2020年，按照《中国旅游资源普查规范（试行稿）》对旅游资源进行分类，桂林具有地文景观类、水域风光类、生物景观类、古迹及建筑类、消闲求知类、购物类等全部6大类67个基本类型，占全部74个基本类型中的90.5%。

桂林有世界自然遗产1处：桂林喀斯特（漓江）。全球重要农业文化遗产1处：龙脊梯田（龙胜各族自治县）。世界灌溉工程遗产1处：兴安灵渠（兴安县）。

桂林有国家5A级旅游（区）点4处：漓江景区、乐满地景区、独秀峰·王城景区、两江四湖·象山景区。

桂林有国家4A级旅游（区）点42处：七星景区（七星区）、穿山景区（七星区）、尧山景区（七星区）、南溪山景区（象山区）、芦笛景区（秀峰区）、刘三姐大观园景区（秀峰区）、西山景区（秀峰区）、冠岩景区（雁山区）、愚自乐园艺术园景区（雁山区）、桂林旅苑景区（雁山区）、在水一汸景区（临桂区）、新区环城水系景区（临桂区）、罗山湖玛雅水上乐园景区（临桂区）、红溪景区（临桂区）、世外桃源旅游区（阳朔县）、图腾古道—聚龙潭景区（阳朔县）、蝴蝶泉景区（阳朔县）、西街景区（阳朔县）、阳朔三千漓中国山水人文度假区（阳朔县）、红军长征突破湘江烈士纪念碑园景区（兴安县）、灵渠景区（兴安县）、猫儿山景区（兴安县）、龙胜温泉旅游度假区（龙胜各族自治县）、龙脊梯田景区（龙胜各族自治县）、银子岩旅游度假区（荔浦市）、丰鱼岩旅游度假区（荔浦市）、荔江湾景区（荔浦市）、三庙一馆景区（恭城瑶族自治县）、红岩村景区（恭城瑶族自治县）、红军长征湘江战役新圩阻击战纪念园（灌阳县）、灌阳千家洞文旅度假区（灌阳县）、大圩古镇景区（灵川县）、漓水人家景区（灵川县）、古东瀑布景区（灵川县）、逍遥湖景区（灵川县）、大碧头国际旅游度假区（全州县）、红军长征湘江战役纪念园（全州县）、桂林全州县湘山·湘源历史文化旅游区（全州县）、永福金钟山旅游度假区（永福县）、资江天门山景区（资源县）、八角寨景区（资源县）、资江灯谷景区（资源县）。

桂林有国家3A级旅游（区）点45处：万福广场·休闲旅游城（象山区）、瓦窑小镇景区（象山区）、侗情水庄景区（象山区）、海之鑫洞藏文化馆（叠彩区）、芦笛岩鸡血石文化艺术中心（秀峰区）、神龙水世界度假区（雁山区）、多耶古寨·蛇王李景区（雁山区）、黄沙秘境大峡谷景区（临桂区）、美国飞虎队桂林遗址公园（临桂区）、李宗仁故居（临桂区）、会仙喀斯特国家湿地公园景区（临桂区）、十二滩漂流景区（临桂区）、抱璞文化展示中心（临桂区）、崇华中医街景区（临桂区）、一院两馆景区（临桂区）、白面瑶寨（龙胜各族自治县）、艺江南中国红玉文化园（龙胜各族自治县）、马岭鼓寨民族风情园（荔浦市）、天河瀑布（荔浦市）、柘村景区（荔浦市）、黄岭景区（恭城瑶族自治县）、杨溪景区（恭城瑶族自治县）、瑶族文化村景区（恭城瑶族自治县）、北洞源景区（恭城瑶族自治县）、龙虎关景区（恭城瑶族自治县）、矮寨景区（恭城瑶族自治县）、社山景区（恭城瑶族自治县）、唐景崧故里景区（灌阳县）、灌阳茶博园（灌阳县）、灌阳神农稻博园（灌阳县）、灌阳洞井古民居景区（灌阳县）、灌阳都庞岭大峡谷景区（灌阳县）、灌阳文市石林景区（灌阳县）、希宇·欢乐城景区（灵川县）、八路军桂林办事处路莫村物资转运站景区（灵川县）、龙门瀑布景区（灵川县）、江头景区（灵川县）、仙家温泉景区（平乐县）、桂林国际茶花谷旅游休闲度假区（全州县）、桂林湘山酿酒生态园景区（全州县）、炎井温泉景区（全州县）、凤山景区（永福县）、罗汉果小镇（永福县）、宝鼎景区（资源县）、塘洞景区（资源县）。

漓江景区、乐满地景区、芦笛景区、七星景区、象山景区、伏波山景区、叠彩景区、尧山景区、银子岩旅游度假区、世外桃源景区、阳朔蝴蝶泉景区、资源漂流景区、丰鱼岩旅游度假区、十二滩漂流景区14个单位获ISO 9001国际质量管理体系认证和ISO 14001国际环境管理体系认证；山水园景区通过ISO 9000国际质量管理体系认证。

桂林有国家级风景名胜区1处：漓江。自治区级风景名胜区3处：龙脊（龙胜各族自治县）、青狮潭（灵川县）、八角寨—资江（资源县）。

桂林有国家级自然保护区4处：花坪、猫儿山、千家洞、银竹老山。自治区级的自然保护区7处。县级的自然保护区9处。国家森林公园1处（桂林国家森林公园）。国家地质公园1处（桂林资源丹霞国家地质公园）。国家湿地公园5处。国家考古遗址公园1处（桂林甑皮岩国家考古遗址公园）。

桂林有国家级历史文物保护单位20处：甑皮岩新石器时期洞穴遗址、桂林石刻、灵渠、靖江王府和王陵、李宗仁官邸和故居、八路军办事处旧址、父子岩遗址、大岩遗址、桂林静江府城墙、广西省立艺术馆旧址、乐湾村古建筑群、秦城遗址、湘江战役旧址、江头村和长岗岭村古建筑群、燕窝楼、恭城古建筑群、湘山寺塔群与石刻、永宁州城城墙、百寿岩石刻、晓锦遗址；自治区级的历史文物保护单位113处。桂林市（县）级文物保护单位329处。

桂林有国家全域旅游示范区2个（阳朔县、兴安县）；自治区级全域旅游示范区2个（秀峰区、灌阳县）；国家级旅游度假区1处（阳朔遇龙河旅游度假区）；自治区级旅游度假区3处（桂林桃花湾旅游度假区、桂林猫儿山旅游度假区、大碧头国际旅游度假区）；自治区生态旅游示范区9处（桂林市漓江逍遥湖景区、荔浦市荔江国家湿地公园、桂林市阳朔县十里画廊遇龙河景区、桂林市资源县八角寨生态旅游示范区、桂林市资源县脚古冲生态旅游区、桂林西山生态旅游区、桂林市龙胜温泉森林旅游度假区、桂林全州安和龙井生态旅游区、广西灌阳灌江国家湿地公园）；全国乡村旅游重点村6个（龙胜各族自治县龙脊镇大寨村、灵川县大圩镇袁家村、恭城瑶族自治县莲花镇红岩村、阳朔县阳朔镇骥马村、阳朔县阳朔镇鸡窝渡村、灌阳县新街镇江口村）。

中国长寿之乡3个（永福县、阳朔县、恭城瑶族自治县）；广西特色旅游名县8个（阳朔县、兴安县、龙胜各族自治县、荔浦市、雁山区、资源县、灵川县、恭城瑶族自治县）；国家历史文化名镇名村8个；全国特色景观旅游名镇名村7个；全国休闲农业与乡村旅游示范县12个；全国休闲农业与乡村旅游示范点25个；国家工农业旅游示范点12个；中国传统村落85个占全自治区的52.8%。

国家级非遗保护名录4项，自治区级非遗保护名录84项，市级非遗保护名录183项；广西星级乡村旅游区29家，广西星级农家乐112家。桂林冠岩景区获2项吉尼斯世界纪录（岩洞中游览方式最多、旅游观光滑道最长）。

【中心区域景点选介】

漓江景区　全国首批国家5A级旅游景区。以漓江为代表的桂林喀斯特于2014年6月入选世界自然遗产名录，填补广西空白。喀斯特是世界最卓越的景观之一，主要由碳酸盐岩上发育的特殊地形及相关的生态系统组成，以伏流、洞穴、暗河、峡谷、洼地、锥状和塔状山峰为特征。桂林喀斯特提名地总面积253.84平方千米，缓冲区总面积446.8平方千米，包括最具代表性的漓江峡谷峰丛片区和葡萄峰林片区。漓江，发源于桂林北面兴安县的猫儿山，流经桂林、阳朔、平乐至梧州，汇入西江，是桂林风光的精华，中国山水风光的典型代表。世界各地150多个国家、地区的元首和政要游览过漓江。漓江是喀斯特地形发育最典型的地段，酷似一条青罗带，蜿蜒于万点奇峰之间。从桂林至阳朔约83千米的水程，沿江风光旖旎，碧水萦回，奇峰倒影、深潭、喷泉、飞瀑参差，沿江风光旖旎、碧水萦回、奇峰倒影、田园阡陌，美不胜收。兼有“山青、水秀、洞奇、石美”四绝，还有“洲绿、滩险、潭深、瀑飞”之胜。乘船游览漓江，可见绿岛芳洲、渔舟红帆、鹰击长空、鱼翔浅底。江水赋予凝重的青山以动态、灵性、生命，把人带进神话的世界，舟行之际，进入“分明看见青山顶，船在青山顶上行”意境。漓江景观因时、因地、因气候而有不同变化，春天，岚雾缭绕，烟雨缥缈，江山空濛；夏日，上下天光，碧绿万顷，万山刚毅；秋时，江峰如洗，满山飘香，累累硕果；冬季，两岸白雪，山水清灵，纯净高雅。构成一幅绚丽多彩的画卷，人称“百里漓江、百里画廊”。

两江四湖·象山景区　国家5A级旅游景区，广西“十佳”旅游景区，获“中国人居环境范例奖”。由“两江”即漓江、桃花江，“四湖”即桂湖、榕湖、杉湖、木龙湖，“三山”即象山、叠彩山、伏波山组成。位于广西桂林市中心区域。以生态水域风光为核心，集地文景观、生物景观、古迹与建筑、消闲健身为一体的综合性大型景区。1999年8月，桂林市对两江四湖进行大规模建设，连江接湖、引水建闸、清淤截污、架桥筑路、植木造园、修文兴艺、显山露水，恢复和发展桂林古城环城水系。整个景区沟通连接漓江、桃花江2条自然河流和作为宋代桂林护城河的榕湖、杉湖、桂湖以及部分为唐代就已开发的木龙湖等4个湖泊，构成可通航的环绕桂林城区的水上游览体系。“千峰环野立，一水抱城流”，景在城中、城在景中是独有的特色。两江四湖·象山景区集自然风光和历史文化为一体。象山酷似一头驻足漓江边饮水的大象，是桂林市的城徽。伏波山是桂林最精美的山峰，因汉代伏波将军马援在此驻扎、削石试剑而得名。叠彩山素有“江山会景处”之称，登山远眺，桂林山水尽收眼底。两江四湖的水路构成了一条能与威尼斯水城相媲美的环城水系。乘船夜游两江四湖·象山景区，山水、园林、城市在璀璨灯光的笼罩下，更彰显出如梦似幻、无限遐想的高雅意境。

逍遥楼·东西巷　位于桂林市中心解放东路和正阳路交汇处，包含了正阳街东巷、江南巷、兰井巷等桂林传统街巷，空间尺度宜人，是桂林明清时代遗留下的唯一的一片历史街巷，也是桂林古历史风貌的观景区，体现了桂林的历史文脉，是桂林市打造“国际旅游胜地”的城市地标之作。项目总占地面积2.92万平方米，建筑总面积6万多平方米。东西巷历史文化商街作为桂林历史文化名城的重要组成部分，以传统居住、传统商业、文化体验、休闲旅游等主要功能为基础、融合景区游赏，以“市井街巷、名人府邸”特色，同时体现时代发展的多元文化复合型历史风貌区，整体建筑风格是还原老东西巷明、清古风貌建筑群，结合桂林旅游资源，打造桂林最有特色的历史文化街区。逍遥楼最早建于唐代武德四年(621年),由当时的桂州大总管李靖以独秀峰为中心修建桂州城,称为“子城”,逍遥楼就坐落在子城的城墙上,成为桂林东边的一个制高点。唐宋以来,逍遥楼一直是文人雅士登楼赏景、题诗作画、宴饮留别的场所。逍遥楼重建地点在离逍遥楼原址不远的解放桥西北角,并依照唐代建筑风格,由著名设计师精心设计,历1年时间,千古名楼重现昔日的荣耀与辉煌。

七星景区　国家4A级旅游景区。位于漓江东岸,面积134.7公顷,因有七星山、七星岩而得名,是桂林市历史悠久、景点多的综合性公园。七星山七峰并峙,宛如北斗星座,北四峰象斗魁,称普陀山,南三峰象斗柄,称月牙山。著名的七星岩就在普陀山山腹。岩洞雄厅深邃,洞中石钟乳、石笋、石柱、石幔等千姿百态,蔚为奇观。桂林山水的精品“三山两洞一条江”,其中“两洞”即是指七星岩、芦笛岩。七星景区具有典型的岩溶地貌景观,集山、水、洞、石、庭院、林木、文物等精华,其主要景观有花桥、普陀山、七星岩、驼峰、月牙山、桂林海碑林、栖霞禅寺以及华夏之光广场等,是旅游者的必游之地。

芦笛景区　国家4A级旅游景区。位于桂林市西北郊,距市中心5千米,因洞口长有一种可做笛子的芦荻草而得名,是一个以游览岩洞为主、观赏山水田园风光为辅的风景名胜区。芦笛岩洞深240米,游程500米。洞内有大量奇麓多姿、玲珑剔透的石笋、石乳、石柱、石幔、石花,琳琅满目,主要景点有:狮岭朝霞、红罗宝帐、盘龙宝塔、原始森林、水晶宫、花果山等景观,令游客目不暇接,如同仙境,被誉为“大自然的艺术之宫”。从唐代起,历代都有游人踪迹,现洞内存历代壁画77则。自1959年发现并开发后,已建有餐厅、茶室、水榭、湖池、曲桥,并设游船,广植花木,成为中外游客游览桂林时必至的旅游热点。

穿山公园　国家4A级旅游景区。国家级重点风景名胜区。位于桂林市漓江东岸,是自然风景与人文景观相映衬的著名风景区,因园内山峰穿山而得名。主要有穿山、塔山、月岩、穿山岩、寿佛塔等胜景。穿山岩被誉为“世界罕见神奇的水晶宝洞”,位于穿山山腹,岩洞常年温度保持在22摄氏度,冬暖夏凉。洞内精美的石钟乳、石笋、石幔,琳琅满目、美不胜收。主要景观有天鹅湖、一线天、水帘洞、芭蕾脚、龙戏龟、卷曲石等,特别是晶莹剔透的鹅管石,雪白如玉的白玉石,新奇的石头开花和独特的石头长毛,形成了穿山岩独有的四大特色。穿山是桂林的名山之一,自古负有盛名,主峰有一穿洞,空明正圆,好似一轮明月高挂,因此得名月岩。登上月岩,不仅可以欣赏到摩崖石刻,还可以眺望漓江和桂林城景。小东江自北而南,曲贯穿山与塔山之间。塔山顶上,一座明代七层实心寿佛塔巍然耸立,江中倒映,雅致清丽,有“塔山清影”之誉,是桂林“老八景”之一。

西山景区　国家4A级旅游景区。位于桂林市区西面。早在1000多年前的唐代便成为旅游胜地,是桂林最早被开发的旅游景区。景区由西山群峰、西湖及隐山组成,里面群峰环绕耸立,西湖、桃花江相映带,形成山重水复的奇景。每近黄昏,夕阳斜挂山峰,云林变幻、金光万道、紫气蒸腾,为桂林老八景之“西峰夕照”。桂林西湖湖水明透如镜,山峦翠彩,倒映水中,是全中国唯一山水相连的西湖。西山景区拥有丰富深厚的文化底蕴,是唐代南方五大禅林之一西庆林寺的原址,虽然寺庙已被毁,但是西山各山体上现存的1000多件唐碑石刻、摩崖造像,距今已有1000多年的历史,为整个桂林市最早、最多的摩崖石刻。

独秀峰·王城景区　国家5A级旅游景区。全国重点文物保护单位、国家级旅游景点,位于桂林市中心、漓江之畔。始建于明洪武五年(1372年)至明洪武二十五年(1392年),史上为唐朝学府、明朝藩王府、清时广西贡院、民国的广西省政府所在地,中华人民共和国成立后,今为广西师范大学校园和著名旅游景区。靖江王城坐东北朝西南,南北长556米,东西宽355米,整个王府占地面积18.7公顷,历经11代14位藩王的历史。按照藩王府定制构筑,保持了中国古代建筑中轴对称的布局,前为承运门,中为承运殿,后为寝宫,最后是御苑。围绕主体建筑还有4堂、4亭和台、阁、轩、室、所等40多处。王城最著名的景点有:承运殿、太平岩、贡院、独秀峰。承运殿,王城主要建筑之一,明洪武五年(1372年)始建,是靖江王议事大殿,现辟为《王城春秋》陈列厅。其高大的台基雕栏、云阶玉陛,仍显示当年承运殿的巍峨壮丽。太平岩,独秀峰西麓的天然洞穴,是靖江王拜仙修炼场所,内供有玄武帝塑像及国内唯一的六十甲子保护神摩崖刻像。贡院,曾因科举考试屡出状元而名扬天下,现已按旧制恢复部分号舍供游人参观。独秀峰,有“南天一柱”的赞誉,史称桂林第一峰。山峰突兀而起,形如刀削斧砍,周围众山环绕,孤峰傲立,有如帝王之尊。沿306级石阶登顶,绿水青山尽收眼底,是鸟瞰全城的最佳观景台。峰壁摩崖石刻星罗棋布,“桂林山水甲天下”千古名句真迹题刻于此。

桂林甑皮岩遗址博物馆　全国重点文物保护单位,位于桂林市甑皮岩路26号,地处桂阳公路与万福路交汇处,距市中心约8千米,是岭南地区唯一一个国家级新石器时代洞穴遗址文物景区。景区于1978年对外开放,占地5万平方米。甑皮岩遗址包括主洞、矮洞、水洞,洞穴面积约1000平方米,1965年发现,1973年、2001年进行2次考古发掘,共出土上万件石器、骨器、蚌器、角器、牙器和陶器残片;发现了中国最原始的陶器和新石器洞穴遗址最早的石器加工场;发掘古人类骨架32具,其中大部分为奇特的屈肢蹲葬;出土了古人类食后遗弃的水、陆生动物遗骸113种,其中哺乳类的“秀丽漓江鹿”、鸟类的“桂林广西鸟”是首次发现的绝灭种属;鉴定出植物孢粉和炭化物近200种,其中发现中国最早、距今约1万年的桂花种子。遗址的遗迹遗物记载和展示了距今12000—7000年的桂林史前文化发展轨迹,被考古界称为“华南及东南亚史前考古最重要的标尺和资料库之一”,有“史前明珠”之誉。景区由洞穴遗址保护区、出土文物展示区、独山生态保护区、考古模拟园等四大园区构成,主要景观有《万年前的桂林人》文物展馆、甑皮岩洞穴、甑皮岩人“复活”、水洞探险、模拟考古、独山奇景、考古碑园等。

李宗仁官邸　全国重点文物保护单位。位于广西桂林市文明路4号，坐落在风景秀丽的杉湖南畔，与巍峨的日月双塔相傍。李宗仁(1891—1969年)，临桂区两江镇浪头村人，民国时期任国民党政府副总统、代总统。官邸始建于民国三十一年(1942年)，民国三十七年(1948年)4月落成，由广西当局所建，是李宗仁回桂办公及居住之地，素有"桂林总统府"的称誉。属中西结合别墅式建筑，占地4321平方米，官邸的景点主要由主楼、副官楼、警卫室、附楼、花园、停车坪等组成。主楼是官邸的中心，坐西朝东，风格古朴典雅，端庄中透着威严，内设会议室、会客室、卧室、书房等。1948年5月—1949年11月，桂林解放前夕李宗仁返桂后，在此进行系列的政治活动。副官楼原是总统府高级随从人员下榻的场所，现布置为以珍贵的历史文物资料、原始影像资料集中展示李宗仁"青春戎马，晚节黄花"一生的展室。1966年3月16日，海外归来的李宗仁在官邸故地重游。

临桂环城水系公园　临桂环城水系于2018年5月1日正式开放通航。是继两江四湖之后桂林的"新名片""新地标"。于2011年4月正式开工建设，是一个依托本地自然资源，体现桂林"山—水—城—林"生态城区特色，集改善新城水环境、实现湖塘水域与河流连通、形成新的旅游景观以及防洪排涝于一体的综合性项目。临桂环城水系河道的总长度有20多千米，由机场路立交进入新区后，呈环抱式将整个核心区包围起来，通航河段长约8千米，穿行16座桥梁，设有中央公园和大皇山2个游船码头，可通行30人—40人的游船。乘船游览，一路不仅能够看到创业大厦、一院两馆、建设大厦和金融大厦等地标性建筑，还能欣赏到中心公园内的怡人生态，以及沿岸造型各异的亭台楼阁，真正实现了城景交融。

美国飞虎队遗址公园　位于临桂区临苏路秧塘机场遗址，是在抗日战争时期美国第十四志愿航空队秧塘机场指挥所旧址上建设的一个纪念公园，目前保存有山洞指挥所、陈纳德将军观战石、飞机掩体等文物，是美国飞虎队现存唯一的指挥所遗址。公园占地面积16.67公顷，总投资1.6亿元，其中美国飞虎队队员亲属筹措40万美元，于2015年3月28日落成，公园包括抗战纪念馆、抗战英雄纪念碑、抗战英雄浮雕墙、空军将士情景雕塑以及营房、指挥所等项目。纪念馆内，陈列着与"飞虎队"相关的军服、勋章以及老照片等历史文物近300件，均由美国飞虎队历史委员会捐赠。纪念馆综合利用现代声光电展览陈设技术，结合图片、文物、模型复制品等，分成"历史的天空""虎啸云端""飞虎在桂林""永不磨灭的番号"等四部分，还原飞虎队在桂林的抗日史实。2017年3月25日，美国飞虎队历史委员会向桂林捐赠1架C-47飞机，永久陈列在美国飞虎队桂林遗址公园。

【东部区域景点】

尧山景区　国家4A级旅游景区。尧山景区位于桂林市东郊，距市中心8千米，主峰909.3米。尧山冈峦起伏，气势磅礴，植被丰茂，杜鹃遍野，是一处自然风光和古代陵墓集中的风景名胜区。山上建有索道和滑道，为游人提供了方便。主要景观有茅坪庵、寿佛庵、天赐田、白鹿禅寺遗址、天赐泉、尧山杜鹃、尧山冬雪等。乘观光索道可直达尧山之顶，极目四望，风海山涛，云水烟雨的桂林山水就如同一个盆景展现在眼前。在山顶向东南方望去，可看到巨大的天然卧佛。

冠岩景区　国家4A级旅游景区，国家名胜风景区。位于桂林市雁山区草坪回族乡，距桂林市区29千米，因山形似一古老的紫金冠而得名。1637年，地理学家、探险家、旅行家徐霞客曾到冠岩探险游览。1992年开始综合性开发，1995年向社会开放。冠岩处在漓江中段，是百里漓江精华段"零距离景区"。景区所在的草坪回族乡，民族风情浓郁。占地面积400余公顷，属典型的喀斯特岩溶地貌，溶洞多，山峰奇，地下河发育完整，地上江流清澈，周边山峰挺拔环绕、小岛散落俊秀。冠岩神奇幽深，分三层五洞，上面两层为旱洞，下层为水洞，洞洞相连、逶迤曲折，洞内悬挂着各形各态的石钟乳，长约3千米，洞内有轨电车、游艇、观光电梯，堪称奇绝。以冠岩地下河游览区为中心，拥有乡吧岛、电动滑道车、重力滑道车、云雾山庄，冠岩饭店等旅游项目和齐备的配套设施，集旅游观光、会议疗养、食宿娱乐为一体。

古东瀑布景区　国家4A级旅游景区。广西首家绿色环保教育基地，广西青少年科普教育基地。位于桂林市灵川县，距桂林市区26千米，桂大公路可达。是桂林东线旅游黄金线上的一颗璀璨明珠，属原始森林与瀑布结合的森林氧吧游览胜地。2000年建成开放，占地200公顷，有瀑幽、潭碧、枫红，融原始生态、地质奇观、民风民俗于一体。景区游览全程2.6千米，分为前景区、三姐湖、生态广场、多级瀑布区、原始森林区。多级瀑布、走瀑戏浪和原始香枫林是景区特色。

逍遥湖景区　国家4A级旅游景区。位于桂林市灵川县大圩镇，距市区20千米，占地200公顷，属于以山林、山溪、山间之湖组成的自然生态景区，是观光游览和休闲度假的好去处。景区重建了以逍遥楼为代表的桂林历史名楼名亭，通过仿古园林建筑、石刻诗词文章、历史名人趣事、坊间古风民俗、桂林八大状元，再现底蕴深厚的桂林历史文化。景区设有高空滑索，让游客体验空中飞人的强烈刺激；西瓯丛林有36个探险小项目，可以激发游客挑战自我、跨越丛林的冒险精神。景区还设置小溪趟水、榕溪泛舟、桂林傩舞、罚酒吟诗、蒙眼点状元、娱乐高尔夫、乘坐观光车等游乐互动项目，游程之中乐趣横生。此外，景区中心建有桂林明清古街和湖光山色景观房，游客可以在此观赏如诗如画的逍遥湖风光，品尝桂林旧时小吃，慢饮高山清泉泡茶，购买各式纪念品，享受桂林大自然之中的古韵清风。

大圩古镇　国家历史文化名镇，国家科技小城镇建设示范点，广西重点文物保护单位，位于桂林市漓江灵川县段北岸，距桂林市区18千米。汉代形成居民点，北宋是商业繁华集镇，明代为广西四大古镇之首，明清时期，依漓江水路优势，成为沟通桂林、广东、梧州等地的交通枢纽和桂北地区的重要商品集散地。为桂林著名历史文化旅游景点。古镇内有一条长800米的青石板街以及老圩街，地灵街、隆安街、兴隆街、塘坊街、教楼街、福兴街、泗嬴街8条大街。青石板街与漓江平行而建,数百个商铺分列古街两旁,历史上曾出现了黄(商号为黄源顺)、李(商号为裕和昌)、廖(商号为廖忠源)、高(商号为广昌均)"四大家",朱松柏、黄泗盛、熊大和、周茂和、阳万美、白兴泰、秦宏和、彭遂安"八甲家"和"二十四小家"巨贾富商。卖半码头、更鼓楼码头、秦聚利码头、五福码头,塘坊码头,狮子码头,渡船码头,石鸡码头、大码头、社公码头、寿隆寺码头,清真寺码头等13个码头沿江而建,依商业种类划分其交易功能。民国时期孙中山北伐时曾在塘坊码头启岸并发表了"南北一统"的著名演说。

漓水人家　国家4A级旅游景区。漓水人家位于灵川县大圩镇潮田河畔,距桂林市区19千米,是一个集文化、旅游、农业、生态于一身的旅游综合体。它是一个以桂北风情、古民居建筑艺术、民间传统工艺为主题的村落。村落将漓江流域的传统文化、生产生活方式、建筑及环境真实生动的复制进来,并配以丰富多彩的参与性活动及趣味性解说,让游客能直观地看到过去又能真切的体验传统。

江头洲景区　国家3A级旅游景区。广西重点文物保护单位。位于桂林市灵川县九屋镇东北1千米,距桂林市30千米。建村有1000多年历史,清代时居民100余户,皆姓周。周氏家族是北宋著名文学家、哲学家、理学创始人周敦颐的后裔,秉承周敦颐的爱莲文化,重教化,办学堂,重科举。明清以来,科第生辉,人才辈出。全村出仕168人,其中五品官以上29人。有2家为"父子进士并翰林"。民间有科举仕宦村、才子村、清官村、爱莲文化村、历史文化名村之称,是桂林首个廉政文化教育基地。其建筑被誉为"中南镂花第一村"。主要景点有古民居建筑、爱莲家祠、贞节牌坊、凤凰大石桥、"字厨"塔和佛塔岩等。该村获中国最具旅游价值古村落、全国重点文物保护单位、中国魅力景区等称号。2006年6月,江头洲爱莲文化入选广西非物质文化遗产名录。

【南部区域景点】

阳朔西街　国家4A级旅游景区。位于阳朔县城中心,距桂林市66千米。是举世闻名的阳朔县古老街区,已有1400多年的历史。全长1180米,宽8米。西街的房屋建筑古朴典雅,呈桂北明清时期风格,处处可见小青瓦、坡屋面、白粉墙,吊阳台。环境古尚,民风淳朴,商业繁荣,文化交汇,游人如织。西街各式商行铺面比邻连接,洋溢民族气息,摆挂的都是中华民族的传统和民族纪念商品,有景泰蓝、蜡染、荷包、挂带、古玩、中国结和平安福等,琳琅满目、应有尽有。当地居民亲善待客,保持传统生活习俗,民情世风朴实上进,民间文化活动十分活跃。西街被称誉为"中国第一条洋人街""最大的外语角""名副其实的地球村",到处分布着各式酒吧、餐馆、旅店、商店、俱乐部等,不同肤色、不同语言、不同爱好的各国游客在这里自由的游览、休闲、活动、交友,有的甚至扎根开店、成家。夜幕降临,街上和民居中,温馨烛光下,处处是各国游客的身影,西街形成了中西文化的交汇点,东方传统文化和西方现代文明高度融合,中国人在此学外语、了解世界,外国人在此学中文、认识中国。在开放、和谐、兼容的环境中,各种民间中外文化交流活动不断,外地学校组织到西街的英语"夏令营""冬令营"连绵不绝。西街有着浓郁的历史文化气息,伟大的革命先行者孙中山曾在这里发布重要演讲。

遇龙河国家级旅游度假区　位于阳朔县中西部,总面积86平方千米(其中核心区面积30平方千米),涉及阳朔镇、白沙镇、高田镇、金宝乡4个乡镇7个建制村64个村(屯)2.4万人。遇龙河蜿蜒贯穿度假区全境。遇龙河是漓江在阳朔境内最长的一条支流,素有"小漓江"之称,两岸青峰起伏,翠竹葱郁,荷塘连片,稻田金黄,果园飘香,白鹭蹁飞,是天人合一的诗意境界、返璞归真的自由天地、如诗如画的田园风光。度假区依托遇龙河经过多年的发展,逐步实现从"旅游目的地"向"旅居目的地"转型,度假区内有秀丽的山水田园风光和独特的人文景观,形成了以遇龙河、桂林千古情、大榕树、月亮山等为主的景区集群,打造了墨兰山舍、秘密花园、山畔度假酒店、香樟华苹等一批高端精品民宿酒店集群,一批国际赛事纷纷落户,让度假区成为世界旅游组织推荐的最佳休闲旅游目的地。

印象·刘三姐　获得全国文化产业示范基地、广西文化产业示范基地、广西民族风情旅游示范点、中国乡土文化艺术特别贡献奖、首届文化部创新奖和第三届中国十大演出盛事奖、最佳导演奖等多种称号和奖励。"印象·刘三姐"集漓江山水、广西少数民族文化及中国精英艺术家创作之大成,是全世界第一部全新概念的大型山水实景演出。演出地点为漓江山水剧场,位于广西桂林阳朔县城书童山,距桂林市区66千米,桂阳公路和漓江水道可直达。由张艺谋、王潮歌、樊跃任总导演。整场演出全长70分钟,演出人员600余人,演员多为当地村民。演出以"印象·刘三姐"为总题,大写意地将刘三姐的经典山歌、广西少数民族风情、漓江渔火等元素创新结合,不着痕迹地溶入山水,还原于自然,成功注释了人与自然的和谐关系,表现了漓江人的生活,创造出天人合一的境界,被誉为"与上帝合作之杰作"。表演舞台为2千米的漓江水域及12座背景山峰,构成全世界最大的天然剧场,并启用环境艺术灯光工程及独特的烟雾效果工程,创造出如诗如梦的视觉效果。

桂林千古情景区　位于阳朔县千古情大道,距离阳朔县城3千米。景区拥有上万平方米全室内空调开放的3号秘境旅游综合体、风雨廊。巨型歌仙造像气势宏伟,与桂林山水融为一体,是八桂大地真善美儿女的化身。景区内鬼屋、清明上河图电影馆、奇妙街等高科技和儿童体验项目妙趣横生。阳朔古村营造了独特的农耕市井生活风貌,市井街、风情街内爷爷的酒缸、奶奶的糕点、爸爸的玩具等手工作坊留住乡愁、寻找父辈的记忆。情人港、4号海湾是年轻人休闲的好去处。还有实景体验剧《大地震》,以及《锅庄狂欢》《民族快闪秀》等演艺秀和科技秀。大型歌舞《桂林千古情》,分为《远古的呼唤》《大地飞歌》《米粉传情》《靖江王府》《刘三姐》等场,再现了一段三生三世的桂林绝恋。演出运用先进的声、光、电等高科技手段和舞台机械,在水陆空三维立体空间,唱响了八桂大地穿越时空的真善美传奇，将掩藏在漓江山水下的八桂文化带入大家的视野。

三千漓山水人文度假区 国家4A级旅游景区。位于阳朔兴坪，漓江旅游精华段，毗邻兴坪古镇，距离桂林市中心仅46千米，距离阳朔县城26千米，距离阳朔高铁站6千米。度假区以“渔樵耕读自在闲”为文化主题，融入渔舟唱晚、躬耕乐道、清歌樵苏、读窗疏影等四大休闲生活方式。以“渔樵耕读”为文化主题，分为时光兴坪（文化旅游街区）、田园牧歌（生态田园旅游区）、梦梓村舍（田园度假居住区）、清歌樵苏（山居休闲旅游区）、闲云空谷（会议度假区）五大功能分区，以度假为核心，融合酒店、餐饮、娱乐、文创、亲子、教育、演艺、体育、康养以及商务会议等业态的休闲养生度假小镇。街区内规划有文创艺术、亲子营地、自然课堂、主题住宿、特色餐饮、缤纷游玩等产品形态。这里有147公顷天赋山水长卷佳境，也有可瞬间穿越800米实景神话歌舞演艺《三生三世三千漓》。

兴坪古镇 兴坪古镇是一座有1000多年历史的古镇。距离阳朔县城28千米。周围群峰竞秀，有“三岩、五井、十二山”等名胜。兴坪古镇现尚有众多的文物古迹，主要集中在兴坪古街及离镇约2千米远的渔村。这里的古桥、古渡、古亭、古戏台、古庙、古寨、古树和古村落建筑群，比较完整地保持了原有的历史环境风貌，身临其境，仍可领略“老街长长，古巷深深”的意趣。兴坪古街是一条长1千米多的石板街。从兴坪古镇东南至漓江榕树潭、古渡码头，便于居民、客商来往，各省的会馆建筑于古街的两旁，现各类砖瓦结构的古建筑大部分保存完好。现城墙轮廓尚清，随处可见古砖瓦陶瓷残片，呈现出一派青山幽幽、村舍几座的肃静氛围。周边著名景点有“黄布倒影”、古渔村、莲花岩和罗田大洞等。

金钟山景区 国家4A级旅游景区。位于桂林市永福县，距离桂林市40千米，交通便利。6.5平方千米的原生态梦幻山林中融合了地方独特的福寿养生文化，是中国首家以福寿养生文化为主题的大型综合度假区。景区目前拥有桂北地区唯一的天坑景观——乾龙天坑，精巧幽奇的生态钟乳岩洞——永福岩，依山而建的森林矿泉浴场，祈福求寿的长寿仙宫，梦幻山林间的迷你18洞高尔夫灯光球场，拥有全国首条山地越野主题车道的疯狂ATV山地越野车场，跑马场，绿色环保度假酒店等十余项观光、休闲度假设施，为您提供回归自然、探险寻踪、休闲浪漫的一站式度假生活。

世外桃源旅游区 国家首批4A级旅游景区、全国首批农业旅游示范点。位于阳朔县白沙镇，距阳朔县15千米，距桂林市49千米，桂阳公路直达。是根据陶渊明《桃花源记》中描绘的桃源美景并结合当地田园风光所设计开发的大型旅游景区。集山水、田园、民俗于一体，展示了一幅古桥、流水、田园、老村与水上民族村寨融为一体的绝妙画图。青山秀水环绕，生态环境优美，全程可乘船游览。到处可见村庄田野、炊烟袅袅、鸡鸣狗叫，村民捕鱼浣衣，日出而作，日落而息。集中展示了广西壮、侗、苗、黎、土族等少数民族的民族建筑，有侗族鼓楼、风雨桥，壮族小姐楼、苗族刀山（架）、土家族图腾柱等。山水之间，还有丰富多彩、风格各异、原汁原味的民族风情表演。游客可了解中国传统文化艺术中的精华片断，亲身体验古代农耕、造纸印刷、织布制陶、书画雕刻等多种传统文化精髓的无穷魅力。

愚自乐园艺术园（地中海俱乐部桂林度假村） 国家4A级旅游景区。文化产业示范基地、青少年科技教育基地。位于桂林市雁山区大埠乡，地处桂林至阳朔黄金旅游线中段，距桂林市区30千米，是集游览、观光、会议、休闲、度假为一体的综合型旅游度假艺术园区。于1998年8月1日创立，项目占地面积为131公顷，首期工程占地约60公顷。园区内具有多层次岩溶地貌景观，峰丛平地拔起，水面绿幽清澈，草木高低错落，人入其境，身在画屏。秉持“保护自然，创造人文”的建园理念，以桂林自然山水为依托，将世界各地顶级艺术家的雕塑作品放置其间，自然环境与艺术作品相映协调，自然景观与人文精神高度结合，形成一个广袤的田野艺术廊。园区有雕塑艺术园区、HOMA现代艺术酒店、邓丽君音乐花园、幾米布瓜世界、艺术创作坊、甲漓水、日光湖等特色景观和项目，突出了自然生态、艺术人文、教育研创、休闲娱乐等多重功能。法国地中海俱乐部于2013年落户愚自乐园，将纯美山水、艺术文化与休闲度假融为一体，吸引了大批世界高端游客到桂林度假。

银子岩旅游度假区 国家4A级旅游景区、桂林市文明旅游风景区示范点，位于桂林市荔浦市马岭镇，距桂林市区85千米，占地面积100公顷。1999年对外开放。岩洞为典型的喀斯特地貌，贯穿12座山峰，属层楼式溶洞，汇集了不同地质年代发育生长的钟乳石，晶莹剔透，洁白无瑕，宛如夜空的银河倾斜而下，闪烁出像银子、似钻石的光芒，所以称为银子岩。洞内特色景点数10处，最为著名的景观“雪山飞瀑”“音乐石屏”“瑶池仙境”。大自然的神工鬼斧，誉为“世界溶洞奇观”。

荔江湾 国家4A级旅游景区。位于桂林市荔浦市东南部，距桂林市100千米。荔江湾全长10千米，宽100至500米，景区范围500公顷。此处山形奇特，峰丛林立，溶洞与山水相连，河水如玉带般地环绕群山，故为“荔江湾”。从元朝始至民国期间，诸多僧人、尼姑在此修行，建有水月庵、红石庙、观音庙。中华人民共和国成立后，1995年，开发了八卦仙宫和八卦山庄，推出了象鼻岩、灵芝仙阁、壁画神韵——天下奇观、水月庵、古道山区助学、灵芝洞探宝、阡陌陆上行、中华龙舟楫橹、观“青山晚照”、竹林氧吧、体验古人劳作朴韵、泛皇家之舟、渔家与鱼鹰捕鱼、刘三姐水乡歌圩，瑶池仙女下凡表演等游览项目。

恭城瑶族自治县三庙一馆景区 国家4A级旅游景区。包括文庙、武庙、周渭祠、湖南会馆。位于广西桂林恭城瑶族自治县县城西山南麓，距桂林市108千米。文庙又称孔庙，国家级文物保护单位，是纪念古代杰出教育家、思想家孔子的庙殿，为桂林著名明代文物建筑和游览胜地，始建于明朝永乐八年（1410年），总面积3600平方米，是国内保存较完整的孔庙之一，有“华南小曲埠”之称。坐北朝南，依西山之势而建，六级平台递进而上，气

势宏伟，蔚为壮观。前有茶江河水弯环绕抱，后有西山古松翠柏衬映生辉。建筑布局依次为照壁官墙，礼门、义路门、棂星门、泮池和状元桥、左右碑亭和东、西厢房、大成门、名宦祠、乡贤祠、东西庑殿、露台、大成殿，最后是崇圣祠。门、院、殿宇贯穿在一条中轴线上，左右对称排列，层次分明，布局严谨。武庙，国家级文物保护单位。该庙是纪念祭祀三国时期的名将关羽的祠庙，又称关帝庙。始建于明朝万历三十一年(1603 年)，庙宇面积 2100 平方米。整个布局由古戏台、雨亭、正门、正殿、后殿和东、西厢配殿组成。周渭祠，又称周王庙或嘉应庙。建于明朝成化十四年(1478 年)，清朝雍正元年(1723 年)重修，是纪念祭祀北宋监察御史周渭的祠庙。占地面积 1600 多平方米，建筑面积 1040 平方米，由戏台门楼、大殿、后殿及左右厢房组成。周渭祠门楼，是全庙的精华所在。门楼面阔五间，重檐歇山，颇有明清古建特色。正殿塑有周渭像，两边的墙壁上用壁画的形式展示周渭生平故事，并配有诗赋。湖南会馆位于周渭祠隔壁。建于清朝同治十一年(1872 年)，为当时的三湘同乡会集资所建，占地面积为 1847 平方米，建筑面积 1420 平方米。由门楼、戏台、正殿信两边厢房组成。因其结构独特，造型奇巧，雕饰丰富，花草人物繁杂，故有“湖南会馆一枝花”之美称，其丰富的彩饰古戏台具有明显的岭南古建特色，有较高的艺术价值和研究价值，是广西较为罕见的古建筑珍品。

红岩景区　国家 4A 级旅游景区。全国农业旅游示范点，位于广西桂林恭城瑶族自治县莲花镇红岩村。距桂林市 123 千米，是集山水风光游览、田园农耕体验、餐饮住宿休闲、会议商务观光等多功能为一体的乡村生态旅游村。2002 年开始规划建设，2003 年 10 月对外开放，总面积 6.8 平方千米。拥有中国唯一的“月柿之乡”称号的无公害生态水果万亩月柿基地，逢金秋收获季节，果实累累、月柿飘香，大量游客与摘果村民融合在一起，形成了一道岭南独特而亮丽的风景线。村内山环水绕，50 多家乡村别墅错落有致地分布在绿色果园中，可供餐饮与住宿，体验瑶族居民生活习俗。秀丽的平江河流经村庄，河畔翠竹林立、绿柳成荫。古朴壮观的瑶族风雨桥横跨平江河，整座建筑结构严谨，造型独特，极富瑶族特色。村内有马头山，山中多处岩洞相连，洞内怪石千姿百态。因岩洞内的结晶石、钟乳石具呈赤红色，红岩村因此而得名。沿观光小道登上观景台，四周的果海田园风光一览无遗，尽收眼底。

榕津古镇　位于桂林市平乐县张家镇榕津村，距离桂林市区 102 千米，是集观光、访古、游乐、休闲为一体的大型综合性景区。景区包括古榕古街和环绕古街的榕津河、沙江河等。古榕津之美，民间流传着“十榕八桂九井十三塘”的形容和描绘。其中尤以榕树而闻名四方，街口的连理古榕树群庞大。东街口还有奇特的墙上古榕。义渡码头不远处沙江河和榕津河会合处清浊二水相融，形成奇观。河流两岸凤尾竹婀娜多姿，一派田园水乡的青秀风貌。榕津大街上是一条时近千年、保留完整、充满古朴风情的古街，长约 300 米、宽 5 米，街旁皆为两层楼式的木砖结构房屋，有妈祖庙、古戏台、粤东会馆、三神宫、紫竹宫，有保存较完整的深宅古院。

【西部区域景点】

龙胜温泉旅游度假区　国家 4A 级旅游景区。位于桂林市龙胜西北部江底乡，距桂林市区约 110 千米，是以山间温泉为特色，集康体、休闲、度假、商务、旅游于一体的综合性旅游度假区。位处龙胜温泉国家森林公园境内，占地面积 5733 平方米，由温泉沐浴区和酒店两大部分组成。其中，泉池区共建有高标准、多功能的大小泉池 27 个。温泉由地下 1200 米深处岩层涌出，分上下两大泉群，有 16 眼泉口，水温为 54 摄氏度—58 摄氏度。泉水中含有锂、锶、铁、锌、铜等十几种于人体有益的微量元素。度假区周边旅游项目丰富，有岩门峡漂流、龙舌岩等。

龙脊梯田　国家 4A 级旅游景区。自治区级风景名胜区，位于桂林市龙胜各族自治县龙脊镇境内，距离桂林市区 78 千米，是以农艺梯田景观为主体，集自然景观、人文景观、民族风情为一体的综合型旅游景区。龙脊梯田始建于元朝末期，成形于明朝，完工于清朝初期，距今已有 700 多年的历史。主要是以平安壮族梯田和金坑红瑶梯田为主体，并向周边村寨辐射的梯田群体。景区占地面积 71.6 平方千米，最高海拔 1916 米，最低海拨 300 米。梯田一般分布在海拨 300 米—1100 米，坡度多为 26 度—35 度之间，最大的坡度有 50 度。龙脊先民从山脚往山顶层层开垦梯田，经过世代劳作，形成大规模的梯田群体。龙脊梯田规模宏伟、气势磅礴，线条行云流水、潇洒流畅，是中国南方农耕文明的集中体现。一年四季各有神韵，春如层层银带，夏滚道道绿波，秋叠座座金塔，冬似群龙戏水，被艺术家们赞叹为“神奇的韵律、优美的线条”。龙脊梯田景观主要可分为平安壮族梯田观景区和金坑红瑶梯田观景区。平安壮族梯田观景区主要的旅游观景点有金竹壮寨、黄洛红瑶寨、龙脊古壮寨、平安壮寨、龙脊梯田；金坑红瑶梯田观景区主要的旅游观景点有金坑红瑶寨群、金坑梯田、下布茶园、下布峡谷、下布瀑布群等。

资江景区　国家 4A 级旅游景区、国家森林公园、国家地质公园、自治区级风景名胜区。位于资源县北部，距桂林市区 98 千米。属丹霞地貌、生态型自然风景区。1990 年开始开发建设并接待游客。资江古称夫夷水，发源于华南第一高峰猫儿山，江水自南而北流入洞庭湖，属长江水系。在资源县境内流长 83.1 千米，流域面积 1315.5 平方千米，河床平均宽 100 米。景区系 3000 万年前强烈的造山运动构成南北走向的山脉，由白垩系红色砾岩、砂岩、泥岩构成软硬相间的岩层，在漫长的地质年代里由于风化、剥蚀、侵蚀和溶蚀的综合作用，逐渐发育形成的丹霞地貌。资江历史上是湘桂两地重要通道，至今依稀可见当年纤夫在岸边留下的印痕，现为漂流旅游的黄金水道，开辟了机动木船、橡皮艇、竹筏等游览项目，漂流中途可参观浪田瑶寨，观看浪田瑶族歌舞表演。漂流河段是资江景观最为集中的地带，全长 22.5 千米，下 45 条滩，拐 31 道弯，河谷深割，似玉带穿梭于奇山峻岭之中。两岸丹峰耸立，植被丰富多样，原生态植物保护完好，有国家重点保护的资源冷杉、福建柏、鹅掌楸、马蹄参、香果木、银杏、观光木等。沿途有风帆石、火炬山、神象饮水、浪田瑶寨、将军骑马镇天门等60多处景点。

八角寨　国家4A级旅游景区。国家森林公园、国家地质公园、自治区级风景名胜区。距桂林市区140千米。1991年开始开发旅游，并向社会开放。景区方圆40平方千米，丹霞地貌发育最为典型，其丰度和品位高，具有大、多、长、密、厚等特质，被专家誉为“丹霞之魂”。景区以峰林为主，涵盖了丹霞地貌中的石寨、石墙、石崖、石柱、石峰、嶂谷、峰林、水蚀溶洞、造型地貌、天然壁画等类型，奇景变幻多姿。景区内原生态动植物保护完好，种类丰富多样，原生植物188科，1436种，有国家重点保护的资源冷杉等。主峰八角寨又名云台山，海拔818米，因主峰任斜生八个翘角而得名。其山势雄浑博大，巍峨挺拔，气派非凡。东、西、南三面均为悬崖绝壁，只有西南坡有一条古老、陡峭的幽径可登山顶。从主峰鸟瞰，可见云海、云带、云涛、云湖等奇景。顶部有一方3000多平方米的平地，宋元时代建有天心寺。景区有降龙庵岩、群螺观天、龙头香、眼睛石、龙脊天梯、幽谷栈道等130多处景观。

天门山　国家森林公园、国家地质公园、自治区级风景名胜区。位于资源县北部。距桂林市区110千米。属丹霞地貌、生态型自然风景区。1997年引资开发旅游，并向社会开放。该景区因天门山而得名，天门山雄镇资江，形状像天门中开。其方圆10千米，由东线(百卉谷)、西线(一线天)、神仙寨以及桃花岛四部分组成，山形峻秀，岩壑争奇，是典型的丹霞地貌。景区突出自然与文化景观两大主题，有38岩、19涧、2潭、6泉、8石等。百药谷汇天下药草，生长着360多种野生中草药，有乔木、灌木、藤木和草本植物，并建有神龙山庄、茶楼书苑，回廊曲榭，亭台楼阁，群家雕塑。景区内诸多淡红色的石柱成90度耸立。海拔630米的孤峰——神仙寨，四周悬崖峭壁，从峭壁上开凿出1098级的石梯可登峰顶，主峰“三娘石”宛如一柱擎天耸立。景区还有天脊、天鼠下凡、忘忧泉、银沙滩、半山亭、药师堂等20多处景点。

五排河漂流度假区　五排河又名浔江，位于华南第一高峰猫儿山下，资源县境内，距桂林市区138千米。以“水险、石奇、林幽、瀑美”著称。五排河约30千米的漂流，落差达200多米。整个漂流河段无暗河、无漩涡，局部落差不超过2米，适合大众旅游漂流，具有开展激流皮划艇回漩运动竞赛和训练的自然条件，是体育探险型漂流风景区。2005年被国家体育总局水上运动管理中心授予漂流训练基地。

花坪　国家级自然保护区，位于桂林市临桂区与龙胜各族自治县西南部交界处，距桂林市区70千米，为我国距离城市最近的原始森林，是集森林探险、珍稀物种观光、科普教育于一体的综合性自然生态旅游区。保护区创建于1961年，总面积为1.51万公顷，森林覆盖率97.48%，是保存较好的亚热带常绿原始阔叶林区，动植物资源十分丰富。其地貌峰峦重叠连绵、岭脊嶙峋锐利、谷坡陡峭绝险、植被繁茂复杂、古树遮天蔽日、藤蔓横纵交错、苔藓厚如毛毯，有数不胜数的奇花异草、珍稀孑遗的动植物、雄伟壮丽的瀑布景观，素有“花的世界”“瀑布之乡”“动物王国”之称。保护区内分为红毛河、粗江、红滩、广福四大景区，主要有观赏银杉、红滩峡谷寻幽探险、广福顶登高望远、广福湖泊荡舟垂钓等旅游项目，以徒步为主要旅游方式。

【北部区域景点】

红军长征湘江战役纪念设施　包括全州红军长征湘江战役纪念园、兴安红军长征突破湘江纪念馆、灌阳新圩阻击战史实陈列馆。湘江战役发生在湘江广西段。民国二十三年(1934年)11月25日—12月1日，连续突破三道封锁线的中央红军经过湘江流域的广西桂林灌阳、全州和兴安境内时，遭到国民党军队重兵围追堵截。为确保中共中央和中央红军主力渡过湘江，粉碎敌人围歼红军于湘江以东的企图，中央红军在湘江上游广西境内的兴安县、全州县、灌阳县，与国民党军苦战数昼夜，最终从全州、兴安之间强渡湘江，突破了国民党军的第四道封锁线，粉碎了蒋介石围歼中央红军湘江以东的企图。上万名红军将士血染湘江两岸，成为中央红军长征以来最壮烈的一战。中华人民共和国成立后，2018—2019年，广西全力以赴推进湘江战役纪念设施建设保护和红军遗骸收殓保护工作。完成了68个湘江战役纪念设施建设保护项目和红军遗骸收殓、集中安放工作，2019年9月12日，红军长征湘江战役纪念设施落成仪式在桂林市全州县举行。

乐满地度假世界　国家首批5A级旅游景区。中国十佳主题乐园、中国先进游乐园、被喻为中国欢乐之都。位于桂林市兴安县，距离桂林市中心60千米。占地400公顷。是集狂欢主题乐园、度假酒店、木屋别墅、高尔夫球场于一体的观光旅游、休闲度假、康体娱乐、商务会议、高尔夫球运动等综合性度假胜地。主题乐园分为欢乐中国城、美国西部区、梦幻世界区、海盗村、欧洲区、南太平洋区、森林游乐区主题区。有超级旋风、高空弹跳、大峡谷漂流、飞艇冲浪、风火轮、魔法光轮、飞天龙、动感影院、海盗船等30余项惊险刺激的游乐设施，还有好莱坞影视特技秀、魅力狂欢大巡游、激情热辣秀、阿里山歌舞秀、南太平洋歌舞秀、街头秀等10余项精彩演艺项目。度假酒店是一座融合桂林山水之美、少数民族建筑文化艺术及乐满地欢乐文化的酒店。高尔夫球场围绕着灵湖和丘陵而建，为18洞标准球场，标准杆72杆，全长7073码。前9洞以山景为主，地形沿丘陵起伏多变，后9洞以湖景为主，球道沿着自然的湖岸设计。球场独有的世界级美景，球场16洞极具特色，又被称为“魔鬼洞”，难度较大。

猫儿山景区　国家4A级旅游景区。猫儿山主峰海拔2141.5米，号称“华南第一峰”，是漓江、浔江、资江发源地。景区内风景秀丽，气候宜人，景点包括：华南绝顶、穿仙洞、通天道、华南虎、猫岳佛光、睡美人、铁杉荟萃、漓江源、杜鹃花廊、龙潭、十里大峡谷、剑崖大瀑布以及1996年发现的美国二战援华飞机(飞虎队)失事之地等，整个景区是集科教、览胜、探险、猎奇、度假、避暑、竹木经济开发、缅怀革命先烈与纪念国际友人为一体的综合性国际旅游景区。

灵渠　国家4A级旅游景区。又名秦凿渠、或称陡河，位于桂林市兴安县，距离桂林市中心60千米。建成于秦始皇33年（公元前214年），与四川都江堰、陕西郑国渠并称为秦代三大水利工程，是世界上最古老的运河之一。至今已有2200年的历史，对中原与岭南地区的经济文化交流起到极为重要的作用，对维护国家的统一、巩固边防有着不可磨灭的功绩。灵渠除渠道以外，有大、小天平（即铧堤）、铧嘴、秦堤、泄水天平、陡门等建筑。建筑科学配套，紧密相连，使灵渠成为不朽的水利工程。

秦家大院　位于桂林市兴安县白石乡源头村。距离兴安县城24千米。秦家大院目前保留有明、清两代风格建筑群20多座，属典型的明、清建筑典范，集建筑学、美学、雕刻艺术于一体。相传水源头村是秦琼后人的聚居地。经过多年繁衍，渐成规模。在后笼山下，依山势拾级而建成了成片的大宅子，当地人称其为“秦家大院”。这些宅子基本为三进三开，房屋分为四组，组与组间隔2米，形成狭长的巷道，均以青石板铺筑。宅子的高堂、戏院、花厅都敞开大门，两旁房子的大门朝里开。宅子的墙壁都以几吨重的青石方墩为基，砌上1米多后，改用青砖砌至屋顶。高大敞亮的上层楼房，窗户上镶嵌的窗花是琉璃瓦烧制而成，上面还画着花卉，温婉中透着古色古香。房中的板壁上刻着各种花纹的图案，庭柱下的石礅上凿有龙凤的花饰，精细美观。秦家大院在东、南、西、北的出入口处都设有防盗门，抵御外来的盗贼。

全州大碧头国际旅游度假区　国家4A级旅游景区。位于全州县庙头镇大碧头村，距离全州县城30千米。已建成云田养生温泉、阡陌居度假酒店、大地景观、半山居度假别墅、丛林奇境五大核心业态。景区内有养生温泉、野奢酒店、稻田餐厅、大型户外丛林探索项目、灯光秀场、大碧头古村落等数百个子项目，成为“全品类”“全龄化”“全季度”的国际旅游度假全境。景区结合山水、田园元素打造情景式体验区，稻田艺术、萌宠乐园里留住纯真童趣，星空露营、房车营地中藏着山野别趣，更延续着中国传统农耕文化，为游客提供最原始的农耕体验，在山水中享受采菊东篱下的悠然与惬意。景区还拥有国内最长空轨速降滑道、500米长的溜索、全长300米景区轨道三角翼、CS基地等，让游客感受自然的同时也能体验速度与激情。

天湖　位于桂林市全州县才湾镇，距桂林市138千米，位于华南第二高峰真宝鼎东侧，海拔1600多米，由高山草地、原始森林和13座水库组成的湖泊群。是狩猎、避暑、登山、赏花、休闲、度假的理想胜地，典型的高山湖泊景观。景区方圆达43平方千米，高山顶上的座座水库相互贯通，互成补充，犹如一面面晶莹透亮的明镜，点缀在崇山峻岭间。满山生长着高山植物，随山体高低不同形成层次变化，尤其绿茵茵的草甸，象厚厚的绿毯覆盖在每一片山坡上，成为天湖奇观。天湖水电站，为亚洲第一高水头电站，水头落差高达1074米。

月岭古民居　位于桂林市灌阳县城北面文市镇月岭村，距县城30千米。该村为灌阳县古老文明的第一村，居住着约400户人家，有700多年的历史。祖居为唐氏家族。月岭古民居是自治区内保存较为完整的古民宅群落。月岭村方圆4平方千米，古民居、文物古迹与周围的自然环境、人文景观融为一体。古民居始建于明末清初，属典型的湘南式民居建筑，全村各院围墙、道路均用青石围砌，建筑基本保存完好。有6个大院最为完整和典型，相传是唐氏祖上为其六房儿子修建的庭院，其庭院各立门楼，每院由六

表5　桂林市主要旅游景区（点）一览表

区域	主要旅游景区（点）
桂林市区	两江四湖·象山景区、独秀峰·王城景区、逍遥楼·东西巷、芦笛岩、西山景区、七星景区、桂海碑林博物馆、愚自乐园（法国地中海俱乐部桂林度假村）、八路军桂林办事处旧址、靖江王陵、冠岩、穿山公园、南溪公园、西山公园、尧山景区、刘三姐大观园、虞山景区、甑皮岩、李宗仁官邸、园林植物园、訾洲公园、芦笛岩鸡血石文化艺术中心、桂林旅苑景区、九滩瀑布、花坪、十二滩漂流、古桂柳运河、李宗仁故居、刘三姐茶园、义江缘景区、红溪、五通浮州塔、东宅江瑶寨蝴蝶谷、岚岩生态长寿村、会仙湿地、罗山湖·玛雅水上乐园景区、崇华中医街景区、临桂环城水系公园等
阳朔县	大榕树景区、兴坪景区、杨堤景区、福利景区、印象·刘三姐、阳朔西街、遇龙河、世外桃源、碧莲峰、历村、月亮山景区、蝴蝶泉、聚龙潭、鉴山寺、莲花岩、龙颈河漂流、图腾古道—聚龙潭景区、桂林千古情、三千漓等
灵川县	古东景区、青狮潭、大圩千年古镇、东江生态旅游区、世纪探古乐园、海洋银杏林、江头景区、毛洲三岛农家乐、逍遥湖景区等
全州县	湘山寺景区、炎井温泉、天湖、三江口、龙岩洞、燕窝楼、溪竹山、童母岩、千年古樟、虹饮桥、觉山铺、关岳庙、凤凰嘴、大坪渡、语录山、全州红军长征湘江战役纪念园、大碧头国际旅游度假区等
兴安县	乐满地度假世界、灵渠、秦城水街、红军长征突破湘江烈士纪念公园、超然派度假山庄、秦家大院、世纪冰川大溶洞、古严关、猫儿山、五里峡水库等
永福县	永宁州城城墙、百寿岩石刻、板峡湖景区、金钟山旅游度假区、孔雀山庄、龙江社边农家乐、白马山庄等
灌阳县	九龙岩、赤壁山、灌江山峡、太子山风景旅游区、月岭古民居、黑岩、千家洞、九如堂、湘江战役新圩阻击战酒海井红军纪念园、灌阳烈士陵园、米珠山农家乐等
龙胜各族自治县	龙脊梯田、龙胜温泉、龙胜温泉国家森林公园、大唐湾景苑、龙脊古壮寨、银水侗寨、白面红瑶寨、三门红瑶寨、红军楼、红军岩、黄洛红瑶寨、金竹壮寨、细门红瑶寨、玉牙谷、艺江南中国红玉文化园、龙脊特色旅游小镇、金车生态民族村等
资源县	资江、八角寨、天门山、宝鼎瀑布、五排河漂流、福满园温泉、晓锦遗址等
平乐县	桂江生态游、千年古镇、仙家温泉、榕津古镇、冷水石景苑等
恭城瑶族自治县	三庙一馆景区、红岩景区、朗山古民居、大岭山桃花源景区、茶江水上乐园、横山瑶寨、社山生态旅游景区、豸游周氏祠堂等
荔浦市	银子岩景区、丰鱼岩景区、龙怀文化景区、长滩河漂流、鹅翎禅寺、荔江湾景区、龙皇山、天河瀑布、银龙古寨等

幢组成，每幢均为上下两层结构，前设中门、天井和大堂，后有小堂和天井，配有住房、厨房、客房、仓库和私家戏楼，还有水井花园。村落三面环山，背依灌江，树木葱茏、瓜果飘香，周围有许多保存完好的古建文物。有建于清道光十四年至十九年(1834年—1839年)的"孝义可风"石牌坊，被专家誉为石雕博物馆，属自治区文物保护单位。有建于清乾隆年间的步月亭和文昌阁，有县级文物保护单位催官塔，有反映民风民俗、建于清宣统二年(1910年)的百岁亭，有将军庙、古石寨、唐孔林墓等古建筑。村中还有步月仙桥、步月岩、白驹岩、沙江晚渡、古井旋螺、上井石泉、双发井等自然景观。

旅游行业管理

【旅游市场常态监管】 2020年，桂林市结合疫情防控需要，组织春节假期、汛期、"五一"、复工复产、中秋、国庆等专项安全生产检查和重大活动、重要节日广播电视网络视听安全播出检查，全市文化旅游市场总体安全、稳定、有序。开展旅游市场突出问题集中百日攻坚行动、桂林市A级旅游景区提升与旅游市场专项整治工作。受理立案投诉案件175件，收到群众反映、咨询、举报等来电、来信861件次，为游客挽回经济损失88.7万元。

【旅游公共服务设施提升】 2020年，"一键游桂林"旅游综合服务平台、综合监管平台和旅游大数据中心初步建成，融入"数字桂林"建设。启动国际语言无障碍服务终端系统建设，加快实施桂林旅游中英文标识系统建设(1期)，打造语言无障碍国际化旅游城市。桂林旅游集散中心(木龙湖)、桂林城市文化旅游服务中心·"桂林有礼"会客厅建成投入使用。

【旅游品牌创建】 2020年，桂林市入选第一批国家文化和旅游消费试点城市。兴安县获国家全域旅游示范区、全国旅游标准化示范县。灌阳县获批自治区全域旅游示范区。龙胜各族自治县、荔浦市、灌阳县获自治区旅游标准化示范县(市)。桂林市成为广西首批体育旅游示范市试点城市。全市新增国家4A级旅游景区4家，国家3A级旅游景区6家，自治区旅游度假区1家，广西星级乡村旅游区6家，广西星级农家乐8家，广西生态旅游示范区2家，四星级饭店2家，三星级饭店3家，银叶级绿色饭店1家。4个乡村入选2020年全国乡村旅游重点村名录，1人入选2020年度全国乡村文化和旅游能人。2人入选2020年全国"金牌导游"，1人入选全国红色旅游五好讲解员。在全自治区率先评定推出职工(劳模)疗休养基地15家。新增自治区级文化产业示范园区1家，自治区级文化产业示范基地2家。新增二级城市旅游集散中心1家、三级城市旅游集散中心1家，未评级城市旅游集散中心2家、新增星级汽车旅游营地12家。

旅游开发建设

【支持文化旅游复工复产】 2020年，桂林市制订并落实《桂林市关于加强疫情防控促进文化旅游业振兴发展若干奖励措施》，设立1000万元的文旅市场恢复专项扶持资金，对全市旅游团队、景区、酒店、专列包机、节庆活动、境内外线上、线下宣传等给予复苏奖励。定期举办桂林市文化旅游业复苏振兴分析会，通过"月月奖"激励文化旅游产业复苏成效显著的单位。共向提出申请的274家旅行社退还旅游服务质量保证金5589万元，缓解旅行社业现金流压力。推动金融支持文化旅游企业复工复产，辖区各银行业金融机构累计向600余家文化旅游企业发放贷款8.86亿元。

【开展文化旅游复苏活动】 2020年，桂林市开展"桂林人游桂林""广西人游桂林""冬游桂林"文旅复苏活动，推出一系列周边踏青及自驾游优惠线路，推动国家A级旅游景区门票实行5折—8折优惠。组织全市120多家行政机关、企事业单位干部职工结对帮扶文化旅游企业自费旅游。推动92家旅游景区年内向全国医护工作者免费开放。在王城·东西巷开启"绚丽王城、点亮桂林""夜经济"活动，举办桂林漓泉啤酒音乐节暨国际美食展、阳朔遇龙河梦游仙境音乐节等各类节庆展会活动，带旺桂林旅游人气。

【开展线上线下旅游推广营销】 2020年，桂林市与腾讯、新浪、携程、飞猪旅行、同程、京东等各大线上平台合作，在各大景区策划美景、美宿、美食和地方特产等直播活动。组织文化旅游企业走出去，向周边客源地开展有针对性的营销推广。与华南五市旅游联盟、粤桂黔高铁经济带旅游联盟相关城市合作，开展联合营销。邀请全国重点媒体、广西地市级媒体到桂林采风采访，开展"粤港澳大湾区媒体桂林行"活动，配合中央电视台开展"坐着高铁看中国"在桂林的录制工作，向全国人民推介桂林。加强与国际旅游组织的联系，参加2020中国国际旅游交易会、世界旅游联盟·湘湖对话等国际性展会活动，寻求疫后入境旅游复苏先机，拓宽入境旅游宣传渠道。营销"桂林有礼"文化旅游商品品牌，推动"桂林有礼"系列产品进景区、酒店等购物场所，"桂林有礼"抖音、腾讯、淘宝、拼多多平台直播间陆续上线。继续在境外最大社交平台FACEBOOK每周更新桂林文化旅游贴文，加强与中国驻外旅游办事处、英国BBC广播公司、美国CNN有线电视台、全球著名旅游资讯平台孤独星球、德国汉堡中国之旅等开展桂林旅游形象宣传，保持境外影响力，为重启入境旅游作准备。桂林境外新媒体项目获第二届中国机构海外传播杰出案例"海帆奖"优秀案例。桂林国旅、唐朝国旅入境旅行社获文化和旅游部2020年"一带一路"文化产业和旅游产业国际合作重点项目，"遇见江枫渔火，聆听土楼之音""中国南方世界遗产周游之旅"2条旅游线路入选2020年深受"一带一路"(亚非)国家游客喜爱的来华旅游优秀线路。

【红色旅游成为新热点】 2020年，桂林市持续打造红色文化旅游目的地，编制《桂林红色文化旅游概念性规划》，组织拍摄《桂林红色旅游专题片》，整合建立一支业务精良的红色讲解员队伍。加强与延安、赣州、遵义、丽水、阿坝等红军长征沿线重要城市的交流合作，举办红色旅游城市联盟“2020畅游桂林·红色之旅”自驾车旅游活动。红军长征湘江战役纪念设施列入国家长征文化公园，纳入全国“重走长征路”精品线路，红色文化旅游成为桂林旅游新热点。截至2020年12月，红军长征湘江战役“一园两馆”共接待游客298万人次。

【推动文化旅游重大项目建设】 2020年，桂林市推动旅游高端化发展，统筹包装策划一批文旅康养项目和基础设施领域补短板项目，持续推进桂林融创文化旅游城、天湖国际高山生态旅游度假区、桂林乐满地文化旅游康养综合体项目、阳朔·兴坪休闲养生度假区、荔浦天誉养生谷、龙光·桂林国际养生谷、恭城瑶汉养寿城等重大文化旅游康养项目建设，桂林市漓江歌剧院封顶。自治区统筹推进的45个重大文旅项目（含预备项目）克服疫情不利影响，共完成投资64.6亿元。承办在云南昆明召开的广西2020年“民企入桂”招商推介会，赴贵州、重庆开展“民企入桂”招商推介活动，集中签约一批大健康和文旅产业项目或合作协议，签约额30多亿元。

2020年12月9日，“2020畅游桂林·红色之旅”自驾车旅游开行仪式在桂林王城景区举行。（唐飞鸿摄）

旅游企业

【星级饭店（宾馆）】 2020年末，桂林市有旅游4星级以上饭店21家。其中，五星级饭店5家，四星级饭店16家；辖县星级饭店中有五星级饭店1家，四星级10家；新评四星级饭店2家。

【旅行社】 2020年，桂林新增旅行社51家，注销旅行社16家。2020年年末，桂林市共有旅行社407家，其中经营出境旅游业务的旅行社24家，入境业务社380家。

表6 **2020年桂林市部分旅游景点门票价格表**

单位：元/人

景点名称	票价	景点名称	票价
芦笛岩	120	大野神境景区	门票80、漂流198
独秀峰·王城景区	120	古东瀑布景区	70
西山景区	70	冠岩景区	75（市民40）
芦笛景区	110	神龙水世界度假区	55
象山景区	70	逍遥湖	60
七星岩	55	龙门瀑布	40
七星景区	70	乐满地度假世界	150
伏波山	28	猫儿山原生态旅游景区	75、180（含来回车费）
翰苑碑林	18	超然派景区	80
叠彩山	32	漓江源大峡谷	65
訾洲公园	37	世纪冰川灵佛岩	45
尧山索道	单程60、双程110	灵渠	B票55（灵渠） C票140（灵渠、水街游）
刘三姐大观园	白天90、晚上120	龙胜温泉	125
甑皮岩遗址博物馆	13	龙脊梯田	95
李宗仁官邸	13	金坑索道	单程70、双程120
宋城主题公园	70	大唐景苑	88（含门票、表演）
日月双塔	42	义江缘景区	80
桂林园林园艺博览园	80	十二滩漂流	128

续表

景点名称	票价	景点名称	票价
雁山园景区	90	罗山湖水上乐园	150
地中海俱乐部桂林度假村	600（含自助午餐、运动项目）	蝴蝶谷	50
凯旋王国主题乐园	180	银子岩	80
世外桃源	75	丰鱼岩	65
三千漓山水人文度假区	日场 60 夜场 120	桂林全州大碧头国际旅游度假区温泉	158
聚龙潭	55	荔江湾	58
鉴山寺景区	20	天河瀑布景区	38
碧莲峰景区	30	八角寨	38
古榕公园	20	资江漂流	86
月亮山	15	五排河漂流	168
龙颈河山溪漂流	128	丹霞温泉	138
九马画山漂流	128（市民 100）	天门山	38
白沙湾峡谷漂流	128	天门山索道	58（单程）
阳朔图腾古道	45	宝鼎瀑布	29
蝴蝶泉	55	灌阳腾龙洞	75
文庙	15	金钟山景区	温泉 128、永福岩 60、天坑 45
武庙	10	仙家温泉景区	98

表 7

2020 年桂林市旅游文艺演出场所票价表

单位：元 / 人

演出单位	票价	演出单位	票价
印象 · 刘三姐	普通席 198 贵宾席 320、238 总统席 680、480	梦幻漓江	150（普通座） 180（VIP）
桂林千古情	普通席 280 贵宾席 290 带桌豪华席 380	山水间	B 票 198 A 票 26 贵宾票 388
三生三世三千漓	120		
象山传奇	260	新漓水 · 古越山水实景演出	80

表 8

2020 年桂林水上游览项目价格表

单位：元 / 人

航线	类别		散客		团队		说明
			淡季	平旺季	淡季	平旺季	
漓江精华游	桂林 – 阳朔	超豪华空调船（含自助餐）	380	450	350	400	平（旺）季为每年的 4 月—11 月；淡季为 1 月—月、12 月
		超豪华空调船（不含餐，可另加中餐标准餐费，围桌 35 元，自助餐 45 元）	240	270	210	240	
		普通空调船（含经济餐）	190	210	180	200	
两江四湖环城水系游		230					
环城水系桃花江自然生态山水画廊游		白天 120、晚上 170					
市区水上游			65				
阳朔水上游	阳朔 – 福利		160				
	杨堤 – 兴坪		90				
遇龙河漂流	金龙桥 – 工农桥		280				
	朝阳 – 工农桥		180				

（唐飞鸿）

会展活动

【概况】 2020年，面对新冠疫情影响，桂林会展行业及时转变办展理念，创新办展模式，突出数字主题，线上、线下结合，共享数字旅游。年内，中国－东盟博览会旅游展共设置“一带一路”主题馆、境外旅游专业展馆、国际旅游商品展馆、旅游消费展馆、广西旅游形象展馆、国内旅游专业展馆六类展区，首次采取“实体展＋云上旅游展”的办展形式，实体展展览总面积2.5万平方米，参展总面积1.05万平方米，其中特装展面积7200平方米，占68.5%，总展位数300个。共有49个国家和地区驻华机构、国内20个省（自治区、直辖市）、广西14个设区市组团参展参会，东盟十国全部特装参展。参展企业约700家，特邀买家300人，注册买家500人。

【共享数字旅游】 2020年，中国－东盟博览会旅游展围绕“共建‘一带一路’共享数字旅游”的主题，特设数字文博展区，突出展示人工智能、大数据、云计算、互联网、信息系统集成、软硬件产品研发等智慧文博类企业和产品，搭建电子商务旅游、科技旅游、5G网络旅游、智慧城市旅游等领域的旅游合作展示、交流、交易平台，扩大数字旅游领域沟通与合作。桂林馆设置数字体验区和VR体验区，通过运用5G现代信息网络和人工智能以及大数据集合，以场景模拟方式最大化的展示桂林风情面貌，给参观公众带来视觉上的强烈冲击，共享数字旅游体验。

【“五会一节”同期举办】 2020年，中国－东盟博览会旅游展与第十四届联合国世界旅游组织/亚太旅游协会旅游趋势与展望国际论坛、第15届中国－东盟文化论坛（首届中国－东盟文化艺术周）、2020年中国非物质文化遗产整体性保护论坛、第二届中国－东盟电视周系列活动以及第十届桂林国际山水文化旅游节同期举办。会期举办中国－东盟数字文化旅游专业合作论坛、旅游招商路演与投资洽谈、桂林国际旅游胜地特色旅游产品及线路推介会、买家之夜、交响音乐会《壮美之约》、旅游线路技术考察、文化遗产技术考察、“红铜鼓”中国－东盟舞台艺术类教育成果展演等系列丰富多彩的活动，与展会相辅相成。旅游展现场互动抽奖活动奖品丰富，通过互动游戏、红包雨等游戏，结合新科技产品开展全新的互动体验，吸引参会者参加，丰富展会内容，让更多市民参加、了解并传播展会信息，为旅游展聚集人气，真正做到办展惠民，提高展会知名度与美誉度。旅游展吸引70家境外主流媒体和中央、自治区新闻媒体等各大媒体高度关注。截至12月9日，国家、自治区级及市属新闻媒体刊播“五会一节”各类稿件共259条。

【推动文化与旅游深度融合】 2020年旅游展主宾国菲律宾、主题省云南先后举办文化旅游推介活动。旅游展平台上，中国和东盟交易旅游商品和服务，交流文化和理念，完善旅游文化合作机制，畅通旅游文化交流渠道，促进文化与旅游进一步融合。中国－东盟数字文化旅游专业合作论坛以“科技引领旅游新未来”为主题，邀请对“旅游＋科技”领域有深入研究和前瞻观察的专家学者、旅游企业高层、旅游管理机构负责人、主流媒体等，探讨科技对旅游业带来的全方位变革，提出应对措施。发起《中国－东盟数字旅游合作倡议》，助力中国－东盟数字、文旅领域战略合作，推动数字与文旅深度融合。120家参展企业与300位特邀买家参加专业洽谈会进行一对一洽谈，实现贸易洽谈超过3000场。106家企业达成初步合作意向，合作意向金额12496.09万元（其中境内5176万元、境外7320.09万元）。

（王善库）

2020年12月8日，中国－东盟博览会旅游展在桂林开幕。（唐飞鸿摄）

城乡建设与管理

城乡规划

【概况】 2020年，桂林市自然资源局推进国土空间规划编制工作，构建桂林国土空间规划体系。《桂林市国土空间总体规划(2020—2035年)》形成初步成果，中国国土空间规划平台刊登《城市体检评估成果交流：桂林国际旅游胜地篇》，提升桂林市国土空间总体规划编制水准。桂林市国土空间规划包含的14个专题研究已基本完成，5个专项形成初步方案。生态红线划定成果报自然资源部和生态环境部。优化城市规划管理单元控规编制及调整，完成《桂林市中山路—乳胶厂片区控制性详细规划》《市属办公三大院以及原桂林师范高等专科学校信义校区控制性详细规划》等一大批控制性详细规划和规划调整工作，为桂林市城市建设和城区经济发展提供科学合理空间载体，推进各行业的统筹协调发展。

【村庄规划】 2020年，桂林市自然资源局出台《桂林市村庄规划技术导则》《桂林市郊区村庄规划实施管理细则》《村庄规划资金奖补方案》等政策文件，为50个村庄规划编制工作推进编制政策框架。以资源县中峰镇为试点，通过统筹村庄规划与田园综合体建设、全域土地综合整治、农房管控等相结合的思路，打造优化乡村产业布局、健全乡村空间规划体系、提升农村人居环境质量相结合的新型村庄规划格局。

【综合竣工规划验收】 2020年，桂林市自然资源局出台《桂林市房屋建筑和市政基础设施工程竣工规划条件核实综合验收相关规定》，创新实施“容缺受理、分批验收”。全年共办理综合验收24件，其中东西巷旧城改造等4件竣工规划条件核实容缺办理。全年共发出《建设工程竣工规划条件核实证明》198件，竣工建筑面积106.92万平方米。

【公共规划】 2020年，桂林市自然资源局出台《市政公用项目建设工程规划许可证豁免清单》，最大限度地减少“水电气”业务的办理环节和时间。对不属于豁免清单范围的项目，将办理时间由原6个工作日压缩至2个工作日。完成桂林市第二水源工程——引水工程子项、桂林市七星区塔山片区城中村改造项目（桂林市七星区穿山塔山片区棚户区改造项目）——江东桥和刘家桥项目等重要市政基础设施的规划审批工作。

【城市规划】 2020年，桂林市自然资源局完成五美大院、湖滨大院、桂林师范高等专科学校信义校区、桂林中医医院城北院区、正菱第二机床厂、桂林绢纺厂等地块的控制性详细规划编制报批工作。统筹推进华润项目、啤酒堡项目、雁山草坪和龙船坪南溪山医院片区控规调整，科学论证调整方案，推进控规调整审查进度。编制完成《桂林市中山路—乳胶厂片区控制性详细规划》《桂林市两江四湖景区清秀山段控制性详细规划B-01、B-04、B-07地块规划调整》《〈桂林市清风实验学校北片地块控制性详细规划〉及〈桂林市南洲大桥南滨江地块控制性详细规划〉局部地块规划调整》《桂林市站前路储备用地及周边地块控制性详细规划调整》《芦笛百纺、驿前横里B-05地块+两江四湖清秀山段C-01地块规划调整》《桂林市红光公路周边地块12个地块控制性详细规划调整》《雁山科教园A-2-20控制性详细规划调整》《桂林市芦笛百纺公司、驿前横里周边地块控规B-03、B-10、B-11、B-12、B-13地块及周边

2020年，改造后的伏龙洲。（李腾钊摄）

路网规划调整》《雁山区科教园控制性详细规划调整 A-1 片区规划调整》《桂林市芦笛百纺公司、驿前横里周边地块控规 A-04 地块规划调整》等控制性详细规划 19 个，为桂林市城市建设提供规划保障。（罗宇韬）

住房和城乡建设

【概况】 2020 年，桂林市住房和城乡建设局(简称市住建局)下设社会保障住房发展中心、建设工程综合监督站等事业单位 15 个、企业 9 家。年内，市住建局加强住房城乡建设管理，完成保障性住房及棚户区改造建设、农村危房改造、广西特色小镇建设、传统村落保护发展、新型城镇化示范乡(镇)建设等重点工作任务，开展重大项目建设、城乡风貌改造提升、建筑节能和绿色建筑应用推广、建筑市场和房地产市场监管、公共租赁住房管理等工作，加快新型城镇化进程，服务临桂新区建设，提升疏解老城，统筹城乡协调发展，改善城乡人居环境，促进建筑业和房地产业转型升级。全年完成建筑业总产值 510.16 亿元，(比上年，下同)增长 8%；完成房地产开发投资 394.89 亿元，增长 8.4%。

【住房城乡建设行政审批改革】 2020 年，市住建局优化营商环境，加快工程建设项目报建提速，对工程建设审批制度实施全流程、全覆盖改革，建立“一家牵头、并联审批、限时办结”的项目审批标准化流程模式。开展优化营商环境百日攻坚行动，将一般社会投资类项目建设许可办理压缩至 16 个环节、60 个自然日以内(41 个工作日)；总建筑面积 1 万平方米以下的一般社会投资低风险产业类项目建设许可办理压缩至 4 个环节、20 个自然日以内(14 个工作日)，合并办理工程规划许可证与建筑工程施工许可证，提高项目审批效率，营商环境得到优化。推进工程建设项目审批管理系统建设，桂林市工程建设项目审批管理系统搭建完毕，网上办事大厅、效能督察系统基本建成。年内，完成政务服务事项办理 23547 件。其中，商品房预售许可 76 件，建设工程施工许可证核发 97 件，建设工程消防验收 103 件、设计审查 111 件、消防备案 108 件，房产测验成果审核 320 件，施工图审查情况备案 763 件，建设工程竣工验收备案 352 件，建设工程质量、安全监督登记 189 件，建设工程施工安全措施备案 189 件，新建房屋白蚁防治 68 件，房屋交易合同网签备案 14350 件，办理商品房合同备案 + 预告登记套餐 5361 件。

【城市重大基础设施建设】 2020 年，市住建局推进城市重大基础设施建设。靖江王府片区历史文化旅游休闲街区改造提升项目竣工并投入使用。桂林市“地下管网”(不含工业园区)开工项目 276 个，完成投资 15.43 亿元，完工项目 140 个，建设改造管道 863.38 千米。市政基础设施建设加快推进。全年完成市政行业施工产值 3835.7 万元(道路、桥梁日常维护产值 2419.7 万元，项目投资 1416 万元)，工程质量合格率 100%，道路完好率 99% 以上。实施东环路交通节点改造工程、沙河立交桥维修加固工程、万福路维修改造工程等市政道路建设，完善交通路网。加强市政路桥设施维护管理，确保道路桥梁完好通畅。累计完成漓江路、普陀路、福利路等道路车行道维修 2.99 万平方米，人行道维修 1.90 万平方米；桥梁维护 119 座次，累计完成产值 621 万元。开展创建全国文明城期间，累计完成车行道 2 万平方米，人行道 1.98 万平方米，桥梁清洁涂装 4373 平方米及 16 座桥梁专项美化等工作，累计完成产值约 1177 万元。加强项目建设方案编制，完成市公交专用道 BRT 实施方案、海绵城市专项规划等建设项目方案编制工作；城区治涝工程项目完成可研评审。

【保障性住房及棚户区改造建设】 2020 年，市住建局推进全市住房保障工作。新开工棚户区改造 8586 套，完成 7693 套；基本建成棚户区改造住房 9159 套，新开工公租房 3108 套，新增分配入住任务 1355 套，完成新增分配套数 2192 套，公租房基本建成 60 套。全市发放租赁补贴任务 2000 户，完成发放公共租赁住房租赁补贴 2746 户，政府投资公租房新增分配套数 1418 套。保障性安居工程建设共获财政补助 2.59 亿元，棚改债券 5 亿元，完成年度投资 42.43 亿元。

【公共租赁住房管理】 2020 年，市住建局规范直管公房管理，全年基本完成公共租赁住房租金调整工作，完成租金收缴 4486.81 万元。完成永彩路安居小区第一批 220 户入住工作，完成大板房搬迁工作。通过法律诉讼等手段，追回欠收租金，保证国有资产保值增值。推进非住宅公开招租工作，累计完成非住宅签订合同备案 600 户。推进桂林市公共租赁住房租金收缴电子信息系统，做好公共租赁住房实物配租工作，组织市本级公共租赁住房实物配租集中摇号分房，分配保障性住房 516 套。组织房管处对危旧公共租赁住房(直管公房)进行排查，并重点对叠彩区矮山塘、过沟、北冲等地段的危旧直管公房现场排查。

【新型城镇化建设】 2020 年，市住建局统筹推进示范乡(镇)建设和特色乡(镇)建设。共培育 9 个自治区级特色小镇。其中，第一批 5 个广西特色小镇建设全面开工，特色产业累计完成投资额 39.3 亿元，建设项目累计完成投资 62.2 亿元；第二批 4 个广西特色小镇产业策划和核心区建设规划成果通过市级评审，自治区级特色小镇数量居全自治区之首。推进新型城镇化示范乡(镇)建设，多渠道投入约 150 亿元，分 6 批共建设 85 个新型城镇化示范乡(镇)。12 月，第五批 14 个新型城镇化示范乡(镇)建设完成并通过市委、市人民政府考核验收，第六批 11 个新型城镇化示范乡(镇)建设全面启动。

【乡村风貌改造提升】 2020 年，市住建局助力乡村振兴，推动农村人居环境持续改善。完成自治区下达桂林市年度乡村风貌提升任务。争取自治区补助资金 1.26 亿元，共完成 8 条示范带、1659 个基本整治型村庄、92 个设施完善型村庄、20 个精品示范型村庄建设；全市开展“三清三拆”的村庄 2382 个，拆除农村危旧房 3215 栋，开展“三微建设”5459 户(12.1 万平方米)，完成村(屯)公共照明项目 193

个。加强传统村落保护发展。全市累计入选中国传统村落名录138个、广西传统村落名录262个，获中央财政支持的传统村落73个，争取补助资金2.44亿元。前三批获中央财政支持的49个村落全部完成建设，完成投资1.93亿元；第四批2017年中央财政资金支持15个中国传统村落全部完成，完成投资7985.5万元；第五批2018年中央财政资金支持5个中国传统村落全部完成，完成投资2503.5万元。农村住房安全保障工作全部完成。全市1.17万户危改任务全面完成，累计完成拆旧1.51万户，完成核验农村危改检索系统和住房保障核验系统共11.45万户，实现危改竣工率100%、验收率100%、资金拨付率100%。推进村镇基础设施建设。年内，全部完成公共照明建设村（屯）193个，完成自然村公共厕所改造项目36个，完成桂林市非正规垃圾堆放点整治任务。

【农村危房改造】 2020年，市住建局推进农村住房安全保障工作。全面完成全市1.17万户农村危房改造任务，实现危改竣工率100%、验收率100%、资金拨付率100%。完成拆旧1.51万户，完成核验农村危改检索系统和住房保障核验系统共11.45万户。

【推进建筑业改革发展】 2020年，桂林市建筑业企业508家，其中施工总承包企业188家，专业承包企业161家，监理企业26家，检测机构20家，劳务企业113家。完成建筑业总产值510.16亿元，增长8.0%。年内，市住建局优化营商环境，减轻企业负担，促进和扶持建筑业发展。对市区内企业承建的5000万元以上的重点项目及产值贡献较大的施工企业，给予复工复产补助和认购装配式农房支持脱贫攻坚工作补助，合计补助资金2387万元；对一季度产值增长的在库企业，给予产值增量部分1%的资金奖励，奖励金额115万元；对2019年度主营业务收入达到一定规模、晋升资质和获得国家级奖项的企业给予相应奖励，奖励金额430万元；对2019年度纳税额符合要求的企业的高层次人才子女入学问题给予支持并协调解决。广西建工集团第四建筑工程有限责任公司等9家企业获2020桂林企业50强，桂林建安建设集团有限公司获广西百强企业称号，广西盛丰建设集团有限公司等3家企业获广西民营企业100强。广西建工集团第四建筑工程有限责任公司获国家优质工程奖2项，桂林建安建设集团有限公司获国家优质工程奖1项。

【建筑市场管理】 2020年，市住建局强化建筑市场监管，实施《建筑施工企业信用行为评价管理办法（试行）》，深化建筑业“放管服”改革，优化建筑市场环境，营造诚实守信的市场环境。全面推进建筑用工实名制管理，将农民工实名制信息录入广西建筑农民工实名制管理公共服务平台，使用与平台联网的考勤设备，并由银行通过“桂建通”卡代发工资，实现“干活有数据，用工有实据，讨薪有依据”的目标。在建项目录入平台率100%，农民工录入4.7万人，发桂建通卡5万张，专户绑定平台率100%，农民工工资平台代发率89%，考勤数据上传率98.2%。加大建筑市场违法行为查处力度，共立案查处违法施工案件30件；全年受理农民工工资保障金退还审核109项；受理诚信库入库信息审核950起（次），新增诚信库入库企业28家；受理项目管理人员变更、诚信卡解锁卡224项；受理建设工程项目报建应缴费用核算10项；组织市场行为及农民工工资支付专项检查7次，共检查工地180个，下发整改通知（建议）书160份。

【工程质量安全监管】 2020年，市住建局开展建筑施工安全专项整治，建设工程质量安全水平稳定提升。一是开展建筑施工安全专项整治，建设工程质量安全水平稳定提升，获自治区建筑工程“真武阁杯”奖28项。开展建设工程质量安全大检查暨层级监督调研及建筑起重机械安全隐患排查暨专项安全检查，共检查项目41项，下发整改建议书36份，停工建议书5份。开展全市建设工程质量安全提升专项检查，全年发出整改通知书355份，发现督促整改质量隐患297起。二是开展建筑工地扬尘污染治理拉网式督查，督查项目1338个，下发整改通知书1207份、停工整改通知书35份，在建工地扬尘污染、脏乱差等现象得到有效治理。获自治区建筑施工安全文明标准化工地46个、桂林市建设工程施工安全文明标准化工地117个。

【建设工程招投标和造价管理】 2020年，市住建局加大工程招投标和造价监管，推进招投标监管深化改革，开展招投标市场行为及造价成果文件检查和调研，规范市场秩序。全市进入公

2020年，灵川县九屋镇新型城镇化示范乡（镇）建设。（苏辉摄）

共资源交易中心的房屋建筑和市政工程施工项目全部实现全流程的电子化招投标方式进行交易。加强评标专家、从业人员动态管理，对评标专家实行一标一评。年内，共办理工程施工发包建设工程项目 102 个，工程造价 65.08 亿元，下降 11.47%。其中，办理公开招标工程项目 49 个（含 EPC 项目 3 个），工程造价 37.63 亿元（含 EPC 项目 9.74 亿元）；办理邀请招标的工程项目 2 个，工程造价 0.77 亿元；办理直接发包的工程项目 51 个，工程造价 26.68 亿元。勘察、设计、监理均按规定完成招标监督任务。

【勘察设计管理】 2020 年，市住建局加强勘察设计市场管理，共获广西优秀工程勘察设计成果一等奖 12 个、二等奖 10 个、三等奖 12 个。全面放开勘察设计行业市场及审图市场，不设置针对外地勘察设计企业准入门槛，有 7 家施工图审查机构入驻桂林市。既有住宅加装电梯工作位居全自治区前列，共完成 12 部电梯加装，6 部交付使用。

【建筑节能和绿色建筑发展】 2020 年，市住建局贯彻执行《广西民用建筑节能条例》，以施工图审查为抓手，推进建筑节能和绿色建筑推广。年内，共推广绿色建筑项目 155 个，建筑面积 267.76 万平方米，竣工项目 321 个，建筑面积 183.9 万平方米，绿色建筑占新建建筑比率 46%。推进海绵城市专项规划编制工作，完成专项规划评审。

【新型墙体材料应用】 2020 年，市住建局加大新型墙体材料应用推广，全市新墙材产量折合标块砖 25 亿块，占墙体材料总产量的 85%；城镇房屋建筑使用新型墙材比例超过 94%，实现节约土地 320 公顷，节约能源标煤 17.48 万吨，减少二氧化碳排放 34.79 万吨，减少二氧化硫排放 0.41 万吨，利用工业废渣 119 万吨。被自治区列入 2020 年度淘汰关停的 9 家烧结轮窑砖厂全部关停淘汰。开展县城“限黏”乡（镇）农村“禁实”工作，完成自治区下达桂林市第三批 5 个县城“限黏” 57 个乡（镇）“禁实”工作目标任务。开展清水墙砖生产线示范和农村新墙材推广应用示范项目验收和建设工作，桂林市获批的 6 家清水砖示范生产线示范项目通过自治区墙改站验收。

【房地产市场形势】 2020 年，桂林市房地产开发企业 480 家，其中一级资质 3 家，二级资质 12 家，三级资质 104 家，四级资质 88 家，暂定资质 273 家。完成房地产开发投资 394.89 亿元，增长 8.4%；商品房新开工面积 681.99 万平方米，下降 27.1%；商品房上市面积 668.84 万平方米，下降 20.0%，其中商品住房上市面积 595.16 万平方米，下降 22.3%。商品房成交面积 697.19 万平方米，下降 0.7%（商品住房成交面积 649.56 万平方米，下降 0.4%）。年末，商品房累计可售面积 934.93 万平方米；增长 14.2%，库存消化周期 17.9 个月。其中，商品住房可售面积 701.53 万平方米，增长 16.9%，库存消化周期约 15 个月。

【房地产市场管理】 2020 年，桂林市加强房地产市场调控，确保房地产市场平稳健康发展。房地产金融端继续落实中央要求，房地产企业资金压力加大；中国银保监会加大对“首付贷”、消费贷资金流入房地产市场的查处力度，以及监管机构要求多家大型商业银行新增涉房贷款占比，个人端金融监管亦有所加强。年内，市住建局加强房地产开发企业经营行为和商品房预售资金监管。组织对全市在建在售房地产项目开展集中检查，向社会公示全市房地产开发企业资质备案情况，净化房地产市场环境，维护房地产市场秩序。加强房地产中介机构监管，重点整治住房租赁中介机构乱象，对全市房地产估价机构及房地产中介机构进行双随机抽查，并将抽查结果在国家企业信用信息网公布；及时查处违法违规行为，规范中介市场秩序。推动培育和发展住房租赁市场，出台《桂林市人民政府关于加快建立多主体供给多渠道保障租售并举制度，培育和发展住房租赁市场的若干措施》，促进住房租赁市场多元发展。筹备搭建住房租赁交易服务平台，建立住房租赁备案信息系统，加强住房租赁备案管理，为健全住房租赁体系、建立完善租购并举的住房制度夯实基础。

【房屋征收拆迁管理】 2020 年，市住建局依法依规有序开展国有土地上房屋征收与补偿及拆迁管理工作。在市主城区范围内开展 4 个项目国有土地上房屋征收工作。共征收房屋 275 户，总建筑面积 4.48 万平方米。其中，漓江剧院 D-10 地块项目国有土地上房屋征收房屋 5 户，总建筑面积 7419.84 平方米；芦笛路棚户区改造项目国有土地上房屋征收房屋 240 户，总建筑面积 3.5 万平方米；中山路—乳胶厂片区（桂林师专教职工宿舍安置）项目国有土地上房屋征收房屋 30 户，总建筑面积 2397.35 平方米。

【推进住房改革】 2020 年，市住建局推进住房改革工作，危旧房改住房改造项目开工 204 套，开工率 100%；基本建成 846 套，完成率 100%；完成投资 3.26 亿元，完成年度计划投资 403.19%。全年受理房改房上市交易审核，公示 3079 户，审核 3012 户；受理公有住房出售 14 个单位 54 户，办结 16 个单位 261 户，售房面积 1.45 万平方米；受理退房审核 8 个单位 9 户。推进经济适用住房建设和销售工作，审核经济适用房申购家庭 199 户，开展一期经济适用房销售，签订购房合同共 55 户。

【规范小区物业管理】 2020 年，桂林市物业服务企业约 360 家，从业人员 3 万余人，管理小区 700 多个、面积约 5000 万平方米。市住建局开展物业行业调研，狠抓行业规范管理，妥善处理群众投诉，维护社会和谐稳定，答复上级来访和群众来信 10 多次，处理电话投诉 30 多次，调解“兴进御园”“恒大城”“雁山新城”等住宅小区与物业管理相关纠纷。加强物业维修资金归集和使用管理，全年市本级新增归集资金 1.43 亿元，累计归集资金 12.37 亿元；受理申请使用维修资金项目 405 个，审批使用维修资金项目 405 个，拨付维修资金 814.21 万元，历年累计拨付使用 7546.88 万元。

【住房和城建档案管理】 2020 年，市住建局加强住房和城建档案管理利用工作，为全市城市建设、不动产登记、司法部门取证等提供大量凭证和依据。整理、装订交易中心确认件和不动产业务信息补录6805份，接待各类档案信息查询共计1.64万户，完成全自治区领导干部房产信息核查482批次、查询1.04万人次。推进城建档案数字信息化建设，采购、安装电子化档案接收、管理系统，从2020年10月1日起接收全市建设项目数字化电子档案，跟踪拍摄重点工程项目等各类照片500余张、视频650分钟，采集桂林新闻4900余条。加强建设工程档案管理，落实“四书”制度，出具工程档案“四书”证明材料448份，接收89个建设项目竣工档案，编审和信息录入78个工程项目7569卷，移交入库档案57个工程项目1.23万卷。做好城建档案查询、利用工作，接待查档群众1315人次，调阅档案2772卷，提供利用复印档案2.58万张。

【房屋安全管理】 2020年，市住建局加强全市房屋安全管理工作，完成查勘、鉴定房屋需480栋（户），鉴定面积25万平方米。配合城区政府等相关部门及时处置临桂区原县人民政府院内一栋宿舍楼室内地质塌陷安全事件、中山北路新豪庭商住楼的火灾鉴定、叠彩区凤东小区8栋的火灾鉴定等突发事件。配合市教育管理部门加强幼儿教育、课外培训用房安全管理。完成幼儿园、课外培训场所共40余所（面积2.5万平方米）幼儿教学、培训用房进行使用安全性鉴定。查处住宅室内装饰装修违规拆改案件，完成装饰装修申报备案鉴定意见110份。加强新建房屋白蚁预防工作，共签订新建房屋白蚁预防公共服务协议58份，完成新建房屋白蚁预防面积300.47万平方米，为企业减轻负担共计661.03万元。

【消防验收管理】 2020年，全市消防设计审查受理92项、办结90项，消防验收受理56项、办结54项，消防验收备案受理35项、办结31项，处理消防相关投诉事件11件，完成消防行政处罚案件1件。年内，2020年第二期全自治区建设工程消防设计审查验收管理工作培训班在桂林市召开。

（市住建局）

城市管理

【概况】 2020年，桂林市城市管理委员会（简称市城管委）召开4次全市城管系统创建全国文明城市工作会议，针对背街小巷、市容市貌、老旧无物业小区环境重点问题，开展环境卫生、市容市貌和不文明行为专项整治行动。年内，市城管委获桂林市创建全国文明城市工作先进集体二等功，市城管支队、秀峰区城管大队、七星区城管大队被评为自治区城市管理执法队伍“强基础、转作风、树形象”专项行动成效突出单位。

【城市基础设施项目建设】 2020年，市城管委完成市委、市人民政府“十三五”期间赋予的106项重大工程项目建设任务和重大交通节点改造项目。龙门大桥新建、漓江桥扩建、机场路香江饭店路口立交新建、17座人行过街天桥、城市道路水泥路面加铺沥青路面（白改黑）、东二环路整修、芳香东路新建等一批重要交通节点项目完工，扩容城市交通，方便市民出行，“南通北畅”魅力彰显。供水项目建设持续推进，市区污水处理系统进一步完善，市区5座污水处理厂全部完成提标改造，实现一级A达标排放。完成“城市双修”试点工作，山口生活垃圾焚烧发电项目投入运行。

【实现“十三五”城市管理目标】 2020年，市城管委实现“十三五”期间城市管理目标。全面建设升级数字城市管理平台，数字化城市管理案卷总数212.20万件，处置率99.92%，按期处置率99.7%。城市供水服务水平和保障能力不断提升，“十三五”期间市区年平均供水量1.52亿立方米，比“十二五”期间增长26.45%，水质综合合格率保持在99.9%以上。完成道路车行道维修16.77万平方米，路灯亮灯率达98%以上。建成区道路机械化清扫率逐年提高至80%，生活垃圾无害化处理率100%，建成区环卫作业市场化率66.8%。其中，象山区、秀峰区、七星区环卫作业市场化100%，城市污水治理效能不断加强。全市形成东区、中南区、北区、雁山区、临桂区5个较为完善的污水收集处理系统。镇级污水处理厂建设收官，桂林市成为自治区“十三五”第三批第一个完成通水的城市。建立建筑垃圾处置企业能进能出制度，成立桂林市渣土行业协会，建筑垃圾管理实现从无序到有序。加强有桩公共自行车设置及运行管理，先后设立公共自行车站点300多个，投放车辆1万余辆，减少碳排放3550吨。先后颁布施行《桂林市城市市容和环境卫生管理条例》《桂林市违法建设防控和查处条例》《桂林市城市照明管理办法》《桂林市燃气管道设施保护管理办法》等地方性法律法规。累计完成存量拆除违法建筑1008.44万平方米，完成自治区违建治理五年计划任务。燃气行业治理创新发展，建立桂林市燃气行业常态化管理联席会议制度，成立管线中心，在自治区率先成立燃气管理执法大队，与公安、交通等部门开展联合执法。各县（市、区）城管部门开展针对各类市容乱象的专项整治行动1万余次，拆除各类违法户外广告牌1.07万块，签订“门前三包”责任书3万余份。坚持疏堵结合整治占道经营乱象，建立夜市市场和临时市场摊区100余个，摊位1.1万个。

【环卫保洁】 2020年，市城管委组织开展夜间垃圾、陈年垃圾、大件垃圾、垃圾中转站管理、垃圾运输车容貌等专项督查200余次。督促相关城区落实整改存在问题1600余个，清除城中村、城郊结合部、背街小巷的陈年垃圾、大件垃圾和卫生死角2100余处；组织城区环卫部门开展全市市级管护道路深度清洗165条次、面积近600万平方米；增加垃圾清运和垃圾桶周围保洁力量2.4万余人次。安全转运及无害化处理生活垃圾67.45万吨，处理渗滤液28.76万立方米，城市生活垃圾无害化处理率持续保持100%，各县（市）生活垃圾无害化处理率保持95%以上。全面实施公共机构生活垃圾分类工作，市本级机关单位达标率100%。出台《桂林市生活垃圾分类管理办法》，象山、秀峰、叠彩、七星4个城区各有1个街道基本建成示范片区，临桂区、雁山区各有2个社区基本建成示范点，全市累计有200个小区建成生活垃圾分类示范点。统一采购四分类垃圾桶2950个。全年办理建筑垃圾处置许可证55个，办理大小车辆准运证共7062台，申报建筑垃圾处置量443万立方米，查处44家企业违规现象114起。对物业小区和无物业小区装修垃圾规范处置。开展洒水降尘，全年累计洒水降尘82.31万千米。加强对全市500余座公厕进行消杀保洁，全市、各县（市、区）新建、改建市政公共厕所54座。

【市容整治】 2020年，市城管委组织灵川县和6个城区开展非机动车违规停放专项整治行动69次，暂扣违停共享单车5.6万辆，纠正和劝导违停2.1万辆次。优化共享单车的管控机制和投放、调度程序。依法拆除各类陈旧破损户外广告牌1604块，清理非法粘贴小广告约28万张。规范整治夜市1153处，清理非法占道经营、超门窗经营和流动摊贩14万余户。

【市政基础设施改造维护】 2020年，市城管委加强所辖中山路、机场路、解放桥及15座人行天桥等市政道路桥梁的管理维护，全年完成道路破损修复1.40万平方米，所管道路完好率95%以上。完成上海立交、北辰立交等2座立交桥的美化提升。路灯和景观照明提升工作一体推进，完成6个城区30个重要部位节点、160个楼宇和公共节点的景观照明提升。年内，全部开工老旧小区改造项目380个50613户，开工率100%。秀峰区储备项目实现开工9120户。年内，市城管委共承担市级层面以上重点项目年度计划投资5亿元，实际完成投资6.67亿元。桂林电子科技大学花江校区供水工程完工通水，八一桥改扩建工程、桂林理工大学雁山校区东大门人行天桥、城北水厂二期供水项目完工，阳朔县垃圾焚烧项目加速建设，全州县垃圾焚烧项目正式启动，桂林市第二水源工程——引水工程子项开工。

【污水治理】 2020年，市城管委完成污水处理量1.12亿吨，完成COD削减量1.95万吨、氨氮削减量2088吨，处理干污泥9860吨，污水处理率100%。完成13个示范城市项目，督导各城区按示范城市要求建立黑臭水体治理长效管理机制，年内，南溪河、灵剑溪、道光河基本完成整治，清风沟、南湾河完成大部分整治工作。镇级污水处理项目建设收官，污水处理设施实现镇级全覆盖。12月，临桂区茶洞镇、龙胜各族自治县乐江镇、灌阳县水车镇污水处理厂建成试通水运行。

【供气供水】 2020年，桂林市稳定提供天然气约1亿标准立方米。2月—6月，桂林市对工业、经营服务用水实行临时降价，对符合条件的单位停征污水处理费。全年对2.39万家企业优惠水费共计341万元，对54家企业减免安装工程费用共计60余万元，燃气管道建设费整体降幅比例达45%。全年完成供水量1.63亿立方米，水质综合合格率99.96%。

【城市管理执法】 2020年，市城管委全年完成存量拆违135.41万平方米。联合公安等部门开展燃气执法行动149次，打击非法燃气站点299家。组织建筑垃圾联合整治11次，查处违规运输车辆2693台次。加强文明劝导联动执法，劝导非机动车违规停放、逆行、不文明养宠、乱丢烟头等不文明行为近1万余次。加强与公安部门联动，对非法发放“小广告”、乱扔烟头等突出问题开展联合整治，联合执法处置违规行为790余件。

（杨达珍）

住房公积金管理

【概况】 2020年，桂林市住房公积金管理中心办公室地点为桂林市临桂区公园北路8号金融大厦16楼；公积金业务大厅办公地点为：桂林市临桂区公园北路8号金融大厦B副楼1楼；设派出机构阳朔县、灵川县、全州县、兴安县、永福县、灌阳县、龙胜各族自治县、资源县、平乐县、荔浦市、恭城瑶族自治县11个县（市）管理部，11个县（市）管理部办公地址为各县（市）政务服务中心。全年住房公积金归集52.34亿元，发放个人贷款35.37亿元。业务收入4.59亿元，（比上年，下同）增长9.61%；业务支出2.38亿元，增长8.76%；实现增值收益2.21亿元，增长10.54%。年内，市住房公积金管理中心获“全国城市和地区住房公积金综合发展三十强”称号。

【住房公积金归集提取】 2020年，市住房公积金管理中心全年归集52.34亿元，增长11.16%。全市住房公积金缴存单位8055个；缴存职工39.88万人。至12月末，全市累计归集住房公积金421.18亿元，归集余额148.15亿元。全年提取住房公积金41.17亿元，增长16.65%，占归集额的78.66%。全市累计提取273.04亿元。

【住房公积金个人贷款】 2020年，市住房公积金管理中心共发放个人贷款35.37亿元，增长49.33%；回收个人贷款本金15.81亿元，增长10.43%。至12月末，全市累计发放个人贷款11.91万户255.49亿元，个人贷款余额145.37亿元。全年住房公积金个人贷款逾期额145.09万元，逾期率为0.1‰，低于自治区考核指标0.4‰，贷款逾期风险可控。

【信息化服务全面升级】 2020年，市住房公积金管理中心完成中心－银行数据交换平台建设相关工作，可直接查询桂林市由工商银行、农业银行等8家银行发放的商业贷款还款信息。完成与市不动产登记中心业务数据对接，是广西第一个完成住房公积金贷款抵押业务全程线上办理的中心。完成与自治区政务一体化平台的反向流水推送项目的采购及开发实施工作。年内，累计报送住房公积金业务办件信息近65万余笔。连接婚姻查询系统、企业信息查询平台、住房公积金信息共享平台等系统，简化多项业务办理所需材料。

【提升服务质量】 2020年，市住房公积金管理中心实现全部缴存和支取业务、部分贷款业务同城通办，11个县（市）管理部全部进驻当地政务服务中心，线下所有业务网点设置“跨省通办专窗”，解决“多地跑”“折返跑”等堵点难点问题。开通公积金APP、微信公众号、网上业务大厅等网上办理业务渠道，全方位延伸公积金业务办理渠道；推进公积金贷款与不动产抵押业务“一事通办”工作，是全自治区第一个通过线上数据推送办理抵押登记的城市，抵押业务办理时间提速到1个工作日。

（桂林市住房公积金管理中心）

园林绿化

【概况】 2020年，桂林市林业和园林局（简称市林业和园林局）办公地址在桂林市临桂区青莲路建设大厦北楼。桂林城市园林绿化工作围绕“建设美丽桂林”目标，结合桂林市创建全国文明城市攻坚工作，推进城市园林绿化建设和管理，提升城市园林绿化品位。5月1日，市林业和园林局行政许可划转至市行政审批局。至年末，全市城市绿地率36.22%，绿化覆盖率41.17%，人均公园绿地面积14.21平方米，彰显“山清水秀生态美，一城文化满城绿”的城市风韵。

【市区全民义务植树】 2020年，市林业和园林局在疫情防控期间，统筹安排，抢抓春季有利时机，开展植树活动。3月12日，举行2020年第一批次全民义务植树活动，在市区6个义务植树点，种植桂花、碧桃、水杉、美花红千层、柳树、乌桕、栾树等。同时，组织自愿报名参加植树活动的市民分批错峰在桂阳公路绿道两侧及西山公园、虞山公园、穿山公园、南溪山公园、訾洲公园、桂林园林植物园、园博园等处为城市添绿增彩。组织调拨一批适宜于居民种养的月季、三角梅、茉莉和其他品种小盆栽以及各类花种向市民免费发放，引导广大市民美化城市，从身边做起，激发美化家园的热情和积极性。

【城市绿化管护】 2020年，市林业和园林局加强城市绿化精细化管理，抓好对市级管理的176条城市主次道路、58处街头绿地的绿化养护的规范化、精细化管理及考评，落实三级巡查制度随时发现问题随时整改。重点对树木缺株、黄土露天等现象进行集中整治，组织绿化管护单位修复主干道绿化带中被踩踏破坏的绿地，累计补植乔木680株、灌木1730株、地被植物6.3万株、草坪2.2万平方米，并封闭修复的绿地，消除安全隐患。对城市绿化做好修剪、施肥、淋水等工作。加强绿化护栏维修，刷漆翻新护栏2.61万米。做好绿地保洁工作，绿地垃圾随产随清。建立并逐步完善病虫害预警防治机制，通过加强对管护人员的技术培训，提升病虫害识别能力。强化应急抢险工作，特别针对极端天气造成市区道路树木出现危险情况，组织各管护单位上路及时处理，全年共出动2075人次和407个台班，完成825株倒树或断枝处理工作，确保交通顺畅和人民群众生命财产安全。

【城市花化彩化】 2020年，市林业和园林局因地制宜推动以花化彩化为重点的绿化提升。加强紫薇在城市绿化中的运用，花化彩化扮美城市，受到市民和中外游客喜爱。在解放东西路、中山中路、红岭路等处增种藤本月季，同时选择象牙红、洋紫荆、红花羊蹄甲、美花红千层等多种适宜桂林生态环境，养护成本低、花期长、花色艳、抗污能力强的园林植物，打造“一路一品”“一路一景”的花化彩化城市景观。在滨北路道路绿地里播种试种一批蜀葵，取得良好景观效果。对滨北路漓江泗洲湾入口附近一块黄土露天的空地，组织营造4000多平方米的波斯菊花海，为市民休闲、散步提供场所。

【市区节假日及重大活动摆花】 2020年，市林业和园林局组织城区政府、市区各公园景区、局属绿化单位和相关管理公司，在节假日期间的市区主要旅游通道、重要节点、广场和各公园景区摆放鲜花178万盆，营造喜庆祥和的节日气氛。

【2020桂林金秋菊展】 2020年11月，市林业和园林局组织市花木研究所在市中心广场举办2020桂林金秋菊展。菊展主题为“菊韵金秋，魅力桂林”，共展出“紫云缀宇”“金龙腾云”“点绛唇”等近100个菊花品种约3万盆精品菊花及其他配花。广场摆放的各类菊花竞相开放，形成一片壮观的菊花花海。展出的菊花均由市花木研究所培育种植。

【公园花事活动】 2020年，市林业和园林局直属各公园按照“公园活动特色化”要求，引进和培育新品种花卉，开展特色花事活动。在各节假日和不同的开花季节，先后举办訾洲公园郁金香花展、穿山公园梅花节、南溪山公园樱花季、虞山公园月季花展、西山公园荷花展、桂林园林植物园桃花节和桂花节等花事活动。西山公园打造绣球精品花园，种植22个品种1200多株绣球花。訾洲公园引种15万株百子莲，种植在公园大草坪上，花开时节形成2000多平方米壮观的紫白色花海，丰富了桂林市夏花品种，让市民在每个季节都能观赏到不同花海。

（李腾钊）

2020年，金秋菊展在市中心广场举办。 （李腾钊摄）

生态环境保护

综　　述

2020年，桂林市生态环境局办公地址在桂林市临桂区人民路与万福路交叉口鼎晟大厦，内设机构13个以及6个城区（工业园区）生态环境局。6月，原桂林市高新七星生态环境局调整为桂林市七星生态环境局，新设立桂林市高新技术产业开发区生态环境局，为桂林市生态环境局派出机构，负责高新区相关工作。派出机构共有12个县（市、区）生态环境局和桂林市高新技术产业开发区生态环境局，下设桂林市生态环境保护综合行政执法支队、桂林市生态环境污染源监控中心。年内，桂林市生态环境局以环境质量改善为核心，以落实大气、水、土壤污染防治行动计划为重点，落实各项生态环保领域改革，生态环境保护工作取得较大成绩。全年桂林市环境质量总体维持较好水平，环境空气质量各监测项目浓度年均值（臭氧和一氧化碳为百分位数）均达到国家一级或二级标准，市区全年环境空气质量优良天数达353天；地表水、地下水水质总体良好；市区声环境质量昼间保持较好等级；辐射环境质量保持正常。年内，桂林市、县（市、区）生态环境局依法作出行政处罚决定共138件，罚款金额3324万元。

环境质量

【环境空气质量】

市区　2020年，桂林市环境空气质量优良率96.4%，空气质量指数（AQI）范围为20—148，217天空气质量指数为一级，136天空气质量指数为二级，13天空气质量指数为三级。优良率（比上年，下同）上升4.3%。市区二氧化硫（SO_2）日均值浓度范围为5微克每立方米—35微克每立方米，年均值为10微克每立方米，下降16.7%。二氧化氮（NO_2）日均值浓度范围为5微克每立方米—57微克每立方米，年均值为18微克每立方米，下降21.7%。一氧化碳（CO）日均值浓度范围为0.4毫克每立方米—2.3毫克每立方米，年评价浓度（第95百分位数）为1.2毫克每立方米，下降7.7%。臭氧（O_3）日最大8小时平均值浓度范围为4微克每立方米—160微克每立方米，年评价浓度（第90百分位数）为124微克每立方米，下降9.5%。可吸入颗粒物（PM10）日均值浓度范围为5微克每立方米—59微克每立方米，年均值为43微克每立方米，下降12.2%。细颗粒物（PM2.5）日均值浓度范围为5微克每立方米—113微克每立方米，年均值为29微克每立方米，下降14.7%。桂林市区降水pH值范围为3.89—7.62，均值为5.13，上升0.13；酸雨频率为66.0%，下降9.5%。按照《环境空气质量标准》（GB 3095-2012）进行年度污染物单因子评价，二氧化硫、二氧化氮、一氧化碳达到一级标准；臭氧、可吸入颗粒物、细颗粒物达到二级标准。

各城区　2020年，空气自动监测站点按照所在城区进行评价。二氧化硫、二氧化氮、一氧化碳6个城区均达到一级标准，可吸入颗粒物叠彩区达到一级标准，其他城区达到二级标准，臭氧（8小时）、细颗粒物6个城区均达到二级标准。

各县（市）　桂林市10个县和荔浦市按照《环境空气质量标准》（GB 3095-2012）对自动监测数据进行评价。二氧化硫、二氧化氮、一氧化碳所有县城均达到一级标准；可吸入颗粒物龙胜各族自治县、恭城瑶族自治县、平乐县、阳朔县、资源县达到一级标准，其余县城均达到二级标准；臭氧（8小时）、细颗粒物所有县城均达到二级标准。

【水环境质量】　2020年，桂林市地表水水质保护类别依据《桂林市地表水环境功能区划》，按断面对应标准进行评价，执行环境保护部办公厅《地表

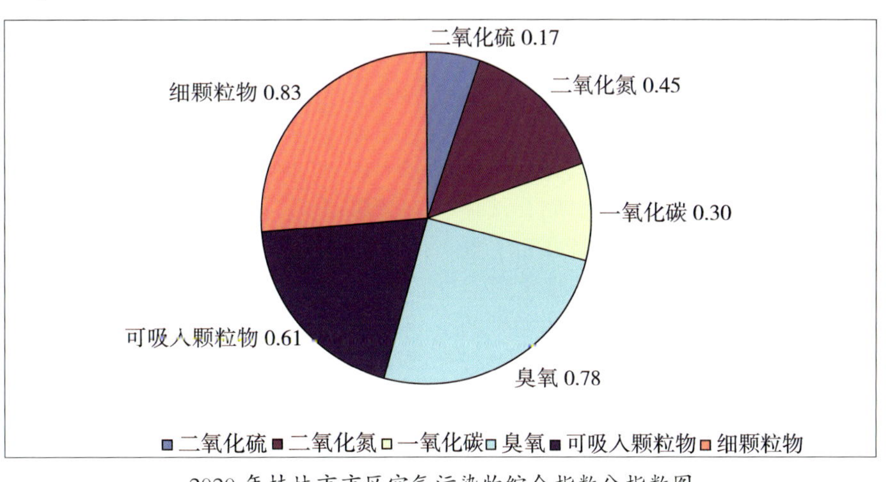

2020年桂林市市区空气污染物综合指数分指数图

水环境质量评价办法(试行)》(环办〔2011〕22号)文件规定,总氮和粪大肠菌群项目为参考指标,不参与水质类别评价。集中式饮用水水源地水质按《地表水环境质量标准》(GB 3838-2002)Ⅲ类标准评价;青狮潭水库水质按《地表水环境质量标准》(GB 3838-2002)Ⅱ类标准评价;地下水按《地下水质量标准》(GB/T 14848-2017)Ⅲ类标准评价。其他水体按《地表水环境质量标准》(GB 3838-2002)相应的标准进行评价。

地表水水质　2020年,桂林市各干流水质较好,漓江干流、桂江、湘江、资江、灌江、洛清江和寻江为Ⅰ类—Ⅲ类水质,符合水环境功能区保护目标要求;漓江支流甘棠江、桃花江、小东江、相思江、南溪河,以及桂江支流荔浦河、恭城河断面水质类别为Ⅰ类—Ⅴ类,符合水环境功能区保护目标要求。

饮用水水源地水质　2020年,桂林市区和各县(市)共18个在用集中式生活饮用水源,其中河流型水源地17个,水库型水源地1个。市区4个集中式生活饮用水源地水质监测项目均符合国家地表水Ⅲ类水质标准,各县(市)在用集中式生活饮用水源地水质均符合国家地表水Ⅲ类水标准。

青狮潭水库水质　2020年,青狮潭水库东湖中心、西湖中心、西湖湖边以及水库出水口监测点位水质均为Ⅱ类,符合水环境功能区保护目标要求;青狮潭水库东湖中心、西湖中心、西湖湖边、水库出水口营养状态级别均为贫营养。

地下水水质　2020年,桂林市地下水水质按照《地下水质量标准》(GB/T 14848-2017)评价。国家考核点位2个,监测项目19项(包括化学指标和毒理学指标),枯水期、丰水期各监测1次,枯水期水质均为Ⅱ类水,丰水期水质均为Ⅰ类水。城镇地下水环境背景点位19个,监测项目93项(包括常规指标和非常规性指标),仅枯水期监测,其中Ⅰ类、Ⅱ类水质点位0个;Ⅲ类水质点位2个,占总数的10.53%;Ⅳ类水质点位10个,占总数的52.63%,Ⅴ类水质点位7个,占总数的36.84%。主要污染物为菌落总数、总大肠菌群和氨氮。

表9　**2020年桂林市河流水水质类别评价结果**

河流名称	断面名称	水功能区目标	2020年水质类别	超标因子(断面均值超标倍数、超标率)
漓江干流	大埠头	Ⅲ	Ⅰ	无
	大面	Ⅲ	Ⅱ	无
	大河	Ⅲ	Ⅱ	无
	磨盘山	Ⅲ	Ⅱ	无
	阳朔	Ⅱ	Ⅱ	无
漓江支流甘棠江	水库出水口	Ⅱ	Ⅰ	无
漓江支流小东江	刘家桥	Ⅳ	Ⅱ	无
漓江支流桃花江	伍仙桥	Ⅳ	Ⅲ	无
	南门桥	Ⅳ	Ⅲ	无
漓江支流相思江	渡槽	Ⅴ	Ⅲ	无
漓江支流南溪河	南溪河	Ⅴ	Ⅴ	无
桂江	浮桥	Ⅲ	Ⅱ	无
桂江支流荔浦河	扒齿	Ⅲ	Ⅱ	无
桂江支流恭城河	乐湾	Ⅲ	Ⅱ	无
	恭城河口	Ⅲ	Ⅱ	无
	大田(新增)	Ⅲ	Ⅱ	无
湘江	庙头	Ⅲ	Ⅱ	无
	界首	Ⅲ	Ⅱ	无
	崔家	Ⅲ	Ⅱ	无
资江	随滩	Ⅲ	Ⅱ	无
灌江	文市	Ⅲ	Ⅱ	无
洛清江	龙溪	Ⅲ	Ⅱ	无
	潦潭	Ⅲ	Ⅱ	无
寻江	交洲	Ⅲ	Ⅰ	无
灵渠	灵渠364乡道桥	Ⅲ	Ⅱ	无

表10　**2020年桂林市区集中式生活饮用水源地水质状况统计表**

水源地名称	取水总量(万吨)	达标率
城北水厂	4493.79	100%
东镇路水厂	2790.90	100%
东江水厂	3654.43	100%
瓦窑水厂	4916.98	100%
合计	15856.10	100%

表11　**2020年桂林市各县(市)集中式生活饮用水源地水质类别和达标情况**

各县(市)	评价标准	水质类别				达标率
		一季度	二季度	三季度	四季度	100%
阳朔县	Ⅲ	Ⅱ	Ⅱ	Ⅱ	Ⅱ	100%
灵川县	Ⅲ	Ⅰ	Ⅱ	Ⅱ	Ⅰ	100%
全州县	Ⅲ	Ⅱ	Ⅱ	Ⅱ	Ⅰ	100%
兴安县	Ⅲ	Ⅱ	Ⅱ	Ⅰ	Ⅰ	100%
永福县	Ⅲ	Ⅱ	Ⅰ	Ⅰ	Ⅰ	100%
灌阳县	Ⅲ	Ⅱ	Ⅱ	Ⅰ	Ⅰ	100%
龙胜各族自治县	Ⅲ	Ⅰ	Ⅱ	Ⅰ	Ⅰ	100%
资源县	Ⅲ	Ⅰ	Ⅱ	Ⅰ	Ⅰ	100%
平乐县	Ⅲ	Ⅱ	Ⅱ	Ⅱ	Ⅱ	100%
恭城瑶族自治县	Ⅲ	Ⅱ	Ⅱ	Ⅱ	Ⅱ	100%
荔浦市	Ⅲ	Ⅱ	Ⅱ	Ⅱ	Ⅱ	100%

【声环境质量】 2020年,桂林市监测区域声环境质量点位1308个,道路交通声环境质量点位303个,功能区声环境质量点位104个。区域声环境和道路交通声环境监测时段为昼间,功能区声环境连续24小时监测。

市区(不含临桂区)声环境 2020年,桂林市区区域环境噪声昼间平均等效声级为55.0分贝,上升1.6分贝,按《环境噪声监测技术规范 城市声环境常规监测》(HJ 640-2012)等级划分属于二级,对应评价为较好。各监测点昼间等效声级为46.6分贝—68.8分贝,暴露在60分贝以上的面积占总网格面积的13.7%。噪声声源构成比中生活噪声居首位,占71.6%,其次为交通噪声,占17.6%,工业和施工噪声分别占5.9%和4.9%,生活噪声和交通噪声是桂林市区的主要噪声源。从声源强度来看,则是交通噪声占首位。

桂林市区道路交通噪声昼间平均等效声级为69.1分贝,上升0.3分贝,按《环境噪声监测技术规范城市声环境常规监测》(HJ 640-2012)等级划分属于二级,对应评价为较好。超标路段长度29.05千米,占监测路段总长度的24.6%,说明桂林市区昼间大部分监测路段的等效声级达到国家标准限值(70分贝)。

桂林市区各类功能区昼间共有39个监测点次达标,总点次达标率97.5%,上升2.5%;夜间共有33个监测点次达标,总点次达标率82.5%,上升10.0%。1类区监测点次昼间达标率100%,夜间达标率87.5%;2类区监测点次昼间达标率95.0%,夜间达标率95.0%;3类区监测点次昼间、夜间达标率均100%;4类区监测点次昼间达标率100%,夜间达标率37.5%。各功能区监测点次达标率除1类区夜间上升12.5%、2类区昼间上升5.0%、4类区夜间上升37.5%外,其他各功能区昼间和夜间达标率均持平。

各县(市、区)区域声环境 2020年,各县(市、区)区域环境噪声昼间平均等效声级为51.1分贝(平乐县)—57.2分贝(灌阳县),按《环境噪声监测技术规范 城市声环境常规监测》(HJ640-2012)等级划分,阳朔、永福、龙胜、资源、平乐、恭城6个县和荔浦市评价为较好(二级),占58.3%;灵川、全州、兴安、灌阳4个县和临桂区评价为一般(三级),占41.7%。

表12 2020年桂林市水库水水质类别评价结果

水库名称	断面名称	水质考核类别	2020年水质类别	超标因子(断面均值超标倍数)
青狮潭	东湖中心	Ⅱ	Ⅱ	无
	西湖中心	Ⅱ	Ⅱ	无
	西湖湖边	Ⅱ	Ⅱ	无
	水库出水口	Ⅱ	Ⅱ	无

备注:总氮和粪大肠菌群不参与水质类别评价。

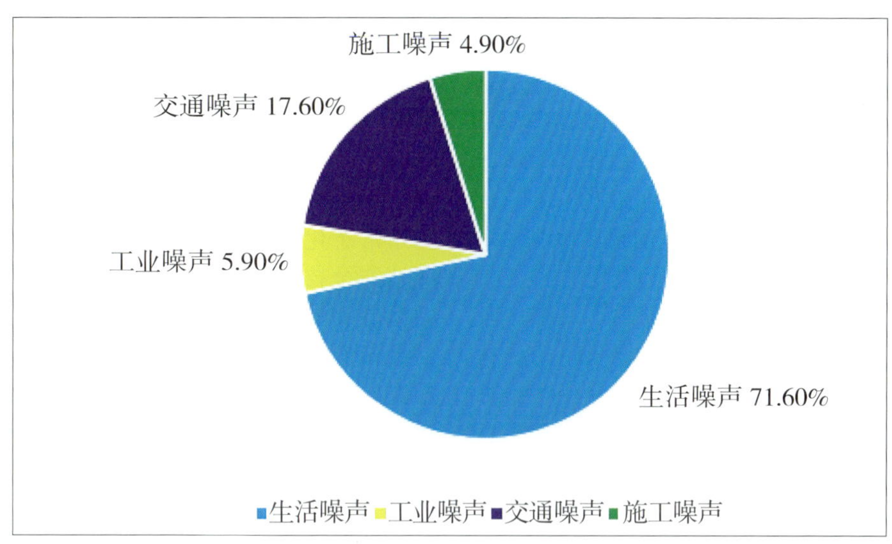

2020年桂林市区区域环境昼间噪声声源构成比例图

表13 2020年各县(市、区)功能区监测点次达标率情况

单位:%

各县(市、区)	功能区类别									
	1类		2类		3类		4a类		4b类	
	昼间	夜间	昼间	夜间	昼间	夜间	昼间	夜间	昼间	夜间
临桂区	75.0	0	75.0	12.5	100	25.0	100	75.0	—	—
阳朔县	75.0	75.0	90.0	60.0	—	—	100	50.0	—	—
灵川县	—	—	100	100	100	100	100	100	100	100
全州县	100	75.0	91.7	91.7	100	100	—	—	—	—
兴安县	100	75.0	100	91.7	100	87.5	100	50.0	—	—
永福县	—	—	90.0	95.0	—	—	100	25.0	—	—
灌阳县	—	—	93.8	56.3	100	100	100	87.5	—	—
龙胜各族自治县	—	—	100	100	100	100	100	100	—	—
资源县	100	100	100	100	—	—	100	100	—	—
平乐县	100	100	100	100	100	100	100	100	—	—
恭城瑶族自治县	91.7	91.7	75.0	75.0	100	100	100	75.0	—	—
荔浦市	100	100	87.5	87.5	100	100	100	50.0	—	—

各县(市、区)道路交通声环境，各县(市、区)道路交通噪声昼间平均等效声级为61.7分贝(平乐县)—68.4分贝(永福县)，按《环境噪声监测技术规范 城市声环境常规监测》(HJ 640-2012)等级划分，阳朔、灵川、全州、兴安、灌阳、资源、平乐7个县和临桂区、荔浦市评价为好(一级)，占75.0%；永福、龙胜、恭城3个县(自治县)评价为较好(二级)，占25.0%。

各县(市、区)功能区声环境，灵川、龙胜、资源、平乐4个县(自治县)各类功能区昼间和夜间监测结果均达到国家标准限值，其他县(市、区)功能区噪声存在不同程度超标情况。

【重点污染源监督性监测】 2020年，桂林市共有重点排污单位41家，桂林市生态环境局按照国家对重点污染源管理工作要求，全年完成68家次重点排污单位监督性监测工作。

环境管理

【环保目标责任制考评】 2020年，桂林市人民政府与17个县(市、区)人民政府和9个市直单位签订《2020年度桂林市生态环境保护目标责任状》。兴安县、雁山区、市工业和信息化局获一等奖，荔浦市、平乐县、象山区、秀峰区、市发展改革委、市公安局获二等奖，灌阳县、灵川县、资源县、龙胜各族自治县、阳朔县、恭城瑶族自治县、永福县、临桂区、全州县、叠彩区、市农业农村局、市自然资源局、市住房城乡建设局、市城管委获三等奖，七星区、市交通运输局、桂林经济技术开发区为合格单位。

【环保专项资金】 2020年，桂林市获各级财政性环保专项资金9538.71万元。其中，中央资金3620万元(水污染防治专项资金1000万元、土壤污染防治专项资金801万元、农村环境整治专项资金1819万元)；自治区资金4575万元(农村环境整治资金2900万元、乡村振兴补助资金800万元、大气专项资金265万元、医疗废物处置中心建设资金300万元、广西各地贯彻落实环境保护有关政策措施成效激励资金200万元、广西重点污染源自动监控设施社会化运行补助项目40万元、监察设备购置资金50万元、环保科普能力建设提升项目资金20万元)；市本级资金1343.71万元。

【环境信息化建设】 2020年，桂林市生态环境局推动环境应急系统、水环境监测、环保一张图等系统在各部门的应用，做到“让数据多跑路，让群众少跑路”。对全局非涉密数据中心及业务专网进行认定，并对其承载非涉密信息系统进行迁移上云。做好政府网站常态化监测和季度检查，加强对网站安全技术防护，每月定期做好网站信息和数据的备份；针对市网络与信息安全信息通报中心安全分析报告反映的问题进行检查整改，保证桂林环保网站发布信息及时、有序更新。

【环境法治建设】 2020年，桂林市生态环境局完成法制政府总结验收和“七五”普法验收工作。6月29日，桂林市第五届人大常委会第三十次会议审议通过《桂林市机动车船和非道路移动机械排气污染防治条例》。9月22日，获广西壮族自治区十三届人大常委会审议批准。12月1日，条例开始实施。桂林市生态环境局联合桂林市工业和信息化局、桂林市公安局、桂林市市场监督管理局制订《关于实施国家第六阶段机动车排放标准的通告》在桂林市生态环境局网站公布。落实2020年桂林市人民政府行政规范性文件立项计划，承办《桂林市人民政府关于划定禁止使用高排放非道路移动机械区域的通告》起草、征求公众意见、合法性审查、发布、解读。

【环境信用评价】 2020年，桂林市对2019年的企业环境信用进行评价，企业环境信用评价的671家企业中环保诚信(绿牌)企业31家，环保良好(蓝牌)企业471家，环保警示(黄牌)企业147家，环保不良(红牌)企业22家。企业环境信用评价结果纳入企业信用评价体系，在自治区政府信息公开统一平台、桂林市生态环境局网站进行公示，纳入中国人民银行企业征信系统，作为开展企业整体信用评级、绿色信贷等工作的重要依据。

【环境保护行政许可管理】 2020年，桂林市生态环境局印发《桂林市生态环境局关于做好环评审批正面清单相关工作的通知》，对《环境影响评价审批正面清单》中对正面清单中实行环评豁免管理试点的10大类30小类行业的项目，不再填报环境影响登记表；对正面清单中实行环评告知承诺制审批改革试点的17大类44小类行业的项目，不再进行评估、审查，对正面清单审批项目实现0天办结(法定公示时间除外)。完成市本级环境影响报告书审批14项，(固体废物)环境保护设施竣工验收项目8项。年内，在排污许可发证和登记工作阶段，涉及桂林市发证企业684家，其中148家因停产、关闭等原因不予核发；桂林市生态环境局共核发排污许可证536张(其中重点管理企业222张，简化管理314张)。下达整改通知书149份，涉及重点管理企业109家，简化管理企业40家，完成企业登记管理3153家。其中，因关闭、产业政策淘汰等原因不予登记企业488家。年内，桂林市环境保护技术中心共接受委托进行技术评估的环评项目41个，延续2019年承接的任务9项，办结评估项目32个，延续2019年项目全部办结，召开技术审查会36次，出具修改意见函与评估结论函共58份。开展环评机构监督管理，桂林市生态环境局依法对存在环评文件编制质量问题的广西蓝星环保咨询有限公司作出通报批评的行政处理意见，对相关机构及从业人员给予失信记分的处罚决定，将相关管理情况记入环境影响评价信用平台中有关单位和人员的诚信档案。组织专家组完成对《荔浦市高新技术产业园总体规划(2018—2035)环境影响报告书》《桂林市临桂区会仙工业园控制性详细规划(修编)环境影响报告书》《桂林市临桂区乐和(鲁山)工业园控制性详细规划环境影响报告书》《临桂区五通工业园控制性详细规划(2019—2035)环境影响报告书》等规划环评文件的审查工作。

【生态保护和建设】 2020年，桂林市生态环境局指导龙胜各族自治县开展“两山基地”创建工作，龙胜各族自治县获第四批“绿水青山就是金山银山”实践创新基地创建命名；指导灌阳县获2020年度自治区级生态县创建命名。年内，开展“绿盾2020”自然保护区强化监督，对“绿盾2017”“绿盾2018”“绿盾2019”专项行动发现问题整改情况“回头看”，对自然保护区违规建设项目持续开展自查，建立监督台账。开展违法破坏森林资源行为的发现、查处和整改，9月完成自治区联合检查组对桂林市自然保护区现场核查。年内，桂林市生态环境局配合市人民政府开展采石场专项整治工作，参与龙胜各族自治县六才山试点采石场标准化建设实地验收；参与8个县（区）31个采矿权及3个探矿权投放计划实地踏勘调查。

【环境宣传教育】 2020年，桂林市生态环境局确定桂林市宣传主题为“生态文明：共建地球生命共同体”，向公众宣传桂林市在生物多样性保护及自然保护区建设和管理中取得的成果。5月22日，桂林市生态环境局会同良丰街道办、桂林吉福斯生物技术有限公司前往雁山区良丰社区，开展生物多样性保护专题宣传活动；6月5日，结合“6·5环境日”专题宣传活动，在广西师范大学开展环保宣传“进校园”活动，对生物多样性保护进行宣传。

【推进“ABS”项目建设】 2020年，桂林市生态环境局持续配合自治区生态环境厅对外合作交流中心开展“ABS”项目（即实施全球环境基金建立和实施遗传资源及其相关传统知识获取与惠益分享的国家框架项目）相关指导工作。于“5·22国际生物多样性日”、“6·5环境日”等向公众宣贯“ABS”项目在桂林市的推进情况。10月22日—23日，参加全球环境基金建立和实施遗传资源及其相关传统知识获取与惠益分享国家框架项目指导委员会第六次会议。11月，开展《广西壮族自治区生物遗传资源及其相关传统知识获取与惠益分享管理办法（征求意见稿）》的意见征集。12月1日，参加联合国开发计划署和生态环境部对外合作与交流中心到桂林市龙胜各族自治县开展遗传资源及其相关传统知识获取与惠益分享的社区培训。

【固体废物管理】 2020年，桂林市生态环境局结合中央及自治区生态环境保护督察反馈问题整改工作，印发《桂林市生态环境局办公室关于进一步加强工业固体废物堆存场所摸排整治工作的通知》，组织各县（市、区）生态环境局，在2019年排查整治基础上继续开展工业固体废物堆场排查整治工作。桂林市生态环境局会同桂林市发展改革委员会、桂林市工信局、桂林市应急管理局每季度末组织对兴安县广西桂林大锰锰业投资有限公司、全州县桂林翔云锰业有限公司、平乐县广西兆虹锰业有限公司、龙胜各族自治县铅锌矿业有限公司4家工业固体废物堆场整改工作进行现场督导检查。12月，桂林市固体废物堆存场所环境隐患问题整改工作基本完成。组织开展环境安全集中整治（大排查大整治）专项行动，对辖区范围内的尾矿库、危险化学品、涉危险废物、涉重金属等重点行业企业环境应急管理和风险防范措施落实情况进行现场检查，共出动人员1100余人次，检查企业530余家，发现存在重大环境安全风险隐患企业18家，发现问题19个。年末，督促完成整改问题17个，完成整改企业16家。

【危险化学品管理】 2020年，桂林市生态环境局制订《2020年度桂林市危险废物规范化管理督查考核工作方案》，组织固体废物管理、环境监察等部门对全市10家危险废物经营单位、47家危险废物产生单位进行危险废物规范化管理考核，全市企业危险废物规范化管理考核合格率98.9%。10月，桂林市通过自治区危险废物规范化考核，考核综合评分列自治区第四位。桂林市生态环境局结合中央环保督查“回头看”等工作，加大对涉危险废物环境违法行为打击力度，依法查处荔浦市修仁镇非法收集处置危险废物案件和恭城瑶族自治县宝成化工有限公司非法填埋危险废物案件。加强危险废物处置能力建设，全州县医疗废物处置项目完成建设，依法取得危险废物经营许可证（许可有效期1年），设计处理能力每日8吨。永福县桂林恒达工业废弃物回收有限公司获危险废物收集经营许可证，可对16类工业危险废物进行集中收集暂存。

【危险废物管理】 2020年，桂林市生态环境局会同秀峰区公安部门组织桂林长海发展有限责任公司完成公司内贮存的废弃危险化学品（约360千克）转移处置，对公司内转移处置实施全过程监督，确保环境安全。永福县生态环境局完成永福县发源矿产品加工有限责任公司、永福县三皇鸿达有色金属选矿厂2家无主企业遗留的废弃化学品（约52吨）转移处置工作，消除安全隐患。

【核与辐射安全监管】 2020年，桂林市核技术利用单位187家，自治区生态环境厅委托桂林市生态环境局发放辐射安全许可证127家，自治区生态环境厅发放许可证59家，生态环境部发放许可证1家。桂林市登记在册射线装置533套，Ⅱ类射线装置76套，Ⅲ类射线装置457套。桂林市有17家放射源使用单位，由桂林市生态环境局发放辐射安全许可证的单位6家，拥有放射源102枚（Ⅴ类源47枚，Ⅳ类源3枚，Ⅲ类源3枚，Ⅱ类源10枚，Ⅰ类源39枚）。

【环境监察】 2020年，桂林市生态环境局推进2016年中央第六环境保护督察组反馈意见未完成整改的2个问题（恭城瑶族自治县海洋山自然保护区采矿企业污染环境问题、灌阳县千家洞自然保护区违规建设水电站问题）、督察组交办的群众信访案件22件、兴安县猫儿山自然保护区正丰电站的整改；推进中央第五环境保护督察组“回头看”期间反馈意见未完成整改的2个问题（河流质量下降、大气质量下降）的整改，与自治区相关部门协调2019年完成整改的9个问题的现场核查工作，推进督察组交办群众信访案件57件的整改。完成督察组反馈意见3个问题（恭城瑶族自治县海洋山自然保护区采矿企业污染环境问题、河流质量下降问题、大气质量下降问题）的整改并报自治区销号备案；完成2019年完成整改的9个问题的现场核查工作，其中6个问题报自治区销号备案，2个问题自治区完成现场核查但未出现场核查意见，1个问题补充材料后重新向自治区申请现场核查。年内，将自治区生态环境保护督察反馈意见梳理成12个具体问题和66个督察组现场检查发现问题；推进自治区生态环境保护督察组交办群众信访案件未完成整改的11件整改。

【环境执法】 2020年，桂林市共对桂林市七里店污水处理厂等42家次工业企业开展监督性监测，准确掌握各排污单位水、大气、噪声污染物排放达标情况，监督企业环境污染治理情况，督促企业正常运行污染物治理设施，确保污染物达标排放。年内，打击生态环境违法行为，市本级全年共对灵川新兴页岩砖厂等47家企业下达限期改正违法行为决定书，办理查封扣押案件2件，限产停产案件25件，移送行政拘留案件4件。全年办理行政处罚案件13件，处罚金额590万元（未含砖厂）。年内，持续推进4个配套办法进行案件办理，每月对桂林县（市、区）执行环境保护法配套办法的情况进行调度，桂林市适用环境保护法配套办法案件总数71件。其中，按日连续处罚1件，处罚金额1305万元；查封扣押案件5件；限产停产案件57件；移送行政拘留案件6件；涉嫌环境污染犯罪移送公安机关2件。

【环境专项执法检查】 2020年，桂林市生态环境局印发《桂林市2020年工业企业违法排污专项整治行动实施方案》《桂林市2020年工业企业违法生产管控专项行动实施方案》，开展专项整治行动，提升企业防治污染能力。推进全市“散乱污”企业清理整治工作，桂林市“散乱污”共746家，完成整治率100%。其中拆除“散乱污”企业403家、关闭244家、取缔28家、停产整改16家、限期整改55家、移送公安机关2家。年内，制订全市砖瓦行业专项执法检查工作方案，组织开展全市砖瓦行业专项执法检查，推进砖厂污染物达标排放。出动执法人员400余人次，对灵川等12个县（市、区）124家砖厂企业进行执法检查，对正常生产的砖厂开展监督性监测。依法对存在环境违法行为的25家砖厂进行立案调查，处罚金额2210万元，责令限制生产家22家、停产整治1家。

【污染源自动监控建设】 2020年，桂林市纳入生态环境部自动监控数据“有效传输率”考核范围的监控企业28家，自动监控设施32套，数据传输有效率平均为99.19%。加强广西和桂林市重点污染源自动监控系统运行管理，通过将“广西重点污染源自动监控系统运行管理考核指数”纳入年度绩效考核，日常管理中对超标任务、数据异常任务进行系统任务督办。自治区建设新平台“广西壮族自治区固定污染源自动监控平台”，配合自治区完成从“广西重点污染源自动监控平台”到新平台的数据迁移，督促企业完成与新平台的联网。完成桂林市排水工程管理处北冲污水处理厂及桂林经开区苏桥污水处理厂反馈问题整改工作。建立在线监控设备应急处理机制，组织召开全市污水处理厂自动监控设施运维单位会议，督促运维单位严格按照运维技术规范开展运维工作，从严从细明确运维工作管理要求。全市20家污水处理厂自动监控设施运行正常，监控数据能够稳定上传，平台统计20家企业监控数据“传输有效率”指标98%以上，全市平均值99.88%。加强对企业的现场监督检查，将城镇污水处理厂列为飞行抽检工作重点，对频繁出现数据异常及超标的污水集中处理企业，不定期安排飞行抽检，严厉查处违法违规行为，确保污染防治设施正常稳定运行，污染物达标排放，对15家污水处理厂进行飞行抽检，比对监测结果良好。对全市重点污染源自动监控设施进行飞行抽检，共完成37家，未发现企业存在污染物排放超标现象，发现16家企业自动监控设施运行不正常，对自动监控设施运行不正常的企业均下达整改通知。针对部分砖厂企业存在数据超标、擅自停运、故意不正常运行设施，导致监控平台数据频繁出现异常、掉线的问题，从签封管理、设备动态密码保护、运维频次、现场运维质量管理等方面加强运维质量管理，实行周报、月报制度，对长期掉线、严重超标等典型问题进行通报。对全市所有在线监控企业开展全方位摸底排查，更新企业名录，督促平台现有所有企业和运维单位更改在线设备的IP以及端口设置，与自治区对接数据联网，基本完成新旧平台切换工作，完成14家企业验收备案和联网工作。

【环境应急预案体系建设】 2020年，桂林市生态环境局对重点环境风险源目录清单进行更新完善，在2019年确定的235家重点风险源企业（含5家尾矿库）的基础上，剔除22家长期停产或者风险较小企业，剔除后重点环境风险源目录清单企业共213家（含5家尾矿库），完成预案编制备案企业共208家，未完成的5家全部为2020年纳入的涉危废医院，督促5家医院完成突发环境事件应急预案编制及备案工作。督促各县（市、区）修订政府和部门突发环境事件应急预案，完善政府专项和生态环境部门环境应急预案，市本级预案于12月完成修订并印发。组织开展集中式饮用水水源地应急预案编制工作，组织第三方开展市区4个饮用水源地保护区环境风险评估和应急资源调查，编制水源地保护区突发环境事件应急预案。

【开展突发环境事件处置演练】 2020年，桂林市生态环境局召开全市环境应急管理培训工作会议，相关单位60余人参加会议。9月24日，桂林市生态环境局在临桂区开展突发环境生态事件应急演练。全年桂林市未发生突发环境事件。

环境治理

【水污染治理】 2020年，桂林市对漓江流域生态环境进行综合治理取得明显成效，地表水水质达标率和集中式饮用水源水质达标率达到100%，超过自治区考核目标要求，水环境质量在自治区和全国均排名前列。年内，桂林市将水污染防治行动中重点任务分解到年度环保目标责任状考核，考核内容包括城镇和工业园区污水处理设施建设与改造、畜禽养殖污染防治、城市截污和黑臭水体整治、饮用水水源规范化建设、农村环境综合整治、水环境风险防控等水污染防治任务，考核单位涉及各相关市直部门和17县（市、区）。通过细化对各县（市、区）政府及相关市直机关单位的环保目标责任状考核，加快推进水污染防治重点任务实施，取得较好成效。在生态环境部公布的全国地级以上城市地表水环境质量状况排名中，桂林市排名第二。年内，桂林市被自治区人民政府评为2019年度“水环境质量明显改善的设区市”，获奖励资金200万元。

【饮用水水源地保护】 2020年，桂林市生态环境局开展2019年度集中式饮用水水源地评估调查工作，对市区饮用水水源地保护区开展评估，编制完成《桂林市集中式饮用水水源2019年度环境状况评估报告》。桂林市市级集中式饮用水水源地得分为97.47，评估结果均为优秀。年内，完成县级以上饮用水水源保护区矢量数据校核工作，桂林市生态环境局组织市科研所、各县生态环境局对全市22个县级及以上饮用水水源保护区矢量数据进行多次校核，修改校正拓扑错误等矢量数据问题共47个，确保矢量面积与自治区批复面积偏差小于1%。推进饮用水水源地规范化建设，通过设置、完善和维护警示牌、界碑、宣传牌等标志设施和隔离网、拦水坝等隔离防护设施，加强饮用水水源保护。建立健全农村饮水安全水质检测体系，加强农村饮水用水水源保护和水质监测，共落实县级农村饮水工程运行管理经费362.3万元，用于农村饮水工程的维修养护以及农村饮水工程水源水质净化、水质检测等，全部完成建设任务。

【大气污染治理】 2020年，桂林市大气污染防治以PM2.5为管控重点，实施烟花爆竹禁燃限放、露天焚烧管控、城市扬尘综合治理、餐饮油烟和露天烧烤整治、柴油车污染治理、工业企业污染治理、污染天气应急应对七大举措。加强露天焚烧管控，落实市、县、乡、村四级责任体系，加大巡查和执法检查力度，严厉查处露天焚烧行为。促进煤炭消费总量削减，推进能源结构调整优化，开展高污染燃料禁燃禁售检查工作。开展全市挥发性有机污染物的走航，实现对区域内环境空气VOCs污染全面摸排，快速全面掌握区域内VOCs污染因子排放特征以及污染水平，缩小目标区域，针对问题区域、问题企业提出针对性科学合理的VOCs管控措施。加强空气质量会商研判和预警，实现数据共享，完善环保、气象等部门人工影响天气改善空气质量工作机制。依托数字化城市管理平台，完成大气污染防治网格化数字管理平台建设。委托上海交通大学开展应急预案修订项目研究，通过识别桂林市重点大气污染源及排放热点和大气自动站点周边污染源及排放特征，建立桂林市高分辨率大气污染物基础源清单，构建桂林市大气污染物实时动态排放清单，优化应急减排措施（含企业错峰生产、机动车错峰限行措施等），形成“目标—预测—预警—研判—决策—实施—评估—优化”的动态大气污染防治工作机制，为污染天气应急应对提供指导。加强会商研判，强化预测预报，每日分析空气质量变化趋势，为空气污染预警和保障措施落实提供技术支持和决策依据。加强污染天气应急联动，紧盯预报预警信息，紧盯空气质量数据变化，联防联控，要求各县（市、区）依法依规采取停产、限产或错峰生产措施，重点查处露天焚烧、露天烧烤、重型柴油车超标排放、工地扬尘、工业企业偷排漏排等违法行为，最大限度减少污染物排放。年内，空气环境质量持续改善，圆满完成年度大气污染攻坚战任务。市区优良天数353天，优良率96.4%。PM2.5年均浓度29微克每立方米，下降21.6%。PM2.5、PM10年均浓度连续6年下降，是自治区连续6年完成大气环境考核指标的唯一城市。

【机动车排放检测】 2020年，全年检测车辆48万辆（含复检），新注册车辆需上线检测1.17万辆，转入桂林市检测车辆1.73万辆，9.8万辆汽车经过维修治理后尾气达标通过检验，机动车环保检测率（含免检）超过90%，共计抽查车辆检测视频11.75万辆，核查车辆基础信息变更、车辆排放阶段12.89万次。全年共对各机动车排放检验机构实行“双随机”巡检179人次，检查64家次。针对发现问题，现场提出整改要求或对企业进行约谈，督促其整顿。

【机动车遥感监测网络系统初见成效】 2020年，桂林市生态环境局推进建成机动车遥感监测网络系统，创建多个管理模块，实现遥感及黑烟车抓拍设备与市机动车遥感监测平台联网，将实时在线监控转化为数据分析结果，为加强执法监管提供科学准确的依据。与公安部门研讨数据交换格式、所需硬件设备等问题，为双方数据交换及信息共享建立“桥梁”，逐步实现数据交换与信息共享。桂林市区已经建成1套机动车遥感监测及2套黑烟车自动抓拍设备，指导并推动全市各县（市、区）机动车黑烟自动抓拍系统建设，各县（市、区）共建成黑烟车自动抓拍点位18个。7月投入运行，共监测车辆90.53万辆，其中柴油车13.18万辆，汽油车77.35万辆，超标车辆2.06万辆，超标率15.6%，抓拍黑烟车3604辆，其中市区抓拍黑烟车353辆。5月15日，启动遥感二期项目，项目共包括18个点位，其中4个固定遥感监测及黑烟车自动抓拍点位，14个黑烟车自动抓拍点位，包含1套移动式遥感监测设备。

【推进常态化路检路查机制】 2020年，桂林市生态环境局推行生态环境部门检测取证（委托第三方检测机构检测服务开展车辆排放监督性监测）、公安交管部门实施处罚、交通运输部门监督维修的联合监管执法模式，常态化路检路查联合执法工作机制推进。全年联合市公安局交警支队、市交通运输局组成执法队伍进行机动车排气污染物监督检测20次，联合共出动近200人次，检测车辆129辆，其中46辆车辆机动车排气超标，现场罚款9200元。督促超标排放车辆限期完成整改治理，复检合格方能上路行驶。将检验机构自动抓拍黑烟车、路检路查发现的超标车辆、举报属实的冒黑烟车辆纳入管理“黑名单”，列入“黑名单”的车辆在年检时严格审核。

【严格夯实油气回收常态化监管制度】 2020年，桂林市生态环境局实施委托第三方检验机构开展油气回收监督性检测，将检测结果应用于环境执法。市、县两级同监管，加大巡查检查力度，巩固油气回收治理成果，完善长效管理机制。通过“双随机”现场抽查督导的方式，对加油站、储油库、油罐车开展专项检查工作，全年共出动242人次，检查加油站72座，抽测加油站20座，检查储油库1座，抽查油罐车15辆。其中，对加油站和储油库的检查覆盖率达到100%，对油罐车检查覆盖率达到20%。要求各油品相关经营企业提高责任意识，对油气回收工作自查自纠，落实“错峰生产”管理要求，严控加油站在高温时段的装卸油作业，保障油气回收装置正常运行，全面落实挥发性有机物污染防治管理。加大执法力度，对油气回收设施不正常运行、装卸油不连接油气回收软管等不正常使用油气回收设施涉嫌违法违规行为的，依法严肃查处，全年共对2家油气回收设施不达标加油站立案调查，移交相关部门查处不符合环评要求的加油站1家，共处罚5万元整。

【淘汰老旧车辆】 2020年，桂林市生态环境局联合公安部门清理“僵尸车”，严格检测查验机制，联合公安、交通部门开展机动车辆排气污染专项整治工作，整治超标排放货车专项整治工作，强制淘汰连续3个检验周期未检测的机动车等多项有力措施，推进老旧车辆淘汰报废。全年淘汰老旧车1.51万辆(其中营运柴油车1486辆)。

【开启非道路移动机械精细化管控】 2020年，桂林市生态环境局联合发改委、交通等10个部门印发《桂林市非道路移动机械摸底调查和编码登记工作实施方案》。搭建非道路移动机械在线监控系统平台，实现3个“精准”（建立全市非道路移动机械编码登记信息数据库，便于系统分析、精准溯源；设置非道路移动机械进出场“编号门槛”，精准倒逼未登记机械进行登记编码；实时定位监控非道路移动机械运行轨迹，精准打击高排放非道路移动机械闯进禁用区的违法行为）。委托第三方检验机构，开启“双摸底”工作模式，对全市非道路移动机械信息采集，对排放状况进行摸底，全年对1242台非道路移动机械完成采集信息及编码登记。配合市人民政府发布《桂林市人民政府关于划定禁止使用高排放非道路移动机械区域的通告》，分阶段划定禁用区，对违规进入高排放禁用区或超标排放的非道路移动机械依法实施处罚，将该项工作写入各县(区、市)生态环境保护目标责任状，组织各县(区、市)相关单位进行培训，有效推进全市非道路移动机械监管工作。

【土壤污染防治】 2020年，桂林市生态环境局编制印发《桂林市污染防治攻坚战领导小组办公室关于印发2020年度桂林市土壤污染防治重点工作实施计划的通知》，开展土壤污染状况调查，完成14家重点行业企业用地调查布点采样任务。推进农用地分类管理，实施化肥农药零增长行动。开展污染地块动态管理工作，经排查全市无疑似污染地块和污染地块。严格建设用地准入，联合市自然资源局对24个建设用地土壤污染状况初步调查报告和2个详细调查报告进行评审。开展地下水水质加密监测和监测井规范化建设前期工作，全面完成全市255座加油站、951个地下油罐防渗改造任务。实施并完成恭城瑶族自治县西岭矿区重金属污染防治项目、恭城瑶族自治县磨底塘农田土壤重金属污染修复治理示范项目和阳朔县兴坪镇思的村73.33公顷农田安全利用项目。全年未发生因耕地土壤污染导致农产品质量超标且造成不良社会影响的事件，或因疑似污染地块或污染地块再开发利用不当且造成不良社会影响的事件，土壤环境安全总体良好。全市农用地安全利用率为93.8%、污染地块安全利用率为100%。

【噪声污染防治】 2020年，桂林市加强城市管理、防治噪声污染，加强城市道路建设和改造，完善公共交通系统，有效防治道路交通噪声污染；加强工业企业噪声监管，严把审批关，督促老噪声污染源治理改造，引导居民区周边的噪声源企业搬迁；各部门协调联合管理，加大对建筑施工噪声和社会生活噪声的监管监察力度。

【漓江流域生态保护】 2020年，生态保护红线划定和勘界定标工作转由自然资源部门牵头会同生态环境部门负责。桂林市生态环境局配合桂林市自然资源局开展相关工作，对《桂林市生态保护红线自查报告》从环保角度，严格把关，提出部门意见。开展漓江流域市区段病死牲畜打捞工作，委托桂林容发环保工程管理有限责任公司，共打捞死亡动物217头，进行无害化处理，减轻对漓江的污染。依法治污，严格控制漓江及沿岸污染源，桂林市结合河长制开展漓江流域“四乱一脏”专项整治，共开展“四乱一脏”整治782次(“乱建”整治行动177次，“乱挖”整治行动82次，“乱养”整治行动115次，“乱经营”整治行动84次，“环境卫生脏”整治行动324次)，有效打击违法行为。争取上级水环境治理资金，桂林市共争取1000万元中央水专项资金用于雁山区漓江流域(草坪段)水生态环境保护与修复工程项目建设，争取1400万元自治区水专项资金用于漓江支流甲山溪水环境治理。

环境监测与科研

【环境监测】 2020年，桂林生态环境监测中心开展地表水水质例行监测，上报国家监控断面、自治区监控断面、青狮潭水库等监测数据报告，获取监测数据5390个。环境空气自动监测站、水质自动监测站运转正常，监测数据准确直报广西壮族自治区生态环境监测中心和中国环境监测总站。每日与自治区监测中心和市气象台会商，向公众发布未来72小时的空气质量预报信息，包括空气质量指数级别、首要污染物、对健康影响情况和建议采取的措施等内容。桂林生态环境监测中心新增23台(套)现场和实验室分析仪器设备，报废(停用)16台仪器，现有仪器设备共579台(套)。加强环境空气监测，全市22个环境空气自动监测站运转正常，对公众实时发布环境空气质量状况，发布空气质量周报52期，向相关领导报送环境空气质量月报12期，发送空气质量短信2.58万条。加强降水监测，对市区降水监测做到逢雨必测、按月上报，共采集降水115场，样品310个，获取监测数据3701个。加强地表水环境监测，全年采用桂林生态环境监测中心自行监测、委托第三方检验检测公司监测以及采测分离等3种形式开展地表水水质例行监测工作，桂林市所属国控断面、区控断面、青狮潭水库等监测数据均按时完成并上报，获取监测数据2.04万个。桂林生态环境监测中心每月承担第三方监测公司送来的采测分离样品分析任务，对收到的3227瓶水样进行分析，共获取数据5352个，将分析数据报送国家考核断面样品采集保存与交接管理系统。水质自动监测站运转正常，监测数据实时自动上传至中国环境监测总站和广西壮族自治区生态环境监测中心平台。加强饮用水源地水质监测，加强饮用水源地水质监测，对桂林市、各县（市）18个在用集中式生活饮用水源地、2个规划水源地、1个备用水源地的水质进行监测，获取监测数据7208个。加强地下水环境监测，2020年起，因机构改革，地下水环境监测工作由自然资源部门调整为生态环境部门负责，为省级事权。广西壮族自治区生态环境监测中心委托第三方开展地下水环境监测，共监测点位21个。其中，国家考核点位2个，枯水期、丰水期各监测1次，监测项目包括化学指标和毒理学指标共19项；城镇地下水环境背景点位19个，仅枯水期监测1次，监测项目包括常规指标和非常规性指标共93项。加强声环境监测，完成区域声环境质量1308个点位和道路交通声环境质量303个点位昼间监测工作，完成功能区声环境质量104个点位每季度监测工作，共获取监测数据4.64万个。加强土壤环境质量监测，完成桂林市国家土壤环境监测网风险监控点18个点位样品采样工作。加强重点污染源监督性监测，桂林市共有重点排污单位41家，全年完成68家次重点排污单位监督性监测工作。

【环境科研】 2020年，桂林生态环境监测中心推进的科研项目有：科技厅重点研发项目《基于非点源污染负荷的智慧漓江流域建设及示范》；参与市科技局项目《桂林城市生活污水中非法药物残留及代谢物的分布特征研究》和国家自然科学基金项目《霾过程桂林城区微环境PM2.5颗粒中的微生物群落分布及演化规律》。1篇论文被核心期刊《中国环境监测》录用。《桂林市重点行业企业危险化学品调查及环境风险事故应急处理措施》完成修编初稿，对桂林市重点行业企业危险化学品的环境风险评估、风险源动态管理以及环境应急物资库建设等环境应急管理工作有技术指导作用；"青狮潭水库底泥环境质量现状调查与污染防治措施"课题通过结题验收；《漓江流域（城区）污染源解析及管理对策》项目完成初稿，该项目为桂林市利用世行贷款进行《桂林市环境综合整治工程》的配套子项目，对总工程运营期内漓江流域（城区部分）的水质和污染源进行调查与评价，分析各主要污染源的相对贡献、空间分布以及治理难度，为漓江桂林城区段的水污染防治、水生态环境、水质管理及对水污染源治理等方面提供科技管理对策。参与重点流域水生态环境保护"十四五"规划编制工作，对《桂林市重点流域水生态环境保护"十四五"规划》（征求意见稿）和《桂林市国民经济和社会发展第十四个五年规划纲要》（征求意见稿）等政府有关规划报告提出咨询意见；组织完成灵川县第三污水处理厂入河排污口设置论证报告技术审查工作；配合市生态环境局完成桂林市集中式饮用水水源地市级及部分县级饮用水源保护区矢量图修改上报工作、配合市生态环境局完成桂林市市区饮用水源地应急预案的审核工作。

环境宣传教育

【环境新闻宣传】 2020年，桂林市生态环境局在全市各主要新闻媒体上发表环境新闻稿件296篇（条）（《中国环境报》22篇，《广西日报》13篇，《桂林日报》87篇，《桂林晚报》61篇；桂林电视台桂林新闻播出环保新闻35条，身边栏目报道环保题材20条；桂林电台播出环保新闻23条；桂林生活网35篇）。微博、微信环保官方账号及时推送环保类相关新闻1981篇（微博推送1187篇，微信公众号发布794篇）。全年召开新闻发布会3次，与《桂林日报》共同组织策划环保宣传主题专版4期。

【环境宣传活动】 2020年1月17日，桂林市生态环境局组织相关人员在临桂区金山广场开展新时代文明实践志愿服务活动。做好广西生态环境系统歌咏比赛参赛工作。10月，原创桂林版《让中国更美丽》MV作品获全国生态环境系统歌咏比赛三等奖，获自治区生态环境厅二等奖。两微平台的关注度及访问量持续增加。"6·5"世界环境日，桂林市生态环境局通过《桂林日报》《桂林晚报》、微信、微博、桂林市生态环境局官网公布《2019年桂林市生态环境状况公报》，在桂林市生态环境局一楼会议室召开"桂林市新闻发布会"，向媒体通报《2019年桂林市生态环境状况公报》及2019年1月—2020年5月环境违法企业及相关处罚情况。各县（市、区）在各地开展环境保护宣传教育进学校、进乡村、进社区、进企业、进机关、进商场、进家庭等"七进"系列活动，各单位在各宣传点以展板、文艺演出、发放环保宣传资料、接受市民咨询和投诉等形式，开展丰富生态环境宣传活动，提高公民环保意识。6月6日，由自治区生态环境厅主办，桂林市生态环境局承办的2020年"6·5"世界环境日主场宣传暨"亲子健步走"活动在桂林市秀峰区鲁家村举行。年内，桂林市生态环境局共举办6次环保公众开放日活动，邀请市民代表参观各类环保相关设施，受益市民210余人。

【环境教育】 2020年，桂林市生态环境局开展广西生态环境宣传教育实践基地创建工作，组织桂林市14家单位参与广西生态环境宣传教育实践基地创建，9家单位获批。组织推荐临桂中学副校长虞小燕参加生态环境部开展的"美丽中国，我是行动者"2020年百名最美生态环保志愿者评选并当选；组织推荐桂林市桂林市飞凤小学教师曾劲参选全国"生态环境教育优秀教师"并当选。桂林市20所幼儿园和中小学获"国际生态学校"。（潘川）

交通运输·邮政管理

交通运输综述

【概况】 2020年，桂林市交通运输局（简称市交通运输局）办公地址在桂林市临桂区鼎晟大厦。至年末，全市共有1653个建制村实现通等级水泥路（油路），建制村通达率100%，路面硬化率100%，公路列养率100%。全市新增公路里程359千米；公路总里程1.49万千米，其中农村公路总里程1.22万千米；公路密度54千米/百平方千米。新改建农村公路296千米、桥梁2642延米；新建成景观路28条151.98千米；新建成连通自然村（屯）达等村际联网路486千米。全市共有客运站92个，总建筑面积14.53万平方米。其中，一级站4个，二级站14个，三级站15个，四级站17个，五级站28个，等外站14个，乡（镇）场站覆盖率56.39%。全市共有1653个建制村通客车，建制村通客车率100%；具备条件的乡（镇）和建制村通公交率分别为100%、60%。全市共有营运汽车1.98万辆，其中营运客车5284辆1.7万个座位，营运货车1.45万辆1.81万吨位。全市共有港口码头134个，其中旅游码头15个、货运码头3个、便民码头116个。全市共有营运船舶213艘，其中客船280艘、货船33艘。桂林市市区共有公交车725辆，公交站点1234个（港湾式停靠站298个），市区公交线路共71条，市区线路总长1133.6千米。全市公路运输换算周转量（比上年，下同）增长0.52%，水路运输换算周转量下降33.5%。其中，道路客运量和客运周转量分别完成5185万人次、31.25亿人千米，分别下降22.45%、22.72%；货运量、货运周转量分别完成9732万吨、116.7亿吨千米，分别增长1.8%、1.33%。水路客运量、客运周转量分别完成84.0万人次、3229.9万人千米，分别下降71.5%、75.7%；水路货运量、货运周转量分别完成23.5万吨、7528.4万吨千米，下降58.0%、增长6.0%。

【基础设施建设】 2020年，全市铁路、公路、水路交通基础设施建设共完成投资131.6亿元。其中，铁路完成投资1.14亿元，高速公路完成投资102.7亿元，路网项目完成投资12亿元，农村公路完成投资14.04亿元，场站建设完成投资1.72亿元，水运项目完成投资133万元。

高速公路方面。荔浦至玉林高速公路建成通车；龙胜至峒中高速公路龙胜芙蓉至县城段，桂林至钟山高速公路开工建设；桂林至柳城，灌阳至平乐，贺州至巴马高速公路蒙山至象州段，桂林至柳州改扩建等高速公路项目建设持续推进；平乐至昭平，东安经全州至灌阳，融安经永福至阳朔等高速公路项目前期工作有序开展。全市高速公路通车里程715千米，所辖17个县（市、区）全部通高速公路，实现县县（市、区）通高速率100%。

路网项目方面。省道302线至灌阳县（文市）工业集中区项目完工；国道322线灵川经五通至苏桥公路，省道501线全州石塘经焦江至高尚，灵川县城至八里街1号工业区（西站）公路，国道357线永安关经水车至灌阳，国道357线永福百寿至融安浮头（永福段）等项目全面完成年度投资任务；国道241线梅溪至资源，省道302线富川柳家至平乐二塘公路，国道357线灌阳至洞井至潮田，国道357线桂林会仙至永福百寿公路（桂林段）等一批路网项目加快建设。

农村公路方面。实施项目1015个296千米，桥梁2642延米；公路安全生命防护工程932个，处治隐患里程1830千米。全市农村公路总里程

2020年12月30日，桂林至钟山高速公路开工现场会在桂林恭城瑶族自治县举行。（武学建摄）

1.22万千米。建制村通畅率100%；累计打造主题突出、独具特色的农村景观公路209条共计1649.37千米，公路通达水平和服务能力得到明显提升。

场站建设方面。恭城综合客运枢纽站一期工程、阳朔汽车客运站等场站建设项目加快推进，完成投资1.72亿元。

水运项目方面。落实湘桂运河路线方案，出台《桂林市渡口渡船安全管理办法》，完成桂林港总体规划修编及湘桂运河前期战略规划研究，桂林港平乐港区珠子洲作业区码头一期工程项目前期工作有序推进。

【推动交通运输复工复产】 2020年，市交通运输局采取措施精准有序恢复运输服务，推动复工复产。推进高速路口、道路省界县界道口、机场、火车站、汽车站等旅客运输重要节点体温检测工作，有效阻断新冠病毒通过交通运输工具蔓延。坚持"严格疫情防控与方便群众出行"相结合原则，落实"三不一优先""一断三不断"（"三不一优先"即不检查、不停车、不收费，保障防控物资优先通行；"一断三不断"即阻断新冠病毒传播途径，公路交通不中断、应急运输绿色通道不中断、群众生产生活物资不中断）要求，保障农产品运输和群众基本出行。建立由7家信誉评价高的运输企业共200辆客货车组成的应急运力保障队伍，加强应急运力调配，确保防疫物资运输及时到位。统筹有序，推进行业复工复产。

【全面启动"交通网"建设大会战】 2020年，市交通运输局建立健全工作机制，形成责任明晰、任务具体、上下联动、协调推进的良好工作格局。加强项目储备，全市"交通网"自治区库外项目155个，总投资1142.9亿元，为实现"项目等计划，项目等资金"目标奠定基础。年内，全市"交通网"网内项目完成投资110.31亿元。

【推进"四建一通"工程建设】 2020年，桂林市"四建一通"（四建：乡乡通二级或三级公路建设工程、农村公路安全生命防护建设工程、农村公路"畅返不畅"整治建设工程、建制村窄路拓宽改造建设工程；一通：建制村通客车工程）项目1015个（含国道241线梅溪至资源），已开工1011个，开工率99.61%；已完工990个，完工率97.54%，投资完成额是责任目标的109.4%。全年新增通二、三级公路乡（镇）7个，全市134个乡（镇）有130个乡（镇）通二级（或三级）公路，乡乡通二级（或三级）公路率达97%。完成927个公路安全生命防护工程，处治公路隐患里程1813千米，完成危桥改造40座；19个窄路加宽项目共66千米全部完工，全市所有乡（镇）和建制村硬化路全部实现通畅。组织市发展和改革委、市财政局等部门开展2019年"四建一通"工程市级联合验收，落实市级财政"以奖代补"资金3323万元。

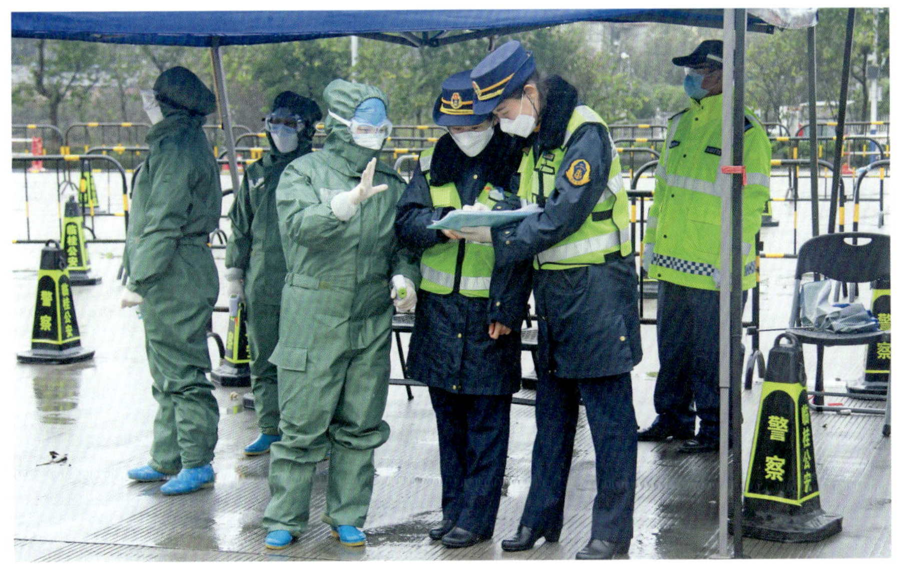

2020年3月5日，市交通运输局执法人员与防疫医护人员交流疫情防控检查情况，坚守疫情防控一线。（袁意辉摄）

【交通脱贫攻坚】 2020年，市交通运输局加快补齐贫困地区农村交通短板，全市1653个建制村全部实现交通脱贫"两通"目标（即建制村通畅率100%、建制村通客车率100%）。县乡联网提级改造工程完工74千米、危桥改造完工8座、农村公路安全生命防护工程完成处治隐患里程337千米。

【村际联网工程项目】 2020年10月，桂林市村际联网（以奖代补）工程通过自治区复检，复检合格率100%。合格村际联网路486千米，超年度计划目标200千米，受益自然村（屯）215个。

【法治交通建设】 2020年，市交通运输局推进优化营商环境，完成移交市行政审批局行政许可事项36项。梳理6类依申请行政权力和76项公共服务事项，全部进驻市政务服务中心集中办理，事项办结提速率80%，即办件率75%。全年交通运输政务窗口业务办件量8.62万件。印发《桂林市交通运输局开展事中事后监管"双随机、一公开"工作的通知》，动态调整《桂林市交通运输局随机抽查事项清单》。年内，在国家企业信用信息平台随机抽取执法人员、随机抽取被检查企业实施检查，抽中监管对象14家；接收交通运输厅（下派）的1项对机动车维修经营者联合检查，抽中监管对象6家；与市市场监管局对巡游出租汽车、网络预约出租汽车经营进行联合检查1项，抽中监管对象5家。检查完成率100%，抽查结果均在国家企业信用信息公示系统公开。

【加强市场监管】 2020年，市交通运输局以整顿运输市场秩序为重点，开展创城攻坚专项整治行动、道路运输安全隐患大排查，做好市区农村公路路政管理工作，依法整治道路运输市场存在的各类交通运输违法行为，全年桂林市交通运输局共出动执法人员3.05万人次，检查营运车辆3.97万辆次，查处各类交通运输违法行为745起。坚持"属地管理、政府主导、部门联动”的原则开展治理超限超载工作，要求各县（市、区）要与相邻县（市、区）组织每月不少于2次联合整治行动，形成区域整治合力。保持治超高压态势，约谈货运源头企业51家次，超限超载现象得到遏制。全市累计开展区域联合执法511次，检查货车8.51万辆次，其中查处“百吨王”49辆次；卸载货物3.29万吨，查处货车非法改装486起。

【绿色交通建设】 2020年，市交通运输局以新能源车辆投入运营为切入点，在城市物流、快递、零售等行业推广新能源汽车。至年末，全市共有新能源营运车辆2313辆。其中，公交车1742辆，出租车41辆，网约车306辆，营运客车223辆，营运货车1辆。

【智慧交通建设】 2020年，市交通运输局启动安全畅通与应急处置系统工程应急指挥分中心建设，完成包含交通枢纽指挥中心等项目的交通枢纽大厦智能化建设，完成局属各个业务系统的迁移，数据交换平台数据治理以及数据交换共享等业务。完成市交通运输局核心数据交换平台、机关政务事务管理平台系统运维服务采购的招投标工作，通过服务外包实现各类业务系统全天候运行。核心数据交换平台与自治区交通运输厅、市信息中心实现数据互联互通，桂林市部分交通运输企业与市交通运输局核心数据交换平台实现数据共享，企业的部分关键数据（出租车GPS数据、网约车GPS数据、公交站场视频监控等）均正常传送到核心数据交换平台。全年，交通运输客服热线“12328”共受理业务1.08万件。信息咨询、投诉举报、意见建议业务量分别为1.03万件、474件、27件，转办率100%，办结率99.8%。

【交通安全生产】 2020年，市交通运输局明确安全生产管理目标，把安全生产责任落实到单位、部门和个人。开展行业安全生产宣传教育，增强运输企业责任意识。完成自治区交通运输厅“自治区交通运输安全体系建设”试点任务，针对全市交通运输行业安全生产工作中暴露出来的共性问题和突出隐患，加快试点成果的落地应用，初步完成桂林市交通运输行业安全生产监管系统文本简介编制工作。年内全市共发生涉及人员死亡的道路运输行车事故15件、死亡18人、受伤13人，分别下降61%、59%、28%；消防安全和工程建设领域事故均为零。

【交通专项整治】 2020年，市交通运输局狠抓汛期安全防控措施落实，重点加强对渡口、渡船、码头、客运船舶的安全监管，督促渡船配足消防和救生设备，严防超员超载和违章冒险航行，加大汛期公路和桥梁、涵洞等安全大检查，强化汛期安全风险排查。开展安全生产“强监管严执法年”，加强对企业隐患排查整改情况、各单位安全生产监管执法情况进行督查。开展安全生产专项整治三年行动等专项行动，对企业隐患排查整改情况、各单位安全生产监管执法情况进行督查，确保全市交通运输安全形势持续稳定发展。全年开展专项督导检查94次，检查企业262家次，发现安全隐患167起，当场整改131起，限期整改36起。

（胡晶晶）

铁路运输

【桂林车站】 2020年，中国铁路南宁局集团有限公司桂林车站（简称桂林车站），位于桂林市叠彩区站前路6号，管辖9个车站和1个线路所。其中，客运一等站2个（桂林站、桂林北站），客运二等站1个（桂林西站），客运三等站3个（三江南站、阳朔站、恭城站），客运四等站1个（五通站），货运站场2个（桂林西站普速场、桂林南站），及定江线路所。

年内，桂林车站抓好桂林站扩能改造，相继完成新建北天桥、新建进站候车厅、售票厅等重点工程。抓好运能匹配，加强客流监控，做好周末、旺季时段、重点到站客流及运能缺口分析，优化节假日、周末及热门方向开车和售票策略。提高服务质量，以售票业务差错、首问首诉负责制落实不到位为重点，组织开展服务质量专项整治，印发客运服务质量管理实施细则，从管理制度、监督机制、问题定性、奖惩制度等方面规范服务质量行为。打造“刘三姐·漓江情”系列服务品牌，获2020年度全国铁道企业文化优秀成果一等奖。全年发送旅客1.02亿人次，运输收入11.08亿元。全力抓好疫情防控，完善防控措施，协调各方抓好援鄂物资运输、防控阻击、卫生消毒、职工健康等工作，累计发现和科学处置发热旅客154人、协助转运入境旅客339人、装运救灾物资7640件。加强职工防护，筹集防疫物资；优化撤并岗位，引导提前年休，减少感染风险；协调地方政府为车站职工接种新冠疫苗，实现职工零感染。

（谢武云）

【桂林车务段】 2020年，桂林车务段位于桂林市叠彩区水塔路南巷2号，管辖湘桂铁路蓝家村—洛埠、衡柳铁路东安东—鹿寨北（不含桂林、桂林北）46个车站，其中高铁站11个。46个车站按等级分：三等站8个，四等站38个。按业务性质分：货运站16个，客运站5个，非营业站25个。全年发送旅客206万人；运输收入1.64亿元；停时24.8小时，比计划压缩1.7小时。

年内，桂林车务段强化安全关键环节管控，梳理、研判年度安全风险36项，细化月度安全风险67项，制订防控措施217项，印发风险预警6个，制订安全预警落实措施8个，组织各站排查突出安全隐患50个。至年末，实现安全生产5039天。改造湘桂线行车室视频、增建衡柳线行车室视频、搭建段级NAS系统、完善防溜管理系统、购置视频记录仪和采集器等，为实现远程监控和作业检查指导提供有力条件。累计投入100余万元，对沿线站区环境、工作生活区陈旧老化部位进行整修。提报调图建议74条，填补客车空白方向5个、空白时段10个、优化停站21站次。2月29日，全州南开行全国首趟县域复工专列，7月1日开行“秀美灵渠·红色兴安”动车组列车。

（徐振玉）

【铁路建设】 2020年，桂林市铁路建设完成桂林站站房改扩建工程，加快推进桂林北站站房和东广场改造工程前期工作,完成投资1.14亿元,改善了桂林铁路旅客出行环境。开展全市铁路环境安全综合治理工作,完成铁路环境安全综合治理工作,出台《桂林市铁路沿线安全环境综合管控“双段长”责任制实施方案》《桂林市铁路安全联席会议制度》,建立健全长效化铁路综合治理体系,确保铁路安全管理常态化。（胡晶晶）

公路运输

【概况】 2020年,桂林公路发展中心管养国道为5条,分别是国道241、321、322、323、357线;省道为7条,分别是省道202、206、208、301、302、501、502线,管养总里程为2048.39千米。按专业技术等级分:一级公路218.86千米,二级公路1309.32千米,三级公路303.24千米,四级公路216.97千米。管养的全部路线全部为高级、次高级路面,晴雨通车里程、已绿化里程均为100%;管养公路桥梁433座共22491.42延米,其中大、中桥181座共17676.21延米;管养公路隧道7道共5372.2延米。管理在建路网工程项目1个,建设里程82.02千米,项目工程总投资6.62亿元。11月,通过了“十三五”全国干线公路路况检测。

【公路管养综合服务】 2020年,桂林公路发展中心严格养护工程质量管理,提高路况水平,管养道路优良路率75.75%,控制差路率5.5%。全年累计修复路面病害138.88万平方米(折算)。抓好抗冰保通工作,共投入巡查抢险人员650人次,运输车辆220台次,使用工业除冰盐150吨,投入资金100余万元。共投入水毁修复资金264.35万元,完成使用2020年部门预算应急预案抢通资金180万元,使用自治区中心水毁补助资金413万元完成灾后抢修工程,确保干线公路恢复正常通行。开展安全隐患排查治理,安全检查633次,排查出隐患20处,完成整改20处,整改率100%。完成涉路施工许可案件数量118件,应缴补偿金额484.98万元;发现损坏路产需赔补案件113件,损坏路产所涉应追缴赔偿金额611.26万元。

【公路养护工程建设】 2020年,桂林公路发展中心公路养护大中修、路网结构改造及桥隧改善等工程累计投资1.47亿元,完成投资1.47亿元,完成率100%。其中,2020年10个“迎国检”普通国省干线公路路面大中修工程投资9398万元,大中修里程50.65千米;其余养护工程投资5261.12万元。2020年车辆购置税收入补助地方公路灾毁重建(第八批)项目9个,重建里程92.93千米,总投资1.60亿元,至年末完成投资5500万元。

【公路信息化建设】 2020年,桂林公路发展中心共投资150余万元建设公路路况监控及信息发布系统,设置户外LED电子显示屏11块和公路路况监控30个。投入40万元用于加速推广大数据、5G技术、无人机等现代化信息技术在公路领域的集成创新和应用;投入37万元增设桂林公路应急指挥中心,通过电子大屏幕和监控系统对路况进行24小时实时监控,与交通警察和电信、移动等部门联网,利用大数据交流平台实现资源共享。在桂林公路网站上设置了路况电子地图,及时发布管养公路通行状况,发布信息200余条次,让社会公众第一时间了解公路通行状况。

【全州(才湾)至资源(梅溪)公路工程(山川至梅溪段)通过交工验收】 2020年1月15日,全州(才湾)至资源(梅溪)公路工程(山川至梅溪段)通过桂林公路发展中心组织的交工验收。该工程起点位于全州县才湾镇山川村,终点位于资源县梅溪乡,与国道241线相接,路线全长62.91千米,采用二级公路标准,路面类型为水泥混凝土路面,设计速度40千米/小时,预算总投资5.57亿元。项目于2015年7月开工建设,2019年12月底完工并通过自治区交通运输工程质量监测鉴定中心的交工质量核验。（陈铸恒）

【农村公路养护】 2020年,市交通运输局按照“县道县管、乡村道乡村管”的养护管理体制要求,建立健全组织保障、资金保障、技术保障、考核保障的“四个保障”体系,将农村公路养护资金及管理机构运行经费和人员支出纳入到一般公共财政预算中,加大履职能力建设和管理养护投入力度,形成农村公路管理养护的长效机制。全市农村公路养护总里程1.18万千米,其中硬化路6731千米,全市134个乡镇、1653个建制村全部实现通沥青(水泥)路,通畅率达100%。全市县道中等路以上比例81%,乡道中等路以上比例75.4%,平均绿化率60.6%,好桥率95%。全年县道、乡道、村道日常养护资金每千米分别达到或超过11000、5000、2500元。

【出租汽车行业管理】 2020年,市交通运输局加强出租汽车行业服务管理,开展“爱心送考”“我为桂林做代言”等活动,评选出优秀企业4家和

2020年12月,恭城虎尾至龙岗公路。（吴丽霞摄）

优秀出租汽车驾驶员 80 人。规范行业服务标准，更换全市出租汽车的监督卡座，各运输行业企业均签订文明服务承诺书。严把行业准入标准关，落实出租汽车驾驶员的背景核查工作，加强网约车线上线下教育，规范网约车服务，促进网约车合规化。全年共核查网约车驾驶员 3123 人，网约车办证 997 辆。开展 2 次全覆盖的教育，教育人数 7000 多人次，对违规经营和被投诉的出租汽车驾驶员实行带班停车学习教育培训，培训人数 138 人。（胡晶晶）

2020 年 8 月 4 日，桂林公交集团新城市巴士分公司新办公楼在飞虎车场落成并投入使用。（秦能琦摄）

城市公共交通

【概况】 2020 年，桂林市新开及恢复常规公交线路 3 条，优化调整公交线路 26 条，推进灵川—城区—临桂“三角”线网模式，启用吾悦广场、海吉星物流园公交首末站。市区公交线路总数 71 条 1133.6 千米，公共交通机动化出行分担率为 51.22%。

【推广绿色公交】 2020 年，桂林市推广绿色公交车辆，新购纯电动新能源车辆 68 辆，全市新能源公交车辆 523 辆，占运营车辆的 72%。加快公交智能化及互联网 + 便捷出行工程建设，公交智能调度系统建设完成投资 60%，完成新建并验收电子站牌 18 个，累计建设投放电子站牌 48 个，为市民提供实时、精准的公交运行信息。

【城乡公交一体化建设】 2020 年，市交通运输局指导各县（市、区）遵循“成熟稳定”原则，开行公交线路、定制班线、圩日班车和预约车等旅客运输服务。全年新增通客车建制村 32 个，全市完成 1653 个建制村通客车，建制村通客车率 100%。全市通公交乡（镇）120 个、通公交建制村 709 个，具备条件的乡（镇）、建制村通公交率分别为 100%、60%。

【公交基础设施建设】 2020 年，市交通运输局加快推进苏桥工业园公交场站、雁山公交场站的前期工作，推进滨北车场、东二环停保场建设工作，完成公交站点升级改造，新增公交站点 42 个，乘客候车环境得到改善。（胡晶晶）

水路运输

【概况】 2020 年，桂林市辖区共有水运企业 23 家，排筏公司 4 家；登记在册船舶 1138 艘，总吨 7.91 万吨，净吨 4.37 万吨，客位 3.53 万个，主机功率 5.98 万千瓦，注册船员 6725 人；漓江排筏近 1400 张，持证排筏操作员 2139 人。完成水路运输客运量 83.98 万人次，客运周转量 3229.94 万人千米；完成水路货运量 23.49 万吨，货运周转量 7528.40 万吨千米。

【水路运输事务管理】 2020 年，市交通运输局开展国内水路运输经营企业新增普通货船运力备案、水运工程施工招标文件备案等 23 项其他行政权力的审核管理工作，完成相关一次性告知单、办事指南的制作。对广西数字一体化平台的信息实时进行动态更新调整。完成广西水路运政管理信息系统的日常管理与维护，更新调整系统信息内容。完成与市行政审批局专业业务办理系统的对接应用，对水路建设和发展的相关内容提出技术意见和建议。

【“智慧港航”建设】 2020 年，市交通运输局推进“智慧港航”建设，对境内 28 道渡口安装视频监控系统，对渡口实施可视化管理。至年末，完成各渡口现场设备配置。

【水路运输安全生产】 2020 年，市交通运输局强化安全监管，开展节假日安全生产大检查、“渡运安全月”、中小学生防溺水、汛期安全生产大检查、水上交通安全知识进校园、扫黑除恶等活动，严格风险管控，确保安全工作落实到处。推动辖区水运企业开展安全生产标准化建设，强化安全基础管理，规范水运企业安全生产行为，防范和遏制重特大事故发生。全年全市未发生水上安全责任事故。（胡晶晶）

【通航秩序管理】 2020 年，桂林海事局以漓江旅游船舶为重点，结合水上交通安全专项整治 3 年行动、安全生产月等专项活动，联合地方政府及相关部门形成监管合力，加强对码头、浅滩、通航密集区现场监管，形成全天候电子巡航、重点航段驻点巡航、高峰现场巡航、工作时间弹性巡航互为补充的“四位一体”巡航模式，保障辖区水上交通安全畅通，全市连续 5 年无一般级以上事故。打击漓江无证船、野马船非法载客、旅游客船超载和“偷班”等各类水上交通违法违规行为，维护航运经济秩序。全年漓江共开航船筏 19.98 万艘（张）次，安全发送旅客 202.28 万人次。共开展巡航 2239 次，巡航里程 5.29 万海里，巡航时间 8806 小时，出动执法人员 5779 人次、巡航车船 2239 车（艘）次；电子巡航 1.46 万次，巡航时间 4422 小时；实施行政处罚 64 起，罚款 7.37 万元；发布航行通告 12 份，水文信息 711 条，发送预警信息 139 条；船舶封航管制 8 次，排筏封航管制 27 次。

【船舶监督管理】 2020 年，桂林海事局开展船舶安全检查、船舶检验质量监督和航运公司管理，编制出版《桂林漓江旅游客船非体系航运公司安全与防污染实务》，为海事执法人员与辖区船舶企业量身定制，助推航运公司提高安全管理水平。持续推进长期逃避海事监管船舶专项整治行动，对辖区登记船舶进行全面梳理，完成整治 181 艘，待整治船舶 147 艘，完成阶段性整治任务。开展船舶现场监督 1493 艘次，安全检查初查 492 艘次，发现缺陷 1477 项，平均缺陷率 3.0 项 / 艘，滞留船舶 0 艘次，开展船舶吨位丈量复核 5 艘次。开展航运公司检查 32 家次，发现不符合 72 项，完成整改 56 项。

【漓江船舶防污染管理】 2020 年，桂林海事局强化船舶防污染监管，开展辖区水上加油船专项检查、防治船舶水污染专项整治等活动，全面落实河长制相关工作。严格监控船舶污染物“零排放”，推动船舶污染物排放作业网上申报，加强船舶生活污水、生活垃圾、油污水等的排放接收监督检查，全面实行漓江旅游客船铅封管理，规范漓江旅游客船生活污水回收站管理。持续推动新能源船舶研发建造，开展油电混合、直翼推动等新型船舶监管研究，推动辖区企业使用新能源船舶。全年完成船舶污染物接收处理作业 3.29 万艘次，其中含油污水接收 1078 次共 10 吨，船舶垃圾接收 2.90 万艘次共 155.30 吨，船舶生活污水接收 2800 艘次共 1069 吨；防污染登轮检查 320 艘次。

【漓江排筏规范管理】 2020 年，桂林海事局制订《漓江旅游排筏航行安全指南》，对漓江排筏实施精细化管理。推进载客游览排筏信息化规范化管理，推进排筏企业更换含排筏信息二维码的新铭牌。持续推动排筏检验登记工作，推动排筏新能源动力研究。联合地方政府、漓管委开展漓江载客排筏综合整治行动，打击无证排筏非法载客行为，将水域整治、陆域机动、空域侦查相结合，利用闭路电视监控系统和无人机监控方式，对非法排筏精准定位并进行围堵。与公安部门建立案件移送机制，对无证驾驶排筏当事人实施行政拘留，共扣押非法排筏 18 张，向公安机关移交无证驾驶排筏案件 2 件，行政拘留 2 人，刑事处罚 3 人。开展漓江旅游排筏水上突发事件应急演练，共分上滩失去动力、遭遇船舶浪涌、筏上人员落水、遭遇恶劣天气及心肺复苏科目。同时演练疫情防控应急处置科目，检验排筏企业疫情防控预案的可操作性。通过演练提高排筏船员及公司安全管理人员的安全意识和应对水上突发事件应急反应能力。

2020 年 11 月 11 日，桂林海事局联合多部门开展水上联合执法巡航整治行动。（桂林海事局供图）

【渡口渡船监管】 2020 年，桂林海事局制订多项措施助力渡船在满足防疫需求和适航状态下复航，并为偏远渡口渡船及圩客船赠送口罩、酒精等防疫物资。加强渡运安全管理，促进渡运安全共管共治，联合市交通运输局、市漓管委等单位开展渡运安全月活动。共出动执法人员 484 人次，出动巡察车船 216 次，巡察时间 682 小时。检查船舶 239 艘次，检查渡口 233 道。纠正渡船各类安全缺陷 98 项，排查并推动重大以上渡运安全隐患治理 2 项。

【船员管理】 2020 年，桂林海事局加强船员管理，组织开展典型事故案例进航运公司进船员培训机构活动，全面开展船员违法记分管理。共开展船员履职检查 149 人次、船员违法记分 26 人次。受疫情影响，全年开展各类船员考试评估 20 期 287 人次。签发船员管理类证件 1778 本，其中内河船舶船员适任证书 1055 本，船员服务簿 145 本，内河船舶船员特殊培训合格证 489 本（内河客船船员特殊培训合格证本 483 本、内河油船船员特殊培训合格证 6 本），排筏操作员证书 89 本。

【水上应急搜救】 2020 年，桂林海事局加大水上搜救演练力度，共组织和参与橡皮艇实操演练、防汛救灾应急演练、渡口渡船应急演练、防船舶污染水域演练等各类应急演练共 15 次，参演船舶（排筏）164 艘次，参演人员 886 人。开展漓江流域加油船应急综合演练。成功处置辖区 4 次洪峰过境期间各类突发事件，共安全营救、转移受困群众 118 人，确保汛期桂林辖区内的 473 艘船舶、1400 余张排筏、3 个在建涉水工程安全度汛。全年共处置险情 29 起，救助患病旅客 5 人，救起

2020 年 9 月 10 日，桂林海事局救助一名重庆籍游客。（桂林海事局供图）

轻生、溺水者 7 人；救助遇险船筏 4 艘、加固失控浮桥（排）2 次，搜救成功率 100%。（桂林海事局）

【航道航标维护管理】 2020 年，桂林航道养护中心辖区共设置各类助航标志 213 座，其中侧面浮标 128 座，示位标 63 座，桥涵标 22 座。共完成漓江航道维护测量工程量 14.1 平方千米，完成 54 条整治建筑物的观测，更新 28 条滩险航道图数据。航道疏浚维护 29 滩次 2.44 万立方米，维护性补坝 708.54 立方米，航标维护 8.38 万座天，标灯维护 3.84 万盏天。辖区通航保证率 100%，标志维护正常率 100%，标灯维护正常率 100%。全年航道安全畅通，辖区航道始终得到安全保障，无任何航道航标安全生产责任事故。

【航道船闸管理】 2020 年，桂林航道养护中心及时进行年度维修协调，确保维修进度按时完成，并及时组织通航验收，恢复通航。落实 2021 年船闸维修计划的报送工作，组织协调 2021 年桂江沿线船闸维修时间，并及时公告。全年船闸开闸次数合计 1368 闸，过闸船舶数量 2278 艘次，双向过闸船舶实际载货运量 11.48 万吨，船闸运行通畅，没有发生停航、滞航事件。

【航道行政管理】 2020 年，桂林航道养护中心加强航道行政执法监督巡查，劝阻破坏或占用航道等违法施工行为，并对审批的事项做好事中事后的监管，落实施工现场监管工作。全年共组织执法巡查 55 次，出动执法人员 191 人次，及时排查涉航违法隐患。针对桂林至阳朔段净空高度较低的跨河线缆开展核查工作，共核查不达标跨河缆线 6 条。（党煜）

民用航空

【概况】 2020 年，桂林两江国际机场（简称桂林机场）运输起降 3.76 万架次，下降 42.6%；旅客吞吐量 435 万人次，下降 49.1%；货邮吞吐量 1.54 万吨，下降 49.1%；航班放行正常率 90.57%，增长 3.94%。全年飞行航线 119 条，2 月 17 日起国际航班全部暂停运行，通航国内城市机场 83 个，新增岳阳、潍坊、淮安、邯郸通航点。年内，桂林机场完成地面业务移交及分公司改制子公司等工作。桂林机场荣获省部级荣誉 7 项，市级荣誉 17 项，桂林两江国际机场航站楼及站坪配套设施扩建工程获“2020—2021 年度国家优质工程奖”称号。

【疫情防控】 2020 年，桂林机场针对新冠疫情外防输入、内防反弹，疫情防控取得显著成效。1 月 25 日，桂林机场开始在航站楼及场区主要出入口陆续设立 23 处健康检查点，制订《T2 航站楼公共卫生场所一级响应清洁消毒方案》，严格落实“亮码 + 测温 + 戴口罩”通行措施，完善突发公共卫生事件应急预案，及时向疫情防控部门提供航班旅客相关信息。率先设立“疫情严重国家（地区）入境人员主动申报点”，成为广西机场首家、桂林交通行业首家设立单位。组建“入境人员疫情处置专班”“高风险地区航班保障专班”“健康码工作专班”等防疫专班，与桂林市疫情防控指挥部、桂林市公安局机场分局、各航空公司等建立信息通报和联防机制。1 月 26 日—12 月 31 日，桂林机场体温检测进出候机楼人员 519.4 万人次，无发现疑似或确诊病例，处置旅客特情累计 135 起，涉及旅客 149 人次，防疫物资总入库 43.3 万件，发放 40.7 万件，修订完善疫情防控处置预案 5 版。桂

2020 年 1 月 27 日，市长秦春成（右三）看望慰问为旅客检测体温的机场工作人员。（王继洋摄）

林机场实现"旅客防控零失误、员工防控零感染"的目标。

【航空运输】 2020年，桂林机场争取航空公司的新增计划编排，冬春换季收集到13家航空公司涉及29条航线，共348个时刻量新增需求。整合营销队伍，组织全员营销活动，与相关航空公司合作，推出特价航空产品，吸引非刚需旅客乘坐桂林航班出行，促使万州、遵义等航线客座率提升15—30个百分点，保住7条因低客座率、低收益计划取消的航线。在广西各机场中首创自主研发"航空市场数据库"，通过对原始数据的多维整合，实现对周度及月度数据的智能汇总、比对、连续性动态分析和航线补贴自动评估等功能，做到对数据进行精准管控。统筹规划货邮运输，按照分阶段刺激、有差异营销的思路，制订奖励方案，利用政府补贴，降低物流企业运输成本，利用现有航线资源，将货物进行空空中转。

【机场安全管理】 2020年，桂林机场开展安全隐患专项自查、"安全生产专项整治三年行动""安全从业工作作风建设""抓作风、强三基、守底线"安全整顿活动，以及机坪运行安全、消防安全、场区地面交通等12项综合安全治理活动。全面推动法定自查工作，完成SMS-DG建设评估、桂林机场航图优化、航空安保内部审计、空防安全保障能力评估、反恐处突能力自查等工作，通过上级安保测试，安全保障裕度进一步提高。全年安全保障航班起降3.9万架次，地面运输安全行车175.2万千米，排除飞机故障89起，查获违禁物品5.5万件，开展应急演练83次，连续实现第37个安全年 。

【基础建设】 2020年，桂林机场各项基础建设进度放缓，完成重大、次重大项目投资5362万元，占年度投资额的54.3%。完成负压救护车购置、CT安检机购置、19号仪表着陆系统更新、消防站改造等项目建设。

【机场体制改革】 2020年，桂林机场推进分公司改制子公司工作。4月20日，完成子公司工商设立登记。6月，取得子公司机场使用许可证。9月1日，全面完成原分公司账务转移至子公司工作，子公司更名为"广西机场管理集团桂林两江国际机场有限公司"并正式运营。

2020年2月5日，民航中南局党委书记杨进(中)率队到桂林机场调研。

(刘荣华摄)

【助力复工复产】 2020年，桂林机场主动承担社会责任，实施优惠减免举措，给予航空公司、候机楼及场内外租户收费减免3074万元，减免航空公司26家，减免商家37户。为应对候机楼商家受疫情影响的退租风险，桂林机场主动扩大经营范围，在T2航站楼开设"食滋味"餐厅、"两江茶歇"咖啡厅等，确保候机楼内餐饮服务不受影响。 (莫亚兰)

邮政管理

【概况】 2020年，桂林市邮政管理局(简称市邮政管理局)办公地址在桂林市凤北路1号。全年全市邮政业平稳有序发展，邮政行业业务总量完成13.54亿元，增长23.63%；业务收入完成10.42亿元，增长14.95%。快递业务量完成4079.1万件，增长23.15%；业务收入完成6.2亿元，增长28.79%。全市共建成快递物流园区3个，投入使用快递分拨场所总面积超过3.3万平方米，日均处理能力超过40万件。累计建成快递末端公共服务站点数量158个，农村快递公共取送点381个，智能快件箱布设1003组。11月19日，市邮政业安全中心成立。

【邮政行业疫情防控和复工复产】 2020年，市邮政管理局协调辖区寄递企业驰援武汉等疫区，全市邮政快递业出动车辆24辆次免费为湖北疫区运送口罩、防护服、桂林米粉等防疫和生活物资85.3吨、包裹0.75万件。协调市新冠疫情防控指挥部、市发展和改革委等部门，争取免费口罩1.62万个、酒精、消毒液一批，保障一线从业人员疫情防控防护需求。采取直接与厂家对接方式，协调辖区邮政企业以成本价购买口罩8.43万个，解决一线快递员口罩紧缺的难题。3月末，全市邮政快递业全面复工复产，保障了防疫和生活物资运输通畅，并实现在疫情期间逆势增长，成为全市一季度主要经济指标第三产业增加值中唯一的累计同比正增长的行业。

【开展关心关爱快递小哥"暖蜂行动"】 2020年，市邮政管理局分别联合市总工会、秀峰区总工会、高新区总工会、象山区总工会及桂林银行等部门多次开展关爱快递小哥"暖蜂行动"，累计送出食用油300桶、大米200袋、保温杯300个，绿豆2吨，红糖26箱、清凉饮品50件及"关爱大礼包"等，惠及全市快递小哥2000余人。

【邮政业突发公共卫生事件应急管理】 2020年，市邮政管理局组建桂林市邮政业突发公共事件应急救援队伍，融入桂林应急救援管理体系。8月7日，市邮政管理局联合市疾控中心在市邮件处理中心组织开展全市邮政业突发公共卫生事件应急演练，全市邮政、快递企业100余人到场观摩。该应急演练以1件疑似携带有新冠肺炎病毒的邮件为背景，演示了疫情防控报告、运送邮车和邮件处置、疫情处置相关工作人员安排、个人防护用品穿戴4个场景。

2020年8月7日，桂林市邮政业举行突发公共卫生事件应急演练。 （冯珂摄）

【邮政快递三轮车辆备案】 2020年，市邮政管理局按照统一标识、统一编号、统一外观和统一管理的标准，全面推进全市快递三轮车备案工作。市交警部门对需要通过禁行区域的邮政快递三轮车发放专用通行标识，保障通行路权。对符合机动车登记条件的三轮车，按机动车正常管理。至年末，全市邮政快递业完成备案三轮车1886辆。

【邮政业绿色发展“9792”工程】 2020年8月，市邮政管理局持续推进邮政业绿色发展“9792”工程(“瘦身胶带”封装比例达90%，电商快件不再二次包装率达70%，循环中转袋使用率达90%，全国新增2万个设置标准包装废弃物回收装置的邮政快递网点)，联合市人力资源和社会保障局、市快递协会联合工会、市交通技工学校开展首次快递绿色包装宣传培训活动，市邮政公司、主要快递品牌企业参加培训。至年末，全市有37个邮政营业网点或揽投点设置包装废弃物回收装置，邮政快递企业配备新能源汽车数量70辆，符合标准的专用电动三轮车415辆。

【邮政业务监管】 2020年，全市邮政市场监管队伍出动检查892人次，检查企业及其分支机构332个，行政处罚22起，罚款9.45万元，下达责改通知书50份，约谈企业169家次，停业整顿企业及其分支机构(含末端网点)2家次。共处理申诉322件，答复咨询26件。经调解全部妥善处理消费者申诉，为消费者挽回经济损失17.53万元，消费者对企业申诉处理满意率100%，对邮政管理部门申诉处理满意率100%。

2020年12月10日，市邮政管理局、象山区总工会联合开展关心关爱快递小哥“暖蜂行动”。 （杨联杰摄）

【助力打赢脱贫攻坚战】 2020年，市邮政管理局继续推动各县(市、区)农特产品进城示范项目发展，鼓励邮政快递企业加大与地方政府和地方经济组织合作，为广大客商、参展商、果农提供寄递+金融+分销等邮政综合配套服务。全年促成柿饼销售42.3万件，沃柑96.6万件，新鲜柿子93.2万件，皇帝柑、砂糖橘等农产品发运约19万件，桂林米粉27.3万件，衣架119.5万件。

【“扫黄打非”监督】 2020年，市邮政管理局开展“扫黄打非”专项工作，与90家法人企业签订“扫黄打非”责任状，各寄递企业与一线人员签订“扫黄打非”责任书1367份。全年对99个邮政普遍服务营业场所、174个快递营业网点开展“扫黄打非”专项检查，传达“画像法”305人次。

（杨联杰）

信 息 业

综 述

【概况】 2020年，桂林市加快推进数字产业化进程，建成全自治区最大的云计算数据中心，引进华为技术有限公司、深圳长城开发科技股份有限公司、中国电子信息产业集团有限公司等多家知名企业，建设桂林医疗影像数据云。政务数据“聚通用”（数据汇聚、共享互通、创新应用）加速实施，工业信息化项目获自治区资金支持数量和金额均居自治区第一，“信息网”项目完成投资额绝对量居自治区第一。桂林信息产业具体业态包括电子信息制造业、信息通信业、软件与信息技术服务业。全年桂林市完成互联网出口带宽7138.4GB，（比上年，下同）增加4200GB。全市光纤总长26.43万千米，增加8.05万千米。全市移动电话用户636.99万户，增加70.52万户。其中，3G和4G用户增加62.99万户。全市4G基站2.63万个，增加0.24万个。全市光纤宽带用户192.07万户，增加31.61万户，其中“千兆”光纤宽带用户增加6.89万户。全市建制村以上4G网络覆盖率100%，建成5G基站3469个。

【推进“五网”建设】 2020年5月27日，桂林市“五网”建设大会战信息网项目集中开工暨桂林市4G、5G基站和光纤网络项目启动仪式在中国移动桂林分公司举行。该信息网建设三年大会战集中开工项目9个，其中中国移动桂林分公司5个、中国电信桂林分公司3个、广西广电网络桂林分公司1个。列入自治区信息网项目库的新开工项目7个，分别为广西广电网络桂林分公司建设桂林市社会技防视频监控接入项目，总投资1176万元，建设一个覆盖全市的智能化电子警务调度平台；中国移动桂林分公司建设4G网络项目，总投资4.9亿元，对市区、县城弱覆盖区域进行补盲和深度覆盖；中国移动桂林分公司建设5G网络项目，总投资1315亿元，开展市区、县城和乡（镇）级热点农村网络建设，扩大5G网络信号覆盖；中国移动桂林分公司建设光纤宽带网络项目，总投资0.9亿元，提升农村光纤宽带通达率；中国电信桂林分公司建设4G网络项目，总投资1.45亿元，主要进行城市密集区域室分建设、城市密集区域宏基站及微站建设、农村区域无覆盖村庄及主干道4G网络建设，并对高负荷站点进行网络扩容；中国电信桂林分公司建设5G网络项目，总投资12.78亿元，扩大了5G网络信号覆盖；中国电信桂林分公司建设光纤宽带网络项目，总投资0.87亿元，提升农村光纤宽带通达率。

【推动互联网与社会服务深度融合】 2020年，桂林市深入实施大数据战略，数字产业快速发展，推动互联网与社会服务深度融合，丰富“互联网+”特色服务，与旅游、医疗、社区管理相结合建立数字化服务体系，使社区百姓生活更加便捷。桂林市运用中国社会扶贫网，动员社会力量推动“互联网+扶贫”建设，“一键游桂林”成为自治区推广“一部手机游广西”的典范。全面推行的电子健康卡二维码让群众实现“掌上就医”更便捷。市人才服务中心实施人才服务网上行，构建数字化、智能化、网络化、多元化的人才服务新模式。桂林国投大数据公司开发的“爱达家”项目，通过建立数字化服务体系，服务城市数字商业。桂林长海科技有限责任公司开发的智慧社区项目，其“一键金点子”、微互动平台等成为政府与社会民众协力共创全国文明城市的载体。桂林力港网络科技股份有限公司的“通用积分商城”项目，开启“互联网+线下+物流”的全域新零售电商平台模式探索。12

2020年12月15日，自治区“互联网+社会服务”现场推进会在桂林市召开。（蒋洁丽供图）

月，自治区“互联网 + 社会服务”现场推进会在桂林市召开，桂林市在会上作交流发言。（蒋洁丽）

信息化建设

【概况】2020 年，桂林市推进政务信息化、数字政府、数字经济建设，出台《桂林市新一代信息技术产业发展规划(2019—2025)》《桂林市政务数据资源调度管理办法》等大数据发展细分领域的规范性文件，规范数字桂林建设。印发《中共桂林市委员会　桂林市人民政府关于深入实施大数据战略加快数字桂林建设的意见》《桂林数字经济发展规划》等配套文件，规范项目管理，推动“资源换产业”政策落实。年内，桂林市电子信息制造业产值年度增幅创历史新高，桂林华为科技城、高铁智慧产业园、桂林花江智慧谷等数字经济园区建设加速推进，高新区电子信息产业园、创意产业园和湖塘经济总部等成熟园区发展形势良好，成功落地安科讯、领宜制造、中国长城(广西)PKS 信创产业生态基地项目等 1000 万元电子信息项目 20 个。引进浙江飞图公司建设桂林医疗影像数据云，将病人医疗影像数据进行集中长期保存并实现共享共建助力远程医疗。桂林深科技有限公司实现智能终端生产线整体搬迁，桂林坤弘量子信息科技有限公司当年建设、当年投产，并填补广西智能手机和量子产品的空白。

【数字基础建设】2020 年，桂林市高新技术产业发展集团有限公司建设桂林华为云计算数据中心，项目总投资金额 2.65 亿元，总建筑面积 1.79 万平方米，可容纳标准机柜 1 万个。年内，桂林华为云计算数据中心新搭建基于华为鲲鹏技术的自主可控安全云，为桂林信创转型奠定基础。数据中心在承担桂林市政务云服务的基础上，开展云计算的商业化推广，洽谈作为广西政务云的异地备份中心。年内，雁山园大学生创业产业基地内的电科云项目开工，计划总投资金额 188 亿元，总建筑面积 80 万平方米，建设周期 2.5 年，建成后可容纳标准数据机柜 8.3 万个，承载国家重大战略的云需求，标志桂林市云计算产业从面向全广西布局到进入国家布局的升级。

【政务数据“聚通用”稳步推进】至 2020 年年末，桂林所辖县(市、区)完成接入电子政务外网乡(镇)135 个、建制村(社区)1835 个，电子政务外网横向及纵向覆盖率 100%，为数据打通共享提供线路保障。完成全市 5630 个单位非涉密业务专网的核查及认定工作，全面摸清桂林市的政务信息资源家底。年内，桂林市建成政务数据共享交换平台，编制市本级及县(市、区)65 个部门 3036 条政务数据共享目录，支撑政务服务“一网通办”“互联网 + 监管”、社会信用、不动产登记、公积金审批、工程建设项目审批等数据共享交换和业务协同，数据累计利用超 3500 万次。不动产登记推行“互联网服务 + 不动产登记”服务模式，首期通过开发不动产登记和房产交易便民服务平台(www.glbdc.cn)，可在线申请不动产“最多跑一次”登记业务，网上预审完成后申请人携带材料原件到业务窗口核实，通过后可即时登簿打证。在全自治区率先设立不动产登记银行便民服务点，实现涉信贷不动产抵押登记由银行端发起申请和打印权证，借款人办理抵押登记“零次跑”。至年末，累计通过备案的银行网点 195 家。建成政府门户网站一体化平台，全面集成市、县(市、区)两级门户网站 66 个，解决各网站质量参差不齐、信息安全保障薄弱、监管分散等问题。建成数字桂林地理空间框架，实现全市地形图、电子地图、影像图、三维图的共建共享。以公安天网和政法雪亮工程为基础，建成全市公共监控视频共享平台，该平台已集成各类视频资源超 3.5 万路，各单位只需分配一个账号，就可根据自各工作需要调取全市视频资源，减少重复建设带来的资金和资源的浪费。在市人民政府门户网站建立“网上办事”统一入口，共开设“个人办事”主题 22 个和“法人办事”主题 28 个，全市网上可办率超 99%。稳步推进电子证照建设，已汇聚上报 70 多类电子证照结构化数据。推行“智能审批”示范建设，市住房公积金新系统上线全面使用电子档案，实现公积金相关业务办理“零上门”“零材料”“零审批”“秒到账”。桂林公安“户政服务云窗口”利用微信通道，以“互联网 + 可信身份认证”为突破口，推行“一次办好”“可跑零次”的高效便民服务，涵盖 9 大类 56 项常用户政业务。

【工业信息化发展】2020 年，桂林市获批工业和信息化部“两化融合”管理体系贯标试点企业 7 家，获评广西智能工厂示范企业 14 家，规模以上企业上云率 100%。23 个“工业互联网项目”“5G+ 工业互联网”项目获自治区工业和信息化厅信息化资金扶持，占自治区 22%，排自治区第一；12 个项目被自治区工业和信息化厅评为示范项目(企业、平台)，占自治区 21.8%，居自治区前列；21 个项目获批数字广西建设标杆示范项目，排自治区第二。桂林海威科技股份有限公司进军人工智能软件开发、硬件生产和系统集成，打造自治区内领先的人工智能本土品牌，完成自治区首个华为昇腾 ISV（独立软件开发商）生态伙伴认证，并完成 AI 服务器 3C 派生认证。

【宜兑数字经济项目便民上线】2020 年，桂林宜兑数字经济项目主要采取“预售与自提 + 通用积分”的双重创新模式，通过建设“宜兑优选”“通用积分商城”模块，为用户提供物美价廉的果蔬生鲜等日常消费品，联合全市实体商家，整合各行各业积分与商品服务，建设通用积分商业生态联盟，实现“积分一码通”，打造“互联网 + 线下 + 物流”的全域新零售电商平台。自 3 月上线后，该项目已建成物流分拣中心，初步完成服务市区的物流配送体系。物流分拣中心与五里店批发市场、汇东批发市场和正大集团等 900 多家供货商达成合作，并将生鲜采购到农村和产地。签约 400 多个社区自提点，拥有微信群营销用户 8 万多人，日活跃用户 3500 多人。物流分拣中心与桂林银行开展合作，筹备接入“小能人积分”平台。加盟华荣、力源、明桂米粉等数百家门店，实现线下商品积分兑换服务。完成秀峰区政府机关食堂积分充值、支付、收银、结算等试点工作，打造政府食堂智能化管理系统。至年末，该项目逐步形成“积分一码通”的城市消费氛围，建成深受市民喜爱的本土新零售电商品牌。

（蒋洁丽）

网络安全管理

【概况】 中国共产党桂林市委员会网络安全和信息化委员会办公室（简称市委网信办）办公地址在桂林市临桂区西城中路69号，内设科室4个。2020年3月，市委网信办二层事业单位——桂林市互联网舆情中心（加挂桂林市网络安全应急中心、桂林市下属互联网违法和不良信息举报中心两块牌子）成立。6月5日，中国共产党桂林市互联网行业委员会（功能型党委）召开第一届大会。年内，市委网信办加强网上正面宣传和网上舆论引导，治理网络生态，开展网络安全防护，打击电信网络新型犯罪，构建清朗网络空间。7月28日，桂林市在自治区互联网企业党建工作推进会上作典型发言。

【网上正面宣传】 2020年，市委网信办统筹市属及各县（市、区）融媒体中心持续做好“习近平新时代中国特色社会主义思想”“决胜全面小康　决战脱贫攻坚”等网上专题专栏宣传，发布新冠肺炎疫情防控正面宣传信息1.6万条。其中，“桂小播”原创抖音作品《护士小姐姐熊抱抢镜》在国内各媒体平台广泛转载刊播，登上新浪热搜榜，累计播放量超5亿人次。牵头制作原创抗疫MV《生死相依》，阅览量超100万人次，登陆《学习强国》后被中共中央宣传部总平台选用。开展“山水桂林　红色热土”网络媒体桂林行活动，开展“桂林，挺你”等直播活动11场，助力文化旅游复苏。通过《桂林创城再出发》专栏开展网上正面宣传，为桂林市创建全国文明城市营造舆论氛围。年内，协调国家、自治区、市、县（市、区）四级主流新闻网站和商业网站，网络直播、全媒体报道2020中国文化和自然遗产日主会场系列活动、中国－东盟博览会旅游展、中国－东盟电视周等“五会一节”和红军长征论坛等活动，将桂林好声音传向海内外。

【网上舆论引导】 2020年，市委网信办组织网络评论员开展“网络中国节”“网络文明”“网络扶贫”“疫情防控”等正面舆论引导。持续开展网民网络素养教育和选树全国先进典型，图文集《最美抗疫夫妻档“疫情不退，我们不退”》和动漫音视频《公益动画——灰仔兔挖掘红色文化》分别入选全国第五届“百幅网络正能量图片”“百部网络正能量动漫音视频”。

【网络生态治理】 2020年，市委网信办落实《网络信息内容生态治理规定》，开展打击网络谣言、网络新闻敲诈和“清朗”“剑网”等专项整治行动，从严整治网络信息领域行业乱象，重点查处网络赌博诈骗、侵权仿冒、恶意营销、传播色情低俗信息等违法违规行为，构建清朗网络空间。

【信息化发展】 2020年，市委网信办组织开展全市关键信息基础设施网络安全检查，对全市部分涉及国计民生的重点领域开展关键信息基础设施和重要信息系统网络安全抽查，督促及时整改相关隐患问题。对接上级网信部门及市工信等部门，依据广西信息化发展水平评估报告情况，组织市直有关部门开展信息化发展分析研判工作会，协同推进数字乡村、电子政务、新型智慧城市等建设，促进网络强国建设。与农业农村、工信等相关管理部门协作，开展首批国家数字乡村试点地区推选工作，恭城瑶族自治县被确定为首批国家数字乡村试点地区，为全市信息化发展服务惠民提供支撑。

（陈东　刘春仙　韦林兵）

【2020国家网络安全宣传周广西活动在桂林启动】 2020年9月14日，2020国家网络安全宣传周广西活动启动仪式在桂林博物馆举行，该次活动由自治区党委网信办主办，自治区总工会、共青团广西壮族自治区委员会、自治区妇女联合会、自治区教育厅、自治区工业和信息化厅、自治区公安厅、自治区广播电视局、人民银行南宁中心支行、自治区通信管理局联合举办，桂林市委网信办、桂林博物馆承办。活动围绕“网络安全为人民，网络安全靠人民”主题开展为期1周的系列活动。活动发挥网络传播优势，部署开展线上线下七大活动，包括一次网络安全宣传周主题展、一个网络安全企业云展会、一场网上网络安全知识竞赛、一届网络安全技术大赛、一批网络安全云课程、一组网络安全专家线上答疑、一轮网络安全市民体验活动。宣传周期间，在桂林博物馆推出网络安全宣传周主题展和市民体验活动，主题展现场设置钓鱼Wi-Fi、盗号充电桩、支付宝钓鱼诈骗等演示体验设备，让参与体验的市民借助沉浸式体验的操作，加深对网络安全和个

2020年9月14日，2020国家网络安全宣传周广西活动启动仪式在桂林博物馆举行。

（刘春仙摄）

人信息保护的理解和认识。同时，举行校园日、电信日、法治日、金融日、青少年日、个人信息保护日等系列主题日活动，向全社会普及网络安全知识。

【打击电信网络新型犯罪】 2020年10月16日，桂林市召开打击治理电信网络新型违法犯罪工作局际联席会议暨“断卡”行动部署会。年内，桂林市对打击治理电信网络犯罪进行部署，并开展专项行动，通过严格落实“快查快打”工作机制，加强联席会议成员单位沟通合作，开展系列专项整治行动，打击电信网络新型犯罪。1月—9月，全市共破案1066件，同比增长896.26%。其中，直接造成群众损失的案件327件（不含电诈上下游案件），全市刑事拘留各类电信诈骗犯罪嫌疑人1170人。

【中国长城（广西）PKS网信产业生态基地网信产品下线】 2020年10月23日，中国长城（广西）PKS网信产业生态基地网信产品下线，优化桂林市电子信息产业生态，助推桂林工业振兴发展。中国长城作为中国电子的核心企业之一，在自主创新、自主安全产品研发方面拥有雄厚的技术实力。年初进驻桂林，打造生产、生态、服务“三位一体”，为加快数字桂林建设提供支撑。该次下线的世恒DF716桌面式计算机，采用纯国产飞腾CPU和麒麟操作系统，标志着中国长城（广西）PKS网信产业生态基地迈出量产的第一步。 （覃帆）

无线电管理

【概况】 2020年，桂林市无线电监测中心办公地址在桂林国家高新技术产业开发区信息产业园同兴大楼，内设科室5个。年内，桂林市无线电监测中心加强无线电管理和监督，优化频谱资源管理，依法强化监测治理，推进无线电监测网建设，确保无线电频率使用安全。

【频谱资源和频率台站管理】 2020年，桂林市无线电监测中心统筹保障民航、铁路、漓江航道等行业用频需求，完成民航桂林空管站场面监视雷达站、平乐二塘甚高频导航台等台站申报材料初审，保障桂林马拉松赛、中国-东盟博览会旅游展等重大活动以及平钢220千伏高压输电线路等重点建设项目用频需求。落实《广西水上无线电频率保护工作协同机制》，联合桂林海事局开展漓江航道无线电台清查，完成漓江水上无线电频率保护测试。继续开展频率使用率评估，清理闲置频率和回收使用效率低的频率，全年增加新指配频率12个，撤销各类台站21个，收回频率2个。审核审批设台申请，新增设台单位5个、台站252个，实地核验备案登记新设5G基站452个。继续推进无线电发射设备销售备案工作，组织对桂林光隆科技、思奇通信等无线电设备生产企业进行监督检查，新增无线电发射设备经营主体备案企业2家、备案型号45个，累计完成辖区175家经营主体380个型号无线电设备登记备案。

【监测网络和监测能力建设】 2020年，桂林市无线电监测中心利用固定站重点对470MHz—510MHz、920MHz—925MHz等20多个频段进行专项监测，监测时长1.4万小时。继续推进无线电监测网建设，完成桂林两江国际机场、桂林南区三类固定站建设，完成桂林北站三类固定站搬迁改造和临桂区时代广场制高点三类固定站选址，采取共站模式建设完成高铁小型站4个、高山站2个、漓江航道小型站2个。完成无线电监测一体化平台操作系统、移动监测测向系统、便携式频谱分析仪、应急通信专网等相关设备维护和系统升级改造。

【无线电监测治理】 2020年，桂林市无线监测中心组织人员对桂林两江国际机场航信公司、沃尔玛桂林中山北路店等20多家生产或使用无线电设备单位进行监督检查。全年累计受理排查无线电干扰投诉11件，出具干扰查处报告11份，责令违规设台用频单位和个人采取技术措施消除有害干扰。重点打击GPS信号干扰等违法行为，保持打击整治“伪基站”“黑广播”高压态势，累计动用车辆80余次、人员240人次、设备140套次，监测时长2200多小时，联合公安等部门查处民航GPS设备及运营商通信基站受干扰案件1件，抓获涉案人员1人、查获干扰设备6套。落实桂林市5G干扰协调机制，组织召开5G干扰协调会，完成5G频段电磁环境监测和技术措施实验测试，持续更新需要受保护台站目录，主动对接排查干扰隐患。

【无线电安全保障】 2020年，桂林市无线电监测中心落实重大活动和重要时间节点24小时监测值班制度，确保节假日期间无线电频率使用安全，重点组织做好桂林国际马拉松赛、中国-东盟博览会旅游展等重大活动无线电安全保障，累计动用监测人员60人次、

2020年9月17日，桂林市无线电监测中心组织人员对平钢220千伏高压输电线路进行干扰排查监测。 （钟显文摄）

2020 年 7 月 7 日，桂林市无线电监测中心组织人员对高考无线电安全进行现场监测保障。 （钟显文摄）

监测车 30 辆次、监测定位设备 40 套次，实施监测频点 70 余个，清理违规用频 16 个，出具电磁环境测试报告 8 份。全年累计实施高考、公务员录用考试、建造师资格考试等 18 次重大考试无线电安全保障，累计派出人员 180 人次、监测车辆 60 辆次、动用监测设备 240 台（套），维护考试的公平公正。

【无线电综合服务能力建设】 2020 年，桂林市无线电监测中心继续采取多种方式宣传《中华人民共和国无线电管理条例》，开展系列无线电法律法规、无线电科普知识宣传活动。通过移动短信平台发送 30 多万条无线电宣传短信，通过桂林电视台科教频道、生活频道播放无线电管理宣传内容，通过利用社区公告栏制作无线电科普知识宣传板报进行相关宣传。举办 2020 年度业余无线电测向赛及宣传活动。 （钟显文）

电 信 业

【中国电信股份有限公司桂林分公司】 2020 年，中国电信股份有限公司桂林分公司（简称中国电信桂林分公司）办公地址在桂林市叠彩区中山中路 53 号，下辖高新七星区分公司、叠彩区分公司、象山区分公司、临桂区分公司和 11 个县（市）分公司。年内，中国电信桂林分公司坚持“聚焦规模抓发展、强化能力促转型”，聚焦规模发展，推动高质量发展。

推进规模发展 2020 年，中国电信桂林分公司“百姓天网”采用整村推进、政府主导、去电信化营销模式，精细化管控实现规模发展。开展“铸铅行动”2296 场，促进宽带规模发展。创新线上营销模式，借助企业微信推广拓展营销触点，探索网红直播带货等新型销售模式。全渠道融合开拓发展新业态，政企渠道充实 DICT 支撑力量，试点“客户经理 + 项目经理 + 解决方案经理 + 项目交付经理”的 DICT 销售组织模式，优化支撑流程，加强队伍建设；实体渠道启动线上线下一体化运营，引导厅店业务转型；电子渠道推进各项业务自动接口办理，存量业务线上发展量 40 万笔，线上媒体满意度 96.1%。

信息化助力抗疫 2020 年疫情期间，中国电信桂林分公司开通天翼云会议账户 5000 多个，进行会议 1 万多场次；累计为 7000 个用户单位提供来电名片公益服务；暖春行动云课堂累计开通学生账号数 23.61 万户，推进边远贫穷地区教育公平化。

打造应用树立标杆 2020 年，中国电信桂林分公司中标建行桂林分行三资平台上云项目，成为全自治区首例切入市级银行系统并成功上云项目，为银行非核心业务系统上云提供标杆和路径。中国电信桂林分公司劳模创新工作室获自治区总工会授予的“劳模和工匠人才创新工作室”称号。大喇叭项目建设数量居自治区第三，灌阳县大喇叭成为全自治区应急标杆项目。部署云桌面，云桌面发展规模量自治区第一。建设自治区首例 5G 远程门诊项目，打造卫生健康行业业内标杆，树立“5G+ 卫健”新思路。桂林七星穿山村委智慧社区项目作为广西首单集团智慧社区 2.0 商用项目，被纳入集团典型案例。

加强网络建设 2020 年，中国电信桂林分公司完成 5G 基站、室外 4G 新建基站、农村直放站、室分基站等的建设和开通，其中开通农村建制村普遍服务 4G 基站 300 多个，通过内部资源调整新增 4G 基站 200 多个，

2020 年 5 月 8 日，中国电信桂林分公司劳模创新工作室获自治区“劳模和工匠人才创新工作室”称号。 （钟怡华摄）

建制村4G覆盖率98.99%，自然村4G覆盖率87.9%。持续推进光网覆盖，新增宽带端口5万个，新增FTTH覆盖自然村600多个，自然村FTTH通达率80.51%；STN网络建设工程完成10G端口600多个；新建政企OTN设备10余套，为政企业务提供10G通道。开展承载网络建设、IP城域网建设、综合接入区规划建设等重点项目。

提升网络质量　2020年，中国电信桂林分公司开展专项检查促规范服务，组织开展营业厅携号转网和立行立改规范性检查，聚焦分期业务规范整改、渠道服务质量、营销规范等热点服务问题开展自查自纠，保障服务规范落地实施。开展感知测评，围绕移动、光网、光纤电视等重点业务及营业、电渠等渠道，完成国际自主漫游、携转用户问卷等体验10项。开展"4G网优大会战"，完成200多个天馈调整、7.5万条参数及邻区优化，开通皮基站54个，室分整改57个，解决问题点1107个。持续推进光衰整治，农村24小时修障及时率提升至80%，当日修成功率提升至97%，宽带故障率降至2.32%。推进云网基础能力布局，对外提供云主机、云存储、云会议、视频融合、云桌面等多项云网业务。开展云网运营能力和客户感知双提升，云网质量客户感知提升，光衰整治桂林达标率为92%。推进"机房上云"，机房视频监控共安装500多个摄像头，实现当地网B\C类机房东环监控全覆盖，150余个D类机房覆盖。　（蒋芸）

2020年4月30日，中国移动桂林分公司完成漓江水道5G网络全线覆盖。（徐先丽摄）

【中国移动通信集团广西有限公司桂林分公司】 2020年，中国移动通信集团广西有限公司桂林分公司（简称中国移动桂林分公司）办公地址在桂林市七星区毅峰南路18号，下辖分公司13个。年内，中国移动桂林分公司坚持"客户为根　服务为本"的理念，坚持党建工作和中心工作深度融合，网络质量、客户服务满意度持续保持领先。中国移动桂林分公司获中国移动通信集团公司"5G领跑"先锋奖，1名员工获工信部电信普遍服务试点工作成绩突出个人。

网络能力全面提升　2020年，中国移动桂林分公司推进5G、有线宽带建设规模进度，提升网络质量，加大无线网建设，提高农村无线网覆盖率。至年末，网内4G基站规模1.5万个，5G基站规模达1080个，5G信号实现高校、城区、国家5A级旅游景区、部分县城连续覆盖，5G网络质量达到自治区5G网络领先质量标杆的"优覆盖"目标。加快汇聚机房建设，加强综合业务区整治，传输网络结构不断优化，全年未发生因传输原因导致的重大故障。开展千兆宽带网络能力提升建设，完成市区、县城区域内所有OLT设备10GE上联，满足市区、县城千兆宽带100%覆盖，提升千兆用户接入质量。

2020年4月13日，中国移动桂林分公司在两江四湖知音码头举办"移动5G+，绽放广西"云游桂林活动。（徐先丽供图）

丰富5G应用场景　2020年，中国移动桂林分公司加快推进5G、数据中心等新型基础设施建设，助推数字桂林、智慧桂林发展；构建5G合作新生态，丰富5G应用场景。结合"扫黑除恶"行动及创建平安城市活动，对5G+视频监控应用进行重点探索，建成桂林市雪亮工程场景的集中管理平台。从对无物业小区、老旧社区监控的改造需求着手，以5G网络为依托，整合资源，运用中国移动"千里眼"自研平台、5G终端、专网技术支撑整合，结合5G网络广覆盖、大连接的特性，与5G摄像头、智能门禁、AI智能分析、5G移动执法深度结合，解决有线监控布线难、无法移动监控的痛点，构建"数字安防"新应用体系，获全国第三届绽放杯"智慧园区"专题赛决赛二等奖。结合5G网络优势，打造车间数据自动采集、机器视觉智能检测、AR 远程协助运维等各项 5G+ 工业互联网创新应用场景，推出福达 5G 工业互联网项目、永福国电 5G 能耗云项目、5G 云桌面项目等，助力工业企业降本增效，获中关村软件园工业互联网专题赛决赛最具科技成果奖。在教育行业方面，推出 4+N、5G 云考场、5G 远程教育等项目，以和教育直播 + 云视讯授课助力在线教育。在医疗方面，以云视讯 + 千里眼助力远程诊疗，在灵川县建立自治区首个医共体服务平台项目，以信息技术推动医疗资源线上共享、纵向整合、完善城乡医疗服务体系，助力区域医疗整体服务水平提升。在雷电预警方面，雷电预警装置项目获“5G+ 防灾减灾”应用征集大赛全国优秀项目奖。3 个“小和案例”获全国最佳创新案例奖。

服务疫情防控和精准扶贫　2020 年，中国移动桂林分公司推进网络提速降费、携号转网、电信普遍服务项目、脱贫攻坚等，支持和参与新冠疫情防控、支持各行业复工复产。疫情防控期间，开通多个 5G 基站，将 5G 信号覆盖新冠肺炎救治定点医院，完成 5G 远程会诊系统的接入和开通，实现定点医院 5G 双千兆远程会诊及医疗影像快速传输。结合 5G+ 信息化服务与教育、消费、健康、产业等扶贫领域，打好“网络 +”扶贫组合拳，以网络和信息之力助力贫困地区脱贫攻坚和跨越式发展。在“网络 + 教育”方面，与 100 多所中小学达成智慧校园项目合作，结合宽带提速，打造魔百和“空中课堂”、云视讯远程课堂项目等，让偏远地区的孩子与重点名校学生同上一堂课。在“网络 + 消费”方面，实施宽带“倍增计划”，推出千兆宽带产品，平均带宽提升 126%，帮助果农直播带货，线上线下同步销售优质特色产品。（徐先丽）

【中国联合网络通信集团有限公司桂林市分公司】 2020 年，中国联合网络通信集团有限公司桂林市分公司（简称中国联通桂林市分公司）办公地址在桂林市中山中路 47 号。年内，中国联通桂林市分公司落实新发展理念，构建新发展格局，推进全面数字化转型，全面塑造差异化发展新优势，全年完成主营收入 2.78 亿元。

2020 年，中国联通桂林市分公司与中国电信桂林分公司深度合作，共同规划建设 5G 网络，制定 2020—2022 年三年滚动建设规划，2020 年加大 5G 建设投资，完成 5G C 核心网的建设和调试、扩大 5G NR 的建设规模，组建完成先进的 5G 独立组网 SA 网络。全年完成投资金额 3.5 亿元，建设开通 5G 基站 1100 多个，重点覆盖政府、大型企业、高校、口碑场景等单位热点区域，实现市区、县城的连续覆盖，成立“5G+ 工业互联网”专项工作组，负责该项工作的全面部署与推进。至年末，桂林联通 5G+ 工业互联网工作，主要参照联通总部推广的标杆性平台，进行本地化部署和移植，以实现工业互联网平台的快速推进。从企业自身信息化改造、行业工作部署、政府监管 3 个层次入手，打造地方特色产业，协助相应产业的规模、有序发展。（常玲）

【中移铁通有限公司桂林分公司】 2020 年，中移铁通有限公司桂林分公司（简称中移铁通桂林分公司）办公地址在桂林市七星区朝阳路信息产业园。年内，中移铁通桂林分公司统筹抓好疫情防控和生产经营，抓主业促发展，控成本提质量，全年营业收入 1 亿多元。

服务疫情防控　2020 年，中移铁通桂林分公司部署疫情防控工作，成立抗疫情党员突击队 5 支。疫情期间维护人员出动 330 余次，月均装机 1.2 万单。完成重保单位 2 个定点医院及 10 个应急指挥部的保障工作；保障铁路集团 15 个，高铁信号保障湘桂线、贵广线红线内隧道 78 条，红线外高铁沿线站点移动通信 543 个。开通桂林城区及南面县城云视讯 10 条，开通广西壮族自治区南溪山医院、桂林市第三人民医院 2 家重点新冠肺炎收治医院的云视讯专线。

助力脱贫攻坚　2020 年，中移铁通桂林分公司开展移动电普基站项目建设，通过网络建设和维护支持贫困县脱贫攻坚，建设开通电普基站 187 个，电普传输 73 段。加大助农扶贫工作，优化开通农村片区宽带 2453 个、端口 10.5 万个。

全面落实安全生产责任制　2020 年，中移铁通桂林分公司组织开展“安全生产月”“人生安全百日竞赛”“大反思、大检查、大整改”“安全生产专项整治三年行动”活动，推进装维员工“实景实操”培训工作，全面开展强化“九条红线”“事故案例”安全宣传教育培训、“假如我是当事人”等活动，推进安全生产基础工作建设。新冠肺炎疫情防控期间，对各级人员进行安全检查 1248 次；安全生产专项整治期间，消防、交通、工程、通信网络运行、维护作业及机房消防及市场营销领域共整改安全隐患 518 个。（蒋秀诚）

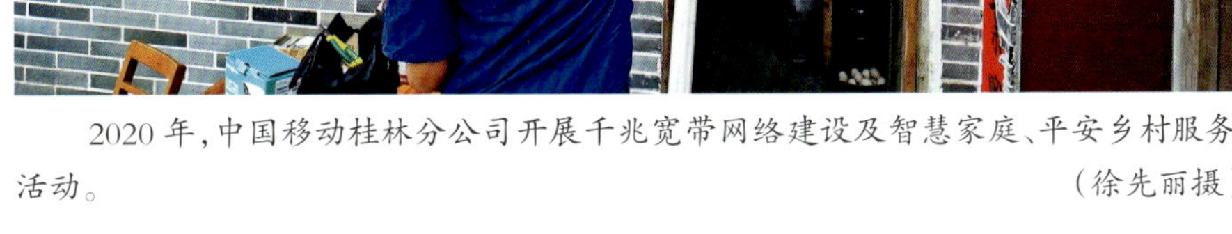

2020 年，中国移动桂林分公司开展千兆宽带网络建设及智慧家庭、平安乡村服务活动。（徐先丽摄）

工　业

综　述

【概况】 2020年，桂林市工业和信息化局（简称市工信局）加挂桂林市大数据发展局牌子，办公地址在桂林市临桂区西城中路69号。内设科室21个，下设事业单位7个，企业1家。年内，桂林市应对新冠疫情等多重不利因素影响，做好招商引资、协同创新、项目建设、园区发展、企业降本增效等工作，强化要素保障，全市工业经济实现平稳发展。全年全市全部工业增加值（比上年，下同）增长5.2%，其中规模以上工业增加值增长6.7%。在规模以上工业中，分经济类型看，国有企业增加值增长29.5%，集体企业增长15.4%，股份制企业增长6.4%，外商及中国港澳台投资企业下降5.6%；分三大门类看，采矿业增加值增长10.3%，制造业增加值增长3.3%，电力、热力、燃气及水的生产和供应业增加值增长27.1%；从产业结构看，高技术行业增加值增长22.0%，高耗能行业增长5.0%。

【营造工业振兴氛围】 2020年，桂林市通过政策引导等举措，营造工业振兴氛围。2月17日，印发《中共桂林市委办公室　桂林市人民政府办公室关于印发〈桂林市工业振兴2020年实施方案〉的通知》，建立完善工业发展目标责任体系，强化工作力量向工业集中、政策资源向工业倾斜、服务保障向工业加强。年内，召开全市工业振兴大会，每月召开重点工业企业工作推进会，年中组织召开全市工业振兴工作推进会，定期召开季度现场观摩会，定期召开工业经济运行分析会，研究解决工业发展突出问题，提出推动发展的具体举措。出台《桂林市支持工业企业发展补充政策措施（试行）》，完善支持工业发展政策体系。自治区“千企技改”工程、“互联网+社会服务”“县域工业园区工作”“中小企业工作”等4个自治区现场会在桂林市召开。

【推动工业企业复工复产】 2020年年初，为应对新冠疫情影响，桂林市通过成立专班、解决紧缺防疫物资需求、特派员驻点服务等多种方式，推动重点工业企业加快复产、达产。2月末，全市重点工业企业全部复工。桂林恒保健康防护有限公司新建新上口罩、护目镜等项目。至年末，全市共12家企业14个产品获医疗器械产品注册证，成为全自治区医疗防疫物资产业链最为完备的城市。

【加强园区建设】 2020年，桂林市明确各具特色、差异化发展的“345”［三大园区：高新区信息产业园、桂林经济技术开发区、高铁（桂林）广西园；四个工业重点县（市）：全州县、兴安县、平乐县、荔浦市；五个生态功能区县：阳朔县、灌阳县、龙胜各族自治县、资源县、恭城瑶族自治县］工业发展新格局，持续推进园区建设。三大园区重点发展智能移动终端制造、新能源客车、生物医药、生态食品、装备制造等产业，四个工业重点县重点发展光电、新型建材、新型钢材、新能源等产业，五个生态功能区县重点发展风电、石材、农林食品精深加工等产业。做好标准厂房、土地收储、基础设施建设，全年土地收储795.4公顷，新建标准厂房110.5万平方米，完成基础设施投资11.95亿元。

【强化招商引资】 2020年，桂林市发挥名城优势，推动“三企入桂”（“央企入桂”“湾企入桂”“民企入桂”）。年内，深化与华为“1+8+N”（“1”指手机，“8”指车机、音箱、耳机、手表/手环、平板、大屏、PC、AR/VR，“N”为泛物联网设备，“+”是连接方式）合作，推进桂林深科技有限公司代采项目落地，引进安科讯数字能源智能制造、领益智造手机结构件制造等重大产业配套项目。强化与比亚迪股份有限公司合作，引进电池、电机等上下游产业链。6月，与格力集团达成框架协议，在高新七星区投资建设智慧仓储物流园及格力产业园。7月，桂林坤弘量子信息通讯电路板研发及生产基地在高新区信息产业区竣工。全年全市引进投资1000万元以上工业项目148个，其中1亿元以上工业项目79个，10亿元以上项目15个。

【推进项目建设】 2020年，桂林市实施“双百双新”（“双百”指投资超过百亿元或者产值超过百亿元的重大产业项目，“双新”指新产业、新技术项目）、“千企技改”重大工业项目建设，推进项目带动产业发展。荔浦市衣架家居特色产业园等12个项目列入自治区第三批“双百双新”产业项目计划。桂林福达股份有限公司商用车曲轴生产线产能提升技术改造等24个项目列入自治区“千企技改”工程高成长性行业冠军培育项目，数量排自治区第一。18个项目列入工信部“工业企业技术改造升级导向计划”，占全自治区项目的四分之一，涵盖电子信息、钢铁、医药、有色金属、机械等行业。12月3日，自治区“千企技改”

工程推进现场会在桂林市召开。全市全年开工工业项目62个，竣工投产项目63个。桂林深科技智能制造、桂林坤弘量子信息等项目的投产，填补了自治区智能手机和量子产品的空白。

【企业竞争力提升】 2020年，桂林市工业企业加大科技投入，加快转型升级，提升企业核心竞争力。年内，新增桂林国际电线电缆集团有限责任公司、桂林福达曲轴有限公司、桂林市艺宇印刷包装有限公司3家国家级绿色工厂。桂林奥创园入选2020年度国家中小企业公共服务示范平台。新增桂林智慧谷众创空间、奥创园众创空间和桂林智能仪器众创空间3家国家级众创空间。新增桂林市艺宇印刷包装有限公司、桂林吉福思罗汉果有限公司、桂林福达曲轴有限公司、桂林福达齿轮有限公司、桂林橡胶机械有限公司、广西科伦制药有限公司6家自治区级绿色工厂。桂林电器科学研究院有限公司被认定为广西新型研发机构，桂林毛嘉工艺品有限公司技术中心被认定为自治区级企业技术中心，桂林紫竹乳胶制品有限公司和桂林量具刃具有限责任公司获自治区创新示范企业，桂林星辰科技股份有限公司获自治区工业设计中心，桂林福达股份有限公司获2020年"广西工业企业质量管理标杆"称号。新增桂林康乐人粉业有限责任公司、广西龙广滑石开发股份有限公司、桂林桂广滑石开发有限公司3家自治区贫困地区龙头企业。桂林啄木鸟医疗电子有限公司、桂林优利特电子集团公司、桂林智神信息技术股份有限公司等细分行业龙头企业稳步壮大。全年培育工业企业上规入统（达到规模以上企业标准的企业，纳入政府统计基本单位名录库）81家，获自治区人民政府通报表扬。

【加强企业服务】 2020年，桂林市多举措加强企业服务，完善市领导联系服务重点工业企业工作机制，全年市领导带队深入企业现场调研398次，其中市四家班子主要领导调研62次，全面了解企业生产经营情况，指导企业做好发展规划，协调解决企业反映的困难问题。针对制约企业发展的资金、市场等关键问题，建立完善企业问题分级协调、解决销号工作机制。全年重点工业企业反映问题146个，解决141个，解决率96.6%。出台《桂林市工业项目审批流程再造方案》，压缩园区工业建设项目行政审批时限。实施园区工业项目"双容双承诺"改革，全年实现直接落地开工项目48个，增长41.2%，平均压缩报批时间3个月—4个月。组织重点工业企业参与电力市场化交易改革，有效降低企业用电成本；严格限定重点工业企业用气综合配气最高价，降低企业用气成本。

【发展数字经济】 2020年，桂林市推进数字经济建设，智慧城市建设和大数据产业稳定发展。年内，桂林市获批"广西数字经济示范区"，建成的桂林华为云计算数据中心为自治区内最大的云计算数据中心；引进北京易华录信息技术股份有限公司等企业，建设大数据融合创新平台及大数据创新产业园。建成智慧城市基础公共平台5个，汇集政务数据2.1亿条，网上政府"一窗受理"政务服务事项合计1032项，占总事项数的91.1%。12月15日，自治区"互联网+社会服务"现场推进会在桂林市举行。数字基础建设加快推进，完成2805个5G基站配套建设，实现市区全覆盖。电子政务"聚通用"建设取得新突破，电子政务外网市、县两级实现全覆盖，11县（市）覆盖到乡（镇）一级。"两化"融合发展指数提升至89.45，规模以上工业企业上云率（企业上云是指企业以互联网为基础进行信息化基础设施、管理、业务等方面应用，并通过互联网与云计算手段连接社会化资源、共享服务及能力的过程）100%。

（赵晨彦）

电力生产

【概况】 2020年，桂林市电力生产主要包括火力发电、水力发电、风力发电、燃气发电和光伏发电。火力发电企业有国电永福发电有限公司、桂林市深能环保有限公司。水力发电以各县（市）中、小型水电站为主。风力发电主要是分布在桂北山区，有国家电投集团、大唐电力等投资建设的风力发电场。燃气发电有华能桂林燃气分布式能源有限责任公司1家。此外，有少量光伏发电。全年发电量116.99亿千瓦小时，增长14.54%。其中，火力发电28.45亿千瓦小时（国电永福发电公司发电量26.34亿千瓦小时，桂林市深能环保有限公司发电量2.11亿千瓦小时），增长7.52%；水力发电47.31亿千瓦小时，下降0.17%；风力发电36.73亿千瓦小时，增长44.21%；燃气发电4.43亿千瓦小时；光伏发电0.07亿千瓦小时。

【火力发电】 2020年，桂林火力发电企业主要为国电永福发电公司，该公司全年完成发电量26.34亿千瓦小时，增长9.02%，供热量174.37万吉焦，利用小时4116.35小时。年内，国电永福发电公司完成3#、4#机组超低排放改造，3#机组通流改造，3#、4#机组DCS升级改造以及化学水增容改造四大项技改项目。优化超低排放项目可研方案，节约项目投资1.21亿元，3#、4#机组通过环保验收。3#机组通流改造后，机组热耗较改造之前降低每千瓦小时452千焦，折煤耗降低每千瓦小时16.93克，机组环保经济运行能力得到提升。强化生产运营管理，提升生产运营水平。优化开机技术，机组冷态启动用油25吨，创下同类型机组全国最低记录。3#机组临停消缺期间，仅用36小时即在盘车状态下置换完发电机氢气，开创公司先例。开展生物质（药渣）掺烧，并完成经济性试验论证。

【水力发电】 2020年，桂林市拥有水能资源理论蕴藏量约270万千瓦，可开发量160万千瓦。新增装机0.09万千瓦，全市水电总装机137.56万千瓦，中小型水电站总数798座。桂林市水电站大都偏小，总装机5万千瓦以上的中型电站有3座，即平乐县巴江口水电站（装机9万千瓦），龙胜各族自治县南山梯级水电站（装机7.2万千瓦），全州县天湖水电站（装机6万千瓦）。5万千瓦以下水电站有龙胜县各族自治县的银河水电站（装机2.4万千瓦）、灵川县的青狮潭水电厂

2020年5月29日，市工信局到华能桂林燃气分布式能源有限责任公司调研。（邓云摄）

（装机1.94万千瓦）等。

【风力发电】2020年，桂林市风力发电增长迅速，总发电量呈上升趋势，风力发电逐渐成为桂林市电力供应的重要保障，全年风力发电36.73亿千瓦小时，增长44.21%。至年末，桂林市完成核准（含投产项目）风电场共40个，装机容量247万千瓦；已投产风电项目35个，总装机194.1万千瓦，分布于灵川县、资源县、龙胜各族自治县、灌阳县、全州县、兴安县、永福县、恭城瑶族自治县、平乐县。已核准未投产的风电项目5个。

【燃气及光伏发电】2020年，华能桂林燃气分布式能源有限公司公司发电总装机21万千瓦，最大供热量每小时180吨。2020年发电量4.43亿千瓦小时。2020年，桂林供电局区域光伏发电用户共432家，发电0.07亿千瓦小时，增长35.6%，主要分布在七星区、临桂区、雁山区、兴安县、灵川县、永福县、阳朔县等。（邓云）

供电与电网建设

【概况】2020年，广西电网有限责任公司桂林供电局（简称桂林供电局）办公地址在桂林市象山区上海路15号。内设部室13个。直属机构13个。

2020年，桂林供电局新增客户6.2万户，共有客户134万户，客户装见容量1651.64万千伏安。全年售电量116.85亿千瓦小时。趸售用电量32.51亿千瓦小时，占比27.82%；大工业用电售电量31.92亿千瓦小时，占比27.32%；居民生活用电售电量29.16亿千瓦小时，占比24.96%；一般工商业用电售电量21.81亿千瓦小时，占比18.66%；农业生产用电售电量1.45亿千瓦小时，占比1.24%。全年全社会用电量145.54亿千瓦小时。其中，第一产业1.65亿千瓦小时，占比1.13%；第二产业74.44亿千瓦小时，占比51.15%；第三产业27.20亿千瓦小时，占比18.69%；城乡居民生活用电42.25亿千瓦小时，占比29.03%。在第二产业中，工业用电72.61亿千瓦小时。辖区最高负荷289.09万千瓦，增长18.81%；最大日电量0.53亿千瓦小时，增长19.46%。

年末，桂林供电局共有35千伏及以上变电站121座，总容量883.57万千伏安，其中220千伏变电站18座（容量450万千伏安），110千伏变电站46座（容量367.2万千伏安），35千伏变电站57座（容量68.02万千伏安）。110千伏及以上线路411.66千米，35千伏及10千伏公用线路1.42万千米。220千伏电网基本形成双环网，110千伏变电站基本实现双电源、双主变供电，初步建成安全可靠、智能高效的网架结构。

【电网规划建设】2020年，桂林供电局加强电网规划及建设，推进桂林电网向智能化、数字化转型。开展桂林市“十四五”配电网规划编制工作，规划总投资71.97亿元；结合输电网规划，推进500千伏漓江站、220千伏象山站规划立项，全市网架支撑能力进一步增强。通过“十四五”配电网规划对系统进行实用化应用，以数据治理的成效促进应用和管理提升，推进电网规划领域数字化建设。完成《桂林高铁经济产业园区电力专项规划》《雁山新城电力专项规划》等电力专题规划，提升园区供电服务水平。创新性开展配电自动化项目规划及动态评审工作，组织指导桂林各分（县）局参照该模式完成配电自动化专项规划及项目梳理工作。编制印发《桂林供电局2020年电网智能化转型工作推进方案》，开展“十四五”智能配电网规划、智能配电建设、加快配电自动化覆盖和实用化提升、计量自动化完善4个专项工作，推进桂林兴坪智能电网示范点建设，桂林电网智能化转型加速发展。

2020年，桂林供电局完成固定资产投资17.76亿元，完成投资计划的101.86%。年内，强化政企联动，构建政府主导电网建设机制，促成桂林市人民政府印发《桂林市加快电网建设管理办法》《桂林市推进市政道路与电力管沟同步建设管理规定》《桂林市电力设施迁改管理规定》《桂林市城中村用电改造管理办法》4项管理规定，推进受阻严重的电网建设投产送电。全年建成投产220千伏昆仑送变电、桂渡Ⅲ线路、平钢电源线路、110千伏乐园送变电等项目8个，开工建设220千伏金葡、110千伏遇龙等项目2个。原有区域投产项目565项，投产率100%；新电力区域投产项目1316项，投产率100%，全面完成年度目标。完成全网（含新电力）415个行业扶贫项目建设投产，保障脱贫攻坚用电需求。年内，220千伏宝象变电站工程、110千伏白沙变电站、两江供电所台区改造工程获南方电网优质工程，其中110千伏白沙变电站获南网优秀设计奖。获得广西电网建设优质工程7项，其中

2020年7月29日，桂林供电局输电管理所开展220千伏平钢电源线路验收工作。
（阮昌东摄）

主网项目2项，农配网4项，小型基建项目1项，数量创历年之最。

【电网运行维护】 2020年，桂林供电局加强电网运行维护，推进智能配电网建设，做好供电可靠性管理。年内，整合自动化、通信等专业资源，强化配电网一、二次规划融合，全年配电自动化项目279个，总投资6818.84万元。整改配网自动化设备存量问题，累计排查存量自动化设备210台，完成整改210台，自动化覆盖率90.83%，自动化有效覆盖率65.3%。强化自动化设备运维管理，在各分局、县级企业成立配电自动化运维班组，编制并实施《桂林网区配电自动化工作手册》，自动化设备运维水平明显提升，终端接入率99.73%。针对小水电线路无法投入重合闸问题，开发自动化开关隔离程序，有效提升重合闸成功率，年末，配网线路重合闸成功率74.51%。年内，发布《2020年桂林供电局供电可靠性指标分解及提升工作方案》《桂林中心城市客户停电时间"1"小时管控工作实施方案》，严控重复停电及长时间停电，全年客户平均停电时间（中压）每户10.1小时，下降7.85%。拓展配电网不停电作业项目，推动带电立杆、旁路带电作业等项目常态化开展，不停电作业比例得到提升。全年累计开展不停电作业2584次，配电网不停电作业化率69%，架空业扩带电作业化率92%。减少停户时数14.1万小时户，多供电量3047万千瓦小时，等效减少客户平均停电时间6.56小时。

【电网安全生产】 2020年，桂林供电局加强电网风险防范，做好安全生产工作。年内，成功管控500千伏柳如甲乙线停电期间（9月29日—10月16日，共18天）桂林电网重大电力安全事故风险，柳如甲乙线停电期间，桂林电网保持安全稳定运行，未发生因电网故障造成的限电及大面积停电事件，国庆期间各旅游景区、高铁站等重要场所可靠用电得到保障。全年完成防范电网风险6项重点工作及44项预防措施，累计化解Ⅵ级及以上电网风险145项。防范关键设备保护拒动误动，完成苏桥站（Ⅰ级特维）6个开关的保护年度传动，按期开展85套特维设备及165套管控设备的专业巡视；编制发布《220千伏变电站保护运行设备反事故措施精益化检查工作方案》，完成南塘等10个变电站保护运行设备反事故措施精益化自查及交叉检查工作，杜绝关键设备拒动误动。调控一体化及程序化操作成效明显，全面推进110千伏及以上刀闸远方操作功能建设，网区内具备改造条件设备覆盖率100%；常态化调度程序化操作，线路和主变由运行转冷备用平均操作时间由原来45分钟降至15分钟。完成"护网—2020"工作任务，护网期间桂林网区网络运行平稳，未发生突破"三大目标"（内网边界不失守、等保三级系统不被控、敏感数据不泄露）事件。

年内，发生触电重伤一般人身事故1件，五级及以上电力安全事件15件，增加8件。

2020年，桂林供电局将广西新电力投资集团有限责任公司桂林网区7个县（市）的生产、基建、营销等，纳入该局统一管控，严控工作节奏，杜绝"三超"（超能力、超强度、超范围）作业。指导执行配网作业方案编制及应用，确保全面风险辨识。推行"远程信息监控+线下实际督查"管控方式，全覆盖管控各类作业风险。出台《现场违规管控奖惩工作方案》，对红

2020年11月1日，桂林供电局变电管理二所开展220千伏田岭变电站2号主变吊罩作业。
（莫希涛摄）

线违规、B类违规除执行“四个一律”外(一律待岗学习、一律“说清楚”、一律通报、一律曝光),对屡教不改人员进行岗位调整,并追究管理人员责任。全年完成“保命”技能考评1800余人次,应用“周学、月培、季考”学习机制,加强安全教育培训与实操训练,提升自保、互保意识。出台配网“停、核、验、挂”安全措施指导意见、防倒杆、触电风险防控指引等系列安全文件,要求作业人员“逢登杆必验电、逢进间隔必验电”,培育良好行为习惯。全面评估新电力公司桂林网区110千伏电网风险,梳理四级及以上电力安全事件116件,制订风险防范措施252项。成功化解全州县、资源县县城电网全黑风险,将全州县、灌阳县、龙胜各族自治县7座110千伏变电站由湖南电网转由广西电网供电。完成全域110千伏设备、荔浦市全电压等级以及资源县、灌阳县10千伏设备调管权调整。

2020年12月21日,桂林市2020年第八次重大项目集中开竣工暨桂林安科讯数字能源智能制造项目开工仪式在秧塘山水科技园举行。

(桂林安科讯数字能源智能制造项目部供图)

【电力科技创新】 2020年,桂林供电局实施科技项目32个,职工技术创新项目40个,其中包含南方电网公司重点科技项目1个,广西电网公司关键核心技术攻关项目3个。年内,申请专利79件,获得专利授权69件,其中发明专利授权6件,超过公司下达的发明专利授权3件的指标。至年末,累计获得专利授权283件。创新成果“高压断路器非接触测速技术”解决了高压断路器机械特性的风险诊断及检测数据管理难题,实现行程速度的无接触测试,经公司组织评估后,在广西电网公司内获推广应用。 (赵洳)

电子信息产业

【概况】 2020年,桂林市纳入统计口径的重点电子信息制造业企业共28家,全年产值总量有所增长,其中移动智能产业工业总产值增幅较大。年内,列入工信部“工业企业技术改造升级导向计划”项目9个,占全自治区项目的25%;列入自治区“双百双新”产业项目11个,占桂林市项目的32.35%;列入自治区“千企技改”工程高成长性行业冠军培育项目6个。桂林深科技有限公司实现智能终端生产线整体搬迁。桂林智神信息技术股份有限公司被自治区商务厅评选为“广西重点培育和发展的外贸品牌”企业。桂林市成功获批自治区首批数字经济示范区,被自治区确定为广西大数据副中心城市。

2020年7月21日,桂林坤弘量子信息科技有限公司投产仪式举行。

(桂林坤弘量子信息科技有限公司供图)

【外贸品牌重点培育】 2020年1月22日,桂林市坤弘量子信息科技有限公司注册成立,生产的量子信息安全产品是基于量子技术的前沿产品,广泛应用于各类通信网络,覆盖金融、应急、航天等行业。该公司填补自治区智能手机和量子产品空白。3月,投资建设的通讯电路板研发及生产基地建设项目开工建设,项目一期总投资1亿元,建成2条贴片线、1条插件焊接线及老化测试等配套设备(设施),具备年产130亿元的生产能力。7月21日,桂林坤弘量子信息科技有限公司竣工投产。

【桂林安科讯数字能源智能制造项目开工建设】 2020年11月,桂林市临桂区人民政府与深圳市安科讯电子制造有限公司签订数字能源智能制造项目合作协议,由桂林市临桂区名冠产业投资有限公司与安科讯公司共同打造桂林安科讯数字能源智能制造项目。项目选址于桂林市临桂区秧塘园秧十八路北侧，占地46.67公顷，主要生产5G基站电源、智能光伏逆变器等数字能源产品。项目分3期建设，其中一期计划购置测试、老化及自动化装备50台和其他辅助自动化设备，建成8条SMT线体、插件线8条。12月21日，桂林市在秧塘山水科技园举行第八次重大项目集中开竣工暨桂林安科讯数字能源智能制造项目开工仪式，该项目正式开工建设。

（蒋海清）

医药及生物制品业

【概况】 2020年，桂林市医药及生物制品业发展持续向好，规模以上企业工业总产值及主营业务收入均有增长。主要产品中，化学药品原药增长70.1%，中成药下降33.5%。至年末，桂林市有规模以上医药及生物制品企业34家。其中，规模以上医疗器械企业10家。重点企业有桂林三金药业股份有限公司（简称桂林三金）、桂林南药股份有限公司（简称桂林南药）、桂林市啄木鸟医疗电子有限公司、桂林优利特电子集团公司（简称桂林优利特）等。医疗器械配套企业有桂林光隆科技集团股份有限公司、桂林信通科技有限公司、桂林斯壮微电子有限责任公司等。桂林市医药及生物制品业主要分布在4个工业园区，桂林高新技术开发区（七星园）主要发展口腔医疗器械、诊疗器械、中成药、原料药、化学药；桂林经济技术开发区（秧塘园、苏桥园）主要发展化学药品制剂、中成药、生物药和医疗诊断、监护、治疗设备、康复辅助设备；粤桂黔高铁经济带合作试验区（桂林）广西园（灵川园）主要发展康复医疗设备、原料药、化学药；荔浦市（长水岭工业园）重点发展化学药品制剂、化学药品原料药、中药饮片、中成药等产业。

【桂林南药获多项奖项】 2020年，桂林南药加强技术研发，以优质产品品质获得多项奖项。年内，该公司提交的注射用氟氯西林钠一致性评价补充申请获得国家药品审评中心承办受理，成为国内首家申报氟氯西林钠仿制药一致性评价的制药企业。11月25日，研制的双氢青蒿素磷酸哌喹分散片（30mg/240mg）规格通过WHO-PQ认证（世界卫生组织供应商资格认证），成为该公司第21个通过PQ认证的制剂产品。至年末，该公司申报的6个双氢青蒿素磷酸哌喹系列产品全部通过WHO-PQ，其中“双氢青蒿素磷酸哌喹分散片”为全球首个适用于儿童的双氢青蒿素磷酸哌喹类剂型。年内，该公司启动海关AEO高级认证工作并顺利通过。被自治区商务厅评选为第八批“广西重点培育和发展的外贸品牌”企业。入选“2020中国化学制药行业工业企业综合实力百强”榜单，旗下多款产品获品牌单项奖：获“2020中国化学制药行业工业企业综合实力百强”，获“2020中国化学制药行业制剂出口型优秀企业品牌”，获“2020中国化学制药行业原料药出口型优秀企业品牌”；Artesun® 获“2020中国化学制药行业原研药、专利药优秀产品品牌”，SPAQ-CO® 获“2020中国化学制药行业原研药、专利药优秀产品品牌”及“2020中国化学制药行业儿童用药优秀产品品牌”，盐酸左旋咪唑获“2020中国化学制药行业原料药优秀产品品牌”，阿莫西林胶囊获“2020中国化学制药行业优秀仿制药特设奖”。

2020年4月22日，自治区副主席费志荣（前排中）在桂林三金调研。

（市工信局供图）

【桂林优利特支持疫情防控】 2020年，针对新冠疫情，桂林优利特对原有产品线进行采样安全性、参数适用性等方面升级，并推出疫情相关产品，为防控疫情提供科技支撑。该公司自主研发生产护目镜产品获得美国FDA（食品药品管理局）列名，额温枪产品获得美标检测报告，2款新冠检测试剂获得CE认证（欧盟安全认证）。尿液分析仪、血细胞分析仪、全自动生化分析仪被中国医学装备协会推荐为第一批新冠肺炎疫情防治急需医疗设备。年内，向国内捐赠价值超700万元的紧急医疗设备及医疗防护物资。该公司国际营销中心有序开展防疫物资出口，持续进行装机、培训、售后等服务，并向全球输出可检测急性感染的血细胞分析仪、可减低气溶胶传播风险的密封穿刺采样尿液分析流水线、额温枪、护目镜等系列产品。

（倪勇）

机械工业

【概况】 2020年，桂林市推动机械工业转型升级，提升机械工业产业集聚程度，产业稳步发展。加大对重点企业的引导帮扶力度，通过现场实地指

2020年4月3日，桂林电力电容器有限责任公司实施金属化膜电容器生产线技术改造项目建设。

（李少铸供图）

导等多种方式，推动重点工业企业复工复产。2月24日，重点机械工业企业全部复工。自治区工信厅联合桂林市印发《桂林市机械装备产业振兴发展工作厅际联席会议制度》；桂林市人民政府出台《桂林市机械装备产业振兴方案(2020—2025年)》，推进机械工业发展。年末，规模以上工业增加值中，电气机械和器材制造业增长11.4%，专用设备制造业增长11.7%。主要工业产品中，金属切削机床产量增长4.7%，电力电缆产量下降27.7%。

【推进机械工业重点项目建设】 2020年，桂林市加大机械工业重点项目推进力度，以重点项目带动其他项目发展。年内，推进的重点项目有桂林电力电容器有限责任公司电力电子产业基地二期建设项目，桂林君泰福电气有限公司投资2亿元的技改项目，广西宏荔科技有限公司AI山地植保无人机专用控制系统研发及产业化项目，桂林明科智能科技有限公司智能化开关项目，桂林鸿程机电设备有限公司年产40万吨超细粉体加工装备技术改造项目，桂林长龙机械有限公司桂林长龙投资公司年产1000台建筑机械产品项目，桂林市西德电梯有限公司电梯生产项目，广西格美乐电器有限责任公司年产30万台空调项目，桂林君泰福电气有限公司年产300万千伏安铁芯自动生产线技改项目和成套开关柜全自动流水线，桂林国际电线电缆集团有限责任公司国际线缆技术升级改造项目，桂林电力电容器有限责任公司金属化膜电容器生产线技术改造等。

【推动产业转型升级】 2020年，市工信局引导机械工业企业提升创新研发能力，组织开展智能改造及相关认定工作，推动企业向绿色制造方向转型升级。7月21日，桂林矿山机械有限公司研究开发的“GK1620A型”“GK1720A型摆式磨粉机”新产品科技成果项目，通过自治区工业和信息化厅的鉴定验收，项目技术达到国内领先水平。年内，桂林市共有桂林国际电线电缆集团有限责任公司等13家企业申报智能工厂，桂林机床电器有限公司等9家企业申报数字化车间。通过核查，获自治区智能工厂示范企业认定企业4家，其中机械工业企业2家（桂林国际电线电缆集团有限公司、中国化学工业桂林工程有限公司）；获数字化车间认定企业4家，其中机械工业企业3家（桂林机床电器有限公司、桂林星辰科技股份有限公司、桂林狮达技术股份有限公司）。桂林国际电线电缆集团有限责任公司面向“一带一路”电线电缆绿色设计平台建设项目成功申报国家绿色制造系统集成项目并通过自治区专家组验收。桂林福达曲轴有限公司、桂林福达齿轮有限公司、桂林橡胶机械有限公司被认定为自治区级绿色工厂。

（李少铸）

汽车及零部件工业

【概况】 2020年，桂林市汽车及零部件工业企业加强技术创新，开发新产品拓展市场，主营业务稳健上升。主要工业产品产量中，汽车增长9.3%，橡胶轮胎外胎增长29.0%。

【项目建设推动工业企业产业发展】 2020年，桂林市推进汽车及零部件

2020年12月21日，广西新桂轮橡胶有限公司2020年生产第100万条轮胎下线仪式举行。

（桂林经济技术开发区管理委员会供图）

工业企业重点项目建设，以项目建设推动产业发展。推进的重点项目有桂林福达曲轴有限公司B48曲轴生产线建设项目及商用车曲轴生产线产能提升技术改造项目，桂林福达阿尔芬大型曲轴有限公司大型曲轴生产线建设项目，广西鸣新底盘部件有限公司铝合金控制臂锻件生产线建设项目，桂林客车发展有限责任公司威威观光车系列转移至桂客发展生产及销售项目，桂林灵通科技有限公司塑料汽车配件研发生产项目，广西新桂轮橡胶有限公司新桂轮橡胶项目。其中，广西新桂轮橡胶有限公司新桂轮橡胶项目二期项目建设33.33公顷土地完成交割等相关手续，基本完成土地平整和围墙建设。

【汽车整车企业加强技术创新】 2020年，桂林市汽车整车企业加大技术创新力度，开发新产品，拓展商用车市场和特种车市场。桂林客车发展有限责任公司（简称桂客发展）开发旅游车市场，在原有两款传统能源客车平台的基础上升级改造，开发5米—6米的新能源公交车、新能源物流车等产品，并开展中、大型新能源客车生产资质的申报工作。6月，该公司成功下线燃油公路客车慧巴F9（9米客车）。桂林比亚迪实业有限公司（简称桂林比亚迪）获工信部颁发的新能源汽车生产资质并获得专用车生产资质。9月25日，该公司和广西汽车集团下属的桂客发展合作开发的纯电动厢式运输车V3在桂林经开区苏桥工业园下线，该款车是全球首款搭载“刀片电池”的纯电动厢式运输车，相较传统电池包，“刀片电池”体积利用率提升50%以上，续航里程可提升50%以上，达到高能量密度三元锂电池的同等水平。

【新能源汽车推广】 2020年，桂林市开展新能源车攻坚应用行动并完成各项指标任务，新能源客车、物流车等新能源汽车产业的发展不断推进。2019年10月—2020年年末，桂林比亚迪、桂客发展2家新能源汽车生产企业共生产销售新能源客车1600辆，2家企业联合研发的纯电动厢式物流车（V3）55辆。12月9日，桂林市新能源汽车示范工程活动暨桂林交通控股·比亚迪实业新能源电动物流车交车仪式在鼎晟充电平山综合快充示范站举行，桂林比亚迪向市交通投资控股集团交付新能源电动物流车20辆。

（李少铸）

冶金（钢铁·铁合金）工业

【概况】 2020年，桂林市冶金工业包括钢铁工业和铁合金工业，以铁合金工业为主。钢铁企业仅1家，为桂林平钢钢铁有限公司。铁合金工业企业42家，总装机84.35万千伏安，其中规模以上企业31家，主要产品为硅锰合金和工业硅，铁合金产量增长12.6%。桂林市铁合金工业企业主要分布在全州县、灌阳县、资源县、龙胜各族自治县等，其中全州县11家、灌阳县10家、资源县6家、龙胜各族自治县5家、灵川县5家、兴安县2家、阳朔县1家、荔浦市1家、恭城瑶族自治县1家。从整体看，多数铁合金企业存在规模小、工艺装备落后、生产集中度低等问题。

【推进重点技改项目】 2020年，市工信局推进冶金工业转型升级，落实桂林平钢钢铁有限公司（简称平钢公司）技改项目、广西桂康新材料有限公司（简称桂康公司）技改项目的专项工作组制度，强化对平钢公司、桂康公司等重点企业、重点项目的协调服务，确保行业骨干企业的达产、稳产、增产。12月25日，平钢公司年产120万吨炼钢及轧钢生产线技改项目竣工投产，轧钢生产线热轧试产，该项目投资16亿元，占地33.33公顷，新增德国西门子新型量子电弧炉、精炼炉、意大利达涅利高拉速无头连铸连轧技术生产线，建设以废钢为原料的短流程电炉炼钢年产120万吨高强抗震螺纹钢棒、线材完整生产线，达产可实现年产值60亿元以上，年税收3.6亿元以上。12月28日，桂康公司技改的第四台全封闭冶炼电炉点火，全面完成4台2.55万千伏安矿热电炉和2台精炼电炉的复产项目，可日产硅锰合金600吨，年产超20万吨。

【推动铁合金行业集聚整合】 2020年，市工信局推动铁合金行业资源集聚整合，结合自治区铁合金产业的政策措施要求，利用行业精料入炉、热装热兑等新技术新工艺，推动减量置换，逐步淘汰2.5万千伏安以下矿热电炉。探索建设县域循环利用铁合金（冶炼）产业园区，进行资源重组、升级改造，整体提升行业“两化”融合水平。年内，全州县、灌阳县、资源县、灵川县、龙胜各族自治县等铁合金企业产值占比较大，用电量占全县工业用电总量均超80%。

（张强）

2020年9月8日，桂林平钢钢铁有限公司生产车间。 （张强供图）

食品(饮料)工业

【概况】 2020年,桂林市食品(饮料)工业主要有大米加工、饲料加工、旅游休闲食品加工、酒类加工、果蔬产品加工等。主要产品有大米、饲料、白酒、啤酒、米面制品(糕点及干湿米粉等)、罐头、包装饮用水、冷冻蔬菜及其他特色食品等。桂林市食品(饮料)工业围绕饮料、酒类生产加工,稻谷、果蔬、肉类、旅游休闲食品等农产品生产基地建设和食品消费市场开拓,已形成一批生产企业密集区和多个优势农产品加工产业带,呈现出集群式发展和较为合理的区域布局。其中,酿酒产业带主要分布在象山区、全州县、兴安县、灵川县,大米加工产业带主要分布在临桂区、灌阳县、全州县、灵川县、永福县,饮料产业带主要分布在临桂区、象山区、高新区,特色旅游休闲食品产业带主要分布在荔浦市、恭城瑶族自治县、永福县、平乐县、秀峰区。至年末,全市食品(饮料)行业规模企业72家。年内,桂林市食品(饮料)工业扩大产业规模,优化产品结构,全行业实现平稳增长。

【绿色制造体系建设】 2020年,桂林市食品(饮料)工业企业开展绿色制造体系建设,发挥绿色制造技术创新及产业化示范应用,提升桂林绿色制造水平。年内,燕京啤酒(桂林漓泉)股份有限公司全生态精酿啤酒绿色供应链系统构建项目、桂林莱茵生物科技股份有限公司(简称莱茵生物)罗汉果制甜味剂绿色关键工艺突破项目等3个项目通过自治区工信厅专家组验收,成为桂林市首批成功申报并通过验收的国家绿色制造系统集成项目。燕京漓泉公司全生态精酿啤酒绿色供应链系统构建项目旨在构建绿色供应链的团体标准和企业标准,实施绿色供应商管理,建设绿色供应商管理体系、信息平台等。莱茵生物罗汉果制甜味剂绿色关键工艺突破项目则通过绿色关键工艺突破,开展全流程、全工序绿色化改造,实现系统化、集成化绿色升级。年内,桂林吉福思罗汉果有限公司获评为自治区级绿色工厂,并入选第八批“广西重点培育和发展的外贸品牌”。

【首批桂林米粉地方标准正式实施】 2020年6月2日,桂林市首批3个桂林米粉地方标准发布,7月1日实施。发布实施的标准包括《桂林鲜湿类米粉加工技术规程》《桂林米粉店建设与服务规范》《桂林米粉店等级评定规范》。其中,《桂林鲜湿类米粉加工技术规程》明确桂林鲜湿米粉从选料、清洗、发酵,再到磨浆、熟化、成型、蒸粉、冷却、包装等一系列流程,并细化每个流程技术规范;《桂林米粉店建设与服务规范》从米粉店建设和经营的角度明确相关要求;《桂林米粉店等级评定规范》则明确桂林米粉店划分为3个等级,即三星级、四星级、五星级,各星级的评定由桂林米粉店等级评定机构按照相应的评定标准进行。桂林市人民政府出台《关于桂林米粉产业发展的指导意见》,提出要加快桂林米粉标准化建设,健全桂林米粉全产业链标准体系。12月,桂林市市场监管局下达《桂林鲜湿类米粉加工技术规程》《桂林米粉店建设与服务规范》《桂林米粉店等级评定规范》等10项桂林市地方标准制定计划。

【莱茵生物市场竞争力提升】 2020年,莱茵生物抓住大健康产业发展契机,通过生产装备升级、工艺技术提升、质量品牌强化等经营举措,挖掘市场潜力,在植物提取行业的品牌知名度和客户度逐步提升。年内,莱茵生物被工信部授予“专精特新‘小巨人’企业”称号。年内,莱茵生物入选“2020广西民营企业制造业100强”,排名第60位。 (倪勇)

建材工业

【概况】 2020年,桂林市建材工业有规模以上企业112家,其中水泥、混凝土以及砂浆规模以上企业48家。全年全市散装水泥完成供应452.27万吨,预拌混凝土892.38万立方米,预拌砂浆137.08万吨。装配式建筑产业方面,建工集团桂林装配和惠昌盛2家公司依托装配式建筑产业基地项目建设,打造全产业链装配式建筑企业。其中,惠昌盛一期项目加气混凝土砌块、混凝土以及砂浆已投产,二期项目钢构件生产线、PC构件生产线也计划上半年投产;建工集团桂林一期项目80万立方米环保型商品混凝土搅拌站正式试产,日产量可达4500立方米以上,PC预制构件生产基地投资建设也在有序展开。另外还有鲁山墙材、华超科技、桂加建材3家公司从事蒸压加气混凝土砌块生产及销售。

2020年11月,恭城财茂混凝土有限公司搅拌站生产线完成全封闭绿色改造。
(张强供图)

【推动建材产业绿色发展】 2020年，桂林市强化政策方向引领，发展环保建材产业。年内，桂林市出台《桂林市预拌混凝土与预拌砂浆产业发展规划(2020—2022年)》及规范整顿行业市场秩序的系列措施，各县(市、区)分别出台混凝土产业发展方案，初步建立建材产业绿色发展理念。发展轻型、装配式建材，加快建设广西建工集团有限公司桂林装配式建筑产业基地一期、惠昌盛永福县装配式产业园项目一期、乾昭新材料年产120万平方铝幕墙材等一批重点项目。惠昌盛新型装配式建材产业园项目在位于桂林经济技术开发区苏桥园区开工。惠昌盛一期项目加气混凝土砌块、混凝土以及砂浆正式投产。

2020年9月4日，桂林市工艺美术从业人员组团参加2020广西工艺美术作品旅游工艺品暨大师精品展。 (文小毛供图)

【规范预拌混凝土、预拌砂浆行业】 2020年，桂林市持续开展预拌混凝土、预拌砂浆行业企业的整顿工作，规范下游市场秩序。年内，严格按照预拌混凝土与预拌砂浆产业发展规划，对符合产业规划的预拌混凝土与预拌砂浆企业补充完善手续，持续打击非法生产预拌混凝土、预拌砂浆企业，完成46家预拌混凝土企业和22家预拌砂浆企业的全封闭绿色改造。

【广西建工集团桂林装配式建筑产业有限公司】 2020年12月29日，广西建工轨道装配式建筑产业有限公司桂林环保型商品混凝土搅拌站试产仪式在桂林装配式建筑产业基地举行。桂林装配式建筑产业基地(一期)规划用地11.2公顷，用于建设年产10万立方米PC构件生产基地、80万立方米高性能混凝土搅拌站和技术研发、检测中心及配套用房，由桂林装配公司作为投资主体进行开发建设。商品混凝土搅拌站是一个节能环保、绿色生态的现代化产业项目，可生产C10—C60各强度等级的商品混凝土，日产量可达4500立方米以上。 (张强)

二轻城镇集体工业

【概况】 2020年，桂林市工业合作联社(简称市工业合作联社)办公地址为桂林市临桂区青莲路桂林投资发展大厦南楼7楼。内设科室6个。年内，桂林市有市属二轻城镇集体工业生产企业3家，荔浦市和临桂区二轻城镇集体工业企业26家。主要产品有油漆、塑料制品、木衣架、金属衣架、塑料衣架、金属配件、食品饮料、钢化玻璃等。全年全市二轻城镇集体工业完成工业总产值4.31亿元。荔浦特色经济区域(衣架产业)完成工业总产值41.3亿元;完成出口交货值29.8亿元。桂林市工艺美术行业全年实现产值21亿元。

【推进二轻行业复工复产】 2020年新冠疫情期间，市工业合作联社深入二轻企业，协助企业复工复产。协助市第五塑料厂办理复工审批，并多次深入企业检查、指导复工复产工作，2月9日，市第五塑料厂恢复满负荷生产。年内，针对部分工艺美术创作个体难以承担参家国家级展会费用的情况，市工业合作联社筹措资金，补贴扶持工艺美术企业参加国家级展会。面对新冠疫情影响经济下行不利局面，鼓励企业利用微信、抖音、快手、直播等现代网络平台进行营销;组织并参与京东对桂林工艺美术企业和创业园的直播，展示宣传桂林工艺美术。

【传统工艺美术产业】 2020年，市工业合作联社继续推动桂林工艺美术产业升级和结构优化，促进桂林工艺美术行业发展。组织上报广西工艺美术大师精品创作工程项目37个。开展工艺美术调研及项目考核论证，推荐上报广西工艺美术大师工作室与精品创作项目5个，其中3个项目获自治区二轻工业联社经费补贴。完成6个广西工艺美术大师工作室建设与精品创作融合重点扶持项目验收工作。推荐上报2020年省级以上工艺美术大师传统技艺传承、传授专项项目6个，其中3个项目获自治区二轻工业联社经费补贴。组织桂林市工艺美术从业人员参加在山东省青岛市举办的第55届全国工艺品交易会，获国家级金奖3项、银奖5项、铜奖3项。组织参加2020年广西工艺美术作品(旅游工艺品)暨大师精品展览，获金奖26项、银奖33项、铜奖30项。9月，组织参加自治区人民政府办公厅举办的《"决胜全面小康决战脱贫攻坚"2020广西艺术作品展览》，入选作品23件，获广西艺术优秀作品奖1件。组织24名工艺美术创作者参加第14届中国－东盟青年艺术品创作大赛，桂林市选手获艺术品创作大赛第一名。组织参与第四届桂林市工艺美术大师推荐评审工作，全市获"桂林市工艺美术大师"称号28人。组织参与第九届广西工艺美术大师推荐评审工作，全市获"广西工艺美术大师"称号4人。

(文小毛)

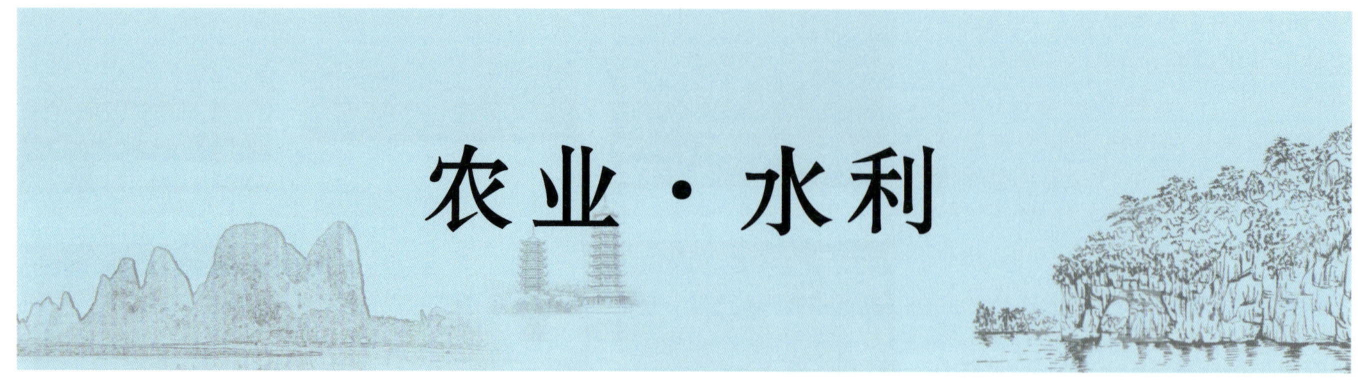

农业·水利

农业综述

【概况】 2020年1月，桂林市农业农村局办公地址由桂林市临桂区青莲路建设大厦搬迁到桂林市临桂区鼎晟大厦。内设机构20个，下辖直属二层机构15个。2020年，桂林市农林牧渔业总产值746.32亿元，(比上年，下同)增长6.2%。其中，种植业产值增长9.1%，林业产值增长7.3%，畜牧业产值下降4.2%，渔业产值下降0.1%，农林牧渔专业及辅助性活动产值增长1.7%。全市农村常住居民人均可支配收入17345元，增长8.1%。

【保障重要农产品供给】 2020年，桂林市统筹推进新冠肺炎疫情防控和全市经济社会发展，稳定粮食、水果、蔬菜生产和生猪稳产保供。全年全市粮食作物播种面积33.73万公顷，增长2.2%；经济作物播种面积36.86万公顷，增长2.1%。粮食总产量176.93万吨，增长4.7%，扭转2018—2019年粮食产量下降局面。水果总产量792.02万吨，增长16.8%。其中，柑橘类水果551.98万吨，增长20.5%；月柿产量108.75万吨，增长10.5%；梨产量29.09万吨，增长10.8%；葡萄产量42.29万吨，增长6.6%。蔬菜产量519.00万吨(不含食用菌)，增长3.8%。肉类总产量47.95万吨，下降3.31%。生猪出栏311.19万头，下降9.13%；家禽出栏1.43亿羽，增长6.52%；水产品产量10.27万吨，增长1.87%。年内，桂林市推进出口农产品示范基地创建，共创建桂林吉福思罗汉果有限公司等自治区级出口农产品示范基地14个、广西供粤港澳大湾区农产品示范基地1个，出口农产品示范基地数量占全自治区总数61%。

【推进现代特色农业示范区(园、点)建设】 2020年，桂林市按照《广西现代特色农业示范区建设增点扩面提质升级(2018—2020年)三年行动方案的通知》要求，统筹创建现代特色农业示范区建设。至年末，桂林市新增现代特色农业示范区(园、点)741个，居全自治区第一。全市共有获认证的各级示范区(园、点)2488个，包含自治区级示范区40个(排名全自治区第一)、市级示范区63个、县级示范区111个、乡级示范园476个、村级示范点1798个。打造特色产业2488个，涵盖种植业类1821个、养殖业类433个、休闲农业类93个、林业类141个。实现县县有示范区，乡乡有示范园，村村有示范点，特色产业全覆盖。其中，103个市级以上示范区内农民年人均可支配收入高出所在县(市、区)平均水平的30%以上。

【加快农产品品牌建设】 2020年，桂林市推进农产品品牌培育和价值提升。年内，桂林市推荐“桂林桂花茶”“桂林荔浦芋”“桂林罗汉果”3个区域公用品牌参加首批广西“桂字号”区域公用品牌评选活动；推荐“桂林罗汉果”“桂林砂糖橘”“兴安葡萄”“恭城月柿”“全州禾花鱼”“永福罗汉果”“桂林花桥辣椒酱”等11个地理标志产品品牌以及“吉福思罗汉果”企业产品品牌、“花桥”牌桂林辣椒酱产品品牌参加中国质量万里行2019年地理标志产品区域品牌价值评价活动；组织10个农产品区域公用品牌、10个农产品企业品牌、11个农产品品牌参加“广西好嘢”高端农产品品牌目录评选，其中“桂林葡萄”“桂林砂糖橘”“资源红提”“三养胶麦”等21个农产品品牌入围；组织15个农产品企业品牌、农产品产品品牌参加中国农产品品牌目录评选。至年末，

2020年，“桂林葡萄”农产品品牌入围“广西好嘢”高端农产品品牌目录评选。

（罗继丰供图）

全市共有18个种植业、9个水产畜牧业产品获农业农村部农产品地理标志登记保护;认证无公害农产品企业112家、无公害农产品产品146个,"绿色食品"标志使用权产品56个、全国绿色食品原料标准化生产基地2个,有机产品认证产品1个,注册品牌商标20个,获"三品一标"(无公害农产品、绿色食品、有机农产品和农产品地理标志)认证产品275个。

【加强特色优势农产品项目建设】2020年,桂林市新增中国特色农产品优势区项目1个(荔浦市荔浦砂糖橘),新增广西特色农产品优势区项目2个(阳朔县阳朔金橘、荔浦市荔浦砂糖橘)。全市累计认定中国特色农产品优势区4个、广西特色农产品优势区6个。年内,桂林市完成《广西罗汉果优势特色产业集群建设方案(2020—2022年)》编制,通过农业农村部、财政部批准实施,获中央财政资金9400万元。出台市级和县级《农产品加工集聚区建设标准(暂行)》,创建自治区级农产品加工集聚区4个、市级农产品加工集聚区9个、县级农产品加工集聚区3个,全州县、永福县、荔浦市和恭城瑶族自治县获"2020年广西农产品加工强县"称号,12家企业上榜2020年广西农产品加工100强企业认定名单。提升农产品加工转化能力,分别争取农产品加工及全产业链开发项目中央财政资金1657.5万元,茶叶全产业链开发项目中央财政资金580万元。

【推进田园综合体建设】2020年,桂林市立足本地乡村特色,依托新型城镇化示范乡(镇)建设、现代特色农业示范区(园、点)创建、景区景点打造、"美丽乡村"建设、传统村落保护等现有项目资源,推进新型城镇化示范乡(镇)建设和田园综合体建设两大"书记工程",进行连片打造,探索出集现代农业、乡村旅游、田园社区融合的乡村发展新模式,形成独具特色的桂林品牌。年内,全市首批17个田园综合体全部完成建设,分别为灵川县"橘红甘棠江"田园综合体、全州县"康养大碧头"田园综合体、兴安县"灵渠秦风"田园综合体、永福县"福寿崇山"田园综合体、阳朔县"梦幻遇龙"田园综合体、灌阳县"红色记忆·梨李飘香"田园综合体、龙胜各族自治县"诗画龙脊"田园综合体、资源县"资水丹霞"田园综合体、平乐县"橘乡牧歌"田园综合体、荔浦市"荔水青山"田园综合体、恭城瑶族自治县"瑶韵柿乡"田园综合体、临桂区"义水中庸"田园综合体、象山区"相思·北芬"田园综合体、秀峰区"诗意桃花湾"田园综合体、叠彩区"叠彩缤纷"田园综合体、七星区"漓韵侨乡"田园综合体、雁山区"悦桂情歌"田园综合体。启动第二批11个田园综合体建设,分别为全州县"红色丰碑"田园综合体、兴安县"陡江古韵"田园综合体、永福县"九曲龙溪"田园综合体、阳朔县"百里橘香"田园综合体、灌阳县"稻甲天下·茶香万家"田园综合体、龙胜各族自治县"福满金坑"田园综合体、资源县"红色老山界"田园综合体、平乐县"柿外桃源"田园综合体、荔浦市"毓秀马岭"田园综合体、恭城瑶族自治县"康养平安"田园综合体、雁山区"柿里回乡"田园综合体,其中永福县"九曲龙溪"田园综合体、阳朔县"百里橘乡"田园综合体等5个田园综合体提前通过验收认定。开展第三批19个田园综合体规划设计,分别为灵川县"金色海洋"田园综合体和"古镇提香"田园综合体、全州县"禾美稻香"田园综合体、兴安县"金满田园"田园综合体、永福县"香巴拉"田园综合体、阳朔县"蔗香甜园"田园综合体、灌阳县"古村新韵"田园综合体、龙胜各族自治县"花语泗水"田园综合体、资源县"五排苗乡"田园综合体、平乐县"柿海波涛"田园综合体、荔浦市"梦里茶乡"田园综合体和"橘海芋香"田园综合体、恭城瑶族自治县"瑶韵茶乡"田园综合体、临桂区"陈宏谋故居"田园综合体和"义江流域"田园综合体、象山区"四合·围炉山谷"田园综合体、秀峰区"荷塘月色"田园综合体、叠彩区"漓江茂源"田园综合体、七星区"漓韵侨乡"田园综合体(二期)。

【加快实施农村人居环境整治】2020年,桂林市持续推进乡村振兴和农村人居环境整治工程建设,全市以农村生活垃圾治理为重点,分别在春节、春季、夏季和秋冬季不同时期,开展农村人居环境整治村庄清洁专项行动,解决村(屯)环境"脏乱差"问题,巩固清洁乡村、生态乡村、宜居乡村活动成果。恭城瑶族自治县入选2020年全国村庄清洁行动先进县,灵川县作为农村人居环境整治真抓实干成效明显激励县获自治区人民政府通报表扬。年内,桂林市组织开展"三清三拆"专项整治(清理村庄内陈年垃圾、清理疏浚村内塘沟、清理畜禽养殖粪污等农业生产废弃物,拆除乱搭乱盖、拆除广告招牌、拆除废弃建筑),全面推进村庄清洁巩固提升行动,全市17个县(市、区)都建立村(屯)保洁员队伍,共配备村(屯)保洁员2.42万个,建制村保洁员覆盖率100%。建立市、县、乡三级公共财政稳定投入机制,形成村收集、镇转运、县处理与自然村就地处理相结合的垃圾处理模式,污水处理由财政预算建设,外包给专业公司处理,财政预算机制保障垃圾和污水处理设备的正常运转。全年全市开展村庄环境整治1.89万次,清洁村(屯)8828个,清理农村生活垃圾14.76万吨,清理房前屋后、卫生死角3538处,清理乱堆乱放1.46万千米,规范农贸市场48个,重点区域整治1847处,公路沿线环境整治536次,参与村庄清洁行动34.34万人,参与农户6.4万户。资金投入1.38亿元,农村受益群众156.29万人。持续推进农村"厕所革命",全市已建成农村卫生厕所106.94万座,卫生厕所普及率92.58%,实现一类县(市、区)无害化卫生厕所普及率90%以上,二类县(市、区)卫生厕所普及率85%以上,三类县(市、区)逐年提升的目标任务。

【加大产业扶贫力度】2020年,桂林市落实中央和自治区关于打赢脱贫攻坚战的决策部署,大力扶持贫困县"5+2"、贫困村"3+1"特色产业发展模式,形成"县有扶贫支柱产业,村有扶贫主导产业,户有增收致富产业"的扶贫产业特色。全年全市发放产业扶贫以奖代补资金3.2亿元,推动发展主导产业29个,其中新增产业11个。发展培育县级"5+2"特色产业贫困户9.05万户,产业覆盖率98.09%;

贫困村“3+1”特色产业均覆盖90%以上的有发展能力贫困户,全市特色产业(含其他产业)覆盖率99.81%,排名全自治区第二。

【新型农业经营主体培育】 2020年,桂林市新增桂林全州米兰香食品有限公司等自治区级农业产业化龙头企业4家,全市市级以上农业产业化龙头企业总数达202家,其中国家级3家,自治区级33家。获批广西农业产业化联合体试点扶持项目11个,累计获扶持资金756万元,居全自治区第一。新增农民专业合作社644家,全市累计建成农民专业合作社7271家。其中,新增永福鹏发柑橘种植专业合作社等国家农民专业合作社示范社9家,国家级农民专业合作社示范社总数38家,永福县被确定为全国农民合作社质量提升整地区推进试点单位;新增灵川县智友水稻种植专业合作社等自治区级农民专业合作社示范社11家,自治区级农民专业合作社示范社总数265家;新增市级农民专业合作社示范社42家,市级农民专业合作社示范社总数166家。新增家庭农场540家,全市累计建成家庭农场2146家。其中,新增自治区级示范家庭农场37家,自治区级示范家庭农场总数127家,获中央农业生产发展资金家庭农场扶持资金318万元,获评数量和获得扶持资金数量均居全自治区第一;新增市级示范家庭农场59家,市级示范家庭农场总数166家。年内,永福县绿禾种植专业合作社等6家农民专业合作社入选《农民日报》评选发布的2020全国农民合作社500强排行榜,入选数量居全自治区第一。永福县、兴安县被确定为2020年自治区级家庭农场示范县。127家农民专业合作社(家庭农场)新型农业经营主体获2020年广西农产品仓储保鲜冷链设施建设项目财政资金补助,补助资金总计7030万元。

【农业农村制度改革】 2020年,桂林市印发《2020年全市农村集体产权制度及农村“三变”改革工作实施方案》,推进农村集体产权制度改革及“三变”改革(农村资源变资产、资金变股金、农民变股东改革)试点工作。将荔浦市、兴安县、永福县、灌阳县4个全国农村集体产权制度改革试点县(市)的所有建制村均列为2020年广西农村“三变”改革试点村;非试点的13个县(区)选择30%的建制村参与“三变”改革试点。建成农村产权流转交易中心14个,实现涉农县(市、区)全覆盖。组织完成荔浦市农村集体产权制度改革国家级试点、兴安县兴安镇农村集体产权制度改革市级试点、其他县(区)抽取1个建制村参与的农村集体产权制度改革县级试点工作。组织开展农村集体资产清产核资工作,共清查出集体资产91.26亿元(经营性资产23.88亿元,非经营性资产67.38亿元),负债总额12.83亿元,所有者权益78.42亿元,集体土地总面积252.71万公顷。推进农村集体经济组织登记赋码工作,通过对农村集体经济组织成员身份确认,将经营性资产折股量化到全体成员的具体方式,赋予农民集体资产股份权能。协调中国建设银行股份有限公司桂林分行、自治区农业财政担保公司对已取得中央、自治区集体经济组织项目单位给予信贷资金支持。创新管理形式,分别在兴安县、永福县、荔浦市建立与中国建设银行股份有限公司桂林分行合作开展农村集体经济组织“三资”(资金、资产、资源)监管的管理系统平台。推进农村土地确权工作,全市农村土地确权颁证率99.7%,10月23日,自治区农村集体产权制度改革现场观摩会在桂林市兴安县召开。年内,荔浦市入选农业农村部第二批全国农村集体产权制度改革经验交流典型单位,桂林市及灵川县分别获全国农村承包地确权登记颁证工作典型地区表彰。 (杨华东)

粮油生产

【概况】 2020年,桂林市成立粮食生产和生猪生产专班,加强部门统筹协调,增加粮食生产扶持投入,落实各项惠农政策,开展恢复双季稻种植稳定粮食播种面积,实施粮食高产高效模式计划,加快高标准农田建设,发展绿肥、秸秆还田和绿色防控等绿色环保技术,加大农业科技推广力度,消除新冠肺炎疫情对粮食生产影响。全年全市完成粮食播种面积33.73万公顷,增长2.21%;粮食总产量176.93万吨,增长4.69%。其中,稻谷总产量137.26万吨,增长3.81%;玉米总产量22.32万吨,下降14.17%;豆类总产量7.11万吨,增长10.92%;薯类总产量(折粮)9.22万吨,其他旱杂粮1.02万吨。粮食平均每公顷产量5246千克。油料生产稳定增长,油料作物总产量8.38万吨,增长3.6%。其中,花生总产量7.23万吨,增长3.7%;油菜、芝麻等油料作物总产量1.15万吨,与上年基本持平。9月9日,第十七届广西“看禾选种,助农增收”活动在全州县举行。继续开展高标准农田建设,全面完成2019年高标准农田项目建设评

2020年,永福县罗锦镇崇山村建设的2019年标准农田建设及高效节水灌溉项目通过验收。
(市农业农村局供图)

审验收任务，全市共完成高标准农田项目建设1.95万公顷，其中含同步开展高效节水措施建设0.34万公顷。

【增强粮食生产扶持力度】 2020年，桂林市筹措整合财政资金7.80亿元投入粮食生产。其中，耕地地力保护补贴政策资金2.90亿元，农田建设补助资金2.89亿元，农机购置补贴6000万元，广西打赢新冠肺炎疫情防控阻击战促进经济平稳运行粮食生产补贴2582.5万元，早稻生产补贴资金4363万元，稻谷生产补贴2583.5万元，双季稻休耕轮作试点项目资金1947.15万元，水稻病虫防控资金640万元，水稻绿色高产高效创建380万元，马铃薯优势区创建200万元，草地贪夜蛾防控资金470万元，农业生产救灾资金（种植业）915万元。至年末，所有财政投入资金拨付支持全市粮食生产。

【推广农业新技术应用】 2020年，桂林市推广测土配方施肥技术面积53.69万公顷，节水农业技术面积12.1万公顷，水稻抛秧技术面积14.7万公顷，水稻水气平衡技术面积5.4万公顷，水稻“三控”（控肥、控苗、控病虫）技术面积9.02万公顷，玉米“一增三改”（合理增加种植密度，改种耐密型高产品种、改粗放用肥为配方施肥、改人工种植和收获为机械化作业）技术面积0.69万公顷。全市实施秸秆还田面积34.88万公顷，中低产田改良面积1.78万公顷。开展病虫综合防治测报准确率在90%以上。

【超级稻优质稻种植面积下降】 2020年，桂林市完成超级稻种植面积12.87万公顷，减少2.24万公顷，下降14.82%。其中，早稻面积5.27万公顷，中稻面积2.61万公顷，晚稻面积4.99万公顷。种植的主要品种有“中浙优1号”“天优华占”“H两优991”“五优308”“五丰优286”“株两优819”“深两优5814”等。种植优质稻面积19.4万公顷，减少1.75万公顷，下降8.27%。其中，早稻优质稻8.63万公顷，中稻优质稻3.27万公顷，晚稻优质稻7.5万公顷。种植的优质稻品种有“五优华占”“N两优1号”“五丰优823”“五山丝苗”“百优429”“软华优128”等。

【发展土豆生产】 2020年，桂林市利用秋冬闲田，实施马铃薯主粮化战略，发展土豆种植。全年全市土豆种植面积0.41万公顷，总产量4.16万吨（鲜薯）。全市种植产区主要分布在临桂区、兴安县、灵川县，主要品种有“费乌瑞它”“兴佳2号”“桂农薯1号”“希森3号”等。年内，受新冠肺炎疫情影响，全市土豆产量大幅下降，土豆市场销售价格维持在每千克1元—2元之间。 （唐茂军）

其他经济作物生产

【概况】 2020年，桂林市经济作物（不含蔬菜、水果）产值52.14亿元。其中，中药材产值41.76亿元，茶叶产值2.31亿元，其他经济作物产值8.07亿元。

【中药材产业保持良好发展势头】 2020年，桂林市中药材种植面积2.87万公顷，增长5.1%。其中，厚朴种植面积0.13万公顷，下降5.19%；杜仲种植面积0.10万公顷，下降1.24%；罗汉果种植面积1.07万公顷，增长5.2%；金银花种植面积0.13万公顷，下降1.96%。主要中药材种植保持稳定，当年种当年收的药材以生姜、葛根、罗汉果、灵芝、白及等为主。年内，桂林市加强“桂林罗汉果”地理标志品牌建设，继续吸纳临桂区、永福县、龙胜各族自治县的罗汉果生产企业和农民合作社参与使用协议签订，统一使用“桂林罗汉果”地理标志，组织参加各类展销会进行宣传。推广罗汉果标准化种植技术，推动罗汉果生产专业协会和专业合作社与农户建立紧密利益联结机制，提高农业组织化和农业专业化水平。8月，“桂林罗汉果”入选《欧盟与中华人民共和国政府关于地理标志合作与保护的协定》第二批互认地理标志产品清单，成为广西入选的9个互认产品之一。

【做大做强茶叶产业】 2020年，桂林市茶叶产量6919吨，增长1.97%；产值2.31亿元，增长4.06%。其中，红茶产量636吨，产值3596.1万元，分别增长3.98%和2.9%；绿茶产量1991吨，产值8695.9万元，分别下降18.6%和19.24%；其他品种茶叶产量4292吨，产值1.07亿元，均增长1.64%。年内，桂林市一批特色茶叶生产基地、健康养生茶园基地已形成规模，并打造出“桂林桂花茶”“平乐石崖茶”“龙脊红茶绿茶”等特色品牌。龙胜各族自治县利用野生茶资源，加强老茶园管理，老茶园逐步得到复苏；通过建立有机茶园示范点，实行产品统一精细深加工，统一品牌包装上市销售，为茶农带来可观经济

2020年9月15日，2020年广西（桂林）茶产业展销会茶叶评比活动在桂林市全州县“大碧头”康养旅游度假区举行。 （市农业农村局供图）

收入。9月，2020年广西（桂林）茶产业展销会茶叶评比活动在桂林市举行，桂林老山界六垌绿等3个茶叶产品被评为2020年广西庆祝中国农民丰收节十大名茶。

【甘蔗产业缓慢发展】 2020年，桂林市受新冠肺炎疫情影响，甘蔗市场需求大幅下降，甘蔗产业在低迷状态徘徊难有起色。糖蔗生产受糖业市场、经济效益和其他产业冲击等因素的影响，发展动力持续不足，回暖乏力；果蔗种植业在困境中缓慢发展。全年全市甘蔗种植面积3247公顷，下降4.2%；产量27.77万吨，下降3.4%；产值1.97亿元。其中糖蔗产量10.17万吨，产值5239万元；果蔗产量17.60万吨，产值1.44亿元。 （于琴芝）

【食用菌生产平稳】 2020年，桂林市食用菌栽培面积4230.85公顷，食用菌鲜品总产量43.56万吨，总产值35.52亿元。全市食用菌生产总体平稳，主要产区分布在临桂区、兴安县、灵川县、灌阳县、全州县、平乐县，主要栽培品种有香菇、木耳、秀珍菇、双孢蘑菇、凤尾菇、灵芝等，其中栽培面积达100公顷以上的品种有6个（香菇面积1293.51公顷，产量15.44万吨；蘑菇面积813.10公顷，产量6.99万吨；黑木耳面积422.33公顷，产量4.74万吨；毛木耳面积266.34公顷，产量2.08万吨；灵芝194.99公顷，产量0.30万吨；秀珍菇面积211.54公顷，产量1.78万吨）。全年全市种菇农户7884人，食用菌产业从业人员1.66万人，生产及加工企业17家，食用菌专业合作社（家庭农场）65个。年内，受新冠肺炎疫情影响，市场对食用菌需求大幅下降，加之人工成本提高和物流运输不畅等因素的叠加，造成鲜菇销售面临巨大压力，香菇、姬菇、木耳、双孢蘑菇等品种出现滞销，食用菌销售均价较往年同期下降8%—12%。 （徐春荣）

水果生产

【概况】 2020年，桂林市水果栽培面积24.77万公顷（不含白果、板栗，下同），下降0.84%。其中，柑橘面积16.26万公顷，下降1.87%；葡萄面积1.48万公顷，增长1.36%；柿面积2.54万公顷，增长4.52%。水果总产量792.02万吨，增长16.8%。水果栽培面积、产量、产值居全自治区第一；砂糖橘、金橘、柿产量居全国第一；柑橘、葡萄、桃、梨产量居全自治区第一。至年末，桂林市已建成与水果相关的市级以上龙头企业23家，农民专业合作经济组织1596个。建成水果产地冷库348个，容积27万立方米，生产处理线314条，年处理鲜果260万吨。

【提升果品质量安全和市场竞争力水平】 2020年，桂林市推进水果“三品一标”认证工作，全市新增果品类无公害食品生产企业17家，获“无公害食品标志”使用权产品18个；新增绿色食品生产企业8家，获“绿色食品标志”使用权产品12个；新增“兴安蜜橘”国家农产品地理标志。有全国绿色食品原料标准化生产基地2个，分别为恭城瑶族自治县的柑橘生产基地（0.73万公顷）和月柿生产基地（0.67万公顷）。创建供港基地1个，出口基地4个，供深基地8个。年内，桂林市有12家水果生产企业获“桂林砂糖橘”“桂林葡萄”农产品地理标志的使用授权，共发放“桂林砂糖橘”农产品地理标志标识120万枚。全市首批15家砂糖橘生产企业获“桂林砂糖橘”GAP认证（良好农业规范认证）。

【推进水果产业优化】 2020年，桂林市继续开展柑橘、葡萄等水果新品种引进试验示范。全市建立水果新品种试验示范点12个，引入新品种12个，分别为柑橘类（脆蜜金柑、马家柚），葡萄类（妮娜皇后、玉波2号、无核翠宝、玫瑰香），桃类（中华9号、光战3号、锦绣黄桃），李类（五月脆、凤凰李），猕猴桃类（金艳）。年内，桂林市推进水果产业供给侧结构性改革，加快柑橘产业转型升级，出台《桂林市人民政府关于桂林市柑橘产业调优做强的实施意见》，在各县（市、区）推广特早熟品种温州蜜柑大分4号、日南1号，特晚熟品种伦晚脐橙；逐步降低南丰蜜橘、砂糖橘等品种的种植比重。

【建设与推广水果品牌】 2020年，桂林市推进水果品牌推广力度，相继举办“恭城月柿节”“平乐柿饼产销推介会”“第六届荔浦砂糖橘王争霸赛”等水果节庆活动，吸引各地采购商到桂林果园实地考察，与当地水果种植企业（合作社）现场洽谈对接，同时在中央电视台、抖音等大众主流媒体宣传推介桂林名特优水果品种，涌现出“恭禧橙”“遇龙金丹”“大新山柿饼”等一批水果品牌。组织“桂林砂糖橘”“恭城月柿”农产品地理标志产品生产企业参加“第十八届中国国际农产品交易会”“第十七届中国－东盟博览会”等大型展会，寻求外地销

表14 2020年桂林市各县（市、区）水果生产情况统计表

县（市、区）	总面积（万公顷）	总产量（万吨）
秀峰区、叠彩区、象山区、七星区	0.03	0.10
雁山区	0.21	6.57
临桂区	0.57	27.25
阳朔县	2.70	80.71
灵川县	2.35	76.02
全州县	3.15	71.75
兴安县	2.23	60.67
永福县	2.73	63.42
灌阳县	1.84	55.88
龙胜各族自治县	0.64	14.37
资源县	0.41	9.90
平乐县	2.20	112.74
恭城瑶族自治县	3.73	139.24
荔浦市	1.98	73.40
合　计	24.77	792.02

2020年，全州县文桥镇建成133.33公顷脆蜜金柑示范基地。（市农业农村局供图）

售市场。2月，新冠肺炎疫情防控期间，桂林市组织筹集一批当地优质果蔬援助湖北省武汉市，其中砂糖橘60吨，金橘10吨。

【多渠道推动砂糖橘销售】 2020年年初，受新冠肺炎疫情影响，安全防护物资紧缺，采果工人少，道路封锁，直接导致砂糖橘产销链中断。全市各级政府部门积极应对砂糖橘销售难题，采取制订砂糖橘采摘销售疫情防控流程及农产品调运备案审批制度、捐赠防疫物资、补贴运费等措施，确保砂糖橘流通顺畅。开启线上线下双联动。组织沃尔玛、南城百货等当地商场、超市就近采购，就近供应；通过京东生鲜、淘宝直播等网络平台，邀请当红网络主播参与为果农直播带货，帮助果农纾困解难。年内，桂林市砂糖橘收购均价在每千克2元—3.6元之间。全年全市销售砂糖橘207万吨，销售金额62.1亿元。

【加强水果生产科技培训】 2020年，桂林市各级水果技术指导部门围绕柑橘、葡萄、柿等主栽品种，利用网络培训、现场培训等形式开展水果生产技术培训。全年全市共举办阳光玫瑰技术观摩交流现场会等培训班210期，培训人员2.4万人次。年内，邀请国家柑橘产业技术体系首席专家、中国工程院院士邓秀新，上海交通大学教授王世平等知名专家到桂林授课，深入果园基地进行技术指导。

【柑橘黄龙病防控】 2020年，桂林市受新冠肺炎疫情影响，柑橘市场行情低迷，失管或半失管果园面积增多，造成木虱虫口密度增大，达到每百梢100头，为历年最高；柑橘黄龙病病株率上升至4.5%，呈现柑橘黄龙病爆发态势。年内，桂林市继续抓好柑橘无病健康苗木繁育体系建设，出圃柑橘无病毒苗木1500万株。强化柑橘苗木市场整治，检疫、处置带病苗木7.8万株。加强柑橘失管果园治理，清理病树412万株。抓好柑橘木虱统防统治工作，在柑橘春夏梢期，组织片区统一时间、统一用药扑杀木虱2次以上，切断柑橘黄龙病传播途径，防止病害蔓延扩大。

（罗继丰）

蔬菜生产

【概况】 2020年，桂林市蔬菜复种面积22.27万公顷，增长2.49%；蔬菜总产量519.0万吨(不含食用菌)，增长3.8%，蔬菜复种面积和总产量均居全自治区第二。全市无公害蔬菜产地认定面积10.3万公顷，增长1.55%。全年全市蔬菜市场平均价格平稳，在合理区间内波动。一季度，因新冠肺炎疫情防控需要，全市蔬菜生产、销售和流通受到一定影响，蔬菜价格有不同程度下跌；4月—5月，随着疫情防控形势逐步好转，加之天气晴朗、气温逐步升高，蔬菜生产、销售状况得到逐渐改善，价格逐渐回升；6月—8月，因受暴雨洪涝灾害影响，蔬菜价格较上年同期有所上涨；冬种春收蔬菜提早采收上市，蔬菜市场价格保持高位运转。年内，全市蔬菜种植面积保持基本稳定，保供运转正常，蔬菜设施化栽培水平进一步提高，品种结构趋向多元化方向发展，产业化经营规模进一步提升。

【常年蔬菜基地建设】 2020年新冠肺炎疫情防控期间，桂林各县(市、区)

2020年，灵川县新建的蔬菜大棚投入使用，实现番茄等蔬菜提早错峰上市。（市农业农村局供图）

农业部门做好在田蔬菜摸底调查和及时上报工作，协调外调蔬菜供应；按照《桂林市“菜篮子”工程基地建设“十三五”规划》《桂林市“菜篮子”市长负责制工作方案》要求，通过提高生产能力、完善市场流通设施、严格质量监管、创新保障机制等措施，持续推进“菜篮子”工程建设。至年末，全市已形成一批粗具规模的蔬菜生产基地和蔬菜种植大户，其中规模化蔬菜示范基地50多个，增长11.1%。引进蔬菜新优品种120多个，开展区域试验，推广良种良法，蔬菜品种结构趋向多元化方向发展。

【蔬菜生产标准化建设】 2020年，桂林市继续开展“减肥少药，提升蔬菜品质”生产示范活动。各县（市、区）农业部门积极组织开展槟榔芋地膜覆盖技术、番茄产业实用技术以及蔬菜标准化栽培技术等农业科学技术推广培训，加强蔬菜质量安全生产宣传。开展经济作物避寒、避雨、避晒、间套种、病虫害综合防治等创新技术的推广应用，推进简易设施农业的普及。加大大、中棚设施蔬菜栽培力度，临桂、灵川、全州、阳朔、兴安等县（区）新建一批蔬菜大棚，实现番茄、辣椒、茄子、黄瓜、芦笋等蔬菜品种提早上市，获得良好的经济效益。

（于琴芝）

农业科技

【概况】 2020年，桂林市农业科技教育部门围绕农业增效、农民增收的目标，组织实施各类农业科技推广项目，助力脱贫攻坚和乡村振兴的开展。全年全市组织实施农业科技项目72个，项目资金5051.94万元，有4项农业科技研究成果获奖。强化农业科技培训力度，共培训农民和农业技术干部25.6万人次。

【农业科技项目实施】 2020年，桂林市实施基层农技推广体系改革与建设补助项目和高素质农民培育项目，项目总资金2173万元，涉及全市17个县（市、区）。依托项目实施，各县（市、区）打造出一批集示范展示、培训指导、科普教育等多功能于一体的农业科技试验示范基地87个，推广一批符合质量安全、节本增效、绿色生态等要求的农业先进适用技术（模式）93项，培育一批辐射带动能力强的农业科技示范主体1931人。年内，桂林市农业科学研究中心获农业科技项目70个，项目资金2878.94万元，依托各科技项目开展，获得丰富研究成果。该中心的粮食与油料作物研究所自主选育的1个玉米新品种——漓糯1801，通过自治区审定；蔬菜研究所自主选育的3个非主要农作物品种获农业农村部非主要农作物品种登记，分别为脊椒香1号（辣椒品种）、脊椒香2号（辣椒品种）、奥特（番茄品种）；研制的“一种果桑的夏伐修剪器”“一种农业种植土壤农残检测装置”等33项专利获授权；制定并申报《龙脊辣椒生产技术规程》《桂北稻作区绿肥油菜生产与利用技术规程》《粤桑大10果桑生产技术规程》《沃柑栽培技术规程》《糖料甘蔗冬闲田套种马铃薯栽培技术规程》等18项技术规程。

【农村实用人才队伍建设】 2020年，桂林市以基层农技推广体系改革与建设补助项目和高素质农民培育项目为抓手，培育出一批观念新、懂科技、技能强、善经营的种养生产能手和致富带头人。全年全市组织基层农技人员参与知识更新、知识提升培训2266人次；培育高素质农民2540人次。遴选出36人参加2020年度广西现代青年农场主（现代创业创新青年）培养培训班，29人参加2020年度广西农业经理人培养培训班，7人参加广西农业领军人才培养培训班，16人参加广西高素质女农民电商培训班。年内，灵川县三街镇倒风潭村全建军入选农业农村部2020年度农民教育培训“百名优秀学员”扶贫先锋资助项目人选名单，平乐县平乐镇农业技术推广站陆泉宇获全国第二届“最美农技员”称号。

【农业科技获奖成果】 2020年，桂林市农业领域科技研究获奖成果4项，分别为桂林市农业科学研究中心蔬菜研究所与广西农业科学院蔬菜研究所等单位合作完成的《城郊型蔬菜绿色优质高效生产关键技术集成创新与应用》，获广西科学技术进步奖三等奖；桂林市农业科学研究中心蔬菜研究所完成的《蔬菜集约化育苗技术集成创新与推广应用》，获广西农业科学院科学技术进步奖二等奖；桂林市农业科学研究中心经济作物研究所完成的《桂北高寒山区蔬菜高效栽培示范与推广》，获广西农业科学院科学技术进步奖二等奖；桂林市农业科学研究中心完成的《桂林现代农业科普信息化研究与应用》，获广西农业科学院科学技术进步奖二等奖。

（黄迪）

农业执法

【概况】 2020年，桂林市农业执法部门持续开展农作物种子市场监管、农药监督抽查、肥料市场和农资打假专项治理行动、打击非法捕捞专项行动、动物卫生监督检查、农机安全生产检查和农产品质量安全执法检查等执法行动。全年共立案查处违法违规案件112件，行政处罚98万元。年内，桂林市农业综合行政执法支队被农业农村部评为全国农业综合行政执法示范窗口单位，该支队报送的经营未依法取得农药登记证的农药案卷被评为2020年全国农业行政处罚优秀案卷。

【农机安全检查】 2020年，桂林市农业综合行政执法部门组织开展农机安全专项检查280次，出动检查人员3010人次，共检查农业机械（含拖拉机）2.55万台，纠正违章农用车辆2230台次，查扣收缴假牌假证115套，排查治理隐患单位7个。全年全市农机安全生产保持平稳态势，桂林市连续18年无道路外重大农机事故发生。年内，灌阳县被评为全国“平安农机”示范县。

【农资市场监管】 2020年，桂林市农业综合行政执法部门对农资市场重点围绕农作物种子、农药、肥料等，开展农资质量监督抽查、农资打假专

2020 年，市农业农村局农业执法人员对肥料产品进行抽样检查。

（市农业综合行政执法支队供图）

项行动等农资市场监管。年内，该支队共立案查处种子、农药、肥料等各类农资案 55 件，结案 55 件，罚没款 83.98 万元。其中，农药立案 33 件，结案 33 件，罚没款 76.93 万元；肥料立案 20 件，结案 20 件，罚没款 6.35 万元；种子立案 2 件，结案 2 件，罚没款 0.70 万元。共检查整顿农作物种子市场 166 次，查封包装标签不规范水稻种子 150 千克。开展放心农资下乡进村宣传活动，普及农资法律法规和打假维权知识，接受现场咨询 2.5 万人次。

【动物卫生监管】 2020 年，桂林市继续做好非洲猪瘟防控防疫工作，严格落实生猪定点屠宰场“两项制度”（生猪屠宰环节非洲猪瘟自检制度和官方兽医派驻制度），严防病死猪流入市场、流入餐桌。全年全市共检查检验生猪定点屠宰场 15 家（市本级 3 家）；产地检疫生猪 162 万头，牛 3.34 万头，羊 2.54 万头，家禽 8794 万羽。屠宰检疫生猪 111.65 万头（市本级屠宰检疫生猪 44.55 万头），牛、羊 1.24 万头。屠宰检疫出病害动物 186 头，病害动物产品 47.92 吨，全部进行无害化处理。全市生猪屠宰检疫率、动物产品出厂（场）检疫出证率、病害动物及动物产品无害化处理率均达到 100%。年内，桂林市动物卫生监督管理部门共立案查处违法违规案件 8 件，罚没款 2.58 万元。其中，动物卫生案件 4 件，罚没款 0.52 万元；兽药饲料案件 2 件，罚没款 0.46 万元；动物诊疗案 2 件，罚没款 1.60 万元，没收违法所得 0.88 万元。

【农产品质量安全监管】 2020 年，桂林市农业综合行政执法部门组织开展全市农产品质量安全监督抽查工作。共出动执法监管人员 80 人次，完成各类农产品质量安全监测 369 批次，其中畜禽产品质量安全监测抽样 120 批次、水产品质量安全监测 124 批次、种植业农产品质量安全监测 100 批次、畜禽产品风险监测抽样 25 批次，各批次检测合格率均达到 100%。参与完成“瘦肉精”专项监督抽查 550 批次，汇总县级畜禽产品快速检测 1560 批次、县级水产品快速检测 260 批次。协助农业农村部完成国家农产品质量安全监督抽查任务，共抽检农产品 146 批次。其中，畜禽产品 86 批次，检测合格率 97%；水产品 40 批次，合格率 100%；种植业农产品 20 批次，合格率 100%。

（唐联锟）

【渔政执法监管】 2020 年，桂林市农业综合行政执法部门加大漓江水域渔政执法力度，继续实施全境流域禁渔期制度，开展“中国渔政亮剑 2020”桂林系列专项执法行动。开展联合执法行动 2000 余次，出动巡查船艇 500 余艘次、执法车辆 1600 余辆次，出动执法人员 7900 余人次，检查渔船 300 余艘次。查获非法捕捞案件 105 件，收缴电鱼工具 288 套，清理销毁地笼网 4000 余条，组织在漓江水域放流鱼苗 280 万尾。共抽查渔船安全生产 800 余艘次，开展渔船安全生产专项整治 6 次，查出安全隐患 15 例，全部按规定进行整改。

（侯德恩）

林　　业

【概况】 2020 年，桂林市完成植树造林面积 8540 公顷，全市林地面积 209.29 万公顷，森林面积 189.07 万公顷，森林覆盖率 71.62%。完成政策性森林保险投保 182.13 万公顷。实现林业第一产业产值（按现行价格计算，下同）37.77 亿元，林业工业总产值 198 亿元。全市有国家级自然保护区 4 个、自治区级自然保护区 8 个，国家级森林公园 5 个，国家湿地公园 5 个。年内，为应对新冠肺炎疫情影响，市人民政府出台系列扶持政策，帮助企业渡过难关，全市林产工业企业全部实现复工复产，获减免租金 885.97 万元。

【林业产业】 2020 年，桂林市把发展油茶产业作为调整林业结构、发展社会经济、推动脱贫攻坚、促进乡村振兴、增加农民收入等工作的重要措施来抓，全面实施油茶“双千”计划（即到 2022 年，全区域油茶种植面积突破 66.67 万公顷；到 2025 年，油茶产业年综合产值增加至 1000 亿元），做好集中连片油茶林基地建设。至年末，全市完成油茶新造林面积 1940 公顷，建成广西油茶高产高效示范园（点）9 个，实现油茶年产值 5.78 亿元。全年全市林业第一产业产值 37.77 亿元，增长 7.57%。林业工业总产值 198 亿元，生产人造板 140 万立方米。全市林业产业发展形成以竹木种植、经济林培育、花卉苗木、野生动植物繁殖利用、竹木加工、人造板生产、林产化学工业、木浆造纸、森林旅游为主的林业产业体系。

【第一届广西花卉苗木交易会在桂林市举行】 2020 年 10 月 16 日—18

日，第一届广西花卉苗木交易会在桂林市举行。该届花卉苗木交易会主题为“花开八桂，壮美广西”，主会场设在叠彩区“缤纷叠彩”田园综合体（尧山花卉基地），分会场设在临桂区桂林之花现代特色林业核心示范区。整个交易会分为三大展区，其中市级展区共有标准展位270个，广西14个设区市参展；县级展区设在室外，由桂林市各县（市、区）组展。专题展区设在主会场分展馆（广西花卉苗木交易会博览园），包括兰花、盆景、插花花艺、奇石根雕4个专题展区。该届交易会填补广西花卉苗木交易类项目的空白，共吸引参展企业109家，参展花卉苗木超1000个品类，总量30万盆，现场成交或签订采购协议金额2.1亿元，达成项目投资意向金额9.3亿元。

【造林绿化】 2020年，桂林市完成植树造林面积8540公顷，义务植树700万株。推进重点营林项目实施，龙胜各族自治县实施珠江流域防护林工程项目，造林面积266.67公顷；恭城、全州、灌阳、龙胜、资源县（自治县）实施中央财政造林补贴项目，造林面积726.67公顷；阳朔、灵川、全州、平乐、永福县实施石漠化治理工程项目，造林面积6公顷、封山育林面积262.2公顷；全州县实施珍稀及特殊树种培育项目，造林面积233.33公顷。

【国家森林城市创建】 2020年3月，桂林市启动创建国家森林城市活动。年内，桂林市委托国家林业和草原局林产工业规划设计院编制的《桂林市国家森林城市建设总体规划（2020—2029年）》通过自治区林业局预审，报送国家林业和草原局参与评审。开展国家森林乡村建设，推进乡村振兴战略和农村人居环境整治的落实，加快乡村绿化美化，促进村容村貌提升。年内，桂林市临桂区宛田瑶族乡永安村、黄沙瑶族乡黄沙村，兴安县白石乡鳌头村、漠川乡长洲村等57个村庄获“国家森林乡村”称号。

【森林资源保护管理】 2020年，桂林市林业行政主管部门加强林木采伐源头管理，规范采伐作业设计，严禁无证采伐、超范围采伐，落实森林采伐限额管理和凭证采伐运输制度，森林资源消耗量始终控制在生长量以下。优先保障自治区统筹推进重大项目和民生工程的林地定额使用，加大项目建设林地征占用的监管力度，严禁项目建设未批先用、批少用多、批东用西等违法行为发生。指导重大项目业主做好先行使用林地报备的申报工作，灌阳至平乐高速公路项目等16个重大项目获先行使用林地报备批复。争取国家备用林地定额，加强建设项目使用林地指导服务，督促项目业主做好报批工作。全年全市共完成340个建设项目使用林地的审核（审批）工作，涉及林地面积1429.12公顷，征收森林植被恢复费1.48亿元。

【森林督查】 2020年，桂林市开展森林督查暨森林资源管理“一张图”年度更新工作，加大对违法破坏森林资源行为的发现、查处和整改力度，以林地“一张图”为基础，结合卫星遥感数据，对森林督查案件进行查处整改。全年全市对561个疑似违法图斑进行核查，排查出非违法图斑210个，图斑立案件数351件。其中，行政案件205件，行政案件查处率91%；刑事案件146件，刑事案件移交率100%。

【林业生态环境保护】 2020年，桂林市林业行政主管部门抓好中央环保督察涉林问题及森林资源督查问题整改，结合“绿盾2020”自然保护地强化监督工作暨广西自然保护地大检查专项行动，组织各县（市、区）全面排查自然保护地内存在的未批先建、未批先占以及私搭乱建、乱占林地、滥伐林木、滥捕乱猎等违法违规问题。开展自然保护地人类活动遥感监测图斑核查工作，对1094个图斑进行实地核查，发现疑似违法违规图斑66个。图斑立行政案件30件，办结30件；图斑立刑事案件13件，办结13件；移交案件23件。开展自然保护地整合优化预案编制，将全市纳入整合优化范畴的28个自然保护地整合为23个，其中自然保护区12个、自然公园11个；总面积39.15万公顷，占全市国土面积14.15%。年内，广西架桥岭、海洋山和青狮潭等6处自然保护区功能区划的申报获自治区人民政府批复。

【野生动物疫源保护管理】 2020年，桂林市加强野生动物保护管理工作，严防新冠肺炎病毒在野生动物链上传播。年内，桂林市林业行政主管部门组织开展打击非法野生动物交易行为活动，全市暂停陆生野生动物交易、调运；严禁非法养殖、加工、经营各类野生动物；严厉打击非法猎捕、转运、贩卖野生动物。贯彻落实禁食野生动物有关规定，开展人工繁育野生动物处置补偿。全年全市处置蛇类22.68

2020年，桂林市加快蛇产业转型升级，推进人工繁育蛇产业向民族医药、美容保健、日用化工等方向发展。
（市林业和园林局供图）

万千克，竹鼠等动物133.73万只。加快养蛇产业从食用到药用的转型升级，7家蛇类养殖场完成转型，转型蛇类2.13万千克，综合处置率100%；兑现补偿资金2.83亿元，兑现率100%。组织开展第30个“野生动植物保护宣传月”系列宣传活动，全年共开展各类宣传活动191次。

【湿地资源保护】 2020年年末，桂林市各重要湿地资源均得到有效保护，全市湿地面积4.78万公顷，湿地保护率54.13%。临桂会仙湿地、荔浦荔江湿地、龙胜龙脊梯田湿地完成国家湿地公园试点建设验收，其中荔浦荔江国家湿地公园被列入全国21个重点建设的国家湿地公园。9月，第一批34个广西壮族自治区重要湿地名录公布，桂林市有7个入选。

【林业病虫害防治】 2020年，桂林市加强林业有害生物监测预警、检疫预灾、防治减灾体系建设，做好松材线虫病、马尾松毛虫、黄脊竹蝗等林业有害生物防控工作。全年全市发生林业有害生物面积4.95万公顷，防治面积1.55万公顷，无公害防治率100%；成灾面积3040公顷，成灾率1.65‰；测报准确率99.85%；种苗产地和木材调运检疫率均为100%。全面完成林业有害生物防控目标管理工作“四率”指标任务。 （罗培涛）

畜牧业

【概况】 2020年，桂林市积极应对新冠肺炎疫情对肉禽蛋等生活必需品供应的影响，坚持稳生猪生产，发展家禽，续推牛羊养殖，调结构保供应的工作思路，加快养殖场扩能增养，抓好重大动物疫病常态化防控，确保畜产品质量安全，做好“六保”工作。推进高质量畜牧生产发展和养殖废弃物污染防治的探索，推广畜禽现代生态养殖模式，全市畜牧业生产保持健康发展势头。全年全市共出栏生猪311.19万头、牛15.35万头、羊18.81万头、家禽1.43亿羽，肉类总产量47.95万吨。

【畜禽生产】 2020年，桂林市共出栏生猪311.19万头，下降9.13%；牛15.35万头，增长2.21%；羊18.81万头，增长1.24%；家禽1.43亿羽，增长6.52%。至年末，全市存栏生猪245.80万头，增长10.64%；家禽存栏0.38亿羽，下降1.71%。全市肉类总产量47.95万吨，下降3.31%；禽蛋产量3.79万吨，下降5.09%；奶类产量557.14吨，下降29.99%。年内，桂林市投入改（扩、新）建生猪规模养殖场243家，总投资10.28亿元。猪存栏量稳步上升，生猪生产呈逐渐恢复态势。

【饲料生产】 2020年，桂林市共有饲料和饲料添加剂生产企业25家，其中半停产2家。全年全市共生产饲料产品154.47万吨，增长7.46%。其中，配合饲料149.84万吨，增长7.70%；饲料添加剂0.32万吨，下降1.68%；饲料添加剂预混合饲料1.34万吨，下降13.80%；单一饲料2.97万吨，增长0.44%。饲料产品总产值46.32亿元，增长15.81%。年内，桂林市组织对全市25家饲料生产企业进行安全生产执法检查，开展饲料和饲料添加剂产品质量安全监测工作，完成饲料和饲料添加剂产品抽样102批次，监测合格率100%。

【畜禽生态养殖认证】 2020年，桂林市继续推进畜禽现代生态养殖场认证工作，以“设施改造+微生物+粪污资源化利用”为核心的畜禽现代生态养殖模式得到广泛推广。年内，桂林市共认证畜禽生态养殖场287家，其中五星级养殖场3家，四星级养殖场8家，三星级养殖场276家。至年末，全市累计有符合生态养殖认证要求的规模养殖场1305家，获认证养殖场1262家，生态养殖场认证率96.7%。

【推进畜禽养殖废弃物资源化利用】 2020年，桂林市将永福县、临桂区纳入整县推进畜禽养殖废弃物资源化利用实施项目县，宣传推广使用“微

表15 2020年桂林市畜牧业生产情况表

单位：万头（羽）

项目	猪	牛	羊	家禽	
					鸡
2020年出栏	311.19	15.35	18.81	14264.07	10004.64
2019年出栏	342.47	15.01	18.58	13391.40	9850.84
增减(%)	-9.13	2.21	1.24	6.52	7.65
2020年年末存栏	245.80	44.83	21.71	3824.13	3064.71
2019年年末存栏	222.16	43.54	21.31	3890.81	3109.63
增减(%)	10.64	2.99	1.88	-1.71	-1.44

表16 2020年桂林市畜牧业产品产量表

单位：吨

项目	肉类	禽蛋	奶类
2020年产量	479525.3	37885.73	557.15
2019年产量	495946	39917	795.79
增减(%)	-3.31	-5.09	-29.99

生物+”、异位发酵床等资源利用新技术。年内，全市新建、改建高架网床的生猪养殖场超过300家，使用微生物益生菌养殖的规模养猪场400余家，90%以上的肉牛(羊)规模养殖场使用微生物发酵养殖技术。至年末，全市获畜禽现代生态养殖场认证的企业1262家，生态养殖场认证率96.7%；废弃物处理设施配套建设率100%，畜禽粪污综合利用率91.92%。全市有畜牧业无公害认证获证且在有效期内的无公害养殖产地30个，认证无公害农产品31个，地理标志登记保护农产品7个。

【牲畜品种改良】 2020年，桂林市共发放液氮2.48万升，完成肉牛人工授精配种母牛3.91万头(黄牛3.65万头、水牛0.26万头)，牛本交改良配种1.6万头。年内，阳朔县、全州县、兴安县、灌阳县、平乐县、恭城瑶族自治县、临桂区7个县(区)获批实施畜禽良种繁育基地建设项目，创建肉牛品种杂交改良示范村(屯)7个，项目区良种肉牛覆盖率达90%以上。阳朔县、全州县、资源县、龙胜各族自治县、临桂区5个实施山羊良种补贴项目县(区)共完成良种山羊引种381只(公羊153只，母羊228只)，超额完成自治区农业农村厅下达的350只任务目标。 (李玉元)

【动物防疫与检疫】 2020年，桂林市强制免疫的动物中，口蹄疫应免猪301.01万头，实免300.74万头，免疫密度99.91%；应免牛51.41万头，实免51.38万头，免疫密度99.94%；应免羊37.56万头，实免37.54万头，免疫密度99.94%。家禽禽流感应免禽10991.59万羽，实免10990.41万羽，免疫密度99.99%。其中，应免鸡8703.46万羽，实免8702.69万羽，免疫密度99.99%；应免鸭2222.69万羽，实免2222.33万羽，免疫密度99.98%；应免鹅62.58万羽，实免62.52万羽，免疫密度99.92%；其他禽类应免2.86万羽，实免2.86万羽，免疫密度100.00%。小反刍兽疫应免羊21.04万头，实免21.01万头，免疫密度99.86%。集中免疫的动物中，家禽新城疫应免鸡6431.07万羽，实免6421.40万羽，免疫密度99.97%；其他禽类应免1.04万羽，实免1.04万羽，免疫密度100.00%。高致病性蓝耳病应免猪213.77万头，实免213.73万头，免疫密度99.98%。猪瘟应免猪294.20万头，实免294.06万头，免疫密度99.95%。免疫犬猫狂犬病12.37万只，其中犬12.09万只，免疫密度99.28%；猫0.28万只，免疫密度99.64%。全年全市产地检疫申报生猪179.08万头，牛3.38万头，羊2.56万头，禽9496.17万羽。生猪屠宰检疫111.65万头，牛羊屠宰检疫1.24万头，无害化处理病死猪2.66万头，无害化处理病害动物产品91.63吨。年内，桂林市继续在全州县、资源县、龙胜各族自治县、灌阳县与湖南省接壤的高速公路服务区，全州县与湖南省省际国道路口，设立指定通道检查站5个，查验运输进入广西的动物及动物产品。 (李林海)

水产业

【概况】 2020年，桂林市水产养殖业克服因新冠肺炎疫情造成的产品滞销、渔需物资运输困难等不利影响，借助网络平台拓展销售渠道，推广稻渔综合种养、陆基圆形池循环水养殖、大水面生态渔业等多元化养殖模式，推动全市水产业持续健康发展。至年末，全市水产养殖面积11028公顷，增加55公顷，增长0.5%；水产品产量10.27万吨，增长1.87%。

【全国“集装箱+生态池塘”尾水处理技术模式观摩活动在桂林举行】 2020年6月10日，全国“集装箱+生态池塘”尾水处理技术模式观摩活动在桂林鱼伯伯生态农业科技有限公司生态渔业(核心)示范养殖基地举行，来自全国水产领域100余名专家与技术人员参加活动。活动重点围绕如何加快推动水产养殖绿色发展，落实农业农村部关于实施2020年水产绿色健康养殖“五大行动”(即生态健康养殖模式推广行动、养殖尾水治理模式推广行动、水产养殖用药减量行动、配合饲料替代幼杂鱼行动、水产种业质量提升行动)工作部署，做好“集装箱+生态池塘”尾水处理技术模式的示范推广，开展经验交流和技术研讨。活动中，桂林市在集装箱养鱼、池塘内循环水槽养殖、种藕养鱼、种菜养鱼、山区小窝流水养鱼等新型净水渔业养殖模式和休闲渔业等方面探索出的“桂林经验”获得推介。

【桂林市漓江补水枢纽工程渔业增殖管理站成立】 2020年，桂林市撤销原桂林市水产养殖场和桂林市第二水产养殖场，组建桂林市漓江补水枢纽工程渔业增殖管理站，为桂林市农业农村局管理的正科级、财政全额拨款公益一类事业单位。该管理站主要负责青狮潭、小溶江、川江、斧子口等水库及水库拦截河流的上下游鱼类种群资源的监测、分析和研究；开展增殖放流工作；建立鱼类资源基因库，保护库区鱼类物种多样性；协助做好水库的渔政工作。

【设施生态渔业加快发展】 2020年，桂林市集装箱养殖基地建设加快推进。雁山区桂林鱼伯伯生态农业科技有限公司生态渔业(核心)示范养殖基地40个养殖集装箱全部投入生产，尾水处理生态池塘投入运行。七星区、荔浦市2个集装箱养殖基地建设实施。至年末，全市已建成养殖集装箱55个，桂林市成为广西最大的集装箱养鱼基地。推广循环水水产养殖模式。资源县中峰镇新建的循环水鳗鱼养殖场全面投产，占地面积7公顷，年产鳗鱼500多吨。永福县桂龙水产养殖场、荔浦市泉森生态养殖专业合作社、临桂区宏福水产养殖合作社、雁山区白竹境生态鱼养殖专业合作社等水产养殖企业单位纷纷投资新建陆基循环水养殖基地。全市已建成陆基圆形池循环水养殖基地7个，建有养殖池175个，养殖容积1.18万立方米，新增鱼产量近1200吨。

【稻渔综合种养推广】 2020年，桂林市实施稻田养鱼面积2.92万公顷，鱼产量1.28万吨，分别增长2.03%和2.23%。全市已建成国家级稻渔综合种养示范区1个(桂林绿森生态农业有限公司)，广西桂建芳院士工作站

2020 年，灌阳县稻渔丰生态农业发展有限责任公司“优质水稻 + 禾花鲤”模式被收录进《广西新型稻渔种养模式 20 例》。
（市农业农村局供图）

禾花鲤稻渔养殖示范基地 3 个（桂林绿森生态农业有限公司、灌阳绿之源生态农业综合开发有限公司和广西德沁现代农业发展有限公司），建成高标准稻渔综合种养示范基地 15 个。7 月 17 日，全市稻田养殖技术培训班在阳朔县举行。年内，广西全州县全州禾花鱼特色农产品优势区入选农业农村部等 8 部门认定的第三批中国特色农产品优势区名单。灌阳县稻渔丰生态农业发展有限责任公司“优质水稻 + 禾花鲤”模式、桂林绿森生态农业有限公司“富硒稻 + 禾花鱼”模式、桂林市桂莲农业投资有限责任公司“藕 + 禾花鱼”模式被收录《广西新型稻渔种养模式 20 例》。柳州市万穗农业开发有限公司全州分公司辛田基地被评为第十五批国家级水产健康养殖示范场。

【水产品质量安全监管】 2020 年，桂林市水产管理部门持续开展水产品质量安全监管行动，结合全市创建广西食品安全示范城市活动，实施渔业养殖环境隐患问题大排查大整治、重大节假日产品质量安全监管行动等专项行动，打击违规使用氯霉素、孔雀石绿、硝基呋喃类、已烯雌酚等违禁药物的行为和其他违规养殖行为。年内，桂林市水产管理部门对全市水产品进行质量安全抽样，检测样品 164 批次，其中自治区农业农村厅例行抽检 124 批次，配合农业农村部开展全国水产品监督抽检 40 批次，所有检测样品合格率 100%；监督县级开展水产品快速检测 260 批次，未发现禁用药物残留超标问题。加强对重点场地监管，全年重点监测养殖场 70 家，组织开展“三鱼两药”（大菱鲆、乌鳢、鳜鱼 3 种鱼类，孔雀石绿、硝基呋喃类 2 种药）专项整治行动，检查水产生产环节中，以大菱鲆、乌鳢、鳜鱼为主的鱼品种中是否存在违规使用孔雀石绿类、硝基呋喃类的禁用药物，执法检查中均未发现违法违规生产经营和使用“三鱼两药”情况。 （侯德恩）

农业机械化

【概况】 2020 年，桂林市农业机械化服务中心办公地址在桂林市七星区横塘路 8 号。内设科室 8 个。全年全市桂林市农业机械总动力 560 万千瓦，增加 17 万千瓦，增长 3.1%。拥有各类拖拉机 36.89 万台，增加 0.83 万台，增长 2.31%。其中，大中型拖拉机 1051 台，增长 7.35%；联合收割机 3900 台，增长 0.75%；水稻插秧机 1850 台，增长 0.54%。至年末，全市有农机专业合作社 106 个，从业人员 1600 人，全年农机作业服务面积 5.55 万公顷。

【超额完成农机购置补贴】 2020 年，桂林市继续落实农机购置补贴政策。年内，自治区财政厅安排桂林市的中央财政农机购置补贴资金 4000 万元，桂林市落实使用农机购置补贴资金 1.38 亿元。全年全市共补贴各类农机具 2.08 万台（套），受益农户 1.59 万户。完成 2020 年度为民办实事项目之农机具购置补贴绩效考评资金任务以及结算任务，农机补贴资金使用总量及结算进度居全自治区首位。

【农业机械化水平持续提升】 2020 年，桂林市主要农作物耕、种、收综合机械化水平 62.8%，提高 0.5 个百分点；水稻耕、种、收综合机械化水平 81.2%，提高 2.9 个百分点；全市农业机械化总动力 559.60 万千瓦，增加 16.51 万千瓦，增长 3.04%。年内，全市共组织各类农业机械开展作业服务 65.8 万台次；完成农作物机耕面积 65.75 万公顷，其中水稻机耕面积 21.37 万公顷；完成机收面积 46.58 万公顷，其中水稻机收面积 20.76 万公顷；完成水稻机插面积 10.40 万公顷。

【推进全程全面农业机械化发展】 2020 年，桂林市农机部门推进主要农作物生产全程机械化、丘陵山区特色农产品机械化发展进程。利用国家惠农政策，推广轨道运输机 4000 台（套），解决丘陵山区运输难问题，促进农民节本增效。打造油茶农产品生产机械化样板，突出示范基地核心区宜机化、机械化、农机农艺融合发展，示范区机械化水平由15%提升至70%，解决油茶生产全程机械化的技术难题，总结出油茶农产品生产全程机械化技术模式，形成可复制、可推广的桂林经验。水稻生产全程机械化取得新进展，组织水稻育插秧、烘干环节技术培训，开展水稻农机农艺融合、水稻机械化精量穴直接播种、大钵体毯状育秧等技术试验示范；依托13个工厂化育秧烘干中心，辐射带动全市水稻机械化技术推广应用，在机械化育秧、耕作、栽插、植保、收割、烘干6个环节基本实现生产全程机械化。至年末，全市主要农作物耕、种、收综合机械化水平达62.8%，水稻耕种收综合机械化水平81.2%，全市农业机械化全程全面发展的范围进一步扩大。

（李芳）

农垦企业

【广西农垦良丰农场有限公司】 2020年，广西农垦良丰农场有限公司（简称良丰农场公司）位于桂林市雁山区良丰路18号。内设部室8个。农业生产单位设工区4个。年内，良丰农场公司实施二次优化重组改革，全面完成资产转移登记。至年末，全公司实现经营收入2224万元，水果总产量1.42万吨。

年内，良丰农场公司清理出列“僵尸企业”，注销广西农垦桂林润丰有限责任公司。按照广西农垦集团有限责任公司（简称广西农垦集团公司）对桂林、贺州片区农场公司实施二次优化重组的战略部署，将广西农垦桂北农场有限公司整体并入良丰农场公司管理。改革后的良丰农场公司作为广西农垦集团公司二级子公司，并下辖广西农垦集团公司三级子公司4家，分别为广西农垦桂北农场有限公司、广西农垦东风化工有限公司、广西农垦良丰科技发展有限公司和广西桂林良丰投资开发建设有限公司，管理人员总数1660人，管理国有土地面积1332.82公顷。至年末，该公司完成改制后的土地转移登记1058.74公顷；梳理汇总公司及下属子公司的呆账、坏账、投资、债权、债务等历史遗留问题；通过资产清查盘点，盘活闲置物业建筑面积2600平方米，增加物业租赁收入19万余元。

年内，良丰农场公司狠抓柑橘生产管理，夯实柑橘产业基础。加强一线生产技术服务指导，邀请柑橘技术专家对职工进行技术培训，做好柑橘品种抚育和种植技术提升。组织职工抓好清园、砍除黄龙病树木、施肥、修剪整形等工作，严格执行规范的柑橘种植、施肥、护理等操作规程。依托广西农垦桂林相思江休闲农业（核心）示范区建设，推进水肥一体化等先进技术手段的推广应用，提高柑橘果园科学化种植水平。投入专项资金19万元用于果园基础设施建设，完成“良汇丰”品牌商标名称的申报和注册。统筹销售管理，拓宽柑橘营收渠道。加强对职工水果销售价格指导，落实统收统销政策。整合物流资源，实行线上线下销售双轨推进，实现电商线上营收347万元。盘活利用好桂北果蔬物流园物业资产和果品分拣设备，推动全州区域的柑橘收购、加工和销售，促进增收。

年内，良丰农场公司继续加快“悦桂情歌田园”健康文旅项目的开发建设，该项目被列入2020年桂林市市领导跟踪服务的重大项目加以推进。至年末，项目完成拆迁214户。完成项目范围内四工区61户房屋拆迁评估，为“乡谣里知青”民宿提供建设条件。协调桂林市自然资源局，推进“悦桂情歌田园”项目智慧创客板块34.27公顷工业用地协议出让事宜，做好地价评估工作。配合雁山区人民政府，完成收储土地内124户房屋的拆迁补偿和38个果树岗位的清表补偿。

年内，良丰农场公司抓好人居环境整治，增进职工民生福祉。完成危旧房改造项目（二期）40号办公大楼工程建设并投入使用。完善职工小区配套设施，投资22万元安装小区视频监控设备；投入5.8万元购置灭火器，消防水带、水枪等消防器材。联合良丰农场社区组织开展居民生活技能培训、端午节包粽子比赛、重阳节敬老活动等群众活动，营造平安祥和的社区环境。

（莫娟平）

【广西农垦源头农场有限公司】 2020年，广西农垦源头农场有限公司（简称源头农场公司）办公地址在平乐县源头镇车田村。设部室3个和工区3个。年内，源头农场公司加大柑橘病害统防统治力度，推广柑橘种植先进技术，加强基础设施建设投入，完善柑橘产业种植、加工、销售全产业链发展。实施公司二次优化重组改革，提升企业竞争实力。全年全公司实现地区生产总值1.80亿元，柑橘总产量8682.5吨。

年内，源头农场公司按照广西农垦集团有限责任公司（简称广西农垦集团公司）对桂林、贺州片区农场公司实施二次优化重组的战略部

2020年，广西农垦源头柑橘物流中心推进基础设施升级改造。（何俊阳摄）

署,整体并入广西农垦立新农场有限公司(简称立新农场公司)管理,作为广西农垦集团公司三级子公司、立新农场公司二级子公司,顺利完成资产转移登记。改革后,该公司有在职职工303人,管理国有土地面积716.62公顷。

年内,广西农垦源头柑橘产业核心示范区按照绿色食品生产标准要求,强化农药等农业生产投入品管理,实行统一购买、统一保管、统一配送、统一回收、统一记录的"五统一"管理模式。做好柑橘主要病虫害监测记录,病虫害绿色统防统治覆盖率达95%。继续加大示范区高效节水灌溉、有机肥替代化肥等农业新技术的推广利用,建成并投入使用滴灌果园33.33公顷;化肥用量下降15%,有机肥用量增长20%。培育柑橘无病毒苗木,为示范区及周边苗木市场提供优质健康容器苗11.8万株、优质健康裸根地苗20.5万株,从源头上阻断柑橘黄龙病的传播扩散。

年内,源头农场公司寻求企业经济发展新途径。扩建无病毒苗圃,为周边柑橘苗木市场供应大量的优质健康苗木,收入31.1万元。加大对广西农垦源头柑橘物流中心果品加工、包装、仓储、冷链物流、电子商务等方面基础设施建设投入,提高该中心的流通服务功能和水平,实现年加工柑橘3.61万吨,创造经济效益2094万元。与广西桂垦牧业有限公司合作,成立广西桂垦源头牧业有限公司,规划建设大型养猪场(6000头母猪+84000头育肥猪),项目总投资5.5亿元,规划用地面积39.07公顷,建成后年出栏生猪16.8万头。项目已完成水源探测、风险评估、选址评估等前期工作,收回建设用地23.47公顷。

(李申梅)

水　　利

【概况】 2020年,桂林市水利局(简称市水利局)办公地址在桂林市临桂区公园北路新城商务酒店。内设科室9个,下设事业单位13个。年内,桂林市共落实水利建设投资22.7亿元,增长73%。其中,争取中央、自治区两级水利资金12亿元,增长87%。全市年度中央水利建设投资总体完成率99.9%,排名全自治区第一。全市建有水库工程397座,其中大型5座,中型24座,小(1)型107座,小(2)型261座。水库总库容24.76亿立方米,总灌溉面积14.83万公顷,总调节库容17.71亿立方米。全市共有河流1516条,其中流域面积50平方千米以上河流178条,流域面积50平方千米以下河流1338条。年内,桂林市获2019年度自治区14个设区市河湖长制工作综合评比第一名。

【洪涝灾害防御】 2020年,桂林市经历历史罕见的长时间连续强降雨天气过程,全年平均降雨量较常年偏多20%,其中3月—9月的降雨量比常年同期偏多28%。6月9日12时,漓江桂林水文站出现146.50米洪峰水位,市水利部门组织调度漓江上游4座水库群为市区河段进行拦洪削峰,最大拦截流量每秒3445立方米,降低漓江洪峰2.2米,成功防御住超1998年洪水最高水位的洪峰。防汛期间,全市各类水库共拦蓄洪水9.76亿立方米,减免农田受灾面积1.48万公顷,减少受灾人口20.13万人,减免直接经济损失10亿元。

【重大水利工程建设全面提速】 2020年,桂林市重大水利工程项目长塘水库建设、资源县源口潭水库扩容、全州县弄岩引水工程,前期准备工作进展顺利。长塘水库建设稳步推进,由市水利局编制的《广西桂林市长塘水库工程可行性研究报告》获得水利部水利水电规划设计总院审查通过。6月,《广西桂林市长塘水库工程建设征地移民安置规划大纲》通过水利部水利水电规划设计总院和自治区水库和扶贫易地安置中心联合审查。《广西桂林市长塘水库工程防洪影响评价报告》《广西桂林市长塘水库工程建设规划专题论证报告》获批复,水资源论证、地质灾害危险性评估、压覆矿产资源调查、文物古迹调查等报告编制完成。年内,自治区林业局同意在广西寿城自治区级自然保护区试验区修建水利工程。永福县发展和改革局批复同意《广西桂林市长塘水库淹没永福—龙江地方(X700—X138)复建暨环湖旅游通道工程可行性研究报告》。长塘水库建设施工准备工程的前方营地项目和拉揺取水口上移项目进展顺利。《广西资源县源口潭水库扩容工程可行性研究报告》获自治区批复,组织开展初步设计。全州县弄岩引水工程(一期)施工项目展开招投标。

【农村水利基础设施建设】 2020年,桂林市实施主要支流治理项目19个(续建项目13个,新建项目6个),中小河流治理项目(含续建项目)21个,共下达投资资金2.17亿元。建成河堤61千米,完成投资1.95亿元。实

2020年,广西桂林市长塘水库建设施工准备工程——拉揺取水口上移项目进展顺利。

(市水利局供图)

施水库除险加固工程3座，累计完成投资3850万元。完成小型病险水库除险加固竣工验收99座、水库安全鉴定工作123座，综合治理水土流失面积74.12平方千米。建设农村饮水安全巩固提升工程项目143个，累计完成投资3795万元，受益群众6.86万人。开展农村饮水工程维修养护工程220个，投入资金1099万元，受益群众超过20万人。完成8个河流生态修复项目和10个农村水电增效扩容改造项目。新增水电装机容量860千瓦，全市全年水电发电量47.31亿千瓦小时。

【水生态文明建设】 2020年，桂林市开展节水型城市建设。全市工业用水重复利用率83.06%，征收水资源费1326万元。下达3个水资源节约及保护工程建设，项目资金240万元；3个县域节水型社会达标建设，项目资金180万元；阳朔县城区河湖水系连通工程，项目资金1500万元。加大水质水量监测力度。对全市12条主要河流以及水库共49个国家级和自治区级重要水功能区进行监测，同时对列入水利部水生态监测试点的青狮潭水库、桂湖和漓江流域大面河段等重点水域开展以理化和浮游植物为监测指标的水生态监测，监测的水功能区水质状况总体良好，水质类别全部在Ⅰ类—Ⅲ类标准内，达标率100%。对5处跨设区市河流及12处跨县（市、区）河流交接断面进行每月跟踪监测，达标率100%。完成桂林市长江流域取水工程（设施）核查登记工作，共登记取水项目757项；完成珠江流域取水工程（设施）核查登记工作，共登记取水项目838项。

【强化水利行业监管】 2020年，桂林市水利部门围绕"坚持节水优先，建设幸福河湖"的宣传主题，开展第28届"世界水日"和第33届"中国水周"纪念宣传活动，组织宣传人员进社区、进单位、进学校，向市民普及水法律法规、水资源节约保护等知识。依法加强河道采砂等涉黑涉恶领域管理，对市区的漓江、桃花江、南溪河等主要河流进行专项执法检查，共查处市区水事违法行为11件，其中立案查处违法行为6件，罚款13万元。加强执法监督管理。全年全市共巡查监管对象168个，巡查河道长度4280.97千米，巡查水域面积609.7平方千米。立案查处水事违法行为29件，结案20件；审理永福、灵川、全州等县行政复议案件14件，罚款119.15万元，扣押挖机、泵沙船、运输车、抽砂泵等生产设备。开展水利工程质量与安全监督工作，共受理项目手续办理23个，以不定期检查方式，对所监督的项目实现全覆盖。根据项目实施进度全面开展人饮管材及工程实体的质量监督检测工作，完成6个县20组管材检测工作以及9个项目实体工程质量监督检测工作。不定期督查全市在建水利工程项目施工单位对农民工工资的支付情况，抽查涉及8个县（市、区）的10个项目。推进水利安全生产标准化建设。实施安全生产年度目标考核，全市水利系统未发生生产安全责任事故及人员死亡事故，水利安全生产形势稳定向好。强化水利科技支撑。完成广西科研课题申报4项；与广西水电学院共同承担的广西水利科技项目《现代化节水防污型农田水利系统关键技术创新研究与应用》申报广西科技进步奖，已通过合规性审查。组织编写芒果灌溉技术专著以及砂糖橘、荔枝、罗汉果、金橘等灌溉技术广西地方标准。

【河（湖）长制建设取得实效】 2020年，桂林市开展河湖"清四乱"（乱占、乱采、乱堆、乱建）专项行动。全市新增"四乱"问题90个，整改销号90个，整改销号率100%。开展"四乱"问题整治回头看行动，排查重要河道、湖泊和水库重要管理范围内的项目768个，发现并处理完毕2个涉水违建别墅问题。年末，生态环境部公布2020年1月—12月国家地表水考核断面水环境质量状况设区市排名，桂林市居全国第二位。创新构建"河长＋检察长"协作机制。市河长制办公室与市人民检察院联合制订出台《关于建立"河长＋检察长"协作机制的工作意见》，利用法治力量推动全市河湖水域生态保护工作。全年全市检察机关共收集与河流有关的公益诉讼案件线索42件，办理公益诉讼案件37件，涉及非法捕捞、非法采砂、河道整治等方面。

【推进水利行政管理改革】 2020年，桂林市水利主管部门简化重大项目行政审批手续，推行项目容缺审批制度和项目审批"绿色通道"制度，实行即报即审，办理时限由原先自窗口登记日起7个工作日办结，缩短至3个工作日办结。水利工程招标实行"不见面审批"，优化备案流程，监督范围内的水利招标项目备案，项目业主均可以在网上预约和电话预约项目招标备案，办结时限由原来7个工作日缩短至1个工作日内。升级水利部门互联网政务服务平台系统，增加电话预约、微信预受理功能。年内，市水利部门共受理、审批、办结行政审批事项73件；通过国家和市级的企业信用信息网平台公示相关企业申报的审批项目38个；完成"双随机，一公开"（在监管过程中随机抽取检查对象，随机选派执法检查人员，抽查情况及查处结果及时向社会公开）监管事项录入8项；完成涉水项目技术审查评估48项。

【水利扶贫攻坚战】 2020年，市水利部门统筹推进贫困地区水利基础设施建设，下达贫困地区水利资金1.28亿元，全面解决贫困地区群众饮水安全问题，为打赢脱贫攻坚战提供水利支撑和保障。年内，桂林市全面落实中央第二巡视组对广西开展脱贫攻坚专项巡视"回头看"反馈意见整改、2020年国家脱贫攻坚成效考核反馈问题整改等巡察整改工作。市水利局制定《桂林市水利局落实中央脱贫攻坚专项巡视"回头看"和国家脱贫攻坚成效考核反馈广西意见整改工作方案》，对上级反馈的问题进行自查自纠、全面认领。4月，召开全市水利系统贯彻落实中央脱贫攻坚专项巡视"回头看"和国家脱贫攻坚成效考核反馈广西意见整改工作座谈会，组成10个督查组对全市2016年以来实施的766个农村饮水安全项目进行地毯式排查，共发现问题37个；至年末，全部问题整改完毕。 （毛雪莹）

水库移民

【概况】 2020年，桂林市水库和扶贫易地安置中心（简称市水库和扶贫易地安置中心）办公地址在桂林市临桂区青莲路建设大厦北楼。内设科室3个。年内，桂林市做好“十三五”易地扶贫搬迁后续扶持工作，推进新建、在建水库移民安置，开展水库移民后期帮扶，多举措维护库区社会的和谐稳定。全年全市共投入水库移民后期扶持资金1.99亿元，共完成易地扶贫搬迁入住约3万人。

【“十三五”易地扶贫搬迁任务圆满收官】 2020年，桂林市在通过2019年自治区“十三五”规划易地扶贫搬迁任务考核验收后，继续完善后续扶持工作。年内，全市“十三五”规划易地扶贫搬迁计划搬迁的6986户2.99万人全部完成搬迁入住，实际搬迁入住率100%。其中，集中安置建档立卡搬迁户3652户1.52万人，分散安置搬迁户3334户1.47万人。每户搬迁家庭至少有1人可以稳定就业，111户无劳动能力搬迁家庭全部纳入兜底保障，实现“搬得出、稳得住”的总体目标，脱贫率100%。已建成的43个集中安置点均成立基层党组织，43个安置点或成立社区、或就近纳入其他社区（村民）委员会管理。8月18日—28日，桂林市有易地扶贫搬迁任务的临桂区、雁山区、资源县、龙胜各族自治县、阳朔县、全州县、灌阳县、永福县通过自治区扶贫搬迁专责组抽查验收。加快推进易地扶贫搬迁旧房拆除工作，至年末，全市应拆除自建独立房2082户，完成拆除3697户（包含共建连体房），基本做到应拆尽拆；兑现拆旧奖励3558户（包含共建连体房），兑现奖励资金1.16亿元。

【水库移民后期扶持】 2020年，桂林市实施2019年度水库移民救灾重建项目17个，投入移民专项资金285万元，惠及水库移民524户2072人。其中，灵川县实施项目12个、投入资金86.5万元；全州县实施项目3个、投入资金100.5万元；恭城瑶族自治县实施项目2个、投入资金98万元。至年末，所有项目全部完工。灌阳县实施县级小型水库移民整合资金项目3个，投入资金139万元，完成硬化生产道路2.58千米，惠及水库移民30户121人。开展2019年度大中型水库移民后期扶持人数核定登记动态管理工作，经过审核、汇总，全市12个县（市、区）的大中型水库移民后期扶持人数核定登记动态管理自然减员人数794人，其中死亡人数635人，转为非农户口人数70人，其他原因核减人数89人；涉及54个乡（镇）、130个建制村、238个村民小组。核准拨付扶持资金用于自然减员人口原所在移民村民小组内的项目扶持，解决群众生产生活中存在的突出问题。组织开展水库移民后期扶持培训，共培训人员450人次。

【完成大中型、小型水库移民“十三五”规划修编】 2020年，桂林市组织完成大中型、小型水库移民“十三五”规划（2016—2020年）修编工作。修编后的大中型水库移民“十三五”规划（2016—2020年），包含后期扶持资金直接发放规划、移民增收规划、美丽家园建设规划和其他专项规划4个部分，规划项目1136个，总投资9.19亿元，涉及12个县（市、区）、83个乡（镇）、374个建制村、1884个村民小组，惠及水库移民34529户13.89万人。修编后的小型水库移民“十三五”规划（2016—2020年），包含交通、旧房改造、移民收入倍增计划等项目，规划项目198个，总投资8050.03万元，涉及13个县（市、区）、83个乡（镇）、150个建制村、384个村民小组，惠及水库移民1.57万户6.37万人。

【桂林市防洪及漓江补水枢纽工程移民安置稳步推进】 至2020年年末，桂林市防洪及漓江补水枢纽工程完成建设征地移民安置投资41.24亿元，其中兴安县完成25.74亿元，灵川县完成3.10亿元，桂林市大禹水利基础设施建设投资有限公司完成12.40亿元。共完成建房入住1413户，完成搬迁安置任务72.9%。

【维护库区社会和谐稳定】 2020年，桂林市共办理信访案件53件次，未发生库区移民集体到南宁、北京上访和非正常上访。其中，桂林市灌阳县妥善解决灌江水库历史遗留信访问题，发放第一批灌江水库移民直补资金2280.6万元；恭城瑶族自治县水库和扶贫易地安置中心到莲花镇兰洞村胜洞屯化解村民因误解阻挠水毁项目实施的矛盾。兴安县人民政府针对国务院“互联网+督查”平台移交的“全国最后一个蜡烛村请求通电”的网上信访投诉，开展调查，直面问题，圆满解决网上信访问题。（余昕）

2020年11月11日，阳朔县易地扶贫搬迁就业创业综合体揭牌成立。
（市水库和扶贫易地安置中心供图）

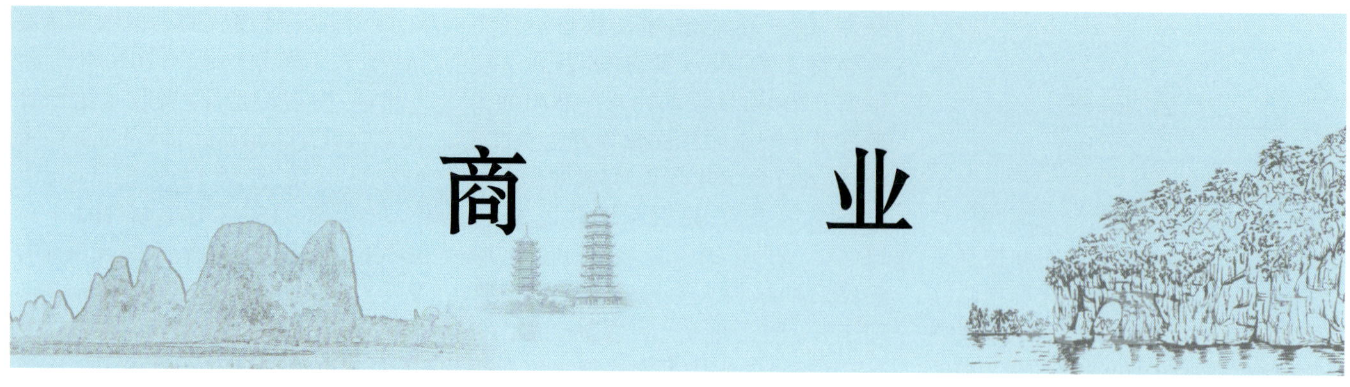

商　　业

商业服务业

【概况】 2020年，桂林市商务局（简称市商务局）办公地址在桂林市临桂区青莲路投资发展大厦，内设机构12个。年内，桂林市社会消费品零售总额888.91亿元，（比上年，下同）下降8.1%。按经营地统计，城镇723.84亿元，乡村165.07亿元；按消费类型统计，商品零售791.82亿元，餐饮收入97.09亿元。批发业实现销售额541.88亿元，下降4.0%；零售业实现销售额589.16亿元，下降2.2%；住宿业实现营业额22.97亿元，下降33.7%；餐饮业实现营业额71.33亿元，下降23.4%。

【商业服务业疫情防控】 2020年，全市商务系统加强新冠肺炎疫情防控，策划组建桂林应急销售网、货源网、配送网，保障人民群众基本生活需求。向上级争取防疫物资，为全市商贸企业发放口罩41万多个，争取中央、自治区各类扶持资金4346万元，保障内外贸企业复商复市复工复产。2月末，全市商贸流通企业复工率99%，重点外贸、外资企业复工率100%，疫情防控成效显著。积极组织商贸企业捐赠果蔬、米粉、罗汉果等物资支援湖北省。

【市场运行和消费促进】 2020年，市商务局实施提振消费大会战工作，先后举办2季“33消费节”“家电以旧换新”“五一全民购车节”“漓江购物节”“绚丽王城·点亮桂林”“桂林吃货节”“2020暖冬汽车展”等系列促销活动，促进消费回补和潜力释放。编制出台《桂林国际消费中心城市培育建设工作实施方案》，完善指标评价体系，新建桂林城市礼品展销中心4个，承办十九届广西名特优农产品交易会产销对接活动，组织桂林米粉等企业参加“桂品出乡——展销活动”，推动桂林市“桂字号”名优特产品批量出桂。年内，桂林市消费品市场呈现稳步回升态势，桂林市社会消费品零售总额888.91亿元，下降8.1%，降幅呈逐季收窄态势，第四季度社会消费品零售总额实现正增长。限额以上单位商品零售额中，7类实现增长，其中五金电料类、书报杂志类、家用电器和音像器材类分别增长26.3%、17.4%、17%。

【市场体系建设】 2020年，市商务局加大市场体系建设管理力度，至年末，桂林市已建成的大型商业项目25个，在建项目4个，在建和建成项目商业面积约299万平方米，交易额1亿元以上商品交易市场13个；建成运营的冷链物流项目共85个，配备冷藏车106辆，冷库库容38.8万立方米，可存储农产品约19万吨；经自治区商务厅备案的二手车交易市场共12个。

【“物流网”基础设施建设】 2020年4月30日，桂林市人民政府办公室印发《桂林市物流网基础设施建设三年大会战实施方案（2020—2022年）》，全面启动桂林市物流网基础设施建设三年大会战工作，推动全市物流基础设施建设，补齐物流短板，提升物流服务能力，构建高效便捷的物流网，加快构建现代化物流基础设施体系，改善与周边地区的互联互通状况、提升开放合作水平。至年底，33个项目全部开工，竣工项目4个，完成年度投资26.08亿元。

【餐饮行业稳中向好】 2020年，市商务局引导餐饮业升级产品和服务，精准对接需求，推动内循环有效发展。

2020年9月9日，2020年全国“消费促进月”活动暨桂林汽车交易会活动在桂林甲天下国际会展中心举行。（李家桥摄）

开展步行街提升改造和夜经济相关工作，桂林东西巷获批自治区级步行街，“饿了么”口碑街数字化第一街开街运营，在自治区率先启动夜经济活动，国庆期间中央电视台新闻频道先后2次在桂林东西巷举办直播连线活动。继续推进桂林米粉产业发展，指导米粉协会建立完善规章制度，组织召开2020年桂林米粉企业贷款银政商对接座谈会，配合市市场监管局制定出台《桂林米粉店等级评定规范》等3项桂林市地方标准，组织米粉企业参与中央电视台直播《坐着高铁看中国》，加大对桂林米粉宣传推广。促进餐饮业发展，开展桂林特色传统美食评选，椿记烧鹅、知味桂花乳鸽皇、金榜团圆肘子、荔浦香芋扣、阳朔谢三姐啤酒鱼、佛鼎桂花鸡、恭城油茶等入选桂林地方传统美食大赛“桂林十大碗”菜品认证；举办2020年桂林吃货节暨欢乐购物季活动，利用网络平台开展线上线下促销，促进餐饮消费回暖；向全市餐饮经营单位和广大市民发出“使用公筷公勺，拒食野味”文明用餐倡议，联合餐饮协会制定《桂林市公筷公勺使用与服务规范（试行）》《桂林市制止餐饮浪费行为规范（试行）》，推动形成文明用餐节约用餐新风尚。

【家政服务信用体系建设】 2020年，市商务局持续实施家政服务信用体系建设工作，完成2019年广西家政服务信用体系建设项目验收工作，拨付项目资金57万元。全市有13家家政企业共4500人通过人证合一审核纳入自治区家政诚信体系管理平台，举办了20场家政诚信企业进社区公益宣传活动。

【拍卖行业监管】 2020年，市商务局加强对拍卖行业监管工作，完成了2019年拍卖企业年审工作。2020年拍卖企业举办拍卖活动前期备案登记数93场次，完成广西鑫盛拍卖有限公司、广西鹏瑞拍卖有限公司变更批复。

【市场秩序建设】 2020年，市商务局在全市范围内持续开展“国门利剑2020”、“蓝天2020”行动，打击野生动物及其制品，烟草走私等联合专项行动。查办邮包走私毒品案件，查扣“氟硝西泮”精神药品520粒，“摇头丸”“K粉”共计3.77克；非设关地走私来自疫区的活牛案件等刑事案件4件，金额6000万元。完成永福县苏桥镇大埠村、兴安县界首镇大洞村“无走私村”创建。9月，桂林市肉菜流通追溯体系建设项目（一期）通过自治区考核评估，实现系统整体上线运行，实现肉菜流通领域市区主要节点的可追溯，保障肉类蔬菜质量安全和人民群众健康安全。11月13日，“诚实经营、守信服务”诚信兴商宣传月暨2020年桂林吃货节启动仪式在高新万达广场开幕。（陈艺欣）

【烟草专卖】 2020年，桂林市烟草专卖局（公司）办公地址在桂林市七星区骖鸾路36-1号，内设科室17个。年内，桂林市烟草专卖局（公司）完善政府主导，烟草、公安、市场监管等部门参与、齐抓共管的打假打私工作机制，市场监管和联合执法合力进一步提升，强化重大案件侦破力度，维护良好的卷烟市场秩序。全年累计销售卷烟18.83万箱(94.16亿支)，销售额59.8亿元；实现税金10.76亿元，上缴财政12.99亿元。累计查获非法卷烟3189万支，查获各类涉烟违法案件953件，涉案金额2332万元。其中，破获100万元以上案件6件，5万元以上案件48件；查获烟丝32.29吨；移送司法机关案件33件，行政拘留45人，逮捕24人，判刑47人，打假破网成效显著。（李秋荣）

2020年3月14日，桂林市召开2020年烟草市场清理整顿工作会暨2019年度卷烟打假打私总结表彰会。（麻安志摄）

电子商务

【概况】 2020年，桂林市持续推进国家电子商务示范基地、国家电子商务进农村综合示范县建设，农村电子商务发展成效明显，电子商务已成为助推脱贫攻坚和乡村振兴的新动能。全年全市电子商务网络零售额71.02亿元。其中，实物商品网络零售额36.03亿元，增长19.8%；非实物商品网络零售额34.99亿元。分区域交易规模来看，七星区、秀峰区、象山区位居桂林市网络零售额前三名，零售额占比分别为33.7%、11.1%、11%；分行业交易规模来看，拍卖行业在桂林市网络零售市场中占据首位，零售额占比为16.9%，在线餐饮、食品酒水行业紧随其后；从实物行业交易规模来看，食品酒水、家居家装、个护化妆排名前三名；从非实物行业交易规模来看，拍卖、在线餐饮、在线旅游排名前三名。

【农村电子商务】 2020年，荔浦市获批2020年度全国电子商务进农村综合示范项目，至此桂林市累计共有7个县（市）获批国家电子商务进农树综合示范项目，争取中央资金超1.4亿元，示范地区农村电子商务服务体系初步建成、成效初显。7个示范县（市）累计建成县级电子商务服务中心7个，乡（镇）级电子商务服务站69个，村级服务网点739个，农村电子商务培训3.6万人次，电商带动就业8613人。全市农村网络零售额22.46

亿元，在全市整体网络零售额占比为31.6%。其中，农产品实现网络零售额7.95亿元。直播成为农产品上行的重要途径，参与直播的农产品实现网络零售额9521.3万元，实现网络零售量515.6万件；农产品直播的商品数6373个，投放率7.4%。持续引进农村电商平台，阿里巴巴与7个县（市）签订合作协议，京东集团与5个县（市）签订合作协议，灵川镇、全州镇获评2019年淘宝镇。

【国家电子商务示范基地建设】 2020年，桂林电商谷作为国家电子商务示范基地，是面向电子商务及电子商务服务企业，集创业办公、研发、基础配套、公共服务平台于一体的综合性服务园区。基地总孵化面积10万平方米，包括研发办公楼、电商培训基地、仓储物流、企业服务中心、公共会议室、网络机房、员工餐厅等配套设施。

【电商新业态发展】 2020年，市商务局利用电子商务手段助力疫情防控和复工复产，在广西率先联合美团倡议全市商场、超市、餐饮企业转型线上经营，推出商场、超市线上商城提供“无接触配送服务”。对接京东助农项目，发挥京东·桂林馆等渠道优势开展沙糖橘网上直销，解决砂糖橘滞销问题。采取线上、线下双线融合，以电商品牌活动推进消费回补和电商扶贫，组织“三月三暖心生活节”线上系列活动，开展“市长带你云逛街”“县长来了”等直播活动，指导各县（市、区）利用电商平台发展直播经济；开展“云上购物嘉年华”，打造桂林东西巷、七星万达广场“数字商圈”，举办“数字商圈周末大集”“直播生活周”“云购嘉年华”主题板块活动；组织企业参与“助农节”等电商扶贫活动，促进桂林市农产品销售额上行。（陈艺欣）

物资流通

【概况】 2020年，桂林市社会消费品零售总额888.91亿元，下降8.1%。批发业实现销售额541.88亿元，下降4.0%；零售业实现销售额589.16亿元，下降2.2%。住宿业实现营业额22.97亿元，下降33.7%；餐饮业实现营业额71.33亿元，下降23.4%。外贸进出口72.14亿元，增长2.22%。邮政业务发展较快，邮政业业务量累计完成13.54亿元，增长23.63%；邮政业业务收入（不包括邮政储蓄银行直接营业收入）累计完成10.43亿元，增长14.95%。道路货运量、货运周转量分别完成0.97亿吨、116.7亿吨千米，分别增长1.8%、增长1.33%，公路货运已基本回暖。水路货运量、货运周转量分别完成23.5万吨、7528.4万吨千米，分别下降58.0%、增长6.0%。

【重要商品市场供求基本平衡】 2020年，桂林市加强储备力度，增强市场调控能力，全市粮食、食盐、农资等重要商品市场供求平衡、价格稳定，保障居民消费需求。加大盐品保障力度，购进盐品2.03万吨，完成年计划的101.55%；销售盐品1.92万吨，增加214.84吨，增长1.13%。年末盐品库存总数为8298.31吨。按各类型分，储备盐库存3433吨，经营盐库存4865.31吨；小包装食盐库存6358.58吨，大包装食用加工盐库存1687吨，工业盐库存250.73吨。完善粮食应急工作机制，制订粮油应急供应保障工作实施方案，确保疫情期间粮油市场供应和价格稳定，要求做好疫情时期粮食应急加工准备和市场供应。加大粮油市场和价格基础数据统计力度，确保疫情期间全市粮油市场供应和价格基本稳定。1月18日—3月18日，在全市12家定点大型超市、商场、农贸市场等网点分2轮投放市级储备冻猪肉61吨。

【多措并举促消费】 2020年，桂林市采取形式多样的促销活动，促使消费市场逐渐回暖。启动“2020桂林漓江购物节”，创新使用“云闪付消费券”，组织5.89万家企业参与“壮美广西·三月三暖心生活节”促销活动。开展“家电以旧换新”促消费活动，直接拉动全市2725万元家电销售。举办“五一全民购车节”、2020年全国“消费促进月”活动暨桂林汽车交易会、2020年桂林十·一房车节，实现乘用车销售1097辆，销售金额1.42亿元。组织主要商场超市开展“商超惠民进社区　商务创城在行动”暖心活动，举办“绚丽王城、点亮桂林”夜间经济启动仪式，活动当晚腾讯直播平台共计61.92万人观看，其他媒体平台共计阅读量超10万，活动现场人流量超过8万，刺激夜间经济复苏。出台《打造推广桂林城市礼品实施方案》，推动名特优产品“走出去”。推动传统零售经济转型升级，利用电子商务手段助力全市疫情防控和复工复产工作。组织主要商场超市推出线上商城，提供“无接触配送服务”。在广西率先联合美团点评集团倡议全市餐饮经营单位、网络食品第三方交易平台快速转型线上经营，在做好疫情防控同时，更好地满足市民购买生活必需品需要。组织农产品产销对接，发挥京东·桂林馆等渠道优势开展砂糖橘网上直销，指导永福县、资源县、灌阳县利用电商直播等方式促进扶贫产品的网络销售。

【电商促销成效明显】 2020年，桂林市网络零售额实现71.02亿元。其中，农村网络零售额为22.46亿元，占全市网络零售额比重为31.6%。全市累计完成水果特产寄递576.42万件，其中衣架累计完成119.49万件，砂糖橘96.58万件，柿饼及脆柿135.46万件，罗汉果38.31万件，桂林米粉26.73万件，芋头39.83万件。

（市发展和改革委）

集市贸易

【概况】 2020年，桂林市市场开发服务中心（简称市市场中心）办公地址在桂林市七星区自由路花桥街4号，内设科室4个。年内，市市场中心对所辖乐群、信义、芦笛、北门、保惠、东环等市场进行升级改造，包括公共厕所、无障碍卫生间、市场周边出入口、规整摊台等改造项目，以及市场下水道疏通及维修、钢架棚翻新加固、安装公益宣传栏等，共投入资金约246万元，结合实用与美观，提升市场形象，提供给居民一个干净、整洁、便利的农贸市场。

【维护市场稳定经营】 2020年,市市场中心落实新冠肺炎疫情防控政策,通过严管市场、严控人群、严防输入,确保市场秩序,维护市场稳定经营。先后制订印发疫情防控方案5个,所辖各市场每日严格执行值班制度,严格落实疫情零报告制度。落实疫情防控措施,所辖各农贸市场实行封闭式管理,出入口设置体温检测点;每日按防控标准对市场进行全面清扫、消杀,保持市场通风,及时清运垃圾,并设置废弃口罩专用回收桶,专人负责配合收运公司收运。加强后勤保障,多方联系渠道采购防疫物资,疫情期间,市场中心开展疫情防控工作的经费总计50余万元。为维护市场稳定,减免各市场经营户2月摊位租金,3月、4月租金各减免一半,减免租金169万元。

2020年2月1日,市国资委和市市场中心有关人员在东环市场检查。

(白般华摄)

【市场整治】 2020年,市市场中心解决各市场"脏乱差"等突出问题,明确各市场专职卫生保洁和管理人员岗位职责,坚持每日早、中、晚大清扫,及时清运市场内积存的生活垃圾和排水沟内的杂物,市场肉、禽、水产品等交易区严格实行每日冲洗、消毒制度。发动商户全员行动,实行"门前三包"彻底清理卫生,并保证摊位垃圾及时清扫清运、规范物品摆放秩序,保证市场通道宽敞通畅。加强多部门联合执法,清理假冒、伪劣、变质食品,确保食品安全与卫生,共同打击假冒伪劣、短斤少两、欺行霸市等违法行为。配合相关部门清理市场内流动商贩、乱张贴广告、乱停放车辆等行为,确保市场经营秩序,占道经营现象明显减少,市场环境大为改观。利用市场内LED大屏幕和广播宣传创建工作,投入资金32.5万元制作一批社会主义核心价值观、诚信经营、讲文明树新风等内容的公益广告牌、公示栏开展宣传活动。完成所辖集贸市场创城"建设"与"督查"双管齐下的目标,为群众提供整洁舒适的消费环境,让创城成果惠及更多市民。

【市场安全生产管理】 2020年,市市场中心坚持"安全第一、预防为主、综合治理"方针,开展安全生产大检查45次,共出动检查人员126人次,发现安全隐患93件。开展"安全生产月""119消防日"等专项宣传活动。全年投入资金50多万元,完成消防设施器材维护保养、电源线路的更换和改造、安全宣传教育及其他不安全因素的检查和维修,从根本上消除各市场的安全隐患。

(白般华)

供销合作商业

【概况】 2020年,桂林供销合作社(简称市供销社)办公地址在桂林市临桂区青莲路桂林投资发展大厦南楼,内设科室7个。年内,全市供销社系统实现销售总额191.09亿元,增长14.72%;购进总额164.32亿元,增长14.8%;农业生产资料销售额50.14亿元,增长13.28%;消费品零售额72.61亿元,增长16.4%;再生资源销售额2.07亿元,增长14.81%;农产品购进总额44.08亿元,增长17.13%;利润总额3374万元,增长18.97%。

【滞销农产品销售】 2020年,市供销社做好柑橘等滞销农产品销售工作,及时研究对策、建立长效机制、确定长期促销措施。组织精干力量分赴北京、上海、广州、大连、嘉兴等地开展产销对接,拓展柑橘销售渠道,推介销售滞销柑橘36万多吨,销售金额1.4亿元。组织开展"供销大集"扶贫促销活动5场,建设扶贫专柜(区)11个,实现农产品销售额0.6亿元。参加2020年粤桂扶贫协作消费扶贫对接活动暨第18届广西名特优农产品(广州)交易会,组织50多家企业600多种产品参展,共签约农产品购销和农业投资项目23个,总金额43.56亿元。依托"扶贫832平台"促进农产品线上销售。龙胜各族自治县、资源县供销社入驻平台供应商35家,上线农产品144款,实现交易额4082.98万元。

【物资稳价保供】 2020年,市供销社发挥供销系统网络流通优势,做好防疫情、保供应、稳物价、惠民生等工作,保障疫情防控期间的市场供应。投入居民防疫和生活物资稳价保供工作,推动系统经营服务网点复工复产,所属各类商超、门店和市场坚持不关门、不停业、不涨价、保供应;做好春耕备耕农资供应保障,做好农资采购和储备供应工作,全系统购进肥料24.97万吨,农药1.12万吨,农膜1514吨;销售肥料25.34万吨,农药1.28万吨,农膜1756吨。

【推进综合改革】 2020年,全市供销社系统推进基层组织建设,新建村供销社87家,创建标杆基层社4个,新增基层社社员9000多人。狠抓综合服务平台建设,改造升级薄弱基层社12个,新建农村综合服务社99个。发展农民专业合作组织,全年全市成立农民专业合作社160多家，新建市级“农合联”3个。开展农业社会化服务，新建庄稼医院22个，农业生产服务中心6个。基层社全年实现利润总额1310万元，增长90.41%。全市供销社系统全年实现电子商务销售额4289万元，增长18.42%。加大冷链物流建设，全市供销社系统乡村振兴产业发展地头冷库建设项目10个，投资总额1874.91万元，获得财政补助资金732万元，除灵川县项目因改址尚未完工外，其余9个项目全部竣工并投入使用。

【打造村级供销社平台】 2020年，市供销社探索村级供销社建设新路径，将村“两委”组织优势与供销合作社的经济优势结合，打造“党政关注、三农需要、供销社能为”的村级供销社平台。临桂区供销社为自治区供销联社举办的推进村供销社建设培训班提供现场观摩点；荔浦县供销社形成“以党建带社建、社村共建”的发展新思路，村级供销社组建工作取得初步成效；恭城瑶族自治县供销社采取“供销社+村‘两委’+专业合作社+经济能人”模式，结合项目建设、产业发展、资产改造需求，高质量推进村供销社建设，全年新建村供销社8个。

【社有企业转型发展】 2020年，市供销社盘活资产，推进社有企业转型升级。全市供销社系统共启动实施项目37个，其中新建项目24个，改扩建13个，投资300万元以上项目12个。投资1.2个亿元的资源县供销社大塘湾项目开工。灵川县供销社与自治区供销社达成股权投资协议，打造产权清晰、机制灵活、功能健全、动作规范，与农民经济利益紧密连接的新型基层供销社。至年末，有县（区、市）以上社有企业59家，实现营业收入6.37亿元，利润总额1555万元。

（谭祥树）

粮油商业

【概况】 2020年，桂林市粮食企业粮食总购进176.87万吨（贸易粮，下同），总销售66.85万吨。其中，国有粮食企业总购进21.04万吨，总销售16.35万吨。实现主营业务销售收入6.48亿元，增加1434万元，增长2.26%；利润总额421万元，减少499万元。其中，市直国有粮食企业实现销售收入5355万元，减少8240万元；实现利润573万元，减少431万元。全市粮油饲料产品主营业务收入50.7亿元，增长7.12%；实现利税3.73亿元，增长2.47%。其中，大米加工业销售收入12.44亿元，下降5.39%；饲料加工业销售收入23.12亿元，增长23.86%；小麦粉加工销售收入1.77亿元，与上年持平。

【稻谷目标价格补贴与储备粮订单收购】 2020年，自治区下达桂林市稻谷补贴与储备粮订单收购计划中，其中早籼稻40%、优质稻60%。全州、兴安、灌阳、永福、临桂等5个县（区）纳入粮食直补范围。

【粮食仓储设施建设】 2020年，桂林市各级粮食行政主管部门按照多渠道投入、分级负担原则，多方筹措资金，加大粮食仓储设施建设力度，共安排仓储设施建设项目3个，建设、维修资金310万元。至年末，完成资金支付291万元。全市粮库智能化升级改造库点13个，实现互联互通。

【“优质粮食工程”建设】 2020年，全州县列为自治区“优质粮食工程”建设子项目“中国好粮油”行动计划示范县，获中央专项建设补助资金3657万元，至年末，实际拨付到位资金3292.27万元。桂林力源粮油食品集团有限公司列为自治区“优质粮食工程”建设子项目“中国好粮油”行动计划示范企业，获中央专项建设补助资金400万元。桂林力源粮油食品集团有限公司、桂林永福福寿米业有限公司等8家企业生产的15个品牌香米，进入2020年度“广西好粮油”产品名录。桂林力源粮油食品集团有限公司、永福福寿米业有限公司等5家粮食企业，先后获广西“中国好粮油”行动计划优粮优产、优粮优销、优粮优储、优粮优加以奖代补资金共计280万元。全市有“优质粮食工程”子项目粮食产后服务体系建设任务的龙胜、资源、恭城、临桂4个县（区），共安排中央补助资金350万元，至年末，实际完成资金支付343.68万元，其中恭城瑶族自治县83.68万元、龙胜各族自治县90万元、资源县90万元、临桂区80万元。全市粮食产后服务体系得到完善和巩固，全市共建成粮食产后服务中心23个，有效提高了粮食代加工、代清理、代烘干、代储存、代销售能力。

【粮食宏观调控】 2020年，桂林市粮食和物资储备局围绕确保粮食安全的主题，完善粮食应急工作机制，制订粮油应急供应保障工作实施方案。为做好新冠肺炎疫情时期粮食应急加工准备和市场供应工作，向市本级2家地方储备粮食承储企业、7家粮食应急加工企业、34家粮食应急供应网点下达指令，加大粮油市场和价格基础数据统计力度，抓好节日期间粮油市场供应，确保粮油市场供应和价格基本稳定。抓好猪肉储备工作，严格按指令组织冻猪肉出库，全年落实市级冻猪肉储备1036吨，生猪活体储备2.09万头。1月18日—3月18日，在全市12家定点大型超市、商场、农贸市场等网点分两轮投放市级储备冻猪肉61吨。年内，桂林市第三粮库成为市级应急救灾物资承储单位，已建立完善储备管理制度和工作台账，对储备物资实行专仓管理，专库存储。完成市级财政应急救灾物资采购任务，共1860件（套），价值33.73万元；在疫情防控期间和部分县（市、区）发生洪涝灾害时下拨应急救灾物资5006件（套）。

【粮食产业化发展】 2020年，市粮食和物资储备局引导粮食企业发展订单农业，走优质稻产业化经营之路，粮食产业化发展成绩喜人。其中，力源粮油食品有限公司发展迅速，成为国家级农业产业化龙头企业，2020年产值近200亿元，73家分子公司，遍布广西、广东、海南、湖南、江西、云南、四川、河南、贵州等地，是中国民营企业500强、中国制造业企业500强、中国农业企业500强；桂林绿苑米业有限公司，桂林金土地粮油食品有限公司，桂林永福福寿米业有限公司成为自治区级农业产业化龙头企业。

（张咸忠）

对外贸易

【概况】 2020年，桂林市外贸进出口总额72.14亿元，增长2.22%。其中，出口64.71亿元，增长3.87%；进口7.44亿元，下降10.18%；贸易顺差57.27亿元，扩大6%。加工贸易进出口总额11.3亿元，增长15.89%。技术进出口总额119.03万美元，增长15.3%。

【进出口产品结构情况】 2020年，桂林市进口产品中，数控机床、计算机集成电路、计量检测自动分析仪器等机电产品约占36%；其他进口货值超过1000万元的有大米、有机化学品、棉花、天然橡胶、锰矿砂和医药品。进口产品中，大米、有机化学品、医药品、木及其制品、纺织纱线、织物及其制品等大宗商品进口增长较快，分别增长20%、178%、216%、200%、64%和85%。出口产品中，防疫用品、生物医药和电线电缆等优势产品出口增势明显，出口分别为4.2亿元、19亿元、9.7亿元，增长分别为5%、47%和17%。

【出口产品市场】 2020年，桂林市出口市场涉及166个国家、地区和国际组织，产品出口市场广布全球，主要的贸易市场是亚洲、欧洲、北美洲和大洋洲，对上述贸易市场分别进出口20.54亿元、16.03亿元、13.6亿元、10.99亿元，分别占进出口总值的28%、22%、19%、15%，增速对亚洲、欧洲略有下降，对北美洲和大洋洲呈增长态势。在亚洲，印度、越南总值分别为3.96亿元、2.03亿元，分别增长16.5%、107.4%，分别占进出口总值的5.5%、2.8%；对日本进出口3.79亿元，下降17.87%，占进出口总值的5.3%。在欧洲，对德国、法国、意大利进出口最好，总值分别3.55亿元、1.3亿元、1.18亿元，分别增长12.6%、21%、1.4%，分别占进出口总值的5%、1.8%、1.6%。在北美洲、大洋洲的主要贸易伙伴是美国和澳大利亚，进出口分别为13.1亿元、10.5亿元，分别增长3%、4.8%，分别占进出口总值的18.16%、14.6%。此外，桂林市对东盟进出口6.79亿元，下降2.77%，占进出口总值9.4%；对“一带一路”沿线国家进出口15.35亿元，下降3%，占进出口总值的23%。

【外贸转型升级基地建设】 2020年，桂林市共有4个国家级外贸转型升级基地。其中，桂林市国家外贸转型升级基地（生物医药）企业总产值47.58亿元，基地企业进出口总额4842万美元；广西壮族自治区荔浦市国家外贸转型升级基地（衣架）总产值6.5亿元，基地企业进出口总额6134.9万美元；桂林国家高新技术开发区国家外贸转型升级基地（电子产品）企业总产值27.58亿元，基地企业进出口总额9535万美元；广西壮族自治区桂林经济技术开发区国家外贸转型升级基地（橡胶产业）基地企业总产值42亿元，基地企业进出口总额6884万美元。

【外贸竞争优势不断增强】 2020年，桂林市举办首届“外贸优品汇　扮靓步行街”广西出口产品转内销活动（桂林）；市橡胶工业成功升级为橡胶产业国家外贸转型升级基地；荔浦综合保税物流中心（B型）获自治区人民政府同意申报设立，年内已上报海关总署；8家企业获得“广西重点培育和发展的外贸品牌”称号，数量居自治区第一。

【利用外资】 2020年，桂林市外商直接投资项目52个，增长36.8%；累计合同外资额60857万美元，增长468.86%。实际利用外资额5605万美元，增长10.6%。外商直接投资项目按行业分，租赁和商务服务业项目14个，批发和零售业项目11个，制造业项目9个，科学研究和技术服务业项目8个，房地产业项目3个，建筑业项目2个，住宿和餐饮业项目2个，信息传输、软件和信息技术服务业项目1个，文化、体育和娱乐业项目1个，卫生和社会工作项目1个。

【对外和中国香港投资】 2020年，桂林市共4家企业完成“走出去”备案手续，中方协议投资额81万美元，下降99.5%；实际投资额7025.5万美元，增长270%。主要投资企业分别是桂林三棱生物科技有限公司在美国投资的纳缇克股份有限公司，桂林力港网络科技股份有限公司在中国香港投资的掌中互娱有限公司，桂林鸿程矿山机械设备制造有限责任公司在中国香港投资的香港鸿程机械科技有限公司，桂林桂广滑石开发有限公司在中国香港投资的香港桂林矿业有限责任公司。

【CEPA先行先试】 2020年，在“CEPA绿色通道”窗口中，共有24个项目落地桂林，合同外资额5.32亿美元。其中，桂林溢达纺织有限公司被列为广西CEPA示范基地，全年争取170万元资金用于CEPA基地建设，CEPA先行先试示范项目主要包括十如园区、十如对话平台等。

（陈艺欣）

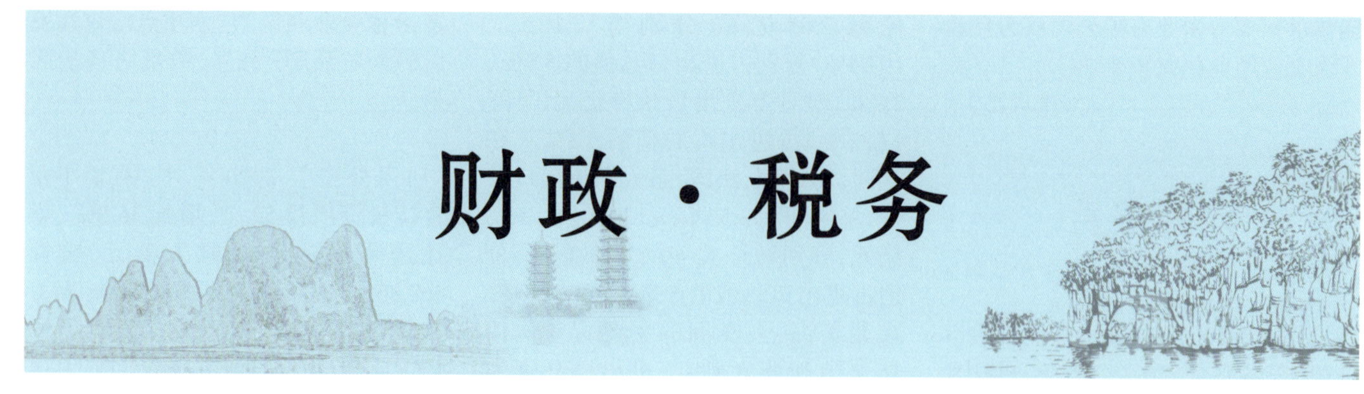

财政·税务

财　　政

【概况】 2020年，桂林市财政局办公地址在桂林市临桂区公园北路8号金融大厦。内设机构22个，下设参照公务员法管理事业单位6个、全额拨款事业单位3个。全年全市组织财政收入207.87亿元，(比上年，下同)下降19.68%。财政总收入550.39亿元，增加0.3亿元，增长0.05%。其中，一般公共预算收入111.49亿元，下降27.03%；转移性收入438.90亿元，增加41.6亿元，增长10.47%；转移性收入中债券转贷收入44.33亿元。财政总支出550.39亿元，增长2.43%。其中，一般公共预算支出472.11亿元，下降4.76%；转移性支出78.28亿元，增长89.0%。收入和支出相抵，年终滚存结余19.93亿元，扣除结转下年继续使用的专款19.93亿元，无净结余。

【落实新冠肺炎疫情防控财政保障】 2020年，桂林市出台《关于桂林市积极应对新冠肺炎疫情影响切实加强预算管理促进财政平稳运行工作方案》，弥补全市财力缺口，统筹盘活资金超30亿元，保障了疫情防控，促进经济社会稳定发展。年内，全市共筹措疫情防控资金3亿元，全面保障患者救治、医疗物资供应、一线人员补助等资金需求。拨付工业企业财政补贴资金1.33亿元，支持桂林南药股份有限公司、桂林三金药业股份有限公司等一批疫情防控物资和生活必需品生产企业复工复产。筹措应急物资保障体系建设和疫情防控物资保障重点企业补助资金1.6亿元，帮助防疫物资生产体系快速恢复。安排交通补贴资金1.01亿元，为复工复产后社会公众提供正常公共交通运输服务。落实全国和自治区疫情防控重点保障企业贷款贴息、自治区“复工贷”各级财政贴息、市本级应对新冠肺炎疫情加大融资支持财政贴息资金共计0.8亿元，惠及企业及个体工商户1943家(户)。分配下达中央直达资金51.80亿元，并向重点困难县(市、区)倾斜，提升基层财政保障能力，确保中央直达资金惠企利民。

【推进“三大攻坚战”财政保障】 2020年，桂林市财政局优化财政资源配置，推进“三大攻坚战”(精准脱贫、防范化解重大风险、污染防治)财政保障。年内，桂林市财政共筹集扶贫专项资金24.63亿元，统筹整合各项

表17　　2020年桂林市财政收支执行情况表

单位：万元

项目	全市	市本级	县(市、区)
财政总收入	5503894	1101077	4402817
一般公共预算收入	1114907	334981	779926
税收收入	694105	183924	510181
非税收入	420802	151057	269745
转移性收入	4388987	766096	3622891
上级补助收入	3329314	294508	3034806
下级上解收入	0	0	0
上年结余收入	127512	4979	122533
调入资金	386102	142009	244093
地方政府一般债务转贷收入	447380	324600	122780
接受其他地区援助收入	0	0	0
动用预算稳定调节基金	98679	0	98679
财政总支出	5503894	1101077	4402817
一般公共预算支出	4721108	845274	3875834
转移性支出	782786	255803	526983
上解上级支出	64104	-62471	126575
补助下级支出	0	0	0
调出资金	0	0	0
债务转贷支出	0	0	0
地方政府一般债务还本支出	425389	304806	120583
援助其他地区支出	0	0	0
安排预算稳定调节基金	94039	0	94039
补充预算周转金	-20	0	-20
年终结余	199274	13468	185806

财政涉农资金4.25亿元，为打赢脱贫攻坚收官之战提供财力保障。严守政府债务风险底线，依法依规举借债务，至年末，全市政府债务余额533.32亿元，控制在政府债务限额以内；争取新增政府债券额度，新增政府债券71.62亿元，主要用于文化旅游、教育、公立医院、产业园区等领域，全市新增政府债券支出进度100%；加强政府法定债务管理，全年筹集资金偿还到期政府债券本金51.06亿元，其中争取再融资债券偿还到期政府债券本金50.99亿元，并安排预算资金偿还利息17.48亿元，落实政府隐性债务化解计划，按时完成化解任务。支持打好蓝天、碧水、净土保卫战，共筹措生态环境保护治理资金16.53亿元，重点投入到漓江流域生态保护、城市管网与污水处理等领域，实现漓江干流水质达标率、城市污水处理率均达到100%的考核目标，漓江流域水环境质量持续改善。

【加大民生保障力度】 2020年，桂林市财政局加强财政收支管理，强化综合治税，提高预算执行的及时性、均衡性和有效性，兜住基层“三保”（保基本民生、保工资、保运转）底线，全年共下达县（市、区）转移支付资金13.65亿元。关注县级库款运行情况，强化资金精细化调度，累计调度县（市、区）资金84.37亿元，增长28.5%，保障基层库款需求。加大保障性安居工程建设投入，全市共安排资金13.21亿元，新开工棚户区改造住房7298套，基本建成棚户区改造住房4000套，新开工建设公租房3108套，开工改造老旧小区住房5.03万套。支持教育、科技、文化、旅游事业发展，共安排教育资金75.87亿元、安排科技资金2.76亿元、安排文化旅游体育与传媒资金8.89亿元。落实社会保障和就业政策，安排资金21.48亿元，保障全市机关事业单位退休人员基本养老金按时足额发放；安排资金10.51亿元，保障全市城乡居民基本养老保险参保人员缴费补贴和基础养老金发放；安排资金9.68亿元，保障城乡低保对象和特困人员基本生活、临时救助、流浪乞讨人员救助、孤儿基本生活费补贴及残疾人“两项补贴”（贫困残疾人生活补贴和重度残疾人护理补贴）等项目的实施；安排资金2.13亿元，落实“大众创业、万众创新”政策，助推桂林市就业创业工作；安排资金0.32亿元，提高环卫工人待遇水平；安排资金0.62亿元，保障实行计划生育人员退休后待遇发放；安排资金0.40亿元，支持高层次人才的引进和培养以及深化人才发展体制机制改革。推进医疗卫生事业发展，安排资金23.26亿元，保障全市城乡居民基本医疗参保人员的医疗待遇；安排资金9.76亿元，推进重点疾病预防控制、卫生监督、妇幼保健、基本和重大公共卫生服务等公共卫生项目发展，同时安排0.89亿元用于新冠肺炎疫情防控工作；安排资金4.32亿元，推进公立医院综合改革、分级诊疗等项目的开展。统筹安排桂林市创建全国文明城专项资金1.61亿元，全面保障城市改造提升9大攻坚行动的顺利推进。推动新冠肺炎疫情常态化防控下的复工复产复市财政补贴。核销“壮美广西·三月三暖心生活节”“广西‘33消费节’（第二季）——冬季新消费系列活动”等活动消费券4446.84万元。安排2087.21万元，用于2019年市本级储备粮保管费用、贷款利息、轮换费用及轮换价差亏损补贴；安排637.21万元，用于2020年市本级粮食风险基金规模缺口（含新增储备粮食规模补贴）。拨付生猪存储、投放企业补助资金72.86万元，市级冻猪肉储备量提高至616吨，确保重要民生商品市场价格平稳。

【加大“三农”财政投入】 2020年，桂林市安排农业生产资金14.02亿元，重点投入现代特色农业示范区建设，推进农村一、二、三产业融合。推进“绿满八桂”造林绿化工程建设，安排林业生态建设资金9.98亿元，支持“生态桂林”建设。安排水利建设资金12.3亿元，重点支持长塘水库建设、桂林市防洪及漓江补水枢纽工程建设等大型水利工程。推动城乡公共服务一体化进程，加快社会主义新农村建设步伐，全市共完成农村公益事业项目2067个，总投资2.71亿元；完成农村公益事业维修项目200个，支付农村公共服务运行维护建设资金1000万元。开展扶持非贫困县村级集体经济试点工作，安排资金7950万元，实施项目159个。安排“美丽乡村”建设资金3000万元，用于乡村风貌的整体提升。激励各县（市、区）开展农村“厕所革命”整村推进、村容村貌整治提升等农村人居环境整治工作，落实农村人居环境示范县奖励资金1010万元。安排乡村振兴、幸福乡村建设资金2020万元，引导各县（市、区）加快生态宜居乡村示范村建设。

【支持工业发展】 2020年，桂林市财政安排工业振兴资金5.21亿元，扶持工业发展。其中，安排工业发展专项资金2.37亿元，重点投入到培育强优企业、工业招大引强、园区加快集聚、技术改造与创新、企业扩大投融资、工业要素保障等关键领域，加快桂林移动智能终端（手机）产业、生态食品等八大产业集群发展；安排园区发展资金1.6亿元，推动各工业园区集中优势力量发展园区经济，形成桂林国家高新技术产业开发区、桂林经济技术开发区和粤桂黔高铁经济带合作试验区（桂林）广西园“三大园区”齐头并进新格局；安排支持科技创新资金0.7亿元、支持人才发展资金0.4亿元和招商引资资金0.14亿元，全方位助力工业产业培育新发展动能。年内，桂林市抓住中央增加发行专项债券规模的时机，新增市本级政府专项债券4亿元支持全市重点产业、重大项目建设，其中支持桂林深科技智能制造产业园建设项目2亿元，华为信息生态产业合作区建设项目1.2亿元，桂林经济技术开发区罗汉果产业园基础设施及配套设施建设项目0.8亿元。

【促进金融发展】 2020年，桂林市继续落实普惠金融政策，全年筹措普惠金融发展专项资金558.67万元，增长4.3%。年内，桂林市财政局引导地方各级政府、金融机构以及社会资金支持普惠金融发展，支持金融机构加大县域涉农贷款投放力度，引导金融资源流向金融服务薄弱的贫困地区，支持国家创业担保贷款发展。推进政策性农业保险发展，全年全市投保险种增加至14个，各险种保费金额共2.23亿元，保险金额235.47亿元，实现保险赔付金额1.52亿元。利用外资支持经济社会发展，全年利用外资2.59亿元，增长2.78%，主要用于环境综合治理项目、自治区级扶贫示范项目等的实施。支持地方金融机构发展，推进国家级资金与桂林市本土金融企业的首次战略合作，助力桂林市小微融资担保公司获国家融资担保基金首批股权投资5000万元。加大中小微企业融资支持，用好工业企业专项转贷资金，为中小企业提供应急转贷资金0.24亿元；为市小微企业和“三农”新增发放担保贷款15.08亿元，担保手续费率降至1%，在保余额17.47亿元；借助“互联网+担保金融服务”模式，为企业融资提供便利，通过“政采担”新增担保贷款0.42亿元。

【重大项目财政资金保障】 2020年，桂林市财政多渠道筹措资金，保障重大项目建设和专项工作开展。年内，市本级筹措17.81亿元用于保障桂林市文化旅游中心漓江歌剧院、桂林中医医院城北院区等项目建设。安排426万元作为新型城镇化建设工作经费和奖励资金。安排567.15万元作为农村危房改造市本级配套资金。安排136万元用于桂林市城市规划多源、异构数据整合。安排830万元作为桂林市国土空间总体规划编制费。安排3079.81万元作为危岩体治理项目经费。安排410万元用于桂林市第三次土地调查。安排634.5万元作为市不动产登记中心全功能服务大厅设备购置经费。

【加强国有资产管理】 2020年，桂林市继续落实国有资产出租出借和对外投资的管理规定，维护国有资产安全和完整，防止国有资产流失，促进国有资产保值增值。全年全市门面（场地）出租、出借收入5968.58万元。全年处置资产2.56万项，账面价值2.04亿元。市本级行政事业单位资产处置收入4399.54万元。推进市直行政事业单位老城区土地、房屋资产处置工作。组织老城区土地收储22.37公顷，其中桂林师范高等专科学校（含甲山、信义校区）地块拍卖成交，成交价19.83亿元。组织老城区房屋拍卖38宗，成交12宗，没收违法所得房产公开拍卖成交19套，成交价1.53亿元。

【强化财政预算管理】 2020年，桂林市加大压减财政一般性支出力度，投入到更多的惠民工程建设，市财政局先后3次组织压减市本级部门预算一般性项目支出，收回和压减资金5.04亿元，压减率25.34%。落实政府采购政策，全年共完成政府采购预算98.38亿元，实际采购资金93.72亿元，节约资金4.66亿元，资金节约率4.74%。执行预算绩效管理，全年共审核市本级部门预算项目269个，实现市本级一级预算部门全覆盖；涉及预算金额41.2亿元，绩效评价总额39亿元，第三方独立评价总额10.1亿元。对科技、工业等行业领域近4亿元财政资金开展中长期绩效跟踪监控。

【增加非税收入渠道】 2020年，桂林市全口径非税收入完成188.89亿元，下降13.2%。其中，市本级完成75.92亿元，县（市、区）级完成112.97亿元。全市纳入公共财政预算管理的非税收入占财政收入比重37.7%。年内，桂林市盘活存量资源资产，深挖土地出让收入潜力，实现土地出让入库收入46亿元，市本级土地出让收入再创新高。

【会计管理】 2020年，桂林市财政局组织完成全国会计专业技术资格考试，报名人数2万人，其中初级专业技术资格报名人数1.58万人，中级专业技术资格报名人数0.41万人，高级专业技术资格报名人数93人。参加初、中级资格考试合格人数创历史新高。注册会计师专业阶段考试报名人数0.29万人。

【综合财政运行】 2020年，桂林市推动新冠肺炎疫情常态化防控下复工复产复市，加快经济复苏，落实积极的减税降费政策，全年全市新增减税降费42.01亿元，其中新增减税15.01亿元，新增降费27亿元。持续提升公共服务质量，办理市本级政府购买服务项目386个，增长2.9%；项目资金总额4.48亿元，增长5.5%。强化投资评审管理，市本级共完成投资项目评审1022个，送审金额138.68亿元，审定金额113.62亿元，审减不合理资金25.06亿元，综合审减率18.07%。加强财政监督，全年共检查单位221个，查出财政违法、违规、违纪金额7.04亿元，追缴（扣拨）财政违规资金90.02万元，查补财政收入1.99亿元。

【财税体制改革】 2020年，桂林市推进经济发达乡（镇）财政管理体制改革，建立“一级政府、一级财政”的保障体制，为提高乡（镇）财政自给能力起到示范先行。9月6日，桂林市首个乡（镇）财政局——兴安县溶江镇财政局挂牌成立。推进工业园区独立财税核算体制的建立，桂林经济技术开发区管委会、高铁（桂林）广西园管委会被纳入市本级部门预算，作为市属一级预算单位管理。组织完成资源税地方性法规立法工作，确保《中华

2020年9月6日，桂林市首个乡（镇）财政局——兴安县溶江镇财政局挂牌成立。
（欧阳芳慧摄）

人民共和国资源税法》的顺利实施。做好增值税自治区与市、县两级收入分享比例的调整，研究制定增值税收入分享比例市与县的划分方案。继续实施工资批量支付、公务卡、三方对账等业务电子化改革，所辖17个县(市、区)实现所有代理银行和预算单位国库集中支付电子化改革全覆盖。财政电子票据和非税收入收缴电子化改革顺利完成，电子票据在非税收入收缴、社会团体、医疗机构等行业领域逐步推行，非税收入票据收缴一体化管理系统改造在全自治区率先完成并启用。（柏鑫）

税务

【概况】 2020年，国家税务总局桂林市税务局(简称市税务局)位于桂林市七星区穿山东路40号，内设机构20个，下设事业单位3个，派出机构6个。年内，市税务局统筹做好新冠肺炎疫情防控和经济社会发展税收服务保障，完成个人所得税首次年度汇算清缴、企业社保费征管职责划转等重点任务。推进“党旗引领、税徽闪亮”党建品牌创建，实现以党建促税收工作目标。年内，永福县税务局获第六届“全国文明单位”称号，象山区税务局第一税务分局获“全国税务系统先进集体”称号。

【税收收入企稳回升】 2020年，桂林市税务系统共组织税务总局口径收入173.65亿元，下降8.3%；组织自治区人民政府口径收入169.11亿元，下降8.4%；组织桂林市人民政府口径收入170.28亿元，下降8.4%。年初，受新冠肺炎疫情影响，全市税收增幅开局走低。第一季度末，税收降幅达到最低点，下降22.8%，随后逐月收窄。6月份，单月税收增长由负转正。12月份，税收降幅收窄至个位数。年内，各税种普遍减收，15个税种中有9个出现减收，契税、个税实现增收。工业税收企稳回升。从7月份开始，工业税收连续5个月实现增长，增幅均在9.7%以上。全年全市工业税收完成42.33亿元，下降7.4%。重要行业税收有增有减。桂林市重要税源行业——酒制造业和医药制造业，分别入库税收5.32亿元、4.81亿元，分别下降13.8%、19.9%；增收最多的行业为非金属矿物制品业，入库税收7.34亿元，增长11.3%。汽车制造业税收增长较快，入库1.28亿元，增长44%。金融业税收完成23.44亿元，增长10.4%，保持平稳增长态势。重点金融业企业——国海证券股份有限公司贡献突出，税收入库2.88亿元，增长64.2%，占全市金融业税收增收总额的50.9%。货币金融服务业受新冠肺炎疫情影响较小，全年全市各项存款总额增长10.9%，各项贷款总额增长15%，均保持较快增长。房地产业明显降温，完成税收入库42.61亿元，下降7%，税收五年来首次下滑，减收额排前20位的企业中，房地产企业占据13家。旅游业遭遇新冠肺炎疫情重创，影响持续时间长，恢复速度缓慢，与旅游产业联系紧密的交通运输业、住宿餐饮业和文化体育娱乐业税收分别下降50.3%、49.7%和44.5%。

【非税收入有序征管】 2020年，桂林市税务局有序组织开展城市园林绿化补偿费、城市绿化用地面积补偿费征收工作，并在广西各设区市中率先完成全市范围代征协议签订工作。推进水土保持补偿费、防空地下室异地建设费、排污权出让收入、地方水库移民扶持基金4项税费划转准备工作。至年末，全市税务部门共征收各项非税收入6.58亿元，下降4.21%。其中，征收教育费附加2.60亿元，下降4.08%；征收地方教育费附加1.65亿元，下降4.7%；征收残疾人就业保障金0.91亿元，下降31.81%。

表18　　2020年桂林市税收收入情况表

项目	2020年金额(万元)	2019年金额(万元)	增减额(万元)	增减幅(%)
税收收入合计	1736542	1895473	-158931	-8.38
国内增值税	756763	856499	-99736	-11.64
国内消费税	81621	93837	-12216	-13.02
企业所得税	354680	383283	-28603	-7.46
个人所得税	126502	117901	8601	7.30
资源税	8885	7593	1292	17.02
城镇土地使用税	16927	24624	-7697	-31.26
城市维护建设税	52152	54456	-2304	-4.23
印花税	16849	14339	2510	17.50
土地增值税	69188	89101	-19913	-22.35
房产税	44032	61628	-17596	-28.55
车船税	22534	20839	1695	8.13
车辆购置税	70500	73968	-3468	-4.69
烟叶税	0	0	0	
耕地占用税	8964	24112	-15148	-62.82
契税	103997	66664	37333	56.00
环境保护税	1724	1519	205	13.50
海关代征	984	2828	-1844	-65.21
非税收入	65816	68707	-2891	-4.21
教育费附加	25996	27101	-1105	-4.08
地方教育费附加	16454	17266	-812	-4.70
文化事业建设费	38	567	-529	-93.30
税务部门罚没收入	143	385	-242	-62.86
残疾人就业保障金收入	9136	13398	-4262	-31.81
其他非税收入	14049	9990	4059	40.63

【社保费征收平稳承接】 2020年11月1日，桂林市开始落实国家税务总局新政策，社会保险（简称社保）费由税务部门统一征收。年内，桂林市税务部门建立健全税务与人力资源和社会保障、医保、财政、人民银行等部门的协调联动机制，推行“分片包干、网格管理、责任到人”的工作模式，以村（屯）、社区为单位划分征缴服务网格。推进社保缴费“进社区”“村村通”“银税通”等工程；推广微信、支付宝城市服务、移动智能POS终端、广西税务APP、银行协议划扣等缴费方式，其中采用网上缴费、非接触式缴费方式人数超过97%。至年末，桂林市税务部门承接起2.4万家企业、22.13万名灵活就业人员的社保费征收任务，共征收各项社保费83.06亿元，其中征收企业职工基本医疗保险18.27亿元、基本医疗保险22.94亿元、失业保险1.08亿元，征收机关事业单位职工基本养老保险25.10亿元，征收城乡居民基本医疗保险12.01亿元、基本养老保险2.56亿元。完成上级下达给桂林市的城乡居民基本医疗保险和养老保险年度预算征收任务。

【新冠肺炎疫情防控税务保障】 2020年，市税务局落实减税降费政策及便民办税春风行动等各项举措，支持新冠肺炎疫情防控下的税收保障。全年全市税收收入新增减税降费15.10亿元。推行“非接触式”办税缴费，257项涉税事项实现全程网上办理，桂林市网上办税率超过自治区平均水平。加大税务数据服务水平，为政府部门提供税收数据50余万条，应用“全国纳税人供应链查询系统”帮助湖北、桂林的9家企业对接产销，促成交易2000余万元。利用税收大数据系统，撰写税收经济分析报告48篇，助力企业复工复产和经济社会恢复。

【强化税种专业管理】 2020年，市税务局组织开展个人所得税年次年度汇算清缴工作。全市22.80万人共申报补税2680万元、退税5960万元，实施个人所得税综合税制减免税额1.62亿元，其中享受个人所得税专项附加扣除13.38万人，个人所得税专项附加扣除减税1.15亿元，汇算清缴工作主要指标超过自治区平均水平。推进企业所得税由核定征收向查账征收转变，全年全市企业所得税核定征收1724户，核定征收面2.64%，下降1.19个百分点。开展施工扬尘环境保护税征收，共采集纳税人信息206户、施工项目信息958个，入库税款226.38万元。创新印花税管理，开发应用一般纳税人购销合同未足额缴纳印花税模型，促进印花税增收1432万元，该管理经验在全自治区税务系统获得推广。提升国际税收服务水平，逐一对全市23家“走出去”企业进行宣传辅导。开展企业关联申报和跨境利润监控，监控关联交易额240.5亿元（其中境外关联交易额75.95亿元），为10家次非居民企业落实税收协定待遇。加强股权转让等非居民企业税收管理，指导兴安县税务局对某外资企业境外控股母公司间接转让该企业15%股权的跟踪监控，实现入库税款1449.34万元。

【推进依法治税】 2020年，市税务局创新税务内部审计手段，开发出内控示警工作平台插件，实现对新增非正常户发票结存管理等6类征管执法风险的事前识别、提醒和阻断的功能。联合市中级人民法院出台《关于破产程序中处理涉税问题的若干意见》，妥善处理并化解税收债权难题，优化企业退出流程，推动6件企业破产案件的有序处理，涉税金额1000余万元。优化税务执法方式，推进“三项制度”（行政执法公示制度、执法全过程记录制度、重大执法决定法制审核制度）实施，全年共公示执法人员1673人，公示准予行政许可结果8660个、行政处罚结果294个、“双随机”（随机抽取检查对象，随机选派执法检查人员）抽查结果2个；对224次行政执法全过程进行音像记录；对154件重大执法决定进行法制审核。加强执法督查和内控建设，共开展税收执法督查项目6个，发现违规税款1330.57万元，补收税款219.74万元，退抵税款967万元；通过内控平台扫描执法过错589条，自我纠错318条，执法过错13条。

【税收管理提质增效】 2020年，市税务局围绕税收征管质量5C监控评价体系，进一步优化工作制度3部、制定工作指引6部，对6.7万户单位纳税人、4.6万户个体工商户征管基础数据进行清理。至年末，桂林市税收征管质量5C监控评价排名跃升至全自治区第二位。加强税收风险管控，与自然资源、住建、公安等税收保障部门交换涉税数据40多万条，对市内24家房地产企业开展税收风险专项分析，全年共取得各类风险应对成效8730万元；全市共受理个人所得税汇算清缴异议申诉6950条，查补税款198万元，成为全自治区税务系统唯一有大额税款查补入库的设区市；加强增值税风险防控和整体应对工作，全年全市收到广西壮族自治区税务局推送增值税发票风险应对任务29个，未发生区域性、系统性、行业性风险。强化税务稽查协同共治，全年税务稽查立案135件、查补税款1.18亿元。联合公安机关打掉虚开骗税团伙3个、抓捕13人，成功破获1起跨9省（自治区）的特大团伙虚开增值税发票案件，案值2.65亿元。

【提升纳税服务质量】 2020年，市税务局采取多种渠道，优化营商环境，为纳税企业提供优质税务服务。年内，市税务局联合市场监管部门将企业开办平均耗时压缩至28分钟。推行无纸化退税系统，将出口退税平均耗时压缩至2.5个工作日。优化程序，实现将企业负担医保费率从8.5%降低至6.9%，将全市“即办注销”比率提升至93.78%。象山区税务局试点推行手机代开发票免审服务，开票服务更加便捷。开展买车缴税一站办试点，在灵川县部分汽车4S销售店投放车购税智能POS机。帮助困难企业纾困解难，为企业办理延期缴纳税款2.1亿元，受益企业达275户次；为6909户个体户调低核定经营额，为769家企业修复纳税信用，帮助3841家企业获得纳税信用贷款51.22亿元，为275家出口企业办理出口退（免）税8.2亿元。年末，桂林市税务服务满意评价率居全自治区第一位。

（周圣果　唐嘉宁）

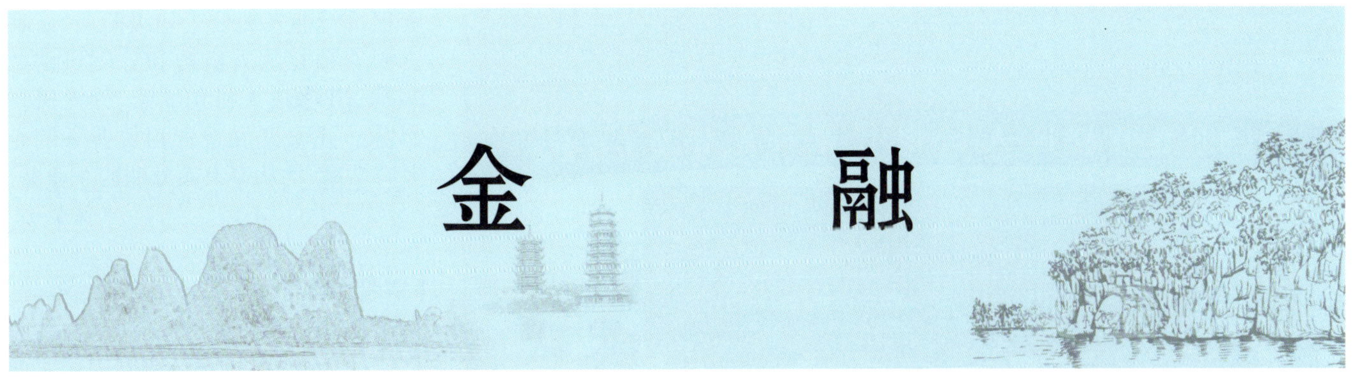

金　融

综　述

【概况】2020年,桂林市金融业以供给侧结构性改革为主线,做好"六稳"工作,落实"六保"任务,坚持总量适度、合理增长,防范化解重大金融风险,加快深化金融改革开放,促进桂林市经济社会高质量发展。至年末,桂林市金融管理机构有桂林市金融工作办公室(简称市金融办)、中国人民银行桂林市中心支行(简称人行桂林市中支)、中国银行保险监督管理委员会桂林监管分局(简称桂林银保监分局),行业管理组织有自治区农村信用社联合社桂林办事处(简称农信社桂林办事处),行业自律组织有桂林市银行业协会、桂林保险行业协会。

【银行业】2020年,桂林银行业共有金融机构34家,其中政策性银行1家、国有银行4家、股份制银行7家、城市商业银行3家、农村商业银行8家、农村合作银行6家、村镇银行3家、农村资金互助社1家、邮政储蓄银行1家。桂林辖区共有银行业金融机构网点815个,从业人员1.24万人。年末,桂林辖区银行业金融机构本外币存款余额4023.56亿元,(比年初,下同)增加398.86亿元,增长11%。其中,人民币存款余额3995.53亿元,增加392.04亿元,增长10.88%;外汇存款余额4.30亿美元,增加1.26亿美元,增长41.27%。本外币贷款余额3256.41亿元,增加425.05亿元,增长15.01%。其中,人民币贷款余额3254.58亿元,增加425.38亿元,增长15.04%;外汇贷款余额2809.33万美元,减少291.47万美元,下降9.40%。桂林辖区银行业金融机构在经营效益方面,累计实现税后本外币净利润44.71亿元。在资产质量方面,年末,桂林辖区金融机构不良贷款余额128.32亿元,减少3.45亿元;不良贷款率3.94%,下降0.71个百分点。

2020年,桂林辖区跨境资金规模及顺差规模均有下降,跨境资金收支总额17.04亿美元,下降3.24%。其中,跨境资金收入10.83亿美元,下降12.24%;跨境资金支出6.21亿美元,增长17.61%。跨境资金收支顺差4.62亿美元,下降34.56%。银行结售汇规模下降,结售汇由顺差转为逆差。银行结售汇总额13.70亿美元,下降9.09%。其中,结汇6.18亿美元,下降18.79%;售汇7.52亿美元,增长0.80%。结售汇差额由上年顺差0.15亿美元转为逆差1.34亿美元。货物贸易进出口总额略有下降,收付汇及顺差规模小幅增长。进出口总额12.37亿美元,下降1.83%。其中,出口10.64亿美元,增长2.8%;进口1.73亿美元,下降22.77%。进出口总额顺差8.91亿美元,增长9.86%。货物贸易跨境收支总规模为11.51亿美元,增长2.4%。其中,流入10.12亿美元,增长3.37%;流出1.39亿美元,下降4.14%。收付汇顺差8.73亿美元,增长4.68%。个人结售汇总额1.68亿美元,下降25%。其中,个人结汇0.53亿美元,下降18.46%;个人购汇1.15亿美元,下降27.67%。个人结售汇逆差0.62亿美元,下降34.74%。服务贸易跨境收支规模为3.63亿美元,下降24.84%。其中,服务贸易涉外收入0.46亿美元,下降66.18%;服务贸易涉外支出3.17亿美元,下降8.64%;逆差2.71亿美元,下降28.44%。资本项目跨境资金呈现净流出,外商投资企业利润汇出、撤资加大资本流出风险。资本项目跨境资金收支总额2.30亿美元,下降51.27%。其中,流入1.07亿美元,下降72.77%;流出1.23亿美元,增长55.70%。跨境人民币业务量

表19　2020年桂林辖区金融机构本外币存贷款情况表

项目	余额(亿元)
各项存款	4023.56
境内存款	4015.63
住户存款	2516.72
非金融企业存款	628.65
广义政府存款	554.93
非银行业金融机构存款	315.34
境外存款	7.93
金融债券	77.01
各项贷款	3256.41
境内贷款	3256.25
住户贷款	1552.64
非金融企业及机关团体贷款	1703.61
非银行业金融机构贷款	0
境外贷款	0.16

2020年1月15日，2020年桂林辖区人民银行工作会议暨外汇管理工作会议召开。
（人行桂林市中支供图）

小幅下降，跨境人民币结算总额38.99亿元，下降4.58%。其中，货物贸易14.11亿元，下降21.74%；服务贸易0.38亿元，下降83.33%；其他经常项金额0.44亿元，下降62.39%；直接投资额4.28亿元，下降0.47%；其他投资19.01亿元，增长35.11%；小额批量0.77亿元，下降23.76%。

【保险业】 2020年，桂林市共有保险业机构59家，其中财产险公司20家、人身险公司15家、专业保险中介机构24家。保险从业人员1.63万人，减少5400人。累计实现保费收入76亿元，增长2.67%。其中，人身险实现保费收入54.93亿元，占72.28%，增长4.03%；财产险实现保费收入21.08亿元，占27.74%，下降0.66%。累计赔款和给付支出26.88亿元，下降9.03%。保险密度每人1405.85元，减少49.57元；保险深度3.57%，上升0.05个百分点。

【证券期货业】 2020年，桂林辖区证券业、期货业均向规模扩大、人员收缩精减方面发展。至年末，桂林市共有证券营业部17家，期货营业部2家。证券资产总额20.63亿元，增长27.85%；负债总额19.29亿元，增长27.94%；从业人员368人，下降0.81%。期货业资产总额3029.40万元，增长33.15%；负债总额3557.30万元，增长30.49%。全市各证券营业部代理证券交易总额5970.68亿元，增长67.72%。期货营业部共完成期货交易量124.07万手，交易总额64.79亿元，分别增长16.15%、7.01%。（谢宇鹏）

【地方金融机构】 2020年，桂林市地方金融机构业务发展态势平稳。

融资担保公司　2020年，桂林市有融资担保公司5家，其中独立法人机构3家、分支机构2家。注册资本6.23亿元，担保业务在保余额19.3亿元，担保业务累计发生额19.97亿元，代偿金额2.11亿元，代偿率3.67%。国有政策性担保机构2家，平均注册资本2.07亿元。

小额贷款公司　2020年，桂林市有小额贷款公司37家。注册资本19.68亿元，贷款余额15.1亿元，资产总额6.6亿元，负债总额2.3亿元。全行业实现主营业务收入0.27亿元；利润总额0.09亿元。

典当行　2020年，桂林市有典当行4家（含分支机构1家）。典当资产总额1624.09万元，负债总额39.59万元。全年累计完成典当总额2927万元，其中动产典当额276万元、房地产典当额2651万元。全年实现营业收入48万元。全年全行业未发现虚假出资、抽逃资金、违规对外投资、挪作他用情况，无非法集资、吸收或变相吸收存款、从商业银行以外的单位或个人借款等违规行为。

融资租赁公司　2020年，桂林融资租赁行业发展处于初级阶段，有融资租赁独立法人机构和分支机构共29家，其中法人机构5家、分支机构24家。正常开展融资租赁业务的企业有2家，均从事大额分期购车业务。（吴昊）

【首批“桂惠贷”落地】 2020年，桂林市小微企业融资担保有限公司（简称桂林小微担保公司）协同中国工商银行股份有限公司桂林分行（简称工商银行桂林分行）、广西桂林漓江农村合作银行开展的首批“桂惠贷”业务迅速落地，分别为桂林中昊力创机电设备有限公司担保贷款500万元、广西芊睿贸易有限公司担保贷款110万元。“桂惠贷”业务为企业降低银行贷款利率2%。年内，桂林小微担保公司为符合“桂惠贷”条件的小微企业开辟绿色通道，优化审贷流程，提供金融服务。（覃丰展）

地方金融监管

【概况】 2020年，桂林市金融工作办公室（简称市金融办）办公地址在桂林市临桂区鼎晟大厦，内设机构4个。年内，市金融办以“服务实体经济、防范金融风险、深化金融改革”为宗旨，组织、调动各类金融资源，为全市经济社会高质量发展提供强有力的金融支撑，推动金融业健康、高效、良性、稳定运行。至年末，全市金融业增加值增长4.5%，增速高于第三产业增加值5.2个百分点，占全市地区生产总值的8.3%，比“十二五”期间末增加3个百分点，金融业贡献率明显提升。金融总规模位居自治区前三，人民币存贷款余额首超7000亿元；上市企业数量、新三板挂牌企业数量均排名自治区第二，“十三五”期间直接融资总量484.82亿元，排名自治区第三；防范化解金融风险工作得到自治区人民政府的督查激励。

【支持实体经济】 2020年，市金融办引导各金融机构用足用好相关政策，支持实体经济发展。年末，全市本外币各项存贷款余额7279.97亿元，比 2015 年年末的 4187.9 亿元增长 73.83%。“十三五”期间投向实体经济的贷款较“十二五”期间增长 182.88%，年均增长 36.58%，年均增速高于全自治区水平。全市制造业贷款余额 196.4 亿元，增长 20.2%，高于人民币贷款余额增速 5.18 个百分点。组织协调银行企业对接，全面提升金融服务的覆盖面、可得性、匹配性，缓解企业融资难问题。线上依托年初上线的广西综合金融服务平台，为企业提供融资对接，年内在平台注册企业 3600 家，发布融资需求 160 亿元，授信金额 60 亿元。线下督促政金企融资对接形成制度化、常态化，全年共举办政、金、企融资对接活动 24 次，收集 4867 家企业融资需求，收集企业需求金额 362.71 亿元，现场对接企业 2373 家，签约金额 90.87 亿元。

【广西(桂林)民营小微企业首贷续贷中心成立】 2020 年 9 月 30 日，市金融办联合桂林银保监分局、人民银行桂林市中心支行、市住房公积金管理中心设立的广西(桂林)民营小微企业首贷续贷中心，在桂林市金融大厦住房公积金管理中心业务办理大厅揭牌运作，进驻金融机构 10 家。该中心由桂林市小微企业融资担保有限公司负责运行，采取线上线下相结合的方式，为民营和小微企业现场提供首贷、续贷受理及其他投融资“一站式”金融服务，减少融资成本，融资办理更为便捷高效。

【疫情防控金融服务】 2020 年，市金融办组织辖区金融机构做好抗击新冠肺炎疫情金融服务，发放再贷款再贴现专用额度 54.1 亿元，占自治区总量的 36%，发放量居自治区第一。“复工贷”累计支持复工复产企业 1.43 万家，授信总额 612.4 亿元，累计发放贷款金额 210.71 亿元。落实“复工贷”贴息资金 6700 余万元，受惠企业 1600 余家。为复产复工企业和个人办理贷款延期(含展期)企业 5777 家个人 1859 人，续贷金额 119 亿元，累计缓收和免收利息总额 2.65 亿元。

【金融改革创新】 2020 年，桂林市推动绿色金融改革，加大金融创新力度。5 月，桂林市评为自治区绿色金融改革创新示范区创建城市。年内，推进面向东盟的金融开放门户建设工作，设立绿色金融专营机构 16 个，出台《桂林银行绿色信贷管理办法(试行)》，发放各类绿色债券 28 亿元，设立各类绿色基金 20 亿元。年末，桂林绿色贷款余额 177.23 亿元，增长 16.16%。通过推动跨境人民币业务创新、跨境金融区块链等金融产品创新、跨境金融服务支持旅游发展、辖区金融机构与东盟金融机构联动等，支持企业向外发展。做好保险资金引进工作，投放至桂林市平台公司保险资金累计 6000 余万元。引导融资担保行业转型升级，加大金融产品创新。推进“政采担”“酒店保”“啤酒贷”“保费担”及银行存量业务“见贷即保”等创新金融产品发展，年内，“政采担”“酒店保”产品入选“2020 中国金融品牌价值 100 强”。桂林市小微担公司实现辖区业务全覆盖，在保余额 17.46 亿元，增长 121.29%。支农支小成效获国家融资担保基金认可，成为全国首批 12 家获国家融资担保基金股权投资的地市级政府性融资担保机构之一。

2020 年 9 月 30 日，广西(桂林)民营小微企业首贷续贷中心揭牌仪式在桂林市金融大厦举行。 (崔永利摄)

【推进企业多层次资本市场发展】 2020 年，桂林市多举措推动直接融资工作，助推企业发展多层次资本市场。年内，辖区企业直接融资 132.5 亿元。桂林宏谋物业服务有限公司、桂林鲁山墙材股份有限公司 2 家企业在“新三板”成功挂牌；桂林智神信息技术有限公司、桂林光隆科技集团股份有限公司、桂林星辰科技股份有限公司 3 家企业在广西证监局辅导备案。辖区内企业获直接融资奖励资金 1420 万元。设立桂林鼎和晟新能源投资基金，推动新能源汽车充电设施产业发展和新能源物流产业转型升级。组建桂林文化旅游产业投资基金、荔浦市科创基金，推动生态旅游、科技等相关产业发展。推动设立总规模 10 亿元的桂林光控股权投资母基金，拓宽企业融资渠道。

【金融风险防控化解】 2020 年，桂林市从打击非法集资、化解农村中小金融机构风险、化解上市企业退市风险方面，做好金融风险防控工作。年内，严厉打击非法集资，推进非法集资存量案件处置三年攻坚，落实属地责任、部门职能责任，加强成员单位协同配合，强化市场准入管理，开展防范非法集资宣传、加强涉稳风险排查预警和监测，及时发现和处置存在的涉稳风险，连续三年攻坚结案率 100%，新发涉嫌非法集资案件下降 20.83%。开展协助清收处置地方金融机构风险资产工作，深化农村金融改革，做好存量化解和增量防控，保障农村金融安全稳健运行。全年完成协助清收事项 31 个，清收处置金额 4.85 亿元，完成自治区防范化解重大金融风险工作领导小组下达的金融机构风险资产协助清收处置任务。帮助化解上市公司东方时代网络传媒股份公司存在的股票质押风险和退市风险，加强与企业各债权人的沟通，帮助解决银行贷款展期等问题，并向上级监管部门和交易所汇报。年内，该公司退市风险警示被深圳证券交易所撤销。（吴昊）

中国人民银行桂林市中心支行

【概况】 2020年，人行桂林市中支办公地址在市七星区七星路28号。内设机构17个，下辖支行12个。年内，人行桂林市中支落实稳健的货币政策，疏通货币政策传导机制，支持企业复工复产。提高再贷款再贴现使用率，支持实体经济持续向好。推进桂林市建设面向东盟的金融开放门户工作，做好金融精准扶贫、移动支付技术推广、小微企业普惠性税收减免等工作，加强金融风险监测、检查、分析和研究，防范化解金融风险，提升金融服务水平，为新冠肺炎疫情防控、地方经济发展提供高效优质的金融支持。

【信贷投放及金融服务】 2020年，人行桂林市中支灵活合理运用货币政策工具，引导金融机构增强信贷投放能力，支持实体经济稳定及复苏，为地方经济发展创造良好金融环境。年末，桂林金融机构短期贷款余额655.02亿元，增加92.70亿元，增速高于各项贷款增速1.48个百分点，增加短期贷款占增加贷款的21.81%，上升20.47个百分点。住户部门经营性贷款余额391.74亿元，增加35.75亿元。小微企业贷款余额794.50亿元，增加79.20亿元。金融精准扶贫贷款余额142.17亿元，增加41.19亿元；当年累计发放贷款91.80亿元，增长61.69%。涉农贷款余额1217.90亿元，增加123.66亿元。从贷款行业结构来看，2020年增加贷款主要集中在租赁和商务服务业，电力、热力、燃气及水生产、供应业和制造业。

年内，用好3000亿元专项再贷款、5000亿元再贷款再贴现专用额度和1万亿元再贷款增加限额的央行货币政策工具，支持抗击新冠疫情、复工复产和稳企保岗。全年桂林辖区再贷款限额130.42亿元，余额106.05亿元；再贴现限额59亿元，余额53.56亿元，限额使用率90.78%。运用贷款支持和延期支持2个创新工具，办理小微企业贷款延期还本付息5776户，延期本金46.09亿元，延期利息4492万元；累计发放符合条件普惠小微企业信用贷款1.48万户，金额15.28亿元。辖区全年累计发放支农再贷款14.46亿元（含扶贫再贷款2.78亿元），支小再贷款106.05亿元，累计为5家机构办理再贴现5023笔，金额177.92亿元。利用“复工贷”“稳企贷”推动企业发展及就业。联合政府部门，召开支持企业全面复工复产政金企融资对接签约会，有27家企业获银行授信41.63亿元。引导金融机构为复工复产企业授信612亿元，累计发放贷款211亿元，支持1.43万家企业复工复产。建立“稳企贷”重点支持企业名录库，对41家名单企业累计发放贷款45.46亿元，贷款余额44.25亿元。

2020年8月5日，桂林市金融支持稳企业保就业工作推进会暨“稳企贷”第一次政金企对接活动在桂林金融大厦举行。（黄卫东摄）

【发行基金调拨和现金投放回笼】 2020年，人行桂林市中支做好发行基金调拨和现金投放回笼工作。库存发行基金总量充足，券别结构合理，能满足市场现金流通需求。至年末，桂林辖区发行基金调拨45笔，金额277.81亿元。桂林辖区现金投放141.55亿元，其中20元以下小面额现金投放6.27亿元。回笼165.69亿元，净回笼24.14亿元。其中，残损回笼券121.29亿元，20元以下小面额残损现金回笼5.68亿元。全辖共收缴假人民币2.59万张，面额138.95万元。收缴假外币及港元14张。其中，美元5张，面额500美元；港币9张，面额9000港元。

【金融改革创新】 2020年，桂林市金融业多措并举，推进金融改革创新。年内，加大跨境金融创新力度，推动广西面向东盟金融门户建设。辖区内交通银行、建设银行办理福费廷（Forfeiting，指银行根据客户或其他金融机构的要求，在开证行、保兑行或其他指定银行对信用证项下的款项作出付款承诺后，对应收款进行无追索权的融资）跨境人民币转让业务累计交易笔数36笔，金额16.10亿元。交通银行股份有限公司桂林分行（简称交行桂林分行）联动交通银行澳门分行向桂林银行股份有限公司（简称桂林银行）发放桂林辖区首笔跨境直接贷款业务，金额3000万美元。推进跨境金融区块链服务平台创新。辖区内金融机构累计为16家企业办理出口融资业务117笔，实现融资8878.28万美元，居全自治区首位。桂林银行成功发行广西首单永续债，金额32亿元。桂林银行成功获批100亿元“三农”金融债券，为广西首单获批的“三农”专项金融债券。金融市场业务不断扩容增量，桂林银行20亿元绿色金融债所募集资金已累计发放绿色产业项目贷款22.42亿元，贷款余额20亿元，资金使用率100%。增加4家银行业金融机构成为金融市场成员。推广增加贷款运用LPR（贷款市场报价利率）报价和存量贷款转换LPR报价工作，辖区17家法人金融机构存量贷款转换进度为99.56%。

【农村信用体系建设】 2020年，人行桂林市中支持续推动“信用户、信用村、信用乡（镇）、信用县”四级联创工作，在辖区全部完成农户信用信息数据库搭建，累计建成“三农金融服务室”1624个，信用乡（镇）81个，占信用村941个，信用户70万户。农村金融服务点2457个，农村金融综合服务点903个。

【促进普惠金融】 2020年，桂林辖区共建有助农取款服务点2521个，加载有电商功能的服务点631个。年内，人行桂林市中支做好农村金融服务进村示范点申报工作，至年末，桂林辖区共有示范点134家，获专项活动补贴386.24万元。推进移动支付便民工程，“云闪付”注册用户数不断提高，全市云闪付存量用户139.25万户，增加50.77万户。建立移动支付便民工程，推广政府联动机制，联动市政府“漓江购物节”，发放消费券拉动消费2500万元，助力桂林旅游消费复苏。移动支付便民场景建设取得成效，26家景区支持移动支付应用购票，排名自治区第一，2所高校建成“云闪付应用示范校园”。县乡移动支付工作取得突破，灵川县、全州县创建为全国移动支付引领县，龙胜各族自治县旅游示范景区创建完成。

【应收账款融资服务平台发挥效用】 2020年，人行桂林市中支充分利用桂林产融合作高质量发展论坛等大型政银企对接会，向各金融机构与小微、民营企业宣传推介应收账款融资业务，鼓励企业通过应收账款融资来缓解融资难、融资慢、融资贵问题。至年末，桂林辖区在应收账款融资服务平台注册成功的企业用户共382家，累计融资金额305.46亿元。推动核心企业与应收账款融资服务平台进行业务对接。3月27日，桂林银行及2家核心企业与应收账款融资服务平台签订系统对接合作协议。7月，桂林银行与平台完成系统对接，成为广西唯一对接平台的地方性金融机构。12月，桂林银行通过应收账款融资服务平台为企业办理应收账款融资业务，金额1700万元。

【金融风险防范】 2020年，人行桂林市中支开展金融风险摸排、监测、评估和预警工作，完善风险应对和处置机制，推进辖区金融风险防范化解工作。年内，综合运用存款保险、中国人民银行评级等手段，压实辖区法人银行业机构风险防范化解主体责任。对各家法人银行业机构开展资产质量真实性现场核查，摸清真实底数，并将核查结果运用到存款保险风险差别费率和中国人民银行评级中，督促机构完善内部管理、做实资产分类、防范化解风险。深化涵盖银行业、证券业、保险业、非金融机构的全面金融风险监测与评估，充实、完善金融风险监测评估数据库，对中小银行开展偿付能力敏感性压力测试、流动性风险及传染性风险压力测试，开展疫情影响专题分析，加强风险研判和预警。加强与地方政府、监管部门的协调联动，定期通报高风险机构情况，与桂林银保监分局联合开展农合机构风险全面摸底排查，共同推动辖区风险防范化解工作。做好应急管理工作，出台《桂林人民银行系统处置挤兑风险事件应急预案》，指导辖区内各支行制订《××县银行机构异常集中取款事件处置操作手册》，与市金融办、桂林银保监分局、市委网信办等单位联合开展银行机构异常集中取款联合应急演练，风险应对能力不断提升。（谢宇鹏）

银行保险业监管

【概况】 2020年，桂林银保监分局办公地址在市七星区育才路10号。内设机构10个，辖区内设县（市）监管组12个。桂林银保监分局履行属地银行业保险业监管职责，统筹推进新冠肺炎疫情防控，引导银行保险机构支持经济社会发展工作，促进银保业务高质量发展。年末，桂林银行业资产总额5794.67亿元，增长11.94%；负债总额5415.91亿元，增长12.18%。各项存款余额4023.56亿元，增长11%；贷款余额3256.41亿元，增长15.01%。桂林保险业实现原保费收入76亿元，增长2.67%。

【助力企业复工复产】 2020年，桂林银保监分局督导银行保险业加大信贷投放力度和保险保障力度，引导机构加强对工业振兴、桂林国际旅游胜地建设、国家可持续发展议程创新示范区等重大战略实施和工程项目的金融支持，助推企业复工复产。年内，印发加强桂林银行业保险业支持复工复产工作的若干措施，组织开展银行保险机构与旅游企业面对面座谈会2次，会同相关部门开展线上、线下政府、金融、企业融资对接活动7次。开展金

2020年6月29日，桂林银保监分局组织召开旅游产业银企交流座谈会。（邓朴慧摄）

融支持复工复产专项督查和宣传，推进金融支持复工复产工作和落实“六稳”“六保”任务。年内，辖区银行机构发放复工贷款210.71亿元，稳企业保就业贷款170.64亿元；办理延期还本贷款78.27亿元，延期付息贷款76.28亿元。保险机构推出20余种复工复产保险产品，服务企业454家。年末，辖区银行机构各项贷款余额增加425.02亿元；保险公司提供财产风险保障3.95万亿元，增长63.50%。

【提升普惠金融服务质效】 2020年，桂林银保监分局督导银行保险机构持续提升民营小微企业金融服务水平。年内，推动广西（桂林）民营小微企业首贷续贷中心挂牌落地，组织银行机构与桂林市税务部门进行升级版“银税互动”签约，开展法人机构小微企业金融服务监管试评价。年末，辖区银行机构民营企业贷款余额1319.14亿元，小微企业贷款余额1083.51亿元，保险机构为民营企业和民营企业主提供风险保障1307.28亿元。引导银行机构优化营商环境，细化优化营商环境获得信贷专项实施方案工作推进表，提出优化营商环境措施13条。普惠型小微企业银行办理时长及手续材料压缩至2.83个工作日、2个环节和2项材料；普惠型小微企业贷款平均利率下降1.58个百分点，贷款附加费用率下降0.56个百分点。助推脱贫攻坚决胜收官，出台金融助力决战决胜脱贫攻坚指导意见，采取风险提示、监管约谈、实地调研督导等监管手段，推动机构加大金融扶贫资源投入。辖区银行机构全年新发放扶贫小额信贷11.76亿元，受惠建档立卡贫困户4.5万户。

【推进金融风险处置】 2020年，桂林银保监分局推进重点领域和重点机构风险处置，加强房地产市场风险和地方政府隐性债务风险监测，持续拆解影子银行风险，开展农合机构风险全面摸底排查，采取“完善机制＋强化监管＋联动人行＋争取政府支持”模式推动高风险机构风险处置。年内，房地产贷款集中度超标银行机构数减少2家，2家融资平台公司退出“名单制”，法人银行机构处置不良贷款72.01亿元。开展市场乱象整治“回头看”监管评估，涉及银行机构11家，保险机构2家。加大保险业销售不规范、数据不真实等违法违规行为打击力度，组织财产险公司开展违规套取费用、费用延迟入账自查自纠，督导人身险公司开展销售误导集中整治，并对2家保险公司及10名责任人进行行政处罚。重视案件风险防控，制订涉刑案件管理办法，联合市人民检察院召开打击金融犯罪推进会，对银行保险机构负责人开展案件警示教育。年内，完成存量案件结案3件，责成机构对案件相关责任人问责。

2020年7月29日，桂林银保监分局和桂林市税务局举行“银税互动”签约仪式。（邓朴慧摄）

【推动银行业保险业改革创新】 2020年，桂林银保监分局强化法人银行机构公司治理，成立公司治理研究小组，加强对法人银行机构公司治理研究，对6个机构开展公司治理评估，督促机构落实问题整改121个。深化法人银行机构改革，推动城商行改革转型，指导农村中小银行机构规范股权管理，推进农合机构改制，推动法人银行机构拓宽资本补充渠道，在全国首次以转股协议存款方式补充中小银行资本。年内，完成股权托管的农村中小银行机构15个，广西荔浦农村商业银行成功挂牌，争取地方政府专项债补充银行资本118亿元。推动保险回归保障本源，制订桂林车险综合改革督导工作方案，指导2家保险公司落实实名缴费制，推动中国人寿保险股份有限公司桂林分公司实现大病保险“一站式”即时赔付，推动3家公司参与桂林扶贫兜底项目，推动广西首单政策性农业（生猪）保险保单质押融资业务在桂林落地。

【提升监管履职能力】 2020年，桂林银保监分局采取多种举措，全面提升监管履职能力。年内，强化科技支撑，成立“科技＋现场检查”工作小组，深化EAST系统（银监会自主开发的检查分析系统）在现场检查项目中的应用。全年通过EAST系统发现问题25个，涉及机构业务笔数733笔。强化现场检查质效，优化现场检查机制，加大行政处罚力度。年内，每天投入人数1982人，实施现场检查机构8家，发现问题226个；处罚机构5家，处罚相关责任人13人次，罚款226万元。加强消费者权益保护、强化信访投诉处置及风险排查、优化完善访突发事件应急处置预案等3项消保工作机制，规范信访举报投诉处理工作流程。全年共妥善处置涉银行保险机构信访举报和投诉事项618件。

（毛祖亮）

主要银行业金融机构

【概况】 2020年，桂林市主要银行业金融机构有中国农业发展银行桂林分行(简称农发行桂林分行)、工商银行桂林分行、中国农业银行股份有限公司桂林分行(简称农行桂林分行)、中国银行股份有限公司桂林分行(简称中行桂林分行)、中国建设银行股份有限公司桂林分行(简称建行桂林分行)、交行桂林分行、中国邮政储蓄银行桂林市分行(简称邮储银行桂林市分行)、桂林银行、农信社桂林办事处9家,为桂林市提供支付结算服务、融通资金、降低交易成本,并提供便利的金融服务及风险转移与管理。

(覃丰展)

【中国农业发展银行桂林分行】 2020年,农发行桂林分行办公地址在市中山北路149-1号。内设机构10个,在荔浦市、全州县、灵川县、永福县、兴安县、临桂区设有分支营业机构。年内,农发行桂林分行坚守服务“三农”职责定位,以服务脱贫攻坚统揽业务全局,为脱贫攻坚给予政策性金融支持。年末,全行贷款余额128亿元,增加21亿元,增长19.6%。全年累计投放各类贷款33.3亿元,增加17亿元。不良贷款为零。全年实现账面利润6764万元。

支持精准扶贫项目建设　2020年,农发行桂林分行抓住关键领域和重点项目,用好用足信贷差异化支持政策,推动扶贫贷款项目精准落地。年内,重点支持高标准农田建设、土地改良、土地增减挂钩项目,形成以农村土地为核心的“1+N”信贷支持模式。全年共投放精准扶贫贷款21.6亿元。至年末,精准扶贫贷款余额65.7亿元,占全行贷款总量的51%,增加18亿元,涉及农村人居环境改善、路网、土地流转、水利等领域。

助力防疫救灾　2020年,农发行桂林分行成立“复工贷”专项工作领导小组和“稳企贷”工作专班,统筹对接当地政府复工复产重点项目,与政府重大项目复工复产建设签订战略合作协议,金额550亿元。全年共营销储备项目28个,金额142亿元;审批中长期项目贷款12个,金额33.2亿元;投放中长期项目贷款27亿元。支持七星区铁山片区产业园项目等16个地方重大项目复工复产。新冠肺炎疫情发生后,迅速组建攻坚队伍,启动应急通道。全年共审批疫情防控应急贷款8笔,金额1.53亿元,投放应急贷款1.12亿元,支持中国化工集团曙光橡胶工业研究设计院有限公司、桂林恒保健康防护有限公司等5家新冠肺炎疫情防控重点保障企业(国家级4个、自治区级1个)复工复产。支持抗洪救灾,组成应急贷款工作专班到荔浦、阳朔等市(县、区)开展工作对接,开通应急贷款“绿色通道”,获批18亿元,投放16.5亿元。用好用足利率优惠政策,对疫情防控和复工复产贷款实行优惠利率,为企业减费让利减负。疫情防控应急贷款加权平均利率2.97%,为疫情防控应急贷款利率最低的金融机构之一,涉及项目11个,金额3.62亿元。

维护粮食市场稳定　2020年,农发行桂林分行发挥粮食收购资金供应的主渠道作用,做好粮食收储支持工作。在粮食收购旺季,提前发放粮食收购铺底资金,服务粮食产业经济发展,切实保护农民利益。年内,该行投放订单粮收购贷款1.3亿元,支持收购订单粮0.52亿千克;累计投放政策性粮食收储贷款2.8亿元,支持收储轮换粮食0.9亿千克,确保粮食收储资金供应和管理稳定有序。

助力乡村振兴　2020年,农发行桂林分行支持土地类项目,服务乡村振兴。年内,根据增加耕地指标、城乡建设用地增减挂钩节余指标等,创新业务模式,推动产业振兴、人才振兴、文化振兴、生态振兴、组织振兴的全面实施。支持辖区各级政府推进的土地类项目、农村交通、新型城镇化等重点领域中长期项目。全年共审批乡村振兴贷款6个,金额20.8亿元,投放金额6.2亿元,助推恭城瑶族自治县、永福县、灵川县等乡村振兴项目开工建设。

(蒋柳兵)

【中国工商银行股份有限公司桂林分行】 2020年,工行桂林分行办公地址在市中山中路16号。内设机构15个、直属机构4个。下辖一级支行12个,其中城区支行5个、县域支行7个,营业网点52个,在行式自助银行52个,离行式自助银行69个,ATM机181台。年末,全行各项存款余额315.65亿元,各项贷款余额240.07亿元;全年累计发放项目贷款30.93亿元,个人贷款(含住房按揭贷款)19.05亿元。

服务实体经济　2020年,工行桂林分行立足地方经济,围绕文旅、制造业等辖区重点领域投放项目贷款,服务实体经济发展。全年累计发放法人贷款48.63亿元,增长38%。其中,累计发放项目贷款30.93亿元,流动资金贷款9.26亿元,房地产项目贷款2.90亿元,贴现贷款5.54亿元。新冠疫情发生后,工行桂林分行迅速启动“春润行动”,加大“复工贷”“稳企贷”推进力度,重点支持医院医疗药品、生活物资保障、外贸外资、文化旅游领域等重点项目,通过畅通信贷审批“绿色通道”、简化贷款手续等措施,满足企业复工复产资金需求。全年支持辖区企事业单位320家(个),累计发

2020年3月11日,农发行桂林分行召开2020年年度工作会议。　(蒋柳兵摄)

2020 年 10 月 7 日，工行桂林分行参加广西（桂林）民营小微企业首贷续贷中心揭牌仪式，并作为金融机构代表发言。（史晶摄）

放复工复产及稳企业保就业各类融资 1299 笔，合计金额 50.78 亿元。坚持“旅游兴行”思路，实施“紧跟桂林市旅游 +”战略。针对阳朔的旅游产业，成功发放阳朔县遇龙河特定资产收费权支持贷款项目 10 亿元。推广特色信贷产品“桂宿贷”，为辖区民宿、农家乐等小微客户提供贷款支持，全年累计发放贷款金额 1530 万元。

推进精准扶贫　2020 年，工行桂林分行围绕“改善基础设施、建设美丽乡村”工作思路，依托易地搬迁和危房改造、生态文明小康村等建设项目，完善基础设施，推进扶贫攻坚工作。持续以“互联网 + 金融 + 电商”为特色，依托工行“融 e 购”电商平台，帮助农户打开农产品销售渠道。年末，全行精准扶贫贷款余额比年初增长 3135 万元，增长率 17.67%。聚焦农村集体产权制度改革，提升“三农”信息化建设，以农村集体“三资”（资金、资产、资源）“三地”（承包地、宅基地、集体建设用地）“三务”（党务、财务、村务）全监管为目标，为辖区农业农村局 11 个、农村集体经济组织 86 个搭建一站式信息化平台，功能涵盖账户监管、预警分析、审批支付、财务管理、产权交易等。年内，帮扶的 197 户贫困户全部实现脱贫，共 729 人。

创新特色服务　2020 年，工行桂林分行发挥金融科技优势，推出多项“智慧服务”。年内，与桂林自来水公司合作，在实现微信公众号缴纳水费的基础上优化升级，打造微信小程序“掌上营业厅”，上线仅 2 个月实现交易 2.6 万笔。联合桂林市交警支队，升级公安局“警 e 邮”自助机、交警队交罚自助机扫码支付功能，实现“一机多能”。以“科技 + 智慧”为特色，打造“智慧宗教”“智慧住建”“党建云”等特色服务平台，为学校、医院、宗教领域等单位提供一站式收费管理服务。

夯实风险防控　2020 年，工行桂林分行做好“主动防、智能控、全面管”的风险治理工作，开展“制度治理年”系列活动。年内，开展预防职务犯罪教育月活动，梳理职务犯罪问题易发、多发重点领域与关键岗位，以案明纪，推动警示教育常态化，全体员工合规意识不断提升。加强信用风险管控，提升风险管控能力，采用“并购 + 重组”方式清收法人不良贷款，资产质量稳健提高。（史晶）

【中国农业银行股份有限公司桂林分行】 2020 年，农行桂林分行办公地址在市中山中路 56 号。内设机构 16 个。下辖一级支行 16 个，其中城区支行 5 个，县（市）域支行 11 个；营业网点 99 个，其中城区 26 个，县域 73 个。年内，农行桂林分行做好金融扶贫工作，推动信贷投放可持续发展，各项主体业务均衡发展。年末，全行人民币各项存款（不含同业）余额 436 亿元，增加 12 亿元。其中，人民币对公存款（不含同业及结构性存款）余额 119.67 亿元，增加 1.26 亿元；人民币个人存款余额 316.33 亿元，增加 10.74 亿元。人民币日均核心存款余额 428.53 亿元，增加 14.14 亿元。其中，人民币一般对公日均核心存款余额 119.36 亿元，增加 2.70 亿元；人民币个人核心存款余额 306.59 亿元，增加 11.47 亿元。人民币各项贷款余额 328.77 亿元，增加 40 亿元。其中，人民币对公贷款余额 191.96 亿元，增加 18 亿元；人民币个人贷款余额 136.81 亿元，增加 21.99 亿元。

推进农村金融服务　2020 年，农行桂林分行推进金融服务“三农”和脱贫攻坚。推进金融扶贫工作，国家扶贫重点县（资源县、龙胜各族自治县）贷款余额 35.74 亿元，增加 4.95 亿元，增长 16.09%，增速达到监管标准；精准扶贫贷款余额 26.17 亿元，增加 9.34 亿元，增长 55.51%；扶贫商城消费扶贫 161.92 万元，线下购买和助销贫困地区农产品 101.6 万元。聚焦脱贫攻坚与乡村振兴有效衔接，县域各项贷款余额 198.66 亿元，增加 24.90 亿元，增长 14.33%；涉农贷款余额 162.84 亿元，增加 23.25 亿元，增长 16.66%；余额贷存比 84.5%，达到监管标准。“掌银示范村”达标 103 个，扶贫县建制村电子机具覆盖率 75%；惠农通服务点 630 个，全年交易 2 万多笔；6 个支行完成农村集体“三资”管理平台签约，2 个支行实现上线运行。推进互联网金融服务“三农”“一号工程”建设，“惠农 e 贷”业务余额 10.23 亿元，增量 5.52 亿元。农户信息建档有效户 44422 户，建档贷款投放余额 3.84 亿元。

发展重点城市行　2020 年，农行桂林分行被中国农业银行定为全国重点发展城市行。做好市（区、县）重点机构类大客户的存款营销维护，增加营销机构类客户 89 户。推进个人贵宾客户综合营销活动，扩大私人银行业务规模，挖掘客户金融资产。创新系列“智慧 +”业务，打造智慧商圈场景 43 户。“农银贷后 e 管家”“财政零余额系统智能机器人”分别获农行广西分行 2020 年度数字化转型大赛一等奖、三等奖。加强对公零售营销，激活医保电子凭证 3.92 万户。代发工资额43.25亿元,代发工资客户24.46万户。掌银月活数(月度活跃用户数)25.11万户。

发展优质资产　2020年,农行桂林分行将“大行业、大项目、大客户”作为优质资产发展客户,成功营销重大项目10多个,金额30.12亿元;投放1000万元及以上大项目55.86亿元。全行“小微e贷”余额2.46亿元,增加1.29亿元;“惠农e贷”余额10.23亿元,增加5.52亿元;“网捷贷”余额4.7亿元,增加1.8亿元。围绕重点区域、重点客群、重点合作商,做好个人一手、二手住房按揭贷款业务,推动住房、消费、经营业务发展。非“三农”个贷余额111.79亿元,增加18.32亿元。其中,住房贷款余额100.88亿元,增加16.80亿元。

风险管理能力提升　2020年,农行桂林分行持续做好“控新”(控制增加不良贷款)和“降旧”(降低旧存不良资产),不良贷款余额与不良贷款率均实现下降。年内,实施内部控制能力提升工程,压实案件防控“双线管理”(落实法人主体的风险防控责任、落实属地风险监管责任)责任,深化“三线一网格”(党建线、纪检线、运营线,员工行为管理网格化)系统应用,风险防控效果显著提升。推进法治农行、平安农行建设,行政印章实现全面信息化管理。全年无刑事案件和重大安全生产责任事故。　(伍文悄)

【中国银行股份有限公司桂林分行】2020年,中行桂林分行办公地址在市中山中路2号。年内,新设普惠金融事业部,内设机构增至9个。新设雁山区支行,下设市区营业机构增至18个。荔浦市、全州县、兴安县、阳朔县、灵川县共设置营业网点7个。共设离行式ATM自助银行47个。年内,中行桂林分行优化经营管理,提升普惠金融服务力度,落实各项金融支持复工复产措施,服务桂林国际旅游胜地建设。年末,中行桂林分行各项本外币存款余额183.83亿元;本外币各项贷款余额181.55亿元,增长16.37%;实现营业收入5.34亿元,增长12.93%。

保持外汇业务优势　2020年,中行桂林分行优化机构布局,推进经营管理高质量发展,外汇业务市场竞争能力稳步提升。年末,国际结算业务量市场份额47.21%,跨境人民币业务量市场份额33.56%,保持同行业第一。加强同行业合作,对公结售汇业务量6.4亿美元,市场份额52.67%。

助力复工复产　2020年年初,中行桂林分行加大信贷支持,助推企业实现全面复工复产。年内,运用阶段性延期还本付息等政策,降低贷款利率,提高审批速度,满足疫情防控重点保障企业、复工复产企业、行业主管部门确定的重点企业的融资需求。为全国性重点防疫企业桂林漓峰医药用品有限责任公司发放授信支持500万元,实现桂林市第一笔防疫企业信贷投放。通过变更还款计划、展期等方式支持33家企业渡过难关。为13家企业调整利息还款计划,延期付息金额2335万元。年末,监管口径小微贷款余额7.2亿元,增长42.60%。其中,个人普惠金融360笔,金额合计2.5亿元,有效缓减客户融资难题,促进小微企业主和个体工商户复商复市。民营企业贷款余额24.67亿元,增长26.12%,全年共投放民营企业贷款18.61亿元。加大产品创新,简化程序,优化服务,缓解小微企业贷款难问题。与桂林市小微担保公司携手,在广西开创“异地授信、异地担保”的“漓泉啤酒贷”2.0新模式,保障疫情期间企业经营连续性。

推动网点劳动组合优化　2020年,中行桂林分行从服务机制、人员队伍、品牌打造、合规运营等方面,深化“以客户为中心、以奋斗者为本”服务精神。年内,组织网点开展劳动组合优化工作,释放柜面人员到厅堂营销岗位,增加网点营销人员配置,增加对公客户经理、理财经理。落实国家拥军服务相关政策,制订《军人客户办理业务服务流程》。

防范化解金融风险　2020年,中行桂林分行实行风险内控“一把手”工程,强化防范化解风险。年内,加强不良清收化解工作力度,维护资产质量基本稳定。转变清收机制,将个贷不良贷款全部移交到条线部门集中清收,减轻一线清收压力。开展公司授信管理体制改革,提前介入行业分析和市场调研,提高风险识别能力,促进业务健康快速发展。加强内控案防管理,建立分行党委班子成员与基层机构案防挂钩机制。2020年,反洗钱工作获评A级金融机构。全年无重大安全事故发生,无声誉风险发生。

(何怡)

2020年9月17日,农行桂林分行宣传网络安全。　(伍文悄摄)

【中国建设银行股份有限公司桂林分行】2020年,建行桂林分行位于市中山中路24-1号。内设机构13个,下设县支行7个,城区网点35个。年内,建行桂林分行推进转型和创新,加强精细化管理,提升服务地方经济和防范金融风险能力,各项业务稳健发展。年末,各项存款余额333亿元,增加15.98亿元;各项贷款余额288.95亿元,增加23.68亿元。对公非贴现利息贷款增加15.8亿元,全年实现中间业务收入2.7亿元。

2020年3月3日，中行桂林分行向消防指战员赠送防疫物资。（唐巍菱摄）

支持地方经济发展　2020年，建行桂林分行围绕金融科技、住房租赁、普惠金融三大板块，助推PPP项目、西部陆海新通道项目、自治区重点建设项目和桂林市重点建设项目落地。年内，支持桂林市深科技智能制造园等重大项目7个，共批复贷款40亿元。服务房地产项目，投放房地产开发贷款共5.19亿元。通过多产品、多渠道，支持制造业企业发展。年末，制造业贷款余额12.45亿元，增加6.52亿元，增长率110.02%；小微制造业企业贷款余额1.97亿元。通过政业融通新业务，拓展营销市、城区以及县域3个层级公租房业务，至年末，为城区和县域批复项目12个，投放贷款14亿元。

推动普惠金融发展　2020年，建行桂林分行全面推进普惠金融工作，普惠金融发展质效持续提升。持续加大小微企业信用支持力度，年末，小微企业信用类贷款余额8.21亿元。依托金融科技优势，创新推出“商户云贷”“交易快贷”“个体工商户抵押快贷”等系列普惠融资产品。针对受疫情影响的小微企业，推出全线上、纯信用的“云义贷”产品，为334家小微企业投放贷款1.16亿元。联合福建商户、桂林市水协会等单位，开展银企对接会及各种网点沙龙10场次，解决企业融资难、融资贵的问题。在新冠疫情期间创新“无接触宣传”，制作新媒体宣传片，联合桂林市税务局、市中小企业服务中心，开展企业复工复产金融政策及建设银行普惠政策解读在线直播2场。加深银税互动合作，新发放线上银税互动产品“云税贷”2.8亿元，各项银税互动产品贷款余额2.64亿元。开展“百行进万企”融资对接活动，成功授信小微企业1629家，授信金额8.71亿元，贷款金额6.05亿元。

金融支持复工复产　2020年，建行桂林分行通过优惠信贷利率、加大信贷支持、开通绿色通道等多举措，做好金融支持企业复工复产工作。年内，牵头为桂林坤宏量子信息通讯项目组建银团，提供金融支持。至年末，发放支持企业复工复产贷款共2795笔，金额55.21亿元。其中，大中型企业贷款101笔，金额43.72亿元；小微型企业贷款2694笔，金额11.49亿元。发放“复工贷”贷款13笔，金额3.55亿元。为532家小微企业办理2.5亿元的贷款延期，支持“六稳”“六保”。

服务乡村振兴　2020年，建行桂林分行通过电商扶贫、普惠金融、信贷业务等，实施金融精准扶贫，助推乡村振兴。2018—2020年，善融扶贫累计交易额246万元，投放金融精准扶贫贷款3.78亿元，基础设施领域项目建设贷款1.5亿元，发个人精准扶贫贷款1.1亿元，带动贫困人口1150人。通过以“金智惠民、裕农学堂、乡村振兴、脱贫攻坚”等主题的直播课程，打造互联互通、互用共享的学习生态圈。

提升服务品质　2020年，建行桂林分行弘扬志愿精神，做好服务社会大众工作。年内，基于本地居民需求，畅通线上线下运营渠道，深化“劳动者港湾+”模式，拓宽“劳动者港湾”服务范围，覆盖建行网点47个。组建建行志愿服务队，依托网点广泛开展志愿服务，打造“‘3·15’金融消费者权益日”“金融知识宣传服务月”“基金服务万里行”“网络金融反欺诈知识”“以购代捐”爱心团购等多个特色志愿服务品牌。（邓双艳）

【交通银行股份有限公司桂林分行】

2020年，交行桂林分行办公地址在市南环路8号。内设机构9个，下辖营业网点9家，自助银行服务区23个。2020年，交通银行桂林分行各项业务取得新进展，为当地实体经济发展提供优质的金融服务。年末，交通银行桂林分行本外币资产总额142.60亿

2020年1月20日，建行桂林分行与桂林农业农村局签订战略合作协议。（邓双艳摄）

元，本外币各项存款余额125.62亿元，本外币各项贷款余额96.46亿元。年内，交行桂林分行营业部获“2020年第六届全国文明单位”称号，交行桂林分行中南支行获“2020年银行业文明规范服务千佳单位”称号。

服务地方经济发展　2020年，交行桂林分行紧跟当地政府发展战略，全力支持地方经济发展。年内，增加实体经济投放力度，配置更多的金融资源到重点领域和项目，提升服务效率和水平，解决民营企业的融资难问题。延展金融业务创新，依据广西金融门户开放政策，代理城商行国际业务并获得重大突破，实现交行系统内首笔同业保函业务、交行系统内首笔同业项下内保直贷业务。

科学部署应对疫情　2020年，交行桂林分行落实常态化防控措施，统筹做好新冠疫情防控和金融服务工作。年内，围绕“六稳”和“六保”要求，通过开设绿色通道，提高金融服务支持保障时效。为受疫情影响企业提供金融解决方案，发放“复工贷”“稳企贷”，推进“稳企业、保就业”工作高效开展。支持本地多家单位顺利发行地方政府专项债，金额共15.7亿元，保障项目复工资金需求，助力企业复工复产。

做好普惠金融服务　2020年，交行桂林分行开展线上、线下“普惠金融进万企”活动，向企业及消费者宣传相关优惠政策，帮助企业了解最新政策动向及金融服务政策。以“线上抵押贷”“线上税融通”“线上优贷通”等线上产品为依托，推进“百行进万企”等线下专项行动，扩大分行普惠金融服务覆盖范围。至年末，普惠各项指标均超额完成银保监“两增”（单户授信总额1000万元及以下的小微企业贷款同比增速不低于各项贷款增速，贷款户数不低于上年同期水平）任务，“两增”贷款完成率166.38%，“两增”客户数完成率200%。

强化风险防控　2020年，交行桂林分行落实各项风险管控要求，加强重点领域风险防控，提升各类风险管理能力，全年未出现重大案件和群体事件。年内，加强内部管控体制机制，加强员工警示教育，将风险遏制在萌芽状态。对金融风险主动防范、科学防范，做到早识别、早预警、早发现、早处置，确保风险防控取得实效。年内，通过广州审计监督分局内控审计，内控评级水平获较好评价。

普及金融知识　2020年，交行桂林分行通过网点宣传、现场宣传、直播宣传等多种形式，配合人行桂林市中支开展“存款保险”制度、LPR存量转换等相关内容宣传活动。开展金融知识进社区、校园、企业等宣传活动，向社会公众传导金融消费者权益保护理念，提升消费者风险责任意识。

（李先益）

【中国邮政储蓄银行股份有限公司桂林市分行】　2020年，邮储银行桂林市分行办公地址在市中山中路57号。内设机构14个。下辖一级支行6个，“二改一”支行6个。网点共101个，其中自营网点27个，代理网点74个。年内，邮储银行桂林市分行支持企业复工复产，深化“三农”金融服务，提升金融服务实体经济效率和水平，较好完成各项考核指标。年末，各项存款余额157亿元；各项贷款余额96亿元，增长42.55%。不良率0.93%，下降0.28个百分点；逾期率0.99%，下降0.34个百分点。

金融支持复工复产　2020年，邮储银行桂林市分行利用多项金融政策，为桂林辖区复工复产企业和个体工商户提供金融支持，发放贷款22亿元。年内，落实人民银行抗疫专项再贷款政策，发放抗疫专项再贷款1.73亿元。落实“复工贷”“稳企贷”等贴息贷款政策，解决中小企业融资难题。利用广西综合金融服务平台线上融资对接机制，精准对接企业融资需求，为符合条件的小微企业客户提供优惠贷款，降低小微企业融资成本。至年末，在线对接企业融资需求70家，成功授信39家1.26亿元，放款1.08亿元。落实疫情期间阶段性延期还本付息政策，为中小微企业办理延期还本，涉及贷款金额3亿元；办理延期付息，涉及贷款金额2亿元。推出贷款利率优惠、减免服务收费等减费让利措施，为企业开辟绿色通道，主动为符合条件的企业发放贷款。

推进普惠金融　2020年，邮储银行桂林分行加大对“三农”支持力度，涉农贷款增加7亿余元，普惠涉农贷款增加2亿元。普惠型小微企业贷款增加超2亿元。绿色银行三年建设重点指标超额完成，绿色信贷余额23亿元。

深化政银担合作　2020年4月16日，邮储银行桂林市分行与桂林市两新组织党工委签订“党旗领航　金融助力”合作协议，坚持党建引领，为民营企业搭建贷款平台。强化与小微担保合作，提升企业贷款额度。主动走访对接企业，快速回应企业融资需求，为企业融资需求排忧解难。至年末，发放助力贷20亿元。

（王蜜蜜）

【桂林银行股份有限公司】　2020年，

2020年6月29日，交行桂林分行到社区普及老年人群体防范电信金融诈骗知识。（李先益摄）

桂林银行在桂林的办公地址在临桂区公园北路8号桂林金融大厦，部分业务部室设在南宁市的桂林银行大厦。共设立分支机构121家，社区支行及小微支行279家，农村普惠金融服务站4030家，控股村镇银行7家。年末，桂林银行集团总资产3788.18亿元，增长21.30%；各项存款余额2988.41亿元，增长25.41%；各项贷款余额2088.15亿元，增长21.83%。实现经营利润48.76亿元，增长5.00%；实现利润总额13.08亿元；净利润11.78亿元；上缴各项税费13.57亿元。

2020年12月27日，桂林银行与中国（广西）自由贸易试验区钦州港片区管理委员会共建的乡村振兴综合服务点在钦州港自贸试验区金鼓社区挂牌成立。

（桂林银行供图）

创新与发展　2020年，桂林银行利用资金、技术等综合优势，创新金融产品，优化金融服务，不断创新发展。3月31日，成功发行华南首单城商行永续债32亿元。7月16日，获批北京金融资产交易所债权融资计划主承销商资质。9月3日，桂林银行象山支行获桂林银保监分局批复，升格并更名为桂林银行桂林分行，桂林银行在桂林辖区分支机构的管理职能划归桂林银行桂林分行。9月23日，桂林银行桂林分行成立。9月26日，桂林银行举行首次上市工作宣讲。12月18日，桂林银行贺州支行升格为桂林银行贺州分行。2020年，桂林银行列"2020全球银行1000强"第375位，上升17位；在中国服务业企业500强中列第291位，上升17位；在2020广西企业100强中列第26位。获2020年中国电子银行金榜奖"最佳智能银行奖"，荣登2020年度网上银行服务领域企业标准领跑者，评为"最佳社区服务城市商业银行"，获2020广西金融服务百姓口碑榜"服务三农优秀银行""优秀社区银行""抗击疫情责任银行"称号。

服务实体经济　2020年，桂林银行围绕广西经济社会发展大局，助推产业链转型升级。响应广西"工业强桂"战略，对地区资源优势进行调研，主动对接当地中大型项目建设，对企业实施"一地一策"的业务方案，引导信贷资金向广西工业、制造业倾斜，运用产业与金融融业结合思路，拓展产业链条上下游客户，促进工业高质量发展。年内，桂林银行支持项目建设182个，其中重大项目105个、"一带一路"项目9个、"四个一百"产业转型升级项目19个、投资项目3个、其他项目46个，累计提供融资500亿元。

服务乡村振兴　2020年，桂林银行将服务乡村振兴作为全行战略的重中之重，加大对农村的金融服务力度。3月，桂林银行提出做"服务乡村振兴的银行"。5月，成立乡村振兴工作部，并陆续在12家分行成立乡村振兴工作部，建立"三农"专职工作队伍。年内，构建市、县、乡、村四级服务网络，打造集金融、政务、便民服务和脱贫攻坚、产业推动、消费者权益保护于一体的"三农"综合服务平台。至年末，桂林银行在广西共开立县域支行48家，县乡小微支行109家，农村普惠金融综合服务点4030个；市、县、乡、村四级服务网络覆盖全自治区，其中县级47个、乡（镇）级600个、建制村级5000个。围绕农村改革、农业现代化、乡村建设等战略部署，加大信贷资源投放，助推县域乡村产业发展。年末，涉农贷款余额360亿元，增长35%。依托"天天开心团""小能人"等线上线下平台及合作企业，助力农产品销售9000吨，销售金额2.85亿元。

发展普惠金融　2020年，桂林银行推进普惠金融，加大产品创新力度，提升小微企业服务水平。年内，根据民营企业融资需求特点，运用互联网、大数据等新技术，推出多项线上贷款产品。丰富线上产品种类，升级"小

2020年9月23日，桂林银行桂林分行成立。　（桂林银行供图）

微速贷”“产业富农贷”“微链贷”“桂银乐税贷”等小微民营企业贷款产品。以全新的“线上 + 线下”普惠金融产品体系，匹配不同发展阶段的小微企业金融需求，解决小微企业“融资难、融资贵”的问题。以客户为中心，根据企业经营规模、生产周期、资金需求等特点，结合财政利差补贴方式，优化贷款审批流程，提高贷款审批效率。参与面向东盟金融开放门户建设，3月18日，桂林银行百色靖西支行与越南投资与发展股份商业银行高平分行完成首次跨境结算业务合作，成功办理50万元边贸跨境人民币结算。通过“惠边贷”“互市贷”“桂边贷”“边易贷”等沿边金融产品，累计为边民及涉边企业提供信贷支持34亿元。

践行绿色低碳金融　2020年，桂林银行践行绿色发展理念，拓宽绿色资金渠道，推进绿色金融债发行。年末，桂林银行绿色贷款余额62.79亿元，占全行贷款余额的3.40%；增加16.25亿元，增长34.92%。资金主要投向节能环保、清洁生产、清洁能源、生态环境等绿色产业。公开发行绿色金融债券20亿元，投放绿色产业项目24个。成功认购广西首笔非公开发行绿色公司债券，金额3亿元，期限5年，用于桂林国际旅游胜地水系综合治理工程项目。　（文丹）

助力企业复工复产　2020年2月21日，桂林银行累计向42家疫情防控相关企业和因疫情受困企业新增授信3.81亿元，新增投放2.95亿元；为110家企业调整还款付息节点，涉及贷款金额30.22亿元；为383家企业下调贷款利率，涉及贷款金额19.69亿元。2月24日，该行全部网点恢复营业，支持企业复工复产。4月30日，该行对接国家重点保障企业135家，完成授信审批放款16家，并持续做好跟进，保障重点企业的融资需求。累计发放财政贴息复工贷款11.94亿元，为451家企业节约融资成本2400万元；共支持复工复产企业和个体工商户2816家（户），贷款余额455.45亿元。疫情期间，累计发放贷款218.36亿元；累计为404家企业和个体工商户合理调整利率，减免利息0.15亿元。全年共为企业和个体工商户减免利息1亿多元。　（覃丰展）

【广西壮族自治区农村信用社联合社桂林办事处】 2020年，农信社桂林办事处办公地址在市漓江路49号，内设机构6个。3月21日，广西荔浦农村商业银行揭牌开业，辖区有农村商业银行7家，农村合作银行6家，机构网点共279个。年内，区联社桂林办事处做好主营业务经营，推进辖区农合机构高质量发展。年末，桂林辖区农合机构各项存款余额1078.47亿元，增加87.94亿元，增长8.88%；各项贷款余额918.31亿元，增加76.09亿元，增长9.03%；存款、贷款占当地市场份额分别为26.99%、28.22%；实现财务总收入58.10亿元，实现利润23.32亿元，缴纳各类税金3.98亿元。

加大对地方重点项目支持　2020年，农信社桂林办事处及辖区机构围绕市、县（市、区）人民政府的发展重点，加大实体经济信贷投放，服务地方重点项目。年内，支持地方重大项目28个，贷款余额33亿元。其中，支持县（市、区）人民政府采购服务项目16个，贷款余额27.28亿元；支持自治区重点项目及“四个一百”等项目12个，贷款余额5.72亿元。

支持企业复工复产　2020年，农信社桂林办事处及辖区机构加大对疫情防控及生产企业信贷的支持力度，推动企业复工复产。年内，开展“百行进万企”融资对接活动，累计对接企业3900家，授信7.79亿元，支持复工复产企业1.90万户，累放贷款金额125.51亿元，补贴便民点商户557.89万元，发放财政贴息复工贷款14.73亿元。向疫情防控部门捐款捐物，向学校捐赠口罩、消杀设备等。辖区农合机构累计捐款175.6万元，捐赠口罩14.79万只，捐赠医疗用品和生活物资，价值26.33万元。

支农支小支微　2020年，农信社桂林办事处及辖区机构推进乡村振兴战略，做好支农支小支微。年内，将信贷资金向“三农”倾斜，新冠肺炎疫情期间转变农户贷款发放方式，由线下转向线上申请、主动上门，简化办贷流程。年末，涉农贷款余额624.08亿元，增加11.58亿元。加大集约化、机械化程度高的特色农业企业及服务业企业金融服务力度，授信农业和服务业企业221家，授信金额47.33亿元，发放贷款26.8亿元。及时满足小微和民营企业资金需求，疫情期间不抽贷、不断贷、不压贷，对暂时不能办理续贷的，通过贷款展期缓解融资压力。小微企业贷款余额516亿元，增加46亿元。年内，临桂农村商业银行评为“中国地方金融十佳支持三农银行”，广西桂林漓江农村合作银行评为“中国地方金融十佳支持小微企业银行”。

推进脱贫攻坚　2020年，农信社桂林办事处及辖区机构发挥金融推进扶贫作用，满足贫困户发展生产有效信贷需求，做到应贷尽贷。年内，加大“电商扶贫”工作力度，联系对接当地品质有保障、产品有特色、效益辐射贫困户的土、特、优农产品上架利农商城销售，全年通过“利农商城”销售贫困地区农产品1432万元，增加354万元。至年末，辖区授信贫困户8.75万户，授

2020年3月21日，广西荔浦农村商业银行揭牌开业仪式举行。　（林丽芳摄）

信总额39.43亿元，户均授信4.51万元，通过信贷支持帮助3.64万户贫困户脱贫。年内，恭城瑶族自治县农村商业银行在中国县域金融年会上评为“2020年度中国精准扶贫十佳县域银行”。

提升普惠金融服务　2020年，农信社桂林办事处及辖区机构以“党旗引领+金融先锋”的党建模式，加强普惠金融建设，实施“万名农信先锋进万村”工程，提升金融服务便利性。年内，派驻金融专员到各乡（镇）、村（屯）宣传，向种养大户专业户、青年农民普及金融、金融安全防范等知识。派驻金融专员815人，覆盖村（屯）数2641个，覆盖率100%；开展金融宣讲200次，举行共建活动769次。逐村逐户建立和完善农户信息电子档案，推进信用户、信用村（屯）、信用乡（镇）建设。至年末，辖区信用户68.74万户，占全部农户的64.02%；信用村958个，占全部建制村的56.96%；信用乡（镇）81个，占全部乡（镇）的60.45%。加大易农宝推广力度，减少农户到网点办贷次数。推动移动支付便民示范工程业务，至年末，辖区云闪付APP用户11.54万户。加大公务卡、易系列卡、桂盛信用卡等具有贷记功能银行卡推广力度，至年末，共发行贷记功能银行卡32.42万张，授信172.31亿元，透支余额75.07亿元，实现收入5.72亿元。推进农村便民服务点和综合服务站建设，年末，营业网点279个，自助服务设备1113台，桂盛通POS机数量9273台，“三农”金融服务室1637个，“三农”金融服务站338个。

（王雪今）

证券机构选介

【国海证券股份有限公司桂林分公司】 2020年，国海证券股份有限公司桂林分公司办公地址在市中山中路46号，内设机构5个。3月2日，广西证监局核准国海证券股份有限公司撤销桂林分公司；9月16日，将桂林中山中路证券营业部更名为桂林分公司。下辖桂林辅星路证券营业部、临桂区人民路证券营业部、兴安县三台路证券营业部、全州县中心北路证券营业部、荔浦市荔柳路证券营业部、阳朔县蟠桃路证券营业部。年内，该公司面对严峻的市场形势和激烈的竞争环境，做好增收节支、业务转型、强化风险控制等重点工作，发展特色业务，企业品牌形象不断提升。以客户为中心，在经营管理、队伍建设及考核激励等方面加快改革力度，促进业务转型。按照公司零售财富管理委员会对前台队伍的改革要求，完成定员定岗工作，制订分公司考核方案和激励分配方案，调动员工工作积极性，推进分公司改革向纵深发展。将资产引进、拓展新的收入来源作为工作新重点。加强客户经理团队建设、渠道开发、机构经纪业务开发等工作向财富管理转型。缩减营业场所面积，优化人员结构，降低人力资源成本支出，增收节支效果明显。加强与政府和相关管理部门的联系，为地方企业提供综合金融服务支持。协助公司投行、资管等相关业务部门，为桂林辖区的4家上市公司和挂牌企业提供再融资服务，为地方平台公司提供债权融资服务，为上市公司股东提供股票质押融资支持。加强合规建设，防范经营风险。从组织保障、培训、内控检查等方面，加强合规管理工作。开展员工合规培训及宣导，全体员工合规经营意识进一步加强。加强反洗钱工作，成立反洗钱工作小组。至年末，桂林分公司股基债交易量共2564.32亿元，产品销售8.9亿元。年内，被广西证券期货基金业协会授予“2020年优秀经营机构”称号，桂林分公司获人民银行桂林中支2019年反洗钱A级评级。

（李清）

【东方证券股份有限公司桂林中山中路证券营业部】 2020年，东方证券股份有限公司桂林中山中路证券营业部办公地址在市中山中路16号。年初，受新冠疫情影响，证券市场行情大幅波动。4月后，随着疫情的有效控制震荡上升，该营业部拓宽合作渠道，推进财富管理转型，全年交易金额573亿元，增加客户2307户。年内，该营业部加大与银行、社区、物业等渠道的合作，重点向投资者宣传证券公司账户的综合理财功能，相关业务得到有效推广。做好同花顺圈子平台的咨询服务，外地客户数量不断增加。销售投资T策略和咨询服务课程，增加业务收益。聘任3名员工为培训讲师，开展员工业务知识及营销培训，员工整体专业水平得到提升。采取多种形式开展各类专题投资教育活动，为投资者提供证券业务、金融理财等知识宣讲。与社区合作，宣传发洗钱和非法集资知识，提高居民的风险防范意识。

（赵艳）

【申万宏源证券有限公司桂林漓江路证券营业部】 2020年，申万宏源证券有限公司桂林漓江路证券营业部办公地址在市漓江路28号中软现代城。年内，该营业部执行“存量客户产品化、增量客户机构化”的经营方针，坚持以客户为中心，持续推进财富管理和综合金融业务转型发展，业务净收入、考核利润均实现较大增长。加强银行等渠道建设工作，拓展客户。制订一体化营销方案，为银行、企业等

2020年11月26日，国海证券桂林分公司举办“蓄势而发　智融有道”注册制新格局下的投资大时代暨融资融券专题报告会。（国海证券桂林分公司供图）

2020 年，东方证券桂林中山中路营业部为客户举办投资策略报告会。

（东方证券桂林中山中路营业部供图）

渠道提供专业证券咨询和投顾服务。推进产品销售和投顾业务转型，做大产品销售规模，加大投顾业务推广力度。布局公募基金投顾业务，制订专项考核方案，强化过程跟踪督导。开发私募等机构客户，实现私募托管和机构双融余额零突破。拓展综合金融业务，成功承揽 1 项 IPO 项目。做好日常合规监测，多次组织开展合规宣导培训，完成各类专项检查和自查，与全体员工签署《干部员工合规自律承诺书》。做好反洗钱工作，组织开展以“主动配合反洗钱，让账户更安全”为主题的反洗钱宣传月等活动。

（申捷）

保险机构选介

【中国人民财产保险股份有限公司桂林市分公司】 2020 年，中国人民财产保险股份有限公司桂林市分公司办公地址在市中山中路 59 号。下设支公司 15 家，营销服务部 21 个，网点遍及辖区所有乡（镇）。全年累计完成保费 7.62 亿元，其中车险保费 4.72 亿元，非车非农保费 1.97 亿元，农险保费 9285 万元。全年累计支付赔款 4.96 亿元，缴纳税收 1758.45 万元，代收车船税 8220.89 万元。年内，扶贫攻坚工作融合于保险工作，为贫困人口提供覆盖居民生活全流程的风险保障。搭建医疗兜底救助“一站式”服务平台，解决贫困患者多头往返报销医疗费用的问题，减轻资金垫付压力，全年赔付金额 9073 万元。做好疫情防控和助力复工复产工作。疫情期间为营业客车及货车的机动车辆保险、承运人责任险期限做顺延批改，顺延时间 1 个月至 4 个月不等，服务车队 30 家，车辆 500 台。为 38 个政府机关、企事业单位出具法定传染病保险，为桂林三金药业等公司防疫物资承保货物运输保险。向市公安、法院、教育系统捐赠口罩、消毒水等防疫物资。优化服务品质，提升客户体验。推出“水泡车优惠置换新车”服务，针对阳朔县 6 月 7 日水灾，为客户提供“水泡车置换”服务 8 台，最快时限 6 天。开设机动车登记服务站，为群众机动车、驾驶证年检（审）、道路违章处理等相关业务提供“一站式”便捷服务。开展“警保联动”深度合作，推动桂林辖区“两站两员”建设（交通管理站、交通安全劝导站，交通安全员、交通安全协管员）。

（田程伟）

【中国人寿保险股份有限公司桂林分公司】 2020 年，中国人寿保险股份有限公司桂林分公司地址在市七星区栖霞路 24 号。下辖县（市）支公司 11 个，城区专业化支公司 6 个，营销服务部 59 个。全年实现总保费 22.8 亿元，增长 4.23%。实现首年期交保费 3.86 亿元，增长 10.25%；短期险保费实现 4.35 亿元，其中大病保险保费 2.94 亿元；续期保费实现 14.60 亿元，增长 8.6%。年内，该公司作为系统内全自治区试点，提前上线“空中客服”，实现异地面对面服务。推出“重疾一日赔”、寿险 APP 和微信公众号线上理赔等多项理赔服务优化举措。全年理赔 3.7 万件，理赔智能替代率 79.5%，为 2.86 万名客户提供智能化理赔服务，申请支付实效 1.09 天。面对新冠肺炎疫情，开通 7×24 小时线上理赔、线上申请理赔客户免提交纸质理赔申请资料等服务，全面保障客户权益。向援湖北抗疫医疗队员捐赠专属保险，总保险金额 1.09 亿元。全年该公司城乡居民大病保险为建档立卡贫困人员赔付 3786.56 万元（包含一站式

2020 年 6 月 12 日，桂林人保财险携手桂林长久博骏店为暴雨水浸车“购车惠”置换新车交车仪式举行。

（人保财险桂林分公司供图）

即时结算金额),赔付人员 7062 人,政策倾斜赔付 1681.52 万元;惠民“两癌”保险投保 38.7 万份,覆盖 19.35 万人,理赔 1272.5 万元。开展保险业市场“巩固治乱象成果”回头看、保险中介机构乱象治理等工作,做好日常各项风险管理,强化合规经营和监督问责,年内,未发生系统性、区域性重大群体性事件。 (熊小群)

2020 年 2 月 24 日,中国人寿桂林分公司联合市妇联向援湖北抗疫医疗队员捐赠专属保险。 (熊小群摄)

【中国太平洋财产保险股份有限公司桂林中心支公司】 2020 年,中国太平洋财产保险股份有限公司桂林中心支公司办公地址在市安新北路 10 号。下辖县(市)支公司 11 个,城区支公司 4 个。年内,该公司聚焦社会民生,服务实体经济,全年实现保费收入 3.45 亿元,为社会提供各种风险保障 5600 亿元,全年赔款支出 2.16 亿元,累计上缴税金 1250 万元。新冠肺炎疫情期间,第一时间向重点人群提供保险保障,扩大新冠肺炎疫情保障范围,开展免费上门汽车消毒服务和校园消毒服务。推动“复工复产”保险服务方案,为企业提供专享理赔服务。启动绿色通道,制订专项方案,加大对疫情理赔的支持。创新服务民营及小微企业的保险新模式,精准对接小微民营企业金融需求。支持“两猪”(生猪、能繁母猪)稳产保供,与灌阳县农村商业银行联合创新推出“信贷+保险”综合金融方案,10 月成功签署合作协议并实现首单落地,灌阳县农村商业银行向该公司养殖客户发放贷款 12 万元。优化“信贷+保险”试点模式,探索具有桂林特色的金融保险项目,包括生猪活体抵押、保单质押、“牛保姆”项目等,提升农业农村金融服务的便利性和精准性。运用科技创新,加强理赔新技术“太·AI”“里程保产品”“e 农险 FAST”等 AI 智能运用推广,提高风险管理,提升理赔效能。扩大“太好赔服务中心”覆盖范围,布局县域维修网络。依托“太好赔车主服务中心”,在节假日期间为客户提供免费安全检测、优惠保养等服务;开通理赔绿色通道,实现快速“修赔一体”理赔服务。 (毛志波)

2020 年 9 月 25 日,太平洋财产保险荔浦市支公司在荔浦市茶城乡中心小学举行“益”学无忧贫困学生保险捐赠活动。 (毛志波摄)

【中国太平洋人寿保险股份有限公司桂林中心支公司】 2020 年,中国太平洋人寿保险股份有限公司桂林中心支公司办公地址在市象山区安新北路 10 号。下辖县(市)支公司 8 个,城区支公司 3 个。年内,该公司推动线上线下融合经营,强化营销队伍建设,业务持续稳定发展。全年实现保费收入 5.46 亿元,其中个人业务保费收入 5.09 亿元,金融合作保费收入 1265.33 万元,团险业务保费收入 1274.42 万元。新保保费收入 8318.13 万元,其中个人业务新保保费收入 6009.58 万元;续期保费 4.63 亿元。全年赔款金额(纯理赔款,不含给付金额)3243.96 万元,总件数 4323 件。年内,全面升级办公大楼,服务大厅实现人工智能一体化。加快人工智能和大数据等新技术应用,推进投保、核保、理赔、客服等运营服务全流程的数字化、智能化,客户服务体验和运营效能得到提升。开展各项合规工作,重点关注机构、岗位执行不力、管理薄弱等情况。组织开展销售误导治理、防范非法集资、意外险市场清理整顿、涉疫矛盾纠纷排查、反保险欺诈、打击非法放贷及新型电信网络诈骗违法犯罪、反洗钱义务履行等专项排查工作。加强各部门、各机构日常合规培训工作管理,提升全员合规内控队伍履职能力,全年组织线上线下培训宣传 28 场次,受教育人数 2549 人次。 (陈媛)

新区·开发区

临桂新区

【概况】 2020年，中国共产党桂林市临桂新区工作委员会（简称临桂新区党工委）、桂林市临桂新区管理委员会（简称临桂新区管委会）办公地址在桂林市临桂区世纪东路48号8楼。临桂新区党工委内设机构2个，临桂新区管委会内设机构6个。下辖桂林市临桂新区管理委员会信息中心。5月，临桂新区机关党委成立。年内，临桂新区列入桂林市层面1亿元以上攻坚项目41个，年度计划投资59.73亿元，全年累计完成投资84.36亿元。

【临桂新区项目建设】 2020年，临桂新区重大项目和基础配套项目取得新进展。西城大道南延长线秧一路至临苏路口、沙塘大道一期等道路实现通车。推进西城大道南延长线临苏路口至华为地段项目、机场路以北片区和兰塘河以南片区路网建设。桂林纪检综合业务基地项目完成综合验收，临桂万达广场开业。桂林国际会展中心项目开工建设。推进兴桂园、宏谋双创中心、新城商务写字楼和北区水系等项目建设。翻山底市场正式营业，宏谋市场已启动建设。三元中学、崇文小学于9月招生。

【临桂新区规划体系完善】 2020年，桂林临桂新区（中心区）规划设计获国家绿色生态城区规划设计三星级（最高星级）评价标识。年内，临桂新区管委会启动新一轮城市设计工作，开展临桂新区“五网”建设（交通网、能源网、信息网、物流网、地下管网建设）专项规划。配合开展桂林市轨道交通1号线临桂段、车辆基地及线网控制中心项目前期规划工作，以及高铁站规划选址的前期工作。

【临桂新区要素保障】 2020年，临桂新区取得融资额度31.53亿元，实际到位资金46.10亿元。土地总收入7.58亿元，土地利用规划调整总面积100公顷，完成用地预审总面积273公顷，招商引资到位资金31亿元。

【临桂新区综合管理服务提升】 2020年，临桂新区管委会审核通过《临桂新区第二批道路桥梁命名方案》，完成20座桥梁和4条新建道路的命名。进一步理顺城市市政管理联合审查机制，加强与临桂区市政、规划管理部门联合审查机制，理顺新区市政道路挖掘、绿化移植、雨污定点接入等工作审批流程，完善道路开口及市政挖掘审批手续。通过与临桂区城管大队联合巡查、联合执法，共处理各类违章违法行为200余件。完成三中路与致远路交叉口的提升改造，开展上蔡塘村、下蔡塘村和陆家村自来水支管建设。启动建设凤凰林场弃土场项目。

【临桂新区水系水质改善治理】 2020年，临桂新区管委会按照《临桂新区黑臭水体污染整治工作实施方案》，分步实施环城水系水质改善治理工作。完成2万吨一体化污水应急处理设备采购，完成临桂新区湖塘水系中期补水工程初步设计。持续开展水质生态修复净化试验工程，启动兰塘河、沙塘河、蔡塘河循环污泥滤沉物化水质净化工程，完成规划选址。开展雨污水管道清淤检测20千米、污水管道修复2千米。投入资金8000万元，基本完成直排入水系的排污管、雨污混流管的堵截和整治，水体总磷、氨氮、化学需氧量指标明显下降，水系水质从整治前的Ⅴ类提升至Ⅳ类水质（关键指标达Ⅲ类水质）。

（谢琨）

2020年9月30日，临桂万达广场开业。　（临桂新区管委会供图）

桂林国家高新技术产业开发区

【概况】 2020年，中国共产党桂林国家高新技术产业开发区工作委员会（简称高新区党工委）、桂林国家高新技术产业开发区管理委员会（简称高新区管委会）办公地址在桂林市七星区七里店路创意大厦，内设机构9个。年内，高新区管委会推进现代服务业创新发展，优化营商环境，实施创新驱动，推动产业转型升级，经济运行实现稳步增长。全年完成规模以上工业总产值300.37亿元，（比上年，下同）增长12%，占全市规模以上工业总产值的37%。高新区在全国169家国家高新技术产业开发区中综合排名第71位，提升8位。高新区先后获第三批国家级“双创”示范基地、火炬统计工作先进单位、全市工业振兴先进单位。

【高新区体制机制改革】 2020年，高新区推进体制机制改革，拓展发展空间，将象山园、雁山园纳入高新区，形成七星园、象山园、雁山园“一区三园”的发展新格局，区域面积拓展至513平方千米，核心区规划面积拓展至150平方千米（七星园55平方千米、象山园45平方千米、雁山园50平方千米），可利用土地空间得到有效提升。明确发展定位，将高新区打造成为“高新技术产业集聚区、产业融合和产城融合发展先行区、产学研用协同示范区”。成立土地规划、项目推进、营商环境、招商引资和投融资5个工作专班，实行扁平化管理模式。

【高新区工业经济实现逆势增长】 2020年，高新区管委会在新冠肺炎疫情防控期间，聚焦降低疫情影响，帮助企业复工复产，促进项目开工建设。5月，采取“每月一次工委管委联席会”“每季一次企业对接会”“领导班子成员跟踪服务”等措施，定期每月初召开专班会研究和部署当月产业发展工作。每个领导班子成员联系3家—5家规模以上企业，深入企业一线解决资金、增产、用工、销售等实际困难和问题。高新区工业经济实现逆势增长，全年规模以上工业总产值增长12%。

【高新区招商引资】 2020年，高新区“三企入桂”成效明显，引进“三企入桂”签约项目35个，签约总额604.1亿元，已开工24个，总投资154.6亿元。在谈项目取得明显进展，先后到北京、上海、南京、长沙、深圳等地，与世界500强、国内500强企业以及中央企业、民营企业等进行对接洽谈，合作打造桂林量子信息产业基地、桂林航空航天产业基地、格力（桂林）产业基地、中航大飞机起落架特种轮胎生产基地、象山园基础设施及配套设施等10个总投资额达782亿元的重大项目，基本达成投资意向。科技和才智引进卓有成效，先后引进清研皓隆、云璟科技、清华大学深圳研究院、研祥特种计算机研究院等一批博士企业和研究院，还引进一批国家“千人计划”专家和技术领军人才，为高质量发展注入新的智力源泉。

【高新区园区建设】 2020年，高新区新建标准厂房12.8万平方米，重点推进重大产业项目56个，重大项目完成投资129.75亿元。年内，高新区制订第一批十大重点项目攻坚方案，成立重点项目政策及服务支持统筹协调小组，推进园区重大项目引进、落地和建设。优利特血细胞分析系统研发生产基地、北芬生态科技园、雁南飞科技小镇等9个重点产业项目集中开工并加速推进。四块科技分布式储存大数据中心、华诺威生物医药基地、中国交建·象山园“五网建设”、盘古通信光纤电子设备生产等7个项目签约落户。在中国－东盟博览会自治区签约专场会上，七星园石墨烯复合材料产业基地、七星园雁山园合作开发建设项目、雁山园电科云（桂林）大数据中心建设项目、象山园中交桂林漓西新区项目4个项目正式签约，签约总金额413亿元。中国中药（桂林）产业园、坤弘量子信息、清研皓隆、智神科技等6个项目先后竣工投产，至年末，坤弘量子信息项目实现产值10.5亿元，签订订单16.2亿元。

【高新区要素保障】 2020年，高新区重新对政务服务中心进行改造提升，政务中心场地面积由原来的1100平方米扩增至3300平方米，政务服务事项进驻率100%，“一窗受理”率95%以上，日平均办件量600余件。实行园区工业建设项目并联审批流程改革，建立工业建设项目“全流程、全环节、全时限”的代办服务机制，项目建设报批时间由46个工作日压缩至12个工作日。加大工业土地储备力度，全年完成储备工业土地266.67公顷，为新引进项目提供充足的土地空间。按照“一轴、两带”产业发展思路，科学合理布局产业，核心区概念新规划

2020年6月23日，珠海格力电器股份有限公司董事长董明珠（前排中）到高新区就格力仓储智慧物流园选址进行考察。 （章铁军摄）

和产业规划已基本编制完成。开启EPC合作模式，加快推进基础设施建设，与中铁十六局集团有限公司、开源证券股份有限公司签订协议，按照依法合规、互利共赢原则，高新区将基础设施项目打包，开源证券进行融资指导和资金支持，中铁十六局集团有限公司负责项目建设。包装英才科技片区产业园、中电科产业园、信息园标准厂房建设等9个总投资约61亿元的合作开发EPC项目。

2020年11月19日，高新区召开十大重点项目土地规划专题现场办公会。
（章铁军摄）

【高新区融资平台建设】 2020年，高新区加强与各金融和商业机构联系沟通，开展各类融资工作，全年使用各类贷款和融资授信资金14.95亿元。对高新区各平台公司资产进行整合，组建市直属国有企业——桂林高创投资发展集团有限公司。针对园区基础设施建设投入大、资金缺口大和中小企业融资困难等问题，包装"五网"项目争取国家扶持资金，整合园区平台公司有效资产，扩充资产规模，创造现金流，增强融资能力，争取中国农业发展银行、国家开发银行政策性贷款支持。其中，铁山片区产业园建设项目向中国农业发展银行申请城乡一体化中长期贷款9.8亿元，龙船坪特色街区一期工程向中国农业发展银行申请贷款2亿元，雁山大学科教产业园项目申请政府专项债3.7亿元。完成对桂林高新投资开发集团有限公司AA信用评级。

【高新区科技创新】 2020年，高新区有高新技术企业211家。有广西瞪羚企业13家，分别占全自治区广西瞪羚企业的17.2%、全市广西瞪羚企业的80%；有备案科技型中小企业184家，占全市备案科技型中小企业的61.3%；有创新型企业3373家，科技型初创企业3162家，拥有国家级"橡胶制品及装备制造""微波与光通信""光学仪器"等高新技术产业化基地。年内，以科技项目为载体推动企业创新，辖区企业桂林市城德置业投资有限公司获工业和信息化部"2020年度国家小型微型企业创业创新示范基地"，推荐桂林市晶瑞传感技术有限公司等4家企业申报国家"科技助力经济2020"重点专项支持项目，桂林电力电容器有限公司、桂林电器科学研究院有限公司的地方专业性技术创新平台项目获自治区2020年第一批中央指导地方发展基金，组织近70家企业申报桂林市科技计划项目，项目申报数增长30%。加大培育科技创新型企业力度，全年推荐高新区电商谷众创空间、科技企业加速孵化器等4家众创空间和孵化器入库国家级遴选名单和备案预申报，新增广西北斗星测绘科技有限公司、桂林百锐光电技术有限公司2家广西瞪羚企业。推动科技成果转化，完成非公有制企业科技成果登记97件，自治区重大成果转化核验项目57个，完成技术交易额4095.87万元，产生效益额11.72亿元。
（章铁军）

2020年7月21日，高新区举行2020年重大项目集中开竣工暨项目集中签约仪式。
（章铁军摄）

桂林经济技术开发区

【概况】 2020年，桂林经济技术开发区管理委员会（简称桂林经开区管委会）办公地址在桂林经开区土榕大道1号，内设机构7个。年内，桂林经开区成为自治区级经济开发区，并成为入选自治区人民政府办公厅2020年推进广西经济技术开发区创新提升政策落地见效工作方案的开发区。年内，桂林经开区下属平台公司桂林经开投资控股有限责任公司获评信用AA等级；桂林经开区下属平台公司的子公

2020年8月26日，自治区级桂林经济技术开发区授牌仪式在桂林经开区管委会举行。（桂林经开区管委会供图）

司桂林经开孵化器管理有限责任公司被工业和信息化部评定为国家中小企业公共服务示范平台；桂林经开区罗汉果小镇通过2020年度广西特色小镇建设阶段动态评估，居自治区第二名。全年桂林经开区完成规模以上工业总产值197.47亿元，110个重中之重和重大项目完成投资73.59亿元。引进桂林环氧防腐钢管生产基地、新桂轮橡胶产业园、深科技惠州工厂整体搬迁项目、中国石化合作项目等46个，引进项目总投资132.9亿元，完成内资到位资金114亿元。全年标准厂房建成面积30.5万平方米，完成土地收储149.30公顷。规模以上企业95家，上市企业22家，高新技术企业56家。

【桂林经开区疫情防控与企业复工复产】 2020年春节期间，桂林经开区组织桂林恒保健康防护有限公司、桂林科伦制药有限公司、澳柯赛（桂林）医疗器械有限公司等18家防疫物资生产及配套保障企业迅速恢复生产运营。跟踪指导服务园区企业，筛查园区企业用工人员超2万人。2月2日，出台免租政策，为园区租赁企业减免租金525.48万元。创新搭建紧缺防疫物资企业互助“周转池”等公共服务平台，助力企业复工复产。2月28日，规模以上企业复工率100%，建设项目复工率100%。桂林经开区下属平台公司的子公司广西华云大数据有限公司制订的《桂林防疫复工复产数据综合服务解决方案》成为全自治区唯一获评工业和信息化部支撑疫情防控互联网平台解决方案，被工业和信息化部表彰并推广经验。

【桂林经开区工业发展】 2020年，桂林经开区完成规模以上工业总产值197.47亿元，占全市规模以上工业总产值的24%，增长23.45%，增速高于全市13.35个百分点。有产值1亿元以上企业33家，其中20亿元以上企业2家，10亿元—20亿元企业3家，5亿元—10亿元企业5家。新增桂林恒保健康防护有限公司、桂林翔兆科技有限公司、桂林市华谊智测科技有限责任公司等规模以上企业18家。25家企业通过高新技术企业认定（含10家复审），高新技术企业达56家，占全市高新技术企业总数的15.7%。广西桂林锐德检测认证技术有限公司、桂林鸿程矿山设备制造有限责任公司、桂林华越环保科技有限公司、桂林市富华金属制品有限公司4家企业被认定为广西瞪羚企业；广西广协智能科技有限公司、桂林实力科技有限公司、桂林华越环保科技有限公司等28家企业入库全国科技型中小企业名单。桂林深科技有限公司完成由生产代工模式转变为“生产代工+原材料采购”相结合的业务模式，全年实现产值35.75亿元；推动广西汽车集团与比亚迪在新能源微型物流车合作，下线全球首款搭载“刀片电池”纯电动厢式运输车；广西新桂轮橡胶有限公司全年生产轮胎超100万条，完成产值10亿元。帮助企业申报专项扶持资金累计超8亿元，其中落实资金7.03亿元；搭建人才服务平台，共收集95家企业招聘岗位信息1.08万个，为企业解决用工需求。

【桂林经开区项目建设】 2020年，桂林经开区实施重中之重及重大项目110个，完成投资73.59亿元。其中，实施自治区层面统筹推进重大项目9个，完成投资38.01亿元。市领导跟踪服务重中之重和重大项目完成投资7个，完成投资27.25亿元。市级层面统筹推进重大项目45个，完成投资58.83亿元。年内，获批“双新”项目1

2020年9月25日，全球首款搭载“刀片电池”比亚迪纯电动厢式运输车V3在桂林经开区下线。（桂林经开区管委会供图）

个;列入自治区"双百双新"项目8个,其中"双百"项目2个、"双新"项目6个。全年标准厂房施工面积35.29万平方米,建成面积30.5万平方米。

【桂林经开区招商引资】 2020年,桂林经开区引进桂林环氧防腐钢管生产基地、新桂轮橡胶产业园、深科技惠州工厂整体搬迁项目、中国石化合作项目等46个,其中1亿元以上项目21个,"三企入桂"项目24个(中央企业4个、民营企业11个、粤港澳大湾区企业9个),产业类项目38个。已开工项目19个,已投产项目14个。引进的项目总投资132.9亿元,完成内资到位资金114亿元。引进桂林恒保健康防护有限公司、桂林德诚医疗器械有限公司、桂林合兴医疗器械有限公司等7个口罩、防护面罩、护目镜、熔喷布等防疫物资生产项目。其中,2月18日桂林合兴医疗器械有限公司获医用隔离眼罩第一类医疗器械生产备案,实现广西护目镜生产零的突破;2月28日桂林德诚医疗器械有限公司获广西首个医用防护口罩医疗器械注册证及生产许可证,实现医用防护口罩"广西产"。

【桂林经开区优化营商环境】 2020年,桂林经开区园区审批事项审批时限从14个工作日压缩至5个工作日以内,基本实现拿地即开工。年内,桂林经开区推行"先建后验"审批模式,全年累计促成14个项目实行"双容双承诺"直接落地开工;共受理审批服务事项754件次,容缺审批58件,承诺时限内办结率100%。续建及新建人才公寓建设面积20.02万平方米,已建成16.26万平方米,增长33.04%;开工建设公租房3108套,其中530套完成建设。围绕苏桥片区"三横三纵",完成道路大修、人行道铺装、道路树木补种、路灯修复等,实现路平、道顺、树绿、灯亮;全年共新建、改造给排水管网28千米,检测修复污水管网、雨水管网13.9千米。建成汉江路、秧二十四路、电子二路及华为深科技片区内部道路5千米,修复金桂北街、木兰街、苏罗路等道路破损、断裂路面7千米;完成木兰街、土榕大道、水荆路等道路3.5千米电缆管沟建设;完成长江路1.8千米通信线路建设,开通9个通信宏站。全年用电量2.6亿千瓦小时,增长64.6%;污水处理量232.8万立方米,下降12.2%;蒸汽用量55.7万吨,增长21%;燃气用量260.11万立方米,增长44.5%。

【桂林经开区要素保障】 2020年,桂林经开区收储土地9宗149.30公顷,出让土地20宗154.90公顷,完成报批土地面积89.51公顷。开展土地综合整治和旱改水工作,实施耕地提质改造(旱改水)项目3个。7月21日,永福县2020年第一批次乡镇建设用地(桂林经开区教育产业园一期第一批次)29.79公顷获自治区农用地转为建设用地和土地征收批复,成为新修订的土地管理法正式实施以来桂林市第一宗农转用和土地征收获批用地。桂林经开区第三次全国国土调查数据通过自然资源部核查。年内,获国家发展和改革委员会批复地方政府专项债项目6个,获批额度10.2亿元,深科技一期、深科技二期、华为合作区及数据中心取得专项债3.2亿元。桂林经开区乳胶制品产业园实施方案获市政府批复实施,并于12月28日纳入全国PPP综合信息平台管理库。第二批直投项目资金到位3000万元,第三批直投项目获批1.5亿元。中央预算内保障性安居工程配套设施获批3145万元。策划申报乡村振兴项目43个,总投资154亿元,申请补助4.2亿元,其中深科技二期标准厂房获批乡村振兴提前批补助资金1200万元。将桂林经开区3108套公租房项目申请纳入全市保障性住房建设计划,累计向上级行政主管部门争取公租房补助资金1.26亿元。桂林经开区作为全市唯一列入自治区开展区域评估试点的14个产业园区之一。

(杨昌福)

2020年8月,建设中的桂林深科技智能制造产业园项目二期。

(桂林经开区管委会供图)

粤桂黔高铁经济带合作试验区(桂林)广西园

【概况】 2020年,粤桂黔高铁经济带合作试验区(桂林)广西园管理委员会[简称高铁(桂林)广西园管委会]办公地址在桂林市福利北路3号,内设机构5个。年初,高铁(桂林)广西园叠彩园、秀峰园挂牌成立。8月,成立广西粤桂黔投资开发有限责任公司。年内,高铁(桂林)广西园持续推进重大项目建设,优化园区产业结构,促进产业升级,做大经济总量,完成规模以上工业产值100.4亿元,首次突破百亿元。配合桂林市城市规划设计研究院开展《定江镇镇区控制性详细规划》修编及《定江镇总体规划范围内水土保持方案》《桂林高铁经济产业园概念性总体规划》编制工作。

【高铁(桂林)广西园项目建设】 2020年,高铁(桂林)广西园实施重中之重和重大项目35个,年度总投资16.36

亿元,年内竣工投产项目10个。花江智慧谷项目列入自治区第三批“双百双新”项目。开展富兴路延长线等16个基础设施项目建设,竣工8个,完成投资9724万元。完成八里四路西延线(灵川大道至福利路支线)段升级改造工程等15个路网工程及项目的竣工验收,推进万康路、富兴路延长线、西环路(园区段)等11条道路建设以及货运大道、西站西路等7条道路前期工作。

【高铁(桂林)广西园招商引资】2020年,高铁(桂林)广西园管委会到广州、山东等地开展招商推介10余次,接待客商60余批次,签约计划投资1000万元以上工业项目25个,计划总投资38.66亿元,其中1亿元以上项目12个,包括年产500万平方米高新节能玻璃生产项目、高性能有机硅新材料、国际数字文化科技(桂林)产业城项目、中国长城(广西)PKS信创产业生态基地项目等。全年共有29家企业通过智慧产业园以商招商入驻孵化中心。

【高铁(桂林)广西园要素保障】2020年,高铁(桂林)广西园完善配套设施,富兴路延长线、万康路等路网及配套雨污管网等基础设施竣工运营。建成标准厂房(含企业自建)11.46万平方米。完成土地征收136.80公顷,完成土地报批项目6个59.49公顷,完成土地收储项目35个114.98公顷,完成土地出让70.73公顷,完成土地划拨项目4个33.23公顷。通过向银行融资、申请专项债券等方式,园区本级累计融资1.74亿元,其中申报自治区专项债券1亿元,用于标准厂房建设。

【高铁(桂林)广西园主导产业园建设】2020年,高铁(桂林)广西园机械装备制造产业园已入驻桂林广陆数字测控股份有限公司、桂林长龙机械有限公司、桂林宝龙达新材料有限公司等企业(项目)39家(个),其中桂林宝鸿投资有限公司标准厂房已入驻投产企业有广西惠明电气有限公司、广西寒武纪医疗器械有限公司、广西珂深威医疗科技有限公司等10家。智慧产业园已有智慧医疗照明研发中心、香港电子科技园等123家企业入驻,其中孵化中心已入驻企业70家。商贸物流园桂林西货运中心区域有亚洲·金福祥国际家居建材中心、力源粮油食品综合加工物流等项目落地实施。

2020年10月26日—28日,2020中国·桂林物流与供应链创新发展峰会暨桂林市国家物流枢纽承载城市建设发展研讨会在桂林大公馆举行。图为项目签约仪式。
(钟罗周供图)

【高铁(桂林)广西园机制体制改革】2020年,高铁(桂林)广西园调整组织领导体制,实行“政园合一”组织管理模式,取消高铁(桂林)广西园党工委第一书记职务,调整为市政府领导兼任高铁(桂林)广西园党工委书记,灵川县委书记兼任高铁(桂林)广西园管委会主任;设正处长级负责日常工作的副主任1名,加强园区日常事务的管理;灵川县县长、叠彩区区长、秀峰区区长兼任高铁(桂林)广西园管委会副主任。高铁(桂林)广西园管委会内设机构名称调整为办公室、经济发展局、招商引资局、土地规划建设局、财政金融办公室,职能相应调整,并新增行政编制2名。市第五届人民政府第65次常务会议审议通过《关于委托或授权桂林高铁经济产业园实施第一批市级行政权力的决定》,下放第一批市级行政权力事项94项,其中灵川分园8项,叠彩分园和秀峰分园各43项。市第五届人民政府第66次常务会议审议通过《桂林市工业园区绩效奖金分配实施细则(试行)》,设立工业园区奖励性绩效。市统计局印发《桂林市园区统计监测工作实施方案(暂行)》,指导园区统计工作。

【高铁(桂林)广西园重要会议承办工作】2020年5月8日,广西“五网”建设大会战地下管网项目集中开工仪式(桂林分会场)在高铁(桂林)广西园举行。9月28日,高铁(桂林)广西园承办2020年第三季度自治区重大项目集中开竣工暨桂林市第六次重大项目、“双百双新”产业项目集中开竣工活动,活动集中开竣工及签约的项目共59个,总投资648.91亿元。10月26日—28日,举办2020中国·桂林物流与供应链创新发展峰会暨桂林市国家物流枢纽承载城市建设发展研讨会,国家发展和改革委员会综合运输研究所、中国物流与采购联合会、国家农产品现代物流工程技术中心、山东省物流与采购协会会员单位及全国优秀A级和星级冷链物流企业代表等300余人参加会议。
(钟罗周)

经济行政管理与监督

经济发展管理

【概况】 2020年，桂林市发展和改革委员会（简称市发展改革委）办公地址在桂林市临桂区青莲路投资发展大厦，内设机构32个以及机关党组织、离退休人员工作科，下属机构6个，直属二层国有企业3个。年内，桂林市坚持稳中求进工作总基调，坚持桂林国际旅游胜地建设“一本蓝图绘到底”策略，统筹推进新冠肺炎疫情防控和经济社会发展，扎实做好“六稳”工作，全面落实“六保”任务，全市经济稳步恢复向好，经济社会各项事业平稳健康发展。全年全市地区生产总值2130.41亿元（其中，第一产业增加值484.46亿元，第二产业增加值486.48亿元，第三产业增加值1159.47亿元），按可比价格计算，（比上年，下同）增长2.1%，低于全国平均水平0.2个百分点、自治区平均水平1.6个百分点。三次产业结构调整为22.8∶22.8∶54.4。组织财政收入207.87亿元。固定资产投资增长4.0%。社会消费品零售总额888.91亿元，下降8.1%。城镇居民人均可支配收入38145元，增长2.6%；农村居民人均可支配收入17345元，增长8.1%。

【工业振兴加快推进】 2020年，是桂林市实施“十三五”规划“工业振兴”战略的收官之年，全市工业“345”（指3个园区，4个工业重点县、市，5个功能区县）发展布局初步成型。3个园区高质量发展，桂林国家高新技术产业开发区聚焦信息技术、先进制造、新材料、数字经济、航空航天等工业企业的引进和孵化，“隐形冠军”企业达15家，数量占全市总数的75%；桂林经济技术开发区获自治区级经济开发区授牌，全年园区规模工业总产值增长23%；粤桂黔高铁经济带合作试验区（桂林）广西园实现“三年打基础”目标，全年完成基础实施建设投入6.5亿元。4个工业重点县（市）提档升级，荔浦市新增规模工业企业15家，新增工业产值7.23亿元；平乐县工业园区规划面积扩展至1533公顷；全州县收储土地69.33公顷，全部完成施工现场的“五通一平”（通水、通电、通路、通讯、通气、平整场地）；兴安县工业投资增长45.8%。5个生态功能区县产业特色鲜明，发展定位明确。持续壮大主导产业和龙头企业，全市前100强工业企业产值增长18%，占规模工业的比重达71%。加快华为“一基地三中心”（深科技智能制造基地，人工智能创新中心、软件创新中心、桂电——华为鲲鹏联合创新中心）建设，推动华为“1+8+N”产品加快导入桂林深科技项目；桂林深科技智能制造项目“代采”业务不断扩大，年度产值突破35亿元；与华为技术有限公司合作商——深圳市安科讯实业有限公司达成年产值50亿元投资协议。自治区级龙头企业达9家，占自治区总数的19%。高质量重大产业项目加快建设。坤弘量子通讯等63个项目竣工投产。24个项目列入自治区“千企技改”高成长性行业冠军培育项目，项目数量排全自治区第1位。18个项目列入国家工业企业技术改造升级导向计划，占自治区项目总量的四分之一。桂林福达阿尔芬大型曲轴有限公司大型曲轴生产线等24个“双百双新”项目（指投资超过百亿元或产值超过百亿元的重大产业项目，新产业、新技术项目）参加全自治区各季度集中开竣工活动，数量占自治区的18.8%。高新技术产业竞争力不断攀升。中国化工集团曙光橡胶工业研究设计院有限公司获评国家知识产权优势企业，桂林三金药业股份

2020年，桂林坤弘量子信息科技有限公司通讯电路板研发及生产基地项目竣工投产。
（市发展改革委供图）

有限公司成为桂林首家“国家技术创新示范企业”。6家企业获得香港STC“优质正印”认证证书。桂林福达股份有限公司被认定为广西工业企业质量管理标杆。12家企业获广西瞪羚企业认定，136家企业通过国家高新技术企业认定备案公示，高新技术企业保有量达350家。全年全市高技术产业规模工业增加值增长22%。

【乡村振兴加快实施】 2020年，桂林市加快实施乡村振兴战略，推进农业循环经济试点示范和田园综合体试点建设，加快培育一批“农字号”特色小镇，推动农村产业发展与新型城镇化建设相融合。年内，全市共建成田园综合体22个，全州县“康养大碧头”田园综合体成功承办第四届全国农民体育健身大赛暨2020年广西庆祝中国农民丰收节活动，阳朔县“梦幻遇龙”田园综合体等成为“山水田园+民居民宿”乡村旅游发展典范。第五批14个新型城镇化示范乡（镇）通过验收，示范乡（镇）数达74个。全市自治区级以上特色小镇达9个，居自治区第一。现代特色农业产业化实现新发展，新创建国家级特色农产品优势区4个、自治区级特色农产品优势区6个。120个项目获乡村振兴补助资金5.61亿元。建设高标准农田1.81万公顷，主要农作物耕种收综合机械化水平提升至81.2%；粮食产量176.93万吨，增长4.7%。水果总产量792.02万吨，占自治区总产量的30%。改（扩、新）建生猪规模养殖场231个，生猪出栏311.19万头。推广稻渔综合种养面积3.57万公顷。第一届广西花卉苗木交易会交易总额6.5亿元，叠彩区成为广西花卉苗木交易会永久承办地。建成县级电商服务中心7个，荔浦市获评2020年国家电子商务进农村综合示范县“升级版”，恭城瑶族自治县入选国家数字乡村试点县名单。4个乡村进入全国乡村旅游重点村名录，创建星级乡村旅游区6家、星级农家乐8家，乡村旅游行业总收入超200亿元。兴安县和永福县被评为自治区级家庭农场示范县，新认定自治区级示范家庭农场37家。

【现代服务业升级发展】 2020年，桂林市应对新冠肺炎疫情影响，精准施策，助力文旅企业纾困解难。年内，桂林市设立文旅市场恢复专项扶持资金，向274家旅行社退还质保金5589万元，引导金融机构向文旅企业发放贷款8.86亿元。开展“广西人游桂林”等活动，发放文旅复苏市场推广券6000余张，全年接待游客人数、旅游总消费分别恢复至2019年度的74%、65.8%。线上、线下融合推广催生复苏动力，组织5.9万家企业参加“壮美广西·三月三暖心生活节”系列活动，参与企业数量排名自治区第二。桂林旅游形象体验馆全新上线，“市长云逛街”等直播活动反响热烈，全年网络零售额达65.91亿元。成功举办“漓江购物节”等特色活动，开展“绚丽王城　点亮桂林”等夜经济活动，推动油品+汽车、机票+酒店等联动促销，创新使用“云闪付消费券”，有效拉动消费回补。深化全域旅游引领文旅品质升级。桂林融创文化旅游城一期开业，长征国家文化公园（广西段）等项目稳步推进。阳朔县、兴安县成功创建国家全域旅游示范区，秀峰区、灌阳县成功创建自治区全域旅游示范区。新增国家4A级旅游景区3家、自治区旅游度假区1家、广西生态旅游示范区2家。“一键游桂林”被评为广西大数据与服务业深度融合示范项目。一批现代服务业新热点加快成型。推动6家企业申报国家、自治区“两业”（先进制造业和现代服务业）融合试点。力港宜兑积分商城项目上线运营，互联网和相关服务业营业收入、软件信息技术服务业营业收入分别增长18.4%、54.5%。桂林被列为广西一体化大数据中心副中心城市、广西区块链副中心城市、广西首批数字经济示范区。桂林国家物流枢纽承载城市建设规划获批实施，格力广西供应链区域总部落户桂林。10月27日，2020中国·桂林物流与供应链创新发展峰会暨桂林市国家物流枢纽承载城市建设发展研讨会在桂林市召开。

【项目建设成果显现】 2020年，桂林市推进重大项目建设，860个市级层面重大项目年度完成投资进度113.2%。年内，桂林市组织开展8场重大项目集中开竣工活动，桂林经济技术开发区教育产业园（百年基业项目）等169个项目开工，桂林深科技智能制造项目二期、有联电子等98个项目竣工。“五网”（交通网、能源网、信息网、物流网、地下管网）、“新基建”（新型基础设施建设）工作扎实起步。策划市级层面项目536个，全年累计完成投资261.9亿元，桂林至柳城高速公路等项目快速推进，轨道交通1号线列入广西市郊铁路网规划编制范围。“新基建”步伐走在自治区前列，全年储备项目40项，中国长城（广西）PKS信创产业生态基地等一批项目加快推进，电科云（桂林）国际大数据中心等项目落地实施。争取各类上级转移支付资金310.24亿元。指导企业发行各类债券融资84.9亿元，引导金融机构落实政策支持工业项目建设，制造业贷款余额255.55亿元。出台承接自治区人民政府用地审批权限实施方案，自治区级层面统筹推进重大项目实现用地应保尽保。招商引资增强发展后劲，强力推进“三企入桂”（即央企入桂、民企入桂、湾企入桂），新签项目227个，总投资超2000亿元；“湾企入桂”开工率、竣工率排名自治区前列。新引进世界500强、中国500强和中国民营500强企业投资项目27个；中国－东盟博览会签约项目49个，总投资1285亿元，居自治区首位。突出工业招商主题，新引进5000万元以上工业项目137个。

【改革创新合作持续深化】 2020年，桂林市持续巩固优化营商环境，全面落实广西优化营商环境条例，21项重点指标实现整体巩固提升。“一枚印章管审批”加速落地，所有依申请政务服务事项集中进驻政务服务中心，申请政务服务事项承诺审批提速率82.9%。率先推出“无差别全科受理”服务经验并在全自治区推广，桂林市公共信用信息一体化平台投入运营。“双创”（大众创业、万众创新）成效处于自治区领先行列，成功承办全国“双创”活动周广西分会场启动仪式。新增国家级科技创新平台9家、国家级众创空间3家，41个项目通过广西科学技术奖终评。桂林国家高新技术开发区获批国家级“双创”示范基地，桂林经济技术开发区等3家单位获批自治区级“双创”示范基地。认定高层次人才262名，落地高层次人才创业项目9个。成功举办第15届中国－东盟文化论坛、第14届联合国世界旅游组织/亚太旅游协会旅游趋势与展望国际论坛、2020中国－东盟博览会旅游展、2020中国非物质文化遗产整体性保护论坛、第4届“红军长征论坛”筹备工作会暨长征沿线红色旅游城市联盟第3届年会、第10届桂林国际山水文化旅游节（简称“五会一节”）等重大活动。加快粤桂黔滇高铁经济带合作试验区建设，与广东肇庆市、广西贺州市共商共建“粤桂画廊”，成功引进石墨烯纳米口罩闭环等项目。开行桂林—北部湾港班列45列。获批创建自治区绿色金融改革创新示范区，全市绿色贷款余额165亿元，投放量排名自治区第二。

（孙毅）

国有资产管理

【概况】 2020年，桂林市人民政府国有资产监督管理委员会（简称市国资委）办公地址在桂林市临桂区青莲路投资发展大厦北楼。内设科室11个。年内，市国资委重点监控的国有及国有控股企业27家，市属国有企业整体经济运行质量稳中有升。年内，27家企业资产总额4418.34亿元，增长18.07%；所有者权益总额672.72亿元，增长13.06%；营业收入179.44亿元，下降3.58%；利润总额19.21亿元，下降10.73%；缴纳税费16.27亿元，下降1.57%。

【推进国有资本和国有企业高质量发展】 2020年，市国资委继续推进实施桂林旅游发展总公司、桂林旅游股份有限公司融合发展项目，打造成为桂林旅游龙头企业。完成桂林市交通投资控股集团有限公司持有桂林航空有限公司60%股权重组相关工作，解决桂林航空有限公司流动资金紧张和后续发展资金不足的问题。划转桂林市园林园艺博览园建设有限公司资产，注入桂林市文化体育产业投资发展有限公司，充实壮大企业实力。加快推进金融、旅游、城市建设、文化体育和电子竞技、酒店、交通物流等行业企业的市场化、专业化整合，提升产业发展集聚度，壮大龙头企业实力。指导企业开展信用评级，拓展融资能力。桂林经开投资控股有限责任公司取得AA级主体信用等级，桂林市信用评级AA+的企业由1家增加至3家，国有企业在资本市场融资能力和议价能力显著增强。引导国有资本投向新经济、新产业、新业态、新产品。年内，桂林国投产业发展集团有限公司参股桂林坤弘量子信息科技有限公司，实现产值10.5亿元。桂林国投大数据信息产业有限公司自主研发的智能门禁系统获得成功，承担的桂林市社会综合治理和应急指挥中心建设等智慧社区项目交付使用，成为桂林市在智慧社区、智慧商业领域的独角兽企业。桂林五洲旅游股份有限公司依托自治区科技厅漓江流域新能源游船推广计划项目，建造五星级混合动力游船和“两江四湖”纯电动游船。桂林银行、桂林小微融资担保公司等金融企业稳步发展。桂林银行自主搭建大数据基础平台，推出微信银行服务，成为广西区域内第一家直销银行；桂林小微融资担保公司推进“政采担”业务，利用线上申请和线上审批平台加快金融业务办理时效，为实体经济提供金融支撑。

【国有资产体制改革与监督管理】 2020年，市国资委印发实施《桂林市深化以管资本为主推进职能转变及市属企业公司制改制工作实施方案》，配套制定《监管企业实施公司制改制工作指引》，组织桂林市经济建设投资总公司、桂林旅游发展总公司、桂林自来水有限公司等企业开展实施公司制改革。《桂林市国有企业改组国有资本投资运营公司试点方案》获审议通过并印发实施，桂林市交通投资控股集团有限公司和桂林国投产业发展集团有限公司成为首批改组试点企业，参与国有资本的投资和运营改革。落实国有企业改革三年行动方案要求，提升国有企业改革综合效能。组织完成《桂林市国有企业改革发展三年行动方案（2020—2022年）》（草案）的编制。强化出资人对企业“三重一大”决策等重大事项监督检查，指导企业建立财务信息报告制度，对重点监控的国有企业每季度进行财务风险情况统计汇总及分析研判，指导企业做好隐患排查和防范化解工作。对资产负债重点管控企业，将资产负债率纳入对企业经营业绩考核指标。推进混合所有制改革，推动国有企业改制上市。10月13日，桂林鲁山墙体股份有限公司在“新三板”挂牌上市。

【推进国资系统重大项目建设】 2020年，市国资委筛选出一批重大项目，加大跟踪服务力度，协调解决推进过程中存在的问题。年内，桂林山水文化展示中心建设项目（投资3亿元）、桂林榕湖饭店改造提升项目（投资6.03

2020年7月14日，“国投·桂林院子”项目启动仪式在叠彩区项目建设工地举行。

（胡卫忠供图）

亿元)、桂林“文武巷”建设项目(投资2.61亿元)、“国投·桂林院子”建设项目(投资14亿元)、桂林齿轮厂危旧房改住房项目(投资9.5亿元)等10个项目先后启动开工建设,其中桂林山水文化展示中心建设项目和桂林榕湖饭店改造提升项目被列入市级重点项目。至年末,全市通过重大项目建设带动国资系统固定资产投资24.18亿元,增长92.01%。

【保障国有企业稳定运营】 2020年,市国资委坚持抓好新冠肺炎疫情防控和复工复产。落实减免政策,减免中小企业(含个体工商户)房租共计2931.6万元,帮助企业渡过难关。指导桂林小微融资担保公司开展政府性融资担保业务,帮助企业复工复产,全年完成续保企业169家,担保金额3.5亿元。推进“央企入桂”工作,引进优质企业,完成签约项目10个,总投资额210.09亿元,确保国有资本保值增值。继续关注国有企业民生保障,促进企业平安和谐建设。全年,新开工棚户区(危旧房改住房)改造建设项目2个,建筑面积16.88万平方米,建房规模409套;续建棚户区(危旧房改住房)改造建设项目3个,建筑面积12.79万平方米,建房规模1006套,续建项目全部完成竣工验收。

(韦代雄)

价格管理

【概况】 2020年,桂林市居民消费价格变化随着新冠肺炎疫情防控形势呈现涨落起伏,总体走势保持平稳。全年全市居民消费价格指数(CPI)涨幅2.6%,涨幅较上年收窄0.8个百分点,完成自治区下达的价格调控目标任务。

【重要民生商品保供稳价】 2020年新冠肺炎疫情防控期间,桂林市成立新冠肺炎疫情防控重要民生商品保供稳价联席会议制度,建立健全保供稳价目标责任制,做好重要民生商品保供稳价工作。年内,桂林市出台《桂林市平价猪肉投放销售方案》《桂林市储备冻猪肉投放工作方案》《桂林市防控新冠肺炎疫情重要生活必需品市场应急保供预案的通知》等保障民生的制度措施。加强价格监测预警,共采集价格监测信息3万余条,提高政府价格调控的预见性、科学性和有效性。强化市场保供,1月—3月,分2次向市场投放政府储备冻猪肉61吨。挑选154家企业搭建应急保供网,实现销售网、货源网、配送网三网联通、行动同步,确保在出现异常极端情况下,各种重要民生商品找得到、运得出、供得上;组织规模屠宰企业赴自治区以外的应急协作省份,开展跨省猪肉调运,增加生猪屠宰量,保证重要时段和重大节日期间猪肉供应不断档、不脱销,确保市场价格基本平稳;压实“菜篮子”行政首长责任制,打通生猪生产、分割屠宰、市场流通、产品监管和调控保障全链条;开展“2020桂林漓江购物节”“家电以旧换新”促销活动、“五一”全民购车节、“2020年全国‘消费促进月’活动暨2020桂林房车节”等系列促销活动,保障市场供应,促进消费回补。持续启动价格补贴联动机制,1月—8月共发放价格临时补贴资金1.12亿元,惠及困难群众约254万人次。暂停出台市级管理权限内政府定价和政府指导价收费项目的价格调整政策,稳定企业和居民信心,助力全市的复工复产复市。强化市场监管,持续加强对猪肉等重要民生商品的市场监督检查,从严从快查处不按规定明码标价、串通涨价、哄抬价格、囤积居奇、行骗牟利等违法行为,维护和保障广大市民的切身利益。

【加强行政事业性收费管理】 2020年,桂林市继续对经营占道费、不动产登记费、出入境证照类费用、鲜活农产品“绿色通道”收费等项目落实减免政策,全年为企业及个人减免行政事业性收费670多万元。开展2019年度行政事业性收费情况报告工作,及时公布政府定价经营服务性收费、行政事业性收费、涉企行政事性收费、行政事业性考试考务收费等收费目录清单。规范行业协会、商会涉企收费治理,全市179个行业协会、商会完成自查自纠工作。

【减负价格政策落实】 2020年,桂林市统筹新冠肺炎疫情防控和经济社会发展,出台和落实系列企业减负价格措施,支持企业复工复产,全年共为企业减免用能成本6.52亿元。年内,桂林市在计收电费时,除高耗能行业用户外,其他执行工商业及其他电价的电力用户(含已参与市场交易用户)统一按原到户电价水平的95%结算;对新冠肺炎疫情防控期间暂不能正常开工、复工的企业,放宽容(需)量电价计费方式变更周期和减容(暂停)期限,电力用户可申请办理减容、暂停、减容恢复、暂停恢复等业务;因满足新冠肺炎疫情防控需要扩大产能的企业,实际最大用量不受合同最

2020年7月,市发展改革委调研组到市供电局就电价减负政策落实情况进行调研。

(市发展改革委供图)

大需量限制，超过部分按实计取；为新冠肺炎疫情防控直接服务的新建、扩建医疗等场所用电免收高可靠性供电费；对生产医疗防疫物资企业功率因数调整电费不予考核。对执行两部制电价的大工业用户，3月1日—31日负荷复产率80%，4月1日—30日负荷复产率100%的用户免收基本电费。10千伏以上大工业电力用户参加电力市场化交易，35千伏及以上电压等级两部制电价用户参加增量电量专场交易。全年为企业减免用电成本6.25亿元。年初，桂林市天然气分输站将供应气量的进气价格每立方米降低0.198元的政策红利同向、同幅度传导至终端用户。提前执行燃气淡季销售价格，2月1日—4月30日，对住宿餐饮、批发零售企业，定点收治医院，新冠肺炎疫情防控紧缺医疗物资重点生产企业以及3月底前复工和新开工的重大项目(不含天然气发电项目)等用户的非居民天然气销售价格在原有销售价格标准上降低5%。全年为企业减免用气成本2095万元。对部分行业企业用水价格在原有基础上降低10%，停征中小企业污水处理费，减免企业用水成本631万元。

【民生价费管理】 2020年，桂林市对民办学校收费管理进行调整和完善，明确义务教育阶段民办学校以及非营利性民办普通高中的收费管理方式和收费标准实行政府指导价，按最高限价管理。将电动汽车充电服务费重新纳入政府指导价管理，核准电动汽车充电服务费最高限价标准为每千瓦小时0.7元，充电设施建设运营企业可在最高限价标准内自行下浮收费标准，下浮幅度不限；电动公交车、环卫车等公益性服务车辆按不高于每千瓦小时0.6元收取。规范市区机动车停放服务收费管理，机动车停放服务收费按停车场的性质和特点，分别实行政府定价、政府指导价和市场调节价管理。加强燃气配气价格管理，召开兴安县旭升燃气有限公司管道燃气配气价格听证会。推进管道燃气配气价格制定和上下游价格联动调整，综合考虑用气淡季天然气总体供需形势、上游供气企业与城市燃气企业购销合同签订、液化天然气(LNG)现货市场走势等因素，实施进气价格与终端销售价格联动。工业用户用气最高销售价格由原来每立方米3.67元降低至3.50元，商业用户用气最高销售价格由原来每立方米3.67元降低至3.65元。12月1日，市区居民管道天然气销售价格由每立方米2.91元调整为2.77元。强化规范景区门票价格管理，出台《桂林漓江风景名胜区水上游览线路票制票价改革方案(2020—2025年)》；批复同意新增的6个景区门票价格；完成辖区内16个实行政府定价管理的景区价格评估、调整工作，推进重点国有景区门票价格形成机制的逐步完善。

【优化价格公共服务】 2020年，桂林市价格主管部门做好纪检监察、刑事案件中涉事价格认定和复核工作，涉税财物价格认定和价格争议纠纷调解等工作，配合各行政执法机关做好涉及行政执法案件价格认定工作和法院网络拍卖询价工作。推进国家价格认定综合业务平台推广应用。全年共完成各类案件7373件，认定金额41.2亿元。其中，通过市税务局存量房评估系统处理涉税财物工作，认定件数6448件，认定金额34.48亿元。年内，桂林市价格认证中心获“2019—2020年度全国价格认定工作先进单位”称号。（王卫国）

市场监督管理

【概况】 2020年，桂林市市场监督管理局(简称市市场监管局)办公地址在桂林市临桂区青莲路建设大厦，内设机构33个以及机关党组织、离退休人员工作科，下设直属分局3个，二层机构5个，代管机构1个。年内，市市场监管局强化新冠肺炎疫情防控，持续优化营商环境，助推复工复产复市。围绕高质量发展，推进“三大战略”(质量强市战略、标准化战略、知识产权战略)稳步实施。加大监管力度，维护市场良好秩序，全年共查处各类案件3684件，罚没款1806万元。

【加强新冠肺炎疫情防控市场监管】 2020年，市市场监管局发挥部门职能作用，统筹做好新冠肺炎疫情防控市场监管工作。年内，市市场监管局加强对防疫医疗物资价格和质量监管，引导餐饮店实行“无接触”送餐模式，督促农贸市场、商场、超市落实新冠肺炎疫情防控“十严格”措施，对冷冻、冷藏肉品生产经营场所进行“拉网式”排查，进口冷链食品集中查验监管仓建成使用。支持医疗物资生产企业复工复产，架设行政许可、技术支撑、协调帮扶3条“绿色通道”，12家企业14个产品获得医疗器械产品注册证，落实企业减负优惠政策，累计为企业减少用水、用电、用气成本7.3亿元，减免相关质量、计量等检验检测费用300余万元。

【推进质量强市战略】 2020年，桂林市组织开展第六届“市长质量奖”申报评审工作，评选出1家市长质量奖和2家提名奖初选企业。以“全国质量月”活动为契机，举办首届桂林市品牌故事演讲比赛活动，宣传桂林本土品牌，提升区域品牌质量。推广有机产品认证，提升产品品质和附加值，全市有机产品认证证书达78张，居全广西第一；桂林市生源家禽有限责任公司兴安分公司成为广西首家取得无抗产品认证证书的企业，实现桂林市无抗产品认证零突破。支持特色农食产品生产企业参与高端品质认证，指导6家企业取得7张香港STC“优质正印”认证证书，助推产品走出广西、走进粤港澳大湾区、走向国际市场。年内，桂林市连续第6年在自治区质量工作绩效考评中获“优秀”等级。

【知识产权强市建设】 2020年，桂林市推进知识产权强市建设，新增国家级知识产权示范(试点)企业1家，自治区级知识产权优势(培育)企业3家，国家知识产权试点高校2家；获国家知识产权局授牌的技术与创新支持中心(TISC)筹建机构1家。开展知识产权试点示范建设，建立全市知识产权试点示范名库。加强专利申请和商标保护，全年实现专利授权3717件，增长46.28%；PCT国际专利申请25件，居自治区第二；商标有效注册量3.25万件，增长20.81%；马德里商标注册总量56件，居自治区第一。

【商标品牌建设】 2020年，桂林市商标注册申请1.05万件，核准注册6503件，商标有效注册量3.25万件。培育特色农产品商标品牌，促进产业脱贫和乡村振兴，全市共受理农副产品商标注册申请293件，占注册申请受理总量的22%。组织“荔浦芋”地理标志证明商标进行续展；指导荔浦市花篢镇香菇特色农产品申请注册“花篢”商标，荔浦市茶城乡文德村林芝特色产业申请注册“茶文仙谷”商标；指导阳朔县申报“阳朔黑皮果蔗”“阳朔沙田柚”2个地理标志商标。年内，“三金”“漓泉啤酒”2个商标品牌入围世界品牌实验室发布的《中国最具价值品牌500强》排行榜。阳朔县羿春族蜂业有限公司获2020年中华品牌商标博览会金奖。

【食品安全监管】 2020年，桂林市落实食品安全党政同责要求，出台《党政领导干部食品安全责任清单》，首次在市委党校主体培训班中增设食品安全课程，增强各级领导干部食品安全责任意识。推进食品安全体系建设，将食品安全“十四五”规划列为全市“十四五”专项规划之一。组织开展2020年桂林市食品安全事故应急演练，首次将应急响应等级由Ⅳ级升级为Ⅲ级，检验应对食品安全突发事件的应急反应能力。年内，市市场监管局落实新冠肺炎疫情防控要求，重点打击野生动物非法交易行为，检查各类场所28.6万户次，查处相关案件32件。对冷冻、冷藏肉品生产经营场所实行“拉网式”排查，共排查冷库421个，对直接接触进口冷冻肉品的从业人员全部进行核酸检测。开设许可、检定检测绿色通道，助力企业复工复产。组织农兽药残留标准宣贯培训班14期，对种养殖大户等主体的安全用药培训覆盖率100%，主要农作物病虫害绿色防控技术覆盖率达40%。实施校园食品安全守护行动，学校食堂“明厨亮灶”覆盖率95.64%，其中城区学校食堂“明厨亮灶+互联网”覆盖率达31.85%。至年末，主要农产品质量安全监测总体合格率100%，食品抽检合格率99.4%。全市未发生较大及以上级别食品安全事故和舆情事件。

【特种设备安全监管】 2020年，桂林市强化特种设备安全保障，启动电梯应急处置指挥平台筹建。投入300余万元，建成气瓶充装溯源平台，成为自治区率先使用智能专用液化石油气钢瓶，实现气瓶充装、运输、门点销售、入户使用全过程可追溯的城市。对1669家特种设备生产使用单位进行专项检查，下达《特种设备安全监察指令书》233份，责令企业停产停业4家，封存设备12台，罚款37万元。至年末，全市特种设备保有量达3.3万台（套），其中电梯1.77万台、锅炉997台、压力容器4268台、起重机械3926台、大型游乐设施134台（套）、客运索道5条、场（厂）内机动车辆1358台。拥有各类气瓶60余万只、天然气等压力管道1000余千米。全市连续8年未发生特种设备特重大安全事故。

【保持打击传销高压态势】 2020年，桂林市坚持清理、打击、宣传、防控同步推进，持续保持对传销行为严打高压态势。全年全市组织打击传销专项行动422次，出动执法人员5737人次，出动执法车辆1211车次；清查出租房屋等涉及传销活动场所2603个，解救受骗人员124人，教育遣返传销人员155人，查处取缔传销窝点120个。行政立案325件，案值983.75万元，罚没款48.51万元；刑事立案72件，结案49件，拘留111人，逮捕38人。至年末，全市1889个社区（村）的“无传销社区（村）”创建率达100%。

【市场主体信用监管】 2020年，桂林市启动市场主体信用等级分类监管系统建设。推动动产抵押电子化登记开展，帮助613家企业通过动产抵押获取约55亿元资金支持，解决企业融资困难。全面实施“双随机、一公开”监管（在监管过程中随机抽取检查对象、随机选派执法检查人员，抽查情况及查处结果及时向社会公开）多部门联合抽查机制，将原来由市场监管部门一方牵头，扩展为多部门牵头、多部门参与的联合抽查模式。全年全市各部门共开展“双随机、一公开”监管抽查任务853批次，抽查对象5346户。其中，跨部门联合抽查86批次，抽查对象531户；部门抽查767批次，抽查对象4815户。接受自治区“双随机、一公开”监管平台派发的抽查任务42项，抽查对象5675户。强化对企业信用监管，依托涉企信息归集共享机制，共归集涉企信息167.15万条，其中行政许可信息158.78万条、行政处罚信息4.79万条、抽查检查结果信息3.59万条。年内，111家符合条件的严重违法失信企业得到信用修复，移出失信企业黑名单。124家企业获自治区“守合同重信用企业”称号。

【放心消费环境创建】 2020年，桂林市继续深化“放心消费”创建活动，与“京东”“美团”“饿了么”等网络电商平台签订《网络市场监管合作备忘录》，推动政府监管部门与网络电商企业平台立体式共治。推进中韩重点旅游城市消费维权协作联盟创建工作，签订合作协议。年内，桂林市12315投诉举报指挥中心和桂林市消费者协会共接收消费投诉（诉求）5.1万件，为消费者挽回经济损失880余万元。

【标准化建设】 2020年，桂林市推动桂林米粉产业高质量发展，探索桂林米粉全产业链标准体系建立，《桂林鲜湿类米粉加工技术规程》《桂林卤菜粉制作技术规程》等13项桂林米粉产业桂林市地方标准获批准发布实施，涵盖了桂林米粉的加工、配送、制作、米粉店建设与服务、电商销售、质量安全追溯等各环节，是桂林市第一个全产业链标准体系，也是广西第一批获国家备案的设区市地方标准。年内，桂林市组织开展2020年重要技术标准研制奖励申报和评审工作，9家单位、10项标准通过书面评审和现场评审，其中涉及国家标准3项、行业标准2项、广西地方标准5项。全年全市申报国家标准立项2项、申报广西地方标准27项、发布广西地方标准3项。推进标准化试点示范建设，兴安县通过全国旅游标准化试点县验收，灌阳县、龙胜各族自治县、荔浦市获评为广西旅游标准化示范县。

【广告监管】 2020年，桂林市共监测广告3255条，发现违法广告15条，违法广告率0.46%；共查处违法广告41件（含虚假宣传23件），罚没金额

64.77万元。其中，互联网违法广告30件，罚没金额60.43万元。年内，桂林市市场监管部门加大监管执法力度，开展打击整治非法制售口罩等防护产品专项行动，查处涉及虚假广告案件2件，案值69万元。其中，全州县市场监管局查处的某公司涉嫌发布虚假广告案，由于涉案金额大，社会危害严重，涉嫌构成犯罪，依法移送公安机关处理。

【计量服务】 2020年，市市场监管局加强新冠肺炎疫情防控，组织为医院、疾病控制中心、卫生防疫局（站）等单位检定、检测各类计量仪器设备1555台件；为机场、高速收费站、车站、学校、各县（市、区）新冠肺炎疫情防控指挥部等单位开辟绿色检测通道，校准红外温测仪820台。对桂林市啄木鸟医疗器械有限公司、桂林优利特医疗电子有限公司等防控物资生产企业开展计量精准帮扶，开设医疗设备检定检测、办证等绿色通道，驻厂帮扶出厂检验校准。桂林市啄木鸟医疗器械有限公司生产的额温枪顺利获得相关证件，投入批量生产，缓解市场紧缺压力。年内，市市场监管局实施计量便民服务，共服务企业2300多家，为企（事）单业检定、校准各类计量器具10.49万台（件），其中强制检定计量器具7.56万台（件），免征强检费用949.14万元。（唐莉）

招商引资

【概况】 2020年，桂林市投资促进局（桂林市非公有制经济发展服务中心）办公地址在桂林市临桂区西城中路69号创业大厦西辅楼。内设科室8个。年内，桂林市投资促进局突出工业产业招商，推进“三企入桂”等重大投资促进活动的组织策划。全年全市招商引资到位资金914.03亿元，完成全年880亿元目标任务的103.87%；实际利用外资5605万美元，完成全年4600万美元目标任务的121.87%。

【“招大引强”格局发展迅猛】 2020年，桂林市抢抓国家推进“新基建”（新型基础设施建设）机遇，紧盯重点区域和重点城市，精准梳理出有对接意向的企业870家，策划包装与桂林产业关联度大、转型升级带动力强、推动实体经济发展的项目177个。聚焦现有企业增资扩股和“三企入桂”招商活动，开展以商招商和产业链招商，全市“强龙头、补链条、聚集群”招商引资大格局态势基本形成。全年新引进投资项目27个，其中世界500强企业投资项目17个，中国500强企业投资项目8个，中国民营500强企业投资项目1个，瞪羚企业投资项目1个。引进华为“一基地三中心”（智能制造基地，软件开发创新中心、人工智能创新中心、鲲鹏联合创新中心）项目，促成深圳长城开发科技股份有限公司惠州基地产业递次转移桂林，全力打造华为深科技城。与融创中国控股有限公司签订总投资500亿元的战略性框架协议，兴安玉环汽车产业园（一期）入园企业集中开工建设。推动年产值200亿元的格力（桂林）生产基地、年产值250亿元的高性能动力电池高镍正极材料产业化、中航工业大飞机起落架轮胎等重大项目达成高层共识。持续加大中国电科云桂林产业园等重点项目的招引工作力度。年内，桂林市的各行业主管部门、各工业园区开展专题招商活动；各县（市、区）人民政府、各县域工业园区组织开展形式多样的“请进来、走出去”专题招商活动，全市招商引资呈现良好发展态势。

【工业招商助推经济复苏】 2020年，桂林市做好新冠肺炎疫情常态化防控的经济复苏。市投资促进局围绕工业振兴战略目标，通过疫情评估、产业趋势分析，制定印发《2020年工业招商引资实施方案》，强化4大优势产业和11个产业集群招商，创新机制、整合资源，吸引一大批企业落户桂林。全年“三企入桂”活动签约工业项目166个，签约金额693.15亿元。其中，1亿元以上工业项目88个。组织专门力量对珠海格力电器股份有限公司、京东集团进行专项研究，开展产业分析并撰写专题招商报告。成功举办“中国风·甲天下”格力电器全国巡回直播桂林站活动，争取自治区层面给予相关政策扶持，推进格力桂林生产基地项目落地。开展数字经济研究，探索“供应链引导产业链”模式，抓紧与京东智慧云洽谈会商，开展市场调研工作，把桂林产业发展导向数字经济发展新方向。强化研究创新，提质运用推介手段、路径和招商指引，制作《机遇桂林　投资胜地》工业招商宣传片，研究制作招商地图APP，推进工业产业招商工作。突出工业集中区招商引资，强化“产业为本、项目为王”理念，指导各县（市、区）、工业园区依据意向企业和项目特点，有针对性地采取差异化招商。

【丰富招商引资模式】 2020年，桂林市投资促进局加大对全市产业现状及上、下游配套产业领域分析研判，制作招商引资“全景图”和投资指南，

2020年7月15日，桂林市委书记赵乐秦（前排中）率考察团在珠海市格力电器股份有限公司总部实地考察。（邱景摄）

在“今日头条”栏目向粤港澳大湾区以及南宁、桂林地区的潜在客商进行宣传推送，阅读量63.28万人次。发挥桂林名城优势，聚焦“三友”（校友、乡友、战友）资源，推动“三友”回归创业，助力“资智回桂”。疫情期间，创新“不见面”招商方式，出台《2020年桂林市积极应对新冠肺炎疫情推进“不见面”招商工作方案》，推进全市投资促进工作信息化、网络化、智能化建设，指导帮助74家企业有序复工复产，确保招商引资工作不停滞、不断档。组织对235个项目开展代办业务，妥善办结各类投资投诉案件6件，重组盘活桂林客车工业集团有限公司招商引资，对县（市、区）政务服务进行暗访，开展扩大利用外资百日攻坚专项行动，走访企业86家，收集并协调解决各类困难问题39个，优化和改善桂林营商环境。年内，桂林市被列入自治区招商引资重点跟踪项目20个，投资总金额246.33亿元，已开竣工项目14个，开工率70%。新签投资额5亿元以上（含5亿元）招商引资重点产业项目12个，投资金额164.17亿元；已到位资金17.67亿元，已开工项目5个，实施率41.67%。

【中国－东盟博览会平台招商引资】2020年，桂林市在第17届中国－东盟博览会上签约项目49个，签约总额1285.05亿元，排名自治区第一。其中，工业类项目27个，占签约项目总数的55%，增长10%，工业类项目成为项目签约的主角。借助中国－东盟博览会平台，宣传推介桂林，促成区域合作，拓宽招商引资渠道，吸引企业到桂林投资兴业。商务投资促进活动期间，桂林20家企业亮相展会，涵盖防疫物资、机械制造、环保节能、电力设备及新能源、生态食品、农业种植及合作等领域，助推桂林本土产品融入东盟市场，打造桂林知名品牌，扩大“桂林制造”的影响力。（邱景）

个体私营经济

【概况】2020年，桂林市登记注册民营经济市场主体累计32.60万户，增长6.64%。其中，私营企业累计8.29万户，增长5.47%；注册资本3605.79亿元，增长15.61%。个体工商户累计23.59万户，增长7.18%。农民合作社累计7188户，增长2.33%；出资金额107.70亿元，增长16.51%。年内，桂林市针对新冠肺炎疫情防控形势下个体工商户房租水电经营成本高、流动资金压力大等问题，由市市场监管局牵头，会同市发展改革委、市财政局等8部门联合印发《关于应对新冠肺炎疫情影响加快推动个体工商户恢复经营若干措施》，帮助个体工商户有序复工复产。

【推动民营经济发展】2020年，桂林市围绕“强服务、助复产、稳经营”主题，组织开展服务非公有制经济发展主题宣传月活动，共发放政策宣传册2万余份、深入贫困村25次、集贸市场宣传1275次、专业市场宣传5次、召开座谈会16次，引导个体工商户填报年报1000余户。做好个体工商户转型升级为企业的注册登记工作。通过对辖区体量大、发展前景好的个体工商大户摸底调查，落实可延用原有字号、住所等扶持政策，实地走访跟进指导，促进个体私营经济高质量发展。年内，全市民营经济主体发展逆势上扬，增速达16%以上。

【农村集体经济组织登记】2020年，桂林市市场监管部门指导594个村民合作社以投资人或股东身份申请设立有限责任公司、合伙企业、农民专业合作社等市场主体；指导138个村民合作社投资的农业生产经营企业进行商标注册、使用、管理和保护。年内，全市市场监管部门通过开辟服务村级集体经济设立登记“绿色通道”，做好登记注册的咨询服务工作，开展急事特办、上门办理等延伸服务。

【“小个专”党建品牌创建】2020年，市市场监管局与市委组织部两新组织党工委联合印发《关于开展全市旅游行业企业党建工作规范化建设的通知》《桂林市“小个专”党组织“五亮三岗双争”活动方案》《桂林市“小个专”党组织规范化标准化建设活动方案》，将“旅游党建、诚信党建、扶贫党建”3大党建品牌创建活动推向深入。通过开展“亮身份、亮职责、亮承诺、亮监督、亮业绩；设立党员责任岗、党员示范岗、党员先锋岗；争创先进党组织、争当优秀共产党员”为内容的“五亮三岗双争”活动，全市重点旅游企业党员“五亮”成为一种常态，增强游客对导游的信任感，减少旅游纠纷问题发生。开展诚信企业评定。评选出金天下旅业、小香槟食府等18家“旅游行业企业等级评定A级企业”、200家“共产党员经营户”和308家“党组织推荐放心店”，取得“党员经营讲诚信、党员服务讲示范、企业发展得实惠”的良好效果。连续3年开展“党旗领航聚合力·助力脱贫促增收”活动。（唐莉）

审计工作

【概况】2020年，中国共产党桂林市委员会审计委员会办公室（简称市委审计委员会办公室）与桂林市审计局合署办公，办公地址在桂林市临桂区青莲路投资发展大厦。内设科室16个，下设桂林市公共投资项目审计中心、桂林市审计干部培训中心。全年全市审计机关共审计（调查）单位167个，查出主要问题金额60.97亿元，上缴财政1.24亿元，移送违纪违法问题线索14个，提交审计工作报告、信息18篇。年内，桂林市审计系统开展大练兵、大联动、大监督、大创新、大规范五大活动，提高审计人员素质，提升审计办案质量。桂林市审计机关参与2020年全国审计机关优秀审计项目评选，获二等奖1个；2020年全自治区优秀审计项目评选，获一等奖1个、二等奖1个、三等奖1个；第八届自治区审计系统计算机成果演示会，桂林市选派的2支队伍分别获市级组二等奖和县级组一等奖。

【重大政策落实情况审计】2020年，桂林市审计机关组织开展重大政策措施贯彻落实情况跟踪审计，共抽查部门（单位）449个、项目97个，涉及资金总量64.38亿元。年内，桂林市审计局采取“一拖N”审计模式，将政

2020年11月30日，桂林市审计系统业务综合能力提升培训班在厦门大学开班。（桂林市审计局供图）

策跟踪审计与部门预算执行审计、专项资金审计等项目结合。利用广西信息化审计数字平台，快速、便捷地查询如资金支出进度分析，资金最终去向等重要审计信息。组建重大政策审计QQ业务群，及时沟通项目进展情况、分享政策法规、查处共性问题，形成“工作方案统一、实施时间统一、处理标准统一”的“大兵团”作战模式，提升审计质量。通过审计发现部分债券资金使用进度慢、部分专项资金未实现预期效益、部分县公租房租金收缴不到位等24个问题，涉及问题金额1.77亿元，出具审计结果报告4份。强化审计整改，加快债券资金使用4066.80万元，促进扶贫资金、污染防治资金发挥效益2587.69万元。协同市工信局、市财政局对雁山区、全州县、资源县等开展清理拖欠民营企业、中小企业账款专项督促检查。

【财政审计】2020年，桂林市审计局开展2019年桂林市本级预算执行审计，重点关注防范化解重大风险、污染防治、减税降费、“六保六稳”、政府过“紧日子”情况及优化营商环境等政策落实，紧盯财政资金使用绩效。通过审计发现预算调整和下达不够规范及时、财政收入收缴不规范、财政“保工资、保运转、保民生”压力加大、部分项目资金支付进度慢等问题，促进财政收缴资金1.20亿元。全年全市审计机关共审计（调查）单位预算执行情况63个，查出问题金额45.55亿元，出具审计报告85份。

【行政事业审计】2020年，桂林市审计局围绕财政资金管理、国有资产处置、重大项目投资决策等重点环节和事项，审查存在的财政资金损失浪费、国有资产重大流失等问题，发现重大违纪违规问题，促进各单位加强廉政建设，规范财政财务管理和公共权力运行。全年全市审计机关共审计单位47个，查出问题金额8.15亿元，出具审计报告81份。

【自然资源与生态环保审计】2020年，桂林市审计机关完成自然资源和生态环保审计10个，审计正处级领导干部2人，乡科级领导干部15人。年内，桂林市审计局运用大数据技术、“3S”技术（遥感技术、地理信息系统和卫星导航系统），建立跨部门、跨年度的数据分析模型，提高审计效率和质量。7月，桂林市在自治区地理信息技术审计经验交流会作典型发言。

【固定资产投资审计】2020年，桂林市审计机关开展政府投资项目审计13个，项目投资额1.63亿元，核减工程价款1395万元。年内，桂林市审计局探索投资审计新方法、拓展审计的广度和深度，以项目资金流向为主线，关注重大政策贯彻落实、招标投标、设备材料采购、征地拆迁、施工管理、基本建设程序等方面，发现工程建设领域重大违纪违法问题线索。

【社会保障审计】2020年，桂林市审计机关共审计（调查）单位3个，查出主要问题金额6.06亿元。年内，全市审计机关对桂林市应对新冠肺炎疫情防控资金和捐赠款物进行专项审计，重点对1.62亿元财政专项资金、1585.37万元捐赠资金、8700万元专项再贷款资金进行逐笔逐项核查，并延伸审计桂林市红十字会、桂林市慈善事业会等17家社会慈善组织，341家政府机构和单位，75家企业和7家金融机构。下达审计整改意见函1份，促进桂林市红十字会等社会慈善组织出台制度2个、财政资金管理制度1个、物资管理制度2个，提出审计建议17条。对2019年桂林市就业补助资金和失业保险基金实施专项审计调查，发现存在农民工创业担保贷款政策执行不够到位、就业见习补贴领取范围不够准确等问题13个，督促2个单位进行整改，保障就业补助资金规范使用。

【企业审计】2020年，桂林市审计机关共审计企业2家，审计发现存在未按规定核算政府补助收入、将长期股权投资列入可供出售金融资产核算等经营管理上的突出问题，查出主要问题金额1193万元。督促企业提高发展质量和效益，维护国有资产安全完整。

【经济责任审计】2020年，桂林市审计局在经济责任审计中创新组织方式，采取“经济责任审计+自然资源资产审计+政策落实跟踪审计+专项资金审计”融合的组织方式，实现“一审多项”“一审多果”“一果多用”。创新审计方法，采取“总体分析，系统研究，发现疑点”的大数据审计方法，通过分析原因，从体制、机制、管理等角度提出合理化建议，促进被审计单位规范财务管理。全年全市审计机关审计领导干部65人，查出主要问题金额7.64亿元，提交审计报告和审计结果报告118份，提出审计建议163条。

【专项资金审计（调查）】2020年，桂林市审计机关完成专项资金审计（调

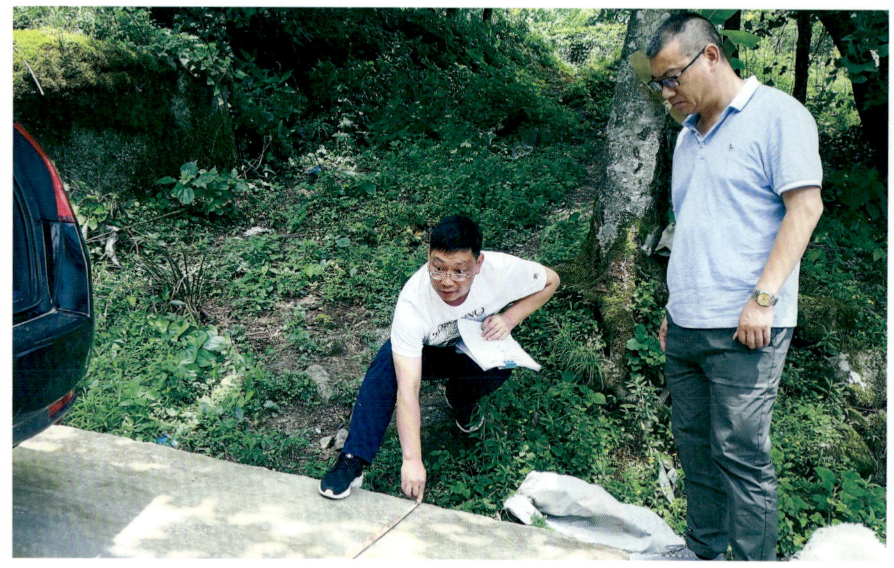

2020 年 6 月 16 日，全州县扶贫资金审计组在现场核实扶贫道路建设情况。（桂林市审计局供图）

查）项目 39 个，审计专项资金总额 26.88 亿元，查出主要问题金额 1.04 亿元。年内，桂林市实现对保障性安居工程审计全覆盖。查出扶贫资金涉嫌被骗取、多计多付工程款、扶贫建设项目存在质量问题、未发挥预期作用等问题 59 个，涉及金额 7.63 亿元，敦促各地人民政府加强对保障性安居工程的管理和建设，增进民生福祉。

【审计学会建设】 2020 年，桂林市审计学会加强重点课题研究，有 2 个课题被列入自治区审计厅和自治区审计学会年度重点课题。推动理论成果转化，组织全市审计理论研究骨干参加自治区审计学会主办的广西审计信息化专题征文活动，论文获一等奖 1 篇、二等奖 1 篇、三等奖 2 篇，桂林市审计学会获广西审计信息化专题征文优秀组织奖。加强内部审计交流和指导，与桂林市消防支队签订战略合作协议，指导该支队开展内部审计工作。（龙雨）

统计工作

【概况】 2020 年，桂林市统计局（简称市统计局）办公地址在桂林市临桂区西城中路 69 号，内设科室 14 个。下辖桂林市统计信息自动化中心（桂林市统计局普查中心）。年内，市统计局以提高统计数据质量为核心，提升基层统计队伍能力。加快推进现代化统计调查体系改革，做好经济运行分析和预警预测，为行政机关及社会各界提供优质的统计服务。有序开展第七次全国人口普查，如期完成统计方法制度改革。

【统计服务】 2020 年，市统计局持续丰富统计服务形式，为社会各界提供优质统计服务。加强对全市经济指标分析和重大问题研究，开展综合分析研判，及时预测预报全市地区生产总值走势及完成年度工作目标进展情况，每月定期或不定期报送专题报告和统计分析，为市委、市人民政府科学决策提供依据。每季度召开经济运行情况新闻发布会，在主要媒体上发布桂林市经济运行情况公报，在政府门户网站及市统计局内、外网发布桂林市主要经济指标数据，就社会关注的经济社会指标数据进行精准解读。全年共编印《统计信息月报》1 万余本、《桂林要情手册》600 本、《统计分析》71 期、《统计专报》23 期，出版发行《桂林经济社会统计年鉴》900 册。

【开展第七次全国人口普查】 2020 年，桂林市按照全国统一部署，开展第七次全国人口普查。年内，市、县（市、区）、乡（镇、街道）成立人口普查领导机构，抓好普查“两员”（普查员和普查指导员）选聘与培训。举办桂林市第十一届“中国统计开放日”活动暨第七次全国人口普查宣传月活动，各县（市、区）开展进社区、进村（屯）宣传活动，提高社会公众对人口普查的认识度和配合度，营造浓郁的普查氛围。11 月 1 日零时起，全市普查员正式入户普查，开展短表登记。11 月 16 日起，进入人口普查长表登记、短表比对复查阶段，全面进行普查数据审核工作。

【深化统计方法制度改革】 2020 年 1 月，桂林市按照中央统一部署，实施地区生产总值(GDP)统一核算改革，研究制定出《桂林县级季度生产总值统一核算方法（试行）》，不定期举行县级 GDP 统一核算培训会，解答核算过程遇到的困难和问题；明确计划总投资 500 万—5000 万元投资项目、劳动工资等基础数据统计方法；加强联网直报质量，确保全年全市地区生产总值数据的准确性和可靠性。年内，桂林市推进现代化基层统计调查体系建设，重点解决基层“有人做统计”“会做统计”和“有钱做统计”问题，提升基层统计队伍能力，通过自治区统计局组织的 2020 年度基层统计规范化建设验收。（蒋业全）

自然资源管理

【概况】 2020 年，桂林市自然资源局办公地址在桂林市临桂区青莲路投资发展大厦，内设机构 25 个以及机关党组织、离退休人员工作科，下辖分局 8 个，直属二层机构 12 个，代管机构 1 个。年内，桂林市自然资源管理部门应对新冠肺炎疫情防控形势下经济社会发展新挑战，出台打赢新冠肺炎疫情防控阻击战强化自然资源保障工作 14 条政策措施，服务项目建设，为全市经济社会发展提供坚实的资源保障，实现自然资源要素保障方面应保尽保。开通新冠肺炎疫情防控项目审批绿色通道，实行网上“不见面”服务，解答网上业务咨询，办理网上审批业务。落实多项惠民措施，减轻企业压力，助力复工复产。加强地质灾害防御，成功组织避让 4 起地质灾害险情，避免863人因灾伤亡。全年全市完成用地报批总量699.56公顷，土地供应总量850.20公顷。盘活存量土地2372.17公顷，消化批而未供土地983.09公顷，清理闲置土地101.91公顷。加强耕地保护，全市完成补充耕地面积227.04公顷，完成垦造水田(旱地改水田)项目574.93公顷。

【土地资源保障指标完成】 2020年，桂林市自然资源管理部门加强新冠肺炎疫情防控下的自然资源保障力度，开通疫情防控项目审批绿色通道，推进重大项目用地保障。全年全市保障自治区层面统筹推进重大项目96个，新增建设用地指标2523.59公顷。重点向三大园区重大项目用地倾斜，统筹调剂用地规模243公顷。新增工业用地指标474公顷，拉动全市固定资产投资增长9.9%。完成土地收储1230.83公顷，用地报批总量699.56公顷，土地供应总量850.20公顷。完成市本级(含桂林经济技术开发区)土地招拍挂出让36宗，面积375.28公顷，成交价款70.14亿元，增长68%。

【自然资源管理审批制度改革】 2020年，桂林市自然资源局落实控规审批优化改革。改革后，新编控规审批从原来的13个环节、用时232天，优化为9个环节、用时183天，节约用时21%；控规调整审批从原来的26个环节、用时392天，优化为12个环节、用时198天，节约用时49%。加快推进工程项目"多审合一"改革。实行建设项目用地预审与选址意见书合并办理，审批时限由原来的18个工作日缩减至10个工作日；对一般项目实行规划总平面方案、建筑方案和综合管线并联审查，由原来9个流程简化为3个流程，压缩审批时限70%左右；项目规划设计方案公示期缩短53天。

【桂林漓江流域生态保护修复】 2020年，《桂林漓江流域山水林田湖草生态保护修复工程项目实施方案》获自治区人民政府批复同意，漓江生态保护与修复进入系统治理阶段。年内，桂林市获自治区财政厅下达的漓江生态环境保护资金1.8亿元，所有项目均完成可行性研究或规划设计等前期工作，各业主单位按程序组织建设、推进实施。

【统筹推进矿山生态文明建设】 2020年，桂林市统筹开展露天矿山综合整治、在建矿山绿色创建、废弃矿山生态修复工作，"三山"治理向纵深推进。年内，桂林市完成226家露天矿山调查摸底，建立"一矿一账""一场一策"分类整治方案。全市采石场减少至36家，28家50万吨规模以上的采石场按照"三化要求"(基地化、规模化、规范化)和"五化标准"(建设标准化、生产工厂化、开采阶梯化、经营规模化、管理现代化)建设投产。全市共建成绿色矿山76个(其中国家级2个，自治区级14个，市级60个)，建成率达75%，建成数和建成率均居全自治区前列。其中，龙胜各族自治县绿色矿山建成率83.3%，入选全国绿色矿业发展示范区，并获评"全国绿水青山就是金山银山"实践创新基地。实施矿山生态修复治理示范工程，起草《桂林市利用市场化方式推进历史遗留矿山生态修复实施办法》，探索引进市场化机制和社会资金整体打包推进废弃矿山综合开发利用途径，选取七星区的铁山、乌山、丫吉、五步山等矿区作为试点单位。

【不动产登记服务提升】 2020年，桂林市优化不动产登记便民服务新举措，提升群众幸福感。年内，市本级不动产登记缮证环节实现90%以上自助打印，基本实现让群众"只跑一次"。开启"交房(交拍)即发证"的不动产登记电子证照模式，联动提供水、电、气、网络等开户服务，实现"一窗受理、内部流转、一站办结"。该"掌上办理"模式获人民网宣传报道。

【地质灾害防治和防御】 2020年，桂林市争取到自治区地质灾害防治体系资金5198万元，用于地质灾害勘察设计、地质灾害避险移民搬迁工程、地质灾害治理工程及地质灾害避险演练等群策群防体系建设。汛期期间，阳朔县、荔浦市、永福县等地及时预警，迅速组织群众安全转移避让，成功避险地质灾害险情4起，避免了863人因灾伤亡。

（罗宇韬）

应急管理

【概况】 2020年，桂林市应急管理局(简称市应急管理局)办公地址在桂林市临桂区西城中路69号，内设科室14个，下设桂林市地震监测中心、桂林市社会治理和应急指挥中心、桂林市安全生产监察支队。年内，市应急管理局坚持"防风险、保安全、促发展"的总基调，围绕新冠肺炎疫情防控的首要任务，在危险化学品、烟花爆竹、非煤矿山、工贸行业及消防安全等重点行业领域，构建安全发展环境。推动应急管理信息化建设，建立灾害信息员队伍，完善视频联网调度系统，推行"一线工作法"(工作组深入强降雨一线、防汛工作的部署安排到一线、预警预报到一线、应急处置到一线的工作方法)，在抗洪救灾行动中取得成效。加大安全知识宣讲和政策法规宣

2020年11月27日，桂林市社会治理和应急指挥中心揭牌成立。 （市应急管理局供图）

传，全年出动宣传人员2万余人次，接受群众咨询100余万人次。继续推进防震减灾示范社区建设，全市有49个社区获"全国综合减灾示范社区"称号，91个社区获"广西壮族自治区综合减灾示范社区"称号。

【深化应急管理体系改革】 2020年10月15日，经中共桂林市委批准，设立市应急管理局党委，撤销市应急管理局党组。年内，桂林市在原市应急救援综合服务中心的基础上，组建桂林市社会治理和应急指挥中心。开通专网视频会商系统会商点742个，覆盖全市17个县（市、区），147个乡（镇、街道），582个建制村，实现指挥中心对各会商点的直接视频指挥调度，全面提升全市社会治理现代化水平和突发事件应急处置救援能力。优化整合救援力量，将12支社会救援队伍民兵救援力量和非煤矿山专业救援队伍纳入应急救援体系。探索应急救援联动机制，全市应急救援能力得到整体提升。

【安全生产形势保持总体平稳】 2020年，桂林市发生各类生产安全事故402件、死亡人数193人、受伤人数394人。其中，一般事故397件、死亡人数177人、受伤人数383人；较大事故5件、死亡人数16人、受伤人数11人。事故件数、死亡人数、受伤人数分别下降7.59%、24.02%和11.10%，实现"三下降"目标。具体细分：道路交通事故359件、死亡人数154人、受伤人数389人；工矿商贸事故36件、死亡人数33人、受伤人数3人；铁路交通事故2件，死亡人数2人；其他事故5件，死亡人数4人、受伤人数2人。水上交通、化工、烟花爆竹、农业机械、民航飞机、渔业船舶全年无事故。全市安全生产形势保持总体平稳，连续17年未发生重特大生产安全事故。

【重点行业领域安全监管】 2020年，市应急管理局全面推进安全生产专项整治三年行动计划。全市派出涉及安全生产行业监督检查组1074个，督导5069次，检查行政机关、企事业单位8165个；查出安全风险隐患1.73万个，落实整改1.6万个，整改完成率92.49%；执行行政处罚2008次，罚款金额779余万元。落实安全生产"强监管严执法年"专项行动。整治危险化学品行业问题隐患1020项，完成危险化学品重大危险源监控预警系统建设；查处烟花爆竹行业非法窝点34处，没收非法产品1124箱，对全市范围内退出的37家烟花爆竹生产企业，进行遗留危险性废弃物排查处置清零专项行动；打击地下矿山私挖乱采行为，全市尾矿库总数从127座减少至21座；开展工贸行业企业安全生产大检查，检查工贸行业企业27家（次），发现整改问题隐患190个。全年全市安全生产行政执法监察2366次，责令整改831家，共下达执法文书2313份，查出安全生产事故隐患3622条，行政处罚企业963家，处罚主要负责人119次，共处罚款1430万元。

【防汛抗旱救援】 2020年4月—8月，桂林市全域遭遇9次强降雨天气过程，2次遭遇1998年以来最大汛情。防汛期间，全市受灾87.39万人；造成农作物受灾7.39万公顷，房屋倒塌2558间，房屋严重损坏1938间，水库损坏7座；直接经济损失93.23亿元。累计紧急转移安置受灾群众15.34万人，紧急生活救助8万多人；共发放衣被数量2.34万套，搭建帐篷675顶，紧急发放现金及其他生活物资（折价款）共计7309.93万元；争取中央、自治区自然灾害救灾资金2.84亿元，增长87.7%。入秋时节，全市各地出现明显旱情。6个城区及阳朔县、兴安县、资源县、永福县、平乐县的降雨量居历史同期第二低位，其余各县均为1960年以来同期降雨量最少。各县（市、区）共投入抗旱资金1000余万元，打抗旱井160余处，实施人工增雨作业15次，抗旱灌溉面积2441.7公顷。

【灾害预警防御】 2020年，桂林市加强重点灾害区域监测，及时发布预警信息，科学指挥调度，有效减少灾害损失。"6·7"洪涝灾害期间，桂林市应急管理局应用"一线工作法"，发挥立体救援优势，空地联合，为洪涝灾害地区被困群众送去食品、药品，展开灾害救援。阳朔县、永福县、荔浦市等及时发布灾情预警信息，实现1400多人成功避险。年内，全市及时转移解救洪涝灾害受困群众8000余人，洪涝灾害死亡人数下降92%。桂林市防汛抗洪经验被《中国应急管理报》刊登报道。

【森林防火灭火】 2020年，桂林市共发生森林火灾16件，其中一般森林火灾5件，较大森林火灾11件。过火面积489.06公顷；森林受害面积90.19公顷、森林受害率0.046‰，低于自治区下达的0.8‰的目标任务。年内，桂林市组织开展森林火灾扑救行动，共出动专业扑救队员、半专业扑救队员、群众扑火人员804人，扑火车辆89辆（次），直升机3架，无人机1架。全年全市未发生组织扑救人员伤亡事故和重特大森林火灾事故。

2020年10月，桂林市消防救援支队参加广西壮族自治区消防救援总队2020年全员岗位练兵"壮鹰竞桂"比武竞赛获团体总分第二名。 （桂林市消防救援支队供图）

2020年12月11日，桂林市2020年阳鹿高速公路（荔浦段）危化品运输交通事故应急综合救援演练在荔浦市举行。（桂林市应急管理局供图）

【消防救援】 2020年，桂林市消防救援支队全面推进消防安全整治三年行动，对集贸市场、大型综合体、生命通道、少数民族村寨等10个重点领域开展消防安全专项整治行动，发现火灾隐患和违法行为1.41万处，下达责令改正通知书6331份，处罚单位320家，罚款113万元。全年组织开展消防救援6015次，抢救被困人员1100余人，疏散被困群众1800余人，保护和抢救财产价值10.3亿元，成功处置“6·7”系列抗洪抢险和山体滑坡等急难险重任务。推进消防安全标准化管理示范建设，指导创建万象城、万禾市场等消防安全管理示范单位120家。年内，桂林市消防救援支队在广西壮族自治区消防救援总队2020年全员岗位练兵“壮鹰竞桂”比武竞赛中获得团体总分第二名；桂林市西街外国消防志愿者队伍获应急管理部第五届“全国‘119’消防先进集体”称号。

【应急预案管理和演练】 2020年，市应急管理局继续实施应急预案修订工作，修订完成市级专项应急预案8个，市级部门应急预案6个，县、乡级应急预案490个，学校和企事业单位预案557个。全市应急预案编制完成数9152个，覆盖率100%。年内，全市各级政府部门、企事业单位共开展应急演练1020次。各部门、各单位防灾减灾知识和自救互救技能得到普及；应急准备、应急响应、应急指挥、协调作战能力得到提升。（蒋幸）

口　岸

【概况】 2020年2月17日，因受新冠肺炎疫情影响，桂林航空口岸开始暂时关闭，国际和地区航班停航。全年，桂林航空口岸共进出口货物60吨，下降94.7%；保障运输航班起降3.76万架次（国际及地区航班290架次），下降42.6%；完成旅客吞吐量435.1万人次（国际及地区出入境旅客2.4万人次），下降49.1%。年内，桂林两江国际机场共执行飞行航线118条（国内航线113条，国际航线3条，地区航线2条），航线总数减少22条。通达国际及地区航线目的地（航点）5个，分别为：桂林—韩国首尔，桂林—泰国曼谷，桂林—马来西亚吉隆坡，桂林—中国香港、台北。全年共有32家航空公司执行飞行任务，通航城市达83个（国内城市78个、国际城市3个、地区城市2个）；新增航点4个，分别为岳阳、潍坊、淮安、邯郸。（李晖）

【海关】 2020年，桂林海关办公区地址分别在桂林市骖鸾路21号和漓江路25号。内设驻机场办事处（副处级机构，下设监管五科、监管六科）、办公室、人事政工科、综合业务科、物流监控科、监管一科、监管二科、监管三科、监管四科、企业管理与核查科、审核科、财务科。下设桂林海关综合技术服务中心。桂林海关缉私分局内设科室4个。年内，桂林海关共监管进出口货物3570吨，下降89.8%；进出口货值3123万美元，下降50.9%。全年入库税款2668万元，下降47.7%。其中，关税1683.7万元，下降26%；进口环节税984.3万元，下降65.2%。监管进出境航班287架次，下降91.2%；进出境人员2.6万人次，下降93.1%。实现全市外贸进出口总值72.14亿元，增长2.2%。

服务地方经济发展　2020年，桂林海关参与国家发展与改革委员会对桂林市营商环境考评工作。指导企业用足用好对美国加征关税商品排除政策措施，为2家企业排除关税200万元。签发原产地证书，为辖区企业享受进口国关税优惠7255万元，自助打印证书率45%。推动企业试用“提前申报”“两步申报”等模式实现快速通关，全年进、出口整体通关时间分别为28.17小时和0.48小时，分别压缩45.15%和86.21%。开展辖区重点企业走访调研，撰写的“降低进口工业品原料碳化钨税率”税政调研报告被上海市税务局采纳。开办水果出口政策培训班，支持辖区特色农产品——“恭城甜柿”出口到俄罗斯、哈萨克斯坦以及东盟的文莱、柬埔寨、印度尼西亚、老挝、马来西亚、缅甸、菲律宾、新加坡、泰国、越南10个国家和地区。向鲜活农产品企业提供出口信息和技术要求，实现鲟鱼出口556吨，增长45%。助力桂林市新冠肺炎疫情防控，设立专门通道，保障3批进口防疫物资实现快速安全通关。开展“暖冬惠企”稳外贸、稳外资政策巡回宣讲活动，现场为企业答疑解惑。指导桂林荔浦保税物流中心（B型）项目的设立申报，获自治区人民政府同意批复。年内，桂林海关辖区加工贸易进出口总值11.32亿元，增长15.9%。

强化口岸监管效能　2020年，桂林海关落实“双优化”（优化流程，优化机构人员配置）改革进程，创新出境竹木草监管通关模式，探索出简化注册程序、优化后续监管、试行远程视频检验检疫等快速通关操作程序，出口企业注册登记时限由原来20个工作日大幅缩减至2个小时。优化ECIQ系统流程，启用自动发送电子底账功能，每单查验作业平均节省3.3小时。启动全关区执法记录仪声像资料远程抽查试点工作，将预设的现场抽查检查声像资料的方式改变为远端视频查看方式，有效落实关区稽、核查业务分类管控、集约监督工作机制。建立税收征管评估指标监控推进长效机制，强化税收征管质量，全年监控审核桂林辖区企业全国口岸进口涉税报关单数据5933条，发现并纠正的不规范数据400条，属地企业规范申报率、风险排查处置率均提升至100%。年内，桂林海关实现税收入库2668万元，接收报关单596份，受理出入境货物报检1.48万批次，签出原产地证书4570份，单证审核业务量居全关区第二位。加强通关业务后续监管，开展核查作业85件，发现问题51件，内销补税43.59万元；接受企业主动问题披露2家，补税1.82万元。做好企业信用等级动态管理，指导并培育出广西首家医药领域AEO高级认证企业。

筑牢卫生防疫安全防线　2020年，桂林海关强化进口粮食安全监管，共完成20.4万吨进口粮食的加工后续监管。维护国门生物安全，开展外来有害生物监测，开设实蝇监测点7个、杂草监测点8个，均未发现问题。完成食品、食用农产品和饲料安全风险监控任务，累计检验项目350项。严格进出口商品检验监管，检验商品16批次，检出不合格商品2批次；检验出口危险货物包装241批次，检出不合格危险货物包装30批次；检验进出口危险化学品11批次，检出不合格危险品1批次。组织对桂林航空口岸79家单位（涉及食品生产、餐饮、饮用水、公共场所、垃圾污水处理等）进行日常卫生监督监管和指导，开展日常监管395次、新冠肺炎疫情专项检查108次；完成各类人员体检1102人次，签发《国际旅行健康检查证明书》376份，预防接种99人次。完成各类商品委托检测业务528批，完成食品生产环节抽样772批，完成食品生产企业生产环境微生物采样检测500批，完成法检检测75批，配合南宁海关技术中心完成食品、农产品、环境样品采集3800个。年内，桂林海关承办了桂林航空口岸监管环节化学涉恐突发事件应急处置演练。加强对入境航班和人员的排查，防止新冠肺炎病毒从境外输入传播。

打击走私　2020年，桂林海关开展“国门利剑2020”联合行动。年内，桂林海关共刑事受案7件，立案7件（列为海关总署缉私局一级挂牌督办案件1件），涉案案值1.33亿元，涉嫌偷逃税额4687.88万元；查扣卷烟900条、雪茄烟34.11万支，各种品牌型号奶粉22.67万件，活牛177头，大麻、氟硝西泮、K粉、摇头丸等毒品1585.45克。并案移出1件，移交地方公安机关1件，结案移送起诉5件12人，法院判决4件12人，拘留9人，取保候审12人，逮捕8人。行政受案13件，立案11件，涉案案值350.97万元，涉嫌偷逃税额2.99万元；查获电子烟弹2000支、香烟519.1万支、旧音响器材（固体废物）若干。行政结案8件（移送地方公安2件，行政处罚6件），罚款2万元，没收氟硝西泮500片、烟弹2000支。协助调查案件11件，调取证据材料1000余份，协助抓获押解犯罪嫌疑人1人。年内，桂林海关向桂林市农业农村部门移交没收的63件濒危水生动物制品——加利福尼亚湾石首鱼鱼鳔。　（邹寒松）

2020年4月16日，桂林海关对来自美国的公务机进行入境检疫。　（刘琼摄）

【边防检查】　2020年，因受新冠肺炎疫情影响，桂林口岸出入境人数大幅度下降。全年，桂林出入境边防检查站共查验出入境人员2.29万人次，下降93.29%；验放出入境航班209架次，下降91.95%。共查获持用变造证件非法出入境案4件13人，在逃人员1人，“三非”（非法入境、非法居留、非法就业）外国人1人。

口岸执勤　2020年，桂林出入境边防检查站立足广西“三大定位”（指作为国际通道、战略支点、重要门户的定位）的实施进程，稳步深化“放管服”改革，推进“山水国门”品牌建设，以边防检查服务助力桂林市创建全国文明城市活动。年内，共出台便民通关举措14项，推行高峰时段“全员业务化”工作模式，着眼“勤务组织、环境整治、服务发展”的要求打造口岸“舒畅工程”。主动联系对接，提前掌握自治区、桂林市的大型外事活动计划，制订勤务保障方案，跟进做好服务保障工作。加强对外宣传，组建边防检查法律宣讲团，定期为桂林口岸的驻场单位和服务企业开展边防检查的法律和政策宣讲，实现社会认可度和群众满意度“双提升”。开展“温暖国门、迎您回家”主题活动，开通24小时咨询服务热线，在口岸现场滚动播放出入境问题解答、桂林城市宣传片，为老弱病残孕幼等特殊群体提供人文关怀和帮助。投入400余万元全面升级口岸查验设施设备。在T2航站楼设置智能验证通道12条，特别通道2条，自助查验通道11条，达到全天24小时开放通关要求，实际通行能力提升35%。年内，42%的出入境旅客享受到自助通关便利，自助通关旅客过关时间缩减50%。推进边防检查业务与大数据技术融合，与桂林电子科技大学网络学院联合研发数据分析核查系统，提升口岸管控效能。推行口岸联检单位联席会议制度，与卫健、海关、公安等部门签订《口岸联防联控合作协议》，围绕新冠肺炎疫情联防联控、监管区域改建、信息实时通报、联合应急处置等任务开展交流商讨，构建区域联合、内外联手、整体联动的口岸管控大格局。联合桂林海关等口岸联检部门开展新冠肺炎疫情输入处置桌面推演，明确职责分工和处置程序，提高桂林口岸联防联控的指挥决策和协同配合能力。启动口岸联合处突模式，牵头组织口岸联检单位定期开展“红蓝对抗”处突演练，提高依法、快速、妥善处置能力。落实口岸管控主体责任制，围绕“三非”、涉港、涉恐3个重点方向，紧盯预警、查验、研判3个关键环节，做好口岸打击管控工作。实施以数据分析研判为牵引、后台核查为落脚点、动态跟踪为延伸的工作模式，通过情报收集、数据分析、研判预警、前台检查、后台核查、内外联动、动态跟踪等系列措施，加强对出入境人员全流程、全要素检查。依照“全能型检查员”标准和全警实战大练兵要求，制定《星级检查员（队领导）评定方案》，举办基础业务培训班、专题交流研讨会、“多岗结对”互助交流等活动，全面推进专业队伍建设。邀请桂林海关和桂林市疾控中心专家开展新冠肺炎疫情防控授课，确保一线民警充分掌握防护要领，防护工作人人到位。制定《新冠肺炎疫情防控期间边防检查工作指引》《新冠肺炎疫情期间外国撤侨包机入出境边防检查流程指引》，开展口岸限定区域巡查和实战演练，提升实战应对能力。

2020年4月1日，桂林出入境边防检查站首批增援边境抗疫突击队举行出征仪式。（张雷堃摄）

基层建设　2020年，桂林出入境边防检查站与中共桂林市委党校建立党员培育长效合作机制，打造“边检+党校”联创联建新格局。开展“内务大规范”“素质大提升”“实战大练兵”等活动，推动全站警员队伍作风的提升。构建“谈心+家访”双轨并行机制，建立战时“随警政工”迎“疫”而上。紧抓内部控制，深化“四色预警”（指对民警日常工作表现进行评判，并划分至蓝色、黄色、橙色、红色相对应的颜色等级，表示人员问题从轻到重的严重程度，借此达到预警目的）管理机制，强化纪检督查，完善审计制度，及时纠正化解问题隐患10个，全站队伍管理实现连续16年无事故案件。

防控战疫　2020年，桂林出入境边防检查站积极筑牢口岸新冠肺炎疫情防控战线，开启全要素动员迎战、全领域细化部署、全人员实时战备状态。成立应对新冠肺炎疫情工作领导小组和口岸管控、监护处置、综合协调、宣传保障专项工作组，搭建起权责明晰、分工明确、运转高效、互为支撑的领导指挥体系。研究制订口岸发现（疑似）新型冠状病毒感染肺炎疫情处置方案、内部安全防控工作方案等11个方面31项措施以及一线岗位17项防控指引，健全完善疫情防控动态实时归集、每日研判会商制度。发挥信息先导优势，运用旅客信息预报系统和综合数据应用平台，全面铺开疫情传播扩散风险隐患排查，对出入境航班、人员落实预报预检、轨迹追查、实施预警推送。优化勤务部署，设立重点人员专用通道，实行医疗排查先行、无接触式验放、物品消杀消毒等机制，最大限度降低疫情传播风险，确保口岸安全畅通。做好全国边防检查信息共享，加强国内其他通航城市信息搜集，与桂林市卫生健康委员会、桂林海关等部门互通备忘录，第一时间将在重点涉疫国家有停留轨迹并计划到桂林的人员信息，报送至桂林市疫情防疫指挥部、桂林市公安局，全面织密检疫防控网络。年内，该站筛查并推送经桂林口岸出入境的疫区重点人员39人，密切接触人员9人；推送经全国口岸计划到广西人员742批1.22万人，排查分析确诊病例252人。完成“金龙—2020”中柬两军联合训练中方参训分队官兵和军机出境边防检查任务，涉疫重点国家临时航班入境专项勤务3次、人员39人次，实现“边防检查零失误、执勤人员零感染、口岸防控零输入”目标。组建援助边境抗疫突击队，派出增援边境封控民警8批63人次，赴百色市、崇左市、防城港市的边境一线执行支援任务，遏制境外新冠肺炎疫情向内地扩散。　　（张雷堃）

教　育

基础教育

【概况】 2020年，中共桂林市委员会教育工作委员会、桂林市教育局（简称市委教育工委、市教育局）办公地址在桂林市临桂区致远路2号。内设机构12个。下辖桂林市招生考试院、桂林市教育科学研究所、桂林市电教仪器站、桂林市中小学生示范性综合实践教育中心、桂林市学生资助管理中心、桂林市教师培训中心等二层机构6个。直属学校28所，其中桂林市广播电视大学1所，独立高中1所，完全中学10所、初中5所、九年一贯制学校1所，中等职业学校4所、小学1所、特殊教育学校2所、工读学校1所、幼儿园2所。直属企业2个（桂林市教育实业总公司、桂林市本源教育有限公司）。年内，市教育局统筹推进普及普惠学前教育、均衡发展义务教育、内涵特色提升高中阶段教育、精准打赢教育脱贫攻坚等工作。全市学前三年毛入学率、九年义务教育巩固率、高中阶段毛入学率分别为99.2%、101.07%、111.5%，分别超自治区平均水平8.2、5.07、20.5个百分点，创历史新高。

2020年，全市普通中小学共有专任教师4.39万人（不含幼儿园、特教、工读学校），其中35岁以下青年专任教师1.55万人。专任教师中，小学教师2.46万人，专科以上学历占96.91%，学历合格率99.94%；初中教师1.3万人，本科以上学历占87.45%，学历合格率99.84%；高中教师6332人，研究生同等学力占8.61%。幼儿园有专任教师9372人（不含园长1518人）；特殊教育学校专任教师221人；工读学校专任教师10人。全市普通中小学幼儿园正高级专业技术职称专任教师16人，副高级专业技术职称专任教师4942人，中级专业技术职称专任教师2.14万人。

【学前教育】 2020年，桂林市有幼儿园1113所，在园幼儿19.39万人，学前三年毛入园率为99.2%。普惠性幼儿园888所，在园幼儿16.96万人，普惠性幼儿园覆盖率为87.5%；公办幼儿园328所，在园幼儿9.89万人，占比51.02%，各项指标均超过自治区规定目标值。年内，桂林市多措并举提升公办幼儿园在园幼儿占比，开展公办幼儿园建设、推进小区配套幼儿园治理，开展利用国有资产和财政资金

表20　**2020年桂林市基础教育学校及学生情况表**

类别	数量（所、个）	在校生（人）	学前三年毛入学率/九年义务教育巩固率/高中阶段毛入学率
幼儿园	1113	193850	99.2%
小学	539	404965	101.07%
小学教学点	1051		
九年一贯制学校	26	186784	
普通初中	138		
普通高中（含高完中）	61	92199	111.5%
特殊教育学校	10	1149	—
工读学校	1	14	—

注：数据中的学校包括民办学校。

2020年，桂林市乡（镇）中心幼儿园实现乡（镇）全覆盖。图为阳朔县白沙镇第二幼儿园。（蒋文婧摄）

开办民办幼儿园的清理整顿，开展无证幼儿园专项整治，持续扩大普惠性资源，加强示范幼儿园建设，深化学前教育保教改革。全市建成142所公办乡（镇）中心幼儿园，乡（镇）中心幼儿园实现乡（镇）全覆盖。新增自治区示范幼儿园3所、市级示范幼儿园4所，实现自治区示范幼儿园县（市、区）全覆盖。

【义务教育】 2020年，桂林市有义务教育学校703所，其中初中164所、小学539所（教学点1051个）。义务教育学校在校学生59.2万人，其中初中学生18.7万人、小学生40.5万人。义务教育学校专任教师3.76万人，其中初中专任教师1.3万人、小学专任教师2.46万人。年内，继续实施义务教育均衡发展工程，指导全州县、平乐县做好义务教育基本均衡发展迎接“国检”工作。协助自治区督导组完成对兴安县、灌阳县义务教育基本均衡发展国检“回头看”工作。派出3个督导小组，对秀峰区等9个县（市、区）进行迎“国检”各项准备工作落实情况的督导。12月，全市所有县（市、区）通过国家义务教育基本均衡发展督导评估认定。强化控辍保学工作，至年末，全市已实现建档立卡贫困学生和非建档立卡贫困学生动态“双清零”。加强市、县两级中小学常规管理，2020年全市九年义务教育巩固率为101.07%。

【特殊教育】 2020年，全市共有特殊教育学校10所，特殊教育班级119个，其中视力残疾班2个、听力残疾班13个、智力残疾班77个。在校学生3968人，其中特教学校在校学生1149人，普通学校随班就读学生2065人，另有送教上门学生754人。全市适龄残疾儿童少年义务教育入学率99.88%。特教学校在职教职工250人，其中专任教师221人。残疾儿童少年义务教育普及水平明显提高，形成“以特殊教育学校为骨干，随班就读为主体，送教上门为辅助的残疾儿童少年义务教育体系”，全市17个县（市、区）均开展“送教上门”工作。年内，桂林市通过举办特殊教育教师技能大赛、业务培训等形式提高教师专业水平。

【义务教育均衡发展】 2020年，桂林市以《教育部关于印发〈县域义务教育均衡发展督导评估暂行办法〉的通知》《广西壮族自治区人民政府办公厅关于印发〈广西壮族自治区县域义务教育均衡发展督导评估实施办法〉的通知》为标准，

【普及高中阶段教育】 2020年，桂林市全面落实《广西壮族自治区人民政府办公厅关于新时代推进普通高中育人方式改革的实施意见》，通过自治区评估验收，获自治区普及高中阶段达标市称号。制订《桂林市普通高中课程改革基地建设学校建设推进方案》，评选出桂林第十八中学等8所学校14个桂林市普通高中学科课程基地，推动全市普通高中向内涵式特色化发展。实施《桂林市高中阶段教育普及攻坚计划实施方案（2017—2020年）》，优化学校布局、扩大办学规模、改善办学条件。启动实施消除普通高中大班额规划，至2020年11月，全市普通高中大班额为27.74%，（比上年，下同）下降15.76个百分点。实施普通高中特色化发展计划，以广西师范大学附属中学、桂林第五中学、桂林第一中学等3所自治区星级特色普通高中为龙头，推动桂林市逸仙中学、桂林市田家炳中学、桂林市第八中学、桂林市第十七中学、桂林市第十九中学和全州县第二中学做好自治区星级特色普通高中创建。2020年，自治区下达桂林市普通高中招生任务数2.88万人，实际招生3.4万人，完成率117.96%。全市高中阶段毛入学率111.5%，超自治区目标值19.5%。自治区下达桂林市中等职业学校招生任务1.39万人，实际招生1.44万人，完成率103.8%。下达桂林市向自治区中职学校送生1.8万人，实际送生2.2万人，完成率122.3%。

【中考招生】 2020年，全市初中毕业升学考试与高中阶段招生工作与上年相比，有8个方面的变化：一是首次实行物理、化学科目同堂合卷考试，考试时长150分钟，单科总分保持100分不变，分别计分与划分等级，中考考试缩减成两天半。二是示范性普通高中定向生（学区生）招生恢复放在示范性普通高中统招生之后进行，增加公办初中学生上示范性普通高中的机会。三是学区生招生比例提高到54%。四是普通高中招生时段设定为4个，全市普通高中招生在4个时段内完成，其中第四时段为未完成招生计划学校的招生报名时段。五是增加被民办高中录取的考生到校确认的环节，给家长与考生再次选择的机会。六是受新冠肺炎疫情影响，中考体育只考选考项目，分值为20分，19分—20分为A等、14分—18分为B等、7分—13分为C等，6分及以下为D等。七是为有效防控新冠肺炎疫情，中考报名与考务工作全部安排在互联网上进行，做到让“数据多跑路、让家长少跑腿”；在考试组织过程中，每个考点

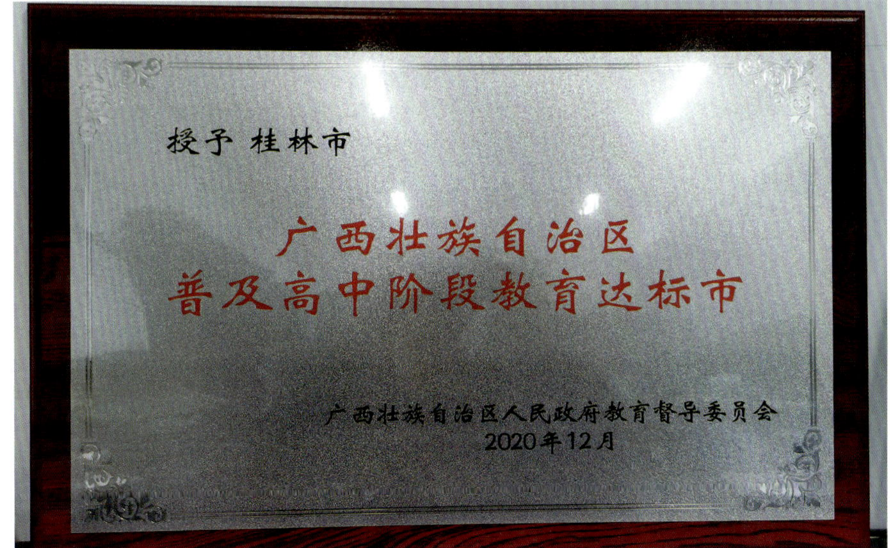

2020年12月，桂林市被授予广西壮族自治区普及高中阶段教育达标市。

（何晖摄）

安排专职防疫副主考与若干防疫工作人员。八是中等职业类学校网上招生与普通高中同步进行。全市共有初中应届毕业学生5.40万人，中考报名5.17万人，增加5306人，市区（不含临桂区，下同）报名人数1.22万人，增加1530人。全市符合条件的外来务工人员随迁子女和外省户籍学籍迁入人员共6220人，增加1495人，其中桂林市区为3582人，增加967人。

【普通高考】 2020年，桂林市普通高考报名3.88万人，增加3885人，实际参加统考3万人。其中报考文科综合1.13万人（增加828人），报考理科综合1.87万人（增加203人）。市辖区报名1.35万人（增加1213人），实际参加统考7488人（增加190人），其中报考文科综合2286人（增加59人）、报考理科综合5202人（增加131人）。全市共审核1667名异地考生的报考资格和1.12万名享受各项照顾分政策的考生资格。高考成绩亮点突出，市区公办高中本科上线率大幅提升，一本上线人数5971人，一本上线率21.66%；二本上线人数1.9万人，二本上线率68.51%；一本、二本上线率均居广西第二位。高职高专上线率达历史新高，为98.12%。全市考生被北京大学、清华大学录取24人。

【教育经费保障机制】 2020年，桂林市落实中央、自治区城乡义务教育阶段学校补助公用经费基准定额，每年学生人均为小学650元、初中850元、特殊教育6000元，中央、自治区、市（县、市、区）分担比例为8∶1∶1，其中市本级公办学校按年生均小学400元、初中600元的标准预算分担公用经费，市本级城市公办义务教育阶段学校公用经费由市财政局直接下拨到各学校。城市民办义务教育阶段学校补助公用经费，由市教育局上半年将中央和自治区下拨的90%部分拨付到各民办学校，再由学校对学生予以减免，下半年向市财政申请拨付市级应分担的10%部分。公办普通高中生均公用经费财政拨款基本标准为每生每年600元，其中市本级预算公办普通高中生均公用经费600元，其他县（市、区）按标准预算600元。公办学前教育生均公用经费财政拨款基本标准为城市公办幼儿园每生每年500元，县、乡（镇）公办幼儿园每生每年300元。

【学生资助】 2020年，桂林市教育扶贫学生资助工作各学段项目有序推进，顺利落实。全市共发放资助资金4.83亿元，各学段受助学生43.61万人次，其中农村建档立卡贫困户学生15.36万人次，补助资金9427.48万元。学前教育资助项目共发放资助资金1251.6万元，资助贫困户幼儿1.70万人次，其中受助贫困户学生1.01万人次，受助金额868.46万元。义务教育资助项目共发放资助资金1.39亿元，资助学生27.35万人次，其中受助贫困户学生10.04万人次，受助金额4292.91万元。普通高中资助项目共发放资助资金3762万元，资助学生3.48万人次，其中受助贫困户学生1.53万人次，受助金额2181.56万元；普通高中免学杂费项目共发放资助资金1468.47万元，资助学生2.01万人次，其中受助贫困户学生1.53万人次，受助金额1078.74万元；特定普通高中学生免学费项目拨付免学费补助资金340.1万元，6721人次特定高中学生获免除学费资助。中等职业教育免学费项目共发放资助资金3928.15万元，资助学生4.19万人次，其中受助贫困户学生5918人次，受助金额544万元；中等职业助学金项目共发放资助资金883.98万元，资助学生7822人次，其中受助贫困户学生4550人次，受助金额596.5万元。大学新生路费补助项目共发放资助资金448.97万元，资助学生5324人，其中受助贫困户学生2030人，受助金额165.32万元；生源地助学贷款项目受理人数2.9万人，受理金额2.23亿元。

【教育信息化建设】 2020年，桂林市推进实施学校联网攻坚行动和中小学信息化教学环境建设攻坚行动。桂林基础教育信息化基本建设任务主要包含中小学（含教学点）宽带网络接入、多媒体教室配备和教师用计算机配备等3项，已纳入设区市、县级人民政府履行教育职责评价指标体系。全市1651所中小学校（含教学点）已全部接入宽带网络，全市中小学校（含教学点）多媒体教室配备实现学校全覆盖。市直属学校、象山区、秀峰区、七星区、雁山区、灵川县、平乐县、资源县实现班级多媒体教室全覆盖；市直属学校、秀峰区、叠彩区、象山区、七星区、雁山区、临桂区、灵川县、平乐县、资源县、荔浦市、龙胜各族自治县的教师计算机配备实现师机比1∶1。

2020年，桂林市开展中小学信息技术与学科教学深度融合优秀课例评选活动、“桂林智慧云平台”在线视频学习资源征集评选暨2020年桂林市“一师一优课，一课一名师”优选活动。共收到课例3567节（其中融合课例1487节、一师一优课1594节、在线视频486节），参加自治区小学信息技术与学科教学深度融合现场课比赛，获一等奖8节、二等奖2节、三等奖1节。结合疫情防控，2020年桂林市中小学信息技术与学科教学深度融合观摩活动采取线上观摩方式进行，现场课竞赛活动开幕式当天进行的专家讲座在线观摩人数3177人次。活动线上展示“智慧课堂”和“双向互动课堂”示范课，并邀请外省专家对示范课进行远程在线点评。11月21日—22日，市教育局与广西师范大学教育学部在广西师范大学附属中学联合举办2020年桂林市青少年第二届创客马拉松活动，共有110支队伍500多人参加。培育创客教育试点学校，确定桂林市乐群小学等11所学校为全市首批中小学创客教育试点项目学校，其中“创客空间”试点项目学校6所、“创客工作室”试点项目学校5所。出台“创客试点学校评价标准（试行）”，以“创客工作室”“创客空间”的创建为抓手，推动创客教育在全市中小学校的开展。举办桂林市创新实验教学说课比赛和自制教具比赛。推荐12人参加广西自制教具比赛全部获奖，其中一等奖3名、二等奖4名、三等奖5名。

【智慧校园项目建设】 2020年，桂林市开展“智慧校园”专题论文征集评选活动，评出一等奖161个、二等奖184个、三等奖262个。组织开展桂林市中小学数字教育教学资源作品征集活动，共546名教师参加，收到作品

2714 件，475 名教师获奖。开展中小学数学学科教育资源建设，共开发出中小学数学学科教育资源 100 套 300 件作品。打造“桂林云学堂”，共收集桂林本地视频资源 3000 节，包括桂林名师云课堂、桂林一师一课省优与部优课例及凸显“生本特色”的市第十九中学优秀课例等。开展 2018—2020 年桂林市中小学“智慧校园”建设项目优秀单位及优秀个人评选活动，授予桂林市乐群小学等 19 个单位为“智慧校园”建设项目优秀单位(学校)，李昱等 113 名为优秀个人。

2020 年 12 月，桂林市获广西首届中小学生戏剧展演活动金奖。（颜莹摄）

【教育教学科研】 2020 年，市教育局组织市级课题申报评审，立项 A 类课题 50 项，B 类课题 74 项，C 类课题 115 项，教师个人课题 148 项。组织参加自治区级课题评审，立项 A 类课题 6 项，B 类课题 15 项，立项 C 类课题 35 项。组织参加全国课题评审，其中市教育科研所 1 项、桂林市第三中学 1 项。完成教师个人课题结题鉴定，156 项课题获结题，25 项课题评定为优秀等级。完成自治区 C 类课题结题，8 项课题获结题。完成 85 项市级集体课题结题，上报广西专项课题 9 项，其中学生资助专项课题 1 项，广西中小学语文学习质量研究专项课题 5 项，党建研究专项课题 3 项。参评自治区基础教育教学成果奖，获特等奖 3 项、一等奖 6 项、二等奖 18 项。完成桂林市教育科研示范校评估，35 所学校获桂林市教育科研示范学校。

【学生体育运动】 2020 年，桂林市开展学生阳光体育运动，举办中小学生乒乓球、篮球、足球、围棋等各类比赛活动。举办 2020 年桂林市中小学生田径运动会和中小学生民族传统项目体育运动会。11 月，组队赴梧州市参加第六届“千里杯”自治区学生足球比赛，获高中女子组第 6 名。推进体育特色校园建设，全国青少年校园足球特色学校累计 47 所，其中示范校 11 所，全国篮球特色学校 25 所。推荐 3 所全国青少年校园排球特色学校。推进《国家学生体质健康标准》数据测试和上报工作，桂林市学生《国家学生体质健康标准》数据测试上报率 98.17%，在自治区排名第二。

2020 年 10 月 30 日，桂林市第十四届中小学信息技术与学科教学深度融合观摩展示评选活动举行。（莫珏摄）

【学生艺术活动】 2020 年，桂林市增设 6 所艺术特色项目学校，数量达到 20 所。开展全市艺术素质测评大检测活动，到荔浦市等艺术教育教学薄弱县(市、区)进行指导，提升学校艺术素质测评工作质量。组织开展桂林市第十二届中小学生合唱节及颁奖典礼。组织参加广西首届中学生合唱节比赛，市教育局获优秀组织奖，桂林第十九中学获二等奖。组织开展全市中小学生戏剧比赛，选拔优秀节目参加自治区首届中小学生戏剧展演活动，桂林市教育局获自治区优秀组织奖，桂林市艺术学校等 6 个单位获自治区金奖 1 个、一等奖 2 个、二等奖 2 个、三等奖 1 个。

【学生健康活动】 2020 年，市教育局联合市红十字会在市属高中学校开展“急救知识进校园”活动，市区高一新生共 8000 人参加救护培训。做好学校流感、手足口病、水痘、结核病、登革热等传染病防控工作。全市创建市级卫生优秀学校 275 所，自治区级卫生优秀学校 165 所；无烟校园 76 所，健康促进学校 27 所；国际生态学校 37 所，国家级绿色环保学校 5 所，自治区级绿色环保学校 55 所，市级绿色环保学校 203 所。

【学生营养改善计划试点】 2020 年，桂林市继续在龙胜各族自治县、资源县、灌阳县、恭城瑶族自治县、雁山区寄宿制学校开展学生营养改善计划试点工作。其中，龙胜各族自治县获中央补助资金 614 万元，资源县获中央补助资金 1170 万元，恭城瑶族自治县获自治区试点补助资金 1923 万元，雁山区获市财政补助资金 85 万元，灌阳县获自治区试点补助资金 1198 万元。受益学校 429 所，受益学生 7.31 万人，投入金额 5704 万元。6 月 27 日—28 日，在资源县开展农村义务教育学生营养改善计划知识培训。

【学校德育工作】 2020 年，桂林市开展"脱贫感党恩奋进新起点"主题活动进校园活动，54 万多名学生参加。开展主题思想政治课 6175 节，主题征文、书画作品 22.17 万份、主题班(团、队)会、文艺演出 6000 多场次。加强社会主义核心价值观宣传教育，打造自治区社会主义核心价值观示范点学校 1 所，市级示范点学校 3 所。涌现出全国"新时代好少年"张星屿朵、自治区"新时代好少年"蒋明峰、广西优秀少先队员 7 名、广西优秀少先队集体 8 个。开展清明节网上祭英烈活动，参与学生 70.05 万人次。开展中华优秀传统文化教育，强化生态文明教育，引导学生养成勤俭节约、低碳环保的行为习惯，形成健康文明的生活方式。推进诚信教育，加强实践教育，开展志愿服务活动，完善师生志愿服务体系，推动学雷锋志愿服务常态化。加强心理健康教育工作。开展春季、秋季学期开学初心理健康排查，运用桂林名师云课堂网络平台，根据不同学段为全市中小学 60 余万名学生及家长上 22 节心理健康教育直播课。印发《桂林市中小学(幼儿园)教师职业道德考核办法》《桂林市中小学幼儿园教师职业道德失范行为处理办法实施细则》。

【文明校园创建】 2020 年，市教育局组织召开全市文明校园创建工作动员大会，成立桂林市文明校园创建工作领导小组，把创建文明校园纳入年度绩效考评，文明校园创建工作实现全覆盖。至年末，全市共有全国文明校园(含高校)6 所、创建全国文明校园先进学校 24 所、自治区文明校园 47 所、市级文明校园 112 所。

【语言文字工作】 2020 年，桂林市推进推广普通话脱贫攻坚工作，制订年度推广普通话脱贫工作方案，组织教师团队到全州县、灵川县等贫困乡村，对当地 180 多名学前幼儿开展学说普通话活动，对 200 多名青壮年劳动力进行"普通话 + 职业技能"培训。通过网络平台对全市 4031 名普通话未达标教师进行普通话水平提升网络培训。推进"学前学会普通话"行动，举办"2020 年推普脱贫幼儿教师普通话教学培训班"，培训 100 多名乡村幼儿园骨干教师。组织开展普通话水平测试 3 批次，共测试人 4290 人次。组织开展全市中华经典诵读大赛和汉字听写大赛，共评出一等奖 19 名、二等奖 31 名、三等奖 39 名，并遴选和组织选手参加自治区、全国中华经典诵写讲大赛。桂林市乐群小学和桂林第五中学集体诵读节目获全国优秀奖，桂林市代表队获自治区汉字听写大赛二等奖。

【教师队伍建设】 2020 年，桂林市推进义务教育学校校长、教师交流轮岗工作，共组织县域内义务教育学校校长及骨干教师 1221 人参加支教、走教及交流轮岗工作，下拨中央、自治区支教、走教专项资金 854 万元。实施乡村教师生活补助"提标扩面"计划，发放生活补助 5626.9 万元，人均每人每月 280.6 元，惠及乡村教师 2.35 万人。推进职称改革工作，落实乡村教师职称评聘不受岗位结构比例限制的倾斜政策，全年共有 1800 人取得高级职称、1245 人取得中级职称、11 人取得正高级职称(全市取得正高级职称的教师共 38 人)。加强校长队伍建设，在选派校长参加国家级培训、自治区培训的基础上，与广西师范大学、桂林师范高等专科学校举办 2 期校长任职资格(提高)培训班和一期幼儿园园长任职资格培训班，共培训校(园)长 167 人次；通过公开竞聘和民主推荐的选拔方式，共提拔校级领导 7 人，调整校级领导交流任职 5 人。按照"按需施训、覆盖全员、分级负责、改革创新"的原则，形成"新教师—骨干教师—学科带头人—专家型教师"的中小学教师专业培养体系。投入培训经费 1683.6 万元(国家级培训经费 634 万元、自治区级培训经费 253 万元，市财政专项资金 607.73 万元，信息技术应用能力提升工程 2.0 自筹经费 188.87 万元)，涉及"百千工程"(100 名名校长领航工程、100 名名师工程、1000 名青年骨干教师领雁工程)、新入职教师培训、农村骨干教师提升培训、信息技术应用能力提升工程 2.0 等子项目共 35 个，建立市级教师培训项目库项目数 90 个，开发有涵盖各个学科"教师专业标准""师德教育""法制教育""信息技术"等模块的培训课程资源共 350 多个。培训中小学教师 3.06 万人次，学员出勤率 100%，对 30% 学员进行满意度调查的测评，成绩优秀率 92%。

【中小学教师"县管校聘"管理改革】 2020 年，桂林市首批"县管校聘"试点单位荔浦市试点工作取得较好成效，获自治区教育厅通报全自治区学习，经验做法被《广西改革信息》、国家发改委《改革内参》采用刊发。年内，启动第二批临桂区、阳朔县、兴安县、灵川县、永福县、灌阳县、龙胜各族自治县、资源县、恭城瑶族自治县实施中小学教师"县管校聘"管理改革。

【中小学安全工作】 2020 年，桂林市持续加快推动学校安全防范 4+N 建设。校园封闭式管理、一键报警及监控视频与公安联网率、学校专职保安配备率、校园防冲撞系统设置率明显提升，城市和城镇学校基本完成达标任务。持续开展校园及周边环境秩序治理工作，出动各类执法人员 180 多人次，整治清理校园周边违规经营商铺 3250 多家次，教育处罚流动摊贩 3100 多摊次，下达责令改正通知书 193 份，当场行政处罚 32 家，驱离校门前违章停放车辆 6000 余辆次，配合交警部门排查涉生交通违规行为 537 所学校，教育学生 526 人次，教育、处理家长(监护人)147 人次，检查校车 130 余辆，责成停用车辆 40 余台。组织开展"4·15"国家安全教育日、"6·16"安全生产咨询日、"6·26"国际禁毒日、"11·9"消防安全日、"12·2"交通安全宣传日等活动，突出加强学生防溺水、交通、消防、禁毒、食品卫生、防欺凌、防诈骗等安全教育。全年共开展各类综合演练1800余场，开展法治讲座678场；对全市1800多所中小学、幼儿园开展校园不法侵害和个人极端行为进行摸排3次，对摸排出的突出问题及时进行化解，对排查出有心理问题的学生开展针对性的心理疏导和教育。

【公办初中质量提升】 2020年，桂林加快实施市区公办初中质量提升计划，推进市区小升初工作改革，坚持以县为主、免试入学和公办民办学校同步招生的原则，对招生办法和程序作进一步改进和优化。桂林中学初中部、桂林第十三中学对应秀峰区榕湖小学、中华小学、乐群小学3所小学进行多校划片招生。桂林中学、桂林第十八中学、桂林逸仙中学、桂林中山中学、桂林第十九中学、桂林长海实验学校6所公办初中学校实施分流招生。桂林第十二中学打造“和·合”校园文化，桂林清风实验学校积极构建“乐享课堂”。从2020年桂林市初中学业水平考试情况来看，市区公办初中学生学业成绩进步明显。

【校内课后服务】 2020年，桂林市开设校内课后服务的学校311所，受惠学生15.6万人，主城区学校课后服务覆盖率82%，探索出由校内课后服务向课后教育延伸的“教育惠民新模式”，实现学生早午用餐有着落、午间休息有安排、放学晚回有看护、课后教育有内容的目标。

【学区制管理改革】 2020年，桂林市推进义务教育学区制管理改革，全市全面实施辖区内学区制管理改革工作。全市纳入学区制管理的义务教育公办学校占比100%，每个学区设立学区长学校，带动学区内其他相对薄弱学校共同发展。全州县被认定为自治区级义务教育学区制管理改革示范区，各地城乡义务教育整体水平进一步提升。

【中小学生综合实践活动】 2020年，桂林市创建自治区级的研学实践基（营）地22个、市级研学实践基（营）地40多个，建成市、县级劳动教育示范点29个，初步形成全社会普遍重视劳动和研学实践教育，学生主动参与劳动和研学实践活动常态化的教育氛围。接待市内外参加综合实践和劳动教育学生13.5万人次，惠及学生4.5万人。与市内各大景区紧密衔接，在市内指导创建48个研学（劳动）教育基（营）地，接待自治区内外1.4万人次到桂林开展研学旅行活动。

【城镇小区配套幼儿园治理】 2020年，市教育局对267个住宅小区配套幼儿园建设情况进行摸底排查，其中规划不到位2所，建设不到位33所，移交不到位1所，使用不到位20所。年内，68所需要治理的小区配套幼儿园全部完成整治。

【重大项目建设推进】 2020年，桂林市加快推进中等职业教育学校和中学重大项目建设。桂林市卫生学校雁山校区家政护理实训基地建设项目总投资1919.52万元，建筑面积9912.02平方米，2020年投入1260万元。桂林市第十八中学高中部教学楼重建工程项目总投资1353.88万元，建筑面积7059.31平方米，2020年投入547.78万元。桂林第十九中学新建教学楼、综合楼项目总投资1233.79万元，建筑面积5375.92平方米，2020年投入779.84万元。桂林第十二中学改扩建教学楼、综合楼及体育馆项目总投资2510.71万元，建筑面积8729.89平方米，2020年投入150万元。桂林市机电职业技术学校长海校区教学业务楼建设工程项目总投资508.5万元，建筑面积2413.12平方米，2020年投入212.4万元。桂林中学临桂校区体育馆及地下车库工程项目总投资6636.39万元，2020年投入1286.49万元。桂林市中山中学城北校区二期工程项目总投资1.03亿元，2020年投入794.50万元，完成建筑面积3.17万平方米。年内，桂林市投入2710.28万元对各市直属学校25个校舍和运动场进行维修和翻新。（何晖）

【规范办学行为】 2020年，桂林市为维护普通中小学正常教育教学秩序，营造教书育人良好氛围，促进教育公平发展，市教育督导委员会规范招生宣传工作，禁止学校宣传中高考“状元”、升学率。要求各县（市、区）学校要全面落实教育部关于招生入学“十项严禁”（严禁无计划、超计划组织招生，招生结束后，学校不得擅自招收已被其他学校录取的学生；严禁自行组织或与社会培训机构联合组织以选拔生源为目的的各类考试，或采用社会培训机构自行组织的各类考试结果；严禁提前组织招生，变相“掐尖”选生源；严禁公办学校与民办学校混合招生、混合编班；严禁以高额物质奖励、虚假宣传等不正当手段招揽生源；严禁任何学校收取或变相收取与入学挂钩的“捐资助学款”；严禁义务教育阶段学校以各类竞赛证书、学科竞赛成绩或考级证明等作为招生依据；严禁义务教育阶段学校设立任何名义的重点班、快慢班；严禁初高中学校对学生进行中高考成绩排名、宣传中高考状元和升学率，教育行政部门也不得对学校中高考情况进行排名，以及向学校提供非本校的中高考成绩数据；严禁出现人籍分离、空挂学籍、学籍造假等现象，不得为违规跨区域招收的学生和违规转学学生办理学籍转接）规定，加大监管力度，规范办学行为。教育行政部门不得以任何形式向所属学校下达升学指标，不得以任何形式统计、公布各县（市、区）和学校的升学人数、升学率、升入一本高校情况等考试信息；不得以中考高考成绩对各县（市、区）和学校进行排名排队；不得以任何形式对各县（市、区）及学校进行中高考表彰奖励；不得以中高考成绩为标准奖惩局长、校长、教师等。教育、宣传部门、新闻单位和各学校严禁宣传中高考“状元”、高分考生和升学率，严禁利用各种媒体和网络社交平台进行任何形式的变相“软宣传”，不得以校友风采、新闻采访、网上留言、合影留念等形式宣传中高考“状元”；不得以校内工作总结信息外泄、微博、微信等方式宣传中高考成绩；不得以中高考成绩向学生及其家长发喜报、贺信；不得在学校内外及街道、社区摆放、悬挂、张贴关于中高考成绩的条幅、宣传板等宣传物品；不得鼓励、宣扬各类基金会、企业、团体等对中高考“状元”、高分考生进行奖励的做法。（章帆）

中等职业教育和成人教育

【概况】 2020年,全市共有各级各类中等职业学校24所,其中自治区直属中等专业学校3所、自治区直属技工学校2所、企业办学技工学校1所、市人力资源和社会保障部门办技工学校3所、教育部门办学校15所(民办4所)。拥有国家中等职业教育改革发展示范校2所、全国重点学校6所,自治区级重点学校12所、自治区示范性学校10所。市属中等职业学校招收学生1.44万人(含非全日制学历生),毕业学生6716人,中等职业学历教育在校学生3.17万人,毕业学生就业率96.6%。全市自学考试报考人数4012人,报考科次9647科次,分别在8月、10月开考。

【中职学校布局调整和专业结构优化】 2020年7月,桂林市依据《桂林市中等职业学校布局调整和专业结构优化方案》,全面完成中等职业学校布局调整和专业结构优化工作,全市中等职业学校由40所调整为24所。统筹全市中等职业学校专业设置,新增工业机器人等专业9个、专业点10个,撤销数控技术应用等专业28个、专业点46个。

【职业教育扶贫】 2020年,桂林市以中等职业学校招生"大篷车"宣传活动为契机,到贫困地区初中学校开展渗透职业教育专题讲座,引导有意愿的学生报读中等职业学校,共招收建档立卡贫困生新生1068人。落实粤桂扶贫协作,组织89名初三毕业生到广东省肇庆市高要区技工学校就读;组织2批次共40名中等职业学校骨干教师到肇庆学院、肇庆医学高等专科学校、肇庆市工业贸易学校和肇庆农业学校进行跟岗学习。

【职业教育内涵建设】 2020年,桂林市在自治区率先实施中等职业学生文化基础课测试工作。开展中等职业学校名师"工作坊"建设,遴选公布首批桂林市中等职业学校名师工作坊10个。推动中等职业学校参与"学历证书+若干职业技能等级证书"试点,5所中等职业学校获"网点运营推广"职业技能等级证书等15个证书试点资格。

【产教融合发展】 2020年,桂林市以签定校企合作协议的方式,逐步建立稳定的校外实习实训基地,组织中等职业学校700多名学生到桂林深科技有限公司实习,其中就业280多人。以现代学徒制试点工作为重点,推进职业学校教育教学改革,深化校企合作。完成第一批60名现代学徒制学徒培养,全部实现就业。

【社区教育】 2020年,桂林市各县(市、区)相继挂牌成立社区学院;建成国家级社区教育试验区2个(七星区国家高新区、龙胜各族自治县),自治区级社区教育试验区4个(秀峰区、临桂区、荔浦市、恭城瑶族自治县),市级社区教育示范区15个。年内,桂林市成功举办2020广西"全民终身学习活动周"开幕式。 (何晖)

【桂林市职工大学】 2020年,桂林市职工大学位于桂林市环城西二路67号,占地面积2.45公顷,校舍建筑面积1.69万平方米,藏书5.64万册。有教职工29人,其中副高级(含副高级)以上专业技术职称8人。开设大专学历教育,致力于培养生产、服务、管理一线实用型人才,开设有文秘、计算机信息管理、建筑工程技术、经济信息管理、法律事务、机电一体化、工商企业管理、财务管理、市场营销、旅游管理专业10个。年内,该校录取大专学生80人,毕业学员167人;年末,在校专科学生210人。年内,该校组织377余人次共100门课程的教学,给124名学生发放市总工会"惠工助学"学费补贴金额6万余元。该校连续6年评为中华全国总工会办学先进单位,获全国工会系统示范性职工高等学校、全国职工教育培训优秀示范点、全国职工职业技能实训基地、全国工会系统先进就业培训机构等称号。5人获评为2019年度事业单位嘉奖人员。

2020年,该校突显工会职能,推进线上、线下职工培训工作。疫情期间,分散学习、随时随地学习等网络优势服务职工职能更加突显。网络企业培训账号免费发放进入第二年,该校督促教学资源服务商更新和扩展课程内容,鼓励和督促企业加强组织学习;疫情期间,利用网络学院开展线上疫情职业健康管理、疫情面前企业的六大应对策略、面对疫情如何提升情绪免疫力等知识的科普宣传,同时组织心理健康专家到企业开设线下"共战疫情心理讲堂",并推出《复工复产企业安全生产培训》《工会普法知识》等课程,助力企业复工复产,推动劳动关系和谐发展。全年基层工会利用网络学院平台共组织开展1262门课程1691小时的岗位素质能力提升培训

2020年7月16日,桂林市民为桂林市职工大学王远文工作室赠送"科学指引 维权帮扶"锦旗。 (宋莹滢摄)

活动。

2020年，该校首次承接外地工会干部培训——灵山县总工会提升基层工会干部能力培训班，全年共完成各类培训9期、培训人数541人。其中，各级工会干部培训班6期、培训401人，干部职工素质培训班3期、培训140人。加强工作室功能建设，服务企业职工。创客工作室引入桂林市桂航电器有限公司等3家小型民营企业在该校创客室设立技术研发中心，完成6项应用课题的研究，与桂林航天工业学院达成共育人才协议框架，创客室服务桂林市企业创新创业的能力得到增强。（宋莹滢）

【桂林市广播电视大学】 2020年，该校有市象山区翠竹路北巷7号、市叠彩区环城北一路16号2个校区。占地总面积1.31公顷，建筑面积1.09万平方米，固定资产1503.56万元。有学前教育基地、职业技术培训基地、社区教育培训基地3个。内设机构7个。有教职工41人，其中专任教师20人（含副高级以上专业技术职称10人）；聘请专家、学者45人，组成兼职教师队伍。年内，市广播电视大学秉持“有教无类，自强不息”理念，以促进终身学习为使命，以现代信息技术为支撑，以“互联网+”为特征，面向全市开展终身教育，统筹实施全市开放教育、社区教育、非学历教育和老年教育，建设终身学习公共服务平台和办学体系，面向全体市民提供终身学习服务，营造“人人皆学、处处能学、时时可学”环境，促进学习型社会建设。开放教育以成人专科、本科学历教育为主，兼顾村干部中专学历教育。采用非全日制教育形式，实行注册入学和完全学分制。开设有学前教育、汉语言文学、英语等本科专业12个，汉语言文学、小学教育、学前教育等专科专业23个，另外特设林业技术、园艺技术、畜牧兽医等“一村一名大学生计划”专科专业7个。年内，该校招收学生564人，其中本科招生79人、专科招生485人；各类毕业学生322人，年末有各类在校学生1085人。

2020年，该校继续开展优秀村干部中专学历培训，在校培训的优秀村干部584人，获中专学历246人。社区教育以“互联网+社区教育”为主，倡导全民智学，创建桂林市终身学习公共服务平台和教育体系，开展线上、线下教学活动，逐步建立覆盖全市各县（市、区）的“社区大学—社区学院—社区学校—社区学习中心”终身学习网络。指导17个县（市、区）社区学院开展各类社区教育活动，满足市民日益增长的多元化、多层次的学习需求。11月，该校协助市社区教育指导委员会举办2020年广西全民终生学习活动周开幕式暨2020年桂林全民终身学习活动周开幕式，市社区教育成果展，举办市华年杯第二届居民广场舞大赛，共有舞蹈队36支、参加比赛市民1080多人。该校开展“送教进社区”活动，开设手机APP、家庭心理学、幼儿教育、老年朗诵等课程7类，参加听课的市民1200多人次。桂林社区大学“尚”学堂—桂林市民终身学习共同体，获教育部和中国成人教育协会颁发的“2020年全国最受百姓喜爱的终身学习品牌”。在抗击新冠肺炎疫情期间，桂林社区大学坚持停学不停课，开设网络直播课，保障居民居家学习。

2020年，该校非学历教育以服务重点人群为主，以短期、灵活教育为特色，开展各类社会公益培训、职业技能培训。包括教师师资培训、普通话培训测试、艺术教育培训、复员转业人员培训、再就业培训。践行智学扶贫、教育帮促就业，服务全市经济和社会建设。年内，该校协助桂林市语言文字工作委员会办公室开展面向全社会人员的普通话培训、测试工作，组织社会人员参加普通话测试4284人次。开设少儿播音主持与口才、钢琴、绘画、舞蹈、声乐等公益类专业课程兴趣班专业14个，班级60个，参加培训学员600人。分2期组织全州县事业单位岗前培训，参加培训201人；组织社会人员参加面包烘焙公益培训人数181人。12月，首次开设计算机排版技能培训，参加首批课程培训人数32人。老年教育面向市民，以开展健康、生活、法律、艺术教育等为主，倡导“活到老学到老”的终身学习理念，解决老年人运用智能技术困难，丰富老年群体精神文化生活，满足老龄化社会教育服务的多种需求，提升老年人幸福生活指数。桂林社区大学“夕阳红艺术之旅”成为广西社区教育著名品牌。（彭素艳）

民办教育

【概况】 2020年，桂林有经审批的全日制民办学校865所。其中，民办幼儿园785所，民办小学45所，民办初中20所（含独立初中、九年一贯制学校），民办普通高中10所（含独立高中、完全中学、十二年一贯制学校），民办中等职业学校5所。全市有经教育行政部门审批的校外培训机构373所。年内，全市民办教育在校学生15.25万人，占全市在校学生16.85%，下降3.45个百分点。其中，民办幼儿园在园幼儿9.48万人，下降16.29个百分点；民办小学在校学生3.09万人，上升0.04个百分点；民办初中在校学生1.82万人，上升0.02个百分点；民办高中在校学生7430人，上升0.8个百分点；民办中等职业学校在校学生1112人，上升0.38个百分点。年内，市教育局与市行政审批局联合印发《关于进一步明确我市民办教育审批和监督管理有关事项的意见》，将原审批管理的民办义务教育阶段学校、校外培训机构下放县（市、区）管理，民办培训学校年审工作由各县（市、区）负责开展。

【民办学校规范管理】 2020年，市教育局印发《桂林市民办教育发展规划（2020—2030年）》，按照“优化存量、适度增量”的指导思想，对全市民办教育实行控总量、控比例管理，以促进公办、民办教育协同互补、良性竞争、健康可持续发展。依据《桂林市事中事后监管暨“双随机、一公开”监管联席会议办公室关于印发2020年度桂林市政府部门“双随机、一公开”联合抽查计划的通知》要求开展“双随机，一公开”工作，做好事中、事后监督管理工作。

【校外培训机构整治】 2020年，市教育局印发《关于公布市区校外培训机构黑白名单的通知》，每年2次公布更新黑白名单。1月，市区共公布白名单219个、整改名单4个、黑名单36个。7月，市区共公布白名单246个、整改名单3个、黑名单21个。开展校外培训机构从教人员授课内容清查整治工作，对全市面向学龄前儿童和中小学学生开展非学历教育培训的校外培训机构（含线上教育，含文化类和非文化类）所使用的教材、教案、辅导材料、音频、视频等教学用书用品“六个是否”（是否做过具体部署、是否做过专题调研、是否做过谈话提醒、是否做过整改督促、是否做过追责建议、是否做过履责报告）情况开展督查。年内，举办桂林市第一期校外培训机构校长学习班。（何晖）

普通高等教育

【概况】 2020年，桂林是自治区重点建设的高等教育集聚区，有各类高等院校15所。主要普通高校有广西师范大学、桂林电子科技大学、桂林理工大学、桂林医学院、桂林航天工业学院、桂林旅游学院、桂林师范高等专科学校7所，7所高校共有专任教师8599人；年内共毕业学生9.63万人、招收学生8.67万人，年末在校（籍）学生25.27万人。民办的全日制普通高等专科学校有桂林山水职业学院，位于临桂区，招收三年或五年一贯制大学专科学生。广西艺术学院在桂林市雁山区设有分院。3月17日，自治区副主席黄俊华带领自治区教育厅、卫生健康委员会等部门负责人一行到桂林医学院、桂林旅游学院、广西师范大学、桂林理工大学调研学校疫情防控和春季开学准备工作，查看学校隔离区建设、防控物资储备，详细了解疫情防控应急处置预案、线上教学开展、新学期教学安排、师生员工信息跟踪等情况。8月10日，由桂林旅游学院等单位举办首届研学旅行教育发展论坛。9月，由中国－东盟（华为）人工智能创新中心与桂林电子科技大学合作的人工智能学科联合建设暨人才联合培养项目启动。10月15日，2020年全国大众创业万众创新活动周在桂林电子科技大学（花江校区）启动，以“山水八桂、双创为民”为主题，结合广西山清水秀风光特色，体现创新创业与绿水青山融合的理念。11月18日，桂林旅游学院举办“新时代·新使命·新担当”旅游高等教育创新发展论坛。12月9日，第13届“红铜鼓”中国－东盟艺术教育成果展演活动在桂林旅游学院开幕，展出优秀作品300多件。年内，市人力资源和社会保障局先后组织桂林理工大学网络专场招聘会、桂林电子科技大学网络专场招聘会、桂林医学院大型双向选择洽谈会等39场（其中现场专场13场、网络专场26场）量身定制的高校专场招聘会；全新推出视频面试、线上宣讲、人岗匹配筛选、招聘职位和求职简历双向推送等线上服务，累计为各类高等院校毕业生提供岗位21.14万个，主要普通高校毕业生简历投递7.17万人次、使用视频面试3.51万人次。（覃丰展）

表21

2020年桂林市主要普通高等教育学校学生情况表

单位：人

类别 \ 学校			广西师范大学	桂林电子科技大学	桂林理工大学	桂林医学院	桂林航天工业学院	桂林旅游学院	桂林师范高等专科学校
普通高等教育	博士生	毕业	31	15	17	0	0	0	0
		招生	119	60	44	0	0	0	0
		年末在校	351	188	158	0	0	0	0
	硕士生	毕业	2234	955	954	221	0	0	0
		招生	2780	1698	1781	491	0	0	0
		年末在校	7039	4020	3891	1155	0	0	0
	本科生	毕业	6220	8925	5335	2205	3155	1786	0
		招生	6882	8301	8143	2685	3476	2416	0
		年末在校	27567	28521	25995	10622	13972	8989	0
	高职高专	毕业	0	2596	2881	641	618	2243	2744
		招生	0	2113	4000	493	344	843	4977
		年末在校	0	5903	10005	1482	1444	4398	12838
留学生		毕业	113	106	13	63	35	25	0
		招生	280	45	73	11	51	54	0
		年末在校	461	555	23	379	228	199	0
成人高等学历教育		毕业	10995	16007	10278	3806	1193	152	171
		招生	14786	10945	14380	3495	281	93	208
		年末在校	20443	25908	20633	14022	767	171	339
合计		毕业	19593	28604	19478	6936	5001	4206	2915
		招生	24847	23162	28421	7175	4152	3406	5185
		年末在校	55861	65095	60705	27660	16411	13757	13177

注：广西师范大学各类学生源自高等教育事业基层统计报表，统计时间为2020年10月。

【广西师范大学】 2020年，该校有王城、育才、雁山3个校区，其中王城校区是国家5A级旅游景区。校园占地面积277.26公顷，总建筑面积116.94万平方米，教学科研及辅助用房和行政办公用房50.80万平方米，学生宿舍面积43.17万平方米。2020年度新增固定资产6.29亿元，报废处置资产(原值)5595.31万元，年末资产原值为31.66亿元。设有文学院、新闻与传播学院等教学学院(部)21个和独立学院漓江学院。设有党委办公室、校长办公室等党群及行政机构，有图书馆等业务单位，有附属中学等附属单位，有广西师范大学出版社集团有限公司等企业。拥有本科专业82个、一级学科博士学位授权点6个、博士后科研流动站3个，一级学科硕士学位授权点30个、硕士专业学位授权点18个，学位授权点涵盖学科门类10个。有省部共建国家重点实验室1个、省部共建协同创新中心1个、教育部重点实验室2个、教育部国别和区域研究中心1个、广西工程技术研究中心1个；有广西重点实验室6个、广西高校重点实验室16个、广西高校人文社会科学重点研究基地6个、广西协同创新中心5个；有国家级实验教学示范中心3个、自治区级实验教学示范中心10个、自治区级虚拟仿真实验教学示范中心6个、自治区人才培养模式创新实验区3个、自治区级研究生联合培养基地14个、校级实习实训基地654个。

2020年，该校有教职工2526人，其中专任教师1976人。专任教师中正高级专业技术职称383人，副高级专业技术职称579人；拥有博士学位757人、硕士学位920人，硕士研究生导师1203人，博士研究生导师174人。年内，该校共招收各类学生2.49万人，毕业学生1.96万人；年末，全日制在校学生3.45万人。2020年度评为广西高校毕业生就业创业工作突出单位。全年该校实现预算总收入15.84亿元，总支出16.50亿元。

2020年，该校聚力推进基层党组织标准化规范化建设和特色品牌培育打造，教师党支部"双带头人"党支部书记实现100%配备，1个党支部入选第二批全国"双带头人"教师党支部书记工作室；完成26个二级单位党组织换届工作。新冠肺炎疫情发生后，该校全面落实联防联控措施，坚持每日报送数据，累计汇总上报近万名师生信息；调度转运专班，缓解重点人员运输压力；设置校内临时和集中隔离区；安排师生及家属近650人次接受核酸检测；精心准备，完成2个学期开学工作；面向全校教职工发放防疫物资4批次。年内，推进学校—专项—学院(部)"十四五"规划编制工作，形成较为成熟的总体规划和专项规划8个。策划推出"扬帆十四五"系列新闻报道，筹建"十四五"重大项目库。争取将重点支持学校一流大学建设列入上级规划，争取自治区人民政府以"一校一策"方式公布学校推进一流大学和一流学科建设方案，落实学校作为广西"双一流"(一流大学、一流学科)建设重点支持高校的支持政策。统筹推进2020年综合改革项目，确保学校第二阶段综合改革157项改革任务全面顺利收关。

2020年，该校构建高质量思想政治工作体系，推进全国重点马院和教育部高校思想政治工作队伍研修中心建设。全面完成思政理论课教师和专职辅导员配备的交账任务。全面推进"三全育人"(全员育人、全程育人、全方位育人)工作，建设雁山校区恬园学生社区并投入启用。出台"三全育人""1+10"综合改革方案，首次举办全国"深化'三全育人'综合改革背景下高校思想政治工作创新与发展"辅导员学术论坛和"三全育人"成果展，1个项目入选教育部2020年高校思想政治工作培育建设项目。创新大学生思想政治工作，面向全校师生推出"同心抗疫'易起来'，共上一堂'形势与政策'课"系列网络微课，线上课堂点击率16万余次；依托易班优课，搭建"学四史""习近平谈治国理政"等校本课程20多个，活动参与量39万人次；全年易班共建指数3次排名全国第一，优课教学活跃度挺进全国前十。

2020年，该校抓学科和学位点建设，工程学学科成功进入ESI(生物科学)全球前1%，一级学科博士点9个和专业学位博士点2个通过广西评审，6个学科继续获广西一流学科建设项目资助共6650万元。投入博士点申报专项经费420万元，提交博士点11个、硕士点3个到国务院学位办最终评审。在广西一流学科中期绩效考核评估中，2个学科获A等，4个学科获B等，非一流学科得到协同发展，共有25个学科参加全国第五轮学科评估。成立学科数据分析中心，加强一流学科数据分析工作。继续实施生源质量提升工程，研究生招生一志愿报名考生增加2600多人。

2020年，该校高质量推进本科教育行动计划"十大工程"，获国家级一流本科专业建设点16个、自治区级一流本科专业建设点8个；获国家级一流本科课程7门、自治区级一流本科课程27门。为确保疫情防控期间"停

2020年5月12日，广西师范大学举行第一届"科研活动月"启动仪式。

(广西师范大学供图)

课不停学、不停教”，春季学期近1700名教师在线开课4400多门次，参加学生23万人次，推动传统教学方式与网上教学方式的融合创新。立项建设优质特色在线课程15门、研究生全英文课程15门，利用智慧树等平台开展混合式教学课程3200多门次，参与师生30多万人次。全年举办通识教育主题讲座达到百讲，做到“天天有讲座，人人有选择”。推进公共体育课“俱乐部”制改革。本科生共获全国性竞赛奖励118项、省级奖励401项，本科生升学率首次突破10%；研究生发表高水平学术论文237篇，获国际和全国性奖项121人次，获发明专利授权48项。推进新文科、新工科建设工作，获1项教育部第二批新工科研究与实践项目。参加第六届中国国际“互联网+”大学生创新创业大赛获1银1铜，自治区赛金奖8项。

2020年，该校全职引进专任教师96人。其中，博士78人，占引进总人数的81.25%；全职引进高层次人才B类漓江学者及以上人才8人；新签约或续聘柔性引进专家17人。入选第五批国家“万人计划”、中共中央宣传部全国文化名家及“四个一批”人才1人，实现该人才项目零的突破；入选“广西高校思想政治教育杰出人才支持计划”领军人物2人、卓越学者3人。完成教师队伍65名“四大工程”（人才队伍建设、学校文化建设、学校制度建设、优质教育资源共建共享）培育人选和103名“年薪制”人选聘任工作。完成3个博士后流动站综合评估、全员签订岗位聘用合同、专业技术二级岗位聘用，以及165人的职称评审、认定等各项工作。

2020年，该校获国家基金立项91项。其中，国家自然科学基金立项54项，获项目直接经费1941万元；国家社科基金立项37项，位列全国第46名，连续9年进入全国百强。获教育部人文社会科学研究项目8项、广西哲学社会科学规划课题59项。获科技重大专项4项。国家哲学社会科学成果文库、教育部哲学社会科学重大课题攻关项目实现零的突破；4项成果获第八届教育部高等学校科学研究优秀成果奖；64项成果获广西第十六次社会科学优秀成果奖。科研平台不断拓展，越南研究中心获批国家民委“一带一路”国别和区域研究中心，并纳入教育部南京大学中国南海研究协同创新中心协同单位建设。2家智库入选广西首批高端智库建设试点单位。新增1个“广西重大科技创新基地”。在高水平期刊上发表自然科学类论文369篇、人文社科类论文184篇。成功举办首次“科研活动月”系列活动。

2020年，该校组织参加广西科技活动周、广西发明创造成果展览交易会等，促进学校科技成果转化、推动产学研合作。学校签订技术转让等横向项目48项，合同金额880多万元，获授权专利220件、专利技术转让16件，1项技术成果转让交易额120万元。获自治区科技厅科技特派员专项4项，为乡村振兴提供技术支撑。推进“可持续发展创新研究院”建设工作，服务区域战略发展。助推新农村发展精准发力，将“新农村发展研究院”更名为“西部乡村振兴研究院”。加入“西部师范大学教师教育创新与发展联盟”。推进受援学校玉林师范学院、河池学院对口支援工作。该校与桂林市、贵港市人民政府签订战略合作框架协议。发挥教师教育和培训传统优势，培训“国培计划”“区培计划”等学员1万多人次，承办考试项目、干部培训等各类培训。

2020年，该校多渠道拓宽招生渠道，国际学生学历生报批人数较往年增长31%，国际学生学历生人数增长10%；新增中国政府奖学金专项名额108人。服务国家外交战略，做好海外3所合作共建的孔子学院顺利转隶到中国国际中文教育基金会，实现孔子学院办学的可持续性发展。越南河内大学孔子学院获汉语考试优秀考点，考生人数在全球1208个考点中排名第5。做好应对疫情的线上教学和云端项目开发工作，获得教育部中外语言交流合作中心150万元线上项目资助和近300个线上教学奖学金名额。引智工作取得佳绩，学校巴基斯坦籍外国专家获2020年度广西“金绣球友谊奖”。举办国际文化教育学院成立20周年、越南学校纪念馆建馆10周年系列活动。

2020年，该校实施优质升学计划，合计为740名毕业生发放142.4万元奖励；设立“新冠肺炎防控专项特殊困难补助”，对湖北籍学生及疫情发生期间居住在湖北的学生527人发放关爱补助；对家庭经济困难及建档立卡本科生7759人发放疫情防控网络学习补助；完成7975人家庭经济困难学生认定，发放奖助学贷等资助资金1.22亿元。

2020年，该校推进基建工作，完成雁山校区第五区学生宿舍楼、雁山校区网球场顶棚建设工程、育才校区道路“白改黑”二期改造项目等，雁山校区田径游泳馆开馆。校园基础设施建设提质升级，雁山校区建成体育场馆群。该校获“全国文明校园”称号。

（杨凯　车向清）

【桂林电子科技大学】 2020年，该校有金鸡岭、六合路、花江及北海4个校区，校园占地面积276.90公顷，校舍建筑面积131.22万平方米，教学科研仪器设备总值10亿元。图书馆藏纸质图书219.47万册、电子图书282万种、数据库90余个，中外文电子期刊3.9万种。设有教学单位20个、教辅单位及职能部门27个、研究生院1个、独立学院1个、附属单位2个。该校有博士后科研流动站3个，博士学位授权一级学科点4个；广西一流学科建设学科4个、广西一流学科培育建设学科1个；广西重点学科16个，其中广西优势特色学科5个；硕士学位授权一级学科点19个，硕士专业学位授权类别11个，涵盖经济学、法学、理学、工学、管理学、艺术学等学科门类6个。材料科学学科首次进入ESI全球排名前1%，工程学学科保持在ESI全球排名前1%。

2020年，该校有教职工3275人，其中专任教师1585人。专任教师中具有硕士及以上学位教师1375人；有博士生导师116人、硕士生导师676人；有省部级级以上人才称号173人次，其中国家杰出青年科学基金获得者6人、国家“百千万人才工程”人选7人、中科院“百人计划”5人、教育部“新世纪优秀人才支持计划”人选7人、全国杰出专业技术人才1人、全国优秀科技工作者2人、国务院政府特殊津贴专家33人、广西“八桂学者”11

人、广西特聘专家8人、广西优秀专家9人、广西"十百千"第二层次人选19人、广西"八桂学者"3人、广西杰出青年基金获得者22人、广西教学名师11人、广西卓越学者6人、广西高校"百人计划"23人;有教育部"全国高校黄大年式教师团队"1个、广西人才小高地3个、广西高校创新团队6个。年内,该校共招收各类学生2.32万人,毕业学生2.86万人;年末有各类(在籍)学生6.51万人。

2020年,该校有国家级人才培养模式创新实验区1个、国家级实验教学示范中心5个、国家级工程实践教育中心2个,有国家级大学生校外实践教育基地1个,有国家级精品课程、国家级双语教学示范课程、国家级精品资源共享课、国家级精品在线开放课程等共计7门;有国家级一流本科课程5门,自治区级一流本科课程41门;有国家级和自治区级一流本科专业建设点共25个,有广西本科高校特色专业及实验实训教学基地(中心)建设项目建设点8个、自治区级人才培养模式创新实验区3个、自治区级实验教学示范中心5个、自治区级虚拟仿真实验教学示范中心6个,有自治区级精品课程、精品视频公开课、在线建设课程、一流本科课程共79门。

2020年,该校有普通高等教育本科专业76个,专科(高职)专业33个,共11类39个专业参加大类招生;获批国家级一流本科专业建设点10个,获批自治区级一流本科专业建设点5个,机械电子工程、电子科学与技术、计算机科学与技术、软件工程4个本科专业通过工程教育认证;获批教育部产学合作协同育人项目24项,自治区级教育教学改革项目41项,广西教育科学规划课题3项;获批国家级一流本科课程5门,自治区级一流本科课程23门;获自治区级大学生创新创业训练计划立项349项,国家级创新创业项目"基于ZIF-8的过渡金属氧化物掺杂的多孔碳超级电容器的开发及应用"发表的论文《Facile synthesis of Co–Ni Mn oxide for high performance supercapacitor》通过教育厅遴选和教育部评审后成功入选第十三届全国大学生创新创业年会,参加学术论文交流。全年学生共获各类学科竞赛国家级奖项280项,参加2020年全国大学生数学建模竞赛,获全国一等奖4项(广西高校一等奖共5项)、二等奖4项,获奖数量和获奖级别位居广西高校之首;参加ACM-ICPC 2020中国(西部)大学生程序设计竞赛,获季军、银奖3个,总成绩位列广西第一;参加全国大学生电子设计竞赛2020年TI杯模拟电子系统设计专题邀请赛,获全国二等奖1项,实现该校在本赛事中的历史性突破;参加2020年全国普通高校学科竞赛评估结果(本科),该校名列全国第45位,位居广西榜首。

2020年,该校持续推进"121工程"(一城两区百园结盟),立项建设案例库9个、双语课程1门、精品教材项目1项;出版教材1部、撰写案例50余个;新增自治区级研究生联培示范基地5个、校级基地6个;新增自治区级研究生创新项目38项,校级项目152项;共设置助管岗位563个(其中固定助管111个、临时助管452个),助教岗797个(涉及公共课、专业基础课、实验课等共427门),兼职辅导员岗24个。全年研究生获2020年中国研究生数学建模竞赛奖励7项,其中二等奖2项、三等奖5项;获中国研究生电子设计竞赛国家级奖励5项,其中一等奖1项、三等奖4项;华南赛区奖励29项,其中一等奖8项、二等奖12项、三等奖9项。该校是广西唯一获全国一等奖的高校,连续5年获中国研究生电子设计竞赛优秀组织单位奖。年内,该校共授予博士学位15人,硕士学位953人。研究生发表SCI、EI、ISTP收录论文185篇,发明专利152项;硕士论文盲审通过率98.4%,博士论文盲审通过率100%。

2020年,全年该校到位科研经费1.95亿元,新增国家级项目69项,其中国家自然科学基金59项;首次同一年度获省部级科技一等奖2项,首次获国家社科基金中华学术外译项目暨广西首个获得该类型英文语种立项的项目;获广西科技计划项目116项,其中重大专项5项,广西创新研究团队1项,中央引导地方发展专项5项;新增广西电子信息材料构效关系重点实验室科技重大创新基地、广西人体生理信息无创检测工程技术研究中心科技重大创新基地、广西智慧建筑与人居环境工程研究中心。新冠肺炎疫情爆发后,该校科研团队研发的快速检测试纸和数字防疫系统取得成功并应用抗疫一线。该校成功入选广西壮族自治区职务科技成果权属改革试点单位;成功获批2020年度国家知识产权试点高校。2020年该校获广西第二届创新争先奖2项,广西最美科技工作者称号1人。全年该校知识产权申请量共1277件,其中发明专利669件、实用新型专利128件、外观设计17件、软件著作权463件。知识产权授权量共1147件,其中发明专利259件、实用新型393件、外观设计22件、软件著作权473件。

2020年,该校全职引进国家"万人计划"领军人才人选1人、国家"百千万人才工程"人选1人,省部级人才称号1人、国(境)外高层次人才

2020年,桂林电子科技大学崔译文获评全国"最美大学生"称号。

(桂林电子科技大学供图)

15 人，全职引进和培养回校博士 116 人。72 人获自治区博导津贴，新增国家“百千万人才工程”人选 1 人、广西文化名家暨“四个一批”人才 2 人、广西高校创新团队及卓越学者 1 个(人)；3 人获批国家留学基金委公派出国项目，2 人获批西部地区人才特别项目资助，3 人获批广西高校优秀教师出国留学资助；8 人获批“广西高校思想政治教育杰出人才支持计划”第二期支持对象，1 人获批教育部“国内骨干教师访问学者”，17 人获批“广西高等学校千名中青年骨干教师培育计划”第三期培养人选。全年资助 39 人攻读博士学位、12 人从事博士后研究工作；博士后流动站进站人数 29 人。

2020 年，该校来华留学生(包括短期生)656 人，其中获中国国家全额政府奖学金学生 85 人、广西政府东盟国家全额奖学金学生 66 人。完成教学科研人员因公出国(境)报批、管理共 4 团组 11 人次，配合学校完成津巴布韦、缅甸等国家大使到校参加校庆的相关工作；派出学生 52 人次，其中本科生交换生 31 人次、中外合作办学“2+2”项目学生 21 人；开展一系列“桂电云访学”项目，引进新加坡国立大学等 10 所境外知名高校的线上课程学习项目。全年签署国际交流与合作谅解备忘录、国外相关院校交流与合作协议 5 份，邀请境外、中国港澳台地区人员到校交流、论坛讲座等 26 场次；举办 2020 桂电—东盟电子信息技术线上教育培训和第一届先进电子与信息材料物理化学国际研讨会国际会议；开展“校庆巡礼　连线世界”系列线上讲座 10 场。2020 年度孔子学院共有 300 余名学生入学注册，新增海螺水泥和尔康制药 2 个中资企业教学点。完成孔子学院转隶工作，完成 3 名国际学生辅导员和 4 名国家公派教师的选拔工作。启动与马来西亚博特拉大学联合申报中外合作办学机构，加强与东盟国家高校人才培养合作，建立首个中国－东盟北斗精密定位测量系统，与东南亚教育部长联盟技术教育发展中心联合举办线上教育培训。该校获自治区“金绣球友谊奖”1 项。

2020 年，该校再获“全国文明校园”称号。9 月 15 日，该校召开纪念建校 60 周年发展大会，自治区党委常委、宣传部部长范晓莉出席会议；校庆期间，共有 15 名院士到该校出席相关活动。（康明）

【桂林理工大学】 2020 年，该校有桂林屏风、雁山和南宁安吉、空港 4 个校区，占地总面积 190.3 公顷，校舍建筑面积 142.1 万平方米。有固定资产 28.5 亿元，其中教学科研设备总价值 8.8 亿元；图书馆纸质藏书 165.3 万册，电子图书(期刊)167.6 万册。设教学单位 19 个、二级学院 1 个(珠宝学院)、独立学院 1 个、附属小学 1 所，本科专业 75 个、高职高专专业 50 个；7 个学科领域列入教育部研究生层次卓越工程师教育培养计划，5 个专业列入本科专业卓越工程师教育培养计划。有博士后科研流动站 3 个、一级学科博士学位授权点 3 个、一级学科硕士学位授权点 21 个、专业硕士学位类别 13 个。该校有 ESI 全球排名前 1% 学科 2 个，广西一流学科 5 个(含 1 个培育学科)，省部级重点学科 24 个(其中广西优势特色重点学科 5 个)。拥有省部共建国家重点实验室培育基地 1 个，教育部重点实验室 1 个，教育部工程研究中心 1 个，广西重点实验室 8 个，广西工程技术研究中心 1 个，广西人文社科重点研究基地 1 个，广西高校协同创新中心 2 个、广西国际科技合作基地 1 个，广西院士工作站 2 个，广西工程研究中心 3 个，广西高校重点实验室 16 个，校级科研机构 69 个。有国家级、自治区级大学科技园和“众创空间”，并被认定为自治区技术转移示范机构。有国家级教学团队 2 个、精品课程 4 门、双语教学示范课程 1 门、精品视频公开课程 3 门、人才培养模式创新实验区 1 个、特色专业 5 个、专业综合改革试点项目 1 个、精品资源共享课 4 门、实验教学示范中心 2 个、虚拟仿真实验教学中心 2 个、大学生校外实践教育基地 1 个，及自治区级本科教学质量工程项目 130 项。

2020 年，该校有教职工 2709 人，其中专任教师 1999 人。专任教师中正高级专业技术职称 280 人、副高级专业技术职称 529 人，有国家“百千万人才工程”人选等国家级高层次专家、人才 40 余人；广西“八桂学者”等省部级高层次人才 90 余人(次)。年内，该校共招收各类学生 2.84 万人，各类毕业学生 1.95 万人，年末有各类在校学生 6.05 万人。实施“十大举措”推进毕业生就业，就业率保持在 90% 以上，该校获评为广西高校招生录取和毕业生就业创业工作突出单位。

2020 年，该校开展疫情防控工作，构建“一办十组”的组织架构和疫情防控四级责任体系，推动疫情防控各项措施落地见效，该校在自治区率先实现复学复课。

2020 年，该校推进综合改革和一流学科建设。改革一流学科建设管理办法，合理调配一流学科经费预算，建立健全学科专业动态调整机制，精准推进一流学科建设，材料和化学学科相继进入 ESI 全球排名前 1%。推进

2020 年 9 月 15 日，桂林电子科技大学召开纪念建校 60 周年发展大会。

（桂林电子科技大学供图）

综合改革年度重点任务落实，职称评审、教育教学、科技管理、公有房产管理等系列改革稳步实施，校友会获批注册，学校章程完成修订，健全完善各类规章制度80多项，治理体系和治理能力得到完善。

2020年，该校推进一流本科教育。创新教学组织模式，推动线上、线下教学有效衔接。实施生源质量提升工程，协调推进首次在自治区外6个省份实现一本招生，自治区内一本招生专业增至46个，全年招收全日制学生1.4万人。改革拔尖创新人才培养实验班、“卓越工程师教育培养计划”实验班实施方案，与企业联合共建数据科学与大数据技术专业，2个项目获国家级新工科、新农科立项。完成2800余门课程大纲修订，立项建设“课程思政示范课”77门、一流本科课程培育项目115项，有7门课程入选国家级一流课程。投入基础实验室建设经费1500多万元，校内外实习实践基地数量突破1000个。该校大创基地管理中心获“全国百优创业社团”称号。

2020年9月29日，桂林大健康和文化旅游产业发展研究院、桂林文化旅游大数据重点实验室在桂林理工大学揭牌成立。（桂林理工大学供图）

2020年，该校抓好学位与研究生教育。招收研究生1825人，在校研究生规模突破4000人。新增应用经济学、机械工程、设计学3个一级学科硕士点，测绘、工商管理等4个硕士点顺利通过合格评估。土木、测绘等6个学科申报博士点和地球物理、外语等3个学科申报硕士点获自治区推荐至国家评审。2个研究生联合培养基地项目入选自治区创新创业教育示范建设项目。学生获全国研究生数学建模比赛全国二等奖等一批奖项；在硕士学位论文自治区抽检中，学校优秀论文数量居全自治区第一、优良率居全自治区第二。

2020年，该校注重统筹国际教育、高职教育和继续教育发展。获“广西高校来华留学教育进步最快单位”称号。完成留学生宿舍、教室及办公区改造装修和书法实验室、活动教室建设。加强继续教育管理与质量控制，本科论文检测首次实现全覆盖，完成16个函授站检查评估工作。2个案例入选中国高校远程与继续教育优秀案例库，3个函授站获评中国高校继续教育优秀函授站。全年承办统战、税务、乡村、企业等系统培训班150多期，参训人数1.05万人，继续教育学院获评中国最具社会影响力高校网络与继续教育学院。积极推进应用型本科专业建设改革，6个专业纳入改革建设试点，南宁分校新增应用型本科专业2个，获“第四批自治区民族团结进步示范单位”称号。

2020年10月24日，“资源高效综合利用”全国博士后学术论坛暨首届屏风山青年学者论坛在桂林理工大学召开。（桂林理工大学供图）

2020年，该校持续抓好人才队伍建设。开发线上引才系统，完善人才引育机制，全年引进博士人才60人，新增国家级人才2人、省部级人才4人，新增特聘教授、师资博士后、讲（客）座教授18人；选派教师攻读博士学位、从事博士后研究28人，在职教师入选“国家优青”1人，入选广西高校高水平创新团队及卓越学者计划1人、桂林市高层次人才认定7人。

2020年，该校实施科技强校战略。新增国家级科研项目90项、省部级项目123项，其中国家自然科学基金68项、科技部重点研发计划课题2项、国家社科基金7项；到位科技经费2.23亿元。获省部级科研奖励22项。“铝资源先进勘探技术及绿色矿山建设工程研究中心”获批为自治区工程研究中心。高水平论文实现新突破，2篇论文在《自然》子刊发表。新登记科技成果47项，新增授权专利268件，该校被国家知识产权局、教育部遴选为全国知识产权试点高校。

2020年，该校助推经济社会高质

量发展。先后与南宁、梧州、中科院深圳先进技术研究院、中恒集团等数十家政企单位开展合作，建成南宁产教融合基地、桂工宜兴产业研究院等一批服务平台。选派46名教师到地方和企业挂职，完成国家技术合同认定登记103项，编制广西地方标准6项，签订各类技术合作开发合同232项、合同经费3800多万元。以党建引领精准帮扶，帮助贫困村实现消费扶贫收入150多万元，“党建+专家+产业”精准扶贫模式入选教育部第三届省属高校精准扶贫精准脱贫先进典型。年内，该校加强校园条件和民生建设。雁山校区体育馆、工程实训中心、大型仪器设备共享平台等一批基础设施建成投入使用，学校获国家级“公共能效领跑者”称号，综合档案管理服务获评为自治区优秀。着力改善民生，教职工既有住宅加装电梯试点工程竣工交付使用，“女职工关爱室”获批自治区级“女职工关爱室示范点”，“金秋家园”离退休党建文化活动基地落成，离退人员高龄护理补贴制度得到建立，校医院通过一级综合医院评审；雁山校区东大门过街天桥、全自治区示范性大学生安全教育基地、校园交通测速系统、屏风校区图书馆空调和一站式服务大厅等一批民生工程建成投入使用。（冯劲桦）

【桂林医学院】 2020年，该校有乐群、东城、临桂3个校区，占地总面积92.34公顷，教学行政用房面积29.03万平方米，学生宿舍面积14.65万平方米，教学科研仪器设备总值3.03亿元。图书馆馆藏纸质图书160.08万册、电子图书和电子期刊361.49万册。设有二级学院（系、部）25个、直属附属医院4所、非直属附属医院5所、临床教学医院24所、实践教学基地143个。拥有一级学科硕士学位授权点6个，二级学科硕士学位授权点46个，专业学位硕士点5个，有全日制普通高等本科专业25个、高等职业教育专业4个。有国家级特色专业建设点、国家级一流本科专业建设点、自治区级重点专业、自治区级优质专业、自治区级特色专业、自治区级创新创业教育改革示范专业、自治区级优势特色专业建设点等项目35个（项）。有国家中医药科研三级实验室、广西重点实验室、广西高校重点实验室、广西卫生健康委重点实验室等重点科研平台26个。有广西重点学科7个，广西一流学科（培育）2个，临床医学学科进入ESI全球排名前1%行列。有自治区级教学团队、自治区级创新创业教学团队6个，自治区级精品课程18门。建有自治区级大学生校外实践教育基地、医师人文医学执业技能培训基地。

2020年，该校有教职工及医务人员6400余人，其中专任教师996人。专任教师中具有博士学位的教师474人、具有高级专业技术职称教师697人。教师中有硕士生导师563人、博士生导师26人。拥有全职国家“高层次留学人才回国资助项目”人才、享受政府特殊津贴专家、全国优秀教师、全国优秀教育工作者、教育部高等学校教学指导委员会委员、广西“八桂学者”“八桂名师”、广西优秀专家、广西教学名师、广西优秀教师等知名专家学者170余人，聘请国家杰出青年科学基金获得者等国内外著名学者作为客座教授等。年内，该校共招收各类学生7175人，毕业学生6936人；年末有各类学生2.77万人。毕业生初次就业率90.35%，连续15年获评自治区普通高校毕业生就业创业工作突出单位。

2020年，该校持续做强教育教学，推进一流本科专业建设，实施“以系统疾病为中心”的床边教学改革，探索具有地方医学院校特色的医学精英人才培养体系，药学、临床医学、预防医学专业获批国家级一流本科专业建设点，临床医学、生物技术、护理学、预防医学、口腔医学、医学检验技术专业获批自治区级一流本科专业建设点。推进一流课程建设，完善素质基础课程体系，推进课程思政、在线课程、虚拟仿真实验教学项目及一流本科课程建设，“病理学”“组织学与胚胎学”被认定为首批国家级一流本科课程。推进创新创业教育，参加2020年第六届中国国际“互联网+”大学生创新创业大赛，获国家赛铜奖1项，广西赛金奖3项、银奖4项、铜奖6项，实现国家赛奖项、广西赛金奖零的突破；参加第九届“挑战杯”广西大学生创业计划竞赛，获金奖2项、银奖5项、铜奖13项。强化教改项目质量工程，获广西高等教育本科教学改革工程项目立项24项、广西职业教育改革项目立项2项、广西教育科学规划课题立项2项。完善教学奖励机制，教师获首届全国高校外语课程思政教学比赛二等奖、第七届全自治区高校青年教师教学竞赛一等奖及“本科高校青年教师教学能手”称号、广西高校大学生心理健康教育课教学方案设计比赛二等奖、广西高校心理健康教育月优秀心理健康教育微课比赛二等奖等多项教学比赛奖项。学生参加各类学科竞赛获自治区及以上奖项283项，其中特等奖11项、一等奖21项、二等奖105项。学生参加临床执业医师

2020年12月12日，桂林医学院附属医院举行漓东新院区开工奠基仪式举行。
（桂林医学院供图）

考试通过率高出全国平均通过率6.3个百分点，口腔执业医师考试通过率89.80%，护士执业资格考试通过率98.38%。狠抓研究生培养各环节管理，新增研究生联合培养基地5个，加强研究生专业技能和科研能力培养，获批广西硕士研究生科研创新项目7项、广西学位与研究生教育改革专项课题12项，广西高校研究生学术论坛1项。落实“三全育人”（全员育人、全程育人、全方位育人）理念，引导学生涵育品行，该校2016级临床医学专业学生唐玮鲜见义勇为抢救路边昏厥老人被中央电视台报道，获“中国大学生自强之星标兵”称号；该校获评全国易班共建高校优秀易班工作站、全国易班共建高校优秀易班共建案例。

2020年，该校持续优化师资队伍，完善人才引进及教师队伍博士化等人才引培机制，引进博士61人，教师博士化工程考取博士40人。组织开展各类教学技能培训、教学竞赛，有效促进教师教学素养全面过硬，10名教师获“广西高等学校千名中青年骨干教师培育计划”第四期培养人选，3名教师获广西高校优秀教师出国留学深造项目留学人员，1人入选广西医学高层次学科带头人培养计划，5人入选广西医学高层次中青年学科骨干培养计划，1人获桂林市高层次人才第二类人才称号。教师参加广西高校青年教师教学竞赛获“本科高校青年教师教学能手”称号及一等奖1项、三等奖2项。

2020年，该校持续推动学科建设，发挥临床医学、药学优势学科的辐射带动作用，推进学科交叉融合，推动学科建设制度化和规范化。药学一流学科依托国家中医药科研三级实验室、广西高校重点实验室，国家药物临床试验I期研究中心、SFDA药物临床试验机构和“八桂学者”岗等平台开展科学研究，依托广西外贸公共服务平台和校企共建联合实验室等平台，创建I期生物样本检测平台。临床医学一流学科建设着眼于构建适应区域发展战略、医疗行业发展趋势、服务地方社会经济发展需求的学科体系，构筑优势特色学科发展高地，积极投身抗击新冠疫情。年内，该校新增博士学位授予单位申请获自治区学位委员会通过并推荐上报国务院学位委员会。

2020年，该校持续促进科研创新，省级科研平台建设实现新突破，获批自治区卫健委重点（重点培育）实验室8个。科研项目申报数、获批项目数和获资助经费实现大幅增长，其中获国家自然科学基金立项52项，直接经费1752万元；获国家社科基金项目1项，总经费20万元；获广西科技计划项目立项62项、广西哲学社会科学项目3项；获全国软科学课题2项及国家卫健委、广西教育科学党建专项课题各1项；获国家专利授权86件，其中发明专利22件、实用新型专利64件。发表在国内外杂志的高水平论文171篇、著作7部。获广西科技奖励6项，包括自然科学类一等奖、二等奖、三等奖各1项，科学技术进步类二等奖2项、三等奖1项。获广西第十六次社科优秀成果奖2项。加强“产学研”一体化建设，该校纳入自治区落实“广西科改33条”“百千万”行动名单第一批试点单位，与高科技企业签订合作协议4项。助力疫情防控科研攻关，获批2020年度桂林市新冠肺炎疫情防控人才小高地科研项目1项。积极搭建对外交流平台，承办广西实验动物学会2020年学术年会。

2020年，该校持续拓展健康惠民，主动服务“健康中国”“健康广西”建设。附属医院全面推行互联网诊疗模式，改善患者就医体验感，获批桂林市残疾儿童康复救助定点机构，临床药学、核医学获自治区重点专科建设项目，心胸外科、健康体检中心、临床药学获批桂林市重点专科，医院漓东院区奠基开工，多区一体建设不断拓展。第二附属医院新设风湿免疫科，新增桂林市临床重点专科1个，取得国家级卒中中心资质，成功入选首批全国乳腺癌规范诊疗示范中心建设单位，率先开展超声影像尿动力学检查并成为国内少数、广西唯一成熟掌握该技术的医疗单位，成为桂林市首批“李家杰珍惜生命基金”定点合作医院。附属口腔医院临桂门诊部开业运营，实现以开办多点门诊为主导的格局扩展。该校4所直属附属医院全年门急诊总量224.1万人次，出院人次12万人次，手术总量4.8万台次，平均住院日7.0天。

2020年，该校选派31名直属附属医院医护人员组建援鄂抗疫医疗队逆行出征湖北，选派干部到自治区对口支援十堰指挥部工作；抽调人员参加自治区防控工作领导小组指挥部综合查访组工作；派出医疗专家担任桂林市新冠肺炎病人专家救治组组长和副组长，指导并支援桂林市医疗单位和医联体单位开展疫情防控。该校获评桂林市打赢新冠病毒肺炎疫情阻击战中担当作为先进集体，32人获评桂林市打赢新冠病毒肺炎疫情阻击战中担当作为先进个人。（张凯惠）

【桂林航天工业学院】2020年，该校有南、北两个校区，占地面积68.70公顷，校舍总建筑面积50.36万平方米，教学科研行政用房面积28.57万平方

2020年1月27日，桂林医学院援鄂抗疫医疗队出征前宣誓。

（桂林医学院供图）

米(其中教室面积8.72万平方米,实验室及实习场所面积11.43万平方米)。年末拥有固定总资产8.51亿元,其中教学科研仪器设备总值2.45亿元;拥有纸质图书185.83万余册(含过刊8.34万册),电子图书290.75万册(含电子期刊83.16万册)。校园网络系统布设共计1.48万个信息点,全面覆盖教学区、办公区和生活区;建设有超过30个网络应用子系统,信息化建设初见成效。设有管理学院、航空旅游学院、机械工程学院等16个教学院(部),设有党(校)办、组织部、宣传部、学工部(处)等19个党政职能部门以及图书馆、档案馆2个教辅单位。拥有自治区级重点培育学科2个,院士工作站1个,自治区工程研究中心2个,广西高校重点实验室培育基地2个,广西高校人文社科重点研究培育基地2个,广西文化和旅游研究基地1个;有广西一流本科专业建设点7个,广西高等学校优势特色专业(群)建设点7个,广西本科高校特色专业4个;有省级一流课程7门;有各类实验室和实训基地210个,其中中央财政支持的职业教育实训基地1个,自治区示范性高等职业教育实训基地7个,中央财政支持地方高校发展专项资金实验室61个,中央与地方共建高校专项资金特色优势学科实验室10个,中央与地方共建高校专项资金基础实验室12个;有教育部"新工科"研究与实践项目2项、"产学合作协同育人"项目19项,是"中美产教融合+高水平应用型高校建设项目"第二批建设院校。设本科专业30个、专科(高职)专业9个;成人高等教育(函授)开设本科专业14个、专科专业11个。2020年艾瑞深最新发布的一流专业排行榜,有四星级专业2个、三星级专业7个,居同类院校前列。是广西唯一布局有航空航天类本科专业的院校,现为航天应用技术大学联盟副理事长单位、中国宇航协会理事单位、广西航空航天学会理事长单位,是教育部"承担数控技术及应用专业领域技能型紧缺人才培训任务院校"、民政部"国家减灾中心无人机生产基地遥感遥测人才培养中心"、中国航天科技集团公司和中国航天科工集团公司"人才培养基地"。

2020年,该校有教职工1143人,其中专任教师816人。专任教师中高级专业技术职称以上教师316人;硕士以上学位专任教师710人,其中博士64人、在读博士99人;有双聘院士1人、国务院政府特殊津贴专家2人、全国优秀教师1人、自治区特聘专家1人、"八桂名师"1人、自治区优秀专家2人、广西教学名师1人、国家旅游局"万名旅游英才计划"1人;有"广西高校优秀人才计划"4人,"广西高等学校千名骨干教师培养计划"8人,广西高等学校卓越学者1人,自治区优秀教师3人。有广西高校高水平创新团队1个,广西高等学校自治区级教学团队1个,广西创新人才培养教学团队1个。面向全国24个省(自治区、直辖市)招收全日制学生3820人,毕业学生3773人;年末有全日制在校学生1.56万人。毕业生初次就业率91.06%,获2020年度广西高校毕业生就业创业工作突出单位称号。

2020年,该校修订完善《人才引进和管理办法》《教职工考勤管理办法》《一般聘用制人员管理办法》等人事管理制度。全年新引聘教职员工154人(不含一般聘用人员),其中新增专任教师97人(不包括实践指导教师),引进教授、博士等高层次人才5人,新增高级专业技术职称教师22人(其中正高级专业技术职称人员3人),新聘15名校外优秀专业技术人才、管理人才和高技能人才担任兼职教师,新增在职教师攻读博士研究生19人。年内选派2名教师赴国(境)外访学和3名教师参加国内访问学者培训学习。持续推进实施"天计划"教师培养培训方案,全年参加各级各类培训学习教师949人次。教师共指导学生参加各类竞赛获奖励593项;申报广西高等教育本科教学改革工程项目获立项20项,其中重点项目2项;广西职业教育教学改革研究项目获得立项2项,结题1项。

年内,该校修订《本科人才培养方案管理办法》《专业群建设管理办法》等制度,完善本科专业人才培养方案,培育特色品牌专业。全年新增"五合一"(集学生教育实习、教师工程实践、科技服务、学生就业、校外导师指导为一体)基地6个,新建专业实验室16个,完成4个广西本科专业(群)及实验实训教学基地(中心)一体化建设工作。2020年9月,全国政协副主席卢展工率队到校调研,对学生就业创业工作给予肯定。立足"123456"应用型人才培养思路,加强对大学生科技活动和学科竞赛的指导,组织参加"互联网+"大学生创新创业大赛、"挑战杯"广西大学生创业计划大赛、广西中华职业教育创新创业大赛、无人飞行器竞赛、大学生方程式汽车大赛、机械创新大赛等活动。在"互联网+"大学生创新创业大赛中,获自治区级金奖1项,银奖6项,铜奖12项;在第九届"挑战杯"广西大学生创业计划大赛中,获自治区级金奖1项、银奖2项、铜奖11项。在广西第六届大学生艺术展演中,打造校园文化艺术精品,荣获一等奖4项、二等奖16项、三等奖12项。将"第二课堂成绩单"制度纳入人才培养体系,优化创新创业学分积累与认定制度,全年完成大学生创新创业项目立项139项,获批国家级创新创业项目38项,自治区级项目101项,立项总数较2019年增加6项。大学生创新创业基地为"广西青年创业创新孵化基地",入驻基地项目60项,7个创新项目完成专利申报工作,11个创业项目完成工商注册;常态化开展创业沙龙活动,在基地开展各类讲座、沙龙活动10余场。打造紧扣航空航天特色的校园文化,全年投入200万元建成航天品质培育中心,以航天品质应用型人才培养模式为主题参评桂林市长质量奖;重点打造和开展"致青春·为家国"等"五四"系列活动,举办"桂航杯"航天知识竞赛、"空乘之星"评选大赛、"超越杯"飞行器设计大赛等赛事。

2020年,该校修订出台非核心期刊目录等相关认定科研工作量制度,完善科研管理体系,为教师开展科研工作提供政策支持。纵向科研项目获准立项165项,其中省部级及以上项目共40项(包括国家级项目4项,省部级项目36项);签订横向项目(含成果转化)58项;各级各类项目总计立项223项。全年教师以第一作者共发表学术论文581篇,其中中文核心期刊论文108篇,被SCI、EI、ISTP等权威检索机构检索收录106篇;出版学术著作20部,其中专著11部。全年共新增知识产权授权265件,其中发明专利24件、实用新型专利130件、外观专利设计19件、计算机软件著作权92件。与柳州长虹航天技术有限公司、深圳赛桥生物创新技术有限公司、桂林长龙机械有限公司等40家企事业单位合作,共签订横向项目58项,合同金额480.44万元。获省部级科研成果奖5项,获批自治区职务科技成果权属改革试点单位。

2020年,该校开展国际交流与合作,全年新增国(境)外合作院校2所,共接待来自乌克兰和泰国2个国家和地区的访问团,聘任外籍教师4人。全年共有来自23个国家和地区的各类留学生585人,2名留学生获"东盟在桂留学生奖学金"称号。年内,该校获"广西高校来华留学教育进步最快单位"称号,学院2名教师获广西高校来华留学教育优秀个人。通过绿色通道入学的新生1433人,缓交学费与住宿费共913.62万元。全年评定家庭经济困难学生4710人,其中A类贫困生2186人。2019—2020学年度评选国家助学金4365人,发放毕业生奖励702人次;2020—2021年秋季学期,评选出国家助学金4511人;评选国家奖学金、国家励志奖学金和自治区人民政府奖学金557人。全年共发放各类奖助学金2166.45万元。

2020年,教育部本科教学工作合格评估专家组到校考察,专家组实地考察航天品质培育中心、启航科创园、汽车工程实验中心等场所,并通过深度访谈、听课看课、走访座谈、基地考察等多种形式,对升本后的本科教学工作情况进行全面考察评估。继续开展新校区建设工作,开工建设包括图书馆及学术报告厅、实训中心、学生公寓楼等项目;做好包括综合体育馆、学生公寓楼、行政办公楼、院系办公楼、食堂、增容用电工程、大学生创新创业中心、航天博物馆、科技活动中心、通用航空产业研究中心、后勤服务用房、校医院、校园景观等13个项目的前期工作;完成投入资金2.50亿元。

(刘新良 杨诠)

2020年11月5日,教育部本科教学工作合格评估专家反馈会在桂林航天工业学院召开。(刘梓汐摄)

【桂林旅游学院】 2020年,该校有雁山、膠鸾两个校区,校园总面积125.72公顷,校舍建筑总面积37.34万平方米,其中教学行政用房面积18.78万平方米,学生宿舍面积14.23万平方米。有教学科研仪器设备总值1.34亿元,拥有教学用计算机3371台、纸质图书153.91万册、电子图书152.93万册。设党政办公室、党委组织部(统战部)、党委宣传部等党政管理机构17个、教学单位12个、教辅机构5个、科研机构2个。有中国旅游研究院东盟旅游研究基地(中国旅游研究院外设科研机构)1个。有广西一流学科(培育)1个(旅游管理),广西重点学科(培育)2个(旅游管理、设计学)。共有本科专业29个、专科(高职)专业23个。拥有国家级一流本科专业建设点1个(酒店管理),自治区级一流本科专业建设点3个(旅游管理、会展经济与管理),国家一流本科课程1门,自治区级一流本科课程16门。

2020年,该校有教职工总数934人,其中专任教师639人。专任教师中有正高级专业技术职称51人,副高级专业技术职称176人,博士32人,硕士478人,入选"广西高等学校千名中青年骨干教师培育计划"第四期培养对象1人,入选广西高校思想政治教育杰出人才支持计划第二期培养对象2人。年内,共招收各类学生3406人,毕业学生4206人;年末在校学生1.38万人。获"2020年度广西高校毕业生就业创业工作突出单位"称号。

2020年,该校获批国家级专业技术人员继续教育基地、2020年教育部"1+X"证书制度试点院校。该校旅苑景区获批国家4A级旅游景区。广西旅游数据中心等3个二级单位成功入选广西特色新型智库联盟成员单位,获桂林市第一批民族团结进步创建活动示范单位(桂林市唯一获批的高校单位)。举办首届研学旅行教育发展论坛和首届文旅人才培训论坛,承办第13届"红铜鼓"中国－东盟艺术教育成果展等重大活动。

2020年,该校创新打造"第二课堂成绩单"精品课程,实践育人成果丰硕。获2020年广西高校共青团"第二课堂成绩单"精品课程立项1项,获2020年广西高校大学生思想政治教育理论与实践研究课题立项1项。参加第九届"挑战杯"广西大学生创业计划竞赛,共获金奖1个,银奖3个、铜奖12个。"传播学""数字媒体艺术"获批本科专业,"前厅与客房管理"获国家级一流课程,"人文地理与城乡规划""烹饪与营养教育"2个专业获批2020年度省级一流本科专业建设点。获广西高等教育本科教学改革工程项目14项,广西职业教育教学改革研究项目5项,广西高等教育教学改革工程项目结题7项,广西职业教育教学改革项目结题8项。参加第十八届广西高校教育教学信息化大赛，获一等奖2项、二等奖1项、三等奖4项；学生代表参加全国高校商业精英挑战赛获一等奖1项、二等奖1项；参加全国大学生广告大赛，获一等奖1项、二等奖1项、三等奖2项；参加全国高校经济学综合博弈实验大赛全国总决赛，获一等奖2项、二等奖1项等。

2020年，该校获国家社科基金项目1项，广西科技厅重点研发项目1项，国家语委科研规划项目2项，文化和旅游宏观决策课题一般课题1项，广西哲学社会科学规划研究课题19项，广西高校中青年教师基础能力提升项目27项，桂林市哲学社会科学规划重点课题2项，各级纵向科研项目61项，共获纵向科研经费191.4万元。获知识产权39件，其中发明专利1件、实用新型15件、外观设计专利10件、软件著作权13件。该校教师出版著作52部，其中专著44部；发表学术论文479篇，其中北大核心期刊论文42篇，被SCI、CSSCI、SSCI、EI等权威检索机构检索收录32篇。年内，获得横向服务项目29项，社会服务合同经费749万余元。

2020年，该校首次采用就业课程线上授课模式，开展“云上就业指导师一对一求职咨询活动”4场，“云上求职培训活动”2场，线上、线下联动促进就业教育。制订“一人一策”就业指导工作方案，落实毕业生求职创业补贴，精准施策助力就业服务。开展创新创业教育，共组织大学生创新创业训练计划项目立项84项，其中国家级25项、自治区级59项。参加第六届中国国际“互联网+”大学生创新创业大赛，取得广西赛银奖1项、铜奖7项；参加第四届中华职业教育创新创业大赛，获广西赛银奖1项。

2020年，该校开展国际交流合作，与瑞士洛桑酒店管理学院开展合作办学，开展酒店管理专业中外合作办学项目迎评工作。与韩国、文莱、英国、澳大利亚、塞浦路斯、阿根廷、马尔代夫、马达加斯加等国高校建立合作关系，与文莱拉克萨马拉商学院共建汉语旅游人才培训中心。开展海外校区学生的远程教育与学籍管理工作，打造“中国－东盟国际旅游教育命运共同体”教学合作平台，调整海外学生的学籍管理、线上学习、教学管理和课外活动拓展等业务。开拓哈萨克斯坦旅游教育市场。改进与乌兹别克斯坦“丝绸之路”国际旅游大学合作模式，与该校协同建设国际酒店管理专业双学位课程。完善与印尼特里莎克蒂旅游学院合作办学的“中印尼旅游商学院”和“中印尼旅游研究院”项目。招收来自哈萨克斯坦、乌兹别克斯坦、俄罗斯、印度尼西亚、泰国、越南、和巴基斯坦等国家的留学生共199人，在校学历生154人。

2020年，该校为乡村振兴文旅产业的复苏提供智力支持。全年共举办线上、线下各类培训班45期6414人。持续组织教师为开展全域旅游、智慧旅游、旅游扶贫、旅游标准化等进行指导和服务；承办2020年自治区农村党员乡村旅游经营和乡风文明建设专题培训班共10期，举办研学旅行培训班10期。向上级部门共报送决策咨询类信息10余篇，其中获自治区办公厅信息处刊物《调研信息》单篇采用2篇、获《每日汇报》单篇采用1篇、获桂林市市长批示1篇。

2020年，该校依托“全国旅游扶贫培训基地”等3个基地，整合优势资源，为各地贫困村提供扶贫培训支持，培训学员19批（次）1458人次。完成应用型旅游本科专业综合实训中心工程建设，新增实验实训室面积3.63万平方米。应用型旅游本科专业综合实训中心公共区域装修工程开工，完成应用型旅游本科专业综合实训中心周边绿化美化工程招标工作。完成北区学生宿舍球场建设，新增室外运动场面积3191.7平方米。各项建设项目有序推进，该校旅苑景区升格为国家4A级旅游景区。

（曹文婷）

2020年12月9日，第13届“红铜鼓”中国－东盟艺术教育成果展演活动在桂林旅游学院举办。（黄芸摄）

【桂林师范高等专科学校】 2020年，该校校园总占地面积为52.26公顷，校舍建筑总面积36.95万平方米（其中教学科研行政用房21.87万平方米）。图书馆馆藏纸质图书110.5万册，电子图书69.17万册。共有实验（实训）室和实训基地421个。该校设有学院1个、教学系9个、公共教学部1个；设有专业群5个、专业47个。专业设置涉及人文学科、社会学科、工学、管理学四大学科门类，专业（专业群）涵盖文化教育、艺术设计传媒、生化与药品、电子信息等专业大类15个。是自治区示范性教师教育基地、广西基础教育教学法研究基地、广西小学全科教师教育协同创新中心、桂林基础教育发展联盟理事长单位、中小学幼儿园教师国家级培训计划项目实施学校、广西小学校长幼儿园园长培训基地和自治区职业教育培训基地，该校有教学改革及质量工程建设主要成果43项。

2020年，该校有专任教师588人。其中，正高级专业技术职称42人，副高级专业技术职称159人；具有研究生学位306人（其中博士8人）；有广西教学名师1人、广西“十百千人才”

工程第二层次人选和广西高校卓越学者1人、广西高校优秀中青年骨干教师培养对象2人，广西高校自治区级教学团队3个、广西高等学校高水平创新团队1个。年内，共录取全日制普通专科学生4979人，毕业学生2915人；年末在校学生1.28万人。

2020年，该校继续推进教学改革，深化校企合作，推进实训基地建设。通过自治区教育厅高职院校内部质量保证体系诊断与改进复核工作。完成39个2020版人才培养方案的制订，评选出6个优秀专业人才培养方案。举办第二届课程思政教学能力比赛，开展思想政治理论课“特色示范课堂”展示评选活动。成立广西基础教育改革发展研究中心，有12个基础教育研究课题获立项支持。举办2020年桂林市小学全科青年教师示范课堂教学系列展示活动，承办自治区第二届“初中语文五程序单元教学模式”教学比赛。6个专业获10项国家第三批1+X证书试点建设项目。音乐教育专业获立项为自治区职业教育专业教学资源库建设项目，学前教育“2＋3”五年制中高职衔接合作办学得到落实，成功开展美术学专业、音乐学专业普通专升本联合培养工作。组织教师参加广西高校思想政治理论课教师教学基本功暨“精彩一课”教学比赛，获一等奖1项；组织学生参加自治区各类技能大赛，获一等奖6项、二等奖21项；组织学生参加创新创业项目第六届“互联网+”大学生创新创业大赛广西壮族自治区赛获金牌2枚，银牌2枚。

2020年12月17日，第二届全自治区“初中语文五程序单元教学模式”课堂教学比赛开幕式在桂林师范高等专科学校举行。（杨欣汇摄）

2020年，该校加大科研支持力度，着重提高社会服务水平与质量。该校教师获批市厅级及以上科研项目33项，其中国家社科基金1项、教育部人文社科1项、广西哲学社会科学项目2项。与海南卓越教育培训学校签订成高教育合作办学协议，开拓高等学历继续教育省外合作空间。通过“互联网＋培训”工作模式引入“365网络助学”平台，全年共培训学员1036人。与临桂区人民政府签约共建桂师附属崇文小学、桂师附属实验小学，为教职工及周边民众解决适龄子女入学问题。

2020年12月18日，桂林师范高等专科学校附属崇文小学签约暨揭牌仪式举行。（杨欣汇摄）

2020年，该校采用线上、线下相结合的招聘形式，共开展各类人才招聘8场次；开展新入职教师岗前培训及高校教师资格考核、认定，36名教师获高校教师资格。组织开展“双师型”（具有职业教师资格，同时获得有关职业技能等级证书）教师认定工作，61人获评自治区级“双师型”教师。探索实施教师系列职称评审的量化综合评价，获“自治区职称改革工作先进单位”称号。首次评选表彰“十佳教师”“十佳教育工作者”。全年共认定家庭经济困难学生4814人，共发放各类奖、助学金、学费补贴、生活补贴1573.93万元。开展心理健康教育和指导，做好学校复学阶段的疫情防控、心理疏导和危机干预工作。并从2020级新生开始试行“第二课堂成绩单”制度。

2020年，该校强化办学条件，实现对外交流合作新突破。多种渠道筹措资金，实现办学经费持续增长；完成烈士纪念碑、文化墙、红心亭等“红色桂师”文化景观建设及音乐系琴房、医务室等办公、住宿环境的改造，获评第二届自治区文明校园。网上办事大厅上线运行，移动门户、新OA、财务系统、迎新系统等8个系统投入使用。成立多个校友联络站、教育发展基金会，推动学校教育事业和广西教育公益事业的发展。（赵航波）

科　学

科研机构

【概况】 2020年，中央、自治区直属驻桂林市的科研机构主要有中国地质科学院岩溶地质研究所、桂林电器科学研究院有限公司、中国电子科技集团公司第三十四研究所、广西壮族自治区中国科学院广西植物研究所、中国化工集团曙光橡胶工业研究设计院有限公司、中国有色桂林矿产地质研究院有限公司6家。共有专业技术人员1637人，其中高级专业技术职称622人、中级专业技术职称1015人；享受国务院政府特殊津贴35人。年内，桂林电器科学研究院有限公司被国家知识产权局与世界知识产权组织共同确定为第四批技术与创新支持中心筹建单位，并被自治区科技厅认定为广西新型研发机构；广西壮族自治区中国科学院广西植物研究所主办、协办广西大健康产业和医学制药产业对话及学术交流会议、中科院STS项目汇报交流与推进会、猕猴桃新品种推介会；中国有色桂林矿产地质研究院有限公司电吸附地球化学找矿方法等3项成果获评国际领先水平。11月，装配中国化工集团曙光橡胶工业研究设计院有限公司航空轮胎的国产ARJ21飞机在山东东营胜利机场历经4天试飞各科目圆满成功，标志着ARJ21飞机装配国产航空轮胎首飞成功，为该公司后续全面进入民航轮胎市场创造支撑。 （覃丰展）

【中国地质科学院岩溶地质研究所】 2020年，中国地质科学院岩溶地质研究所有在职人员218人，其中专业技术人员190人。专业技术人员中有研究员及教授级高级工程师37人、副研究员及高级工程师51人、中级专业技术职称114人。有博士生导师7人、博士50人、硕士132人。全年该所在研科研和社会服务项目214项，（比上年，下同）新增53项，发表科技论文86篇，出版专著5部，申请专利20件。新获批国家重点研发计划项目1项、国家自然科学基金2项、广西科技计划项目12项。年内，9项理论技术入选中国地质调查局“三个一百”（100项在建重点建设项目、100项新开工重点建设项目和100项重点前期工作项目）地质调查成果。获省部级一等奖1项、二等奖3项、三等奖1项；7人获得博士学位，5人获得研究员（教授高工）职称，6人获得副高级职称，11人通过中级技术职称评审，2人获中国地质调查局优秀地质人才。

年内，西南岩溶石漠化野外科学观测研究站获批择优建设，广西岩溶动力学重大创新基地获广西年度评估优秀。举办线上国际岩溶培训班，吸引18个国家36名学员参加，优选种子型学员，推进持续稳定的沟通与合作。在斯洛文尼亚波斯托尼亚建立地下河水化学与碳循环监测站1处。与泰国矿产资源局、印度尼西亚扎加马达大学、菲律宾矿产和地质局联合申请“岩溶景观资源开发与可持续管理”联合实验室。

年内，该所发挥专业优势，服务地方经济社会发展。实施广西桂林临桂、广东深圳龙岗等典型岩溶塌陷事件调查，发布《岩溶地面塌陷防治工程勘查规范》《岩溶地面塌陷监测规范》。完成统测珠江流域地下水5021个点，划分地下水资源评价单元145个，建立典型流域水资源评价模型。在四川昭觉、云南宣威等深度贫困区建立示范区3处，预计产值200万元，为5000人和200公顷农业产业扶贫基地提供水源保障，向四川昭觉移交4类22件扶贫示范系列成果。查清乌蒙山区碧云湖地下岩溶空间结构和渗漏条件，在贵州丹寨发现17处富锶、富偏硅酸矿泉水点，为助力地方打

桂林国际岩溶研究中心基地。 （董继革2020年摄）

造矿泉水资源开发和绿色脱贫攻坚提供依据。在云南泸水市建立生态农业产业试验示范区1个，创建脱贫攻坚运作管理模式，建立火龙果优良品种标准化种植示范样板面积0.67公顷，培训贫困户100多人次，技术改造种植面积5.4公顷，建立岩溶峡谷农林牧复合立体生态产业试验示范区。向中国地质调查局报送《长江中上游岩溶地区石漠化综合治理重点县分布图和全国重大生态系统问题——石漠化研究报告》，为地方生态保护修复提供地质依据和决策支撑。完成鄂西页岩气地质路线调查260千米，地质剖面测量6千米。初步完成贵州麻江—丹寨地区大口径地质调查井—贵丹地2井井位优选论证工作。部署实施贵丹地1井，首次在雪峰隆起西南缘寒武系乌训组探获页岩气，发现震旦系陡山沱组、寒武系变马冲组、牛蹄塘组等多层系具有良好富氦页岩气。完成广西凤山下牙村地质文化村申报材料编制工作。完成广西那坡天坑群7个村、98处遗迹点地质遗迹野外调查。修订促进科技成果转化实施细则，完成13项技术服务合同登记认定工作。与中石油、中石化有关单位合作开展油气岩溶储层研究工作。利用水资源地质调查技术，为江西宜春水源地建设、汾河流域典型盆地及岩溶大泉地下水变化分析等提供社会服务，促进地质调查成果转化应用。线上、线下联动完成第51个世界地球日、第30个全国“土地日”、全国暨广西科技活动周等系列科普活动。（赵和平）

【桂林电器科学研究院有限公司】 2020年，桂林电器科学研究院有限公司从业人员688人，有专业技术人员121人。专业技术人员中有教授级高级工程师11人、高级技术职称64人、中级技术职称146人。拥有国家级专家1人，享受国务院政府特殊津贴6人。全年完成营业收入6.76亿元，剔除股票收益实现净利润683万元。

年内，该公司组织申报纵向项目18项，组织申报国家标准17项、行业标准34项。完成标准制修订28项，其中国家标准5项、国家军行业标准23项，1项标准获省部级优秀标准二等奖、2项标准获桂林市标准奖。该公司提交专利申请17件，其中发明专利16件、实用新型专利1件；获授权专利23件，其中发明专利10件，实用新型专利13件。至年末，该公司共拥有有效专利199件，其中发明专利142件，实用新型专利57件。全年共公开发表科技论文31篇，其中中文核心期刊8篇。

年内，该公司《绿色环保聚乳酸薄膜专用成套生产线产业化技术》项目获得国机集团重大科技专项支持，《挠性覆铜板用高性能聚酰亚胺薄膜关键技术开发及应用》获中国机械工业联合会科学技术奖二等奖，《高可靠性低压触头材料和元件开发及产业化》《节能型3.3米幅宽双轴定向聚苯乙烯薄膜生产线研制》获广西科学技术进步奖三等奖，《绝缘材料》获集团优秀期刊三等奖。该公司被国家知识产权局与世界知识产权组织(WIPO)共同确定为第四批技术与创新支持中心(TISC)筹建单位，同时被自治区科技厅认定为“广西新型研发机构”。

年内，该公司动力电池研究首次制备出正极负载量达到40毫克的全固体电池样品，电解质等材料实现小批量试生产。动力电池学术成果取得新进展，全年发表论文6篇(4篇被SCI收录)，其中1篇论文被JPS (SCI一区，IF=8.247)杂志收录。该公司获“2018—2019年度广西优秀企业”称号，被评为2020年“桂林市50强企业”，通过复审保持“国家高新技术企业”称号，连续2年被广西高新技术企业协会评为“2020年广西高新技术企业百强”。该公司下属金格公司为探月工程“嫦娥五号”使用的磁保持继电器唯一合格的触点材料供应商。

（符蓉）

【中国电子科技集团公司第三十四研究所】 中国电子科技集团公司（简称中电科34所）第三十四研究所占地面积25.87公顷，其中所本部18.53公顷、英才所区7.34公顷，有在职人员835人，其中专业技术人员672人。专业技术人员中有研究员级高级工程师9人、副高级专业技术职称205人、中级技术职称276人、初级技术职称182人。拥有国家级、省部级专家26人次，享受国务院政府特殊津贴7人，部级优秀专家和优秀科技青年专家1人，自治区优秀专家1人。

2020年，该所承担科研类项目541个，合同总金额11亿元。全年完成专利受理77件，其中发明专利42件（含国防专利3件）、实用新型专利35件；完成专利授权30件，其中发明专利授权4件、实用新型专利24件、外观设计专利2件。年内，该所加速推进STPN系列设备新动能打造，地面光纤通信系统扩容、集成通信设备系统外场试验等多项系统工程完成；全年立项完成各类装备生产订货超1万台套，申请广西重大科技专项2项、国家发改委中央技术改造资金1项，牵头跟进国家示范项目“广西智慧边境小镇”。加大核心技术攻关力度，科

2020年9月28日，桂林电器科学研究院到龙胜各族自治县乐江乡西腰小学开展慰问帮扶活动。

（桂林电科院供图）

技创新能力不断增强。IP 化光传输技术方面，以硬件平台标准化国产化，软件定义功能的方式开展基于国产化平台、具备二层及三层协议、具有业务与信道感知、智能化的 IP 化光传输技术研究，形成系列化 IP 化光通信设备。射频信号光纤传输方面，突破连续波激光器超平稳控制、低噪声大无杂散动态射频光子链路以及射频光电混合集成等关键技术，研制出先进的射频信号光纤传输设备工程化样机。

（秦实）

【广西壮族自治区中国科学院广西植物研究所】 2020 年，广西壮族自治区中国科学院广西植物研究所（简称广西植物研究所）共有在职人员 222 人，其中专业技术人员 163 人。专业技术人员中有博士学位 36 人，硕士学位 91 人；研究员 35 人，副研究员 56 人。该所拥有大型仪器 60 余台套，仪器设备价值逾 5000 万元。享受国务院政府特殊津贴 9 人，有自治区突出贡献科技人员 1 人、自治区优秀专家 1 人、广西第一批高层次人才 3 人，广西“新世界十百千人才”第二层次人选 7 人、广西青年科技奖 1 人、桂林市拔尖人才 1 人。聘任国内外研究所院士 2 人，高校教授、知名专家 25 名为客座研究员。

2020 年，该所拥有国家林业和草原局审批认定的苦苣苔科植物国家级平台 1 个（国家苦苣苔科种质资源库——中国苦苣苔科植物保育中心），国家级博士后科研工作站 1 个，自治区重点实验室 2 个（广西植物功能物质研究与利用重点实验室、广西喀斯特植物保育与恢复生态学重点实验室），自治区工程中心 2 个（广西木质纤维素生物炼制工程技术研究中心、广西壮族自治区岩溶生态建设与植物资源持续利用工程研究中心），广西喀斯特生物多样性保育与恢复生态学国际科技合作基地 1 个，广西第七批自治区级技术转移示范机构（技术领域：植物）1 个，自治区“广西岩溶生态建设与植物资源持续利用人才小高地”1 个。设立广西博士后创新实践基地，可申请与已设博士后科研流动站的高校和科研院所联合培养博士后。由桂林植物园与世界苦苣苔协会（总部设在美国西雅图）合作建立的“中国苦苣苔科植物保育中心”分别在贵州省植物园、安徽大学、深圳市中国科学院仙湖植物园和上海植物园成立分中心。该所与 BGCI、桂林市中医药管理局在其“喀斯特药用植物种质库”内建成“广西珍稀濒危植物保育及技术培训基地”“特色珍稀中药材种源储备基地”，与中国地质科学院岩溶地质研究所合作建立的广西平果石漠化治理示范基地成为国土资源部野外试验示范基地。广西植物标本馆（国际代码：IBK）馆藏近 50 万份标本，其中 50% 为石灰岩地区植物标本，模式标本 4000 余份，是华南第二大标本馆，跻身全国十大植物标本馆之列，作为成员被列入国家标本资源库建设体系。广西植物标本馆启动广西植物 DNA barcode 平台建设，已获得广西近 1000 种植物 DNA-barcode 序列。2020 年数字标本馆的网络点击量达到 172 万次，位居全国各大植物标本馆第 6 位。

2020 年，该所桂林植物园占地面积 73 公顷，内有珍稀濒危植物园、广西特有植物园、喀斯特岩溶植物专类园等专类园区 13 个，引种保存植物 5100 多种，其中包括迁地保护的国家珍稀濒危植物 400 多种。该所主办的《广西植物》科技期刊入选国家中文核心期刊（北大核心，2020 年版）、入选中国科技核心期刊（2019—2020 年）、入选中国科学引文数据库“CSCD 来源期刊”（2019—2020 年），被评为第六届（2015—2020 年度）广西十佳科技期刊。全年共刊发原创研究论文 200 篇，出版《海岛与海岸植物研究》《植物功能物质研究与利用》《药用植物研究与大健康》《苦苣苔科植物研究》4 本专刊和喀斯特与天坑植物研究、全球变化生态学研究专栏 2 个及植物分类学家、中国科学院院士王文采先生的专刊（增刊）1 本。

年内，该所共有在研项目 301 项。其中，新立项项目 110 项，获科技经费 2655 万元；112 项科研项目通过结题验收。全年发表科技论文 200 篇，其中 SCI 收录 82 篇，在 Nature 期刊上合作发表 1 篇。主编出版著作 2 部，分别为《广西外来入侵植物研究》《中国迁地栽培植物志（荨麻科）》。申请发明专利 12 件，实用新型专利 4 件；获授权发明专利 32 件，实用新型专利 4 件。获农业农村部颁发植物新品种权 3 项（桂翡、桂红、桂金），猕猴桃属植物品种权；在国际苦苣苔协会等组织登录新品种 29 项。完成鳞尾木繁育技术、南药博览园建设技术服务、多穗石柯系列产品制作工艺、三金茶制作工艺、桂北药用植物种质资源保存及繁殖技术研究、柳州市三门江国家森林公园珍稀植物科普园建设技术服务、广西药食同源（两用）康旅产业园植物种质展示与立体生态种植示范基地建设成果转化 7 项。

年内，该所共签订合作协议（备忘录）7 份，利用该所在科研资源、技术、人才、重点实验室、科研实验

2020 年 9 月 23 日，中国工程院院士卢耀如（右一）到恭城瑶族自治县瑶药博览园开展学术交流活动。

（高丽梅摄）

基地等方面的优势，加强与对方在科研项目、科研成果转移转化、技术人才培养和使用方面的合作，共同促进科技成果的转化与示范推广、人才培养与交流，实现产、学、研的有机结合，为广西的植物生物多样性保护、植物资源的可持续利用及地方产业发展作出贡献。此外，该所相继建立的广东省罗定市龙湾镇南药种植示范基地、恭城科技扶贫与成果转化基地、灌阳县建立猕猴桃新品种开发示范基地、灵川县兰田乡W·默科特低产果园改造示范基地、长江流域滩涂芦竹种植示范基地、龙胜丘陵山区罗汉果绿色产业种植示范基地等技术成果转化示范基地为依托，在中草药种植、水果种植、生态修复等方面取得良好生态效益的同时，带动农户增产增收。

年内，该所派出科技特派员23人，其中18人为山区贫困村科技特派员，直接服务贫困村79个。科技特派员采用现场参观、培训授课、田间指导、发放技术资料、科技咨询、Q群与微信群交流讨论、科技特派员上门服务等方式，全年累计示范推广先进适用技术10项，建立特派员技术服务示范点10个，推广技术服务面积53.33公顷；组织举办技术培训班76场次，参加培训人数共1584人。

年内，该所邀请包含中国工程院院士卢耀如在内的国内专家、学者13人开展学术交流活动，为该所科技人员做学术报告12场。主办、协办广西大健康产业和医学制药产业对话及学术交流会议、中国科学院院STS项目汇报交流与推进会、猕猴桃新品种推介会。组织开展“科普进校园活动”“植物与生态文明展进社区”等公益科普活动，受众6000多人；围绕“植物与人类生活”“花粉的奇妙旅行”“多彩的植物世界”“树荫下的气候变迁”主题，以科普讲座、动手实验、实操、手工制作、观察等形式开设研学课程12次，参与学生400余人次；通过模型展示、图文展示、宣传手册发放等形式，开展“植物与生态文明展进社区”活动，共1000人参与活动；在全国科技活动周期间，举办“走进植物园，感受植物世界”系列科普活动，活动包括参观植物园、科普馆、标本馆，自然笔记比赛、天蛾展、标本制作等内容。

（高丽梅）

【中国化工集团曙光橡胶工业研究设计院有限公司】 2020年，中国化工集团曙光橡胶工业研究设计院有限公司（简称“曙光院”）有在职人员461人，有专业技术人员102人。专业技术人员中有高级工程技术人员43人、教授级高级工程师11人，享受国务院政府特殊津贴7人。全年完成主营业务收入3.6亿元，实现利润总额7050万元。年内发表论文27篇，出版内部交流性专业技术刊物《现代橡胶技术》6期。全年新立课题研究48项，科技投入3000万元，完成科技创收3004万元。年内，该公司进行成果登记和申报奖项，完成“水上飞机主轮胎研制”“高性能消防服用胶布材料研制”项目及发明专利“一种导热、导电好的航空轮胎胎面胶”技术成果登记。“水上飞机主轮胎研制”项目荣获2020年度中国化工集团科技进步奖。全年完成专利申请29件，其中发明专利20件、实用新型专利9件。持续开展多个重点型号接续保障等系列配套产品研制。

年内，该公司曙光院与中航起落架公司航空轮胎合作项目成功落地桂林。以航空轮胎研发为重点施行“设计细分”改革，将原结构、配方2个研究所，调整为1个总体设计所、6个细分研究所的新架构，形成“型号研发”和“基础研究”双轮驱动、齐头并进的格局。航空轮胎设计研发能力提升明显，第二代航空子午线轮胎整体技术基本形成，支撑后续与国际巨头竞争的民航轮胎研发和重点机型飞机轮胎的配套。7月，中国鲲龙AG600大型水陆两栖飞机完成海上首飞；8月—11月，装配曙光院航空轮胎的2个型号舰载机成功首飞；11月，装配桂林曙光院航空轮胎的国产ARJ21飞机在山东东营胜利机场历经4天试飞各科目圆满成功。该公司广西航空轮胎工程技术研究中心开展航空轮胎共性关键技术研究，提升其在抗刺扎、磨耗使用寿命、重量等方面的优势，提升产品技术水平和质量，获评优秀类广西工程技术研究中心。

（姚江雄）

【中国有色桂林矿产地质研究院有限公司】 2020年，中国有色桂林矿产地质研究院有限公司（简称桂林矿地院）占地面积12公顷，建筑面积11万余平方米。下设矿产地质研究所、资源综合利用研究所、博泰环保研究所、测试中心、工程中心等研究所（分院）和研究中心7个，有特邦新材料公司、工程公司、中色赞比亚公司、中色老挝矿业有限公司、刚果（金）矿业公司、百锐光电公司等全资、控股和参股公司11个，有国际组织平台1个、国家级科研平台1个、省部级科研平台9个。有在职人员共914人，其中389人。专业技术人员中有中、高级专业技术职称250人，享受国务院政府特殊津贴6人。拥有国

2020年11月23日，装配“曙光院”航空轮胎的国产ARJ21飞机首飞成功。

（姚江雄供图）

2020 年 4 月 26 日，桂林矿地院与中节能中咨华瑞科技签订战略合作协议。

（桂林矿地院供图）

家级、广西、桂林市、中国有色集团各类高层次人才 32 人。年内，该公司主要以地质科研与勘查、新材料研发及产业化、环保与工程为主营业务。年末，该公司资产总额 5.43 亿元，净资产额 3.1 亿元；全年实现综合收入 3.35 亿元，实现利润总额 1025 万元。

年内，该公司实现第二股东减资退出，成为中国有色集团全资子公司。年内，该公司以“双百行动”（国务院国有企业改革领导小组办公室决定选取百家中央企业子企业和百家地方国有骨干企业，在 2018—2020 年期间实施“国企改革双百行动”）为核心全面推进重大改革和重点专项工作，完成 28 项改革举措中的 25 项。以三项制度改革为主线，启动公司层面经理层契约化与任期制改革，优化业务单位负责人考核制度。完成职能部门、工程公司“三定”改革。推进“四个一批”（一批技改提升项目、一批开工建设项目、一批竣工投产项目、一批对接引进项目）结构调整，将亏损治理与“瘦身健体”相结合，完成新疆湘华、中色鹏威、“新源技术”“神州环保”等公司注销或退股。

年内，该公司争取并入选国资委“央企攻坚”任务清单，启动“关键技术研发应用工程”，重点布局关键技术 109 项；获广西科技进步奖二等奖 1 项，中国有色建筑协会优秀工程勘察设计二等奖 2 项；“电吸附地球化学找矿方法”等 3 项成果获评国际领先水平；“国家工程中心”等各级科研平台运行良好。获授权专利 14 件、其中发明专利 4 件；参与修订国家标准 4 项；制订行业标准 13 项、修订行业标准 1 项；制订广西地方标准 3 项。连续第二年入选广西高新技术企业百强、广西高新技术企业创新活力十强，百锐公司入选广西瞪羚企业活力十强。

（王晓曼）

科技管理与科技活动

【概况】 2020 年，桂林市科学技术局（简称市科技局）办公地址在临桂区青莲路投资发展大厦。内设机构 8 个。下辖事业单位 3 个。全市专业技术人才总量 15.5 万人。年内，市科技局聚焦桂林国家可持续发展议程创新示范区（简称创新示范区）建设，推进科技体制机制改革，实施创新驱动发展战略，促进科技创新与经济社会发展紧密结合。出台《桂林市激励企业加大研发经费投入财政奖补实施暂行办法》，新增国家级科技创新平台 9 家，入选广西重大创新平台和基地 3 家，高新技术企业保有量 358 家，科技型中小企业保有量 306 家，吸纳技术交易 553 件，合同交易总额 16.76 亿元，其中技术交易额 10.82 亿元，首次突破 10 亿元大关。新增引进符合广西高层次人才 10 人，获评长江学者 1 人；成功举办 2020 中国－东盟可持续发展创新合作国际论坛，依托论坛签约创新合作项目 13 项，涉及资金超过 200 亿元。全市创新支撑高质量发展的能力和作用进一步增强。科技创新为桂林经济社会高质量发展提供有力支撑。

【优化科技创新政策环境】 2020 年，市科技局运用政策财税金融手段，支持企业研发创新。会同市财政、工信、税务等部门联合出台《桂林市激励企业加大研发经费投入财政奖补实施暂行办法》，每年安排 2000 万元专门用于激励企业研发活动；组织 188 家企业争取到自治区企业研发经费奖补、创赛获奖、通过高新技术企业认定（复审）等奖补资金 6561 万元，107 家企业

2020 年 5 月 9 日，桂林市与驻桂林高校产业与技术融合发展联席会议联络员会议召开。

（市科技局供图）

和创新团队领取广西科技创新券1044万元;308家企业享受研发费用加计扣除7.68亿元;42家企业获“桂惠贷—科创贷”贷款56笔,贷款金额6.62亿元,减少利息支出1868万元;落实《桂林市促进科技创新发展实施办法》奖补资金2002万元。通过综合施策,桂林三金药业成为国家技术创新示范企业;全市新增广西瞪羚企业9家,总数20家,新增瞪羚企业培育入库22家;137家企业通过国家高新技术企业认定(复审、评审),保有量358家;306家企业通过国家中小型科技企业评价。举办年度双创大赛,组织216家企业参赛,晋级广西复赛48家,全国赛8家。99家企业成功备案自治区首席技术官(CTO),总数109家。

【发挥项目支撑引领作用】 2020年,桂林市共获国家和自治区项目立项820项,资助经费4.27亿元。获国家自然科学基金项立项249项,资助经费近1亿元,占全广西总数的近4成,创历史新高;百锐光电等6家企业获自治区推荐申报科学技术部“科技助力经济2020”重点专项,资助经费350万元。获广西科技计划项目立项565项,资助经费3.16亿元。其中,广西科技重大专项37项,资金经费1.46亿元;广西重点研发计划34项,资助经费2063万元;广西自然科学基金265项,资助经费3846万元;广西技术创新引导专项33项,资助经费678.5万元;广西科技基地和人才专项180项,资助经费8290万元;中央引导地方科技发展专项16项,资助经费1150万元。桂林市安排本级财政科技资金4414万元,围绕生物医药及医疗器械、电子信息、先进装备制造、新材料等优势产业和战略性新兴产业领域,组织实施科技项目174项,滚动支持重大科技项目14项;持续实施自治区科技重大专项37项,在信息技术、生物医药、高端装备制造等领域,攻克17项产业关键技术难题,,新增产值效益超过50亿元。桂林智神信息公司攻克专业相机手持稳定器关键技术并成功产业化,新增产值效益11.7亿元。

【推进科技创新平台建设】 2020年,桂林市围绕优势产业创新发展需要,加强高水平科创平台建设。新增岩溶所中国—斯洛文尼亚岩溶地质“一带一路”联合实验室等国家级科技创新平台9家;桂林电子科技大学的广西电子信息材料构效关系重点实验室等3家入选广西重大创新平台和基地,总数达9家;广西师范大学获批组建广西首批2家应用数学中心之一;桂林电子科技大学—华为鲲鹏联合创新中心等科技合作平台落户桂林;新增广西工程研究中心4家,广西工程研究中心、企业技术中心各1家,总数分别达14家、45家和70家。围绕推进大众创业万众创新,完善双创平台载体。桂林高新区成为国家级双创示范基地;桂林智慧谷等3家成功备案为国家级众创空间,桂林电器科学研究院有限公司获认定广西新型研发机构。

【强化高层次人才引进培育】 2020年,桂林市依托“海创基地”“人才飞地”等引才育才载体,新增引进符合广西高层次人才标准的人才(团队)10人(个);桂林电子科技大学教授孙希延获评长江学者,是桂林市自然科学研究领域首位获此殊荣专家;培养国家优秀青年基金获得者1位。规范和加强引才平台建设,调整和保留欧阳自远、袁道先、刘永才等5个院士工作站以及“广西袁隆平超级稻试验站”。开展国(境)外科学家领衔承担市本级政府支持科技项目试点,建立外国高端人才服务“一卡通”服务体系,引进外国“高精尖缺”A类高端人才47人、东盟国家和中国港澳台地区博士创新创业人才7名。为桂林市企事业单位办理复工复产急需紧缺外国人返桂林来桂林申请40人次,1名外国专家荣获国家“友谊奖”、5名外国专家获广西“金绣球奖友谊奖”。

【助力脱贫攻坚和民生发展】 2020年,桂林实施疫情防控应急科技专项和人才小高地项目,动员和组织桂林市相关企业、高校和科研单位围绕疫情防控药品、诊断设备、防护设备等领域开展科技攻关,桂林电子科技大学快速检验试纸、啄木鸟公司红外额温计等一批科研成果应用在战疫一线。落实《桂林市应对新型冠状病毒肺炎疫情支持中小企业发展若干措施》科技相关奖补资金201万元,引导企业依靠技术创新应对疫情冲击。推进科技创新服务乡村振兴,荔浦市、全州县获批建设自治区首批农业科技园区,全州县获批自治区首批创新型县;组建桂林农业“科技小院”,选派科技特派员350人,服务覆盖全市贫困村和脱贫村510个。全市科技人员开展入村科技培训3万余人、服务基地面积266.67公顷;引进新品种150余个、新技术50余项;示范推广品种80余个、技术160余项;研发新产品16项。

【推进桂林市国家可持续发展议程创新示范区建设】 2020年,桂林市稳步推进桂林市国家可持续发展议程创新示范区建设。强化体制机制保障,推动可持续立法工作,出台实施《桂林市漓江风景名胜区管理条例》等法

2020年8月12日,桂林市举行创新创业大赛决赛。 (市科技局供图)

规,《桂林市喀斯特景观资源可持续利用条例(草案)》通过市人大常委会的初次审议;推进绿色金融债券相关工作,完成《桂林市"景观资源保育"专项绿色金融债券项目指导目录(草案)》初稿编制,保障创新示范区各项工作的有序推进。推进政策实施。邀请自治区科技厅副厅长唐咸来到桂林对《关于推进桂林市国家可持续发展议程创新示范区建设的若干政策措施》进行专题解读,并将政策落实情况列入2020年度创新示范区绩效考核工作的重要内容,有效提升示范区建设合力与内生动力。强化项目带动,可持续发展项目库新增项目137项。科技创新支撑引领,"漓江流域景观资源生态产业化关键技术研究与示范"项目获国家重点研发计划1962万元的资金支持;"漓江流域景观资源生态产业化关键技术研究与示范"等4个项目获自治区科技重大专项立项,资助资金2530万元。与国际机构合作,争取到亚洲开发银行贷款1.4亿美元,用于开展漓江生态修复保护。加强交流合作,2020年11月28日—29日,举办2020中国－东盟可持续发展创新合作国际论坛,科技部、自治区、桂林市有关领导,联合国、东盟国家和有关国际组织代表、可持续发展领域专家学者及企业代表共400多人出席,论坛在重大技术攻关、创新平台、成果转化等方面签约创新合作项目13项,涉及资金总额200多亿元。开展"2020智库专家桂林行"活动,院士邓秀新、印遇龙等智库专家团队到桂林调研,在决策咨询、技术开发、成果转化、人才引进等方面精准对接可持续发展项目。总结梳理建设成果,2020年汇总、整理各单位有关示范区建设的材料及数据,总结编写《2019年桂林市国家可持续发展议程创新示范区建设年度报告》上报科学技术部,完成示范区建设评估任务;汇编以"恭城瑶族自治县红岩村"等11个可持续发展典型案例为代表的《桂林市国家可持续发展议程创新示范区典型案例集》,探索形成可操作、可复制、可推广的桂林可持续发展经验模式。

【加强科技活动周宣传】 2020年,全市共征集科普活动56项,通过筛选纳入桂林市2020年全国科技活动周桂林活动方案24项。根据活动开展情况择优资助12项,拨付科普经费18.5万元,带动和吸纳社会资金投入桂林市开展科普活动160万元。与市教育局、市科学技术协会联合举办"2020年桂林市青少年科技创新大赛"和"桂林市第三届青少年科技运动会",活动覆盖桂林市直和各县(区)中小学校94所,参加比赛选手958人。科技活动周期间组织桂林理工大学地质博物馆、桂林甑皮岩遗址博物馆、中国岩溶地质博物馆、桂林植物园、深能环保桂林能源生态园5家院所基地免费向市民开放,投入活动人员2046人次,投入经费6.3万元,各中小学校和社会团体参观人员4111人次。

(张松桂)

【桂林市十人纳入科技厅CTO人才库】 2020年5月,自治区科技厅公布2019年广西企业首席技术官遴选入库备案名单,桂林市10名企业首席技术官入选,其中有9名来自桂林高新区企业。桂林市入选的企业首席技术官分别是:桂林飞宇科技股份有限公司魏成赟、桂林光隆科技集团股份有限公司陈春明、桂林国际电线电缆集团有限公司王焕年、桂林海威科技股份有限公司王建卫、桂林南药股份有限公司刘玮、桂林市晶瑞传感技术有限公司李广金、桂林市啄木鸟医疗器械有限公司吴勋贤、桂林星辰科技股份有限公司吕虹、桂林智神信息技术股份有限公司李鸣、桂林力港网络科技公司黄剑。10家企业中有9家企业为瞪羚企业,1家为高新技术企业。 (覃帆)

科技成果

【概况】 2020年,桂林市推进科技体制机制改革,实施创新驱动发展战略,2018—2020年通过落实《桂林市促进科技创新发展实施办法》共安排奖补资金5197万元,其中创新创业奖补资金4078万元、科技成果转化奖补资金1119万元。全年共发布登记的科技成果214项;完成技术合同认定登记243件,合同交易总额1.09亿元,增长87.6%。其中,技术交易额1.04亿元,增长93.8%,突破1亿级大关。吸纳技术合同422项。全市通过自治区公示重大科技成果转化项目108项,其中"肝脏损伤与修复的应用基础研究和临床防治策略"等41个项目通过2020年度广西科学技术奖终评;全年全市广西科技成果登记项目共有356项。2020年,市农科中心获32项市级以上科技项目,新获项目数量、档次、质量实现新的突破。在32个项目中,有农业农村部1项、自治区级11项、市级19项、院市合作1项,项目扶持总金额1860万元,项目数量及项目扶持总金额均创历史之最,开创"3个首次"(首次获得立项经费支持突破千万元的重大项目、首次获得中央引导地方发展资金项目、首次获得广西自然科学基金项目)。

【加强科技成果转化体系建设】 2020年,桂林市加强线上、线下技术转移示范平台创建,加快推进社会化、网络化、专业化的技术转移服务体系建设,桂林经开孵化器管理有限责任公司获认定为自治区级技术转移机构,全市自治区级技术转移机构总数达14家。依托产学研合作,通过建立桂林市与驻桂林高校产业与技术融合发展联席会议,持续完善全市成果转化体系。全年通过桂林科技成果交易平台,累计新增发布科技成果2421项,转化重大科技成果108项,其中40个项目通过2020年度广西科学技术奖终评;新增推荐技术顾问133人,新增注册企业(个人)账户125家,新增企业技术需求29项,推进驻桂林高校与桂林市企业的产学研合作,促进科技成果落地桂林。

【强化科技成果转化奖补政策激励】 2020年,桂林市实行科技成果发布制度,通过登记的科技成果目录在桂林市科技信息网上发布,为技术提供方和成果转化方之间建立桥梁,加速科技成果技术转移和产业化。全年全市共发布登记的科技成果214项。同时根据《桂林市促进科技创新发展实施办法》,对技术转移机构建设、技术转移机构开展科

2020 年 9 月 1 日，市科技局组织专家对在研科技项目进行现场绩效考评。（市科技局供图）

技成果交易落地桂林、企业引进科技成果等活动给予补助，对新建或新认定的技术转移机构，分别给予25 万元—50 万元不等的奖补，根据年度技术交易额，对技术转移机构给予 10 万元—30 万元不等的奖补。全年桂林市对符合条件的企事业单位共发放奖补资金 397 万元。

【推进科技成果转化活动开展】 2020 年，桂林市开展科技成果转化政策宣讲和产学研合作对接活动，推进桂林电子科技大学与绿帆公司“高浓度废水达标处理一体化设备研制技术开发”1500 万元重大科技成果转化项目签约；2020 年 11 月 28 日—29 日，通过举办 2020 中国 - 东盟可持续发展创新合作国际论坛联合国开发计划署桂林可持续发展议程创新示范区能力建设研讨会，与联合国、东盟国家和有关国际组织代表，可持续发展领域专家学者及企业代表进行交流；组织开展“技术转移知识能力提升专业课系列活动之科技成果转化与技术经济人”“疫情之后——中小企业创新发展的反思与建议”等 7 场线上成果转化培训；举办 2020 年桂林市科技成果转化与科技金融培训班，就科技成果登记操作实务及成果转化优惠政策，重大科技成果转化项目认定及项目申报操作实务等进行授课。（张松桂）

表 22　　2020 年度桂林市获广西科学技术奖终评通过项目

候选项目（人）名称	评审类别	主要完成单位	推荐等级
肝脏损伤与修复的应用基础研究和临床防治策略	特别贡献类	广西医科大学、桂林医学院	特等奖
数据选择下分类的若干模型	自然科学类	广西师范大学	一等奖
纳米多孔材料的创制及其储能和传感特性研究	自然科学类	桂林电子科技大学、中国科学院大连化学物理研究所	一等奖
基于疾病筛查的生物传感器制备机理及基础应用	自然科学类	桂林电子科技大学	二等奖
功能化石墨烯的光电磁性能调控机理与应用研究	自然科学类	桂林理工大学、广西大学	二等奖
不需要可信机构的面向数据发布的隐私计算	自然科学类	桂林电子科技大学、中国地质大学（武汉）、南京航空航天大学	二等奖
大规模互补问题的快速数值算法及其理论	自然科学类	桂林电子科技大学、东莞理工学院、嘉应学院、江西师范大学	三等奖
子宫内膜癌发病相关分子机制研究	自然科学类	广西医科大学、桂林医学院附属医院	三等奖
典型构造域深部结构成像方法研究及各向异性分析	自然科学类	桂林理工大学、中国科学院地质与地球物理研究所	三等奖
基于扩展模糊集的群决策方法及其在推荐系统中的应用	自然科学类	广西师范大学、东南大学	三等奖
黑叶猴对喀斯特生境的行为适应机制和保护策略研究	自然科学类	广西师范大学、中国科学院动物研究所	三等奖
具有多电子反应特性的层状高容量电极材料的结构设计与电化学性能优化研究	自然科学类	桂林理工大学	三等奖
面向业务驱动的多网融合车联网关键技术与应用	技术发明类	桂林电子科技大学、柳州五菱汽车工业有限公司、北京航空航天大学、桂林市国创朝阳信息科技有限公司	二等奖
公路隧道智能照明节能关键技术及装置	技术发明类	广西交科集团有限公司、广西交通投资集团有限公司、桂林电子科技大学、广西高速公路投资有限公司	三等奖
直接面向六轴五联动数控齿轮加工机床的点啮合齿轮齿面整体设计和制造技术	技术发明类	桂林理工大学、中南林业科技大学、长沙哈量凯帅精密机械有限公司、桂林聚能环保科技有限责任公司	三等奖
毛竹深加工自动化生产关键技术开发及应用	技术发明类	广西师范大学、江西飞宇竹材股份有限公司、资源县桂族竹业有限公司	三等奖
攀爬机器人轻量化及自诊断安全保障关键技术与应用	技术发明类	广西师范大学、广西交科集团有限公司、桂林电子科技大学	三等奖

续表

候选项目(人)名称	评审类别	主要完成单位	推荐等级
生物质蔗渣木聚糖系列功能衍生物的创制与应用技术	技术发明类	桂林理工大学、桂林新宇葛业有限公司	三等奖
广西山区公路装配式桥梁无级调节轨道式架桥关键技术及工程应用	技术发明类	广西路建工程集团有限公司、桂林理工大学、广西交通职业技术学院、广西名嘉钢结构工程有限公司	三等奖
TFT 显示面板用高性能 ITO 靶材制备关键技术及国产化	科学技术进步类	桂林电子科技大学、广西晶联光电材料有限责任公司、广州市尤特新材料有限公司、重庆京东方光电科技有限公司、厦门天马微电子有限公司	一等奖
广西特色药用植物金槐一新品种选育及创新应用	科学技术进步类	广西壮族自治区中国科学院广西植物研究所、广西禅方药业股份有限公司	二等奖
隐伏花岗岩区内生金属矿床深部找矿关键技术研究与应用	科学技术进步类	桂林理工大学、中国有色桂林矿产地质研究院有限公司、广西壮族自治区第四地质队、广西壮族自治区地质矿产勘查开发局	二等奖
高含量罗汉果甜苷 V 绿色制造关键技术的研究及应用	科学技术进步类	桂林莱茵生物科技股份有限公司	二等奖
光码分多址组合编解码传输系统及核心器件创新与应用	科学技术进步类	南宁师范大学、中国电子科技集团公司第三十四研究所、广西师范大学、华中科技大学、南京信息工程大学	二等奖
无机微细粉体材料绿色制备成套技术与装备开发及产业化	科学技术进步类	桂林理工大学、桂林鸿程矿山设备制造有限责任公司、广西鱼峰集团有限公司、武汉江力新建材设计咨询有限公司、桂林宝利新技术开发有限公司	二等奖
社区精准智能数据平台核心技术与应用	科学技术进步类	桂林电子科技大学、中通服公众信息产业股份有限公司、桂林远望智能通信科技有限公司、桂林市国投数据科技发展有限公司	二等奖
南极格罗夫山陨石富集区的发现和陨石研究	科学技术进步类	桂林理工大学、中国科学院地质与地球物理研究所	二等奖
非可控性肝炎发展为肝癌的分子机制及临床观察	科学技术进步类	桂林医学院附属医院	二等奖
特高压交直流滤波器电容器国产化关键技术与保护策略研究及产业化应用	科学技术进步类	桂林电力电容器有限责任公司、中国南方电网有限责任公司超高压输电公司检修试验中心、桂林赛盟检测技术有限公司	三等奖
可持续性发展示范区公共安全防范技术的研究与应用示范	科学技术进步类	桂林长海发展有限责任公司	三等奖
节能型双轴定向聚苯乙烯薄膜生产线研制	科学技术进步类	桂林电器科学研究院有限公司	三等奖
高可靠性低压触头材料和元件开发及产业化	科学技术进步类	桂林电器科学研究院有限公司、桂林金格电工电子材料科技有限公司	三等奖
醇基燃料高效燃控关键技术的研发与推广应用	科学技术进步类	桂林市淦隆环保科技有限公司	三等奖
高压断路器智能检测及快速修复技术与应用	科学技术进步类	广西电网有限责任公司电力科学研究院、华北电力大学(保定)、广州多浦乐电子科技股份有限公司、广西电网有限责任公司桂林供电局	三等奖
城市道路交通设施智能管理系统研发与应用	科学技术进步类	桂林电子科技大学、桂林市哲云电子科技有限公司、江苏智通交通科技有限公司	三等奖
南方生猪健康养殖关键技术创新与应用	科学技术进步类	广西大学、广西壮族自治区兽医研究所、广西师范大学、广西神龙王农牧食品集团有限公司、陆川县英平畜牧业有限责任公司	三等奖
空间外差光谱数据校正方法及其应用	科学技术进步类	桂林电子科技大学、中国科学院合肥物质科学研究院	三等奖
现代化节水防污型农田水利系统关键技术创新研究与应用	科学技术进步类	广西水利电力职业技术学院、桂林市农田灌溉试验中心站、广西儒泉工程设计咨询有限公司、广西福沃得农业技术国际合作有限公司	三等奖
广西低效茶园改造及产品创新技术应用	科学技术进步类	广西壮族自治区茶叶科学研究所、广西罗城新科双全有机食品有限公司、广西南山白毛茶茶业有限公司、融水苗族自治县元宝山茶业有限公司、广西百色龙帜茶业有限责任公司	三等奖
基于气性物质的肠道动力障碍性疾病机制研究与临床应用	科学技术进步类	桂林医学院	三等奖
超低成本五分类血细胞分析仪的研制	科学技术进步类	桂林优利特电子集团有限公司、桂林电子科技大学	三等奖

表 23

2020 年度桂林市广西科技成果登记项目目录

登记号	成果名称	主要完成单位	项目所属行业
201919364	线粒体毒物兴奋效应和(或)非折叠蛋白反应在 Pink1 敲低挽救 SCA3/MJD 转基因果蝇中的作用	桂林医学院	卫生、社会保障和社会福利业
201919420	游标卡尺高频淬火全自动智能系列生产线	桂林广陆数字测控有限公司、桂林电子科技大学	制造业
201919421	"智云"电子三轴手机稳定器	桂林智神信息技术股份有限公司	通信设备、计算机及其他电子设备制造业
201919550	桂林现代农业科普信息化研究与应用	桂林市农业科学院	农业
201919584	广西珍稀特异茶树种质资源收集与繁育技术研究	广西壮族自治区桂林茶叶科学研究所	农业
201919631	microRNA-506 靶向调控 EZH2 在肝细胞癌侵袭和转移中的作用及机制研究	桂林医学院	卫生
201919651	桂北杉木种子园人工授粉丰产技术研究	桂林市林业科学研究所、广西师范大学、全州县咸水林场	林业
201919724	水稻节水减排防污综合调控关键技术推广	桂林市农田灌溉试验中心站、广西桂量检测技术有限公司	农、林、牧、渔服务业
201919737	抗磷脂抗体对孕妇及新生儿影响的临床研究	桂林市人民医院	卫生
201919738	网膜素 -1 和脂联素在老年 2 型糖尿病合并脑梗死的相关性研究	桂林市人民医院	卫生
201919739	桂林市城区学龄前儿童弱视流行病学调查分析	桂林市人民医院	卫生
201919767	一种 BOPP 模头支撑架结构	桂林电器科学研究院有限公司	制造业
201919768	3.5 米双向拉伸光学聚酯薄膜生产线研制	桂林电器科学研究院有限公司	制造业
201919769	3D 打印产业专利导航及应用	桂林电器科学研究院有限公司、合享汇智信息科技集团有限公司	通信设备、计算机及其他电子设备制造业
201919825	改善啤酒泡沫及控制衰减技术的研究与应用	燕京啤酒(桂林漓泉)股份有限公司、广西师范大学	制造业
201919840	心肌缺血 / 再灌注损伤小鼠模型的构建及其在 6- 姜酚开发研究中的应用	桂林医学院	卫生
201919841	巨噬细胞极性转换在他汀保护心肌中的作用及机理	桂林医学院	卫生
201919842	隐丹参酮通过抑制 STAT3 酪氨酸磷酸化抗恶性神经胶质瘤增殖及其分子机制研究	桂林医学院	卫生
201919843	染色体乘客复合体的相互作用对口腔鳞状上皮细胞癌发生发展影响机制的研究	桂林医学院	卫生
201919844	NGF 转染骨髓基质干细胞复合富血小板血浆的组织工程骨修复骨缺损的实验研究	桂林医学院	卫生
201919845	口服 L- 苏氨酸镁对 MPTP 小鼠保护作用的研究	桂林医学院	卫生、社会保障和社会福利业
201919846	Borealin 在口腔癌发生发展作用及机制的研究	桂林医学院	卫生
201919847	JNK 信号通路在肝脏缺血再灌注损伤中的作用及机制	桂林医学院	卫生
201919848	慢病毒介导 BMP-2 转染自体兔 BMSCs 治疗股骨缺损的研究	桂林医学院	卫生
201919888	青蒿素类产品的二次开发	桂林南药股份有限公司、广西师范大学	医药制造业
201919972	治疗颞下颌关节紊乱病的新型颌板研制	桂林市口腔医院	卫生
201919973	一种治疗颞下颌关节紊乱病的新型颌板研制	桂林市口腔医院	卫生
201919976	老挝有色金属矿产资源勘查技术集成研究与推广示范	中国有色桂林矿产地质研究院有限公司	采矿业
201919977	一种离子吸附型稀土矿离子相标准物质及其制备方法	中国有色桂林矿产地质研究院有限公司	科学研究、技术服务和地质勘查业
201919978	用于治理滑坡地质灾害的锚固材料及其制备方法	中国有色桂林矿产地质研究院有限公司	科学研究、技术服务和地质勘查业
201920006	一种提高罗汉果可悬浮培养胚性愈伤组织诱导率的方法	桂林莱茵生物科技股份有限公司	农、林、牧、渔业
201920007	一种蜂蜜味道罗汉果汁的制作方法	桂林莱茵生物科技股份有限公司	农、林、牧、渔业
201920008	一种从樱桃中制备樱桃汁及樱桃黄酮的方法	桂林莱茵生物科技股份有限公司	农、林、牧、渔业

续表

登记号	成果名称	主要完成单位	项目所属行业
201920069	桂林地理标志产品"桂花茶"制茶用桂花良种选育研究	桂林市林业科学研究所、广西壮族自治区中国科学院广西植物研究所	林业
201920158	松筋针松解加中药穴位注射治疗人工髋关节术后髋部疼痛的临床研究	桂林市中医医院	专科疾病防治活动
201920159	解语丹药棒治疗脑卒中后运动性失语的研究	桂林市中医医院	卫生
201920160	腹针配合益肾化痰汤内服治疗多囊卵巢综合征的临床疗效观察	桂林市中医医院	妇幼保健活动
201920161	外侧盘状半月板成形术对早中期膝关节炎疗效影响的临床研究	桂林市中医医院	专科疾病防治活动
201920162	瑶医火攻疗法治疗痛经的临床观察	桂林市中医医院	专科疾病防治活动
201920163	右美托咪定联合乌司他丁对老年髋关节置换术后认知功能障碍的影响	桂林市中医医院	专科疾病防治活动
201920164	化积定痛散穴位贴敷对肝癌患者的镇痛研究	桂林市中医医院	卫生
202020274	前列腺癌 SOX9、雄激素受体与临床生化复发研究	桂林市人民医院	综合医院
202020275	超声内镜在胃巨大溃疡性病变诊断中的临床应用	桂林市人民医院	综合医院
202020276	miR-375/ER 交互作用调控骨肉瘤发生发展的作用机制	桂林市人民医院	卫生
202020478	高甜苷含量罗汉果栽培技术研究	桂林莱茵生物科技股份有限公司	中药材的种植
202020479	低成本高质量的罗汉果甜苷提取工艺改进	桂林莱茵生物科技股份有限公司	固体饮料制造
202020519	测试腔结构、鞘流器、粒子分析仪及测试腔加工方法	桂林优利特医疗电子有限公司	医疗诊断、监护及治疗设备制造
202020543	阿莫西林胶囊	桂林南药股份有限公司	化学药品制剂制造
202020576	抗衰老"纳米粒"精华液研究与开发	桂林医学院、桂林天锐医药股份有限公司	卫生材料及医药用品制造
202020577	毛蕊异黄酮衍生物在制备治疗脑缺血再灌注损伤药物中的应用	桂林医学院	卫生
202020578	毛蕊异黄酮衍生物在制备促进内皮细胞增殖药物中的应用	桂林医学院	卫生
202020579	毛蕊异黄酮衍生物在制备治疗 ER 阴性乳腺癌药物中的应用	桂林医学院	卫生
202020580	鹰嘴豆芽素 A 对脑缺血 / 再灌注损伤中炎性反应的保护作用及其与 p38-MARK/NF-κB 信号通路的关系	桂林医学院	卫生
202020608	水通道蛋白 3 在硬皮病小鼠氧化应激及纤维化中的作用	桂林医学院	卫生
202020609	巨噬细胞炎症蛋白 -1α 通过 RhoA/ROCK1/Erk1/2 促进骨髓瘤骨病成骨细胞凋亡的研究	桂林医学院	卫生
202020610	内源性硫化氢与重症急性胰腺炎结肠动力的相关研究	桂林医学院	卫生
202020611	EV71 和 CA16 中和表位的交叉反应谱及其融合基因重组卡介苗的免疫保护性研究	桂林医学院	卫生
202020612	一种俯卧位垫	桂林医学院第二附属医院	卫生
202020613	舌骨下肌群的解剖学观察及其在 Smith Robinson 手术入路中的临床意义	桂林医学院第二附属医院	卫生
202020614	姜黄素调控幽门螺杆菌诱导胃上皮细胞生物学行为变化的研究	桂林医学院第二附属医院	卫生
202020615	GR/KLF15 介导急性应激性心律失常的研究	桂林医学院	卫生
202020616	DPP4 活性增高对血管内皮细胞功能影响及其机制研究	桂林医学院	卫生
202020617	Smooth4 手持手机稳定器	桂林智神信息技术股份有限公司	专用设备制造业
202020618	一种跟焦系统的工作方法	桂林智神信息技术股份有限公司	通用设备制造业
202020808	ANP/NPRA 调控 TGF-β1/Smad3 信号及其在哮喘 EMT 与气道重塑中的作用研究	桂林医学院	卫生
202020809	烟酰胺核苷对 SCA3/MJD 转基因果蝇的作用及其与线粒体未折叠蛋白反应的关系	桂林医学院	卫生、社会保障和社会福利业

续表

登记号	成果名称	主要完成单位	项目所属行业
202020835	恭城鲜柿二氧化碳脱涩处理技术规程	恭城瑶族自治县市场监督管理局、桂林恭城丰华园食品有限公司、恭城瑶族自治县计量检定测试所	农产品初加工服务
202020887	"桂林－警务云"信息采集应用协作平台的研究与示范应用	桂林远望智能通信科技有限公司、桂林市公安局刑事侦查支队、桂林电子科技大学	软件业
202020913	GoodSurvey RTK 多功能安卓手簿软件 V1.1.27	桂林好测信息科技有限公司	科学研究、技术服务和地质勘查业
202020939	莪术醇影响膀胱癌细胞增殖的相关 microRNA 机制的研究	桂林医学院附属医院	卫生
202020940	臭氧联合玻璃酸钠治疗对膝骨性关节炎 NO 表达的影响	桂林医学院第二附属医院	卫生
202020941	HOTAIR/Livin 调控枢纽在丝裂霉素 C 诱导膀胱癌细胞凋亡中的作用和机制研究	桂林医学院	卫生
202020994	一种薄膜的边膜切除装置	桂林电器科学研究院有限公司	工艺品及其他制造业
202020995	锡铟合金包覆硅镁颗粒制备泡沫状硅粉的方法及硅粉	桂林电器科学研究院有限公司	制造业
202020996	一种集成磁性编码器的一体化印刷绕组电机	桂林电器科学研究院有限公司	专用设备制造业
202020997	带吹转功能的牵引收卷机剪辊装置	桂林电器科学研究院有限公司	专用设备制造业
202020998	一种用于塑料薄膜横向拉伸机的分体式保温箱	桂林电器科学研究院有限公司	专用设备制造业
202020999	一种远红外横向均匀加热装置	桂林电器科学研究院有限公司	制造业
202021000	一种牵引机压花装置	桂林电器科学研究院有限公司	制造业
202021001	远红外加热装置	桂林电器科学研究院有限公司	专用设备制造业
202021002	牵引切边刀的游动处理设备	桂林电器科学研究院有限公司	制造业
202021003	一种薄膜边膜冷却装置	桂林电器科学研究院有限公司	电气机械及器材制造业
202021004	一种原料系统插板阀	桂林电器科学研究院有限公司	制造业
202021005	一种聚酰亚胺多孔薄膜的制备方法	桂林电器科学研究院有限公司	通信设备、计算机及其他电子设备制造业
202021006	低压触头材料电性能试验平台建设	桂林电器科学研究院有限公司	金属制品业
202021007	高能量密度动力电池关键材料研制	桂林电器科学研究院有限公司	研究与试验发展
202021083	一种微型光环行器	桂林光隆光学科技有限公司	通信设备、计算机及其他电子设备制造业
202021084	一种超微型光环行器	桂林光隆光学科技有限公司	通信设备、计算机及其他电子设备制造业
202021085	生产管理系统 V1.0	桂林光隆光学科技有限公司	通信设备、计算机及其他电子设备制造业
202021086	一种多通道步进式选路光开关	桂林光隆集成科技有限公司	通信设备、计算机及其他电子设备制造业
202021087	多通道隔离器芯装配体	桂林光隆光学科技有限公司	通信设备、计算机及其他电子设备制造业
202021088	一种单模机械式光开关	桂林光隆集成科技有限公司	通信设备、计算机及其他电子设备制造业
202021089	一种磁控简易光开关	桂林光隆集成科技有限公司	通信设备、计算机及其他电子设备制造业
202021090	16X16MEMS 光开关芯片与模组的研发	桂林光隆科技集团股份有限公司	通信设备、计算机及其他电子设备制造业
202021091	光纤接入系统核心器件的产业化扩大示范	桂林光隆科技集团股份有限公司	通信设备、计算机及其他电子设备制造业
202021092	N+1:N 多路光矩阵切换模块	桂林光隆科技集团股份有限公司	通信设备、计算机及其他电子设备制造业
202021128	EZH2 基因对神经干细胞修复脊髓损伤的表观调控作用及机制研究	桂林医学院	综合医院
202021129	硫化车间通风设计软件 V1.0	中国化学工业桂林工程有限公司	制造业
202021130	一种通道式离合器压盘	桂林福达股份有限公司	汽车零部件及配件制造

续表

登记号	成果名称	主要完成单位	项目所属行业
202021131	一种分层式离合器压盘	桂林福达股份有限公司	汽车零部件及配件制造
202021132	一种防错打从动盘总成的打标识工装	桂林福达股份有限公司	汽车零部件及配件制造
202021133	基于从动盘轴向压缩特性减轻汽车起步抖振的方法与装置	桂林福达股份有限公司	汽车零部件及配件制造
202021134	汽车曲轴及离合器制造技术国家地方联合工程研究中心	桂林福达股份有限公司	汽车零部件及配件制造
202021193	全州朝天椒提纯复壮及优质高产栽培技术集成研究与应用	桂林市经济作物技术推广站	蔬菜的种植
202021363	Beclin2 调控钙信号转导的机制及其病理生理意义	桂林医学院	专业技术服务业
202021414	IRE1-Xbp1/PHLDA3 信号通路对内质网应激肝损伤的机制研究	桂林医学院	卫生
202021499	外源性胆汁酸恢复胆道外引流导致的肝再生延迟及其机制的研究	桂林医学院	卫生
202021500	美丽乡村绿化管护技术规程	桂林市林业科学研究所、广西标准化协会、南宁市邕宁区工商行政管理和质量技术监督局	林业
202021519	罗汉果延后成熟越冬保护栽培技术研究	桂林市科学技术情报研究所	农业
202021520	龙脊辣椒品种选育与规范化种植技术研究	桂林市蔬菜研究所、龙胜马海农产品专业合作社	农、林、牧、渔服务业
202021609	一种带有循环加热及紫外消毒的激光坐浴机	桂林康兴医疗器械有限公司	医药制造业
202021610	风冷式紫外杀菌器	桂林康兴医疗器械有限公司	医药制造业
202021611	全自动水净化杀菌系统	桂林康兴医疗器械有限公司	医药制造业
202021612	带有恒温控制风机的坐浴机	桂林康兴医疗器械有限公司	医药制造业
202021613	带有防误触扶手的激光坐浴机	桂林康兴医疗器械有限公司	医药制造业
202021711	一种玉米幼苗土壤栽培装置	桂林市农业科学研究中心	农、林、牧、渔业
202021712	一种玉米育种用授粉器	桂林市农业科学研究中心	谷物的种植
202021767	广西桉树林采伐迹地的改造与测土配方施肥技术研究	桂林市林业科学研究所	林业
202021775	一种悬挂式列车	无	交通运输、仓储和邮政业
202021794	一种轻便型手持相机稳定器的研发及产业化	桂林智神信息技术股份有限公司	其他电气机械及器材制造
202021795	一种可图传控制手持相机稳定器的研发	桂林智神信息技术股份有限公司	其他电气机械及器材制造
202021847	福达供应商管理系统 V2.0	桂林福达股份有限公司	汽车零部件及配件制造
202021848	福达销售管理系统 V1.0	桂林福达股份有限公司	汽车零部件及配件制造
202021849	桂林福达售后服务数据综合分析管理平台 V1.0	桂林福达股份有限公司	汽车零部件及配件制造
202022020	光导向复合树脂聚合收缩对 II 类洞龈壁微渗透的影响	桂林医学院附属医院	卫生
202022065	一种提高罗汉果悬浮细胞中罗汉果甜苷 V 含量的方法	桂林莱茵生物科技股份有限公司	农、林、牧、渔业
202022066	一种以亚临界水解吸附技术分离纯化罗汉果甜苷 V 的方法	桂林莱茵生物科技股份有限公司	农、林、牧、渔业
202022092	一种导热、导电好的航空轮胎胎面胶	中国化工集团曙光橡胶工业研究设计院有限公司	橡胶制品业
202022093	高性能消防服用胶布材料研制	中国化工集团曙光橡胶工业研究设计院有限公司	橡胶制品业
202022144	桂林市土地利用综合监管平台 V1.0	桂林市国土资源信息中心	电信和其他信息传输服务业
202022174	一种词汇助记手环	无	中等教育
202022183	高血压患者冠脉病变与心脏重构的相关性研究	桂林市第二人民医院	综合医院
202022184	宫颈钳夹联合米索前列醇防治高危妊娠的产后出血临床研究	桂林市第二人民医院	综合医院
202022200	一种发动机曲轴后端轴颈表面硬度提升的工艺方法	桂林福达曲轴有限公司	汽车零部件及配件制造

续表

登记号	成果名称	主要完成单位	项目所属行业
202022201	一种锻件错差检具	桂林福达重工锻造有限公司	汽车零部件及配件制造
202022202	旅行社综合管理系统 V1.0	桂林中国国际旅行社有限责任公司	租赁和商务服务业
202022203	员工信息系统 V1.0	桂林福达股份有限公司	汽车零部件及配件制造
202022204	福达绩效考核系统 V2.0	桂林福达股份有限公司	汽车零部件及配件制造
202022372	国家级示范社区卫生服务中心规范管理应用于家庭病床中的研究	桂林市第二人民医院	卫生
202022405	高抗冲击聚晶金刚石截齿研究	桂林星钻超硬材料有限公司	采矿业
202022406	高速锚杆钻头专用复合片生产工艺研究及应用	桂林星钻超硬材料有限公司	采矿业
202022407	一种滚动轴承	桂林星钻超硬材料有限公司	采矿业
202022508	昆明山海棠调控 RA 微环境中 Th17 细胞及机制的实验研究	桂林医学院	卫生
202022509	miR-31 调控途径对脊索瘤增殖和侵袭的影响及机制研究	桂林医学院	卫生
202022510	新型樟脑酰亚胺基酰腙的合成及其杀虫作用机制的研究	桂林医学院	农业
202022511	青天葵总黄酮对多囊卵巢综合征大鼠性激素及胰岛素抵抗的影响及其机制研究	桂林医学院	卫生
202022512	镉致睾丸损伤中生姜粉的保护作用及分子机制研究	桂林医学院	卫生
202022585	衣架主体成型模具	桂林荔浦衣美达家居用品有限公司	金属制品业
202022586	一种自动排焊机	桂林荔浦衣美达家居用品有限公司	金属制品业
202022587	衣架主体成型机	桂林荔浦衣美达家居用品有限公司	金属制品业
202022588	一种电焊网片机	桂林荔浦衣美达家居用品有限公司	金属制品业
202022589	一种铁衣架的静电植绒方法	广西桂林华海家居用品有限公司	木质家具制造
202022590	一种桉木衣架的制作方法	广西桂林华海家居用品有限公司	木质家具制造
202022634	采用无压烧结法制备金刚石薄壁套料打孔钻头整体式钻齿的方法	中国有色桂林矿产地质研究院有限公司	石墨及碳素制品制造
202022635	一种环形超硬磨料线及其制作方法	中国有色桂林矿产地质研究院有限公司	切削工具制造
202022636	锂离子电池负极用硅碳复合材料及其制备方法	中国有色桂林矿产地质研究院有限公司	石墨及碳素制品制造
202022637	高重频激光用 RTP 电光晶体水热法生长关键技术研究	中国有色桂林矿产地质研究院有限公司、中国科学院理化技术研究所	其他非金属矿物制品制造
202022638	超快闪烁 ZnO:Sc 单晶高能粒子探测器的设计与研发	中国有色桂林矿产地质研究院有限公司	其他非金属矿物制品制造
202022639	一种聚晶立方氮化硼复合片及其制备方法	中国有色桂林矿产地质研究院有限公司	切削工具制造
202022640	一种氧化锌压敏电阻用耐老化电极银浆及制备方法	中国有色桂林矿产地质研究院有限公司	电力电子元器件制造
202022641	一种高银含量氧化锌压敏电阻电极银浆及制备方法	中国有色桂林矿产地质研究院有限公司	电力电子元器件制造
202022646	一种方便调节的果树防寒棚架	资源县果美水果种植家庭农场	农、林、牧、渔业
202022665	一种形变式光纤围栏系统及其探测入侵活动的方法	桂林聚联科技有限公司	信息传输、计算机服务和软件业
202022666	一种基于热致光纤偏振态变化原理的光缆识别的方法	桂林聚联科技有限公司	信息传输、计算机服务和软件业
202022668	一种光缆扰动传感系统传感光缆隐蔽式埋地的装置	桂林聚联科技有限公司	信息传输、计算机服务和软件业
202022669	一种形变式光纤围栏装置	桂林聚联科技有限公司	信息传输、计算机服务和软件业
202022670	一种高灵敏度的光纤干涉装置	桂林聚联科技有限公司	信息传输、计算机服务和软件业
202022673	一种随机偏振光源	桂林聚联科技有限公司	信息传输、计算机服务和软件业
202022681	OTDR 迹线管理软件 V2.0	桂林聚联科技有限公司	信息传输、计算机服务和软件业

续表

登记号	成果名称	主要完成单位	项目所属行业
202022682	云平台管理软件 V1.0	桂林聚联科技有限公司	信息传输、计算机服务和软件业
202022683	Mini OTDR 模块客户端软件 V2.0	桂林聚联科技有限公司	信息传输、计算机服务和软件业
202022684	光网络智能管理平台 V1.0	桂林聚联科技有限公司	信息传输、计算机服务和软件业
202022757	硅藻土防潮储物罐	桂林良物造日用品有限公司	制造业
202022758	硅藻土吸湿脚垫	桂林良物造日用品有限公司	制造业
202022759	硅藻土吸水置物垫	桂林良物造日用品有限公司	制造业
202022760	硅藻土除味烟灰缸	桂林良物造日用品有限公司	制造业
202022761	硅藻土吸水隔热餐具垫	桂林良物造日用品有限公司	制造业
202022762	厨用高效碗碟沥水架	桂林良物造日用品有限公司	制造业
202022763	双层皂托	桂林良物造日用品有限公司	制造业
202022764	盒式吸湿剂	桂林良物造日用品有限公司	制造业
202022765	一种具有吸湿功能的硅藻土成型组合物及其制备方法	桂林良物造日用品有限公司	制造业
202022766	一种改性硅藻土除烟块及其制备方法	桂林新竹大自然生物材料有限公司	制造业
202022767	一种具有吸湿除臭功能的硅藻土成型组合物及其制备方法	桂林新竹大自然生物材料有限公司	制造业
202022768	一种硅藻土吸湿脚垫及其制备方法	桂林新竹大自然生物材料有限公司	制造业
202022769	一种改性硅藻土净水剂及其制备方法	桂林新竹大自然生物材料有限公司	制造业
202022770	高吸附性能微晶竹炭硅藻土陶微珠关键技术研究及制品开发	桂林新竹大自然生物材料有限公司	制造业
202022892	五复合橡胶挤出机组研制	桂林橡胶设计院有限公司	橡胶加工专用设备制造
202023011	一种从柑橘皮、果中提取橙皮苷、新橙皮苷和辛弗林的方法	桂林三棱生物科技有限公司	食品制造业
202023012	一种采用膜分离技术制备高纯度雷公藤甲素的方法	桂林三棱生物科技有限公司	医药制造业
202023027	死亡受体 DR3mRNA 剪接变异体及亚型分子在乳腺癌患者血清及肿瘤组织中的分布研究	桂林医学院	卫生
202023028	杂环樟脑酰亚胺基酰脲类杀虫剂的合成及作用机制研究	桂林医学院	农业服务业
202023215	一种甜茶苷制备方法	桂林莱茵生物科技股份有限公司	农、林、牧、渔服务业
202023216	一种罗汉果苦味剂的制作方法	桂林莱茵生物科技股份有限公司	农、林、牧、渔业
202023231	使用螺纹头玻璃体腔灌注器行 20G 经结膜无缝线玻切术	桂林市第二人民医院	卫生
202023246	一种风电塔筒内嵌式智能升压变电装置	桂林君泰福电气有限公司、海南金盘智能科技股份有限公司	电气机械及器材制造业
202023247	互联网 + 分布式光伏发电关键技术开发及应用示范	桂林君泰福电气有限公司	电气机械及器材制造业
202023248	光伏发电及并网电气装备研发	桂林君泰福电气有限公司	电气机械及器材制造业
202023319	冬种油菜栽培技术规程	桂林市农业科学研究中心	农、林、牧、渔业
202023320	一种曲轴定位面与轴心间距的检测装置	桂林福达曲轴有限公司	制造业
202023321	自动送料多行排样冲压工艺的通用模具	桂林福达股份有限公司	制造业
202023501	新型弹性仿生材料加氟防龋的基础及临床研究	桂林医学院、桂林理工大学	卫生、社会保障和社会福利业
202023525	一种中药切割粉碎设备	桂林欧润药业有限公司	医药制造业
202023592	一种夹心混凝土防火门	广西瑞隆生态科技有限公司	非金属矿物制品业
202023593	以金属型材为框架的中低温钎焊金刚石工具的开发	桂林特邦新材料有限公司	其他金属工具制造
202023594	组锯机及组合绳锯研发与推广应用	桂林特邦新材料有限公司	制造业
202023622	一种有效去除兰索拉唑粗品中杂质的方法	桂林华信制药有限公司	卫生
202023623	一种香菇的大床种植方法	灵川县金晨菌业有限公司	农业

续表

登记号	成果名称	主要完成单位	项目所属行业
202023624	恒创光缆监测系统管理软件 V1.0	桂林恒创光电科技有限公司	通信设备、计算机及其他电子设备制造业
202023663	一种用于开采盐类矿的金刚石绳锯串珠	桂林特邦新材料有限公司	金属制品业
202023750	钢丝帘布裁断机导开半自动上料递布装置	桂林中昊力创机电设备有限公司	专用设备制造业
202023778	一种用于云台收纳的锁定结构	桂林智神信息技术股份有限公司	通信设备、计算机及其他电子设备制造业
202023779	一种可调节相机参数的手持稳定器	桂林智神信息技术股份有限公司	通信设备、计算机及其他电子设备制造业
202023780	一种平稳调焦结构及带有平稳调焦结构的手持稳定器	桂林智神信息技术股份有限公司	通信设备、计算机及其他电子设备制造业
202023781	一种可调拍摄云台	桂林智神信息技术股份有限公司	通信设备、计算机及其他电子设备制造业
202023782	一种快拆夹具及云台	桂林智神信息技术股份有限公司	通信设备、计算机及其他电子设备制造业
202023806	稻田人工释放赤眼蜂防控稻纵卷叶螟技术研究与示范推广	桂林市植物保护站	农业
202023812	智能化醇基燃料热水器、热水系统及热水供应方法	桂林淦隆环保设备有限责任公司	电力、热力的生产和供应业
202023815	柠檬优新品种引进与筛选	广西特色作物研究院	水果、坚果、饮料和香料作物的种植
202023816	提高沙糖橘中果比例栽培技术研究与示范	广西特色作物研究院、桂林福农发农业科技有限公司	农业
202023817	黄皮有机高产优质栽培研究与示范	广西特色作物研究院	农业
202023849	一种旱稻稻种的培育方法	桂林全州鑫计米业有限公司	农、林、牧、渔业
202023917	一种新型锻件飞边带宽度快速检具	桂林福达重工锻造有限公司	制造业
202023918	一种限制离合器盖冲孔时内腔变形的模具	桂林福达重工锻造有限公司	制造业
202023919	一种用于前轴锻件的快速检具	桂林福达重工锻造有限公司	制造业
202023920	一种曲轴轴颈圆锥角度检测装置	桂林福达曲轴有限公司	制造业
202023921	一种测量曲轴前端锥面轴向位置尺寸的检测工具	桂林福达曲轴有限公司	制造业
202023922	一种膜片弹簧载荷检测工装	桂林福达股份有限公司	制造业
202023923	一种厚板体成型的反挤压模具	桂林福达股份有限公司	制造业
202023924	一种用于平板压圆弧工艺的半通用性模具结构	桂林福达股份有限公司	制造业
202023925	一种新型的发动机齿圈精车内孔夹具	桂林福达齿轮有限公司	制造业
202023926	一种拉式膜片弹簧定位装置	桂林福达股份有限公司	制造业
202024017	一种风力发电机的变桨及收纳方法	国家电投集团广西兴安风电有限公司	电力、燃气及水的生产和供应业
202024018	带内衬橡胶制品密封性检测装置	桂林大可科技有限公司	专用设备制造业
202024019	一种无气囊自密封测试装置	桂林大可科技有限公司	专用设备制造业
202024028	MicroRNA 及其靶基因结合位点多态性与肝细胞癌易感性及其机制研究	桂林医学院	卫生
202024029	多位点基因遗传变异模型预测妊娠糖尿病风险的应用研究	桂林医学院、灵川县人民医院、桂林市妇女儿童医院	卫生
202024043	一种悬臂梁式传送机	桂林大可科技有限公司	专用设备制造业
202024044	一种连续循环旋转管线同步伸缩收卷供气管、供电线缆的装置	桂林大可科技有限公司	专用设备制造业
202024098	高血压脑出血急性期性激素水平变化与预后的相关性研究	桂林市人民医院	卫生、社会保障和社会福利业
202024099	桂林地区饮食习惯与脑卒中的相关性研究	桂林市人民医院	卫生
202024100	护理专科门诊对改善妊娠糖尿病母婴结局的影响研究	桂林市人民医院	卫生
202024101	电子束装备智能开发制造平台	桂林狮达技术股份有限公司	制造业

续表

登记号	成果名称	主要完成单位	项目所属行业
202024102	低效茶园改造技术规程	广西壮族自治区茶叶科学研究所	农业
202024103	岩溶生物地球化学	中国地质科学院岩溶地质研究所	自然科学研究与试验发展
202024104	便携式镊子筒	中国地质科学院岩溶地质研究所	自然科学研究与试验发展
202024105	一种获取土壤内气体的系统	中国地质科学院岩溶地质研究所	自然科学研究与试验发展
202024106	一种可计时伸缩式便携水气界面或土壤温室气体采集装置	中国地质科学院岩溶地质研究所	自然科学研究与试验发展
202024107	一种便携式水样梯级抽滤系统	中国地质科学院岩溶地质研究所	自然科学研究与试验发展
202024195	桂林市集中式餐具消毒现状调查及对策分析	桂林市疾病预防控制中心	卫生
202024357	桂北特色观赏兰花品种收集与选育	桂林市临桂静雅兰花专业合作社、桂林市林业科学研究所	花卉的种植
202024538	超薄式杯形轮	桂林创源金刚石有限公司	金属工具制造
202024539	一种贝壳粉表面修饰纳米助磨剂	广西伯麟合纵科技有限公司	房屋和土木工程建筑业
202024540	有机罗汉果种植技术研究	桂林吉福思罗汉果有限公司、桂林市大地生物技术有限公司	中药材的种植
202024541	桂林莱茵天然甜味剂海外专利布局试点	桂林莱茵生物科技股份有限公司、广西曙光知识产权代理有限公司	科学研究、技术服务和地质勘查业
202024542	航空航天高新技术企业发展	桂林飞宇科技股份有限公司	农、林、牧、渔服务业
202024543	热卷机把尾装置	桂林瑞特试验机有限公司	专用设备制造业
202024544	疲劳机高频位移动态测量装置	桂林瑞特试验机有限公司	仪器仪表及文化、办公用机械制造业
202024545	智慧城市、智能生产关键技术研发——一体式智能充电系统	桂林美泰电力电容器有限公司、桂林电子科技大学	居民服务业
202024546	超声波法提取灵芝主要有效成分的工艺技术研究	桂林大野领御生物科技有限公司	农业
202024547	一种治疗气虚型冠心病的复方参芎滴丸的研发与示范	八加一药业股份有限公司	医院
202024548	多功能工作锉	桂林市啄木鸟医疗器械有限公司	口腔科用设备及器具制造
202024550	一种牙科手机按压式轴芯	桂林市啄木鸟医疗器械有限公司	专用设备制造业
202024551	基于区块链和加密处理的保护用户隐私交易系统 V1.0	广西智谷睿森网络科技有限公司	电信和其他信息传输服务业
202024552	B+coin 跨链智能加密协议系统 V1.0	广西智谷睿森网络科技有限公司	电信和其他信息传输服务业
202024553	Ruike 私钥随机单向哈希函数冷存储加密技术系统 V1.0	广西智谷睿森网络科技有限公司	电信和其他信息传输服务业
202024554	Ruike 区块链多重签名加密系统 V1.0	广西智谷睿森网络科技有限公司	电信和其他信息传输服务业
202024555	一种罗汉果采摘装置	桂林实力科技有限公司	农业
202024556	基于压电单元的三维力感知阵列传感器	桂林智工科技有限责任公司、桂林电子科技大学	电子元件制造
202024557	甜汁组合物的制备方法	桂林吉福思罗汉果有限公司	食品制造业
202024558	一种用于打油茶的茶锅	桂林恭城福龙康食品科技有限公司	制造业
202024559	一种适用于在电磁炉上打油茶的垫圈	桂林恭城福龙康食品科技有限公司	制造业
202024560	手持式多功能防雷器测试仪	桂林赛普电子科技有限公司	电力、热力的生产和供应业
202024561	文化与科技融合示范企业创新能力建设	桂林博众旅游发展股份有限公司	信息传输、计算机服务和软件业
202024562	智慧泊车交通诱导系统开发高新技术企业发展	桂林金铱星科技发展有限公司	计算机服务业
202024563	光缆智能预警监控系统的研发与应用	桂林恒毅金宇通信技术有限公司	互联网信息服务

续表

登记号	成果名称	主要完成单位	项目所属行业
202024564	太阳能曝气人工浮岛水体净化系统	广西恒晟水环境治理有限公司	水利、环境和公共设施管理业
202024565	一种双层中心微氧水体生态修复系统	广西恒晟水环境治理有限公司	水利、环境和公共设施管理业
202024566	一种多氧态水体生态修复系统	广西恒晟水环境治理有限公司	水利、环境和公共设施管理业
202024567	一种多流态污染水体生态净化系统	广西恒晟水环境治理有限公司	水利、环境和公共设施管理业
202024568	一种变流速污染水体生态净化系统	广西恒晟水环境治理有限公司	水利、环境和公共设施管理业
202024569	一种一体化太阳能路灯	桂林海威科技股份有限公司	制造业
202024570	一种陶瓷隧道灯	桂林海威科技股份有限公司	制造业
202024571	一种可调角度的 LED 洗瓦灯	桂林海威科技股份有限公司	制造业
202024572	一种复合堵漏剂	桂林市和鑫防水装饰材料有限公司	建筑业
202024573	双组份聚氨酯建筑密封膏	桂林市和鑫防水装饰材料有限公司	建筑业
202024574	易修服务管理控制平台软件 V1.0	广西创美信息技术有限公司	信息传输、计算机服务和软件业
202024575	景区照片管理系统 V1.0	广西创美信息技术有限公司	电信和其他信息传输服务业
202024576	一种高效金属原材料预处理设备	桂林中电新材料科技有限公司	金属制品业
202024577	一种新材料加工用切割装置	桂林中电新材料科技有限公司	金属制品业
202024578	尿液流水线的研制及应用	桂林优利特医疗电子有限公司	医疗诊断、监护及治疗设备制造
202024579	一种非接触式电缆直径、壁厚测量装置	桂林量具刃具有限责任公司	制造业
202024580	一种具有动栅滚动导向的数显指示表	桂林量具刃具有限责任公司	制造业
202024591	绿色环保水性油墨树脂及溶剂制备方法研究	桂林市智明防伪技术有限公司	印刷
202024592	自动行走机器人控制器关键技术的研制与开发	桂林凯歌信息科技有限公司、桂林电子科技大学	制造业
202024593	一体化通信指挥平台的研究及在公安行业的示范应用	桂林信通科技有限公司	信息传输、计算机服务和软件业
202024594	光纤麦克风音频监控系统研发应用	桂林航天光比特科技有限公司	电信和其他信息传输服务业
202024595	摆臂式滑移门机构和应用其的移动机械	桂林京达科技有限公司	城市公共交通业
202024596	ATUJ 型 2.4 米低驻波高交叉极化超高性能天线	桂林安德立通信技术有限公司、桂林电子科技大学	通信设备制造
202024759	基于全长 cDNA 文库的 MAPK 信号通路抑制剂治疗小鼠继发性泡球蚴病的实验研究	桂林医学院	卫生
202024760	Cdk5 磷酸化 BRCC3 调控帕金森病中炎症小体活化的机制研究	桂林医学院	卫生
202024761	miR–375–IGF–1R–PI3K/Akt 通路在血管生成中的作用及刺芒柄花素干预效果	桂林医学院	卫生
202024762	桂枝去桂加茯苓白术汤调控 miR–21 改善急性肾损伤	桂林医学院	卫生
202024763	广西产鸡蛋花抑制 α – 葡萄糖苷酶物质基础研究	桂林医学院	卫生
202024764	桉树树皮中三萜类化合物的靶向分离及其对福寿螺的毒杀活性研究	桂林医学院	农业科学研究与试验发展
202024765	诊断治疗功能一体化的喜树碱 –1，8– 萘酰亚胺 – 靶向基团 – 镧系金属抗肿瘤配合物的研究	桂林医学院	医学研究与试验发展
202024968	高性能新材料混凝土增效剂的制备技术开发	桂林华越环保科技有限公司	房屋和土木工程建筑业
202024969	一种电力施工用钢筋框的加工方法	广西睿安电力工程有限公司	电力供应
202024970	一种节能板材的生产方法	广西塔锡科技有限公司	通信设备、计算机及其他电子设备制造业

续表

登记号	成果名称	主要完成单位	项目所属行业
202024971	肺部真菌感染的联合检查研究	广西壮族自治区南溪山医院	卫生
202024972	恒杰消防工程布控系统 V1.0	广西恒杰科技有限公司	计算机服务业
202024973	恒杰机房环境监控系统 V1.0	广西恒杰科技有限公司	计算机服务业
202024974	恒杰数据中心设计计算系统 V1.0	广西恒杰科技有限公司	计算机服务业
202024975	恒杰发电机组输出切换配电系统 V1.0	广西恒杰科技有限公司	计算机服务业
202024976	恒杰视频智能监控系统 V1.0	广西恒杰科技有限公司	计算机服务业
202024977	景区网上商城软件 V1.0	广西创美信息技术有限公司	电信和其他信息传输服务业
202024978	老 K 新斗地主手机版游戏软件 V1.0.0	桂林力港网络科技股份有限公司	计算机服务业
202024979	娃娃机达人手机版游戏软件 V1.0	桂林力港网络科技股份有限公司	应用软件服务
202024980	一种折叠型计算机	广西小草信息产业有限责任公司	信息传输、计算机服务和软件业
202024981	一种散热型计算机	广西小草信息产业有限责任公司	信息传输、计算机服务和软件业
202024982	一种消息显示方法及系统	广西小草信息产业有限责任公司	信息传输、计算机服务和软件业
202024983	小草食药用菌养菌智能监控专家系统 V4.0	广西小草信息产业有限责任公司	信息传输、计算机服务和软件业
202024984	小草现代农业智能监控专家系统 V3.0	广西小草信息产业有限责任公司	信息传输、计算机服务和软件业
202024985	小草食药用菌培养基智能监控专家系统 V4.0	广西小草信息产业有限责任公司	信息传输、计算机服务和软件业
202024986	小草食药用菌出菇环境智能监控专家系统 V4.0	广西小草信息产业有限责任公司	信息传输、计算机服务和软件业
202024987	渗透作用虚拟现实系统 V1.0	桂林蓝港科技有限公司	教育
202024988	有氧呼吸虚拟现实系统 V1.0	桂林蓝港科技有限公司	教育
202024989	人体主要内分泌腺虚拟现实系统 V1.0	桂林蓝港科技有限公司	教育
202024990	神经元间的信号传递虚拟现实系统 V1.0	桂林蓝港科技有限公司	教育
202024991	无氧呼吸虚拟现实系统 V1.0	桂林蓝港科技有限公司	教育
202024992	遗传信息的转录虚拟现实系统 V1.0	桂林蓝港科技有限公司	教育
202024993	染色体的结构变异虚拟现实系统 V1.0	桂林蓝港科技有限公司	教育
202024994	遗传信息的翻译虚拟现实系统 V1.0	桂林蓝港科技有限公司	教育
202024995	VR 联机系统 V1.0	桂林蓝港科技有限公司	教育
202024996	蠕虫病毒 VR 教学系统 V1.0	桂林蓝港科技有限公司	软件业
202024997	VR 交通流 AI 设计虚拟现实系统 V1.0	桂林蓝港科技有限公司	教育
202024998	微机原理 VR 教学系统 V1.0	桂林蓝港科技有限公司	教育
202024999	VR 大设计虚拟展厅系统软著 V1.0	桂林蓝港科技有限公司	教育
202025000	一种 PVC 软硬共聚管	桂林金塑塑胶有限公司	制造业
202025001	塑胶挤塑模具数据采集与反馈系统 V1.0	桂林金塑塑胶有限公司	制造业
202025002	塑料挤出机生产线自动控制系统	桂林金塑塑胶有限公司	制造业
202025006	鼎恒建筑门窗检测系统 V1.0	广西鼎恒工程质量检测有限公司	建筑业
202025051	轮胎设备智能化关键技术专利微导航	桂林橡胶机械有限公司、广西壮族自治区科学技术情报研究所、广西韬略科技咨询有限公司	专业技术服务业
202025096	一种金刚石异形砂轮及立式加工冷却系统	桂林创源金刚石有限公司	金属制品业
202025412	双向拉伸薄膜成套装备海外专利布局试点建设	桂林电器科学研究院有限公司、南宁九思致成信息技术有限公司	制造业
202025413	海绵状硅粉及其制备方法及应用其的锂离子电池	桂林电器科学研究院有限公司	制造业
202025414	泡沫状硅粉及其制备方法、锂离子电池	桂林电器科学研究院有限公司	制造业

续表

登记号	成果名称	主要完成单位	项目所属行业
202025415	高粘接性热塑性聚酰亚胺树脂、含有该树脂的聚酰亚胺薄膜及柔性覆铜板	桂林电器科学研究院有限公司	制造业
202025416	环保型 AgSnO2 触头材料高压氧化机理研究	桂林电器科学研究院有限公司	制造业
202025417	铟铋合金包覆镁硅铁颗粒制备硅铁粉的方法及硅铁粉	桂林电器科学研究院有限公司	制造业
202025418	一种铸片装置的位置控制系统	桂林电器科学研究院有限公司	塑料制品业
202025419	一种高温横拉薄膜监控实验装置	桂林电器科学研究院有限公司	制造业
202025420	智能生产线直线电机 EPC 纠偏控制系统软件 V1.0	桂林电器科学研究院有限公司	制造业
202025421	双速电机控制系统软件 V1.0	桂林电器科学研究院有限公司	制造业
202025422	整流单元 BLM 控制系统软件 V1.0	桂林电器科学研究院有限公司	制造业
202025538	128 层螺旋 CT 在宫颈癌中的临床应用研究	广西壮族自治区南溪山医院	卫生
202025539	64 排 128 层螺旋 CT 及 3.0T 核磁共振血管成像技术在脑膜瘤术前评估的价值	广西壮族自治区南溪山医院	卫生

（张松桂）

科学普及

【概况】 2020 年，桂林市科学技术协会（简称市科协）办公地址在桂林市临桂区青莲路投资发展商务大厦，内设机构 5 个，下辖直属事业单位 4 个。全市共有市级自然科学学会（协会、研究会）27 个，研究院 3 个，企业（园区）科协（含工作站）99 家，高校科协 8 个；县（市、区）科协 17 个，乡（镇、街道）科协 148 个，农村专业技术协会 461 个。年内，市科协面向基层、农村和社区开展科学技术普及工作，组织大型科普活动、学术交流活动和青少年科技普及教育活动，提高全民科学素质和青少年的科技创新能力。

【防控应急科普宣传】 2020 年，市科协系统发挥抗疫科普宣传先锋队的作用，发布《万众一心汇聚知识力量，众志成诚携手阻击疫情—致全市各级科协组织和广大科技工作者的倡议书》。全年累计发放疫情科普宣传资料 5 万多份（册）、展出板报 280 板、张贴防疫科普海报 3.5 万张，通过市科协网站、手机微信、抖音、科普 QQ 群、户外电子屏、科普宣传栏、横幅、科普中国 e 站传送科普知识 200 余篇、浏览量 50 万余次。

【实施基层科普行动计划】 2020 年，市科协依托中国科协、广西科协和财政部、自治区财政厅“基层科普行动计划”“广西科普惠农兴村计划”项目，在桂林市各县（市、区）转型升级农村专业技术协会 2 个、新建农村专业技术协会 8 个、科普示范基地 1 个、科普示范社区 1 个、科普示范村 1 个、科普示范学校 5 个，获奖补资金 208 万元。建成桂林市第一家“科技小院”—阳朔县金橘科技小院。全市新建科普中国校园 e 站 18 个，17 个科普中国 e 站从农技协、科普示范基地、乡村转移到学校；认定新增深能环保桂林能源生态园、乐 8 小城成为市级科普教育基地。

【开展主题科普活动】 2020 年，市科协持续开展文化科技卫生“三下乡”“2020 年科学保护漓江生态环境活动”“2020 年八桂科普大行动桂林市活动”、科技活动周、食品安全周、防灾减灾日、“2020 年全国科普日桂林市活动”、科普大篷车进校园进社区（农村）进企业进机关进公共场所等主题科普活动，累计向漓江投放各类鱼苗 10 余万尾，发放科普宣传资料 4.6 万册，展出展具 250 套、展板 380 块、赠送图书 8200 册。市科协被中国科协评为 2020 年“全国科普日”活动优秀组织单位。

【青少年科技教育】 2020 年 3 月，市科协与市教育局联合组织参加第 35 届广西青少年科技创新大赛决赛，获一等奖 11 项、二等奖 18 项、三等奖 28 项；3 名教师获优秀科技辅导员称号，5 个单位获基层赛事优秀组

2020 年 2 月 20 日，市科协科普志愿者和科普大篷车开展抗击疫情科普宣传活动。

（市科协供图）

织单位。5月，桂林市青少年科技工作站联合市教育局相关部门，组织开展桂林市“致敬新时代、礼赞科学家”系列作品征集、评比、推荐活动。活动共收到学校推荐的优秀视频、音频、绘画、征文等各类作品216件，评选出一等奖44名、二等奖66名、三等奖104名；同时，将部分优秀作品选送参加“致敬新时代　礼赞科学家”广西活动作品征集，获一等奖1名、二等奖3名、三等奖8名。9月—12月，市科协与市教育局、市科技局、团市委、市妇联共同主办2020年桂林市青少年科技创新大赛，大赛设小学生科技创新成果竞赛、中学生科技创新成果竞赛、科技辅导员科技创新成果竞赛、青少年科技实践活动、少年儿童科学幻想绘画5项竞赛内容。为适应新冠肺炎疫情防控要求，实行网上申报，线上评比，桂林市首次开通网络工作平台，创设桂林青少年科技教育和科普活动云服务平台(http://guilin.xiaoxiaotong.org)。大赛共收到小学生优秀科技创新成果竞赛项目10项、中学生优秀科技创新成果竞赛项目19项、青少年科学DV作品竞赛项目18项、科技辅导员项目12项、少年科幻画项目188幅、优秀实践活动9项。经大赛组委会的审核、评比、现场答辩等环节，评选出一等奖47名、二等奖64名、三等奖136名。通过选拔推荐，桂林市中华小学郝羿焱的《观萤》作品和桂林市卓然小学黄煜辰、龙俊霖、章智轩的《丹漆随梦》作品，获第十一届全国青少年科学影像节“优秀展映展品”。11月27日—29日，第五届广西青少年科技运动会在广西师范大学附属中学举行，该次科技运动会按小学、初中、高中3个学段分别开展比赛，有来自自治区等14个设区市的296所学校691组选手共1584名选手参加各项比赛的角逐。比赛包括水火箭比高、气弓箭打把、铁丝陀螺比久、“鸡蛋”撞地球比轻、抛石机攻城、纸桥承重、风动力小车竞速、落体缓降比慢8个竞技项目，评选出一等奖88个、二等奖68个、三等奖131个。（石峰）

2020年11月27日—29日，第五届广西青少年科技运动会在广西师范大学附属中学举行。
（市科协　供图）

2020年9月23日，全国科普日桂林市活动启动仪式在象山区德天国际广场举行。
（市科协供图）

防震减灾

【概况】 2020年，桂林市地震监测中心办公地址在桂林市临桂区西城中路69号创业大厦东辅楼，内设机构2个。年内，市地震监测中心做好地震监测预警工作，以丰富多样的载体开展防震减灾宣传教育，推进防震减灾工作与应急工作融合发展。加强与桂林地震台交流合作，定期派人到桂林地震台进行培训学习，提高人员地震监测业务能力。推进科普示范学校建设，指导基础和条件比较成熟的中小学校申报防震减灾科普示范学校，兴安县第三小学被中国地震局评为国家防震减灾科普示范学校。

【地震监测预警能力建设】 2020年，市地震监测中心推进地震监测预警能力建设。4月，针对部分台站出现无法传输信号的问题，市地震监测中心联合桂林地震台对全市地震烈度速报与预警系统台站进行检查维护，发现电路或通信网络出现故障及时处理；对检查中发现的问题提出整改意见，规范和加强台站运维管理，确保地震监测设备正常安全运行和地震监测资料连续可靠。组织人员制作地震预警台站简易问题维修程序及方法流程图，现场对县(市、区)地震部门工作人员进行培训，让县（市、区）地震部门工作人员掌握台站监测仪器简易问题排除程序及方法。市地震监测中心利用市应急管理局资源，把地震灾情速报网、知识宣传网与市应急管理局灾情速报员融合，发放防震减灾知识读本，并利用小程序定期组织灾情速报员进行网上培训学习地震常识，提升市民的防震减灾意识和自救互救能力。7月—9月，市地震监测中心对全市28个已安装好的地震监测台站设备进行资产清查，对所有的仪器设备进行维修保养并张贴码标，确保设施设备运行完好。

2020年7月28日—29日，市地震监测中心联合桂林地震台、灵川县地震监测中心在灵川县九屋镇东源村举行流动测震野外演练座谈会。　（伍笙璋摄）

【地震应急能力建设】 2020年，市地震监测中心征求各部门和专家意见，重新修订地震应急预案。同时结合机构改革情况，重新调整防震减灾工作领导小组成员，理清各成员单位防震减灾工作职责。为确保全市地震应急避难场所运行完好，市地震监测中心先后5次对全市7个Ⅱ类应急避难场所进行检查，及时维修损坏的设施设备，更换部分陈旧老化的标志标识，所有的地震应急避难场所由干部定点定位包干负责，对存在问题及时整改，确保应急避难场所设施齐全、功能完好、运行正常。7月28日—29日，唐山大地震44周年纪念日期间，市地震监测中心联合桂林地震台、灵川县地震监测中心在灵川县九屋镇东源村举行流动测震野外演练，有效提高应对地震灾害事件能力。定期对应急装备库进行清理，购买处置基岩的工具箱、红外线测量仪等应急设备，定期对太阳能电池、对讲机、应急灯进行充电，同时按照人员分工，对装备设施进行定人定位，确保遇有情况能“拉得出、用得上”，提升应急处置能力。

【防震减灾知识宣传】 2020年，市地震监测中心投入3万余元，进行走廊文化墙的建设。文化墙内容涵盖领导关怀、地震基础知识、防震减灾知识以及单位标志等，提升对外宣传力度，加强民众对地震专业工作的认识。市地震监测中心利用市应急管理局机关的微信公众号新媒体进行宣传，在“5·12”宣传周期间，每天利用公众号发布防震减灾小常识、小视频、有奖问答等，并通过在人员密集场所进行发放购物袋、宣传册等方式向群众宣传防震减灾常识。为提高基层地震监测工作人员的专业基础，市地震监测中心组织编写《防震减灾知识读本》《桂林市地震应急处置简明手册》，并发放到县（市、区）地震监测中心、乡（镇、街道）等，让相关工作人员通过学习，对防震减灾知识及地震应急处置流程有更充分的了解和认识。

（伍笙璋）

2020年12月7日—8日，市地震监测中心组队参加自治区直属机关第五届职工技能大赛暨2020年全自治区地震行业职业技能竞赛，获团体项目综合技能竞赛二等奖。

（唐建国摄）

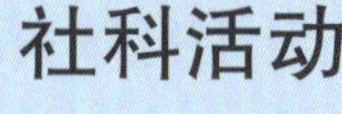

社科活动

【概况】 2020年，桂林市社会科学界联合会（简称市社科联）办公地址在桂林市临桂新区青莲路投资发展大厦。内设机构3个。下辖《社会科学家》杂志社。所属团体会员56个，会员总数1.22万人。全市在职从事社科研究人员400多人，其中具有高级专业技术职称61人、中级专业技术职称340多人。年内，桂林市社会科学界共发表论文300余篇，完成研究课题30余项。

【社科学术活动】 2020年，市社科联围绕桂林经济社会发展开展系列社科学术活动。承办“第五届中国－东盟民族文化论坛”，来自中国各地的专家学者、嘉宾和东南亚国家驻南宁总领馆领事等100多人参加会议，泰国、柬埔寨、缅甸、马来西亚、菲律宾、澳大利亚、日本等国学者共13人在线上出席会议，围绕“中国－东盟民族文化交流互鉴与创新发展”展开讨论。举办“桂林旅游后疫情时期发展趋势与展望”研讨会，为桂林旅游和旅游企业的破局提供理论参考和智力支持。举办“桂林市社科界深入贯彻党的十九届五中全会精神推进会暨‘十三五’社科成果交流会”，集中检阅理论研究、举办学术活动和社科宣传活动方面取得的成效。组织开展“桂林长征国家文化公园建设路径研究”“基于体验价值理论的桂林市森林康养旅游开发路径研究”“乡村振兴背景下桂林特色田园综合体建设模式与发展策略研究”《桂林县域经济高质量发展创新路径研究”“桂林加快现代服务业提档升级研究”“桂林旅游价格的沿袭与趋势研究”“桂林生态宜居乡村建设实效性提升路径研究”“湘桂古道灌阳段文化遗存考察”等2020年度课题，均完成课题研究并通过专家评审。灵川县社科联编撰《广西传统村落历史文化史料集成》（灵川卷），该书17万字、配图300多幅，涵盖了16个比较有规模和保存较好的古村落。兴安县社科联发挥灵渠文化研究会、国学研究会、书法家协会和美术家协会等学会协会的作用，参与魁星楼展陈设计和资料收集整理工作。荔浦市社科联启动《荔浦芋》图文书籍的编写工作，弘扬荔浦芋传统文化，提升荔浦芋品牌影响力。灌阳县社科联开展红色文化等方面调研工作，形成《关于灌阳县红色文化遗迹遗址保护与发展的调研报告》。桂林市教育学会注意发挥各学科专业委员会联系面广优势，以科研带动教研、教改，提高教育教学质量，组织会员申报“十三五教育科学研究规划课题”，桂林市教育科研规划立项教师个人课题180多项，“以核心素养为课程目标的高中历史课堂教学策略研究”立项为A类课题并顺利结题。桂林市钱币学会面向自治区内主办桂林钱币学会2020年广西历史货币专题研讨会，邀请14名专题实物收藏者作现场实物观摩交流，参观桂林钱币陈列馆广西历史货币专题展览，为研究和探讨广西历史货币，丰富和补充广西历史货币新发现、新研究提供契机和平台。桂林市金融学会完成“农村合作金融机构战略投资者选择与稳健经营”“利率市场化视角下系统重要性银行风险测度”“资本约束与货币政策对中小商业银行信贷行为的影响”“政策性金融脱贫攻坚与乡村振兴信贷政策有效衔接问题研究——以农发行桂林分行为例”课题。桂林旅游学会承担“桂林市文化和旅游发展（十四五）重要举措和重要政策初步研究”“桂林旅游价格的沿袭与趋势研究”课题；组织学会专家研究开展“桂林旅游业受新冠肺炎疫情影响情况及应对措施”“新冠肺炎疫情对桂林市旅游业影响研究报告”“桂林市大健康与文旅产业发展实践路径研究”“桂林住宿业发展现状调查及数据入库”“慢旅游模式下桂林旅游民宿发展现状研究”等多项课题。2020年度，旅游学会桂林理工大学分会获国家社科基金4项、国家自科基金项目立项3项。桂林旅游学院分会获国家社科基金立项1项，“中国与东盟国家文旅融合发展比较研究”获文化和旅游部2020年文化和旅游宏观决策课题立项。桂林抗战文化研究会举行纪念李克农120周年诞辰巡回专题展；桂林经济学会参加桂林国际旅游胜地建设可持续发展论坛等活动造成良好的影响。桂林推普学会的“为爱发声”大型抗疫朗读研讨会等学术活动。

【社科科普宣传活动】 2020年，市社科联组织开展新春慰问暨社科知识下乡活动、“社科知识进乡村”暨图书捐赠、五月科普活动周等社会科学普及宣传活动。组织社科专家编撰、出版《桂林石刻》科普文化书籍。全年市社科联及市属各社科类社会组织、县（市、区）社科联共举办学术活动39次，组织科普活动15场次，发放各类书籍2000余册。开展科普知识进村进社区、进企业、进校园6场次，赠送社科书籍460册。各县（市、区）社科联开展文化科技卫生“三下乡”活动、科普周宣传活动及科普公益活动。图书读者学会在协会群内组织开展一系列以“抗击新冠肺炎”为主题的文艺交流与科普知识普及活动，以诗词歌咏、绘画书法展示、知识普及等方式，致敬逆行者。推普学会开展“推普脱贫乡村行”活动。桂林纪实摄影学会关注拍摄桂林抗疫过程，并征集相关专题，汇编成《庚子大疫之桂林民间记忆》画册。旅游学会组织专家团队到兴安县高尚镇凤凰村走访摸底，掌握相关资料，剖析致贫原因，评价资源优势，寻求治贫之道，提出“森林生态养生休闲地·凤凰康养田园”的发展定位和“资源挖掘，做足体验，差异发展，保护生态，合理开发，持续发展，项目带动、农民参与、精准扶贫”的发展思路。立足旅游扶贫需要，免费为凤

2020年5月18日，2020年桂林市社会科学普及周启动仪式在兴安县举行。（吴坚摄）

2020 年 7 月 29 日，“桂林旅游后疫情时期发展趋势与展望”研讨会在桂林召开。（吴坚摄）

凰村编制《兴安县高尚镇凤凰村康养文化旅游扶贫规划》。金融学会，长田书画院的艺术研讨会，香文化研究会的大型知识进高校的系列讲座；奇石文化研究会的大型作品展，国防教育研究会的阅兵展评比，旗袍文化研究会、葡萄酒文化研究会、古村文化研究会等数十个学会因地制宜地开展形式各样、丰富多彩的活动。

【征集 2021 年度规划研究课题选题】 2020 年 9 月，桂林市哲学社会科学发展规划领导小组办公室就 2021 年度桂林市社科规划研究课题的申报进行发动，共收到申报课题 36 项。“桂林长征国家文化公园建设路径研究”“基于体验价值理论的桂林市森林康养旅游开发路径研究”“乡村振兴背景下桂林特色田园综合体建设模式与发展策略研究”“桂林县域经济高质量发展创新路径研究”“桂林加快现代服务业提档升级研究”“桂林旅游价格的沿袭与趋势研究”“桂林生态宜居乡村建设实效性提升路径研究”“湘桂古道灌阳段文化遗存考察”等 8 个选题被市哲学社会科学发展规划领导小组办公室批准立项，并与各课题组签订项目合同。

【社会科学普及周活动】 2020 年 5 月 18 日—24 日，市社科联在全市开展桂林市科普宣传周活动。科普宣传周的主题是“科学精准防疫，统筹推进疫情防控与经济社会发展”。围绕主题，以公众喜闻乐见、易于理解、接受和参与的方式，开展“社科知识进乡村”暨图书捐赠、社科普及咨询、抗击疫情书画作品捐赠、交流座谈会、社科讲坛讲座、社科专家进基层服务、社会科学普及基地展览展示、“走读广西 · 桂林之旅”等活动。捐赠科普书籍 400 余册，捐赠书画作品 60 幅，组织讲坛讲座 3 场。

【召开“桂林旅游后疫情时期发展趋势与展望研讨会”】 2020 年 7 月 29 日，市社科联与广西五云投资管理集团有限公司联合主办的“桂林旅游后疫情时期发展趋势与展望”研讨会在桂林市召开。来自桂林市旅游学会、广西师范大学、桂林理工大学、桂林电子科技大学、桂林旅游学院的专家学者参加会议。研讨会围绕“桂林旅游后疫情时期发展趋势与展望”的主题进行探讨和交流，提出具有针对性、操作性的对策建议，为下步桂林旅游和旅游企业的破局提供理论参考和智力支持。会后，将会议精神汇编《社科智库建言专报》报送市领导和相关部门。

【第五届中国－东盟民族文化论坛在桂林举行】 2020 年 12 月 3 日，第五届中国－东盟民族文化论坛在桂林召开。论坛由广西壮族自治区社会科学界联合会、广西民族大学及桂林市人民政府主办，广西壮族自治区东南亚经济与政治研究院、广西民族大学民族研究中心、中共桂林市委宣传部、桂林市社会科学界联合会共同承办，桂林理工大学商学院、桂林市秀峰区人民政府和中央民族大学壮侗学研究所协办。广西壮族自治区人大常委会副主任、中共桂林市委书记赵乐秦出席论坛并宣布开幕，广西壮族自治区社科联主席朱东、广西民族大学副校长李珍刚在开幕式上致辞。论坛采取线上、线下相结合的方式进行。多名专家、学者就论坛主题“中国－东盟民族文化交流互鉴与创新发展”做主旨发言，澳大利亚格里菲斯大学荣誉教授、澳大利亚联邦人文学院院士，“中国政府友谊奖”获得者马克林(ColinMackerras)先生发来的贺辞视频并发表演讲；国务院发展研究中心发

2020 年 12 月 3 日，第五届中国－东盟民族文化论坛在桂林市举行。（吴坚摄）

展部副部长刘培林研究员以视频方式作《共享中国发展机遇》主旨发言；菲律宾雅典耀大学中国研究中心主任杨真真教授以视频方式作《中国人在菲律宾：过去、现在与未来》主旨发言；长江学者、中山大学社会学人类学学院周大鸣教授作《"一带一路"视野下的东盟民族文化互动与文化多元性》主旨发言；八桂学者、广西民族大学民族研究中心主任李富强教授作《守望根脉：民族文化保护传承与发展的"广西实践"》主旨发言。通过研讨，进一步提升对中国－东盟民族文化的历史关联、中国－东盟文化旅游的跨界融合发展、中国－东盟民族传统文化的现代传承与发展的认识，从而为中国－东盟民族文化交流互鉴与创新发展提供新的学术支持。（吴坚）

社科成果

【《桂林石刻》】 该书列为桂林市社会科学重点学术著作，由桂林广播电视台专题文艺部副主任秦冬发编著。该书收录130余张桂林石刻照片、拓片，全书分为印象、寻踪、考辨、札记4个部分，既从面上向读者勾勒出唐、宋、元、明、清桂林石刻的总体印象，又从细节方面为读者揭示桂林石封背后的风云际会、历史掌故、文史考订，以及古人在桂林山水间游赏的仁智情怀。该书重在普及、宣传、推广桂林石刻及其文化，文字严谨、耐读，有故事性，被读者誉为"普及与研究结合起来的典范"。

【"桂林加快现代服务业提档升级研究"课题】 该课题是桂林市哲学社会科学规划研究重点课题，由广西师范大学教授陆奇岸等完成。课题组在阐述现代服务业的内涵、特征、发展模式及其发展趋势的基础上，分析了桂林现代服务业发展现状与存在的主要问题，对桂林现代服务业提档升级进行SWOT分析，研究桂林现代服务业提档升级的优劣势、机会与威胁，研究国内外现代服务业发展的经验借鉴及其对桂林的启示，提出加快桂林现代服务业提档升级的指导思想与战略目标，根据桂林现代服务业发展现状，并借鉴国内外现代服务业发展的成功经验，桂林现代服务业提档升级的创新发展战略、融合发展战略、集聚发展战略、协调发展战略和双向开放战略五大战略，探索加快桂林现代服务业提档升级的路径选择，即创新发展理念，改革管理体制机制；挖掘服务消费潜力，促进现代服务业提档升级；以产业融合为切入点，加快发展现代服务业新业态新模式；优化服务业集聚区建设，提升现代服务业核心竞争力；以国际一流为标杆，制定桂林现代服务业标准，打造现代服务业的"桂林样本"；创新服务方式，构建高质量公共设施和现代服务体系；加速现代服务业数字化型，为推动服务业高质量发展提供新动能；打造国际一流营商环境，助推现代服务业提档升级。从组织、资金、土地、考核监督、人才等方面提出桂林加快现代服务业提档升级的保障措施。

【"桂林旅游价格的沿袭与趋势研究"课题】 该课题是桂林市哲学社会科学规划研究重点课题，由桂林旅游学会庞铁坚等完成。该课题通过对文献发表年度总体趋势、主题分布、文献分布、中国旅游景区门票价格研究现状及桂林旅游价格研究情况进行系统而深入的分析，明确中国有关旅游价格研究现状，主要集中在景区门票定价、调价方向以及调价外部影响等几个方面，旅游景区门票定价的标准，方法的合理性与否成为人们关注门票经济的核心和重点。通过回顾桂林旅游价格发展的历史脉络，结合桂林旅游价格的基本现状进行思考，分析出桂林旅游价格突出特点及存在的问题，并提出相关解决路径，即对于桂林这样旅游产品极为丰富、旅游业态非常完整的旅游目的地城市来说，桂林旅游价格的演变方向以及桂林门票经济都要按照市场经济的发展规律，不宜简单地定价调价，而要进行市场细分，根据多样化的市场需求采取多种价格类型。

【"桂林生态宜居乡村实效性提升路径研究"课题】 该课题是桂林市哲学社会科学规划研究重点课题，由中共桂林市委党校副教授王家宏等完成。课题组对桂林生态宜居乡村建设的研究，主要从理论路线和实践路线2个方面开展研究。理论研究部分主要是对桂林生态宜居乡村建设的重大意义、现实背景和所蕴含的价值观研究，从而形成桂林生态宜居乡村建设的价值理念和分析框架，奠定桂林生态宜居乡村建设的基本理论，创新桂林生态宜居乡村建设的理论基础。实践研究则在理论研究的基础上，对考察的桂林生态宜居乡村进行总结梳理和归纳，提出桂林生态宜居乡村建设的多重路径，融合经济、法治、社会学等多重研究原理，通过社会调查、案例研究和情景构想等研究手段，开展生态宜居乡村的建设研究，对桂林生态宜居乡村建设实效性提升的路径选择进行可行性分析。

【"桂林县域经济高质量发展创新路径研究"课题】 该课题是桂林市哲学社会科学规划研究重点课题，由桂林电子科技大学副教授顾剑华等完成。该课题从系统角度出发，基于高质量发展内涵，通过搜集、整理和阅读相关文献，深入了解高质量发展内涵，结合桂林县域特色构建高质量发展评价指标体系，考察桂林县域经济发展状况，构建符合桂林县域特色的高质量发展评价指标体系，运用熵权TOPSIS法测算桂林县域经济高质量发展水平，分析桂林县域经济高质量发展的变化和差异，对桂林县域经济高质量发展水平及其子系统水平进行测算，分析桂林县域高质量发展变化趋势、内部特点及形成原因，进而提出桂林县域经济高质量发展的创新路径，为促进桂林县域经济高质量发展提供有价值的对策建议。

【"桂林长征国家公园建设路径研究报告"课题】 该课题是桂林市哲学社会科学规划研究重点课题，由桂林理工大学教授梁健爱等完成。课题组在对相关文献综述和相关理论介绍基础上，分析桂林长征国家文化公园（广西段）建设基础和国内国家文化公园建设案例，探讨桂林长征国家文化公园（广西段）建设原则、思路和内容，着重研究桂林长征国家文化公园（广西段）管控保护区、主题展示区、文旅融合区、传统利用区等主体功能区的建设路径，从组织、法规政策、资金、人才队伍和数字化建设等方面提出保障建议。课题组研究指出：长征精神的呈现与弘扬是长征国家文化公园（广西段）建设关键。桂林长征国家文化公园（广西段）应围绕“传承红色基因，弘扬长征精神”核心理念，以“湘江战役”和“翻越老山界”为主线、以“重走长征路”为手段、以“一草一木一忠魂、一山一石一丰碑”为意境、以“惠民融合”为内核，通过管控保护、主题展示、文旅融合、传统利用四类主体功能区建设将公园打造为具有精神意义的文化带、旅游带、纪念带和振兴带。桂林长征国家文化公园（广西段）管控保护区建设应坚持政府主导，强化各级政府长征文物保护主体责任；实行严格保护，分类管控保持长征遗址遗存原真性和完整性；划分管控范围，重点推进湘江战役三大阻击战战场旧址和老山界遗址4个管控保护片区建设。主题展示区建设应突出精神教育主题，着力建设长征精神展示廊道；合理划分主题展区，注重提升长征红色文化体验实效；点线面结合展示，改造提升现有长征纪念设施展示品质；建设统一标识系统，线上线下传播实现长征文化全方位展示。文旅融合区建设应构建“红古绿俗”融合发展模式，开发长征文化旅游产品；推动红色旅游与文化创意融合发展，促进长征文化产业发展；打造长征湘江战役文化品牌，推进文旅融合项目建设。传统利用区建设应合理保存传统文化生态，适度发展文化旅游产业；依托沿线传统村落，适度发展乡村休闲产业；因地制宜发展特色产业，推进社区共建共享。

【“基于体验价值理论的桂林市森林康养旅游开发策略研究”课题】 该课题是桂林市哲学社会科学规划研究重点课题，由桂林旅游学院副教授唐凡茗等完成。课题组从游客体验价值视角出发，研究森林康养旅游的开发路径，通过构建森林康养旅游体验价值模型，将体验价值理论运用到森林康养旅游的研究中，拓宽体验理论在旅游研究中的研究视野和研究空间。探究森林康养旅游体验价值的形成机理，丰富和补充了森林康养旅游的研究框架和研究内容，从而推动桂林市森林康养旅游基地建设和发展。

【“乡村振兴背景下桂林特色田园综合体建设模式与发展策略研究”课题】 该课题是桂林市哲学社会科学规划研究重点课题，由桂林旅游学院教授赵耀等完成。课题组认为，桂林特色田园综合体建设有利于更好地把握桂林农业生产性服务业运行特点和发展规律，引导桂林农业社会化服务体系建设走市场化运作道路。增强桂林农业生产性服务业的特色、竞争力和可持续发展能力。在企业发展上，田园综合体的建设引导农业产业化龙头企业通过由农业企业或农产品加工企业向现代农业服务企业、乡村旅游服务企业转型，对发展现代农业的具有更为显著的增强作用。田园综合体建设可以有效推动一二三产业融合发展，重点做大做强桂林市特色农产品加工业，统筹打造一批绿色种养、农产品深加工、休闲观光为一体的特色小镇和田园社区，推动产业结构优化调整。课题组在对田园综合体相关概念及相关理论的梳理的基础上，通过对国内外知名田园综合体个体案例的研究，分析整理出案例对桂林田园综合体建设的启示，提出符合桂林本地特色的田园综合体建设模式和发展对策以期对田园综合体未来发展具有一定的借鉴和指导意义。

【“湘桂古道灌阳段文化遗存考察”课题】 该课题是桂林市哲学社会科学规划研究重点课题，由桂林航天工业学院教授叶桂郴等完成。课题组初步盘点了灌阳县域古道文化之文化遗存，描写古道文化遗存的主要形态、主要内容及保存和损毁情况，分析了作为主要形态的传统建筑的特点，是学术界第一次对灌阳县域的古道进行全面系统的田野调查和学术考察。在此基础上提出传统村落保护之策略，为研究灌阳地方历史文化研究和历史文化建设积累第一手资料，为灌阳地方历史文化建设做最基础的工作，也为政府文化决策提供史料支持。

（吴坚）

社科期刊

【《社会科学家》】《社会科学家》为月刊，由桂林市社科联主管、主办，是全国中文核心期刊、中国人文社会科学核心期刊、《中文社会学引文索引》（CSSCI）来源期刊（扩展版）。主要栏目有《名家访谈》《名家特稿》《博导新论》《哲学与当今世界》《经济新视野》《法学与法制建设》《旅游时空》《人文家园》。2020年出版12期，发表论文306篇，共有20余篇文章被各转载机构转载。其中，《名家访谈》栏目推出了中南财经政法大学博士生导师邓爱民，广西民族大学党委书记、博士生导师卞成林，武汉大学博士生导师赵世举，中国社会科学院法学研究所研究员张生，华南理工大学博士生导师谭元亨，南京财经大学博士生导师梅景辉授，等等一批国内外学科知名博导、学者的文章。　（吴坚）

【广西师范大学学报（哲学社会科学版）】 该学报为双月刊，由广西师范大学主办，是全国百强社科学报，广西十佳社科期刊，中国学术期刊综合评价数据库来源期刊，中国学术期刊（光盘版）全文收录期刊。常设栏目《马克思主义理论与实践》《政治、法律与社会》《经济与管理》《教育科学》《人文评论》。2020年全年出版6期，发表论文72篇，发行量1万多册；当年被引用73次，影响因子超过1；中共中央宣传部组织的编校质量抽检，哲社版学报差错率仅为万分之0.29，排名全国第七，广西第一。各期所发论文论点明确、论据充分、概念严谨、逻辑推理严密，达到较高的学术水平，均能代表该学科的前沿研究成果，反映学术界的研究动态和研究热点，对相应学科的研究起到促进作用。其中，《马克思主义理论与实践》专栏较有分量的论文有唐正东《私有制条件下资本与劳动的分裂及其不合理性—青年恩格斯的劳资关系思想及其评价》（第1期），包大为《新民主主义论的当代性及其实践条件（第2期），谭培文、谌尧《辩证认识资本的文明作用及当代价值》(第3期);《政治、法律与社会》专栏产生较大影响的论文有高鹏程、张恩《网络利益表达媒介的属性及其治理逻辑转换》(第1期),颜昌武、杨郑媛《什么是技术治理》(第2期),李文钊《行动者中心制度主义:探究政策过程中的互动效应》(第3期),钟时《政治势能依附与中国社会问责:一个公民行动策略的分析》(第4期);《经济与管理》专栏引起广泛注意的论文有柯建飞《区块链在金融中的实践与思考》(第1期),黄顺春、邓文德《中国区域经济高质量发展差异及其影响因素分析》(第2期),席卫群《财政政策对制造业创新活动的效应及评价》(第3期),李永发《定性比较分析:融合定性与定量思维的组态比较方法》(第4期);《教育科学》专栏独创性较强的论文是张珊珊、张野、陈萌萌《社会排斥危机对儿童欺骗行为的影响:归属需要的调节作用》(第1期),岳伟、徐凤雏《自然体验教育的价值意蕴与实践逻辑》(第2期),张坤、高磊、袁艺双《自闭症儿童对卡通与真人动态社会情境的视觉注意特点研究》(第3期),易连云、汪楚楚《图像时代中小学生课外生活的道德引领》(第4期);《人文评论》专栏所发表的在学术界产生较大影响的论文有刘建华、刘欣怡《大数据技术的风险问题及其防范机制》(第1期),石运宝、张鑫《从"现实的人"探析人工智能心智问题》(第2期),陈淳《科学方法、文明探源与夏代信史之争》(第3期),陈咏媛、韦庆旺《流动性社会下文化自信的心理建设进路》(第4期)。

年内,该学报被各种刊物转载、转摘6篇,其中胡重明的《破解公共服务供给失衡困局的项目制路径—基于浙江城市优质医疗资源下沉政策的研究》(第1期)被中国人民大学书报资料中心主办的《公共行政》全文转载;孙南申、孙颖的《论国际投资仲裁裁决在〈纽约公约〉下的执行问题》(第1期)被中国人民大学书报资料中心主办的《国际法学》全文转载;田正、李鑫的《供给侧结构性改革与宏观经济政策协调》(第3期)被《国民经济管理》转载;陈淳的《科学方法、文明探源与夏代信史之争》(第3期),陈咏媛、韦庆旺的《流动性社会下文化自信的心理建设进路》(第4期),王雨辰的《中国国外马克思主义研究存在的问题与反思》(第4期)被《高等学校文科学术文摘》转载。

年内,该学报对外交流取得新成效。依托广西高等教育学会学报专业委员会理事长单位这一重要平台,承办大型期刊界会议1次,举办小型交流会议3次;强化编辑部与北京大学图书馆《中文核心期刊要目总览》编辑委员会、南京大学中国社会科学研究评价中心、中国期刊协会、四大转载期刊等部门专家的联系。同时,开通并精细运营"广西师范大学学报哲社版""广西师范大学学报自科版"2个微信公众号,强化期刊与作者、读者的联系。公众号"广西师范大学学报哲社版"全年推送文章77篇,有数千人关注该公众号,发挥对外宣传窗口的作用。建立编辑部外联台账管理制度,强化落实各编辑外联责任,规范外联管理。 (刘文俊)

【《桂林发展研究》】《桂林发展研究》为双月刊内部资料性出版物,由桂林市人民政府发展研究中心主办。该刊是桂林市人民政府的机关刊物,为桂林市委、市人民政府决策服务。主要栏目有《领导讲话》《重大课题研究》《工作研究》《市情民意》《漓江论坛》《名城文化》《他山之石》等。2020年刊发6期,刊登各类领导讲话、重大课题研究、调研报告、工作研究、市情民意、理论研究等文章90篇55万字,结合疫情防控和复工复产形势,及时推出《推进疫情防控和经济稳增长》专刊。刊登的主要文章有2020年桂林市《政府工作报告》,桂林市发展研究中心课题组《新型冠状病毒疫情对桂林市中小企业影响调研报告》《桂林市"十三五"规划实施情况调研报告》《桂林市全面建成小康社会专题调研报告》《桂林市柑橘产业供给侧改革对策研究》;推进疫情防控和经济稳增长专题,周彦的《化危为机促复产 迎难而上谱华章—阳朔县分区分级精准防控有序高效复工复产》,周政英的《战疫情稳经济"硬核"措施齐发力》,谢波、陈中春的《新冠肺炎疫情对桂林市文旅产业和国际旅游胜地建设的影响调研报告》,莫振华的《强化疫情防控 多措并举施策 全力推动经济稳增长持续向好发展》,李玉清的《攻坚克难 抢抓进度 奋力实现全年经济社会发展目标》等;民进桂林市委《实现工业高质量发展 推动桂林工业振兴》,钟毅的《桂林市工业项目建设情况调研报告》,周其厚的《推进古村落家风资源当代价值转化的建议》,刘凯强的《关于资源县农旅融合发展的探讨与对策》,蒋虎程、苏彦的《四经普透视桂林市小微商贸企业发展现状》,胡学究的《农村地区道路交通安全"两站两员"建设的思考》,市委改革办调研组《他山之石 可以攻玉—南宁柳州佛山重庆四市高新区管理体制机制改革考察启示》,方中州的《前三季度经济回升幅度收窄 服务业短板较为突出——2020年1月至9月桂林市经济运行分析》,杨威的《关于促进消费回暖的对策建议》,潘波平、秦晔、何恒、翟俐莎的《加强新时代城区宗教工作的调查与思考—以象山区为例》,杨迪忠的《从灵渠畔走出去的清朝名臣蒋方正》,吴晓罡的《构建新发展格局要处理好五个方面关系》,张良的《建好高标准农田 助力桂林乡村振兴》,徐勇的《新冠疫情防控对提升社会治理水平的启示》等。

(黄连英)

文　化

综　述

【概况】 2020年，桂林市文化广电和旅游局（简称市文化广电和旅游局）办公地址在桂林市临桂区公园北路广电中心。内设机构24个。年内，桂林市入选第一批国家文化和旅游消费试点城市，全市新增广西文化产业示范园区（基地）3个。桂林米粉制作技艺、恭城瑶族油茶习俗入选第五批国家级非物质文化遗产代表性项目，21个项目入选自治区级非物质文化遗产代表性项目名录。桂林博物馆成为国家一级博物馆，正阳路东巷博物馆建成对外开放。灵川县等桂北6县入选第二批全国革命文物保护利用片区。三将军殉职纪念塔和八百壮士墓入选国家级抗战纪念设施。年内，桂林市与延安、赣州、遵义等红军长征沿线城市加强交流合作，举办红色旅游城市联盟“2020畅游桂林·红色之旅”自驾车旅游活动，红色文化旅游成为桂林旅游新热点，红军长征湘江战役“一园两馆”共接待游客298万人次。融创文化旅游城、漓江歌剧院、全州大碧头、秀峰凤凰山水·逸境、雁山益田民国风情小镇、雪松（漓江）文旅小镇等一批大健康和文旅产业项目落地建设。“三企入桂”大健康和文旅产业招商总投资超286亿元，自治区层面统筹推进的45个重大文旅项目完成投资64.6亿元。组织创作声乐5个、舞蹈5个、戏剧5个、曲艺1个、器乐3个共19个剧（节）目参加自治区第八届基层群众文艺会演桂林赛区声乐比赛的决赛，获一等奖2个、二等奖3个、三等奖3个、优秀奖11个。全年开展公益性文化惠民演出86场，观众8万人次。

【文艺宣传助力抗疫】 2020年，市文化广电和旅游局在全市范围内开展抗役专题抗疫作品征集活动，共收到音乐、小品、戏剧、曲艺、美术、书法、诗词、动漫等各类作品185件，增强“共抗疫情、爱国力行”的信念和抗疫必胜的信心。组织创作《这里也是你的家》《爱与山水同在》《相信有爱》《妈妈，你放心吧》《好想拥抱你，妈妈》共5首抗疫组歌并制作成视频，在桂林电视台、街道LED屏上播放，得到社会各界好评。桂林市戏剧创作研究院开展抗击疫情文艺作品征集创作活动，共收到各艺术门类作品200多件。桂林美术馆、桂林画院开展抗击疫情书画作品征集活动，举办“共克时艰·众志成城——‘抗击疫情·桂林画院、桂林美术馆在行动’主题美术书法作品网络展”，共展出41期，展出作品1012件，参与创作的人数1000多人，观众20余万人次。

【文化旅游业复苏】 2020年，桂林市争取自治区专项扶持资金1000万元，出台加强疫情防控促进文化旅游业振兴发展的奖励措施，实施文旅复苏“月月奖”。向274家旅行社退还旅游服务质量保证金5589万元。支持600余家文旅企业争取各银行业金融机构贷款8.86亿元。开展“桂林人游桂林”“广西人游桂林”“冬游桂林”等文旅复苏活动，推动形成“周周有活动，月月有节庆”的氛围。组织全市120多个行政机关、企事业单位干部职工结对帮扶文旅企业自费旅游。组织文旅企业走出去，向周边客源地开展有针对性的营销推广。深化与华南五市旅游联盟、粤桂黔高铁经济带旅游联盟相关城市的合作，开展联合营销。与腾讯、携程、飞猪、同程等线上平台合作开展17场直播活动。邀请国内、自治区内重点媒体、粤港澳大湾区媒体到桂林采风采访，通过央视

2020年4月，市文联开展“文旅产业复苏　党员干部先行”文化体验自驾活动。（黄丹阳摄）

新闻联播、《坐着高铁看中国》大型节目等向全国人民推介桂林。

（王善库）

文　　学

【概况】 2020年,市文联坚持用文艺形式讲述桂林故事,坚持以优秀的作品鼓舞人,开展文艺“抗疫”活动,讲文明树形象,开展创城工作。桂林市作家协会举办“2020年新会员培训班暨文学创作交流会”,提升新会员创作能力。

【第十六届广西青年文学讲习班暨2020年《广西文学》改稿班在桂林举办】 2020年9月15日,第十六届广西青年文学讲习班暨2020年《广西文学》改稿班在桂林开班,该活动由广西作家协会和《广西文学》编辑部主办,广西师范大学文学院/新闻与传播学院、广西高校人文社科重点研究基地桂学研究院、广西师范大学广西文艺评论基地承办。张楚、田耳、霍俊明、范晓波、王夫刚等5名作家和评论家给学员进行专题授课,并对学员作品进行指导点评。来自桂林、贺州等广西多地的80余名学员参加活动。活动采取“强强联合”的创新尝试,将线下教学与线上教学相结合,服务广大学员,为文学桂军的可持续发展提供助力。桂林市作家协会共推荐35名桂林作家参加讲习班,其中4人的小说、散文在《广西文学》《星火》等文学期刊发表,6人的作品入选2020年《广西文学》改稿班学员作品专辑。

【文学创作成果丰硕】 2020年,桂林作家在《民族文学》《十月》《青年文学》《小说月报》《诗刊》《作家》《广西文学》等文学期刊发表作品800余篇(首),多位作家出版自己的文学著作。盘文波在《民族文学》《小说月报》《青年文学》等全国文学期刊发表中短篇小说,其中中篇小说《一种构想》发表于《广西文学》2020年第12期,获广西文学年度奖。杨海标的小小说《一瓶约酒》入选《2019微型小说中国年度作品》,小小说《相遇在病房》入选《2020年中国精短小说年选》。李泽军的长篇小说《灼灼青阳》在《参花·青春文学》连载,长篇小说《岁月》由北方文艺出版社出版。李启远在《广西文学》发表短篇小说《盼春风》,获深圳市睦邻文学奖、深圳市优秀群众文学奖。陈贵根的诗歌在《草堂》《华西都市报》《三月三》等刊物发表,有诗歌入选《2019中国诗歌年选》。许桂林在《诗潮》发表组诗《奔跑的火车》,在《红豆》发表组诗《爱情有多美,请问丽江水》。杨海标的散文《三上龙脊》获自治区成立60周年“风行壮乡”散文征文大赛一等奖。年内,桂林作家共创作抗疫题材作品100余篇(首)。其中,刘春的诗歌在《诗刊》《草堂》《作家》《广西日报》、“学习强国”等发表抗疫题材诗歌20余首。蒋忠民创作的抗疫诗歌《点亮一盏灯》《逆风飞扬》《我们一个家》在《广西民族报》等刊发。刘建新在广西文联网发表抗击新型冠状病毒肺炎诗词2首。蒋珊珊散文作品《总有一种美好会穿越黑暗》获公安部主办的“抗击疫情　警徽闪耀”主题文艺作品三等奖。陈贵根、黄明海、罗龙辉、谢从慧等人的抗疫题材作品在报刊发表后,被“学习强国”《广西日报》客户端等平台转载,并在《诗刊》《作家》《广西日报》、广西文联网等报刊和网站发表。推进新西南剧展高校巡演,重拍经典话剧《秋声赋》,并在广西师范大学雁山校区、南宁红椅广场、漓江学院等地巡演;依托广西师范大学图书馆筹建桂学博物馆。在科研成果获奖方面,《广西多民族文学的共同发展》在广西第十六次社会科学优秀成果奖评选中获一等奖;张利群的《文学批评机制研究》论著获二等奖。桂林市文学艺术研究室课题“斯文在焉——陈玉圃谈艺录”由广西师范大学出版社出版发行,被列入长安街读书会干部学习新书书单,刊登在中共中央宣传部“学习强国”学习平台。

（黄正鹏）

2020年七一前夕,市文联开展“决战决胜脱贫攻坚”桂林市文艺家走基层采风创作活动。

（黄丹阳摄）

艺　　术

【概况】 2020年,桂林市文化单位组织开展美术、书法、摄影、音乐等各类艺术活动。市书法家协会举办第三届青少年书画大赛,组织会员参加线下、线上的“抗击新冠病毒疫情”系列书法作品展;市摄影家协会在官方微信公众号开设《疫情影像》专栏,发布推送会员记录抗击疫情的相关影像作品;市音乐家协会创作《是前线也是防线》《我爱你中国》《万众一心中国必胜》等歌词;桂林市舞蹈家协会组织广大文艺工作者拍摄抗疫舞蹈《相信有爱》。以各种形式助力抗疫、脱贫攻坚、乡村振兴。同时开展艺术交流活动和培训,促进全市艺术健康发展。

（王善库）

【美术书法活动】 2020年,桂林市第

三届青少年书画大赛由桂林美术馆举办，围绕抗击新型冠状肺炎疫情、脱贫攻坚、乡村振兴主题进行征稿，共收到中小学生作品1.3万件，评选出书法一等奖57名、书法二等奖101名、书法三等奖181名，绘画一等奖48名、绘画二等奖73名、绘画三等奖213名。2月，桂林市美术家协会举办抗疫美术作品展，展出作品60余件。5月1日，组织7名画家在漓江郡府举办画展，并义务为市民书写书法作品。6月14日，由桂林市美术家协会与桂林市甑皮岩博物馆共同承办的"走进甑皮岩　寻找万年智慧圣地　桂林美术作品展"在甑皮岩博物馆展厅开展。10月，由广西美术家协会、桂林市文联和雁山区政府主办、桂林市美术家协会、桂林理工大艺术学院和雁山区文旅局等单位承办的"2020发现雁山　广西美术作品展"在桂林市雁山区举行，共收到来稿近400件作品。10月，桂林市美术家协会主办《韦俊平写生小品展》。11月9日，由广西美术家协会、桂林市美术家协会等主办的《念兹在兹——徐家珏山水画里的乡土情怀》开展。11月25日，由桂林市美术家协会、雁山区人民政府主办的第三届"雁破长空　冬游冠岩　广西高校教师走进草坪采风活动暨作品展"采风活动启动，11月28日，在雁山草坪旅游集散中心开展。

【书法创作】 2020年，桂林市书法家协会组织会员志愿者60多人次先后到资源县、桂林市党群服务中心、临桂区金山广场、王城景区、桂林火车北站等地，为当地群众义务写春联；组织会员到凤集小学、宁远小学、保林村小学、码坪社区开展公益书法教学活动。黄家城、黄小明、黄正鹏代表桂林市书法家协会出席在资源县"塘洞红军长征文化廉政教育基地"举办的"清廉资江，你我同行"现场廉政书画创作活动。李鹏飞的作品入选"中国书法·年展"全国楷书作品展。在广西艺术展中，石云端的书法作品获奖，廖红兵、张联勇、陈燕的书法作品、蒋志宏的篆刻作品入展。年内，桂林市书法家协会组织会员参加线下、线上的抗疫系列书法作品展。2月，对"浩荡墨风战疫情——李枝有全国书法教育公益课堂群书法作品展"进行学术指导，并提交20多幅会员作品参加该展览。6月，支持书法家秦裔工举办"翰墨书香　山水雅韵——秦裔工书法作品展"。9月，组织会员交作品参加市文化广电和旅游局主办的"决胜小康、奋斗有我'2020桂林美术、书法、摄影作品展"，以艺术作品再现"乡村振兴"成果，激发全市干部群众决胜全面小康、决战脱贫攻坚的决心和信心。10月25日，市文联、市老干部局主办"澄怀观道——桂林市资深书法家书法篆刻作品展"。

【摄影活动】 2020年，桂林市摄影家协会在官方微信公众号开设《疫情影像》专栏，陆续发布推送会员记录抗击疫情的相关影像作品；在官方微信公众号开设《名家影像》专栏，陆续展示韦毅刚的《龙脊四季之美》、潘新田的《获奖作品精选》和徐贵书的《妇女节摄影作品选登》等摄影作品。桂林市社科联、桂林市纪实摄影学会组织编印画册《庚子大疫之桂林民间记忆》，画册汇编桂林市纪实摄影学会6位会员的专题纪实作品共计437幅，画册从"民间记忆"的层面，向读者全方位展示桂林地方抗击新冠疫情的历史瞬间。与资源县委组织部合作，承办"资江党旗红"党建主题摄影和微视频制作邀请赛。10月6日，中央广播电视总台直播《坐着高铁看中国》桂林专题，桂林市摄影家协会副主席韦毅刚接受中央广播电视总台直播专访，向全球观众分享和讲述了他拍摄高铁阳朔站在建成之前和之后两张对比图的过程。11月16日，应中国摄影报社邀请，协会主席滕彬率队到湖南省张家界市参加中国张家界首届世界遗产摄影大展。

【音乐活动】 2020年，桂林市音乐家协会开展文艺培训、讲座、辅导、排练等志愿服务活动50余次，服务基层群众500多人次；陆絮彬等参加由市文联组织的文艺志愿服务小分队深入兴安县溶川乡保林村开展文艺慰问活动，万苗苗等开展声乐义务培训等；组织举办全民艺术普及活动等，通过线上发布和线下培训全面普及声乐艺术。主办桂林市2020年新年合唱音乐会。年内，桂林市音乐家协会创作《是前线也是防线》《这里也是你的家》《生命的阳光》《与爱同行》《我爱你中国》《万众一心中国必胜》等歌词、歌曲33首，其中《是前线也是防线》《这里也是你的家》《我爱你中国》《生命的阳光》《万众一心中国必胜》等歌曲在"学习强国"、中央广电总台国际在线、广西文艺界、桂林文艺、桂林广电总台等展播。创作创城歌曲《文明城的文明人》《从我做起》，助力创城活动。全年共有30余首音乐作品在省级以上各类比赛中获奖或在省级以上各类刊物发表，其中独唱《等你回来》在《广西日报》客户端、人民视频、优酷视频网、腾讯视频网、桂林文艺等媒体播报，少儿歌曲《妈妈，请您放心吧》在《广西日报》客户端、人民视频、桂林市广播电台播报。范晓琴作词作曲的歌曲《爱正浓》获广西统一战线同心战疫网络文艺作品展优秀作品。歌曲《小蚂蚁了不起》《老师，你真神奇》入围2020年广西少儿原创歌曲优秀作品。

【舞蹈表演艺术】 2020年，桂林市舞蹈家协会组织广大文艺工作者拍摄抗疫舞蹈《相信有爱》，并在桂林文艺公众号发表。参与"壮族三月三·八桂嘉年华"手势舞《等你来》，助力桂林旅游复苏。组织策划致敬援鄂抗疫一线工作者文艺晚会。打造艺术精品，围绕新中国成立70周年主题，演出舞蹈作品《湘江记忆》，并在"共圆小康　奋斗有我"2020年广西舞蹈创作作品展演活动中入围终评现场展演。年内，市舞蹈家协会协调有关单位联合举办形式多样的文化活动，全年参与惠民演出30余场，其中参与大型演出有社科知识进农村暨2020年全国"两会"精神宣讲会下乡演出文艺演出，农村扶贫济困、志愿服务活动脱贫攻坚明白人有奖知识抢答宣传演出，广西首届花卉交易会开幕式演出、颁奖仪式演出，第四届全国农民体育健身大赛暨2020年广西庆祝中国农民丰收节开幕式演出、颁奖仪式演出，"第十届桂林山水文化旅游节开幕式演出"等。组织开展桂林市文化志愿者服务系列活动；精准扶贫扶智，决胜脱贫攻坚宣传活动；桂林市各级工会消费扶贫集中采购对接活动；促消费，助发展——

桂林市多场直播活动等。

【民间艺术】 2020年,桂林民间文艺家协会举办山歌、剪纸、团扇技艺培训活动,弘扬传统优秀文化。举办抗疫情山歌活动,用山歌讴歌全国人民万众一心战胜疫情的决心和白衣逆行者不畏疫魔勇于牺牲的精神。5月26日,罗友军在资源县梅溪镇组织山歌展演,共有30多位山歌手参加活动。8月27日,组织五排山歌协会在资源县车田苗族乡石山底景区举办山歌展演。11月15日,桂林市民间文艺家协会组织理事和会员,研究民间文学、民俗学、民间音乐舞蹈研究生30人到兴安县华江瑶族乡高寨村进行采风,挖掘当地独特的婚俗,使民俗文化内涵得到展现。桂林民间文艺家协会理事、广西山歌王罗友军、于润发、莫高阳发挥山歌才华,深入校园、企业展示山歌演唱技巧,以山歌歌颂祖国、歌颂桂林风光和民族团结。黎建雄利用广西歌圩协会山歌总群这个微信平台,主讲"叙事山歌的创作体会""置换身份创作叙事山歌"等内容,授众人数近1000人次。同时,在创建山歌微信群、节庆网络歌会、抗疫情专题歌会等工作中培养山歌手,创编大批山歌作品。剪纸学会在疫情期间创作大量的作品在各个媒体刊登,在《桂林日报》、桂林电视台等作专题报道。闵江红、官红燕、吴绍君等创作制作的剪纸作品获广西工艺美术天工奖银奖。

【杂技·曲艺表演】 2020,桂林市杂技家协会组织参加"2020年桂林市慰问抗疫英雄文艺演出""2020年文化和自然遗产日主场城市活动开幕式""全国农民体育工作现场会""第十届桂林国际山水文化旅游节"等演出活动。桂林弹词、广西大鼓、广西文场等曲种节目随《桂林有戏》进国家大剧院参加"非遗展示周活动"演出2场。与桂林剧协联合举办首届桂林戏曲、曲艺青年演员大赛,比赛参演剧目27个,展示了桂剧、彩调、曲艺艺术深厚的文化底蕴和独特的文化魅力,展现了桂林新一代戏曲、曲艺接班人青春靓丽的艺术风采,广西文场《白蛇拜斗》《拷红》、广西大鼓《劫刑车》、桂林弹词《爽神汤》、快板《桂林的山》、桂林渔鼓《吉鸿昌戴牌》《五分钱》获奖。12月10日—13日,荔浦市承办第二届广西曲艺展演和中国曲艺家协会曲艺名家新秀"送欢笑"走进荔浦专场演出,来自广西各地的22部优秀作品、200多人登台献艺。广西文场《帆过漓江天地红》作为优秀节目受邀分别参加中国曲协第三届西部优秀曲艺节目展演、在北京举办的"向祖国和人民汇报"——庆祝中国曲协成立70周年优秀曲艺节目展演周少数民族曲艺专场演出、第十一届中国曲艺牡丹奖全国曲艺大赛;广西文场《象山水月》参加第二届广西曲艺展演,获最佳节目奖。桂林弹词《爽神汤》参加第二届广西曲艺展演,获最佳表演奖;参加第十一届中国曲艺牡丹奖全国曲艺大赛,获节目奖入围。桂林渔鼓《开箱》参加第十一届中国曲艺牡丹奖全国曲艺大赛,获文学奖入围提名。张佳曦参加第十一届中国曲艺牡丹奖全国曲艺大赛,获表演奖入围。 (黄正鹏)

公共文化

【概况】 2020年,桂林城市文化旅游服务中心"桂林有礼"会客厅建成投入使用。全市完成村级公共服务中心建设287个,全市181个公共图书馆、公共博物馆、公共美术馆、文化馆、文化站,对公众实施零门槛免费开放。第八届自治区基层群众文艺汇演在桂林市举行,桂林市选送节目获一等奖2个、二等奖3个、三等奖3个。举办第41届桂林市"漓江之声"群众文化活动、《大美桂林》——桂林市第三届青少年书画大赛、"决胜小康 奋斗有我 2020年桂林美术书法作品展"等,丰富群众文化生活;开展文化惠民演出、戏曲进校园、戏曲进乡村等公益演出86场,观众8万人次。桂林图书馆新增藏量2.77万种8.02万册,馆藏总量达343万册,全年接待读者310余万人次,借阅书刊342余万册次,数字资源总量154.18TB。

【《漓水印画》演出】 2020年12月8日,第十届桂林国际山水文化旅游节在桂林大剧院开幕,桂林市的文艺工作者利用高科技手段、现场舞台技术,以桂林的诗、词、画为文化符号,演出《漓水印画》,带领观众走进桂林文化历史现场。《漓水印画》由《馨香八桂》《曲水流觞》《桂海碑林》《梅瓶遗粹》《情系漓江》等5幕组成。整个演出以漓水文化为背景,融入桂林特有的历史传说、陶艺、诗词、山水画、碑文、梅瓶、历史名人等文化元素。循着历史的足迹,用"水"作为线索,演出讲述了桂林文化从远古到现在的发展与繁盛。借助现代高科技舞台特效技术,文艺工作者们以千年流传于桂林的诗、词、画为文化符号,以高度的文化自信"遥接文化之源,采撷文化之珠",用写意的手笔,营造出一场奇幻绚丽、生动感人、美轮美奂的具有文化内涵又不失视觉美感的艺术盛宴。

【第15届中国－东盟文化论坛在桂林举办】 2020年12月8日,由文化和旅游部、广西壮族自治区人民政府主办的第15届中国－东盟文化论坛在桂林市举办。东盟各国文化部门、中国－东盟中心及东盟各国驻华使领馆的嘉宾通过线上、线下相结合的形式出席论坛大会。该次论坛以"文化遗产的保护、传承与旅游开发"为主题,旨在推广中国与东盟各国文化遗产保护与传承的实践经验,探讨文化遗产与旅游业之间的关系以及融合发展的形式及路径,展望中国与东盟开展文化遗产交流与合作的愿景,助推中国与东盟各国文化共同繁荣,助力构建更为紧密的中国－东盟命运共同体。

【开展"戏曲进校园"活动】 2020年,桂林市在中小学开展"戏曲进校园"活动,有序地推动和传承桂林戏曲文化,促进桂林戏曲文化振兴与发展,形成具有桂林特色的戏曲文化传承与保护新局面。6月4日,由市戏剧创作院张娜、秦志平表演的彩调《刘三姐·船歌》拉开2020年桂林市"戏曲进校园"活动走进桂林市清风实验学校专场活动序幕。桂剧《拾玉镯》选段、把子功展示、戏曲脸谱展示、戏曲水袖功展示等现场教学互动历时6天,临桂中学、市第五中学、桂林中学(解西校区)、市飞凤小学、市榕湖小学分校等6所中小学校师

生共享经典彩调《刘三姐·船歌》、桂剧《拾玉镯》选段、广西文场《咏桂林》等桂林曲艺文化大餐。 （王善库）

文化产业

【概况】 2020年，桂林市持续推进融创文化旅游城、漓江歌剧院、全州大碧头国家旅游度假区、秀峰凤凰山水·逸境、雁山益田民国风情小镇、雪松（漓江）文旅小镇等健康和文旅产业项目落地建设。文旅产业招商工作丰硕，项目签约总投资超286亿元。自治区层面统筹推进的45个重大文旅项目完成投资64.6亿元。

【文化产业示范基地建设】 2020年，桂林市推荐6家文化企业参加自治区文化产业示范基地评选，推荐2家文化创意园区参加自治区文化产业示范园区评选。桂林市致和文化传播有限公司、广西师范大学出版社大学书店被命名为自治区级文化产业示范基地，广西凯丰投资管理有限公司被命名自治区文化产业示范园区。同时推荐10家文化企业参加自治区文化产业龙头企业评选，有3家文化企业获评自治区级文化产业龙头企业。

【市级文化产业示范基地复核查验】 2020年，桂林市对53家因经营管理不善或倒闭、公司类别变更或搬迁、经济下滑明显等因素的文化创意企业进行复核查验，撤销不符合条件的示范基地品牌。临桂区义江旅游开发有限公司、山花文化传播有限责任公司、七星区有木有石艺术品有限公司、桂林三源会展有限公司4个单位不具备作为示范基地的基本条件。撤销上述4个单位“市级文化产业示范基地”的命名。 （王善库）

文化市场管理

【概况】 2020年，桂林市出台《桂林市旅游市场突出问题整治责任清单》《桂林市旅游市场秩序综合监管工作责任清单》《桂林市旅游市场突出问题综合治理工作考评暂行办法》《桂林市旅游市场突出问题综合治理工作考评细则》等制度，成立桂林市文化市场综合行政执法支队，加强对文化旅游市场的管理。全年检查文化经营场所7083家次，行政立案调查43件，结案38件，责令停业整顿7家次，罚款36.34万元，收缴非法出版物843册。办好桂林市第41届“漓江之声”等群众文化活动。联合举办《大美桂林》——桂林市第三届青少年书画大赛、成功承办“走读广西　桂林之旅”——走读相思埭文化体验自驾活动，打造文旅融合品牌。推进旅游公共服务设施建设，“一键游桂林”旅游综合服务平台、综合监管平台和旅游大数据中心初步建成，融入“数字桂林”建设。启动国际语言无障碍服务终端系统建设，加快实施桂林旅游中英文标识系统建设（1期），打造语言无障碍国际化旅游城市。

【桂林市文化市场综合行政执法支队成立】 2020年6月9日，桂林市文化市场综合行政执法支队挂牌成立。按照文化市场综合行政执法机构改革“同城只设一个执法层级”和县级实行“局队合一”体制改革要求，桂林市整合原桂林市文化市场综合执法支队、桂林市旅游质量监督管理所及象山、秀峰、七星、叠彩、雁山文化市场综合执法大队，组建桂林市文化市场综合行政执法支队，市文化市场综合行政执法支队由市文化广电和旅游局负责管理，为副处级参照公务员管理事业单位。分别以相关行政主管部门名义实施执法，统一行使文化、文物、出版、广播电视、电影、旅游市场领域的行政执法职责，并承担“扫黄打非”有关工作任务。同时，指导和督促完成县级“局队合一”的改革任务。

【开展文化市场专项整治活动】 2020年，桂林市围绕文化、文物、出版（版权）、广播电视、电影、旅游市场等监管领域，加大市场巡查力度，重点开展“一日游”、不合理低价游、扫黑除恶专项斗争、扫黄打非、“双打”及导游执业行为等一系列专项整治行动，规范文旅市场秩序及企业的经营行为。同时，强化重点领域和环节监管的安全监管，确保不出任何问题。通过系列的专项整治行动，严厉查处和精准打击旅游市场各类旅游违法违规行为，规范文旅市场秩序，营商环境得到进一步优化。结合疫情防控需要，坚持常态监管，开展文广旅行业安全生产宣传活动，组织春节假期、“五一”、复工复产、中秋、国庆等专项安全生产检查和重大活动、重要节日广播电视网络视听安全播出检查，全市文化旅游市场总体安全、稳定、有序。开展文化旅游市场突出问题集中百日攻坚行动、桂林市景区提升与旅游市场专项整治工作，共检查旅游经营场所4221家次，导游人员130人次，检查文化经营场所1.21万家次。受理立案投诉

2020年1月16日，全市文化广电和旅游工作暨春节假日安全和市场综合监管工作会议在市会议中心召开。
（市文化广电和旅游局供图）

案件171件，收到群众反映、咨询、举报等来电来信774件次，为游客挽回经济损失71余万元。

【加强文化市场执法机制和队伍建设】2020年，桂林市健全文化市场执法机制，实行行政执法事项清单管理制度，建立和规范文化市场综合行政执法自由裁量权基准制度，完善举报办理、交叉检查、随机抽查、案件督办、应急处置等各项工作流程，坚持有案必查、及时处置、细致处理，全力维护文化市场秩序，确保文化市场规范运行。组织全市文化市场执法人员线下全员培训10次，培训执法人员1000余人次。主要培训内容包括版权、广电、网络、文物、旅游、演出市场、娱乐市场、文书规范制作、案卷评查、移动执法等科目执法实务及案例分析。通过系列培训，执法人员办案技能及水平得到全面提升。 （王善库）

非物质文化遗产

【概况】2020年，桂林市成功承办“文化和自然遗产日”主场城市活动。桂林米粉制作技艺、恭城瑶族油茶习俗入选第五批国家级非物质文化遗产代表性项目。21个项目入选自治区级非物质文化遗产代表性项目名录；创作桂剧《燕歌行》、歌舞剧《龙脊有个金牛寨》《漓水映画》等一批优秀艺术作品。

【“2020中国非物质文化遗产整体性保护论坛”在桂林举行】2020年12月7日—8日，“2020非物质文化遗产整体性保护论坛”在桂林举行。该论坛由中国非物质文化遗产保护中心和广西壮族自治区文化和旅游厅、桂林市人民政府联合举办，旨在分享国家级文化生态保护（实验）区建设管理经验及实践成果，探讨整体性保护的模式与途径，推动整体性保护理论和实践，为国家级文化生态保护（实验）区提供智力支持和决策参考。论坛围绕“如何适应十九届五中全会对文化遗产工作提出的新要求”“如何深化对遗产整体性保护理念的认知”“如何与‘国家生态文明试验区’建设实现有效对接”等话题展开研讨。

2020年12月7日—8日，“2020非物质文化遗产整体性保护论坛”在桂林举行。
（市文化广电和旅游局供图）

【桂林非物质文化遗产体验馆落成】2020年6月13日，历时3年建设的桂林市非物质文化遗产体验馆落成典礼暨“多彩印记，礼遇非遗”主题活动举行。打造非遗美学体验展，展现非遗融于生活的生动实践。该馆总建筑面积9550平方米，其中功能展厅5093.97平方米，剧场739.87平方米，主要展出国家级和省、市级具有桂林鲜明个性特征的非物质文化遗产代表性项目，突出非物质文化遗产基地展示、传习、展演、传承。让观众可以通过文字、图片、唱本、手稿、手抄本、书籍等实物，舞台、实体店铺等大型场景的互动体验，以及声光电多媒体，全面了解各种非物质文化遗产项目的特点。

【开展非遗线上体验活动】2020年4月初，桂林市受新冠肺炎疫情影响，推出“桂林非遗”微信公众号，结合桂林山水人文的资源优势，举办以“多彩印记　云享非遗”为主题的线上系列活动。线上活动分为桂林非遗线上人文行走和非遗手作线上体验课版块。通过非遗旅游资源推介、线上体验的方式，展现桂林非遗深厚文化底蕴，彰显桂林“一城文化满城绿”城市风韵。

【开展“文化和自然遗产日”系列活动】2020年，“文化和自然遗产日”期间，由桂林市文化广电和旅游局主办、桂林市非物质文化遗产保护传承中心承办的桂林首届“非遗购物节”在东西巷历史文化街区精彩亮相。此外，桂林市通过图文展板、视频展播等方式生动展现非遗保护在“非遗+旅游”“非遗+扶贫”“非遗进校园”以及“桂派戏曲曲艺生态保护区”等方面的优秀实践，营造全社会参与、关注和保护传承优秀传统文化的浓厚氛围。整个活动期间，中央广播电视总台、《人民日报》、人民网、新华社、中新社、文旅中国等20多家主流媒体进行报道。 （王善库）

文物·博物

【概况】2020年，桂林博物馆成为国家一级博物馆，观众接待量80多万人次。全年开展社教活动32场，参与活动8000多人次，共接待社会团体95场。正阳路东巷博物馆建成对外开放，灵川县等桂北6县入选第二批全国革命文物保护利用片区，三将军殉职纪念塔和八百壮士墓入选国家级抗战纪念设施。红军长征湘江战役“一园两馆”全年接待游客298万人次。

【桂林博物馆官方微博与全国百家博物馆线上联合抗疫】2020年，桂林博物馆官方微博线加入全国340家博物馆线上联合抗疫阵营，点击量突破140万。共参与“百城行动战疫情”等抗疫专题活动10余个。桂林博物馆优质微博10余条获得《中国文博》《文博头条》转发，参加活动的文物海报也从300多家博物馆中脱颖而出，在《人民日报》文创官方微信观众号中展示，与国家博物馆、上海博物馆同步推介，同时获得10余个官方认证微博、微信观众号转发或点赞。发微博200余篇，观众阅读量突破6510万。

【桂林博物馆率先启动云游博物馆】2020年，桂林博物馆投入2000万元构建的智慧博物馆的框架，在新冠肺炎疫情防控期间发挥突出作用，第一时间通过官网、微信观众号、微博新媒体平台，投入到线上文化抗“疫”中。2月5日，陆续推出包括《靖江遗韵——桂林明代出土梅瓶陈列》等6个线上数字虚拟展厅。2月11日，启动5个展厅的线上讲解服务，线上观众量10余万人次。

【桂林博物馆推出“桂博云课堂”】2020年，桂林博物馆结合馆藏特色，开展线上社会教育活动。2月21日—3月6日，连续推出4期“宅家云上见·桂博云课堂”，包括“转折起伏道秀美”（5个板块）、“描绘勾勒品匠心”（4个板块）、“梅瓶故事之瓶上游乐园”（5个板块）、“梅瓶故事之马上高中”（4个板块）4个课题，让观众特别是未成年人以线上互动课堂的形式，了解桂林博物馆的梅瓶文化和相关知识。参与观众量1000多万人次。“5·18”国际博物馆活动周，利用网易直播、微博一直播以及桂林博物馆官方微博网络平台，在云端为广大观众解读民族文化多样性，讲解精品展览《画里人家——桂林民俗文化陈列》中的居、食、穿文化，并邀请龙胜红瑶寨阿嫂及博物馆工作人员参与互动，现场演唱红瑶山歌、表演刺绣、演示系背带等，线上观众40余万人次。

【“博物馆+”促进文旅融合】2020年，桂林博物馆采取“请进来，走出去”的方式，共举办临时展览12个，其中原创展览1个，引进展览8个，联合办展2个，社会单位办展1个。6月，以抗疫为题材的展览“我们在战疫——文博人抗击新冠肺炎疫情图片展”展出，该次展览是全国文博系统举办的第一个较为全面反映文博系统战“疫”的展览。年内，桂林博物馆对新研发的30款“青花梅瓶系列”文创产品样品进行完善，从产品本身的用材、工艺到产品包装的制作精心设计，另外16款“桂青花语”系列文创产品的设计稿进入优化阶段。全年共有7款产品参加“5·18”国际博物馆日自治区博物馆红色文化暨特色文创产品展，其中抗战文化城文物系列产品作为红色系列文创产品，入选2020年“5·18”国际博物馆日自治区博物馆红色文化暨特色文创产品展。

（王善库）

新闻出版

【概况】2020年，桂林市新闻出版局办公地址在桂林市临桂区西城中路69号，内设科室3个。年内，桂林市有广西师范大学出版集团有限公司、漓江出版社有限公司、桂林日报社、《漓江周刊》《南方文学》《社会科学家》出版单位6家，各类印刷企业210家、出版物发行单位414家。全年桂林市新闻出版局共组织开展检查印刷企业531家（次）、发行企业786家（次），立案10件；集中销毁非法出版物3.1万册（件）；落实图书售前审查3.01万个品种（次）、91万册。

【农家书屋管理】2020年，桂林市完成1300家农家书屋出版物配送、上架、更新工作。年内，桂林市新闻出版局指导和督促4个县易地扶贫搬迁安置点新建农家书屋4个，完成投资16万元，面积180平方米。组织全市中小学生开展“我的书屋·我的梦”读书实践活动。收到各类活动作品文章60篇、手绘画151张（份）、书法美术作品30多幅，选送具有特色的各类作品48篇（幅）到自治区参评，共获优秀作品等奖项16个。

【开展全民阅读活动】2020年，桂林市新闻出版局开展“爱心共接力　扶智助脱贫”为主题的系列“阅读园梦·决胜小康”“阅读点亮生活”“传承经典文化诵读活动”“百姓文化大讲坛”等全民阅读推广活动300余场（次），举办各种公益性讲座150余场（次），捐赠各类图书180万元。举行“4·23世界读书日”暨全民阅读活动启动仪式桂林分会场活动、2020“新时代乡村阅读季”全民阅读进农村活动以及“八桂特色书店”“全民阅读推广人”评选推荐活动。灌阳红色书店被自治区评为“八桂特色书店”。

【电影和版权管理】2020年，桂林市农村公益电影共放映2.02万场，完成年度放映任务数的100.47%。年内，桂林市开展打击网络侵权盗版“剑网2020”专项行动和相关宣传工作。受理、初审、上报各类著作权作品57件。

【开展“扫黄打非”专项行动】2020年，桂林市开展“清源”“净网”“固边”“护苗”“秋风”五大专项行动，对辖区内活跃度高、点击量大、未成年人接触多的重点网站、网络应用及学习类APP，组织开展摸底排查，清理各类有害信息（含网站后台拦截）1510条，拦截过滤样本（含文字、图片、视频）3种，接收处置有害信息举报投诉55条，其中向公安机关移交涉淫秽网站、APP线索7条，涉政治类有害信息2条，涉网络赌博线索3条，涉诈骗类有害信息5条，涉谣言类有害信息3条，坚决杜绝色情低俗、暴力恐怖等有害信息在网上传播。年内，全市共开展各类暗访巡查6000余人次，巡查检查出版物市场、印刷企业4000余家（次），查办扫黄打非各类案件73件，其中刑事案件3件，收缴各类非法出版物近4万余件。

【桂林新华书店品牌建设】2020年，桂林市新华书店有限公司做好免费教材征订发行工作，确保“课前到书，人手一册”；深挖非免费教材市场潜力，提高非免费教材征订率；理顺教学辅导发行渠道，逐步规范教学辅导发行秩序，扩大市场份额。桂林市新华书店有限公司举办朗读者活动、阅读分享会、文化沙龙、文化讲座、亲子阅读等活动。桂林书城主办或承办艺术画展12场，新华公益大讲堂开讲9场；与桂林市广播电台城市之声977联合推出每月1次的“漓江书屋”栏目等“走出去”主题阅读推广活动30余次。年内，桂林市新华书店有限公司完成“灌阳红色书店”，桂林医学院、桂林中学、全州高中校园书店，全州县绍水镇乡（镇）网点，永福县公司仓库及办公室等项目建设。共增加营业面积4000平方米，各项经济效益和社会效益取得双赢。投资2.85亿元，总建筑面积5.52万平方米的新华·漓江文化广场项目开工，象山书房成功签约。（李玲）

【桂林日报社】 2020年12月28日，桂林日报社办公地址由桂林市秀峰区榕湖北路1号搬迁至桂林市临桂区山水大道49号。内设机构28个，主办有《桂林日报》《桂林晚报》《体坛导报》、桂林生活网和新闻资讯客户端(APP)“第一时间”、微信公众号“桂林晚报”及“桂林晚报微博”，另有参股公司3家。全年该社经营总收入5000多万元。4件作品获2019年度广西新闻奖二等奖、1件作品获三等奖。

年内，该社在《桂林日报》《桂林晚报》、桂林生活网（“两报一网”）和新媒体上，开辟栏目130多个。做好习近平新时代中国特色社会主义思想、中共十九大精神、弘扬社会主义核心价值观、抗击新冠肺炎疫情、脱贫攻坚和乡村振兴、创建全国文明城市、重大项目建设、重大中心工作和关注民生等宣传报道，刊发文章1万多篇。

2020年，该社在“两报”刊发抗击新冠肺炎疫情的稿件、图片逾5800多篇（幅）；在微信公众号“桂林晚报”发布稿件约5000条，总阅读量约6100万；在报社新媒体中心旗下的头条号，共发布稿件2500多条，总推荐量超10亿次，总阅读量5000多万；视频直播超40场，点击量超500万人次。在桂林生活网累计发布疫情防控和复工复产稿件2286篇，阅读量358万；抖音发布90条视频，浏览量2300万；视频直播47场，累计吸引超过1000万人次浏览观看。

年内，该社抽调采编人员在“两报一网”和新媒体上开辟“上下齐心　再鼓干劲　全力冲刺　坚决打赢创城攻坚战”等10多个栏目，策划推出聚焦创城“难关”等系列报道，撰写系列评论员文章，展现创城工作亮点，并坚决曝光和批评影响创城工作的不文明现象和行为等，共发稿1300多篇（幅）。

2020年，该社在“两报一网”和新媒体上，开辟“决胜全面小康　决战脱贫攻坚”“决战决胜走基层　总攻之势大采访——千名记者一线行”等专栏专题，对脱贫攻坚战进行全面宣传报道，刊发《以脱贫攻坚总揽经济社会发展全局　扎实做好“六稳”全面落实“六保”》《精准助力　让健康扶贫在老区》《阳朔红莲村破“茧”成蝶》等报道共1304篇（幅）。

年内，该社在“两报一网”和新媒体上开辟专栏，聚焦宣传桂林市各级各部门助力文旅复苏的情况。在《桂林日报》开辟“拥抱春天——旅游复苏进行时”专栏，该社新媒体在全国媒体中首批推出大型直播公益活动——“桂林挺你”。直播活动走进秀峰区、七星区、叠彩区和临桂区，100多万网友围观，直接带来3.30万单的成交量，交易额3亿多元。

2020年年初，《桂林日报》记者发起“国家有难，记者请战”公益志愿行动。在40天内，《桂林日报》和该社新媒体记者、编辑10余人及时跟进推送近10条活动消息。吸引来自广西、广东、日本、英国等地500多名志愿者加入，收到社会各界踊跃捐款17万余元。采购全封闭二级医疗护目镜600个、手套3万只、测温枪25把、防护服1000件、口罩2万余个医疗物资，无偿捐赠给南溪山医院、桂林市第三人民医院、桂林医学院第二附属医院、湖北省黄冈市中心医院、秀峰区和七星区疫情防控指挥部。

年内，面对全国纸媒经营大幅下跌的严峻形势，该社通过抓思想教育、完善制度、加强管理、狠抓活动策划等措施。推出“决战决胜扶贫攻坚”“桂林·挺你”、祝贺桂林市荣获全国文明城市巡礼、房车节等重要策划活动。

【桂林生活网】 2020年，桂林生活网(Guilinlife.com)为桂林日报社控股的三新网络传媒有限责任公司旗下网站。桂林生活网注重互联网传播新技术的应用开发，该网站自有平台桂林生活网、桂林生活网微信公众号、微博、“8号大院”客户端(APP)、桂林生活网直播平台等拥有大量用户。年内，网站重点开发国内网络强势平台运用和短视频，拥有头条号、抖音号、百家号、企鹅号等平台账号，头条号、抖音号粉丝超100万，每月平均点击量超2亿。年内，该网站获中国地市新闻网联盟授予的“全国地市主流媒体视频直播影响力十强奖”、中国城市新闻网媒联盟授予的“《战疫日记系列报道》抗疫优秀奖”荣誉。桂林生活网成为广西网络媒体前三强，综合覆盖用户共计300万。（吴文）

2020年12月28日，市委书记赵乐秦（中）出席桂林日报社搬迁揭牌仪式并为桂林日报社新址揭牌。（何平江摄）

【广西师范大学出版社集团有限公司】2020年，广西师范大学出版社集团有限公司共出版图书2901种，下降12%；集团造货码洋17.03亿元，下降5.17%；发行码洋17亿元，与上年持平。年内，在百道好书榜2020年9大类入选书单前100家出版单位中，广西师范大学出版社集团有限公司以入选38种居全国出版单位第二名、大学出版社第一名；《宋仁宗：共治时代》等多本图书入选百道好书榜2020年度人文榜等多个榜单。《大宋之变》入选《中华读书报》年度十大好书等多个重要榜单。《人间消息》《檐上的月亮》获第十二届少数民族文学创作骏马奖。《报章里的改革史》《美沙酮门诊》入选2020年全国农家书屋推荐目录。

2020年，广西师范大学出版社集团有限公司连续7年入选中国图书海外馆藏影响力全国20强，居全国大学出版社第一名。在出版图书总被引频次上，集团全学科排名位居大学出版社第十名，艺术学科位居全国出版社第二名。在行业代表性的“深圳书城选书”100期1000种榜单图书总评中，集团入选总数位列全国出版社第二名。在期刊板块中，核心期刊保持稳定，刊物影响力不断提高。全年图书、期刊入选国家级等出版项目保持稳定。其中，入选国家出版基金项目2项，国家古籍整理出版资助项目3项，国家社科基金中华学术外译项目2项，民文资金资助项目2项，农家书屋重点出版物推荐目录7种。高品质图书项目持续发力，《奇趣百科》入选中国优秀科普期刊目录，《出版广角》有10多篇文章被中国人民大学复印资料、《新华文摘》全文转载。《规划师》杂志在建筑科学领域的影响力进一步提升，并获2020年“广西十佳科技期刊”称号；《作文大王》也入选了“2020年中国精品期刊展”。12月10日—11日，广西师范大学出版社集团在第七届全国书业社店营销实务对接会全国书业抗疫“逆行勇进·社会责任”推展发布礼以及2020全国书业“社店营销”推展发布礼与颁奖典礼上，获得营销金案、最受欢迎公众号、发行英杰、新锐主播、创新营销人、优秀营销案例7项奖。

10月17日，广西师范大学出版社集团在广西师范大学王城校区国学堂举办“秀峰文学论坛”系列文学活动。人民艺术家、原文化部部长王蒙视频连线参加活动，中国作家协会副主席李敬泽，原国家新闻出版广电总局副局长、中国出版协会常务副理事长邬书林，中国出版集团前总裁、中国韬奋基金会理事长聂震宁等作家、文学评论家、学者出席活动。（李植宇）

【漓江出版社有限公司】2020年，漓江出版社有限公司生产图书326种，减少147种。其中，新书177种；再版重印书149种，重印率45.71%。总印数291.44万册，下降22.43%；总生产码洋9438.86万元，下降25.46%。全年图书销售收入3534万元，合并净利润8万元。年内，《丝路译丛第二辑·亚历山大之旅》入选2020年度国家出版基金资助项目；《大鱼、小鱼和虾米》（爱沙尼亚语）入选2020年丝路书香工程项目；《医路长行》入选2020年广西壮族自治区党委宣传部“思政读书季”推荐目录，被评为广西防疫抗疫优秀出版物；《诗如许，广西如许》《唯有山川可以告诉》获第六届“中华宝石文学奖”；《洗漱间的奥秘》入选2019年度“爱阅童书100”；《千家诗》《诸子百家之成语故事》《谈美》等34种图书入选教育部中小学生阅读指导书目；《大桥》《去额尔古纳的几种方式》《给孩子的京剧》入选2020年农家书屋重点出版物推荐目录；《玫瑰之路》《佛陀的容颜》《带猎犬的女子》《对话博尔赫斯》《茫茫黑夜漫游》《七个被绞死的人》等一大批图书登上各类图书榜单；《风光长乐》《2018中国年度中篇小说》《专史》在广西壮族自治区出版物印刷产品质量送样检测工作中，被认定为优等品。11月27日，漓江出版社有限公司在桂林本部举办庆祝成立40周年系列活动。期间举行社庆文集《漓江的品格》新书发布和新版《桂系演义》出版签约仪式。

2020年，漓江出版社有限公司坚持在线上与各电子书平台合作，在维持常规推广外，开展丰富多彩的联合定制推广活动，并取得一定效果。《查拉图斯特拉如是说》《我减掉了五十斤！》分别获“2019年度好书盘点”年度最热哲学图书、“品质阅读年榜”2019年知识类优秀作品。此外，漓江出版社有限公司联合喜马拉雅、懒人听书、畅读、荔枝微课、蜻蜓FM、网易云课堂等知识服务平台，以“直接收听”“领券收听”“免费领取会员畅听”3种方式，向全社会限免开放43张音频专辑，近2200集好声音，以“宅时有料，万事不方”为宗旨，声援抗疫。共在喜马拉雅FM、畅读、荔枝微课、腾讯课堂、网易云课堂、中国知网、为你读诗、京东等平台新上线专辑47张，音频2108集，视频14集。

2020年，受新冠肺炎疫情影响，漓江书院对全年运营思路和计划进行调整，做好线上读者社群维护，并为复工复产做好准备，配合防疫，整合资源，开展图书团购业务，提供多元化的

2020年10月17日，广西师范大学出版社集团有限公司举办“秀峰文学论坛”系列文学活动。
（广西师范大学出版社集团有限公司供图）

图书项目服务。漓江书院为加快推进线上与线下的融合发展，新增线上活动板块，其中有与全国书店共同合作的项目，如星夜联航计划、书店燃灯计划、文化客厅等；也有书院自主开发的漓江成长课堂之PPT线上训练营、漓米识堂线上直播等，全年共计开展线上活动40余场。12月25日，漓江书院·童书馆（万科长虹路店）试营业。

2020年，漓江出版社有限公司立足本版图书版权输出的基础，与语言桥翻译集团、北京汇瑞乐文文化传媒有限公司、中兴学人（伦敦）出版有限公司等国内第三方机构，以及俄罗斯、意大利等国外的出版机构的合作，共实现《春心》《复活的玛纳斯》《水墨戏剧》《灵渠》等22种图书的版权输出。其中，《大鱼、小鱼和虾米》（爱沙尼亚语版）入选2020年丝路书香工程，《长江边的传说》（英文版）获广西出版传媒集团2019年优秀“走出去”出版物，《卖炭翁》《雷神》《长发妹》入选“中国书架”中央企业项目。中国少数民族文学精品对外翻译精品出版工程（广西卷）获2020年度广西壮族自治区本级文化产业发展专项资金的扶持。

2020年2月16日，漓江出版社有限公司将4000册图书捐赠到武汉方舱医院的医护人员和病人手中，得到人民网、新华网、《中国新闻出版报》《广西日报》、广西电视台、新浪读书等多家媒体报道。漓江出版社有限公司联合40余家媒体（公司）开展“抗击疫情，共克时艰——抗疫文学作品和研究文章征集”活动，围绕文学书写生活、文学书写时代、文学书写平凡人的不平凡事迹，为“抗疫”发声，向英雄致敬。（秦瑜蔓）

广播电视

2020年11月，桂林广播电视台由桂林市象山区安新北路1号搬迁至桂林市临桂区公园北路1号桂林文化广电大厦办公。（陈浩摄）

【概况】 2020年，桂林广播电视台由桂林市象山区安新北路1号搬迁至桂林市临桂区公园北路1号桂林文化广电大厦，内设机构25个。年内，桂林广播电视台安全播出时间3.98万小时，其中广播安全播出时间1.92万小时，电视安全播出时间1.96万小时，全年安全播出零事故。年内，广播《桂林新闻》播发稿件3622篇，电视播放新闻（含转播）4317.16小时。中央电视台共播出关于桂林的新闻147条，其中新闻联播17条，广西电视台播出673条。广播在中央台播发稿件12篇，在广西台播发稿件74篇。桂林广播电视台加强意识形态工作，讲好桂林故事，传播桂林声音。

【做好宣传报道】 2020年，桂林广播电视台开展“疫情防控”“复工复产”“创建全国文明城市”“决战决胜脱贫攻坚”等主题宣传报道，助推各项工作开展。其中，“疫情防控、脱贫攻坚”广播新闻报道300多条，电视新闻及专题800多条，电视专栏400多条。常设专栏《创城为民　创城惠民》等10多个电视专栏和《战“疫”在路上》等12个特色广播节目保持不间断报道，取得良好的宣传效果。年内，电视台《桂林新闻》栏目编辑组被授予广西三八红旗集体。桂视网完成网络直播46场，完成自治区“脱贫感党恩　奋进新起点”考察活动等4次随行广播直播任务，参与完成“脱贫感党恩　奋进新起点”巡回故事会的策划导演和短视频网络宣传任务。

【对外宣传展树桂林形象】 2020年，桂林市报送的新闻在广西广播电视台各栏目共播出673条，其中《广西新闻》169条。在中央电视台各栏目共播出电视147条，其中《新闻联播》17条。在广西台广播主要栏目发稿74篇，头条6篇；在中央电视台播出广播稿件12篇。上稿量均居自治区前列。年内，特派新闻记者采访全国“两会”，与浙江卫视联合举办当季《奔跑吧》全球发布会，作为协办方参与筹办第二届中国－东盟电视周工作，为宣传大美桂林增添色彩。

【参加创建“全国文明城市”工作】 2020年，桂林广播电视台通过广播、电视、桂视网以及微信公众号“桂林头条”等多种渠道密集播出公益广告，开设《习语金句》《文明说》电视栏目，提高市民的知晓度。编印《桂林广播电视台2020年网报材料》，完成创建“全国文明城市”网报材料的收集整理上报任务。桂林广播电视台策划制作播出“理想信念”“传统美德”等广播电视、新媒体主题公益广告96条，为创建“全国文明城市”助力。策划制作播出抗疫公益广告85条，共计播出13.3万次。获国家广播电视总局“2019年度广播电视公益广告传播机构类扶持项目传播机构”称号。

（陈浩）

卫生健康·体育

卫生健康

【概况】 2020年,桂林市卫生健康委员会(简称市卫生健康委)办公地址在桂林市临桂区万福路与人民路交叉路口鼎晟大厦,内设科室20个。年内,桂林市推进医药卫生体制改革,完善分级诊疗制度,提升区域医疗服务能力,防范新冠肺炎疫情,推进健康扶贫,开展健康旅游示范基地建设。全市共有医疗机构4969家,其中医院82家(三级医院8家、二级医院37家、一级医院31家、未定级医院6家),社区卫生服务中心(站)44家,乡(镇)卫生院143家,门诊部40家,诊所、卫生所、医务室1418家,村卫生室3114家,疾控中心14家,妇幼保健院13家,急救机构1家,采供血机构4家,卫生监督所18家,计划生育服务机构65家,其他13家。全市医疗卫生机构实有床位数2.70万张,每千常住人口床位数5.28张;执业(助理)医师数1.44万人,每千常住人口执业(助理)医师数2.92人;注册护士数1.87万人,每千常住人口注册护士注册数3.79人。

【医药卫生体制改革】 2020年,桂林市建立健全医药卫生体制改革组织领导体制,完善工作推进机制。推进分级诊疗制度建设,全面整合改革资源,将辖区内市直、县域、驻桂林公立医院及医学院校纳入医联体建设体系,结成共同体,优化改革资源;培育紧密型县域医共体建设示范点,实现县域内分级诊疗规范化。开展现代医院管理制度建设,市属所有三级公立医院开展复评,各县(市、区)卫生健康行政部门开展辖区内二级及以上公立医院复评。开展医疗卫生服务领域“就近跑一次”改革,将二级医院药房下放至乡(镇)卫生院,方便群众取药就医。建设桂林市公立医院绩效考核平台,出台《关于实施桂林市二级及以上公立医院绩效考核方案的通知》,健全绩效考核评价体系,加强制度约束,合理运用考评结果;建立配套长效激励机制,将公立医院建设情况与医改“以奖代补”资金挂钩。9月25日,国家卫生健康委在桂林市召开紧密型县域医共体建设片区经验交流会,全面推广桂林市改革经验;10月12日,自治区卫生健康委在桂林市恭城瑶族自治县召开自治区紧密型县域医共体现场会,市卫生健康委在会上作典型发言,介绍桂林市全面推进医共体建设的主要做法及成效。全面实施2018年版国家基本药物目录,桂林市三级、二级、基层医疗卫生机构的国家基本药物配备使用金额占比均达到政策要求,分别为29.93%、36.86%、63.01%。

【医疗服务】 2020年,桂林市提升区域医疗服务能力,改善医疗服务质量,全市所有三级医院均实现分时段预约诊疗服务,预约时段精确到30分钟,门诊预约就诊率超过50%。继续完善医疗质量控制体系,共成立质量控制中心26个。加强市级临床重点专科建设,经评审确定心胸外科、临床药学、健康体检、医学影像、医学检验5个专科15个单位为2020年市级临床重点专科建设项目单位。完善护理常规和技术规范,开展优质护理服务工作。推进无偿献血及血液安全管理,全年累计采血4.97万人次,采血量17.27吨,桂林市连续9次获“全国无偿献血先进市”称号。

【爱国卫生】 2020年,桂林市持续开展创建和巩固卫生城镇工作,资源县、恭城瑶族自治县、龙胜各族自治县、平乐县、灌阳县和荔浦市被命名为自治区卫生县城(城市),全州县、兴安县、灵川县通过自治区卫生县城复审

2020年10月12日,自治区紧密型县域医疗卫生共同体现场会在桂林市恭城瑶族自治县召开。
(市卫生健康委供图)

检查。全市共有17个乡（镇）、48个村和33个单位被分别命名为自治区卫生乡镇（村屯、单位），3个自治区卫生乡（镇）、107个自治区卫生村和70个自治区卫生先进单位通过复审检查。阳朔县启动创建国家卫生县城（2020—2022年）工作，9个乡（镇）申报创建国家卫生乡（镇）（2020—2022年）。组织15个乡（镇）、41个村（社区）、30个单位开展健康乡（镇）、健康村（社区）、健康单位（企业）的建设。2月，举办返岗复工健康知识讲座进企业活动，并通过“桂林健康”公众号及时向市民和职工宣传健康知识。3月，全市启动抗疫爱卫“五大清洁行动”，构筑起群防群控的人民防线。4月，在全市组织开展第32个爱国卫生月活动，组织全市各县（市、区）开展以“防疫有我·爱卫同行”为主题的爱国卫生活动。

【病媒生物预防控制】 2020年，桂林市组织开展春夏、秋冬病媒生物防制活动，控制“四害”密度，防范新冠肺炎疫情与登革热等虫媒传染病叠加风险。4月26日，在桂林电视台《身边》栏目播放《除四害工作不可忽视，家庭预防是关键》节目，邀请专家现场讲解家庭除“四害”的方法，并通过“桂林健康”公众号推送，提高市民“四害”防制意识，控制病媒生物疾病传播风险。5月，举办2020年病媒生物防制技术视频培训班，主会场、分会场共计1500余人通过视频会议参加培训。全年，桂林市爱国卫生运动委员会办公室（简称市爱卫办）采购灭鼠毒饵40吨、灭鼠蜡块2吨、灭蟑烟剂10万枚、灭鼠毒饵盒5000个、灭蚊蝴药品500千克，组织各城区招标专业消杀公司进行春秋两季公共场所除“四害”投药消杀工作。在3个街区和1个办公场所安装太阳能灭蚊灯28盏，在65个市政公厕和141个旅游公厕内安装室内灭蚊蝇灯520盏。各县（市、区）完成辖区的春夏及除“四害”投药活动。

【疾病预防控制】 2020年，全市法定报告传染病发病率581.92/10万，无甲类传染病报告。为95.73万名适龄儿童提供第一类疫苗免费接种，共接种112万剂次，免疫规划疫苗报告接种率99.47%，连续28年无脊髓灰质炎野病毒病例，连续35年无白喉病例，连续5年无麻疹病例。15岁以下人群乙肝发病数连续11年下降，风疹、甲肝、乙脑等发病率均维持在较低水平。结核病发病率51.52/10万，肺结核治疗成功率89.52%，患者总体到位率96.67%，重大传染病得到有效防控。健康素养水平逐年提高，健康素养知晓率为18.91%；市区新增25个健康生活方式行动示范单元，巩固促进3个国家级和自治区级的慢性病综合防控示范区建设，居民健康状况明显提高。

【艾滋病防治】 2020年，桂林市完成艾滋病防治“十三五”行动计划3个90%目标任务（诊断发现比例96.2%，病毒抑制率98.25%，抗病毒治疗覆盖率91.10%）。完成自治区第二轮防治艾滋病攻坚工程（2015—2020年）终期评估，八大专项工程取得实效，形成符合桂林市实际、具有地方特色的艾滋病防治工作模式。首次在桂林市辖区内的7个高校组织举办“知艾防艾、健行青春”宣传月系列活动，吸引10万余名师生参与。在恭城瑶族自治县、灌阳县、全州县创建14个农村防艾示范村（镇）。在荔浦市创建中学生禁毒防艾宣传教育基地。年内，全市有8个防治艾滋病志愿者组织（项目）获国家或地方政府资金支持。通过“一站式”服务措施，解决患者及其家庭的实际困难，关怀救助比例100%，全市798名建档立卡艾滋病患者全部脱贫。全年报告现存活艾滋病病毒感染者和病人共计14062例，累计报告死亡5152例。全市27个国家级和自治区级哨点正常运转。艾滋病患者随访管理率94.21%，配偶或固定性伴的艾滋病检测比例为91.05%，单阳家庭接受抗病毒治疗比例为95.5%。

【妇幼卫生保健】 2020年，桂林市住院分娩活产数4.17万人，住院分娩率99.99%；孕产妇死亡率9.58/10万，婴儿死亡率2.57‰，5岁以下儿童死亡率4.96‰。全市婚前医学检查4.20万人，婚检率99.65%；产前筛查人数2.44万人，筛查率87.70%；新生儿遗传代谢病筛查人数4.14万人，筛查率99.27%；新生儿听力筛查人数4.15万人，筛查率99.42%。实施母婴安全行动计划，落实母婴安全制度，建立桂林市产科质量控制中心，加强市、县两级医疗保健机构危重孕产妇和危重新生儿救治网络的建设和管理，评审通过20家县级危重孕产妇救治中心和18家县级危重新生儿救治中心。开展妇幼保健机构等级评审和绩效考核工作，加强妇幼保健机构能力建设，推进妇幼保健机构基础设施建设，持续完善妇幼保健服务模式，市妇幼保健院通过自治区三级妇幼保健机构等级评审，全市有二级妇幼保健院11家，国家级母婴安全示范单位2家（桂林市妇幼保健院、桂林医学院附属医院），国家级无痛分娩试点单位2家（桂林市妇幼保健院、桂林医学院第二附属医院），自治区级儿童早期发展示范基地2家（桂林市妇幼保健院、灵川县妇幼保健院）。推进妇幼医联体和专科联盟建设，基层医疗保健机构妇幼健康服务能力得到显著提升，在恭城瑶族自治县建成自治区首个三二一妇幼专科联盟，在全州县、阳朔县、灵川县、平乐县开展妇幼医联体和专科联盟建设工作。探索县域内妇幼保健资源集约整合，将龙胜各族自治县人民医院、妇幼保健院的妇产科、儿科业务资源优化整合，降低机构管理成本，避免重复投资建设。

【基层卫生】 2020年，桂林市共有3个社区卫生服务中心（秀峰社区卫生服务中心、叠彩社区卫生服务中心、南门社区卫生服务中心）达到“优质服务基层行”国家推荐标准，南门社区卫生服务中心通过二级综合医院评审，全市原12类基本公共卫生服务项目主要目标任务全面达标。全市居民电子健康档案建档率90.95%，适龄儿童国家免疫规划疫苗接种率保持在95%以上，0岁—6岁儿童健康管理率95.2%，孕产妇系统管理率95.02%，65岁以上老年人健康管理率74.28%。高血压患者管理人数30.86万人、高血压患者规范管理率85.58%；2型糖尿病患者管理人数9.93万人、2型糖尿病患者规范管理率86.04%。老年人中医药健康管理率70.9%、儿童中医药健康管理率83.59%。严重精神障碍患者规范管理率91.88%,肺结核患者管理率99.67%,传染病和突发公共卫生事件报告率100%。桂林市为常驻居民提供家庭医生签约服务225万人。

【健康扶贫】2020年,桂林市落实“198”兜底保障政策(对未脱贫户及2年扶持期内脱贫户参保个人缴费部分财政补助比例提高至100%;建档立卡贫困人口中未脱贫贫困人口、2年继续扶持期内脱贫人口,按规定就医的,住院医疗费用实际报销比例提高至90%,门诊特殊慢性病符合规定的门诊医疗费用实际报销比例提高至80%)。全市建档立卡贫困人口应参保40.99万人,实际参保40.99万人,参保率100%;建档立卡贫困人口住院7.46万人次,门诊特殊慢性病就诊26.51万人次,符合兜底条件的建档立卡贫困人口住院和门诊特殊慢性病门诊费用实际报销比例分别达到90%和80%。推进贫困人口门诊特殊慢性病卡办理及待遇享受,累计为7.49万名贫困人口办理门诊特慢病卡。一张发票或结算单上体现“基本医保、大病保险、医疗救助、兜底保障”四项待遇,实现全市公立定点医疗机构“一站式”服务“一单制”结算,实现村级医保费用直接结算全覆盖。为全市1622个村卫生室安装“村医通”设备。推进项目建设,确保贫困群众有地方看病。纳入基本医疗保障战役项目的5个县级公立医院业务用房项目全部开工,39个乡(镇)卫生院和133个村卫生室项目全部完成,实现全市乡乡有标准化卫生院、村村有标准化卫生室的目标。加大基层医疗卫生人才培养配备力度,确保贫困群众“有人看病”。桂林市所有县、乡、村公立医疗机构按规定配备医师,全市招收村卫生室订单定向医学生277人、农村订单定向医学生137人,向基层医疗机构输送应届医学生本专科毕业生121人。扩大农村建档立卡贫困户县域内“先诊疗、后付费”政策覆盖面,将大病病种从21种扩大至30种,重新确定市级定点医疗机构,累计救治大病贫困患者10048人,救治率99.48%。贫困人口签订家庭医生签约服务协议40.8万人,签约率100%。

【卫生监督】2020年,桂林市开展疫情防控卫生监督工作,组织全市卫生监督机构对各级医疗机构和疾控机构的预检分诊、发热门诊、隔离病区现场、医疗废物、实验室生物安全、病房隔离、救护车、人员防护、密切接触者集中隔离观察点、各保健机构、宾馆、饭店、车站、机场、学校、企业等进行检查,共出动监督员1.13万人次,检查各类单位1.32万个次,排查各类存在问题及疫情隐患单位2845个,下达《卫生监督意见书》3917份,查处传染病防治案件198件,罚款28.34万元。建立桂林市医疗卫生行业综合监管协调机制,由桂林市卫生健康委、市委组织部等28个单位组成,年内全市共查处案件715件(市本级159件),罚没款共计204.97万元(市本级73万元)。

【职业健康监管】2020年,桂林市成立尘肺病防治工作领导小组,基本建成职业健康监督执法网络,全市两级卫生健康局均设立职业健康监管机构,职业健康监管人员36人,全市卫生计生监督所均设立职业健康监管机构,职业健康执法人员54人,乡(镇)和街道协管员346人。完善职业卫生技术服务支撑体系,桂林市开展职业健康诊断的医疗机构1个,职业健康检查机构17个。建立503家粉尘危害企业基础数据库,对206家重点行业企业进行专项治理。

【人口和计划生育管理与服务】2019年10月至2020年9月,桂林市出生人口43150人,减少7591人;出生率7.6‰,下降1.38个千分点;死亡率5.38‰,下降0.35个千分点;人口自然增长率为2.22‰,比自治区指标9‰低6.78个千分点;区间内出生人口男女性别比为107.3(女为100)。全年全市生育登记共计34405例,其中一孩登记14030例,二孩登记19830例,三孩及以上545例;再生育审批受理1707例,经审批发证1669例。在桂林市开展新一轮全国计划生育优质服务先进单位创建活动,6个县(市、区)获“自治区计划生育优质服务先进单位”称号,其中灵川县、秀峰区、龙胜各族自治县、恭城瑶族自治县获国家卫生健康委2018—2020年全国计划生育优质服务先进单位。争取国家普惠托育服务专项行动项目4个,总投资950万元。

【人口和计划生育服务】2020年,桂林市落实兑现各项奖励计划生育扶助政策,落实国家农村部分奖励扶助金5176.22万元,扶助对象3.59万人;落实国家特别扶助金3156.68万元,扶助对象2741人。落实自治区扩面扶助金4035万元,扶助对象5.60万人;落实广西城镇居民独生子女父母年老奖励金1290万元,扶助对象8273人;落实广西一次性奖扶项目221万元,奖扶对象3133人。落实农村独生子女户、双女绝育户的子女中考、高考降分录取,享受政策4469人。加强特殊家庭扶助关怀,建立覆盖全部独生子女死亡和伤残家庭的联系人制度,定期走访慰问;开设计生特殊家庭就医“绿色通道”,将特殊家庭全部纳入服务对象,给予其在挂号、咨询、诊疗、住院、结算支付等优先服务;为所有计生特殊家庭建立个人健康档案,签订家庭医生服务协议,全市计生特殊家庭家庭医生签约率达100%。

【计划生育协会工作】2020年,桂林市计划生育协会获批成为中国计划生育协会第二批地方计生协综合改革试点单位。桂林市争取自治区计划生育协会优生优育指导中心“1+N”项目,在全州县、灵川县、阳朔县、恭城瑶族自治县建设自治区计生协优生优育指导中心,打造8个乡(镇)优生优育指导示范点,16个村(社区)优生优育指导示范点,逐步形成市、县、乡、村四级协同推进的优生优育指导服务网络。举办“优生优育健康知识进家庭”公益巡回讲座25期。依托优生优育指导中心、幼儿园、知名早教机构等在广西率先建设10个向日葵亲子小屋,为农村地区开展专业化的婴幼儿照护、儿童早期发展指导服务。1月,桂林市在中国计划生育协会第八届五次全国理事会作典型发言。9月25日,自治区计划生育协会项目现场推进会暨计生家庭系列保险培训班在全州县召开,桂林市和全州县作典型发言和经验介绍。

【推进计划生育项目建设】 2020年，桂林市争取国家及自治区计划生育关怀项目经费支持，获得项目经费共273万元。推进计划生育家庭系列保险项目，全市计划生育家庭系列保险参保26.82万份，参保金额1346万元，累计获赔付1522万元。探索计划生育特殊家庭帮扶模式，秀峰区、七星区实施中国计划生育协会“暖心家园”项目，通过开展心理疏导、精神抚慰、生活帮扶、保险保障等多元化服务，使暖心家园成为特殊家庭的心灵驿站。继续做好计划生育公益金扶(救)助工作，完成公益金审批及发放，扶助193户计划生育特殊困难家庭，发放公益金124万元。

【中医药民族医药发展】 2020年，桂林市市级中医医院有国家临床重点专科1个、国家中医药管理局重点专科3个、自治区级中医重点专科28个、市级中医重点专科12个，县级及民营医疗机构有自治区重点专科18个。桂林市有“三二一”紧密型中医医联体1个(龙胜各族自治县公立医院中医医院集团)，“三二”紧密型中医医联体2个(市中医医院与恭城瑶族自治县中医医院医联体、市中西医结合医院与灵川县中医医院医联体)。桂林建立市—县—乡上下联动的专科联盟模式，以重点专科的力量带动下级医疗机构的快速发展。市级三级中医医疗机构与县乡级医疗机构共成立专科联盟32个。年内，市卫生健康委发挥三级综合医院的龙头带动作用，实现分级诊疗“优化”和优质医疗资源“下沉”，提升专科影响力和服务能力。指导医疗机构申报非中医类别医师中医药培训基地、中医药壮瑶医药康养人才培训基地、中医药壮瑶医药院内制剂孵化基地、中医壮瑶医智慧中医医院、中药壮瑶药药膳示范基地等项目。市中医医院获批3个中药壮瑶药医院制剂质量提升项目，入选非中医类别医师中医药培训基地。兴安界首中西医结合医院骨伤丸入选广西十大中药民族药院内制剂。指导各医疗机构申报中医药科研项目，获批立项自治区中医药管理局自筹经费科研课题52项、中医药适宜技术开发与推广项目4项、国家级中医药继续教育项目2项。组织兴安界首中西医结合医院创建中医类别三级专科医院。指导桂林市中西医结合医院创建三级甲等中西医结合医院，并通过国家评审。完成平乐县、兴安县、灵川县、全州县中医医院等级评审(复评)工作。12月2日，中共桂林市委、市人民政府印发《桂林市促进中医药壮瑶医药传承创新发展实施方案》，指导中医馆建设，帮助示范性中医馆持续建设发展。

【中医药活动】 2020年，桂林市邀请全国知名老中医、教授汤一新到恭城瑶族自治县瑶汉养寿城建设桂林市脾阴学派岭南传承基地，成立桂林市中医学会脾阴学派专业委员会。11月25日—26日，第六届中国－东盟传统医药论坛在桂林市举办，采用线下实体和线上直播方式同步进行，来自中国与东盟10国国家级官员、国内外传统医药领域知名专家学者等120余名代表参会。论坛围绕传统医药与新冠肺炎疫情防控、传统医药与资源保护、传统医药与健康产业等议题开展探讨和交流，展示中国－东盟传统医药合作领域成果、中医药的发展变迁和在保护人民生命健康尤其是抗击新冠疫情中发挥的作用，推动中国与东盟及“一带一路”沿线国家传统医药实现大开放、大交流、大融合。12月11日，桂林市召开全市中医药大会，总结全市中医药工作成果，全面部署桂林市中医药传承创新发展工作。同日，在崇华中医街举办中医中药中国行——2020年广西(桂林)中医药健康文化大型主题活动，广西中医药大学第一附属医院等自治区各大医疗机构、桂林市各中医医疗单位参与活动。

【中医药与大健康产业融合升级】 2020年，桂林市推动中医药与大健康产业融合升级，鼓励中医医院、医药企业参与“定制药园”建设。桂林夕阳红养老中心获批广西第一批中医药特色医养结合示范基地，瑶汉养寿健康产业有限公司获批广西中医药文化宣传教育基地。完成5家广西中药材种植示范基地、1家广西中医药特色医养结合示范基地、2家中医药健康旅游示范基地的调研工作及“以奖代补”的绩效考评工作。组织医疗机构、企业、种植基地申报中药材示范基地、中医药特色医养结合示范基地、中医药健康旅游示范基地项目。推动中医药健康产业持续健康、绿色发展的良好态势，带动桂林市经济转型及增长。

【中医药参与疫情防治】 2020年，桂林市建立应对新冠肺炎的中西医协同机制，利用中医药深度参与新冠肺炎疫情防控，并取得明显成效。组建桂林市新冠肺炎防控工作领导小组和中医药救治专家组，统筹指导全市新冠肺炎疫情中医药预防和救治工作。制订并印发《桂林市中医药参与疫情防治工作方案》，组建全市医院的专家团

2020年11月25日—26日，第六届中国－东盟传统医药论坛在桂林市举办。
(市卫生健康委供图)

队，为中医药疫情防控工作提供强保障。支持并指导桂林市中医医院和中西医结合医院组织专家研发中药协定方，申报新冠肺炎防治中医药相关科研课题。推动中医药专家疫情会诊制，到定点收治医院开展会诊16次，组织各级中医医院应急演练31次，受训3000人次。中医药参与治疗30例，参与率93.75%。免费发放针对新冠肺炎疾病预防的汤剂约4830升、中药香包1700个，受益人员7.5万人次。

【医学科技教育】 2020年，桂林市加强继续医学教育工作，全年参加CME学习1.82万人，初级职称学分达标率78%，中高级职称达标率82%。获自治区继续医学教育项目85项。落实市级开展住院医师规范化培训工作，加强培训基地建设，有市属国家住院医师规范化培训基地3个、助理全科医生培训基地3个。加强全科医生转岗培训工作，派送43名社区卫生服务中心和乡（镇）卫生院人员参加自治区级转岗培训，组织市级转岗培训65人。全市注册（加注）全科医生1095人，达到每1万名常住人口拥有2名以上全科医生的目标。完成137名（本科医学生75名、专科62名）的农村订单定向免费医学生培养工作，完成订单定向医学应毕业生共121名（本科63名、专科58名）招聘及规范化培训。

【健康旅游示范基地建设】 2020年，桂林市推进健康旅游示范基地建设，重点跟踪项目7个，涉及温泉疗养、森林疗养、康养旅游、医养机构、中药企业等，完成年度投资9.21亿元，建成并启用全州大碧头健康旅游示范园区、恭城瑶汉养寿城、中国中药（桂林）产业园等项目。推介桂林市健康旅游项目，接待港澳台地区及自治区外考察团10余个，参加云上洽谈、电视访谈、投资峰会，召开桂林市和自治区两级新闻发布会，通过政府搭建“粤桂画廊”平台，加强与肇庆市、贺州市的区域合作，推动三地康养交流合作。获批自治区级养生养老小镇8个、推出职工疗休养基地15个和田园综合体17个，新申报广西体育旅游示范基地（项目）6个。推进健康旅游服务标准化建设，申报《养老机构老年人膳食营养指南》地方标准，推动疗养机构向养老机构转型发展，助力中国铁路南宁局集团桂林康养中心总部落户桂林。

【全民健康信息化建设】 2020年，桂林市加强全民健康信息平台建设，数据中心完成采集人口信息主索引数据1168万条，人口健康档案数据44万条，病案首页数据158万条，门诊、急诊挂号数据2575万条，门诊、急诊处方数据6179万条，门诊、急诊收费明细数据1.38亿条，住院收费明细数据2.70亿条，检验检查数据1699万条，还采集部分出院小结、手术记录、医院体检等数据。提升居民健康卡普及应用，共有206家医疗机构完成应用环境改造，批量制卡70.56万张、自助机发卡30.1万张，共完成制卡100.66万张。完成市平台实体卡和电子健康卡应用兼容改造，全市共15家医疗机构完成电子卡应用环境改造，共发放电子健康卡1.66万张，用卡6.41万次。

【卫生应急】 2020年，新冠肺炎疫情防控启动后，桂林市全力做好疫情信息报告、疫情处置等工作。每天收集县（市、区）及市直、区直医疗卫生机构的156个疫情信息数据，及时上报自治区卫生健康委。准确报送32例确诊病例的信息、267例疑似病例的信息、19例入境的密切接触者信息。及时有效处置各类突发公共卫生事件，桂林市共报告突发公共卫生事件20起，波及8104人，发病302人，死亡0人，所有突发公共卫生事件均得到及时有效处置，并及时准确上报相关应急信息。完成2020年国家文化和自然遗产日系列活动、2020年高考、全州全国农民体育运动会和桂林马拉松赛等大型活动的医疗卫生保障任务。及时做好各类突发事件的应急医疗救援，5月24日，恭城瑶族自治县栗木镇发生村民食用野生菌食物中毒事件，积极协调救治专家参与救治，19名病人得到积极救治。

【食品安全风险监测】 2020年，桂林市共采集粮食及其制品、肉及肉制品、水产品、蛋及蛋制品、蔬菜水果、婴儿辅助食品、酒类、饮料类、餐饮食品等10大类、24种食品265份，进行化学污染物和有害因素、微生物及其致病因子检测，完成检测的样品129份，其中微生物项目样品63份，化学污染物样品66份。检测数量达到自治区的规定，及时向食品安全监管相关部门反馈检测结果。全年共处置食源性疾病暴发事件7件，采集相关样品158份。对食源性疾病的及时介入处置，保障全市未发生因食物中毒引起的死亡事故。

【老龄健康】 2020年，桂林市65周岁及以上老年人纳入健康管理的人数59.6万人，管理率90.44%。参加体检的65周岁及以上人口42.9万人，体

2020年12月11日，中医中药中国行——2020年广西（桂林）中医药健康文化大型主题活动在桂林崇华中医街举行。（市卫生健康委供图）

检率65.1%。失能半失能老年人口2.3万人,失能率3.5%。患慢性病老年人口27万人,患病率40.97%。全市二级以上设立老年医学科医院17家,占比46%。市卫生健康委牵头市民政局、市财政局确定四类9个康养旅游品牌创建单位。其中,医养结合类有桂林夕阳红养老中心、七星区陶然居老年护理院,康养旅游类有恭城瑶汉养寿城、崇华中医街、全州大碧头康养旅游度假区,养老机构类有桂林魅力花园(桂林交控)国际养老公寓、象山区孝慈轩养老院,养生养老类有兴安县华江瑶族乡养生养老小镇、龙胜各族自治县龙脊镇养生养老小镇。全市共有7个单位获"全国敬老文明号"称号,11人获"全国敬老爱老助老模范人物"称号。（市卫生健康委）

体　育

【概况】 2020年,桂林市体育局办公地址在桂林市临桂区青莲路投资发展商务大厦南楼18楼,内设职能科室6个,下设直属事业单位8个(全额拨款事业单位6个,差额拨款事业单位2个)。年内,桂林市有各类体育场地9334个,其中新增体育公园3个、健身步道5条、全民健身工程村(屯)级篮球场26个、全民健身路径工程10条、配套健身器材130套。全市有业余体校15所、专职教练89人,在校学生1579人,全年向自治区以上运动队输送运动员82人,新增二级运动员65人、二级社会体育指导员370人。桂林籍运动员参加全国比赛合计获奖牌29枚,其中金牌11枚、银牌10枚、铜牌8枚。

【群众体育】 2020年,桂林市参加居家科学健身活动30余万人次,参加线上"壮族三月三"体育综合运动会、桂林女子线上马拉松等线上群众体育赛事活动40余万人次,网络点击率超过50万人次。争取中央预算资金1280万元,新建社会足球场地26个,完成足球场地建设132个。争取中央彩票公益金200万元,建设公共体育场地设施2个。争取广西乡村振兴项目7个,获补资金1580万元,建设全民健身中心1个、健身步道3条、体育公园3个。争取自治区以奖代补为民办实事项目26个,资金85万元,为8个村(屯)建设篮球场,为18个村(屯、社区)建设安装健身路径。1月18日,2020年桂林市迎新春登山跑赛暨第三届"尧山争霸"垂直爬升跑精英赛在尧山景区举行,参加比赛选手120余人。3月26日—4月26日,2020年"壮族三月三·民族体育炫"线上系列活动举行,活动开设线上体育综合运动会、线上民族体育展览馆、线上民族体育健身教学课。其中,参与线上体育综合运动会2.13万人次,网络点击率为12.11万人次;参与线上民族体育展览1.37万人次,网络点击率为1.75万人次;参加线上民族体育健身教学课1.05万人次,网络点击率为2.61万人次。5月1日,"红唇悦跑"2020年桂林市女子马拉松Swisse斯维诗线上跑启动仪式在靖江王城举行,比赛在线上进行,不限时间、地点,项目分别设置有半程马拉松、10千米、5千米,因疫情原因此次启动仪式限50名女子选手参加。5月15日,2020年桂林市救生员职业技能培训在市体育中心游泳馆开展,培训分理论教学和实际操作,参加培训50余人。7月26日,2020登尧山轻越野跑活动在靖江王陵景区举行,参加人员238人。8月18日,2020年"全民健身日"暨第十二届广西体育节(桂林分会场)在桂林市体育中心体育馆开幕,300多人参加活动。9月15日,2020年全国农民体育工作现场会在全州县召开。9月26日,"中国体育彩票杯"桂林第24届漓江漂流活动在惠济桥南码头举行,参加人员500人。10月18日,"蓝天·桃李春风"杯2020年桂林市越野跑赛在罗山湖水库区域举行,桂林市以及华南各地的优秀跑者140余人参加比赛。10月24日—25日,2020年桂林市全民健身技能培训班在桂林市体育馆举办,以线上加线下相结合的形式向学员们展示八段锦、太极气功功法及注意事项,参加培训学员约100人。10月31日—11月1日,2020年桂林市羽毛球邀请赛在桂林市体育馆举行,全市共有40支队伍、近320余名选手参赛。11月6日—8日,2020年桂林市二级、三级舞龙舞狮项目裁判员培训班在秀峰区鲁家村成功举办,参加培训人员70多人。11月28日,"漓骑2020环漓江自行车挑战赛"在桂林市华侨旅游经济区举行,赛事分200千米挑战赛与80千米体验赛,共吸引全国各地30余家骑行俱乐部602名车手参赛。12月26日,2020"中国体育彩票杯"第11届桂林市大众篮球赛市区组比赛开赛,比赛分精英组、企业组、机关事业单位组、女子组、县队组5个组别,参赛队伍46支,运动员近500人,历时13天。

【青少年体育】 2020年3月15日—24日,桂林市组织4支代表队119名

2020年1月18日,桂林市迎新春登山跑赛暨第三届"尧山争霸"垂直爬升跑精英赛在尧山景区举行。
（桂林市体育局供图）

小棋手参加"童心战役"2020年全国象棋特色学校网络赛。10月1日—2日，桂林青少年围棋公开赛在桂林市联达体育馆举行，比赛分7个小组进行，全市各中小学的300余名选手参赛。11月8日，2020年桂林市中小学生田径运动会落幕，运动会设县小学、初中、高中，市小学、初中、高中，少数民族传统体育项目小学、初中、高中，共9个组别，51所中学（含清风实验学校）、23所小学（含清风实验学校），1250名选手参加田径赛；30所中小学、450人参加少数民族传统体育项目赛。8月26日—8月30日，2020年广西青少年网球锦标赛在灌阳县举行，赛事分为3个组别，共12支球队、200多名选手参加。11月9日，2020年广西青少年单项锦标赛落下帷幕，桂林市体育运动学校共派出领队、教练员和运动员共359人参加举重、射击、武术散打等15个项目的比赛。

【老年人体育】 2020年7月28日，全市离退休干部乒乓球选拔赛在市老干部活动中心举行，比赛分男、女组，采取循环赛方式决出名次。8月24日，历时3天的"壮美广西　美丽乡村"门球赛在资源县落幕，南宁市、柳州市、桂林市、崇左市、来宾市、贺州市、河池市、百色市、自治区直属和部分县的41支队伍300多人参赛。9月18日，2020年桂林市老年人地掷球健身交流活动在荔浦市落幕，全市共有16支男、女队伍近100名选手参赛。10月9日—11日，2020桂林老年人门球赛在中国长寿之乡永福县举行，全州县、荔浦市、临桂区等15支队伍120多名老年选手参赛。10月28日，历时3天的桂林市老年人柔力球交流暨培训活动在恭城瑶族自治县体育馆结束，荔浦市、灵川县、秀峰区、市老年体协的漓江队、伏波山队等13支队伍150名老年选手参赛；其间举办中老年柔力球骨干培训班，各县（市、区）的60名骨干参加学习。11月1日，"传播孝道文化，倡导健康生活"2020年全国老年人健步走人联动桂林市万名老年人健步走主会场象山区活动在园林植物园启动，全市11个县（市）和6个城区的1000余名代表在主会场参与健步走，展现老年人风采。12月12日，"福寿杯"2020年广西老年人中国象棋邀请赛在长寿之乡永福县落幕，贺州市、荔浦市等12支队伍参赛。

【竞技体育工作】 2020年，桂林市体育局根据疫情原因，与国家体育总局、自治区体育局及相关部门沟通，协调研究一些大赛的办赛延期工作，并向公众和参赛人员做好赛事延期、暂停情况说明。做好2023年全国青年运动会相关事项的调研摸底工作，对全州县、龙胜各族自治县等9县体育场馆设施、体校训练等工作进行检查。举办2020年桂林市舞龙舞狮项目裁判员培训班，培训二、三级裁判员70人。检查评估裁判员等级认证工作实施效果，抽查市篮球协会、乒乓球协会、羽毛球协会、田径协会2018—2020年开展裁判员等级认证工作情况，为全面开展项目裁判员认证工作打下基础。开展并完成年度300多名运动员注册工作。6月13日—14日，"极汉杯"2020赛季汽车短道拉力赛在临桂区广西极汉赛车场举行，来自四川省、广州市、成都市、南宁市、柳州市、百色市、桂林市的近60名选手参加A（专业）、B（业余）、公开（自带车）组比赛。6月14日，中体体育有限公司在龙胜各族自治县龙脊"百公里跑山赛"赛道举办"龙脊越野赛道穿越活动"，100名选手完成了18千米的越野挑战。9月19日，2020年龙脊梯田"百公里跑山赛"开赛，赛事分100千米大师组、68千米精英组、30千米挑战组、15千米徒步组和3千米体验组5个组别，1700多名选手参赛。11月8日，2020阳朔铁人三项赛在阳朔县举行，赛事分为半程大铁和标铁项目，半程大铁项目共计113千米，标铁项目共计51.5千米，18个国家和地区的1200名选手参赛。11月29日，"不忘初心、牢记使命"重走红军长征路兴安马拉松暨2020兴安灵渠古运河马拉松赛在兴安县举办，赛事设有红色半程马拉松、红色挑战马拉松、红色迷你马拉松，2936名选手参赛。12月20日，2020荔浦半程马拉松赛暨"奔跑吧广西"马拉松系列赛（荔浦站）在荔浦市举行，比赛设半程马拉松、5千米迷你马拉松，25个省（直辖市、自治区）的4200名选手参加角逐，其中市外选手2855人。12月27日，2020桂林银行桂林马拉松赛在市中心广场开跑，约1万人参赛。

【体育产业】 2020年，桂林市推动体育产业复工复产，利用办赛"空档期"，完善体育产业布局，充实体育产业项目库，组织引导全市100多家体育旅游精品项目、示范基地、精品线路有序复工复产。开展招商引资，先后组织人员赴上海等地招商，与凯乐石、北京铭泰体育、上海力盛体育等民营企业达成初步合作意向。全年完成体育彩票销售2.30亿元。完成国家全民运动健身模范市、国家体育消费试点城市以及自治区体育旅游示范试点市等三项试点申报工作，桂林市成为广西首批5个"体育旅游示范试点市"之一。

2020年11月8日，2020阳朔铁人三项赛在阳朔县举办。（桂林市体育局供图）

【体育对外交流】 2020 年 11 月 29 日，由桂林市体育局主办的“中国桂林－马来西亚陆氏棋院队－新加坡棋友队象棋网络对抗邀请赛”落下帷幕，马来西亚陆氏棋院全明星队、新加坡棋友队、中国桂林队共 19 名选手参赛。每队每轮 5 名参赛选手，其中 4 名成年选手、1 名少年选手。采用天天象棋竞赛规则，每局 20+3 时限。各队均派出最强阵容参赛，包含国际大师 1 人、国家大师 3 人、各国象棋冠军获得者 7 人。马来西亚陆氏棋院全明星队获第一名，中国桂林队获第二名，新加坡棋友队获第三名。

表 24

2020 年桂林市籍运动员参加全国大赛成绩表

姓名	性别	比赛时间	地点	比赛名称	比赛项目	名次
赵先建	男	1 月 10 日	安徽蚌埠	2020 年全国春季游泳锦标赛	男子 50 米蝶泳	2
李皓圆	女	9 月 18 日—28 日	广东肇庆	2020 全国体操锦标赛	男女混合团体	2
伍若竹	女	9 月 18 日—28 日	广东肇庆	2020 全国体操锦标赛		
王述柳	女	9 月 18 日—28 日	广东肇庆	2020 全国体操锦标赛		
何宏全	男	11 月 1 日—4 日	贵州安顺	2020 年全国技巧锦标赛	男子双人动力套	3
何宏全	男	11 月 1 日—4 日	贵州安顺	2020 年全国技巧锦标赛	男子双人全能	3
刘依倩	女	11 月 1 日—4 日	贵州安顺	2020 年全国技巧锦标赛	混合双人平衡套	3
刘依倩	女	11 月 1 日—4 日	贵州安顺	2020 年全国技巧锦标赛	混合双人全能	1
何宏全	男	11 月 1 日—4 日	贵州安顺	2020 年全国技巧锦标赛	大集体	2
刘依倩	女	11 月 1 日—4 日	贵州安顺	2020 年全国技巧锦标赛		
杨紫嫣	女	11 月 1 日—4 日	贵州安顺	2020 年全国技巧锦标赛		
何宏全	男	11 月 1 日—4 日	贵州安顺	2020 年全国技巧锦标赛	团体	2
刘依倩	女	11 月 1 日—4 日	贵州安顺	2020 年全国技巧锦标赛		
杨紫嫣	女	11 月 1 日—4 日	贵州安顺	2020 年全国技巧锦标赛		

表 25

2020 年桂林市籍运动员参加全国青少年赛成绩表

姓名	性别	比赛时间	地点	比赛名称	比赛项目	名次
刘裕刚	男	10 月 19 日—22 日	广西梧州	2020 年全国青少年蹼泳锦标赛	男子青年组 100 米蹼泳	1
刘裕刚	男	10 月 19 日—22 日	广西梧州	2020 年全国青少年蹼泳锦标赛	男子青年组 50 米双蹼	2
刘裕刚	男	10 月 19 日—22 日	广西梧州	2020 年全国青少年蹼泳锦标赛	男子青年组 100 米双蹼	2
刘裕刚	男	10 月 19 日—22 日	广西梧州	2020 年全国青少年蹼泳锦标赛	男子青年组 200 米双蹼	2
刘裕刚	男	10 月 19 日—22 日	广西梧州	2020 年全国青少年蹼泳锦标赛	男子青年组 400 米双蹼	2
刘裕刚	男	10 月 19 日—22 日	广西梧州	2020 年全国青少年蹼泳锦标赛	男子青年组 4×100 米蹼泳接力	1
刘裕刚	男	10 月 19 日—22 日	广西梧州	2020 年全国青少年蹼泳锦标赛	男子青年组 4×200 米蹼泳接力	1
刘裕刚	男	10 月 19 日—22 日	广西梧州	2020 年全国青少年蹼泳锦标赛	青年组男女 4×50 米蹼泳接力	1
刘裕刚	男	10 月 19 日—22 日	广西梧州	2020 年全国青少年蹼泳锦标赛	青年组男女 4×100 米双蹼接力	1
曲鹏旭	男	10 月 19 日—22 日	广西梧州	2020 年全国青少年蹼泳锦标赛	男子少年乙组 200 米蹼泳	2
曲鹏旭	男	10 月 19 日—22 日	广西梧州	2020 年全国青少年蹼泳锦标赛	男子少年乙组 400 米蹼泳	2
曲鹏旭	男	10 月 19 日—22 日	广西梧州	2020 年全国青少年蹼泳锦标赛	男子少年乙组 50 米徒手	3
邓钧平	男	10 月 22 日—29 日	江苏淮安	2020 年全国蹦床青少年锦标赛	11 岁—12 岁组男子双蹦床团体	3
罗佳诚	男	10 月 24 日—27 日	江苏南京	全国 U19 跑步射箭锦标赛	男子跑射	3
杨紫嫣	女	11 月 1 日—4 日	贵州安顺	2020 年全国技巧锦标赛	少年女子三人平衡套	1
杨紫嫣	女	11 月 1 日—4 日	贵州安顺	2020 年全国技巧锦标赛	少年女子三人动力套	1
杨紫嫣	女	11 月 1 日—4 日	贵州安顺	2020 年全国技巧锦标赛	少年女子三人全能	1
马　莉	女	11 月 14 日—15 日	福建将乐	2020 年全国 U17 女子水球锦标赛	女子水球	3
朱怡静	女	11 月 14 日—15 日	福建将乐	2020 年全国 U17 女子水球锦标赛		
黄银娇	女	12 月 21 日—29 日	海南万宁	2020 年全国冲浪锦标赛	U15 组女子短板团体赛	3
陈宥余	男	12 月 21 日—29 日	海南万宁	2020 年全国冲浪锦标赛	U15 组男子长板团体赛	1

（罗成斌）

人力资源·社会保障

综　述

【概况】 2020年，桂林市人力资源和社会保障局（简称市人力资源社会保障局）办公地址在桂林市临桂区青莲路投资发展商务大厦南楼，内设科室19个。下辖公益一类事业单位8个，分别为桂林市社会保险事业管理中心、桂林市人才服务中心、桂林市劳动和社会保障监察支队、桂林市公共就业创业服务中心、桂林市劳动人事争议仲裁院、桂林市人事考试中心、桂林市社会保障卡服务中心、桂林市工人技术教研室（桂林市职业技能鉴定指导中心）；公益二类事业单位4个，分别为桂林技师学院（桂林高级技工学校）、桂林市交通技工学校、桂林市第二技工学校、桂林市劳动就业培训中心学校。全年全市县以上政府部门设立公共就业和人才服务等各类服务机构32家，其中就业服务中心18个，人才服务机构14家。设立民办培训机构53个，职业技能鉴定机构29个，职业技能鉴定考评人员685人。全市有劳动保障监察机构30个，专职劳动保障监察员93人。全市享受国务院政府特殊津贴70人，广西“十百千人才工程”人选15人，国家重大人才项目专家人选10人，国家级博士后科研工作站5个，招收博士后研究人员11人，自治区级人才小高地6个，市级人才小高地8个。

【全市就业形势保持稳定】 2020年，市人力资源社会保障局通过强化公共就业服务，开展就业创业培训，升级打造创业创新平台，以就业创业助力精准扶贫，全市就业状况持续改善，就业结构不断优化，促进企业复工复产和各类重点群体就业，就业局势持续保持稳定。至年末，全市城镇新增就业人数、城镇失业再就业人数、就业困难人员实现就业人数、新增农村劳动力转移就业人数分别为5.42万人、1.51万人、1.21万人、8.88万人；全市城镇登记失业率3.51%。年内，桂林市先后3次在全自治区作“六稳”“六保”工作先进典型发言；自治区副主席邹展业到桂林考察时对桂林市就业工作给予肯定。

【完善社会保障体系】 2020年，市人力资源社会保障局健全社会保障体系，加快推进全市社会保险制度建设。桂林市参保人数持续增加，社会保险基金运行总体平稳。至年末，全市参加城乡居民基本养老保险244.32万人，（比上年，下同）增长18.0%；参加城镇职工养老保险103.94万人，增长3.5%。参加居民基本医疗保险431.13万人，增长0.3%；参加职工基本医疗保险76.65万人，下降1.0%。参加失业保险人数45.74万人，增长1.3%；工伤保险人数53.24万人，增长0.8%；参加生育保险48.24万人，下降3.1%。全市享受城市最低生活保障人数2.57万人，增长6.7%；享受农村最低生活保障人数20.09万人，增长6.3%。全民参保入库率93.56%，居全自治区第一位。年内，桂林市在全自治区全民参保工作经验交流会上作典型发言。

【人事人才工作创新】 2020年，市人力资源社会保障局成立首个文旅产才融合示范基地，促成专家合作项目14个。建立博士后科研工作站、自治区人才小高地和广西博士后创新实践基地14个，国家、自治区级专家近700人，专业技术人员23.1万人。桂林福达股份有限公司等3家企业分别入选国家级博士后科研工作站及广西博士后创新实践基地。桂林市成为自治区首批高级职称自主评审的试点市，并获自治区职称工作先进单位。年内，事业单位工作人员公开招聘1003个职位1204人，完成聘用864人。新增高技能人才2919人。

【全市劳动关系保持和谐稳定】 2020年新型冠状病毒肺炎疫情期间，市人力资源社会保障局在全自治区率先出台调整劳动关系指导性文件，开展上门送法送服务、线上调解及庭审等行动，指导企业依法处置劳资关系；率先成立“劳动人事争议调解中心”，建立“人社＋司法＋工会＋法院＋高校”五位一体的劳动多元化调处机制，成功调解案件280件。探索建立劳动人事争议要素式办案模式并在全自治区推广。实施“和谐同行”企业培育行动，认定劳动关系和谐企业50家，劳动合同签订率96.6%。强化欠薪源头治理，全年举报投诉欠薪案件立案38件，结案率100%。桂林市仲裁结案率、调解成功率均居全自治区第一位。

【开展人社服务快办行动】 2020年，市人力资源社会保障局相继推出系列便民举措，在推动人社领域“清事项、减材料、压时限”的基础上，响应“人社服务快办行动”，通过关联事项“打包办”、高频事项“提速办”、所有事项“简便办”，为企业群众提供更加优质便捷高效服务，实现“线上一网通，线下一门办”。全年，依托广西“数字人社”系统，推进“人社服务快办行动”，完成12项“打包办”，20项“提速办”

政务服务改革。

【优化营商环境】 2020年,市人力资源社会保障局多措并举降低企业经营用工成本,优化各类手续办理流程,确保各项服务措施落到实处。落实阶段性减免企业社会保险费,加大失业保险援企稳岗力度。全年落实政策性减免企业社会保障费17.35亿元,惠及单位1.68万个、职工33.45万人;发放稳岗返还资金1.97亿元,惠及企业8479家、职工31.12万人。减半征收41个大型企业养老保险单位缴费部分3120.86万元,涉及1.88万人;免征1.4万个中小微企业养老保险单位应缴部分金额9.5亿元,涉及26.03万人;免征620户以单位参保的个体工商户养老保险费单位应缴部分976.1万元,涉及3538人;免征753个其他类型单位养老保险单位应缴部分金额1324.99万元,涉及1.07万人。落实各类就业创业优惠政策补贴工作。全市63个见习基地接收大学生1096人,补贴金额745.17万元,为3.5万名应届毕业生发放求职创业补贴4323.2万元。

【脱贫攻坚就业帮扶】 2020年,市人力资源社会保障局出台《桂林市精准扶贫就业脱贫工程实施方案》《桂林市就业扶贫车间建设实施方案》等系列政策,为脱贫攻坚提供保障。就业帮扶精确到人,多渠道帮助贫困劳动力实现稳定就业。累计开发扶贫公益性岗位7063个,吸纳就业4929人;开发村级临时扶贫公益性岗位6958个,吸纳就业2485人;建设扶贫车间656家,吸纳就业6392人;建成农民工创业园3个,入驻企业78家,带动就业8613人;帮扶2744名贫困户离校未就业毕业生实现就业。先后举办就业扶贫专场招聘会64场,帮扶贫困劳动力实现就业9360人;全市易地搬迁6871户,有1.41万人就业,实现1户至少1人就业。技能培训精准到户,确保每个贫困家庭至少1人掌握1项创业就业技能。2016—2020年,共组织贫困劳动力技能培训1484期,培训贫困人口3.27万人,培训扶贫创业致富带头人1076人,实现就业1.51万人。培训贫困家庭"两后生"1054人,培训合格率、就业率均达90%以上。社保兜底不漏1人,实现贫困人口社保参保全覆盖。2018—2020年,全市贫困人口参加城乡居民养老保险91.73万人,连续3年参保率100%,实现应保尽保。为65.8万名贫困人员实施社保代缴6539万元;为17.83万名60岁以上低保对象、特困人员落实社保待遇。职称倾斜引才留人,出台《关于进一步引导和鼓励高校毕业生到基层工作的通知》《关于加强基层专业技术人才队伍建设的实施方案》等政策,为人才向基层流动提供制度保障。在17个县(市、区)开展中级职称自主评审;对乡村教师、乡村医护人员等实施政策倾斜。2016—2020年,乡村教师职称评审通过6325人,占总通过人数的90%以上;为1009名基层专业技术人员办理职称提前认定和破格申报职称。

人事管理

【评比表彰项目申报】 2020年,市人力资源社会保障局落实有关表彰奖励、评比达标表彰政策,申报表彰奖励项目,审核表彰奖励工作计划和方案并监督实施,规范全市评比达标表彰活动,做好市评比达标表彰协调小组的日常工作。年内,全市向自治区申报获批的评比达标表彰奖励项目19个,其中市本级2个,所辖17个县(市、区)各1个。6月,推选125名先进典型参加自治区疫情防控和复工复产专项奖励评选,获奖励13人,其中汤瑛、潘定权获全国抗击新冠肺炎疫情先进个人并享受国家级表彰奖励获得者待遇。永福县永福镇党委获全国抗击新冠肺炎疫情先进集体。

【事业单位公开招聘】 2020年,全市事业单位公开招聘工作科学规范有序开展。全年共组织招聘10余次,面向社会公开招聘事业单位工作人员5040人,其中公开考试招聘中小学教师3822人,其他事业单位工作人员1218人;面向全国高校招聘重点领域急需紧缺专业人才27人,引进高层次人才27人。

【事业单位岗位管理】 2020年,市人力资源社会保障局按照编制部门机构整合改革的要求,研究完善岗位设置管理办法,优化办事流程,提高办事效率,及时处理事业单位各类岗位变动、等级调整等日常管理业务。全年共调整167个事业单位岗位设置方案,办理市直事业单位3433人次的岗位聘用审批。全年审核人事档案581份,办理人员流动手续579人。

【专业技术人员职称评审】 2020年,市人力资源社会保障局做好教育、工程、卫生、中等职业学校教师4个副高级系列的异地交叉评审工作。全市共有572人申报高级工程师,评审通过299人,通过率52.27%;1076人申报

2020年6月19日,市人力资源社会保障局举办桂林市2020年度事业单位人事和职称工作培训会。

(秦英莲摄)

卫生副高级专业技术资格,评审通过653人,通过率60.69%;3683人申报中小学高级教师,评审通过1770人,通过率48.06%;61人申报中等职业学校高级讲师,评审通过30人,通过率49.18%。审核推荐554人到自治区各高级系列评审会评审高级专业技术资格。全市申报中级专业技术资格3497人,评审通过2355人,平均通过率67.34%。全年办理大中专生职称认定1926人次,职称重新确认和遗失补办256人次。

2020年7月15日,"湾才入桂"系列活动启动仪式在桂林人才飞地举行。（赵曦摄）

【提高义务教育教师工资待遇】 2020年7月,市人力资源社会保障局配合教育部门开展义务教育教师工资待遇督查工作。2018—2019年,市直义务教育教师平均工资收入和公务员平均工资收入统计对比为:2018年义务教育教师平均工资70982元,公务员平均工资71910元;2019年义务教育教师平均工资80819元,公务员平均工资72733元。7月15日,市人力资源社会保障局、市财政局联合下发《关于增核市直义务教育学校2019年绩效工资总量有关事项的通知》,对市直义务教育学校义务教育教师岗位考核津贴和中小学班主任津贴增核工作开展审批,市本级1542名义务教育教师人均每年增加收入4558元。

人才开发

【高层次人才队伍建设】 2020年,桂林市全面完成2019年度、2020年度2批次高层次人才认定工作,共认定高层次人才262人,其中2020年度高层次人才146人,具备明确人才称谓可进入直接认定程序的人才90人,含中国科学院院士、国家"千人计划"创新长期项目人才、中国科学院"百人计划"入选者等高层次人才。组织开展桂林市第三批、第四批急需紧缺高层次人才评价答辩会,累计参评人员127人,其中企业人才103人。

【人才本土培育】 2020年,市人力资源社会保障局应对新冠肺炎疫情防控态势,灵活实施人才培养工作。在持续开展"丹桂育才计划"线下精品培训的同时,全面提升"云上丹桂"线上培训平台,通过利用互联网优势,平台以数据化、平台化、共享化思维,为人才提供10大门类2734门精品线上课程,实现随时随地的智慧培训服务。与市工业和信息化局、市科技局、市税务局等10个单位共同开展疫情期间惠企政策线上宣传活动,录制最新政策宣传视频,助力复工复产。全年开展管理能力提升主题讲座2场,吸引240家企业的398名中高级管理人才参加培训;"云上丹桂"线上培训平台惠及810个企事业单位,用户数量超过4400人,推出惠企政策线上宣传、"抗击'新型冠状病毒'特别专题""向阿里学管理"等专题学习12个,直播课程9次,全员累计完成线上学习课时3.3万个。

2020年5月14日—15日,桂林市第三批急需紧缺高层次人才评价答辩会在桂林宾馆举行。（赵曦摄）

【桂林市高层次人才"一站式"服务平台建设】 2020年,桂林市根据《桂林市人才引进和培养办法》相关内容,将桂林市高层次人才"一站式"服务平台服务项目扩充至27项,涵盖引才引智、人才奖励、创新创业、生活保障四大类服务事项。全年共开展两次高层次人才奖励申报工作,申请兑现奖励资金2173万元;为10名高层次人才办理子女就学服务;落实桂林市44名专家人才年度健康体检服务待遇;接受各类业务咨询2000人次。

【桂林市海内外高端人才创业创新示范基地建设】 2020年,桂林市依托市海内外高端人才创业创新示范基地，适应疫情防控要求，搭建数字化人才对接渠道，通过线上意向对接和需求匹配，以及后续针对性的实地考察等“线上＋线下”精准对接模式，推动人才、企业、产业协同发展。全年累计开展数字经济、生态环保、现代农业等专业领域的线上、线下对接活动36场，为桂林市产业匹配高层次人才89人，新促成7名高层次人才(1名柔性引进)携项目落地桂林。

【支持桂林人才飞地建设】 2020年，桂林市探索引才与招商并举，产才融合、协同创新发展的新路径。年内，依托飞地建立“桂林市驻粤港澳大湾区引才联络站”，开展“湾才入桂”系列活动，先后组织深圳华科创智、汉能合创科技等30多家企业到桂林市考察。全年新增入驻单位6个，新促成5个项目和博士人才落地桂林。

【举办桂林市公益性人才交流大会】 2020年，市人力资源社会保障局为做好疫情防控期间稳就业工作，依托互联网、大数据资源，利用桂林人才网平台优势，推进实施“十万大学生留桂计划”。3月1日—31日，由市人力资源社会保障局主办的桂林市第十一届公益性人才交流大会暨十万大学生留桂就业创业网络双选会举办。大会以“网络求职不打烊、青年留桂不停歇”为主题，提供24小时“全天候”线上招聘服务，邀请1104家企业参会，提供岗位3.92万个，其中应届毕业生岗位3.42万个。活动期间投递简历人数5533人，投递简历2.69万份。大会设立线上重点行业分会场、开设防疫物资专区、打造人才留桂专题页面，同时接入视频面试系统、线上就业指导、企业“云宣讲”等线上服务功能。为帮助企业解决用工难题，帮助离校未就业高校毕业生就业创业，针对求职者“白天忙，周末累，路途远”的求职难点，在总结传统招聘会经验的基础上进行创新，10月23日—24日，由市人力资源社会保障局主办的第十二届公益性人才交流大会暨十万大学生留桂就业创业双选会“人才夜市”在桂林高新万达广场举办。大会吸引121个用人单位参加，向社会提供岗位8980个，累计收到求职简历704份，达成就业意向354人，达成就业意向应届毕业生占39.27%；大会同步通过抖音平台全程直播，由企业在线分享、互动答疑，吸引求职者互动，方便及时了解岗位信息，直播累计吸引64万人在线观看。

【高技能人才培养】 2020年，自治区下达桂林市高技能人才任务720人，其中技师和高级技师65人。全市新增高技能人才2919人；技师、高级技师培养199人，其中技师164人、高级技师35人。桂林市有国家级高技能人才培养基地2个，自治区级高技能人才培养基地3个，国家级技能大师工作室3个，自治区级大师工作室5个，市级技能大师工作室5个。在高校学生中实施职业技能培训鉴定，有5所高校设立职业技能鉴定所(点)，桂林航天工业学院、桂林理工大学实行对取得职业资格证书学生可获3个学分奖励措施，推动了大学生学习职业技能的积极性。全年有4.36万人取得国家职业资格证书。拓宽企业技能人才队伍培养渠道，有6819名企业职工取得国家职业资格证书，企业职工参与鉴定的人数逐年增加。开展企业技能等级自主认定试点工作，全国第一批试点企业燕京啤酒(桂林漓泉)股份有限公司、桂林福达股份有限公司、桂林南药股份有限公司通过自治区企业自主评价技能人才的验收工作。开展职业技能竞赛，弘扬“工匠精神”，挖掘技能人才。组织技工院校在校学生、高校学生、企业职工职业技能竞赛，参赛项目涵盖汽车修理工、茶艺师、摄影师等32个职业(工种)，通过竞赛选拔出一批院校、行业技术能手。开发地方特色技能人才项目，结合桂林市建设国际旅游胜地及地方特色经济发展开发新职业(工种)，开发工艺品雕刻工、中药调剂员、劳动关系协调员、贵金属首饰手工制作、眼镜定配工、花卉园艺工等新职业(工种)，景区讲解员、桂林米粉制作、恭城油茶制作专项职业能力开发工作。

劳动就业与培训

【就业形势总体平稳】 2020年，桂林市坚持疫情防控和稳就业保就业“双线作战”，创新服务举措，全力稳定就业，保障居民就业。全市城镇新增就业人数、城镇失业再就业人数、就业困难人员实现就业人数、新增农村劳动力转移就业人数分别为5.42万人、1.51万人、1.21万人、8.88万人；城镇登记失业率3.51%，控制在5.5%的范围之内。全市新增零就业家庭48户，消除零就业家庭48户，实现零就业家庭动态清零。全市就业形势总体平稳、稳中向好。

【“双线”招聘聚力复工复产】 2020年，市人力资源社会保障局创新开发“线上”服务渠道。以“桂林人社”微信公众号、桂林人才网为依托，打造

2020年10月23日—24日，桂林市第十二届公益性人才交流大会暨十万大学生留桂就业创业双选会“人才夜市”在桂林高新万达广场举行。（黄云灿摄）

2020 年 10 月 17 日，广西金秋招聘月活动启动仪式暨就业扶贫日全州现场招聘会在全州县举行。（李志奇摄）

数字化就业，提高为民服务效率和质量。全力提升“线下”服务质量，先后组织开展春风行动暨就业援助月、民营企业招聘月、金秋招聘月、就业扶贫行动日、民营企业家日等系列专项活动（其中全自治区民营企业招聘月、金秋招聘月启动仪式均在桂林市举办），累计举办各类招聘会 53 场，提供就业岗位 14 万个，达成就业意向 2.65 万人，为用人单位和劳动者搭建高效的“面对面”对接平台。全年开展各类就业援助活动累计提供岗位 28.65 万个，助推就业 6.9 万人，兑现各类就业奖补资金 2.31 亿元。

【助力高校毕业生就业】 2020 年，桂林市为吸纳高校毕业生，出台系列人才政策，设立留桂兴业奖、企业纳才奖等高校毕业生专项奖项，新建人才公寓、青年驿站，构建良好的高校毕业生留桂就业氛围。创新服务方式，率先在全自治区开通求职创业补贴线上申领通道，向 1.54 万名 2020 届毕业生发放求职创业补贴 2071.64 万元；扩大就业见习规模，新增见习基地 32 家，增长 112.43%；全市有就业见习基地 67 个，吸纳就业见习人员 1117 人，通过见习后留用 714 人，留用率 63.92%，发放就业见习补贴 761.97 万元。深入开展帮扶活动，为 923 名建档立卡贫困户离校未就业高校毕业生完成实名登记，帮扶 756 名毕业生实现就业。

【农民工“点对点”返岗复工服务】 2020 年，市人力资源社会保障局针对农民工复工复产需求，精准做好劳务对接。成立农民工“点对点”返岗复工保障工作专班，与广东等省协调对接，有序组织直达专列（专车）476 车次，直接护送以贫困劳动力为主的 1.85 万名务工人员返岗复工。桂林市农民工“点对点”返岗复工服务工作获中央电视台新闻联播报道。

【重点企业用工保障】 2020 年，市人力资源社会保障局建立重点企业 24 小时用工保障机制，通过现场调研、电话沟通等形式实时监控企业用工数据，开展专项招聘活动，为 767 家规模企业解决用工需求 1.95 万人次；通过政府购买服务方式，发动经营性人力资源机构服务重点企业招工，为桂林深科技有限公司、桂林福达股份有限公司、桂林光隆科技集团股份有限公司等重点企业输送紧缺用工 3993 人，发放职业介绍补贴 181.3 万元。

【公共就业服务专项活动】 2020 年，市人力资源社会保障局组织开展各项专项公共就业服务活动，促进各类群体就业再就业。全年全市共组织线下春风行动专场招聘会 13 场，达成聘用合同或意向 2065 人次，组织企业 301 家，其中广东省企业 23 家，累计提供就业岗位 1.06 万个；组织线上网络招聘会 25 场，发布用工信息企业 3376 家（其中外地企业 611 家），发布用工信息岗位 11.72 万个，开展远程视频面试 3.55 万人次，达成就业意向 3.96 万人。开展线上线下同时推进民营企业招聘周活动，策划组织开展招聘会 3 场（其中现场招聘会 2 场），有 415 家民营企业参与招聘，共提供岗位 2.69 万个，意向成交 2099 人。配合自治区人力资源和社会保障厅举办广西首次民营企业招聘月活动启动仪式，近 200 家企业参加现场招聘会，提供岗位 1.54 万个，达成初步就业意向 1600 多人。结合金秋招聘月、就业扶贫日举办 2020 年广西金秋招聘月活动启动仪式暨就业扶贫日专场招聘会，组织自治区内外近 250 家企业参加活动，为求职

2020 年 7 月 9 日，广西民营企业招聘月活动暨人力资源服务机构助力脱贫攻坚行动启动仪式在灵川县举行。（李志奇摄）

者提供就业岗位2.01万个，其中面向贫困劳动力的岗位3900余个，进场求职人数1万多人，初步达成就业意向近3000人。12月26日，由市人力资源社会保障局、桂林市导游协会联合主办的2020年桂林旅游行业从业人员转行就业专场招聘会在桂林市旅游人才市场举行，线上线下共70家企业提供就业岗位8000余个，涉及金融、房地产、机械制造、食品、旅游、教育等多个行业，其中面向旅游从业人员的岗位2500多个，初步达成就业意向212人。

【创业就业扶持】 2020年，市人力资源社会保障局落实和完善各项优惠政策扶持创业就业。强化创业平台建设，先后建成创业孵化基地13个，入驻企业481家，带动就业9945人，发放孵化奖励补助971.8万元；建立农民工创业园3个，入驻企业68家，其中农民工创办企业53家，投产运营企业45家，提供就业岗位4880个，带动就业4610人。落实高校毕业生就业创业政策，全市63家见习基地接收大学生1096人，补贴金额745.12万元，为3.5万名2020届毕业生发放求职创业补贴4323.2万元。

【职业技能提升】 2020年，市人力资源社会保障局开展职业技能提升行动，全市职业技能提升行动补贴性培训人数14.62万人次，其中企业新型学徒制培训人数3952人次。开展职业技能提升“双千结对”工作，41家培训学校与1021家企业签订三方协议培训。推动职业技能等级认定制度建立，全年已初步搭建由9个企业、8所院校、1家社会组织构成的职业技能等级认定实施工作网络。举办桂林市第六届农民工技能大赛，承办广西第六届农民工技能大赛的分赛场，桂林市选手参加广西第六届农民工技能大赛，有13名选手获得名次，其中花艺、焊工项目有3名选手获大赛一等奖。

【职业技能线上培训】 2020年，市人力资源社会保障局在疫情期间开展职业技能线上培训，确保职业技能提升行动不断线。做好线上培训调查，通过网络开展企业培训需求调查，利用线上春风行动和线上人社公共服务进校园行动等活动，在网上发布职业技能培训需求和培训工种，并组织全市职业培训机构和技工院校，组建培训机构（学校）的线上网络学习平台。全年全市线上培训实名制注册1994人，培训7198人次；“以工代训”申报企业68家，培训人数3052人；职业培训券申报企业48家，培训人数6000人。

【推进就业扶贫工作】 2020年，市人力资源社会保障局努力提高就业扶贫质量。全年外出务工贫困劳动力16.45万人，增长7.73%，为3万名易地扶贫搬迁人员实现就业，基本实现每户易地搬迁家庭至少1人就业；累计开发扶贫公益性岗位总数7063个，吸纳建档立卡贫困户就业4929人；开发村级临时扶贫公益性岗位6958人，吸纳建档立卡贫困户就业2485人。至11月末，全市建档立卡贫困人口到东部9省市务工人数4.51万人，比上年增加2219人。全市建设扶贫车间656家，认定586家，带动农村劳动力就业299万人，吸纳贫困劳动力5392人，安排易地扶贫搬迁劳动力就业435人。

2020年6月11日，恭城瑶族自治县职业技能提升行动第一期面包烘焙（专项能力）培训班开班。
（蓝春荣摄）

劳动关系协调

【企业劳动用工管理】 2020年，全市进行劳动用工备案的单位有4.12万个，基本覆盖全市用人单位，劳动合同签订率96.7%；企业签订集体合同3109份，集体合同签订率88%，涉及职工27.36万人；签订区域性行业性集体合同819份，涉及职工26.23万人。

【落实自治区最低工资标准】 2020年，市人力资源社会保障局落实自治区最低工资标准，3月全市最低工资标准由每月1680元提高到1810元。年内，开展劳动合同签订专项调研，对最低工资标准贯彻落实情况进行督促指导。发布2020年工资指导线，以货币平均工资增长率6%、1%、11%分别作为企业工资增长的基准线、下线、上线。

【劳动关系和谐单位认定工作】 2020年，市人力资源社会保障局牵头，在全市范围内开展劳动关系和谐单位认定工作，共认定市本级劳动关系和谐单位12个。启动“和谐同行”千户企业培育共同行动，桂林福桂纸业有限公司、桂林恒泰环保科技发展有限公司、桂林优利特电子集团有限公司成为桂林市上报人力资源和社会保障部的重点培育企业。

【劳动人事争议调解处理】 2020年，桂林市在全自治区率先开展远程视频庭审审理和调解劳动人事争议案件，当事人通过手机“腾讯会议”APP即可在家参加仲裁庭审活动。全年通过视频庭审审理劳动人事争议案件9件14人，视频调解案件135件147人。探索试行要素式办案模式，优化办案

2020 年 11 月 13 日，桂林市召开 2020 年根治欠薪冬季专项行动部署会。
（钟世超摄）

程序，提高案件办理速度，减轻当事人诉累，有效提高仲裁办案效率，实现仲裁裁决文书篇幅减少 30%，仲裁结案时间缩短 25%。3 月 12 日，在全自治区率先成立桂林市劳动人事争议调解中心，探索建立“人社 + 司法 + 工会 + 法院 + 高校”五位一体的劳动人事争议调处工作多元化格局，化解劳动人事争议纠纷，从源头上减少当事人诉累，实现“纠纷不上交、和谐不出事、服务不缺位”劳动人事争议调处新格局。5 月 12 日，桂林市劳动人事争议调解中心揭牌运行，至 12 月底，已受理劳动人事争议调解案件 750 件，调解成功 410 件。

【建立劳动人事争议调解联动机制】 2020 年，市人力资源社会保障局深化与市社会治安综合治理办公室、市中级人民法院、市司法局、市总工会、市工商联、企业与企业家联合会的沟通联系，建立劳动人事争议调解联动机制，实行联席会议制度，加强信息交流，协调相关工作，提升劳动人事调解仲裁的公信力。实行裁审衔接工作制度，坚持与市中级人民法院联合召开劳动人事争议调解仲裁与审判工作联席会议，通过研究和探讨，明确和统一裁审尺度，供全市各级人民法院、劳动人事争议仲裁机构参照执行，保证区域裁决与判决的公平，维护争议双方的合法权益。加强联动，构建法律援助机制，加强与市司法局、市法律援助中心沟通交流，采取措施为劳动者提供法律援助便利。

【开展根治欠薪冬季专项行动】 2020 年 11 月 11 日，桂林市开展根治欠薪冬季专项行动。至年末，全市检查建筑企业 392 家，加工制造企业 237 家，其他用人单位 308 个；政府投资项目 138 个，政府与社会资本合作项目 3 个，国有企业项目 27 个；涉及职工人数 5.57 万人（其中农民工 4.99 万人）；核查涉嫌欠薪单位 31 个，涉及职工人数 231 人（其中农民工 216 人），涉及金额 218 万元（其中农民工工资 212.6 万元），保障了劳动者的劳动报酬权益。

社会保险

【实施全民参保计划】 2020 年，市人力资源社会保障局聚焦年内基本实现法定人员全覆盖和人人享有社会保障的目标任务，持续推进全民参保扩面专项行动。针对未参保人员开展分类管理和精准服务，做好建档立卡贫困人口、灵活就业人员、新业态从业人员等群体的参保扩面工作。全市城镇职工基本养老保险、失业保险、工伤保险参保人数分别为 103.94 万人、45.74 万人、53.24 万人。桂林市基本养老保险已入库参保人数 379.83 万人，入库率 93.56%，居全自治区第一位。

【社会保险待遇支出】 2020 年，市人力资源社会保障局发放养老待遇 134.22 亿元。其中，企业退休人员 27.63 万人，养老待遇支付 89.08 亿元；机关事业单位退休 6.95 万人，完成社会化发放 6.95 万人，养老待遇支付 45.14 亿元。发放工伤待遇 2212 人，待遇支付 0.91 亿元。发放失业待遇 1.51 万人，待遇支付 2.01 亿元。发放城乡居民养老保险待遇 67.09 万人，待遇支付 10.59 亿元。

【“一门式”经办服务改革】 2020 年 1 月 8 日，桂林市上线广西“数字人社”经办管理信息系统，实现社会保险业务“不进门，网上办；进一门，一窗办；简便事，自助办”。桂林市成为全自治区首个实现社保、就业板块同时上线的统筹地区，率先完成机关事业单位养老保险并入系统，实现机关事业单位养老保险征缴、待遇发放等各项业务同步纳入。年内，市人力资源社会保障局组建综合受理科，所有业务统一受理，系统自动推送到后台业务科室，业务办结后参保人可通过网络、自助设备等方式领取办理结果。同时推进网上经办，参保单位 90% 以上社保业务可通过线上申报，实现社保业务从“人员跑”到“信息跑”转变。

【落实疫情期间各项扶持政策】 2020 年，全市社保部门及时落实疫情期间各项扶持政策，有效纾解企业困难。加大失业保险稳岗返还力度，全年全市发放一般企业返还资金 6876.52 万元，惠及企业 8232 家、职工 28.16 万人；发放困难企业稳岗返还资金 1.29 亿元，惠及应急企业 247 家、职工 2.96 万人。阶段性减免企业三项社会保险费，共为企业减负 17.35 亿元。其中，养老保险费减免 16.45 亿元，惠及单位 1.68 万个、职工 32.44 万人；失业保险费减免 0.54 亿元，惠及单位 1.67 万个、职工 32.94 万人；工伤保险费减免 0.36 亿元，惠及单位 1.68 万个、职工 33.45 万人。扩大失业保险保障范围，对桂林市参保并领取失业金期满仍未就业的失业人员和已参加失业保险但不符合领取失业保险金条件的失业人员，发放 6 个月的失业补助金。率先在全自治区将补助标准由每月 35 元提高到300元，为9万多名符合申领条件失业人员发送27万多条失业补助金申领提醒短信，并在官网、微信公众号、电视报纸等宣传渠道持续推送信息；推行微信支付宝办理与现场办理相结合，简化审批流程，按"当日清账"要求及时兑现待遇，将"畅通领、安全办"工作机制落到实处。全市发放失业补助金人数6.74万人，发放金额1.27亿元，受益率15.4%，居全自治区第一位。

【机关事业单位基本养老保险制度改革】 2020年，市人力资源社会保障局继续实施机关事业单位基本养老保险制度改革，加快做好全市机关事业单位改革以来退休人员养老金的重新核定工作。2014年10月至2020年12月新增退休人员1.9万人，完成重新核算发放人员1.4万人。做好28个生产经营类事业单位参保工作。完成17个整合单位511名退休人员养老待遇发放工作。指导各县（市、区）做好2014年10月以来机关养老保险改革过渡期养老保险费清算和退休人员养老金重新核算工作。 （李钢）

医疗保障

【概况】 2020年1月16日，桂林市医疗保障局办公地址由桂林市临桂区青莲路投资发展商务大厦搬迁至临桂区万福路鼎晟大厦，内设科室4个。下设公益一类事业单位1个，为桂林市医疗保障事业管理中心。年内，桂林市医疗保障局做好桂林市基本医疗保险参保工作，实施城乡居民医保改革及医保支付方式改革，推进药品集中招标采购，加强医保基金监管，做好医保扶贫及新冠肺炎疫情防控工作。

【基本医疗保险】 2020年，桂林市基本医疗保险参保人数507.78万人。其中，参加城镇职工基本医疗保险人数76.65万人，下降1.0%；参加城乡居民基本医疗保险人数431.13万人，增长0.3%。全年城镇职工医保（含生育保险）基金收入31.33亿元，下降2.8%；基金支出26.97亿元，增长6.6%；年末基金累计结存63.55亿元，其中统筹基金累计结存33.18亿元。全年城乡居民医保基金收入36.45亿元，增长7.6%；基金支出32.78亿元，下降11.1%。年末基金累计结存37.56亿元，其中统筹基金累计结存24.82亿元。年内，桂林市按照"五统一、两确保"原则对生育保险和城镇职工基本医疗保险合并实施，从2020年1月1日起全面实现两项保险参保同步登记、基金合并运行、征缴管理一致、监督管理统一、经办服务一体化。

【城乡居民医保改革】 2020年1月1日，桂林市城乡居民基本医疗保险实行门诊统筹，不再划拨个人账户，参保人每人每年在市内一级及以下定点医疗机构享受门诊统筹，年度支付限额200元，超过年度限额部分由个人支付。扩大居民医保门诊慢性病用药，检查报销范围，冠心病、糖尿病、各种恶性肿瘤等29种门诊特殊慢性病常规检查项目纳入基本医保支付范围。同时，针对高血压、糖尿病人群，简化高血压（非高位组）认定办法，降低"两病"起付标准。

【药品集中招标采购】 2020年，桂林市医疗保障局推进药品带量集中采购改革，做好国家、自治区药品集中采购落地工作，桂林市218家（自治区直属医院除外）医疗机构采购合同总签约药品品规8400条，金额6146.86万元，通过带量采购、以量换价，为群众减少用药负担1.5亿元，减少医保基金支出1.2亿元。

【医保支付方式改革】 2020年，桂林市医疗保障局按照国家医疗保障局公布的ADRG（核心疾病诊断相关组）分组方案，对匹配成功的数据进行3轮分组，并组织全市二级以上医疗机构病案、医保、信息工作人员专题培训，为提高病案和编码DRG（疾病诊断相关分组）的具体实施、助推"三医联动"打下良好基础。全年完成全市52家二级以上医疗机构信息接口的改造，10家三级医疗机构和2家二级医疗机构DRG付费工作进入模拟运行阶段。

【助推医疗新技术进入临床】 2020年，桂林市医疗保障局结合桂林市实际，在考虑补偿成本和患者承受能力等情况的基础上，对市新增医疗服务项目开展情况调研，将符合相关规定的新诊疗技术及时投入到群众的医疗服务当中，根据自治区有关政策鼓励医疗新技术开展，年内全市4家三甲公立医院的冷循环微波刀治疗、富血小板血浆（PRP）治疗等56项新增医疗服务项目获批临时开展。价格的制定由医疗机构在临床使用初期，承诺新增医疗服务项目价格不高于外省该项目的现行最低价格开展服务，推动桂林市患者及早享受到先进的医疗技术服务。

【优化贫困人口门诊特殊慢性病卡办理程序】 2020年，桂林市医疗保障局优化建档立卡贫困人口门诊特殊慢性病卡办理程序，实行先享受待遇后备案制度。多次与卫生健康部门配合，积极组织医务人员、医保经办人员、家庭签约医生、帮扶干部，分批次进村入户开展集中现场筛查和政策宣传80余次。通过入户筛查，全年累计为7.49万名符合29种门诊特殊慢性病办卡条件的建档立卡贫困人口办理门诊特殊慢性病卡。同时，在桂林医学院附属医院开展门诊特殊慢性病处方网上办、一键配送等试点，为边远贫困地区建档立卡特殊慢性病患者送药到家。

【医保扶贫】 2020年，桂林市医疗保障局做好医保扶贫各项工作。建档立卡贫困人口实现100%参保，每月将建档立卡贫困人口信息与基本医疗保险信息系统进行比对，通过进村入户逐人开展参保动员和缴费工作，筛查不符合参保条件的人员，确保符合参保条件的建档立卡贫困人口参保不漏一人。至年末，全市符合参保条件的建档立卡贫困人口40.99万人，全部参加当年基本医疗保险。全面落实建档立卡贫困人口医疗保障兜底政策，完善差异化医疗保障机制，建档立卡贫困人口医疗费用"一站式"兜底结算扩大至全市范围。全年全市建档立卡贫困人口住院9.49万人次，住院总费用6.4亿元，基本医保支付4.24亿元，大病赔付7454.96万元，医疗救助金额4290.48万元，财政兜底金额3135.56万元，符合兜底条

2020 年 8 月 28 日，桂林市举行“桂林惠民保”新闻发布会。（林娟摄）

件的建档立卡贫困人口住院实际报销比例达 90%。门诊特殊慢性病就诊 34.23 万人次，发生总费用 1.08 亿元，基本医保支付 7660.67 万元，大病报销 1114.8 万元，医疗救助金额 686.82 万元，门诊慢性病兜底 293.65 万元，符合兜底条件的建档立卡贫困人口门诊特殊慢性病实际报销比例达 80%。

【医疗救助】 2020 年，桂林市医疗保障局探索并实践政府购买服务方式，委托商业保险公司承办医疗救助工作，并将医疗救助模块纳入医保结算系统，实现市域内医疗费用“一站式、一单制”结算，减少手工报账环节，提高结算效率。全年，医疗救助总人次 54.69 万人次，资助金额 1.86 亿元。其中，资助参保 17.68 万人，金额 2804.52 万元；住院救助 9.07 万人次，金额 1.37 亿元；门诊救助 27.94 万人次，金额 2056.07 万元。

【阶段性降低职工医保企业单位缴费比例】 2020 年，桂林市医疗保障局优化营商环境，减轻企业负担，在上半年国家、自治区出台惠企政策减征企业单位职工基本医疗保险费的基础上，继续阶段性下调桂林市企业单位缴纳职工基本医疗保险的缴费费率，帮助企业纾难解困，推动有序复工复产，促进桂林市企业尽快摆脱疫情影响。降低缴费比例后，企业单位参加综合险的缴费比例（不含生育保险，下同）由 8.5% 降至 6.9%，部分困难企业参加单建统筹险或住院险的缴费比例分别由 7.0%、6.0% 降至 6.0%、5.0%。阶段性降费的执行时间为 2020 年 7 月 1 日—2021 年 12 月 31 日。

【探索商业补充医疗保险】 2020 年，桂林市医疗保障局为减轻患者医疗费用负担，推进多层次医疗保障体系建设，指导推出由平安养老保险股份有限公司桂林中心支公司承保、广西柳州医药股份有限公司（桂中大药房）提供药品服务支持的全自治区第一款普惠型商业健康补充医疗保险“桂林惠民保”，让桂林市参加基本医疗保险的参保人只需 58 元保费便能获得最高可达 200 万元的健康保障，逐步实现更好保障“病有所医”目标。

【医保基金监管】 2020 年 4 月，桂林市医疗保障局开展医保基金监管集中宣传月活动，结合疫情突出抓好线上线下联动宣传。年内，出台《桂林市医疗保障基金社会义务监督员管理制度》，并向社会公开选聘和相关部门定向选聘医疗保障基金社会义务监督员，强化社会监督，健全行风建设。印发《桂林市打击欺诈骗保专项治理工作方案》和自治区医保基金监管违规问题清单及桂林市医保基金监管重点检查内容，在全市所有定点医药机构中开展专项自查自纠和抽查复查工作，实现监督检查全覆盖。全年全市共检查定点医药机构 1678 家，检查率 100%。处理（含约谈）违规医药机构 1131 家，其中暂停医保服务协议 26 家，解除医保服务协议 3 家，拒付违规使用医保基金 270 家，行政罚款 2 家，涉及违规金额 1.7 亿元。核查参保人员违规 1 例，涉及违规金额 1.71 万元。奖励群众举报 4 起，主动公开曝光 4 起典型案例。推动医保基金监管内容进入全市二级以上公立绩效考评体系，严格落实定点医药机构监管主体责任，强化规范管理。

【新冠肺炎疫情防控】 2020 年新冠肺炎疫情暴发后，桂林市医疗保障局发挥职能作用，向全市 21 家医院预拨 3700 万元，确保患者不因费用问题影响治疗，确保医疗机构不因医保政策影响救治。将国家卫生健康委《新型冠状病毒感染的肺炎诊疗方案》覆

2020 年 4 月 30 日，桂林市医保基金监管集中宣传暨社会义务监督员公开招募启动仪式在叠彩区举行。（李扬摄）

2020 年 3 月 5 日，桂林市医疗保障局向叠彩区宝积社区捐赠防疫物资。

（桂林市医疗保障局供图）

盖的药品和医疗服务项目全部临时纳入医保基金支付范围，将医保报销和财政兜底范围扩大至所有确诊患者（包括确定为疑似患者期间的医疗费用），打消患者就医顾虑，确保“应治尽治”。针对各类消杀防护用品供不应求情况，紧急启动药价监控机制，防止药店哄抬物价。联合市财政局、市税务局等部门印发《关于桂林市阶段性减征城镇职工基本医疗保险费的通知》，在 2020 年 2 月 1 日—6 月 30 日期间对桂林市除机关事业单位外的参保单位职工医疗保险单位缴费部分对应减半征收，5 个月全市企业单位缴费部分累计减征 1.46 亿元。

（朱志贵）

退役军人事务

【概况】 2020 年，桂林市退役军人事务局（简称市退役军人局）办公地址在桂林市临桂区青莲路建设大厦北楼，内设科室 7 个。下辖市退役军人服务中心、军供站、军休中心、铁西军休所、凯风军休所、五里亭军休所、漓江军休所、东江军休所、桃花江军休所 9 个二层机构。年内，市退役军人局围绕促进退役军人安置就业、保障困难退役军人和其他优抚对象基本生活、创建全国双拥模范城等重点工作，狠抓退役军人事务各项工作。桂林市被命名为“全国双拥模范城”，市退役军人局被自治区党委、自治区人民政府评为广西壮族自治区退役军人服务管理工作先进单位。

【开展“思想政治工作年”活动】 2020 年，市退役军人局运用新时代“枫桥经验”，推进退役军人公共法律服务工作站（点）建设，维护退役军人合法权益。全市退役军人服务中心共挂牌法律服务站 16 个，乡（镇、街道）退役军人服务站共挂牌法律服务工作点 110 个，村（社区）退役军人服务站共挂牌法律服务工作点 1047 个，共设老兵调解室 122 个。全年全市共接收维权申请事项 137 件，引导依照法定途径处理 94 件，对经审核合法权益明显受损 43 件事项进行直接协助维权，接待来信来访 432 件 1884 人次，全部得到及时稳妥处置。引领退役军人投身疫情防控，成立退役军人志愿服务队、退役军人战疫应急队、退役军人党员先锋岗、退役军人抗疫处突巡防队，参与所在地区的联防联控工作。举行全市军休干部助力抗击新冠肺炎疫情捐款仪式，全市退役军人共投入 2.3 万人次到抗疫一线，捐款、捐赠医疗物资等近 200 万元。开展常态化联系退役军人和其他优抚对象工作。建立健全各级常态化退役军人联系制度，挑选 161 名重点对象实行重点联系，累计走访 224 次，平常联系 644 次，投入帮扶资金 3 万余元。

【开展“基层基础基本建设年”活动】 2020 年，市退役军人局开展“基层基础基本建设年”活动，全市退役军人服务保障体系建设成效明显。全市四级（市、县、乡、村）退役军人服务保障体系搭建完成。全市挂牌成立退役军人服务中心（站）2070 个，其中市级服务中心 1 个、县级服务中心 17 个、乡（镇、街道）服务站 147 个。全部独立设置，功能区服务站 2 个（恭城瑶族自治县栗木矿区管委会服务站、七星区华侨农场退役军人服务站）、村（社区）服务站 1903 个。开展退役军人、优抚对象和参战民兵的建档立卡工作，全年完成全市退役军人建档立卡 10.99 万人，完成率 95.8%。举办全市退役军人服务中心工作人员业务培训班 2 期，共培训人员 120 余人次。引进优抚之家“两工一师”（社工、义工、律师）社会工作服务，满足优抚对象多样化需求。抓好全国示范型退役军人中心（站）创建工作，创建全国示范型服务中心（站）101 个。落实领导包案制度，推动疑难信访案件化解到位，依法保障退役军人军属合法权益。

【创新退役军人安置和就业创业】 2020 年，市退役军人局落实稳岗政策，扶持退役军人创新创业，确保退役军人就业形势整体稳定。组织开展春季网络招聘活动，邀请 132 家公司企业提供职位 1.15 万个，动员退役军人军属在线投送简历，3906 人达成签约意向。开设“共克时艰、同心战疫”等网络培训系列课程，参训退役军人 3700 余人次。举办桂林市首届退役军人创业创新大赛，43 家军创企业团队报名参赛，2 家优秀军创企业在广西赛区决赛获三等奖，自主择业退役军人干事创业氛围稳步提升。机关事业单位的退役军人无失业情况，安置国有企业退役军人 3380 人，下岗失业 8 人，失业率 0.24%。全面及时足额发放政策性补助，市本级累计发放自主择业军转干部医疗保险费 1332 万元，独生子女费 2 万元；已发放自主就业退役士兵地方一次性经济补助 1930.3 万元，发放率 100%。

【抚恤优待政策落实到位】 2020 年，桂林市退役军人和其他优抚对象的抚

2020年10月28日，市退役军人局在桂林市五里亭军休所举行中国人民志愿军抗美援朝出国作战70周年纪念章颁发仪式。（钟绍辉摄）

恤补助标准逐年提高，抚恤补助及时足额发放到位，各项优待政策全面落实。全年全市共办理伤残证件68件，送医上门服务115人次，发放抚恤补助2.53亿元，发放医疗补助1533.41万元，发放价格临时补贴1396万元。严格落实义务兵家庭优待政策，为大学生入伍义务兵发放一次性鼓励金629.2万元，为2018年、2019年入伍的义务兵家庭发放优待金5065万元。

【走访慰问部队官兵和优抚对象】 2020年春节、“八一”建军节期间，桂林市及各县（市、区）党委、政府组织赴部队和优抚对象家中开展走访慰问活动。全年全市走访慰问部队官兵和优抚对象发放慰问金2909万元。为做好纪念世界反法西斯战争暨中国人民抗日战争胜利75周年，市退役军人局会同市委组织部、市委老干局开展抗日战争老兵走访慰问活动，共慰问抗战老战士257名，发放慰问金51.4万元。走访慰问218名湘江战役红军遗属，发放慰问金65.4万元。市退役军人局在桂林市五里亭军休所举行中国人民志愿军抗美援朝出国作战70周年纪念章颁发仪式。

【悬挂光荣牌】 2020年，市退役军人局持续开展退役军人和其他优抚对象信息采集和悬挂光荣牌工作。全年共为11.9万户符合条件的优抚对象家庭悬挂“光荣之家”牌匾。市、县（市、区）两级退役军人事务部门会同桂林警备区、当地人民武装部队开展上门送立功喜报活动，全年为5名立二等功、127名立三等功官兵送喜报上门。

【双拥共建工作】 2020年，市退役军人局持续开展创建“全国双拥模范城”创建活动，支持解决军人军属“后路、后代、后院”问题，协调办理300多名军人子女报名就读、升学转校，解决33名随军家属安置就业等事项。部队助力地方脱贫攻坚成效明显。年内，桂林市被授予“全国双拥模范城”称号。桂林已连续10届获“自治区双拥模范城”称号，连续9届获“全国双拥模范城”称号。

【开展先进典型推树活动】 2020年，市退役军人局在全市广泛开展自治区优秀退役军人、桂林市最美退役军人、桂林市最美双拥人和新时代八桂最美军嫂评选推树活动；会同市委宣传部、桂林警备区政治工作处联合组织开展“八一”建军节系列宣传活动，在《桂林日报》刊登《致敬老兵》宣传专栏，在桂林电视台《身边》栏目播出《聆听老兵故事》专题访谈节目，举办桂林市2020年“最美退役军人”“最美双拥人”发布仪式暨庆“八一”文艺晚会。李娜被评为桂林市第六届道德模范，钟国权、刘昭壁2名老人获桂林市“抗美援朝先进典型”称号。

【落实军休干部待遇】 2020年，市退役军人局落实军休干部政治待遇和生活待遇。抓好军休干部政治理论学习，提升政治思想觉悟。落实生活待遇，经与市财政局等单位沟通协调，在机构改革前遗留的无军籍职工物业费问题得到解决。办理军休干部各项生活补助发放，做好军休干部、无军籍职工的传统节日慰问工作。组织开展丰富多彩的军休文体活动，组织军休干部参加全自治区军休系统“乐享军休”运动会，市退役军人局获优秀组织奖。做好军休干部（士官）的接收安置工作，接收2020年自治区退役军人事务厅下达给桂林市安置的军休干部（士官）49人。（李海明）

2020年10月21日，桂林市举行获“全国双拥模范城”九连冠新闻发布会。（胡光灿摄）

社会生活

居民收入支出

【概况】 2020年,桂林市科学统筹新冠肺炎疫情常态化防控和经济社会发展,以落实"六稳""六保"任务为抓手,以实施扩大内需战略为突破,落实保民生促消费政策措施,遏止了城乡居民收入的下滑及生活水平的下降,全市居民收入渐增,农村居民增收好于城镇居民,居民基本生活得到较好保障。全年市城乡全体居民人均可支配收入27745元,(比上年,下同)名义增长5.2%,扣除价格因素实际增长2.5%。其中,城镇居民人均可支配收入38415元,名义增长2.6%,扣除价格因素实际增长0;农村居民人均可支配收入17345元,名义增长8.1%,扣除价格因素实际增长5.4%。城乡全体居民人均可支配收入按2010年价格算为22323元,超额完成比2010年翻番的目标(20782元)。桂林市城乡全体居民人均可支配收入超过自治区3083元,低于全国平均4444元。其中,城镇居民人均可支配收入比自治区高2286元,比全国低5689元;农村居民人均可支配收入比自治区高2530元,比全国高214元。桂林市城镇居民人均生活消费支出21507元,名义下降4.2%;农村居民人均生活消费支出11064元,名义增长2.7%。城镇居民人均消费支出为农村居民1.9倍。

【可支配收入来源渠道比较集中】 2020年,桂林市城镇居民人均可支配收入(包含工资性收入、经营性净收入、财产性收入、转移性收入)中工资性收入21056元,占比55%,对城镇居民人均总收入增加的贡献率为55%;人均转移性收入(主要包括养老金或离退休金、社会救济、赡养费、捐赠收入等)9918元,占比26%。城镇居民的可支配收入81%来源于工资性收入及转移性收入。农村居民人均可支配收入中工资性收入7545元,占比44%,对可支配收入增长的贡献率为44%;人均经营性净收入7025元,占比41%,对可支配收入增长的贡献率为26%。农村居民的可支配收入85%来源于工资性收入及经营性净收入。

2020年8月5日,2020桂林漓江购物节暨云闪付消费券发放活动在桂林万象城启动。 (刘慧婷摄)

【城乡居民生活消费势头萎缩】 2020年,桂林市城镇和农村居民家庭的恩格尔系数分别为34%和36%(恩格尔系数处于30%—40%属于相对富裕状态)。由于新冠肺炎疫情防控要求,居家隔离、拒绝聚集等防疫措施的实施,在食品烟酒、衣着、教育文化娱乐方面的消费支出下降比较多,城镇居民的食品烟酒、衣着、教育文化娱乐方面的消费额分别下降5.2%、3.1%、3.9%;农村居民的食品烟酒、衣着、教育文化娱乐方面的消费额分别下降0.9%、2.9%、3.6%。城镇居民居住类的消费水平略有回落,但是农村居民与城镇居民都仍保持较大的需求,其中农村居民居住类支出增长8.5%、城镇居民的居住类支出下降0.7%,占生活消费总支出比重分别为21.6%、21.1%。"四大件"全面普及,全市每100户居民家庭拥有电冰箱、彩色电视机、空调、洗衣机数量分别为102台、117台、140台、100台;汽车加快进入寻常百姓家,全市每百户居民家庭汽车拥有约41辆。桂林市尽管城镇居民在医疗保健类的人均开支额度是农村居民的约2倍,但是农村居民对医疗保健的开支比城镇居民强势。桂林市城镇居民人均医疗保健支出2077元,下降7.5%;而农村居民人均医疗保健支出1099元,增长6.1%。

(李秀梅)

居民消费物价

【概况】 2020年,桂林市居民消费价格总水平增长2.6%,涨幅缩小0.8个百分点,其中食品价格增长12.4%,服务价格增长0.7%,工业品价格下降2.0%。各月CPI同比涨幅高位回落,环比涨幅大幅波动后逐渐平稳。1月—2月,受春节和新冠肺炎疫情影响,各行业陆续停工停产,交通物流受阻,居民出行管控,供需失衡,同比涨幅较大,价格分别增长5.5%和5.9%;3月—4月,新冠肺炎疫情防控初见成效,各行业逐步有序复工复产,同比涨幅分别回落至5.0%和3.9%;5月—7月,新冠肺炎疫情防控形势持续向好,生产生活秩序逐渐恢复,同比涨幅继续分别回落至2.2%、2.5%和2.8%;8月—12月,国内新冠肺炎疫情得到有效控制和猪肉翘尾影响减弱,国内各行业基本恢复正常,同比涨幅分别回落至1.6%、1.2%、0.7%、-0.2%、0.7%。从环比来看,1月—2月,受春节效应和新冠肺炎疫情防控叠加影响,价格分别增长0.9%和1.3%;3月—6月,随着春节效应减弱,复工复产稳步推进,供需关系逐渐稳定,价格分别下降1.5%、0.6%、0.9%和0.3%;7月,在猪肉和鲜菜价格上涨的带动下,价格增长1.1%;8月和10月价格整体持平;9月,受鲜菜、鲜果和衣着价格上涨影响,价格增长0.6%;11月,受猪肉、鲜菜和鲜果价格下降影响,价格下降0.5%;12月,受猪肉、鲜菜和鲜果价格上涨影响,价格增长0.7%。

【八大类商品及服务项目呈"五升三降"态势】 2020年,桂林市食品烟酒类、医疗保健类、其他用品和服务类、生活用品及服务类、教育文化和娱乐类价格分别增长10.0%、6.8%、2.6%、0.8%、0.4%;交通和通信类、居住类、衣着类价格分别下降4.7%、2.6%、1.3%。其中,食品烟酒类、医疗保健类价格涨幅高于上年;居住类、衣着类价格趋势与上年相反。

【翘尾影响拉动总指数增长】 2020年,桂林市居民消费价格涨幅中,受上年涨价滞后影响为2.32个百分点(即翘尾因素),占涨幅的89.2%。其中,受上年非洲猪瘟疫情影响,猪肉价格从2019年7月开始连续快速增长并高位运行,2020年猪肉价格增长45.2%,拉动CPI上升1.56个百分点,猪肉价格翘尾影响是整体增长的主要因素。

【食品价格影响CPI上行】 2020年,桂林市食品价格增长12.4%,影响居民消费价格总水平上升2.62个百分点。受新冠肺炎疫情导致多个国家禁止粮食出口、非洲蝗灾和中国部分地区洪涝灾害影响,粮食短时间出现被抢购和囤积的现象,桂林市粮食价格增长1.0%,其他粮食价格增长8.8%,粮食制品价格增长1.4%,面粉价格增长1.1%,大米价格增长0.4%。猪肉价格高位震荡,桂林市猪肉价格增长45.2%。从环比看,1月—2月,受春节效应需求增加和新冠肺炎疫情防控影响,道路封闭,物流受阻,饲料和生猪运输困难,导致供给减少,价格分别增长8.8%和14.0%;3月—5月,春节效应消退,平价猪肉和冷冻猪肉投放及疫情防控形势持续向好,价格分别下降10.3%、9.7%和9.1%;6月—8月,受局部地区疫情抬头,暴雨天气,饲料价格上涨和国外冷冻品进口减少等因素影响,猪肉价格分别增长2.6%、12.6%和2.0%;9月—11月,受生猪出栏增加,天气炎热猪肉消费减少,价格分别下降2.0%、7.0%和4.4%;12月,受制作腊肉需求增加和生猪供应不足影响,价格增长5.4%。在猪肉涨价的带动下,作为替代品的羊肉、牛肉价格分别增长19.0%、18.1%,涨幅分别扩大14.6百分点、4.6个百分点。鲜菜、食用油价格增长明显,桂林市鲜菜价格增长8.7%,涨幅缩小3.1个百分点。主要原因是受新冠疫情和部分地区洪涝灾害影响,新鲜蔬菜生产和运输受阻,加上城镇化推进,城市蔬菜需求总量增加,但城市周边蔬菜种植面积却不断减少,供需矛盾使鲜菜价格上涨。食用油价格增长5.8%,涨幅扩大4.4个百分点。其中,食用动物油价格增长29.3%,主要是猪肉价格大幅上涨;食用植物油价格增长3.5%,主要是大豆等国际大宗商品涨价引发输入型涨价。鲜瓜果价格下降明显,桂林市鲜瓜果价格下降12.9%,幅度缩小28.2个百分点。主要是上年受不利天气影响,水果产量少,鲜瓜果价格大幅上涨,造成上年价格较高,2020年鲜瓜果产量普遍增加,价格下降明显。在外餐饮价格继续上涨,桂林市在外餐饮价格增长6.0%,涨幅扩大2.1个百分点。主要原因是受猪肉、鲜菜等鲜活食品价格上涨和疫情防控商家营业成本增加。其中,地方小吃、快餐和正餐价格分别增长7.4%、7.2%和5.5%。

【服务类价格涨幅缩小】 2020年,桂林市服务价格增长0.7%,涨幅缩小0.7个百分点。监测的65类服务项目价格呈"26涨14降25平"态势。其中,医疗服务价格增长14.3%,主要是2020年3月、6月,自治区医保局和自治区卫健委分2次调整了部分医疗服务价格;旅馆住宿价格下降6.7%,主要是受疫情影响,居民出行减少,旅馆住宿需求大幅减少。

【工业品价格由涨转降】 2020年,桂林市工业品价格由上年增长0.5%转为下降2.0%,影响居民消费价格总水平下降0.71个百分点。因国际原油市场持续低迷,国内能源价格相应降价,液化石油气、柴油、汽油和管道燃气价格分别下降16.7%、15.3%、14.1%和7.3%;受新冠肺炎疫情影响,居民外出购物减少,商场人流量锐减,商场降价促销力度加大,加上网上购物方式增多,市场竞争激烈,通信工具、交通工具、床上用品和服装价格分别下降7.8%、5.5%、3.3%和1.8%。 (李志江)

民族宗教事务

【概况】 2020年,桂林市民族宗教事务委员会(简称市民宗委)办公地址在桂林市临桂区西城中路69号,内设机构5个。年内,桂林市围绕"中华民族一家亲、同心共筑中国梦"核心理念,以创建全国民族团结进步示范市为契机,开展民族团结进步创建活动,依法加强民族宗教事务管理,巩固和发展平等团结互助稳定的和谐社会良好局面。7月2日,广西宗教界爱国主义教育基地挂牌仪式在桂林崇善清真寺举行。全年全市共办理公民民族成分变更审批213件,全面完工少数民族发展项目211个,秀峰区甲山街道办事处被评为第八批全国民族团结进步示范单位,9个单位被评为自治区民族团结进步示范区(单位),2个村寨被命名为首批自治区少数民族特色村寨。

【民族团结进步创建活动】 2020年3月,市民宗委组织开展民族团结宣传月、"壮族三月三"系列网上活动。以党的民族政策法规知识、民族知识、民族团结进步创建知识为主体,统一制作网上宣传标语、网上宣传材料,编写《桂林市民族团结进步教育读本》印发各县(市、区),将广西"三月三"公益宣传片放在各县(市、区)政府网站、统一战线、党建、扶贫、教育、创城等网页进行宣传。9个县(市、区)结合地方实际制作民族团结进步专题宣传视频,在各类数字视频上持久播放。各县(市、区)在各类网上推送宣传标语上2万次,播放视频近1000小时,网站点击量超过300万次。与市教育局合作,开展中小学生参与民族教育线上主题活动,利用网上课堂平台,制作"铸牢中华民族共同体意识""中华民族一家亲、同心共筑中国梦""我和我的祖国""我爱广西"以及介绍"三月三"民族文化习俗、中华优秀传统文化为主题的宣传图片、视频,开展系列宣传教育活动,培养学生的祖国情怀。线上主题活动按小学、初中、高中开设课程,小学主题为"我爱壮族三月三、民族团结一家亲",初中主题为"我爱三月三之壮乡美",高中和中职主题为"我爱三月三壮乡情",全市参与学生56多万人。以"空中课堂"形式举办线上升旗仪式、校园网络宣传、手工制作等形式的其他活动。5月,市委、市人民政府出台《桂林市创建全国民族团结进步示范市实施方案》,全面开展桂林市民族团结进步创建工作。指导秀峰区以营造氛围、抓试点、组织编写"一本教材、一首歌、一张图"活动开展创建全国民族团结进步示范区工作,筹备组织召开创建全国民族团结进步示范市全市推进大会。成功举办恭城瑶族自治县成立30周年县庆、龙胜各族自治县成立70周年县庆、全州县东山瑶族乡成立70周年乡庆等工作。秀峰区甲山街道办事处被国家民委评为第八批全国民族团结进步示范单位,秀峰区、龙胜各族自治县龙脊镇、资源县车田苗族乡、龙胜各族自治县马堤乡芙蓉村、秀峰区解东社区、恭城瑶族自治县检察院、象山区城市管理局、桂林市崇善小学、荔浦市民营经济服务中心被评为第四批自治区民族团结进步示范区(单位),龙胜各族自治县乐江乡同乐村、恭城瑶族自治县莲花镇门等村矮寨屯被命名为首批自治区少数民族特色村寨。

【少数民族发展资金监管】 2020年,桂林市共获少数民族发展资金4910万元(中央级4766万元、市本级144万元),安排项目211个(中央级196个、市本级15个),涉及11个县(市)和雁山区、临桂区。其中,屯级道路项目91个,道路水毁修复及护坡护栏修建项目59个,人饮工程33个,水利、桥梁项目及其他项目28个。指导县(市、区)结合脱贫攻坚工作实际,将少数民族发展资金重点向少数民族深度贫困乡、少数民族深度贫困村和贫困村倾斜,投向深度贫困和贫困乡村的项目共158个,占项目总数的75%。

【"抓系统、系统抓"专项整治】 2020年4月26日—29日,市民宗委与派驻纪检监察组联合组成2个检查组,对平乐县、荔浦市、灵川县2016年—2019年少数民族发展资金使用管理情况以及2020年项目实施进度进行监督检查。5月—12月,每月统计全市2020年少数民族发展资金执行进度,指导、协调相关县(市、区)推进项目实施。全年累计开展资金项目检查5次,实地抽查项目59个,涉及资金1689万元,发现并整改问题11个,提醒谈话3人,移交问题线索1个。

【宗教新冠肺炎疫情防控工作】 2020年,市民宗委开展宗教活动场所新冠肺炎疫情防控工作,加强宗教活动场所疫情防控,落实"暂停开放宗教活动场所、暂停一切集体宗教活动"要求,市、县两级民宗部门多次赴宗教团体、宗教活动场所指导督查疫情防控工作,确保全市宗教活动场所"零感染"。组织宗教界开展支援疫情防控捐助活动,发动广大信教群众捐款捐物奉献爱心,全市宗教界通过各种渠道为抗击疫情捐赠善款53.31万元,医用口罩、防护服、消毒水等物资价值16.77万元。

【宣传宗教政策】 2020年,市民宗委会同市网信、公安、安全等部门依法制止各类非法宗教活动、利用宗教干扰破坏疫情防控工作等有害互联网信息。推进宗教活动场所"五进"活动,市民宗委制订并印发《关于进一步深入开展宗教活动场所"五进"活动的通知》。6月,全市所有宗教活动场所全部达到宪法和法律宣传栏、国旗和社会主义核心价值观宣传栏进宗教活动场所标准。持续开展"五教同行"慈善周活动,引导全市宗教界为脱贫攻坚、捐资

2020年7月2日,广西宗教界爱国主义教育基地挂牌仪式在桂林崇善清真寺举行。
(何盛明供图)

助学、村(屯)整治、乡村振兴作贡献。编印《宗教政策法规文件学习资料汇编》500册,分发到县(市、区)、乡(镇)宗教工作干部手中,开展宗教政策法规宣传教育,推动宗教界形成自觉遵法、学法、用法的良好氛围。

【提升宗教事务法治化水平】 2020年,市民宗委做好市基督教两会换届前工作,指导市级宗教团体准备宗教政策法规学习宣传月活动。深入开展伊斯兰教、天主教、基督教活动场所管理专项工作,规范宗教场所管理,西巷清真寺、清真古寺进入内部装修阶段。完成伊斯兰教穆斯林群众斋月活动的服务保障工作。 (向华)

民政事务

【概况】 2020年,桂林市民政局办公地址在桂林市临桂区青莲路建设大厦。内设机构9个和机关党组织。下辖桂林市社会福利院、桂林市社会福利医院、桂林市救助管理站、桂林市殡葬管理处、桂林市公墓管理所、桂林市殡仪馆、桂林市福利彩票发行中心、桂林市低收入家庭经济状况核对中心机构8个。年内,面对新冠肺炎疫情和改革发展压力,桂林市民政局坚持兜底线、惠民生、强保障,统筹推进新冠肺炎疫情防控和民政事业发展。

【社会组织管理工作】 2020年,桂林市登记的社会组织3185家,其中市本级登记的社会组织675家(社会团体369家、民办非企业单位302家、基金会4家)。制定社会组织《政治行为规范》《党建工作要点》等规范性文件,推动社会组织登记、年检、评估、抽查与党建工作"四同步"。强化社会组织孵化基地平台建设,启动孵化基地与临桂区岩塘社区共建活动,举办培训班6期,开办"独秀学堂""乐群讲坛"系列讲座10余场,推进基层党组织规范化建设。出台《关于加强社会组织综合监管工作的意见》《社会组织管理工作要点》等文件。完成2019年度社会组织年检和年度报告工作,年检率72.1%,年检合格率99%。完善《桂林市社会组织评估实施办法》,评定3A级社会组织1家、4A级社会组织2家、5A级社会组织2家,提高社会组织公信力。做好137家行业协会、商会收费清理情况,推进6家行业协会、商会与行政机关脱钩改革。引导社会组织履行社会责任,推进15家社会组织认领10个扶贫项目,捐赠物资50多万元。推进社会组织配合做好疫情防控工作,捐赠现金124.07万元、物资1785.45万元。强化社会组织执法监督,清查出34家活动开展不正常社会组织,并正式对7家实施警告、撤销登记等行政处罚。制定《桂林市社会组织领域扫黑除恶专项斗争工作实施方案》,围绕"四个查清"重点排查整治,对38家社会组织实地抽查,检查社会组织内部制度、自身建设等情况。联合公安等部门查处非法社会组织,依法取缔荔浦罗氏宗亲会、灵川黄氏宗亲会、永福黄氏宗亲会3家非法组织,叫停"恩光教会"非法开展活动,有效遏制社会组织行业乱象。

【城乡低保补助水平提高】 2020年,桂林市保障城市低保对象28.59万人次,保障农村低保对象236.96万人次,累计发放城乡低保资金6.87亿元,城市和农村低保补助水平分别达到每人每月399元和241元,每人每月分别比上年增加2元和21元。

【临时救助】 2020年,桂林市民政局及时将遭遇突发意外、重大疾病等导致基本生活困难的家庭纳入临时救助,强化前置过渡和后置衔接功能,对申请低保、特困供养的困难群众、脱贫后因各种原因又返贫的建档立卡对象申请低保时,先予以临时救助,对于遭遇突发性、紧迫性、临时性困难的低保对象、特困人员、建档立卡贫困户等,通过临时救助提升救助整体效益。全面建立乡(镇、街道)临时救助备用金制度,采取分级审批、后置审批、先行救助等方式,2020年全年临时救助2.2万人次,发放资金2117.75万元。

【特困人员供养】 2020年,桂林市根据《桂林市特困人员救助供养工作实施细则》,6月,开始对城镇特困人员供养对象按每人每月不低于975元的标准发放,农村特困人员供养对象按每人每月不低于575元的标准发放。全年共保障特困人员供养对象36.96万人次,发放基本生活供养资金2.06亿元。 (隗于启)

【殡葬管理】 2020年,桂林市殡仪火化遗体9556具,增长3.9%;给予636户困难家庭优惠,减免247.49万元。全市公墓销售1175座,安葬1146座。清明期间,为确保市民群众祭扫不扎堆聚集,全市各殡葬服务单位暂停祭扫服务,全市举办6场"隔空不隔爱·公祭传真情"清明集体代祭扫公益活动,代祭扫敬献鲜花5万余束,为不能到墓园祭扫的群众代为表达祭亲之思。向市民群众宣传网上祭祀,人数达到10余万人次。扩大公益生态安葬社会影响力,9月19日,桂林

2020年6月9日,市委书记赵乐秦(左一)到阳朔县检查指导防汛抗洪救灾工作。(何平江摄)

市公益生态花坛集体安葬骨灰178具(含平乐县32具)。新建“爱心苑”公益免费安葬设施,完成2020年广西壮族自治区(桂林市)组织骨灰撒海活动,代撒骨灰32具。开展专项摸排,全年对尧山等重点区域开展摸排工作12次,及时掌握乱埋散葬动态。兴安县仙鹤园公墓项目获取批建。

【婚姻登记】 2020年,桂林市共办理婚姻登记3.77万对,其中结婚登记2.57万对,离婚登记1.20万对。疫情期间,各登记机关在2月2日和2月14日,2次暂停办理服务。为减少人员聚集,阻断疫情传播,及时推行电话、QQ预约等服务措施,分批分段错峰开展婚姻登记业务。开展婚姻登记领域可能存在的问题摸底排查工作,未发现违法违规办理婚姻登记情况,以及乱收费、搭车收费等现象。

【社会收养和孤儿保障】 2020年,桂林市规范寻根回访接待和收养登记工作,坚持免费为家庭提供寻根回访服务,全市办理收养登记248例。开展孤儿保障资金管理和使用情况督查,确保足额发放孤儿基本生活费,为全市543名孤儿(机构集中养育112名,社会散居431名)发放保障金835.7万元。10月,桂林市开始实施孤儿最低生活养育标准和事实无人抚养儿童基本生活补贴标准每人每月增加100元。12名孤儿在“明天计划”项目支持下得到免费医疗或康复救治;拓宽助学渠道,为符合条件的100名在校生每人每学年发放1万元“福彩圆梦·孤儿助学工程”助学金,确保被高等院校录取的孤儿不因经济困难辍学。

【救助管理】 2020年,桂林市民政局做好街面生活无着的流浪乞讨人员的救助管理工作,抓好新冠肺炎疫情防控常态化管理,开展“寒冬送温暖”专项行动,确保流浪乞讨人员安全过冬。对发现的流乞人员,耐心劝导进站救助,对能够核实身份的,及时安排乘车返乡,对暂无法核实的,运用全国救助管理信息系统和全国救助寻亲网、“今日头条”等媒体发布受助人员寻亲公告。对不愿入站的,现场发放棉被、棉袄、面包等御寒衣物和食品,并告知救助热线,以便随时进站接受救助。“寒冬送温暖”专项活动期间,全市救助管理机构共上街出动车辆605台次,出动工作人员2006人次,夜间巡查251次,街面巡查劝导流浪乞讨人员479人次,发放棉衣裤332套、棉鞋266双、棉被170床、食物931份;发放口罩1488个,发放救助联系卡826份。联合公安、城管开展行动23次,接回站内救助32人,送桂林市社会福利医院进行观察救治疑似精神障碍4人,无发生街面冻死、冻伤非正常现象。

【残疾人福利】 2020年,桂林市发放困难残疾人生活补贴54.47万人次,重度残疾人护理补贴66.01万人次,累计支出补贴资金9638.06万元。全年残疾人2项补贴达到全覆盖。

(贺凯)

【养老服务管理】 2020年,桂林市实现市、县福利院(养老院)、乡(镇)敬老院、农村五保村(农村幸福院)四级养老服务设施基本覆盖城乡,建有各类养老服务机构及设施共计1320家,其中养老机构81家,全托服务社区养老服务机构和设施98家,日间照料社区养老服务机构和设施88家,互助型社区养老设施1036家,其他社区养老服务设施17家。全市养老床位3.19万张,每千名老人享有养老床位30.1张。养老机构年服务老人2.8万人,社区各类服务机构年服务老年人近30万人。全年发放80岁以上高龄老人津贴7111.2万元,惠及老年人13.5万人。

【居家养老服务】 2020年,桂林市在6个城区开展居家养老政府购买服务。为80岁—89岁老人提供健康管理、日常巡视服务,90岁以上老人开展健康体检、入户援助、紧急呼叫等服务。签约2万名高龄老人并开展服务,入户服务时长7.1万个小时,高龄老人的满意度达99%以上。秀峰区、叠彩区、象山区、七星区开展社区老年食堂、“周周课堂”、夕阳红机构养老服务进社区等服务。在龙胜各族自治县开展农村养老志愿者互助服务试点工作,为农村孤寡、留守、高龄、失能老人提供服务2000小时。年内,桂林市被民政部、财政部确定为全国第五批居家和社区养老服务改革试点地区。

【养老产业发展】 2020年,桂林市养老服务业向更大规模、更高层次发展。桂林仙源健康产业园一期建设项目完成主体工程建设,在兴安县华江瑶族乡投资10亿元的广西养生养老小镇高寨康养文旅项目开工建设。联合市卫健委印发《桂林市打造一流康养旅游品牌实施方案》,打造以桂林夕阳红为代表的2家医养结合示范机构,以恭城瑶汉养寿城为代表的3家康养产业,以桂林美好家园孝慈轩为代表的2家社区嵌入式综合养老服务机构,以兴安华江瑶族乡养生养老小镇为代表的2家养生养老示范乡(镇)。

【慈善事业】 2020年,桂林市民政局动员慈善资源发挥自身优势依法有序参与新冠疫情防控。全年全市各级慈

2020年11月5日,桂林市被确定为国家第五批居家和社区养老服务改革试点地区通过验收评审。

(市民政局供图)

善组织、各级红十字会累计接收疫情防控专项捐款692.43万元、各类物资274万余件(套)。引导慈善力量参与脱贫攻坚活动,市直慈善组织为全市120名建档立卡贫困户家庭和1000名困境儿童家庭发放130万元助学资金,桂林市慈善事业会筹集844.8万元用于专项扶贫帮困,并号召15家社会组织定点帮扶扶贫村项目10个,累计帮扶资金物资合计50万元,为挂牌督战的贫困县和贫困村的脱贫攻坚工作提供助力。联合桂林市网信办发起“衣旧情深　公益相伴”爱心衣物捐赠网络公益活动,通过5家地方网络、新媒体推广,活动参与点阅7283人,通过15个社会捐助站(慈善超市)科学处理爱心旧衣30余箱。争取中华慈善总会“恩瑞格”药品和多吉美药品等慈善援助项目6个,为桂林市患有地中海贫血、血友病、肝癌等癌症困难患者近300人,年发放援助药品2237万元,发放人次3000余人次。

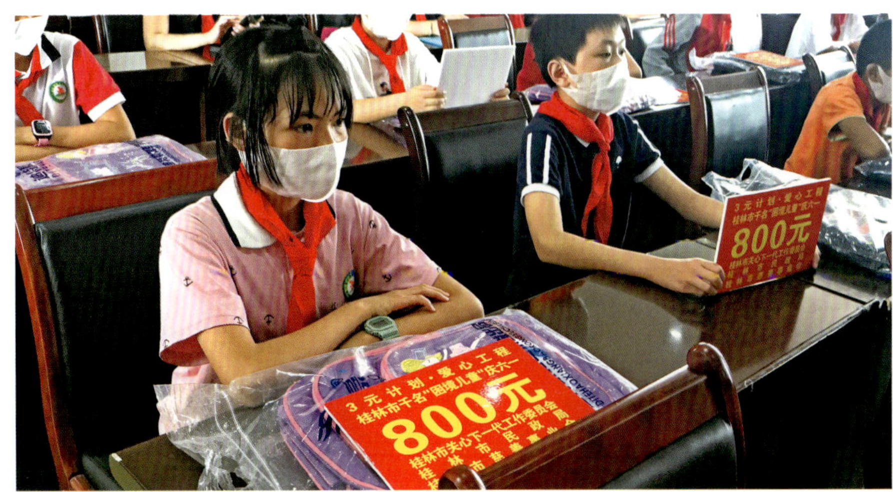

2020年5月28日,桂林市民政局、市关工委向困境儿童发放慰问金。

(桂林市民政局供图)

【社会工作】 2020年,桂林市设立社会工作组织15家,取得社会工作资格证书的社工人才711人。投入331.2万元用于社会工作购买服务项目,市外桂林籍社工人才库入库15人。出台《2020年全市乡(镇、街道)社会工作服务站试点工作实施方案》,投入资金210余万元在兴安县、龙胜各族自治县建设乡(镇)社工服务站。乡(镇)社工站项目累计对农村留守老人和分散供养特困老年人开展定期巡访共824人次,高龄补贴核对工作270次,对入住乡(镇)敬老院的老年人每季度定期开展身心健康情况评估监测10次;开展留守儿童、困境儿童、孤儿及事实无人抚养儿童走访423人次,协助2名儿童申请认定事实无人抚养儿童,并享受相应政策,开展各类有益老人身心健康的文体娱乐及亲子教育、防溺水防失学辍学儿童安全教育等社区活动97次。举办社会工作者职业水平考试考前公益培训班、乡(镇)社工站人才培训班,累计培训400余人次。举办社工机构进高校专场招聘会1期,开展社会工作主题宣传活动与引进人才签约仪式,加强社会工作人才培养储备和使用引进、加大对社会工作的宣传科普,提升广大群众对社会工作者的知悉度,让群众了解社工队伍、参与社工活动、成为社工人才。

【福利彩票发行】 2020年,桂林市销售即开型福利彩票5838万元,其中刮刮乐福利彩票3293万元,中福在线销售2545万元。筹集公益金1218.5万元。

(李艳)

【基层政权建设】 2020年,桂林市投入1377万元,分别完成秀峰区的中隐、莲花社区,叠彩区的铁路、国奥社区,象山区的安家洲社区,七星区的穿山、穿山南社区以及雁山区的雁山社区服务站建设。在新冠肺炎疫情防控工作中社区(村)发挥关键作用,象山区翠竹路社区党委书记汤瑛获“全国抗击新冠肺炎疫情先进个人”称号、秀峰区桃花江社区副书记陈琳获“全国抗击新冠肺炎疫情优秀城乡社区工作者”称号。开展社区协商示范创建活动,2个县、1个街道、7个村(社区)被自治区确定为村(社区)协商示范单位,2个村被自治区确定为村级协商示范单位;象山区翠西社区、恭城瑶族自治县桥头村社区(村)协商经验做法被民政部、自治区作为先进经验进行宣传推广。全市43个易地扶贫搬迁安置点均完成基层群众自治组织建设,其中单独设立社区2个,成立居民小组78个、理事会12个;牵头推进的5个安置点9个服务中心建设全面完成。村(社区)“两委”换届准备工作有序开展,推进村委、社区居委后备人才培养储备工作,逐村逐社区开展“一肩挑”人选的遴选工作,全市培养村(居)组织委员1400多人,为换届选举储备人才。

(许德新)

【界线联检和平安边界创建】 2020年,桂林市平安边界创建活动完成,与桂林电视台拍摄制作完成《创建平安边界　共建和谐桂林》视频,在桂林电视台身边栏目播出,在广西区划地名工作会议上作典型工作经验交流发言。与柳州市签订平安边界共建协议书,牵头完成与柳州市毗邻县的6条市级行政区域界线联合检查,以及市内毗邻县的9条行政区域界线联检。

【地名普查和地名管理】 2020年,桂林市完成《桂林市城区标准地名录》《桂林市城镇乡村名录》《桂林市行政区划汇编(1949—2019年)》的编纂印刷。5月完成《中国地名大会》(第二季)征集试题工作,采取微信、报纸、电视等多媒体形式,向社会征集桂林地名试题,共收集整理99条试题,评选推荐40条相对优秀的试题到自治区。9月,完成七星区6条道路(星华路、星海路、创优路、恒信路、广达路、创新道一巷)命名,1条道路(创新道)变更起止点。11月,利用民政部不规范地名辅助报送系统收集整理各县(市、区)排查出来的不规范地名共计47个。11月,按新的路牌样式设置更换路名标牌398块,维修受损路名标牌100块,更新完善桂林市地名标志管理系统。

(秦丽萍　秦巍)

区县(市)简介

秀 峰 区

【概况】 秀峰区位于桂林市区中西部,辖秀峰、丽君、甲山3个街道,分辖社区22个,建制村7个。区人民政府驻中隐路31号。行政区域面积54平方千米。2020年年末,户籍人口11.75万人。

经济总指标 全年地区生产总值按可比价格计算,(比上年,下同)下降6.0%。其中,第一产业增加值增长0.6%;第二产业增加值下降8.0%;第三产业增加值下降5.8%;固定资产投资增长1.5%。社会消费品零售总额75.87亿元。

财政 全年组织财政收入5.41亿元,一般公共预算收入3.14亿元。其中,税收收入完成1.74亿元,非税收入完成1.40亿元。一般公共预算支出5.99亿元。

农业 全年农林牧渔业总产值1.18亿元,其中农业产值0.82亿元,畜牧业产值0.05亿元,渔业产值0.14亿元,农林牧渔服务业产值0.17亿元。粮食播种面积261.70公顷,总产量1409.65吨。

工业 全年工业增加值下降18.7%;工业增加值占地区生产总值的比重5.9%。规模以上工业总产值下降28.8%;规模工业增加值下降25.9%。全区规模以上工业企业11家,其中年产值超1亿元企业6家。

文化·科技 年末拥有文化艺术团体12个,创作完成文化艺术作品10个。文化馆(站)1个。有国家级文化产业示范基地1家,自治区级文化产业示范基地4家,自治区级文化产业示范园区1家。全年秀峰区高新技术企业保有量23家,完成科技成果转化4件。共9家企业入库2020年科技中小型企业。辖区高新技术企业科技成果明显:桂林力港网络科技股份有限公司研发并取得十几款游戏产品的原创性科研成果,并申请授权发明专利1件。桂林长海科技有限责任公司申报科技项目1项,申报的工信委项目获得30万元的资金支持。广西赛联信息科技股份有限公司共获计算机软件著作权9项。

教育 全区有直属公办中小学9所,其中小学7所、九年一贯制学校2所。公办小学在校小学生1.18万人,专任教师666人;公办初中在校学生1099人,专任教师85人。小学适龄儿童入学率100%。

卫生·体育 全区各级各类医疗卫生机构106个,床位数2833张。辖区有卫生技术人员3922人,其中执业(执助)医师1237人,注册护士1872人,药师(士)147人,技师(士)209人,其他卫技人员457人。体育场地总面积39.31万平方米,体育场地510个,体育场地人均面积2.35平方米。

计划生育 全年全区出生人口752人,出生率5.76‰,符合政策生育率98.94%,政策外多孩率1.06%。出生人口男女性别比99.73(女性为100,下同),人口自然增长率1.26‰。

固定资产投资 全年全区固定资产投资增长1.5%,其中5000万元以上投资增长90.5%,5000万元以下投资下降59.9%,房地产业投资下降34.1%。

招商引资 全年自治区外到位资金32.35亿元,完成全年任务的104.3%。商务口径实际利用外资完成30.27万美元,完成年度目标任务的8%。

居民生活 全年城镇居民人均可支配收入39076元,增长3.3%。其中,工资性收入20076元,增长3.8%;经营净收入3408元,增长0.4%;财产净收入(成本法)3087元,增长4.6%;转移净收入12505元,增长3.0%。城镇居民人均生活消费支出21490元,下降3.3%。

旅游 全区有国家5A级旅游景区3家,国家4A级旅游景区3家,国家3A级旅游景区1家。2020年,旅游接待总人数861.98万人次,旅游总收入102.33亿元。

【秀峰区防控疫情】 2020年,秀峰区坚持"外防输入、内防反弹"的防控新冠肺炎疫情策略,织牢联防联控网,第一时间发布人员出行管控通告,率先在全市范围内推出电子通行证和"楼长制"管理模式,全面铺开网格化地毯式排查,采取"扎口袋"措施封闭管理,严格做好重点人群、重点场所、重点环节、重点时段管控,快速阻断疫情传播。持续做好常态化疫情防控,加强疫情动态研判,压实政府、部门、单位、个人四方责任,严格落实疫情防控措施,加快建立公共卫生事件应急管理体系。利用抗疫特别国债资金,抓紧提升医疗救治、疫情防控等能力,借力补强公共卫生服务领域短板。

【秀峰区复工复产措施有力】 2020年,秀峰区成立"三返"(返岗、返工、返学)人员工作专班,统筹指导辖区企业复工复产。开展"五联五促五提升"[每名领导干部联系1个—2个村(社区),促进辖区城乡融合发展,提升基层治理和服务群众的能力;联系1个—2个基层党组织,促进基层党

2020年2月7日，秀峰区领导带队到乐群市场指导新冠疫情防控工作。

（秀峰区地方志办供图）

建提档升级，提升基层党建引领水平；联系1名优秀人才，促进创新创业，提升秀峰人才聚集效应；联系2个重点企业，促进经济发展环境优化，提升企业发展能力；联系1个以上重点项目，促进项目建设稳步推进，提升区域经济发展水平］活动，率先在全市推出“在线申报监测管理系统”，实现企业应复尽复。帮助企业渡过难关，出台《秀峰区支持企业复工复产六条措施》《秀峰区促消费、助发展、见行动六条措施》等措施，筹资2500余万元为100余家企业在复工返岗、防疫保障等方面提供支持，减税降费超2亿元，协调银行放贷3.3亿元。加大跟踪培育企业力度，全年培育“四上”企业26家，排名桂林市第三，其中成功培育规模以上企业1家。挖掘服务业增长潜力，桂林力港网络科技股份有限公司克服新冠肺炎疫情影响，逆势而上实现营收高速增长；支持宜兑通用积分项目，建立实体门店联盟，实现城市新消费服务平台；加强楼宇经济建设，华润金融中心交付。促进消费复苏，组织开展直播活动和系列消费活动50余场，直接带动消费1亿余元。

【秀峰区项目建设全面提速】 2020年，秀峰区统筹实施市级层面重大项目38个，完成投资45.08亿元。先后举行17个项目集中开竣工仪式。正阳西巷开街，桂花公社开馆，莲花路建成通车，滨水广场地下停车场建成运行，靖江王府历史文化旅游休闲街区改造完成，温德姆花园酒店、力港大厦主体建成，桃江荷韵城市绿道、榕湖饭店改造提升、桂宏达领秀公馆等一批项目实现开工。桂林师范高等专科学校甲山校区、信义校区、桃花江B1地块成功出让。高铁秀峰园建设初见成效，新建标准厂房0.5万平方米，有序启动控规调整工作。组织34个项目争取上级到位资金5亿余元。对接项目68个，在谈项目52个，签约项目8个，引进投资10亿元以上项目3个。

【秀峰区城乡环境不断提升】 2020年，秀峰区完成3个老旧小区改造工程和40个主要节点楼宇夜间亮化美化工程。依法拆除违法建筑面积24.2万平方米，完成全年拆违任务的121%，城市管理绩效考评在全市年度排名第一。圆满完成自治区环境保护督察交办案件和第二次全国污染源普查验收工作。实施最严格水资源管理，有效落实各级河长巡河2000余次。开展黑臭水体治理工作，完成4个村庄污水管道清理和乌金河桂北新区段、甲山溪局部清淤。完成于家村环境综合整治和9个自然村安全饮水工程。

【秀峰区保障改善民生】 2020年，秀峰区完成为民办实事项目21个。城镇新增就业、失业人员再就业、农村劳动力转移就业新增人数均超额完成年度任务，城镇登记失业率控制在4.5%以内。城乡居民基本养老保险参保率、特殊困难人员参保率、基本养老保险入库率位居全市城区第一。足额发放城乡最低生活保障金、特困供养金、临时救助金共计400余万元。救助城镇脱困解困对象2276人。城镇居民人均可支配收入增长3.3%。

【秀峰区社会事业齐头并进】 2020年，桃江小学建设项目实现开工。秀峰区被列为自治区基础教育教学改革示范区。举办中国非物质文化遗产整体性保护论坛、中国－东盟电视周、文化和自然遗产日主场城市等活动。完善文化基础设施，保护修缮广西省立艺术馆旧址，逍遥楼、东西巷再现繁华盛景，非物质文化遗产展示馆成为桂林文化新地标。加强平安建设，开展民族团结进步活动，打造统一战线人才学习交流活动阵地，秀峰区被命名为第四批自治区民族团结进步示范区示范单位。（李雪）

叠彩区

【概况】 叠彩区位于桂林市北部，辖北门、叠彩2个街道和大河乡，分辖社区22个，建制村15个。区人民政府驻中山北路147号。行政区域总面积52平方千米。2020年年末，户籍人口15.84万人。

经济总指标 全年地区生产总值87.67亿元，下降3.8%。其中，第一产业增加值1.66亿元，增长3.3%；第二产业增加值9.65亿元，下降16.5%；第三产业增加值76.36亿元，下降2.0%。人均地区生产总值55346元。全社会固定资产投资额完成61.36亿元，下降24.8%。社会消费品零售总额72.99亿元，下降7.3%。

财政 全年组织财政收入4.78亿元，下降29.72%。其中，地方财政收入2.54亿元，下降41.4%。财政支出7.49亿元，增长0.23%。

农业 全年农林牧渔业总产值2.74亿元，其中农业产值2亿元，牧业产值0.53亿元，渔业产值0.01亿元，服务业产值0.20亿元。粮食播种面积 0.03 万公顷，总产量 0.18 万吨。

工业　全年工业总产值 18.77 亿元，增长 7.8%；工业增加值 3.51 亿元，增长 5.1%；工业增加值占地区生产总值的 4%。规模以上工业实现总产值 14.9 亿元，增长 9.9%。新增规模以上企业 2 家；区规模以上工业企业 9 家，其中年产值超 1000 万元企业 8 家，超 1 亿元企业 1 家。

文化·科技　年末拥有文化站 3 个；电影放映单位 3 个，放映电影 1.32 万场次，观众 1605 万人次。全年申报市级科技项目 1 项，县级科技项目 1 项，总投资 16 万元，共举办种植业、养殖业等科技培训班、科普讲座 6 期（场次），培训 0.2 万人次。建立各类科技示范基地 2 个。年内共申请专利 94 件。

教育　全区有中小学 18 所，在校学生 1.69 万人。公办初级中学 1 所，专任教师 63 人，在校初中生 653 人；民办初级中学 1 所，专任教师 120 人，在校初中生 1567 人。公办小学 10 所，专任教师 601 人，在校学生 1.12 万人；民办小学 6 所，专任教师 228 人，在校学生 3463 人。小学适龄儿童入学率 100%。

卫生·体育　全区各级各类医疗机构床位 1344 张，其中医院床位 640 张，妇幼保健院床位 648 张。卫生技术人员 2744 人，其中执业医师 917 人，注册护士 1400 人。全年向上级输送各类优秀运动员 8 人。获自治区级奖牌 1 枚，市级奖牌 3 枚，其中金牌 2 枚、银牌 1 枚、铜牌 1 枚。

计划生育　全年全区出生人数 1305 人，符合政策生育率 99.39%，其中二孩符合政策生育率 100%，政策外多孩率 0.54%；出生男女性别比为 98。人口自然增长率 2.42‰。

固定资产投资　全年全区固定资产投资 61.36 亿元，下降 24.8%。其中，基本建设投资 23.35 亿元，更新改造投资 8.35 亿元，房地产业投资 29.66 亿元。

招商引资　全年全区在建项目 10 个，续建项目 8 个，合同总额 188.75 亿元，其中自治区外建设项目资金 188.75 亿元（完成年度任务的 101%）。引进外资项目到位资金 10.4 万美元，完成利用外资年度任务的 4.5%。

居民生活　全区城镇居民人均可支配收入 38942 元，城镇居民人均消费性支出 22923 元。农民人均纯收入 17567 元，增长 7.5%；农村人均生活费支出 10937 元。全年发放城镇居民低保金 755.28 万元。城镇新增就业人数 2421 人；领取再就业优惠证的下岗失业人员再就业人数 865 人，城镇登记失业率为 5.5%。新增劳务输出 106 人。农村劳动力转移就业职业培训 2982 人。

旅游　全区有自然景点和人文景观 30 个，营业景区 5 个（国家 5A 级旅游景区 3 个，国家 3A 级旅游景区 1 个，其他旅游景区 1 个）。全年接待国内外游客 736.54 万人次，旅游总收入 98.65 亿元。

【第一届广西花卉苗木交易会在叠彩区举办】 2020 年 10 月 16 日—18 日，第一届广西花卉苗木交易会主会场在叠彩区“缤纷叠彩”田园综合体（尧山花卉基地）举办。主会场分市级展区、县级展区、专题展区等三大展区，参展花卉苗木有 1000 多个品种，共 30 多万盆。市级展区在 5000 余平方米的展厅内，14 个设区市以花卉、苗木造型呈现出各自的城市特点。县级展区在主会场丹桂路设室外展位，由桂林市各县（市、区）分别组展。专题展区设在主会场分展馆（广西花卉苗木交易会博览园），包括兰花、盆景、插花花艺、奇石根雕 4 个专题展区。交易会期间，自治区各地市共达成花卉苗木交易成交金额 6.5 亿元，合作研究意向投资金额 9.3 亿元。其中，叠彩区占意向投资金额的 75%。

【叠彩区疫情防控】 2020 年，叠彩区做好新冠肺炎疫情防控工作，迅速启动突发公共卫生事件一级响应，建立高效指挥体系和工作机制，全面动员各方力量，科学研判形势，实施精准防控，坚决做到“五早”（早发现、早报告、早诊断、早隔离、早治疗）“五个不漏”（排查不漏一人、隔离不漏一人、监测不漏一人、救治不漏一人、服务不漏一人），织密织牢“五张网”（织牢防控责任网，层层压实属地责任；织牢基层社区网，防止疫情输入扩散；织牢入口道口防控网，把好道路交通防线；织牢医疗救护网，全力做好救治工作；织牢物资保障网，保障重要物资供应）。近 2000 多名在职党员干部和志愿者下沉基层、服务一线，广大群众主动参与、全力配合，构筑起区、乡（街道）、村（社区）、小组（楼栋）、党员（志愿者）五级联防联控工作机制。全区累计排查人员 20.1 万人次，精准核查重点人员信息 3.87 万条；封闭管理村（屯、小区）近 200 个，设立检查卡点 253 个，对 193 个城中村、无物业小区创新采取“扎口袋”的经验做法获市防控指挥部高度评价并在全市推广。自 2020 年 3 月 10 日，叠彩区最后 1 例确诊病例出院后，至年末无新增本地确诊病例，无新增本地疑似病例、境外输入确诊病例和无症状感染病例。

2020 年 10 月 16 日—18 日，第一届广西花卉苗木交易会在叠彩区举办。

（叠彩区委宣传部供图）

【叠彩区优化产业结构】2020年，叠彩区“缤纷·叠彩”“漓江·茂源”“漓江·源乡”三大田园综合体建设稳步推进，叠彩花卉产业（核心）示范区获广西现代特色农业核心示范区（四星级）。优化消费结构，支持社区零售业创新发展。借助“壮美广西·三月三暖心生活节”活动，区长直播为叠彩花卉基地特色花卉产品及旅游文化做代言，积极促消费扩内需。其他营利性服务业高速增长，汽车销售、劳务派遣、工程设计等消费市场持续回暖，其他营利性服务业增长15.4%。其中，龙头企业广汇汽车实现营收6.82亿元，增长17.4%。完善“四上”企业培育扶持办法，新增服务业劳动报酬奖励政策，年度培育规模以上限上服务业企业10家，“规模以上限上服务业企业”培育扶持奖励42.28万元。争取上级贷款贴息资金支持914.8万元，帮扶企业渡过难关。

【叠彩区重点项目建设稳步推进】2020年，“叠彩·缤纷”田园综合体核心区花卉基地建设全面完成，“漓江·茂源”土地流转顺利推进。叠彩工业园通过立项可行性调研，完成45公顷土地征收；“三纵三横”道路建设一期实现竣工；灵田公路主体工程竣工并实现通车；桂林中医医院城北医院、桂林医学院附属医院整体搬迁项目加紧推进建设；老旧小区改造，福利路、7#9#地块、乌石星华、建干北路、D-3、芦笛路、九华片区等安置房建设继续深入实施；兴进漓江锦府、联发乾景御府、荣和·桃花源著、中海九樾、兴进漓江御园等房地产项目均完成主体工程建设80%以上。

【叠彩区提升城市品质】2020年，叠彩区以创建全国文明城市为契机，整治市容市貌，市容环境有效改善。治理机动车占用人行道违停、超门槛经营、小广告等“顽疾”，全面加大执法力度，组织开展各类整治行动清理乱搭乱建、乱堆乱放行为。持续发力打击“两违”，坚决遏制违法建设，全年拆除违法建筑1450处36万平方米，对21.5万平方米违章建筑实施经济处罚500余万元。提升城市数字化管理水平。提高环卫精细化保洁质量，严格落实洒水降尘措施，生活垃圾做到日产日清。全面推进垃圾分类工作，年内，完成叠彩街道办事处垃圾分类示范片区建设，建设生活垃圾分类亭105个，分类收运体系初步形成。

【叠彩区招商引资成绩突出】2020年，叠彩区实际引进境内到位资金37.58亿元；桂林城北生态旅游新城、叠彩星华乌石村五洲揽胜星城、叠彩博翠漓江、叠彩奇果农业高标准大棚建设、亿圣电商微商产业园、叠彩金福盛祥金银座、题桥环保科技无害化处理、叠彩能拓环保设备制造、叠彩能拓资源再生利用技术研发9个项目成功落地，投资总额193亿元；南洲片区城中村改造项目签订框架合作协议，计划投资额35亿元；叠彩高铁产业分园基建、国际大健康产业城、江东都市乐园高端文旅度假区3个项目达成合作意向，预计投资65亿元。

【叠彩区持续改善民生福祉】2020年，叠彩区累计发放各类民生资金1393万元，累计保障困难群众9.33万人次。推进养老服务结合改革，引导民营资本参与辖区养老服务业建设；积极应对新冠疫情对群众生活的影响，支持零售业龙头企业力源超市创新服务模式，开创即时配送、到家服务等“非接触性”服务，实现营业额1.47亿元，增长238.2%。统筹做好教育、医疗、棚改等民生事业，推进10大类21项民生实事办理。财政民生支出5.57亿元，占一般公共预算支出的74.41%。

【平安叠彩建设】2020年，叠彩区推进社会网格化管理服务平台建设，推进“天网”工程建设，年内已建专业“天网”探头1100个，微卡口30个，整合酒店、网吧等九小场所325家、2300余个监控探头联网并入“微天网”平台，初步建成覆盖整个叠彩区的视频监控体系。创新发展新时代“枫桥经验”，成立“老徐纠纷调解室”，加大基层矛盾纠纷化解力度。推进智能门禁系统建设，在辖区重点企事业单位推广应用人脸识别系统，延伸防控区域。深入开展扫黑除恶、严打黄赌毒、严打涉电信诈骗犯罪、严打传销专项斗争、市域社会治理百日攻坚行动，不断巩固平安叠彩建设成果，营造良好的营商环境。

（李艳灵　崔帆）

象　山　区

【概况】象山区位于桂林市中南部，辖象山、南门、平山3个街道和二塘乡，分辖社区36个、建制村8个。区人民政府驻环城西二路6号。行政区域土地面积88平方千米。2020年年末，户籍人口24.20万人。

经济总指标　全年地区生产总值186.04亿元，下降0.3%。其中，第一产业增加值1.33亿元，下降5.1%；第二产业增加值62.54亿元，增长4.1%；第三产业增加值122.17亿元，下降2.6%。人均地区生产总值63681元。全社会固定资产投资额完成60.57亿元，增长8.7%。社会消费品零售总额116.57亿元，下降12.7%。

财政　全年组织财政收入5.31亿元，下降24.2%。其中，地方财政收入2.51亿元，下降19.6%。财政支出9.19亿元，下降27.7%。

农业　全年农林牧渔业总产值2.17亿元，其中农业产值8915.9万元，牧业产值8958.1万元，渔业产值2302.5万元，服务业产值1540.3万元。粮食播种面积1208.9公顷，总产量5810.77吨。森林覆盖率28.33%。

工业　全年工业总产值106.67亿元，增长9.5%；工业增加值36.91亿元，增长4.2%；工业增加值占地区生产总值的29.4%；规模以上工业实现总产值98.32亿元，增长10.3%；规模以上企业16家，其中年产值超1000万元企业15家，超1亿元企业10家。

文化·科技　年末拥有非专业艺术表演团体33个，演出场次390场；公共图书馆1个，图书藏量200万册；剧场1个，文化站3个；电影放映单位5个，放映电影1.74万场次，观众21.63万人次。全年申报自治区级科技项目8个，市级科技项目14个，区级科技项目14个，总投资913万元。共举办种植业、养殖业等科技培训班、科普讲座4期(场次),培训0.12万人次。建立各类科技示范基地2个。年内共申请专利246件。

教育　全区有自治区示范性普通高中1所,专任教师216人,在校高中生1607人、初中生1625人。普通高中3所(含初中部),专任教师407人,在校高中生2039人、初中生3628人。初级中学3所,专任教师162人,在校初中生2122人。九年一贯制学校2所,在校初中生202人、小学生1968人。专任教师162人,小学23所,专任教师1342人,在校小学生2.36万人。小学适龄儿童入学率100%。

卫生　全区各级各类医疗机构床位4358张,其中医院床位4179张。卫生技术人员5529人,其中执业医师(含助理)1957人,注册护士2494人。辖区城乡居民基本医疗保险参保人数9.37万人。

计划生育　全年全区出生人数1659人,符合政策生育率98.4%。其中,二孩符合政策生育率99.88%,政策外多孩率1.5%。出生男女性别比为111.3。人口自然增长率3.74‰。

固定资产投资　全年全区固定资产投资60.57亿元,增长8.7%。其中,基本建设投资10.16亿元,更新改造投资5.51亿元,房地产业投资9.12亿元,其他投资35.78亿元。

招商引资　全年全区在建项目17个,续建项目14个,合同总额417.7亿元。其中,市外建设项目资金417.6亿元,自治区外建设项目资金41.21亿元,完成年度任务的103%。引进外资项目到位资金15万美元,完成利用外资年度任务的3.3%。

居民生活　全年城镇居民人均可支配收入39010元,增长2.3%。农民人均可支配收入17161元,增长7.0%。全年发放城镇居民低保金1487.82万元。城镇新增就业人数4035人;领取再就业优惠证的下岗失业人员再就业人数1303人,城镇登记失业率为4%。新增劳务输出4069人。农村劳动力转移就业职业培训140人;开发公益性岗位74个。

旅游　全区有自然景点和人文景观16个,营业景区5个(国家5A级旅游景区1个,国家4A级旅游景区1个,国家3A级旅游景区3个)。全年接待国内外游客759.51万人次,旅游总收入104.22亿元。

【象山区创城为民】 2020年,象山区参与"全国文明城市"创建活动。投入5100万元资金,完成整治提升无物业小区32个;粉刷建筑墙面和楼道50万平方米;完成主干道47处重要节点的亮化提升工程;实施改造背街小巷50余条,区域形象和品质不断提升。投资5936万元,补齐基础设施短板,启动89个老旧小区改造工作,人居环境得到极大改善。开展市容市貌整治行动330余次,查处辖区内违法建筑面积11.21万平方米,控制新增违建面积2.6万平方米,拆除违法建筑面积28.9万平方米。出台《象山区2020年乡村风貌提升实施方案》,完成15个实用性村庄规划总平面方案的意见征集,乡村振兴步伐进一步加快。全面打好三大污染防治攻坚战,全区空气PM10、PM2.5平均浓度分别下降18%、17.4%,空气质量优良天数再创新高。

【象山区疫情防控】 2020年,象山区是桂林市新冠肺炎疫情防控主战场,全市首例输入性病例,首个疫情封锁点发生在象山区。1月23日,辖区鸣翠新都小区武汉籍游客一家5人先后被确诊为新冠肺炎,象山区第一时间制订封锁管控方案,实施小区隔离封锁管控,对居民进行告知和动员,当晚按计划完成各项工作并顺利实施封锁管控。至4月10日,象山区累计投入16万人次参与疫情防控,争取上级部门下拨防疫资金72万元,社会捐款40.79万元,累计收到口罩、红外线额温枪等疫情防护物资,折价约93万元。区财政安排中央、省级和本级疫情防控资金329.85万元。全市集中隔离点香江饭店,其间共接收湖北籍和国外返桂人员646人。至10月末,象山区累计确诊病例7例(均为输入性病例),全部治愈出院。

【象山区复工复产】 2020年,象山区应对疫情对经济发展带来的不利影响,出台《象山区支持企业和项目全面复工七条措施》,为企业解决口罩等防疫物资共计7万余件,减免政府所属房屋租金100多万元,帮助21家企业申报政策奖励资金55.62万元,向银行推送12家企业申请贷款3.72亿元的需求信息。争取特别国债1.56亿元,做好"六保""六稳"工作。区领导参与网络直播推动经济复苏,有序规范万福广场、德天广场"地摊经济"试点,全力刺激消费市场。

【象山区重大项目建设】 2020年,象山区梳理重大项目117项,定期进行实地督查考评。其中,新开工项目13个;提升改造竣工项目7个;列入上级"五网建设"计划盘子项目8个,总投资13.55亿元;成功入库项目61个,固定资产投资完成60.57亿元。土地报批、收储、挂牌等工作加快推进,空

2020年4月10日,桂林市新冠疫情集中隔离点——香江大饭店解除隔离。
(象山区委宣传部供图)

院置换地、湴塘村预留用地等 9.65 公顷土地获用地批文，收储土地 16.47 公顷，青莲地块、骨科医院、溢达老厂区地块实现挂牌出让，出让面积 59.26 公顷。向上争取资金，获得直达预算资金 2.33 亿元，龙船坪特色街区项目政府专项债券 6000 万元，老旧小区改造专项资金 2.6 亿元，有效保障重大项目推进。

【象山区社会事业全面发展】 2020 年，象山区做好民生兜底保障，及时兑现低保、特困人员救助等民生资金 1899 万元。落实稳企保岗、就业创业政策，实现城镇新增就业 4035 人。开展根治欠薪攻坚行动，为劳动者追缴工资 50 余万元。推进养老产业健康发展，翠西、凯风社区获评自治区首批老年宜居社区，象山社区卫生服务中心、孝慈轩养老院获评“全国敬老文明号”称号。全面加强基本公共卫生服务工作，家庭医生签约服务对象 11 万余人，夕阳红养老中心获评广西第一批中医药特色医养结合示范基地。群众文化创作精彩纷呈，原创歌曲《孩子你知道吗》被“学习强国”平台收录发布，古琴独奏《流水》进入自治区“决胜小康，奋斗有我”基层文艺汇演决赛。强化生产安全监管，全年未发生较大以上生产安全事故。严格市场监管执法，查处违法违规案件 120 件，罚款 107.79 万元。加强社会综合治理，推进“打防控”一体化建设，群众安全感满意度稳中向好。加强民族宗教工作，铸牢各族群众中华民族共同体意识。

【象山区乡村振兴深入推进】 2020 年，象山区着眼产业振兴，采取“园区 + 企业 + 村集体”模式，盘活村集体预留地，湴塘村级集体经济产业园项目实现当年谋划、当年启动建设、当年基本建成。加大田园综合体建设力度，相思江畔 · 北芬田园综合体获评五星级，第二批田园综合体顺利启动。加快补齐乡村建设短板，修缮上月村乡道、电力疗养院通道等乡村道路，解决 8 个自然村村民生活用水问题。

【象山区生态环境持续改善】 2020 年，象山区坚持漓江生态环境全域治理，建立城区河道保洁长效机制，系统推进污水治理和支流整治，集中清理南溪河杂物垃圾 250 吨。全面打好蓝天碧水净土保卫战，严管勤查环境污染源，排查整改“散乱污”企业 397 家，空气 PM10、PM2.5 平均浓度分别下降 18%、17.4%。加强饮用水源保护工作，瓦窑水厂饮用水源水质达标率保持 100%，漓江雍水坝水质达到 III 类水标准。加快平山根雕市场整改工作，中央环保督察反馈问题整改扎实推进。

【象山区“十三五”规划收官】 2020 年，象山区完成国民经济和社会发展第十三个五年规划工作。“十三五”规划期间，象山区地区生产总值年均增长 5.8%；固定资产投资年均增长 4.7%；社会消费品零售总额年均增长 5.3%；城镇和农村居民人均可支配收入年均分别增长 6.1%，分别是“十二五”末的 1.3 倍和 1.6 倍。经济结构加快转型升级，三次产业结构由 2015 年的 0.6 : 35.6 : 63.8 调整为 0.7 : 33.6 : 65.7，服务业成为拉动象山区经济增长的主动力。推进“放管服”改革，调整取消行政许可事项 59 项，梳理保留行政权力事项 1088 项，企业开办审批由 20 个工作日压缩至 0.5 个工作日。辖区在业市场主体从 2015 年 0.97 万户增加到 2020 年的 3.02 万户，增长 209.4%。累计城镇新增就业 1.3 万人，城镇登记失业率控制在 4% 以内，基本社会保险参保率 100%。新组建迎宾东和迎宾西 2 个社区，新增服务城镇人口 1.1 万人。持续加大教育投入，义务教育巩固率 100%。（赵璇）

2020 年，象山区湴塘村级集体经济产业园项目基本建成。（象山区委宣传部供图）

七　星　区

【概况】 七星区位于桂林市东部，辖东江、七星、穿山、漓东 4 个街道和朝阳乡、华侨旅游经济区，分辖社区 33 个，建制村 14 个。区人民政府驻骖鸾路 26 号。行政区域土地面积 83 平方千米。2020 年年末，户籍人口 23.26 万人。

经济总指标　全年地区生产总值 282.47 亿元，增长 3.6%。其中，第一产业增加值 1.85 亿元，下降 4.6%；第二产业增加值 103.59 亿元，增长 7.2%；第三产业增加值 177.03 亿元，增长 1.5%。全社会固定资产投资额增长 3.0%。社会消费品零售总额下降 10.2%。

财政　全年组织财政收入 16.37 亿元，下降 18.46%。其中，地方财政收入 8.49 亿元，下降 21.29%。财政支出 12.72 亿元，下降 26.31%。

农业　全年农林牧渔业总产值 2.78 亿元，其中农业产值 1.88 亿元，牧业产值 0.55 亿元，渔业产值 0.07 亿元，服务业产值 0.28 亿元。粮食播种面积 0.55 万公顷，总产量 0.25 万吨。农业机械总动力 2.31 万千瓦。

工业　全年工业总产值增长 12.2%，工业增加值增长 12.1%，工业增加值占地区生产总值的22.56%,工业对全区经济增长的贡献率63.36%。规模以上工业实现总产值增长12.8%。新增规模以上企业8家;规模以上工业企业共74家,其中年产值超1000万元企业71家,超1亿元企业32家。

文化·科技 年末拥有专业艺术表演团体3个,演出场次288场;剧场1个,文化站1个;电影放映单位3个,放映电影1.23万场次,观众21.7万人次。共举办种植业、养殖业等科技培训班、科普讲座67期(场次),培训0.47万人次。年内共申请专利3424件。

教育 全区有初级中学4所,专任教师184人,在校初中生1998人。小学19所,专任教师1138人,在校小学生1.96万人。小学适龄儿童入学率100%。

卫生 全区各级各类医疗机构床位1031张,其中医院床位933张。卫生技术人员2386人,其中执业医师1041人(包括职业助理医师),注册护士1084人。

计划生育 全年全区出生人数2096人,符合政策生育率99.33%,其中二孩符合政策生育率100%,政策外多孩率0.52%;出生男女性别比为99。人口自然增长率5.94‰。

固定资产投资 全年全区固定资产投资增长3%。

招商引资 全年全区在建项目23个,续建项目10个,全年新签合同总额204.5亿元,自治区外建设项目资金105.19亿元,引进外资项目到位资金2625万美元。

居民生活 全年城镇居民人均可支配收入40848元,人均消费性支出22821元。农村居民人均可支配收入21086元,增长7.9%,人均生活费支出13743元。全年发放城乡居民低保金1115.02万元。城镇新增就业人数4101人;领取再就业优惠证的下岗失业人员再就业人数1201人,城镇登记失业率为3.85%。开发公益性岗位6个。

旅游 全区有自然景点和人文景观4个,营业景区4个(国家5A级旅游景区1个,国家4A级旅游景区3个)。全年接待国内外游客700.32万人次,旅游总收入112.25亿元。

2020年12月25日,兴进塔山·悦坊开街典礼暨桂林市七星区夜经济展示街区启动仪式举行。 (秦熙摄)

【七星区推进项目建设】 2020年,七星区全年包装策划自治区和桂林市重大项目89项,完成投资91.9亿元。新启动金鸡岭片区、英才园四期等4个控制性详细规划的编制,调整长山片区、综合产业园等6个控制性详细规划,完成29个修建性控制性详细规划编制工作。收储土地266.67公顷。争取上级资金2亿余元,帮助坤弘量子信息项目获银行授信及政府基金借款12.35亿元。引进格力(桂林)产业园、量子信息产业园、大飞机航空轮胎生产基地、石墨烯复合材料产业园等重大项目及清研皓隆等一批博士企业和研究院,总投资额410亿元。全年签订"三企入桂"项目14个,签约总额61.3亿元,开工10个,竣工投产3个。引进内资105.19亿元,创历史新高。桂林优利特医疗电子有限公司、桂林漓晶生物科技有限公司、中国中药(桂林)产业园一期、桂林坤弘量子信息科技有限公司、桂林清研皓隆新材料有限公司等一批重点产业项目实现开竣工;策划包装总投资61亿元的园区基础设施项目,铁山三路东环道等一批园区道路竣工通车,新建标准厂房8.28万平方米,桂林东站冷链物流园等14个"五网"建设项目得到快速推进。融创和平万达旅游城项目,拆除各类建筑面积约40万平方米,安置房一期926套实现搬迁入住,二期主体封顶,三期基础开挖,骖鸾路延长线、规划A路建成通车;桂林文化旅游中心地标性建筑漓江歌剧院项目,11栋350套安置房已具备交付条件;塔山片区项目,拆除面积53万平方米,安置房竣工交付4.1万平方米,169户村民入住新房;悦坊等特色街区项目如期开业,"两桥八路"等市政基础设施稳步推进。

【七星区加强疫情防控】 2020年,七星区启动防控疫情Ⅰ级响应,先后召开4次区委常委会、26次专题会研究部署工作,拟定印发疫情防控工作方案、措施等文件180余份,设立联防联控、医疗救护、物资保障等11个专项工作组,共526个党组织和8000余名党员和志愿者奋战抗疫工作一线。辖区确诊病例、疑似病例"双清零"。

【七星区助力复工复产】 2020年,七星区相继出台《减免、补贴部分企业物业租金》《应对新冠肺炎疫情支持产业发展和重大项目复工措施》等扶持政策和管理措施,精简企业复工申请流程,开辟审批绿色通道,发放复工复产补贴690余万元。3月末,实现规模以上企业全面复工复产。6月,规模以上工业总产值扭负为正。通过"壮美广西·三月三暖心生活节——情暖七星"线上线下活动、网络直播带货、倡议"促消费"等系列举措,助力企业渡过难关,广西壮族自治区烟草公司桂林市公司、广西桂林柳药药业有限公司、中国石油天然气股份有限公司广西桂林销售分公司、桂林市南城百货有限公司等龙头企业逆势增长，全年线上批发业销售额156.5亿元，增长9.76%；零售业销售额22.66亿元，增长33.84%。支持“桂林人游桂林”“广西人游广西”、旅游产业结对帮扶等活动。

【七星区科技创新结新果】 2020年，七星区支持企业自主创新，共获自治区级各类科技资金扶持约5300万元。认定桂林市啄木鸟医疗器械有限公司、桂林智神信息技术股份有限公司、桂林狮达技术股份有限公司、桂林实创真控数控设备有限公司4家公司为广西瞪羚企业，累计瞪羚企业达12家，占桂林市60%。59人入选2020年首批广西企业首席技术官。14家企业获广西高新技术企业百强企业。桂林坤弘量子信息科技有限公司、中国中药（桂林）产业园（一期）、清研皓隆新材料有限公司等一批新的知名企业竣工投产并形成新增量，新增规模以上企业8家，新上市企业1家，完成工业技术改造6.2亿元。桂林矿产地质研究院工程有限公司、桂林曙光橡胶工业研究设计院分别获2020年广西创新活力和创新能力10强企业。城德科技园众创空间、科技企业加速孵化器分别入选国家级培育库。

【七星区保民生增福祉】 2020年，七星区创新开展线上、线下招聘会、“直播带岗”网络互动等招聘模式，解决就业困难人员再就业1580人。全年累计发放养老金6883万元，发放最低生活保障金和社会救助金1680万元。桂林市育才融创实验学校、辰山小学等一批新建和改扩建学校投入使用，新增学位4500个。七星区被评为桂林市第一批“民族团结创建示范县（区）”、14个单位被评为“民族团结创建示范单位”。

【七星区开展乡村振兴】 2020年，七星区完成50个基本整治型村庄、2个设施完善型村庄、1个精品示范型村庄的整治提升任务；完成11个自然村自来水安装。辖区建制村生活垃圾无害化处理率100%。推进田园综合体建设，“漓韵侨乡”田园综合体被评为桂林市首批“五星级田园综合体”，成为全市乡村振兴发展的示范。莲花源生态田园、南国御花园等一批休闲农业项目被自治区评为“五星级农家乐”。推进农村集体产权制度改革，辖区19个村集体经济总收入4160万元。推进临桂麒麟村和灌阳同仁村结对帮扶工作，投入45万元完善村基础设施，累计投入扶贫资金620万元。开展走访慰问、产业帮扶、定点销售农副产品、组织村民体检义诊等系列活动，2个对口帮扶村173家贫困户全部脱贫，并通过自治区验收。

2020年5月29日，独秀书房“全国亲子阅读体验基地”挂牌仪式举行。（朱滢摄）

【七星区继续打造文化品牌】 2020年，七星区打造“遇见七星”文化公众号、24小时智慧阅读街景微书馆等群众性文化品牌。辖区独秀书房获“2020年广西文化产业示范基地”称号；广西临届数字科技有限公司获广西“八桂文化艺术奖”先进集体，创作的《家、国》《我想给你一个拥抱》动画作品获国家广播电视总局颁发的“第四届社会主义核心价值观动画短片扶持创作活动”优秀创作奖。

【七星区创城见成效】 2020年，七星区完成13条主次干道，108个老旧、无物业小区，203条背街小巷等创城重点区域专项整治。集贸市场全面升级，打造空明社区、鸾东市场、龙隐路等16类16个标杆点位。辖区182个测评点位、571个泛点达标率100%。开展文明创建活动850多场，参与人数超5万人次。在《人民日报》《广西日报》等媒体刊发创城稿件580余篇。（黄健　钟婷）

雁　山　区

【概况】 雁山区位于桂林市南部，辖良丰街道、雁山镇、柘木镇、大埠乡、草坪回族乡，分辖社区4个，建制村39个。区人民政府驻雁中路18号。行政区域面积288平方千米。2020年年末，户籍人口7.04万人。

经济总指标　全年地区生产总值31.49亿元，增长2.7%。其中，第一产业增加值6.37亿元，增长5.9%；第二产业增加值4.67亿元，下降4.3%；第三产业增加值20.45亿元，增长3.4%。人均地区生产总值22360元。全社会固定资产投资额完成39.64亿元，增长10.4%。社会消费品零售总额10.36亿元，增长13.7%。

财政　全年组织财政收入1.10亿元，下降30.81%。其中，地方财政收入0.47亿元，下降53.87%。财政支出5.03亿元，下降31.52%。

农业　全年农林牧渔业总产值10.56亿元，其中农业产值6.35亿元，林业产值0.03亿元，牧业产值3.59亿元，渔业产值0.30亿元，服务业产值0.29亿元。粮食播种面积0.36万公顷，总产量1.56万吨。森林覆盖率

49.01%。农业机械总动力 14 万千瓦。

工业　全年工业总产值 9.8 亿元，增长 7.7%；工业增加值 2.08 亿元，下降 6.8%；工业增加值占地区生产总值的 6.4%；规模以上工业实现总产值 8.93 亿元，增长 8.5%；实现利税 0.2 亿元，下降 71.43%。新增规模以上企业 1 家；规模以上工业企业共 9 家，其中年产值超 1000 万元企业 8 家，超 1 亿元企业 3 家。

文化·科技　年末拥有专业艺术表演团体 5 个，演出场次 40 场；公共图书馆 1 个，图书藏量 7 万册；文化站 4 个；电影放映单位 1 个，放映电影 100 场次，观众 2 万人次。全年申报自治区级科技项目 11 项，市级科技项目 15 项，总投资 500 万元，共举办种植业、养殖业等科技培训班、科普讲座 40 期（场次），培训 0.1 万人次。建立各类科技示范基地 5 个。年内共申请专利 1 件。

教育　全区有初级中学 2 所，专任教师 183 人，在校初中生 2148 人。小学 7 所，专任教师 357 人，在校小学生 4879 人。小学适龄儿童入学率 100%。

卫生　全区各级各类医疗机构床位 148 张，其中医院床位 148 张。卫生技术人员 208 人，其中执业医师 109 人，注册护士 99 人。

计划生育　全年全区出生人数 409 人，符合政策生育率 88.99%。其中，二孩符合政策生育率 100%，政策外多孩率 9.54%；出生男女性别比为 106。

固定资产投资　全年全区固定资产投资 39.64 亿元，增长 10.41%。其中，基本建设投资 30.68 亿元，房地产业投资 8.96 亿元。

招商引资　全年全区在建项目 47 个，续建项目 36 个，项目总投资额 290 亿元，完成年度任务的 100.3%。

居民生活　全年城镇居民人均可支配收入 36622 元，人均消费性支出 20782 元。农民人均可支配收入 16206 元，增长 7.2%；人均生活费支出 9633 元。全年发放农村低收入人口低保金 736.72 万元，发放城镇居民低保金 183.33 万元。城镇新增就业人数 861 人；领取再就业优惠证的下岗失业人员再就业人数 122 人，城镇登记失业率为 5.5%。农村劳动力转移就业职业培训 935 人；开发公益性岗位 229 个。

旅游　全区有自然景点和人文景观 10 个，营业景区 6 个（国家 5A 级旅游景区 1 个，国家 4A 级旅游景区 3 个，国家 3A 级旅游景区 2 个）。全年接待国内外游客 571.26 万人次，旅游总收入 59.88 亿元。

【雁山区疫情防控有成效】 2020 年，雁山区第一时间构筑五级联防联控网络，仅用 1 个月时间就有效控制疫情，实现患者零死亡、医务人员零感染，确诊病例、疑似病例“双清零”。精准有序推进复工复产，出台支持重大项目和中小企业开复工的政策措施 14 条，融创项目在全市率先提供湖北返雁人员“点对点、一站式”安全有序返岗保障服务，桂林吉福思罗汉果股份有限公司等企业在全市率先实现达产满产。

【雁山区脱贫攻坚圆满收官】 2020 年，雁山区整合各类资金 5123.6 万元投入脱贫攻坚，如期实现剩余建档立卡贫困人口和贫困村全部脱贫摘帽。实施 7 个贫困村交通、小农水、农网改造等基础设施项目 34 个，完善产业奖补政策，惠及贫困户 1018 户，建制村集体经济收入全部达 5 万元以上。落实各类教育补助资金，惠及学生 3066 人次。采取“特色产业 + 扶贫车间”模式，开发公益性岗位 320 个，帮扶近 500 名建档立卡贫困人口就近就业，足额落实稳岗和交通补贴。建档立卡数据质量、易地扶贫搬迁、扶贫资金执行进度等工作多次在自治区、桂林市排名第一。按照“危房不住人、住人不危房”的要求，出台一号文件，实施危房改造，雁山区在全市住房安全保障工作、“脱贫感党恩　奋进新起点”主题活动等推进会上作典型交流发言。

【雁山区项目建设成效突出】 2020 年，雁山区打造以桂林文化旅游大道为主轴的旅游新品牌，融创文旅城项目（一期）及配套基础设施完成建设，万达嘉华酒店如期开业运营；益田·雁山民国风情小镇（一期）基础施工基本完成，全年完成投资 3.4 亿元；完成自治区政府下达收储良丰农场 60.67 公顷土地任务；悦桂情歌田园沐歌小镇展示中心基本完成建设；雪松文旅小镇、玉圭园（二期）等重大项目开工建设。房地产项目完成投资 8.92 亿元。科教旅游新城基础设施不断完善，中心环线道路绿化亮化工程全面完成，雁翔路开工建设，雁飞路完成招标。全年完成房屋征收 500 余座，征地 146.8 公顷，挂牌出让及划拨供地 105.4 公顷，完成土地综合整治 93.47 公顷，为项目发展有效拓展空间。成功争取政府专项债券 4.7 亿元，获中央新增直达资金 9182 万元，一般转移支付 3.03 亿元，专项转移支付 2.36 亿元，有效缓解财政和项目建设资金压力。

【雁山区工业振兴提质增速】 2020

2020 年 12 月 27 日，雁山区融创万达嘉华五星级酒店开业。（徐宗飞摄）

2020 年 6 月 10 日，全国农业重大引领性技术“集装箱 + 生态池塘”养殖模式观摩活动在雁山区举行。（徐宗飞摄）

年，雁山区加快推进桂林高新区雁山园空间和产业规划，纳入高新区核心区面积 50 平方千米，完成基础设施投资 1.34 亿元、产业用地收储 16.13 公顷，新建标准厂房 1 万平方米。雁南飞科创小镇、吉福思扩建提升工程、金谷新材料等项目开工建设。吉福思扩建提升工程被列入自治区“双新”产业项目。新签约“三企入桂”项目 11 个，总投资超 320 亿元。投资 189.2 亿元的电科云（桂林）国际大数据中心、投资 74 亿元的航空航天产业基地等重大项目签约落地。

【雁山区现代农业提档升级】 2020 年，雁山区高标准建成悦桂情歌、柿里回乡 2 个市级五星级田园综合体。大力培育农业品牌，全国“集装箱 + 生态池塘”尾水处理技术模式现场观摩会在“鱼伯伯”生态渔业养殖示范区举行，新认证广西绿色农产品 2 个，新增广西农业产品品牌 1 个、自治区级农业龙头企业 2 家。新增农民专业合作社 6 家，新认定家庭农场 12 家。依托京东直播等线上线下助力农产品销售，开发东岕枇杷、柘木蓝莓、荷美陶家、明村黄皮果、李家阳光玫瑰葡萄、白竹境草莓等 6 条农业旅游线路。完成 35 个建制村集体产权制度改革。广播电视光缆实现建制村全覆盖。完成 101 个村庄整治建设任务，推进农村人居环境整治、污水垃圾处理，乡村面貌发生根本性变化。

【雁山区文旅融合深度发展】 2020 年，雁山区通过广西特色旅游名县复核评审，“心泊漓江　梦栖雁山”旅游品牌知名度得到提升。融创文旅城签约入驻 150 家各类型全国知名商家，桂林旅苑提升为国家 4A 级旅游景区，乡谣里休闲农庄实现营业，愚自乐园地中海俱乐部开辟新业态。草坪休闲旅游小镇加快建设，冠岩景区持续升级，天河竹苑高端精品酒店即将建成。举办“2020 发现雁山——广西美术作品展”等活动。桂林柚罐获 2020 中国旅游商品大赛金奖。全年接待游客 571.2 万人次，旅游总消费 59.9 亿元，分别恢复至上年的 70%、63%。

（余婕琳）

临　桂　区

【概况】 临桂区位于桂林市西南部，辖临桂、两江、五通、中庸、茶洞、四塘、会仙、六塘、南边山 9 个镇和宛田、黄沙 2 个瑶族乡，分辖社区 15 个，建制村 161 个。区人民政府驻临桂镇。行政区域面积 2202 平方千米。2020 年年末，户籍人口 53.43 万人。

经济总指标　全年地区生产总值 231.43 亿元，增长 5.2%。其中，第一产业增加值 43.15 亿元，增长 3.6%；第二产业增加值 70.74 亿元，增长 17.1%；第三产业增加值 117.54 亿元，下降 0.6%。全社会固定资产投资额完成 212.27 亿元，增长 9.5%。社会消费品零售总额 56.96 亿元，下降 15.65%。

财政　全年组织财政收入 34.36 亿元，下降 4.85%。其中，地方财政收入 20.59 亿元，下降 1.28%。财政支出 42.19 亿元，下降 4.05%。

农业　全年农林牧渔业总产值 69.46 亿元，其中农业产值 37.60 亿元，林业产值 2.74 亿元，牧业产值 24.73 亿元，渔业产值 1.96 亿元，服务业产值 2.43 亿元。粮食播种面积 4.42 万公顷，总产量 23.69 万吨。全年完成各类人工造林面积 22 公顷，森林覆盖率 63.30%。农业机械总动力 40.59 万千瓦。

工业　全年工业总产值 151.24 亿元，增长 28.7%；工业增加值 43.06 亿元，增长 16.8%；工业增加值占地区生产总值的 18.6%。规模以上工业实现总产值 139.19 亿元，增长 31.9%。新增规模以上企业 9 家；规模以上工业企业共 58 家，其中年产值超 1000 万元企业 55 家，超 1 亿元企业 22 家。

文化·科技　年末拥有非物质文化遗产保护传承中心 1 个；公共博物馆 1 个；公共图书馆 1 个，图书藏量 12.3 万册；剧场 1 个；文化站 11 个；电影放映单位 4 个。全年申报自治区级科技项目 17 项，市级科技项目 25 项，县（区）级科技项目 11 项，总投资 1105.8 万元，共举办种植业、养殖业等科技培训班、科普讲座 25 期（场次），培训 1250 多人次。建立各类科技示范基地 13 个。

教育　全区有自治区示范性普通高中 1 所，专任教师 189 人，在校高中生 2677 人。普通高中 3 所，专任教师 416 人，在校高中生 5648 人。初级中学 15 所，专任教师 1282 人，在校初中生 1.78 万人。小学 72 所，专任教师 2748 人，在校小学生 4.38 万人。小学适龄儿童入学率 100%。

卫生·体育　全区各级各类医疗机构床位 1982 张，其中医院床位 1418 张，妇幼保健院床位 20 张。卫生技术人员 3301 人，其中执业医师

1230人，注册护士1501人。参加城乡居民医疗保险44.04万人，参合率99.68%。全年向上级输送各类优秀运动员2人。

计划生育　全年全区出生人数4598人，符合政策生育率92.19%，政策外多孩率7.81%；出生男女性别比为112.74。人口自然增长率2.83‰。

固定资产投资　全年全区固定资产投资212.27亿元，增长9.5%。其中，基本建设投资27.72亿元，更新改造投资20.54亿元，房地产业投资135.15亿元。

招商引资　全年全区在建项目70个，续建项目51个，合同总额425.96亿元，自治区外建设项目资金118.11亿元，完成年度任务的114.67%。引进外资项目到位资金304万美元，完成利用外资年度任务64.68%。

居民生活　全年城镇居民人均可支配收入41736元，增长2.6%。农民人均纯收入20485元，增长7.8%。全年发放农村低收入人口低保金5356.86万元，发放城镇居民低保金543.03万元。城镇新增就业人数5767人；失业人员再就业人数1481人，城镇登记失业率为2.29%。农村劳动力转移就业人数5480人。农村劳动力转移就业职业培训2901人；开发公益性岗位235个。

旅游　全区有自然景点和人文景观78个，营业景区12个(国家4A级旅游景区4个，国家3A级旅游景区8个)。全年接待国内外游客304.75万人次，旅游总收入29.99亿元。

【桂林城市新中心初步形成】 2020年，临桂区“七纵九横”主干路网和“山环水绕”山水新城格局基本成型，建成区面积扩大至40平方千米，常住人口超35万人。学校、医院、市场等功能配套不断完善，绿化美化净化亮化水平全面提高，产业吸纳力，人口聚集力和形象展现力实现新提升，独具山水新城魅力的“桂林新中心”“临桂新家园”已形成。持续整治城区“脏乱差”问题，建筑垃圾、生活垃圾清运实现市场化管理，城区环卫机扫率提高到70%，城市管理数字化建设取得新成效，“大城管体系”初步形成，市容市貌进一步改善。完成134个农村生态小广场建设，建成美丽乡村示范村101个，所有建制村村生活垃圾处理实现保洁人员、管护经费、处理措施“三落实”。会仙镇、四塘镇、五通镇等均以全市第一的成绩通过验收，宛田村获自治区乡风文明示范村，泗林村获全国乡村治理示范村。

【临桂区民生福祉大幅提升】 2020年，临桂区城镇新增就业累计超2.2万人，城镇登记失业率控制在4.5%之内，发放社保卡44万张，城镇职工和城乡居民基本医保参保率超过98%。义务教育超大班额全面消除，基本实现校园宽带网路“班班通”，信息技术教育资源和手段基本实现城乡全覆盖，九年义务教育巩固率超过100%，义务教育均衡发展通过国家评估认定。建立区、乡(镇)、村医疗卫生机构一体化管理模式，分级诊疗制度逐步完善，被列为医共体模式建设改革国家试点区。共建立城乡居民电子健康档案41.11万份，电子建档率85.13%。电视综合人口覆盖率平均达到95%，建成79个村级公共文化服务中心。完成177个农家书屋出版物补充更新，图书馆完成第六次全国县级以上公共图书馆评估定级工作，获评国家三级馆，国民综合阅读平均率81.8%。建设乡(镇)农民体育健身工程2个，建制村农民体育健身工程11个，健身路径14条，村级篮球场136个。创建86个星级平安小区，46个星级平安村(屯)，全面落实“一村一辅警”工作。推进“天网工程”建设，基本上实现中心城区，乡(镇)所在地、30户以上村(屯)视频监控全覆盖。

【临桂区加强疫情防控】 2020年，临桂区成立新型冠状病毒感染的肺炎防控指挥部，下设联防联控、医疗救治、医疗物资保障、生活物资保障等8个小组，统筹协调，推进系统防控工作。全年累计诊断疑似病例40人，其中2人确诊，全部治愈，无死亡病例，无医务人员感染。管理确诊病例密切接触者235人，疑似病例密切接触235人。完成监管场所采样112人次、返桂林重点排查人员采样1717人次，结果均为阴性。

【临桂区脱贫攻坚完成】 2020年，临桂区剩余的4个贫困村顺利脱贫摘帽，364户1087人全部脱贫。全年发放建档立卡户学生生活费257.7万元，义务教育阶段贫困户子女实现“零辍学”。贫困人口城乡居民医疗保险参保率达100%，住院总费用、特殊慢性病门诊费用报销比例均达90%以上，全区危房改造任务202户，新增133户，共335户，竣工率100%。完成巩固提升农村饮水安全工程项目32个，总投资710.76万元。贫困户发展种植产业项目5158个，新种植农作物2140公顷，新发展养殖业项目946个，发展“5+2”特色产业贫困户4718户，

2020年3月20日，临桂区卫生健康局联合桂林医学院第二附属医院到宛田瑶族乡平水村开展“村医入户访视，专家进村问诊”专项进村服务活动。　（戴雨君摄）

2020 年 3 月 6 日，临桂区启动抗疫爱卫“五大清洁行动”。（阳行权摄）

覆盖率 99.4%。4 个预脱贫摘帽村村级“3+1”特色产业覆盖率均超过 90%。完成易地扶贫搬迁户 81 户 307 人，拆除旧房 48 户 4023 平方米，兑现拆旧奖励 169.50 万元，复垦面积 3780 平方米，兑现复垦奖励资金 27.20 万元，折旧率 100%。

【临桂区高新技术产业扩容升级】 2020 年，临桂区完成桂林市弘雅彩印包装有限公司、桂林市富华金属制品有限公司等 4 家高新企业认定，民营企业技术创新成果增长超过 5%。推动义江宛田河段整治、黑臭水体治理等 5 个国家可持续发展创新示范项目入库，实施桂林市 2020 年度创新示范区建设重点项目 2 项。“临桂区贫困村科技特派员服务创业基地及科技能力建设示范项目”通过自治区科技项目管理单位验收，临桂区泥鳅池塘高效养殖技术、红阳猕猴桃优质高效生产技术 2 个市级技术研究与示范项目通过桂林市科技局验收。（张凯）

阳朔县

【概况】 阳朔县位于桂林市南部，辖阳朔、白沙、福利、兴坪、葡萄、高田 6 个镇和金宝、普益、杨堤 3 个乡，分辖社区 15 个、建制村 99 个。县人民政府驻阳朔镇。行政区域面积 1428 平方千米。2020 年年末，户籍人口 33.17 万人。

经济总指标　全年地区生产总值 108.01 亿元。其中，第一产业增加值 30.80 亿元，增长 8.0%；第二产业增加值 21.62 亿元，下降 0.6%；第三产业增加值 55.59 亿元，下降 4.4%。人均地区生产总值 32560 元。全社会固定资产投资额完成 5.49 亿元，增长 5.0%。社会消费品零售总额 40.97 亿元，下降 9.2%。

财政・金融　全年组织财政收入 5.07 亿元，下降 33.0%。其中，地方财政收入 3.3 亿元，下降 42%。财政支出 25.05 亿元，增长 1.08%。年末，金融机构各项存款余额 128.61 亿元，增长 1.3%。其中，城乡居民存款余额 104.38 亿元，增长 8.9%；各项贷款余额 89.64 亿元，增长 22.7%。

农业　全年农林牧渔业总产值 46.54 亿元，增长 8.0%。其中，种植业产值 35.08 亿元，增长 15.4%；林业产值 0.91 亿元，增长 9.2%；畜牧业产值 7.94 亿元，下降 26.4%；渔业产值 1.25 亿元，下降 15.9%；农林牧鱼专业及辅助性活动产值增长 4.0%。粮食播种面积 1.96 万公顷，增长 1.8%。粮食总产量 9.38 万吨，增长 4.7%。全年完成各类人工造林面积 291.93 公顷，森林覆盖率 65.18%。农业机械总动力 33.74 万千瓦。

工业　全年工业总产值 9.35 亿元，增长 7.2%；工业增加值 5.45 亿元，增长 14.1%；工业增加值占地区生产总值的 5.04%。规模以上工业实现总产值 3.55 亿元，增长 20.3%；实现利税 0.22 亿元，增长 132.65%。新增规模以上企业 2 家；全县规模以上工业企业 6 家，其中年产值超 1 亿元企业 1 家。

交通・邮电　全年完成农村公路建设投资及固定资产 1.56 亿元，完成客运量 351 万人次，下降 22.5%。客运周转量 2.01 亿人千米，下降 19.5%；完成货运量 322 万吨，货运周转量 4.13 亿吨千米。全年完成邮政业务总量 4345 万元，电信业务（含电信、移动、联通等）总量 22.35 亿元。全县固定电话用户 1.08 万户，手机用户 25.98 万户，宽带用户 6.92 万户。

文化・科技　年末拥有公共图书馆 1 个，图书藏量 11 万册；文化站 9 个；电影放映单位 1 个，放映电影 1188 场次，观众 13.71 万人次。全年申报县级科技项目 3 项，总投资 415 万元，共举办种植业、养殖业等科技培训班、科普讲座 210 期（场次），培训 0.18 万人次。建立各类科技示范基地 9 个。年内，全县专利申请量 68 件。

教育　全县有自治区示范性普通高中 1 所，专任教师 163 人，在校高中生 2345 人。普通高中 1 所，专任教师 130 人，在校高中生 2294 人。初级中学 12 所，专任教师 623 人，在校初中生 9637 人。小学 86 所，专任教师 1212 人，在校小学生 2.13 万人。小学适龄儿童入学率 100%。

卫生・体育　全县共有医疗卫生机构床位 1073 张，其中医院床位 611 张，乡（镇）卫生院床位 462 张。卫生技术人员 1613 人，其中执业医师和执业助理医师 634 人，注册护士 753 人，乡村医生和卫生院 226 人。参加城乡居民基本医疗保险 27.7 万人，缴费率 97.02%。全年向上级输送各类优秀运动员 18 人。获省级奖牌 11 枚，其中金牌 3 枚、银牌 4 枚、铜牌 4 枚。

计划生育　全年全县出生人数 2912 人，符合政策生育率 95.84%。其中，二孩符合政策生育率 99.94%，政策外多孩率 3.91%；出生男女性别比为 111.5。人口自然增长率 2.24‰。

固定资产投资　全年全县固定资产投资（不含农户）57.49 亿元，增长 5.0%。其中，基本建设投资 17.26 亿元，更新改造投资 1.89 亿元，房地产业投资23.80亿元，其他投资14.54亿元。

招商引资　全年全县在建项目14个，续建项目7个，合同总额228.7亿元。其中，市外建设项目资金26.68亿元，自治区外建设项目资金26.68亿元，完成年度任务的106.7%。引进外资项目到位资金306万美元，完成利用外资年度任务的109%。

居民生活　在岗职工年平均工资55033.2元，增长7%。城镇居民人均可支配收入41851元，增长3.5%。农民人均纯收入19859元，增长8.2%。全年发放农村低收入人口低保金3492.39万元，发放城镇居民低保金173.45万元。城镇新增就业人数2335人；领取再就业优惠证的下岗失业人员再就业人数52人，城镇登记失业率为3.45%。新增劳务输出7272人。农村劳动力转移就业职业培训3893人；开发公益性岗位82个。

旅游　全县有自然景点和人文景观18个，营业景区7个（国家5A级旅游景区1个，国家4A级旅游景区5个，国家3A级旅游景区1个）。全年接待国内外游客1370.39万人次，旅游总收入181.56亿元。

【阳朔县旅游多业态融合发展】 2020年，阳朔县组织开展景区提升与旅游市场专项整治行动，投资1650万元完成西街景区立面改造，持续提升遇龙河国家级旅游度假区旅游品质。出台《阳朔县促进旅游业全面复苏六条措施》等政策，承办全市旅游产业复苏现场会，推进旅游业复苏。策划“春暖花开嗨游广西”全域自驾之旅，开展“春暖花开，云游阳朔”“壮族三月三，相约游广西”“广西人游广西”“老陕游桂林·山水爱相约”全域旅游大集市系列活动。成功举办遇龙河竹筏漂游节、漓江渔火节等丰富多彩的文旅活动。举办铁人三项赛、阳朔攀岩节等体旅融合的重大国际赛事。完成第二届十大优质民宿、精品酒店评选。年内，阳朔县入选“2020中国旅游百强县”，三千漓人文度假区获评国家4A级旅游景区。

【阳朔县城乡融合良性发展】 2020年，阳朔县在全市率先完成“书记工程”全覆盖。总投资4.8亿元，完成白沙镇、金宝乡、普益乡新型城镇化示范乡（镇）建设。高标准实施乡村风貌提升和农村人居环境综合整治，投资1.50万元，完成14个精品示范型、32个设施完善型、149个基本整治型村庄乡村风貌提升，完成21个乡村振兴（幸福乡村）示范村建设。投资1700万元实施交通道路生命安全防护工程43个，投入3000多万元修复受损道路30多条。入选国家水系连通及农村水系综合整治试点县，争取中央资金2.4亿元。大规模实施县城水域、漓江及遇龙河水系综合提升整治工程，完成投资1.8亿元。打造桂林市五星级田园综合体2个。中央电视台《乡村大舞台》阳朔专场完成拍摄。乡村振兴专题调研报告《一乡一张图 全县一幅画》在《广西宣传》刊登并选送中共中央宣传部，求是网以《羊角山下龙凤呈祥》深度展现阳朔乡村振兴成果。阳朔县白沙镇入选“全国首批乡村特色产业十亿元镇”。

【阳朔县统筹疫情防控】 2020年，阳朔县在全市率先对进入县域的所有人员实行24小时防控检测，累计体温检测120万余人次。第一时间关停县域内所有演艺场所、景点景区、酒店民宿、店铺摊点，取消、停办所有新春节庆活动、红白喜事，所有村庄、小区、单位实行封闭式管理。拨出经费5000万元开展疫情防控。累计完成排查8.6万户33.1万人，管控重点人群近4000人。干部群众和1000多名医护工作者投入疫情防控第一线，筑牢联防联控、群防群治严密防线。有序加快复工复产，出台支持中小企业发展和文旅复苏的减税降费、奖励促销等措施，发放金橘、砂糖橘销售奖补资金超300万元，减税降费5800万元，减免租金413万元，减免用电成本718.7万元，发放无息贷款1.3亿元。

【阳朔县遇龙河柑橘产业核心示范区入选第九批广西现代特色农业核心示范区】 2020年2月6日，自治区人民政府办公厅公布关于认定第九批广西现代特色农业核心示范区的决定，认定46个广西现代特色农业核心示范区，阳朔县遇龙河柑橘产业核心示范区榜上有名。该示范区位于阳朔县白沙镇范围内，总面积1213.33公顷，其中核心区面积213.33公顷、拓展区333.33公顷、辐射区666.67公顷。核心区以白沙镇遇龙村、桥上村、桥背村等为主，涉及11个自然村，示范区以柑橘为主导产业，年总产量1.2万吨，总产值7040万元。

【阳朔县举办第二届遇龙河竹筏漂游节】 2020年8月25日，由遇龙村村民自发组织、当地旅游企业主办的阳朔县第二届遇龙河竹筏漂游节在白沙镇遇龙村遇龙桥畔举行，由阳朔遇龙河的筏工们划着77张竹筏连接成777米长的“巨龙”蜿蜒巡游在遇龙河，组成一幅巨大的山水画卷。沿岸1万多名村民、游客目睹这一盛况。

（伍维平　秦彬）

灵川县

【概况】 灵川县位于桂林市东北部，辖灵川、定江、三街、大圩、潭下、九屋、灵田7个镇和海洋、潮田、公平、大境（瑶族乡）、兰田（瑶族乡）5个乡，分辖社区19个，建制村129个。县人民政府驻灵川镇。行政区域面积2287平方千米。2020年年末，户籍人口39.73万人。

经济总指标　全年地区生产总值173.40亿元，增长3.7%。其中，第一产业增加值52.02亿元，增长6.3%；第二产业增加值37.16亿元，增长5.5%；第三产业增加值84.22亿元，增长1.5%。人均地区生产总值4.36万元。固定资产投资完成额104.63亿元，增长6.7%。社会消费品零售额135.30亿元，下降2.3%。

财政·金融　全年财政收入13.83亿元，下降3.8%。其中，税收收入12.15亿元，增长4.5%。一般公共预算支出31.77亿元，增长100.39%。年末，金融机构各项存款余额250.26亿元，增长13.6%。其中，城乡住户存款余额187.95亿元，增长11.2%。各项贷款余额215.14亿元，增长17.8%。

农业　全年农林牧渔业总产值81.44亿元，其中农业产值60.39亿元，林业产值 2.89 亿元，牧业产值 15.26 亿元，渔业产值 1.09 亿元，服务业产值 1.81 亿元。粮食播种面积 2.7 万公顷，总产量 14.06 万吨。全年完成各类人工造林面积 860 公顷，森林覆盖率 75.96%。农业机械总动力 54.04 万千瓦。

工业　全年工业总产值 87.95 亿元，增长 16.80%；工业增加值 18.06 亿元，增长 6.4%；工业增加值占地区生产总值的 10.40%；工业对全县经济增长的贡献率 19.20%。规模以上工业实现总产值 69.45 亿元，增长 22.10%；实现利税 6.84 亿元，增长 61.30%。新增规模以上企业 8 家，全县规模以上工业企业 61 家，其中年产值超 1000 万元企业 59 家，超 1 亿元企业 17 家。

交通·邮电　全县农村公路通达率 100%，完成农村公路建设投资及固定资产 14.12 亿元，通建制村、自然村道路硬化率分别为 100%、88.7%。完成客运量 221.62 万人，客运周转量 1.36 亿人千米；完成货运量 1534 万吨，货运周转量 17.21 亿吨千米。邮路总长 1123 千米，完成邮政业务运营收入 5300 万元，电信业务（含电信、移动、联通等）运营收入 34.97 亿元。全县固定电话用户 1.5 万户，手机用户 37.46 万户，宽带用户 12 万户。

文化·科技　年末拥有公共图书馆 1 个，图书藏量 23.7 万册；文化站 12 个；电影放映单位 1 个，放映电影 1742 场次，观众 17 万人次。全年获科技部中央引导地方科技发展专项资金 1 项，市级科技项目 11 项，获得上级拨款科技经费 355 万元，县级科技项目 8 项，科技经费 29 万元。共举办种植业、养殖业等科技培训班、科普讲座 77 期（场次），培训 3758 人次。建立各类科技示范基地 9 个。年内共申请专利 177 件。

教育　全县有公办学校共 91 所（含教学点），其中自治区示范性高中 1 所，普通高中 2 所，高完中 1 所，职业中等专业学校 1 所，九年一贯制学校 3 所，初级中学 12 所，小学 48 所，教学点 23 个。在校生 4.91 万人（含中职），其中小学生 2.91 万人，初中生 1.29 万人，高中生 6039 人，中职在校生 1137 人。公办在编教师 3289 人（含控制编）。小学适龄儿童入学率 100%。

卫生·体育　全县医疗机构床位 1516 张，其中县医院床位 320 张，中医院床位 178 张，乡（镇）卫生院床位 449 张，妇幼保健院床位 150 张，310 医院及民营医院 419 张。卫生技术人员 2414 人，其中执业医师 1694 人，注册护士 999 人。全县城乡医疗保险 32.95 万人，参合率 97.1%。全年向上级输送各类优秀运动员 4 人。获自治区级奖牌 22 枚，其中金牌 10 枚、银牌 8 枚、铜牌 4 枚。

计划生育　全年全县出生人数 3713 人，政策外多孩率 4.63%；出生男女性别比为 111。人口自然增长率 3.51‰。

固定资产投资　全年全县固定资产投资 104.63 亿元，增长 6.7%。房地产业投资 66.42 亿元。

招商引资　全年全县共引进市外境内新建或增资项目 44 个，协议投资总额 314.04 亿元，自治区外建设项目资金 99.19 亿元。引进外资项目到位资金 401 万美元，完成利用外资年度任务的 100.25%。投资 1 亿元（含 1 亿元）的项目 28 个，协议投资总额 304.99 亿元，实际到位资金 93.71 亿元。

居民生活　全县城镇居民人均可支配收入 39067 元，增长 1.6%。农民人均可支配收入 18169 元，增长 7.3%。全年发放农村低保户人口低保金 4937 万元，发放城镇居民低保金 715 万元。城镇新增就业人数 3170 人；城镇失业人员再就业人数 753 人，城镇登记失业率为 3.46%。农村劳动力转移就业新增人数 4662 人。职业技术培训 7634 人，贫困劳动力培训 3466 人；开发公益性岗位 117 个。

旅游　全县有自然景点和人文景观 16 个，国家 A 级以上旅游景区 9 个（国家 5A 级旅游景区 1 个，国家 4A 级旅游景区 4 个，国家 3A 级旅游景区 4 个）。全年接待国内外游客 820.4 万人次，旅游总收入 92.01 亿元。

2020 年 12 月 2 日，桂林市第五批新型城镇化示范乡（镇）建设督战大会暨第六批新型城镇化示范乡（镇）启动会议在灵川县九屋镇召开，与会代表实地观摩九屋镇集镇外立面改造项目。（灵川县融媒体中心供图）

【灵川县项目建设取得新进展】 2020 年，灵川县列入自治区、市级层面重大项目 47 项，完成投资 71.16 亿元。其中，自治区层面重大项目 11 项，完成投资 19.26 亿元。引进自治区外项目 44 个，协议投资总额 314.04 亿元，实际到位资金 99.19 亿元。灵川海洋风电场项目开工建设，光达云创谷、桂林花江智慧谷、富力综合城等项目扎实推进，立大节能玻璃、长龙机械等一批重点项目如期竣工。

【灵川县工业转型升级加快推进】 2020 年，灵川县实施工业振兴战略，形成了以高铁（桂林）广西园（灵川县区域）为主园区，灵勃工业园、三街工业园、潭下工业园、花江智慧谷等为分园的发展格局，构建了以新型材料、生物医药、机械制造等为支柱产业的新

型工业结构。完善科级以上领导联系企业机制，推动桂康新材料、华信制药、金山新材料、韶兴电力、矿山机械等企业成为行业标杆，壮大和创新磨粉机系列产品，延伸上下游产业链。年内，灵川县获“广西磨粉机之乡”称号。桂强机械、漓峰医药、中昊力创、宝通科技等6家公司被认定为自治区科技型中小企业，全县累计认定国家高新技术企业达25家。

【灵川县城乡建设展现新面貌】 2020年，灵川县对17个老旧小区改造项目全面开工建设，完成川西一路、百花西路、滨江西路延长线项目建设，县中医医院搬迁项目、文化教育一体化项目有序推进，甘棠江试验坝成功蓄水，甘棠江、漓江沿江滨水绿道基本完工，城市环境宜居宜业。实施县城区域环卫市场化服务，高标准建成五厂片区农贸市场。开展八里街区域环境卫生整治，推进八里街停车收费管理，建设和优化智慧交通管理监控系统及数字化城管平台。九屋镇新型城镇化示范工程建成，桂林市第五批新型城镇化示范乡（镇）项目现场推进会在九屋镇召开。乡村风貌提升工程深入开展，农村人居环境、乡村风貌发生根本性变化，灵川镇民治村获“全国文明村镇”称号。教育设施进一步完善，高铁园外国语学校建成招生，县第二中学、县城关第一小学获全自治区文明校园。

【灵川县第三产业复苏升级】 2020年，灵川县升级打造以桂黄公路为中轴核心的商贸物流集聚区，大西南汽车城建成汽车4S店66家，实现税收5942万元。桂林瑞锦国际商贸城、桂林聚农粮油智慧商贸园、桂林汇金万象五金机电城建设加快推进，桂北商贸物流集散基地格局显现，成功举办2020中国·桂林物流与供应链创新发展峰会暨桂林市国家物流枢纽承载城市建设发展研讨会。组织开展“99元游灵川—票通”、特色美食农产品展示暨旅游文化周等活动，推动旅游业复苏，全年接待游客820.4万人次，旅游总消费92.03亿元。年内，灵川县获评2020年中国旅游百强县、广西可持续发展试验区、桂林市文旅复苏先进县。

2020年10月27日，灵川县举办2020中国·桂林物流与供应链创新发展峰会暨桂林市国家物流枢纽承载城市建设发展研讨会。 （灵川县融媒体中心供图）

【灵川县现代农业提质增效】 2020年，灵川县完成现代特色农业示范区（点）建设56个，新增注册农民专业合作社30家、家庭农场12家。2家农业企业、2家农民专业合作社获桂林市“农业十佳大户”称号；海洋乡小平乐村被评为2020年中国美丽休闲农业与乡村旅游示范点；全县农作物耕种收综合机械化率71.46%。

【灵川县疫情防控】 2020年，灵川县严格落实“外防输入，内防扩散”要求，全面推行县、乡（镇）、建制村、自然村四级联防机制，全力做好综合协调、疫情防控、应急保障、物资供应、宣传舆情等方面工作，组织动员全县932个基层党组织、1.8万名党员干部及6000名志愿者参与一线疫情防控工作，完善措施，强化核酸检测能力建设，做好重点人员服务管理和入境入县人员健康管理，加强应对处置能力建设和培训演练，提高应对突发重大公共卫生事件的能力和水平。全县新冠肺炎确诊病例、疑似病例和无症状感染者均为零。

【灵川县脱贫攻坚取得胜利】 2020年，灵川县聚焦“两不愁三保障”，全面提升贫困群众生活质量。建立控辍保学动态监测机制，做好辖区内适龄儿童入学台账管理，贫困家庭义务教育阶段学生“一个不少”全部入学。全面落实贫困人口患病住院“先诊疗、后付费”和“一站式”即时结算，贫困人口患病住院治疗费用实际报销比例93.5%，门诊特慢病费用报销比例91.9%，家庭医生签约服务全面覆盖。开展建档立卡贫困户住房核实，逐户核实核准住房安全等级，1016户贫困户危房改造全部竣工；实施饮水安全工程项目52个，解决贫困群众季节性缺水、水质保障程度低等问题。抓好就业扶贫、产业扶贫、村集体经济、扶贫小额信贷、消费扶贫“五个重点”，促进贫困村集体经济稳定增长和贫困群众持续增收，全县129个建制村（社区）村集体经济年收入全部达5万元以上，10万元以上有35个。全县累计投入各类脱贫资金4.03亿元，7700户危房换新房，34个贫困村、7439户25626名建档立卡贫困人口全部如期脱贫摘帽清零。

【灵川县聚农农产品交易中心开业】 2020年10月20日，灵川县聚农农产品交易中心举行开业典礼。该项目由桂林利森投资有限公司和桂林袭汇实业集团有限公司共同打造，是桂林首家全品类的一站式农批市场。总占地面积40公顷，总投资15亿元，规划有粮油、干货/调料、水果、蔬菜、副食品、水产、冻品等专业批发市场，建立“实体商家+电商”的运营模式。项目分5期开发，一期工程完成建设，总占地面积6.87公顷，共有24栋、348

间天地楼商铺，分粮油/干调专业批发市场，可吸纳近200家粮油批发经销商入驻经营。

【灵川县第三中学新校址揭牌启用】2020年8月26日，灵川县第三中学新校址举行揭牌仪式。新校区位于灵川镇木马大桥对面，规划用地3.88公顷，总建筑面积3.88万平方米，总投资8300万元，办学规模为30个教学班，可容纳学生1500人。

（秦荣萍）

全 州 县

【概况】全州县位于桂林市东北部，辖全州、石塘、枧塘、凤凰、安和、才湾、绍水、咸水、龙水、大西江、黄沙河、庙头、文桥、两河、永岁15个镇和白宝乡、蕉江瑶族乡、东山瑶族乡，分辖社区14个、建制村272个。县人民政府驻全州镇。行政区域面积4021.19平方千米。2020年年末，户籍人口84.29万人。

经济总指标　全年地区生产总值178.11亿元，增长3.3%。其中，第一产业增加值70.99亿元，增长6.1%；第二产业增加值22.64亿元，增长2.7%；第三产业增加值84.48亿元，增长1.0%。人均地区生产总值2.11万元。全社会固定资产投资额完成92.46亿元，增长10.3%。社会消费品零售总额40.65亿元，下降11.2%。

财政·金融　全年组织财政收入7.19亿元，下降18.5%。其中，地方财政收入4.48亿元，下降20.22%。财政支出45.05亿元，下降2.88%。年末，金融机构各项存款余额251.64亿元，增长12.84%。其中城乡居民存款余额204.47亿元，增长10.11%。各项贷款余额173.3亿元，增长22.67%。

农业　全年农林牧渔业总产值105.53亿元，其中农业产值71.34亿元，林业产值4.55亿元，牧业产值24.65亿元，渔业产值2.78亿元，农林牧渔服务业产值2.21亿元。粮食播种面积7.21万公顷，总产量38.05万吨。全年完成各类人工造林面积2460公顷，森林覆盖率68.15%。农业机械总动力65.07万千瓦。

工业　全年工业总产值55.96亿元，增长9.2%；工业增加值14.98亿元，增长6.1%；工业增加值占地区生产总值的8.41%。规模以上工业实现总产值40.23亿元，增长13.08%。新增规模以上企业6家；全县规模以上工业企业67家，其中年产值超1000万元企业60家，超1亿元企业12家。

交通·邮电　年末，全县公路总里程2528.10（不含高速公路）千米，18个乡（镇）全部通油路，272个建制村公路全部硬化，通畅率100%。客运周转量2.40亿人千米，货运周转量7.49亿吨千米。全年邮电业务总量41.25亿元，增长27.6%。其中，邮政业务总量5132万元，增长6.5%；电信业务总量40.74亿元，增长27.9%。全县固定电话用户0.91万户，手机用户48万户，宽带用户11.69万户。

文化·科技　年末拥有公共图书馆1个，图书藏量22.62万册；文化站18个；电影放映单位1个，放映电影3276场次，观众30万人次。全年申报自治区级科技项目5项，市级科技项目2项，总投资2000万元，共举办种植业、养殖业等科技培训班、科普讲座178期（场次），培训1.15万人次。建立各类科技示范基地77个。年内受理专利申请183件，专利授权136件。

教育　全县有自治区示范性普通高中1所，专任教师253人，在校高中生3752人。普通高中5所，专任教师601人，在校高中生9420人。初级中学25所，专任教师1963人，在校初中生2.83万人。小学318所，专任教师2944人，在校小学生5.13万人。小学适龄儿童入学率100%。

卫生·体育　全县卫生机构床位2216张，其中医院床位1405张。医疗卫生技术人员3448人，执业医师（含执业助理医师）1199人，注册护士（师）1645人。全县参加新型农村合作医疗农民67.56万人，参合率98.14%。全年向上级输送各类优秀运动员8人。获自治区级奖牌11枚，其中金牌4枚、银牌4枚、铜牌3枚。

计划生育　全年全县出生人数6291人，符合政策生育率95.8%。其中，二孩符合政策生育率100%，政策外多孩率4%；出生男女性别比为109。人口自然增长率2.1‰。

固定资产投资　全年全县固定资产投资92.46亿元，增长10.24%。其中，500万—5000万元项目完成投资35.64亿元，下降1.47%；5000万元以上项目完成投资30.21亿元，增长12.72%。房地产项目完成投资26.61亿元，增长27.31%。

招商引资　全年全县在建项目128个，续建项目67个，合同总额418.32亿元。其中，自治区外建设项目资金76.19亿元，完成年度任务的108.6%。引进外资项目到位资金562万美元，完成利用外资年度任务的200.71%。

居民生活　全县城镇居民人均可支配收入36860元，增长3.7%。农村居民人均可支配收入17759元，增长9.4%。参加居民基本养老保险45.84万人，参加城镇职工基本养老保险7.13万人；参加居民基本医疗保险67.63万人，参加职工基本医疗保险4.61万人。全年发放农村低收入人口低保金1.02亿元，发放城镇居民低保金1748.94万元。城镇新增就业人数6114人；城镇失业再就业人数1653人；城镇登记失业率3.19%。新增农村劳动力转移就业17644人。农村劳动力转移就业职业培训3805人；开发公益性岗位767个。

旅游　全县有营业景区6个（国家4A级旅游景区3个，国家3A级旅游景区3个）。全年接待国内外游客582.42万人次，旅游总收入58.77亿元。

【全州县疫情防控见成效】2020年，全州县抓好新冠疫情防控工作，在全自治区所有县（市、区）率先启动重大突发公共卫生事件一级响应机制、率先启动自然村（屯）设卡制流机制、率先实行禁止聚集性活动制度、率先动员民营医院和宾馆酒店建设集中隔离点，用1个月时间实现本土确诊病例、疑似病例“双清零”。抓好常态化疫情防控，织密织牢防控网，1500多名医护人员、700余名警务人员、1216个基层党组织3.2万名党员参与防控工作。

【全州县资金争取和政策激励取得新成绩】 2020年，全州县争取上级转移支付资金38.48亿元，增长10.32%；新增政府债券1.37亿元；获中央、自治区直达资金6.35亿元。出让土地21宗33.6公顷，收取土地出让金8.28亿元（含追缴历年欠缴土地出让金）。落实中小企业发展等6个方面53条政策措施，累计减税降费4500万元；筹集争取近3000万元抗疫特别国债、企业技术改造发展等专项资金扶持重点企业，全年新增市场主体3341户。

【全州县产业发展迈出新步伐】 2020年，全州县工业经济企稳回升，新增培育规模以上企业6家，全年规模工业总产值、增加值分别增长13.08%、9.8%。企业复工复产加快，赐佳鞋业、优食客、众利达医疗废弃物处置等21家企业投产。农业经济稳中向好，第一产业增加值增长6.1%。成功创建城西、才湾2个自治区级农产品加工集聚区和大碧头康养桂林市五星级田园综合体。黄沙河镇新型城镇化示范乡（镇）通过验收。旅游业加快复苏，采取“书记、县长当导游”“县长带你去旅行”直播活动等系列帮扶措施，大碧头国际旅游度假区、天湖景区、红军长征湘江战役纪念园等旅游需求旺盛，全县接待游客人次、旅游总消费恢复至上年70%以上。

【全州县招大引强实现突破】 2020年，全州县统筹推进重大项目166个，完成自治区外到位资金76.19亿元、商务口径实际利用外资562万美元，分别占年度任务的108.6%、200.7%。成功签约凤凰山、申宝20万千瓦风电场等“三企入桂”项目10个，总投资130亿元。与北京驰普集团合作打造百亿产值的桂北国际高新科技产业城项目代表桂林市参加自治区“民企入桂”成果发布会签约仪式。在深圳市成功举办招商引资推介会，现场签约音响产业园、亚璘电子、“红色湘江”田园综合体等产业项目18个，总投资313亿元。

【全州县城乡建设】 2020年，全州县城北新区累计完成投资49亿元，城北新区路网、湘源文化公园、联晨中农商贸城等23个重点项目加快推进，全县首个按五星级标准建设的天龙湾璞悦酒店营业，体育中心、市民服务中心、人武部新营区竣工投入使用，滨江路改造四期、农械厂改造等重点项目稳步实施。持续推进乡村风貌三年提升行动，投入1343万元完成实用性村庄规划430个和基本整治型、设施完善型、精品示范型村庄162个，乡村风貌显著提升。开展县城环境综合整治，县城主要路段实行停车收费管理，城市秩序逐步规范，市容市貌持续改善。

2020年9月15日，“大碧头杯”第四届全国农民体育健身大赛稻谷收割比赛在全州县举行。
（全州县融媒体中心供图）

【全州县社会民生取得新进步】 2020年，全州县民生领域投入38.67亿元，占一般公共预算支出85.8%。城镇新增就业6114人，完成任务的174.68%。组织开展农民工返岗复工“点对点”服务活动，开通全国首趟县域始发“定制”复工动车专列，被中央广播电视总台、人民网等多家主流媒体播报。全年为县内外企业输送务工人员7853人。县中医医院通过二甲复审，实现整体搬迁至新区。

【全国农民体育工作现场会暨第四届全国农民体育健身大赛在全州县举行】 2020年9月15日，全国农民体育工作现场会、第四届全国农民体育健身大赛暨2020年广西庆祝中国农民丰收节启动仪式在全州县康养大碧头田园综合体举行。其间，举办广西茶博会和系列农产品展览展销活动，举办趣味拔河、稻田徒手抓鱼、收割等比赛项目，来自全国的200余名农民选手报名参赛。

【中国文联中国视协“送欢乐·下基层”文艺志愿服务团到全州县慰问演出】 2020年11月26日，中国文联、中国视协文艺志愿服务团“送欢乐·下基层”到全州县红军长征湘江战役纪念园，进行以“红色沃土·新的征程”为主题的慰问演出。中国电视艺术家协会、自治区文联等单位领导及2000余名群众代表到场观看演出。

（蒋晓琼　俞鲜鲜）

兴　安　县

【概况】 兴安县位于桂林市北部，辖兴安、湘漓、界首、高尚、溶江、严关6个镇和漠川、白石、崔家、华江（瑶族乡）4个乡，分辖社区10个、建制村115个。县人民政府驻兴安镇。行政区域土地面积2344平方千米。2020年年末，户籍人口39.15万人。

经济总指标　全年地区生产总值增长3.5%，其中第一产业增加值增长6.2%，第二产业增加值增长5.8%，第三产业增加值下降0.3%。

财政·金融　全年组织财政收入8.59亿元，其中一般公共预算收入4.86亿元。一般公共财政预算支出29.97亿元。社会消费品零售总额增长1.6%。全县金融机构存款余额187.31亿元。

农业　全年农林牧渔业总产值增长6.2%，其中农业产值增长7.0%，林业产值增长8.4%，牧业产值增长1.8%，渔业产值增长8.4%，农林牧渔专业及辅助性活动产值增长2.5%。年末实有农业耕地2.53万公顷，农田有效灌溉面积1.90万公顷。全年粮食总产量增长4.7%。全年完成各类人工造林面积366.67公顷，森林覆盖率76.53%。农业机械总动力55.2万千瓦。

工业　全年工业总产值增长7.2%，其中规模以上工业总产值增长10.2%。规模工业增加值增长9.1%。规模以上工业企业25家，年产值超1亿元企业5家。

交通·邮电　全年"四建一通"工程项目共投入资金1.3亿元。完成了144个安防项目，共处治隐患里程181.96千米。全年客运量412.23万人，客运周转量1.38亿人千米；货运量648.26万吨，货运周转量9.75亿吨千米。邮路总长752千米，实现邮政业务总量0.41亿元。全县固定电话用户3万户、手机用户29.8万户、宽带用户4.6万户。

文化·科技　年末拥有专业艺术表演团体1个，演出场次110余场；公共图书馆1个，图书藏量13.51万册；文化站10个；电影放映单位1个，放映电影1383场次，观众5.90万人次。全年专利申请量104件，授权49件，发明专利保有量92件，每万人口发明专利拥有量2.64件。

教育　全县有各级各类中小学130所，在校学生4.35万人。其中，小学112所，学生2.77万人；初级中学13所，学生9796人；高中3所，学生4468人；特殊教育学校1所，学生63人；中等职业学校1所（兴安师范教育职业技术学校），学生1440人。全县教职员工人员2944人，其中小学1614人、幼儿170人、初中622人、高（职）中486人，特殊教育8人，教育局机关44人。

卫生·体育　全县卫生机构床位数1841张；医疗卫生机构399家，其中妇幼保健院1个，疾病预防控制中心1个；执业医师和助理医师987人，注册护士1225人，全科医生83人。全年向自治区输送优秀运动员1人，向桂林市输送优秀运动员11人。全年获自治区级金牌1枚。

计划生育　全年全县出生人数2769人，出生男女性别比为107。人口自然增长率2.51‰。

固定资产投资　全年全县固定资产投资（不含农户）增长10.3%。其中房地产开发投资增长4.7%。

招商引资　全年全县实施境内自治区外项目77个，完成自治区外内资到位资金103.55亿元，占市下达任务的110.16%，其中"三企入桂"签约项目51个，总投资129.7亿元。全年引进工业项目47个，汽车部件产业园、通用航空科技产业城总投资均超100亿元。

居民生活　全县城镇居民人均可支配收入增长4.1%，农村居民人均可支配收入增长8.1%。住户年末存款余额161.37亿元。年末参加城乡居民基本养老保险14.79万人，参加城镇职工基本养老保险2.22万人；参加失业保险1.63万人；参加基本医疗保险35.86万人。全年城乡居民最低生活保障的人数1.78万人。

旅游　全县有自然景点和人文景观7个，营业景区6个（国家5A级旅游景区1个，国家4A级旅游景区2个）。全年接待游客695.06万人次，实现旅游收入73.75亿元。

【兴安县抗击疫情】 2020年，面对新冠肺炎疫情，兴安县统筹疫情防控与经济社会发展，全面实施联防联控工作机制，拨付专项资金1300多万元，用心守护人民群众生命安全。公共卫生服务能力得到提升，4个核酸实验室投入使用。做好"六稳""六保"工作，出台扶持中小微企业、助推旅游复苏、稳定粮食生产等政策措施，新增市场主体3145户。建立健全政银企对接机制，推进"复工贷"授信支持183家企业复工复产，授信总额6.8亿元，发放复工复产贷款4.96亿元，为企业申请复工复产贷款财政贴息420.75万元。

【兴安县统筹推进项目建设】 2020年，兴安县全年统筹推进重大项目112个，完成投资91.6亿元。其中，自治区层面统筹推进重大项目7个，完成投资7.6亿元；市级层面统筹推进重大项目63个，完成投资56.96亿元。全年举行4次、66个重大项目的集中开竣工活动，其中开工项目31个、竣工项目35个。魁星楼白云驿历史文化街区建成开放，成为兴安县文化新地标；迎江路、兴北大道、棚户区改造城南安置点、兴安至桩子公路、海螺路延长线、湘江路延长线、双女井溪（二期）、郁�电子和风电界首（一、二期）、严关（二期）及生产与工程用房（检测中心）等项目竣工；灵渠大道（三期）全力推进，全线征地拆迁基本完成、路基基本成型，关键节点下穿铁路桥和上跨灵渠桥主体基本完工；财神庙历史文化街区、汽车部件产业园、碳酸钙科技产业园、乾昭新型金属材料、华江九寨、城乡建设用地增减挂钩、乡村振兴"百千"工程等项目进展迅速；"城市新客厅"商业综合体、国家水系连通及农村水系综合整治试点县项目、碧清源生活污水处理厂搬迁、红军长征文化园等项目启动建设；华汇生态科技建材、《突破湘江》大型实景演出暨中国兴安新长征文化园等项目前期工作快速推进。

【兴安县工业经济转型升级】 2020年，兴安县全年招商落地工业项目47个，在建项目34个，建成投产21个，工业投入增长26.86%，规模工业产值增长10.17%。县工业集中区入园企业56家，完成年产值35亿元，年税收近3亿元。碳酸钙科技产业园、汽车部件产业园发展迅速，占地14.4公顷的汽车部件产业园（一期）入驻企业10家，规划用地66.67公顷的汽车部件产业园（二期）完成土地报批和征收，已签约企业16家；占地近53.33公顷的碳酸钙科技产业园已完成基础设施建设，入园企业8家，2家已竣工投产。海螺水泥、风力发电、双胞胎饲料等龙头企业持续壮大；新能源、碳酸钙精深加工、生态建材、农产品深加工、汽车部件等"五大产业集群"初现规模。海螺水泥年产值15.59亿元、增长5.47%。三期日产5000吨新型干法水泥熟料生产线项目成功签约。风力发电年产值7.58亿元，增长29.95%；累计完成投资67亿元，总装机容量70万千瓦，兴安县已成为华南地区最大的高山风电基地。双胞胎饲料年产值2.5亿元，增长129%。华汇生态科技建材项目加紧建设,以中储能能源设备、嘉达机电设备、乾昭新型金属材料等为代表的装备制造产业加速发展,欣安电器、艺唯思皮具(二期)等项目竣工投产。工业集中区基础设施不断完善,完成标准厂房建设13.5万平方米,盘活闲置用地,新增工业用地100公顷,兴安湘桂走廊经济开发区规划编制完成。2020年全市工业振兴现场推进会在兴安县举行。

【兴安县文化旅游提质升级】 2020年,兴安县成功创建"国家全域旅游示范区""全国旅游标准化示范单位",获"全国村庄清洁行动先进县""2020年中国县域旅游竞争力百强县""国家葡萄产业技术体系一县一业标准化示范县"称号,棚户区和城中村改造项目、城乡环卫一体化项目获2020年全自治区宜居城市建设优秀范例奖。兴安县安排2500万元旅游发展专项资金支持文旅事业发展。灵渠展示中心、魁星楼白云驿历史文化街区等项目建成开放,龙潭江景区竣工开放,灵渠北渠休闲步道、三村九屯十八景骑行线路竣工使用。推进《突破湘江》大型实景演出暨中国兴安新长征文化园、红军长征湘江战役中央纵队界首渡江遗址公园、红军长征文化园、中国健康好乡村、青少年研学运动营等项目建设。乐满地文化旅游康养综合体项目建设、灵渠及水街景区经营权依法收回、灵渠周边环境综合整治、灵渠修缮等工作持续推进。开通"秀美灵渠·红色兴安"兴安北至广州南始发动车。建成红军长征突破湘江纪念馆、灵渠展示中心VR全景虚拟网上展馆,红军长征突破湘江纪念馆入选国家文物局全国2020年度主题展览重点推介项目,灵渠展示中心成为桂林文化新地标。2020年全市旅游发展大会在兴安县召开。

【兴安县乡村振兴取得新成果】 2020年,兴安县完成粮食播种3.13万公顷,总产量17.46万吨。葡萄种植9000公顷、总产量25.5万吨,柑橘种植1.13万公顷、总产量27.5万吨。全面落实生猪恢复生产要求,出栏37.8万头,存栏32.15万头,肉类总产量4万吨。继续以"百千"工程为切入点,推进美丽广西·幸福乡村建设、乡村风貌提升行动、农村人居环境改善、脱贫攻坚与乡村振兴相衔接。实施城乡环卫市场化改革,在全自治区率先建成生活垃圾"村收、镇运、县处理"的自主处理系统,覆盖全县87%的建制村和83%的自然村。成功创建灵渠秦风、陡江古韵田园综合体和自治区级猫儿山竹海森林生态文明休闲示范区,红色湘江蜜橘产业核心示范区提档升级为自治区五星级示范区。"兴安葡萄"入选第三批广西农业品牌目录,"兴安蜜橘"获国家地理标志农产品认证。引进阿里巴巴菜鸟物流建成县级电商快递物流分拨中心。

【兴安县决胜脱贫攻坚】 2020年,兴安县28个贫困村5271户1.79万人全部如期脱贫摘帽。抓好产业扶贫,发展村集体经济,投入5350.38万元实施扶贫项目205个,发放产业奖补资金1014.7万元,新增小额信贷4186.49万元;全县125个村(社区)集体经济收入全部达5万元以上,防贫监测机制逐步建立。

【兴安县文旅新地标建成开放】 2020年7月6日,兴安县历史文化新景点魁星楼、白云驿建成开放,与白云亭、攀桂桥、临江楼、濂溪坊、双女井溪串联成为湘江沿岸具有地域特色的历史文化景观建筑群。魁星楼、白云驿位于兴安县城湘江左岸,湘江大桥西南侧,灵湘路东北端。项目总占地面积1.8万平方米,主要建设魁星楼、白云驿、白云亭、濂溪坊、攀桂桥及附属配套园林、夜景灯光工程等。魁星楼高30余米,建筑面积2405平方米,共3层,为明代早中期建筑风貌,是兴安县城规划格局历史性时空轴线上最重要的仿古建筑。白云驿紧邻魁星楼,依托历史纵轴呈现明、清时期木结构建筑风貌,分为驿站和驿馆2个区域,建筑面积1267平方米,为江南园林风格。

【长征沿线红色旅游城市联盟年会在兴安县举行】 2020年12月5日—7日,第四届"红军长征论坛"筹备工作交流会暨长征沿线红色旅游城市联盟第三届年会。活动由中国文联文艺志愿服务中心指导,自治区文学艺术界联合会、中共桂林市委员会、桂林市人民政府主办,红军后代、长征沿线地区代表共500余人参加。年会期间,举办长征沿线城市红色文创主题市集暨红色旅游推介活动、"长征记忆 红色创想"中国兴安首届红色文创设计大赛、"红色兴安·经典景区"考察活动、长征国家文化公园建设交流活动、兴安县红色文化及特色扶贫产品展示,与会嘉宾观看红色情景话剧《湘江1934》展演。系列活动展现了长征沿线城市传承长征精神,以文创形式进行爱国主义教育的实践成果,将红色文化融入旅游实现文旅融合高质量发展的成就。

【兴安县创建国家全域旅游示范区】 2020年,兴安县获"国家全域旅游示范

2020年7月6日,兴安县文旅新地标魁星楼开放仪式举行。 (蒋子鸣摄)

区”“全国旅游标准化示范单位”称号。兴安县在“国家全域旅游示范区”创建工作中，以“打造中国文旅融合目的地”为目标，依托资源优势、文化底蕴、产业基础和区位交通优势，践行“全域规划、统筹推进、融合发展、特色示范”理念，实现全域共建、全域共融、全域共享，实现旅游交通、旅游厕所、旅游标识系统、生态慢行系统、旅游公共服务5个“全覆盖”。新建滨江公园、高铁站前广场、北渠绿道等，改造提升秦皇广场、马援广场等文化休闲设施，实施打造示范村70个，整治村381个，形成全景域旅游发展态势。至年末，兴安县旅游业覆盖重点村56个，建成乡村休闲旅游示范点20多个，星级农家乐17个，每年直接承载3万多人脱贫致富。

【兴安北至广州南始发动车开行】2020年7月1日，由桂林兴安北站始发至广州南站的“秀美灵渠·红色兴安”动车组D2981次列车开始运营，是兴安县首次开行跨省始发动车，桂北红色旅游名县兴安与粤港澳大湾区中心城市广州实现高铁“一乘直达”，两地时空距离压缩到3小时，方便了粤港澳大湾区游客到兴安接受革命传统教育，助推兴安红色旅游快速发展。通过将桂林北至广州南D2969/D2960次列车运行区段调整为兴安北至广州南，车次改为D2981/D2960次。至此，兴安北站每天停靠的动车数量提升到26趟次，为兴安县产业结构优化升级、促进县域经济发展提供运输保障。

（阳旭　廖晓梅）

2020年7月1日，“秀美灵渠　红色兴安”动车D2981次列车开始运营仪式举行。

（蒋子鸣摄）

永福县

【概况】永福县位于桂林市西南部，辖永福、百寿、罗锦、苏桥、三皇、堡里6个镇和广福、龙江、永安3个乡，分辖社区6个，建制村93个。县人民政府驻永福镇。行政区域面积2806平方千米。2020年年末，户籍人口29.13万人。

经济总指标　全年地区生产总值82.97亿元，增长0.9%。其中第一产业增加值27.76亿元，增长7.0%，第二产业增加值13.86亿元，增长1.4%；第三产业增加值41.35亿元，下降3.6%。全社会固定资产投资额增长8.3%。社会消费品零售总额38.35亿元，下降5.3%。

财政·金融　全年组织财政收入5.07亿元，下降13.0%。其中，地方财政收入2.95亿元，下降18.94%。财政支出23.7亿元，增长12.74%。年末，金融机构各项存款余额103.78亿元，增长15%。其中，城乡居民存款余额79.26亿元，增长15.9%。各项贷款余额81.94亿元，增长16.3%。

农业　全年农林牧渔业总产值49.59亿元，其中农业产值28.58亿元，林业产值4.47亿元，牧业产值13.70亿元，渔业产值0.66亿元，服务业产值2.18亿元。粮食播种面积2.32万公顷，总产量11.55万吨。全年完成各类人工造林面积250.5公顷，森林覆盖率79.51%。农业机械总动力30万千瓦。

工业　全年工业总产值76.11亿元，增长1.7%；工业增加值7.7亿元，增长3.9%；工业增加值占地区生产总值的12%；工业对全县经济增长的贡献率16.3%。规模以上工业实现总产值58.28亿元，增长7%；实现利税1.27亿元。新增规模以上企业6家，全县规模以上工业企业38家，其中年产值超1000万元企业37家，超1亿元企业16家。

交通·邮电　全年完成农村通达公路16条，长度62.9千米，完成农村公路建设投资及固定资产0.66亿元，完成客运量182万人，客运周转量1.10亿人千米；完成货运量408万吨，货运周转量4.82亿吨千米。邮路总长1300千米，完成邮政业务运营收入374.5万元，电信业务（含电信、移动、联通等）运营收入1.52亿元。全县固定电话用户0.5万户，手机用户23万户，宽带用户5.93万户。

文化·科技　年末拥有专业艺术表演团体1个，演出场次73场；公共图书馆1个，图书藏量12万册；剧场2个，文化站9个；电影放映单位3个，放映电影4364场次，观众3.86万人次。全年申报市级科技项目2项，总投资30元，共举办种植业、养殖业等科技培训班、科普讲座115期（场次），培训8700多人次。建立各类科技示范基地10个。年内共申请专利121件。

教育　全县有自治区示范性普通高中1所，专任教师152人，在校高中生1737人。普通高中2所，专任教师149人，在校高中生2272人。初级中学13所，专任教师597人，在校初中生8547人。小学73所，专任教师1135人，在校小学生1.89万人。小学适龄儿童入学率100%。

卫生·体育　全县各级各类医疗机构床位1419张，其中医院床位1163张，妇幼保健院床位86张。卫生技术人员1664人，其中执业医师556人，注册护士750人。全县参加城乡居民基本医疗保险24.39万人，参合率95%。全年向上级输送各类优秀运动员36人。

计划生育　全年全县出生人数2187人，符合政策生育率94.24%。其

2020年，永福县坪岭移民安置点建成。（永福县扶贫办供图）

中，二孩符合政策生育率99.64%，政策外多孩率4.71%。出生男女性别比为109.48。人口自然增长率1.51‰。

固定资产投资　全年全县固定资产投资增长8.3%。房地产业投资5.16亿元。

招商引资　全年全县共引进项目共34个，项目总投资149.1亿元，其中新引进工业项目25个，总投资66.35亿元。招商引资累计自治区外境内到位资金76.09亿元，增长9.28%。

居民生活　城镇居民人均可支配收入38463元。农民人均可支配收入16629元，增长7.6%。全年发放农村低收入人口低保金5756.64万元，发放城镇居民低保金1067.32万元。城镇新增就业人数3124人；领取再就业优惠证的下岗失业人员再就业人数868人，城镇登记失业率为4.29%。新增劳务输出4740人。农村劳动力转移就业职业培训1.18万人；开发公益性岗位178个。

旅游　全县有自然景点和人文景观60个，营业景区3个（国家4A级旅游景区1个，国家3A级旅游景区2个）。全年接待国内外游客78.89万人次，旅游总收入10.84亿元。

【永福县县域经济持续健康发展】 2020年，永福县工业项目加快推进，苏桥工业园区惠昌盛装配式产业园项目、精成生物生物酶制剂及微生态制剂等项目实现竣工投产，广西澳森电梯技改等项目实现顺利开工，新桂轮第100万条轮胎下线。特色农业提质增效，“福寿田园”田园综合体通过市级验收，田园综合体建设模式在全市得到推广，6家农民合作社入选2020年全国500强农民合作社，入选数量位居自治区第一。服务业提速升级，全国电子商务进农村综合示范项目建设扎实有效推进，获农业农村部“互联网+”农产品出村进城工程试点县；桂林苏桥无水港、桂影影视文化广场开工建设，桂林永福康养文化产业城—福康小镇项目签约落地。

【永福县脱贫攻坚取得全面胜利】 2020年，永福县全力以赴打赢脱贫攻坚战，全面完成脱贫目标任务。全县26个贫困村“3+1”特色产业覆盖率均达90%以上，新型农业经营主体实现贫困村全覆盖。中小型项目下放促集体经济增收模式在全市得到推广，全县所有村集体经济收入超5万元。扶贫基础设施项目全部完工，农网改造全面完成，基本实现全县20户以上村（屯）通硬化（油）路。全县7189户2.50万人建档立卡贫困人口全部脱贫、26个贫困村全部摘帽，实现消除绝对贫困的历史性跨越。在自治区扶贫成效考核中，连续2年获自治区扶贫开发成效考核“综合评价好”等次。

【永福县抗击疫情见成效】 2020年，永福县建立精准有序高效的工作机制，做好新冠肺炎疫情防控工作。实施网格化管理，开展地毯式排查，全县组织2500余名机关干部和政治干警及社区干部、网格员进村入户开展排查管控。在高速路口、高铁站等地设置体温检测卡口，对定点救治医疗机构、隔离观察点、车站、市场等重点区域全面落实高等级防控勤务，确保将疫情影响降至最低。同时，向湖北省武汉市捐赠10万颗具有清咽润肺功能的罗汉果，援助疫区抗击疫情。2020年，永福镇党委获“全国抗击新冠肺炎疫情先进集体”称号。

【永福县文明实践工作取得突破】 2020年，永福县始终把新时代文明实践建设贯穿于乡风文明建设活动全过程、融入乡村振兴各个方面，培育文明

2020年1月22日，满载10万颗罗汉果的卡车从永福罗汉果小镇出发驰援武汉抗击疫情。（永福县农业农村局供图）

乡风、良好家风、淳朴民风，将“新时代文明种子”遍撒永福大地。2020年，永福县新时代文明实践工作取得突破性进展，永福县永福镇渔洞村获“第六届全国文明村镇”称号，永福县税务局获“第六届全国文明单位”称号。

（黄伟彦）

灌阳县

【概况】灌阳县位于桂林市东北部，辖灌阳、黄关、文市、新街、新圩、水车6个镇和观音阁、西山（瑶族乡）、洞井（瑶族乡）3个乡，分辖社区4个、建制村138个。县人民政府驻灌阳镇。行政区域面积1837平方千米。2020年年末，户籍人口29.70万人。

经济总指标　全年实现地区生产总值增长4.9%。其中，第一产业增加值增长6.6%；第二产业增加值增长5.1%；第三产业增加值增长3.8%。全社会固定资产投资完成额增长10.6%。社会消费品零售总额10.67亿元，增长0.6%。

财政·金融　全年组织财政收入2.62亿元。财政支出24.63亿元。年末金融机构各项存款余额106.08亿元，增长13.8%。其中，城乡居民存款余额93.96亿元，增长11.3%。各项贷款余额85.95亿元，增长4.1%。

农业　全年农林牧渔业总产值41.63亿元，增长6.9%。粮食播种面积2.74万公顷，总产量16.1万吨。全年完成各类人工造林面积594.5公顷，森林覆盖率76.71%。农业机械总动力34万千瓦。

工业　全年工业总产值下降6.7%；工业增加值增长5.7%；工业增加值占地区生产总值的16.6%；工业对全县经济的贡献率15.1%；规模以上工业总产值22.78亿元。全县规模以上企业33家，其中年产值超1000万元企业24家，超1亿元企业11家。

交通·邮电　全年完成农村公路安全生命防护建设工程138个，总投资5387万元；村道拓宽改造建设项目7个，总投资690万元；危桥改造项目10座，总投资1126万元。完成全社会客货运周转量3.26亿吨千米，增长0.73%；客运周转量1.46亿人千米。邮路总长800千米，完成邮政业务运营收入2394万元，电信业务运营收入4296万元。全县固定电话用户0.94万户，手机用户19.5万户，宽带用户6万户。

文化·科技　全年拥有专业艺术表演团体1个，演出场次75场；公共图书馆1个，图书藏量12.8万册；文化站9个；电影放映单位1个，放映电影1656场次，观众11.5万人次。全年申报市级科技项目2项，总投资40万元，共举办种植业、养殖业等科技培训班、科普讲座16期（场次），培训2100人次。建立各类科技示范基地16个。年内共申请专利1件。

2020年6月24日，灌阳县翰林教育基金会集中捐赠仪式（第一期）在县会议中心举行。（秋莹摄）

教育　全县有普通高中2所，专任教师304人，在校高中生3881人。初级中学10所，专任教师704人，在校初中生9103人。小学145所，专任教师1295人，在校小学生1.78万人。

卫生·体育　全县各级各类医疗机构床位962张。卫生工作人员1453人，其中执业医师316人，注册护士536人。全县参加新型农村合作医疗农民26.65万人，参合率98.99%。全年新建体育公园2个、健身步道3条、七人制足球场1个、五人制足球场3个。

计划生育　全年全县出生人数2027人，其中一孩出生772人，二孩出生1026人，多孩出生274人；出生男女性别比为110。人口自然增长率4.2‰。

固定资产投资　全年全县固定资产投资增长10.6%。其中，新建项目投资41.03亿元，改建项目投资6.17亿元，技术改造项目投资26.62亿元。

招商引资　全年全县在建项目35个，续建项目15个，新引进签约项目11个，内资累计到位资金32.25亿元，完成年度任务的104.03%。

居民生活　城镇居民人均可支配收入35122元，增长1.5%。农民人均可支配收入12942元，增长8.3%。全年发放农村低收入人口低保金5229.24万元，发放城镇居民低保金660.13万元。城镇新增就业人数2901人；城镇登记失业率为3.41%。

旅游　全县有自然景点和人文景观41个，营业景区1个，国家4A级旅游景区2个，国家3A级旅游景区6个。全年接待国内外游客322.59万人次，旅游总收入30.11亿元。

【灌阳县抗疫保持零病例】2020年，针对突然爆发的新冠肺炎疫情，灌阳县及时启动重大突发公共卫生事件Ⅰ级响应和相关管控措施，建立健全联防联控防疫机制，在全自治区率先推出“网格化管理、小单元作战”的防控措施，紧急购置3辆防疫救护车，启用全市首家县级疾控中心核酸检测实验室。组织当地企业引进2条口罩生产线投产，免费发放60.5万个口罩给全县人民，取得“零输入、零感染、零病例”防疫成果。出台促进经济平稳运行等政策措施34条，为企业减免税费900万元，落实各类政策性补助资金7832万元，发放“复工贷”“稳企贷”“桂惠贷”等政策性融资贷款12.9亿元，推动县域快速复工复产。3月初，灌阳县实现重点建设项目、规模工业企业全面复工复产。

【灌阳县翰林教育基金会第一期集中捐赠仪式举行】 2020年6月24日，灌阳县翰林教育基金会（第一期）集中捐赠仪式在县会议中心举行，社会各界爱心人士、爱心企业和广大干部职工共向基金会捐赠善款5000多万元。灌阳县翰林教育基金会资金主要来源于民营企业、爱心人士捐赠及理事会对筹集资金进行基金保值、增值运作和投资活动获取收益，旨在奖学奖教、扶贫帮困、资助教改，重奖优秀学生和在教育行业作出突出贡献的教师，激励广大师生奋发有为，推动灌阳教育事业优质均衡和可持续发展。

【灌阳县举办美食论坛】 2020年9月4日，灌阳县举办“瑶族千年美食产业共享平台”高峰论坛，探讨以瑶族特色油茶为切入点，向全国推广瑶族康养文化，助力瑶族发源地灌阳县民族特色文化振兴。以灌阳人瑶族情，千年油茶传承人的情怀，连锁百城千店，让灌阳油茶成为中国人喜爱的一种民族特色美食。灌阳瑶族油茶技艺属于自治区级非物质文化遗产代表项目名录，在自治区内外享有盛誉，利用灌阳县得天独厚的自然资源建立油茶产业园，将资源优势变为产业优势，通过加大科技研发与投入，开发袋装快消品，培育油茶全国市场，以商业带动民族产业发展，以文旅带动当地经济增长，有助于将瑶族文化延伸推广至全国。

【灌阳县县域经济稳步发展】 2020年，灌阳县主要经济指标赶超进位实现新突破，获“广西高质量发展进步县”称号。全年争取上级转移支付22.6亿元、专项债券1.9亿元。乡村振兴顺利推进，农村乱占耕地建房和耕地“非粮化”问题得到有效整治，全年粮食播种面积2.74万公顷，生猪出栏26.1万头。“红色记忆·梨李飘香”田园综合体被认定为第一批市级五星级田园综合体。工业振兴稳中有进，新建标准厂房7.6万平方米、收储园区土地59.73公顷，投入园区基础设施建设资金6000万元。实施“绿色通道”容缺审批改革，康雷石材、宸鸿木业等6个项目实现当年投产当年入规入统。新引进计划投资5000万元以上工业项目6个，其中1亿元以上项目4个；新培育9家规模以上工业企业。

2020年9月4日，灌阳县举办“瑶族千年美食产业共享平台”高峰论坛。

（蒋人轲摄）

【广西体育竞训基地落户灌阳】 2020年8月17日，广西青少年体育竞训基地和广西球类运动发展中心灌阳竞训基地揭牌仪式在新落成的江东新区灌阳县体育中心举行。灌阳竞训基地的挂牌，为广西青少年打造了一个运动员康养集训、举办全自治区乃至全国球类项目和田径赛事的平台，对促进广西青少年体育事业的蓬勃发展具有里程碑意义。

【灌阳县旅游品牌创建】 2020年，灌阳县坚持“红、古、绿”特色旅游融合发展定位，成功创建广西全域旅游示范区、广西旅游标准化示范县，获评全国十佳生态休闲旅游城市。健全旅游标准化服务体系，启用“一键游灌阳”智慧旅游服务，旅游交通网络高效便捷，实现与县域外景区客源的互动串联发展。《湘江战役灌阳新圩阻击战旧址》列入全国红色旅游经典景区名录，新圩阻击战酒海井红军纪念园被列入长征国家文化公园（广西段）及全国“重走长征路”精品线路。新创建国家4A级旅游景区1个、国家3A级旅游景区5个。

【灌阳县社会事业持续发展】 2020年，灌阳县强化项目支撑，加快全县社会事业可持续发展，全年市级统筹推进重大项目完成年度投资计划的103.4%，自治区级统筹推进重大项目完成年度投资计划的113.6%，灌阳高中江东校区PPP项目获自治区绩效奖励。“三企入桂”招商新引进签约项目11个，计划总投资65.4亿元。年内，整合安排各级财政扶贫资金5.2亿元，投资9.3亿元全面完成区市级层面为民办实事项目，启用新残疾人康复中心和全民健身中心。圆满完成第七次全国人口普查工作。

（莫国建）

龙胜各族自治县

【概况】 龙胜县位于桂林市西北部，辖龙胜、瓢里、三门、龙脊、平等、乐江6个镇和泗水、江底、马堤、伟江4个乡，分辖社区9个、建制村119个。县人民政府驻龙胜镇。行政区域土地面积2538平方千米。2020年年末，户籍人口17.34万人。

经济总指标　全年地区生产总值 60.40 亿元，增长 2.5%。其中，第一产业增加值 13.40 亿元，增长 6.9%；第二产业增加值 13.92 亿元，增长 3.0%；第三产业增加值 33.08 亿元，增长 0.6%。固定资产投资额完成 35.63 亿元，增长 6.7%。社会消费品零售总额 12.59 亿元，下降 15.2%。

财政·金融　全年组织财政收入 3.94 亿元，下降 12.6%；全县一般公共财政预算支出 22.71 亿元，增长 8.09%。年末，金融机构人民币各项存款余额 73.06 亿元，增长 9.45%；住户存款余额 53.93 亿元，增长 9.09%；金融机构人民币各项贷款余额 62.19 亿元，增长 11.72%。

农业　全年农林牧渔业总产值 28.89 亿元，其中农业产值 13.55 亿元，林业产值 3.18 亿元，牧业产值 4.29 亿元，渔业产值 0.09 亿元，服务业产值 7.77 亿元。粮食播种面积 1.13 万公顷，总产量 6.21 万吨。全年完成各类人工造林面积 705 公顷，森林覆盖率 82.36%。农业机械总动力 31.2 万千瓦。

工业　全年工业总产值 22.17 亿元，增长 1.6%；工业增加值 8.1 亿元，增长 1.2%；工业增加值占地区生产总值的 13.42%；工业对全县经济增长的贡献率 7.15%。规模以上工业实现总产值 16.63 亿元，增长 1.9%；实现利税 3.12 亿元，下降 5.2%。新增规模以上企业 1 家；全县规模以上工业企业 18 家，其中超 1 亿元企业 5 家。

交通·邮电　全年完成农村通达公路 40 条，长度 46.39 千米，完成农村公路建设投资及固定资产 1.3 亿元，完成客运量 177 万人，客运周转量 1.09 亿人千米；货运周转量 7.48 亿吨千米。完成邮政业务运营收入 1416 万元，电信业务（含电信、移动、联通等）运营收入 14.68 亿元。全县固定电话用户 0.5 万户，手机用户 19.36 万户，宽带用户 5.72 万户。

文化·科技　年末拥有公共图书馆 1 个，图书藏量 12 万册；文化站 10 个；电影放映单位 1 个。共举办种植业、养殖业等科技培训班、科普讲座 169 期（场次），培训 5.41 万人次。建立各类科技示范基地 14 个。年内共申请专利 34 件。

教育　全县有自治区示范性普通高中 1 所，专任教师 185 人，在校高中生 2581 人。初级中学 3 所，专任教师 357 人，在校初中生 4961 人。小学 12 所，专任教师 833 人，在校小学生 1.01 万人。小学适龄儿童入学率 100%。

卫生　全县各级各类医疗机构床位 695 张。卫生技术人员 1089 人，其中执业医师 350 人，注册护士 451 人。全县参加新型农村合作医疗农民 16.59 万人，参合率 96.66%。

计划生育　全年全县出生人数 1325 人，符合政策生育率 97.96%。其中二孩符合政策生育率 100%，政策外多孩率 1.58%；出生男女性别比为 98.95。人口自然增长率 -0.19‰。

固定资产投资　全年全县固定资产投资 35.63 亿元，增长 6.7%。

招商引资　全年全县在建项目 8 个，续建项目 2 个，合同总额 3.35 亿元。其中，自治区外建设项目资金 3.35 亿元，完成年度任务的 100.53%。

居民生活　全县城镇居民人均可支配收入 36304 元，人均消费性支出 20823 元。农村居民人均纯可支配收入 13931 元，增长 8.7%；人均生活费支出 8708 元。全年发放农村低收入人口低保金 3328.96 万元，发放城镇居民低保金 553.38 万元。城镇新增就业人数 1408 人；城镇登记失业率为 2.63%。新增劳务输出 4176 人。农村劳动力转移就业职业培训 2460 人；开发公益性岗位 146 个。

旅游　全县有自然景点和人文景观 26 个，营业景区 26 个（国家 4A 级旅游景区 2 个，国家 3A 级旅游景区 2 个）。全年接待国内外游客 698.3 万人次，旅游总收入 83.52 亿元。

【龙胜开展疫情防控和复工复产】 2020 年，龙胜各族自治县成立新冠肺炎疫情防控工作领导小组会议，开展新冠肺炎疫情防控和复工复产工作。建立群防群治、联防联控、科学防控机制，织密疫情常态化“防控网”，全县无确诊病例、疑似病例。全县 1 万余名党员、1000 余名医务工作参与疫情防控，筑牢“外防输入、内防扩散”的生命屏障。成立新冠病毒核酸检测实验室，为全面加强重点人群精准管理服务提供保障。复工复产精准有力，县四家班子领导跟踪服务推进规模以上企业满产达产，研究出台支持中小企业发展措施 12 条，推动企业复工复产。加大企业信贷支持力度，全县金融机构发放复工复产贷款 11.4 亿元，惠及个体及企业 1482 家，财政贴息 222.3 万元，新增减税降费超 900 万元。加强援企稳岗力度，发放疫情期间外出务工稳岗补贴、交通补贴 411 万元。

【龙胜脱贫攻坚圆满收官】 2020 年，龙胜各族自治县剩余 7 个贫困村全部出列，剩余贫困人口 405 人全部脱贫。全年整合涉农资金 3 亿多元，全面补齐脱贫攻坚短板，义务教育、基本医疗、住房安全和饮水安全“四大战役”全面胜利，“两不愁三保障”问

2020 年 3 月 28 日，龙胜至峒中口岸高速公路开工建设。

（龙胜各族自治县融媒体中心供图）

题全面解决，通过国家脱贫攻坚普查和自治区、市扶贫成效考核，创新开展“脱贫感党恩奋进新起点”主题活动得到国务院扶贫办和自治区领导肯定。推进产业扶贫，发放产业奖补4423.83万元，惠及贫困户9714户。推进教育扶贫，发放各类教育补助金2647万元，推进控辍保学工作，实现义务教育阶段贫困学子“零辍学”。推进健康扶贫，全面落实“198”、县域内“先诊疗后付费”、家庭医生签约服务等医疗保障政策，为贫困人口全额代缴城乡基本医疗保险1139.89万元。发展贫困村集体经济，全县119个村集体经济收入均达到或超过5万元。加大易地扶贫搬迁后续扶持，投入2.14亿元实施拉麻扶贫产业园、扶贫移民小学配套设施、龙胜各族自治县县农产品展示交易中心等易地扶贫搬迁后续扶持项目。粤桂扶贫协作全面推进，落实粤桂帮扶资金5079万元，实施帮扶项目22个，建设扶贫车间8个，解决贫困户外出务工及就近就业3805人。

【龙胜统筹推进城乡建设】 2020年，龙胜各族自治县加大县城管理和综合整治，完成县城农贸市场二期升级改造，推进县城第二水厂、第二污水处理厂、盛园路棚户区改造、民族体育休闲公园等项目建设，县城市政基础设施不断改善，县城功能和品位得到提升。平等镇、乐江镇新型城镇化示范乡（镇）通过验收。投入1.12亿元完善农村基础设施项目和公共服务设施建设，完成通组路硬化40条，长度46.39千米，农村危房改造249户，农村卫生厕所改造4329座，镇级污水处理厂5座和村级污水治理项目9个。实施土地增减挂钩项目7个，投资3.27亿元。重大项目65个，5000万元以上项目22个，全年完成投资15.82亿元；500万—5000万元项目104个，全年完成投资13.8亿元。龙胜至峒中口岸（马堤芙蓉至县城段）高速公路快速推进，瓢里至平等（野牛坳）公路改建工程（一期）基本完成路基平台铺设，桂三高速公路龙胜县城段出口连接公路完成主体工程建设，南山风电场二期完成发电机组装机。

2020年7月2日，龙胜各族自治县2020年《红色传奇》进校园系列活动启动仪式在马堤乡万人界长征体验区举行。（龙胜各族自治县县融媒体中心供图）

【龙胜万人界长征体验区成为桂林党员教育示范基地】 2020年7月，龙胜各族自治县万人界长征体验区成为桂林市首批党员教育示范基地。龙胜各族自治县推进文旅产业融合，对红色文化旅游资源进行一体化开发，创建万人界长征体验区。并以万人界长征体验区作示范，在全县推广“红＋绿”的全域旅游助力脱贫的发展模式，用好红色资源、弘扬红色精神、推进红色教育。万人界长征体验区属于桂北红色教育链类别，由长征驿站、红色讲堂、红军营房、红军食堂、生态农产品展销中心、湘江战役红军烈士墓葬保护点、民俗展示体验中心、红色体验区、民族村寨等组成，以“重走长征路”为主线发展深度体验、红色研学、文旅结合。主要对各领域基层党组织书记和党员开展革命历史传统教育、红色文化教育、爱国主义教育等。

【龙胜获国家“绿水青山就是金山银山”实践创新基地称号】 2020年11月30日，生态环境部第四批国家生态文明示范县和“绿水青山就是金山银山”实践创新基地进行命名授牌，龙胜各族自治县获“绿水青山就是金山银山”实践创新基地称号。龙胜各族自治县按照国家、自治区“两山”理论实践创新基地创建的部署，依托和利用该县自然生态环境优势，探索和丰富“两山”理论深刻内涵；并以“两山”基地建设促进全县生态环境的保护和巩固，促进生态优势更好地向经济优势转化，进而促进脱贫致富和经济社会的可持续发展。龙胜的生态文明建设取得明显成效和提升，“两山式”生态文明建设典型不断涌现，成为生态宜居、环境优美、人民富足的生态旅游示范县。

（杨进朝　秦明秋）

资　源　县

【概况】 资源县位于桂林市东北部，辖资源、中峰、梅溪3个镇和瓜里、车田（苗族乡）、两水（苗族乡）、河口（瑶族乡）4个乡，分辖社区3个、建制村71个。县人民政府驻资源镇。行政区域面积1954平方千米。2020年年末，户籍人口18.13万人。

经济总指标　全年地区生产总值50.36亿元，增长2.2%。其中，第一产业增加值17.96亿元，增长6.8%；第二产业增加值6.65亿元，下降3.5%；第三产业增加值25.75亿元，增长1.1%。全社会固定资产投资额完成34.8亿元，下降24.8%。社会消费品零售总额8.61亿元，下降2.83%。

财政·金融　全年组织财政收入2.72亿元，下降12.5%。其中，地方财政收入1.63亿元，下降22.6%。地方财政支出22.63亿元，增长10.1%。年末，金融机构各项存款余额79.48亿元，增长11.14%；各项贷款余额62.14亿元，增长13.31%。

农业　全年农林牧渔业总产值25.61亿元，其中农业产值17.31亿元，林业产值4.08亿元，牧业产值3.21亿元，渔业产值1500万元，服务业产值8600万元。粮食播种面积9700公顷，总产量5.5万吨。全年完成各类人工造林面积1410公顷，森林覆盖率82.8%。农业机械总动力27.22万千瓦。

工业　全年工业总产值22亿元，增长0.2%；工业增加值6.45亿元，增长5.9%；工业增值占地区生产总值的11.65%；工业对全县经济增长的贡献率16.33%。规模以上工业总产值15.44亿元，增长0.02%。新增规模以上企业3家；全县规模以上工业企业18家，其中年产值超1000万元企业14家，超1亿元企业4家。

交通·邮电　全年建设农村公路3条，长度17.8千米，完成农村公路建设投资及固定资产4372.02万元。完成客运量166万人，客运周转量9821万人千米；完成货运量153万吨，货运周转量3.05亿吨千米。邮路总长790千米，电信业务（含电信、移动、联通等）运营收入9454万元。全县固定电话用户5416户，手机用户15.81万户，宽带用户4.26万户。

文化·科技　年末拥有专业艺术表演团体1个，演出场次62场；公共图书馆1个，图书藏量7.1万册；剧场1个，文化站7个。全年申报桂林市级科技项目2项，总投资50万元，共举办种植业、养殖业等科技培训班、科普讲座82期（场次），培训5000人次。建立各类科技示范基地30个。年内申报专利48件。

教育　全县有自治区示范性普通高中1所，专任教师135人，在校高中生2100人。普通高中1所，专任教师82人，在校高中生1550人。初级中学5所，专任教师462人，在校初中生5600人。小学106所，专任教师785人，在校小学生1.26万人。小学适龄儿童入学率100%。

卫生·体育　全县各级各类医疗机构床位634张，其中县人民医院床位322张，妇幼保健院床位35张。卫生技术人员727人，其中执业医师192人，注册护士444人。全县参加城乡居民基本医疗保险15.36万人。全年向上级输送各类优秀运动员20人。获自治区级奖牌5枚，其中金牌3枚、银牌1枚、铜牌1枚。获国家级铜牌1枚。

计划生育　全年全县出生人数1189人，符合政策生育率93.86%。其中，二孩符合政策生育率100%，政策外多孩率0.57%。出生男女性别比为104.3；人口自然增长率1.28‰。

固定资产投资　全年全县固定资产投资34.8亿元，下降24.8%。

招商引资　全年全县在建项目50个，续建项目23个，合同总额138亿元。其中，自治区外建设项目资金27.04亿元，完成年度任务的112.66%。

居民生活　全年累计发放城市低保金231.2万元、农村低保金3553.1万元，特困人员基本生活救助金60.1万元，发放养老金2907.7万元。城镇新增就业人数2075人；城镇失业人员再就业738人，就业困难人员实现就业707人，新增农村劳动力转移就业1.22万人，城镇登记失业率控制在3.5%以内。

旅游　全县有自然景点和人文景观14个，营业景区7个（国家4A级旅游景区3个，国家3A级旅游景区2个）。全年接待国内外游客508.76万人次，旅游总收入52.51亿元。

【资源县打好贫困歼灭战】　2020年，资源县推进脱贫攻坚工作。全年共发放教育补助资金1642万元，义务教育巩固率99.42%。建档立卡贫困人口基本医疗参保率稳定保持100%，“198”等医疗惠民政策全面落实。208户重点对象保障性住房全部竣工入住，1138户搬迁群众基本实现一户一人就业目标。344个扶贫基础设施项目和23个粤桂协作项目全部完成。74个建制村集体经济收入均达到5万元以上，其中10万元以上的17个。中央脱贫攻坚专项巡视“回头看”和国家脱贫攻坚成效考核反馈意见全部整改完成。全年贫困人口全部实现脱贫摘帽，通过自治区“四合一”和桂林市“六合一”考核。粤桂扶贫协作深入推进，全年累计投入帮扶资金4610万元，实施帮扶项目23个，惠及贫困群众3万余人。

【资源县推进产业转型】　2020年，资源县持续推进国家有机产品认证示范县创建活动，加强特色农产品“三品一标”规范管理和使用，资源红提入选“广西好嘢”农产品品牌目录，资源县高山特色休闲生态农业被评为自治区三星级现代特色农业核心示范区，资源县被评为第三批全国农村创业创新典型县。推进中峰综合产业园、枫木新型材料开发基地和晓锦新材料特色产业园建设，重点开发矿产品精深加工、绿色清洁能源、竹木深加工、农副产品加工等产业，规范发展石材和冶炼产业，“一区两园一基地”蓝图初显。全年完成工业投资15.62亿元，十万古田、马家风电87台风机全部实现并网发电，天盛新材料、高晶科技、金沙钾长石等项目加速推进。通过自治区特色旅游名县中期核验，打造“资水丹霞”五星级田园综合体，推进“红色老山界”田园综合体建设，培育“江灯茶源”田园综合体。

【资源县招商引资】　2020年，资源县坚持优化营商环境，全面深化“放管服”改革，健全从招商、签约、审批到建设的全方位服务体系，形成部门联动强大合力。全年实施重大项目60余个，储备晓锦新材料特色产业园、冷链仓储综合物流产业园、城区停车场PPP项目等5000万元以上重大项目60余个，计划总投资50亿元。实施精准招商，成功签约年产10万吨高纯度白炭黑精深加工等2亿元以上投资项目，1000万元以上投资项目11个，完成自治区外境内到位资金27.03亿元。

【资源县新型城镇化建设】　2020年12月，资源县两水苗族乡新型城镇化示范乡建设通过验收。该新型城镇化示范乡建设总投资1.3亿元，完成了道路、立面改造、文化设施等21个基础设施项目建设。新建市民文化广场1个、汽车客运站1座、公共停车场4个、公共厕所3座、垃圾中转站1个、农贸市场1个，以及日供50吨水的城镇供水设施、日处理300吨水的污水处理设施和全长2100米的集镇防洪堤。配套完成交通道路标识及绿化、亮化、美化工程。新建两水医技楼，修建两水完全小学风雨桥，对城镇民居进行风貌改造升级。建成有机蔬菜、西红柿、红薯等6大农业产业基地，示范基地总面积13.33公顷，带动全乡发展有机蔬菜、西红柿、辣椒、食用菌、红薯等产业106.67公顷，覆盖贫困群众875户，户年均增收4000元。依托老山界的品牌优势和富有特色的民俗风情，发展乡村旅游和红色旅游，建设塘洞李洞红色民宿、红军长征陈列馆、红色廉政文化基地，修缮了雷公田寺院、塘洞赵氏宗祠、塘洞西寨大朝门等遗址遗迹，结合少数民族村寨文化，串点连线形成精品红色旅游线路，塘洞村被评为“中国少数民族特色村寨”“广西四星级乡村旅游区”，成为国家3A级旅游景区。

【“情系退役老兵　关爱残疾军人”医疗康复巡诊服务活动在资源县举行】 2020年1月3日，自治区康复辅具中心和资源县退役军人事务局在县城人民广场联合开展“情系退役老兵·关爱残疾军人”医疗康复巡诊服务，全县80多名残疾军人、老复退军人、军烈属等优抚对象和自治区康复辅具中心医疗康复服务专家9人参加活动，通过专业适配评估和康复筛查，为全县残疾军人、老复退军人、军烈属等优抚对象建立服务档案，免费配发医疗康复辅具。活动中，通过专家们现场评估和筛查结果，自治区康复辅具中心将腰围、护膝、领围等成品矫形器和轮椅、拐杖、助听器等一批价值40多万元的生活类康复辅具免费配发给残疾军人等优抚对象。　（杨顺珍）

平乐县

【概况】 平乐县位于桂林市东南部，辖平乐、二塘、沙子、同安、张家、源头6个镇和阳安、青龙、桥亭、大发（瑶族乡）4个乡，分辖社区13个、建制村134个。县人民政府驻平乐镇。行政区域1919平方千米。2020年年末，户籍人口46.50万人。

经济总指标　全年地区生产总值109.39亿元，增长3%。其中，第一产业增加值55.66亿元，增长6.9%；第二产业增加值9.28亿元，下降11.3%；第三产业增加值44.45亿元，增长1.3%。人均地区生产总值28735元。固定资产投资完成额41.37亿元。增长1.1%。社会消费品零售总额30.77亿元，增长2.6%。

财政·金融　全年财政收入6.3亿元，下降2%。财政支出28.25亿元，增长9.2%。年末，金融机构各项存款余额132.03亿元，增长13.1%。其中，城乡居民存款余额109.67亿元，增长10.2%。各项贷款120.79亿元，增长20.7%。

农业　全年农林牧渔业总产值83.26亿元，其中农业产值66.08亿元，林业产值5.78亿元，牧业产值8.18亿元，渔业产值1.09亿元，服务业产值2.13亿元。粮食播种面积3万公顷，总产量15.15万吨。森林覆盖率73.77%。农业机械总动力54.30万千瓦。

工业　全年工业总产值26.17亿元，下降12.3%；工业增加值5.36亿元，下降16.1%，工业增加值占地区生产总值的4.9%。规模以上企业总产值19.58亿元，下降15.8%；新增规模以上企业9家，全县规模以上工业企业48家。

交通·邮电　全年完成农村通畅公路2条，长度16.3千米，完成农村公路建设投资及固定资产2.13亿元。完成客运量682.05万人，客运周转量7.66亿人千米；完成货运量732.7万吨，货运周转量7.53亿吨千米。邮路总长3395千米，完成邮政业务运营收入2762万元，电信业务（含电信、移动、联通等）运营收入1.97亿元。全县固定电话用户1.30万户，手机用户33.4万户，宽带用户12.6万户。

文化·科技　年末拥有专业艺术表演团体1个，演出场次87场；公共图书馆1个，图书藏量16.26万册；剧场1个，文化站10个；电影放映单位2个，放映电影4993场次，观众9.72万人次。全年共举办种植业、养殖业等科技培训班、科普讲座46场次。建立各类科技示范基地6个。年内申请专利42件。

教育　全县有自治区示范性普通高中1所，普通高中2所，专任教师451人，在校高中生6589人。初级中学11所，专任教师896人，在校初中生1.55万人。小学35所，在校小学生3.3万人。小学适龄儿童入学率100%。

卫生·体育　全县医疗机构开放床位1794张，其中县级医院1074张，卫生院500张，民营医院220张；卫生技术人员2306人，其中执业医师760人，注册护士1000人。全县参加城乡医疗保险39.87万人。全年向上级输送各类优秀运动员3人，获自治区级铜牌2枚。

计划生育　全年全县出生人数3392人，符合政策生育率92.72%，政策外生育率7.28%；出生男女性别比为103。人口自然增长率3.41‰。

固定资产投资　全年全县固定资产投资41.37亿元，增长1.1%。

招商引资　全年全县新引进项目23个，总投资51.82亿元。招商引资到位资金41.16亿元，完成年度任务的102.9%。1亿元以上的工业项目14个，其中新建工业项目8个，续建工业项目6个。

居民生活　全县城镇居民人均可支配收入36708元，增长1.9%，农民人均纯收入16643元，增长8.5%。全年发放农村低收入人口低保金5312.83万元，发放城镇居民低保金695.8万元。城镇新增就业人数5237人；领取再就业优惠证的下岗失业人员再就业人数697人，城镇登记失业率为3.49%。农村劳动力转移就业4613人。

旅游　全县有自然景点9个，营业景区1个。全年接待国内外游客205.27万人次，旅游总消费19.05亿元。

【平乐县推进乡村振兴】 2020年，平乐县阳安乡、桥亭乡第五批新型城镇化示范乡（镇）建设通过市级验收。完成平乐县首个田园综合体建设和14个乡村振兴（幸福乡村）示范项目，建设“橘乡牧歌”田园综合体，涉及农户4600多户1.6万人，带动群众人均增收6000元以上，开创集现代农业、乡村旅游、田园社区于一体的乡村融合发展新模式。高标准农田建设任务推进顺利，全县农作物种植面积和产量分别增长2.68%、5.23%，生猪出栏13.1万头。实施农产品冷链设施建设项目，开展畜禽现代生态养殖场区级认证，打造农民专业合作社9家，家庭农场11家，现代特色农业示范区60家。

【平乐县加快项目建设】 2020年，全县116个重大项目快速推进，累计完成投资45.82亿元，增长7.76%。其中，工业项目完成投资19.89亿元，增长15.6%。列入市级和自治区级重大项目分别为52项、4项，超额完成全年投资目标任务。举行重大项目集中开、竣工活动，全年实现重大项目集中开工33项，总投资50.13亿元；竣工20项，总投资35.98亿元。实施1亿元以上项目20个；总投资77.78亿元。其中工业项目14个；"五网"项目开工10个，开工率90.91%，完成投资3.69亿元。新引进项目23个，总投资51.82亿元，到位资金41.16亿元。8月26日，"广西·平乐'三企入桂'招商推介会"在广东省广州市举行，对接粤港澳大湾区，招大引强，与28家企业在现场集中签约，签约项目28个，总投资额约116亿元，签约项目涵盖高新电子、机械制造、农产品加工、旅游开发等产业。

【平乐县加强社会民生保障】 2020年，平乐县保持基本民生投入，做到困难群众基本生活应保尽保，医疗保险参保率达100%，全年发放各类困难群众救助资金1.03亿元。城镇新增就业和登记失业人员实现就业人数分别完成年度指标任务207.52%、146.86%。新增多元普惠幼儿园41所，新建公办幼儿园7所，完成小学新建、扩改建工程4所。交通运输基础设施固定资产投资7.53亿元，灌平高速、平荔高速、平昭高速、包茂高速扩改项目前期快速推进，福兴至平乐公路竣工通车，桂林经沙子至钟山高速公路实现开工。桂林港平乐港区珠子洲作业码头一期工程列入自治区"五网"建设项目。城镇化建设有序推进。争取棚户区改造专项债、中央补助资金1.1亿元，推动中华街原政府安置区、棚户区配套基础设施建设，老城区疏解提升全面推进，南洲、同乐新区基础设施不断完善。社会治理不断加强，扫黑除恶专项斗争强力推进，群众安全感98.36%。

【平钢钢铁生产线在平乐县投产运行】 2020年12月25日，桂林平钢钢铁有限公司年产120万吨炼钢轧钢技改项目竣工投产仪式在平乐县工业集中区举行。该技改项目引进目前世界最先进的短流程钢铁生产线，可生产屈服强度600兆帕的高强度抗震建筑用钢材，填补广西及周边地区无高强度建筑钢材的市场空白。该项目年产钢材120万吨，年产值60亿元以上，为助推平乐县产业转型升级和桂林工业经济高质量发展增添新的动力。

（欧应清）

恭城瑶族自治县

【概况】 恭城瑶族自治县位于桂林市东南部，辖恭城、栗木、莲花、嘉会、西岭、平安6个镇和三江、观音、龙虎3个乡及栗木矿区管理委员会，分辖社区10个，建制村117个。县人民政府驻恭城镇。行政区域面积2149平方千米。2020年年末，户籍人口30.56万人。

经济总指标　全年地区生产总值83.69亿元，增长3.6%。其中，第一产业增加值39.91亿元，增长7.4%；第二产业增加值11.58亿元，增长3.9%；第三产业增加值32.20亿元，下降1.7%。全年社会消费品零售总额2.72亿元，下降0.4%。

财政·金融　全年组织财政收入4.77亿元，下降19.5%。其中，地方财政收入3.73亿元，下降33.4%。一般公共预算支出24.1亿元，增长6.5%。年末，金融机构各项存款余额99.56亿元，增长12.8%。其中，住户存款余额79.41亿元，增长12.4%。各项贷款余额67.47亿元，增长10%。

农业　全年农林牧渔业总产值增长7.69%。其中，农业产值增长9.49%，林业产值增长2.37%，牧业产值下降3.83%，渔业产值增长0.55%，农林牧渔服务业产值增长2.48%。粮食播种面积1.67万公顷，总产量6.84万吨。全年完成各类人工造林面积354公顷，森林覆盖率82.46%。农业机械总动力62万千瓦。

工业　全年全部工业总产值增长0.6%；全部工业增加值增长5.4%；工业增加值占地区生产总值的11.7%；工业对全县经济增长的贡献率10.7%。规模以上工业总产值增长0.6%；实现利润总额3.26亿元，增长5.6%。新增规模以上企业3家；全县规模以上工业企业14家，其中年产值超1000万元企业14家，超1亿元企业4家。

交通·邮电　全年完成交通基础设施建设总投资7170万元，全县农村公路里程992.07千米，客运周转量1.16亿人千米，货运周转量2.45亿吨千米。邮路总长1139千米。完成邮电业务业务总量3389万元，增长19.9%。全县固定电话用户1.22万户，移动电话用户25.9万户，宽带用户7.15万户。

文化·科技　年末拥有专业艺术表演团体1个，演出场次178场；公共图书馆1个，图书藏量7.48万册；电影放映单位1个，放映电影1424场次，观众15.36万人次。全年申报自治区级科技项目1项，总投资150万元；共举办种植业、养殖业等科技培训班、科普讲座16期（场次），培训1000人次。建立各类科技示范基地15个。

教育　全县有自治区示范性普通高中1所，专任教师168人，在校高中生1945人。普通高中1所，专任教师170人，在校高中生2949人。初级中学9所，专任教师676人，在校初中生1.12万人。小学104所，专任教师1405人，在校小学生2.11万人。小学适龄儿童入学率99.98%。

卫生·体育　全县各级各类医疗机构床位1310张，其中医院床位818张，妇幼保健院床位30张。卫生技术人员1703人，其中执业医师（含执业助理医师）598人，注册护士685人。全年向上级输送各类优秀运动员18人。获市级以上奖牌62枚，其中金牌17枚、银牌13枚、铜牌32枚。

计划生育　全年全县出生人数2186人，符合政策生育率95.29%，其中，二孩符合政策生育率99.44%，政策外多孩率2.61%；出生男女性别比为 99.5。人口自然增长率 0.61‰。

固定资产投资 全年全县固定资产投资增长 23.2%。

招商引资 全年全县在建项目 18 个，续建项目 9 个，合同总额 102 亿元；自治区外建设项目资金 25.12 亿元，完成年度任务的 113%。

居民生活 全县居民人均可支配收入 21658 元，增长 5.6%；城镇居民人均可支配收入 35578 元，增长 2.1%；农村居民人均可支配收入 15160 元，增长 7.4%。全年享受政府最低生活保障 19.05 万人次，其中城镇居民 1.28 万人次，农村居民 17.77 万人次；累计发放最低生活保障金 4771.12 万元，其中城市最低生活保障金 503.07 万元。城镇新增就业人数 1689 人，下岗失业人员再就业人数 479 人，城镇登记失业率 4.93%。农村劳动力转移就业职业培训 3169 人，开发公益性岗位 105 个。

旅游 全县有自然景点和人文景观 64 个，营业景区 9 个（国家 4A 级旅游景区 2 个，国家 3A 级旅游景区 7 个）。全年接待国内外游客 398.53 万人次，旅游总收入 39.93 亿元。

【恭城生态农业平稳发展】 2020 年，恭城瑶族自治县推进 2333.33 公顷高标准农田建设，确保粮食安全。推进现代特色农业核心示范区增点扩面提质升级，重点打造恭城月柿中国特色农产品优势区、重要农产品生产保护区，实现农业产业全覆盖，县级有示范区、乡乡有示范园、村村有示范点，促进农业 + 工业、农业 + 旅游深度融合发展，实施自治区级田园综合体重点试点项目建设。该项目选址莲花镇、平安乡，以“瑶韵柿乡”为题，以“农业 + 科技”“农业 + 旅游”“农业 + 文化”为发展主线，重点围绕生产体系、产业体系、经营体系、生态体系、服务体系、运行体系和乡村治理体系推进项目建设。“瑶韵柿乡”田园综合体被认定为第一批“桂林市五星级田园综合体”。开展第二批“康养平安”田园综合体建设，创建自治区乡级现代特色农业示范园 6 个、自治区村级现代特色农业示范点 43 个。通过农村电商、直播带货促进农产品销售，水果销售渠道得到新拓展。生猪、肉牛生产规模效应初步显现。开展全面禁食陆生野生动物工作，处置人工繁育陆生野生动物 70 多万只，发放补偿资金 1.35 亿元。

【恭城多项措施推进企业复工复产】 2020 年，恭城瑶族自治县实现规模工业总产值 20.06 亿元，规模工业增加值增长 10%。采取“一企一策”，扶持重点企业发展壮大。健全工业高质量发展工作体系和工业高质量发展考核评价体系，将工业高质量发展纳入重点督查和年度绩效考评范围。出台石材开采、加工企业提档升级管理措施，引进 2 家大理石加工企业、1 家碳酸钙加工企业进入虎尾开花山生态石材产业园。培育 4 家石材开采企业、1 家石材加工企业进入规模以上企业行列。储备 13.33 公顷以上马湾石材园二期企业用地，引进花岗岩加工企业 4 家。出台木材加工产业税收优惠政策，解决华宇木业、广西鸿宇木业等木材加工外购原料税收问题。加快虎尾木材产业园建设，满足木材加工企业用地需求。培育以燕岩食品厂为代表的食品加工企业进入燕新园区。推进“三企入桂”，完成招商引资建项目 9 个，合同总额 102 亿元（含续建项目），自治区外建设项目资金 25.12 亿元，完成年度任务 113%。引导社会资本投资桂林恭城龙星锌业有限责任公司恢复生产，从源头解决好广西有色栗木矿业有限公司改制遗留问题，加快广西有色栗木矿业有限公司复工复产。吸纳企业、个人等民间资金以及融资机构等参与莲花月柿科创园、国家非物质文化遗产（恭城油茶）融合创新发展产业园、生态石材产业园区开发和标准厂房建设。加快县、乡、村三级物流体系和服务体系建设，继续拓展乡（镇）、村级电子商务服务站点建设和改造。

【恭城突出特色推动旅游产业发展】 2020 年，全县将全域旅游培育为新的战略支柱产业，打造国家全域旅游示范区，提升广西特色旅游名县成效。继续实施瑶汉养寿城、健康文化村、瑶家大院互联网影视旅游基地、油茶小镇等旅游项目建设。完善旅游风景道、骑行绿道建设，启动社山—邓扒—红岩—矮寨乡村振兴路网连接工程，完善沿线旅游厕所、旅游驿站等配套服务设施建设；把综合交通枢纽、柿都古镇旅游集散中心分别按照一级、二级旅游集散中心评级建设。以健康文化村、瑶族文化村、红岩景区等为重点推进旅游民宿建设，以桃花、紫荆花、山楂花等特色资源开展春季赏花系列活动，以关公节、油茶文化旅游节、端午瑶药文化节、孔子文化节、月柿节、盘王节等民俗节庆为依托，提升游客的参与性、体验性和观赏性，打造乡村旅游目的地。开展县域智慧全域旅游建设，实施游客小程序和智慧民宿管理、智慧厕所管理、智慧导览系统等全域智慧旅游平台建设。以职工疗休养、研学旅行、乡村旅游为重点，开发一日游、两日游、三日游等系列精品线路。强化宣传推介，完善旅游产品线上订购平台。开展涉旅服务人员讲解导游、瑶歌瑶舞、服务礼仪等针对性培训，提高服务水平。

【恭城康养产业突破发展】 2020 年，全县贯彻落实健康中国战略，瑶汉养寿城、瑶族文化村、健康文化村、瑶医医院、茶江书院、综合客运枢纽站等一批康养旅游重点项目建成运营。通过瑶汉养寿城示范引领，成功引进人民健康系统工程示范基地、中医专家义诊 360、少数民族医工作室、中医筋膜学临床基地、韦氏手法传承基地、中华脾阴派传承基地入驻。探索“六位一体”（指“教、炼、食、药、技、械”）防治糖尿病模式，打造“糖尿病低发康养示范县”。“生态恭城”向“康养恭城”转型升级取得初步成效。7 月 28 日，恭城瑶族自治县被自治区卫生健康委员会命名为“自治区级慢性病综合防控示范区”。9 月 24 日，举办“2020 年健康中国（恭城）康养大会”，中国科学院院士、有关医学专家、各有关部门的领导 108 名参会，其中 3 名院士分别在大会上作主题发言。

【恭城城乡风貌提质升级】 2020 年，恭城瑶族自治县高铁片区基础设施建设、瑶汉养寿城、瑶族文化村、健康文化村、瑶医医院、高铁新区体育中心、综合客运枢纽站、民族高级中学、茶江桥至高铁站一级公路建成使用，县城及高铁片区融合发展。投入 7783 万元完成县城风貌提升改造、街区道路及小街小巷改造建设、亮化绿化美化等。完成莲花中国月柿特色小镇、油茶特色小镇等项目建设，西岭镇创建桂林市第五批新型城镇化示范乡（镇）工作通过验收。旱改水、残次林整治项目成果显著，新入库水田指标247.4公顷。深入开展“两违”整治行动，全县乱占耕地建房行为得到有效遏制。集镇区域污水处理实现全覆盖。投入500万元开展中国传统村落修复工作。完成村级生活污水处理设施污水处理站，建制村污水处理设施覆盖率100%，正常运行率90%以上。投入1788万元实施精品村庄示范点建设、村屯道路、照明等乡村风貌的改造升级工作。

【恭城生态环境持续优化】 2020年，恭城瑶族自治县践行“绿水青山就是金山银山”理念，“森林四禁”（禁伐阔叶林、禁止开垦25度以上坡地林地、禁放山羊、禁种速生桉树）成效明显，森林覆盖率82.46%。持续开展大气污染防治攻坚战，全年空气质量优良率97.3%。落实水污染防治各项措施，持续推进河（湖）长制，严格执行巡河制度和最严格水资源管理制度。全县饮用水源水质均达到功能区Ⅱ类标准，饮用水源水质达标率100%。扎实开展净土污染防治攻坚战，完成畜禽养殖禁养区划定，推动农业污染物减排和区域环境质量改善。严厉打击生态环境违法行为，巩固生态环境优良成果。抓好环保督察整改，2016年中央环保督察及2018年“回头看”反馈意见整改工作完成验收。

【恭城瑶族自治县成立30周年系列活动举行】 2020年9月25日，恭城瑶族自治县成立30周年庆祝大会举行。全国人大民委、国家民委祝贺团，自治区代表团，桂林市代表团和各方嘉宾与恭城30万各族群众参加在主会场的庆祝活动。全国人大民委、国家民委发来贺电，广西壮族自治区党委、人大、政府、政协、广西军区联合发来贺电，桂林市委、人大、政府、政协、桂林警备区联合发来贺电，同时收到有关单位和个人发来的贺电、贺信。大会进行民族歌舞表演。大会结束后，与会领导和嘉宾参观恭城瑶族自治县成立30周年成就展。县庆期间还举办经济社会发展座谈会、文艺晚会、焰火晚会、书画展、瑶族文化和瑶族特色产业发展研讨会、瑶族特色系列产品展和康养产品展等系列活动。

（张万强）

荔 浦 市

【概况】 荔浦市位于桂林市南部，辖荔城、东昌、新坪、杜莫、青山、修仁、大塘、双江、花篢、马岭10个镇和茶城、蒲芦（瑶族乡）、龙怀3个乡，分辖社区22个、建制村122个。市人民政府驻荔城镇。行政区域土地面积1759平方千米。2020年年末，户籍人口38.50万人。

经济总指标　全年地区生产总值148.57亿元，增长3.3%。其中，第一产业增加值30.07亿元，增长6.7%；第二产业增加值42.58亿元，增长4.1%；第三产业增加值75.92亿元，增长1.1%。全社会固定资产投资额完成84.26亿元，增长7.4%。社会消费品零售总额45.52亿元，下降1.3%。

财政·金融　全年组织财政收入8.92亿元，下降14.7%。其中，地方财政收入5.03亿元，下降15.42%。财政支出27.14亿元，增长1.5%。年末，金融机构各项存款余额163.27亿元，增长13.1%。其中，城乡居民存款余额130.53亿元，增长12.1%。各项贷款余额185.32亿元，增长11%。

农业　全年农林牧渔业总产值53.77亿元，其中农业产值38.23亿元，林业产值1.80亿元，牧业产值10.95亿元，渔业产值0.70亿元，服务业产值2.09亿元。粮食播种面积1.96万公顷，总产量10.26万吨。全年完成各类人工造林面积83公顷，森林覆盖率70.89%。农业机械总动力49.31万千瓦。

工业　全年工业总产值增长6.8%；工业增加值增长4.5%；工业增加值占地区生产总值的15.4%；工业对全市经济增长的贡献率10.9%。规模以上工业总产值53.6亿元，增长9.9%。新增规模以上企业18家；全市规模以上工业企业61家，其中年产值超1000万元企业61家，超1亿元企业13家。

交通·邮电　全年完成农村通达公路8条，长度30千米，完成农村公路建设投资及固定资产1.14亿元。完成客运量353万人，客运周转量2.21亿人千米；完成货运量1674万吨，货运周转量16.75亿吨千米。邮路总长1766千米，完成邮政业务运营收入2517万元，电信业务（含电信、移动、联通等）运营收入2.25亿元。全市固定电话用户1.62万户，手机用户36.28万户，宽带用户11.46万户。

文化·科技　年末拥有专业艺术表演团体1个，演出场次95场；公共图书馆1个，图书藏量12.29万册；文化站13个；电影放映单位3个，放映电影5440场次，观众12.8万人次。全年申报自治区级科技项目6项，市级科技项目7项，总投资1170万元，

2020年，荔浦市民营经济呈现出“月亮”引领“繁星闪烁”的发展新格局。

（周俊远摄）

共举办种植业、养殖业等科技培训班、科普讲座86期(场次),培训0.3万人次。建立各类科技示范基地25个。年内共申请专利208件。

教育　荔浦市有自治区示范性普通高中1所,专任教师151人,在校高中生2303人。普通高中2所,专任教师237人,在校高中生3464人。初级中学10所,专任教师754人,在校初中生1.13万人。小学134所,专任教师1529人,在校小学生2.42万人。小学适龄儿童入学率100%。

卫生·体育　荔浦市各级各类医疗机构床位1800张,其中医院床位1713张,妇幼保健院床位87张。卫生技术人员3315人,其中执业医师697人,注册护士977人。全市参加新型农村合作医疗农民33万人,参合率98.77%。全年向上级输送各类优秀运动员6人。获自治区级奖牌15枚,其中金牌7枚、银牌6枚、铜牌2枚。

计划生育　全年荔浦市出生人数3264人,符合政策生育率96.54%。其中,二孩符合政策生育率2.64%,政策外多孩率2.63%;出生男女性别比为101.36。人口自然增长率1.93‰。

固定资产投资　全年荔浦市固定资产投资84.26亿元,增长7.4%。其中,工业投资23.70亿元,增长0.6%;技改工业13.79亿元,增长6.8%。房地产项目完成投资10.82亿元,增长7.6%。

招商引资　全年荔浦市新签项目19个,合同金额45.15亿元,完成自治区外到位资金41.89亿元,完成年度任务数102.17%;引进外资项目到位资金125.2万美元,完成利用外资年度任务的39.13%。

居民生活　城镇居民人均可支配收入37934元,人均消费性支出22070元。农民人均纯收入17859元,增长9.1%,人均生活费支出11175元。全年发放农村低收入人口低保金4239.37万元,发放城镇居民低保金697.27万元。城镇新增就业人数3046人;领取再就业优惠证的下岗失业人员再就业人数730人,城镇登记失业率为4.45%。新增劳务输出7043人。农村劳动力转移就业职业培训1417人;开发公益性岗位140个。

旅游　荔浦市有自然景点和人文景观3个,营业景区6个(国家4A级旅游景区3个,国家3A级旅游景区3个)。全年接待国内外游客624.31万人次,旅游总收入83.61亿元。

2020年12月21日,第四届荔浦芋文化节砂糖橘橘王争霸赛上,“橘王”拍出1.28万元。　(周俊远　摄)

【荔浦市民营经济强势发展】 2020年,荔浦市新签1亿元以上“三企入桂”项目19个。其中,央企项目2个,民企、湾企项目17个,总投资62.4亿元。光电科技产业项目达13个、总投资16.6亿元。全年新增规模以上企业15家,完成年度任务的200%,数量居桂林市第一。林洋药业公司等3个工业项目新入选广西“双百双新”项目。裕祥衣架家居有限公司等4家企业获评为国家高新技术企业,荔浦市国家高新技术企业累计达到10家。36家企业获评国家科技型中小企业。广西第一支县级科创基金成功设立并投入运营。衣架家居特色产业园列入自治区“百亿园区”项目。12个项目列入自治区“千企技改”工程项目库。年内,荔浦市获“全国公共资源交易百强县”“自治区首批民营经济示范县(市)”“自治区小型微型企业创业创新示范基地”“广西中小企业公共服务示范平台”等称号。

【荔浦市农业发展欣欣向荣】 2020年,荔浦市成功创建荔浦砂糖橘“中国特色农产品优势区”,成为广西唯一的砂糖橘中国特色农产品优势区,荔浦砂糖橘获评“最受欢迎的果品区域公用品牌100强”。荔浦芋、荔浦马蹄、东昌三华李4个产品获评“全国乡村特色产品”。荔浦市获评“广西农产品加工强县”“广西农业科技园区”,荔浦市长水岭园区获评“自治区级农产品加工集聚区”,4家企业获评“广西农产品加工100强企业”。保联食品公司相继获评“自治区生猪屠宰标准化厂”“全国生猪屠宰标准化厂”。修仁镇被农业农村部评为“全国首批乡村特色产业十亿元镇”,东昌镇安静村获评第十批全国“一村一品”示范村。

【荔浦市服务业突飞猛进】 2020年,荔浦市获自治区批复创建广西唯一的县级保税物流中心(B型)。引进喜来登等酒店入驻荔浦市,银子岩、丰鱼岩、荔江湾等旅游景区持续繁荣发展,天誉养生谷、地球记忆博物馆等一批旅游项目进展顺利。鼓山旅游生态园被评为广西五星级农家乐。举办了第二届电商论坛,电商销售额达20.6亿元,首次突破20亿元大关。

【荔浦市疫情防控有成效】 2020年,荔浦市落实新冠肺炎疫情“外防输入、内防扩散”要求,建立联防联控、群防群控体系,全面落实市、乡、村三级包干制。全市各级基层党组织、各防控卡点临时党支部100余支党员突击队4000余名党员下沉一线防控,全市参与防疫的医护人员超过1万人次。荔浦市持续保持新冠肺炎疫情“零确诊”病例。(方杰萍　覃信刚)

人 物

全国劳动模范和先进工作者

彭彦军　1980年1月出生，甘肃正宁人，大学学历，中共党员，2000年7月参加工作。中国南方电网广西电网桂林供电局变电检修班组作业师、中国南方电网公司一级技能专家、高级工程师、高级技师。他在20年的工作岗位上，练就"以声音识别设备隐患"绝技，其负责检修运维的设备从未发生故障导致电力安全事件，为企业创造良好经济效益和社会效益，被行业同事称为"变检顺风耳"，主创的成果累计获得国家发明专利4件、实用新型专利25件、国家软件著作权4项，发表论文17篇。他在平凡的岗位上创造出了不平凡的业绩，2011年获中国南方电网公司劳动模范，2015年获自治区劳动模范，2016年获"全国电力行业技术能手"称号，2017年获"中国南方电网公司工匠"称号、2018年获桂林市"桂林工匠"称号，2020年获全国劳动模范称号。

龙桂发　1979年2月出生，广西永福人，初中学历，中共党员，2007年9月参加工作。桂林合众国际橡塑机械制造有限公司机头装配工段机头二班装配钳工。他仔细钻研琢磨相关书籍、班组及其他同事的技术要领，掌握了钳、车、铣、刨、焊、磨等技术，成为机械加工制造方面的全才。2015年获自治区劳动模范称号，2020年获全国劳动模范称号。

吴国山　1983年1月出生，广西平乐人，瑶族，大学学历，2008年5月参加工作。桂林市秀峰区文化馆管理人员。他在各类残疾人田径投掷比赛项目中，分别获2016年世界残疾人田径大奖赛F57级铅球、铁饼冠军，2016年里约第十五届残奥会F57级铅球冠军，2017年世界残疾人田径大奖赛F57级铅球、铁饼金牌，2018年世界残疾人田径大奖赛F57级铅球、铁饼金牌，2018年第三届亚洲残疾人运动会F57级铅球、铁饼金牌，2019年获第十届全国残疾人运动会F57级铅球冠军、F57级铁饼冠军。2016年获全国五一劳动奖章，2017年获自治区劳动模范称号，2020年获"全国先进工作者"称号。

谭兴勇　1974年7月出生，广西兴业人，大学学历，中共党员，1995年7月参加工作。桂林旅游学院高级实习指导教师、工匠型教师，自治区级劳模创新工作室负责人、全国供销社系统技术能手、优秀教师。他练就了精、准、快的烹饪刀工绝活。2007年，参加中华全国总工会、中央电视台共同举办的"2007劳动榜样"竞赛活动，获12强提名奖。同年10月，参加英国吉尼斯世界纪录挑战赛并夺奖。他担任市级、自治区级先进模范工作室负责人以来，发表论文15篇，获实用新型专利2件，发明专利授权1件，出版著作2部等成果。他申报以桂林米粉为中心的科研项目获国家级基础研究科研项目基金1万元、自治区级人才培养科研项目基金2万元、桂林市应用科研项目基金100万元。与台湾中洲人学以及"一带一路"国家印尼特立莎克蒂大学等合作，向师生进行传授桂林米粉技艺；他将其掌握的桂林米粉、油茶等技艺向贫困地区人们传授。2008年获"全国供销社系统技术能手""全国供销社系统优秀教师"称号，2011年获全国五一劳动奖章称号，2013年获"广西优秀高技能人才"称号，2019年获桂林市"桂林工匠"称号，2020年获"全国先进工作者"称号。　（毛翠荣）

全国抗击新冠肺炎疫情先进个人

潘定权　1964年1月出生，广西资源人，苗族，大学学历，中共党员，1986年7月参加工作。桂林市疾病预防控制中心党委书记。他始终忠贞不渝做人民健康"守护者"，尽职尽责当矢志笃行"党务人"。针对疾控中心业务性强、专业要求高的特点，潘定权坚持"创新是动力，技术是保障"理念，自觉用党的创新理论和先进疾控技术武装疾控队伍，为疾控中心培养大批熟练规范处置疫情的专业人才。先后获"自治区非典型肺炎防治先进个人""自治区疾控工作先进个人""自治区劳动先进工作者"等称号，2020年获自治区"激励干部担当作为一等奖"，2020年9月获"全国抗击新冠肺炎疫情先进个人"称号。　（何映）

汤瑛　女，1968年10月出生，湖南宁乡人，大专学历，中共党员，1986年参加工作。桂林市象山区南门街道翠竹路社区书记、居委会主任。2020年春节自新冠肺炎疫情暴发以来，她团结带领社区干部投入到疫情防控，发挥党员先锋模范作用，主动担当作为，坚守疫情防控第一线，用使命担当为辖区群众的生命安全保驾护航。

2020年获“桂林市抗疫先进个人”称号,2020年获自治区“激励干部担当作为一等奖”,2020年获“全国抗击新冠肺炎疫情先进个人”“全国优秀共产党员”称号。 (汤瑛)

全国脱贫攻坚先进个人

莫丽萍 女,1984年2月出生,广西临桂人,大学学历,中共党员,2007年7月。桂林市临桂区五通镇副镇长。她访遍全镇815户2860名贫困户,为破解4个贫困村基础设施薄弱的“老大难”问题,积极争取资金3060万元,实施扶贫项目66个,改善了贫困村基础设施建设。为发展扶贫产业,她多次组织村干外出考察,邀请专家、行业部门调研谋划,因地制宜、因村施策为各村确定产业发展路子,成功培育了书画、养殖、水果、苗木4个超1亿元扶贫产业;引导企业挂牌扶贫车间5个,带动52名贫困户脱贫。她探索出的“党支部+合作社+公司+贫困户”的村级集体经济发展模式,推广延伸到全临桂区。在她的推动下,五通镇21个村(居)委联合投入620万元,在西山村建设养殖鸡棚,各村级集体经济收入均超10万元,西山村可达50万元。2019年获“桂林市脱贫攻坚先进个人”称号,2020年获“全国脱贫攻坚先进个人”称号。

汤庆秋 1974年8月出生,广西永福人,大学学历,中共党员,1996年7月参加工作。永福县广福乡党委书记。2016年任广福乡党委书记以来,高质量完成全乡536户1715人脱贫和3个贫困村脱贫摘帽任务。他动员社会力量参与扶贫工作,乡企业、商会、柑橘协会成员主动联系帮扶贫困户18户。筹措资金1000万元完成全乡所有建制村村级组织活动场所建设。整合各类资金2000万元修通26条40多千米通村(屯)道路、12千米水渠、22座桥涵等基础设施。全乡建成747公顷自治区三星级麻竹特色产业示范区,设立16家专业合作社、7家麻竹笋加工厂,4间扶贫车间,每年为柳州螺蛳粉企业提供酸笋3000吨。争取资金3000多万元打造“九曲龙溪”田园综合体。全乡80%以上的贫困户均种植了柑橘、罗汉果或勾藤。通过“代种代养”模式,帮助缺乏劳动能力、技术力量的贫困户发展产业,每年为贫困户增加收入1000余元。采取“四型模式”发展壮大集体经济,全乡100%的村集体经济“破壳”,并全部实现年收入5万元以上。2019年获“桂林市脱贫攻坚敢于担当好干部”称号,2020年获“全国脱贫攻坚先进个人”称号。

莫燕武 女,1975年9月出生,广西荔浦人,大学学历,中共党员,1997年7月参加工作。荔浦市扶贫开发办公室主任。2017年任扶贫办主任以来,使全市1.86万人贫困人口脱贫,34个贫困村全部摘帽。统筹落实全市扶贫资金8.1亿元,精准投放产业奖补、稳岗就业、道路硬化、小型人饮、桥梁建设等扶贫项目867个。荔浦市扶贫开发领导小组获“2018年自治区脱贫攻坚先进集体”称号,成为自治区脱贫摘帽先进典型重点挖掘培育县(市)。2020年获“全国脱贫攻坚先进个人”称号。

蒋雅婧 女,1991年10月出生,广西全州人,本科学历,中共党员,2014年7月参加工作。中国共产主义青年团全州县委员会一级科员。她2016年10月抽调至全州县扶贫开发领导小组综合协调专责小组,担任中国社会扶贫网全州县管理中心业务负责人,全州县扶贫开发数据质量排名广西前列。2018年8月中国社会扶贫网在广西全面启动,她与团队仅用8个月的时间,全县贫困户注册3.41万人,爱心人士注册10.41万人,注册人数居广西第一。2019年6月全州县遭遇“6·9”特大洪灾,她与团队再次利用社会扶贫网对贫困户需求进行分析,与各爱心人士和爱心企业进行对接,举办“网上献爱心 帮扶你我行”爱心捐助主题活动,动员社会各界捐赠爱心物资600万元。2019年获“中国社会扶贫网优秀管理员”称号,2020年获“广西优秀共青团干”称号,2020年获“全国脱贫攻坚先进个人”称号。

赵进忠 1962年11月出生,广西恭城人,瑶族,高中学历,中共党员,1982年6月参加工作。恭城瑶族自治县莲花镇崇岭村支部委员会书记。他一心扑在扶贫工作上,做好公益事业,帮扶困难群众,带领村民走出崇山峻岭,告别封闭和贫困,用实际行动诠释贫困村支部书记的初心和使命。崇岭村是恭城瑶族自治县“十三五”时期贫困村,全村辖12个自然村屯,共553户2070人。2016年以来,赵进忠共计向上争取道路新建、扩建资金730余万元,实施村(屯)道路项目23个,硬化道路26千米,成为县内有名的“修路狂人”。2018年获“广西壮族自治区第八次民族团结进步模范个人”称号,2020年获“全国脱贫攻坚先进个人”称号。

唐莉 女,1972年2月出生,广西全州人,本科学历,中共党员,1992年7月参加工作。平乐县农业农村局动物卫生监督所所长。2015年担任平乐县张家镇老埠村第一书记,通过党员带头示范建立平乐县帮富农产品种销专业合作社等13家农业合作社,引进外资投资300多万元建立自治区最大的秀珍菇种植基地,通过流转土地新种植柑橘133余公顷、优质水稻40余公顷,全村产业覆盖率95%以上。产业的发展,新增提供就业岗位2000多人次,带动200多户贫困户就近务工,同时,每年为村集体创收5万元以上。村里的基础设施发生翻天覆地的变化,硬化12千米通往建制村的道路,30千米的村(屯)道路;修建长30千米的水利工程;5个自然村已经建设好人畜饮水工程;建好9个自然村的灯光球场;修建村级文化服务中心和村级文化综合服务楼;修建河堤,使得村里农田免受旱涝灾害。2018年获“2016—2017年度自治区美丽广西乡村建设(扶贫)优秀工作队员”称号,2020年获广西五一劳动奖章,2020年获“全国脱贫攻坚先进个人”称号。

莫翠芳 女,1976年9月出生,广西阳朔人,在职研究生学历,中共党员,1999年12月参加工作。桂林市阳朔县普益乡党委书记。她带领全乡党员干部完成2个贫困村脱贫摘帽、全乡126户414人如期脱贫，连续4年在市、县两级脱贫攻坚绩效考评中获得好的等次。2020年阳朔县普益乡遭受百年不遇的洪涝灾害，她不顾安危连夜徒步深入受灾最重的小窝村，指导转移包括贫困群众在内的124人到安全地带。洪灾过后，她迅速组织贫困户恢复产业，筹措资金5000多万元用于78户受灾群众安置工程建设，有效避免群众因灾返贫。她的抗洪救灾事迹获得自治区人民政府办公厅通报表彰。2020年获“全国脱贫攻坚先进个人”称号。

（黄院菊）

广西劳动模范

李桂亮　1972年10月生，广西灵川人，初中学历，1990年8月参加工作。桂林漓佳金属有限责任公司铜管车间后勤班班长（农民工）。他通过整合车间的矫直、后勤2个班组，使2个班组的员工的工作积极性、工作效果从车间的落后位置上升到车间的前列。他在班组中灌输严管理、精要求的观念，每月精选出50吨以上的铜管余料用于改制成其他的产品，减少余料报废回炉，为提高公司成品率和节约成本作出突出贡献。他在“传帮带”方面起到很好的模范作用，把班组成员培养成多面手，在车间的生产突击任务中发挥榜样性作用。曾获公司“十佳员工”称号、桂林市五一劳动奖章、广西五一劳动奖章，2020年获广西劳动模范称号。

罗方敏　女，1985年8生，广西全州人，初中学历，2012年6月参加工作。桂林绿苑米业有限公司开票员（农民工）。她主动为公司经营管理出金点子，节能降耗，扩大营销渠道，在工作中从不擅自离岗和请假，坚持出满勤，主动放弃工休假，把心思和精力放在工作上，不管大小事情，她都认真去做。作为一名基层员工，她始终保持一颗平常心，节制欲望、时时处处廉洁奉公、遵纪守法，从不以不正当手段为自己谋好处。2015年获桂林市五一劳动奖章，2017年获广西五一劳动奖章，2020年获广西劳动模范称号。

李智强　1985年12月生，福建寿宁人，初中学历，2002年7月参加工作。广西建工集团第四建筑工程有限责任公司砌筑工（农民工）。他先后参与桂林市彰泰·第六园项目、桂林市彰泰·兰乔圣菲项目、桂林市彰泰春天项目、桂林市棠棣之华项目、灌阳观澜购物公园项目建设。获中国土木工程“詹天佑奖”1项、“鲁班奖2项”“国家优质工程奖”1项、“自治区文明工地”2项、“自治区绿色施工示范工地”1项。2018年，他参加公司举办的技能大赛——砌筑工比赛获得一等奖，随后代表桂林市参加了第六届全自治区职工职业技能大赛，获砌筑工决赛第六名，同年获得公司的“技术能手”称号，2020年获广西劳动模范称号。

朱明成　1973年6月生，福建寿宁人，初中学历，中共党员，2002年7月参加工作。恭城瑶族自治县莲花镇红岩村村民。他带领红岩村群众发展经济，在发展农业、巩固基础设施建设、改变村容村貌、提高村民素质、改善红岩经济状况等方面作出突出贡献。他把村干部团结作为凝聚力量的前提，对于村内重大事项的决策和群众关心的重大事情，坚持做到办事公正，处事公平，要事公开。卸任村长后，他发挥党员的先锋模范作用，参与红岩村建设。2010年获桂林市劳动模范称号，2020年获广西劳动模范称号。

全建军　1981年5月生，广西灵川人，初中学历，中共党员，1996年7月参加工作。灵川县三街镇农坪村团委书记、灵川县龙达种植专业合作社理事长。他是广西壮族自治区科学技术厅创业型科技特派员，桂林市青年联合会第四届委员，先后帮助创业青年和贫困村民50多人，为他们免费提供红薯种苗、技术，跟踪服务，陆续帮扶县内外20多个贫困山区。他带领村民在龙坪建设水稻＋红薯＋油菜花示范基地，推广水旱轮作种植新模式，让油菜花成为龙坪村继黄金红薯干之后新的亮点。先后获桂林市十佳青年创业奖，2016年获“感动灵川十佳种养致富能手”称号，2018年获“灵川身边的榜样”称号，2019年获“桂林市勤廉榜样人物”称号，2020年获广西劳动模范称号。

毛建华　1963年9月生，广西永福人，初中学历，中共党员，1978年8月参加工作。永福县永福镇渔洞村党总支部书记。他任村党组织书记17年来，创新工作方式方法，结合该村实际，发展特色产业，带领群众种植砂糖橘300余公顷，提高群众收入，促进了农民增入。2020年新冠肺炎疫情期间，他每天奔波在村头巷尾、田间果厂，排查重点防控人员、宣传防控知识、设立疫情防控值守点，筑起安全防线，用实际行动践行共产党员的初心和使命。2014年获“永福县现代特色农业发展先进个人”称号，2019年获“桂林市脱贫攻坚先进个人”称号，2020年获广西劳动模范称号。

蒋致富　1964年12月生，广西全州人，初中学历，中共党员，1982年10月参加工作。全州县龙水镇全佳村党支部书记。他强化村级党组织领导力，狠抓脱贫攻坚，他引进手工加工厂，解决30余人就业，包括6户贫困户；他带领群众发展优质稻、葡萄、参皇鸡等种养项目，为群众脱贫致富作贡献。抗洪一线群众生命的“守护神”，在全州县“6·9”特大洪灾中，他在特大泥石流来临前，组织转移群众250多人，把20多名老人救出“危房”，全村458人无一人伤亡，成功避免特大地质灾害伤亡。先后获“全州县抗洪抢险先进个人”“桂林市清廉榜样先进个人”称号，获自治区“勇于改革、敢于担当、实绩突出”个人一等奖，2020年获广西劳动模范称号。

邓竹　女，1990年12月生，广西灌阳人，大学学历，中共预备党员，2012年8月参加工作。桂林市第二人民医院ICU护师。护理岗位上的她无怨无悔，一丝不苟，勤学善思，对待患者如亲人，急患者之所急，总是竭尽全力帮助着每一位病患。新冠肺炎疫情暴发后，她留下3岁的孩子和年迈的父母给丈夫，义无反顾地奔向疫情最前线，与众多广西医疗队员奋战在武汉市中心医院后湖院区。她始终以一名共产党员的身份严格要求自己，在平凡的护理岗位上谱写着不平凡的青春之歌。先后获“2019年度桂林市优秀护士”“2020年度桂林市三八红旗手”等称号，2020年获广西劳动模范称号。

李海林 女，1969年12月，广西龙胜人，侗族，初中学历，1984年7月参加工作。龙胜各族自治县乐江镇江口村农民。2001年，她开始接触代办，帮助外地客商找果，通过他们销售本地柑橘，激发农民种植柑橘热潮。2017年，她成立女子剪果队，剪果收果装车一条龙服务，妇女姐妹们不用外出，在家门口就能就业。2018年，她成立龙胜李姐柑橘种植专业合作社，带动会员们种植油茶树，红薯、罗汉果。先后获“致富带头人”“营销之星”“农业产业政策兑现奖”“农产品销售超百万元达标奖”“柑橘销售超300吨达标奖”“销售大户”等称号，2020年获广西劳动模范称号。

陶然 1963年9月生，安徽明光人，大学学历，中共党员，1986年8月参加工作。桂林紫竹乳胶制品有限公司党委书记、总经理（兼华润紫竹乳胶事业部总经理、华润集团广西区域工委纪委书记）。他率领企业勇于变革创新、积极调整经济结构，公司5年实现利润总额1.46亿元，缴纳国家利税2.26亿元。他成功组织研发国防特种防护手套。他积极搭建行业技术进步沟通交流和信息资源共享平台，规范行业产品技术标准，为中国乳胶行业的发展进步作出突出贡献。面对疫情防控，他带领企业先后驰援抗疫一线10批157.56万副医用手套、检查手套263.6万只，企业成为国务院国有资产监督管理委员会中央企业医疗物资储备备选单位、广西壮族自治区应对新冠状肺炎疫情防控物资保障单位。2020年获广西劳动模范称号。

江建平 1962年12月生，安徽怀宁人，研究生学历，中共党员，1983年8月参加工作。中国化学工业桂林工程有限公司董事长、总经理，中国石油和化学工业联合会专家委员会专家。作为国内橡胶机械装备创新研发的领头人，他始终坚持技术领先，带领公司跻身全球橡胶机械制造商20强，成为国内橡胶装备及工程领域的开拓者和领先者，为橡胶工业及装备行业创新发展作出重大贡献。先后获国家级奖项3项，包括36.00-51大型工程轮胎局部修补器获国家重大技术装备成果二等奖、中国专利优秀奖1项、国家自主创新产品证书1项，获省部级、行业科技进步奖项9项（其中一等奖2项、二等奖5项、三等奖2项），获广西五一劳动奖章，2020年获广西劳动模范称号。

彭敏 女，1978年10月生，江苏溧阳人，壮族，大学学历，1996年8月参加工作。桂林广陆数字测控有限公司董事长。她带领公司坚持自主创新，致力打造测量“航母”，树行业标杆，发展先进制造业，实现“智能制造”，是国内首家实施“自动化、智能化、智慧化”生产的数显量具量仪生产制造商，自治区首批25家“广西智能工厂示范企业”之一。她勇担社会责任，在“打赢疫情防控阻击战”中发挥引领带头作用，为抗疫一线人员捐款捐物10万元。她做到疫情防控、统筹生产两不误，全力夺取抗击疫情和经济社会发展双胜利。先后获“2016年第四届桂林市优秀中国特色社会主义事业建设者”“2018年度桂林市优秀工业企业家”等称号，2020年获广西劳动模范称号。

乔军 1964年5月生，甘肃泾川人，大专学历，中共党员，1981年10月参加工作。广西电网有限责任公司桂林兴安供电局作业师，高级技师。他开展创新活动，先后参与完成300多项、1000多台变电设备的技改、大修工作。发表论文15篇，创新成果分别获得全国、省部级及地市级荣誉90余项次，获实用新型专利24件，发明专利1件。以乔军命名的劳模工作室获得自治区总工会、桂林市总工会、南方电网、广西电网公司的肯定。他先后获“南方电网优秀共产党员”“广西工匠”等称号，获南方电网公司二等功、南方电网公司劳动模范、广西五一劳动奖章，2020年获广西劳动模范称号。

梁建新 1971年5月生，广西恭城人，高中学历，中共党员，2009年11月参加工作。桂林南方水泥有限公司水泥工段运行二班班组长。他在实际工作中，敢于发现问题，解决问题。在水泥供销紧张、水泥产能跟不上时期，提出增加水泥磨产能的建设性建议，带领班组勇于付出实践，使得产能稳中有加，缓解水泥供销的巨大压力，维护了公司的利益，为完成公司的年度指标及全年公司创收盈利作出突出贡献。2011年获桂林市劳动模范，运行二班在他的带领下2018年、2019年获“桂林南方水泥有限公司生产部优秀班组”称号，2020年获广西劳动模范称号。

何精华 1972年12月生，湖南道县人，大专学历，中共党员，1993年7月参加工作。广西桂林地建建设有限公司总工程师，高级工程师。他严格执行安全生产领导带班制，带领桂林市正阳西巷历史文化地段保护修缮及旧城改造工程项目部管理人员狠抓安全生产管理和绿色施工，保护文物，项目一次验收合格率100%。项目部在2018年自治区重点工程建设示范性劳动和技能竞赛中获优胜班组。他开展技术创新工作，在公司成立劳模和工匠人才创新工作室，申报国家专利6项。先后获“广西建筑业安全生产先进工作者”“广西建筑业优秀建造师”称号，2015年获广西五一劳动奖章，2020年获广西劳动模范称号。

黄剑 1978年3月生，江西渝水人，研究生学历，博士学位，2006年3月参加工作。桂林力港网络科技股份有限公司常务副总经理兼研发总监。他爱岗敬业，拼搏奉献，在动漫软件技术领域深入研究及实践，攻克多项行业关键技术，获教育部自然科学奖二等奖1项，省级自然科学奖一等奖1项。带领技术团队研发多款优秀动漫软件产品，并且致力于动漫软件和地方特色文化、中国传统文化的结合，不断创新文化传播方式，实现了科技与文化的融合发展。产品用户规模超过7000万人,用户群覆盖全国及东南亚、欧美部分国际市场。先后获"文化部优秀专家""中国游戏行业优秀企业家""广西'新世纪十百千人才工程'第二层次人选"等称号,2020年获广西劳动模范称号。

黄浩　1976年4月生,甘肃安宁人,大学学历,2002年9月参加工作。桂林长海发展有限责任公司项目总工程师。由于很多技术都是行业内首次应用,面临国外技术封锁,他在腿部多处骨折的情况下,不仅顺利完成项目的国内研制,而且在国外交付过程中,克服很多技术和环境难题,使项目成功交付,打响了"中国装备"的品牌,项目的应用价值辐射到国内同类型装备的升级叠代,提升了国内高新电子装备的技术水准和实战性能。先后获"中国电子信息产业集团突出贡献科技工作者"等称号,获桂林市五一劳动奖章、中国电子信息产业集团科技进步一等奖等,2020年获广西劳动模范称号。

罗青松　1964年5月生,广西宾阳人,研究生学历,无党派人士,1985年7月参加工作。研究员级高级工程师,享受国务院政府特殊津贴专家,中国电科集团公司首席科学家、中国电科集团公司第三十四所科技委主任。他主持完成机动式快速开设的无中继海底光缆传输系统研制。发表论文40余篇,主编专著1部,获授权国防发明专利11项。先后获国防科技进步一等奖、军队科技进步一等奖、集团公司科技进步一等奖,2020年获广西劳动模范称号。

叶昌榜　1979年9月出生,广西八步人,中专学历,中共党员,2003年7月参加工作。中国石油天然气第六建设有限公司吊车司机,技师。他在本职岗位上认真钻研,苦练本领,善于创新工作思路解决工作问题,在多个重点项目中,精准安全地吊装各类设备1万多台套。他代表中国石油获全国吊装技能竞赛领域历史性的首枚金牌。他干一行、爱一行、专一行,矢志不渝地奋战在石油施工建设的一线,发挥先锋模范作用。2015年获"广西技术能手"称号,2016年获中国技能大赛"徐工杯"第四届全国吊装技能竞赛第一名,2017年获"全国技术能手"称号,2017年获桂林市"桂林工匠"称号,2018年获中国石油集团工程股份有限公司劳动模范,2018年广西青年五四奖章,2020年获广西劳动模范称号。

王玺锋　1982年6月生,陕西商南人,大学学历,中共党员,2006年10月参加工作。国营长虹机械厂副主任兼总工程师。他专注于装备、吊舱修理技术研究13年,在国内首创并形成该型吊舱批量修理能力。获2017年度军队科学技术进步三等奖,2019年获桂林市"桂林工匠"称号,2020年获广西劳动模范称号。

胡天顺　1975年9月生,广西临桂人,大专学历,中共预备党员,1992年7月参加工作。桂林市交通投资控股集团公交公司平山场站11路线"桂林·熊本友谊号"驾驶员。他爱岗敬业,苦练技能,服务热情,勇于创新,积极参加"学雷锋"志愿者服务活动,有极强的责任感和荣誉感。18年安全行车60万千米无交通事故和违法违章行为,无责任投诉,无服务违章,工作中摸索出《"七个坚持"节能减排工作法》,是桂林公交"先模创新工作室"成员之一,他用实际行动诠释公交人团结拼搏、奋勇争先、乐于奉献的道德操守和执着追求,展现了新时代公交人的先锋光彩。先后桂林市五一劳动奖章、桂林市"桂林工匠"称号,2020年获广西劳动模范称号。

宾小芳　女,1988年9月生,广西阳朔人,大学学历,中共党员,2011年10月参加工作。桂林银行股份有限公司阳朔支行三农金融部经理。她用自己对金融事业的满腔热爱和执着追求诠释着自己的人生观和价值观。她获桂林银行首届"员工业务技能大赛"会计技能比赛票币计算第三名,第二届"员工业务技能大赛"票据录入第一名,广西金融系统银行证券保险综合业务技能竞赛第一名,全国金融系统银行证券保险综合业务技能竞赛优秀奖,获"广西金融青年'双提升'岗位能手""广西金融青年'双提升'十大岗位标兵"等称号,获广西五一劳动奖章、广西金融五一劳动奖章,2020年获广西劳动模范称号。

陈诚　女,1985年5月生,广西博白人,大学学历,2007年7月参加工作。国电永福发电有限公司运行部副主任。她从一名巡检员走上技能过硬、能力全面的运行部副主任岗位,在工作中实现人生价值。2008年冰灾,她作为电力生产一线员工,担负起了抗冰保电的使命,在自然灾害面前勇于担当,为机组安全运行贡献力量。2011年,她发现300MW机组3台供油泵运行方式存在风险,提出改接线的合理化建议,排除了设备隐患,提高了设备安全性。先后获"中国国电集团公司技术能手"称号,2017—2018年度国家能源集团"青年岗位能手"称号,获中国国电集团公司三级奖章,2020年获广西劳动模范称号。

粟家辉　1984年1月生,广西资源人,大学学历,中共党员,2006年8月参加工作。临桂区烟草专卖局(营销部)副经理。他注重在实践中积累,在实干中提升,先后通过行业二级营销师、三级专卖师、三级培训师鉴定,在2017年行业劳动竞赛中,获自治区个人一等奖,在工作中,立足岗位实际,勇于担当实干,创造新佳绩。注重增效创收,突出抓好卷烟营销,提升自治区内品牌发展动力,拓展税利增收点,为地方经济改革发展作出新的贡献。2020年获广西劳动模范称号。

杨绍斌　1982年4月生,广西资源人,大学学历,2002年8月参加工作。中国电信股份有限公司桂林分公司技术支撑工程师。他研究开发CACTI流量监控系统,能够实现对客户侧设备的有效实时监控和性能分析,为售后维护工作提供有力支撑。他研发基于电信IPPON结合VXLAN技术,解决了客户对组网的个性化需求,为公司节约大量的投资成本,为充分落实国家"提速降费"号召作出贡献。他研发基于无线VPDN和MPLS-L2VPN技术的应急通信系统，并多次应用于公安、交警的重大通信保障任务中，有效解决了客户的实际问题。先后获“中国电信集团技术能手”“中央企业技术能手”等称号，2020年获广西劳动模范称号。

宁加康　1984年12月生，广西博白人，大学学历，2007年7月参加工作。桂林市啄木鸟医疗器械有限公司供应链总监，工程师。他带领团队深入技术研发和工艺改进，申请专利70余件。担任工作尖研发组长，设计出150余款超声洁牙机工作尖和50余款超声骨刀工作尖，2018年产值3000万元。2010年负责筹建啄木鸟数控加工中心，引进瑞士、德国、日本的先进数控设备，2019年产值1.5亿元。2019年2月起担任供应链中心总监，全面负责公司供应链采购、生产、仓储、品质、物流的管理工作，为保证公司2019年30%以上的销售增长提供后勤保障工作。2015年获桂林市五一劳动奖章，2018年获广西五一劳动奖章，2020年获广西劳动模范称号。

朱剑波　1976年10月生，湖北天门人，大学本科，1999年7月参加工作。桂林星辰科技股份有限公司技术专家。他一直从事高精度、高性能的伺服驱动器的设计工作，先后作为主要硬件设计人员参与了几十个项目的具体设计、调试和现场服务等工作。由他主导开发出智能风电变桨驱动器，从性能和接口上可完全替代国外进口驱动器。由他负责设计的项目涉及到国内最大的天文射电望远镜、远望号远洋测量船。在实际工作中，严格要求自己，对同事在设计技能和学习方法上言传身教，共同探讨解决设计中的疑点难题。2020年获广西劳动模范称号。　（毛翠荣）

广西五一劳动奖章获得者

王春　1980年5月出生，广西蒙山人，大学学历，中共党员，2010年9月参加工作。桂林石油分公司九华加油站站长。汽柴油直分销每年破万吨，非油品个人年销量100万元。2018年公司全面开展LNG天燃气业务，在2个月内，首次实现桂林分公司天然气销售零突破，开发成功城市管网天然气客户，LNG天然气销量80多吨。至2019年年末，实现轻油销量1.04万吨，为企业作出应有的贡献。2017—2018年获广西石油分公司销售能手、优秀客户经理，2019获广西石油分公司分公司“石油工匠”“优秀加油站站长”称号，2020年获广西五一劳动奖章。

刘培君　1989年3月出生，辽宁大连人，大学学历，中共党员，2013年7月参加工作。桂林市金天下国际旅游有限公司导游。2019年建立党员模范队伍，用行动助力打造桂林品质旅游、诚信服务的金字招牌，在70年国庆等重大桂林、广西活动和接待中发挥积极影响。2020年疫情暴发期间，刘培君主动带头捐款医疗物资，在桂林市导管中心等平台免费开展公益讲座4场，培训和引导导游员群体2000人以上，成功组织导游员生产自救，缓解从业者负面情绪和压力。2013年获共青团自治区委、自治区妇联行业“岗位能手”称号，2018年获国家旅游局“金牌导游”称号，2020年获广西五一劳动奖章。

葛浩　1982年6月出生，陕西咸阳人，大学学历，2006年9月参加工作。广西盛丰建设集团有限公职工高级工程师。先后参加了山水阳光城项目、桂林国际旅游商品批发城、桂林医学院临桂新校区、金河大厦工程项目、清华园建设。2018年1月—2019年12月，在广西全州县湘江战役红色旅游遗址群项目一期工程总承包(EPC)项目任项目生产部经理，该项目属国家、自治区、桂林市重点项目，先后多次得到中共中央宣传部、自治区、桂林市有关领导和相关部门的高度认可与好评。2020年获广西五一劳动奖章。

唐莉　女，1972年2月出生，广西全州人，大学学历，中共党员，1992年7月参加工作。平乐县农业农村局动物卫生监督所所长。她针对村级班子软弱涣散，找出问题症结，使老埠村从2016年的一个“软弱涣散党组织”已变成2017年“优秀的党组织”。她结合村里实际，以种植柑橘、优质水稻、根茎薯类“3＋1”模式为经济增长点的主打产业，通过党员带头示范建立合作社种植食用菌，带动200多贫困户就业增收。2016年，她利用上广西卫视《第一书记》栏目及联系民间组织，为3个贫困学捐助14万多元爱心款，不让一个孩子因贫困辍学。积极争项目修路架桥，强基础。全村贫困发生率从2015年年底的15.57%降低至2019年年底的1.3%。2016年、2017年获自治区党委组织部“美丽广西乡村建设（扶贫优秀工作队员）”称号，2017年获“自治区优秀驻村队员”称号，2020年获广西五一劳动奖章。

蒋文荣　1968年9月出生，广西兴安人，研究生学历，中共党员，1993年7月参加工作。桂林市第十九中学校长、书记。从教以来，任班主任工作15年，一直在教学一线从事高三年级数学教学。他主持自治区课题研究1项，市级课题研究3项，参与自治区级课题研究2项，发表论文7篇。先后获“全国生态文明教育创新人物”“绿色教育十佳卓越校长”称号，第二届全国绿色课堂杯有效教学高中数学优质课比赛特等奖，2017年获环境教育杂志社、全国生态文明教育示范学校委员会“2017全国生态文明教育创新人物”称号，同时获环境教育杂志社、全国生态文明教育示范学校委员会“2017全国生态文明教育创新人物”称号，2020年获广西五一劳动奖章。

蒋剑　1967年8月出生，广西全州人，大专学历，中共党员，1989年7月参加工作。桂林市第三人民医院医务科科长副主任医师。他工作大局意识强，面对新冠肺炎疫情，制订一系列防控措施，抓落实见成效，助力医院疫情防控工作取得重大突破。牵头制订完善应急预案，开展防控知识培训和应急救治演练。组织医务人员学习国家最新版诊治方案，制定预检分诊流程、发热病人就诊流程，规范治疗程序。协调联系80余次院内、市内专家会诊，解决确诊病人制定治疗方案、疑似病人排查等问题。配合自治区卫健委、市卫健委、市疾控中心等部门,协调处置医院确诊病例和疑似病例的转院、转诊、救治、检测等工作,提高工作运转效率。对每日上报的疫情防控数据信息表进行严格把关,逐项校对核实,确保数据信息真实准确,未发生数据信息迟报、漏报、瞒报等情况。2020年获广西五一劳动奖章。

(毛翠荣)

广西先进工作者

张建德　1965年11月生,广西兴安人,研究生学历,中共党员,1988年7月参加工作。桂林市中医医院内分泌科(国家中医药管理局十二五重点专科)主任、主任医师、硕士生导师。他率先在广西开展自体骨髓干细胞移植治疗糖尿病足,大大提高了糖尿病足病的保肢率。创新国际医学交流模式,获中国中医药研究促进会国际科技合作二等奖,交流成果发表于德国图林根州医学期刊。在《Diabetes Stoffw Herz》《中华医学》杂志等发表论文30篇,2篇获广西自然科学优秀论文奖。兼任中国中医药研究促进会内分泌分会副会长,获中国中医药研究促进会内分泌学科领军人才、桂林市劳动模范,2020年获"广西先进工作者"称号。

詹毅　1968年5月生,广西叠彩人,研究生学历,中共党员,1990年7月参加工作。桂林市第十八中学校长。广西教育学会历史专业委员会理事、桂林历史教学专业委员会会长。2018年,他组织桂林市第十八中学恢复初中办学工作,取得明显的办学效果和社会声誉。重视扶贫助学,引进广西民族教育发展基金会"筑梦班"、深圳狮子会"阳光英才"、初中部精准扶贫试点等项目,2年共向外筹集120万元用于贫困生资助。注重学习和培训,参加教育部第50期高中骨干校长培训、广西基础教育第一期名校长培养工程培训、广西八桂教育家摇篮工程培训。获桂林市五一劳动奖章、广西五一劳动奖章、2016年成为广西八桂教育家摇篮工程培养对象,2020年获"广西先进工作者"称号。

黄翔飞　1974年12月生,广西平果人,壮族,大学学历,中共党员,1995年7月参加工作。桂林市公安局刑事侦查支队十大队(警犬大队)大队长、警务技术四级主任、警犬技术高级工程师。他始终奋战在公安刑侦一线,近年来组织和带领警犬技术团队直接抓获各类犯罪嫌疑人38人,缴获冰毒91克和被盗汽车、电动车20多辆,特别是在侦破多起重特大案件中,使用警犬直接抓获犯罪嫌疑人,为案件侦破发挥关键作用。他先后完成了中共十九大、中国-东盟博览会、2017年中央电视台春节联欢晚会桂林分会场等28项重大活动的安检任务,安检成功率100%。获广西五一劳动奖章和记个人二等功,2020年获"广西先进工作者"称号。

农喜千　1972年12月生,广西武鸣人,壮族,大学学历,中共党员,1991年12月参加工作。桂林市残疾人联合会宣文计财科科长。他热爱残疾人体育事业,为残疾人参与体育活动创造条件,根据全国残疾人运动会比赛周期,制定"以群众体育辅助竞技体育,以竞技体育促进群众体育的方针,按照1年选拔运动员,2年确定训练运动员,3年重点培养参赛运动员,4年出成绩"的思路开展工作。通过残疾人康复挖掘残疾人体能潜力以及体育才华,先后挖掘培养出残奥会、亚残运会、全国残运会田径项目大满贯运动员吴国山,听障奥运会、全国残运会游泳项目多金王申莹,全国残运会田径冠军潘福顺等尖子运动员。2011年获"2007—2010年全国残疾人体育先进个人"称号,2020年获"广西先进工作者"称号。

苑立波　1962年11月生,黑龙江望奎人,研究生学历,博士学位,无党派人士,1984年7月参加工作。桂林电子科技大学教师。他创建"光子学研究中心",打造"光纤技术创新实验平台",支撑了学校"仪器科学与技术"广西一流学科的建设,推动广西"光学工程"学科进入发展快车道。作为项目负责人,他主持承担国家重大科研仪器研制项目、国家重点研发计划项目、国防领域基金重点项目、广西创新驱动科技专项等多项国家和地区重大科研任务。在ACS Photonics、Optics Letters、Optics Express等国际期刊发表学术论文120余篇。申请国家发明技术专利160余件。曾获黑龙江省人民政府授予科学技术发明一等奖、教育部授予第三届高校青年教师奖,2020年获"广西先进工作者"称号。

蒲赞好　1969年10月生,安徽临泉人,大学学历,中共党员,1986年12月参加工作。市城管支队副支队长。他组织支队全体人员开展大气污染防控整治行动,重点针对环境国测点周边区域进行地毯式清理露天烧烤,检查督促门店烧烤经营者完善油烟净化设施,禁止使用蜂窝煤、木炭等材料,宣传预防大气污染的相关法律法规,整治露天沙场,配合市公安机关管控违规销售燃放烟花爆竹,全面清理大气污染源,为保障良好市容市貌打下坚实基础,为全市防控大气污染作出贡献。2020年获"广西先进工作者"称号。

康战英　女,1973年3月生,湖南宁乡人,大学学历,中共党员,1994年7月参加工作。国家税务总局永福县税务局党委书记、局长,政工师。她围绕税收中心工作,完成国地税征管体制改革,社保费和非税划转、个税改革等改革任务,确保深化增值税改革等各项政策得到精准落实。她构建优质便捷的服务体系,推行一次办、网上办、容缺办等事项,电子税务局全面推广,全年纳税服务零投诉。她凭借真诚热情的服务赢得同事和纳税人的一致好评。曾获"自治区国税系统优秀女税官""自治区国税系统先进工作者""自治区国税系统征管能手""桂林市三八红旗手""桂林市巾帼建功标兵"等称号,2020年获"广西先进工作者"称号。

韦毅　女,1974年8月生,广西凤山人,壮族,研究生学历,硕士学位,中共党员,1994年7月参加工作。桂林市妇女儿童医院医务科科长兼新生儿科主任。她坚守在新生儿科重症一线20余年，率先在桂林市开展多项新技术，为儿童健康事业作出了积极的贡献。在她的带领下，新生儿科成为桂林市危重新生儿救治中心、桂林市“人才小高地”及桂林市重点建设专科。抗疫期间，她负责全院抗击疫情的总协调工作，组织协调将儿科门急诊部发热诊疗区域进行分区改造，增开发热诊室，从而缩短就诊儿童等候时间，减少儿童之间交叉感染。她每日坚持在疫情防控前线，协调医院防疫紧缺物资发放和使用，确保一线医务人员安全。曾获2019年广西五一劳动奖章、广西卫健委记个人二等功、“桂林市勤廉榜样”称号，2020年获“广西先进工作者”称号。

魏玉国　1977年9月生，广西资源人，大学学历，中共党员，1998年7月参加工作。资源县资源镇镇长。他立足资源镇“生态旅游小镇”的整体发展定位，落实“强队伍、调结构、兴产业、重治理、系民生、促脱贫”工作，解决长达1年的群众集体堵工事件，实现全镇村（屯）主干道硬化。带动1100多户贫困户发展养殖，建成产业基地20多个，吸纳全镇82%的贫困户加入农民专业合作社，特色产业覆盖率99.7%，村集体收入超10万元的有7个，打造生态乡村示范点9个，上捉屯成为自治区美丽乡村标准化建设示范点，资源镇连续2年获全县精品党建示范点第一名，走出了一条独具特色的镇域发展之路。他先后获自治优秀乡（镇）公务员二等功、“市脱贫攻坚担当作为好干部”称号，2020年获“广西先进工作者”称号。

李才安　1976年10月生，广西灵川人，大学学历，中共党员，1997年8月参加工作。灵川县水利局节约用水办公室主任、驻潮田乡南圩村委第一书记。他牢记初心和使命，坚守岗位，做好群众贴心人，使南圩村发生根本性变化。他推进党建促脱贫工作，扭转了村“两委”工作作风和面貌。他积极争取项目，完善村道路、桥梁、水利、网络、电力、饮水等基础设施。他发展柑橘、金槐、蔬菜等经济产业，发展村集体经济。他积极调解多起土地、道路、项目建设等矛盾纠纷，通过“扫黑除恶”专项行动，为群众追回集体资金约152万元。他通过各项措施，使建档立卡贫困户脱贫174户574人。2019年获“自治区优秀第一书记”称号，2020年获“广西先进工作者”称号。

吴殷丹　1964年9月出生，广西象山人，在职研究生学历，中共党员，1982年9月参加工作。桂林市公共机构节能工作领导小组办公室主任，桂林市机关事务管理局党组书记、局长，高级政工师，市二级巡视员。他组织举办九届广西节能新产品新技术（新能源汽车）展示会、四届绿色低碳产业博览会、两届“漓江论坛”、八届节能自行车赛、四届桂林国际马拉松赛（获中国田协金牌赛事、国际田联铜标赛事）。助力桂林获评“2019美丽山水城市”。他带头推广新能源汽车和生活垃圾分类，完成1家国家能效领跑者、12家国家级节约型示范单位、14家自治区级节约型单位和11家节水型单位的创建工作，2019年获交通运输部、公安部、国家机关事务管理局、中华全国总工会授予的“全绿色出行先进个人”称号，2020年获“广西先进工作者”称号。

张同胜　1965年7月生，河北南皮人，大学学历，中共党员，1983年10月参加工作。桂林市应急管理局党组成员。2017年在确保11家烟花爆竹生产企业平安退出顺利转型的过程中发挥重要作用。他推行市县分级分类监管，科学合理分配执法监管权限，做到界线清、职责明，执法办案工作公开透明。通过“强监管、严执法”手段有效地减少和杜绝安全生产重特大事故发生。他为贫困村民排忧解难，解决实际问题，先后为贫困户捐款、捐物、筹集物资，协调修路、修渠、建设农资交易平台等工作。2015年获桂林市级三等功、2018年获自治区级二等功，2020年获“广西先进工作者”称号。　（毛翠荣）

表26

2020年桂林籍官兵荣立二等功、三等功人员表

序号	姓名	性别	籍贯	民族	出生年月	工作单位	获得荣誉	授予荣誉单位
1	王坤	男	广西全州	瑶	1987年9月	中国人民解放军95905部队	二等功	中国人民解放军95905部队
2	赵瑜杰	男	广西龙胜	瑶	1985年7月	中国人民解放军31626部队	三等功	中国人民解放军31626部队
3	许祺祺	女	河北秦皇岛	满	1992年10月	武警警卫部队广西警卫局	三等功	武警警卫部队广西警卫局政治部
4	唐荣辉	男	广西雁山	汉	1992年4月	武警广西总队河池支队	三等功	武警广西总队河池支队
5	李冰洋	男	广西象山	汉	1991年9月	武警柳州支队	三等功	武警柳州支队
6	石文斌	男	广西象山	汉	1994年9月	武警永州支队	三等功	武警永州支队
7	罗翔	男	广西七星	汉	1989年3月	武警南宁支队	三等功	武警南宁支队
8	谢祖成	男	广西临桂	汉	1986年2月	中国人民解放军75752部队	三等功	中国人民解放军75752部队
9	文春华	男	广西临桂	汉	1992年3月	武警甘孜支队	三等功	武警甘孜支队
10	钱权	男	广西临桂	汉	1992年8月	中国人民解放军75841部队	三等功	中国人民解放军75841部队
11	龙泽金	男	广西临桂	汉	1997年8月	中国人民解放军75240部队	三等功	中国人民解放军75240部队
12	葛家健	男	广西临桂	汉	1990年8月	中国人民解放军92056部队	三等功	中国人民解放军92056部队

续表

序号	姓名	性别	籍贯	民族	出生年月	工作单位	获得荣誉	授予荣誉单位
13	蒋建华	男	广西临桂	汉	1990 年 10 月	武警海警总队广东支队	三等功	武警海警总队广东支队
14	周善亮	男	广西临桂	汉	1994 年 2 月	中国人民解放军 77639 部队	三等功	中国人民解放军 77639 部队
15	黄启幸	男	广西阳朔	汉	1994 年 1 月	武警岳阳支队部队	三等功	武警岳阳支队部队
16	徐桂安	男	广西灵川	汉	1965 年 11 月	武警贺州支队	三等功	武装警察部队贺州支队政治部
17	邓荣	女	广西灵川	汉	1975 年 12 月	中国人民解放军 32079 部队	三等功	中国人民解放军 32079 部队政治工作部
18	李涵隆	男	广西灵川	汉	1995 年 7 月	中国人民解放军 75240 部队	三等功	中国人民解放军 75240 部队政治工作部
19	秦海涛	男	广西灵川	汉	1984 年 11 月	桂林市灵川县甘棠消防救援站	三等功	武警桂林市消防大队政治处
20	龚小刚	男	广西灵川	汉	1987 年 12 月	武警南宁支队参谋部	三等功	武警南宁市支队政治部
21	徐佳宏	男	广西永福	汉	1985 年 9 月	中国人民解放军 95795 部队	三等功	中国人民解放军 95795 部队
22	程思元	男	广西全州	汉	1993 年 4 月	中国人民解放军 31631 部队	三等功	中国人民解放军 31631 部队
23	蒋葵	男	广西全州	汉	1986 年 4 月	武警桂林市消防支队	三等功	武警桂林市消防支队
24	蒋森彪	男	广西全州	汉	1988 年 9 月	武警桂林市消防支队	三等功	武警桂林市消防支队
25	蒋业军	男	广西全州	汉	1990 年 1 月	武警杭州支队	三等功	武警杭州支队
26	蒋寿生	男	广西全州	汉	1992 年 12 月	中国人民解放军 71897 部队	三等功	中国人民解放军 71897 部队
27	梁才富	男	广西全州	汉	1992 年 8 月	中国人民解放军 71897 部队	三等功	中国人民解放军 71897 部队
28	王坤	男	广西全州	汉	1987 年 9 月	中国人民解放军 95905 部队	三等功	中国人民解放军 95905 部队
29	蒋明	男	广西全州	汉	1988 年 3 月	武警广东省总队机动支队	三等功	武警广东省总队机动支队
30	满成名	男	广西兴安	汉	1989 年 11 月	中国人民解放军 93169 部队	三等功	中国人民解放军 93169 部队政治工作处
31	张文豪	男	广西兴安	汉	1999 年 5 月	武警警官学院学员六大队学员十八队学员	三等功	武警警官学院政治工作处
32	黎东海	男	广西荔浦	汉	1987 年 12 月	中国人民解放军 75752 部队	三等功	中国人民解放军 75752 部队政治部
33	罗兰周	男	广西荔浦	瑶	1988 年 10 月	中国人民解放军 75738 部队	三等功	中国人民解放军 75738 部队政治部
34	陶激魏	男	广西平乐	汉	1990 年 12 月	中国人民解放军 95525 部队	三等功	中国人民解放军 95525 部队政治工作处
35	陆松杰	男	广西平乐	汉	1982 年 10 月	武警广西总队	三等功	武警广西总队政治工作处
36	杨赵刚	男	广西恭城	瑶	1990 年 11 月	中国人民解放军 75210 部队	三等功	中国人民解放军 75210 部队
37	梁毅	男	广西恭城	汉	1991 年 1 月	海警总队第五支队	三等功	海警总队第五支队
38	黄献	男	广西恭城	汉	1988 年 9 月	武警第二机动总队机动第六支队	三等功	武警第二机动总队机动第六支队
39	舒杰铭	男	广西恭城	瑶	1993 年 9 月	海警总队广西支队防城港大队	三等功	海警总队广西支队防城港大队
40	黄荣祺	男	广西恭城	瑶	1994 年 5 月	桂林市消防救援支队	三等功	桂林市消防救援支队
41	田从智	男	广西恭城	瑶	1997 年 9 月	柳州市消防救援支队	三等功	柳州市消防救援支队
42	吴自才	男	广西恭城	汉	1987 年 12 月	桂林联勤保障中心	三等功	桂林联勤保障中心
43	唐咸敏	男	广西灌阳	汉	1985 年 5 月	武警广东总队执勤第二支队	三等功	武警广东总队执勤第二支队
44	余明贵	男	广西灌阳	汉	1978 年 8 月	西藏军区政治工作部	三等功	西藏军区政治工作部
45	荣嵘	男	广西灌阳	汉	1990 年 1 月	中国人民解放军 75220 部队	三等功	中国人民解放军 75220 部队
46	曹政	男	广西灌阳	汉	1995 年 9 月	武警海警总队广东支队深圳大队	三等功	武警海警总队广东支队深圳大队
47	蒋德豪	男	广西灌阳	汉	1988 年 6 月	中国人民解放军 75560 部队	三等功	中国人民解放军 75560 部队
48	蒋梦洁	女	广西灌阳	汉	1995 年 2 月	海警总队广西支队北海大队	三等功	海警总队广西支队北海大队
49	范云浩	男	广西灌阳	汉	1994 年 4 月	武警部队第二机动总队第六支队	三等功	武警部队第二机动总队第六支队
50	曹文	男	广西灌阳	汉	1994 年 4 月	武警部队第二机动总队第六支队	三等功	武警部队第二机动总队第六支队
51	周小超	男	广西灌阳	汉	1991 年 5 月	武警崇左支队	三等功	武警崇左支队
52	卿逾	男	广西灌阳	汉	1980 年 5 月	中国人民解放军 91269 部队	三等功	中国人民解放军 91269 部队
53	梁朝茂	男	广西龙胜	壮	1990 年 4 月	中国人民解放军 75220 部队	三等功	中国人民解放军 75220 部队

（孙文明）

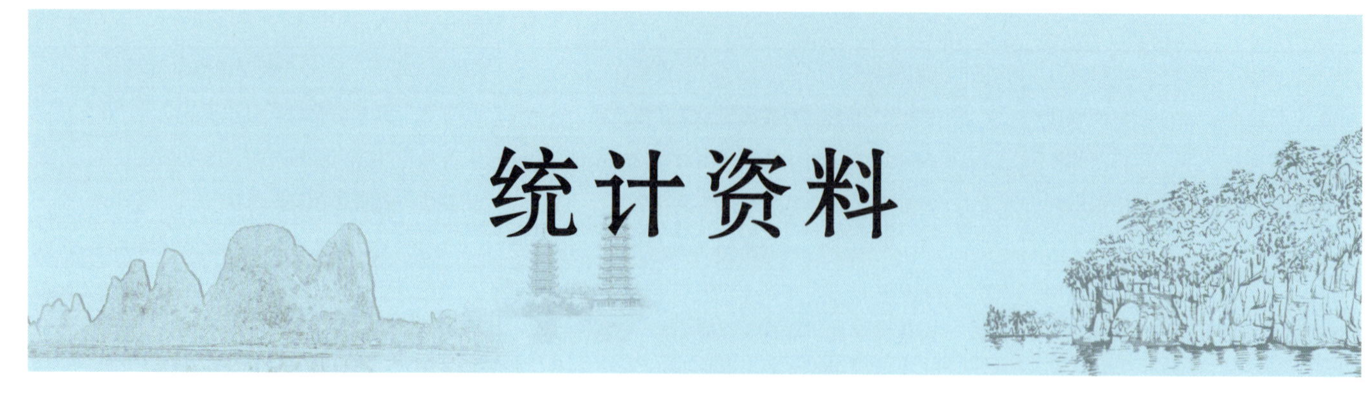

统计资料

2020 年桂林市行政区划及土地面积

县(市、区)名称	乡镇合计(个)	乡(个)	民族乡(个)	镇(个)	街道(个)	建制村(社区)(个)	建制村(个)	社区(个)	行政区域土地面积(平方千米)
全市	134	46	15	88	13	1910	1653	257	27809
秀峰区					3	29	7	22	54
叠彩区	1	1			2	37	15	22	52
象山区	1	1			3	44	8	36	88
七星区	1	1			4	47	14	33	83
雁山区	4	2	1	2	1	43	39	4	288
临桂区	11	2	2	9		176	161	15	2202
阳朔县	9	3		6		114	99	15	1428
灵川县	12	5	2	7		148	129	19	2287
全州县	18	3	2	15		286	272	14	4021
兴安县	10	4	1	6		125	115	10	2344
永福县	9	3		6		99	93	6	2806
灌阳县	9	3	2	6		142	138	4	1837
龙胜各族自治县	10	4		6		128	119	9	2538
资源县	7	4	3	3		74	71	3	1954
平乐县	10	4	1	6		147	134	13	1919
恭城瑶族自治县	9	3		6		127	117	10	2149
荔浦市	13	3	1	10		144	122	22	1759

注:行政区划数据来源于市民政局,土地面积数据来源于市自然资源局。

2020 年桂林市旅游统计主要指标

指标名称	一季度	上半年	前三季度	2020 年	2020 年同比增长 %
到桂林游客总人数(万人次)	700.17	2715.99	6799.69	10241.20	-26.0
国内游客人数	693.21	2708.83	6791.24	10231.37	-24.3
入境过夜游客人数	6.96	7.16	8.45	9.83	-96.9
# 外国人	3.17	3.30	4.23	4.99	-96.9
# 东盟十国	1.07	1.07	1.12	1.19	-98.1
港澳同胞	1.80	1.85	2.09	2.58	-96.5
台湾同胞	1.99	2.01	2.13	2.26	-97.2
旅游总消费(亿元)	104.35	349.05	840.64	1233.54	-34.2
国内旅游消费(亿元)	101.21	345.83	836.91	1231.09	-28.9
国际旅游(外汇)消费(万美元)	4556.15	4673.65	5395.96	3549.51	-98.3
入境过夜游客人均逗留天数(人 / 天)	1.89	1.48	1.50	2.43	-4.0

2020年桂林市县(区、市)城镇居民人均收支情况

单位:元/人

指标名称	单位	桂林市	秀峰区	叠彩区	象山区	七星区	雁山区	临桂区	阳朔县	灵川县
城镇家庭人均可支配收入与生活消费支出										
一、人均可支配收入	元	38145	39076	38942	39010	40848	36622	41736	41851	39067
1.工资性收入	元	21056	20076	21833	21026	21098	22791	21578	21831	22630
2.经营净收入	元	4577	3408	4162	3433	4440	4461	6302	7181	5622
3.财产净收入	元	2594	3087	2747	3160	4010	2698	3881	3782	2844
4.转移净收入	元	9918	12505	10200	11391	11300	6672	9975	9057	7971
二、人均生活消费支出	元	21507	21490	22923	22371	22821	20782	23074	23267	21099
1.食品烟酒	元	7301	7480	7803	8166	7850	7227	8210	7897	7258
2.衣着	元	1172	1198	1418	1276	1321	1269	1333	1113	1317
3.居住	元	4539	3790	4736	4601	5015	4053	4590	5287	3811
4.生活用品及服务	元	1318	1221	1403	1388	1430	1073	1474	1475	1368
5.交通通信	元	2199	2254	2275	2203	2221	2437	2579	2850	2443
6.教育文化娱乐	元	2511	2671	2475	2507	2350	2277	2361	2771	2496
7.医疗保健	元	2077	2484	2416	1821	2155	2076	2055	1306	2007
8.其他用品和服务	元	390	392	397	409	479	370	472	568	399

注:本表数据由国家统计局桂林调查队提供。

续表

单位:元/人

指标名称	单位	全州县	兴安县	永福县	灌阳县	龙胜各族自治县	资源县	平乐县	恭城瑶族自治县	荔浦市
城镇家庭人均可支配收入与生活消费支出										
一、人均可支配收入	元	36860	38966	38463	35122	36304	35764	36708	35578	37934
1.工资性收入	元	19057	18387	19980	18615	21139	21676	19653	20457	20492
2.经营净收入	元	6893	9783	6500	7446	5101	5157	4974	4839	5254
3.财产净收入	元	3465	1815	3361	1580	2289	2906	3304	2917	3577
4.转移净收入	元	7446	8981	8622	7481	7775	6026	8777	7365	8611
二、人均生活消费支出	元	19845	20762	20868	18835	20823	19862	18829	19690	22070
1.食品烟酒	元	6727	7066	6882	6734	7267	6911	6741	6675	7548
2.衣着	元	1032	1260	1393	1347	1340	1178	900	1057	1100
3.居住	元	4287	4369	3978	3420	4564	3922	3316	4107	4947
4.生活用品及服务	元	1230	1077	1321	1082	1566	1160	1337	1312	1482
5.交通通信	元	2084	2295	1969	1907	2068	2269	2638	2265	2722
6.教育文化娱乐	元	2560	2533	2780	2373	2185	2230	1996	2397	2178
7.医疗保健	元	1588	1727	2101	1592	1491	1691	1600	1526	1819
8.其他用品和服务	元	337	435	444	380	342	501	301	351	274

2020年桂林市县(区、市)农村居民人均收支情况

单位:元/人

指标名称	单位	桂林市	秀峰区	叠彩区	象山区	七星区	雁山区	临桂区	阳朔县	灵川县
农村居民人均可支配收入与生活消费支出										
一、可支配收入	元	17345	–	17567	17161	21086	16206	20485	19859	18169
(一)工资性收入	元	7545	–	8999	8426	11030	7445	6740	5131	7454
(二)经营净收入	元	7025	–	3541	4633	3128	6185	9628	12337	8095
1. 第一产业经营净收入	元	4419	–	2300	2724	1904	4668	6653	9452	6511
①农业	元	3571	–	1295	1550	1220	3614	4783	7113	4146
②林业	元	362	–	3	63	17	176	665	539	1165
③牧业	元	446	–	988	847	651	858	1164	1770	1200
④渔业	元	40	–	14	264	16	20	40	30	22
2. 第二产业经营净收入	元	709	–	98	264	182	196	568	827	305
3. 第三产业经营净收入	元	1897	–	1143	1645	1042	1321	2407	2058	1279
(三)财产净收入	元	364	–	1951	1510	3081	311	451	197	418
(四)转移净收入	元	2411	–	3076	2591	3847	2265	3667	2194	2202
二、生活消费支出	元	11064	–	10937	11296	13743	9633	11505	12102	10197
(一)食品烟酒	元	3927	–	3901	4097	4908	3593	4016	4417	3654
(二)衣着	元	366	–	347	426	510	311	333	302	387
(三)居住	元	2387	–	2885	2813	2745	2077	2129	2301	2108
(四)生活用品及服务	元	739	–	735	875	975	608	933	781	604
(五)交通通信	元	1320	–	1302	1089	2050	1134	1687	2068	1424
(六)教育文化娱乐	元	1055	–	921	920	1360	1031	942	957	1020
(七)医疗保健	元	1099	–	712	921	945	706	1255	1158	837
(八)其他用品和服务	元	171	–	134	155	250	173	210	118	163

注:本表数据由国家统计局桂林调查队提供。

续表

单位:元/人

指标名称	单位	全州县	兴安县	永福县	灌阳县	龙胜各族自治县	资源县	平乐县	恭城瑶族自治县	荔浦市
农村居民人均可支配收入与生活消费支出										
一、可支配收入	元	17759	20811	16629	12942	13931	13327	16643	15160	17859
(一)工资性收入	元	5612	6218	6676	5500	4839	4616	4494	5324	5730
(二)经营净收入	元	8364	8432	7550	3960	6059	6358	8926	7339	9256
1. 第一产业经营净收入	元	5587	6132	5782	2321	4596	4933	6931	5912	7325
①农业	元	4526	4343	4171	926	3269	4295	6293	4707	5833
②林业	元	419	592	469	429	655	590	138	451	565
③牧业	元	581	1087	1141	919	664	28	485	724	1030
④渔业	元	61	110	1	46	8	20	15	30	28
2. 第二产业经营净收入	元	335	677	578	602	471	140	399	342	280
3. 第三产业经营净收入	元	2442	1623	1190	1038	992	1285	1596	1085	1520
(三)财产净收入	元	320	237	212	52	332	256	365	240	341
(四)转移净收入	元	3463	5924	2191	3430	2701	2097	2858	2257	2532
二、生活消费支出	元	11176	12212	9804	8482	8708	8345	9912	9552	11175
(一)食品烟酒	元	3912	4395	3529	3204	3318	3100	3360	3394	3766
(二)衣着	元	447	456	363	325	291	350	268	306	380
(三)居住	元	2459	2660	1848	1872	1885	1700	2051	2013	2446
(四)生活用品及服务	元	782	820	600	527	534	728	703	681	660
(五)交通通信	元	1118	1150	1393	918	947	1000	1465	1290	1860
(六)教育文化娱乐	元	1118	1221	967	807	845	775	834	927	925
(七)医疗保健	元	1207	1268	915	672	781	590	1112	833	991
(八)其他用品和服务	元	133	242	189	157	107	102	119	108	147

2020 年桂林市、县（区、市）全部工业总产值和增加值

地　区	全部工业						
	工业总产值（当年价格，万元）			工业增加值（当年价，万元）		工业增加值（可比价，万元）	
	本年实际	上年同期	增长速度（%）	本年实际	上年同期	本年实际	增长速度（%）
桂林市	9689045	9086786	8.4	2656772	2707325	2854572	5.4
秀峰区	261666	259223	-25.0	60088	72721	57325	-21.2
叠彩区	171797	174077	7.8	28801	27599	29264	6.0
象山区	1126843	974596	9.5	357298	339590	353830	4.2
七星区	1945444	1806847	12.2	144897	503284	564347	12.1
雁山区	102004	90942	7.7	18766	23097	21530	-6.8
临桂区	1521370	1175367	28.7	424955	342966	430653	25.6
阳朔县	98846	87239	7.2	30490	25657	26901	4.9
灵川县	920732	752956	16.8	227271	194294	211051	8.6
全州县	511910	512219	9.2	133382	139262	147798	6.1
兴安县	482874	441859	7.6	197372	187060	200571	7.2
永福县	668549	625060	6.2	113231	104290	107679	3.3
灌阳县	351117	373273	-6.7	83623	84382	91148	8.0
龙胜各族自治县	220438	218241	1.6	88362	86795	89615	3.2
资源县	179599	219666	0.2	53945	60961	64585	5.9
平乐县	220602	298110	-12.2	70443	99840	81936	-17.9
恭城瑶族自治县	269072	258453	0.6	93742	86867	91567	5.4
荔浦市	636183	724327	6.8	200560	234126	241697	3.2

续表一

地　区	规模以上工业						
	工业总产值（当年价格，万元）			工业增加值（当年价，万元）		工业增加值（可比价，万元）	
	本年实际	上年同期	增长速度（%）	本年实际	上年同期	本年实际	增长速度（%）
桂林市	8075187	7481185	10.1	2043506	2097197	2237122	6.7
秀峰区	228103	225832	-28.8	47334	60033	44484	-25.9
叠彩区	133045	135523	9.9	14075	12949	14438	11.5
象山区	1043313	891493	10.3	325557	308011	321872	4.5
七星区	1845610	1707523	12.8	106960	465541	526151	12.7
雁山区	93361	82343	8.5	15482	19829	18223	-8.1
临桂区	1400863	1055477	31.9	379162	297407	384548	29.3
阳朔县	40814	29505	20.3	8438	3718	4699	26.4
灵川县	735752	568922	22.1	156978	124361	140279	12.8
全州县	354690	355803	13.1	73638	79824	87647	9.8
兴安县	365308	324895	10.2	152697	142613	155591	9.1
永福县	587713	544638	7.0	82513	73729	76752	4.1
灌阳县	230749	253521	-10.2	37883	38876	45096	16.0
龙胜各族自治县	165064	163150	2.0	67320	65860	68429	3.9
资源县	113980	154383	0.02	29009	36153	39479	9.2
平乐县	154660	232506	-15.8	45385	74910	56707	-24.3
恭城瑶族自治县	183676	173494	0.6	61292	54583	58895	7.9
荔浦市	398487	487847	9.9	110236	144264	150756	4.5

续表二

地　区	规模以下工业						
	工业总产值（当年价格，万元）			工业增加值（当年价，万元）		工业增加值（可比价，万元）	
	本年实际	上年同期	增长速度（%）	本年实际	上年同期	本年实际	增长速度（%）
桂林市	1613858	1605601	0.5	613266	610128	617450	1.2
秀峰区	33563	33391	0.5	12754	12689	12841	1.2
叠彩区	38752	38554	0.5	14726	14650	14826	1.2
象山区	83530	83103	0.5	31741	31579	31958	1.2
七星区	99834	99324	0.5	37937	37743	38196	1.2
雁山区	8643	8599	0.5	3284	3268	3307	1.2
临桂区	120507	119890	0.5	45793	45558	46105	1.2
阳朔县	58031	57734	0.5	22052	21939	22202	1.2
灵川县	184980	184034	0.5	70292	69933	70772	1.2
全州县	157221	156416	0.5	59744	59438	60152	1.2
兴安县	117566	116964	0.5	44675	44446	44980	1.2
永福县	80836	80422	0.5	30718	30560	30927	1.2
灌阳县	120368	119752	0.5	45740	45506	46052	1.2
龙胜各族自治县	55374	55091	0.5	21042	20934	21186	1.2
资源县	65619	65283	0.5	24935	24808	25105	1.2
平乐县	65942	65604	0.5	25058	24930	25229	1.2
恭城瑶族自治县	85396	84959	0.5	32450	32284	32672	1.2
荔浦市	237696	236480	0.5	90325	89862	90941	1.2

2020 年桂林市社会消费品零售总额及发展速度

单位：万元

指　标	2020 年	2020 年比上年增长 %	指　标	2020 年	2020 年比上年增长 %
合计	8889129	-8.1	灵川县	1352977	-2.3
市区合计	4198245	-10.9	全州县	406493	-11.2
秀峰区	758712	-12.2	兴安县	214978	1.6
叠彩区	729860	-7.3	永福县	383523	-5.3
象山区	1165695	-12.7	灌阳县	106702	0.6
七星区	1440374	-10.2	龙胜各族自治县	125929	-15.2
雁山区	103604	-13.7	资源县	86080	-2.8
各县（区、市）合计	4690884	-5.5	平乐县	307707	2.6
临桂区	569552	-15.7	恭城瑶族自治县	271718	-0.4
阳朔县	409695	-9.2	荔浦市	455529	-1.3

2020 年桂林市规模工业主要产品产量

产品名称	计量单位	本月止累计	产品名称	计量单位	本月止累计
锰矿石成品矿	吨	10284	饲料◇	吨	1186174
锡金属含量	吨	556	其中：◇配合饲料	吨	860006
石灰石	吨	9948023	◇混合饲料	吨	201711
建筑用天然石料	立方米	3888522	精制食用植物油	吨	10888
萤石	吨	19603	鲜、冷藏肉	吨	8736
重晶石	吨	109957	冷冻蔬菜	吨	1682
小麦粉	吨	50137	淀粉及淀粉制品	吨	627
大米	吨	216323	豆腐及豆制品	吨	5892

续表一

产品名称	计量单位	本月止累计	产品名称	计量单位	本月止累计
糖果	吨	151	合成纤维聚合物◇	吨	1736
米制半成品	吨	49461	其中:◇聚酯	吨	533
速冻食品◇	吨	14995	松香	吨	15019
罐头	吨	16903	牙膏(折 65 克标准支)	万支	898
酱油	吨	484	天然香料	吨	5
营养、保健食品	吨	1527	蚊香	千克	14466010
食品添加剂	吨	596	化学药品原药	吨	8245
饲料添加剂	吨	901	注射用头孢	千克	9690
饮料酒◇	千升	548602	中成药	吨	6001
其中:◇白酒(折 65 度,商品量)	千升	6351	橡胶轮胎外胎◇☆	条	1110496
◇啤酒	千升	536914	◇载货汽车橡胶轮胎外胎	条	1048926
饮料◇	吨	365999	◇工程机械用橡胶轮胎外胎	条	1387
◇包装饮用水	吨	99043	◇航空器充气橡胶轮胎外胎	条	60183
◇果汁和蔬菜汁类饮料	吨	411	其中:☆子午线轮胎外胎	条	1048926
◇蛋白饮料	吨	56345	塑料制品◇	吨	52030
纱◆	吨	4953	◇日用塑料制品	吨	1347
◆棉纱	吨	4953	硅酸盐水泥熟料◇	吨	5921599
蚕丝◇	吨	66	其中:◇窑外分解窑水泥熟料	吨	5921599
服装◆	万件	302	水泥◇	吨	8031570
◆梭织服装△	万件	302	其中:◇强度等级 42.5 水泥(含 R 型)	吨	1332221
△衬衫	万件	289	◇强度等级 52.5 水泥(含 R 型)	吨	405283
手提包(袋)、背包	万个	366	石灰	吨	20315
锯材	立方米	3503	商品混凝土	立方米	10087601
人造板◇	立方米	428589	水泥混凝土电杆	根	50747
其中:◇胶合板	立方米	272320	砖	万块	67357
◇纤维板	立方米	118680	天然大理石建筑板材	平方米	1845406
◇刨花板	立方米	25479	天然花岗石建筑板材	平方米	9424109
家具◇	件	6290	钢化玻璃	平方米	863829
其中:◇木质家具	件	6290	夹层玻璃	平方米	662954
衣架	万个	38722	玻璃包装容器	吨	162479
机制纸及纸板(外购原纸加工除外)◇	吨	128167	钢材◆	吨	9196
◇包装用纸及纸板△	吨	44983	◆钢筋	吨	9196
其中:△箱纸板	吨	44983	铁合金◇	吨	823754
纸制品◇	吨	137756	其中:◇电炉硅铁(折合含硅 75%)	吨	14960
其中:◇瓦楞纸箱	吨	73227	◇锰硅合金(折合含锰硅量合计82%)	吨	449786
◇卫生用纸制品	吨	40704	铜合金	吨	190
单色印刷品	令	310629	铜材	吨	6687
多色印刷品	对开色令	1195367	铝材◇	吨	9055
甲醛	吨	32368	钢结构	吨	13147
化学农药原药(折有效成分 100%)◇	吨	1142	金属压力容器	吨	519
其中:◇杀虫剂(杀螨剂)原药	吨	1142	钢绞线	吨	2568
颜料	吨	25845	金属切削机床◇	台	1075

续表二

产品名称	计量单位	本月止累计	产品名称	计量单位	本月止累计
其中：◇数控金属切削机床	台	5	其中：☆新能源汽车	辆	1209
铸造机械	台	4552	机动车（汽车）零配件	千元	79603
起重机	吨	4922	变压器◇	千伏安	431220
电梯、自动扶梯及升降机◆	台	320	互感器	台	3625
◆升降机	台	320	电力电容器	千乏	26464607
电动手提式工具	台	18675	配电或电器控制设备（11 万伏以下）	台（套、面）	1422
矿山专用设备	吨	137	通信及电子网络用电缆	对千米	764
水泥专用设备	吨	2	电力电缆	千米	249943
金属冶炼设备	吨	962	电子计算机整机◇	台	6985
炼油、化工生产专用设备	吨	4989	路由器	台	512621
橡胶加工专用设备	台	273	移动通信手持机（手机）◇	台	13103237
电子工业专用设备	台	51	其中：◇智能手机	台	13103237
医疗仪器设备及器械	台	28915	光电子器件◇	万只（片套）	3845
眼镜成镜	副	211662	工业自动调节仪表与控制系统	台（套）	238
汽车◇☆	辆	3811	量具	万件	292
◇客车▲	辆	2949	环境监测专用仪器仪表	台	2503
▲大型客车（车长＞10 米）	辆	121	光学仪器	台（个）	14873
▲中型客车（7 米＜车长≤ 10 米）	辆	45	熔炼用废钢	吨	97360
▲轻型客车（车长≤ 7 米）	辆	2783	自来水生产量	万立方米	17468

2020 年桂林市县（区、市）农村社会经济基本情况表

指　标	单位	桂林市	秀峰区	叠彩区	象山区	七星区	雁山区
一、农村基层组织情况		–	–	–	–	–	–
1. 乡镇个数	个	134		1	1	1	4
其中：镇个数	个	88					2
2. 村民委员会	个	1653	7	15	8	14	39
3. 居民委员会	个	257	22	22	36	33	4
二、农村基础设施		–	–	–	–	–	–
1. 自来水受益村数	个	1497	7	7	8	16	9
2. 通有线电视村数	个	1675	7	15	8	16	14
3. 通宽带村数	个	1804	7	15	8	16	37
三、乡村人口与从业人员		–	–	–	–	–	–
1. 乡（镇）村户数	万户	113.73	0.51	0.69	0.59	1.45	1.72
2. 乡（镇）村人口数	万人	408.09	1.86	2.81	2.50	5.41	6.59
其中：男	万人	213.05	0.99	1.44	1.27	2.56	3.27
其中：女	万人	195.04	0.87	1.37	1.23	2.85	3.32
3. 乡（镇）村劳动力资源数	万人	256.89	1.03	1.58	1.48	3.99	4.23
其中：男	万人	136.76	0.55	0.85	0.78	1.99	2.10
其中：女	万人	120.13	0.48	0.74	0.70	2.00	2.13
4. 乡（镇）村从业人员数	万人	218.83	0.80	1.47	1.23	3.11	3.91
其中：男	万人	117.03	0.43	0.76	0.60	2.14	1.92
其中：农业从业人员	万人	77.21	0.20	0.54	0.29	0.99	1.39
其中：女	万人	101.80	0.37	0.71	0.62	0.97	1.99
其中：农业从业人员	万人	66.90	0.16	0.40	0.30	0.38	1.41

续表一

指　标	单位	临桂区	阳朔县	灵川县	全州县	兴安县	永福县
一、农村基层组织情况		–	–	–	–	–	–
1. 乡镇个数	个	11	9	12	18	10	9
其中:镇个数	个	9	6	7	15	6	6
2. 村民委员会	个	161	99	129	272	115	93
3. 居民委员会	个	15	15	19	14	10	6
二、农村基础设施		–	–	–	–	–	–
1. 自来水受益村数	个	175	130	123	207	115	77
2. 通有线电视村数	个	260	100	109	227	114	96
3. 通宽带村数	个	275	100	156	268	116	96
三、乡村人口与从业人员		–	–	–	–	–	–
1. 乡(镇)村户数	万户	11.48	8.09	8.43	21.08	9.85	5.72
2. 乡(镇)村人口数	万人	44.72	29.54	31.87	74.90	33.41	21.34
其中:男	万人	23.40	15.54	16.26	40.24	17.23	11.35
其中:女	万人	21.32	14.00	15.61	34.66	16.18	9.98
3. 乡(镇)村劳动力资源数	万人	26.93	18.90	19.42	45.87	23.03	12.78
其中:男	万人	14.46	9.90	10.11	24.94	12.20	6.80
其中:女	万人	12.47	9.01	9.31	20.93	10.83	5.98
4. 乡(镇)村从业人员数	万人	23.71	17.04	17.36	37.95	18.54	11.22
其中:男	万人	12.48	9.05	8.91	20.85	9.63	5.85
其中:农业从业人员	万人	7.30	6.26	5.14	13.70	6.78	4.84
其中:女	万人	11.22	7.99	8.46	17.10	8.91	5.37
其中:农业从业人员	万人	6.63	5.34	4.89	11.46	6.25	4.45

续表二

指　标	单位	灌阳县	龙胜各族自治县	资源县	平乐县	恭城瑶族自治县	荔浦市
一、农村基层组织情况		–	–	–	–	–	–
1. 乡镇个数	个	9	10	7	10	9	13
其中:镇个数	个	6	6	3	6	6	10
2. 村民委员会	个	138	119	71	134	117	122
3. 居民委员会	个	4	9	3	13	10	22
二、农村基础设施		–	–	–	–	–	–
1. 自来水受益村数	个	138	119	62	65	112	127
2. 通有线电视村数	个	138	119	71	134	117	130
3. 通宽带村数	个	138	119	71	134	116	132
三、乡村人口与从业人员		–	–	–	–	–	–
1. 乡（镇）村户数	万户	7.55	3.70	5.07	10.82	7.08	9.91
2. 乡（镇）村人口数	万人	24.64	13.68	16.77	37.34	26.16	34.56
其中:男	万人	13.02	6.95	8.75	19.18	13.87	17.72
其中:女	万人	11.62	6.73	8.02	18.15	12.29	16.84
3. 乡（镇）村劳动力资源数	万人	15.06	9.19	10.51	23.78	16.77	22.33
其中:男	万人	8.11	4.98	5.62	12.22	9.18	11.97
其中:女	万人	6.96	4.20	4.88	11.56	7.59	10.36
4. 乡（镇）村从业人员数	万人	13.13	7.93	9.00	21.69	13.86	16.90
其中:男	万人	6.97	4.29	4.79	11.27	7.66	9.42
其中:农业从业人员	万人	5.40	3.48	2.98	6.24	5.49	6.19
其中:女	万人	6.16	3.64	4.21	10.42	6.20	7.48
其中:农业从业人员	万人	4.68	2.90	2.64	6.06	3.97	4.97

2020 年桂林市农作物播种面积和产量

指 标	播种面积（公顷）			总产量（吨）		
	本年	上年	± %	本年	上年	± %
粮食合计	337260	330007	2.2	1769319	1690066	4.7
谷物合计	267663	264923	1.0	1606018	1532979	4.8
稻谷	220375	214462	2.8	1372555	1322232	3.8
早稻	101877	94913	7.3	600571	557903	7.7
中稻	37288	38108	−2.2	314273	304861	3.1
晚稻	81210	81441	−0.3	457710	459469	−0.4
旱稻						
小麦	892	952	−6.3	1562	1665	−6.2
玉米	42931	41263	4.0	223214	195454	14.2
粟（谷子）						
高粱						
豆类合计	32167	30328	6.1	71107	64099	10.9
大豆	17298	19211	−10.0	36867	38590	−4.5
绿豆	3982	3616	10.1	6038	5668	6.5
其他豆类	10847	7458	45.5	28130	19783	42.2
薯类	37431	34756	7.7	92196	92987	−0.9
红薯	33284	30229	10.1	83872	81647	2.7
马铃薯	4147	4336	−4.4	8325	10990	−24.3
经济作物	368584	360881	2.1	–	–	–
油料作物	26870	25954	3.5	83804	80896	3.6
花生	20558	19789	3.9	72322	69772	3.7
油菜籽	5296	5128	3.3	5579	5404	3.2
棉花	256	250	2.5	281	277	1.4
生麻	430	440	−2.3	970	961	1.0
生苎麻	405	413	−2.0	927	915	1.3
甘蔗	3247	3391	−4.2	277720	287487	−3.4
糖料蔗	1166	1368	−14.8	101730	115412	−11.9
果蔗	2081	2023	2.9	175990	172075	2.3
中草药材	28705	28425	1.0	–	–	–
蔬菜及食用菌	222693	216775	2.7	5336539	5149407	3.6
食用菌（干鲜混合）	–	–	–	146500	153402	−4.5
果瓜类	19575	18619	5.1	664095	645939	2.8
西瓜	16109	15549	3.6	594854	578660	2.8
其他农作物	66808	67027	−0.3	–	–	–
木薯	7396	7484	−1.2	49585	49737	−0.3
红瓜籽	4568	4460	2.4	10651	10113	5.3
青饲料	9998	9836	1.7	–	–	–
饲草	3491	3385	3.2	–	–	–
绿肥	28608	28586	0.1	–	–	–
马蹄	12047	12136	−0.7	531335	508313	4.5

2020 年桂林市教育事业基本情况

单位：人

学校名称级类别	本年招生数	本年毕业生数	期末在校生数	年末教职工人数	专任教师	副教授以上	讲师	助教
总计	364372	301694	1198910	85969	65724	4896	4442	770
高等院校	93920	74900	272026	15677	10517	4435	3746	321
普通院校	93216	74411	270731	15612	10492	4422	3741	317
广西师范大学	24847	19593	61419	2526	1976	962	612	14
桂林理工大学	25238	19873	63696	2703	1999	831	837	37

续表

学校名称级类别	本年招生数	本年毕业生数	期末在校生数	年末教职工人数				
					专任教师	副教授以上	讲师	助教
桂林电子科技大学	12473	10867	42964	3301	1759	792	564	27
桂林医学院	3680	3130	13638	1530	996	706	190	14
桂林旅游学院	3411	4230	13757	934	638	163	244	47
桂林航天工业学院	3823	4096	15416	1459	816	228	251	28
广西师范大学漓江学院	3174	2994	12331	524	264	67	158	3
桂林电子科技大学信息科技学院	2806	2735	12508	500	391	121	140	19
桂林理工大学博文管理学院	5976	3634	17159	1066	768	309	394	16
桂林师范高等专科学校	4464	2845	11682	681	588	201	258	44
桂林山水职业学院	674	414	1706	96	48	2	21	2
桂林生命与健康职业技术学院	2650	2249	4455	292	249	40	72	66
成人高等学校	704	489	1295	65	25	13	5	4
桂林市广播电视大学	564	322	1085	41	11	5	3	3
桂林市职工大学	140	167	210	24	14	8	2	1
中等专业学校(不含区直学校)	13418	6237	31705	1433	1208	379	565	316
桂林市卫生学校	2012	981	4938	203	184	86	76	26
桂林市艺术学校	154	36	253	25	16	1	11	10
桂林市旅游职业中等专业学校	2847	2052	7457	335	278	104	139	75
桂林市机电职业技术学校	2235	1020	4881	206	170	61	96	38
张艺谋漓江艺术学校	70	53	220	58	34	4	3	19
桂林风帆旅游学校	228	77	465	19	16		5	8
山水职业学校附属中专		54	155	31	23	2	12	2
桂林市兴安师范学校	518	402	1438	134	111	41	55	26
全州县中等职业技术学校	1363	473	3649	110	88	6	40	39
灵川县职业中等专业学校	927	235	1496	70	66	19	35	11
荔浦市职业教育中心学校	1024	387	2665	86	83	18	27	31
阳朔县中等职业技术学校	660	65	780	34	34	12	13	9
永福县职业教育中心	667	257	1720	53	53	7	25	14
恭城县职业教育中心	603	130	1316	45	39	15	22	6
桂林市森林美工艺雕刻中等职业技术学校	110	15	272	24	13	3	6	2
技工学校	7391	4498	16218	820	491	82	131	133
广西桂林商贸旅游技工学校	944	514	2077	117	93	9	29	26
桂林市交通技工学校	915	246	1979	70	54	17	22	13
广西商业技师学院	2987	1627	6974	287	92	9	10	31
桂林市第二技工学校	1011	778	1828	146	113	16	36	40
桂林技师学院	1534	1333	3360	200	139	31	34	23
普通中学	97903	82450	278983	23444	19295			
#城区	27278	23073	77100	7120	5393			
#高中(市属)	11040	9235	30509	7120	2201			
初中(市属)	16238	13838	46591		3192			
县镇	58245	48455	165733	13436	11350			
农村	12380	10922	36150	2888	2552			
普通小学	68539	63885	404965	25393	24610			
#城区	19964	15477	109293	6539	6180			
县镇	27409	30717	176973	9871	9724			
农村	21166	17691	118699	8983	8706			
幼儿园	83020	69564	193850	18939	9372			
#城区	17729	16813	50306	7050	3409			
县镇	35575	33991	89793	8821	4374			
农村	29716	18760	53751	3068	1589			
特殊教育学校	167	154	1149	250	221			
工读学校	14	6	14	13	10			

（桂林市统计局）

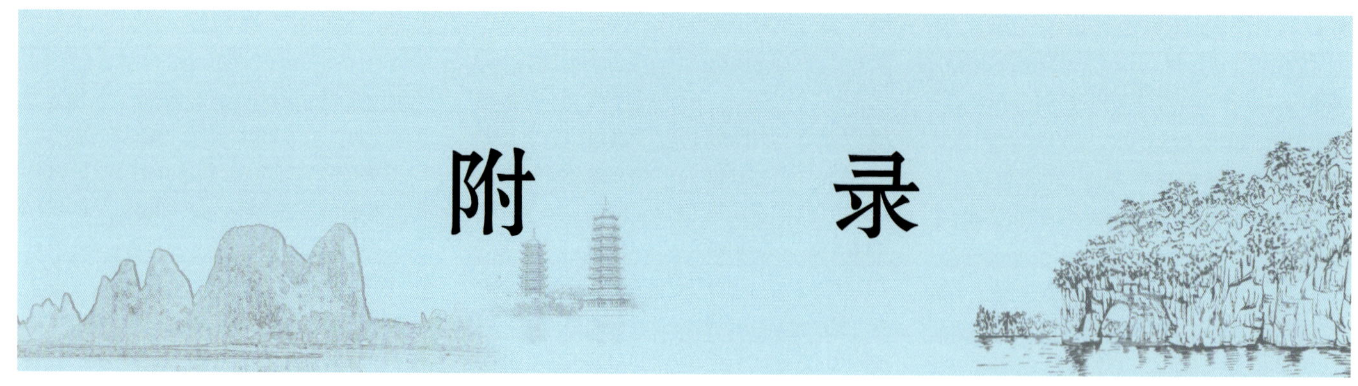

2020年桂林市国民经济和社会发展统计公报

桂林市统计局　国家统计局桂林调查队

2021年4月25日

2020年，面对严峻复杂的国际形势、艰巨繁重的国内改革发展稳定任务特别是新冠肺炎疫情的严重冲击，在以习近平同志为核心的党中央坚强领导下，桂林市委、市政府团结带领全市各族人民坚持以习近平新时代中国特色社会主义思想为指导，深入贯彻党的十九大和十九届二中、三中、四中、五中全会精神，坚定落实“三大定位”新使命和“五个扎实”新要求，认真落实中央和自治区党委各项决策部署，坚持稳中求进工作总基调，坚持桂林国际旅游胜地“一本蓝图绘到底”，统筹推进疫情防控和经济社会发展，扎实做好“六稳”工作，全面落实“六保”任务，全市经济稳步恢复向好，经济社会各项事业平稳健康发展。

一、综合

初步核算，全年全市生产总值(GDP)2130.41亿元，按可比价计算，比上年增长2.1%。分产业看，第一产业增加值484.46亿元，增长6.2%；第二产业增加值486.48亿元，增长4.6%；第三产业增加值1159.47亿元，下降0.7%。三次产业增加值占地区生产总值的比重分别为22.8%、22.8%和54.4%，对经济增长的贡献率分别为68.4%、50.9%和－19.3%。

2016—2020年全市生产总值增长速度

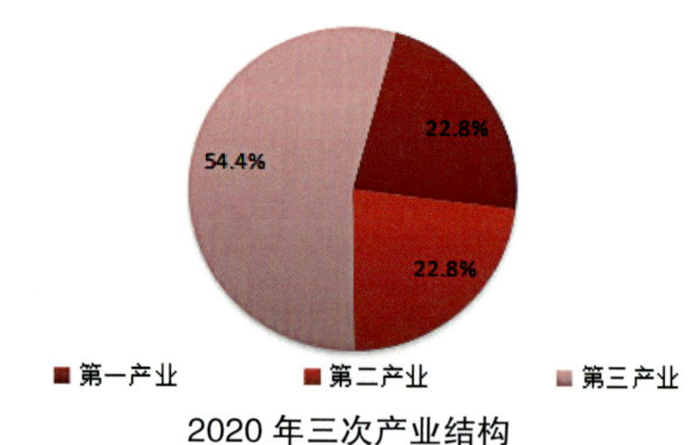

2020年三次产业结构

2020年，居民消费价格(CPI)比上年上涨2.6%；商品零售价格比上年上涨1.4%。

2020年居民消费价格指数

指　标	指数(上年同期=100)
居民消费价格总指数	102.6
#食品烟酒	110.0
衣着	98.7
居住	97.4
生活用品及服务	100.8
交通和通信	95.3
教育文化和娱乐	100.4
医疗保健	106.8
其他用品和服务	102.6

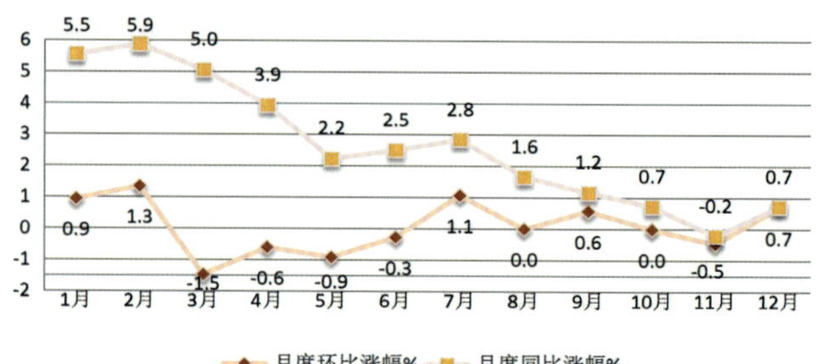

2020年月度居民消费价格涨跌情况

年末城镇新增就业人数5.42万人，增长20.7%；城镇登记失业率3.51%。城镇失业再就业人数1.51万人，增长8.0%；新增农村劳动力转移就业8.88万人，增长14.5%。

全年组织财政收入207.87亿元，比上年下降19.7%。其中，一般公共预算收入111.49亿元，下降27.0%。税收收入165.79亿元，下降8.6%。一般公共预算支出471.93亿元，下降4.8%。全年新登记市场主体7.41万户，增长42.2%；年末市场主体总数36.57万户，增长15.7%。

二、农业

全市农林牧渔业总产值746.32亿元，比上年增长6.2%。其中，种植业产值增长9.1%；林业产值增长7.3%；畜牧业产值下降4.2%；渔业产值下降0.1%，农林牧渔专业及辅助性活动产值增长1.7%。

全年粮食作物播种面积33.73万公顷，比上年增长2.2%；经济作物播种面积36.86万公顷，增长2.1%。粮食总产量176.93万吨，增长4.7%。水果总产量792.02万吨，比上年增长16.8%。其中，柑橘类水果551.98万吨，增长20.5%；柿子产量108.75万吨，增长10.5%；梨产量29.09万吨，增长10.8%；葡萄产量42.29万吨，增长6.6%。蔬菜产量533.65万吨，比上年增长3.6%。

全年肉类总产量47.95万吨，比上年下降3.5%；生猪出栏311.19万头，下降9.1%；家禽出栏1.43亿羽，增长6.5%；水产品产量10.27万吨，增长1.9%。

2020年主要农产品产量及增长速度

指 标	绝对值(万吨)	比上年增长(%)
粮食	176.93	4.7
#夏粮	78.21	7.4
秋粮	96.04	2.8
#稻谷	137.26	3.8
玉米	22.32	14.2
豆类	7.11	10.9
薯类(折粮)	9.22	-0.9
油料	8.38	3.6
#花生	7.23	3.7
糖类(甘蔗)	27.77	-3.4
蔬菜产量	533.65	3.6
水果产量	792.02	16.8
#柑橘	551.98	20.5
肉类总产量	47.95	-3.5
#猪肉	23.78	-8.1
牛肉	1.61	7.1
羊肉	0.29	4.1
水产品产量	10.27	1.9
禽蛋产量	3.79	-5.1

年末拥有农业机械总动力559.60万千瓦，增长3.0%。农用化肥使用量(按实物量计)67.57万吨，下降1.3%；农用塑料薄膜使用量0.29万吨，增长0.8%；农药使用量(按实物量计)0.78万吨，下降0.2%。

三、工业和建筑业

全年全市全部工业增加值比上年增长5.2%，其中规模以上工业增加值增长6.7%。在规模以上工业中，分经济类型看，国有企业增加值增长29.5%，集体企业增长15.4%，股份制企业增长6.4%，外商及港澳台投资企业增长下降5.6%；分三大门类看，采矿业增加值增长10.3%；制造业增加值增长3.3%；电力、热力、燃气及水的生产和供应业增加值增长27.1%。从产业结构看，高技术行业增加值增长22.0%，高耗能行业增长5.0%。

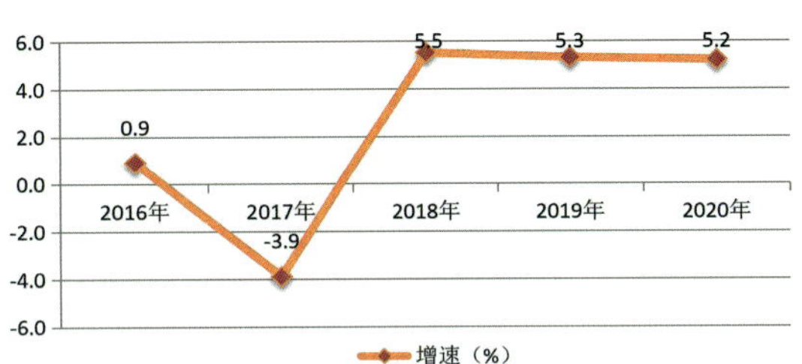

2016—2020年全部工业增加值增长速度

全年全市规模以上工业中，从行业看，计算机、通信和其他电子设备制造业增加值增长165.7%，电力、热力生产和供应业增长30.8%，电气机械和器材制造业增长11.4%，橡胶和塑料制品业增长23.8%，专用设备制造业增长11.7%，农副食品加工业增长26.1%。

2020年主要工业产品产量增长速度

产品名称	比上年增长(%)
纸制品	-9.6
金属切削机床	4.7
汽车	9.3
钢材	0.0
电力电缆	-27.7
橡胶轮胎外胎	29.0
饮料酒	-7.1
#白酒(折65度，商品量)	-6.2
啤酒	-7.1
软饮料	-11.4
人造板	-14.9
衣架	-6.2
太阳能电池(光伏电池)	0.0
半导体分立器件	0.0
铁合金	12.6
化学药品原药	70.1
中成药	-33.5
水泥	-1.2

全年规模以上工业企业利润比上年增长18.2%，分经济类型看，国有控股企业利润增长24.1%，集体企业增长

53.7%，非公企业增长18.6%。全年规模以上工业企业实现营业收入增长11.7%，规模以上工业销售产值增长10.8%；产品销售率95.24%。

全年全社会建筑业增加值（按可比价格计算）比上年增长3.6%。资质以上建筑业企业实现总产值增长8.0%。

四、固定资产投资

全年全市固定资产投资（不含农户）比上年增长4.0%，其中民间投资增长10.0%。第一产业投资增长1.1%；第二产业投资增长11.2%，其中工业投资增长9.9%；第三产业投资增长2.6%。分领域看，基础设施投资增长0.2%，制造业投资增长16.7%，房地产开发投资增长8.4%。

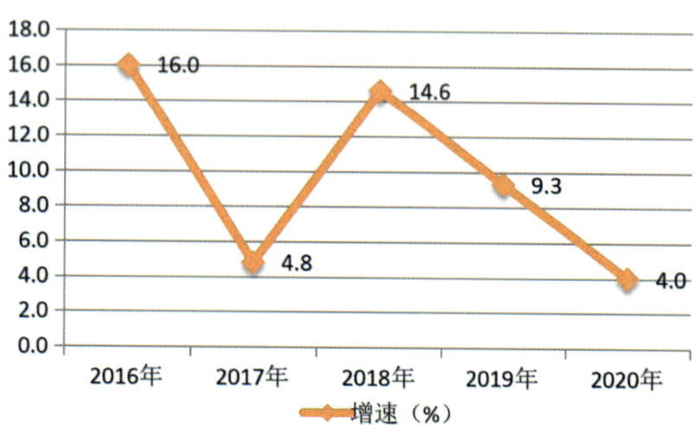

2016—2020年固定资产投资增长速度

2020年分行业固定资产投资增长速度

行业名称	比上年增长(%)
固定资产投资	4.0
#农、林、牧、渔业	1.1
采矿业	-20.4
制造业	16.7
电力、热力、燃气及水生产和供应业	4.9
建筑业	736.2
批发和零售业	-49.0
交通运输、仓储和邮政业	-3.8
住宿和餐饮业	-43.0
信息传输、软件和信息技术服务业	-20.1
金融业	-61.5
房地产业	5.8
租赁和商务服务业	150.2
科学研究和技术服务业	48.3
水利、环境和公共设施管理业	9.0
居民服务、修理和其他服务业	-59.9
教育	1.4
卫生和社会工作	3.1
文化、体育和娱乐业	-6.7
公共管理、社会保障和社会组织	25.7

全年房地产开发房屋施工面积2598.69万平方米，下降8.7%。其中，年内新开工面积681.99万平方米，下降27.1%。房屋竣工面积177.63万平方米，增长102.0%，其中住宅144.56万平方米，增长115.6%。商品房销售面积697.19万平方米，下降0.7%，其中住宅销售面积649.56万平方米，下降0.4%。商品房销售额407.96亿元，下降9.5%，其中住宅销售额377.43亿元，下降7.9%。

五、国内贸易和对外经济

2020年，全市实现社会消费品零售总额888.91亿元，比上年下降8.1%。按经营单位所在地分，2020年，城镇社会消费品零售额723.84亿元，下降9.1%；乡村社会消费品零售额165.07亿元，下降3.5%。

2016—2020年社会消费品零售总额及增长速度

从批零住餐四大行业情况看，批发业销售额下降4.0%；零售业实现销售额下降2.2%；住宿业实现营业额下降33.7%；餐饮业实现销售额下降23.4%。从限额以上商品零售类值看，粮油、食品类增长3.6%，烟酒类下降7.9%，服装、鞋帽、针纺织品类下降35.0%，化妆品类下降22.1%，金银珠宝类下降27.5%，日用品类下降11.2%，其中可穿戴智能设备增长64.3%；体育、娱乐用品类下降32.5%，书报杂志类增长17.4%，家用电器和音像器材类增长17.0%，汽车类下降4.7%，其中新能源汽车增长120.2%。

全年外贸进出口总额72.14亿元，比上年增长2.2%。其中，出口64.71亿元，增长3.9%；进口7.44亿元，下降10.2%。全年内资区外到位资金938.72亿元，全市实施内资项目631个，新签内资项目306个，总投资额1298.68亿元；实际利用外资5606万美元。

六、服务业

全年全市批发和零售业增加值比上年下降4.1%；交通运输、仓储和邮政业增加值下降6.2%；住宿和餐饮业增加值下降24.0%；金融业增加值增长4.5%；房地产业增加值增长1.5%；其他服务业增加值增长1.2%。

年末公路总里程14938.42千米，比上年增长2.5%。其中，高速公路里程715.37千米，增长3.7%。年末民用汽车保有量76.17万辆，增长8.2%。其中，私人70.52万辆，增长8.9%。

2020 年客货运输量及增长速度

指 标	单位	绝对值	比上年增长(%)
全社会货运总量			
#公路	万吨	9732	1.8
水运	万吨	24	-59.3
空运(吞吐量)	吨	15443	49.1
全社会客运总量			
#公路	万人次	5185	-22.4
水运	万人次	84	-71.5
空运(吞吐量)	万人次	435	-49.1

全年邮电业务总量510.54亿元,比上年增长32.9%。其中,邮政业务总量13.54亿元,增长23.6%;电信业务总量497.00亿元,增长32.5%。年末移动电话用户551.39万户,增长3.9%。其中,3G以上用户492.68万户,增长9.4%;互联网宽带接入用户数180.53万户,增长10.2%。

全年接待国内游客10231.37万人次,比上年下降24.3%。国内旅游总消费1231.09亿元,下降28.9%。入境过夜游客9.83万人次,下降96.9%。国际旅游消费3549.51万美元,下降98.3%。国内过夜旅游者平均停留天数1.65天。

七、金融和保险

年末金融机构本外币存款余额4023.56亿元,增长11.0%。其中,人民币各项存款余额3995.53亿元,增长10.9%。本外币贷款余额3256.41亿元,增长15.0%,其中人民币各项贷款余额3254.58亿元,增长15.0%。

2020 年年末金融机构本外币存贷款余额及增长速度

指 标	单位	绝对值	比上年增长(%)
本外币各项存款余额	亿元	4023.56	11.0
#住户存款	亿元	2516.72	11.9
本外币各项贷款余额	亿元	3256.41	15.0
#境内中长期贷款	亿元	1199.29	-43.6
境内短期贷款	亿元	353.35	-39.3

全年保险业承保额合计36520.75亿元,比上年增长19.0%。其中,财产险业务承保额27640.67亿元,增长23.6%;寿险业务承保额8880.08亿元,增长6.6%;健康险和意外险业务承保额12345.40亿元,增长29.2%。保费收入76.00亿元,增长2.7%。其中,财产险业务保费收入21.08亿元,下降0.7%;寿险业务保费收入54.93亿元,增长4.0%;健康险和意外险业务保费收入17.05亿元,增长9.7%。

八、教育和科学技术

全市有普通高等院校12所,专任教师1.05万人,在校生27.07万人,当年招收学生9.32万人,毕业学生7.44万人。有普通中学225所,专任教师1.93万人,当年招生9.79万人,在校生27.90万人,毕业生8.25万人;其中,普通高中61所,专任教师6332人,当年招生3.40万人,在校生9.22万人,毕业生2.65万人。有普通小学539所,专任教师2.46万人,当年招生6.85万人,在校生40.50万人,毕业生6.39万人。全市小学入学率104.07%,全市小学毕业升初中比例100%,初中毕业升高中比例100.12%。有幼儿园1113所,专任教师9372人,在园幼儿19.39万人。有社会办学校82所,在校学生5.77万人。有特殊教育学校10所,在校学生1149人,专任教师221人。全年参加高等教育自学考试4823人次。

全年登记科技成果352项,增长70.9%;获自治区级科技进步奖41项,增长5.1%。年内签订技术登记合同243件,合同成交额10925.56万元,技术交易额10385.91万元。受理专利申请7179项,专利授权4107项,其中发明719项。

九、文化、卫生和体育

全市共有专业艺术表演团体9个,国内演出1087场次。各类电影放映单位35个,全年放映电影13.33万场次。公共图书馆14个,藏书519.02万册。文化馆及艺术馆18个,博物馆31个,博物馆接待观众138.24万人次。年末广播节目综合人口覆盖率为98.60%,电视节目综合人口覆盖率为99.10%。

全市共有各类卫生医疗机构4969所。其中,医院82所,乡镇卫生院143所,社区卫生服务中心(站)44所,门诊40个,村卫生室3114个,专业公共卫生机构115个,其中疾病预防控制中心14所,卫生监督所(中心)18所。医疗卫生机构床位2.70万张,其中,医院1.97万张。全市卫生技术人员4.06万人,执业医师(含执业助理医师)1.44万人,注册护士(师)1.87万人。

全市体育场馆41个,全年向上级输送各类运动员82人。在各类大赛中获全国比赛28枚奖牌,其中11枚金牌、9枚银牌、8枚铜牌。

十、人民生活和社会保障

2020年,全市居民人均可支配收入27745元,增长5.2%。按常住地分,城镇居民人均可支配收入38145元,增长2.6%;农村居民可支配收入17345元,增长8.1%。全年全市城镇居民人均消费支出21507元,下降4.2%;农村居民人均消费支出11064元,增长2.7%。

年末全市参加城乡居民基本养老保险244.32万人,比上年增长18.0%;参加城镇职工养老保险103.94万人,增长3.5%。参加居民基本医疗保险431.13万人,增长0.3%;参加职工基本医疗保险76.65万人,下降1.0%。参加失业保险人数45.74万人,增长1.3%;工伤保险人数53.24万人,增长0.8%;参加生育保险48.24万人,下降3.1%。全市享受城市最低生活保障人数2.57万人,增长6.7%,享受农村最低生活保障人数20.09万人,增长6.3%。全市有提供住宿的社会工作机构95个,增长10.5%。床位1.45万张,增长14.6%。其中,养老机构81个,床位1.31万张。

十一、资源、环境和安全生产

全年全市空气质量优良天数比例96.4%，细颗粒物(PM2.5)年平均浓度比上年下降14.7%。全市森林覆盖率71.62%。建成区绿化覆盖率40.54%，建成区绿地率35.66%；公园绿地面积2692.56公顷。造林面积11374公顷，比上年增长43.6%；森林抚育作业面积12.01万公顷，增长14.5%。

全市共有污水处理厂16个，污水集中日处理能力59.60万立方米，污水处理率96.31%，污水处理厂集中处理率94.76%。生活垃圾处理厂11个，生活垃圾处理量103.42万吨，生活垃圾无害化处理率99.99%。

全年全社会用电量145.54亿千瓦小时，比上年下降0.3%。全行业用电量103.29亿千瓦小时，比上年下降0.1%。其中，第一产业用电量1.65亿千瓦小时，增长2.9%；第二产业用电量74.45亿千瓦小时，增长2.6%；第三产业用电量27.20亿千瓦小时，下降6.9%。居民生活用电42.25亿千瓦小时，下降0.9%，工业用电72.61亿千瓦小时，增长2.4%。

全年交通事故死亡人数434人，交通事故直接财产损失1030万元，火灾事故死亡人数0人，火灾事故直接财产损失425.88万元。

注释：

1. 本公报中2020年数据均为初步统计数。部分数据因四舍五入的原因，存在着与分项合计不等的情况。

2.2020年开展第七次全国人口普查，相关数据另行发布，公报中不再单独发布人口相关数据。

3. 地区生产总值、三次产业及相关行业增加值绝对数按现价计算，增长速度按不变价格计算。

4. 本公报中物价及城乡居民收入数据由国家统计局桂林调查队提供；财政数据由市财政局提供；市场主体数据由市市场监管局提供；进出口数据由桂林海关提供；外资利用数据由市投资促进局提供；交通数据由市交通局、市交警支队、桂林机场提供；金融数据由中国人民银行桂林市中心支行提供；保险数据由市保险行业协会提供；教育数据由市教育局及相关院校提供；科技数据由市科技局提供；体育数据由市体育局提供；文化、旅游数据由市委宣传部、市文化广电和旅游局提供；卫生数据由市卫生健康委员会提供；就业、社会保障数据由市人力资源和社会保障局提供；医疗保障数据由市医保局提供；用电情况数据由市供电局提供；用水量数据由市水利局提供；林业数据由市林业和园林局提供；火灾事故数据、道路交通事故数据由市消防救援支队和市公安局提供。

桂林市第七次全国人口普查主要数据公报[1]

桂林市统计局
桂林市第七次全国人口普查领导小组办公室
2021年5月28日

根据《中华人民共和国统计法》《全国人口普查条例》规定和《国务院关于开展第七次全国人口普查的通知》(国发〔2019〕24号)要求，我国进行了第七次全国人口普查[2]。一年多以来，在以习近平同志为核心的党中央坚强领导下，在自治区、桂林市人民政府和地方各级人民政府的统一组织部署下，在全市各级普查机构和普查人员的共同努力下，在广大普查对象的积极配合下，目前已圆满完成普查现场登记和普查主要数据的汇总工作。现将2020年11月1日零时桂林市人口的主要数据公布如下：

一、常住人口及人口分布

全市常住人口[3]为4931137人，与2010年第六次全国人口普查的4747963人相比，十年共增加183174人，增长3.86%，年平均增长率为0.38%。

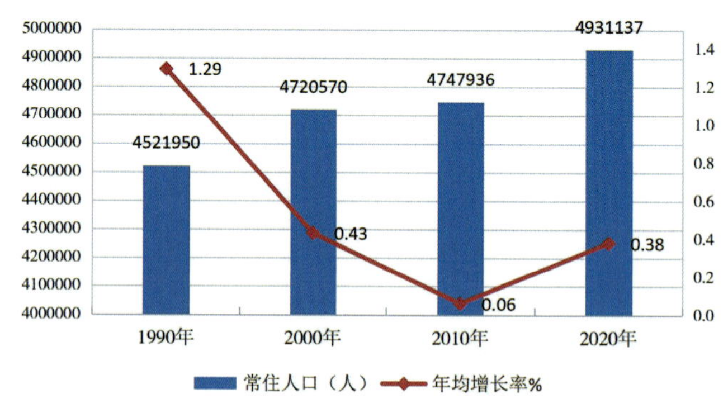

历次人口普查常住人口及年均增长率

全市共有17个县(市、区)，各县(市、区)常住人口分布如下：

各县(市、区)常住人口

单位:人、%

地区	人口数	比重[4]	
		2020 年	2010 年
全 市	4931137	100.00	100.00
秀峰区	161066	3.27	3.30
叠彩区	202875	4.11	3.59
象山区	286872	5.82	5.80
七星区	387304	7.85	6.26
雁山区	132639	2.69	1.60
临桂区	555109	11.26	9.35
阳朔县	273124	5.54	5.73
灵川县	422776	8.57	7.39
全州县	565696	11.47	13.34
兴安县	307043	6.23	6.94
永福县	228646	4.64	4.92
灌阳县	208412	4.23	4.92
龙胜各族自治县	139483	2.83	3.26
资源县	139212	2.82	3.09
平乐县	340921	6.91	7.80
恭城瑶族自治县	245432	4.98	5.28
荔浦市	334527	6.78	7.42

二、户别人口

全市共有家庭户[5]1718580 户、集体户 66223 户,家庭户人口为 4605154 人、集体户人口为 325983 人。平均每个家庭户的人口为 2.68 人,比 2010 年第六次全国人口普查的 3.11 人减少 0.43 人。

三、民族人口

全市常住人口中,汉族人口为 4110371 人,占 83.36%。各少数民族人口为 820766 人,占 16.64%。其中,壮族人口为 282537 人,占 5.73%。与 2010 年第六次全国人口普查相比,汉族人口增加 97075 人,增长 2.42%。各少数民族人口增加 86099 人,增长 11.72%。其中,壮族人口增加 54250 人,增长 23.76%。

四、性别构成

全市常住人口中,男性人口为 2505946 人,占 50.82%;女性人口为 2425191 人,占 49.18%。总人口性别比(以女性为 100,男性对女性的比例)为 103.33,与 2010 年第六次全国人口普查的 107.21 相比下降 3.88。

各县(市、区)人口性别构成

单位:%

地区	占常住人口比重		性别比
	男	女	
全 市	50.82	49.18	103.33
秀峰区	50.28	49.72	101.12
叠彩区	49.26	50.74	97.09
象山区	48.81	51.19	95.35
七星区	51.11	48.89	104.55
雁山区	43.74	56.26	77.75
临桂区	50.71	49.29	102.90
阳朔县	51.30	48.70	105.32
灵川县	51.80	48.20	107.46
全州县	52.00	48.00	108.35
兴安县	50.43	49.57	101.73
永福县	52.43	47.57	110.21
灌阳县	51.38	48.62	105.67
龙胜各族自治县	50.89	49.11	103.60
资源县	51.19	48.81	104.89
平乐县	51.28	48.72	105.25
恭城瑶族自治县	50.82	49.18	103.33
荔浦市	51.01	48.99	104.12

五、年龄构成

全市常住人口中,0—14 岁[6]人口为 968064 人,占 19.63%;15—59 岁人口为 2960552 人,占 60.04%;60 岁及以上人口为 1002521 人,占 20.33%(其中 65 岁及以上人口为 730704 人,占 14.82%)。与 2010 年第六次全国人口普查相比,0—14 岁人口的比重上升 3.48 个百分点;15—59 岁人口的比重下降 9.04 个百分点;60 岁及以上人口的比重上升 5.56 个百分点,其中 65 岁及以上人口的比重上升 4.57 个百分点。

各县(市、区)人口年龄构成

单位:%

地区	占常住人口比重			
	0—14 岁	15—59 岁	60 岁及以上	其中:65 岁及以上
全 市	19.63	60.04	20.33	14.82
秀峰区	17.30	64.85	17.85	12.62
叠彩区	18.17	62.09	19.74	13.98
象山区	16.97	62.62	20.41	14.70
七星区	15.67	70.43	13.90	9.74
雁山区	10.05	81.19	8.76	6.51
临桂区	20.27	62.70	17.03	12.51
阳朔县	20.12	58.67	21.21	15.63
灵川县	19.61	61.42	18.98	13.69
全州县	22.34	54.24	23.42	16.67
兴安县	21.11	55.33	23.56	17.33
永福县	20.35	57.65	22.00	16.45

续表

地区	占常住人口比重			
	0—14 岁	15—59 岁	60 岁及以上	其中:65 岁及以上
灌阳县	20.80	54.27	24.93	18.41
龙胜各族自治县	17.59	59.21	23.20	16.75
资源县	21.88	55.65	22.47	16.74
平乐县	23.63	54.05	22.32	16.70
恭城瑶族自治县	21.14	56.41	22.45	16.85
荔浦市	18.46	59.08	22.46	16.44

六、受教育程度人口

全市常住人口中,拥有大学(指大专及以上)文化程度的人口为644246人;拥有高中(含中专)文化程度的人口为698562人;拥有初中文化程度的人口为1750118人;拥有小学文化程度的人口为1313692人(以上各种受教育程度的人包括各类学校的毕业生、肄业生和在校生)。与2010年第六次全国人口普查相比,每10万人中拥有大学文化程度的由8217人上升为13065人;拥有高中文化程度的由13230人上升为14166人;拥有初中文化程度的由39077人下降为35491人;拥有小学文化程度的由28399人下降为26641人。

各县(市、区)每10万人口中拥有的各类受教育程度人数

单位:人/10万人

地区	大学(大专及以上)	高中(含中专)	初中	小学
全市	13065	14166	35491	26641
秀峰区	22662	22753	29466	16377
叠彩区	21460	23356	30438	15758
象山区	22317	24032	29759	15770
七星区	30044	21688	26505	13789
雁山区	51204	9087	17823	15012
临桂区	14526	13323	32392	26707
阳朔县	6218	11069	38632	30758
灵川县	13846	13961	38064	24060
全州县	6119	12529	40595	30366
兴安县	6347	11797	39381	31353
永福县	6136	10149	34363	37151
灌阳县	7176	9998	37770	32985
龙胜各族自治县	8253	11024	36398	34245
资源县	7599	11484	36877	34001
平乐县	5100	10938	39427	31528
恭城瑶族自治县	6662	10553	36770	34993
荔浦市	6230	12146	44354	27680

七、平均受教育年限[7]

与2010年第六次全国人口普查相比,全市常住人口中,15岁及以上人口的平均受教育年限由9.02年提高至9.70年。

各县(市、区)15岁及以上人口平均受教育年限

单位:年

地区	2020年
全市	9.70
秀峰区	11.28
叠彩区	11.29
象山区	11.32
七星区	11.90
雁山区	12.67
临桂区	9.62
阳朔县	8.63
灵川县	9.93
全州县	8.90
兴安县	8.90
永福县	8.40
灌阳县	8.66
龙胜各族自治县	8.79
资源县	8.94
平乐县	8.71
恭城瑶族自治县	8.78
荔浦市	9.09

八、文盲人口

全市常住人口中,文盲人口(15岁及以上不识字的人)为121784人,与2010年第六次全国人口普查相比,文盲人口减少11223人,文盲率[8]由2.80%下降为2.47%,下降0.33个百分点。

九、城乡[9]人口

全市常住人口中,居住在城镇的人口为2592914人,占52.58%;居住在乡村的人口为2338223人,占47.42%。与2010年第六次全国人口普查相比,城镇人口增加752684人,乡村人口减少569510人,城镇人口比重增长13.82个百分点。

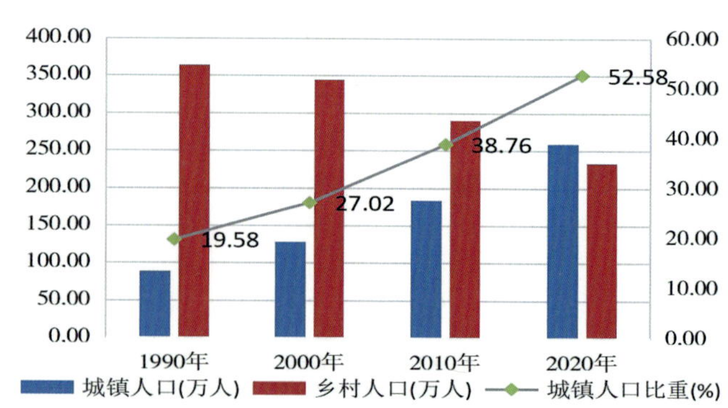

历次人口普查城乡人口

十、流动人口[10]

全市人口中,人户分离人口[11]为1314266人,其中，市辖区内人户分离[12]人口为287116人，流动人口为1027150人。流动人口中，跨省流入人口为193098人。

与2010年第六次全国人口普查相比，人户分离人口增加552509人，增长72.53%；市辖区内人户分离人口增加198574人，增长2.24倍；流动人口增加353935人，增长52.57%。

注释：

[1]本公报数据均为初步汇总数据。部分数据因四舍五入的原因，存在总计与分项合计不等的情况。

[2]普查标准时点为2020年11月1日零时，普查对象是普查标准时点在中华人民共和国境内的自然人以及在中华人民共和国境外但未定居的中国公民，不包括在中华人民共和国境内短期停留的境外人员。

[3]常住人口包括：居住在本乡镇街道且户口在本乡镇街道或户口待定的人；居住在本乡镇街道且离开户口登记地所在的乡镇街道半年以上的人；户口在本乡镇街道且外出不满半年或在境外工作学习的人。

[4]指各县(市、区)的常住人口占全市常住人口的比重。

[5]家庭户是指以家庭成员关系为主、居住一处共同生活的人组成的户。

[6]0—15岁人口为1026024人，16—59岁人口为2902592人。

[7]平均受教育年限是将各种受教育程度折算成受教育年限计算平均数得出的，具体的折算标准是：小学=6年，初中=9年，高中=12年，大专及以上=16年。

[8]文盲率是指15岁及以上不识字人口所占比例。

[9]城镇、乡村是按国家统计局《统计上划分城乡的规定》划分的。

[10]流动人口是指人户分离人口中扣除市辖区内人户分离的人口。

[11]人户分离人口是指居住地与户口登记地所在的乡镇街道不一致且离开户口登记地半年以上的人口。

[12]市辖区内人户分离人口是指一个直辖市或地级市所辖的区内和区与区之间，居住地和户口登记地不在同一乡镇街道的人口。

桂林市城乡规划管理条例

(2019年10月25日桂林市第五届人民代表大会常务委员会第二十四次会议表决通过2020年3月27日广西壮族自治区第十三届人民代表大会常务委员会第十四次会议批准)

第一条　为了加强城乡规划管理，协调国土空间规划，改善人居环境，促进城乡经济社会全面协调可持续发展，根据《中华人民共和国城乡规划法》《广西壮族自治区实施〈中华人民共和国城乡规划法〉办法》《广西壮族自治区乡村规划建设管理条例》等法律、法规，结合本市实际，制定本条例。

第二条　在本市行政区域内城乡规划的制定、实施、修改、监督检查以及在规划区内进行建设活动，适用本条例。

第三条　市、县级人民政府城乡规划主管部门负责本辖区的城乡规划管理工作。

市、县级人民政府的其他部门按照各自的职责，依法做好城乡规划的相关工作。

市、县级人民政府应当建立城乡规划重大事项论证、协调、审议机制，为规划决策提供依据。

第四条　制定和实施城乡规划，应当注重生态宜居和可持续发展，依法保护和利用自然资源和历史文化遗产，突出民族风格和地方特色。

新建、扩建、改建、重建的建设工程毗邻风景名胜区、历史文化保护区域、河湖水系、山体、城市道路、轨道交通、公共广场、公共绿地等，应当按照规划要求退让规划控制线和控制建筑高度。

第五条　城市、镇规划确定的建设用地范围内不再单独制定乡、村庄规划。

城市、镇规划确定的建设用地范围外的乡、村庄规划，依照有关法律、法规制定和实施。

城市、镇规划应当与周围乡、村庄规划相衔接，统筹安排供水、供电、供气、道路、通讯、广播电视、环境卫生等基础设施和公共服务设施。

第六条　城乡规划应当控制市区旧区住宅类新建扩建项目，鼓励成片、成街区实施整体化旧城改造，逐步提升和完善旧区城市功能，增加绿地和公共空间，完善市政设施和公共服务设施，改善居住条件。

第七条　申请单位在取得规划条件之日起二年内未完成土地出让的，可以在期限届满前三十日内向城乡规划主管部门申请规划条件复核审查。逾期未申请复核审查的，该规划条件自行失效。

因国家技术规范、标准变化或者上位规划变更等原因导致原有规划条件无法适用的，原申请单位应当重新向城乡规划主管部门申请规划条件。

第八条　经审定的修建性详细规划、建设工程设计方案不得擅自修改。符合下列情形之一，可以依法进行修改：

(一)因控制性详细规划的修改导致无法按照原审定的修建性详细规划、建设工程设计方案建设的；

(二)因文物保护、地质灾害和其他公共利益原因致使无法按照原审定的修建性详细规划、建设工程设计方案建设的；

（三）法律、法规规定的其他情形。

第九条　建设单位或者个人应当自项目开工之日起至竣工规划核实通过之日止，在施工现场设置规划公布牌并保持完好，公布建设项目的名称、建设单位或者个人、用地性质、建设规模和建设范围，以及建设工程规划许可证和附图、投诉电话等内容。法律、法规规定不予公开的除外。

房地产开发项目应当在规划许可后七日内，在项目销售（招租）场所公布经审定的修建性详细规划、建设工程设计方案及总平面图以及建设工程规划许可证等内容。

第十条　城市地下空间的开发利用应当符合城市规划，服从规划管理。任何单位和个人未经许可不得擅自挖掘地下空间。

随道路主体工程同步实施的地下管线工程，建设单位应当优先采用综合管廊。已建成地下综合管廊的道路，不得擅自开挖铺设管线。

第十一条　申请危旧房屋重建、改建应当符合下列条件：

（一）有权属证明文件；

（二）经房屋安全鉴定部门鉴定为D级危房；

（三）房屋所在区域无整体改造项目；

（四）符合国家防火规范要求；

（五）符合历史文化保护要求；

（六）不超出原土地使用权范围，不超过原产权建筑面积，不改变原房屋使用性质；

原建筑占据规划控制线的，应当退让规划控制线。

第十二条　建筑物的使用应当符合建设工程规划许可证、乡村建设规划许可证或者不动产登记证明载明的使用性质、用途，不得擅自改变。

确因社会经济发展、产业布局调整、城市区域功能调整而需要改变建筑物使用性质的，应当符合控制性详细规划和现行土地政策规定，同时不得影响建筑物安全使用，不得侵害他人合法权益。

第十三条　对竣工验收合格投入使用的建筑物进行立面改造，建设单位或者个人应当持以下材料依法向城乡规划主管部门申请立面改造风貌技术审定：

（一）原规划许可相关图纸；

（二）现申请审查的立面改造风貌设计方案；

（三）相关权属证明文件。

建筑物立面改造应当按照经审定设计方案的要求实施，不得擅自增加建筑面积。

第十四条　城市供水、排水、供气、供热、通信、供电等基础设施，绿地、幼儿园、中小学校、停车场、农贸市场、公共交通站场、消防设施、环卫设施、物业管理用房、社区办公服务用房、社区养老等配套设施，应当与主体工程同步设计、同步建设、同步交付使用。

第十五条　建设工程应当进行竣工测绘。地下管线等隐蔽工程必须在覆土前进行竣工测绘，重要的管线工程应当跟踪测绘。

建设工程开工前的现场放线和根据前款要求进行的测绘，应当委托具有相应资质的测绘单位实施。

第十六条　申请在历史文化街区、名镇、名村核心保护范围内拆除历史建筑以外的建筑物、构筑物或者其他设施的审批，应当提交下列材料：

（一）书面申请；

（二）授权委托书、身份证明；

（三）现状地形图；

（四）权属证明及其附图；

（五）具备相应资质的单位编制建筑物的方案及论证报告；

（六）法律、法规规定的其他材料。

第十七条　申请历史建筑外部修缮装饰、添加设施以及改变历史建筑的结构或者使用性质审批，应当提交下列材料：

（一）书面申请；

（二）授权委托书、身份证明；

（三）项目立项批准、核准、备案文件；

（四）现状地形图；

（五）权属证明及其附图；

（六）具备相应资质的单位编制设计方案文件；

（七）具备相应资质的单位编制的专题论证报告；

（八）法律、法规规定的其他材料。

第十八条　申请历史建筑实施原址保护审批，应当提交下列材料：

（一）书面申请；

（二）授权委托书、身份证明；

（三）项目立项批准、核准、备案文件；

（四）现状地形图；

（五）权属证明及其附图；

（六）具备相应资质的设计单位编制的设计方案文本；

（七）具备相应资质的设计单位编制的专题论证报告；

（八）法律、法规规定的其他材料。

第十九条　建设单位或者个人申请规划行政许可，应当根据城乡规划主管部门公布的行政许可申请条件和要求，提交相关材料，并保证材料的真实性和一致性，不得以虚假材料等不正当手段取得行政许可。

设计单位应当保证设计成果的真实性和准确性。

第二十条　人民法院、行政机关依法处置不动产或者未经规划核实的建设项目的，应当函告城乡规划主管部门对标的物所在地块的相关规划条件进行核实。

人民法院和行政机关应当如实告知参与处置的单位和个人相关规划条件。

第二十一条　建设单位或者个人违反本条例第九条第一款规定，未按照规定在施工现场设置建设工程规划公布牌或者在工程建设期间未保持公布牌设置完好的，由城乡规划主管部门责令限期改正；逾期不改正的，处一千元以上一万元以下罚款。

第二十二条　建设单位或者个人违反本条例第十条规定，擅自挖掘地下空间，由县级以上地方人民政府城乡规划主管部门责令停止建设；尚可采取改正措施消除对规划实施的影响的，限期改正，处建设工程造价百分之五以上百分之十以下的罚款；无法采取改正措施消除影响的，限期拆除，不能拆除的，没收实物或者违法收入，可以并处建设工程造价百分之十以下的罚款。

第二十三条 房屋所有权人、管理人、使用人违反本条例第十二条的规定，擅自改变房屋使用性质的，由城乡规划主管部门责令其限期改正，恢复原用途；逾期不改正的，可以处每日每平方米十元以上一百元以下的罚款，直至改正为止。

第二十四条 违反本条例第十三条规定，未经城乡规划主管部门批准擅自进行建筑物立面改造的，由县级以上地方人民政府城乡规划主管部门责令停止建设；尚可采取改正措施消除对规划实施的影响的，限期改正，处建设工程造价百分之五以上百分之十以下的罚款；无法采取改正措施消除影响的，限期拆除，不能拆除的，没收实物或者违法收入，可以并处建设工程造价百分之十以下的罚款。

第二十五条 违反本条例第十五条第一款规定，不按要求进行测绘的，由城乡规划主管部门责令停止建设并限期补测，处二千元以上二万元以下罚款。

违反本条例第十五条第二款规定，建设单位或者个人未委托具有相应资质的测绘单位现场放线或者测绘的，由城乡规划主管部门责令改正，处二千元以上二万元以下罚款。

第二十六条 建设单位或者个人违反本条例第十九条第一款规定，以虚假材料等不正当手段取得规划许可或者证明的，除可能对公共利益造成重大损害而无法撤销的外，城乡规划主管部门应当撤销该项行政许可或者证明，没收违法所得，并处一万元以上五万元以下的罚款。

设计单位违反本条例第十九条第二款规定，设计成果不具有真实性和准确性的，由城乡规划主管部门会同同级住房和城乡建设行政主管部门给予警告，没收违法所得；情节严重的，可以责令停业整顿、降低资质等级，并处十万元以上三十万元以下罚款；对直接责任人员给予警告，并处五千元以上五万元以下罚款；对注册建筑师、注册建造师和其他专业技术人员可以提请发证部门吊销资格证书。

第二十七条 违反本条例规定的，法律法规已有法律责任规定的，从其规定。

第二十八条 本条例自2020年6月1日起施行。

桂林市漓江风景名胜区管理条例

（2019年12月20日桂林市第五届人民代表大会常务委员会第二十五次会议通过 2020年5月19日广西壮族自治区第十三届人民代表大会常务委员会第十五次会议批准）

第一章 总则

第一条 为了加强对漓江风景名胜区的管理，有效保护和合理利用漓江风景名胜区资源，根据国务院《风景名胜区条例》《广西壮族自治区风景名胜区管理条例》《广西壮族自治区漓江流域生态环境保护条例》等有关法律、法规，结合本市实际，制定本条例。

第二条 漓江风景名胜区的保护、利用和管理适用本条例。漓江风景名胜区的具体范围按照国务院批准的漓江风景名胜区总体规划确定。

在漓江风景名胜区内从事相关活动的单位和个人，应当遵守本条例。

本条例所称漓江干流，是指市区虞山桥至阳朔县留公村漓江段。

第三条 漓江风景名胜区的保护、利用和管理，坚持科学规划、统一管理、严格保护、永续利用的原则。

第四条 市人民政府和有关县级人民政府应当加强对本行政区域漓江风景名胜区工作的领导，将漓江风景名胜资源的保护、利用纳入国民经济和社会发展计划，所需经费纳入本级预算，组织有关部门依法做好漓江风景名胜区的管理工作，建立漓江风景名胜区生态环境保护补偿机制和保护管理工作考评问责机制。

市人民政府设置的漓江风景名胜区管理机构，负责漓江风景名胜区的保护、利用和统一管理工作，以及监督、协调和指导有关部门依法开展漓江风景名胜资源保护工作。

漓江风景名胜区管理机构应当根据风景名胜区的实际情况，依照法律、法规建立健全风景名胜资源保护、利用和管理的各项具体制度。

第五条 市人民政府、有关县级人民政府的发展和改革、民族宗教、公安、自然资源、生态环境、住房和城乡建设、交通运输、水利、农业农村、文化广电和旅游、市场监督管理、城市管理、林业和园林等有关部门以及海事、船检、航道部门，按照规定的职责分工，负责做好漓江风景名胜区的有关监督管理工作。

第六条 有关乡镇人民政府、街道办事处应当按照属地管理原则做好漓江风景名胜区的保护、利用和管理工作。

村民委员会和居民委员会应当协助和配合做好漓江风景名胜区的保护、利用和管理工作。

第七条 市人民政府和有关县级人民政府应当建立漓江风景名胜区管理联席会议制度、联动协同执法机制和执法信息共享机制，定期召开联席会议，指导、协调、督办漓江风景名胜区保护、利用和管理工作中的重大事项和相关工作。

漓江风景名胜区管理机构发现不属于本机构管理职能范围内的破坏风景名胜资源的违法行为，应当移送有关主管部门依法处理。

第八条 任何单位和个人都有保护风景名胜资源的义务，并有权制止、检举破坏风景名胜资源的行为。

漓江风景名胜区管理机构和有关县级人民政府应当建立投诉举报制度，向社会公布举报电话，对投诉举报人的信息应当保密，并将处理结果及时反馈给实名投诉举报人。

第二章 规划和保护

第九条 漓江风景名胜区内的水体、峰林峰丛地貌、岩溶洞穴、湿地、江河沿岸洲岛、林木植被、野生动物等自然资源，文物古迹、传统村落、古建筑、古树名木、历史遗址、园林建筑、摩崖石刻等人文景观，应当严格保护，不得破坏或者随意改变。

第十条 漓江风景名胜区规划经批准后，漓江风景名胜区管理机构应当向社会公布，任何组织和个人有权查阅。

漓江风景名胜区内的一切建设活动应当符合漓江风景名胜区规划要求。

第十一条 漓江风景名胜区按照资源特色、空间布局和规划要求，分为特级保护区、一级保护区、二级保护区、三级保护区和控制协调区，实行分级保护：

（一）特级保护区应当保持自然原生状态，禁止各类人工设施建设，除必要的通过性道路外，不开放游客进入游览；

（二）一级保护区应当保持景观自然状态，禁止建设宾馆、招待所、度假村、培训中心、疗养院、游乐园、索道以及其他与风景保护无关的建筑物，已经建设的应逐步迁出；

（三）二级保护区应当保护典型景观格局的完整和良好自然生态环境，控制区内人口规模，限制机动交通工具进入，控制游客容量，禁止建设与游览和风景保护无关的设施；

（四）三级保护区应当保护生态环境，合理设置游览内容和游览设施；

（五）控制协调区应当保护基本农田和田园风光，加强封山育林，提高绿化覆盖率。

市人民政府应当依据漓江风景名胜区规划勘定界线，设立标识，明确保护范围。

第十二条 在漓江风景名胜区内进行下列活动，应当经漓江风景名胜区管理机构审核后，依照有关法律、法规的规定报有关主管部门批准：

（一）设置、张贴商业广告；

（二）举办大型游乐、演艺等活动；

（三）改变水资源、水环境自然状态的活动；

（四）利用岩溶石山开展蹦极、攀岩等活动；

（五）其他影响生态和景观的活动。

第十三条 在漓江风景名胜区内进行建设活动的，建设单位、施工单位应当制定污染防治和水土保持方案，并采取有效措施保护周围景物、水体、林草植被、野生动物资源、地形地貌、名胜古迹、地质遗迹。

第十四条 禁止在下列区域实施破坏生态环境的行为：

（一）在漓江干流河堤、河滩、洲岛烧烤、野炊和经营餐饮；

（二）在漓江干流两岸五百米范围内露天焚烧沥青、油毡、橡胶、塑料、皮革、垃圾以及其他产生有毒有害烟尘和恶臭气体的物质，露天焚烧秸秆、树枝叶、枯草等产生烟尘污染的农林废弃物；

（三）在漓江干流水域进行船舶拆解作业；

（四）在漓江干流水域泊靠以居住为目的的生活船舶或者排筏。

第十五条 在漓江风景名胜区内禁止下列活动：

（一）开山、采石、开矿、挖沙、取土、开荒、修坟立碑等破坏景观、植被和地形地貌的活动；

（二）修建储存爆炸性、易燃性、放射性、毒害性、腐蚀性物品的设施；

（三）乱扔垃圾；

（四）在景物或者公共设施上刻划、涂污；

（五）擅自移动或者破坏界桩、提示和安全警示等标识标牌；

（六）法律、法规禁止的其他活动。

第十六条 在漓江风景名胜区内开展法律、法规禁止范围以外的建设活动，应当经漓江风景名胜区管理机构审核后，依照有关法律、法规办理审批手续。

第三章 利用和管理

第十七条 漓江风景名胜区管理机构应当根据漓江风景名胜区规划，按照保护优先、有效利用、严格管理的原则，科学布局水域、陆域、低空游览经营项目，合理利用风景名胜资源，改善交通、服务设施和游览条件，依据环境容量安排游览线路和游览项目。

第十八条 在漓江风景名胜区内利用漓江风景名胜资源开展船舶、排筏游览等水上游览经营项目，由漓江风景名胜区管理机构依照法律、法规和风景名胜区规划，采用招标等公平竞争的方式确定经营者。具体程序由市人民政府依照有关法律、法规的规定制定并公布实施。

漓江风景名胜区管理机构应当与经营者签订合同，约定各自权利义务。经营者应当缴纳风景名胜资源有偿使用费。

第十九条 在漓江风景名胜区内从事游览经营活动的单位和个人，应当在指定的地点、区域和规定的营业范围内依法经营、文明经商，不得围追兜售、强买强卖或者拦截、围堵游船车辆强行揽客，不得欺诈和误导游客，不得向游客索要统一票价或者明码标价以外的费用。

第二十条 漓江风景名胜区管理机构应当建立健全安全保障制度，加强安全管理，保障游览安全，并督促风景名胜区内的经营单位接受有关部门依照法律、法规进行的监督检查；及时发布客流信息，合理控制游客流量，对水上游览经营运输工具实行总量控制和信息化管理。

禁止超过允许容量接纳游客和在没有安全保障的区域开展游览活动。

第二十一条 在漓江风景名胜区内从事水上游览经营活动的船舶应当具备法律、法规规定的条件，提倡采用环保燃料、节能环保型动力，由漓江风景名胜区管理机构实行旅游服务分级管理。

在漓江风景名胜区内从事水上游览经营活动的船舶提供餐饮服务的,鼓励提供配送餐或者自助餐,采用环保餐具,避免产生油烟污染。餐厨废弃物应当集中回收,进行无害化处理。

第二十二条 在漓江风景名胜区内从事水上游览经营活动的排筏应当符合有关安全技术规范,经检验合格,由漓江风景名胜区管理机构登记后,方可运营。具体办法由市人民政府制定并公布实施。

海事管理机构应当对排筏驾驶员免费进行技术指导和安全培训。

第二十三条 漓江风景名胜区内的游览排筏,应当按照规定的游览路线、时间和停靠点游览、停靠。

第二十四条 在漓江风景名胜区水域驾乘排筏游览不得有下列情形:

(一)驾驶员和乘客未规范穿戴救生衣;

(二)两张以上排筏捆绑游览;

(三)在封航期游览;

(四)强行追越、横越在航的船舶、排筏;

(五)饮酒后驾驶;

(六)其他影响游览安全的情形。

第四章 法律责任

第二十五条 违反本条例规定的行为,法律、法规已有法律责任规定的,从其规定。依照有关法律、法规的规定,有关部门已经予以处罚的违法行为,漓江风景名胜区管理机构不再处罚。

第二十六条 违反本条例第十二条规定,未经漓江风景名胜区管理机构审核,设置、张贴商业广告,举办大型游乐、演艺等活动,改变水资源、水环境自然状态,利用岩溶石山开展蹦极、攀岩等活动,或者开展其他影响生态和景观活动的,由漓江风景名胜区管理机构责令停止违法行为、限期恢复原状或者采取其他补救措施,没收违法所得,并处五万元以上十万元以下罚款;情节严重的,并处十万元以上二十万元以下罚款。

第二十七条 违反本条例第十三条规定,施工单位在施工过程中,对周围景物、水体、林草植被、野生动物资源、地形地貌、名胜古迹、地质遗迹造成破坏的,由漓江风景名胜区管理机构责令停止违法行为、限期恢复原状或者采取其他补救措施,并处二万元以上十万元以下罚款;逾期未恢复原状或者采取有效措施的,由漓江风景名胜区管理机构责令停止施工。

第二十八条 违反本条例第十四条第二项规定,在漓江干流两岸五百米范围内露天焚烧沥青、油毡、橡胶、塑料、皮革、垃圾以及其他产生有毒有害烟尘和恶臭气体的物质的,由县级人民政府确定的监督管理部门责令改正,对单位处一万元以上十万元以下罚款,对个人处五百元以上二千元以下罚款;露天焚烧秸秆、树枝叶、枯草等产生烟尘污染的农林废弃物的,由县级人民政府确定的监督管理部门责令改正,并可以处五百元以上二千元以下罚款。

违反本条例第十四条第三项规定,在漓江干流水域进行船舶拆解作业的,由海事管理机构责令限期改正,并处一万元以上十万元以下罚款。

违反本条例第十四条第四项规定,在漓江干流水域泊靠以居住为目的的生活船舶或者排筏的,由漓江风景名胜区管理机构责令限期改正,逾期不改正的,处二百元以上二千元以下罚款。

第二十九条 违反本条例第十五条第五项规定,擅自移动或者破坏界桩、提示和安全警示等标识标牌的,由漓江风景名胜区管理机构责令恢复原状或者采取其他补救措施,可以处一千元以上三千元以下罚款。

第三十条 违反本条例第二十二条规定,在漓江风景名胜区内驾驶未经漓江风景名胜区管理机构登记的排筏从事水上游览经营活动的,由漓江风景名胜区管理机构责令停止经营,拒不停止的,扣押排筏,处一千元以上一万元以下罚款。

第三十一条 违反本条例第二十三条规定,游览排筏不按规定路线、时间和停靠点游览、停靠的,由漓江风景名胜区管理机构责令驾驶员停止违法行为,拒不停止的,扣押排筏,处二百元以上二千元以下罚款。

第三十二条 违反本条例第二十四条规定,在漓江风景名胜区水域驾乘排筏游览时,驾驶员和乘客未规范穿戴救生衣,驾驶两张以上排筏捆绑游览,在封航期游览,强行追越、横越在航的船舶、排筏,饮酒后驾驶,或者有其他影响游览安全的情形,在通航水域的由海事管理机构责令驾驶员停止违法行为,处二百元以上二千元以下罚款;在非通航水域的由漓江风景名胜区管理机构责令驾驶员停止违法行为,处一百元以上一千元以下罚款。

第三十三条 本市有关行政主管部门、漓江风景名胜区管理机构及其工作人员违反本条例规定,有下列情形之一的,由市、县级人民政府责令改正;对直接负责的主管人员和其他责任人员依法给予处分;构成犯罪的,依法追究刑事责任:

(一)违反漓江风景名胜区规划,擅自审核、批准建设项目或者其他有关活动;

(二)未依法履行监督管理职责,致使漓江风景名胜资源被破坏或者污染;

(三)发现违法行为未依法查处;

(四)未依法履行安全监管职责,发生安全事故,造成人员伤亡和财产重大损失;

(五)未依法采用招标等公平竞争方式确定经营者;

(六)其他玩忽职守、滥用职权、徇私舞弊行为。

第五章 附 则

第三十四条 本条例自2020年8月1日起施行。

桂林市人口发展规划(2020—2030年)(节选)

桂林市人民政府
2020年6月

第一章 总体思路

面对人口发展的新形势,深入贯彻落实人口均衡发展战略,准确把握人口发展中的有利因素,积极有效应对人口发展的趋势性变化,保障和改善民生,努力实现桂林人口自身均衡发展与桂林经济社会、资源环境发展相协调,增强人民群众的安全感、获得感和幸福感。

第三节 主要目标

到2020年,全面两孩政策效应充分发挥,生育水平适度提高,人口质量不断提升,结构逐步优化,分布更加合理。到2030年,人口自身均衡发展的态势基本形成,人口与经济社会、资源环境的协调程度进一步提高。

人口总量保持适度增长。逐步提升并将总和生育率稳定在适度水平,保持和发挥人口总量势能优势。到2020年,桂林市人口年均自然增长率达到11‰,总和生育率达到1.95左右,户籍人口规模达到543.15万人左右,常住人口规模达到514.70万人左右。到2030年,桂林市户籍人口规模达到572.71万人左右,常住人口规模达到547.08万人左右。

人口结构逐步优化。到2020年,人口性别结构逐步改善,桂林市出生人口性别比(以女性为100)达到自治区下达目标范围内,到2030年,出生人口性别比趋于平衡,性别结构持续改善。进一步完善公共政策,推动劳动力结构更加适应经济转型需要,改善人力资源供需结构和人口年龄结构,确保劳动力资源保持有效供给,推动人才红利的释放。

人口质量有效提升。国民健康水平普遍提升,出生缺陷发生率明显降低。到2020年,桂林市出生缺陷发生率11.5‰以下,婴儿死亡率7.5‰以下、5岁以下儿童死亡率9.5‰以下、孕产妇死亡率18/10万以下。到2020年,人均预期寿命达到78岁左右;到2030年,人均预期寿命达到80岁左右。到2020年,学前教育三年毛入学率达到90%,九年义务教育入学率97%,高中阶段教育毛入学率超过92%,劳动年龄人口平均受教育年限达到10.2年左右;到2030年,普及高中阶段教育,劳动年龄人口平均受教育年限超过12年。

人口布局更趋合理。优化城乡人口分布,提高城镇化水平,进一步增强城镇人口集聚能力,促进人口与经济、资源环境更加和谐。到2020年,常住人口城镇化率达到52.2%;到2030年,常住人口城镇化率达到62%左右。

重点人群保障普遍增强。民生保障体系更加健全,老年人、妇女、儿童、残疾人、贫困人口等群体的基本权益得到有效保障,生活水平持续提高,养老服务体系更加完善。公共服务持续改善。城乡教育、医疗、住房、就业、养老、社会保障等基本公共服务标准化、均等化水平进一步提升。人口发展政策体系框架、信息共享机制、部门协作机制进一步完善,统筹解决人口问题的体制机制更加健全,人民群众满意度明显提高。

第二章 推动人口规模合理增长,促进人口均衡发展

推动人口发展从控制人口数量为主向调控总量、优化结构和提升素质并举转变。深入实施人口均衡发展战略,坚持计划生育基本国策,落实全面两孩政策,不断健全生育服务支撑体系,有效促进人口内部要素与外部要素长期均衡发展。

第一节 实施人口均衡发展战略

创新人口管理机制,实施支持桂林经济社会发展建设的人口政策,促进人口与经济社会、资源环境统筹协调发展,构建与经济社会和资源环境发展相适应的人口均衡发展战略体系。

构建人口发展战略体系。根据人口与经济社会发展的形势变化和任务要求,及时调整、完善人口发展战略和政策,推动人口发展进入可持续、良性运行轨道。

创新人口管理及人才引进机制。推进人口管理创新,改革户籍制度。实行有利于激发创新活力的人事、薪酬、住房、税收等政策及开放、便捷的人才引进制度,确保常住人口总量稳定增长。

建立完善的综合生育支持体系。建立和完善包括婴幼儿养育、托幼服务、育龄职业女性就业、权益保障等生育支持体系,积极推动部门间、区域间有关经济社会政策与生育政策的有机衔接,合理规划和配置卫生、教育等基本公共服务资源。做好全面两孩政策效果跟踪评估,密切监测生育水平变动态势,不断完善计划生育政策及运行机制。制定促进生育相关的优质服务政策和措施,让有生育意愿的夫妇能如愿生育。

第二节 全面贯彻落实国家生育政策

坚持计划生育基本国策,改革计划生育服务管理方式,推动人口和计划生育工作由控制人口数量为主向调控总量、提高质量、优化结构并举转变,促进社会性别平等和谐发展。

贯彻落实全面两孩政策,完善相关公共服务。坚持计划生育基本国策,实施全面两孩政策,做好全面两孩政策调整前后各项计划生育政策的衔接,加快形成完整的计划生育现代治理政策体系,保持计划生育政策的连续性、稳定性。根据桂林不同区域人口增长情况,引导群众负责任、

有计划、按政策生育，有效化解生育堆积风险。加强全面两孩政策效果的监测评估，完善落实全面两孩政策的配套措施，合理配置资源，满足新增公共服务需求。

宣传男女平等思想，促进社会性别平等。加大男女平等思想宣传工作，制定和落实有利于女性成长和发展的社会经济政策。加强出生人口性别比综合治理，促进出生人口性别比趋向平衡。到2020年，出生人口性别比达到自治区下达目标范围内，到2030年，出生人口性别比趋于平衡。

第三节 健全生育服务支撑体系

贯彻落实国家计划生育服务管理措施，强化优生优育，加强生育服务管理，统筹推进流动人口生育服务工作，不断健全生育服务支撑体系。

强化优生优育工作。加强婚前保健服务，完善婚前医学检查网络，继续实施免费孕前优生健康检查，健全出生缺陷三级防治体系，完善出生缺陷疾病监测网络，做好产前筛查和诊断，提高新生儿疾病筛查率，提供孕产期专业健康指导和全方位的服务工作，从源头上降低出生缺陷的发生风险。着力提高孕产妇、新生儿医疗救治能力，有效降低孕产妇死亡率和婴儿死亡率。强化优生优育的宣传和指导，推进妇幼保健生育服务机构规范化建设及各类各级卫生健康服务机构及生育机构的协作，积极开展公益性优生优育健康教育指导和促进工作。

加强生育服务管理。加快推进生育管理服务项目和生育业务信息互联互通平台工程的建设，优化整合各级妇幼保健和生育技术服务资源，增强基层优质服务能力。改革生育服务管理，进一步落实生育登记服务制度，生育两个子女以内的夫妻可以自主安排生育，到夫妻一方的户籍地或现居住地的政府进行生育登记。全面推行网上办事，切实简化程序，方便群众。强化乡镇(街道)生育机构的生育服务管理职能，稳定基层生育服务工作队伍，加强基层生育工作队伍人才建设，造就高素质的生育服务管理人才队伍。

加强流动人口生育服务工作。加强流动人口卫生及生育服务管理，健全流动人口卫生及生育服务管理统筹协调机制，认真做好流动人口动态监测工作，进一步推进流动人口基本卫生及生育公共服务均等化，提升流动人口的健康意识和健康素养。到2020年，流动人口生育服务覆盖率达到80%，到2030年流动人口卫生及生育服务覆盖率达到90%以上。

第三章 提高人口综合素质，夯实人口新红利基础

高素质人口是经济社会发展的持久动力和增长的源泉。提高人口健康素质、思想道德素养和文化教育素质，既是促进桂林市人口长期稳定发展的重要任务，也是为桂林经济社会发展提供高质量人力资源打下坚实基础，夯实人口新红利的必要。

第一节 努力提高人口健康素质

加强人口出生素质提升，进一步降低婴幼儿死亡率。深化医疗卫生体制改革，强化公共卫生体系建设。加强市民健康教育，提倡健康生活方式，持续提高人口预期寿命，满足人民群众多层次、多样化的健康需求，切实提高人口健康水平。

提高人口出生质量。加大优生优育工作指导力度，大力降低残疾儿出生比例，提升人口出生质量。科学制定提高出生人口质量的规划和行动方案，建立健全出生人口监测工作机制，加大出生缺陷防治力度。

提高人口健康水平。建立健全健康教育组织机构，建立独立的市县两级健康管理中心，健全健康教育和健康促进培训机制。深化医疗卫生体制改革，提升基层医疗机构精神卫生和心理健康服务能力。加快建设人口健康信息平台，实现全员人口信息、电子健康档案和电子病历等数据库全面覆盖全市人口及信息动态更新。统筹推进医疗卫生、养生养老、旅游、休闲运动等大健康产业发展，进一步提高人口健康水平。

第二节 提高人口思想道德素养

广泛开展理想信念教育，弘扬民族精神和时代精神，加强爱国主义、集体主义、社会主义教育，提高市民思想觉悟、道德水准、文明素养及全社会文明程度。

培养和践行社会主义核心价值观。充分利用现代媒体深化中国特色社会主义和中华复兴梦的学习和教育，以培养担当民族复兴大任的时代新人为着眼点，强化教育引导、实践养成、制度保障，发挥社会主义核心价值观对公民教育、精神文明创建、精神文化产品创作传播的引领作用，将社会主义核心价值观融入社会发展各方面，转化为人们的实际行动。

加强思想道德建设。深入实施公民道德建设工程，大力宣传道德模范，积极推进社会公德、职业道德、家庭美德、个人品德、遵纪守法、诚实守信、勤俭节约等教育，培养知荣辱、守底线、扬正气、讲文明、做奉献、促和谐的良好风尚。加强未成年人思想道德建设和大学生思想政治教育，培育传承良好家风家教、校风校训、企业精神和城市文化。

推进社会诚信体系建设。广泛弘扬诚信意识，推进诚信建设和志愿服务制度化、常态化，强化社会责任意识、规则意识、奉献意识，在全社会形成重信守诺、互信互助的良好氛围。统筹推进政务诚信、商务诚信、社会诚信和司法公信建设。完善社会征信体系，建立公民、法人和其他社会组织诚信记录档案，完善守法诚信褒奖机制和违法失信行为惩戒机制。

不断提升文明素养。积极开展群众性精神文明创建活动，加大乡风文明、文明家庭、文明单位、文明校园、文明城市建设工作力度，大力推动全民阅读活动，全面提升城市文化品位和市民文明素质。加快构建现代公共文化服务体系，发展先进思想文化，传承和创新优秀的桂林戏曲传统文化。以城乡基层为重点，深入推进公共图书馆、博物馆、文化馆(站)、纪念馆、美术馆等免费开放，提高城乡人口文化素质。弘扬科学精神，普及科学知识，开展移风易俗、弘扬时代新风行动，抵制腐败落后文化侵蚀，净化社会风气。促进物质文明与精神文明协调发展，提高公民文明素质和社会文明程度。

第三节 提高人口文化教育素质

坚持政府主导、统筹规划，整合各种教育资源，构建全

员、全程、全方位、多层次终身教育体系，提高全民受教育水平和科学文化素质，不断改善人力资本结构，为促进人口红利向人才红利转变打下坚实基础。

积极发展学前教育。科学合理布局托幼和幼儿教育资源，实施学前教育普及工程，大力发展城乡普惠性幼儿园，扩大公办幼儿园数量，建立广覆盖、保基本、多形式、有质量的学前教育服务体系，提高学前教育保教水平。到2020年，实现每个乡镇至少要办好1所乡镇公办中心幼儿园，学前三年毛入园率超过90%，到2030年，学前三年毛入园率将进一步提高。

均衡发展义务教育。加快推进义务教育学校标准化建设，完善城乡义务教育学校布局结构，优化教育资源配置，提高办学效益和质量，促进义务教育均衡发展。

实施普通高中特色发展工程。深入推进普通高中内涵建设，提高办学质量，优化普通高中学校布局，逐步推进完全高、初中分离，逐步撤并乡镇普通高中，鼓励普通高中集中县城办学。

完善特殊教育体系。构建完善的残疾儿童少年学前教育、义务教育、高中教育、职业教育体系。积极开展残疾儿童学前康复教育，统筹发展残疾人以职业教育为重点的高中阶段教育，提高残疾人接受高中阶段教育的比例，营造全社会关心支持特殊教育的氛围。

加快完善社区教育和继续教育体系。巩固成人教育扫盲成果，大力发展社区教育，建设全国社区教育和自治区教育实验区。开展多层次、多形式的家庭教育、青少年校外教育、外来人口教育、下岗再就业培训等活动，提高劳动力平均受教育年限和从业人员继续教育年参与率。大力发展老年教育，健全老年教育服务体系，适应人口老龄化趋势和老年人对社区教育的旺盛需求。

加快发展现代职业教育培训体系。围绕桂林国际旅游胜地、桂林国家可持续发展议程创新示范区建设以及桂林优势产业发展，建立现代职业教育培训体系，加快各级各类职业学校和职业培训机构建设，强化职业教育资源共享。围绕产业布局和发展需要，打造特色专业，实施职业教育园区建设工程和职业教育集团建设工程，组建旅游职教集团，提升职业教育发展水平，促进产教融合。整合优化职业教育资源，推进公共实训基地、职业教育扶贫培训基地及民族文化传承基地建设。

规范和促进民办教育健康发展。规范和支持社会资金举办幼儿园、普通高中学校、高等教育学校、有行业优势的中等职业学校和适应社会需要的培训学校，把民办学校发展的重点转移到稳定规模、规范管理、提高质量上来，构建以政府办学为主、社会各界共同参与办学的格局。

推动高等教育改革创新。支持驻桂林高校基础能力建设，提高办学水平，大力支持市属高校桂林师范高等专科学校“升本”工作及走特色型高校发展道路，推动桂林旅游学院教学改革与桂林国际旅游胜地建设人才需求相适应。

第四章　提高劳动力资源质量，促进经济健康发展

准确把握人口与经济发展的相互关系，充分发挥人口对经济的促进作用，持续增加劳动力有效供给，着力挖掘劳动力潜能，通过劳动力再教育及人才引进方式，强化有效的人力资源支撑，加快从依靠低成本劳动力数量上的“人口红利”，转向依靠劳动者专业技能和使用效率即质量上的“人才红利”，促进桂林经济社会持续健康发展。

第一节　提升人力资源支撑能力

建立人力资源供需机制，完善就业创业服务体系，提供良好的就业创业环境，统筹提升经济社会发展需要的人力资源支撑能力，推动经济社会健康良性发展。

构建人力资源支撑体系。不断提升基础性人力资源有效供给水平，构建差异化的人才引进渠道。建立人力资源供求信息动态监测、汇总和发布机制，促进人力资源供需有效衔接。不断建立健全就业创业政策措施落实监督机制，完善就业创业服务和保障体系。建立完善的人才管理机制和人才引进、配置、培养、评价和服务体系。

构建人才发展服务平台。加快建立由人才市场配置、公共人力资源服务、人才信息服务、人才职业能力评价服务、高层次人才服务等组成的人才服务体系。建立为高层次人才提供全方位服务的一站式服务模式。建立市、县（区）集创业项目征集推介、创业扶持政策咨询、创业培训、创业担保贷款、创业孵化、展示交流等功能为一体的创业服务中心。加强公共就业服务标准化、信息化建设，完善覆盖城乡的公共就业创业服务体系。

营造良好的人才发展环境。建立健全人才柔性流动机制，提高社会横向和纵向流动性，促进人才在不同性质单位和不同地域间的有序自由流动，增强岗位与人才的匹配度和粘合率。健全就业创业体制机制，进一步发挥创业带动就业的作用。完善人才评价激励机制和服务保障体系，营造有利于人人皆可成才和青年人才脱颖而出的社会环境。逐步形成尊重人才、尊重劳动、尊重创业的社会氛围以及平等公开和竞争择优的制度环境。

第二节　提升劳动力就业创业能力

建立健全统一规范的人力资源市场，充分发挥市场机制在促进和配置人力资源中的决定性作用，建立覆盖城乡全体劳动者、贯穿劳动者学习及工作、适应就业和人才成长需要的职业技能培训制度，增强职业培训的针对性和有效性。

完善就业创业服务体系。全面提升就业、创业全过程的公共服务能力，加强就业服务，健全市、县（区）、乡镇（街道）三级公共就业服务体系，全面提升劳动者的就业能力。加快建立创业服务中心，完善人力资源市场和就业创业机制。建立灵活实用的就业培训制度，不断增强培训的针对性、实用性和有效性。大力整合优化现有培训资源，不断完善就业培训措施，积极组织订单式、定向式培训。加强对高校毕业生、返乡农民工、农村转移劳动力、城镇就业困难人员等重点群体的就业技能培训、岗位技能提升培训和创业培训。完善有关职业培训补贴和创业培训补贴政策，形成政策引导、社会各方参与、培训适应市场、培训与就业紧密结合的工作格局，充分发挥培训促进就业作用。

提升新增劳动力就业能力。加快完善国民教育体系，不断提高基本公共教育服务均等化水平，有效提高新增劳

动力人口平均受教育年限。加快建立和完善面向城乡全体劳动者终身教育的培训体系，打通技能劳动者职业发展的通道。加强就业指导和培训，重点对贫困家庭子女、未升学的初高中毕业生、农民工、失业人员和转岗职工、退役军人进行免费培训，提高劳动者就业能力和素质。实施高校毕业生就业创业促进计划和技能培训促进就业行动计划，建立涵盖毕业生校内外就业求职、创新创业全过程的服务体系，提升高校毕业生就业创业能力。完善就业联动机制，拓展基层就业服务功能，增设高校毕业生就业服务窗口，把高校毕业生就业服务向基层延伸。

全面提升企业职工职业能力。强化企业在职工培训中的主体作用，完善以提升就业技能、岗位技能和创业能力为主的培训体系，持续提升企业职工的劳动技能和工作效能。全面推进企业技能人才自主评价，有效调动技能人才积极性，推动企业技术创新、工艺创新和产品创新。提升劳动者健康素质，全面开展职业健康服务，落实职业健康检查制度，加强职业病防治，强化职业劳动安全教育。

提升现代服务业人才职业能力。加强对龙头旅游企业从业人员的职业能力培养和提升。利用桂林市职业教育资源优势，在高等和中等职业学校中开设服务业紧缺专业，加强企业、社会机构与学校之间合作，建立联合培养机制，培养服务业实用型人才。建立服务业人才培训基地，通过培训提高在职人员的服务技能和服务意识，增强劳动者在服务业领域的就业创业能力。

提高农村劳动力就业创业能力。强化乡村振兴的人才支撑，全面建立职业农民制度，培养新一代爱农业、懂技术、善经营的新型职业农民培育制度体系。实施新型职业农民培育工程，支持新型职业农民通过弹性学制参加中高等农业职业教育。通过订单、定向和定岗式培训，对农村未升学初高中毕业生等新生代农民工开展就业技能培训。加快发展农村成人教育，大规模开展农村实用技术培训和农村转移劳动力培训。创新培训的组织形式，加强农民专业合作社、专业技术协会、龙头企业等负责人的培养。

推进人才培训基地和孵化基地建设。重点扶持桂林技师学院升格为国家级重点技师学院，第二技工学校和桂林市交通技工学校升格为国家级重点高级技工学校，增强技工教育办学特色，不断提升技工院校的办学质量和服务社会能力。进一步完善大学生创业园，建立农村创新创业园区(基地)，鼓励农业企业建立创新创业实训基地，建设一批农民工培训实训基地，实施“引凤还巢”工程。在各县建设返乡农民工创业园区及特色产业园，为外出务工人员返乡创业创造有利条件。建立市级公共实训基地，加强高技能人才培训基地、技能大师工作室建设。到2020年，力争建成2—3个县级创业孵化基地或众创空间型孵化基地，到2030年，力争建成7—8个县级创业孵化基地或众创空间型孵化基地，发挥创业带动就业的倍增效应，促进劳动者创业能力不断提升。

第三节 提升劳动力创新发展能力

围绕创新驱动发展，深入贯彻国家“人才优先发展战略”，积极营造人才创新发展环境，健全多层次创新人才培养体系，培养具有创新潜能的后备人才、高层次复合型创新人才，实现在经济社会发展过程中释放人才红利。

营造人才创新发展环境。创新人才培养、使用、引进、评价、激励保障机制，破除人才流动障碍，加快形成以用人制度、流动制度、评价制度、分配制度、保障制度等为主要内容的人才管理体系。建设桂林自治区级自主创新示范区，出台激励创业创新、创新成果转化和人才发展的政策措施，构建有利于大众创业万众创新的政策环境、制度环境和公共服务体系。进一步强化对高层次、急需紧缺人才引进的政策引导，确保人才“进得来、用得好、留得住”，完善人才双向流动机制。鼓励企业采用多种形式的柔性引才，推动人才链与产业链无缝对接，鼓励支持市内外高校、院所科研人员参与企业技术创新和创业。进一步完善桂林国家大学科技创新创业园建设，创建桂林经济技术开发区科技企业孵化器、秀峰及叠彩产业孵化园等一批孵化基地，为高素质、高层次人才提供创新创业平台。

培养具有创新发展潜力的后备人才。依托重大科研和工程项目、重点学科和重点实验室、工程技术研究中心、企业技术中心、院士工作站、博士后科研工作站(流动站)、留学人员创业园等平台载体，重点培养造就一批具有较强开拓创新能力和较大发展潜力的中青年科技创新骨干和创新团队，提升后备人才的创新创业能力。

培养高层次创新创业人才。实施“八桂学者”“特聘专家”“漓江学者”“人才小高地”“丹桂育才”等人才计划和人才工程，建立海外高层次人才创新创业基地，有针对性地引进并重点支持一批能够突破关键技术、发展新兴产业、带动新兴学科的战略科学家和领军人才到桂林市创新创业，带动产业拔尖人才、紧缺人才集聚，打造桂林人才高地。依托产业项目，采取联合攻关、项目顾问、技术咨询等方式引进高层次创新创业人才和团队。通过高层次人才引进及培育，提高劳动力整体创新创业能力。

培养高端旅游及健康旅游服务人才。搭建人才集聚平台，加快桂林高端旅游服务人才队伍建设，升级桂林人才网，形成旅游人才开发的集聚效应和示范效应。搭建旅游企业、旅游人才聚集交流平台，辐射粤、桂、湘、黔四省三小时高铁经济圈，推动旅游人才的良性流动，快速推动人才聚集。加强医养护复合型人才培养及健康医疗服务机构、国际旅行健康咨询机构和旅游服务机构等相关服务人员的业务培训和语言培训。

加强企业家队伍及企业高技能人才培养。加强企业家队伍的培养，培育一批优秀企业家和高水平精英管理人才。营造企业家健康成长环境，弘扬优秀企业家精神，建立健全企业家培训体系，促进桂林市企业家队伍健康成长。大力培育具有工匠精神的高技能人才队伍，出台评价体系，支持技术工人申报各类职称和技术大师。组织“桂林工匠”等评选活动，提升高技能人才的职业荣誉感和归属感。

健全多层次创新人才培养体系。建立健全科学合理的选人、用人、育人机制，科学配置和有效利用各类资源要素，加大专业技术人才、经营管理人才、高技能人才和后备人才的培养力度，形成产业人才梯队。开展高技能人才培养计划，完善以企业为主体、职业学校为基础、学校教育与企业培养紧密联系、政府推动与社会支持相结合的高技能人才培养体系，培养出一大批结构合理、素质优良、技艺精湛的技术技能型、复合技能型和知识技能型高技能人才队伍。以高校及创新产业园为平台，培养为桂林经济社会发展的高素质复合型创新人才。

第五章 优化人口分布，实现人口资源环境和谐发展

引导人口有序流动和合理分布，促进人口分布与区域发展战略相适应，完善以城镇为主体的人口空间布局。加快人口城镇化步伐与产业政策的协同作用，借助城镇化促进劳动力和人才资源的集聚。充分发挥城镇的集聚效应，促进桂林人口与资源环境的协调发展。

第一节 推进以人为核心的新型城镇化建设

推进以人为核心、生态环保及内涵式发展的新型城镇化，探索建立健全城镇化发展体制机制，加快市、县、区和重点乡镇建设，完善功能，增强城镇吸纳人口和城镇承载能力，全面提高城镇化质量。

加快县城新区建设。拓展发展空间，提高县城城镇化水平，加强公共服务基础设施建设，强化产业功能、服务功能和居住功能，推动县城向城市转型。推进全州国家新型城镇化试点建设，大力推进荔浦建市后的系列工作，按照城区标准，将灵川县建设成为桂林城区北大门。

推动重点城镇和特色魅力城镇建设。加快城乡一体化进程，统筹推进县城、重点城镇、特色小镇和美丽乡村建设，着力构建布局合理、富有特色、充满活力、生态宜居的新型城镇化体系。到2020年，建成20个以上生态环境优美、历史文化厚重、民族风情浓郁、形态丰富多样、产业经济特色明显的特色城镇。在此基础上，2030年将建成数量更多的特色小城镇。

大力发展县域经济，提升城镇吸引力。围绕桂林主体功能区规划建设，大力发展县域经济，不断强化城镇化的产业支撑，为农民工市民化提供坚实的基础。在土地、金融、人才、基础设施、市场与社会环境等方面积极创造条件，促进县域经济向均衡化和可持续方向发展。

完善农业转移人口进城落户相关政策。加快推进户籍制度改革，全面实行居住证制度，促进有能力在城镇稳定就业和生活的农业转移人口有序实现市民化。适当调整中心城市户口迁移政策，在城市综合承载力许可条件下，继续降低落户门槛。进一步放宽和完善在城镇就业居住1年以上和举家迁徙的农业转移人口以及新生代农民工等重点群体户口迁移政策。将农业转移人口纳入城镇教育、医疗、养老、住房、社会保障等体系中，努力实现城镇基本公共服务常住人口全覆盖。坚持“统筹规划、积极稳妥、综合协调、以人为本”的原则，有计划地推进有条件的农民工及新生代和农村籍大、中专学生、失地农民、农村“五保户”等农村居民转为城镇居民。

实行“两保留”，确保农业转移人口安全感。维护进城落户农民土地承包权、宅基地使用权、集体收益分配权。在深化农村产权制度改革基础上，确保农民进城不以牺牲承包地、宅基地等财产权为代价，充分保障农民的各项权益不因居住地的迁徙、职业的改变而受到损害。在鼓励农民进城的同时，农村居民可以自由流动，可以带产权进城，就业、参加社保不以丧失承包地为前提。加快户籍变动与农村“三权”脱钩，不得以退出“三权”作为农民进城落户的条件，促使有条件的农业转移人口放心落户城镇。落实支持农业转移人口市民化的财政政策，以及城镇建设用地增加规模与吸纳农业转移人口落户数量挂钩政策，健全由政府、企业、个人共同参与的市民化成本分担机制。

第二节 推动城镇人口合理有序集聚

充分发挥城镇的集聚效应，促进桂林市人口与资源环境的协调发展。统筹大中小城市和小城镇协调发展，形成以桂林主城区为中心，荔浦、全州副中心城市为支撑，各县城和小城镇分工明确、结构合理、特色鲜明、协调发展的桂北城镇群，打造桂林都市圈。推进城乡一体化建设，提高建成区人口密度，推进农民集中居住，促进城镇人口增长。

促进人口与主体功能区相匹配。根据桂林市空间功能区划所确定的城镇空间、农业空间和生态空间三大主体功能区，实施与其布局相适应的财政、人口、产业等政策体系和绩效评价体系，引导生产力合理布局，促进人口合理有序集聚，推进形成人口、经济和资源环境协调发展的国土空间开发格局。充分发挥其自然优势和特点，发展特色农业产品生产和加工、文化旅游、休闲旅游、农产品物流等服务业，吸纳农村劳动力就近集聚就业创业，吸引旅游休闲服务业经营人才集聚，推动健康休闲旅游业发展。

实现人口与空间城镇化同步协调发展。防止空间城镇化快于人口城镇化，严格控制新增建设用地，充分考虑中心城区与其他城镇群的衔接，优化土地利用空间布局，使土地供应与城镇化战略相匹配。通过调整产业结构，切实降低人口迁移成本，增加人力资本和科学教育投入，提供就业机会，均衡全市人口城镇化格局，提高人口城镇化率和人口城镇化质量。通过增加公租房供应等措施，为人口城镇化提供保障。确保人口城镇化与空间城镇化保持相对平稳增长、相互作用、关联互动，因地制宜地推进人口城镇化与空间城镇化的协调发展。

制定和完善与主体功能区相配套的人口政策。根据不同主体功能区定位要求，开展资源环境承载能力评价，科学确定不同主体功能区可承载的人口数量，实行差别化的人口调控政策。在中心城市组团等优先及重点开发区域，要以产业升级和功能疏解等方式，分类控制人口过快集聚，更加注重高素质人才集聚和发展。在新城区、各县城新区及新建制镇等区域实施积极的人口迁入政策。在农产品主产区和重点生态功能区、漓江流域等生态发展区域以及禁止开发区域，实施有效促进人口转移政策。

加强城镇人口承载能力建设。统筹考虑人口变化和城镇化趋势，以增强城镇服务功能为重点，提高城镇综合承载力、集聚吸引和辐射力。完善城镇市政公用设施建设，强化学校、医院、文化设施、体育场所等公共服务设施建设，加强商业网点、市场、娱乐等生活服务设施建设，完善公共服务资源配置，增强基本公共服务对人口集聚和吸纳能力的支撑。

第三节 促进人口与资源环境平衡

坚持“生态立市”的发展战略，促进人与自然和谐共

生，加快推进生态文明建设，贯彻节约资源和保护环境的基本国策，实行最严格的生态环境保护制度，形成绿色发展方式和生活方式，推动人口与资源环境协调发展。

促进人口绿色发展。全面实施人口绿色发展计划，努力推进环境友好型、资源节约型及人口均衡型社会的建设。加强人们对身边生态环境的认知，制定严格的法律制度，规范每个个体的社会行为，提升桂林人口的绿色意识，使绿色理念深入人心，变成一种普遍共识。积极倡导极简生活、绿色低碳、垃圾分类，降低生活污染和提高资源循环利用率的绿色生活方式。认真执行全面两孩政策，确保桂林人口的数量与环境和资源的总量相匹配，让所有桂林人都享有清洁的空气、清澈的水流、良好的居所。

改善城乡人居生态环境。统筹各类空间性规划，构建统一的城乡空间规划体系，加强绿色城市和美丽乡村建设，提升人居环境品质。加强市政公用设施建设，推进城市大公交系统建设，加强生态公园建设，提升绿地面积和功能，优化城市生活环境。以建设美丽宜居村庄为导向，以垃圾清理、污水治理和村容村貌提升为主攻方向，开展农村人居环境整治行动，全面提升农村人居环境质量。全面推进乡村绿化，建设具有乡村特色的绿化景观。推进乡村振兴战略实施，科学规划村庄布局，鼓励具备条件的地区集中连片建设生态宜居的美丽乡村，综合提升田、水、路、林、村的风貌，促进村庄形态与自然环境相得益彰。

第六章 促进重点人群共享发展，增进人口家庭福利

建立健全面向贫困人口、老年人口、妇女儿童及残疾人等重点人群的精准服务体系，探索有利于家庭持续发展的体制机制，增进人口家庭福利，推动人口与社会和谐共进。

第一节 实施精准扶贫精准脱贫

加大脱贫攻坚力度，坚持精准扶贫、精准脱贫的基本方略。适应可持续发展新阶段新要求，完善贫困标准动态调整机制，完善贫困人口精准识别、精准扶持和精准脱贫的长效机制。建立健全政府主导、群众主体、社会参与的扶贫脱贫新机制，完善资金筹措、资源整合、利益联结、监督考评等工作机制。探索建立符合市情的贫困人口治理体系，推动扶贫开发由主要解决绝对贫困向缓解相对贫困转变，由主要解决农村贫困向统筹解决城乡贫困转变，实现全市居民与全国同步进入全面小康社会、共同迈向现代化。

第二节 积极应对人口老龄化

立足全市老龄化逐渐加重趋势，构建以社会保障、养老服务、健康支持、宜居环境为核心的制度框架。利用桂林市休闲旅游养生养老基地建设的契机，逐步建立家庭养老为主、社区养老为辅、机构养老为补充的养老体系，形成融入式养老基地的格局。到2030年，建成与桂林人口老龄化、高龄化水平相适应、布局合理、机制健全的老龄工作体系。

完善基本医疗保险制度。减轻老年人的医疗费用负担；发展商业健康保险、补充医疗保险和老年人意外伤害保险；建立长期护理保险制度，鼓励商业保险公司开发适销对路的长期护理保险产品和服务，满足老年人多样化、多层次长期护理保障需求。

完善养老服务体系。到2030年实现社区居家养老服务设施城区全覆盖，到2030年100%的乡镇和80%以上的农村社区建立社区综合服务设施和站点。加快公办养老机构改革，优先保障特困供养人员集中供养需求和其他经济困难的孤寡、失能、高龄、计划生育特殊家庭等老年人的服务需求。支持社会力量举办养老机构，全面提升养老机构服务质量，建立全市统一的服务质量标准和评价体系。

建立老年健康支持体系。推进医养结合，建立健全医疗卫生机构与养老机构合作机制，鼓励养老机构内设医疗机构，为老年人提供治疗期住院、康复期护理、稳定期生活照料以及临终关怀一体化服务。

营造适老宜居的社会环境。加强居住区公共设施、与老年人自主安全地通行道路、出入相关建筑物、搭乘公共交通工具、交流信息、获得社区服务密切相关的公共设施的无障碍设计与改造，推进街道、社区"老年人生活圈"配套设施建设，为老年人提供一站式便捷服务。到2030年，80%以上城市社区达到老年宜居社区基本条件，60%以上农村具备老年宜居社区基本条件，老年人的基本公共服务需求在社区得到满足。弘扬尊老敬老爱老助老的社会风尚，推进非本地户籍常住老年人与本地户籍老年人同等享受优待，支持鼓励各类社会力量举办或参与老年教育。繁荣老年文化，加大对基层老年协会的投入与支持。加强老年人精神关爱，督促家庭成员加强对老年人的情感关怀和心理沟通。开展老年心理健康服务试点，鼓励城乡社区为老年人精神关爱提供活动场地、工作条件等支持，丰富老年人精神文化生活。

积极开发老年人力资源。落实渐进式延迟退休年龄政策，鼓励专业技术领域人才延长工作年限，支持老年人才自主创业，有效挖掘开发老年人力资源。开发与老年人身体素质、文化技能相匹配的再就业岗位，重点围绕技术服务、咨询顾问、公益服务等领域，建立老年人才资源信息平台和中介服务机构，推进老年人才市场建设。大力开发适合老年人的公益性岗位，使老年人才真正"老有所为"，发挥余热。

促进旅游与养老融合发展。以建设桂林国际旅游胜地为契机，依托本市健康养生养老资源优势，制定指导老年旅游的政策，建立老年旅游大数据平台和旅游服务平台，促进旅游产业与养老产业融合发展。重点发展整合观光旅游、候鸟式养老、休闲疗养、健康医护的综合性养老产业。到2030年，建成琴潭"大龙湾·栖息式"社会化养老服务创新示范项目、荔浦桂北疗养中心、魅力瑶都养老园等一批"休闲疗养旅游式"综合性养老项目。积极开发山水观光型、休闲度假型、生态旅游型、温泉养生型旅游线路，筹划、建设一批适合老年人的旅游路线供其观光、休闲、康复。规划建设一批集自然景观、体育活动和生态健身为一体的休闲运动设施和主题公园。采取灵活的养生养老地产和商业地产配比方式，开发定位中高端产品，建立多元化、多层次的养生养老地产供应体系，全力打造环

境优美、品位高尚、功能完备、服务完善、文化独特、在国内外有影响力的养生养老健康生态宜居集聚区。重点发展社会化疗养院、养生养老公寓、养生养老综合体、生态养生农庄等,鼓励现有的疗养院、疗养基地引进社会资本改造或提升。

第三节 保障妇女儿童合法权益

推动妇女权益与经济社会同步发展。将男女平等基本国策和性别平等落实到桂林经济社会发展各领域,在政策制定中更加充分考虑性别差异和妇女特殊需求,建立政策法规性别平等评估机制,确保妇女平等分享发展成果。重点围绕健康管理、就业创业、教育培训、法律援助等需求,开展妇女权益维护专项行动和常态化的有效服务。增加女性接受高等教育机会,加大女性人才培养力度,健全妇女政治参与和社会参与的机制平台,增强妇女决策治理的影响力,提升妇女经济参与贡献度。开展对农村地区妇女的科普和文化服务,消除就业歧视,扶持妇女就业和创业。建立退出生育期妇女的健康服务体系,加大对农村妇女、残疾妇女、流动妇女、中老年妇女、少数民族妇女、生活困难妇女的帮扶力度,健全关爱服务体系。严厉打击拐卖妇女儿童、暴力侵害女童等违法犯罪行为,切实保障妇女和女童的人身安全。改善女孩生存环境,建立健全有利于有女孩家庭发展的帮扶支持政策体系。坚持正面宣传、正确引导,采取有力措施禁止色情、低俗信息传播,形成正确的性别观,营造男女平等、尊重女性、保护女童的社会氛围。

构建适度普惠的儿童福利体系。坚持儿童优先,保障儿童生存、发展、受保护和参与的权利,提高儿童整体素质,促进儿童身心健康发展,优化儿童成长环境。完善未成年人保护和儿童福利体系,发展适度普惠型儿童福利制度,提高儿童福利机构的管理服务水平。建立未成年人保护响应机制,构建以家庭监护为基础、国家监护为保障、社会监督为补充的保障制度。健全农村留守儿童服务机制,加强对留守儿童心理、情感和行为的指导,提高留守儿童家长的监护意识和责任,确保进城务工人员随迁子女平等接受教育。加大对孤儿、残疾儿童、灾区儿童、受艾滋病影响儿童、服刑人员未成年子女及其他事实无人照料儿童等特殊儿童群体的服务保障力度,加强对流浪未成年人的救助保护,完善儿童收养制度。加强儿童健康干预和儿科诊疗能力建设,建立健全新生儿及儿童致残性疾病筛查、诊断、干预一体化工作机制,加强儿童疾病防治工作。建立残疾儿童康复救助制度,普遍开展残疾儿童早期康复活动。实施健康儿童计划、落实扩大国家免疫规划,继续将脊髓灰质炎、流行性乙型脑炎等致残性传染病的疫苗接种率维持在较高水平,适时扩大纳入免疫规划的疫苗种类。加强儿童营养与喂养、生长发育监测、心理行为发育评估,继续开展重点地区、贫困地区儿童营养改善等项目。制定实施多部门合作的儿童伤害综合干预行动计划,为儿童创造安全的学习、生活环境,预防和控制溺水、跌伤、交通伤害等主要伤害事故发生。

第四节 强化残疾人服务保障

健全残疾人权益保障制度。完善残疾人基本福利制度,实施困难残疾人生活补贴制度和重度残疾人护理补贴制度,保障残疾人及其家庭的基本生活。健全残疾人医疗康复保障制度,推进残疾人康复机构建设,保障残疾人普遍享有基本康复服务。到2030年,有康复需求的残疾儿童和持证残疾人接受基本康复服务的比例达到100%,有需求的残疾儿童和持证残疾人基本辅助器具适配率达到80%。健全残疾人教育体系,加强特殊教育工作,保障有条件的残疾儿童都能接受基本教育,提高残疾人自身素质和能力。健全残疾人就业创业体系,对有劳动能力和就业意愿的残疾人提供免费就业创业服务,促进智力和精神残疾人辅助性就业,提高其社会适应能力和劳动技能。支持残疾人服务业发展,增强残疾人综合服务能力,满足残疾人对基本公共服务的需求。发展残疾人文体事业,推动公共交通和文化体育场所免费或低费向残疾人开放,丰富残疾人文化体育生活。完善残疾人社会救助体系,发展残疾人慈善事业和服务产业,培育服务残疾人的社会组织和企业,使残疾人能够平等分享经济发展和社会进步成果。

加强残疾人友好环境建设。加强残疾人友好环境建设,完善城乡无障碍设施,消除残疾人出行障碍。对无障碍建设、改造项目予以补贴,确保新(改、扩)建道路、建筑物和居住区、公共交通场站等配套建设无障碍设施,将推进公共设施无障碍建设列入测评指标。帮助残疾人家庭进行无障碍改造,方便残疾人生活。加强信息无障碍建设,推动信息无障碍发布,在公共服务场所设置语音、文字提示装置,为有需求的残疾人提供盲文和手语服务。构建残疾人社会关爱体系,发展壮大助残志愿者队伍,培育各类志愿助残项目,建立基层志愿助残阵地,健全志愿助残工作机制。推进残疾人事业建设,构建残疾人友好型社会,形成尊重、关心、帮助残疾人的社会风尚。

第五节 促进家庭持续发展

完善家庭发展支持政策体系。全面开展创建幸福家庭活动,深入实施“新家庭计划”。建立完善包括生育支持、幼儿养育、青少年发展、老人赡养、病残照料、善后服务以及收养等在内的家庭发展政策。创新生育服务管理,稳定家庭功能,完善税收、抚育、教育、社会保障、住房等政策,减轻生育子女家庭负担。加大对计划生育家庭的扶助力度,完善计划生育奖励假制度和配偶陪产假制度,对政策调整前的独生子女家庭和农村计划生育双女家庭,继续实行现行各项奖励扶助政策,在社会保障、集体收益分配、就业创业、新农村建设等方面予以倾斜。鼓励雇主为孕产妇提供灵活的工作时间安排及必要的便利条件,支持哺乳期、育儿期妇女能够选择在家更长时间照料幼儿,支持妇女生育后重返工作岗位。加大对孤儿监护人家庭、老年人家庭、残疾人家庭、留守家庭、流动人口计划生育家庭、受灾家庭和其他特殊困难家庭的扶持力度。实施计生家庭创业工程,提高家庭发展能力。建立家庭就业支持服务体系,加大对就业困难家庭、计划生育特殊家庭、流动人口家庭的重点扶持,提高家庭经济建设能力。完善人口信息管理系统,加强家庭信息采集和管理,为家庭发展政策的制定和实施提供依据。

扩大家庭服务供给。整合社会资源,鼓励、引导社会力量合法有序参与家庭公共服务,逐步建立惠及城乡居民多种形式需求的家庭服务体系。大力发展家政服务、养老服务、健康服务、社区照料服务和病患陪护服务等家庭服务业，积极扩大家庭服务供给。支持鼓励各类市场主体从事家庭服务业，加快发展行业协会等社会组织，推动形成多层次、多形式的家庭服务经营机构。制定家庭服务标准，加强和规范家庭服务从业人员职业技能培训，建立职业培训机构动态管理和培训档案管理制度。引领社会对家政服务企业进行公众评价，通过市场行为，实现优胜劣汰，推动现代家庭服务业持续发展。探索完善以家庭为中心的人口计生公共服务体系，开展婚育指导、家庭初级保健、儿童早期发展、家庭教育指导。加强基础研究和科技创新，开发推广避孕节育、优生优育、生殖保健的新技术新产品。支持社区居民自治组织为家庭提供服务，推广社区或邻里开展赡老抚幼照顾的志愿服务，鼓励家庭成员积极参加社会公益活动。

推进新型家庭文化建设。更加注重家庭、注重家教、注重家风，动员各界广泛参与家庭文明建设，推动形成爱国爱家、相亲相爱、向上向善、共建共享的社会主义家庭文明新风尚。开展文明家庭创建活动，建立稳定的夫妻关系、良好的亲子关系、和谐的代际关系、友好的邻里关系。倡导婚姻自由平等、生殖健康、优生优育、社会性别平等的观念，培养家庭成员正确的价值观念、高尚的道德品质、必要的生活技能，倡导健康文明、绿色环保的家庭生活方式。将家庭教育作为全社会教育体系的重要组成部分，强化家庭教育的基础作用，探索将家庭教育工作纳入未成年思想道德建设的总体规划，整合资源，依托社工、志愿者、家长等开展各项家庭教育活动。加强对家庭成员合理饮食、疾病预防、应急救援的科学指导，促进家庭持续健康发展。

桂林市人民政府关于印发桂林市应对新型冠状病毒肺炎疫情支持中小企业发展若干措施的通知

各县(市、区)人民政府，高新区、临桂新区、漓江风景名胜区、经济技术开发区、高铁(桂林)广西园管委会，市直各委、办、局，中央、自治区驻桂林各单位，各企事业单位：

现将《桂林市应对新型冠状病毒肺炎疫情支持中小企业发展若干措施》印发给你们，请认真贯彻执行。

桂林市人民政府

2020 年 2 月 10 日

桂林市应对新型冠状病毒肺炎疫情支持中小企业发展若干措施

为深入贯彻落实习近平总书记关于坚决打赢疫情防控阻击战的重要指示精神，按照党中央、国务院和自治区党委、自治区人民政府关于新型冠状病毒肺炎疫情防控的决策部署，聚焦疫情对经济运行带来的冲击，减轻疫情给桂林市中小企业造成的负面影响，结合我市实际，特制定以下措施：

一、加大融资支持

(一)加强企业信贷支持。对受疫情影响较大、有发展前景但暂时受困的中小企业，不得盲目抽贷、断贷、压贷，保障企业在各银行机构信贷余额不下降。积极争取自治区新增信用专项贷款，用于支持疫情防控的医药产品和医疗器械制造及采购、信息技术支持、产品配套、交通运输、农业等企业。对受疫情影响严重、到期还款确实存在困难的中小企业，可予以展期或续贷。(责任单位：市金融办、人民银行桂林市中心支行、桂林银保监分局)

(二)降低企业融资成本。鼓励各银行机构通过压降成本费率，加大对企业特别是为疫情防控和群众基本生活提供必需产品与服务的中小企业的支持力度，适当下调贷款利率，提供专项应急贷款贴息，确保 2020 年企业融资成本不高于 2019 年同期融资成本。对受疫情影响较大的中小企业，2020 年 2 月—6 月份新增的企业贷款不低于 50 万元的，给予企业贷款利息的 30% 补贴，贴息补贴期限为 2020 年 2 月—6 月份，每家企业贷款贴息补贴最高不超过 20 万元，并积极争取自治区财政配套贴息支持。贯彻落实财政部印发的《关于支持金融强化服务做好新型冠状病毒感染肺炎疫情防控工作的通知》(财金〔2020〕3 号)精神，加大对企业的融资支持力度。对疫情期间通过市小微企业融资担保有限公司担保的企业，担保手续费率降低至每笔 1%。(责任单位：市金融办、发展改革委、工业和信息化局、财政局、农业农村局)

(三)实施融资及信用担保代偿的补偿。鼓励担保公司对受疫情影响较大的客运、物流、旅游、文化、电影、批发、零售、住宿、餐饮、农业等行业中小企业开辟绿色通道。在政策性担保公司反担保措施中增加权益性资产比例。对为受疫情影响较大企业担保的融资担保机构，因 2020 年 2 月至 6 月底发生的担保业务而产生的信用担保代偿损失，按实际担保代偿损失的 20% 给予补偿，每家被担保企业最高不超过 100 万元。(责任单位：市金融办、发展改革委、工业和信息化局、财政局、农业农村局)

二、稳定职工队伍

(四)实施援企稳岗政策。对受疫情影响导致生产经营困难的中小企业，支持其采取调整薪酬、轮岗轮休、缩短工时、待岗等方式稳定工作岗位。对中小企业返还其上年度实际缴纳失业保险费的 50%。(责任单位：市人力资源社会保障局、财政局)

(五)缓缴社会保险费。对受疫情影响，面临暂时性生产经营困难，确实无力足额缴纳社会保险费的中小企业，经人社部门批准，可缓缴养老、医疗、失业、工伤、生育等五项社会保险费，缓缴期最长6个月，免收滞纳金。缓缴期满后，企业足额补缴缓缴的社会保险费，不影响参保人员享受各项社会保险待遇。（责任单位：市人力资源社会保障局、医保局）

（六）加大用工招聘支持。在疫情期间，对各类具有资质的职业中介机构为中小企业推荐介绍各类劳动者就业的（双方签订招工服务协议），按照实际就业人数（以用工单位办理缴纳社会保险造册的凭证为依据）给予每人100元的职业介绍补贴。在企业招聘员工高峰时期，积极搭建供需对接平台，组织好系列公共就业服务活动，为企业招用工提供服务。（责任单位：市人力资源社会保障局、财政局）

三、减轻企业负担

（七）减免企业房租。对承租国有资产类经营用房的中小企业，免收2020年2月—3月份房租，减半收取2020年4月—6月份房租。对租用非国有资产经营的标准厂房的中小工业企业，由市工业和信息化部门对2020年2月—3月份租金全额补助、4月—6月份租金减半补助。引导和鼓励园区、孵化器、专业市场、综合体、商务楼宇等市场运营方对承租企业减免疫情期间租金，对于在2020年2—6月期间，租赁企业减免租金共计100万元以上且减免比例达到应收租金30%以上的，或减免租金共计50万元以上且减免比例达到应收租金50%以上的，由属地县（市、区）财政给予不超过免收租金总额15%的补贴，补贴金额最高不超过100万元，并优先予以政策支持。[责任单位：市国资委、科技局、工业和信息化局、财政局，各县（市、区）人民政府，各园区管委会]

（八）减免企业税费。中小企业因疫情等不可抗力因素，发生重大损失的，可按照《国家税务总局广西壮族自治区税务局房产税城镇土地使用税困难减免管理办法》（国家税务总局广西壮族自治区税务局公告2019年第14号）有关规定，申请减免2020年度房产税、城镇土地使用税。对受疫情影响较大的客运、物流、旅游、文化、电影、批发、零售、住宿、餐饮、农业等行业中小企业，鼓励其在疫情期间对经营场所进行升级改造，政府相关部门提供规划、施工许可等政策支持。停征2020年2月—6月特种设备检验费、污水处理费、占道费。奖励中小企业2020年2月—3月增值税、企业所得税、个人所得税等税收地方留成部分的20%，奖励2020年4月—6月上述税种地方留成部分的10%。（责任单位：市税务局，市发展改革委、工业和信息化局、财政局、自然资源局、住房城乡建设局、交通运输局、农业农村局、商务局、文化广电和旅游局、市场监管局、城管委）

（九）加大旅游企业支持力度。允许旅行社企业申请使用旅行社质量保证金，最高不超过总额的80%。免收旅游经营企业2020年2月—3月水资源费、经营权费用、门票资源费。（责任单位：市文化广电和旅游局、财政局，市税务局）

（十）延期缴纳税款。对因受疫情影响无法按期办理申报税款的企业，可依法办理延期申报，批准延期内免征税款滞纳金；对受疫情影响确有资金困难不能按期缴纳税款的企业，可申请依法办理延期缴纳税款，最长给予延期3个月，其间免征税款滞纳金。（责任单位：市税务局）

四、保障复产复工

（十一）促进疫情防控相关生产供给。搭建应急物资生产供应与需求采购对接平台，落实防疫医用物资政府调配申购渠道，积极保障各企业正常生产、运营所需的防疫物资。企业研发、生产应对本次新型冠状病毒药品、诊断设备、防护设备等产品的，给予研发投入实际发生额10%的资金补助，最高不超过50万元。对于因防控疫情工作需要扩大疫情防控物资产能或实施技术改造的企业，对其新增设备投资部分，给予15%的财政补贴，每家企业财政补贴最高不超过200万元；对于新建疫情防控物资投产企业，对其设备投资部分给予20%的财政补贴，每家企业财政补贴最高不超过200万元。鼓励我市具备无尘生产车间的企业改建生产线，扩大口罩等防疫物资生产量。（责任单位：市工业和信息化局、科技局、财政局）

（十二）加大科技支持。对获得国家科技部、自治区科技厅2020年防控新型冠状病毒感染肺炎疫情应急科技攻关专项等项目支持的企业，给予获支持项目金额30%的配套支持，最高不超过100万元。（责任单位：市科技局、财政局）

（十三）激励企业发展和项目建设。对于2020年第一季度产值（或销售额、营业额）同比增长的在库“四上”企业，给予增量部分1%的资金奖励，奖励最高不超过20万元；对于2020年一季度新投产竣工入库的“四上”企业，给予产值（或销售额、营业额）1%的资金奖励，奖励最高不超过20万元；对于2020年第一季度固定资产投资超过2000万元（以财务支出凭证为准）的企业，给予实际投资额0.5%的资金奖励，奖励最高不超过20万元；对于2020年第一季度研发投入同比增长高于15%的企业，按高出上年同期部分的20%给予资金奖励，奖励最高不超过10万元。（责任单位：市发展改革委、科技局、工业和信息化局、财政局、住房城乡建设局、商务局）

市人民政府建立企业复工复产帮扶机制，对重点企业、重大事项，按照“一事一议”的原则专题研究。各级各部门要强化国家、自治区各项疫情防控政策执行力度，全力打好疫情防控阻击战。

上述措施自公布之日起生效，执行期暂定至2020年6月30日，其中涉及财政支持的措施，市财政安排资金仅支持六城区和市属工业园区的企业和项目。本文中提到的“中小企业”，需符合国家发展改革委、工业和信息化部等四部委印发的《中小企业划型标准规定》。中央和自治区出台相关支持的政策，遵照执行。各县（市、区）可参照制定相关政策措施。本措施由市发展改革委会同相关部门负责解释。

索　引

说　明

一、本索引采用主题分析方法。正文(包括条码、文献、资料、图片和表格)中凡具有独立检索意义的完整资料,均可通过本索引进行检索。为突出图片主题,有的图片文字说明作简练处理。

二、主题词词首按汉语拼音字母(同音字按声调)顺序排列。索引范围包括类目、分目、条目、图片和表格标题。正文中的类目、分目在本索引中用黑体字标明,其余款目用宋体字排印。图片、表格在其款目后分别标明"图""表"。

三、主题词后的数字表示其所在页码,a、b、c 分别表示左栏、中栏、右栏。

四、同一主题的内容在文中多处出现的,在其款目后用不同的页码标明。空两字起排的款目为上一主题的"附见"。内容有交叉的款目在本索引中重复出现。

五、"编辑说明""特载""大事记""党政机关、直属事业单位、党派团体及其领导人名单""人物""附录"等栏目不作索引,英文及阿拉伯数字开头的款目排在索引的前面。

E

F

G

H

J

K

L

M

R

S

T

X

Y

Z